文革史料叢刊第四輯

第二冊（一）

李正中　輯編

只有不漠視、不迴避這段歷史，中國才有希望，中華民族才有希望！忘記歷史意味著背叛！

——摘自「文革史料叢刊·前言」

蘭臺出版社

巴金先生说在文革受尽火与血磨炼的人是不会沉默的

八十又五叟

李正中

著名中國古瓷與歷史學家、教育家。
李正中　簡介

祖籍山東省諸城市，民國十九年（1930）出生於吉林省長春市。

北平中國大學史學系肄業，畢業於華北大學（今中國人民大學）。

歷任：天津教師進修學院教務處長兼歷史系主任（今天津師範大學）。

　　天津大學冶金分校教務處長兼圖書館長、教授。

　　天津社會科學院中國文化研究中心主任、研究員。

現任：天津文史研究館館員。

　　天津市漢語言文學培訓測試中心專家學術委員會主任。

　　香港世界華文文學家協會首席顧問。

　　（天津理工大學經濟與文化研究所供稿）

為加強海內外學術交流，應邀赴日本、韓國、香港、臺灣進行講學，

其作品入圍德國法蘭克福國際書展和美國ABA國際書展。

文革五十周年祭

百萬紅衛兵打砸搶燒殺橫掃五千年中華文史精華　可惜

中國知識分子慘遭蹂躪委曲求全寧死不屈有氣節　可敬

國家主席劉少奇無法可護窩窩囊囊死無葬身之地　可歎

內鬥中毛澤東技高一籌讓親密戰友林彪墜地身亡　可悲

2016年李正中於5.16敬祭

前言：忘記歷史意味著背叛

文學巨匠巴金說：

應該把那一切醜惡的、陰暗的、殘酷的、可怕的、血淋淋的東西集中起來，展覽出來，毫不掩飾，讓大家看得清清楚楚，牢牢記住。不能允許再發生那樣的事。不再把我們當牛，首先我們要相信自己不是牛，是人，是一個能夠用自己腦子思考的人！

那些魔法都是從文字遊戲開始的。我們好好地想一想、看一看，那些變化，那些過程，那些謊言，那些騙局，那些血淋淋的慘劇，那些傷心斷腸的悲劇，那些勾心鬥角的醜劇，那些殘酷無情的鬥爭……為了那一切的文字遊戲！……為了那可怕的十年，我們也應該對中華民族子孫後代有一個交代。

要大家牢記那十年中間自己的和別人的一言一行，並不是讓人忘記過去的恩仇。這只是提醒我們要記住自己的責任，對那個給幾代人帶來大災難的「文革」應該負的責任，無論是受害者，或者害人者，無論是上一輩或是下一代，不管有沒有為「文革」舉過手點過頭，無論是造反派、走資派，或者逍遙派，無論是鳳或者是牛馬，讓大家都到這裡來照照鏡子，看看自己為「文革」做過什麼，或者為反對「文革」做過什麼。不這樣，我們怎麼償還對子孫後代欠下的那一筆債，那筆非還不可的債啊！

（摘自巴金《隨想錄》第五冊《無題集・紀念》）

我高舉雙手讚賞、支持前輩巴老的呼籲。這不是一個人的呼籲，而是一個民族對其歷史的反思。一個忘記自己悲慘歷史和命運的民族，就是一個沒有靈魂的民族，沒有希望的民族，沒有前途的民族。中華民族要真正重新崛起於世界之林，實現中華夢，首先必須根除這種漠視和回避自己民族災難的病根，因為那不意味著它的強大，而恰恰意味著軟弱和自欺。這就是我不計後果，一定要搜集、編輯和出版這部書的原因。我想，待巴老呼籲的「文革紀念館」真正建立起來的那一天，我們才可以無愧地向全世界宣告：中華民族真正走上了復興之路……。

當本書即將付梓時刻，使我想到蘭臺出版社出版該書的風險，使我內心感動、感激和感謝！同時也向高雅婷責任編輯對殘缺不全的文革報紙給以精心整理、校對，付出辛勤的勞累致以衷心得感謝！

感謝忘年交、學友南開大學博導張培鋒教授為拙書寫「序言」，這是一篇學者的呼喚、是正義的伸張，作為一個早以欲哭無淚的老者，為之動容，不覺潸然淚下：「一夜思量千年事，人生知己有一人」足矣！

李正中於古月齋

2014年6月1日文革48周年紀念

序言：中國歷史界的大幸，也是國家、民族之大幸

張培鋒

李正中先生積三十年之功，編集整理的《文革史料叢刊》即將出版，囑我為序。我生於1963年，在文革後期（1971-1976），我還在讀小學，那時，對世事懵懵懂懂，對於「文革」並不瞭解多少，因此我也並非為此書寫序的合適人選。但李先生堅持讓我寫序，我就從與先生交往以及對他的瞭解談起吧。

看到李先生所作「前言」中引述巴金老人的那段話，我頓時回想起當年我們一起購買巴老那套《隨想錄》時的情景。1985年我大學畢業後，分配到天津大學冶金分校文史教研室擔任教學工作，李正中先生當時是教務處長兼教研室主任，我在他的直接領導下工作。記得是工作後的第三年即1987年，天津舉辦過一次大型的圖書展銷會（當時這樣的展銷會很少），李正中先生帶領我們教研室的全體老師前往購書。在書展上，李正中先生一眼看到剛剛出版的《隨想錄》一書，他立刻買了一套，並向我們鄭重推薦：「好好讀一讀巴老這套書，這是對「文革」的控訴和懺悔。」我於是便也買了一套，並認真讀了其中大部分文章。說實話，巴老這套書確實是我對「文革」認識的一次啟蒙，這才對自己剛剛度過的那一個時代有了比較深切的瞭解，所以這件事我一直記憶猶新。我記得在那之後，李正中先生在教研室的活動中，不斷提到他特別讚賞巴金老人提出的建立「文革紀念館」的倡議，並說，如果這個紀念館真的能夠建立，他願意捐出一批文物。他說：「如果不徹底否定「文革」，中國就沒有希望！」我這才知道，從那時起，他就留意收集有關「文革」的文獻。算起來，到現在又三十年過去了，李先生對於「文革」那段歷史「鍾情」不改，現在終於將其裒輯付梓，我想，這是中國歷史界的大幸，也是國家、民族之大幸！

前兩年，我有幸讀到李正中先生的回憶錄，對他在「文革」中的遭遇有了更為真切的瞭解。「文革」不僅僅是中國知識分子的受難史，更是整個民族、人民的災難史。正如李先生在「前言」中所說，忘記這段歷史就意味著背叛。李先生是歷史學家，他的話絕非僅僅出於個人感受，而是站在歷史的高度，表現出一個中國知識分子的真正良心。

就我個人而言，雖然「文革」對我這一代人的波及遠遠不及李先生那一代人，但自從我對「文革」有了新的認識後，對那段歷史也有所反思。結合我個人現在從事的中國傳統文化教學與研究來看，我覺得「文革」最大的災難在於：它對中華優秀傳統文化做出了一次「史無前例」的摧毀（當時稱之為「破四舊，立新風」，當時究竟是如何做的，我想李先生這套書中一定有非常真實的史料證明），從根本上造成人心

的扭曲和敗壞，並由此敗壞了全社會的道德和風氣。「文革」中那層出不窮的事例，無不是對善良人性的摧殘，對人性中那些最邪惡部分的激發。而歷史與現在、與未來是緊緊聯繫在一起的，當代中國社會種種社會問題、人心的問題，其實都可以從「文革」那裡找到根源。比如中國大陸出現的大量的假冒偽劣、坑蒙拐騙、貪汙腐化等現象，很多人責怪說這是市場經濟造成的，但我認為，其根源並不在當下，而可以追溯到四十年前的那場「革命」。而時下一些所謂「左派」們，或別有用心，或昧了良心，仍然在用「文革」那套思維方式，不斷地掩飾和粉飾那個時代，甚至將其稱為中國歷史上最文明、最理想的時代。我現在在高校教學中接觸到的那些八十年代、九十年代後出生的年輕人，他們對於「文革」或者絲毫不瞭解，或者瞭解的是一些經過掩飾和粉飾的假歷史，因而他們對於那個時代的總體認識是模糊甚至是錯誤的。我想，這正是從巴金老人到李正中先生，不斷呼籲不要忘記「文革」那段歷史的深刻含義所在。不要忘記「文革」，既是對歷史負責，更是對未來負責啊！

記得我在上小學的時候，整天不上課，拿著毛筆——我現在感到奇怪，其實就連毛筆不也是我們老祖宗的發明創造嗎？「文革」怎麼就沒把它「革」掉呢？——寫「大字報」，批判「孔老二」，其實不過是從報紙上照抄一些段落而已，我的《論語》啟蒙竟然是在那樣一種可笑的背景下完成的。但是，僅僅過去三十多年，孔子仍然是我們全民族共尊的至聖先師，「文革」中那些「風流人物」們今朝又何在呢？所以我認為，歷史是最公正、最無情的，是不容歪曲，也無法掩飾的，試圖對歷史進行歪曲和掩飾其實是最愚蠢的事。李正中先生將這些「文革」時期的真實史料拿出來，讓那些並沒有經歷過那個時代的人們真正認識和體會一下那場「革命」的真實過程，看一看那所謂「革命」、「理想」造成了怎樣嚴重的後果，這就是最好的歷史、最真實的歷史，這也就是巴老所說的「文革紀念館」的一個重要組成部分啊！我非常讚成李正中先生在「前言」中所說的，只有不漠視、不回避這段歷史，中國才有希望，中華民族才有希望！

是為序。

中華民族最黑暗的年代「文革」48周年紀念於天津聆鍾室

〔注〕張培鋒：現任南開大學文學院教授博士班導師

古月齋叢書6　文革史料叢刊　第四輯

值得纪念的战报
胡帝

野营战报

第三期　1972.10.10　五团南宁路小学二连主办

毛主席语录

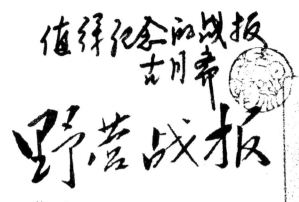

野营训练是一种好方法。如不这样训练，就会变成老爷兵。

贫下中农和我们心连心

全连战士来到小沙沃大队，受到贫下中农的热情关怀，刚一进村，就安排了住处。贫下中农早已收拾好屋子，对我们无微不至地关怀，仅仅几个小时的接触，我们就深深体会到：贫下中农和我们心连心。

几天以前，先遣组先来到大队，贫下中农董文志、高国兰、张代表、郭大娘一直跟着先遣组，号房、领路、腾房、研究如何对学生进行教育，安排学生学农劳动等等，家里有事，都不回来照顾我们，家里来了客人，也顾不得招待。不仅如此，还怕我们地不熟，就坐在大队等着，一旦有事就好到大队去找，这真使我们深受感动。大队保管孙学奇同志，想的比我们还细，在物质上给予充足的支援。我们连部设在赵恩海家里，晚上，我校一个老师正打着手电办公，刚从天津赶来的赵恩海同志不顾旅途疲劳，马上到连部看望，发现我们没有拔根灯泡，便叫孩子马上给送来，事后，还很抱歉地表示：送晚了！真是"灯泡虽小照得满屋亮，事事看出贫下中农的好思想"！

贫下中农常对我们说："咱们是一家人！""请还请不来呢"这些朴素的语言，说明贫下中农有深厚的阶级感情，有落实毛主席11.24批示的觉悟，贫下中农的每一言、每一行，都是为了执行毛主席的革命路线！

贫下中农不仅从生活上关心，而且还从政治上关心，准备给我们讲村史，进行国际主义教育等，真是我们的好老师！

全连战士以贫下中农为榜样，以解放军为榜样，也能够遵守三大纪律八项注意。广大同学安排住处后，都首先忙着做好事。三排有几个同学，分配住处后，老乡不在家，他们就把背包放在外边，等老乡回来后他们就忙着做好事，达到"三净"后，才把背包拿进屋。

我们将要在这里住二十天左右，这是我们向贫下中农学习，提高路线斗争觉悟的好机会，让我们抓紧这一大好时机，虚心向贫下中农学习为完成党中央给我们的野营任务而努力！

行军途中　创作选

指导员，王永宽，
身体不好拼命干，
宣传鼓动带头搞，
拉练征途写诗篇。

收容队，挑重担，
为革命拉车跑得欢，
不怕苦，不怕累，
再苦再累心里甜。

金老师，不简单
宣传工作带头干
鼓励战士战困难
是我们的好样板

野營路上

经过几天的思想准备和物质准备，我们今天踏上了野营征途。全连干部战士个々精神抖擞，斗志昂扬，从队伍最前边的连长、通讯兵，到队伍最后边的收容队，都满怀豪情，在拉练的大道上，前进！前进！

连指导员王永宽同志，跑前跑后，既细心观察每一个战士行军的情况，又热情宣传好人好事，宣传毛泽东思想。他一边走，一边编诗做快板，逗得战士乐呵呵，浑身添了劲。可是，知道底细的人都知道，王永宽同志是个有患重病，"缺了好多'零件'的人"哪！他现在，是用一不怕苦，二不怕死的精神，率领着全连前进！连长赵烽同志平足，走出十几里路，脚上就打了泡，但仍精神抖擞地走在队列前，关怀照顾整个连队。

行军队伍里，有一个近五十岁的老教师张树森同志，他早把"老"字扔掉了，亮着大嗓门，鼓励战士不畏困难。他还充分调动每个战士的积极性，组织好战士一齐起来搞宣传鼓动。象这样的教师岂止一个？金世荣老师身体很不好，夜里又没睡好觉，但她丝毫不顾病痛，积极热情地组织同学们，并带头宣传鼓动。金老师的声音，从排头传到排尾，给全连战士很大鼓舞。还有林意老师、张惠卿老师等也是如此。师范老师金秀兰同志模范地遵守纪律，热情地宣传鼓动，高唱革命歌曲，得到师生的好评，给大家树立了榜样。

全连战士的积极性调动起来了，革命歌曲此起彼伏，口号声接连不断。谁是宣传员？数不清的同学都是宣传员，争先读快板，表扬好人好事。一排的王阿娜、胡燕々、刘忆光、罗永东等同学，二排的许多同学，三排的孟小近、魏训明、刘棣、韦红、李晨歌等同学，四排的姜惠茹、涂茂平等同学都积极热情地宣传鼓动，尤其四排和二排发动群众更为普遍。全连队伍中，有的打着快板进行鼓动，有的把行军中的好人好事及时编成顺口溜鼓动，有的唱天津快板，有的开了小小联欢会，有的学唱歌曲，有的互相拉歌。真是大家搞宣传，大家受教育。

战无不胜的毛泽东思想深入人心，这巨大的精神力量鼓舞每个战士，大家明确，困难，看起来是坏事，但是它能锤炼我们的赤胆忠心，能使我们学会如何同困难做斗争。接班人是在大风大浪中锻炼成长的，不是在温室中培养的，我们要当好革命接班人，就得在艰苦中锻练。因此，不畏困难的事迹层出不穷。通讯员马建军，个小，背个大背包，脚走破了，别人要替他背背包，他却乐观地回答："我一瘸一跳地也要走！"硬是背着大背包胜利地完成了行军任务。还有马起英、刘忆光、夏蓬等同学，也是克服了个子小或身体差的困难，坚持行军的。徐小明背着背包，打着校旗走在最前列，无论风多大，他也坚持着完成任务。收容队的师生更是如此，东西多，任务重，车子不好使，但他们拉着车子不停步。驾辕的刘斌同学在他批准参加红卫兵的时候就说："更重要的是在思想上加入红卫兵！"现在，他正在用自己的实际行动努力地去做！

我们行军五十多里，同学们基本上做到了一切行动听指挥，遵守行军纪律，没有出现任何事故，还有不少同学用三句话两首歌做为自己行动的准则，对同学团结互助。

这五十多里啊，真是红旗飘！真是斗志高！正如大家高声朗读的那样："二连战士斗志坚，革命豪情冲云天，紧跟领袖毛主席，野营路上把兵练。"

野营战报

第四期 1972.10.13. 五团二连主办

毛主席语录

我们应该谦虚，谨慎，戒骄，戒躁，全心全意地为中国人民服务，……

克服松劲情绪，乘胜前进

我们胜利地完成了行军任务，又受到了贫下中农的热情接待和关怀，可以说，取得了一些成绩，拉练正在顺利进行。在这个时刻，我们想的是什么？不少干部战士抓住了同学们存在的一种"拉练没啥"的盲目自满松劲情绪，努力反对"一生、二熟、三滑头"的倾向，进行了第一次思想整顿，这样做很好。在整顿中，各排在全连动员的基础上又针对本排的特点进行了动员，学习了毛主席1124批示，八一社论，重温毛主席关于阶级斗争的教导和"人贵有自知之明"的教导，批判刘少奇一类骗子的唯心史观，批判三脱离的修正主义教育路线，树立接受贫下中农再教育的思想，对照自己出发前写的决心书，找出自己的成绩和不足，挖出思想根源，然后讲用。结合思想整顿，在二排的带动下，各排和全连都搞了紧急集合，整顿了作风。通过整顿，进一步端正了对拉练的态度，自觉地向贫下中农学习，提高阶级斗争觉悟，路线斗争觉悟和继续革命的觉悟，批判和克服了不良之风，严格执行三大纪律八项注意。

现在，整顿是不是完全搞好了？没有。我们各级干部要善于抓住一种倾向掩盖着的另一种倾向，克服松劲情绪，乘胜前进！

赞「炊事班」

全连一百多名战士，胜利地完成了行军任务，来到驻地，炊事班给我们准备了西红柿汤，烧好了烫脚的水。大家无不赞扬我们的炊事班。炊事班是七日到大队的，他们不顾自己吃饭、喝水，就开始盘灶。王学勤、李连德二位师付年岁大了，身体又不好，但仍竞竞业业地工作，那一根根炉条，是王师付用斧子剁成的。在贫下中农支持下，拆改几次，终于盘好两个灶。现在，他们又克服任务重的困难，为落实1124批示再立新功！

「来得及」与「来不及」

思想整顿，对三排红卫兵、班长远小近教育很深，他反复想：为什么迟到两分钟？

那是一天出操以前，排长说：立即在排集合点集合！和远小近住在一起的一个同学认为来不及洗脸了，但远小近却说："来得及，能洗。"结果，全排同志就等着他们这个班，迟到了两分钟。

"为什么我认为'来得及'而实际却'来不及'呢？"远小近挖出了自己思想深处的骄傲、松劲情绪。在讲用会上，他说："在贯彻毛主席批示的问题上，我没有贡献，却带来了困难。"他表示"要戒骄破满，象解放军那样执行命令，遵守纪律。"

向贫下中农学习

现在，正是秋收季节，贫下中农忙得很，但是他们还是盛情接待我们。大队党支部书记说：“接待好拉练同学，要全力以赴，这是我们义不容辞的责任。”民兵指导员董文忠同志对我们说：“对你们来说，是一个拉练，对我们来说，是一次战备考验，如果接待不好，就是战备观念不强的表现。”这高度的觉悟，这亲切的语言，对我们教育尤深，说明贫下中农是把每件热情接待的小事都看成搞好战备的大事，都和执行毛主席革命路线联系起来。

我们住在老乡的家里，给老乡带来许多麻烦，但几乎所有接待我们住的老乡，都说：“你们用嘛，就说一声，到这儿就跟到家一样啊，咱们就是一家人！”李茂达同志对我们热情地说：“你们的衣裳脱下来我们给洗吧”还怕影响我们睡眠，让接夜班的女儿到自己屋去睡。张维光同志给我们送来炕席，又送来尿盆。孙云龙同志用油粘把窗户钉上。李树印同志给我们送来炕席，又给钉好窗户。张洪庞同志不让学生喝冷水，给准备开水，把暖烘烘的炕头让给我们睡，让自己的孩子睡到炕梢去。还怕学生夜间上厕所不便，送来了尿盆。贫农郭洪阁烧了热炕。赵夫郑同志家里是一个排的集合点，但赵夫邦同志不但不怕麻烦，还送来了炕席和凳子，让同学们坐着开会。赵大娘给我们送来棉门帘，有时大娘出门，怕我们进不去，就不锁门。赵恩海同志对学生说：“你们有纪律，要不是因为纪律，我得把东西都给你们吃。”李宗廷同志热情地让学生吃玉米，学生遵守纪律不吃，他说：“要不是落实11.24批示，请也请不来呀。”王庆丰给我们送来煤油灯，挂上门帘，还说“你们喝水别到伙房打了，就在我这喝吧！”郭洪夫给学生准备了热水，洗脚水。又给烧了炕，还叮嘱学生夜间不要上厕所，就在院里大小便。赵庆奎家只有一个灯，但拿过来给学生用，还给学生拉条洗衣绳，把窗帘又洗干净。曹国栋给学生准备开水喝。……象这样的事例还有很多，使我们深深感到，到这里就和到家里一样，处处体会到贫下中农对我们的温暖。

照顾得如此周到，但贫下中农还谦虚地说：“你们到我们这里来，正赶上秋收忙，水泵又坏了，我们接待的不好。”“我们想的不周到。”还说：“你们还有什么困难？提出来，用什么就说话。”听了这些话，我们更受教育。

我们有千句万句感谢贫下中农的话，但是最要紧的是学习贫下中农，把贫下中农的关怀做为动力，完成交给我们的任务！

为什么搬走了？

一天，李老师开完会，回到驻地——李茂达同志家里，一看，昨天还和我们住在一起的大娘的女儿，今天搬走了，几个学生正为这事议论纷纷，以为自己惹老乡生了气，搬走了呢。李老师也莫明其妙，赶紧找大娘问问，原来，大娘的女儿这天晚上要接夜班，要在12点起床，她怕打扰同学们，便悄悄地搬走了。这事使师生非常受感动，大家激动地说：“我们住在大娘家，给大娘添了不少麻烦，可是大娘不怕麻烦，还怕打扰我们，待我们真是太好了。”纷纷表示向贫下中农学习深厚的无产阶级感情和高度的路线斗争觉悟。

野营战报

第五期 1972.10.15. 五团二连南宁路小学主办

毛主席语录

革命者不可能在温室里成长，要在大风大浪里去锻炼自己。

艰苦炼就红心赤胆

编者按：从市区来到郊区，从学校来到广阔天地，条件艰苦了。如何对待艰苦？用烈士张勇同志的话，就是“艰苦练就红心赤胆”！下面选登一些张勇同志的豪言壮语，让我们共同学习。

件件事，适于党与人民的需要！句句话，毛泽东思想为标！步步路，毛主席革命路线走得牢！

到农村接受贫下中农的再教育，首先是路线斗争的教育。

在困难面前不动摇，在荣誉面前不骄傲。

今日虽艰苦，明日更幸福，今日我献身，下辈人享福。

我要做一个永不生锈的螺丝钉，党把我放在哪里，我就在哪里闪闪发光，永不生锈。

在艰苦面前不低头，在风浪面前不停步。

在同志面前是小学生，在敌人面前不苟且偷生！

艰苦练就红心赤胆，天作帐篷地作床，风雪呼啸我乘凉！

劳动

（短评）

劳动，同学们热爱劳动。毛主席教导我们：“我看对青年一定得加强思想政治工作，要教育青年不要轻视劳动；要愿意参加体力劳动，才能建设好我们的国家！”我们热爱劳动，因为劳动能创造世界；我们热爱劳动，因为劳动是人民的实践；我们热爱劳动，因为接班人的成长不能脱离劳动。

拉练中我们已经劳动三天了，主流很好，劳动纪律好，干劲足，能团结互助，能爱护集体财产。但也有些问题：有些同学来到地里，见到虫子、蛐蛐等，引起极大的兴趣，一有机会，就想逮；还有些同学干活挑工种，这种活干得带劲，那种活干得不带劲；……等等。这些现象，反映了一个对劳动的认识问题，是凭兴趣去发呢？还是从拉练去发呢？是让革命工作服从自己的需要呢？还是自己服从革命需要呢？

劳动有许多工种，少了一样也不行，贫下中农祖祖辈辈在地里干了几十年、几百年，没有干腻过，我们才干三天，有什么可挑肥拣瘦的呢？要学习贫下中农，在劳动中想贫下中农所想，干贫下中农所干，就能学到一些东西，就能有收获。

吃饭（短评）

人每天都要吃饭，但不同的阶级吃饭不同。解放前，贫下中农祖祖辈辈种庄稼，却还得沿街讨饭，地主阶级不干活，却吃着酒肉。不同思想的人对吃饭的看法也不同。艰苦奋斗的人粗茶淡饭分外香，追求享受的人香甜饭菜不可口。今天我们吃的拉练饭，怎么样呢？广大同学吃着热腾腾、香喷喷的饭菜，体会党给我们的温暖，增添接班人的干劲。不少同学吃着集体饭，心里想大家，吃苦在别人前头，享受在别人后头。我们的炊事员总是先吃剩窝头、剩饭。可是也有一些个别同学，好吃的饭菜多吃点，不好吃的饭菜少吃点，甚至想弄点"零食"来解馋。

同学们，拉练要练思想、练作风，我们透过"吃拉练饭"这样的小事来分析一下，我们应当怎样对待艰苦？吃"拉练饭"时应当想着什么？大家用实际行动来回答。

一排拉练日记摘抄

今天我们进行了野营拉练，走到后来，我脚痛了，浑身没劲了，但我仍然努力宣传毛泽东思想，做到脚痛不吭声。我觉得，不经过艰苦的磨炼，是不能接来继续革命的觉悟的。

胡燕燕 10.10.

今天第一次摘棉花，我感到很新鲜，也很容易。可是干了一会儿，就满头大汗了。我想，今天的劳动是对修正主义教育三脱离的批判，是向贫下中农学习的机会，劳动不是看新鲜，而是执行毛主席革命路线。我坚持认真地一一胜利地完成了劳动任务。

唐永平 10.12.

贫下中农给我们讲村史，我受到很大教育，决心学习贫下中农高度的阶级斗争、路线斗争和继续革命的觉悟，改正自己过去要求自己不严的缺点，时时刻刻问自己"究竟为祖国做了些什么？"

朱简 10.11.

小通讯

我排战士每天都主动地帮助贫下中农做好事，扫地、挑水，做到"三净"。但同学们还不满足，继续找错误，挖根源，提出努力方向，向大家汇报。（三排）

十三日晚上，黄晓洛、姜惠茹两个女同学去排部汇报回来，涂彦平、李起英、王津三个同学主动把她们送回家，使她们很受感动。她们说："我们相信，通过拉练会使我们更好地团结起来！"（四排）

十二日，我排摘棉花，远小近、刘根等同学干得非常踏实，脸上不断地滚下大汗珠子。牛明明、韦红、高梅军、王颖、袁虹易等同学也是忙个不停，认真仔细地摘，争取不浪费一丝一毫。大家服从分配听指挥，叫干什么就干什么，分配摘棉花大家踏踏实实，分配捡豆子，大家认真仔细。捡豆子时，凌亚伦跑得满头大汗，收集豆子。（三排）

我排的纪律检查小组成立了，由两名男生两名女生组成，成立第一天，他们就到每个駐地去检查，发现有一处地没扫，就找同学谈心，做思想工作，帮助他改正缺点。（一排）

野营战报

毛主席语录

要认真总结经验。

第六期　1972.10.18　五团二连主办

行军途中讲用会

十月十七日下午，我们从"五七"炼油厂出发，继续精神抖擞地前进，一路上，又搞军事训练，又唱歌，来到了我们的"讲用会场"，这会场多么好啊，阳光灿烂，秋高气爽，一望无际的庄稼，发出诱人的芳香。四个排分散坐在肥沃的土地上，召开了劳动总结讲用会。

几乎每个发言的同学都用自己的亲身体会，痛斥了刘少奇一类骗子所鼓吹的"英雄创造历史"的唯心史观。他们说："这一望无际的庄稼谁种的？打井抗旱谁干的？是贫下中农！他们把水送到城市，自己打井，大旱年里夺丰收，贫下中农是实践的主人，劳动人民是历史的创造者。刘少奇一类骗子鼓吹"英雄创造历史"，这是骗人，是历史唯心主义！我们一定要向贫下中农学习！"不少讲用的同学用自己亲身的经历说明贫下中农是我们的好老师，我们必须接受贫下中农再教育。二排蔡超英同学说："我掰玉米的时候，把一个比较小、比较好的玉米丢在一边了，而贫下中农却把它拾了起来。通过这件事，我感到，我和贫下中农相比是多么渺小啊，思想差得多么远啊，贫下中农听毛主席的话，一定要把粮食抓紧。我却把贫下中农辛辛苦苦打下来的粮食丢掉了，多么不应该！"谢峰同学说："有一天我看到一堆猪粪，又臭又脏，就躲开了，可是贫下中农郭大爷却用铲子铲了起来，告诉我说'猪粪是很好的肥料'，顿时，我脸上直发热，感到贫下中农思想最干净，我要好好向贫下中农学习。"四排吕长芬同学说："每天挑水，我们两个人担一桶，还累得够呛。一次，我自己试着挑两桶，可是一挑起来一步三晃，水洒了满地。我看到贫下中农的小孩，从十来岁就挑水，走起路来稳稳当当，感到我们大城市的孩子肩不能挑，手不能抬，差距太大了。不仅体质上有差别，思想上也有差别，是没有受锻炼的结果。"

发言的同学还谈到了自己在学农劳动中的思想过程。三排远小近说："我们一连拾了三天柴禾，累得很，一抬头，就头昏眼花，真想站起来，直直腰，歇一会。晚上张老师用事实讲了干部的重要作用，我对照自己，越听越惭愧，下定决心，从今以后要苦干！第二天劳动，我用'拼命干，起好带头作用'这个标准严格要求自己，想：我是红卫兵，是干部，要带头，要坚持下去！贫下中农战天斗地，打井抗旱，不怕累，我这点累算什么？干革命必须吃苦，拉练就要刻苦锻炼，革命接班人就要在这样的斗争中成长！"四排杨红兵说："劳动中，什么累啊，渴啊，脏啊，苦啊，我会不顾，只想着为革命拼命干。”四排吕长芬说：“拣棒子的时候，玉米叶子扎着我的左眼，眼泪止不住地流。一个同学忙走过来看我，我想，我自己不能干活了，不能再耽误一个人，于是我就叫她干活去了。尽管左眼痛得钻心，但为了完成任务，我一手用手帕捂着左眼，另一手又干起来。老师劝我找大夫看看，但我想，来回一折腾要花好多时间，我谢绝了同志们关怀，又干起来。”

行军路上讲用会结束了，同学们劲更足了，在红旗的指引下，又踏上了野营路。更新更大的考验在等待我们，沿着毛主席革命路线，前进！再前进！

我们的排长

说排长，道排长，
我们的排长斗志昂。
毛泽东思想来武装
步步跑在革命路线上。
一排金老师身带病，
一颗红心献给党。
石老师家里有困难，
战胜困难来拉练。
一排情况不熟悉，
排长意志比钢坚，
深入细致做工作，
一排面貌有改变。
二排林老师工作细，
认真负责管到底，
刘老师，配合好，
排内工作出成绩。
三排排长张老师，
二人重担他挑起，
发动群众做工作，
三排步步向前进。
四排张老师真积极，
人老心红有志气，
全连军训他也抓，
排里的工作安排细，
简老师，带头干，
野营拉练排万难，
不怕情况不熟悉，
广泛谈心忙得欢。
我们的排长就是好
工作做得真周到，
再接再励立新功，
永远前进不动摇！

郭金山的转变

十七日行军途中，搞了几次战备演习。同志们接到敌情：前边有两个背包式定时炸弹！大家一听，立即进行搜索，发现这个“炸弹”正藏在一棵又高又大的树上呢！被茂密的枝叶遮盖着，不仔细看，还真看不出来。现在，发现了，可怎么排除呢？

几个战士往上爬，也不行。只听一声：“我来！”窜出一个小个子的同学，几下子爬到树顶，把“炸弹”排除了。这是谁？不用问，谁都认识，他是郭金山，有名的小散漫，前几天还犯了错误。但是今天的郭金山变了，从那次犯错误以后，连首长对他进行教育，贫下中农对他关心爱护，他深受感动，深刻认识了自己的错误，下决心改正。今天他特别遵守纪律，服从指挥，一路行军一路搞宣传，还努力地编鼓动词呢！很多同志称赞他：一拉练，咱郭金山转变了！

师生干　同心干　食堂面貌大改变

原来的食堂，一进院子，左边一堆粪，左边一个肥坑，走进伙房，苍蝇爬满槛都黑了。团部领导同志知道这种情况，指示我们搞好卫生，防止传染病。连部付指导员刘师付亲自挂帅，大家说干就干，从学校拿来窗纱、苇帘子，搞了防蝇设备；把肥坑垫死；用泥把粪堆糊死，用敌敌畏熏苍蝇；又做一次彻底的大扫除。

战斗中，团部派来五位同志战斗在最脏最累最辛苦的地方。翟指导员被敌敌畏呛得眼通红，泪直流。完成任务后又连挑几十挑水，其他同志拉车、合泥、站在粪堆上抹泥。我校刘师付及师生一个个干得很欢。现在再看食堂，又宽敞又干净。真是师生干，同心干，食堂面貌大改变！

全心全意为贫下中农服务

治病

在我们的拉练队伍中，有一位年过半百的老教师——李艺园同志，尽管年老体弱，但还是每日巡迴在贫下中农和革命师生中间，全心全意为人民服务。只要听到病情，就立即去治疗，有的进行针灸治疗，有的给开偏方。

李老师在和社员谈话中得知有位五十八岁的大娘，半身不遂，有五个月不会翻身，患肢不会屈伸，起坐拉尿都需要人照料。李老师主动去针灸，每天都扎，现在这位大娘的患肢能屈伸了，也会翻身了。还有一位大娘神经衰弱很厉害，经过几次针灸后见好。有一位大娘急性扭腰，李老师针灸按摩以后，就好了。……这样的例子举不胜举。李老师就是这样，不仅为革命师生看病，还全心全意地为贫下中农服务。

理发

在连部领导下，成立了理发小组，由师范老师张津生同志和学生任伟生、魏建新组成，进一步为广大贫下中农社员群众服务。虽然刚刚成立，技术较差，设备简陋，但受到了贫下中农的欢迎，受到同志们的支持，在很短的四天内，理发组就为三十一名社员与儿童理了发，并为三名本校师付与同学理了发。

在理发时，社员群众为理发员倒水，积极支持，体现了贫下中农对我们无微不至的关怀，使理发员坚定了为贫下中农服务的信心，使我们同贫下中农的关系更为密切了。

三个理发员决心今后一定更好地为贫下中农、社员群众服务，向贫下中农学习，完成党交给的各项战斗任务。

两碗挂面汤

十月十八日早晨，二排二班战士的屋内，炕上放着两碗热气腾腾的挂面汤。这是怎么回事呢？

原来是这样：二班战士刘大跃、谢宾住在李宗亭老大爷家里，这天夜里他俩突然泻肚，一夜泻了几次，住在旁边屋里的李大娘，看在眼里，疼在心上，早晨天还不亮，就起来忙着给这两位同学做了两碗挂面汤。象疼爱自己的孩子一样，还打上了两个鸡蛋，亲自端到这两位同学面前。这两位同学看着两碗面汤，激动的话不知怎么讲，便推托说要去厕所，出了屋子就去找老师。老师赶忙来到大娘家，一进屋门，大娘便迎上前去，说："老师，你快说句话让孩子喝下去吧！孩子们离开家来到我这里，身体不舒服，我这当大娘的还不应该疼疼吗？"老师向大娘解释，同学们严格遵守三大纪律八项注意是对的，您的身体也不好，就给您吃了吧！大娘还是坚持让学生喝，正在推拖不下的时候，连指导员王老师来了，李大娘向王老师表示了自己的心意。王老师说："您的心意我们收下了，同学们将来离开您也永远忘不了您，您那深厚的无产阶级感情是我们永远学习的。"大娘说："这面汤我做了，你们就得喝下去。"王老师又向大娘宣传了解放军的三大纪律八项注意，大娘才高兴地答应了。

两碗面汤情意深，贫下中农是我们的亲人。我们二排全体战士决心向贫下中农学习，做无产阶级革命事业接班人！（二排报导）

野营战报

第八期　1972.10.22.　五团二连主办

毛主席语录

……即使是青年工人，因为没有受过旧社会的苦，更应该加强阶级教育，以提高他们的思想觉悟。

不忘阶级苦

十月十九日，贫下中农张代表和郭大娘给我们讲了旧社会的苦难家史，给我们上了一堂生动的阶级教育课。

在那万恶的旧社会啊，长夜难明赤县天，百年魔怪舞蹁跹！多少人饥寒交迫讨饭路？多少人地主鞭下把命丧？多少人走投无路入虎口？多少人仇恨怒火满胸膛？张代表、郭大娘的苦啊，诉不尽，说不完！这是一家苦吗？一家仇吗？不！这是阶级苦，民族恨！"无产者哪个不是苦出身"！三座大山压身上，祖祖辈辈受熬煎！

共产党、毛主席，领导人民闹革命，靠毛主席的革命路线取得一个又一个的胜利，夺取了政权，劳动人民盼了多少年啊多少代，今天太阳照得心头暖！

经过寒冬的人最热爱太阳，不忘阶级苦的贫下中农听毛主席的话，他们路线觉悟高，对八次光辉批示理解得深刻。我们要学习贫下中农深厚的无产阶级感情和高度的路线斗争觉悟。

同学们，让我们和贫下中农比一比童年，比一比对党对毛主席的感情，比一比路线斗争觉悟，比一比对八次批示的态度和拉练的表现，在后一阶段中，更要努力作战！

忆苦会后「发言摘选」

旧社会，张大娘和郭大娘象我们这样大时，都过着饥寒交迫的生活，给地主干活还挨打受骂。而我们今天这么大，却过着十分美好的生活。贫下中农对党对毛主席有深厚的无产阶级感情，很值得我们学习。

（孙小红）

在那吃人的旧社会，劳动人民七、八岁就给地主扛短工，吃不饱，穿不暖，过着牛马不如的生活。我们七、八岁就上学念书，过着幸福的生活，可是我们还生在福中不知福。

（蔡红）

张代表、郭大娘这么大年纪了，还积极为党工作，战胜一切困难，把自己的儿子送去当解放军，为保卫党、保卫毛主席而战斗。我们是青少年，一身全是劲，但我们的干劲不及贫下中农。这次拉练，就要我们练出象贫下中农那样的思想和干劲来！

（三排四班）

通过忆苦，自己很受教育，我们今天吃的是大米白面，拉练时吃点窝头就觉得苦。在旧社会贫下中农吃不上窝头，连野菜都找不到啊。我怕吃苦是因为没想着旧社会劳动人民受的苦！

（刘永水）

一代新人茁壮成长

师范学校的张津生、田迎春二位老师，在短短几天的拉练中，和二连三排的同学们结下了深厚的感情。

他们以自己的模范行动，给同学们树立了榜样。

当同学们刚到驻地的时候，晚上没有脸盆，张津生老师就主动地拿自己的脸盆给大家使用。

每次活动，张老师、田老师都以身作则，劳动走在前，吃苦抢在前。他们严格要求自己，处处关心同学，看电影时田老师把自己的棉衣脱下来给同学，电影散后二位老师主动把同学照顾回到驻地，张老师连背包都没来得及放，就到各屋去查铺，同学们异口同声地称赞他们，真是我们的好老师！

（张竹柳来稿）

忆苦会发言摘选

用旧社会的苦，和新社会的甜相比，通过比，学到了贫下中农的无产阶级感情。贫下中农为革命种田，不怕苦，不怕累，干劲十足，说明贫下中农路线斗争觉悟高，我在干劲上、执行纪律上不如贫下中农自觉，要好好学习贫下中农。

（叶红）

听了忆苦报告，使我们受到一次深刻的路线教育，我们认为旧社会苦就苦在政权掌握在地主资产阶级手里。新社会甜就甜在毛主席的革命路线引导我们从胜利走向胜利，夺取政权，巩固政权。我们决心好好锻炼自己，长大接好革命班！

（四排一班）

喜看教育战线的新兵

师范学校的娄秀梅、田□□二位老师，在参加拉练的工作中，和我们排的同学打成一片，深受全排同学的赞扬。他们吃苦在前，处处时时想的是全排同学的情况，而置自己于不顾。

他们主动承担工作，严格要求自己，每天查铺，检查同学们的日记，关心同学们身体健康，照顾病号，深入细致地做同学们的思想工作，解决同学们的困难。他们的模范行动给全排战士以深刻的教育。

我们喜看教育战线上的新兵，在茁壮成长！

征稿

同学们，在野营拉练中，好人好事好思想不断涌现，反映出我们的路线斗争觉悟不断提高。

为了互相交流经验，向先进学习，杜绝不良现象发生，把我们的战报办成内容丰富，形式新颖，战斗力强的宣传工具，希望广大师生踊跃投稿。内容如下：

1. 参加各种教育活动后的感想等。
2. 贫下中农对我们情深意长，我们和贫下中农心连心。
3. 好人好事好思想。
4. 红色日记。
5. 新型师生关系，干群关系。
6. 革命大批判、小评论、一事一议。
7. 讲用。

形式可以多种多样，故事、诗歌、论文等均可。（宣传组）

野营战报

第九期　1972.10.23　五团二连主办

毛主席语示

紧紧地和中国人民站在一起，全心全意地为中国人民服务，就是这个军队的唯一的宗旨。

发生在军事训练前的故事

二十一日，解放军小单同志和小李同志，帮助我们军事训练，深受师生的欢迎。训练器械——木枪、手榴弹往全连战士面前一摆，连长给大家讲了小单和小李在军事训练以前两次来小沙沃的故事。

小单和小李第一次来小沙沃，是十九日的事。他俩为什么要到小沙沃来呢？因为牢记毛主席的话："要有准备，有了准备，就能恰当地应付各种复杂的局面。"他俩为了搞好军训，提前和我们制定计划来了。由于不认识路，他们走了一村又一村，过了一庄又一庄，足々走了三个小时，才找到小沙沃。我们连部的老师怎么也没想到解放军同志会主动找咱们来，心里很受感动。

小单和小李第二次来小沙沃，是二十日的事。那天，天气骤然变冷，嗖々的冷风，夹带着小雨，向行人扑来。小单和小李正为枪支不够着急，他们觉得，帮助学生训练，手里只有二十几杆枪，哪够呀！于是，他们蹬着一辆不太好使的三轮车，到工农联盟去借枪支。泥泞的土道，给他们带来很大的困难，三轮车怎么也把不稳，一会儿往左滑，一会儿往右滑，一路上不知使了多大的劲，才把枪拉回来。解放军真是好样的，尽管他们已经很累了，但还坚持要亲自送到我校驻地——小沙沃。这辆三轮，在这雨天里，是没法再骑了，怎么办？小单小李把枪用绳子一捆，把手榴弹装好，捆好，然后，用条扁担一穿，二人抬上了肩！这时，天是风雨交加的天，地是泥水没过脚面、凸凹不平的地，这两个钢打铁铸的战士啊，就这样，肩上担起二百多斤的重担，迎着风雨，踩着泥泞路给我们送枪来了！他们一进连部，就和我们的负责同志谈起军训的事来。他们谈笑风声，好象根本不知什么是累。我们端上一碗开水，他们却说："给同学们留着喝吧！"在场的革命师生，无不为之感动，当即做出一个决议：明天军训，就以这件事为教材，对学生进行一次教育！

全连战士听着连长讲的故事，回想解放军给我们讲的人民解放军的宗旨："紧紧地和中国人民站在一起，全心全意地为中国人民服务，就是这个军队的唯一的宗旨。"大家激动得简直不知说什么是好。心里暗暗下了保证：向解放军学习！

棉袄手电传红心

阶级友爱似海深

那是本月二十日晚上，细细蒙蒙的小雨下过之后，又刮起了大风，大道上几乎没有一个人。这时，一位贫下中农的女儿拿着一把手电筒和一件棉袄，来到三排一班的吃饭点，亲自把手电和棉袄送到杨秋萍和高慧玲的手里。这是怎么一回事呢？

原来，杨秋萍、高慧玲、赵春风三名同学下午五点来钟就到了吃饭点，准备干完了工作就吃饭。

饭后，准备回家的时候，天已经很晚了。这时她们发现没有带手电，高慧玲也没带棉袄。天这么冷，又这么黑，道路又这么滑，家又这么远，没有手电可怎么行呢？这时，她们房东的大姐发现高慧玲没带棉袄，也忘带了手电，便急急忙忙放下手里的活，拿着棉袄和手电送到三排吃饭点。

当杨秋萍、高慧玲她们接到这表达贫下中农深厚的阶级感情的棉袄后，激动万分，她们当时紧紧握住大姐的手，不知用什么语言来表达她们的感激心情。

这真是："棉袄手电传红心，阶级友爱似海深。"

（三排报导员）

我三排一班的杨秋萍、高慧玲、赵春风三名同学，和老乡搞好团结，贫下中农无微不至地关照她们，问寒问暖，又是送开水，又是煮山芋，真象亲生父母一样。这些行动使这三名同学非常受感动，她们一早起来帮老乡的孩子洗脸，晚上教大姐唱歌，平时帮助老乡打水、扫内屋，扫院子，扫街道，忙个不停，做到了"三净一满"。老乡家分下了许多棒子，煮好后端来一大碗，一再要求她们吃，但她们微笑着说："我们要听毛主席的话，严格执行《三大纪律八项注意》，您的心意我们领了，但这棒子我们不能吃。"

这真是"五湖四海一家人，阶级友爱似海深。"

（三排通讯报导员）

三排通讯三则

（三排通讯报导员）

自从十月十六日高梅苹同学流鼻血，一直持续不断。为了止血，李老师在她脚底敷上大蒜，蒜在她脚底上烧起了大水泡，但她好象没事一样，照样帮助老乡做好事，抬水，扫地，几乎样样都干。看她那精神劲，真象没事人一样，但和她住在一屋的同学都会知道，她是在忍着剧烈的疼痛，坚持干的。如果你仔细看的话，就会看到她走路时还一瘸一拐的呢！同学们劝她休息一会儿，她却毫不在乎地说："没事！没事！"

我排的王锡森同学主动帮助老乡做好事，看护家畜，帮助孙大爷剁鸡食，喂鸡，喂兔，护理好家畜，扫院子，挑水等等。帮助孙大爷做了许多好事。

在劳动中，杨秋萍、高梅苹、陈一平踏踏实实、埋头苦干。赵春风同学收棒子皮，抬着很重的大筐跑东跑西，不怕累。她们受到大家赞扬。

野营战报

第十期 1972.10.26. 五团二连主办

毛主席语录

要认真总结经验。

总结经验提高认识

我们从今天开始进入野营训练的第三阶段——大总结阶段了。毛主席教导我们："要认真总结经验。"为什么要总结经验呢？毛主席在《实践论》中说："认识的感性阶段有待于发展到理性阶段——这就是认识论的辩证法。"总结经验的过程，就是把感性认识上升到理性认识的过程。通过总结经验，能够进一步加深我们对毛主席"11.24"光辉批示的理解，能够进一步提高路线斗争觉悟，有利于巩固和发展拉练成果。

从哪几方面进行总结呢？

首先，总结一下自己通过野营训练，是如何加深对毛主席"11.24"批示的理解的，用自己的亲身实践，说明"训练一下和不训练大不一样。"

第二，总结一下自己在野营训练中有哪些收获，取得哪些成绩，举出自己一、二个例子说明自己是怎样做的，思想上有哪些飞跃。

第三，总结一下自己学习贫下中农的体会。

第四，总结自己在野营训练中还存在什么问题。

第五，今后打算如何巩固和发展野营训练的成果。

每个同学还可以针对自己的实际情况，突出某一个侧面进行总结。

同学们，让我们以路线为纲，在大总结中进一步学习马列主义、毛泽东思想，提高路线斗争觉悟，使野营训练结出丰硕果实！

搞好战地整训

我连现在形势很好，在拉练中取得不少成绩。但是"谁要是只看见成绩一面，不看见缺点一面，谁也就不会很好地为实现党的任务而斗争。"在我连现在仍存在一些问题，归结起来是：怕艰苦，犯纪律，闹意见，混日子。这些问题的思想根源，或是资产阶级名利思想作怪，或是对毛主席11.24批示不够理解。

针对这些问题，我们搞这次战地整训，基本作法是：总结动员，端正态度；暴露问题，揭发矛盾；抓住事例，分析批判；斗私批修，提高觉悟；认真总结，落实行动。

如何对待这次整训呢？首先，要有自觉革命（下转第二版）

我的好孩子不仅参加拉练，也不够资格参加「红卫兵」因为你们是些小家伙，却在"大"学习了。

拉练战士谈体会

读书有用

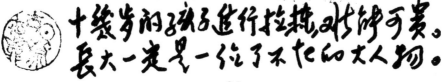

参观五七炼油厂，我看到了石油是怎样炼的，那么多种油，我只在课堂上学过一两种，还有那些仪表，全是自动操作，上面有很多字母。我想 建这个厂，多么不容易啊 没有科学文化知识可不行，建设社会主义，必须要有科学文化。读书不是没有用，而是很有用。

（林紅）

贫下中农是好老师

有一次劳动回来，房东老大爷问我："干什么活儿？"我说"掰棒子。""掰字怎么写"这下可难住了我们，有的说："用手掰，一定是提手旁吧？"大家谁也写不出来。房东老大爷就告诉我们"两个手字，中间一个'分'字，就是'掰'。"从这件事我感到，学不好文化，很惭愧。

还有一次摘棉花，脚上扎上了好多野草刺，扒掉了还扎。我就为难了，这时看到贫下中农的脚上也扎了好多，但毫不在意。我才想到，人都有脚，但贫下中农的脚经过千锤百炼，我的脚只能走平坦路。我必须向贫下中农学习，经常锻炼。（杨秋萍）

掰棒子时发现有的有虫子，我就不敢掰了，贫下中农问我："怕虫子怎么劳动？地里有好多虫子，怕它就不劳动了？"我听了这话，就用手把虫子弄走。贫下中农说："这就对了。"（李梅）

热情宣传的报导员

三排的通讯报导员朱静同学，在各项活动中积极收集好人好事，深入调查了解，利用休息时间坚持写通讯报导，宣传毛主席批示 赞扬好思想好作风。对排里的好人好事她报导的及时，写的全面，水平也很高，但对她自己却只字不提，从不夸耀。在军事训练十分劳累的情况下，她还坚持写报导。一天晚上，因为她临时搬换了一个住处，没有把报导写完，第二天清晨四点多钟，她打着手电克服困难写完了报导，及时地交给了连部。朱静同学的这种热情宣传毛泽东思想的革命精神，受到同学们的称赞，大家都说：朱静同学真是个热情宣传的报导员。

（二连三排）

搞好战地整训

（上接第一版）的精神，遵照毛主席的教导"无数革命先烈为了人民的利益牺牲了他们的生命 使我们每个活着的人想起他们就心里难过，难道我们还有什么个人利益不能牺牲，还有什么错误不能抛弃吗？"其次，要注意"不应着重于一些个别同志的责任方面，而应着重于当时环境的分析，当时错误的内容，当时错误的社会根源、历史根源和思想根源，实行惩前毖后，治病救人的方针，借以达到既要弄清思想又要团结同志这样两个目的。"第三，要注意落实行动，抓住好的典型，带动一般。

让我们以革命的精神，搞好战地整训，乘胜前进！

十几岁的孩子进行拉练，这种精神可贵。长大一定是一位了不起的大人物。

小学生拉练简讯：

备战备荒为人民

《野营通讯》

1期—10期

天津市

和平区岳阳道小学

拉连队编制：五团四连编印

1972、10.29.

野营通讯

第一期 72年

天津市和平区教育局野营训练五团四连岳阳道小学连部主办 十月十日

时刻准备上战场 野营拉练当闯将

东方升起红太阳，最高批示放光耀，我们野营来拉练，革命路上向前

我校全体野营训练战士接到野营拉练的命令后，个个精神抖擞，斗志昂扬，人人都积极为野营拉练做准备工作，决心在这次野营拉练中，练思想，练作风，练出战斗力，向贫下中农学习，改造思想不断革命。

为了在野营训练中向贫下中农汇报的节目，师范学校的同学不辞辛苦地发挥自己的智慧，为拉练战士们编了对口词等节目。在排练节目中，宣传队的积极分子袁静茹、王忠明、杨加莉、杨佳琪、石英等同学忘记了休息，忘记了吃饭，一切从眼前的为拉练排练节目，为贫下中农演出。他们觉得这么再累也是甜。

中学二班的王建刚同学，在这次拉练前，校党支部因一些原因没有批准他，得知消息后心情很沉重。他再三向党支部要求，并写了决心书，表示在这次拉练中执行命令，练思想，练作风。经他再三表示决心，校党支部批准他的要求。

中学三班的张林同学是回民，学校党支部为了照顾他的生活，决定不让他参加野营训练。这个同学决心很大，要求党支部不要为他的个人生活问题而放弃了他的野营训练。他说："我就是光吃饭，不吃菜也要参加拉练"。广大同学和老师被他的话深深感动了。校党支部研究后决定批准了他的要求。

在作拉练的准备工作中，广大师生纷纷向党支部表示决心，只要党的一声令下打起背包就出发。为解放全人类，苦练杀敌本领。

▽·▽·▽·▽·▽·▽·▽·▽·▽·▽·▽·▽·▽

野营常识　宿营卫生

1. 到宿营地后，先进行清扫，做好室内卫生和环境卫生，并派人挖或找好厕所，严禁随地大小便。
2. 搞好个人卫生，勤洗头发，勤剪指甲，坚持每天晚间用热水洗脚睡觉时，可将脚适当垫高，以利恢复疲劳。

野营训练练红心

十月十日清晨，东方刚露出鱼肚白的时候[illegible]，我们拉练战士们就都起了床，他们打好了背包，[illegible]，就象要上战场的战士一样，英姿[illegible]，[illegible]着野营拉练的出发号令。

行军的路上我们飞奔，歌声嘹亮，[illegible]前进在野营途中，他们克服一个又一个困难，[illegible]。

行军途中表现最突出的算是文艺宣传员[illegible]，三排[illegible]同学他个子虽小，但干劲很大，他手拿快板，[illegible]，一路上念着宣传鼓动词，总是在队伍的前前后后[illegible]，[illegible]表扬他，他还谦虚地摇摇头，认为自己做的还很不够。[illegible]同学在行军途中[illegible]背包、[illegible]，[illegible]十斤，[illegible]脚上打了泡，[illegible]一瘸一拐地走，[illegible]同学会[illegible]。

在毛主席"一不怕苦、二不怕死"的战斗口号下，红卫兵战士[illegible]同学，[illegible]，行军途中[illegible]，但他想到的是宣传毛泽东思想，自己[illegible]，[illegible]，然后继续宣传，同学们抢他的快板，他硬是不给，[illegible]。二排的杨[illegible]同学一路上[illegible]，但她还坚持徒步行军，一直走到宿营地。年过半百的[illegible]老师虽然年纪大，但他[illegible]背包，[illegible]向同学们宣传毛主席关于野营训练的指示。同学们都称他是"我们学习的好榜样"。

在下午三点钟左右，拉练大军[illegible]了目的地，[illegible]，一到这里就为贫下中农打扫卫生，挑水，[illegible]，[illegible]不停。他们决心向贫下中农学习，努力改造世界观。

学习的榜样

二排报导：

我们排长郭惠彩
今年岁数已半百
毛主席思想来武装
革命干劲冲天大
老人一颗红心更坚
任何困难都不怕
关心同志胜自己
我们向她来学习。

拉练好人好事

（三排来稿）

我排战士杨加[illegible]同志，在行军途中，主动帮助别人背背包，她这种助人为乐的共产主义风格，值得我们学习。

我排战士[illegible]同志，在身体不舒服的情况下，坚持行军，以无产阶级革命英雄主义精神战胜病魔，胜利到达目的地。这种不怕苦、不怕累的精神值得我们学习。

野营通讯

天津市和平区教育局野营训练五团岳阳道小学四连连部主办　第二期　10月11日

贫下中农和咱是一家人

自从我全体野营战士到达小杜庄大队后，受到了大队领导和贫下中农热烈的欢迎和无微不至的关怀。在政治[illegible]上都给予我们很大的支持和帮助。我们无论来到哪里，哪里就有热情的[illegible]，到处都沉浸在贫下中农和拉练师生欢聚一堂之中。师生们非常感动，深有体会地说"贫下中农和我们最亲""贫下中农和咱是一家人。"

拉练战士们无论来到哪里，贫下中农都准备了很好的房舍，并准备了开水让同学们洗脚洗脸着。我拉练队伍的先遣组提前两天到达大队，大队付书记家才同志及张金友、张凤祥同志热情地接待，并跑前跑后为拉练队伍号房，安排吃住。没有锅找锅，没有缸找缸，没有面板找面板，没有草帘找草帘，没有…大队同志们一知道我们有困难就设法给我们解决，真是为革命不辞辛苦，为我们这次拉练能够顺利进行提供了很有利的条件。

民兵连长张曰升同志从杨柳青开会回来知道我们伙房还没有安排好，也顾不上休息就连忙投入了伙房准备的战斗。不仅如此，我们住到各户的贫下中农家里，贫下中农对我们的照顾和关心就象对待自己家里的人一样。例如：在号房间住的同学，有的衣服脏了，房东和大婶看在眼里，记在心上，忙把洗衣盆搬来让同学洗衣服。住在11号房间的拉练战士是一排一班的同学，他们刚到房东家里，李大爷就连忙为同学们准备好草帘。13号房间的冯大娘听到同学们来了以后就抢着把同学的背包往屋里拿，并特意为这次拉练战士的到来买了九尺新兰布做门帘。还有9号、12号、19号、20号房间里的贫下中农都给同学们开水洗脚，并给同学送来了煤油灯。同学们不约而同的默念着："贫下中农真是咱的贴心人。"贫下中农常对我们说："咱们是一家人呀！""要不是毛主席的…

苐一课

十月十一日下午，全体拉练的师生怀着渴望了解村史的心情来到了小杜庄的学校里。今天是大队革委会张主任对拉练师生进行村史教育的日子。

张主任一走进教室，师生的眼光就被他那农民特有的黑红的脸膛和炯炯有神的眼光吸引过去了。张主任从小杜庄解放前农民如何受地主剥削一直讲到解放后在党和毛主席领导下，贫下中农过上了幸福美好的生活。他说"地主阶级是我们的冤家对头，在旧社会，他们剥削我们压迫我们使我妻离子散、家破人亡，不得不到处要饭弄口吃的，地主狗腿子在解放前到处作恶，欺压贫下中农。要不是毛主席、共产党我们就没有今天。"张主任的讲话激起广大师生对地主阶级的无比仇恨。张主任接着又讲了小杜庄解放后阶级斗争的尖锐复杂性。并且指出在社会主义社会这个历史阶段中，无产阶级如丧失警惕就会被阶级敌人的糖衣炮弹所击中，被阶级敌人拉下水。阶级敌人就是这样把我们的人拉过去。最后张主任又对师生提出了希望，要求师生要牢牢记住毛主席的教导"千万不要忘记阶级斗争"这样才能走毛主席的革命路线不偏离。

拉练师生听完张主任讲村史后，受到了很大教育，并且进行了讨论。一排一班的师生们说"不管出身好坏，只要有自来红思想，不学习马列就会上当受骗，被敌人拉下水、就有走向犯罪道路的可能。因此我们要认真看书学习，弄通马列主义。现在虽说革命取得了胜利，但是阶级斗争仍很尖锐复杂，我们要用毛泽东思想武装头脑，提高警惕，辨别是非，沿着毛主席指引的11.24批示的道路阔步前进！

挑战书

我校遵照毛主席11.24批示进行了这次野营训练，为了把这次野营训练搞好，我们向二班战士挑战，和二班同学开展革命竞赛，我们决心做到：

一、坚决执行三大纪律八项注意，严格遵守纪律，拜贫下中农为师，恭恭敬敬地向他们学习。

二、搞好团结，为贫下中农办好事，做到三净一满。

三、在劳动中不怕苦，不怕累，象先进同学学习。

以上是我班决心，请二班在战后多帮助。

二排一班全体战士

批示，请你们还请不来呢。"这些简短朴素的语言说明了贫下中农对毛主席11.24批示理解的深，执行的坚决，是我们学习的榜样。

野营通讯

天津市和平区教育局野营训练五团岳阳道小学四连连部主办 第三期 70年10月14日

广阔天地炼红心

我们野营拉练来到小杜庄以后，从十月十二日投入了紧张的学农劳动。在这三天的劳动中，同学们不但向贫下中农学到了好思想好作风，而且更重要的是锻炼我们一不怕苦，二不怕死的革命意志。

在学农劳动中，一排和二排的同学，都以革命加拼命的干劲，展开了互相竞赛的热潮。通过竞[illegible]不仅出色地完成了予定的劳动任务，而且更重要地增进了同[illegible]，师生之间的革命团结和冲天干劲。在劳动中很多同学手磨[illegible]，但他们还一直坚持不下火线。同学们说："多铲一锹土就[illegible]，就多射出一颗炮弹。"胡俊[illegible]郭梗声等同学在这次野营训练[illegible]劳动中有很大的进步。王建[illegible]同学个子虽小、手腕虽疼，但[illegible]一直坚持劳动，并要求把任务[illegible]给他。很多红卫兵[illegible]班、排干部[illegible]学农劳动中发挥了他们的模范带头作用，干起活来生龙活虎。[illegible]各个连的同学在班、排干部的带领下，不断总结经验教训，[illegible]相学习，取长补短，使这几天的学农劳动形成了热火朝天的场面。

在劳动的空隙时间里贫下中农又为我们讲了农业基础知识课，使大家学到了在学校小课堂所学不到的东西，既丰富了头脑，又增长了见识。

通过几天的劳动，同学们不仅锻炼了思想，而且增强了体力，也初步[illegible]会到了广大农民一年四季的辛勤劳动和贫下中农抗旱保丰收的革命精神。

与帝修反争时间

在这几天劳动中，同学们都发扬了一不怕苦，二不怕死的革命精神。他们把每锹一铲土都看作是埋葬帝修反的一颗颗重型炮弹。在劳动中表现的比较突出的是王建刚同学，班长王宏明、红卫兵战士都积极带头，发挥模范带头作用。发扬红卫兵的勇敢精神，[illegible]们把劳动看作成与帝修反争时间，使劳动场面形成热火朝天的景象。

·二排一班·

洗裤子

住在13号房间的一个男同学，不小心摔倒在泥里去了，把衣服搞弄脏了。房东冯大娘看在眼里记在心上，主动把这个同学的裤子洗得干干净净。等同学们看到晾在绳子上洗的很干净的裤子，都非常受感动，他们决心向贫下中农学习。以实际行动搞好这次野营训练，来报答贫下中农对我们的关怀。

《一排报导》

扫羊圈

我拉练师生自从来到小杜庄大队宿营后，和贫下中农的感情日益深厚。在10月11日下午我班刘何军、刘进，花少峰、侯波等几位同学，发扬了不怕苦、不怕累的革命精神，主动帮助贫下中农打扫羊圈。在打扫羊圈的过程中他们争先恐后的争着抢重活脏活，把羊圈扫得干干净净，受到了贫下中农的好评。

他们这样做就是遵照毛主席的教导，走与同工农相结合的道路。在每一滴点的小事上注意[illegible]锻炼。虚心向贫下中农学习，[illegible]向贫下中农的感情。

《一排二班》

煤油灯

为了更好的支援社会主义建设，农村有时候没有电，15号房间的房东冯大嫂，为了使同学们学习好和休息好。她就把自己家的煤油灯给同学们点上。她不仅如此有电的时候，[illegible]自己的灯泡给同学们安上，而自己的屋里却点小洋[illegible]，[illegible]学们深深地为冯大嫂的这种先人后己，见困难就上，见[illegible]让的革命精神所教育着，启发着。

《十五号房间全体战士》

伙房战歌

我校炊事班的全体战士们干劲冲天，个个生龙活虎，他们每天早起晚睡，为拉练师生做饭，甘当革命的火头军。

谷风机轰轰作响，菜刀嚓嚓地高唱……，炊事班里一片热气腾腾，炊事员们紧张而有秩序地工作着。这时只见一个个子不高的中年人不怕烟熏火烧，站在灶旁。他——就是炊事班的王老师，带着病还坚持工作着，不怕脏、不怕累。在工作时，不小心把一盆热水洒在脚上，可是他还继续工作着，……。

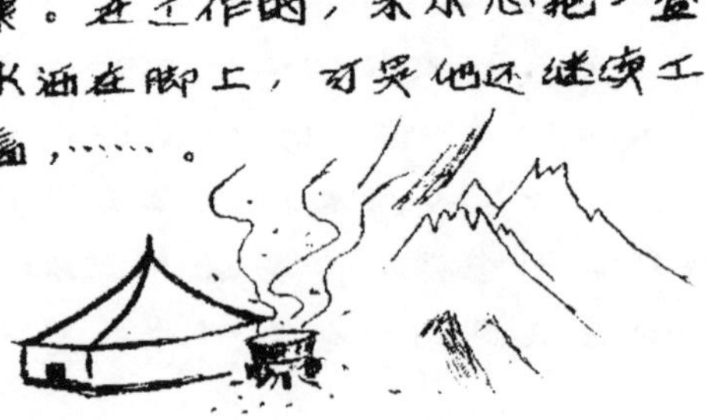

野营通讯

天津市和平区野营训练五团四连岳阳道小学连部主办 第四期 10月16日

一堂生动的阶级教育课

编者按：十月十五日上午，全体拉练师生听了生产队长李文祥同志的忆苦报告。李队长在解放前七八岁的时候，父亲就被日本帝国主义杀害了。父亲死后，母亲被迫改嫁了，后来弟弟又被活活饿死。最后只剩他一个人到天津学徒三年，受尽了剥削和压迫。解放后，李文祥同志过上了幸福生活，有新房五间，大儿子参加了人民解放军，二儿子上高中。其他孩子也都上了学。下面就是几个学生听完忆苦报告后的心得感想。

忆童年

常忆昔日苦　更觉今日甜

听了李队长的忆苦报告，大大激发了我们全体革命师生的无产阶级感情。在讨论中，同学们个个义愤填膺，摩拳擦掌，你一言我一语，深刻地揭露了旧社会的黑暗统治。有的同学说："李队长七八岁时就沿街乞讨，过着衣不遮体的生活，而我们现在生长在红旗下，吃的是大米白面，穿的是棉衣棉裤，这和李队长的童年相比真是一个天堂一个地狱"。还有的同学说：李队长十几岁就给资本家干活挨打受骂，

不忘阶级苦

听了李队长讲述他在万恶旧社会家破人亡的悲惨遭遇，使我们很痛。这字字血、声声泪激起了我

〜〃〜〃〜〃〜〃〜〃

吃不饱穿不暖，可是我们从小就有这样的好条件来学习，可是有些同学不好好学习，这太对不起为今天幸福生活而牺牲的烈士们。

全体同学们纷纷表示决心，要过去苦，紧跟毛主席干革命。＝

苐一阶段战地整训表扬名单

（拉练苐一阶段表现好的个人）

一排：一班：冯义东、蔡惠芳、黄　健、杨桂凤、刘文华、
二班：李　恒、张秀芬、许明达、许伟勋、刘　莉、
三班　花少峯、孙秀英、刘向军、卢　军、
四班：林　梅、廖彩坚、

二排：一班：魏　丽、黄天明、齐敬东、张守伦、杨嘉莉
二班：王忠明、刘振同、张红英、杨佳荣、
三班：袁静茜、付　钢、归宏云、
四班：卢国栊、张　宁、

贫下中农的体贴

我二排二班的几个同学住在周大娘的家里，周大娘对我们真是关怀备至。又是拿来开水让我们洗脸烫脚，又是嘱咐我们晚上注意盖好被别冻着……。前两天，我们房间有个同学的鞋脏了，还没有来得及刷，就被周大娘抢先刷洗的干干净净，晾在屋外。所有这一切同学们看在眼里，记在心上，心里有说不出的感激。同学们心里默默地想着：我们一定用实际行动来报答贫下中农对我们的关怀。

——（四）——　——（四）——

社会 受教 们对 上学 的国 我们 不忘 二排三班

万恶旧社会的无比愤恨，激发了我们全班战士的无产阶级感情。在讨论会上广大同学纷纷表示和谈了自己的感想，并和李队长比了童年。有的同学说："李队长从小要饭过着吃不饱穿不暖的苦难生活，而我们却从小进幼儿园进小学读书，我们今天的幸福生活是许多先辈的鲜血换来的。我们今天有什么理由不好好学习呢？"会上批判了刘贼的剥削有功论。广大同学　激动的表示了自己的决心，决心不忘阶级苦，紧跟毛主席干革命。　二排三班

肠炎

肠炎就是拉肚子。如果次数很多而每次大便很少，带脓带血，又有腹下坠，就可能是痢疾。有时还可发烧。我们要提高对于防治肠炎和痢疾的认识，批判那种认为"拉稀跑肚不算病"的麻痹思想。积极防治，饭前要洗手，不喝生水，不吃生冷不洁的食物，防止病从口入。为胜利完成野营战斗任务而积极防予肠炎和痢疾。

卫生常识

野营通讯

天津市和平区教育局野营训练五团岳阳道小学四连连部主办 第五期 10月20日

认真学习，提高路线斗争觉悟

编者按：我们全体拉练战士怀着对我们伟大祖国的无限热爱的感情，又重新学习了国庆社论，通过学习，思想觉悟有了很大的提高。下面选登了两个班学习"十一"社论后的体会，供大家学习、交流、参考。

做好本职工作，支援世界革命

学习了"十一"社论后对我们教育很大。开阔了我们的眼界和胸怀，使我们更加看清了国内外的大好形势，大大鼓午了我们的革命斗志。面对国内外的大好形势，我们深刻感到，生在伟大的中华人民共和国真是幸福的。但是我们不能忘记在台湾的骨肉同胞，仍生活在水深火热之中。世界上还有三分之二的劳苦大众仍处在帝国主义的压迫之下。我们只有把自己的本职工作做好，"好好学习，天天向上"。落实毛主席的"五七"指示，学好社会主义文化科学知识。学工、学农、学军。苦练杀敌本领，搞好这次拉练。以我们的实际行动支援被压迫人民的解放斗争，支援世界革命，为早日实现共产主义而贡献自己的力量。

——一排四班

毛主席的革命外交路线胜利万岁！

通过学习"十一"社论，使我们进一步体会到毛主席革命外交路线的英明伟大，同时也体会到国内外形势是一片大好的。这几年来就有二十几个国家同我国建立了外交关系，使我们伟大的中华人民共和国在整个世界上的威望不断提高。在这些国家里面，有的国家是和我们友好的，也有国家以前是和我国敌对的，但我们国家在毛主席革命外交路线指引下，与他们进行了认真、友好、坦率的谈判，最后又使两国之间恢复了正常的外交关系，一些中小国家也纷纷起来，反对两个超级大国的强权政治和霸权主义。事实正象毛主席所说的"弱国能够打败强国，小国能够打败大国。"这一光辉论断。通过学习"十一"社论，使我们更加强了为早日实现共产主义的坚定信心。因而我们要努力学好本领，长大为中国革命和世界革命贡献力量，做革命接班人。

—排二班

球赛

十月十八日下午，火红的太阳映照在村边的篮球场上。球场四周坐满了看球的观众，从人群中不时发出阵阵喝采声。野营部队和当地中学小杜庄分校的运动员们的精采比赛吸引了过路的行人。这时只见野营部队的一名运动员正向对方方面运球，其他队员也是你追我赶奋勇救球。忽然，运球的这个运动员脚下一滑摔倒在地上，正在关键的时刻，只见一只有力的大手一把将这个同学扶起……在场的观众，裁判员及运动员无不为之感动。他们从中看到了城乡人民的团结和贫下中农的崇高品格。这虽然是仅仅一瞬间发生的事，但它充分体现出高度的共产主义风格和友谊第一、比赛第二的革命精神。

球赛又在充满友谊的气氛中继续下去了……《友好》

记一次拥軍优属活动

十八日，我四连全体拉练战士在小杜庄进行了一次拥军优属的活动。同学们亲手把写好的"发扬革命传统，争取更大光荣"鲜红的对联贴在了军属家门框两侧。同学们又为军属老大娘、老大爷们打扫了院子、屋里，擦玻璃、担水、洗塑料布。有的同学担水时不小心洒在自己的衣服上，军属老大娘看到后心疼地说："你们拉练战士一到俺们村就参加劳动够辛苦的了，现在又帮俺们做卫生，真叫我们过意不去……。"同学们响亮地回答："解放军为了保卫祖国的锦绣河山，时刻紧握手中枪，为革命不怕流血流汗，苦练杀敌本领，为革命做出了贡献，我们为大娘做这点事又算得了什么！"大娘听了一席话很受感动，又留又让我们接着干下去……。"

·一兵·

野营诗一首　出发

战旗一摆哗啦啦，战士野营要出发，
军号吹笑满天霞，群众列队欢迎咱，
旭日东升看军营，大地铺开千里路，
战士野营要出发。高山大河任我跨。

野营通讯

天津市和平区教育局野营训练五团岳阳道小学四连连部主办 第六期 1月21日

松劲思想要不得

短评

自十月十日拉练以来已经过了一半时间了。在这期间，我连战士在各方面都取得了一定的成绩，思想也有一定的提高。但是也有一部分同学产生了"松劲思想"。认为拉练"没啥儿"也不就这么回事吗？也有的同学对这次野营训练认识不足，产生了"想家"的思想。结果造成了对自己放松严格要求，行动上表现疲疲踏踏，散散漫漫。吃饭、睡觉不按时，集合动作不迅速，学习讨论不认真，别人一批评还哭鼻子。所有这些问题对落实毛主席"11.24"批示和开展各项活动带来了极为不利的条件。我们要继续提高对毛主席"11.24"批示的认识，端正对野营拉练的态度，一定要杜绝这些坏思想、坏作风，狠批"最后几天，松点没啥"的情绪，为全面落实毛主席"11.24"批示来打一场团结不良倾向的人民战争，夺取更大胜利！

彻底批判唯天才论

我们伟大领袖毛主席教导我们说："天才不是靠一个人几个人，天才是靠一个党，党是无产阶级先锋队，天才是群众路线，集体智慧"。

刘少奇一类骗子鼓吹的"天才论"是在认识论上对抗辩证唯物论的反映论，坚持唯心论的先验论，它根本否认人的认识是对于客观事物的反映，否认认识对于社会实践的依赖关系，他们大肆鼓吹"个人天赋""天生聪慧的谬论，似乎只有他才是"上智的贤者"是天生的"人上人"，这是剥削阶级的极端反动的阶级偏见。

唯心主义认为那种"天生就会"的所谓"天才"是根本不存在的，我们并不是不要说天才，天才就是比较聪明一点。但是人们的聪明才智并不是头脑里固有的，而是在实践中产生的，任何天才都是离不开实践的。

毛主席深刻地指出："卑贱者最聪明，高贵者最愚蠢。"刘少奇一类骗子自以为"高贵"的家伙，实际上是最愚蠢的。因为他们脱离人民，倒行逆施，而被他们视为"卑贱"的千百万人民群众则是最聪明的。因为只有他们才是"天下实践者的人"。一切真知都属于他们的。毛主席的这一伟大的论断，把颠倒了几千年的历史重新颠倒过来了，深刻地教育了我们。我们中间有的同学，总以自己出身好，在学习文化上不用心，还有的同学认为学习好的同学脑子天生就聪明，不是自己用功学习的结果，因而认为自己不如别人。

我们认为人们的聪明才智来源于实践，只有用心学习文化知识，一定能够学懂弄通，就一定会变得越来越聪明起来。所以"个人天赋""天生就懂"的"天才"都只是一些自欺欺人的鬼话。

我们只有牢记毛主席的教导，坚持马列主义唯物论的反映论，坚持反对唯心论的先验论，就能自觉地执行和捍卫毛主席的革命路线。 <二排天福>

全国学人民解放军

十月十九日下午，我校全体师生参观了解放军的"北炮五七炼油厂"，本厂的谢政厂先介绍了本厂建厂情况。这个厂是北京军区炮兵部队，为了落实毛主席的五七指示，而在七0年8月份开工筹建的。参加建厂的二十多名解放军身背行包步行到了建厂地方。他们克服了无材料无技术无厂房的重重困难。在干中学，学中干，仅用一年多的时间就建成的投产了。谢厂长在讲话中又强调了组织纪律和规章制度的作用。他讲：一个工厂、一个学校、一个军队如果没有一个铁的纪律就不能完成党交给我们的任务。就不能搞好生产，就不能打胜仗。在讲话中他又提到大庆工人为什么能为祖国争光为毛主席争光，主要是因为他们有强烈的责任感，有铁的纪律，有忠于党和人民的红心。听了谢厂长的讲话后很受教育。接着又参观了厂里的生产情况。大家决心以实际行动学习解放军的执行五七指示的决心和严明的纪律。 <报导>

野营通讯

天津市和平区教育局野营训练五团岳阳道小学四连连部主办第七期

以实际行动向解放军学习

二十一日早晨，一声清脆的哨声，同学们[illegible]听到战斗的命令似的，不一会，就都打好了背包整整齐齐地到达了集合地点。这次集合是到小沙窝去和徐州路小学一起跟解放军搞训练，一路上红旗在迎风飘扬，同学们，一个个[illegible]一样跑步前进，按时到达了集合地点。

在雄壮的三大纪律八项注意的歌声中，大会开始了，由解放军李同志给同学们讲了，"我军的宗旨……"我军是由毛主席亲手缔造和领导的，我军的宗旨是完全彻底为人民服务，是来自于人民服务于人民的。

"我军能够从无到有，从弱到强靠的是什么？主要靠的毛主席的领导，人民的支持。"接着他又讲了团结的重要性和它的伟大意义，在战争年代里，我军用小米加步枪打败了国民党八百万军队靠的是什么？靠的是团结，只有团结才能战胜敌人，团结就是力量，团结就是胜利，如果不团结就不能完成党和人民交给我们的任务，就更谈不上执行好毛主席的革命路线。

最后李同志着重讲了执行纪律和路线的关系。纪律是执行路线的保证。没有一个铁的纪律，就谈不上执行路线。只有执行纪律才能形成一个拳头做好工作，步调一致才能得胜利，不拿群众一针一线，群众一针一线都是劳动人民血汗换来的，我们没有权力去拿和浪费。"说话要和气"我们都是来自五湖四海，党和人民对我们抱有很大的希望，这是团结的重要条件，只有执行好纪律，全国人民才拥护又欢迎。解放军李同志的讲话，得到了全场的热烈鼓掌。

同学们围绕着李同志讲的内容展开了热烈的讨论。同学们一致认为我们这次拉练主要是锻炼来的，不是享福来的。虽然环境变了，但越

红色日记

今天，我们参观了解放军的五七炼油厂，通过参观使我懂得了干什么工作没有文化是不行的，不管是战争年代，还是社会主义建设时期。文化是极其重要的。没有文化就等于没有建设社会主义的本领，所以我们一定要好好学习社会主义文化科学知识，对待学习不能怕难，一定要克服困难。我决心以优异的成绩向党献礼。

十月二十日　林树

今天我接受了一个新的任务，就是上伙房，我越想越高兴。在伙房工作我就要找重活干，哪活重我就挑哪个活干。我认为这正是锻炼自己的时刻到了，有时自己累了，我一干起活来就全忘了。我想这仅仅是刚刚开始，自己还应该继续努力。组织哪时需要我，我就不顾一切坚决去哪，在大风大浪中来锻炼自己吧！

十月十七日　张宇

红色家信

爸爸、妈妈、姐姐、弟弟你们好：

我们响应毛主席11.24批示，来到大丁公社小杜庄大队进行野营拉练。这是毛主席的伟大号召，也是让我们从小就锻炼思想、意志、作风，是磨练一不怕苦、二不怕死的精神的好机会。在这里我们每天都过着有意义的生活。早晨六点起床为贫下中农做三净一满，七点半训我们不但有练队的活动，而且还有各种体育活动……再说说我们天天学习的情况每天坚持写红色日记。爸爸、妈妈、姐姐你们一定要好好的抓革命促生产，姐姐要做到完全彻底为人民服务，向张思德同志学习，弟弟要在学校里学好社会主义文化知识，每天要按时完成作业，坚持天天写红色日记，和同学搞好团结。不多说了。

妈妈您放心吧！在这里有我们有贫下中农照顾，要比你在家照顾我周到，吃的要比在市里样多。住的是贫下中农让给我们的新房子，贫下中农代替我们父母。请您们放心吧！

祝全家学习工作好！　杨佳荣

——〈(一)〉——　——〈(二)〉——

是艰苦越能锻炼我们吃苦的精神，我们要以实际行动向解放军学习，学习他们艰苦朴素的工作作风，和全心全意为人民服务的优良品质。

野营通讯

天津市和平区教育局野营训练三团岳阳道小学四连连部主办 第八期 10月23日

和贫下中农同批判

二十二日下午，我连全体[illegible]对刘少奇一类骗子的刻骨仇恨，参加了团小杜庄大队和全体拉练师生[illegible]的"批判唯心主义天才观"的大会，会上贫下中农代表和拉练师生代表[illegible]大量铁的事实批判了唯天才论的唯心史观。通过这次批判会使我们[illegible]受到了[illegible]的教育，归结起来有以下几点：

一、认识到刘少奇一类骗子[illegible]"唯天才论"的反动实质，就是为了篡党夺权，复辟资本主义。

二、认识到了在今后的工作中加强认真读书的必要性，[illegible]不认真读书学习就会上当受骗，所以，必须深入持久地开展对刘少奇一类政治骗子的批判，努力提高自己的路线斗争觉悟。

三、认识到了阶级斗争的长期性和复杂性，更加感到伟大领袖毛主席为我们制定的社会主义社会这个历史阶段中基本路线的无比英明伟大。

让我们在拉练过程中，和贫下中农共同战斗，努力学习毛主席著作，不断提高路线斗争觉悟，把革命大批判深入持久下去。

狠批唯天才论

刘少奇一类骗子所散布的反动唯"天才"论是复辟资本主义的黑纲领，是蒙蔽群众的毒药，是一棵饱含毒汁的大毒草，是彻头彻尾的反对马列主义、毛泽东思想的反动观点。

长期以来，刘少奇一类骗子，为了达到其篡党夺权的狼子野心，竭力鼓吹人的认识先于经验，宣扬人的"聪明"和"愚笨"完全是天生的，进而把他们这一伙叛徒、野心家、阴谋家打扮成"天生就懂""天生就会"的圣人、贤人。而把广大的劳动人民诬蔑成"天生愚笨"的"群氓"、"阿斗"，为其复辟资本主义制造反革命谬论。

难道世界上果真有"天生就懂""天生就会"的天才吗？难道一个人生下来，关在温室里不参加三大革命实践就会开机器、种田，创造财富吗？不！世界上绝无这样的事，只有唯心主义才会这样认识世界。而唯物主义认为人的认识、知识，才能只能从社会实践中来。并没有什么"天生就懂"、"天生就会"的天才，所谓"天生就懂""天生就会"全是一派胡言乱语，刘少奇一类骗子把自己吹为是"天才"，目的是好让全国人民信仰他当国家主席，达到篡党夺权的，复辟资本主义的罪恶目的。

伟大领袖毛主席教导我们说："捣乱、失败，再捣乱、再失败，直至灭亡——这就是帝国主义和世界上一切反动派对待人民事业的逻辑，他们决不会违背这个逻辑的。"刘少奇一类骗子也决不会违背这个逻辑的，他们妄图复辟资本主义的阴谋已经彻底破产。

胜利中需保持头脑清醒，征途上处处有阶级斗争。

我们一定要绷紧阶级斗争这根弦，充分运用马列主义、毛泽东思想这个望远镜、显微镜，用阶级斗争的观点观察一切、分析一切，把无产阶级专政下继续革命进行到底！

（一排一班来稿）

联欢会

二十二日晚上，二排战士的宿舍里坐满了校练师生，他们忘记了一天的疲劳，共同欢聚一堂。灯火虽小，把整个屋子照的通红透亮，映红了一张张笑脸。听！"山下旌旗在望，……"歌声是多么嘹亮，歌声刚落便激起了阵阵掌声，他就是二班的王建刚同学，大家感到王建刚同学确实变了，以前是违犯纪律，现在是关心集体，在联欢会上演出自己的节目，这是多么大的变化啊！班、排老师在同学们的邀请下，也演出了自己的节目，赢得了同学们的欢迎。这次联欢会即活跃了我们的生活，又促进了同学之间、师生之间的团结，鼓午了大家的斗志，防止了"松劲思想"，大家一致认为这次会开的好，是我们大家所欢迎的会，像这样的会还要多开，以鼓午战士们的斗志！

（二排来稿）

野营通讯

天津市和平区教育局野营训练五团岳阳道小学四连连部主办 第九期 10月25日

参观进洪闸

嘟……嘟……一声清脆的哨声刚刚响过，我连全体拉练战士[illegible]背背包，英姿飒爽、斗志昂扬，雄纠纠的出发了。

一路上，我们进行了三防训练，并进行了一场战斗演习，经过长时间的行军，终于到达了目的地——独流减河进洪新[illegible]

午饭后，我们参观了独流减河进洪新闸的全貌，[illegible]我们讲述了进洪新闸的修建过程。我们又观看了一九五三年[illegible]国帮助我们修建的进洪闸。我们通过对比看到了外国帮助我们修建的独流减河进洪闸是那样的笨重不灵，而且材料浪费，使用不便。一九六九年我们自己设计修建的独流减河进洪新闸是那样的灵巧自如，而且材料节省，高大雄伟。

通过参观使广大同学深深体会到，这是党和毛主席对我们天津市四百万人民的极大关怀。这说明了勤劳勇敢的中国人民在党的英明领导下充分发挥自己的智慧和才能所创造的先进水平。这是在毛主席"一定要根治海河"伟大号召指引下取得的成就，这是毛主席革命路线的伟大胜利。参观后同学们决心搞好这次拉练。

一场战斗

10月25日，拉练战士正[illegible]他们将要完成一项艰巨的任务。途中哒哒哒传来一阵枪声。只有高度警惕的战士们立即趴下来寻找他们。这时指挥员向战士做了简短的战前动员"在我们前面有股敌人，他们妄图阻止我们前进，我们要全歼敌人。""一排两侧包围，二排正面进攻全歼敌人"。命令刚一下达，战士立即投入战斗。枪声和战士们的喊杀声响成一片，当即俘虏敌人两名。只敌人交待，还有一名妄图潜逃。战士们摩拳擦掌，决心不让敌人跑掉一个。这时开始了全面大搜查。狡猾的敌人被战士发现后，惊慌逃跑。"哉"的一声敌

红色日记

我们拉练已经好几天了，在这几天中向贫下中农学到了许多的优良品质。例如：有一次我看到了跟我们这样大的小同学。一下就能担两桶水，自己看了以后吓了一跳，心想这么个小孩还能担这么两桶水。这回呀我也要挑这么多。于是自己就用扁担挑起水来，这么一挑差点没把我摔倒。呀这么重！这时我真佩服那个小同学，自己就问自己为什么人家和自己同样的年龄同样的个子，为什么人家能挑？自己就挑不动。现在自己才明白，因为自己没有这样锻炼过，所以这次拉练，不但要练出一付铁脚板，而且还要把贫下中农的优良品质运用到我们实际行动中来。

十月十八日 刘莉

今天我们来到了大队耿主任家的住处，开了一个访贫问苦会。耿主任给我们讲叙了小杜庄阶级斗争的由来经和阶级敌人的疯狂破坏活动。使我们对社会主义社会阶级斗争的特点有了新的认识。虽然阶级敌人被无产阶级镇压了，但是，他们还会从意识形态领域向我们进攻，暗地里搞破坏。所以我们要从思想上提高警惕，严防上阶级敌人的当。

十月十六日 孙秀英

练操

一排二班

十月二十一、二十二日两天，某部解放军不辞辛苦指导我们军训……

北风呼呼狂咆哮，
战士风里来练操。
排起队列挺胸膛，
解放军亲自来指导。

解放军亲自来指导，
杀声震天冲云霄。
寒光闪闪刺刀林，
对准苏修美国佬。

解放军亲自来指导，
战士们个个斗志高。
手榴弹投的高又远，
苏修反吓的抱头逃。

北风呼呼我欢笑，
通红的脸膛红光照。
解放军是咱好老师，
苦练硬功逞英豪。

战士们的手榴弹炸死敌人得到应得的下场。战斗胜利结束。这证明敌人捣乱失败再捣乱再失败直至灭亡。战士们又乘胜前进了。

一二

向解放军学习！
向解放军致敬！

野营通讯

天津市和平区教育局野营训练五团岳阳道小学四连连部主办 第十期 1?月26日

贫下中农和咱最亲

我们遵照毛主席"11.24"光辉批示进行野营训练，来到小杜庄大队已有十几天了。在这短暂的时间里贫下中农对我们无微不至的关怀，使我们深受感动。

尤其是我们房间的常大娘，把我们看成是一家人。自从我们王老师病了以后，常大娘更是每天起早贪黑的给我们烧热炕，端开水，耐心的照理病人。不仅如此，而且还主动给病人倒尿桶、刷尿桶。不怕脏、不怕累，常大娘处处为我们操心，就是一家人。

我们住在冯大娘家里，冯大娘对我们是非常关心的，每天冯大娘都为我们准备洗脸、洗脚的水。这次小拉练回来她又为我们烧了很多热水，让我们烫脚。特别是在二十四那天，天下了雨，我们的鞋都被泥水弄脏了。我们就放在院子里，准备晒干后把泥弄下去再穿，可是在我们拉练去的时候，冯大娘给我们刷洗的干干净净晒在院里了。我们看到后深受感动。同学们深深体会到：爹亲娘亲不如阶级亲，河深海深不如毛主席的恩情深，贫下中农最关心咱。贫下中农和咱最亲。

一张窗纸

我们住在17号房间里。王大婶和王大伯很关心我们。尤其是我们房间窗户上没有玻璃，王大婶和王大伯看在眼里记在心上，马上买来白纸给我们糊好。等我们劳动回来看到窗户上洁白的窗纸，使我们每个同学都感到贫下中农对我们真是无微不至的关怀和照顾。

贫下中农胜过我们的亲爹娘，每当我们看到这窗纸，一想起贫下中农对我们的关心就觉得心里是格外的温暖。贫下中农永远和咱心连心。

《一排一班》

转变

王建刚同学是全校闻明的小淘气，提起他没有一个不皱眉头的。都说"这孩子真不好办"。

他的脾气很倔强，平日很散漫，爱个小自由，还特别好奇，东游游西逛逛。这是他的爱好。说别人缺点头头是道，提起自己马马虎虎的过去了。大家对他真没办法。

他真是象大家说的不可救药吗？不！决不是。只要用毛泽东思想和"一分为二"的正确教育方法，他是能接受帮助的。每当他犯错误时师生不仅照顾他的自尊心，也讲错误的危害性。通过师生耐心帮助。触动了他的思想，使他深受感动，认识提高了。从此他也不象过去那样了，变得愿意和大家一起积极参加学习和劳动。在这十几天的拉练中，即练了思想，又练了体质，他开始变了。这多么令人高兴啊。在农村这广阔天地里促进了人的思想革命化。 二排

新面貌

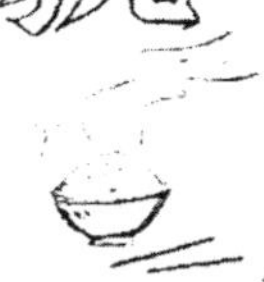

我们同学过去在吃饭时，总是自顾自，不管别人。通过一系列的教育活动，同学们的思想觉悟有了很大提高，由过去死气沉沉沉默的越发活跃起来，有说有笑。就拿付钢同学来说吧。她每天抢着为同学盛好饭菜，自己最后一个吃。象这样的好事在我班日益增多。我班郑坚强同学在学校时不交作业，老师和同学的帮助听不进去。通过十几天的拉练，现在看到同学有病主动负责照顾，早起晚睡，不怕脏不怕累，而且也不怕麻烦，宁愿自己吃冷饭，也把同学照顾的很周到。和同学亲如兄弟，直到这个同学病好为止。我班这一切进步，都是和老师的帮助分不开的，但主要的毛泽东思想在同学头脑中发挥了作用，应该把这一切进步归功于伟大领袖毛主席。让我们在毛泽东思想指引下，争取更大的胜利。

——二排三班

互相关心

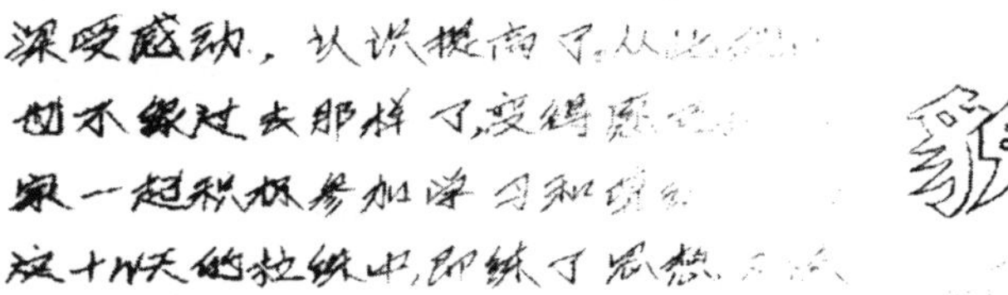

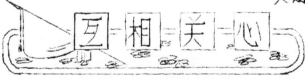

我班王老师病情非常严重不能独自起床，在这种情况下，黄继同学便主动承担起这项照顾王老师的任务。他每天都守在王老师身边，给王老师倒水、拿药，倒尿、倒屎数次，并且在晚上睡觉时还起来看看王老师的被子盖的严不严。他时刻都关心着王老师的病情，注意着王老师的病情。几天如此，不怕脏、不怕累。他这种互相关心，互相爱护，关心别人胜过自己的高贵品质是值得我们全体师生学习的。

——一排一班

野营通讯

天津市和平区教育局野营训练五团岳阳道小学四连连部主办 第十二 10月28

毛主席語录

没有贫农，便没有革命。

我们都是来自五湖四海，为了一个共同的革命目标走到一起来了。

感谢信

"春风杨柳万千条，六亿神州尽舜尧。"

在举国上下 亿万军民满怀无产阶级感情，紧跟毛主席"11.24"示，实行野营训练的热潮中，我们来到您这里开展野营训练活动。这人民政治生活中的一件大事，是加强战备的需要，是进一步巩固无产做的 需要。对于我们来说是向贫下中农学习，接受贫下中农再教育机。

我们来到农村这个广阔的天地来到您们身边，受到了您们热情的无微不至的关怀，心中感到无限的温暖。广大贫下中农对毛主席最忠阶级感情最深，紧跟毛主席伟大战略部署最紧；落实毛主席光辉批示这些高贵的无产阶级品质，在短短的野营训练生活中，使我们受到很深深认识到向您们学习接受您们的再教育是非常必要的；深深体会到贫下中农当中课堂最大，教员最多，思想革命化提高的最快。

我们决心：今后更好的向贫下中农学习，紧跟毛主席意志坚，沿席革命路线永向前！ 在这向您们告别的时刻，向您表示衷心的感谢向贫下中农学习！致敬！

野营训练五团岳阳道小学四连

72年10月28日

2015－1972＝43
四十三年前
被表扬的同学當年11～12岁，至今已五十五岁了，不知现在都担任何种要职？
念念!!!

光荣榜

遵照伟大领袖毛主席"11.24"光辉指示，在野营训练中，能够严格执行三大纪律八项注意，模范的遵守团、连部规定的各项制度，表现较好，经广大同学评定，连部批准，对以下同学提出表扬。

一排：蔡惠芳、黄皓、杨桂凤、许明达　孙秀英　花少峰
程景凤　林梅　廖彩坚

二排：张守伦　杨佳莉　刘振钢　张红英　王忠明
张红旗　张乃栋　归红云　高清跃

优秀集体：一排三班　四班　二排二班

向贫下中农表决心

自从我们拉练到了小杜庄以来，我们住在六号房间的贫下中农家里，受到了贫下中农的亲切关怀。在贫下中农的关怀教育下，我们在思想觉悟上都有了很大的提高。我们在即将回校的时刻表示一下我们的决心：

1. 回校后努力学习毛主席著作，改造世界观，把贫下中农的关怀和帮助带回学校去，真正落实到行动上。
2. 努力学习文化知识，积极参加身体锻炼。做德智体全面发展的接班人。
3. 积极参加学工、学农劳动，在劳动中锻炼我们的思想作风，克服头脑中的资产阶级思想，沿着毛主席指引的"五七"指示大道奋勇前进。把我们自己锻炼成为有社会主义觉悟有文化的接班人。

六号房间全体战士

常大爷、常大娘：

我们遵照毛主席"11.24"光辉指示来到您们村进行野营拉练活动，并在您们的房间里住着。您们不怕麻烦给我们烧热炕、送开水问寒问暖。特别是王老师病了以后您们就主动给病人送水、送尿桶精心照理病人，体现了贫下中农火热的心。真是爹亲娘亲不如阶级亲。现在我们即将要分离了，但是您们的高尚品质是值得我们学习的，我们虽然相隔五十里但是我们和您们的心是永远连在一起的。我们决心把贫下中农的好思想、好作风带回学校去，发扬下去。在学里努力学习社会主义文化知识，努力学习毛泽东著作，做无产阶级接班人。

——一排一班

野营训练简报

第五期

印章：胡說九道

天津市革命委员会战备办公室　　一九七四年五月二十三日

坚持批林批孔　搞好野营训练

红桥区河北大寺小学，在野营驻训过程中，紧紧抓住批林批孔这个中心，密切结合野营实践和教育革命中的问题，引导革命师生开展革命大批判，取得了比较好的效果。

批判林彪鼓吹的“智育第一”的谬论，树立无产阶级教育质量观

河北大寺小学部分教师，在林彪反革命修正主义路线和旧的传统观念影响下，存在着“学生难管，教师难当，工作难作”的思想，认为文化大革命后，自己原有的那一套“本领”用不上了，学生不听老师话了，教师“尊严”吃不开了，“今不如昔”。在这些教师的心目中，书本知识学习成绩好、听老师话的是好学生。这就充分说明“智育第一”、“师道尊严”的流毒还没有彻底肃清。

针对上述问题，该校在这次野营训练中，利用教师接触社会的

大好机会，摆开批林批孔的战场。组织教师认真学习毛主席关于无产阶级文化大革命和教育革命的指示，开展“三史”教育和访贫问苦活动，聘请在东堤大队落户五年、现任第九生产队队长知识青年李维同志，给教师讲述他在贫下中农的再教育下，是怎样由一个深受修正主义教育路线毒害的书生，成长为受贫下中农爱戴的知识青年的过程，引导大家批判林彪“克己复礼”的反动纲领和他鼓吹的“书本要厚，教师要老，劳动要少”的“智育第一”谬论，批判修正主义教育路线的回潮，使教师认识到，在三大革命斗争中需要什么样的人材，社会主义学校应该培养什么样的接班人。他们通过对河头中学学生质量的调查，围绕学生质量是“今胜于昔”，还是“今不如昔”，展开热烈讨论，使教师看到无产阶级文化大革命以后，学生质量有了很大提高。他们还引导教师从学生在学校里和野营训练中的表现，进行对比，使大家弄清应该用什么样的标准去衡量学生，从而树立起无产阶级教育质量观。有一名原来师道尊严较严重的教师，在这次野营训练过程中，改变了过去对学生训斥多、指责多的缺点，能够多看学生的长处，及时肯定学生的进步，坚持正面教育，启发学生自己教育自己，树立起革命的、团结的、民主的师生关系，对其他教师教育比较大。

该校除引导教师弄清以上问题外，还以五年一班为点，抓了两个典型：有的老师一向认为学习好、守纪律、很听话的一个红小兵中队长，在这次野营训练中，怕苦怕累，娇气十足；一向认为“调皮”、“不听话”的一个“后进学生”，在野营训练中，能吃苦耐劳，不怕脏和累，受到全连师生的称赞。我们运用这两个典型，引导教师联系自己世界观上的问题，联系学校教育工作实际，狠批修正主义教育路线的复辟和回潮，从而使教师认识到：站在什么立场上，用什么标准看待学生，这实质上是对待文化大革命的态度问题，是坚持革命，还是复辟回潮；是坚持前进，还是倒退回去的两条路线斗争。大家决心同旧的传统观念和旧的习惯势力彻底决裂，不断提高改造世界观的自觉性，誓把无产阶级教育革命进行到底。

批判林彪散布的“变相劳改”和“学而优则仕”的反动观点，坚持走与工农相结合的道路

由于林彪反革命修正主义路线和孔孟之道的影响，有少数学生厌烦学习，胸无大志，把不愿上山下乡留在城市做工，当成唯一“理想”。甚至有的学生现在就开始盘算“哥哥、姐姐有几个上山下乡，有几个留在城市做工，上山下乡该不该轮到自己头上”，错误地认为：哥哥姐姐上山下乡多，或是独生子女，学习再差，也“稳留”；哥哥姐姐上山下乡少，自己学习再好也无用，到时候还得去“修地球”。为了使广大学生树立从小就要扎根农村干革命，走一辈子与工农相结合道路的雄心壮志，树立远大的革命理想，该校在这次野营训练中，组织学生反复学习毛主席的“青年运动的方向》和**“农村是一个广阔的天地，在那里是可以大有作为的”**等教导，进行“三史”教育，请贫下中农当辅导员，请优秀知识青年讲在农村锻炼成长史、请大队农技站老农讲农业知识，采取全连大会、班组小会、炕头、地头、专栏批判等多种形式，狠批林彪散布的“变相劳改”和“学而优则仕”的反动观点，并结合学习语文中徐特立同志给青少年的一封信和朱克家、张勇同志的英雄事迹，对学

生进行革命理想教育。从而使学生们认识到建设社会主义的新农村需要广大知识青年，从现在起就要虚心接受贫下中农的再教育，努力学好社会主义文化课，树立为革命而学的思想。许多同学在野营训练中，坚持记红色日记，他们表示：一定要在这次野营训练中，从贫下中农身上学到更多的好思想，好品德，好风格，争当一名永远走与工农相结合道路的无产阶级革命事业的接班人。

批判林彪恶毒攻击社会主义新生事物的罪行，大赞大颂野营训练好

在这次野营训练中，该校反复组织师生学习毛主席“一一·二四”光辉批示，大讲野营训练的重大意义，狠批林彪恶毒攻击社会主义新生事物的滔天罪行，不断提高师生参加野营训练的积极性。引导师生边实践、边总结；发动广大师生人人总结，层层总结。通过总结这次野营训练所取得的战果，大赞大颂野营训练好。

野营训练中，能不能紧紧抓住批林批孔这个中心，关键在于领导。由于红桥区河北大寺小学领导思想明确，自觉地把批林批孔放在首位。并且随着客观情况的变化，及时调整活动计划，采取了适合小学野营训练特点的切实可行措施，领导干部站在批林批孔斗争的最前列，坚持带头学、批、联，把批林批孔贯串野营训练的始终，因而胜利完成了这次野营训练任务。

发：各区战备办公室及中、小学。

野营训练简报

第六期

天津市革命委员会战备办公室　　一九七四年五月二十三日

提高路线觉悟，抢救贫下中农儿童

在野营训练中，各学校以批林批孔为中心，认真落实毛主席“一一·二四”光辉批示，积极开展军政训练，虚心接受贫下中农再教育，广大师生精神面貌发生了深刻的变化，在革命实践中出现了很多先进事迹。红桥区北大关小学学生张宝路抢救贫下中农儿童的生动事迹，就是其中的一个。

红桥区北大关小学五年四班学生张宝路，野营训练中驻训在北郊岔房公社杨家河大队贫下中农李恩成家里。五月十日下午张宝路参加助民劳动收工回来，看到李大婶刚满周岁的小女孩正在院子里玩耍，忽然发现小女孩不见了。张宝路立刻警觉起来，心想“小女孩哪里去了呢？”当时他虽然身体很疲劳，但革命责任感在激励着他，便马上到处寻找，当他走到猪圈周围时，一眼看到在深达一米多的猪糟池子里有一只小手露在猪糟浆的外面挣扎，接着就没入糟中，“啊！小孩掉到池子里去了。”这时，张宝路想起罗盛教叔叔舍己救人的高大形象，他只有一个念头“救人要紧。”便把头探进糟池口去救掉到池里的儿童，因池口太小，挤得他肩膀很疼，他忍着疼痛用全力把孩子救上来了。这时，孩子已经昏迷不醒，情况十分危急。张宝路便就地进行抢救。他一只胳膊抱住小孩的脚，一手托住小孩的腹部，使头部朝下，马上从小孩嘴里控出很多的猪糟浆。这时，一些贫下中农和师生闻讯赶来，一起抢救。小女孩慢慢苏醒过来了。孩子的母亲李大婶赶到时，看到女儿得救的情景，感动得两眼流下了热泪，激动地说：“多亏拉练的同学，要不是宝路抢救，我的孩子就没命了！”在场的贫下中农也赞扬张宝路同学“虽然年龄小，可是觉悟高，是毛主席的好学生。”很多同学表示：要向张宝路同学学习。

张宝路牢记毛主席的教导，严格执行《三大纪律，八项注意》，向革命英雄学习，在关键时刻勇敢地抢救贫下中农的儿童，为此，受到红桥区野营训练指挥部的通报表扬。

发：各区战备办公室及中、小学。

野营训练简报

第七期

天津市革命委员会战备办公室　　一九七四年五月二十五日

以批林批孔为中心，密切结合野营实践，认真进行教育改革

红桥区战备办公室，今年五月份，组织了五十三所小学（高年级）学生共七千七百余人，进驻到北郊区和武清县的六个公社实行野营训练。由于区委、区革委领导重视，深入细致地作好各项准备工作，坚持以批林批孔为中心，密切结合野营实践和教育革命中的问题，发动群众认真总结经验，取得了较好的成果。

破旧的“师道尊严”　立新的师生关系

该区跃进里小学，在野营驻训期间，从抓教师世界观的改造入手，引导教师狠批林彪效法孔老二“克己复礼”、否定无产阶级文化大革命的罪行和修正主义教育路线的回潮，大破“师道尊严”，初步建立起新的师生关系。他们通过实践，在认真总结经验的基础

上，体会到：要建立新型的师生关系，教师首先要自觉地改造世界观，敢于同旧的传统观念和习惯势力彻底决裂。在这次野营训练中，许多教师都严格要求自己，坚持与学生同吃、同住、同学习、同批判、同劳动、同操练。共产党员、教师袁学萍、患关节炎，但她以坚强的毅力，同学生一起行军，一路上主动作宣传鼓动工作，驻训后坚持查铺查哨，使同学们深受感动。共青团员、教师王云露，野营当中得了病，领导安排他吃病号饭，他仍坚持与学生同吃，认为："这正是考验自己的时候，在任何情况下，要求学生作到的，首先教师要作到"。进一步密切了师生关系。

在实践中，他们体会到：要建立新型的师生关系，教师必须正确地看待学生。在这次野营训练中，有两名所谓的"后进生"，安排在炊事班工作，可是他们在砌灶、合泥、挑水等项劳动中，不怕脏，不叫苦，不喊累，干的很好；另有一名在老师眼中一直认为学习、纪律较好的学生，则嫌苦怕累，不吃粗粮，娇气十足。在走向社会的大课堂里，通过对每个学生的考验，从革命实践中回答了学生的好和差，从而扭转了有些教师对所谓"后进生"的看法，认识到，教师用什么样的立场、观点和方法，坚持用什么样的标准看待学生，这是关系到两种思想、两种世界观和两条路线斗争的大问题。只有用毛主席的教育方针这个标准全面地、辩证地看待学生，才能建立起新型的师生关系。

通过实践，他们体会到：要建立新型的师生关系，教师还必须不断地培养和增强对学生的无产阶级感情。过去有些教师受资产阶级思想影响，不同程度地沾染了鄙视工农、厌弃劳动的思想，在这次野营实践中，他们引导教师以贫下中农为榜样，深入进行了阶级教育。教师崔淑英，初到农村，看到风大土多，总把衣服扣得紧紧的，当她实践了一段，看到贫下中农那种不怕土、不怕脏，不怕累的革命精神以后，受到了教育，主动找了自己思想上的差距，决心向贫下中农学习，坚持天天为贫下中农作好事，天天为广大学生服务，给学生打饭，与学生互帮互学，受到了师生好评。教师周凤云，通过劳动实践，也深深体会到，贫下中农待学生格外亲，而自己就缺乏这种感情，过去见学生有点问题就发火，不能耐心地教育学生。在贫下中农的帮助下，转变了思想作风，积极热情地为学生服务，耐心细致地作学生的思想工作，改善了师生关系。

摒弃“闭门读书”实行开门办学

该区光辉小学，在野营实践中，充分利用农村这个大课堂，和生动丰富的教材，深入批林批孔，引导革命师生实行开门办学，推动了教育革命的深入发展。

这个学校为了把阶级斗争作为一门主课，在这次野营训练中，组织师生认真学习毛主席关于阶级、阶级斗争的论述和文化大革命的重要指示，狠批林彪鼓吹的“知识青年上山下乡是变相劳改”的谬论和孔老二散布的“学而优则仕”、“劳心者治人，劳力者治于人”的反动观点；访问在桃花寺和董新房两个大队插队落户知识青年，并请原三中毕业生、现任董新房大队会计杨秀华同志讲自己四年来在农村接受贫下中农再教育的体会，从而使广大师生进一步提高了阶级斗争和路线斗争觉悟，坚定了走与工农相结合道路的决心，他们深有体会地说：“上山下乡金光道，坚定信心不动摇，狠批林彪孔老二，誓把红色江山保。”

该校还请桃花寺大队党支部书记纪景春同志和董新房大队老贫农刘少山同志，给全体师生讲村史，联系两个大队解放前后、文化大革命前后的变化和现实的阶级斗争、两条路线斗争实际，狠批林彪污蔑社会主义建设停滞不前的罪行，他们跟贫下中农一起，大赞大颂无产阶级文化大革命好，大赞大颂社会主义好。

这个学校在野营训练中，注意引导师生理论联系实际，批判"三脱离"的修正主义教育路线，在斗争实践中进行教学改革。过去，有的老师一直认为花椒象蔬菜一样，是在地上种的。通过学农劳动，才知道花椒是在树上长的。以前学生在小课堂学"树"字，不知树的种类和区别，这次他们组织师生参观刘园苗圃，亲眼看到园农精心培育的白腊、毛白杨等上万种树苗，老师们说："我们要象园林老农精心培育树苗那样，培养无产阶级革命事业的接班人，让学生们象小树一样茁壮成长。"他们还把学农劳动中的浇地数字编写成算术题，让学生计算，把这次野营训练中开展的几项主要活动加以总结整理，让学生们写出调查报告，读给贫下中农听，请贫下中农作鉴定。教师们深有感触地说："农村是个广阔天地，有学不完的知识，备不完的课，讲不完的教材，是开门办学的好课堂。"

发：各区战备办公室及中、小学。

野营训练简报

第十六期

天津市野营訓练指揮部　　　　一九七一年二月二十二日

毛主席语录

全国人民要向解放军学习

按：遵照伟大領袖毛主席关于**“向解放軍学习”**和**“实行野营訓练”**的教导，我們从《解放軍报》刊登的广州部队某团抓活思想的“怎么办”中，选了有关野營訓練内容的几篇。希各单位結合自己的情况认真学习，把野營訓練搞得更好。

野营訓練中不能坚持天天讀怎么办？

野营訓练中，部队不断处于行动状态，坚持天天讀比营房內碰到的問題要多。一是訓练任务重，工作多，容易被挤掉；二是行軍疲劳，影响效果；三是活思想多，变化快，常常抓不住主要問題，等等。

怎么办？

一、摆正位置，首先安排。要认清：（1）天天讀是一項根本性的政治工作。不要把挤掉天天讀看作是单純的工作安排問題，它是突出不突出政治的問題；不要以“任务重、工作多”原諒自己，要从执行毛主席建軍路綫的自覚性的高度上来看待这个問題，一定要把天天讀放在突出位置来安排。（2）毛澤东思想是完成一切任务的統帅和根本保証。任务越重、工作越多，越要坚持毛主席的書天天讀，天天用。（3）事在人为。学习一些先进經驗，弄清只要是突出政治自覚性高，任务重、工作多，不仅能坚持天天讀，还能利用这个条件，把毛澤东思想学得更多些、更好些。

二、針对特点，灵活安排。野营訓练与营房操課有很大不同，要遵照毛主席关于“**按照实际情况决定工作方針**”的教导，从实际出发安排天天讀。时間上要灵活一些，一般可以这样安排：駐訓阶段安排在每天正課第一个小时，走訓阶段安排在宿营时，少数分散执勤人員安排在归队后。要做到“时間分散，內容連貫”。組织形式最好以班为单位集体学为主，个人学和“一对紅”学为輔，少搞全連大集中学习。应注意不要用天天讀代替休息，要让部队休息好再搞天天讀。

三、突出重点，精选內容。野营訓练是活学活用毛澤东思想的好課堂。要貫彻需要什么学什么、干什么学什么的原則，精选学习內容：（1）突出主要問題选內容。可以毛主席的一条語录为主，选学一組，学深学透。如怕苦怕累思想經常出現，可把毛主席关于“**我贊成这样的口号，叫做‘一不怕苦，二不怕死’**”的教导和“老三篇”里的有关語录編为一組，反复学。（2）根据不同任务选內容。如走訓阶段，主要以解决現实思想問題为主，选学毛主席語录；駐訓阶段，除解决現实思想問題外，还要結合政治教育选学毛主席有关教导。（3）还可根据訓练課目內容选学毛主席关于軍事思想方面的論述。

四、加强領导，具体輔导。（1）干部下班排，与战士同学习，同談体会，在向战士学习的同时，以自己的模范行动带动战士，用自己的学习体会輔导战士。（2）可与講評、总結經驗教訓、宣揚先进思想結合起来。如学习毛主席关于“**我贊成这样的口号，叫做‘一不怕苦，二不怕死’**”的教导时，可結合学习王杰、門合等英雄，講紅軍坚持井岡山斗爭、长征、延安大生产，以及我軍在解放战爭、抗美援朝战爭中的有关英雄事迹。（3）对文化程度低，学习有困难，或問題多，学习不夠自觉的战士，要多作些个别輔导，如一面行軍一面帮助学习毛主席有关教导。但注意不要要求过高，操之过急，要耐心引导，点滴帮助。

野营訓練中有的战士不积极做群众工作怎么办？

在野营训练中，有些新战士不积极做群众工作，个别人还认为做群众工作是“額外負担”。有的战士說：“訓练任务都忙不过来，那里还有时間做群众工作。”有的說：“只要自己不犯群众紀律就行了，群众工作做不做关系不大。”有这种反映的战士，主要是对毛主席的无产阶級建軍路綫学习不夠，认識不深，个别人是怕苦怕累，感到“多一事不如少一事”。

怎么办？

一、学习毛主席关于人民战爭、人民軍队的論述和光輝的《五·七指示》，反复宣传“**革命战爭是群众的战爭，只有动員群众才能进行战爭，只有依靠群众才能进行战爭**”，“**紅軍的打仗，不是单純地为了打仗而打仗，而是为了宣传群众、組織群众、武装群众，并帮助群众建設革命政权才去打仗的**”，使战士們深刻认識到，做群众工作是偉大統帅毛主席給我軍規定的必須掌握的“三套本領”（打仗、生产、做群众工作）之一，是我們人民軍队的“份內”工作，是实行人民战爭、克敌制胜的巨大法宝。做好群众工作，是建設人民战爭的战場、夺取未来反侵略战爭胜利的需要，是最实际的战备，是野营訓练的重要課题。要不要做群众工作，这是区別毛主席建軍路綫和資产阶級軍事路綫的一个重要标志。

二、大講我軍做群众工作的优良传統。要向战士介紹我軍在战爭时期做好群众工作的光輝事迹，引导战士学习“爱民模范連”等先进单位和罗盛教、王杰等模范人物的榜样，积极做好群众工作。結合学习革命样板戏《智取威虎山》、《沙家浜》等，使战士深刻領会做好群众工作的重大意义，自覺繼承和发揚我軍优良传統。

三、学习人民群众拥軍支前的革命精神。在野营中，可用“請进来”和“走出去”的办法，学习人民群众貫徹执行毛主席关于**“备战、备荒、为人民”**的偉大战略方針，支援国防建設的生动事迹。在經过革命老根据地和往日的战場时，要大講革命人民当年拥軍支前的故事。对于野营中各地人民对我軍的大力支援，工农群众热爱子弟兵的深厚感情，更要反复宣传，激发战士热爱人民、做好群众工作的自覺性和积极性。

四、以老带新，人人做好群众工作。(1) 連的領导要反复交代野营中群众工作的任务、方法和注意事項，及时收集情况，听取汇报，不断检查、小結和講評。(2) 組织群众工作队伍，以老带新，使全連每个人都学会做群众工作。在野营訓练任务重、条件差、体力消耗大的情况下，要适当調整安排力量，保証群众工作不中断，越是艰苦越活跃。(3) 对个别因怕苦怕累不願做群众工作的战士，应指定专人进行个别教育和帮助。

行軍中出現了掉队的战士怎么办？

长途行軍中，有的战士掉队了。有的干部往往认为掉队的战士“拖了連队的后腿”，因而責怪他們。有时为了促使这些战士赶上队，又用一些不正当的方法去“鼓励”和“刺激”他們。这些都是不对的。

正确的态度，首先是干部要有一个用毛澤东思想教育人的着眼点。要把帮助掉队的战士赶上队，当作是一次毛澤东思想的活教育，不能滿足于要战士赶上队就行了。对掉队的同志一定要进行具体分析，做細致的思想工作。

掉队的战士，主要有三种情况，需要区别对待。

第一种，思想进步，但是体质較弱，缺乏鍛炼，不会走路和休息，脚打了泡，身体过度疲劳，有的生了病，因而中途掉队。对这些人，有的干部往往只注意表揚他們吃苦耐劳、带病坚持行軍的精神，对他們关心照顾和具体帮助不夠。

怎么办？(1)鼓励他們赶队，要表揚他們吃大苦、耐大劳的精神。同时，对他們进行具体帮助，教給他們走路、休息和携带装具的方法，提高他們行軍的能力；对途中生病的同志，确实不能坚持时，要马上报告領导。(2)多体貼、多照顾，行軍途中，組织好体力互助。大休息和到达宿营地时，要及时帮助他們烫脚、挑泡、治病，不派或少派他們公差勤务，使他們尽快恢复体力。

第二种，体质較差，也有思想問題，因而掉了队。这种人常常片面强調身体条件，不在自己思想里找問題。有些干部往往看他們思想上的毛病多，对他們的身体情况考虑不夠。

怎么办？(1)組织他們学习毛主席的光輝著作“老三篇”，着重学习《愚公移山》，学习焦裕祿、楊水才、王国福等先进人物頑强与伤病作斗爭的革命英雄主义精神。(2) 对他們多表揚、多鼓励，充分調动他們的积极因素。(3) 在解决他們思想問題的同时，照顾他們的身体条件，适当帮助他們减少体力負担。

第三种，私心較重，怕苦怕累，因而掉了队。有的干部把这种人当成"包袱"，对他們指責批評較多，帮助較少，帮助时态度也不夠好。

怎么办？(1) 干部要以深厚的无产阶級感情对待他們，不埋怨，不歧視，从政治上关心他們，从生活上体貼他們，要有专人負責帮助他們。(2) 首先帮助他們从思想上赶队，使他們树立决心和信心，要引导他們学习毛主席关于"**提高警惕，保卫祖国**"和"**我贊成这样的口号，叫做'一不怕苦，二不怕死'**"的教导，狠批刘少奇的"活命哲学"。要給他們講形势，談任务，提高他們保卫无产阶級专政的責任感。要以农村为課堂，請貧下中农当老师，启发他們忆苦思甜，从提高阶級覚悟入手，使他們树立刻苦鍛炼的意志。(3) 干部对他們要一分为二，多看他們的积极因素，注意他們的微小进步，及时表揚鼓励。对他們的缺点，不要一味批評，講个沒完，要耐心进行个别帮助，积极細致地做好轉化工作。

野营训练简报

第六十二期

天津市野营训练指挥部　　　　一九七二年一月廿三日

毛主席语录

必须提高纪律性，坚决执行命令，执行政策，执行三大纪律八项注意，军民一致，军政一致，官兵一致，全军一致，不允许任何破坏纪律的现象存在。

按：现将塘沽区野营训练指挥部根据群众实践经验整理的《野营训练行军宿营工作程序（试行）》转发给你们，供参考。望各单位在野营训练的实践中，注意总结积累经验，使各方面工作不断充实完善。

野营训练行军宿营工作程序（试行）

一、野营训练队伍的准备工作：

毛主席教导我们说：**“凡事预则立，不预则废”。“要有准备，有了准备，就能恰当地应付各种复杂的局面”。**

1.制订计划勘察路线。

根据上级部署，制订军、政训练和思想政治工作的计划安排，并勘察好行军路线。而后将本单位的计划和行军路线向参加野营训练的全体人员传达并组织讨论，做到人人明白。

2.编队：

野营训练的编队，一般采取男女分编为宜，注意强弱搭配，通常千人左右编团，三百人以上为营，百人左右为连，十至十二人为班。配好团、营、连、排、班各级干部，各设正副职，营以上组织要设临时党委，连要设支部；团部要设指挥、政工、后勤组。

3.办好各种类型学习班。

学习班主要内容是：

（1）以毛主席的“一一·二四”光辉批示为纲，以“古田会议决议”为指针，结合形势和思想状况，进行思想和政治路线方面的教育，搞好野营训练的政治动员。

（2）认真学习毛主席关于野营训练的有关论述及关于野营训练的有关文件、材料。明确意义，提高认识，统一思想，统一行动。

（3）进行行军常识的教育，有条件的单位，可请老干部现身说法，进行传、帮、带。认真讨论可能遇到的困难，找出解决办法。从指挥、掌握行军速度、打前站到战士着装要领、干粮携带、血泡处理、拉下距离怎么跟进等等，一点一滴进行研究。使参加拉练全体成员了解行军常识，树立敢打必胜的信念。

（4）行军前，要切实抓好防事故、保安全的思想政治工作，用毛泽东思想统帅防事故工作。充分认识防事故是大问题，必须对党、对人民高度负责，一定要搞好防事故、保安全工作。广泛发动群众，为防事故，人人操心，人人献策，人人把关，互相监督，坚决杜绝一切事故发生。

4.编好伙食单位，（一般以连为单位）选好炊管人员，做好必要的物资准备。(如：锅灶、炊具等)

5.一切准备工作就绪后，进行一次全体人员参加的“试拉”，在“动”的过程中，全面地检查着装、物品、器具等携带是否符合战备要求。发现典型，及时进行宣传推广。

6.野营队伍出发前，召开誓师动员大会，有条件的还可到烈士墓前进行传统教育，并将野营训练安排、建制、人数、负责人、出发时间一并报上级野营训练指挥部 。

二、行军中的工作要求：

毛主席教导我们说：**“在许多情况下，‘走’是必须的，游击队的会走，还是其特点。走是脱离被动恢复主动的主要方法”**。

为使部队走得好，连首长应做以下工作：

1.出发：

（1）督促战士整理着装、排除大小便。

（2）由连首长派出尖兵组（或班）规定任务与本队的距离、（白天，团千公尺左右，连五百公尺左右）路标设置及联络方法。

（3）宣布行军序列（女战士和体弱战士在中间或前面，体强战士在队伍的后边）提出行军要求。

（4）指定一名干部带领医务人员和体强的战士组成收容队，（连三至五人组成、团十至十五人组成）在队伍的后尾跟进，负责收容病号，组织掉队人员跟进，并撤消路标。

2.行军：

（1）连的行军队列，通常成一路或二路纵队行进。连（排）长应在本连（排）的先头，排与排的距离二十至三十米左右，（学校连与连的距离三十至五十米）班、排之间，班与班之间保持适当的距离。

（2）队伍在公路或乡村道路行进时，应沿着道路一侧或两侧行进，行进中要主动给车辆让路。

（3）行军速度，通常分常行军、急行军和强行军。常行军通常每小时四至五公里，急行军通常每小时六公里，强行军通常是加快行军速度或延长行军时间。（学生行军速度，应适当减低，常行军以每小时三至四公里为宜）

行军中连首长要掌握行军速度，要克服打打闹闹、跑跑颠颠的现象，注意减少体力消耗，以保持行军能力。在一天的行军中，要两头慢、中间快。开始慢，是为了将腿、脚、身体活动开，为快打好基础。中间逐渐加快。行军结束前要慢，以便有个缓冲过程，为宿营后的休息打好基础。

（4）作好行军中的思想政治鼓动工作。做到过村不行“哑叭”军，不走“无声”路。高声朗诵毛主席语录，高唱《国际歌》、《三大纪律八项注意》等革命歌曲；搞好四宣传：紧跟形势宣传，针对思想问题宣传，好人好事宣传，人人动口宣传。

（5）行军中间，视情况可以穿插训练科目，（如：练习通过炮火封锁区及三打三防），但要注意及时组织休息，恢复体力。

（6）行军的大休息，通常由上级统一掌握，小休息自行掌握。

徒步每行一小时左右休息十分钟，走完当日行程的二分之一时进行大休息，时间一至二小时左右。大小休息均须派出警戒（特别是在居民点近的地方）。

（7）休息地点的选择应找背风处。

在野外休息没有屏障排除大小便时，可采取战斗行动，利用地形、地物或男女分开搭人墙，在不通视的情况下排除大小便，而后进行休息。

休息时，做到“一快二活”。“快”就是要迅速放下背包，倒净鞋里的沙土，排除大小便，调整不适合的鞋袜、背包带。“活”就是要少躺坐，多活动，少沉默，多活跃。这样最易消除疲劳。严防强行军后突然休息。

利用大休息、休整的机会开传经会或专题讲课（时间不宜过长），抓住问题难点与干部战士一起研究解决办法，总结经验，进行推广。

（8）行军中，遇到天气突变，要严密组织，减慢速度，逐个跟紧。视气候变化情况，适时调整着装（或到就近的居民地休息）。

（9）行军中通过城镇、村庄时应保持军容风纪，做到队列整齐、雄壮，歌声嘹亮。

三、宿营组织与管理：

毛主席教导我们说：**“我们需要的是热烈而镇定的情绪，紧张而有秩序的工作”**。

1.设营：

（1）由一名连首长组成设营小组，提前到宿营地点向当地的公社、大队和兵站了解社情、教育典型、住宿、地形及粮、菜、煤、柴等供应情况，而后商谈宿营后的活动安排，以保证队伍到达驻地后能够尽快休息或开展工作。

由司务长带领炊事班，提前赶到宿营地保障队伍按时开饭。

（2）连部设在便于指挥的地方，伙房设在离水近、离柴远的地方。由设营小组带领副班长区分本班住房并明确连部、伙房的地点。

2.宿营：

（1）到达宿营地，派出警戒，由连长进行简短的讲评（时间十分钟左右），由设营小组介绍当地社情、风俗习惯等，提出宿营要求，规定集合地点。

（2）遵照毛主席**“红军的打仗，不是单纯地为了打仗而打仗，而是为了宣传群众、组织群众、武装群众”**的教导，全体指战员，应利用各种形式、各种机会宣传毛泽东思想，和毛主席的“一一·二四”光辉批示，**“真心实意地为群众谋利益”**，做到“三净一满”（即屋净、院净、街道净、水缸满），红一片（不但给住宿户做好事，对非住宿户的革命群众也要做好事）。同时，组织战士整理内务，洗脚、烫脚等，在没有厕所的情况下，组织各班、排构筑简易厕所，教育战士不得随地大小便。睡觉时最好把脚部垫高，或不用枕头，以消除疲劳。

同时连首长应做以下工作：

（1）与兵站、公社、大队取得联系。

（2）深入到班、排了解情况，检查住宿。

（3）为确保队伍安全，白天放流动哨，夜间对伙房、连部等地放警戒哨，并建立干部查铺查哨制度。

（4）宿营后立即向上级呈送宿营报告。

（5）召开干部会，由负责设营的连首长介绍驻地政治、经济、地形等情况，研究活动安排。

（6）组织各班开好座谈会和经验介绍会。

（7）严格枪支保管制度，携带枪支的单位，要建立健全枪支的携带、保管和检查、擦拭制度，防止损坏和意外事故发生。

（8）教育战士夜间一般不要外出，如果外出至少三人同行。夜间外出大小便要穿好衣服，以防感冒得病。

（9）尊重、依靠当地各级党组织、革委会和贫下中农，在他们的大力帮助和支持下搞好宿营及各项活动。

（10）严格遵守“三大纪律八项注意”，尊重群众风俗习惯，爱护群众利益，模范地执行党在农村中的各项方针、政策，不参加农村集市活动，不在农村抢购商品和凭票证供应的商品。

（11）连队要坚持“三会”制度，即班每天召开讲评会，连、排召开学习心得介绍会，遇到问题及时召开骨干会，做到好人好事有人夸，不良苗头有人抓。

3.离开宿营地前，必须做到：

（1）各班、排分别在自己的住户，同贫下中农一起学习毛主席著作，进行座谈和征求意见，有条件的可开联欢会。

与此同时，连首长和公社、大队以座谈会的形式做好回访工作。共同学习毛主席“一一·二四”光辉批示，宣传毛泽东思想，并征求对野营队伍的意见，进行告别。

（2）做到屋净、院净、街道净，水缸满，借东西要还清，损坏东西要赔偿。

（3）各项应付费用，要就地交付，合理结算，如数付款，走一地清一地，人走账清，不留尾巴。

（4）由一名连干部和纪律检查组的同志，到所住过的贫下中农家征求意见，同时把检查结果向上级及社、队领导报告。并通知兵站。

四、队伍返回后，应做到：

1.将野营队伍出发时间、行军路线、活动情况、发生的问题，简要报告上级领导。

2.回单位后，召开大会，总结成绩，表扬好人好事，指出存在问题，提出要求。

3.做出本批野营训练书面总结，报告上级领导。

报：中共天津市委书记，市革委会正、副主任，市革委会正、副秘书长，市野营训练指挥部领导成员。

发：市革委会各部、组、办，各区、局革委会、野营训练指挥部，各区人民武装部。野营队伍团、营、连。

抄：天津驻军支左联络站，四六八八部队，天津警备区。

（共印10000份）

天津市野营訓练指揮部
野营訓练参考材料之二

紧跟伟大领袖毛主席
野营训练炼红心

河东区同议大街小学

遵照偉大領袖毛主席“一一·二四”光輝批示，我們同議大街小学高年級（五連）一百七十名革命师生，滿怀无限忠于毛主席革命路綫的无产阶級感情，于十二月八日至二十八日进行了野营訓练試点，行程二百四十里。

在野营訓练中，我們始終坚持以毛主席的光輝批示为綱，以两个“决議”为指針，以解放軍为榜样，突出无产阶級政治，活学活用毛澤东思想，深入进行阶級教育、路綫教育和战备教育。

二十一天的野营訓练，除行軍七天外，主要是练思想，集中进行了阶級教育，积极参加了集体生产劳动，結合訓练开展了四好总評等活动。

（一）

“訓练一下和不訓练大不一样。”野营訓练，练思想，练作风，长身体，学知識，見世面，使我們革命师生受到一次很大的教育和鍛炼。实践使我們深深体会到：野营訓练，对于师生接受貧下中农再教育，加速思想革命化，增强师生团結，密切干群关系，加强战备，巩固无产阶級专政，具有极其深远的意义。通过野营，我們主要有以下几点收获：

一、进一步提高了革命师生活学活用毛泽东思想的自觉性

革命师生通过野营訓练，进一步加深了对毛澤东思想的感情，进一步提高了活学活用毛澤东思想的自覺性。我們的做法是：

規定时間保証学。就是不論在行軍前，还是在宿营后，坚持做到“天天讀”制度雷打不动。有一次行軍三十里，到宿营地，天已經很晚了，同学們也感到有些累，但师生們仍坚持“天天讀”，記完心得笔記后才休息。

見縫插針挤时間学。就是在規定的时間之外利用一切时間自覺学。在行軍途中，有的同学感覺累，就背誦毛主席关于“**下定决心，不怕牺牲，排除万难，去争取胜利**”的教导，鼓舞斗志，坚定必胜信心。在行軍休息时，大家坐在背包上，带着問題学习毛主席有关語录。

发現問題及时学。就是針对一时一事的活思想立即学。有一次，开飯晚了一个半小时，有几个同学有意見，我們就立即組织大家学习两个“决議”的有关部分，請老师給大家講革命前輩长征过草地的故事。同学們深有体会地說：“想自己，艰苦面前打敗仗；忆长征，渾身上下有力量。”

自覺对照认眞学。就是自己在灵魂深处爆发革命。师生在野营訓练中有了活思想，就带着問題，反复学习毛主席的光輝批示，学习两个“决議”，自覺地对照检查自己的思想，在灵魂深处爆发革命。

二、进一步增强了宣传毛泽东思想的积极性

宣传毛澤东思想分秒必争，捍卫毛澤东思想坚定不移。广大革命师生积极热情宣传毛澤东思想，每到駐地，就立即做到标語上街，語录入戶。然后师生又分头到貧下中农家里，与貧下中农一起学习毛主席

“一一·二四”的光輝批示。有的排还針对学生家长中存在的“孩子小、天气冷、初次出門不放心”的活思想，发动同学們写“紅色家信”，以自己切身体会，宣传毛主席光輝批示的偉大意义。有的家长回信說：“你們搞野营，是落实毛主席的偉大战略部署，我坚决支持。你們要好好向貧下中农学习，接受貧下中农的再教育。”使同学們受到很大鼓舞。

革命师生在虛心接受貧下中农再教育的同时，还向农村資本主义傾向进行了斗爭。一排同学在路上遇到一个卖虾醬的把車子弄翻了。开始，有些同学說：他是商販，不要帮他的忙。这时，有另一个同学說：毛主席教导我們，解决人民內部矛盾，要用批評的方法，說服教育的方法去解决，这事我們不能不管。最后，同学們帮助这个卖虾醬的把車子扶起来，并对他进行了毛澤东思想的教育，使他承认了錯誤，并保証今后不再卖了。

三、学习了貧下中农的优秀品質，建立了深厚的无产阶級感情

在野营訓练中，通过与貧下中农同学习、同吃、同住、同劳动，革命师生深深受到了貧下中农的再教育，学习了貧下中农无限忠于毛主席的无产阶級感情，爱憎分明的阶級立場，艰苦朴素的作风和学大寨战天斗地、吃大苦耐大劳的革命精神。革命师生认識到：“农村是我們毕不了业的大学校，貧下中农是我們的好老师。”

我們請老貧农魏大爷、孙大爷、刘大爷給师生进行了忆苦教育。他們字字血、声声淚，控訴了万恶的旧社会，使革命师生受到很大的教育，进一步提高了阶級斗爭和路綫斗爭覚悟。有一次，有一个人問学生：“市里是否可以买卖粮票?”同学坚定地回答:“那是投机倒把，要判徒刑的。”那个人又接着問：“偷着卖可以嗎?”同学严厉說：“那罪加一等！”那个人灰溜溜地走了。事后，我們把这件事报告了当地

領导。經查証，那个人是有問題的。

貧下中农对毛主席最忠，落实毛主席指示最坚决。貧下中农除了在政治上、思想上帮助我們以外，还非常关心我們的生活，白天为我們燒水做飯，晚上为我們舖炕盖被。貧下中农怕我們受冷，把新被和皮袄給我們盖上。貧下中农看到我們有病号，就給做病号飯，使师生深受感动。张秉胤同学，从家里带来两个苹果。通过学习毛主席的光輝批示，他认識到："野营訓练，应該自找苦吃，不应享受。"于是把两个苹果一直带在身边没吃。当他听說有两个同学发高燒时，就主动把苹果送給这两个同学。这两个同学很受感动，但也没有舍得吃。他們想起了貧农魏大娘的孩子也有病，就立刻把两个苹果送給了魏大娘的孩子。大家称贊說：两个苹果传情誼，阶級友爱比海深。

通过貧下中农的再教育，师生的思想发生了变化，决心以实际行动向貧下中农学习。有一位同学看到貧下中农的小車翻到臭坑里，开始这位同学嫌脏，不想管，后想起貧下中农的高貴品德，于是立刻跳下坑把車推上来了。这位同学在講用会上說："我的身上虽然沾上了污泥，但我的思想更干凈了。"

四、継承革命传統，增强了組织紀律性

我們遵照偉大領袖毛主席关于"**全国人民要向解放軍学习**"的英明教导，在野营訓练中，努力繼承和发揚了解放軍的光荣传統。革命师生积极帮助貧下中农学文化，为貧下中农看病、担水、拾柴、扫院、喂猪，并参加集体生产劳动。认眞执行三大紀律八項注意。有一次，一位同学从房东老大娘那里要来一个开水牌打了一壶水給同学燙脚。后来当她知道这个水牌是老大娘花一分錢买的，她想到"**不拿群众一針一綫**"是解放軍的优良传統，就立即去还大娘的錢。尽管我們反复給大娘講了我們的紀律，大娘仍坚持不要。最后，在我們出发离开宿营地时，这位同学把一分錢包在小紙条里留給了大娘。又如，有一位同学不小心把貧农老大娘窗戶上的玻璃打碎了，他就遵照毛主席关于“**損坏东西要賠**”的教导，几次要买玻璃安上，都被老大娘攔住。后来，这位同学背着老大娘到处打听卖玻璃的地方，一个老大爷告訴他卖玻璃的地方离这很远，这位同学想：为了严格执行三大紀律八項注意，再远我也要去。于是他从五里远的地方买来玻璃，把大娘的窗戶补上了。这件事，受到了貧下中农的称贊。

五、加强了团結，进一步密切了革命师生关系

偉大領袖毛主席在“一一·二四”的光輝批示中教导我們：“**实行官兵团結、軍民团結**”。遵照毛主席这一教导，我們把加强团結作为这次野营訓练的重要內容。

第一、加强同学間的团結。遵照毛主席关于“**一切革命队伍的人都要互相关心，互相爱护，互相帮助**”的偉大教导，同学在行軍时，做到了互相帮助，男同学帮女同学，大同学帮小同学，体强的同学帮体弱的同学揹背包。同学們发揚了互助友爱的共产主义风格，搶困难，让方便。有的同学由“一对崩”变成了“一对紅”。

第二、教师和学生实行同吃、同住、同劳动、同学习、同訓练，师生間建立了无产阶級感情，建立了新型的师生关系，学生遵师如同志，教师爱生如战友。如有一位老师发現三个同学患重感冒时，她想：革命师生就是阶級姐妹。她为了使学生早日恢复健康，跟上野营队伍，就把这三个同学集中到一个屋，亲自护理了三天三夜，深受同学的爱戴。

六、培养了一不怕苦、二不怕死的革命精神

偉大領袖毛主席教导我們：“**我贊成这样的口号，叫做‘一不怕苦，二不怕死’。**”革命师生遵照毛主席的教导，立志在野营訓练中自

找苦吃，磨炼自己吃大苦耐大劳的精神。学生张玉是全連个子最矮的一个女同学，她背包最大，但行軍二百四十里，没有一次掉队。在行軍路上，許多革命师生都搶着替她揹背包，她都拒絕了，却坚定地說：“野营訓练，就是为了經受考驗，接受鍛炼。我要下定决心，坚持到底。”

輕伤不下火綫。教师刘凤琴是个共产党員，她在野营中担任炊事員，因身体有病吃不下飯，但仍坚持工作。同志們劝他休息，她却說：“我休息是小事，同学吃不上飯是个大事 。我要战胜疾病 ，干 好 革命。”司务长张縉先同志，因外出联系兵站騎車把腰摔伤，他到市里医院看完病，貼上膏药，又回到宿营地坚持工作，直到最后和野营队伍一起胜利返校。

七、学了“四会”，加强了战备观念

遵照毛主席关于“**全党都要注重战争，学习軍事，准备打仗**”的教导，我們根据小学生年龄小，知識少，体力弱的特点，进行了“四会”的訓练，从而使师生加强了战备观念。

野营訓练，师生学习了走路、吃飯、休息、放哨的基本知識，也培养和鍛炼了“**一不怕苦，二不怕死**”的革命精神，不論是白天，还是黑夜，都能迅速准确的传达命令。比如有一个女同学，原来天黑不敢出屋，在野营訓练中，她和另外一个同学担任通訊員。一天晚上，她接受传达命令的任务，为了准时完成任务，她自己冒着寒风跑到二里以外的村边去传达命令，因为路不平，一路上連摔三跤，摔倒了爬起来又走，結果提前完成了任务。后来她深有体会地說：“光想个人就害怕，想到革命就什么也不怕。”

通过老貧农講村史、战史和忆阶級苦、民族恨，使师 生 认 清 了帝、修、反的侵略本质，加强了战备观念。革命师生坚 定 地 表 示：

一定要练好思想，学好本领，保卫毛主席，保卫党中央。

实践証明，**“野营訓练是一种好方法”**，**“訓练一下和不訓练大不一样”**，**“如不这样訓练，就会变成老爷兵。”**

（二）

通过野营訓练，我們深深体会到：

一、搞好野营訓練，必須突出政治，狠抓根本

遵照毛主席关于**“政治是統帅，是灵魂”**的偉大教导，学生进行野营訓练，要以毛主席的光輝批示为綱，主要练思想。在野营中，坚持“天天讀”，认眞活学活用毛澤东思想，貫徹落实两个“决議”。利用农村的大課堂、活教材，对革命师生进行阶級教育。組织师生訪貧問苦，拜貧下中农为师，认眞接受貧下中农的再教育。

要注意掌握和解决在野营中各个环节的活思想。

出发前，在一部分教师、学生和家长中，出現这样的活思想：教师沒信心，学生好奇心，家长不放心。針对这些活思想，我們及时举办了教师、学生、家长学习班，組织反复学习毛主席的光輝批示，深刻理解光輝批示的深远意义。并通过家訪，說明学校野营訓练的具体措施。出发后，又发动学生写紅色家信，向家长汇报自己在野营中的体会。野营中，我們还派人回来，召开了家长会議，由学校汇报野营訓练情况，使家长都很放心。

在思想、作风、生活还不适应野营訓练的时候，有的学生产生了一个“嬌”字，有离队思想。我們发現后，就組织大家学习两个“决議”，狠斗“嬌”气，发揚了艰苦奋斗的作风。

在思想、作风、体力基本适应訓练情况后，有的师生产生了一个“骄”字，出現单純軍事观点，“为走路而走路”。我們又組织大家

进一步学习毛主席的光輝批示和两个“决議”，狠斗“骄”气，狠批单純軍事观点，进一步明确了野营訓练的深远意义。

在返回时候，有些师生产生了一个“满”字，出現了松劲情緒。我們就教育大家遵照毛主席的教导，发揚成績，克服缺点，去爭取更大的胜利。

解决活思想的方法：坚持以正面教育为主，抓积极因素，发动群众自己教育自己。抓活思想要及时，解决思想要快、要細。

二、搞好野营訓練，必須充分发动群众，相信和依靠群众

偉大領袖毛主席教导我們：**“只有领导骨干的积极性，而无广大群众的积极性相結合，便将成为少数人的空忙。”**我們遵照毛主席的教导，始終注意发动群众，认眞培养一支骨干队伍。我們針对小学干部少、教师少、骨干力量弱的特点，培养和訓练了一批“小干部”（学生干部），放手使用他們，让他們从小就学习做政治思想工作，鍛炼指揮能力，充分发揮了他們在野营訓练中的骨干作用。

我們在培养“小干部”的工作中，注意了学生年龄小，热情高，知識少，容易引导的特点，积极培养，具体帮助，充分信任，大胆使用。每項工作之前，交武器（毛澤东思想），交任务，交政策，交方法。

实践証明“小干部”是一支了不起的力量。他們配合領导和教师，作了大量工作，起了很大作用。如在野营訓练的准备工作中，在任务急、时間紧的情况下，五連二排排长赵树貴同学，为保証野营队伍按时出发，利用星期日連續家訪十五戶，深入去做艰苦細致的工作。

三、搞好野营訓練，必須加强領导

我們这次野营訓练試点，是在市、区党組织直接領导下进行的。

我們定期向上級汇报工作，认眞研究和落实上級的各項指示。做到思想統一、行动迅速、落实見效。学校党支部抽了一名党支部領导成員和三名党員，組成領导核心，加强对这个試点連的領导。工、軍宣传队的同志也亲自参加了領导，并直接指导野营訓练。同时，我們还坚持接受了当地党的領导，主动汇报情况，請示工作，接受教育。

偉大領袖毛主席教导我們說：“**一定要抓好典型**。”我們在政治教育、作风培养、軍事訓练、生活管理等方面，都注意抓了典型，以点带面。从而在各項活动中，使革命师生学有榜样，赶有方向，有力地推动了各項工作的开展。

（三）

根据小学生的特点和我們野营訓练的实践，我們觉得还有以下几个具体問題必須注意：

一、小学生天眞，活泼，好动，求知欲强，因此在野营訓练中，必須循循善誘，經常不断地进行“**三大紀律八項注意**”的教育，提高他們遵守紀律的自觉性。

二、小学生自理能力較差，領导上要注意建立各种制度，使他們生活革命化、規律化，更加适应战备的需要。作息时間要安排紧凑，分散自由活动时間要少。适当組织业余文艺活动。保証学生足夠的睡眠。

三、小学生社会知識少，幼稚，必須加强阶級斗爭教育。同时还要进行安全教育，防止溺水、火灾、触电、烫伤、冻伤、狗咬等事故的发生。

四、小学生年龄小、体力弱，行軍时速六至七里，每日行軍二十至三十里为宜。参加劳动，强度不要过大。

一九七〇年十二月二十九日

津市野营訓练指揮部
野营訓练参考材料之四

在野营训练中我们是怎样接受贫下中农再教育的

天津市八十九中学革委会

在毛主席“一一·二四”光輝批示指引下，我們八十九中学，一千零一十六名指战員，組成了一个营，进行了野营訓练。在野营訓练中，以毛主席“一一·二四”光輝批示为綱，认眞接受貧下中农再教育，大大促进了师生的思想革命化。

一、接受貧下中农再教育的两种好形式

毛主席教导我們：**“知識青年到农村去，接受貧下中农的再教育，很有必要。”**《中共中央貫徹执行偉大領袖毛主席关于实行野营训练重要批示的通知》中也指出：“学生和其他知識分子，机关工作人員，要虛心接受貧下中农的再教育。”学校是培养无产阶級革命接班人的陣地。因此，落实毛主席“一一·二四”光輝批示，搞好野营训练，对于学校来說，必須突出接受貧下中农的再教育，这是革命师生练思想的一个重要途径。在野营訓练中接受貧下中农再教育，我們采取了两种形式：

一是一路行軍一路学。我們在行軍中，抓住各种时机，利用活教材，对师生进行活的教育，虛心向貧下中农学习。途經南运河堤岸遇到根治海河大軍时，我們就引导师生学习貧下中农战天斗地的英雄气概；

夜間行軍碰到貧下中农星夜赶車送公粮时，就引导师生学习貧下中农一心为革命的崇高精神；队伍每穿过一个村庄，都受到貧下中农热情接待，对我們問寒問暖，有的手捧暖水瓶送开水，我們就引导师生学习貧下中农无限忠于毛主席的深厚无产阶級感情。一次行軍队伍在大艮庄吃午飯时，老貧农陈大爷怕天冷师生吃不好飯，就用自己家的面和菜，亲手为四連师生做了一大鍋疙瘩湯，他滿怀深情地說：“你們喝了这鍋疙瘩湯，更好地落实毛主席的指示，保卫毛主席！”并且一碗一碗地端到大伙面前。大家看到老貧农这样一片深情，受到很大教育，深深感受到了“祖国山河寸寸好，貧下中农个个亲”的温暖。临走时，师生送給陈大爷一枚金光閃閃的毛主席像章，并留下了錢和粮票。从大艮庄出发后，围繞这件事，大家展开了热烈的討論，紛紛以貧下中农为榜样，在对毛主席偉大战略部署緊跟、照办上找差距，斗私心。有的同学說：“貧下中农对毛主席感情最深，跟得最紧。向貧下中农学习就要学在这个根本上。”还有的同学激动地說：“我决不辜負貧下中农的希望，要在野营訓练中，练出一顆紅心，永远忠于毛主席；练出一对鉄脚板，坚决走与工农相結合的道路；练出一双勤劳的手，一輩子为工农群众服务；练出一付鉄肩膀，担起中国革命和世界革命的重担。”

二是宿营期間集中学。主要是請貧下中农进行三史教育（即：村史、家史、革命斗爭史）。

一种方法是选擇好典型反复教育。我們請老貧农講家史，請老干部講村史，請老紅軍講革命斗爭史，进行阶級教育、路綫教育和革命传統教育。仅在当城一地，我們就請苦大仇深的老貧农分别在营、連、排忆苦四十七次，进行传統教育二十次，路綫教育六十次。另一种方法是訪貧問苦，普遍教育。就是組织师生分别在炕头、地头、灶前，請貧下中农进行“三史”教育。第三种是定点拜师随时教育。几个同学結成一个小組，拜一名貧下中农为老师，每天主动亮活思想，請貧下中农教育帮助。

在接受貧下中农再教育中，我們还把进行阶級教育和参加現实阶級斗爭結合起来，和广泛开展社会調查結合起来。二連师生和当城貧下中农一起批斗了賊心不死的地主分子，激发师生对阶級敌人的旧恨新仇，提高了繼續革命的覺悟。三連师生成立了五十多个社会調查小組，調查貧下中农在旧社会的血淚史、斗爭史和从土改到无产阶級文化大革命农村两条路綫斗爭史，通过調查，編写了一部村史，并且算了貧下中农解放前后政治、經济、文化上变化的三笔帐，受到了深刻的教育。师生們說：“苦有根、甜有源，根源就是一个权。牢記过去苦，常思今日甜，四个‘念念不忘’記心間。”

二、接受貧下中农再教育的几点收获

在野营訓练中，通过接受貧下中农的再教育，广大师生阶級覺悟大提高，思想感情发生了深刻的变化，主要表現在以下三个方面：

1.激发了对阶級敌人的刻骨仇恨，增强了政权观念。

当城有一个罪大恶极的反革命分子王二楞，杀害了許多貧下中农，血債遍及靜海、武清、河間、任邱等县，至今村外子牙河堤上还埋着几百个当年被他活埋的貧下中农的屍骨。解放后，他潜逃外地，一直与村里阶級敌人內外勾結，成立地下反动組织，大搞反革命勾当。“一打三反”运动中，当城貧下中农把他从东北追捕回来，于去年五月枪斃。师生和貧下中农一起，带着对阶級敌人的新仇旧恨，批斗了村里与反革命分子王二楞互相勾結的地主分子。活生生的阶級斗爭現实，使广大师生认識到“夺权不保权，就会再失权”的危险。从而增强了政权观念。决心和貧下中农站在一起，同阶級敌人斗到底，为中国革命保权，支援世界人民夺权。

2·加深了对貧下中农的无产阶級感情。

广大师生說："阶級教育深又深，阶級感情扎了根，永远牢記阶級苦，要一輩子和貧下中农心貼心。"

当城大队党支部副書記刘建廷同志，在旧社会被逼得家破人亡，三弟被卖到天津，至今下落不明。听完他的忆苦后，有几位同学当天晚上找到他，詳細打听他三弟被卖的情景。他們眼含着淚說："貧下中农的苦，就是我們的苦，回到天津，我們要想尽一切办法为您找亲人。"

在貧下中农的教育、帮助下，广大师生对"为什么人"的問題，进一步加深了理解。一位貧农老大娘，右腿神經萎縮十几年，又細又短，走不了路，干不了活。一位教师每天給她扎針灸，經过精心治疗，現在那位大娘已經能下炕走路干活了。她感动得流着热淚，拉着教师的手說："同志，謝謝你呀！"这位教师說："貧下中农給我治了思想上的病，我才有覚悟給貧下中农治身上的病啊！我們要感謝偉大領袖毛主席！"

有一次，五連一些同学組织的"为貧下中农服务小組"見到貧下中农高大爷患胆道蛔虫病，疼得昏迷过去，他們马上跑到营部卫生所把大夫請来治病，并且給高大爷接屎倒尿，整整守了一夜。高大爷感动得热淚直流，高呼"毛主席万岁！"离开当城的前一天夜里，高大娘通宵沒睡，在灯下为同学們縫补衣服，第二天一早还为同学們蒸了饅头，熬了一鍋小米稀飯。走的时候，两位老人恋恋不舍，拉着同学們的手說："要不是毛主席的指示，請你們也請不来呀！以后你們还要来呀，我們接你們去！"同学們說："我們心里永远想着貧下中农。

广大师生遵照毛主席关于“**眞心实意地为群众謀利益**”的教导，积极参加助民劳动，帮助貧下中农学文化。还做了大量的好事。据不完全統計，在一个月的野营训练中，我們为貧下中农理发二百零二人，治病七十七人次，縫鞋八十四双。在这些活动中，巩固了貧下中农再教育的成果，加深了对貧下中农的无产阶級感情，培养了全心全意为人民服务的思想。

在野营訓练中，广大师生严格遵守三大紀律，八項注意。每天坚持做到“三淨一滿”，即屋淨、院淨、街道淨，水缸滿，并且一絲一毫不損害群众利益。有一次，在綫河，一位同学不小心摔坏了貧下中农的一个脸盆，原想照价賠偿，但是又想：賠了錢，貧下中农还得自己跑远路去买，这不还是損害了群众利益嗎？于是，他往返跑了二十四里路，买回一个新盆送还了貧下中农。

广大貧下中农看到师生照毛主席的指示办事，高兴地說：“你們眞是跟俺貧下中农貼心了。”师生們說：这是毛主席他老人家让我們这样做的，是貧下中农再教育的結果。没有毛主席的教导，没有貧下中农做老师，我們有眼也看不准方向，有腿也走不上正路，有手也不会为貧下中农服务。我們做的还很不夠，今后要更好地遵照毛主席的教导，虚心接受貧下中农的再教育。

3.坚定了走与工农相結合道路的决心。

广大师生遵照毛主席教导，积极参加助民劳动，和貧下中农一起投入治碱改土的战斗。貧下中农“学大寨，赶大寨，猛打粮食翻身仗，力爭亩产过长江”的革命精神教育了师生，不少同学在劳动中搶挑重担，受到了貧下中农的热情贊揚。在当城，头一天劳动刚結束，貧下中农就高举毛主席像，敲鑼打鼓給师生送来了喜报，老队长对同学們說："你們眞是毛澤东思想培养的一代新人，有了这样的接人，我們貧下中农一千个放心，一万个高兴！"

师生們感到和貧下中农一起劳动，正是改造思想的好机会。二一位同学有一次参加积肥劳动，从坑里挑黑泥要走三百多米远，开肩膀压肿了，起了泡，产生了怕苦的思想。可是看到貧下中农脱下袄，穿着小褂劳动，自己从思想上找到差距，加深了对毛主席光輝指示的理解，决心学习貧下中农一不怕苦、二不怕死的革命精神，刻苦鍛炼自己。于是，他在和别人抬筐时，总是自己多抬，坚持三天扁担不离肩。他說："現在多經受磨炼，将来上山下乡干革命，永远走与工农相結合的道路。"

貧下中农的优秀品质，为师生改造思想提供了活教材。队伍离开当城的前一天，一位老貧农想給住在他家的同学做些干粮路上吃，又怕同学不要，就悄悄跑到学校連部食堂去看看第二天行軍路上准备的什么干粮，当他发現食堂在烙发面餅后，回到家里就按同样大小烙了一些发面餅，放到同学書包里，非让带走不可。队伍到达双口后，貧农徐大爷亲自动手打草帘子，給同学們鋪在炕上。师生們受到深刻教育，自覚地学习貧下中农毫不利己，专門利人的革命精神，在行軍路上，搶着替别人揹背包，休息时，搶着替别人解决困难。有一位同学每次吃飯时，都給大家讀英雄事迹，鼓舞同志們的斗志，自己吃在最后也心里高兴。

一連七〇屆毕业生，在野营訓练中，在共青团員高凤洁等六人組成"建設边疆小分队"的倡議下，全連自动組织了十二个"上山下乡干革命小分队"，决心到农村去和貧下中农結合一輩子，他們豪迈地表示："毛主席揮手我前进，野营战場炼紅心，雄心立下耕耘志，插队落戶到农村"。

教师們也都决心加紧改造世界观，做工农兵欢迎的知訳分子。一位教师連續两天行軍之后，劳动时感到体力支持不住，当看到身旁貧下中农高大形象时，他想：“过去修正主义教育路綫，把我毒害的挑不了担，走不了路。現在毛主席指引我到艰苦环境中鍛炼，我一定要向貧下中农学习，练过硬的思想。”他以貧下中农为榜样，搶干重活，并深深感到：过去上了那么多年的学，沒有进过这样好的大課堂。在这个課堂里，身上去掉了洋气，沾上了土气，思想焕发了朝气。

通过在野营訓练中认眞接受貧下中农再教育，广大师生深有体会地說：“野营訓练課堂最大，教員最多，教材最活，效果最好。”

一九七一年一月

可公开出版!

內部文件
注意保存

野營訓練政治动員講話提綱

天津市野营訓练指揮部

一九七〇年十二月

最 高 指 示

大、中、小学（高年級）学生是否利用寒假也可以实行野营訓练一个月 。 工厂是否可以抽少数工人（ 例如四分之一，但生产不能减少 ）进行野营练习。

野营訓練政治动員講話提綱

伟大领袖毛主席十一月二十四日对北京卫戍区《关于部队进行千里战备野营拉练的总结报告》的光辉批示和林副主席的批示，极为重要，是一个伟大战略部署。对于全党、全军和全国人民加速思想革命化，发扬艰苦奋斗的革命精神，加强战备，增强城乡团结、工农团结、干群团结、师生团结，巩固工农联盟，推动斗、批、改，巩固无产阶级专政，建设社会主义，争取更大的胜利，具有极其深远的意义。这是对我们的最大关怀，最大鼓舞，最大教育。我们一定要根据《中共中央贯彻执行伟大领袖毛主席关于实行野营训练重要批示的通知》的要求，认真学习，深刻领会，坚决贯彻执行，立即掀起一个“**实行野营訓练**”的热潮。

（一）

伟大领袖毛主席“一一·二四”光辉批示，是毛主席“五·七”指示伟大思想的继续；是毛主席人民战争思想的新发展；是全党、全军和全国人民落实战备、准备打仗的战略措施；是新形势下我国人民革命化、战斗化建设的方向。

伟大领袖毛主席在最近几年关于工人、学生、机关工作人员等都要兼学军事，实行军训有一系列的重要指示。一九六三年提出全国学习解放军的号召；一九六六年提出工人、学生也要兼学军事的指示；同年十二月指出：“**派軍队干部训练革命师生的方法很好。訓练一下和不訓练大不一样。**”一九六七年二月作了“**党、政、軍、民、机关除老年外，中年、青年都要实行軍訓，每年二十天**”的指示；同年三月七日对《天津延安中学以教学班为基础，实现全校大联合和整顿、巩固、发展红卫兵的体会》的批示中，再次提出“**軍队应分期分批对大学、中学和小学高年級实行軍訓**”的指示。今年十一月又作了关于实行野营训练的光辉批示。林副主席也曾指出：“能不能行军？会不会做饭？能不能很快休息？会不会放哨？这些看起来是小事情，实际上是能不能打仗的问题。”在野营中，既搞训练又做群众工作，既练思想又练作风、练技术，既能练走又能练打。这样，使我们受到在城市里受不到的锻炼，学到在城市里学不到的东西。野营训练中，请贫下中农做阶级教育、路线教育和战备教育，最能激发我们对伟大领袖毛主席，对党、对祖国人民的无限深厚的无产阶级感情，进一步激起大家对帝、修、反的刻骨仇恨，树立常备不懈的战备观念。野营条件艰苦，地形错综复杂，情况千变万化，最能锻炼广大群众“**一不怕苦，二不怕死**”的彻底革命精神和紧张、快的优良战斗作风。野营训练使我们各项工作能在“动”中，更多地发现问题，更好地解决问题。这样，有利于总结经验，扎扎实实地搞好战备工作。因此，野营训练给予我们政治、军事、作风和后勤各方面的锻炼和教育是很大的。可以说，是一所综合的“学校”。

毛主席“一一·二四”光辉批示，对于加强我国工人阶级领导的以工农联盟为基础的无产阶级专政，具有重大的意义。毛主席早就指出：“**我国有五亿多农业人口，农民的情况如何，对于我国經济的发展和政权的巩固，关系极大。**”农民是工人阶级领导（经过共产党）中国革命的主力军和可靠的同盟军。加强无产阶级专政，就要特别注意工人阶级和农民阶级的联盟。夺取政权靠共产党领导下的工农联盟，巩固政权仍然要靠工农联盟。我们在农村野营训练，通过宣传毛泽东思想，向贫下中农学习，参加集体生产劳动，传播社会主义文化科学知识，支援农田基本建设，抢修各种农机具，给群众治病等活动，既“**进行野营练习**”，又“**真心实意地为群众谋利益**”。这样可以密切城乡团结，工农团结，巩固工农联盟，并以这个联盟为基础，联合一切拥护社会主义、热爱社会主义祖国的人民，无产阶级专政就能不断地得到巩固。

毛主席“一一·二四”光辉指示，是我们落实战备、准备打仗的战略措施。目前，国内外形势一片大好。全国人民高举毛泽东思想伟大红旗，在党的“九大”团结、胜利路线指引下，大踏步前进，在各条战线上都不断取得新胜利。一个伟大的社会主义革命和社会主义建设新高潮正在兴起。在国际上，一个反对美帝国主义斗争的新高潮正在出现。正如毛主席今年五月二十日发表的庄严声明指出的：“**新的世界大战的危险依然存在，各国人民必須有所准备。但是，当前世界的主要倾向是革命。**”在全世界范围内，人民革命斗争蓬勃发展，反美统一战线不断加强和扩大。美帝国主义和社会帝国主义非常孤立，日子很不好过。我国的国际关系日益发展。我们的朋友遍天下。

但是，美帝国主义和社会帝国主义，绝不会因为我们的强大，而放松对我国的侵略政策和战争政策。帝国主义绝不会因为失败而丝毫改变它的侵略本性。社会帝国主义也绝不会因为侵略政策破产而放弃它的扩张欲望。这两个“超级”大国从各自的利益和野心出发，彼此默契，狼狈为奸，妄图重新瓜分世界。在大敌当前的形势下，认真加强战备，搞好野营训练，这是阶级斗争的需要，加强战备的需要，是我们最紧迫、最光荣的政治任务。

毛主席“一一·二四”光辉指示，是我国人民革命化、战斗化建设的方向。毛主席近几年来曾作了地方要兼学军事的一系列重要指示，这对于促进我们的思想革命化，坚定走政治建厂、建校的道路，造就和培养无产阶级革命事业接班人，搞好教育革命等工作，都是直接的伟大推动力。尤其是民兵队伍和红卫兵队伍拉出城市到农村的广阔天地里，经风雨，见世面，生活在贫下中农之中，课堂最大，教员最多，教材最活，革命化和战斗化的锻炼和提高也最快。野营训练是我们工人、学生兼学军事的最好方法。

（二）

实行野营训练，这是毛主席的伟大号召。我们全市人民要以人民解放军为榜样，尤其是复转军人、民兵和红卫兵小将们要起带头骨干作用，用实际行动，紧跟毛主席的伟大战略部署，到农村去练思想，练作风，练本领，胜利地完成伟大领袖毛主席赋予我们的野营训练任务。

第一、我们要以毛主席“一一·二四”光辉批示为纲，把活学活用毛泽东思想放在野营训练的首位。带着问题反复学习，深刻认识**“实行野营訓练”**的重要意义，用毛主席的光辉批示，统一我们的认识，指导我们的行动。开展军民共学、工农共学毛主席的光辉批示，并与学习毛主席的哲学著作结合起来。野营训练中着重练思想、练作风。坚持“天天读”制度，把野营训练当成活学活用毛泽东思想的大课堂，走一路学一路，学一路用一路。**“通过阶級斗爭、工作实践和接近工农群众”**，真正把毛泽东思想学到手。

同时，我们要以两个“决议”为指针，从四好的四个方面全面锻炼自己。充分利用社会上一人一事一物一地的活教材，开展革命大批判，进行阶级教育、路线教育和战备教育。人人开口，个个宣传，大学大唱革命歌曲，做好行军中的宣传鼓动工作。培养**“一不怕苦，二不怕死”**的革命精神。学习防空、防毒、防原子弹等常识。加强革命性、科学性和组织纪律性，既练思想、练作风，又练军事、练生活，全面提高自己思想革命化的水平。

第二、人人都要做好野营训练中的团结工作。毛主席教导我们：**“一切革命队伍的人都要互相关心，**

互相爱护，互相帮助。”野营训练队伍的各级干部，以阶级兄弟的感情爱护群众，关心群众，用毛主席的哲学思想正确处理群众的各种问题。广大职工、同学要尊重和支持干部，自觉遵守纪律，坚决执行命令。对于兄弟野营训练队伍要热情帮助，主动支援，发扬共产主义风格。积极主动做好**拥政爱民**工作。大力宣传毛泽东思想，尊重和依靠各级革命委员会，模范执行党的政策法令，不参加农村集市，不在农村抢购商品，严格遵守三大纪律，八项注意，爱护群众的利益，借东西要还，损坏东西一定要赔，尊重群众的风俗习惯，经常进行群众纪律检查，真正做到：走一路红一线，住下来红一片。

郊区广大农村干部和社员群众，把大力做好野营训练的支援工作，看成是落实毛主席“一一·二四”光辉批示的实际行动。村村、队队选好老党员、老贫农、老民兵进行战史、村史、厂史、家史教育的典型，选好活学活用毛泽东思想的典型，准备好**农业学大寨**的情况。认真搞好保暖设施（如糊好窗、备好炕、准备好铺草等），各公社做好兵站的保障工作，检修好粮食加工设备（电磨、石磨、石碾）。

第三、提高警惕，严防阶级敌人的破坏。依靠当地革命委员会，了解和熟悉驻地社情，注意阶级敌人动向，对“五类”分子加强群众监督，做好“五防”（防奸、防盗、防火、防毒、防破坏）工作。特别注意防止冻伤、煤气中毒、车祸等事故，发现敌情要及时地逐级反映。

第四、进一步掀起**“抓革命，促生产，促工作，促战备”**的新高潮。毛主席“一一·二四”的光辉批示，在工矿、企业事业单位中，抽部分工人进行野营练习后，在厂坚持生产的工人同志们和就地参加军训的人员，留下来也是光荣的。我们要把毛主席的光辉批示化为狠抓革命，猛促生产的巨大动力，在人员定额减少的情况下，统筹兼顾，科学按排，鼓足干劲，努力完成和超额完成生产计划。要在各级革命委员会统一领导下，继续加强民兵的建设，进一步狠抓民兵工作“三落实”。军工生产是战争的主要物质基础，一定要千方百计地突上去，用军品生产带动民品生产，实现军品民品双跃进。集中力量加速支援三线建设，继续做好人防工程等战备工作，做到“前方拉练，后方增产”，互相鼓励，互相促进，共同落实毛主席的光辉批示，把我们社会主义祖国建设成为铜墙铁壁。

第五、用毛主席“一一·二四”光辉批示统帅野营训练和生产等工作。首先各级干部带头学好用好毛主席关于**“实行野营训练”**的伟大教导，以毛主席“一一·二四”光辉批示为纲，充分发动群众和依靠群众，调动一切积极因素，既搞好野营训练，又把各方面的工作做得更好。野营训练要认真做好准备工作，抓好野营训练的干部教育，健全各种制度。后勤供应切实贯彻执行艰苦奋斗、厉行节约的方针，**必須十分爱惜人力物力**。各级领导干部亲自动手，抓好典型，总结经验，反复落实，实行活的领导，反对唯心论和形而上学。

全市广大工人、贫下中农、革命干部、复转军人、民兵、革命知识分子和红卫兵小将们：在当前国内外一派大好形势下，美帝、苏修和各国反动派并没有放松对我国发动侵略战争的准备，我们要热烈响应毛主席的伟大号召，进一步提高警惕，保卫祖国，搞好野营训练，推动斗、批、改，掀起一个**“抓革命，促生产，促工作，促战备”**的新高潮，**“团結起来，争取更大的胜利”**。

打倒美帝！打倒苏修！打倒各国反动派！
提高警惕，保卫祖国，要准备打仗！
抓革命，促生产，促工作，促战备！
人民战争胜利万岁！
中国人民解放军万岁！
无产阶级专政万岁！
伟大的、光荣的、正确的中国共产党万岁！
战无不胜的毛泽东思想万岁！
伟大领袖毛主席万岁！万万岁！

野营卫生参考材料

天津市卫生局野营訓練指揮部

一九七〇年十二月

七律二首

送瘟神

一九五八年七月一日

讀六月三十日人民日报，余江县消灭了血吸虫。浮想联翩，夜不能寐。微风拂煦，旭日临窗。遥望南天，欣然命笔。

綠水青山枉自多，
华佗无奈小虫何！
千村薜荔人遺矢，
万戶萧疏鬼唱歌。
坐地日行八万里，
巡天遙看一千河。
牛郎欲問瘟神事，
一样悲欢逐逝波。

其　二

春风楊柳万千条，
六亿神州尽舜尧。
紅雨随心翻作浪，
青山着意化为桥。
天連五岭銀鋤落，
地动三河鉄臂搖。
借問瘟君欲何往，
紙船明烛照天燒。

最 高 指 示

备战、备荒、为人民。

提高警惕，保卫祖国。

下定决心，不怕牺牲，排除万难，去争取胜利。

我們必須告訴群众，自己起来同自己的文盲、迷信和不卫生的习慣作斗爭。

动員起来，讲究卫生，减少疾病，提高健康水平，粉碎敌人的細菌战爭。

預防为主。

目　　录

最 高 指 示

一定要注意战士們的生活，让战士們吃好、睡好，讲卫生，不生病。

講 卫 生

一、行軍卫生：

1.出发前应拟定行军路线，并注意了解沿途、宿营地、目的地的卫生和疾病情况，订出卫生防疫措施，向全体民兵进行宣传教育。

2.行军出发前，要检查每个人负荷量是否合乎要求，着装是否合适。穿的鞋最好是旧的，稍大些，要平正、柔软，防止行军中脚打泡。

3.在寒冷的天气行军时，要做好防寒工作，如戴帽子、围巾、口罩、手套等。在炎热的天气行军时，要戴草帽，适当减低行速，多喝开水，预防中暑。在夏秋多雨季节，应适当配备雨具。草地行军时，袜子、裤腿、袖口可扎紧，颈部围毛巾，以防虫咬、蚊叮。

4.行军中要适当休息，一般每走一小时要小休息一次，几个小时后大休息一次。休息的地点，冷天最好选在向阳、避风、干燥的地方。热天选草少、干燥、有阴凉的地方。并充分利用休息时间整理背包、鞋袜。

5.行军前喝足开水，水壶要装满开水。途中严禁喝生水及吃不洁瓜果，途中不可采食不认识的野生植物。

6.休息时大小便要远离休息的地方，防止污染水源和影响后续部队。

7.女同志月经期，行军速度应适当放慢，尽量不要淌水，坐凉地。月经带要柔软、清洁，防止感染疾病。

二、宿营卫生：

1.不要在传染病病人家住宿。

2.到宿营地后，应先进行清扫，做好室内和环境卫生，并派人选定或挖好厕所，严禁随地大小便。

3.厨房应选择条件较好的宅院，并要注意保护好水源。

4.搞好个人卫生，勤洗头发，勤剪指甲，坚持每天晚间用热水洗脚。睡觉时，可将脚适当垫高，以利恢复疲劳。

5.雨天行军后，要将衣服烤干，有条件时可喝些酸辣汤。冬季睡觉要注意盖好被子，夜间外出大小便时要穿好衣服，预防感冒。

6.冬季在室内用火炉取暖时，要预防煤气中毒。夏、秋季要做好灭蚊、防蚊，以保证休息，预防传染病。

三、游泳卫生：

毛主席教导我们：**“游泳是同大自然作斗爭的一种运动，你們应該到大江大海去鍛炼。”**我们应当积极响应毛主席的伟大号召，在野营训练中大力开展游泳活动。为保证身体健康，防止发生意外，在游泳活动中要注意以下几点：

1.游泳场地的选择：应注意水质是清洁的，沒有污水流入。水底坡度不大，较为平坦。游前应先探水深，以不超过胸部为宜。

2.下水前应做准备活动，使全身关节和肌肉都得到比较充分的准备，并先在水边用水淋湿皮肤。

3.做激烈活动后，身上有汗时，不要马上下水。上岸休息时，如遇刮风下雨气温较低时，应迅速擦干身体，披上衣服，以防感冒。

4.武装泅渡时，腰带要扎紧，上衣要上提，各种背带松紧要适宜，各种物品要放置得当，免得磨擦撞击发生擦伤、碰伤。

5.防止抽筋：如准备活动得当，可以防止在水中抽筋。如果一旦抽筋，在浅水里可做用力伸拉和扭转活动，也可用手拍打和按摩。在深水里，可把动作放慢，以仰浮姿势，一手划水，一手按摩。抽筋严重时可请别人拖带上岸休息。

6.防止耳朵进水：为防止耳朵进水可先用水湿一下外耳道或在外耳道口涂些凡士林。如水已进入，可歪头使进水的一侧向下，用手指压迫耳屏跺几下脚，使水流出，也可用手掌堵住进水的耳朵用力吸出。如仍不出来，可用消毒棉千或火柴棍卷上棉花轻轻把水沾出。

四、飲水卫生：

1.要喝开水、不喝生水。

2.水源的选择：应首先选用当地群众饮用的水源，如需自己选择水源时，应注意在水源周围30～50公尺内不应有厕所、污水沟、粪堆、牲畜棚圈等污染源。

3.饮用水应是无色、透明、无异味。

4.当遇到水质混浊或受到污染时，饮用前必须进行凈化和消毒处理。主要方法有：

明矾沉淀法：一般每五担水中加入明矾半两至一两。其方法是用纱布将明矾包好，然后缠在木棒上，在水中顺一个方向搅拌，由快渐慢，见出现絮状物即停止，静置半小时后水即澄清可用。

饮水消毒法：煮沸是一种最简单、最完全的消毒方法。此外，常用的是漂白粉消毒：一般每桶水（约 40 斤）加漂白粉

0.25克（玉米粒大小），如经明矾沉淀后的水药量减半。其方法是将漂白粉放在碗內，加少许水调成糊状倒入水內搅匀，半小时后即起消毒作用。

五、飲食卫生：

1.饭菜要烧熟煮透，吃熟，吃热。剩饭剩菜食前必须检查是否变质，沒有变质的必须充分加热后再吃。

2.食用蔬菜要新鲜，食前要洗净，并注意以下几点：

①食用白菜要新鲜，烂白菜中含有亚硝酸盐，食后可造成中毒。

②食用土豆，凡发芽的，应去掉芽，抠出芽眼，因为芽和芽眼中有龙葵素，食后可致中毒。

③油类应每日定量食用，最好不要集中炸馃子等。这样既可保证营养，又不致因吸收不良引起不适。

④食用肉类要了解清楚，防止由于食用病死牲畜传染疾病。

⑤不要食用来历不明的食品如盐、碱、矾等以免误用中毒。

3.注意食具、炊具卫生：

吃饭或喝水应尽量自带水碗和餐具。盛放饮用开水，最好有固定的容器，并要注意清洁。炊具应专用，切直接入口食品（如咸菜）的菜板特别要注意保持清洁。向当地借用容器（桶、盆等）时，必须了解是否放过农药或其他化学药品，以免误用造成中毒。盛装做菜佐料的容器（桶、瓶子等），最好不要借用或在农村购买，以免因装过农药而引起中毒。

4.提高警惕，凡发现食品中有可疑现象时，应立即停止食用，进行调查研究，采样送验，严防阶级敌人破坏。

5.关于野菜的食用：野菜不论在平原、山区，春、夏、秋三季都可以采集，资源丰富，取之容易，并且野菜都有一定的营养，可以调剂行军生活，节约粮食，培养艰苦朴素的作风，是响应伟大领袖毛主席“**备战、备荒、为人民。**”伟大教导的具体表现。野菜有的有毒，有的无毒，如食用了有毒的野菜能引起中毒。

食用野菜时应注意以下几点：

1.老农都有识别野菜的经验，所以食用野菜时，应向当地贫下中农请教，凡当地沒有吃过的，都不要吃。

2.凡喷过农药的地方，野菜都不要吃，以免中毒。

3.野菜采来后要认真挑选，并按当地经验加工方可食用。

附：几种可食野菜的食用方法表

野菜种类	可食部位	食用方法
榆树	榆钱叶	清明前嫩榆钱，芒种前嫩叶，洗净与粮食蒸食。
杨树	嫩叶	清明到立夏前叶，用开水烫，再用凉水泡2—3天，做菜、汤或与粮混吃。
柳树	花穗、嫩叶	煮后，用凉水浸泡2—3天挤出黄水，与粮混吃，但不可多吃。
桑树	果实、嫩叶	将叶洗净、开水烫、用清水泡2—3小时，切碎，与粮混吃。
刺儿菜	嫩梗、叶	开水煮软，用凉水泡几次，做菜或与粮混吃。

（续表）

野菜种类	可食部位	食用方法
马齿苋	全棵	同上
蒲公英（婆婆丁）	叶	洗净、开水烫、凉水泡1—2天拌吃。
老鸹筋	叶	经开水烫洗后即可食。
扫帚苗	叶	开水抄一遍，即可吃。
野苋菜（千穗谷）	全棵	同上
苦菜	全棵	开水烫，清水泡一天，去苦味即可吃。
黄须菜	全棵	用开水抄一遍，再用清水浸泡后即可食。
小叶落藜（小叶灰菜）	全棵	吃时先将小叶灰菜用开水抄一遍，清水浸泡1—2天，然后煮食。（红心灰菜有毒不能吃）

最 高 指 示

应当积极地預防和医治人民的疾病，推广人民的医葯卫生事业。

除 害 灭 病

一、冬春季节主要疾病的防治：

（一）呼吸道传染病的防治：

感冒、流感、脑膜炎和猩红热都是冬季常见的呼吸道传染病，这些病主要通过病人说话、咳嗽或打喷嚏传染给别人。

感冒是大家熟悉的。流行性感冒与感冒不同，它的主要特点是：发烧、全身酸痛无力、头痛、喷嚏、流涕、嗓子痛，有的人咳嗽，有的人恶心、吐、肚子痛，有些人不发烧但其他症状很重。对于感冒和流感除用中、西药物治疗外，还可煮薑水或针刺风池、合谷、外关等穴位治疗。

胸膜炎的表现多是发烧、头痛、呕吐，重时可在身上发现出血点，脖子发挺等，要用磺胺药或中药治疗。

猩红热的表现多是发烧、嗓子痛，很快出现皮疹，可以发展到全身，颈淋巴结肿大等，要用青霉素或中药治疗。

为了预防呼吸道传染病，希望大家注意以下几点：

1.宿营时，要与当地医务人员取得联系，了解当地病情，如有传染病要注意预防。

2.野营等军体活动，能增强对疾病的抵抗力，但要注意预防感冒，出汗以后不要立即脱帽、脱衣服，防止着凉。

3.在行军途中可提倡每天吃点大蒜，有预防疾病的作用。在学生中还可以用盐水漱嗓子，每天2～3次。也可以与当地联系，利用当地中草药预防传染病。

4.卫生员和班长要关心同志们和同学们的健康，如有发烧要注意检查嗓子有无红肿，身上有无小红点，以及有无头痛、呕吐等症状，这样可以提早诊断，及早防治。

5.当发现有可疑脑膜炎、猩红热等病人时，要与健康人分开，留下来隔离治疗，重的要马上联系送医院。同班的人要服用磺胺药或中草药作预防。

用磺胺葯做預防可按下表

	磺胺噻唑	长效磺胺	
	每天量（克）	第一天量（克）	第二、三天量（克）
成人	3.0	1.0	1.0
11—15岁	2.0	1.0	0.5
备注	上量分四次口服连服三天伴服等量苏打	每日一次口服连服三天	

（二）消灭虱子，预防斑疹伤寒：

斑疹伤寒是通过虱子传播的急性传染病。这种病起病突然，症状为寒战、发烧、全身痛、鼻流血、有时神志不清，在起病五、六天后身上出现皮疹。发现这样病人，应立即送医院隔离治疗。

为了预防斑疹伤寒，必须消灭虱子。消灭虱子的办法是：

1.灭头虱：

①用百部草一两，水一斤煮沸30分钟过滤，以此煎剂洗头发，不要擦干，用毛巾包裹头部，经一夜后，再以肥皂、温水洗涤，过2～3天再重复一次。

②用百分之十滴滴涕粉剂（20克左右）撒布在头发内，并用布将头部包裹数小时，再用温水、肥皂洗涤。

2.灭体虱：用开水浇烫生虱子的衣服，是一种简便有效的灭虱方法。除此而外，可选用下列方法：

①百分之一滴滴涕乳剂浸泡法：用百分之二十五的滴滴涕乳剂一斤，加水二十四斤稀释，将有虱衣服放入药液中浸湿，取出后晒干，其灭虱效能在衣服中可保持一个月左右。

②敌敌畏灭虱：用千分之一的敌敌畏溶液喷有虱衣服、被褥等，每平方米喷药50毫升左右，裹好衣被经一小时即可。

（三）冻伤的防治：

“唯物辯証法认为外因是变化的条件，内因是变化的根据，外因通过内因而起作用。”潮湿、寒冷都是发生冻伤的条件，但不是决定的因素。人体在寒冷环境中，由于防寒较差或身体与环境不适应，引起身体远端血液循环不良，继续受冻则发生冻伤。四肢的末端，耳、鼻等隆突部位，因其皮下组织较少，血液循环容易发生障碍，散热也快，不易保温，因此容易发生冻伤。着装不当，野外静止时间过长，行军、劳动出汗过多，曾患过冻伤者，为促进发生冻伤的常见因素。

只要做好预防工作，完全可以防止冻伤，具体措施有：

1.加强防寒宣传教育，使大家在思想上重视起来，掌握简便的防冻方法。

2.组织大家进行耐寒锻炼，以提高身体的御寒能力。

3.冬装要合适，并保持衣服、鞋、袜清洁、干燥。

4.训练、行军休息、放哨等不要静止过久。如果一旦发生冻伤，可按下面的方法处理：

①发生冻伤不要马上用热水洗或用火烤。较轻的冻伤，可用温水泡洗，如果能用茄杆、辣椒杆、艾蒿其中的一种煎水浸洗则更好，然后涂冻疮膏，也可用煮熟的萝卜切成薄片敷患处，并要注意局部保温。

②对出现大泡的冻伤，用消毒敷料包扎，如果泡已破，可按小外伤处理，并要注意局部保暖。

③较重的冻伤应立即送医院处理。

（四）皮肤皲裂的预防：

在冬季由于皮肤的皮脂腺、汗腺分泌减少，因此皮肤比较干燥，加上冬季天冷，气候干燥，如手、脚、脸的皮肤和口唇粘膜容易裂口子，叫皮肤皲裂。

预防皮肤皲裂：每天洗完脸，要把手、脸擦干，最好抹上一些凡士林、甘油等，可起到保护皮肤的作用。如已发生皲裂，在裂口四周用酒精擦擦，再涂上軟膏或膏药，然后包扎好。

二、夏秋季节主要疾病的防治：

（一）肠道传染病的防治：

1.在野营途中和驻地，应随时注意防治肠道传染病。由于环境条件的改变，如不注意防治，发生肠炎、痢疾和伤寒等病的机会可能增加，我们要提高警惕积极预防。

首先，要提高对于防治肠炎、痢疾的认识，批判那种认为“拉稀跑肚不算嘛”的麻痹思想，要把防治肠道传染病提高到为保证集体健康，从而胜利完成野营战斗任务的高度来认识。

2.把住病从口入关：

饭前要洗手，不喝生水，不吃生冷不洁的食物，生吃瓜果蔬菜要用清水洗净。

3.炊事班和负责伙食的同志要把防治肠炎、痢疾、伤寒等肠道传染病作为重要任务。炊事员要选政治可靠、身体健康的人担任，并要做好个人卫生和食品卫生。如炊事人员患肠炎、痢疾等肠道传染病时，应调离工作岗位，防止造成疾病传播。

4.宿营时厕所应远离水源、厨房，防止污染水源和食品。并要积极消灭苍蝇。

5.肠炎就是拉肚子。如果次数很多而每次大便很少，带脓带血，又觉得下坠，就可能是痢疾，有时还可发烧。痢疾发病有急有缓，有一种中毒性痢疾甚至还沒有拉肚，病人其他症状就很重，有高烧、昏迷等。

伤寒病早期突出的表现是持续发烧。

这些病都是"病从口入"传染来的，还可以再传染给别人。必须认真、彻底治疗，现介绍几种肠炎、痢疾治疗方法供参考：

①葶藶（芝蔴盐草）一两煮水喝，每日一次。也可加马齿苋一两合用。

②鲜燕窝草（地锦草）一两煎服。

③磺胺、抗菌素也有治疗作用。

发现中毒性痢疾或伤寒病要留下来，进行隔离、治疗。

（二）消灭蚊子，预防大脑炎：

大脑炎是由病毒引起的急性传染病，得病后主要表现是寒战、高烧、头痛、恶心、呕吐，严重的昏睡、不省人事、脖子发硬。发现这种病人应送医院隔离治疗。

大脑炎是由蚊子传播的，预防大脑炎最主要的是做好防蚊、灭蚊工作。防蚊、灭蚊的办法是：

①点燃蒿草绳，挂在屋里，可以驱杀蚊子或用六六六烟熏

剂，每间屋两小包，关闭门窗点着熏半小时。

②用敌敌畏2毫升滴在一张废纸上，在关紧门窗的屋里点着熏杀蚊子，或用破布条（1尺长、三分宽）或棉线绳沾湿敌敌畏，每间屋子挂上4—5条，效果可以维持2—3天。

（三）中暑的防治：

在炎热的夏天行军，下列因素可促进中暑的发生：

1.天气闷热；

2.行军时间过长或速度过快；

3.出汗过多、饮水不足；

4.个人防护不当；

予防中署：

1.对民兵进行宣传教育，使广大指战员重视防暑工作，掌握一些简单的防暑办法。

2.民兵在炎热的天气行军、活动，应注意设法放散体温，如及时休息通风，用水擦身敷头等。

3.加强个人防护，如戴草帽，戴绿枝伪装等。休息要找阴凉处。

4.及时补充水和盐，行军时水壶可装盐开水或携带一小包盐，供途中饮水时使用。

中暑的处理：

1.发现病人迅速抬到阴凉通风处，解下携带东西，解开衣扣，仰卧休息，并给搧凉。喝凉开水或淡盐水，有条件时吃些人丹。

2.针刺：轻者取穴大椎、委中、合谷、曲池。昏迷者取穴水沟、百会、委中及十宣点刺放血。

3.严重者请医务人员处理。

（四）溺水的救治：

溺水者往往表现为面色苍白、口唇发紫、口腔，其气管与肺内有水。溺水者在一定时间内呈假死状态，如果抢救及时、得法常能被救活。

当自己的同志溺水时，应遵照毛主席**“下定决心，不怕牺牲，排除万难，去争取胜利。”**的教导，以支左爱民模范李文忠同志为榜样，勇敢、沉着、迅速地抢救：

1.水内急救：

如发现溺水者的手在水面上乱扒或头在水面上时出时没时，应立即给溺水者诱导器材（如木板、竹杆、绳子等）协助脱险。条件不许可时立即下水，从溺水者背面或侧面接近，接触后用膝顶溺水者的背，使其成仰卧姿势（口鼻露出水面），然后将其拖带上岸。

2.岸上急救：

溺水者上岸后，立即进行就地急救。不得转送，以免延误抢救时间。急救时，撬开口腔，消除口腔内的泥水、异物，用双手抱起溺水者的腹部或将腹部置于大腿上，使溺水者的头下垂，将水排出。

3.如呼吸、心跳停止，可进行口对口人工呼吸和体外心脏按摩（方法见急救一节）并请医务人员急救。

4.溺水者甦醒后，应给热饮料，注意保温并注意观察，必要时送医院。

三、急救及常見小伤小病处理：

（一）急救：

各种急性原因（如电击、溺水等）造成心跳或呼吸停止，必须遵照毛主席**“救死扶伤，实行革命的人道主义。”**的伟大原则，牢记毛主席**“我們需要的是热烈而鎮定的情緒，紧張而有**

秩序的工作。”的教导，怀着深厚的无产阶级感情，对自己的阶级兄弟进行积极的抢救。

1.口对口人工呼吸：

①患者仰卧位，检查呼吸道通畅情况，然后托起下颌以防咽喉被舌堵住。②扳开患者的口，救护者以手的食、拇指捏紧患者的鼻孔，深吸一口气，对患者的口用力吹入，直到看见胸廓膨起为止。③每分钟吹气16—20次，吹气要快而有力，有节律。直到患者呼吸恢复为止。

2.胸外心脏按摩：

①患者仰卧，救护者双手重叠，以手掌放于患者胸骨下1/3处。②救护者两臂挺直，利用体重向下施加压力，使邻近肋骨压陷4厘米左右，然后放松，每分钟做60—80次。③每按3—4次作一次口对口呼吸。④注意按摩时勿用暴力，放松要快，直到呼吸、心跳恢复为止。

（二）小外伤的处理：

一般伤口先用酒精消毒伤口周围皮肤，(注意要从里向外一圈一圈地擦)，浅的涂上红药水或紫药水，较深的上消炎粉或盖上涂有磺胺软膏的纱布，然后以绷带和橡皮膏包扎。如果伤口较髒，可用无菌生理盐水冲洗伤口，然后再参照上述方法处理。

（三）脚泡的处理：鞋袜不合适，长时间行军磨擦、容易形成脚泡。因此，在行军中要选择合适的旧鞋袜，坚持在宿营时用热水洗脚，以减少脚泡的发生。一旦形成脚泡，要给予妥善的处理，以保持行军的能力。1.先用热水洗脚，碘酒、红汞或酒精消毒脚泡及周围皮肤。2.用经过消毒的针（针用火烧一下也可）在泡的基底部穿过一条消毒过的头发或马尾，一道或返回一道，松松做结，把泡内的水引流出来涂上紫药水，包扎好。3.切忌撕去泡的表皮以免感染。

附1. 針治常見病选穴表

病名及症状	针刺穴位
感冒	风池、合谷、大椎
头痛	风池、合谷、太阳、百会、列缺
嗓子痛	合谷、内庭、曲池、少商
咳嗽	天突、丰隆
牙痛	合谷、下关、颊车、牙痛穴
胃口痛	中脘、足三里、内关、阴陵泉
恶心、呕吐	内关、天突、足三里
腹胀、腹泄	足三里、气海、天枢、阴陵泉
上肢关节痛	曲池、外关
下肢关节痛	环跳、阳陵泉、足三里、委中、承山
痛经	中极、三阴交、关元

附2. 常用药物表

药名	用途	用法
复方阿斯匹林（止痛片/去痛片）	退热、发汗、止痛 用于伤风、感冒、头痛、全身酸痛等。	口服 每次一片，每天三次。
磺胺噻唑（消炎片）	杀菌、消炎 用于嗓子痛、气管炎、癤疮、化脓及其他炎症。	口服 第一次四片，以后每次二片，每天服四次，伴服等量苏打片。

(续表)

药名	用途	用法
银翘解毒片（丸）	清热、解表、散风退烧 用于流行性感冒、发冷、发烧、四肢酸懒、头痛、咳嗽、咽喉肿痛等。	口服 每次四——八片，每天二次。
羚羊感冒片	散风、清热、解表退烧， 适用于流行性感冒、头眩、咳嗽、咽喉肿痛等。	口服 每次四——八片，每天二次。
复方甘草片（止咳片）	化痰、止咳， 用于气管炎、咳嗽。	口服 每次二——三片，每天三次。
磺胺脒（止痢片）	治肠炎、痢疾。	口服 第一次四片，以后每次二片，每天服四——六次。
黄连素（片 0.05 / 0.1 克）	用于肠炎、痢疾及其他炎症。	口服 每次0.1—0.2克，每天三次。
胃舒平（胃痛片）	治反酸、烧心， 用于慢性胃病	口服每次2—3片，每天三次，饭前服。

苏打片	治反酸、烧心 治炎症时与磺胺噻唑同服。	口服每次1—2片，每天三次，饭后服。
复方颠茄片	治疗慢性胃痛 止吐泄、腹痛	口服每次1—2片，每天三次。
龙胆苏打片（健胃片）	健胃 用于食慾不振、消化不良、胃酸过多。	口服每次2—3片，每天三次，饭前服。
大黄苏打片	同　上	口服每次1—3片，每天三次，饭后服。
跌打丸	用于碰伤、跌伤、扭伤、闪腰、岔气。	口服每天早晚各服一丸。
消炎粉	用于皮肤创伤、伤后化脓。	先冲洗伤口，将药粉均匀撒于伤口，再用纱布、绷带包扎。
磺胺软膏	治疗癤肿，对小外伤、冻伤及烫伤等，可预防化脓。	涂抹在纱布上，然后盖在伤口上。
冻　疮　膏	治冻疮	涂于患处
烫　伤　药	如獾油，治疗烫伤。	涂于患处

（续表）

药名	用途	用法
凡士林	防皮肤皲裂	涂抹
拔毒膏	用于各种初起之癣疮	局部洗净后将膏药烤软贴患处
伤湿止痛膏	用于受风、受寒、腰腿筋骨痛、轻度跌伤、一切肿痛。	局部洗净后擦干将膏药贴患处
眼药水	用于火眼及砂眼。	每天滴3—4次，每次1～2滴
75%酒精	用作消毒皮肤、伤口及器械。	涂抹皮肤、伤口、浸泡器械。
2.5%碘酒	用作消毒皮肤。	只能涂抹皮肤，不能涂抹粘膜。注意不能与红药水同用。
龙胆紫（紫药水）	有杀菌、防腐作用，涂伤口，防感染。	涂抹皮肤、粘膜。
红汞（红药水）	同上	同上 但不能与碘酒同用

內部材料
注意保存

野營訓練参考材料

天津市野營訓練指揮部

一九七〇年十二月

毛主席语录

提高警惕　保卫祖国

备战、备荒、为人民。

全党抓軍事，实行全民皆兵。

掌握思想教育，是团結全党进行偉大政治斗爭的中心环节。

官教兵，兵教官，兵教兵。

我贊成这样的口号，叫做“一不怕苦，二不怕死”。

全世界人民团結起来，打敗美国侵略者及其一切走狗！

目　　录

某部队领导机关进行野营训练

进一步加強机关革命化战斗化建設

某部队领导机关遵照毛主席关于“**提高警惕，保卫祖国**”，“**备战、备荒、为人民**”的伟大教导，不久前进行了一次野营训练，途经二十多个县市，长驱八百公里。这次训练，促进了机关革命化、战斗化建设。大家说，这样训练方向对，方法活，收获大，是落实毛主席伟大战略方针的实际行动，是加强战备的有力措施，是建设高举毛泽东思想伟大红旗的，突出无产阶級政治的，有科学头脑的，有组织能力的，能干的指挥机关的重要方法。

通过野营进一步增强了战备观念

拉出去，搞野营，这样训练好，好在加强了机关干部的战备观念，促进了思想革命化。

这个领导机关在野营训练中首先利用各种条件抓好战备教育。他们在营区进行过几次战备教育，战备工作也取得了一些成绩，有的同志就认为战备思想和战备工作落实得差不多了。这次野营，经过在近似实战条件下的检验，一些在营区不容易发现的问题暴露出来了，发现有些战备措施不落实。他们经过进一步研究，从某些战备措施不落实，发现有的同志还有和平麻痺思想。他们带着这些问题，在行军途中办学习班，反复学习毛主席关于“**全世界人民团結起来，反对任何帝国主义，社会帝国主义发动的侵略战爭，特別要反对以原子彈为武器的侵**

略战爭！如果这种战争发生，全世界人民就应以革命战争消灭侵略战爭，从現在起就要有所准备”的教导，深刻理解从现在起就要做好反侵略战争准备的重大意义。他们召开革命大批判会，揭发、控诉帝国主义、社会帝国主义的侵略罪行，进一步认清了帝国主义、社会帝国主义政治上的反动性，军事上的冒险性。他们说：帝国主义、社会帝国主义发动侵略战争是由它们的反动本性决定的，它们惯用的手段是搞突然袭击。历史的经验证明，领导机关做好防止敌人突然袭击的准备，有着更重要的意义。

他们还利用野营的有利条件，调查了解貧下中农在旧社会所受的阶级苦、民族苦，访问在战争年代同国內外阶級敌人英勇战斗的英雄村，瞻仰革命烈士墓，提高大家的阶级觉悟和两条路线斗爭觉悟，从根本上增强战备观念。他们访问了某地区的一个英雄村。在抗日战争中，日本侵略军和汉奸，曾纠集一千多人两次袭击了这个村庄。用毛泽东思想武装起来的人民，不畏强暴，浴血奋战，杀得敌人尸横遍野，狼狈溃逃。在战斗中这个村有三百多名优秀儿女英勇地献出了生命。这个英雄村的人民跟随毛主席，在进行民主革命、夺取政权的斗爭中做出了贡献；今天，他们紧跟毛主席，经过轰轰烈烈的无产阶级文化大革命，在革命先烈们用热血灌溉的这片土地上，进一步巩固了无产阶级政权。从这个英雄村的斗爭历史中，同志们深刻体会到，夺取政权要靠枪杆子，巩固政权也要靠枪杆子。他们在沿途还受到了许多活的深刻的阶级教育。战争年代曾在这个地区战斗过的老干部，走访了故地，和当年支前参战的老民工一起回忆过去同敌人进行艰苦斗爭的情景，分析当前阶级斗爭的新动向，进一步增强了对国內外阶级敌人的仇恨，提高了继续革命的觉悟。新干部在阶级斗爭的大课堂里，学习了阶級斗爭的历史，深刻认识到无产阶级政权来之不易，增强了战备观念。同志们不顾疲劳，不畏严寒，从难、从严、从实战需要出发进行训练。有时吃不上饭，睡不好觉，但始终情绪饱满，干劲十足。他们说："为了保卫无产阶级专政，做好反侵略战争准备，我们再累也甘心，再苦也幸福。"

通过野营培养了快与准的作风

拉出去，搞野营，这样训练好，好在培养了机关的优良的战斗作风。

时间就是军队。未来的反侵略战争要求部队的行动必须争分夺秒。千军万马听指挥，机关是保证党委、首长指挥部队的，在这个意义上说，快和准的作风是机关工作中最重要的问题之一。

野营训练中，他们狠抓机关行动快。行动快的关键是有高度的敌情观念，时刻保持紧张应变的精神准备。他们遵照伟大领袖毛主席关于**"要象流水和疾风一样，迅速地移动其位置"**的教导，在野营训练中，有计划地组织了摩托化行军、急行军、强行军和在紧急情况下的仓促开进，昼夜兼程，连续行军等演练。为使机关适应战时复杂多变的情况，他们曾两次改变宿营地，二次临时决定提前行动时间，四次途中调整行军路线。每次行动的具体时间，他们都宁提前不推后，有意识地锻炼机关的应变能力，使野营训练始终处于紧张应变的状态中，锻炼与提高了机关的机动能力，使机关在各种情况下开得动，走得好。

野营训练中，他们开展了革命大批判，批判了反革命修正主义分子彭德怀、罗瑞卿推行的那一套繁琐的、脱离实际的训练方法。这次训练强调从实战需要出发，按照迅速、准确的要求，采用简便易行的方法，组织行军，演练指挥。过去是“写不完的文书，绘不完的图”，这次野营训练只在开始发了简要的行军命令，途中主要是以口头、路线图加注记和电话等方法传达号令，简化了手续，减少了层次，减少了文书，为部队争取了更多的时间。同志们说：在未来反侵略战争中，争取了时间，就等于增加了部队，就能够夺取更大的胜利。

通过野营提高了組織指揮能力

拉出去，搞野营，这样训练好，好在有效地提高了机关的组织指挥能力。

机关在野营训练中，主要学什么？练什么？他们认为：部队打仗靠毛泽东思想，机关组织指挥同样靠毛泽东思想。我们过去靠毛泽东思想，用小米加步枪打败了现代化装备的敌人，在今天，我们的装备现代化了，更要强调用毛泽东思想指挥打仗，只有这样，才能更好地发挥人的因素的作用，才能更好地发挥现代化装备的作用。形势变，条件变，千变万变，靠毛泽东思想指挥打仗永远不能变。他们在野营期间，不是把主要精力放在文书怎样写法，图表怎么画法等技术方面，而是把活学活用毛主席的军事思想放在首位。他们结合形势任务，反复学习了毛主席的军事思想，学习了林副主席的战术原则，采取领导与群众相结合的方法，领导“出题目”，大家“做文章”，摆“敌情”，论战法，学战例，提方案。研究一个情况，学习毛主席军事思想的一个观点，解决一个问题，使机关的军事思想水平提高一步。

他们利用野营的有利条件，带着问题在现地活学活用毛主席的军事思想，边实践边学习，不断加深理解。野营中，他们来到了一条大河边，进行夜间渡河训练。面对着滚滚激流，如何把人员、车辆安全迅速渡过河去？他们学习了毛主席关于**“应該使每一个同志懂得，只要我們依靠人民，坚决地相信人民群众的創造力是无穷无尽的，因而信任人民，和人民打成一片，那就任何困难也能克服”**的教导，请当地人民群众出主意，想办法，在民兵的积极配合下，安全迅速地渡过河去，时间只用了预定计划的三分之一，显示了人民战争的无比威力。通过这一事例，进一步加深了机关干部对人民战争思想的理解。他们说：“千难万难，依靠群众就不难；千变万变，人民战争思想不能变。”

在野营期间，他们胸怀全局，立足本职，根据现代战争的特点，从实战需要出发，摸索了我军政治工作、战时参谋业务、各种勤务保障工作的经验，使机关的组织指挥能力得到了全面的锻炼和提高。

通过野营使机关生活适应了战备的需要

拉出去，搞野营，这样训练好，好在培养了机关战时需要的工作、生活习惯。

他们遵照伟大领袖毛主席关于**“务必使同志們継續地保持艰苦奋斗的作风”**的教导和林副主席关于“平常养成了艰苦朴素的习惯，打仗的时候就吃得了苦，经得起艰苦困难的考验”的指示，在野营训练中，通过艰苦锻炼，学会在野战条件下进行工作，以适应未来反侵略战争的需要。

在野营中，他们从战时最复杂、最困难的情况着想，严格锻炼干部的吃苦精神。这个机关长期驻在营房里，生活习惯有许多地方不适应战时的要求。他们针对这些问题，有的放矢地进行锻炼。确定行军路线时，供应方便的地区不走，选择供应较困难的地区，就地取给。有折迭桌椅不带，临时筹借。沿途住民房，睡舖草，因陋就简，摊开地图就指挥，席地一坐就办公。作战指挥沒有桌子，便用几块砖头支起一扇门板进行作业。政工组的同志挤在一间小房里，围着一盏小油灯，垫着自己的膝盖起草文件。他们说：只有平时自觉地进行艰苦锻炼，战时才能过得硬。

通过这次野营，锻炼了机关，促进了连队，影响了群众，大家齐声称赞：这样训练好。

（原载一九七〇年三月十六日《解放军报》）

全面提高部队战斗力的一个重要途径

——某部队组织“千里野营”的调查报告

最近，某部队遵照毛主席关于**“提高警惕，保卫祖国”**，**“备战、备荒、为人民”**的伟大教导，组织了一次“千里野营”。这次野营，时处严冬，历时一月，穿行十余个县市。通过野营，指战员们得到了在营房内不可能得到的锻炼，对部队的战备思想和战备工作的落实是一次全面的检查、全面的促进。干部战士齐声称赞：“野营训练就是好！”

他们是怎样组织这次“千里野营”的呢？

把练政治思想摆在首位，使“千里野营”成为深入战备教育的生动一课

这次“千里野营”，是对部队战斗力诸因素的综合锻炼。他们遵照毛主席关于**政治是統帅，是灵魂**的教导和林副主席关于“政治思想工作是我军战斗力诸因素中的首要因素”的指示，把练政治思想摆在首位。

过去，这个部队的战备教育搞得比较扎实，解决了不少问题。但是，战备教育怎样深入呢？一搞野营，活思想暴露出来了，他们就带着问题活学活用毛泽东思想，以社会为课堂，进行活的教育。一是大学毛主席关于新式整军运动的伟大教导，狠抓阶级教育。在野营训练中，他们遵照毛主席关于“**学习馬克思主义，不但要从书本上学，主要地还要通过阶級斗爭、工作实踐和接近工农群众，才能眞正学到**”的伟大教导，拜贫下中农为师，走一地访一地，住一家访一家，军民同忆阶级苦、民族恨，大大地提高了干部战士的阶级觉悟；二是大学毛主席的军事思想和林副主席的“六个战术原则”，狠抓传统教育。野营的地区，是这个部队在解放战争时期作过战的战场，有的连队又登上了当年战斗过的县城的城堡，有的连队又回到了当年奋战的村头、山岭。他们请老首长现地讲战例，请当地的老向导、老担架队员介绍当年的战斗情况，在烈士墓前学习革命前辈的英雄事迹，大大激发了部队一不怕苦、二不怕死的革命精神；三是大学毛主席关于无产阶级专政下继续革命的伟大理论，狠抓两条路线斗争教育。他们走到哪里，就在哪里调查两条路线斗争史，和人民群众一起畅谈毛主席革命路线的伟大胜利，一起批判叛徒、内奸、工贼刘少奇推行反革命修正主义路线、妄图复辟资本主义的罪行，大大提高了干部战士的两条路线斗争和继续革命的觉悟。这些教育，教材活，教员多，课堂大，内容丰富，使广大指战员天天都受到活的毛泽东思想教育，把对帝、修、对的仇恨搞得深深的，把阶级斗争的弦绷得紧紧的。

在教育方法上，他们继承和发扬了我军政治工作的光荣传统，充分利用一人一事一物一地的活教材，不失时机地开展活的政治思想教育。有的连队行军路过一幢旧社会地主的洋楼时，就组织干部战士了解“一幢楼”的来历，当地贫下中农向战士们控诉说：“一幢楼，一幢楼，地主欢乐贫农愁，为了修建这幢楼，多少贫农断了头。”有的连队在做社会调查中，发现没有改造好的地主分子挑拨干部和群众的关系，他们就同当地群众一起开展革命大批判，狠批刘少奇的“阶级斗争熄灭论”。有的班住宿的房东，是从旧社会“万人坑”里逃出来的老矿工，战士们就请他讲自己血泪斑斑的家史。很多同志还把烈士墓前“为祖国为人民不愧中华儿女，不贪生不怕死真是革命英雄”的碑文记在本子上，激励自己，自觉锻炼一不怕苦、二不怕死的革命精神。因此，尽管千里之行，天气严寒，但一路上人人精神振奋，个个斗志昂扬，他们自觉地放着大路不走，大桥不过，有车不坐，有马不乘，去练爬大山，过大岭，绕小道，趟冰河。同志们满怀革命豪情地说：“忆苦情知道了无权的痛苦，讲传统懂得了夺权的艰难，搞调查看到了丢权的危险，摆敌情明确了保权的责任，为了迎击侵略者，我们就是要这样练！”

全面锻炼部队，使“千里野营”成为落实四好的有力措施

遵照毛主席关于“軍队的基础在士兵”的伟大教导和林副主席关于“军队不抓基层不行，抓基层不抓四好不行”的指示，这个部队始终把“千里野营”的立足点放在锻炼连队、落实四好上，既练政治思想，又练三八作风、军事技术和生活管理。

这次“千里野营”，他们强调胸怀革命全局，立足本职，全面落实四好。过去，有的同志对政治思想好和其他三好的关系缺乏正确认识，觉得“平时靠政治，战时靠技术”。这次他

们看到许多年轻战士身负重荷，翻峻岭，涉冰河，风餐露宿，始终保持高昂的战斗意志，深深感到突出无产阶级政治的强大威力。在野营中，他们还要求各级领导把搞好生活管理作为一个过硬项目来练。开始有的干部不理解，认为“打起仗来，哪有条件搞好生活管理”？他们就带着这个问题，组织大家反复学习林副主席关于一定要抓四好的指示，使大家认识到：在突出无产阶级政治的前提下，四好四个方面，哪一好都不能忘、不能丢、不能少，都要练。

认识统一了，各级领导同志同连队一起行军，一起摔打，结合野营的实践，从思想认识上到实际工作上，帮助连队正确处理一好和三好的关系，从四好四个方面全面锻炼连队。在野营中，他们用针对一个活思想，解剖一、两个典型事例，进行一次创四好目的意义再教育的方法，不断引导干部战士加深对林副主席关于抓四好的一系列指示的理解。有个连队的干部，是在野营前几天带着“抓一好保险，抓三好危险”的活思想来到这个连队的。野营开始了，党支部让他分管前卫排的工作，他对生活管理抓得少，甚至认为“吃饭睡觉，人人知道，抓与不抓，无关紧要”。可是没过几天，偏偏就在这个“无关紧要”的问题上出了毛病，煮了夹生饭，影响了全连的统一行动。在讲评会上，他亮出了自己的活思想，带着“一锅夹生饭”的问题，同大家一起学习了林副主席关于“能不能行军？会不会做饭？能不能很快休息？会不会放哨？这些看起来是小事情，实际上是能不能打仗的问题”的指示，开展一事一议。使大家深受教育，认识到：“不突出无产阶级政治抓啥都危险，不抓同样是危险。平时创四好，战时靠四好，四好抓好了战备才会真正落实。”还有个连的干部，过去常把培养部队吃苦耐劳的作风和要搞好生活管理对立起来。在野营中，有一度他只强调要从难从严锻炼部队连续作战、不怕疲劳的顽强作风，而不注意适当安排休息，结果尽管他带着部队拚死拚活地干，部队搞得很疲劳，工作却仍然赶不上趟。就在这时候，领导同志同他一起学习了毛主席的光辉著作《关心群众生活，注意工作方法》，和林副主席关于一定要抓四好的指示，使他认识到："四好是统一的整体，一定要全面抓好，不能单打一。"自觉地划清了：从难从严培养部队作风和忽视生活管理的界限、姑息迁就和关心群众生活的界限。从此，他既把培养部队作风当作打胜仗的重要条件来抓，又把生活管理当作保障打胜仗的基本功来练。

"一切眞知都是从直接經驗发源的"。"千里野营"，这个近似实战的"战场"，使干部战士看到了创四好的无穷威力。许多同志说："要把连队锤炼成为刀尖子，非抓四好不可！"一路上出现了前所未有的大家一条心大抓四好落实的狠劲，大练四好落实的猛劲。

发揚人民軍队的光荣传統，使"千里野营"成为进行人民战爭思想教育的有利条件

这个部队还遵循毛主席关于**"軍队不但是一个战斗队，而且主要地是一个工作队"**的伟大教导，在"千里野营"中既练战斗队，又练工作队，把野营的过程作为对部队进行人民战争思想教育的过程。部队住在营房，同群众接触的机会比较少。一些年青的战士，对于军民之间唇齿相依的魚水关系，往往体会不深。把部队拉出营房，来到农村的广阔天地，回到了当年军民并肩战斗过的地方，生活在贫下中农之中，部队同群众的接触广泛了。这样，不仅密切了军民关系，加强了军民团结，而且为部队学会做群众工作，进行人民战争思想教育提供了充

分的条件。

经过无产阶级文化大革命，农村的面貌发生了翻天覆地的变化，群众的阶级觉悟空前提高。干部战士在与群众的接触中，亲身感受到贫下中农无限忠于毛主席的深厚无产阶级感情，亲身经历了贫下中农热爱子弟兵的动人场景。一次，七连在行军途中临时改变了宿营地点，来到一个只有三十多户人家的小山村。这时，连队携带的粮食正好吃完了，而到原来计划的宿营点去补充粮食的司务长还沒赶回来。群众一看来了解放军，立刻紧急动员起来，不到十五分钟，全连的住房都号好了。贫下中农纷纷把自己家里的粮食，甚至蔬菜都送到连里。又一次，八连路过一个村庄，村子西侧有条几十米宽的大河，中间有一二十米宽的河面还沒有结冰。村里的贫下中农看到部队准备涉水过冰河，立即集合起来，家家戶戶抬来了板凳、门板，要架浮桥。八连同志立即劝阻说："感谢贫下中农的关怀。躺水过冰河，正是我们苦练杀敌硬功夫的好机会，我们不能放过。"贫下中农回答说："支援解放军，是毛主席交给我们的任务。今天子弟兵过冰河，正是我们苦练支前硬功夫的好机会，我们更不能放过。"说着，一个个跳下冰水，很快搭起一座临时小桥。八连的干部战士一个个情不自禁地流下了激动的热泪，齐声高呼："向贫下中农学习，向贫下中农致敬！"贫下中农也高呼："军民团结如一人，试看天下谁能敌！"

一桩桩，一件件，无数动人的事迹，充满了人民群众对子弟兵的热爱，闪耀着毛主席的人民战争思想的灿烂光辉。部队抓住这些活教材，广泛深入地进行人民战争思想的教育。一路上，他们还请当地的贫下中农讲当年群众支前的故事，请老党员讲当年遵照毛主席的教导建立巩固的根据地的光荣历史，使干部战士深刻地理解了毛主席的教导：**"革命战争是群众的战**

爭，只有动員群众才能进行战爭，只有依靠群众才能进行战爭。”从而更自觉地把“人人学会歼灭敌人、唤起民众两套本領”作为基本功来练，认真执行“三大紀律八項注意”，人人争做群众工作。他们走一路，就宣传一路毛泽东思想，住一地，就办一期毛泽东思想学习班，以极大的热情宣传毛主席的人民战争的伟大思想。战士们说：毛主席的人民战争思想深入人心，就是最好的战备。这样打起仗来，村村是营垒，家家是哨卡，就会使来犯的敌人葬身于人民战争的汪洋大海之中。

敢于揭露矛盾，认眞解决矛盾，使“千里野营”成为推动战备工作落实的巨大力量

“千里野营”体现了毛主席关于“从战爭学习战爭”的光辉思想。这个部队在野营中，按照实战的要求来检验各项工作，发现平时不易发现的问题，认真加以解决，把战备工作提高到了一个新水平。

部队一拉出来，一些平时在营房里发现不了的问题就暴露出来了。有一个连野营的前两天走得很好，第三天行军途中，领导为了进一步考验他们的行军能力，突然给这个连下达了改变行军路线的命令。这一下问题暴露出来了：由于连部与尖兵班的联络不好，迟缓了全连的行动。他们发现了这个问题后，便反复演练对尖兵班的派遣和联络，总结出了经验。

这个部队为了使干部战士得到更多锻炼，在野营训练中，尽可能把情况设想得难一点，要求严一点，动作更接近实战一点。他们在严寒条件下昼夜兼程、露营、野炊、扒雪层、挖冻土、构筑工事，在风雪交加的情况下练长途奔袭。有的连专门选择了一条一里路长的艰险山路，五个小时内往返拉车、拉炮几十次，不断地发现问题和解决问题。

“我們的責任，是向人民負責。”矛盾暴露出来后，各级领导深入连队，耐心细致地、扎扎实实地帮助解决矛盾。大到领导部队活学活用毛泽东思想、做政治思想工作、指挥战斗、组织行军，小到怎样编防空圈、设路标、挖厕所，都一点一滴地教，一人一事地帮。并注意充分发动群众，和连队干部战士同研究、同实践、同总结、同验证，做到给办法不搞包办，给动力不加压力。他们还抓住典型事例，开展一事一议，走一路，评一路，经常议，层层评，谁好向谁学，谁会让谁教，循序渐进，逐步提高。有一次，八连指导员动员行军讲了四十分钟，沒抓住重点，耽误了出发时间。在这个连蹲点的领导干部立即给他指出了存在的问题，教给他改进的办法。后来，他第二次动员时只用了十分钟，讲了三个问题，抓住了重点。他总结了这次动员的经验：干部要碰头，有事统一讲，事先找骨干，抓好活思想，问题归纳好，说话要简要。

部队通过“千里野营”，不断地发现和解决矛盾，不断地总结和推广经验，促进了战备工作步步落实，大家越练越有劲头。战士们说：“一千里行军，步步向前进，一个月野营，天天有提高。”

（原载一九七〇年二月二十八日《解放军报》）

大抓活思想　运用活教材
进行活教育

——某团在野营拉练中深入进行战备思想教育的情况和体会

某团在最近组织的野营拉练中，遵照伟大领袖毛主席关于**“掌握思想教育，是团结全党进行偉大政治斗爭的中心环节”**的伟大教导，和林副主席关于“政治教育主要是抓阶级教育，抓活的教育”的指示，大抓活思想，运用活教材，进行活教育，既生动活泼，又深入扎实；既提高了部队两条路线斗争、阶级斗争和继续革命的觉悟，从根本上增强了战备观念，又培养锻炼了基层干部和骨干做政治思想工作的能力。实践证明，在拉练中大搞活教育，是把战备教育引向深入的一条好途径。

从各个连队的情况看，活的教育主要抓了以下几点：（1）阶级教育。普遍开展了访贫问苦活动，走一地访一地，住一家访一家，大搞军民同忆，以苦激恨，越忆斗志越坚。（2）传统教育。在当年革命老前辈战斗过的地方，请老首长传传统，讲战例，大学毛主席军事思想；向老向导、老担架队员访战史，在烈士墓前学习老前辈英雄事迹，大长了革命志气。（3）两条路线斗争教育。走到哪里，就在哪里调查两条路线斗争史，请老干部、老贫农讲阶级敌人是怎样妄图复辟资本主义的，贫下中农是怎样坚持斗争的，军民同批刘少奇。（4）人民战争思想教育。一路上，群众为部队让房、献柴、带路、修桥、挖井等生动事例，都成了最好的活教材。这些教育增强了部队的战备观念，激发了干部战士敢打、必胜的信心。他们大抓活教育的主要经验是：

活教育必須紧跟新形势，落实一个“打”字

每个连队，在大抓活的教育中，都紧密结合了当前阶级斗争的新形势，围绕树立常备不懈的思想做文章，使各种活教育都具有鲜明的目的性、思想性、现实性，都打在了一个点上。例如许多连队在组织军民同忆苦时，用地主对比苏修，用日寇对比新沙皇，算罪状，挖祸根，这就使干部战士进一步认识了苏修本性，激起了满腔怒火。“为了不当亡国奴，甘洒热血抛头颅”的口号立刻深入人心，把战备思想牢固扎根在“根”字上。又如许多连队在进行传统教育中，突出学习前辈英雄一不怕苦、二不怕死的革命精神，讲英雄用一不怕苦、二不怕死的精神打江山，頌英雄用一不怕苦、二不怕死的精神打胜仗。一不怕苦、二不怕死的英雄形象树立得越高，干部战士敢打、必胜的思想就扎根越深。

活教育必須抓准活思想，解决一个“观”字

许多连队都坚持了带着问题搞教育，搞一次活教育，解决一个活思想，逐步树立无产阶级战争观。有的连队发现个别老兵想复员，战备观念薄弱，党支部就立刻组织干部战士学习老贫农昝振国落实战备的先进事迹。昝振国六十多岁，是共产党员，他遵照毛主席关于“**提高警惕，保卫祖国**”的伟大教导，每天白天上工，晚上抓时间搞战备。干部战士请昝大爷做报告，就地展开了讨论。同志们说：“昝大爷战备工作做得这样好，就因为他有一颗无限忠于毛主席的红心，处处想到权，为权不畏难。”有一些战士当场检查自己，表示紧握枪杆干革

命，使战备思想更加落实。还有的连队边行军边组织干部战士忆过去父母逃荒要饭走过的路，想革命前辈夺取政权走过的路，看现在自己走的继续革命的路，把阶级教育、传统教育和继续革命的教育紧密结合起来，使大家越忆越懂得无权之苦，越想越认识夺权的不易，越看越感到保权的光荣，苦累也觉甜，越走劲越大，有病的照样坚持，有的脚走肿了，也不掉队，决心"紧握钢枪保政权，战备行军不怕难，为了埋葬帝、修、反，死了也要扑向前。"从根本上增强了战备观念。

活教育要大搞群众性，达到一个"广"字

教育搞得活不活，有沒有群众性是一个重要的标志。许多连队都坚持了领导和群众相结合，连队搞，排里搞，班里也搞，人人留心活教材，人人自觉受教育。有个班同连队一起参观"万人坑"回来，打听到房东老大爷是当年从"万人坑"里爬出来的，便立刻请老大爷控诉民族恨；有的战士同部队一起到革命前辈作战现场听老首长讲传统回来，听说村里有个曾为革命老前辈当过向导的老贫农，就主动登门访战史。每到一地，战士们住进贫下中农的家，先和群众唠上几句，便坐在一起，请老贫农忆阶级苦，或诉民族恨，或讲两条路线斗争史，或谈农村搞战备的动人事迹，家家炕头成了进行活教育的课堂，每个贫下中农都是连队最好的老师。由于发动了群众，所以活教育搞得非常广泛，形成人人抓活思想，人人找活教材，人人都受教育的生动局面。

活教育必須坚持經常性，做到一个"深"字

当前战士年纪很轻，对旧社会的苦难，对我军的光荣传统印象不深。因此，许多连队做到了活教育经常搞，普及于一切

活动之中，使战士头脑中无产阶级思想的烙印越打越深。每个连队普遍注意寻找能看得见、摸得着的活教材，如有的连队听到贫下中农对旧社会的控诉："催租粮，囤凈光，义仓积谷满，穷人饿断肠，一年辛苦白费劲，携儿带女去逃荒。"还有的连队路过原来地主的"一间楼"，大诉"一间楼，一间楼，富人欢乐穷人愁，为了造起这间楼，多少穷人断了头"的阶级苦。使阶级教育常搞常新，革命烙印越打越深，战备思想越树越牢。

这个团由于活的教育抓得好，有效地带动了各项战备工作的落实，大家自觉抓四好，创四好，战备工作出现了新的局面。

以毛主席軍事思想为指針充分发揚軍事民主　通过发揚軍事民主深刻理解毛主席軍事思想

——某团在野营拉练中开展军事民主的情况和体会

某团在野营拉练中，遵照毛主席关于**"官教兵，兵教官，兵教兵"**的伟大教导，大搞军事民主，发动干部战士用战备的观点观察一切，检查一切，落实一切，展开了一个大家提问题，大家想办法，大家搞实践，大家来总结的群众性练兵热潮，使这次拉练搞得扎扎实实，热气腾腾，效果很好。

主　要　形　式

这个团在发扬军事民主中比较普遍地采用了以下几种形

式：

（1）练前提方案，大家研究打仗怎么办。即在布置每个课目、每个阶段训练任务之前，由领导提出方案，发动群众从打仗着想，分析可能遇到的问题，带着问题活学活用毛主席军事思想，研究怎样练才符合实战要求，集中群众智慧，提高实践的自觉性。

（2）练后搞战评，大家鉴定这样打仗行不行。随时评，阶段评，逐级评，既评干部又评战士，既评指挥又评动作，既评战术技术，又评思想作风，既找教训又找经验。以毛主席军事思想为指针，边学边评，有破有立，把暴露的问题一个个加以解决，把实践经验一条条加以肯定。

（3）抓住典型事例，开展一事一议，大家衡量这样做符合不符合打仗要求。拉练中，针对活思想及正反两方面的典型事例，用打仗的观点进行解剖、分析，提高战备观念，促进战备工作落实。

（4）谁好向谁学，谁会让谁教，开展群众性的比、学、赶、帮、超活动。

主　要　好　处

这个团体会到，以毛主席军事思想为指针开展军事民主，好处很多，最主要的是：

（1）推动了活学活用毛主席军事思想的群众运动。大家在练中学，评中学，破中立，学得活，用得实，体会深，立竿见影。

（2）能集中群众智慧把兵练好。方案是大家订的，点子是大家出的，不打糊涂仗，不练糊涂兵。既保证了更好的集中，又提高了大家练兵的积极性。

（3）能更好地贯彻练为战的原则。大家用毛主席军事思想鉴别是非，教条主义的条条框框站不住，我军的光荣传统大发扬。

（4）能有效地促进战备思想落实。人人围绕打仗想问题，战备观念越树越牢，战备工作越做越细，打仗本领越练越硬。

（5）有利于丰富领导。领导想不到的群众想到了，领导解决不了的群众解决了，领导做得不对的群众纠正了，提高了干部的工作能力。

（6）干部战士一起评，能统一思想认识，密切上下关系，增强内部团结。

主　要　体　会

（1）大抓活的思想，提高开展军事民主的自觉性。连队多数基层干部，都能自觉开展军事民主，但是也有少数干部存在着一些不正确认识，大致有三种：一是认为兵新，不懂军事知识，发扬军事民主沒有用；二是认为发扬民主太麻烦，不如干部说咋办就咋办干脆利索；三是认为发扬民主和培养部队令行禁止的作风有矛盾；四是行军打仗沒时间发扬民主。针对这些问题，他们一个一个地做了解决。采取了以下办法：

正反对比，大讲好处。有个连长，不爱听取群众意见，在步坦对抗演习中，给爆破组指定的位置既不便打又不便防。战士们对照毛主席关于“**保存自己，消灭敌人**”的伟大教导，要求另外选一个位置。连长觉得你们懂什么，战士立刻给新选的位置讲出了六条优点，使这个连长大为吃惊，感动地说：“战士掌握了毛主席军事思想就会变得智慧广；干部沒掌握毛主席军事思想也会变成大蠢人。”立即同意了战士的意见。党支部就及时抓住这种发扬军事民主的正反事例，进行苦甜对比，大讲发扬军事民主的好处，从实践中提高了干部的群众观念。

领导下连，传经说法。领导干部下连，都把传传统练兵方法，带民主作风做为培养干部的重要内容。二连有的战士不知道防空怎么防？为了使干部学会我军传统练兵方法，师长王林亲自来教这个课目。他组织干部战士学习毛主席军事思想，三次召开民主会研究解决不会防空的问题，叫大家带着问题到毛主席著作中找答案，很快使大家学会了防空的本领。事实使大家认识到：发扬民主不但沒有影响培养令行禁止的作风，反而使大家认识更统一，行动更一致。

（2）发扬军事民主，必须坚持以毛主席军事思想为指针。大家从实践中认识到，毛主席军事思想和林副主席的战术原则，是我军克敌制胜的法宝，是我军一切行动的准则，只有以毛主席军事思想为指针，才能鉴别是非，军事民主才有方向。一次三营炮连构筑阵地，连长在山坡上选好位置让大家挖，有的同志说，有现成雨裂不利用，硬叫大家费力修工事，还规定尺寸，这是“教条”，于是就以“什么是教条”为题开展了一场军事民主。大家用毛主席军事思想鉴别是非，最后统一了认识：一，挖工事本身不是教条，是为了**保存自己，消灭敌人**；二，雨裂沟是可以利用的。为了强求整齐叫大家在山坡修工事是不符合实战要求的；三，工事本身的规格尺寸还是应有规定，挖浅了容易暴露，挖深了不便发扬火力，挖小了有碍于操炮和机动，挖大了沒有必要。这样，既克服了错误的东西，又保护了正确的东西，使军事民主始终沿着正确轨道前进，使发扬军事民主的过程成为活学活用毛主席军事思想的过程。

（3）在发扬军事民主中，包含着两条建军路线、两种训练思想的斗爭，要开展革命大批判，从灵魂深处不断清除资产阶級军事思想的余毒。各级领导，都把破除教条主义、形式主义、锦标主义、改革训练当做发扬军事民主的重点，通过不断开展革命大批判，提高干部战士路线斗争觉悟。

适应战爭的需要
培养过硬的战斗作风

——某团在野营拉练中锻炼和培养部队适应打仗的作风的体会

作风靠自觉培养，不是靠自然形成

在作风建设上他们遇到的第一个问题，是用什么姿态培养作风。这个团有一部分干部沒打过仗，有些同志对培养战斗作风的重要性和迫切性认识不足，脑子不挂号，措施不成套，行动不落实，工作不自觉。于是，团的领导便组织干部反复学习了毛主席关于“**提高警惕，保卫祖国**”的教导和林副主席关于从四好四个方面建设连队的指示。把练作风提到一定位置上来，引导干部战士认识培养作风是打仗的需要，自觉抓作风，练作风，传作风，带作风。三营炮兵连过去在团里是作风比较差的单位，因此，拉练前三天暴露了不少作风上的问题。使全连干部战士，擦亮了眼睛，深深感到：作风是无形的巨大力量，它可以渗透一切，影响一切，支配一切，平时不养成好作风，打起仗来就拉不动，打不好。在有了培养作风的强烈愿望之后，党支部狠抓了作风建设。他们首先开支委会，学习林副主席关于培养作风的指示，武装头脑，提高认识；然后开战评会，摆问题，找原因，大谈培养作风的重要；开讲用会介绍和推广了三排“狠抓作风，适应打仗”的经验。从此，这个连队思想大转弯，作风大变样。他们体会到：一个好的作风，只能自觉培养，不能自然形成，培养作风的认识有多高，作风建设就有多好。

用打仗的标准抓作风、练作风、传作风

在作风建设上遇到的第二个问题，是用什么标准培养作风。团的领导认为，一切适应打仗的要求，是部队作风建设的高标准，用打仗的标准培养部队快、准、硬的战斗作风，是临战情况下作风建设的重点。他们认为：“快”，就是要培养部队有高度的时间观念，动作紧张迅速，雷厉风行，闻风而动，说干就干，争取时间、反对疲沓、散漫、松垮、拖拉的作风。“准”，就是要培养部队有高度的科学性和组织纪律观念，办事认真，不含糊，不敷衍，对上级的指示号令执行坚决，不打折扣，不讲价钱，不动摇，付出最大的代价和牺牲也要完成任务。“硬”，就是要培养高度的战斗积极性，培养部队吃大苦、耐大劳、死打硬拼、连续作战的作风，培养部队一不怕苦、二不怕死的革命精神。这样才能适应打仗的需要。

培养快、准、硬的战斗作风，克服和平时期的一套作风，是个转弯的过程，要经过艰苦的磨练。具体做法是：

一、不迁就，不姑息，严格要求，用打仗的标准抓作风。各级领导都充分利用这次拉练的条件，按照打仗的标准严格要求部队，凡是符合打仗的作风就提倡，不符合打仗的作风就纠正。对于暴露出来的不适应打仗的作风，如行动前集合动作慢，行进间不认真伪装，到驻地挖防空洞对对付付，训练时动

作不逼真，任意改变指挥位置，不经请示擅自撤离阵地等，都按照打仗的标准，该教育的教育，该批评的批评，该纠正的纠正。

二、从难从严从实战出发，用打仗的标准练作风。他们根据毛主席关于“**从战争学习战争**”和林副主席关于“培养部队优良的战斗作风，最主要的是靠实际锻炼”的教导，严格摔打部队。拉练中间进行了步坦对抗演习、打空降和长途奔袭等三个较大科目，也搞了昼间、夜间、昼夜兼程和多种情况下、多种道路上的行军训练，使部队在艰苦的环境、复杂的条件下锻炼勇敢战斗，不怕牺牲，不怕疲劳和连续作战的作风。迫炮连有车有马，为了锻炼跟随步兵前进的能力，平路不走走山路，有桥不走过冰河。一营机枪连在一次夜行军途中，气候突然变化，气温下降，刮起六、七级西北风，顶风前进。党支部认为，这是培养部队顽强战斗作风的大好时机，向全连提出：“顶风沙，战严寒，彻底消灭帝、修、反”的战斗口号，全连斗志昂扬，一路上背诵着毛主席的教导，唱着歌，高喊着“下定决心，不到长城非好汉；不怕牺牲，愿把世界苦吃尽；排除万难、战风沙，抗严寒，让胜利红旗飘满天”的豪言壮语，胜利到达宿营地，既炼了思想又炼了作风。

三、讲战例，学英雄，用打仗的标准传作风。许多连队为了增强干部战士的时间观念，培养部队紧张迅速的作风，就讲《南征北战》先敌三分钟抢占摩天岭赢得战斗胜利的故事；为了培养战士不怕走路、不怕牺牲、英勇顽强的硬作风，就用董存瑞、黄继光和本部队战斗英雄梁世英同志的英雄形象激励战士；为了培养战士自觉遵守纪律，服从命令的作风，就用邱少云的英雄事迹教育大家。这个团的一、四、八连是有历史荣誉的连队，每当关键时刻就用本连的传统作风鼓舞大家斗志。

培养部队过硬作风的关鍵是抓好干部

在作风建设上他们遇到的第三个问题，是依靠谁培养作风。毛主席教导说：**“政治路綫确定之后，干部就是决定的因素。”**他们认为，干部有什么作风，部队就有什么作风，干部作风好，部队作风也就会好。因此，他们很重视抓干部的作风培养。

一是抓干部的认识。统一了干部的认识，就能劲往一处使。三营在拉练前几天，因为伪装不好两次受到团的批评，营党委就抓住这个问题召开党委扩大会，先学习，后检查，再统一认识。从伪装搞的不好，看对作风建设的认识，大家认为，现在暴露的问题，就是过去沒解决的问题，现在不解决打起仗来还要吃大亏，从而明确了平时培养和战时需要的关系；他们还从伪装看抓作风建设的姿态，大家说，现在抓作风的思想障碍主要是迁就姑息不愿抓，怕提意见不敢抓，反映了部队管理教育中间的问题，明确了严格要求和耐心说服的关系；他们又从伪装问题上检查了干部带头不够，明确了部队作风和干部作风的关系。经过这次会议，在统一认识的基础上，提高了干部培养作风的自觉性和积极性。

二是抓干部的表率作用。干部的表率作用是无声的命令，是战斗号召，对培养部队作风有很大的影响。拉练中干部模范作用很突出，有车不坐，有马不骑，对部队培养一不怕苦、二不怕死精神有很大推动。

三是重视表扬先进，推广经验。一二〇炮连连长杨振全，带领连队翻山越岭自觉培养部队过硬作风的情况，团的领导走到那里宣传到那里；三营炮兵连三排培养快、硬、实作风的经验在连、营讲用后，给大家很大启发。

四是抓讲评。把评作风做为战评会、评党员、评四好的重要內容。九连开展讲评党员后，有的干部党员自觉革命，检查自己的问题。干部好作风的养成，推动了部队作风建设，全面提高了部队的战斗力。

把生活管理做为連队建設的重要方面来抓

——某团在野营拉练中搞好生活管理的情况和体会

某团在野营拉练中，很重视在突出政治前提下抓好部队的生活管理，他们的体会是：

越在艰苦条件下越要搞好生活管理

拉练开始，有些同志对搞好生活管理的重要性认识不足，只强调锻炼好的一面，忽略搞好生活管理的一面。有的说："打仗哪有条件搞好生活管理？吃不上饭，睡不上觉是经常事"。本来应该搞好的也沒搞好，还以为这是对部队的考验和锻炼，结果出现了不少问题。如吃不好饭，睡不好觉，还出现了一些事故苗头，影响了部队的战斗力。

根据这些情况，部队党委及时做了分析研究，认为部队生活管理搞不好，既有认识问题，也有经验问题，立即组织干部战士认真学习了毛主席关于**"关心群众生活，注意工作方法"**的伟大教导和林副主席关于创四好的指示，指出：（1）生活管理搞得好不好，是爱兵不爱兵的大问题，要带好兵，首先要爱兵，爱兵就是爱护战斗力；（2）拉练是在随时准备应付敌人突然袭击的情况下进行的，只有搞好生活管理，才能保持部队身体健康，随时应付各种复杂的局面；（3）拉练是要练四好，不是练一好、两好、三好，生活管理好也是部队战斗力的重要因素，把四好四个方面都练好，才是真正的从难要求，从严训练。许多连队还联系自己吃不好、睡不好，从而影响了行军、训练的事实，说明连队四好四个方面缺哪一好都不行，四好哪一好练不好，都会影响其他三好。把搞好生活管理提高到爱兵观念的高度、保持部队战斗力的高度、随时准备应付敌人突然袭击的高度来认识，很快统一了大家的思想，激发了搞好生活管理的积极性。

为了解决干部不会管理的问题，领导干部和机关干部都积极下到连队言传身教，具体帮带。为了解决部队休息好的问题，部队长王林亲自深入一连，蹲在班里，教会了一个班长在宿营后怎样组织看地形、挖厕所、收拾房子、挖防空洞、做群众工作；起床后怎样组织打背包、打饭、埋厕所、检查群众纪律、做好出发准备，大大缩短了工作时间，增加了战士休息的时间。而后，以点带面，很快解决了部队休息不好的问题。生活管理上的其他问题，也都通过传、帮、带、练的办法一个一个地做了解决。

从抓好活的思想入手抓好生活管理

拉练时处严寒，部队比较艰苦，加上成员新，容易发生这样那样的问题。出了问题，一是干部容易发火，简单粗暴；二是容易哪里有洞哪里堵，只就事论事地解决，忽视从根本上建设连队。为了防止发生这些问题，许多连队提出抓管理教育要从抓活的思想入手，运用政治工作的方法进行管理教育；四好每一好都要抓，在抓每一好中都要落实四好。

二连炊事班，今年以来沒做过一顿夹生饭。可是一开始拉练，因不习惯在民房里做饭，连续几顿都夹生了。干部一见就发了火。炊事班反映："社员的锅小下米多，容易夹生。"干部就叫炊事班少下米。少下米倒是沒有夹生，结果大家吃了个半饱。于是干部又把炊事班批评了一顿。搞得炊事员都不想干了。为什么狠抓生活抓不上去呢？在这个连队的工作组帮助他们找教训，使大家认识到，问题就出在沒有从抓活的思想入手，在抓一好中沒有想到要落实四好。于是，他们立刻找炊事班长谈了心，在炊事班开了座谈会，引导炊事班找原因。炊事班的同志们说："这原因，那原因，最根本的原因是思想有问题。社员锅小可以做两锅，结果图省事做一锅，为大家服务的思想不牢，嫌脏怕累，行军和战士一样走，宿营后人家休息咱做饭，一批评更不想干了。"接着领导上又组织大家学习了毛主席关于"**提高警惕，保卫祖国**"和"**为人民服务**"的伟大教导，开展斗私批修，克服了怨气，调动了积极性，大家决心"**发揚勇敢战斗、不怕牺牲、不怕疲劳和連續作战的作风**"，办好"火线食堂"，不仅学会了在社员家里做饭，还学会了野炊技术。炊事班自己的休息问题，也通过合理分工、科学安排得到了一定解决。四好四个方面在炊事班落实了。

有骡马的重火器分队，生活管理工作就更为复杂些，不但要管人，还要管牲口。开始有的怕麻烦，抓的松。各单位也都注意从思想教育入手，解决了这个问题。首先使干部战士认识骡马在行军战斗中的作用，讲清"人掉队掉一个，马掉队掉一驮"的道理；在工作上先安排马匹喂养，再安排人员食宿；每到一地，不管条件怎样困难，宁肯人不休息，也要把马打整好；广泛发动群众掌握管马知识，创造了全部队马无打背的成绩。

不断总結經驗　大力推广狠抓落实

这个团遵照毛主席关于**“从战争学习战争”**、**“要认眞总結經驗”**的伟大教导，在拉练中不断总结经验，进行推广，狠抓落实，把部队生活管理迅速提到了新水平。他们是这样做的：

抓住暴露的问题，认真进行解决，做到解决一个问题，促进一次管理工作。

发动群众评管理，**“使正确的获得推广，錯誤的不致重犯。”**各连都把评管理做为战评的重要內容，走一段评一段，走一路评一路，边评边改进。

认真总结经验，使部队生活管理工作不断得到改进。拉练中，领导干部和机关干部下连，与连队干部战士一起总结了许多好经验，如怎样宿营，怎样露营，怎样野炊，怎样防冻、防病、防打泡，怎样管好骡马，怎样防事故等等，都从实践中总结了经验，形成一套喀，广泛流传，人人皆知，使部队的管理教育工作更加落实。

以两个“决议”为指针 搞好长途野营训练

“无限忠于毛主席革命路线的好干部”
门合同志生前所在连党支部

伟大领袖毛主席教导我们：**“提高警惕，保卫祖国。”“备战、备荒、为人民。”**在毛主席的这一伟大战略方针指引下，我们连在不久前进行了一次长途野营训练。野营中，全连同志认真学习古田会议决议和一九六〇年军委扩大会议决议，发扬**“紅軍不怕远征难，万水千山只等閑”**的英雄气概，迎着艰险走，顶着困难上，练思想，练作风，练战术，练技术，密切了军民关系和官兵关系，有力地推动了连队革命化、战斗化建设。

长途野营开始后，全连干部战士情绪很高。但个别干部觉得，今年政治教育一个接一个，突出政治差不多了，缺的是军事技术，在野营中要着重抓抓军事训练。“在野营中首先练什么”的问题摆在我们面前。

在上级领导的帮助下，我们开展了“学‘决议’，忆门合，查方向”的活动。我们组织大家学习军委扩大会议决议中关于“政治是统帅、是灵魂，政治工作是我军的生命线、是一切工作的根本保证”的论述，狠批反革命修正主义分子彭德怀、罗瑞卿鼓吹的“军事第一”、“技术第一”等谬论，学习门合同志“当一天指导员，就要坚持一天四个第一”的先进思想，使大家认识到，活学活用毛泽东思想，搞好人的思想革命化，是头等重要的大事。野营中固然要练战术，练技术，但首先要练思想，要把突出无产阶级政治贯穿到整个野营过程中去。大家说，火车离开轨道要翻，连队建设离开突出政治要偏。大家决心在长途野营中首先练思想，进一步搞好连队革命化、战斗化建设。

认识统一以后，我们在长途野营中，以广阔农村为课堂，对干部战士进行思想和政治路线方面的教育。我们主要抓了以下四个方面：一是大学毛主席关于新式整军运动的教导，狠抓阶级教育。我们拜工人、贫下中农为师，走一地访一地，住一家访一家，军民同忆阶级苦、民族恨，大大提高了干部战士的阶级觉悟。二是大学毛主席的军事思想，狠抓传统教育。一路上我们邀请老红军战士介绍他们当年为夺取政权同阶级敌人勇敢战斗的英雄事迹，大大激发了部队一不怕苦、二不怕死的革命精神。三是大学毛主席关于**“提高警惕，保卫祖国”，备战、备荒、为人民”**的伟大战略思想，狠抓战备教育，增强全连同志保卫无产阶级专政、保卫社会主义祖国的战斗意志，进一步树立常备不懈的思想。四是大学毛主席关于无产阶级专政下继续革命的伟大理论，狠抓两条路线斗争教育。我们走到那里，就在那里调查当地两条路线斗争的历史，和革命群众一起畅谈毛主席革命路线的伟大胜利，狠批叛徒、内奸、工贼刘少奇的反革命修正主义路线，大大提高了干部战士两条路线斗争觉悟和继续革命觉悟。野营路上课堂大，教员多，教材活，使干部战士天天都受到具体生动的毛泽东思想的教育。

我们连这次长途野营，道路艰险，气候恶劣，环境艰苦。为了培养部队一不怕苦、二不怕死的革命精神和拖不垮、打不烂的过硬作风，我们在野营中不间断地用两个“决议”鼓舞干部战士的斗志，从难从严从实战需要出发锻炼部队，大路不走走小路，有桥不过趟冰河，有车不坐，有马不骑，苦练杀敌过硬本领。出发后第三天，一场暴风雪突然袭来。同志们的衣服全打湿了。有的同志产生了畏难情绪。针对这种情况，我们邀请地质队的几位老工人忆苦思甜，接着又组织干部战士重温毛主席在古田会议决议中对享乐主义的批判，学习军委扩大会议决议中关于“真正可怕的，是在政治上衰退，脱离人民群众，思想上解除武装，松懈以至丧失战斗意志”的论述，并回忆个人在旧社会的苦难家史，联系我们肩负的伟大任务，进一步懂得了为谁扛枪、为什么吃苦的道理。同志们说：“高温炼纯钢，艰苦练思想，保卫毛主席，刀山也敢闯。”有一天，当我们顶风冒雪登上一座拔海五千五百米的雪山时，已是晚上九点多钟。这里前有高耸入云的冰峰，后有千年不化的积雪，气温在零下二十多度。由于雪山上找不到柴，无法做饭。在这种困难的情况下，是在山顶宿营，还是下到避风的峡谷宿营？同志们重温毛主席关于**“提高警惕，保卫祖国”，“备战、备荒、为人民”**的伟大教导，从战时需要出发，决心把帐篷扎在雪山顶上。山顶上风大冰层厚，搭帐篷有很大困难，我们就用石头硬是把帐篷钉砸在冰层里。晚上冻得实在不能睡时，大家就背靠背地挤在一起，高声朗诵：**“下定决心，不怕牺牲，排除万难，去争取胜利。”**同志们豪迈地说：“红太阳的光辉照得我们心里暖烘烘，高山宿营练硬功，革命战士硬骨头，爬冰卧雪不觉冷。”

在野营中，我们连的干部学习军委扩大会议决议中关于“干部要跟战士打成一片，同甘共苦，……处处作战士的表率”的论述，严格要求自己，努力做到毛主席著作学在前，斗私批修走在前，战胜危险冲在前。一次，连队正在通过一条大河时，山洪卷着沙石，凶猛地冲进河道，同志们的安全受到严重威胁。在这危急的时刻，毛主席关于**“共产党員的先鋒作用和模范作用是十分重要的”**伟大教导在干部们耳边响起，门合同志多次舍身救人的英雄形象出现在干部们眼前。副指导员皇甫全胜想起门合同志英勇牺牲前“这危险，我来干”的豪迈语言，便纵身跳到河里，为连队探路；共产党员们也都跳进齐腰深的冰水中，组成人墙，保护连队安全渡河。有的同志脚被石头碰破，不吭一声；有的同志冻得全身发抖，毅然挺立。一个巨浪打来，把战士朱惠帮卷进激流，连长韩承锦猛扑过去，把他拉出险区。在野营中干部和战士同甘共苦，进一步密切了官兵关系。干部的模范行动，战士们看在眼里，记在心上，都学习干部的好样子，“明知征途有艰险，越是艰险越向前”。

（原载一九七〇年十二月二日《解放军报》）

某团从实战出发
坚持“小拉练”的几点体会

某团遵照毛主席关于“**要准备打仗**”的教导，根据部队高度分散，训练时间少，战术、技术基础薄弱的实际情况，充分利用宣传、执勤、参观、外出打靶等机会，先后组织“小拉练”。每次拉练远则百余里，近则几十余里。锻炼了部队“**一不怕苦，二不怕死**”的革命精神，提高了干部的组织指挥能力，培养了过硬的战斗作风，学会了走、打、吃的战斗本领，增强了军民之间、官兵之间的团结，提高了部队战斗力。

一、“小拉练”是保持常备不懈的一种好方法

在“小拉练”中，我们有目的地解决战备思想问题。部队走到哪里，就在哪里做社情调查，和贫下中农一起进行新旧社会对比，忆苦思权；一起批判叛徒、内奸、工贼刘少奇的“阶级斗争熄灭论”；一起控诉苏修、美帝侵略我国的罪行；一起学习毛主席“**要准备打仗**”的伟大号召；一起颂扬毛主席革命路线的伟大胜利。某连半年来进行了多次拉练，先后对四个生产大队做了五次社情调查，走访了八十戶贫下中农，了解了农村两条路线斗争史。多次请老贫农和革命干部做报告，激发了干部战士的无产阶级感情，提高了路线斗争觉悟和继续革命的觉悟。部队一致反映，“小拉练”不仅练了打仗本领，更重要的是受到了最实际、最深刻、最生动的阶级教育。搞调查，看到了阶级斗争的实质和丢权的危险；摆敌情，坚定了保卫无产

阶级专政的政治责任感。战备思想的弦绷得更紧了。战士们说："为了完成'五保卫'任务，打仗的思想不能松懈一分。"

二、"小拉练"提高了干部的組織指揮能力

部队开始拉练时，出个情况，不会处置。经过半年"小拉练"，干部学会了走前严密组织，途中召开各种会议（如讲用会、讲评会、批判会和火线小整风等），熟习了在开进中侦察、警戒的派遣，战斗队形变换，昼夜间简易通信指挥，运用毛主席军事思想分析判断情况，利用地形地物，防空伪装等，组织指挥能力有了提高。骨干学会了途中开展谈心、政治鼓动、思想互助。培养了一支既能带领部队打仗，又会做思想政治工作的骨干队伍。

三、"小拉练"提高了部队走、打、吃的战斗本领

遵照林副主席关于"能不能行军？会不会做饭？能不能很快休息？会不会放哨？这些看起来是小事情，实际上是能不能打仗的问题"的指示，每次拉练，走前制定计划，走中组织演练，走完搞好战评，并提出"三结合"、"三过硬"的拉练标准。即：结合形势，结合作战对象，结合训练难点和任务；学习毛泽东思想要过硬，三八作风要过硬，练习走、打、吃要过硬。从而使部队学会了在复杂情况下，多种地形上对各种情况的处置。磨硬了两只脚，增强了行军耐力。一次某连去某县执行任务，结束后归建路程一百四十里，团限十七小时赶到，由于该连组织严密、途中政治工作得力，部队精神饱满，提前了两个小时返回驻地。

我们在"小拉练"中，把练走和练打紧密结合起来，根据实战要求，把急需的基本知识统一做出计划，每次拉练解决几

个问题，一些重要的科目就反复研究，反复演练，情况一次比一次复杂，要求标准一次比一次高，提高了部队的战术、技术水平。

拉练还提高了部队的野炊本领。不仅炊事班熟练了野炊技术，而且分班做饭也由原来的一个多小时，缩短到四十分钟，克服了生、冷、糊、沙现象，在实践中摸索出做饭的要领。

四、“小拉练”培养了部队优良作风

毛主席教导我们：**“务必使同志們继續地保持艰苦奋斗的作风”**。“小拉练”中，以当年老红军万里长征为榜样，不断启发、引导大家回忆革命战争年代的艰苦岁月，保持我军艰苦奋斗光荣传统，自觉地做到：大路不走走小路，有路不走爬山坡，桥梁不走练抢渡。为革命，为战备，自找“苦”吃，自出难题。某连开始拉练时，炊事班总是挑上柴，担上菜，想和平环境生活多，对打仗的艰苦估计不足。后来支部就带领大家学习林副主席“用战备的观点,观察一切,检查一切，落实一切”的指示，开展“这样打仗行不行”的讨论，战士们说：沒菜我们动手挖野菜，沒柴我们动手拣。全连在“小拉练”中拾柴千余斤，挖菜百余斤，培养了部队艰苦奋斗的作风，锻炼了战时生活能力。

五、“小拉练”密切了軍民关系

“軍队須和民众打成一片，使軍队在民众眼睛中看成是自己的軍队，这个軍队便无敌于天下”，遵照毛主席这一教导，我们在“小拉练”中，无论到什么地方，都和群众搞好关系，从政治上关心群众，帮助群众解决问题。一方面，进行社情调查，组织生产队干部、貧下中农社员、民兵活学活用毛主席

"**抓革命，促生产，促工作，促战备**"的伟大战略方针，脚踏实地地宣传毛泽东思想；另一方面，大力发扬人民解放军永远是一个战斗队，同时又是工作队、生产队的光荣传统，积极帮助生产队劳动。部队走一路，宣传一路毛泽东思想；走一路，为贫下中农做一路好事，留一路好影响。某连走到某村时，见道路狭窄不平，行人、车辆都不好通过，战士们就放下背包马上抢修。一气干了两个多钟头，感动得贫下中农、革命干部齐声高呼：毛主席万岁！毛主席万万岁！向解放军学习！向解放军致敬！部队每过一村，每到一地，都受到了贫下中农的热烈欢送，使干部战士从思想上进一步认识了"**拥政爱民**"的重要性。从而自觉地把"**人人学会歼灭敌人、唤起民众的两套本领**"作为拉练的重要课题；认真执行"**三大紀律八項注意**"作为宣传群众的实际行动。同志们深切地认识到：用毛泽东思想武装群众是最根本的战备，军民团结魚水情是军民共铸反帝、反修钢铁长城的根本保证。美帝、苏修胆敢侵犯，定叫它陷于灭顶之灾的汪洋大海之中。

這是小学生编印的拉练通讯報

《拉练报》

《拉练報》

（第3期—第6期）

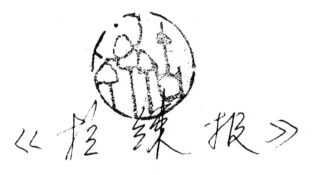

天津市和平区西安道小学五团五连
主办

和平区西安道二小（五团五连）

10.24

拉练报

第3期

纲举目张。路线是个纲。 毛泽东

生动的教育

十五日，毕家村小学的教室里，坐满了西安道二小拉练的全体师生。他们在聚精会神地听党支部副书记毕同志作的《村史教育报告》。

在那黑暗的旧中国，劳动人民的生活根本没有一点保障，真是房无一间，地无一垅。有一位老贫农一直给地主扛了整整四十年活，但是却没有混上一件囫囵衣服，在万恶的日本帝国主义统治时期，广大贫下中农更加倒霉，还要挨遭毒打。有一次，一位农民被鬼子兵发现了，狼心的日本帝国主义怀疑这位农民是本村的，于是就将全村子的人民进行审训，对人民进行摸乱。是伟大领袖毛主席领导着亿万中国人民推翻了压在中国人民头上的三座大山，中国人民从此站起来了，获得了自由。虽然无产阶级掌握了政权，但是被剥夺了政权的阶级敌人，是不甘心他们失去，还要进行反扑，进行捣乱和破坏，在农村阶级斗争和两条路线斗争是从来没有停止过，阶级敌人的手法也越来越狡猾。他们利用一些无产阶级立场不坚定的人，对农村社会主义革命和建设进行破坏。

今朝，毕家村大队广大贫下中农在党的领导下，战胜了各种思想干扰，批判了各种不正确的倾向，保证了毛主席无产阶级革命路线畅通无阻的执行。事实证明了，只有政权还不行，还必须有一条正确的路线。这就是毛主席的无产阶级革命路线。

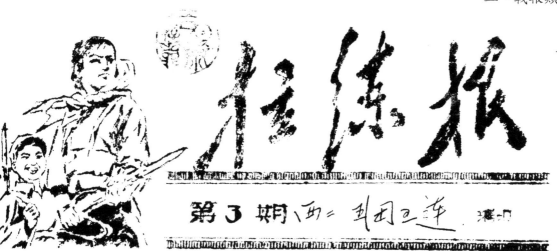

—报导员—

永不忘阶级斗争

通过听了毕家村大队党支部副书记讲了村史后，同学们受到了一次深刻的阶级斗争和两条路线斗争的教育，提高了阶级斗争和两条路线斗争觉悟，认识到在社会主义历史阶段中阶级斗争的长期性和复杂性。解放后剥削阶级的财产虽然没收了，但是他们的思想并没有没收，他们时时刻刻都妄图颠复无产阶级专政，复辟资本主义，随着阶级斗争的不断深入阶级敌人的手法更加恶毒，从真刀真枪转入了糖衣炮弹，由明转入了暗，所以我们必须时刻提高革命警惕，适应阶级斗争的新特点，如果不是这样就很容易上他们的当。同时也认识到在旧社会广大人民受苦受难就是因为没有政权，今天我们过上了幸福生活是因为有了政权，执行了毛主席的无产阶级革命路线。所以我们要想永保红色政权就必须坚定的执行毛主席的革命路线。

在讨论会上同学们都非常踊跃地说：通过村史教育我们一定要提高两条路线斗争觉悟，永远不忘阶级斗争牢记夺权的不易、夺权的艰难，永远坚定地执行毛主席的革命路线。今天我们野营拉练就是在执行毛主席的革命路线，落实11.24批示所以我们要在野营拉练中虚心向贫下中农学习刻苦的锻炼，在农村广阔的天地里滚一身泥巴，铸造一颗红心，做无产阶级革命事业的可靠接班人。

总之，通过村史教育同学们都受到了不同程度的教育，决心落实在行动上，以实际行动落实好毛主席的11.24批示，搞好野营拉练

——西二八报导员——

战地整训换新貌

15日，我连进行了第一次战地思想整训，全体指战员态度严肃认真，分组总结了前段思想收获，大家共同的感受是，贫下中农待我们胜似亲人，政治上关心，生活上关怀，使我们受到了一次无产阶级思想的再教育。同学们在几天的利民劳动得到了锻炼，丰富了农业知识，学到了贫下中农不怕脏不怕累的精神，同时全体指战员积极为贫下中农服务，受到贫下中农称赞，在军事训练中全体指战员都能够从实战出发，从难从严要求自己刻苦锻炼。

在整训中，同学们发言踊跃，人人做到了相互表扬批评和自我批评，通过整训找到了自己的不足，纷纷向组织表示决心，提出申请迫切要求加入红卫兵组织。

"人贵有自知之明"整训的过程大家共同体会了毛主席提出的这段话的伟大意义，我们决心永远向前进，把工作作好。

战地整训就是好，政治思想换新貌，整训后一切行动同学们表现比以前更为进步，佼佼早军训为例集合整队快静齐，一切行动听指挥，作战掩蔽灵活迅速，进攻敌人勇猛顽强，冲锋号令下大……杀声震天响久久回荡在广阔田野上……这就是我连战地整训的新貌。

——西二报导员——

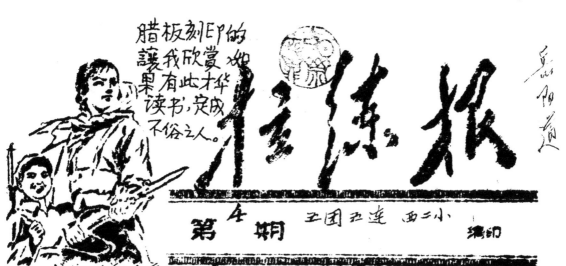

腊板刻印的
讓我欣賞，如
果有此才华
读书，定成
不俗之人。

[illegible]报

第4期　五团五连　西二小　编印

忆苦思甜

我们怀着沉痛的心情听了侯大爷一家辛酸的历史。

在万恶的旧社会，侯大爷一家同普天下的劳苦大众一样过着衣不遮体，食不饱腹的苦难生活。是伟大领袖毛主席解放了侯大爷一家，解放了普天下劳苦大众。

"同志们，千条路，万条路，[redacted]哪一条是我们穷人活命的路啊！"听！这铿锵有力的字语，凝结着多少劳动人民对万恶的旧社会的恨和仇。那可怜九岁的妹妹，由于家庭生活的逼迫不得不给人家做了童养媳。那时候大爷仅有14岁，就开始为狠心的资本家卖命，每天从早晨一直忙到深夜，就是这样也经常遭到资本家的打，一次，他的胳膊被皮轧坏了，狠毒的资本家不但不给治，反而一脚把他踢门外……

一九四〇年侯大爷的父亲和大相继参加了八路军，他们为了人民为了革命，为了夺取抗日战争的胜利，献出了他们的宝贵生命……

让我们牢记阶级苦，不忘血泪仇，踏着英雄的足迹永远前进，永远前进！

宣传组报导

在贫下中农的再教育下进行岁时正在落实毛主席"五七"指示次资本家卖命。在今天我们认就简单离乡出外学徒为的说，在旧社会侯大爷十四岁同父兄比童年时深有感触要牢记永不忘。不少同学在这阶级苦民族恨，我们还挣扎在死亡线上……破人亡，妻离子散，流浪失所残遭三座大山的迫害，家多少人家同侯大爷一家样在那万恶的旧社会里有火焰在我们胸中燃烧。史后，强烈的阶级仇恨的听了侯大爷一家的心酸

话今廿日

拉练报

第5期　五团五连、西二小、编印

亲切关怀

野营训练进村庄
贫下中农迎出忙
腾房让铺送热茶
阶级情意记心房。

贫农大爷讲过去
忆苦思甜话今昔
阶级斗争永不忘
誓叫全球红旗扬。

想想过去看今朝
社会主义真正好
主席教导记心
阶级斗争要记

※　※　※　※　※　※　※

野营拉练来学农
学习贫农好本领
广阔天地炼红心
炼铸红心为人民。

挖土抢先挑重担
肩膀压红走更肩
热火朝天干劲添
贫下中农称赞咱。

金黄玉米堆如山
战士劳动干得欢
谁说今年大旱年
丰收一片在眼前

劳动锻炼

革命战士不怕难
千难万险只等闲
不怕挑担压肩膀
挑起重担永向前

肩挑扁担心向党
我们劳动炼思想
今天苦来明天甜
继续革命永向前

修地战场炼红
劳动场面动人
肩挑扁担土满
猛冲猛干劲

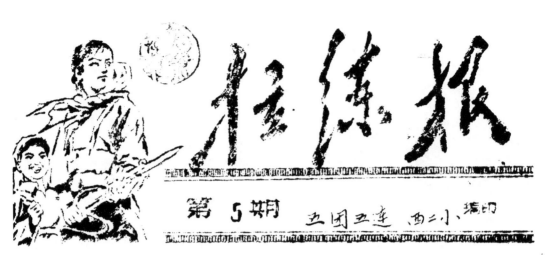

练兵场上

朝霞映红练兵场
拉练战士手持枪
英姿飒爽斗志昂
练好本领打豺狼

紧握木枪朝前跑
跨过河沟过木桥
匍匐前进过电网
提高警惕把敌防

红日高照练兵场
杀声撼地天回荡
苦练杀敌硬功夫
敢打必胜信心强

练兵场上练兵忙
冲杀杀声震天响
革命战士斗志昂
永远紧握手中枪

拉练战士练兵忙
卧倒冲锋杀声响
从难从严从实战
练好本领保国防

赞扬火房

炊事员同志真是巧
做的饭菜比不了
去挑重担挑在肩
炉生旺旺把劲添

炊事员们真能干
热菜热饭味香甜
早起晚睡为了自
促进我们永向前

炊事员不一般
时时处处做在前
为了革命来做饭
支援战士去拉练

战斗团结

滴达滴达闹钟响
我们起来做卫生
又挑水来又扫地
汗水一滴[illegible]

革命团结大发扬
互相关心互相帮
团结友爱携起手
[illegible]大步走

鲜花开放红又香
大家团结坚如钢
一心一意为人民
革命重担挑肩上

摇篮报

第6期　五团三连四二八　编印

从实战出发

午饭后，紧急的集合号声吹响了战士们闻风赶到。

他们各个精神抖擞，全部武装好待着上级命令。"同志们！前方公路发现敌人破坏铁路，并设有碉堡，上级命令我连立即消灭敌人。"连长话音未落，同志们响亮的回答"坚决完成任务。""出发"！

战士们在连长的果断指挥下，绕过河堤，在一片茂密的小树林中隐蔽起来。这时二班长带领一名战士首先跳过电网，隐蔽在树林中的战士只见班长的小旗微微一动，知道了岗哨已被消灭，于是也都迅速的跳过电网，取得了第一个战役的胜利。战士们不顾疲劳，又胜利的完成了第二个战役。

紧接着，第三个战役又开始了，战士们跨过了一道道的壕沟，又爬上了一个个的陡坡，埋伏在敌人碉堡的四周，准备总攻的到来。爆破手在烟雾弹的掩护下，匍匐前进接近了敌人的碉堡，把一个个爆破筒伸向了敌人的心脏。连长一声令下，轰的一声敌人的堡垒起火了，战士们在一片震天响的杀声中也都冲向了敌人的堡垒，消灭了全部敌人，胜利地完成了任务！

战士们倍感胜利后的喜悦在一片胜利后的凯歌声中返回了营地。

一报导组

永远冲锋向前进！

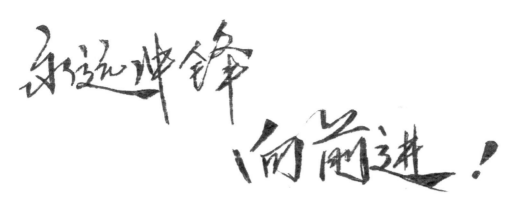

紧张的军事演习正在进行，战士们个个精神抖擞，动作敏捷，在指挥员的带领下，向前猛冲……。

前面需要跨过的是一道独木桥，这一道简单的障碍要求战士们迅速通过。在哗哗流水的小溪上，临时架起了一座圆而大非常简陋的树木独桥。这时一位身材瘦小体弱的女同学走过桥，紧张的战斗、兴奋的心情，使她一不小心掉进了水里。此时：岸上多少双关心、焦急地望着她的眼，多少双凝视的眼在期待着她冲上去。是继续冲锋向前，还是回后退休息，一场严峻的考验摆在她面前。"要准备打仗"毛主席光辉的教导闪现在她的脑海里。这是战斗，只能冲锋向前。看她：一鼓决心地翻身跨上了岸，冲了上去。这是什么精神在激励着她，把个人的利益置之度外，勇敢的冲上战场？这崇高的回答在我们每个人的心灵里久久的回荡。

战斗打响了，摆在全体指战员面前的是三十公尺的交通沟，要向前通过一段泥泞中一块块石挡中间，总的来了，只见全体指战员毫无犹豫，勇猛果敢匍匐前进，继续前进。他们想到的是消灭敌人，就要永远冲锋向前进……。

在整个战役中，我们看到了指战员身上都闪烁着这种一不怕苦，二不怕死的勇敢战斗中冲锋向前的革命精神。

一报导员

——毛主席语录——

忠诚党的教育事业　　　　年　月　日　頁

天津市和平区岳阳道小学
野营拉练总结

岳阳道小学

野营拉练总结

忠诚党的教育事业

年 月 日 1 页

学习无产阶级专政，开展社会调查。

我们遵照毛主席11.24光辉批示，来到北郊区、什村公社、小街河生产大队进行野营训练。

在深入开展学习无产阶级专政理论的热潮中，落实毛主席的光辉批示，是我们从理论与实践的结合上弄清无产阶级专政的理论，加深对毛主席最新指示理解的一次极好机会，因此我们决定在野营训练中自始至终把学习无产阶级专政的理论放在首位，抓紧抓好师生的理论学习，结合开门办学转变师生的思想，利用训练的有利条件，开展社会调查活动，不断地把学习引向深入。

我们的想法和计划得到了大队党支部的支持，在大队党支部的帮助下，建立了组织，订了学习计划，并作了详细的安排，具体作法如下：

(1) 学习马克思、恩格斯、列宁论无产阶级专政语录的第六、七、十条，姚文元文章的有关段，毛主席有关的基本论述。

/ 调查农村中地主、富农人还在心不死，进一步弄清社会主义历史阶段存在着阶级、阶级矛盾和阶级斗争的情况下阶级斗争的特点，加深对加强、巩固无产阶级专政的必要性和无产阶级专政的历史任务的理解。

(2) 学习马克思、恩格斯、列宁论无产阶级专政语录第10条，张春桥同志文章的4—13自然段。

调查农村中小生产和资本主义势力、资产阶级家庭的表现，弄清小生产和资本主义势力是产生资产阶级的土壤和条件，进一步明确无产阶级必须对资产阶级实行全面专政。

(3) 学习马克思、恩格斯、列宁论无产阶级专政语录的第12、13、14条，姚

忠诚党的教育事业　　年　月　日　2　页

姚文元同志文章8—15自然段。

调查生产队怎样实行按劳分配，男女同工同酬。怎样利用、改造、限制资产阶级法权及法权观念在农村的表现，加深对无产阶级专政下继续革命重要性的理解。

(4)学习马克思、恩格斯、列宁论无产阶级专政语录的第28—29条，姚文元同志文章的第8—15自然段。

调查农村中上山下乡知识青年为消灭三大差别，扎根农村干革命的典型。认清知识青年上山下乡是限制资产阶级法权的具体措施，限制与反限制的斗争是长期的、复杂的。我们要热情支持这一新生事物。树立扎根农村干革命的好思想。

调查的方法：

首先明确开展调查研究的目的意义，学习无产阶级专政的理论，张春桥、姚文元文章的有关部分。分组、分专题下乡访问调查，召开座谈会，在调查的基础上进行讨论，加深对无产阶级专政理论的理解，并写出调查报告，召开学生调查汇报交流会。通过这项活动，师生们初步认识到理论和实践相结合，并懂了一些关于无产阶级专政的理论，提高了阶级斗争、路线斗争的觉悟。下面从四个方面作以汇报：

一、批判：富农人还在心不死：

在这个问题上过去学生虽然嘴上也常常在讲阶级、阶级斗争，但是对于斗争的长期性、对无产阶级专政的必要性都认识得很不足。有的同学说："现在讲阶级斗争我承认，但是再过十几年、几十年问题就解决了，因为

忠诚党的教育事业

年　月　日　3

到新时代时老地主、富农都死去了，剥削阶级也就随着他们的死亡而消失。有的同学认为我们的国家是无产阶级专政的国家，剥削敌人不敢那么猖狂。总之对阶级斗争的复杂性、尖锐性认识也不足。于是我们组织学生带着这些模糊认识，利用队日，到了大依部，进行了社会调查活动，到了大依[illegible]剥削阶级事例：本村有一家地主，[illegible]了老伙，[illegible]他们一切剥削财产，[illegible]想变天，他说[illegible]，他不甘心社会主义，他怕他[illegible]。[illegible]就有[illegible]。[illegible]地主[illegible]，[illegible]。[illegible]社会[illegible]天下[illegible]，把[illegible]树下[illegible]。[illegible]同学们讲了一把椅子的故事。[illegible]一把椅子，[illegible]。[illegible]认为[illegible]椅子[illegible]，[illegible]。[illegible]。[illegible]椅子搬回来。[illegible]椅子[illegible]。[illegible]椅子[illegible]。[illegible]同学们[illegible]，[illegible]。[illegible]讲：同学们我们[illegible]，[illegible]阶级斗争。[illegible]，[illegible]教育了同学们，[illegible]同学们阶级斗争觉悟。有的同学在调查报告中写道：[illegible]

忠诚党的教育事业　　年　月　日 4 页

写队长的讲话，我明白了一个道理，阶级敌人刘邓彭德怀下的大毒，根据叫嚣，人心不死，他们一定要人不在，心不死，当我们一旦到时候就复辟，当他认为是可乘之机时，就疯狂地向我们进攻，破坏生产，破坏生活。这使我们认识到阶级斗争的长期性和复杂性。有一回我们在村里，为了对付阶级敌人捣乱，破坏阴谋得逞，我们千方百计做好保卫工作，向贫下中农请教后，每天晚上巴不得跟贫下中农一齐查铺，一直到很晚，他们的睡觉不论多晚，每天坚持把农具收回到生产队里，有时候，同学们组织了护庄队，防火措施，以防阶级敌人搞破坏可乘之机。因此在整个护庄护场中，生产队工作做得很好。

二、小生产的自发势力是产生资本主义的土壤和条件。

根据第二题，我们找到了一个人，跟我们学生进行了访问和调查。了解他们讲述了大量的小生产自发势力和资本主义倾向的表现，事实说明了干部中也有小生产的自发势力。为什么要对小生产加以限制和改造。干部们讲：小生产的自发势力在农村中表现得很多的。如破坏国家的种植计划，国家要求种旱田，多向政府交售余粮。可小生产自发势力多的人，看到国田种旱田不挣钱，又不愿意种粮食，为了钱，破坏种植计划，违反国家。又如以北洋的大队养猪，可有的社员，却养大母猪，因为母猪能繁殖小猪，卖掉挣大钱。分下的猪小了，不愿喂猪，这样他们也能收入一大笔钱。再有就是到水的资本主义，在农业学大寨才可以批判，剩下的要交国家生产队，可有的为了卖钱，拉到市场卖掉。从这些事例中同学们明白了小生产的资本主义，为了钱，只要能赚钱，什么投机倒把

天津市和平区岳阳道小学

忠诚党的教育事业

年 月 日 5 页

虚作假、个人发家、妄想国家。有的同志说：“听了这些事例，认识到这种阴私残余和传统观念，在社会上还到处都有存在。正象列宁说的：小生产是经常地、每日每时地、自发地、大批地产生着。”还有的同志在调查报告中写道：“小生产的自发势力表面上看起来是为了多挣钱，实质上是要走资本主义道路。但不认识小生产者是从这里打开缺口，达到小生产的自发势力向资产阶级和修正主义利用的阶级斗争问题。金钱万能思想有什么危害样。资产阶级就会计么来建设。”大队干部依靠贫下中农揭露走资派样，学习毛主席著作很有实效。所以对小生产的自发势力加以限制和改造。有的同志谈到[illegible]他说：在城市我们经常看到有私人卖东西、花生、瓜子，有用钱买，有用粮票换。以前对这种家庭副业认为当然，有时甚至自己还要去买。干部在认识了那种人认为自发势力[illegible]多赚钱的人，这些人就是在扩大资本主义自发势力。自己买这些东西就是助长了小生产的自发势力的发展。”通过这一课，他们收获很大，清楚地知道自己应如何对待这种事情，应该如何处理了。

三、怎样利用、限制资产阶级法权。

我们在调查访问征求群众意见过程中，了解到我们现在实行的按劳分配这个社会主义分配原则，也是资产阶级法权。同志们对按劳分配又合理又不合理[illegible]为什么又合理呢？[illegible]比如，有两户人家，同样有一个劳动力，劳动工分也相同，但一户是两口人，一户是四口人[illegible]按劳分配不仅在分配上不合理，而且还有许多危害。

因为按劳分配只能形成"多劳多得，少劳少得，给多钱干多活"的雇佣思想，泯灭了群众的积极性。不强调分工就不值得卖那么大的力气，用高工分调动多劳的积极性。这样发展下去削弱了广大社员的积极性和自觉性，滋长了资本主义思想。工分差别也会越拉越大。有的人为了这越拉越大的工分而争吵，有的则闹情绪，造成了两极分化。分析这些，按劳分配带来的问题是在讲等价交换，付多少劳，取多少酬，劳多酬多，劳少酬少。所以按劳分配是资产阶级法权。同学们在联系实际时提出了一个很有意义的问题。如果我们为贫下中农做好事，出力，干活，贫下中农送我们礼物，如果收下了是不是付劳取酬，扩大了资产阶级法权。多数同学都认为：因为我们的态度是义务劳动，为贫下中农做好事，收下了在人们中只要稍有一点问题，就会形成有礼物干，没礼物不干。资产阶级法权思想侵蚀我们的头脑，礼物坚决不能收。资产阶级法权一定要限制住。因此每当贫下中农送来了礼物，同学们都态度非常坚决地谢绝贫下中农退回去。但为贫下中农服务的同学自觉性更强了。有的同学帮助贫下中农垒房、砸地基，利用休息时间给猪挖野菜，打土坯，从不讲报酬。贫下中农赞不绝口地说："这些孩子们真好了"，既有老八路的好作风，又有无产阶级接班人的好思想。

四、知识青年柳志红是扎根农村的好典范：

我们调查访问了优秀知识青年柳志红同志，在两年多的农村锻炼中，刻苦攻读马列和毛主席著作，虚心接受贫下中农的再教育，在三大革命中刻苦改造世界观，为建设社会主义新农村，作出了贡献。通过调查我们了

忠诚党的教育事业　　年　月　日　7

师生，有的同学在座谈中最常说自己在上山下乡问题上的错误认识。有的同学有怕吃苦……还有的没有这些想法。有的同学说我过去认为当一个革命干部，上山下乡[illegible]一辈子。插队落户低人一等。现在才懂得知识青年到农村去，接受贫下中农再教育，很有必要，是伟大的……有的同学……[illegible]……把贫下中农当亲人，广阔天地炼红心……[illegible]……有的说：知识青年到农村……[illegible]……大变化……[illegible]……还有的同学说看到……[illegible]……我们知识分子……[illegible]……我们知识……[illegible]……为贫下中农服务……[illegible]……把知识作为……[illegible]……许多同学……长大了……[illegible]……到农村去……[illegible]……在我们看到……[illegible]……同学们都……[illegible]……把自己放到……[illegible]……生活中……[illegible]……作风。有位同学……[illegible]……在生活上吃苦……[illegible]……有了很大的……和进步。……[illegible]……也经受教育……[illegible]……这样的事情何止一件。有一次我们……[illegible]……有位同学……把脚……[illegible]

忠诚党的教育事业

年　月　日 8 頁

湿了半条腿，水这样，坚持拾完了麦穗，同学们看见他衣服湿了，[illegible]了，可他想到贫下中农吃水的困难，不能因为自己洗衣服给贫下中农吃水带来困难，节约用水，平时自己在[illegible]手[illegible]。这个问题被老师看见了[illegible]，于是他把鞋子拿到了河边上，把半条裤腿用树枝洗了洗，洗干净后回来了。这些同学能认真地在劳动中锻炼自己，克服了怕苦怕累的思想，虚心接受贫下中农的再教育，与贫下中农建立了深厚的无产阶级感情，在锻炼过程中，得到了较大的收获。

通过社会调查活动我们的体会是：

1. 进行社会调查能够使理论与实践结合在一起，理解的深刻，清楚。有的同学说：在学校我们也接触了阶级斗争的理论，这次能够在调查中[illegible]，使我们真正体会到了[illegible]，实践出真知，调查使我们理解了[illegible]。"还有的同学说：调查不知道，一调查吓一跳，活生生的阶级斗争事例，[illegible]，能够教育了我，使我更加了解了[illegible]阶级斗争的理论，[illegible]阶级斗争的伟大指示。

2. 进行社会调查，这会[illegible]，克服了[illegible]，[illegible]从[illegible]到[illegible]的方法，能[illegible]，用调查的实际事例帮助[illegible]分析问题。

3. 进行社会调查：[illegible]，同时[illegible]能[illegible]，[illegible]，[illegible]，在[illegible]中~~[illegible]~~把[illegible]。

通过此次活动我们感到对学生进行教育，[illegible]有[illegible]，具

忠诚党的教育事业

年　月　日　9　頁

体现了。这样使学生能够认清真、假、美、丑、善、恶、和他们报效的对象，党性和德才兼备的人才。

竹窗十八号一组何阳记

75. 2. 21.

最高指示

人民得到的权力，绝不允许轻易丧失，必须用战斗来保卫。

鋼鐵兵戰報

红代会河北大学八一八紅卫兵《鋼铁》战斗队办
1967 8 11　第68期　本期共一版

毛主席的话：八路軍有两条规矩，一条就是官兵合作，一条就是军民合作，大家亲亲密密的团结起来，日本一定能打倒的。

……我们要吃团结饭，不要吃摩擦饭，吃了摩擦饭要肚子疼，要死人还要亡国的。摩擦要同日本帝国主义摩擦，将他摩入海中去，不要在自己窝子内摩擦。

北京来电

▲八月三日早，戚本禹同志接见中南海南门揪刘少奇的十七个单位的三点指示：一、与刘少奇斗争到底。二、撤离中南海南门，各回本本单位，发动群众掀起批判大高潮。三、不许冲击中南海。

▲中央军委任命于立金同志为武汉军区司令员，刘建勋为政委兼河南军区第一政委。

▲中央组织部揭发刘少奇于934年在淅间里被捕，有关材料已拍成照片。

▲刺杀王力同志的凶手察炳長，刘材龙，中央公安部已传讯，现已到京。

▲驻汉東海舰队何肯匪限十二小时交出武器，现已交出卡車30辆。武汉部队××师長×××联络员已到京。不久即可揭开内幕。

▲清华井冈山已抄了徐向前的家。

▲中央文革成立軍事口，主持军队文化大革命。谢富治任组長，肖华，楊成武，傅崇碧任付组長。

▲北京大学周培源等一百多名干部在七月初召开了"自己解放自己"串联会并发表声明，并成立了干部向造联络站。

▲中央直属机关斗、批、反革命修正主义分子大会筹备处，为了直接配合斗争，决定八月份在该系统内部放映部分毒草片，计划分六组。

▲戚本禹同志说：就是造反派夺了权，以后他自己不造自己反，他就当不了造反派，他以后也会由英雄变成"狗熊"，现在可不少。

▲在周总理的亲自号召下，中华人民共和国卫生部"六二六医疗队"已开赴大西北，为那里的贫下中农服务。

▲中国人民银行总行揭发了解放以来一个较重大的政治金融事件，此三大案件涉及到刘少奇，邓小平，杨尚昆等，周总理对此十分重视，曾做指示。

▲七月十一日廣州批陶联絡委员会成立，陶铸死党赵紫阳，区梦觉均被揪出来示众。

钢铁兵战报

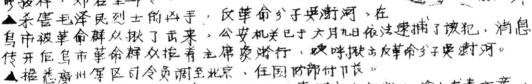

▲首都由工人，解放军，红卫兵小将，出版社编辑，革命教师组成了首都工农兵词典编辑委员会。

▲最近上海文艺界革命造反派斗争对象是臭名远扬的牛鬼蛇神周信芳、赵丹，袁雪芬，张瑞芳，时骏祥，郑君里等々。

▲杀害毛泽民烈士的凶手，反革命分子吴澍河，在乌市被革命群众揪了出来，公安机关已于六月九日依法逮捕了该犯，消息传开后乌市革命群众抬着主席象游行，欢呼揪出反革命分子吴澍河。

▲据悉广州军区司令员调至北京，任国防部付部长。

▲毛主席的好学生焦裕禄同志的儿子焦国庆在北航红旗上发表文章，愤怒揭发河南省委内一小撮走资本主义道路的当权派对他一家的迫害，在文化大革命开始不久，便派了一名女特务，监视焦裕禄的爱人徐俊雅同志，对私人信件都要查看。并利用徐俊雅同志的名义招摇撞骗。

四川消息

▲中央关于四川一系文件下达以后，经八二六兵团等革命造反派奋战，形势较为好转，但反革命复辟逆流仍严重存在，内战也严重存在。就在于四川形势是以川大八二六为首造反派控制，但反复辟产业军活动仍很猖狂，直接把矛头指向中央文革、毛主席和林付主席，四川有黑电台，暗杀团，并动用常规武器与战备物资，产业军乱抓人，非法审讯，监视"劳动改造"更为露骨的是产匪竟敢篡改中央处理四川问题的决定内容、盖上钢印，印发给贫下中农看后收回，其中把兵团和八二六这样的革命组织要注意团结红卫兵成都部队和其它革命组织"篡改为"产业军和贫下中农战斗军这样的革命组织要注意和红成和其它革命组织加强团结。种々迹象表明，产匪要来更大的反扑。

广州消息

广州无产阶级革命派高举大批判的革命旗帜，近来连々召开揭发控诉刘少奇迫害革命干部罪行大会"及"打倒刘少奇和他在中南的死党狗陶铸大会"会上揪出了王德（大[illegible]中南海后补书记）焦林义（广州市代理第一书记）示众。

▲广州批陶联络站成立后，显示了其强大的战斗力和生命力，除已有的两千多个单位之外，近月来又有三百多个组织申请参加，当地军管会坚决支持这一革命行动。

简明新闻

▲八月八日在天津体育馆召开庆祝十六条发表一周年彻底摧毁资产阶级司令部大会，我八一八等卅多个革命组织举办，天津驻军首长[illegible]同志出席了大会，会后由天津小百花、天津体育分社革命派战友表演了文体节目。

▲河大八一八广大战士积极投入大批判高潮，在马场道、新华路、河北路等地贴出大字报[illegible]刘少狗，八一八各个战斗队也都开辟了文攻阵地，热烈进行[illegible]，受到工总……千众的欢迎。

河北大学校址今天津马场道外国语大学址（迁河北省保定市），该战报封面有设计，刻版工整，并用套色油印，用心良苦。文革史研究具有文献价值。

中共中央

对武汉軍区公告的复电

敬贺：林彪

共产党是不怕批评的，因为我们是马克思主义者，真理是在我们方面，工农基本群众是在我们方面。

中共武汉军区党委：

七月廿四日二十时十分，并所附武汉部队全文已收到。中央进行了讨论，认为：一你们现在所采取的立場和政策是正确的。公告可以发表。二，对于犯了錯誤的干部，包括你们和广大群众所要打倒的陈再道同志在内，只要他们不再坚持錯誤，认真真正改正，並为广大革命群众所谅解之后，仍然可以站起来，参加革命行列。三，要向思想不通的某些部队人员和百万雄师做工作，使他们转变过来。四，要向左派做工作，不要乘机报复。五，要警惕坏人捣乱，不許破坏社会秩序。

（此件发至连队和机关支部）　　中央　67 7 26

据悉：此件是我们最最敬爱的伟大领袖毛主席亲自起草的。

附：武汉軍区公告要点如下：

（一），武汉这次事件是反革命暴乱性質。陳再道是罪魁禍首。

（二），武汉军区从方向性、路线性的错誤发展到叛逆行为。

（三），坚决支持三鋼，三新，並为工总平反。

（四），百万雄师中受蒙蔽的群众要回到毛主席革命路线上来。

东北消息

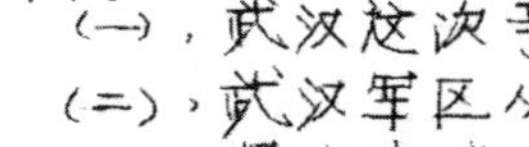

▲，最近在哈尔滨相继出现"打倒×××，×××的标语，这是阶级敌人企图搅混，炮打由毛主席批准的"东北的新曙光"的予皿，这些炮轰派们的阴謀一定不会得逞。▲总理八月一日电话宴生指示，中央相信黑龙江革委会能处理好黑龙江问题，中央即敢相信你们，也敢保你们

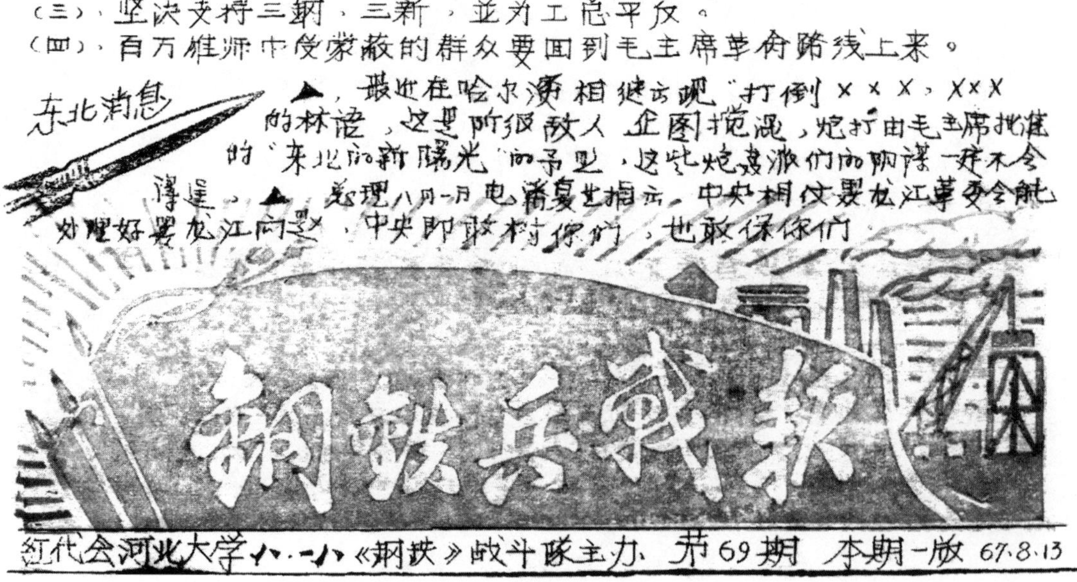

红代会河北大学八·一八《钢铁》战斗队主办　第69期　本期一版　67.8.13

陳伯达，郑維山同志重要指示

——对围攻天津609厂事件 67.8.11晚8点

全文如下：你们这样做是错误的，错误不要犯得太多了，第一次第二次是可以原谅的，不要把自己行到没有出路的道路上。我们国家是大好形势，无产阶级文化大革命取得了伟大胜利，要搞好抓革命促生产，不要做破坏国家生产的事，不要破坏国家财产的事，不要上少数坏人的当，群众力量是伟大的，毛泽东思想是深入人心的，希望你们回到毛主席的正确道路上来。

陳伯达，郑維山　67.8.11晚8点

（编者说明：一　是谁在8月10日—11日围攻609厂呢？是天工八二五，工矿企业造反总部、河大井冈山保爹建国兵团，工农学野战兵团等统称"反复辟"们。

中央文革召开报刊宣传会议精神

《人民日报》《解放军报》，《红旗》杂志准备合写社论："关于武装斗争"。解放军也准备写文章，並准备发表主席最新穿军装的照片。据说还准备以林彪同志名义发表全面论述毛泽东思想军事的文章。海，空军也准备发表文章。

上海市准备以市革委会或张春桥，姚文元同志名义发表主要谈地方如何拥军问题。

庆祝活动宣传内容重点：一，宣传毛主席的人民战争，人民军队思想。二，宣传林彪同志主持军委工作以来，军队所取得的伟大成就，同时批判彭徳怀、罗瑞卿反革命军事路线。三，宣传拥军爱民的伟大意义，特别是文化大革命中三支两军的意义，发扬光大我军光荣传统。

八月一日——八月廿日宣传中心内容：㈠　宣传纪念八届十一中全会一周年文章，㈡　纪念十六条发表一周年。㈢　纪念八一八毛主席第一次接见红卫兵小将。

在国际方面：㈠，加强宣传亚洲，非洲地区武装斗争报导。㈡支持毛主席发表声明㈢，发表阮志清同志文章。

短讯几则

▲中央为了彻底解决武汉问题，已叫来陈大麻子，钟汉华，8201的牛怀龙师长，蔡炳辰政委及武装部长巴方廷，驻在京西宾馆。北京红卫兵小将冲至九楼要揪大麻子等，谢付总理出面，做了工作才未揪。

▲王前，刘涛、刘允真写出大字报《坚决打倒刘少奇的新反扑》，支持建工新八一，並送往中南海揪刘现场，坚决支持揪刘革命行动。

▲应我八·一八邀请，原刘少狗的秘书王千同志来我八一八作重要报告。

最高指示 敌人是不会自行消灭的。无论是中国的反动派，或是美国帝国主义在中国的侵略势力，都不会自行退出历史舞台。

毛主席谈多谋善断

多谋善断，这句话重点在谋字上，要多谋，少谋是不行的。要与各方面去商量，要反对少谋武断。多谋往往与相同意见谋得多，与相反意见谋得少。商量少又武断，那事情就办不好，谋是基础，只有多谋才能善断。多谋的方法很多，如开调查会，座谈会，谋的目的就是为了断。

林彪同志的话

正因为形势好，我们不能麻痹，要采取措施，防止发生政变。有人可能捣鬼，野心家大有人在。他们是资产阶级代表，想推翻我们无产阶级政权，不能让他们得逞。有一批王八蛋，他们想冒险。他们待机而动，他们想杀我们，我们就要回击他们。他们是假革命。他们是假馬克思主义。他们是假毛泽东思想，他们是叛变分子。

谢富治付总理两次接見揪陈大軍

八月四日下午五时许，谢付总理接見了红代会北京外国语学院红旗革命造反团、北京二外首都红卫兵团、北外专革命造反军等揪陈大军负责人和部分战士，并作了重要指示。

我的意見是陈毅可以出去，去你们学院做检查，你们批判他，首先开个大会，一几千人，开了头。然后开小会，然后再检讨。开小会，外单位就不要去了。还是要红旗大队参加。陈毅检查通过就添，通不过再批，這是符合毛泽东思想的。

当晚九点五十分左右，谢付总理再次来到揪陈火线。接見了揪陈大军全体战士。并进行了亲切友好的谈話。

冲外交部是方法问题，揪陈的大方向是对的

——戚本禹同志八月四日同外交部造反联络站一同志的谈话

戚本禹同志对陈毅一直不到群众中来听取意見，他说："本来二月分就应下来，二月、三月、四月，一直到現在还不下来，我们是保护他的，但是当时他如果不翻案，他早就过关了，但是他翻案了，我们对他的保就收回了嘛，所以革命小将揪陈的行动是革命的，大方向是对的，冲外交部是方法问题，是次要的。

关于陈毅问题，看了一些材料，是很严重的，应该好好到群众中来检查。我们外交战线上今后的希望看来就寄托在這些革命小将的身上了。"

毛主席最新指示

七月廿四日，武汉軍区党委就陳再道反党叛乱事件致电中央，並附武汉卩队公告。对此，毛主席親自拟复电如下：

林，周，中央文革及中央各同志，拟复电如下　请讨论酌定：

中共武汉军区党委：七月廿四日廿时来电並附武汉卩队公告全文收到。中央进行了讨论。认为：

1 你们现在此采取的立場和政策是正确的，公告可以发表。

2 对于犯了严重错误的干卩，包括你们和广大革命群众所要打倒的陈再道同志在内，只要他们不再坚持错误，並认真改正，並为广大革命群众所谅解之后，仍然可以站起来参加革命行列。

3 要向思想不通的某些卩队人员和"百万雄师"做工作，使他们转变过来。

4 要向左派做工作，不要乘机报复。5 要警惕坏人捣乱，不许破坏社会秩序。

（此件供内卩传达，不许对外广播）

鋼鐵兵戰報

第72期
紅代会河北大学八·一八紅卫兵《钢铁》战斗队主办
六七·八·廿三　本期一版
（仅供参考）

周总理谈宫本显治

去年三月，毛主席在上海接见了宫本，就看出这个倾向来了。知道他这个人已经走到苏修的道路上去了。为了不欺骗日本人民，我们拒绝同他发表《共同声明》没给他面子，这件事西园寺先生了解一些。宫本回去说中国是大党主义，不同他签《共同声明》实际不是这样。毛主席看得远，同宫本签《共同声明》就是给他擦粉，有欺骗作用，那就会迷惑日本人民，使日本人民看不出他的真面目。那我们就对不起日本人民，对不起进步日本朋友了，不过没想到他会暴露的这样快就是了。

——在接见日本朋友时讲的

对中国赫鲁晓夫的总概括

刘是比布哈林更有办法的人，刘的问题可以用三句话来概括：

在夺取全国胜利前，他反对夺取政权。

在全国胜利后，他反对搞社会主义。

在基本上实现了生产资料所有制的社会主义改造以后，他搞资本主义复辟。

从政治、经济、思想，文化领域搞资本主义复辟，

所以，刘少奇是老修正主义，是老机会主义。我们要搞大批判，也一定要搞好大批判。

——关锋——

狗反咬一口是无耻之徒

庄则栋的大字报

我是一个普通的乒乓球运动员，但是我的头衔真不少，人大代表，团中央委员，青联委员，北京人民代表，中日友好理事，学毛著积极分子，四好运动队里的五好标兵，世界比赛的特等功获得者……等应有尽有，简直可以开政治帽铺了，但平时我在队里却不担任任何社会工作，在这次文化大革命中，我可以给自己加上顶帽子"保皇干将"。同志们：我这个例子就可以看出，反革命修正主义分子荣高棠把我们培养成什么接班人。

▲我国乒乓球队蝉联"世界冠军但是用的球拍却是外国货，木拍是美国威尔森牌，海绵是日本蝴蝶牌，令人气愤的是当世界冠军××× 去日本访问时，竟被日本大资本家做为商品广告，把他的巨象连同日本蝴蝶牌海绵胶皮一起张贴，大肆宣扬什么："只有用日本蝴蝶牌海绵才能打败所有强手，取得世界冠军"。这是对我们伟大祖国人民的莫大污辱，是革命造反派战士决不能容忍的。

▲大家还记得反革命修正主义分子荣高棠曾经肉麻地吹捧恶魔式的教练大松训练国家女排的伟大成绩吗？其实这都是谎言，请看他们的真〻"丰功伟绩"吧，经混蛋大松训练过的国家女排15人全部受伤，其中五人严重腰部受伤，6人膝骨半月板撕裂，一人运动性肝炎，2人脚骨折，全部膝关节受伤，最多者有七次受伤，最少者三次，100%为妇女病。

落水狗——彭德怀

彭德怀是落水狗，但不是死狗，他还在疯狂的反对毛主席，反对党中央，他的反革命气焰还十分嚣张，看，下面是他的一部分自供词：

"庐山会议前，我主持军委工作会议时，对毛泽东思想的认识，毛泽东思想学习不够，但不能怪我，什么东西都有个过程。我掉了队，怎么掉的我不知道，对新生事物不理解，这是立场问题，我接受不了。

不能说我是屠杀群众运动的刽子手，我可是一半对一半，有错误也有功劳。

五六年八大时，我提出（在党章中）删毛泽东思想的，我一提出就得到同意，他说："还是划掉好吧，我是反对个人迷信的。

58年我可忙了，全国到处跑，干什么呢？58年大跃进，工农业齐进，但在完成生产产量上，我是有怀疑的，可我没有做声。

北代河会议后，我去西北兰州，去兰州的火车上，我们也开过会，反共产风。我去武汉参加政治局扩大会议时，还去过湖南一带调查，看　看不但没有增产，反而减产了，这时我做了一首诗：谷撒地，薯叶枯，青壮练钢去，收禾童与姑，来年日子怎么过？请为人民鼓与呼。"我不能沉默了，我要当海瑞了，后来我去江西，安徽等地调查，我决心在庐山会议上讲一讲。（完）

钢铁兵战报

红代会河北大学八一八红卫兵《钢铁》战斗队办
第七十三期 1967 8.25 本期 [illegible]

最高指示

要关心天津这样大的工业城市。

毛主席的伟大战略布署

上海，北京，天津，東北是重点，上海，山東革命委员会成立，基本上控制了华東，内蒙军区已改组，由北京，山西，天津控制华北，利用黑龙江控制東北三省，切断走资派与美、苏、日修的联系，最近湖南，武汉又一个个解决了，广州由黄永胜同志领导，切断走资派与帝修反的联系。贵州革命委员会的成立，保证了西南，四川又濒临团结，因此大西南已逐渐摆脱了刘、邓、彭、李、廖的法西斯统治。兰州，陕西部队又切断了大西北的走资派与保守派与别地勾结，新疆看来比较平静，但必有一場大规模武斗，主要我目前沉默，就是在反扑。青海造反派占上风，总的来看全国以北京，上海，武汉，成都，沈阳，广州，兰州为中心的文化大革命形势很好。我们现在拿着笔杆子，但每个人都要随时拿起枪杆子。

天津消息

陳伯达，谢富治同志8.22日指示

劝北京去河北，天津的同学，通通回北京来。中央正在解决河北问题，有意见可以向我们提出。对天津政法公社冲击是错误的。

一九六七 八 廿二晚于大会堂。

▲中央派出代表团已处理河北问题：由中央派出的处理河北问题代表团，已于8月三日离京去张家口，代表团还将处理唐山，石家庄，保定等地文化大革命的问题，代表团其中包括北航、北师大附中的小将。

据有关消息透露：中央在最近一段时间，即对天津主要的组织表态。

陳伯达同志8月16日讲：天津的问题闹得很久了吧？应该解决了吧。乱得相当可以了。天津和平路劝业場乱得走路都不好走了，连自行車都可以随便拿走。天津已经闹得够激烈吧！你们觉得乱够了吧？（众：乱够了）今年春天乱了一通，前几天又大乱特乱一通，全国来说，称得上了。

谢富治：天津，北京，上海。天津居第三，但乱居第一了。

钢铁兵战报　　67.8.25

戚本禹同志对天津代表的重要讲话

（在人大会堂安徽厅　六七、八、十六）

严重的杀人放火事件，要处理。今后谁再搞杀人放火的事情，到一定程度就宣布他是法西斯组织，是由少数法西斯分子操纵的法西斯组织（鼓掌）今后定一条简单的标准，谁冲击，谁负主要责任，谁抓人谁负责。今后要通过一些事来考验一个组织是不是革命的。

……今后谁再停止生产，谁就是犯罪！工厂生产时间不闹革命，闹革命可用业余时间。再一个问题是建议各派取消"军内一小撮"的提法，因为你们现在还不能给驻军定案。毛主席教导我们：要相信和依靠人民解放军。驻军有缺点有错误，可以提出批评，就是犯了方向路线性错误，也是和地方上党内走资派不一样的。地方上的走资派有一套完整的组织路线等。天津在万张统治下十七年，他们与军队不一样，特别是野战军。……陈再道的例子是个别的，别弄的那里都批陈再道，不要笼统提。天津驻军有没有一小撮"走资派"？现在还看不准。（伯达插话：提军内一小撮是错误的。那是对武汉说的，不要到处乱套。陈再道是反革命嘛！不要神经过敏。那里来的那么多陈再道？）

江青同志说过：谁撕毁协议谁就是蒋介石！

有些事不要怕，有些事让他暴露一下，也不错。先给他一个月，一个月不行三个月。要发动群众检举抢劫国家和个人财产，杀人放火的坏人！善有善报，恶有恶报，不是不报，时候未到，时机一到，一定全报！（天津五代会和反复辟的协议是经陈伯达同志亲自修改的。在修改群众组织不准冲击军事专政机关时）陈伯达说：天津市的公安局是好的！

简明消息参攷

△上海：中央认为上海的大批判搞得很好，最近《人民日报》要选些（准备）个多优秀的大字报在人民日报上发表。

△江青、陈伯达已同意人民提出的要求，将在运动后期重新发表焦裕禄同志的生平事迹。着重于焦裕禄同志如何在阶级斗争的大风大浪里坚定地站在以毛主席为首的党中央一边。

△劫夫同志为毛主席语录谱写的语录歌集即将出版，由沈阳印刷八十万册　在全国发行。

△据悉张爱萍是刘少奇司令部的人，他认贼作父，称"黑司令"刘少奇为"爸々"现已被撤销党内外一切职务。

△据解放军报社记者说：我们伟大领袖毛主席的新闻照片，署名为新华社，而无具体姓名的，多数是江青同志拍摄的。

△中央文革武汉问题专案处理组谈：8201部队全部解除武装，做叛乱处理，陈再道是真正的反革命，是拿枪的刘邓。

打倒刘少狗！斩断文艺黑线

最高

文艺批

标准，一个是

准，一个是艺

《鋼鐵》战斗队主办

—照妖鏡下—

▲从刘少狗家中刮起的黑風：据西北局揭发，约在一九六一年春，正当国内资本主势力向社会主义发动进攻达到高潮，现代修正主者联合美帝国主义和各国反动派加紧对我国封鎖，诬蔑、渗透、颠復之际，刘少狗为阴谋篡党篡军篡政的反革命政变作舆论，曾纠集旧中宣卜、旧文化卜的头目于其家中，策划和动员妖魔鬼怪一齐出笼在意识形态领域向党猖狂进攻。刘少狗在这次黑会上有篇谈话，通篇都是修正主义谬论，主要内容有以下几方面：一.反对民间职业剧团进行社会主义改造，鼓吹文艺团体走资本主义道路；二.疯狂反对"推陈出新"的方针，恶毒攻击戏剧革命；三.大肆鼓吹名洋、古，竭力保护封建主义，资本主义的文艺，宣扬资产阶级的"个性"；四.为帝国主义、现代修正主义影片大开绿灯，大肆兜售资产阶级反动腐朽的货色。这是反革命修正主义的文艺黑纲领。

▲刘少狗午场受"骜"：一九五八年十一月，陕西省戏曲剧团在人民首都大刮资本主义复辟的黑風。刘少狗特意由武汉赶回北京，亲临指导。他看过《游西湖》《三滴血》《白玉钿》等大毒草后赞口不绝，兴犹未尽，深更半夜提出要跳午。主子金口既开，娄罗们个个卖乖，将早已休息的演员叫来捧场。但因陕西的"女演员"不会跳午，伴着一身飘洒的王光美、刘少狗转圈子，午伴步点乱套竟踩了刘少狗一脚，几乎将老混蛋踩倒。这一下，可吓坏了习仲勋，急忙电告陕西省委，惊坏了赵伯平、张法生，赵守一一伙，下决心裁剪西装，扫除陕西午盲。

▲冯雪峯与《保卫延安》：大右派分子冯雪峯，为《保卫延安》的出笼立下了汗马功劳。杜鹏程走了胡风分子××的门子，进見冯雪峯。冯未看完杜这株大毒草，就当面大捧杜鹏程说是到目

指示
评头两个
是政治标
术标准。

为止，写战争就好的作品」，並亲自为这株大毒草定名为《保卫延安》。这一下，杜简直乐得忘了东西南北，他一出冯的大门，就与胡风分子拥抱起来，又是叫，又是跳，疯狂地喊着：「天下子出头了！出头了！」冯在《保卫延安》出版之后，还在《文艺报》上大肆吹嘘，捧这部毒草是「史诗性的作品」，是《战争与和平》式的作品。

▲杜鹏程与邓拓：一九五八年，黑邦分子邓拓到宝成铁路参观。杜以「深入生活」的「作家」身份去接待。得到了这个大坏蛋的赏识。邓拓破格用电报向《人民日报》拍发杜的小说稿，回到北京之后，给杜鹏程又送来了一首肉麻吹捧的诗，曰「宝成铁路四秋冬，住在茅屋草帐中，字字都是凝汗水，坚持一念为工农。」邓拓大毒草《燕山夜话》出笼后，杜赞口不绝，夸邓是「江南才子型」人物，真不愧谓一丘之貉。

要闻简讯

▲最近中央军委在北京召开扩大会议解决全国军区支左问题，尤其以下九个省区的支左问题：河南、湖北、湖南、江西、云南、福建、浙江、广西、新疆，这九个军区支左存在严重问题，总理办公室已指示成立九个组处理这几个省区的问题。▲北航、中国科大将归国防科委管，改为军事院校，现已报军委审批。▲《狂人日记》既将由八一电影制片厂搬上银幕。▲彭德怀写万言书要毛主席给他平反，妄图翻案，真是痴心妄想。▲刘邓彭落的走狗三反分子谷牧（国家建委主任）是个贼叛徒，他历史上曾三次脱党，在一九三六年北平被捕，叛党投敌，出卖×个人。一九三九年曾加入国民党，谷贼长期隐瞒其叛变罪恶，伪造历史，骗取了党的信任，窃据国家领导要职，阴谋复辟资本主义。▲安徽消息：大叛徒陶铸的哥哥陶自强系国民党少将特务，前不久逃跑，现被安徽红卫兵战士逮捕法办，为此中央文革特致电表扬。▲中央对温州反革命武装叛乱十分重视，已派一批电影摄影人员到达温州，拍摄联匪杀人、放火、抢劫的现场情景，作为新闻纪录片。

红代会河大

鋼鐵兵戰報

第76期 八月廿日

河北大学毛泽东思想"八·一八"红卫兵《钢铁》战斗队主办

陈伯达同志再谈天津政法公社

陈伯达、谢富治接見北京政法公社代表的讲話：(八月二十三日凌晨)

伯达同志一进厅就说：你们英雄！搞复辟，把我又一次打到反革命，你们给"天津政法公社"翻案，就是要把我打成反革命。你们学得国民党的方法，对我进行专政。(这时陈荣全为"天津政法公社"辩护)万晓塘的老婆操纵"天津政法公社"，我断定"天津政法公社"就是反动组织。

北京的大批判搞不起来，你要负责任。(指谢)。

谢富治付总理：他们不听话，我有什么办法呢？我這个主任委员也不干了。

伯达：我想管公安局，谢付总理不叫我插手，我那有那么大的权利呢。(伯达同志最后走时呼口号。)

谢付总理：你们政法公社想一名惊人，结果弄得臭名远扬，越来越臭。后来外出调查有政法公社的，总理一看就划掉了，说政法公社不可靠，完不成任务。

北京市公安局军管会你们不能搞，全部撤回一个也不能进，公安公社我支持过。你们知道他们是什么组织，你们支持他们？谁去他们赶谁，你们去他们赶了吧？(公社代表答：赶了！)

市局有三朝元老，你们搞得过他们吗？你们这样搞下去，揪后台就揪到我头上了，你们去多少人？(政法公社答：700人，1/3)全部撤回来，不撤回来不给饭吃。

祖国各地

首都消息：▲毛主席最近对中央文革说："刘邓表面上对我眯眯，笑笑，其实心里恨死我了。"

▲戚本禹同志最近说："最有希望的人是最肯想问的人，而不是到处出风头，到处搞山头的人。"

河北消息：▲河北军区(駐保定)4642部队，8月28日发表公告公开承认犯了方向性、路线性错误。馬輝准备公开检查，给"八一"红卫兵平反，这是保定造反派的伟大胜利！是毛泽东思想的伟大胜利！

馬輝必须作触及灵魂的检查。

馬輝不投降就叫他灭亡！

北京最新消息

△一九六七年一月九日科学院斗争胡乔木，胡供认庐山会议期间仍站在反党分子彭德怀的立场上攻击毛主席，庐山会议会后，支使吴晗写大毒草（海瑞罢官）

△中山大学造反兵团在京揭发反毛泽东思想黑影片（逆风千里）的定稿是陶铸签的字。

△周总理代表党中央毛主席批准国外的留学生回国参加无产阶级文化大革命。

△上海市曹荻秋已勒令下厂劳改，于二十二日晚割腹自杀未死，甘肃前第一书记汪锋病死在医院中。

△外语学院反周总理的大字报的六一六红卫兵（被捕）同挺大学校贵宾在天安门观礼台上和苏修拍去，影响很坏。

△一批苏修暴徒曾冲入新疆边境，被我革命群众当场赶出。

△王光美跳楼自杀未遂两腿已折断。

大连铁道学院红色造反团驻京联络站
1967年1月24日

天津 德运中学毛泽东主义红卫兵、翻印毛泽东思想12.26革命队。

毛主席在中央常委会上的指示（四点）

(一) 大家要挺身而出，同群众见面，接受群众批评，要进行自我批评引火烧身。

(二) 大家要挺身而出，同群众解释政策，戴帽子，抹黑脸，脱帽洗脸，立即上班工作。

(三) 从長远利益出发。团結多数。牛鬼蛇神就是地富反坏右少数。有些人就是犯了严重错误，还得挽救他们。使他们改过自新，不然怎么能团结百分之九十五以上的人呢？

(四) 说服干部使干部懂得不要人人过关，都搞得灰溜溜的。两個挺身而出，不要怕字当头，最大问题也能解决，怕字当头，价钱越来越高。

誓死保卫毛泽东思想紅色造反团抄
天津东方紅中学革命造反团翻印
天津大学八一三红旗战斗组翻印
天津工业文教联合委員會紅色軍团
东风昆瑞金紅一中支隊毛泽东思想鲁迅造反隊翻印。

一九六七年元月廿九日

特快消息

周总理关于夺权问题的重要讲话：

今天下午四点，周总理在人民大会堂讲：

现在无产阶级文化大革命，进入一个新阶段：无产阶级革命派联合起来，向党内走资本主义道路的当权派夺权的阶段，凡是在北京串联的外地同志都回去夺权。

一、必须实行各革命组织的大联合，在接管中必须实行大联合，要有组织有计划地进行，反对各自为政。

二、各单位必须以本单位的革命组织为主体，外面的革命群众组织起帮助作用。

三、原来业务机构能照常起作用的应继续工作。外单位起监督作用，反对小集团主义、反对个人争权夺利，必须提倡无产阶级革命派大联合。

根据六七年一月二十三日 新北大校文革的长途电话整理。

天津工学院"八一三" 1967 1.24
宣传部宣传组

周总理在人大的讲话

一元月廿二日 下午四时

现在无产阶级文化大革命进入了一个新阶段。无产阶级革命派联合起来向党内走资本主义道路的当权派夺权的阶段。望各在京串联的同学都回去夺权。

(一)必须实行各革命组织的大联合，在接管中必须实行大联合是有组织有计划地进行，反对各自为政。

(二)各单位必须以本单位的革命组织为主体，外面的革命群众组织起帮助作用。

(三)原来业务机构能照常起作用应继续工作，外单位起监督作用。反对小团体主义，对个人争权夺利，必须提倡无产阶级革命派大联合。

北京广播学院《北京公社》驻津联络站、

天津医学院红色造反者联络站、

天津拖拉机厂、红卫兵无产阶级红色政权造反野战军、

再翻印、

一九六七年一月廿八日。

特好消息

十六日凌晨三時半北京来电，全文如下：

十五日晚九点五十分陳伯达同志、謝富治同志和中央首長在人民大会堂安徽厅接见了天津市关于制止武斗到北京谈判的双方代表。当晚主要接待"反复辟"的代表谈的情况。陈伯达同志、谢富治同志非常肯定天津市五个代表大会，并驳倒了"反复辟"代表向陈伯达同志挑起的辩论。"反复辟"代表狼狈不堪，最后被迫达成协议，双方把扣压的人在十六日三点送交军管会。

同志们，这是我们天津市革命造反派为制止武斗取得的初步胜利，是毛泽东思想的伟大胜利。我们要继续努力为实现天津市革命的三結合而斗争到底！

天津市公安局河西分局 无产阶級革命造反团翻印 8月16日

天津建材公司生产站 紅色井冈山造反队 長征 再翻印 8月16日

昨晚（8月15日）九时在人民大会堂陈伯达、谢富治、郑维山等同志接见了就六〇九厂事件的双方代表，我大联合筹委会25名代表参加了接见，并在会上首先进行了长达4小时的汇报，对方（六〇九厂等代表）进行了将近40分钟的汇报之后陈伯达打断他们的话，陈伯达同志讲："我对天津形势不太了解，现在中央着手解决天津问题，准备派一个调查团到天津了解情况，现在的问题是解决武斗，双方应立即停止武斗，双方扣对方的人都立即放了，下次再谈。"

天津无产阶级革命派大联合筹委会
67.8.16早
天津工矿联委转抄 67.8.16下午。

王力、戚本禹同志

与三司等组织部分同学座谈记要 十二月二十六日

王力：现在两条路线的斗争，形势很好。中央工作会议开了最核心问题，是明白白的提到刘邓问题。错误路线，在我们这条路线各个方面的影响和流毒是很深的，目前在集中目标斗争，细致的工作，打人，违法乱纪，要镇压，不能软，否则无产阶级专政不能保证，我们斗反革命狗腿子，那么创始人要站出来了。（戚本禹同志说：不要抓小兵，要抓帅）北京市委曾经犯过错误，十万人斗小流氓。吴任重支持这样的会，不请示不报告文革小组，这样做是错误的，在全国不好影响，后来文革小组知道，反对的，批评吴任重，毛主席知道了，也批评，反对吴任重。把受刘、邓蒙蔽的人争取过来，中间的团结起来，提高我们的政治水平，思想水平。

王力、戚本禹同志对新北大井冈山红卫兵代表说：

我们希望你们同聂元梓合作，聂元梓是左派，要支持她。聂元梓同志是一个旗帜，第一张大字报起了很大作用，在上海也做了很多工作。同志间的缺点和错误可以提。在上海她也做了很多工作。

立东大学立东红卫兵井冈山战斗队

立东红卫兵《红前哨》翻印

1966年12月2[illegible]日

天津东方红军校《燎原》战斗队

1966.12.30

最高指示

人民，只有人民才是创造世界历史的动力。

有关平反政策解答

一什么叫革命群众？什么叫牛鬼蛇神？平反范围是什么？

答：16条不是讲的很清楚吗？这次运动斗的是党内走资本主义道路的当权派 横扫一切牛鬼蛇神。

二除了这些是不是都称革命群众？

答：对除了他们这些人就称革命群众，革命的群众范围就是这些。

三怎么证明是反革命分子？

答：反革命分子公安部门知道，派出所知道，如户口本，假如派出所不知道，那就不是反革命分子，是人民内部矛盾。

四借有历史污点，斗起或打成反革命应不应平反？

答：历史问题是历史问题，不能借此打击群众，应该予以平反。

五对群众翻历史账，甚至公开档案，以此围攻群众对不对？

答：是错误的，是资产阶级反动路线，煽动群众斗群众，以达到镇压群众的目的。

六16条规定学生一律不斗，是否适用工矿企业革命群众？

答：完全适用。

七这次运动斗不斗群众？

答：不斗群众，是自己教育自己，是那的问题，这结林彪同志讲过。

八关于平反方面，有的领导说："那是群众搞的，谈不上平反不平反。"对不对？

答：所谓群众搞的，那是推托责任，是借口，那是错误的。当揪群众时，领导站出没有？没有站出来就是同意、支持，领导责任推不掉，应由领导负责平反，平反由党委工作组文革负责人来作。

九没有工作组的情况下，革委会把群众打成反革命的要不要平反？

答：按十三、十四、十五期社论的办法，凡是打成"反革命"的群众，都要平反。

十有些别有用心的人，但还不是当权派，不是领导，操纵革委会把群众打成反革命怎么办？

答：揪出来吧！（群众：这样群众斗群众吗？）不称，这些人既然操纵革委会，就称当权派，起码是一个政治扒手，揪出他们不称斗群众。当权派不见得都是头々，领导之类有实权，有权力，就是当权派，不能根据地位来定，一般的也认为是头々，但有时不是如此。

十一工矿红卫兵有权斗群众吗？有权查黑材料？

答：[illegible]校领导[illegible]，作了应按重新指示处理。

三、我们处理了一批人，有的戴上了帽子，送回原籍，有的送往现场，对不对？

答：不符合中央精神的，[illegible]二十六条的，就是真正的右派分子也应放在运动后期处理。

四、给群众贴戒批的大字报，或集体签名，是不是围攻？

答：对领导或当权派集体写大字报是可以的，但对群众集体签名就是围攻了。

五、革委会认识到要给群众平反，但他们都说："群众不同意，要让他们认识到了再平反"对不对？

答：革委会既认识到了，就要立即平反，必须认真检查，绝不能让群众抵制中央政策，那种作法不过借口而已，政策摆的很清楚，认识了就应照办，不认识也得照办，那种提法的人，就是不愿执行党的政策，甚至抵制，让群众作挡箭牌，这样的人如果继续下去是很危险的，不能把错误的责任推给群众。

六、如果他不给群众公开平反怎么办？

答：（激动地说）军委指示下达这么长时间了，还不执行，这是值得考虑的，如果有人不照办，就把他揪到这里来辩论。

本文根据 国务院办公厅付主任刘传新同志
中央中央文革接待站王化普同志
北京市委工交政治部郁化镇同志
人民日报编辑安子英同志

对政策解答汇编
天津反帝战校东风战斗组翻印
河北大学《激流》战斗队翻印
67.2.21

江青同志谈关于电影的问题

去年五月全军创作会议上共看国产片68部，建国以来共出影片300部，这68部影片中好的有七部：南征北战，平原游击队，战斗里成长，上甘岭，地道战……故事好，但线条粗，分水岭中复员军人还不够英武，"自豪"有点小缺点，青春车上两个人吃苹果，有点资产女郎之镜头，是个资产阶级的形象。

好的电影体现了主席思想，起了人民战争，人民军队军民关系好的作用，[illegible]，其余的问题有以下几点：

一、没有突出[illegible]。二、[illegible]给反革命分子翻案。三、丑化军队老干部，写男女关系爱情。四、写中间人物。

（摘自长途电话）

杭大中学[illegible]红卫兵[illegible] 67.2.[illegible]
天津反帝战校东风战斗组翻印 67.2.1[illegible]
河北大学《激流》战斗队再翻印 2.21

《彻底批判资产阶级反动路线廿五大罪状》

一、运动初期

(1) 框：定下框框，束缚群众

(2) 观：观看潮流，见风使舵

(3) 靠：依靠上司，奴隶主义

(4) 保：拼命保皇，甘当走卒

(5) 察：侦察动静，准备行动

二、群众起来了

(6) 怕：怕的要死，胆战心惊

(7) 转：转移方向，指向群众

(8) 放：大放谣言，制造烟幕

(9) 阻：层层阻碍，层层破坏

三、斗争尖锐了

(10) 歪：歪曲事实，颠倒黑白

(11) 压：镇压革命，白色恐怖

(12) 打：打击左派，猛泼冷水

(13) 独：擅自决定，独断独行

(14) 抓：暗抓左派，斗争群众

(15) 抗：对抗中央，右倾投降

(16) 混：混水摸鱼，政治投机

四、对己不利了

(17) 变：变换手腕，冒充好人

(18) 瞒：瞒上欺下，阳奉阴违

(19) 咬：反咬一口，死要赖皮

(20) 溜：处境恶劣，溜之大吉

五、严重后果

(21) 装：伪装左派，蒙蔽群众

(22) 害：形左实右，残害群众

(23) 卖：毁灭自己，出卖同志

(24) 夺：牛鬼蛇神，夺权篡位

(25) 送：亡党亡国，江山断送

红色造反者联合起来！

向我厂资产阶级反动路线万炮齐轰！

捍卫毛泽东思想红色风暴革命造反大队 翻印

毛主席說：

在共产党内发生正确思想和錯误思想的非对抗性矛盾的情况下，如果犯錯误的人坚持錯误，并扩大下去，这种矛盾，这种矛盾也就存在着发展为对抗性东西的可能性。

党中央认为：在无产阶级文化大革命中，犯过方向錯误、路线錯误的同志，应当正視自己的錯误，改正自己的錯误，回到正确的立场，正确路线上来，而不要发展到同党对抗的地步。

——《红旗》杂誌第十三期社論

捍卫毛泽东思想广红色风暴革命造反大队观点和任务。

（1）号召我们各个群众革命组织在大方向一致前提下团结起来共同完成文化大革命的光荣任务。

（2）当前我们的任务是揪出党内走资本主义道路的当权派，向资产阶级反动路线猛烈开火，扫清余毒。

（3）决心挖掉修正主义的根子，挖掉资本主义的根子，为誓死捍卫毛泽东思想，誓死捍卫以毛主席为首的党中央，不怕丢脑袋，用鲜血和生命来捍卫无产阶级铁打江山。

偉大导师 偉大領袖 偉大統帅 偉大舵手

毛主席万岁

捍卫毛泽东思想广红色风暴革命造反大队 印

革命无罪，争权有理，一争到底，就是胜利，争权首先争党权！

为什么运动以来，党员保守的多？

为什么运动以来，预备党员保守的多？

为什么运动以来，要求入党而又不被党支部认为培养对象的人保

为什么铁杆钢杆保皇派，直到现在还在朦胧状？不想想

为什么？就是因为"党权"没有为革命造反派所掌握！

为什么？就是因为党员们还想着运动后期还是党员；

为什么？就是因为预备党员还将入党的希望寄托在原来的记录上。

为什么？就是因为培养对象还将入党的希望寄托在那些运动以为丢不掉"党员"头衔的党员们身上！

"党权"在握就能运动群众、就能控制群众！

"秋后算账"的美梦也是建筑在运动后期，我怎么讲还得的基础之上的！

为了彻底解放群众，为了打垮钢杆、铁杆保皇派的黑？

为了砸烂这些私心杂念重重的人的美梦，使他们能够干脆利落运动、就得先争"党权"！

这就是说、

不合格的、修字号的、保守牢的"党员"要清洗一批！

调和的、折衷的、态度暧昧的要重新由群众评定其稀泥。

6. 随大流派：

这种人不前不后，不左不右，哪边人多就往哪边跑，他们抱着法不责众，偷机心强，随大流，命运不是碰壁就是摔跟头。

7. 胆小派：

这种人前怕狼后怕虎，缩手，缩脚，胆小如鼠，他走路怕踩死蚂蚁，抬头怕碰了帽子，他们奉行的是，不求有功，但求无过。

8. 奴隶派：

这种人没主见，自己的脑袋长在别人的脖子上，看着别人的脸色行事，别人说东就说东，别人说西就说西，从来不敢说个不字。就是说话也是小心翼翼，低声和气，可是一付奴隶像。

9. 两面派：

这种人，八面讨好，十面玲珑，两面三刀，当面是人，背后是鬼，专[illegible]溜须，是造谣生事，挑拨离间专家。

10. 小宗派：

这种人拿原则做交易，拉拢一批人搞什么集团主义，张口闭口都是我们，以感情代替党的政策，赞成什么，反对什么，都不是从党的利益出发。

天津市西郊区、红旗人民公社、前进生产大队、毛泽东思想造反团。

天津市财经学校八一八卫东红卫兵

钢锉厂红色造反团翻印。67.1.18

十提倡　十反对

1. 提倡活学活用（毛著）　　反对学而不用。
2. 提倡敢想敢干，　　反对跪着造反。
3. 提倡理论联系实际，　　反对教条主义，
4. 提倡独立思考　　反对人云亦云。
5. 提倡打落水狗。　　反对调和折衷。
6. 提倡坚持追求"真理的我"。　　反对独唯，我"独尊的我"。
7. 提倡艰苦奋斗，　　反对懒字当头。
8. 提倡"公"字，　　反对"私"字。
9. 提倡文斗　　反对武斗。
10. 提倡热爱社会联系群众。　　反对脱离群众。

66.11.12

"妙"赞

这种人很"妙"
他，不开口不参加辩论，
他，不讨论，不写大字报。
他，最稳重，不轻易发表意见。
辩论激烈的时候他去听，
大字报多时，他也去看。
可就是一言不发，
他曰："旁观，旁观也"，
他最会看风使舵，
他最会认清形势，最能变色，
两种意见相持不下时
他说："这也对，那也不错"；
他骑在墙上两边
当一方人数多时，
对于少数派，
他就不理不睬啦
于是乎，
他为大多数派唱赞歌
对少数派冷眼相对，
这样做成，"真理"的维护者，
他的脸上有光彩，
这种人真"妙"！！
犯不了错误，
永远掌握"真理"。
向这样的人大喝一声：
同志！危险及灵魂了，
你要做温室的花朵
还是做疾风中的劲草？！

党中央和毛主席，
又一次吹响了号角，
为捍卫无产阶级革命路线而战斗
生为捍卫毛泽东思想而生，
死为捍卫毛泽东思想而死，
同志们大风大浪中去锻炼吧！

66. 11. 9.

北京医学院"八一八"《红卫兵》战斗队
复旦大学新闻系 赤峰 转抄
天津红二七一中毛泽东思想革命造反团转抄。

触及一下某些人的灵魂

你安的什么心？
对国家大事不关心，
对党的事业不诚心，
对建设社会主义没决心，
对文化大革命没信心，
对革命工作没热心，
对个人生活下苦心，
当收音机手表最操心，
和名牌手表很留心，
和地富反坏连了心
与革命同志离了心，
不顽抗到底不甘心。
你得的什么病？
眼红手长的投机病，
敌我不分的糊涂病，
小天小地的狭隘病，
想着个人自由主义病，
一团和气的温情病
生怕观点斗的可耻病
无动于衷的僵死病
满脑子是私心，
对革命要小心，
"我"字当头，百病不通
"我"字撇开，一通百通。

66. 11.

复旦大学新闻系赤峰再转抄
天津红二七一中毛泽东思想革命造反团
翻印。

河北農民報

1966年12月21日　星　期　三　第 2 6 5 期
夏历丙午年十一月初十　冬至：公历12月22日　夏历十一月十一

我們的共产党和共产党所領导的八路軍、新四軍，是革命的队伍。我們这个队伍完全是为着解放人民的，是彻底地为人民的利益工作的。

《为人民服务》

中央負責同志轉达毛主席和林彪同志对接待革命小将的解放軍和党政机关人員的問候

毛主席问你们好　赞扬你们工作做得很好

毛主席身体很健康，十多万接待工作人員热烈欢呼："毛主席万岁，万万岁！"

周恩来、陈伯达、萧华、江青同志讲話，热烈称贊解放軍指战員不愧是偉大的毛主席的战士，是很好的毛澤东思想的宣傳員，眞正懂得为人民服务，做了保卫文化大革命的工作

中央和其他各方面负责同志，十九日下午在首都接见了辛勤接待革命师生和红卫兵的十多万中国人民解放军指战员和党政机关工作人员。

下午二时四十分，中共中央文化革命小组副组长张春桥同志宣布接见大会开始。中央负责同志们冒着寒风，分乘敞篷汽车，在宽广的工人体育场上缓缓绕行，同参加大会的人民解放军指战员亲切会见。这时，全场沸腾，指战员们挥舞着红光闪闪的《毛主席语录》，齐声欢呼"毛主席万岁！""伟大的战无不胜的毛泽东思想万岁！"

中国人民解放军总政治部主任萧华同志首先在会上讲话。他代表林彪同志和中共中央军委以及人民解放军各总部，向大家表示慰问。

萧华同志说，我們的偉大导师、偉大领袖、偉大統帅、偉大舵手毛主席，交給你們的光荣任务，已經胜利地完成了。你們以忘我的革命精

的革命热情，接待了毛主席的客人。
做得好！

央文化革命小组第一副组长江青同
。她热情地说，同志们，革命的战友
！我向你们致无产阶级革命的敬礼。
毛主席問你們好！你們一定很关心毛
你們，他很健康。这时，全場热烈高
万岁，万万岁！
志说，在这次无产阶級文化大革命
了許多工作，为紅卫兵小将服务，使
师生見到毛主席和他的亲密战友林彪
来同志以及中央其他負責同志，你們
得很啊！她说，你们所以成为一支战
量，就是因为你们是一支用马克思列
泽东思想武装起来的人民的军队。
央政治局常委、中共中央文化革命
伯达同志在会上讲话。他说，几个月
千多万革命师生到北京来，会見了我
袖毛主席，你們作了非常好非常好的
你們不愧是偉大的毛主席的战士。你
大的中国人民解放军的崇高荣誉。你
现了毛主席所指示的为人民服务的军
你们不愧是无产阶级的人民军队。
同志说，象你們这样的軍队，是世界
沒有过的。有了你們这样的軍队，有
用毛泽东思想武装起来的軍队，我們
于天下。不管什么敌人，不管是帝国
修正主义也好，一切牛鬼蛇神也好，
，就会碰得粉碎。你们在毛主席和
领导下，真正懂得为人民服务。这一
向你们学习。我们是你们的学生。我
，希望同你们这许多先生一块前进。
博得全场经久不息的掌声和欢呼声。
央政治局常委、国务院总理周恩来同

志最后在全场暴风雨般的掌声中讲话。他首先代表伟大领袖毛主席和他的亲密战友林彪同志，代表党中央和国务院，向参加接待工作的全体人员表示亲切慰问。他说：

"毛主席說，你們这次在无产阶級文化大革命中，工作做得很好。"周恩来同志说，你們首先做了很好的向群众学习的工作。你们先后接待了受到毛主席接见的来自全国各地的革命师生。这次文化大革命在毛主席的亲自领导下，轰轰烈烈地开展，这是史无前例的。他说，我们每个人都要向群众学习。你们亲身接触了许多革命小将，学到了他们敢想、敢说、敢闯、敢革命、敢造反的革命精神。

他说，你們是很好的毛泽东思想的宣傳員。你们很好地活学活用毛主席著作，向广大革命师生作了很好的宣传。你们帮助训练革命小将，接送革命小将，这项工作做得非常紧张、繁忙，又非常细致。这事实上是一次为人民服务的大演习。你們还作了保卫文化大革命的工作。文化革命把很多革命师生吸引到北京来了。最多的时候有三百多万革命师生在北京，而秩序却很好，这给了我国人民和外国朋友们很深刻的印象，显示了中国人民在毛泽东思想指引下强大无比的威力。

周恩来同志最后说，我們无产阶級文化大革命的形势是很好的。它正在浩浩蕩蕩地向前迈进。但不是一帆風順沒有阻力的。事实上，一小撮走资本主义道路的当权派和一切牛鬼蛇神，不甘心失败，总是拚命挣扎。我們要擦亮眼睛，在实行无产阶級大民主的同时，加强无产阶級专政。依靠广大人民群众，把胆敢破坏文化革命的反革命分子揪出来，把他們打倒。我們偉大領袖毛主席亲自发动和領导的这次无产阶級文化大革命，不仅鼓舞了中国的革命人民，也鼓舞了全世界革命人民，使中国暗藏的反革命分子吓破了胆，也使世界上帝国主义、现代修正主义和一切反动派吓破了胆！

讲话结束后，中央负责同志又来到了工人体育馆，向汇集在这里的一万多中央和北京市党政机关接待工作人员致亲切的问候。

大会最后，在周恩来同志指挥下，全体到会同志高唱："大海航行靠舵手，万物生长靠太阳，雨露滋润禾苗壮，干革命靠的是毛泽东思想。……"充满革命豪情的歌声，激荡着整个会场。

参加接见的中央和各方面的负责同志有：陶铸、康生、李富春、陈毅、李先念、谭震林、谢富治、刘宁一、杨成武、吴德、廖承志、萧劲光、粟裕、杨勇、李志民、廖汉生、李天佑、王新亭、彭绍辉、刘志坚、徐立清、袁子钦、张池明、吴法宪、余立金、吴克华、陈仁麒、崔田民、谭辅仁、江文、黄文明、李真、郑维山、傅崇碧、黄作珍、蔡顺礼、胡痴、彭富九、李信、叶运高、谢镗忠、王力、关锋、戚本禹、穆欣、姚文元、汪东兴、熊复、唐平铸、曹轶欧、于桑、宋琼等。　（新华社北京二十日电）

中央和其他各方面负责同志，十九日在首都接见了辛勤接待革命师生和红卫兵的十多万中国人民解放军指战员和党政机关工作人员。　新华社记者摄（传真照片）

1966年12月21日 星期三 第二版 河北農民报

人民是创造历史的动力，群众是真正的英雄

毛主席关于群众路线的语录

人民，只有人民，才是創造世界历史的动力。

《论联合政府》（一九四五年四月二十四日）

《毛泽东选集》第三卷第一〇三一页

世間一切事物中，人是第一个可宝貴的。在共产党领导下，只要有了人，什么人間奇迹也可以造出来。

《唯心历史观的破产》（一九四九年九月十六日）

《毛泽东选集》第四卷第一五一六页

必須明白：群众是真正的英雄，而我們自己則往往是幼稚可笑的，不了解这一点，就不能得到起碼的知識。

《〈农村调查〉的序言和跋》（一九四一年三月、四月）

《毛泽东选集》第三卷第七九〇页

"三个臭皮匠，合成一个諸葛亮"，这就是說，群众有偉大的創造力。中国人民中間，实在有成千成万的"諸葛亮"，每个乡村，每个市鎮，都有那里的"諸葛亮"。

《组织起来》（一九四三年十一月二十九日）

《毛泽东选集》第三卷第九三六页

除了党的領导之外，六亿人口是一个决定的因素。人多議論多，热气高，干勁大。

《介绍一个合作社》（一九五八年四月十五日）

《毛泽东著作选读》甲种本第三八一页

人民群众有无限的創造力。他們可以組織起来，向一切可以发揮自己力量的地方和部門进軍，向生产的深度和广度进軍，替自己創造日益增多的福利事业。

《多余劳动力找到了出路》一文的按语（一九五五年）

《中国农村的社会主义高潮》中册第五七八页

真正的銅墻鉄壁是什么？是群众，是千百万真心实意地拥护革命的群众。这是真正的銅墻鉄壁，什么力量也打不破的，完全打不破的。反革命打不破我們，我們却要打破反革命。在革命政府的周圍团結起千百万群众来，发展我們的革命战爭，我們就能消灭一切反革命，我們就能夺取全中国。

《关心群众生活，注意工作方法》（一九三四年一月二十七日）

《毛泽东选集》第一卷第一三四页

应該使每一个同志懂得，只要我們依靠人民，坚决地相信人民群众的創造力是无穷无尽的，因而信任人民，和人民打成一片，那就任何困难也能克服，任何敌人也不能压倒我們，而只会被我們所压倒。

《论联合政府》（一九四五年四月二十四日）

《毛泽东选集》第三卷第一〇九七页

只要我們能够掌握馬克思列宁主义的科学，信任群众，紧紧地和群众一道，并領导他們前进，我們是完全能够超越任何障碍和战胜任何困难的，我們的力量是无敌的。

《目前形势和我们的任务》（一九四七年十二月二十五日）

《毛泽东选集》第四卷第一二六〇页

我們应当相信群众，我們应当相信党，这是两条根本的原理。如果怀疑这两条原理，那就什么事情也做不成了。

《关于农业合作化问题》（一九五五年七月三十一日）

《毛泽东著作选读》甲种本第三〇〇页

中国人民将会看見，中国的命运一經操在人民自己的手里，中国就将如太阳升起在东方那样，以自己的輝煌的光焰普照大地，迅速地蕩滌反动政府留下来的污泥浊水，治好战爭的創伤，建設起一个嶄新的强盛的名副其实的人民共和国。

《在新政治协商会议筹备会上的讲话》（一九四九年六月十五日）

《毛泽东选集》第四卷第一四七〇——一四七一页

解放軍报 社论

句句熟读　句句照办

在我国人民喜爱的宝书《毛主席語录》再版的时候，林彪同志为它写了前言，号召全国人民认真地刻苦地学习，掀起活学活用毛主席著作的新高潮。

我軍是毛泽东思想的大学校，毛主席著作是我們这个大学校的必修課。《毛主席語录》，是全体干部战士最基本最經常的讀物，一定要认真地学，反复地学，要真正学到，真正会用。

林彪同志一再提倡学习毛主席語录。他指出，毛泽东思想极为丰富，学习毛主席著作要突出重点，毛主席的許多基本观点要反复学习，反复运用，一些最精辟最重要的話要能够背下来。他要求报紙經常結合实际，刊登毛主席語录，让大家时刻接受毛泽东思想的指导，并且指示总政治部編印《毛主席語录》，发给每个干部战士。林彪同志还說，对毛主席語录，一定要多写，多学，多用。

林彪同志倡导的学习毛主席語录，为广大工农兵活学活用毛主席著作开辟了宽广的道路，对于普及毛泽东思想起了巨大的作用。

几年来，全軍指战員热烈响应林彪同志的号召，活学活用毛主席語录，收到了极大的成效 我軍許多同志学习毛主席著作，是从学語录开始的。一些文化水平低的同志，通过学語录，一面学政治，一面学文化。学語录，使广大干部战士打开了毛泽东思想的宝库，越学越有信心，越学越感到需要，逐渐地学得更多更好。

毛主席的話，水平最高，威信最高，威力最大，句句是真理，一句顶一万句。毛主席的話，每句都是我們工作的指針，行动的准則，战斗的号令，前进的方向。毛主席的話，最亲切，最通俗，最生动，最深刻，句句說到干部战士的心里，干部战士一学就懂，一用就灵。

"《毛主席語录》随身带，毛主席就象在身边。"干部战士行軍、战斗、施工、生产、训练、执勤，干什么学什么，走到哪里学到哪里，随时随地都能听到毛主席的声音，看到毛主席的教导，得到毛主席的指示，增加了无限的勇气、智慧和力量。

实践証明，学习毛主席語录，最便于联系实际，最容易突出重点，最生动活潑，最大众化，最有战斗性，最能收到立竿見影的效果。它是广大群众掌握毛泽东思想，推动人的思想革命化的一个很好的方法。

今天，学习和运用毛主席語录，已經貫串于我国人民生活的一切方面。《毛主席語录》已經成为紅色的海洋。在无产阶級文化大革命中，广大革命群众大学大用、大讀大讲、大写大唱毛主席語录，把毛主席語录当作最鋒利的武器。一切牛鬼蛇神聞之失魄，見之丧胆。

在活学活用毛主席著作群众运动的新阶段，我軍干部战士一定要更好地学习和运用毛主席語录和毛主席的其他著作。《毛主席語录》，一定要句句熟讀，多写多学多用。毛主席的話，一定要句句都听，句句照办。

毛主席是当代无产阶級最杰出的領袖，是当代最偉大的天才。毛泽东思想是当代最高水平的馬克思列宁主义。全軍同志更高地举起毛泽东思想的偉大紅旗，努力把毛泽东思想真正学到手，真正掌握起来，我們的軍队就永远无敌于天下！

（新华社北京十九日电）

河北農民報　　1966年12月21日　星期三　第三版

学习《紀念白求恩》

《解放军报》编者按：今天，是毛主席的《紀念白求恩》发表二十七周年。毛主席的《紀念白求恩》和《为人民服务》、《愚公移山》三篇光輝著作，是每个革命者树立无产阶級世界观的最根本的必修課，是破私立公、改造人們灵魂的强大的思想武器。二十多年来，这三篇光輝著作的偉大思想，对于改变人民的精神面貌，哺育共产主义新人，推进人民革命事业，发生了不可估量的偉大作用。

林彪同志指示我們：“老三篇”不但战士要学，干部也要学。“老三篇”最容易讀，眞正做到就不容易了。要把“老三篇”作为座右銘来学。哪一級都要学。学了就要用，搞好思想革命化。我們要坚决响应林彪同志的号召，在当前无产阶級文化大革命的新高潮中，狠学狠用“老三篇”，以“老三篇”的偉大思想为武器，在灵魂深处鬧革命。要大破“私”字，大立“公”字，把資产阶級和一切剝削阶級的为私的观念統統打掉，让毛澤东思想占領一切思想陣地，树立一心为公的共产主义世界观，把自己鍛炼成为一个高尙的人，一个純粹的人，一个有道德的人，一个脫离了低級趣味的人，一个有益于人民的人。

为了帮助連队的同志們学好“老三篇”，我們重新編写了輔导材料，陆續发表，供学习参考。

《纪念白求恩》是毛主席在一九三九年十二月二十一日，白求恩同志逝世后不久写的。

诺尔曼·白求恩，是加拿大共产党党员，著名的医生。一九三六年德、意法西斯匪徒侵犯西班牙时，他曾经亲赴前线，为反法西斯的西班牙人民服务。中国的抗日战争爆发，他率领一个医疗队，于一九三八年初来到中国，同年三、四月间到达延安。毛主席接见了他，同他进行了亲切的谈话。不久他转赴晋察冀军区，担任军区卫生顾问。在艰苦的战争环境里，他和八路军的干部战士同甘苦、共患难，以忘我的工作热忱，为八路军伤病员服务将近两年，为我国人民的解放事业作出了光辉的贡献。因为医治伤员中毒，不幸于一九三九年十一月十二日在河北省唐县黄石村（原属完县）逝世。

为了悼念这位伟大的国际主义战士，毛主席写了这篇光辉的著作。

《纪念白求恩》，是一篇伟大的共产主义教育的经典文献，是每个革命者树立共产主义世界观的最根本的必修课。这篇光辉著作，结合白求恩同志的光辉榜样，深入浅出地阐发了无产阶级革命战士应有的国际主义和共产主义精神。二十多年来，这篇伟大著作在我国广大群众和干部中，发生了不可估量的教育和鼓舞作用。雷锋和许许多多雷锋式人物的成长，都受过这篇著作的伟大思想的哺育。毛主席在这篇著作中阐发的“毫不利己专门利人”，“毫无自私自利之心”的共产主义精神，对于培育共产主义新人，对于改变我国人民的精神面貌，对于促进我国的社会主义革命和社会主义建设，都具有伟大的意义。

林彪同志根据毛主席的教导，一再指示我们，要破私立公，树立一心为公的共产主义世界观。当前我国的无产阶级文化大革命，从根本上说，是一场灭资兴无、破私立公的思想大革命。这篇伟大著作，是我们破私立公，改造世界观，实现思想革命化的强大的思想武器。我们每个同志，一定要在斗争中更好地学习这篇著作，大破“私”字，大立“公”字，荡涤灵魂深处的“污泥浊水”，加速自己的世界观的改造，积极参加和捍卫无产阶级文化大革命，坚决把社会主义革命进行到底。

学习这篇伟大著作，要着重领会以下几个问题：

一、破私立公，改造世界观，做共产主义新人

毛主席号召我们向白求恩同志学习时指出：“我們大家要学习他毫无自私自利之心的精神。从这点出发，就可以变为大有利于人民的人。一个人能力有大小，但只要有这点精神，就是一个高尚的人，一个纯粹的人，一个有道德的人，一个脫离了低級趣味的人，一个有益于人民的人。”在这里，毛主席提出了每个革命者做共产主义新人的最根本的条件，这就是要有白求恩同志那种毫无自私自利之心的精神，要树立一心为公的无产阶级世界观。

世界观是人们对于世界的最根本的、总的看法。任何一个人，都有他自己的世界观，他的思想、言论和行动，总是受他的世界观指导的。毛主席說：“世界观的轉变是一个根本的轉变”（《关于正确处理人民内部矛盾的问题》）。世界观的转变，是阶级立场、阶级感情的转变，是对人生、对社会、对一切事物的根本态度的转变，是思想本质的转变。一个人的世界观转变了，他的思想和作风也必然会发生根本改变。我们每个革命者必须极端重视改造自己的世界观。

人的世界观，是社会存在的反映，是有阶级性的。毛主席指出：“就世界观来說，在现代，基本上只有两家，就是无产阶級一家，資产阶級一家。或者是无产阶級的世界观，或者是資产阶級的世界观。”（《在中国共产党全国宣传工作会议上的讲话》）无产阶级世界观的核心，是为公的思想，是全心全意为人民服务的思想，是毫不利已专门利人的共产主义精神。资产阶级世界观的核心，是为私的思想，是自私自利、损人利己的思想，是极端的个人主义。因此，破私立公，破资产阶级个人主义思想，立无产阶级集体主义思想，是我们革命者改造世界观，实现思想革命化的核心问题。

一个人只有彻底破除资产阶级的为私的观念，牢固地树立起无产阶级的为公的观念，才能够真正做到不为名，不为利，不怕苦，不怕死，毫不利己专门利人，完全彻底地为人民服务，才能够成为一个大有利于人民的人。毛主席号召我们学习的白求恩、张思德、刘胡兰、雷锋，是这样的人，欧阳海、王杰、焦裕禄、刘英俊、蔡永祥等，也是这样的人。新的社会是要靠新型的人来创造的。把社会上的人逐渐改造成共产主义新人，这是社会主义时代的要求。有了大量这样的新人，我们就能够可靠地抵制修正主义的侵蚀，防止资本主义的复辟，胜利地完成社会主义革命和社会主义建设，逐步到达共产主义。

思想领域里的破私立公，是一个长期的、艰苦的斗争过程。只要阶级和阶级斗争存在一天，这种斗争就一天也不能停止。私有制度存在了几千年，维护私有制度的剥削阶级为私的观念，对于人们有着极深的影响。它是一个无孔不入的顽固的敌人；今天在这个问题上、在这种形式下把它斗垮了，明天它又会在另一个问题上、以另一种形式出现。因此，破私立公的斗争，需要反反复复不断地进行，这是一辈子的事情。不管是新同志还是老同志，不管是什么出身的同志，都需要自觉地进行这种斗争。当然，劳动人民家庭出身的同志，对革命有一种朴素的阶级感情；老同志受过党的长期教育，一般有着较高的思想水平。但是，毛泽东思想是当代的共产主义思想体系，不可能在我们头脑中自发地产生，只有在毕生中坚持不懈地学，在斗争中活学活用，才能逐步地掌握起来，实现思想革命化。那种“自来红”和“老来红”的想法，都是错误的。

那末，是不是说，共产主义的精神，无产阶级的世界观，是可望而不可即，是永远无法达到的境地呢？当然不是。一个人只要努力活学活用毛主席著作，下定破私立公的决心，扎扎实实、一点一滴地贯彻到自己的实际行动中去，就有了一个进步的起点。从这一点出发，只要严格要求，贯彻始终，精神境界就会越来越高尚。蔡永祥同志入伍刚八个月，由于他能够以“只争朝夕”的精神，活学活用毛主席著作，在改造思想上狠下功夫，很快就成长为一个一心为公的共产主义战士。

二、发扬国际主义精神，以世界革命为己任

毛主席教导我們：“一个外国人，毫无利己的动机，把中国人民的解放事业当作他自己的事业，这是什么精神？这是国际主义的精神，这是共产主义的精神，每一个中国共产党員都要学习这种精神。”毛主席在这里向我们说明了这样一个重要问题：一个共产主义战士，必须是一个国际主义者，必须把世界革命当作自己的责任。

共产主义事业，是国际无产阶级的集体事业。无产阶级只有解放全人类，才能彻底解放自己。无产阶级革命，就是要在全世界消灭帝国主义、资本主义和一切剥削制度。这是一个十分伟大而又艰巨的事业。只有全世界无产阶级联合起来，全世界人民联合起来，互相支援，共同斗争，才能完成这一伟大的事业。一个国家的革命，主要是依靠本国人民自力更生、艰苦奋斗，但是，国际革命力量的支持和援助，也是不可缺少的条件。如果没有国际革命力量在各种不同方式上的援助，任何国家的真正的人民革命要取得胜利是不可能的。胜利了，要巩固，也是不可能的。我国的革命，就是在我国人民自力更生的基础上，又得到了世界人民的同情和支援，才获得了伟大胜利。毛主席教导我們：“已經获得革命胜利的人民，应該援助正在爭取解放的人民的斗爭，这是我們的国际主义的义务。”（一九六三年八月八日接见非洲朋友时的谈话）我国人民遵循毛主席的教导，一贯坚决支援世界上被压迫民族和被压迫人民的革命斗争，高度发扬了无产阶级国际主义精神。

以苏共领导集团为中心的现代修正主义，自己不革命，也不让人家革命。他们出卖革命人民的利益，勾结美帝国主义，妄图扑灭世界人民的革命烈火。在越南抗美斗争问题上，他们执行的是假支持、真出卖的反革命两面政策。他们完全背叛了无产阶级国际主义，成为美帝国主义的帮凶和走狗。现在，全世界革命人民，都一心向往着北京，向往着毛主席。在这种情况下，我国人民的国际主义义务更加重大了。毛主席說：“中国是一个具有九百六十万平方公里土地和六万万人口的国家，中国应当对于人类有較大的貢献。”（《纪念孙中山先生》）

（下轉第四版）

1966年12月21日　星期三　第四版　　河北農民报

学习《紀念白求恩》

（上接第三版）我们每个同志都应当充分理解当前的国际形势和我们肩负的伟大任务，大力发扬无产阶级国际主义精神，坚决站在世界人民革命斗争的最前列，坚决支持世界人民的革命斗争，坚决把反对帝国主义、反对现代修正主义的斗争进行到底，坚决把无产阶级世界革命进行到底。

发扬无产阶级国际主义精神，就要把我国的革命同世界革命联系起来，把做国内革命派同做国际革命派统一起来，把爱国主义同国际主义结合起来。我们每个同志努力实现思想革命化，把自己担负的革命工作做得好上加好，不断取得新的成绩，搞好我国的社会主义革命和社会主义建设，使我国日益富强起来，这既符合我国人民的根本利益，也是对世界人民革命斗争的有力支援。我们每个革命战士一定要时刻保持高度的警惕，加强战备，准备随时粉碎美帝国主义及其帮凶对我国的侵犯，保卫我们铁打的江山。

当前我国的无产阶级文化大革命，是要挖掉修正主义的根子，保证我们社会主义祖国永远不变颜色、永远胜利前进。这是关系到我们党和国家前途和命运的大事，也是关系到世界人民前途和命运的大事。我们必须坚决执行以毛主席为代表的无产阶级革命路线，坚决反对资产阶级反动路线，彻底打倒党内一小撮走资本主义道路的当权派，把无产阶级文化大革命进行到底。

发扬无产阶级国际主义精神，关键的问题是要学习白求恩同志的那种毫无自私自利之心的精神，破私立公，真正确立共产主义世界观，做到"胸怀祖国，放眼世界"，时刻不忘世界上还有广大劳动人民没有得到解放，同世界人民同命运、共呼吸，全心全意为中国人民和世界人民服务。

三、发扬共产主义精神，对工作极端的負责任

毛主席说："白求恩同志毫不利己专門利人的精神，表現在他对工作的极端的負責任，对同志对人民的极端的热忱。""每一个共产党員，一定要学习白求恩同志的这种真正共产主义者的精神。"

我们都是为了人民的利益、革命的利益而工作的。在毛泽东思想光辉照耀下，我们每做出一分成绩，都是为中国革命和世界革命贡献了一分力量。所以，对工作极端地负责任，是革命利益对我们的要求，是革命战士忠于党、忠于人民、忠于革命的重要标志。

对工作极端地负责任，就是毛主席教导我们的为人民服务的那种"全心全意"的精神，"完全"、"彻底"的精神，那种"认真"的精神，那种"大公无私，积极努力，克己奉公，埋头苦干的精神"，那种"做无产阶级和人民大众的'牛'，鞠躬尽瘁，死而后已"的精神。就是要做到不为名，不为利，不怕苦，不怕死，识大局，顾大体，高标准，严要求，勤勤恳恳，一丝不苟，坚持真理，修正错误，多快好省地完成一切工作任务，注意总结经验，不断有所发现，有所发明，有所创造，有所前进。

毛主席指出："白求恩同志是个医生，他以医疗为职业，对技术精益求精"。对工作极端地负责任，就是要以白求恩同志为榜样，干一行，爱一行，干一行，钻一行，全心全意为革命而工作。革命事业需要各种不同的专业。不管从事任何专业，都必须突出政治，坚持政治挂帅，把政治思想工作摆在第一位，反对单纯业务技术观点。在政治挂帅，思想领先下面，为革命而钻研业务技术，精益求精，这是完全必要的，是对革命事业负责的表现。

对工作极端地负责任，是建立在共产主义思想的基础上的。伟大的思想，才能产生伟大的力量。只有坚定地为共产主义的伟大理想而奋斗，把自己的工作同整个革命事业联系起来，把个人利益完全溶化在革命利益之中，才能有高度的革命自觉性和革命责任心，才能把自己的全部精力贯注到工作中去。白求恩同志就是这样。他说过："我唯一的希望，就是能够多有贡献"。有一次，在紧张的工作以后，他说："我要把每一分钟都占据来做重要工作。"直到他逝世前夕，还念念不忘工作，他说："我十二分忧虑的就是前方流血的伤员，假如我还有一点支持的力量，我一定回到前方去。"他在遗嘱中建议领导上"立刻组织手术队到前方来做战地救护"，甚至连到哪里买药便宜等问题都想到了。共产主义战士王杰，能够做到一不怕苦，二不怕死，党叫干啥就干啥，工作拣重担子挑，正是由于他"一心为革命"，下定了"有一天的生命，就努力工作一天"的决心。32111钻井队的英雄们，用自己的生命和鲜血扑灭了一场冲天大火，保住了大气井。是什么力量支持他们这样做呢？张永庆烈士在日记中写得好："只要有一颗为人民服务的红心，有限的生命就会产生无限的力量。"所有这些英雄的行为，生动地体现了毫无自私自利之心的共产主义精神。我们要做到对工作极端地负责任，就必须认真地学习他们的这种精神。

有的人在工作中缺乏极端负责的精神，最根本的原因是他们的私心太重，把个人利益摆在革命利益、工作利益、他人利益之上，缺乏一心为公的共产主义精神。正如毛主席所批評的那样："不少的人对工作不負責任，拈輕怕重，把重担子推給人家，自己挑輕的。一事当前，先替自己打算，然后再替別人打算。出了一点力就覺得了不起，喜欢自吹，生怕人家不知道。"这样的态度，不仅不能做好工作，而且会损害党和人民的利益。正如有的同志说的："为'公'字奋斗，每一分成绩都为共产主义添砖加瓦；为'私'字奋斗，每一分努力都为资本主义复辟开辟道路。"这种人要端正自己的工作态度，就必须以白求恩同志那种毫无自私自利之心的精神为武器，在自己灵魂深处狠斗"我"字，把自己从"我"字中解放出来。大庆人说得好："离'我'远一寸，干劲增一分，离'我'远一丈，干劲无限涨，'我'字若全忘，刀山火海都敢上。"

四、发扬共产主义精神，对同志对人民极端的热忱

毛主席指出的白求恩同志"对同志对人民的极端的热忱"，也是一个革命战士具有共产主义觉悟的重要标志。

我们的革命同志，都是阶级兄弟，伟大的共产主义事业把我们联结在一起。我们所做的一切，都是为人民服务，我们都是人民的勤务员。因此，我们必须以极端热忱的态度来对待同志、对待人民。也只有这样，才能很好地团结同志、团结人民，调动起一切积极因素，形成巨大的力量，完成人类历史上空前伟大的共产主义事业。

对同志对人民极端地热忱，就是要遵循毛主席的教导："一切革命队伍的人都要互相关心，互相爱护，互相帮助"，就是要"全心全意地为人民服务，一刻也不脱离群众"，就是要"关心党和群众比关心个人为重，关心他人比关心自己为重"，就是要"享受让给人家，担子拣重的挑，吃苦在别人前头，享受在别人后头"。白求恩同志在这方面是我们光辉的榜样。他说过："一个医生，一个看护，一个事务员的责任是什么？只有一个，那责任就是使你的病人快乐，帮助他们恢复健康，恢复力量。你必须看待他们每一个人都象你的兄弟，你的父亲——因为，就真理说，是的，他们比兄弟、父母还要亲切些——他们是你的同志。在一切事情当中要把他们放在最前头。"他是这样说的，也是这样做的。为了救治八路军的伤病员，他不怕疲劳，不避艰险，关心体贴，无微不至。在一次遭到敌人突然袭击的危急情况下，他仍然坚持给伤员做完手术。他对一个劝他赶快走的伤员说："我们死，死在一块，活，活在一块，我不能把你丢下不管。"伟大的共产主义战士雷锋，把帮助同志、帮助人民做好事当作自己的快乐和幸福，他实践了"自己活着，就是为了使别人过得更美好"的誓言。毛主席的好学生焦裕禄，把自己的生死病痛置之度外，"心里装着全体人民，唯独没有他自己"。他说过："共产党员应该在群众最困难的时候，出现在群众的面前，在群众最需要帮助的时候，去关心群众，帮助群众。"欧阳海、王杰、刘英俊、蔡永祥都为了抢救人民的生命，在危急的关头勇敢地献出了自己的生命。他们对同志对人民极端热忱的精神，永远值得我们学习。

这些共产主义战士的动人事迹充分说明，只有建立起无产阶级的集体主义思想，把革命的利益、人民的利益放在第一位，去掉自私自利之心，才能产生对同志对人民的深厚的阶级感情，才能真正做到忧人民所忧，乐人民所乐；为同志的落后担心，为同志的进步高兴；舍己为人，助人为乐。一个人如果把个人利益看得高于一切、重于一切，处处从个人出发考虑问题，那末，他对同志对人民就不会有真正的关心和爱护。正如毛主席所批評的那种人："对同志对人民不是滿腔热忱，而是冷冷清清，漠不关心，麻木不仁。"这种人即使有时表现出对人的某种"热情"，也只是为了他个人的目的，而不是为了革命的利益。从私利出发，就必然会在同志中吹吹拍拍，拉拉扯扯，发展庸俗作风，使革命的肌体受到侵害。

我们对同志对人民极端地热忱，是以群众观点为依据的。只有坚信"群众有伟大的创造力"，才能热爱群众，也才能依靠群众，放手发动群众，尊重群众的首创精神，满腔热情地对待革命的群众运动。如果把自己当成诸葛亮，把群众当成阿斗，那就不仅不会有对群众的极端的热忱，而且会站在群众之上，做官当老爷，包办代替；当群众真正发动起来的时候，就会害怕群众，压制群众，把自己放在同群众对立的地位。

我们对同志对人民极端的热忱，绝不是无原则的"和平和亲热"，而是建立在原则性的基础上的。这个基础就是毛泽东思想。对于一切真正拥护毛泽东思想的人，我们必须以极大的热情关心、爱护和帮助他们。对于他们中的非无产阶级的思想问题，我们必须通过"团结——批评——团结"的方式，达到既弄清思想，又团结同志的目的。对于一切反党、反社会主义、反毛泽东思想的人，我们必须同他们进行毫不妥协的斗争，坚决把他们打倒。只有这样，我们才能巩固革命人民内部的团结，不断发展壮大革命力量，彻底战胜一切阶级敌人，把革命从胜利推向胜利。

（新华社北京二十日电）

地址：保定市新华路35号　电话：总机4921—4925　总编室3719　综合组4813　通讯组4227　定价：每份二分，每月一角八分

這是有关揭发王光美的大字報，
從内容和文字，可見造反派的
文化水平。

红炮手

—— 刘少奇与大舅子王光英

一九六七年
一月

4-5

目录（4—5期合刊）

最 高 指 示

在我国，虽然社会主义改造，在所有制方面說来，已經基本完成，革命时期的大規模的急风暴雨式的群众阶級斗爭已經基本結束，但是，被推翻的地主买办阶級的残余还是存在，資产阶級还是存在，小資产阶級刚刚在改造。阶級斗爭並没有結束。无产阶級和資产阶級之間的阶級斗爭，各派政治力量之間的阶級斗爭，无产阶級和資产阶級之間在意識形态方面的阶級斗爭，还是长期的，曲折的，有时甚至是很激烈的。无产阶級要按照自己的世界观改造世界，資产阶級也要按照自己的世界观改造世界。在这一方面，社会主义和資本主义之間誰胜誰負的問題还没有眞正解决。

刘少奇妄图在中国复辟資本主义制度的罪証

——二評刘少奇《天津讲話》

常望东

1949年当解放战爭取得全国性胜利，民主革命阶段即将完成，社会主义革命即将开始的伟大历史轉变时期，我們的伟大导师，伟大領袖，伟大統帅，伟大舵手毛主席及时地发出了关于由新民主主义革命轉变到社会主义革命的一系列英明指示，并在党的七届二中全会上制定了一系列正确的方針政策，又諄諄告誡全党全軍“必須用极大的努力去学会管理城市和建設城市。必須学会在城市中向帝国主义者、国民党、資产阶級作政治斗爭、經济斗爭和文化斗爭，并向帝国主义者作外交斗爭”。

刘少奇却在中国革命的伟大轉折的关鍵时刻，鬼鬼祟祟地进行了一系列活动，妄图扭轉历史車輪，把中国引上資产阶級专政，即半殖民地半封建社会的悲慘道路上去。

这是代表两个阶級两条道路的一場严重的阶級斗爭。

刘少奇在他的天津讲話中公开对抗毛主席关于由新民主主义革命轉变到社会主义革命的一系列英明指示，对抗党的七届二中全会，提出了一整套背叛无产阶級事业，迎合資产阶級需要的方針政策，大搞投降主义，跪倒在大資本家面前，乞求他們出来“治理”国家。他的讲話是彻头彻尾的叛徒咀脸的大暴露，让我們揭开他幻想資产阶級专政的美梦，参观参观刘氏“治国”的兰图。

一、抹煞阶級、阶級斗爭大搞和平共处的“全民国家”

毛主席在七届二中全会上指出：“中国革命在全国胜利，并且解决了土地問題以后，中国还存在着两种基本的矛盾。第一种是国內的，即工人阶級和資产阶級的矛盾。第二种是国外的，即中国和帝国主义国家的矛盾”。对于主席的这一教导，刘少奇恨之入骨，他針鋒相对地提出：“把天津打开以后……中国革命的敌人——帝国主义、国民党、官僚資本家跑掉了，消灭了，沒有了。”一句話，夺取政权后万事大吉，阶級敌人統統“完蛋了”。进而他别有用心地說：“听說美国工厂里，厂长、工程师和工人很难分别，这是資产阶級民主精神……我劝大家放下架子，进工厂时穿工人服装，让工人看来和他們一样就能丢掉隔閡”。稍微有一点馬列主义常識的人都可以嗅出刘少奇散布的是什么貨色。他故意混淆社会主义和資本主义两种不同制度的根本区别，幻想美国的民主，抹煞我国社会中两个阶級的界綫，苦心规劝資本家及資产阶級知識分子涂上一层保护色——披上工人服装的外衣，混入工人队伍，进行腐蝕破坏，挖社会主义的墙脚。这里刘少奇大肆宣揚“阶級斗爭熄灭論”的鬼算盘打得多么精細啊！无論刘少奇多么巧妙地为資本家乔装打扮，狼外婆的羊皮总是会被撕下来的。刘少奇所散布的沒有阶級、阶級斗爭，和平共处的論調，正是赫秃“全民国家”、“全民党”的翻版。刘少奇眞不亏为赫秃的大师兄。

二、刘少奇“全民国家”的实质——資产阶級专政。

毛主席教导我們：“无产阶級及其政党由于受到几重敌人的压迫，得到了鍛炼，具有了領导中国人民革命的資格，誰要是忽視或輕視了这一点，誰就要犯右傾机会主义的錯誤。”我党的历史也証明，只有在工人阶級領导下，团結广大劳动群众和革命知識分子才能取得革命的彻底胜利。

刘少奇却公开对抗毛主席的指示，否认工人阶級在社会主义革命中的領导地位，甚至連依靠工人阶級也不承认，叫嚣“工人阶級在一定的时候也可以是不能依靠的……不要以为依靠工人阶級是沒有問題的”，从这句話里，不难看出刘少奇站在資产阶級反动立場，对工人阶級的刻苦仇恨。也許他认为这样赤膊上陣过于露骨，于是改变了腔调說：“城市讲生产，資本家的知識比我們多，比工人知道的多”，“国家現在接收官僚資本的工厂，管理后还不如資本家管理得好，何况再接收几十、几百个小工厂，那么怎么管理呢？那更管不好，……我們看見过許多事实，資本家办的工厂被工人接收来办合作社，但办了一两个月就垮台了。”够了，这些恶毒地誣蔑工人阶級，美化、頌揚資本家的言詞听了令人作呕，这那里还有一点共产党員气味，完全是一付奴顏卑膝，跪倒在資本家面前，把工人阶級劳动人民打下的江山拱手让給資产阶級的叛徒行为。在刘少奇看来，我們接收了官僚資本家的企业根本領导不了生产，搞下去只有垮台，不如让資本家継續領

导，继續压在工人阶級头上。早在七届二中全会上，毛主席就指出："資产阶級怀疑我們的建設能力，帝国主义者估計我們終久会向他們討乞才能活下去"。刘少奇的言行，同資产阶級、帝国主义配合的多么紧密！

伟大的中国工人阶級在中国共产党和毛主席的英明領导下，"不但善于破坏一个旧世界，我們还将善于建設一个新世界。"中国人民伟大胜利的历史已給了刘少奇和資产阶級以及帝国主义者响亮的一記耳光。正告你，刘少奇，你的依靠資本家"发展生产"搞資本主义复辟的美梦在中国是永远不会实現的。

綜观刘少奇的"治国方案"可以得出这样的結論：刘少奇是地地道道的无产阶級革命事业的大叛徒，他对中国人民犯下了滔天罪行。他的否认阶級斗爭，大搞阶級合作，依靠資产阶級"建国"的綱領，是一个彻头彻尾的反党反社会主义反毛泽东思想的反革命修正主义綱領，我們必須鳴鼓而攻之，彻底清算刘少奇在历史上的全部罪行。

最 高 指 示

凡是錯誤的思想，凡是毒草，凡是牛鬼蛇神都应当进行批判，决不能让他們自由泛濫。

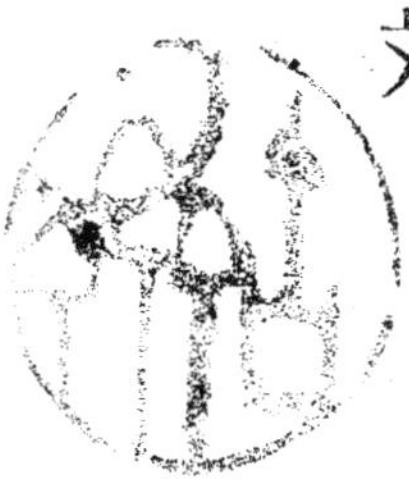

刘少奇篡党的輿論准备

——批判大毒草影片《燎原》

《燎原》中的歌曲，至今受到欢迎传唱。

孟 閎

我們伟大的領袖毛主席教导我們說：凡是要推翻一个政权，总要先做意識形态方面的工作，革命的阶級是这样，反革命的阶級也是这样，实践証明，毛主席的这个論断是完全正确的。

反党野心家刘少奇，为了全面地篡党、篡軍、篡政，实現資本主义复辟，若干年来大造輿論准备，1962年由彭永輝、李洪辛編剧，张駿祥、顾而已导演拍摄的故事片《燎原》就是其中之一。

《燎原》写的是1922年安源煤矿工人大罢工的故事，影片中儼然以"党的化身"和工人群众的"救世主"出現的雷焕覚，就是党內头号走資本主义道路的当权派刘少奇的伪装和加工。

在讲到安源工人运动时，我們首先要指出，我們伟大的領袖毛主席在安源工运史上有着不可抹灭的功績，正是毛主席第一个播下了安源革命风暴的火种。1921年冬天，毛主席背着一把雨伞徒步来到了安源，他深入工人群众宣传革命的眞理，調査了工人的生活和斗爭，并决定在这里办工人补习学校，不久便派来干部在安源建立了第一所工人学校。1922年3月16日，“安源路矿工人俱乐部”也是在毛主席的直接关怀下成立的。1922年年中，毛主席第二次来到安源，召开了党員会議，分析了国际国內形势，介紹了苏联十月革命成功的經驗，并指示了斗爭策略和口号，指出要使敌人屈服，可能需要采取罢工的手段。由于毛主席这些英明的指示，工人俱乐部的組織迅速地扩大了，部員由三百左右激增到七千多人。1922年9月，在安源大罢工的前夕，毛主席又亲自写信作了具体的指示，并鼓励大家一定堅持干到底。毛主席这些及时而正确的領导，是安源工人大罢工胜利的根本保証。

但是，令人憤慨的是，影片中竟无一字提到毛主席的領导，而把一切功劳統統記到慣会貪天之功的刘少奇的帐上。影片之中工人的形象不可胜数，但沒有一个人口中提到过毛主席，也沒有一个人口中提到过共产党。他們挂在咀边上的不是“雷煥覚”，就是他的俱乐部。

《燎原》这株大毒草的泡制者，为了衬托和拔高“雷煥覚”的形象，竟然抄起了黑笔，向着工人脸上大肆抹灰，影片中有名有姓的工人及其家属十二个，沒有一个是眞正的工人阶級的形象。他們全都被糟踏得不象样子。下面让我們来分析一下几个主要的工人形象：

老工人易老倌子——胆小怕事，老于事故，見了总监工卑躬屈膝，口称“三老爷”。对工人阶級的前途丧失了一切信心。认为工人是一盘散沙，是“一百个猴儿一百条心。”

老工人张老耿——愚昧无知，烧香拜佛。宿命論者。天生的“軟体动物”，看見工人与資本家起来斗爭就大加阻拦，說：“鬧不得的。聚众鬧事，这个罪名压下来不是砍头就是坐班房。”对买办資本家抱着无限幻想，认为“新来的这个吳矿长啊，看着好象蛮和气的”，于是就“求求矿长大人，求求三老爷做做好事。体邮我們工人的下情。”

刘德平——对于无产阶級的阶級敌人不恨，拜倒在他們的淫威之下，求他們“做做好事积点儿德”。对于自己的阶級兄弟不爱，眼見工人郑海生被工头活活打死，不敢揭发。在需要挺身而出为阶級兄弟申寃时，却“恨不得地下裂个縫鉆进去，万不得已时，才“由人丛中抖抖索索地走了出来。”

青年工人易猛子——沒有社会主义、共产主义理想，一味莽撞、蛮干。不肯做細致的工作，办事只图痛快。

其它所謂“工人”更不必去說了。一言以蔽之，在銀幕上活动的全部工人都是“阿斗”、“群氓”，他們灾难沉重，却不知那里是条生路，他們在渴望着一个“救世主”的出現，“賜”他們以幸福。

就在編导者这样精心的安排之下，浓装淡抹的刘少奇——雷煥覚出場了。这还不算，編导者还挖空心思，給雷煥覚的出場設計了这样的背景：“天空。万道金光透过云层傾射大地”。暗示这个“英雄”象太阳一样带来了“万道金光”。我們說，只有毛主席才是我們心中最紅最紅的紅太阳。刘少奇是个什么东西，也配得上这样的比喻！簡直是混蛋透頂！

編导者把雷煥觉塞进工人群众中后，让工人围繞着他轉。他們央求着他："雷先生，給我們結个团体吧"，"領着我們干"。于是雷就組織了工人俱乐部，成了工人的"头脑"。这个悲天悯人的"英雄"人物，总是在"阿斗"們束手无策的时候，显圣般地出現在他們的面前拯救了他們。請看：

徐监工打死郑海生，矿长吳晓嵐意欲藏尸灭証，下令把尸首抬走，工人正不知所措之际，雷煥觉赶到大喝一声"慢一点"，十二万分及时地制止了吳晓嵐的罪恶企图。

工人刘德平在吳晓嵐軟硬兼施的高压下，不敢揭发郑海生被监工打死的眞相，雷煥觉一句話把他教育了过来，使他当場指出凶手，替死者申寃。

深入虎穴，舌战吳晓嵐、王連奎、李旅长，为工人爭得了罢工的最后胜利。

等等等等。

編导者仍不以这样的吹捧为滿足，还把老工人易老倌子拉出来"总結"了这么几句經过悲欢离合提炼出来的"經驗"。"大家想一想，这几十年来那一回鬧事情不是叫矿局来一个个地摆布啊！好不容易来了老雷……我們才有了主心骨。……俱乐部就是我們路矿工人的头脑。"

这就是說：工人的心目中只有这个加工、美化、拔高了的假刘少奇。直言不諱地說他是工人的"主心骨"，是工人的"头脑"，編导者究竟要干什么，不是明显而又明显了嗎？

更恶毒的是，影片結尾部分雷煥觉站在公事房洋台上的一場戏。他居高临下，面对着空坪上的人山人海，装模作样，举手"致意"。編导者别有用心地制造了这个"众星捧月"的場面，阴险而形象地暗示出刘某人是"众望所归"。它用画龙点睛的手法，道出了隐藏在影片背后的主題：刘少奇是"当然的領袖。"

刘少奇篡党、篡政、篡軍的大量罪恶事实的被揭发，說明毒草《燎原》的出現决不是一件偶然的事。他已不仅是一般地为資本主义复辟制造輿論准备，而是开始几乎指明道姓地为刘少奇的篡党制造輿論准备。根据刘涛、刘允眞的揭发，刘少奇早在1941年就曾經說过："外国出了个馬克思，中国为什么就不能出一个刘克思"。"領袖来自群众。在安源时，抛头露面的是李立三，埋头苦干的可就是我。"这一段話彻底暴露了刘少奇的篡党野心，說明他早就想当"刘克思"，要当"領袖"，要拿出"在安源时"做为政治資本来招摇撞騙，从而树立他作为"領袖"的形象。我們还要特别强調指出，1962年正是刘少奇大肆攻击党中央、毛主席，大肆攻击三面紅旗，大肆吹捧王光美和他自己的时候，大毒草《燎原》的出現就更不是偶然的事情。我們一定要高举毛泽东思想伟大紅旗，乘胜追击，不仅彻底戳穿《燎原》的反革命实质，还要彻底查清这部黑电影的政治背景，把活动于幕后的那些反动傢伙統統揪出来示众！

1967.1.26.

刘少奇、王光美
与臭資本家王光英的往来关系

王光英解放前在工商界是无名之輩。解放后，由于与王光美、刘少奇的关系，經原統战部付部长李之楠（天津市大資本家李钟楚的儿子，阶級异已分子，已被清洗）和原統战部付秘书长李定（大地主出身，現为万晓塘反党集团的高級参謀和忠实走卒）一手提拔重用，加上王光英善于投机取巧，积极鉆营，因而扶摇直上，一跃而为工商联秘书长、付主任、主委、成为工商界的显赫人物，乃至安排为全国人民代表大会的代表、全国青联付主席、省市人民代表和人民委員会委員、政协付主席等十多个头銜。三次出国訪問，成为工商界中的知名人士。

王光英几年来与刘少奇、王光美往来关系极为密切，在工商界中以“党”的代表自居。誰要稍对他有不滿和意見，他就視为“反党”。他常常从王光美等处得些內部消息，招摇撞騙，大肆吹嘘，借以抬高身价。五六年全行业合营时，王光英提出：“听毛主席話，跟共产党走，走社会主义道路。”据我們对王光英水平的了解，这是經“名人”指点的。这个口号后来成为全国工商界中的号召。由此，王光英的身价倍增，王也洋洋自得，不可一世。

五九年底，全国工商联和民建召开“神仙会”。六〇年初，刘少奇邀王光英一家聚会，以馬列主义的詞藻販卖“吃小亏占大便宜”、“占小便宜吃大亏”的市儈哲学，王光英如获至宝，把这篇讲話在北京打印，大肆散发，借此抬高身价，宣揚刘少奇的影响。由于与刘少奇、王光美的关系，王光英得到刘少奇的暗示与王光美的支持，自以为是非常进步的人物，自以为完成了改造的里程，自以为与共产党員差不多了，不止一次地向李定等人提出入党的要求。原人委七办右派分子黄伦，在五七年就以王光英为例，提出要在青年資本家里吸收几个党員，为工商界树立榜样，好使他們改造有奔头的反动主张，这不是沒有来由的。

王光英与其老婆应伊利常在工商界炫耀：“我們母亲在北京，搞托儿所搞得很好，沒有腸胃传染病，少奇同志很贊揚。过去她很支持光美作革命工作，人称我母叫革命的媽媽。我們是革命家庭。”王光英张口“少奇”如何如何，閉口“少奇”如何如何。常談北京小道消息，工商界的人都說王光英一手通天，願意向他探听小道消息。

一九六〇年，中央統战部派人来津做定息調查，我部张玉珍同志曾找王光英个别接触，了解他的定息开支情况，王光英当时表示，主要有两項开支，一項出国作行头了，另外我母亲住在少奇同志处，我給他一些零錢花。王光英的老婆应伊利还在家属中吹嘘：“我們送給少奇同志一条围巾，少奇同志戴的那条围巾是我們送的。”

在国民經济暂时因难期間，王光英曾数次买河螃蟹送到北京，据說送給陈叔通、黄炎培等人。究竟王光美有沒有接受王光英的其它礼物？我們有怀疑。

在此期間，王光英也曾向工商联的党員又一次提出入党的要求，并說：“少奇同志曾向我談过，不入党比入党的作用大。”

一九六二年初，党內召开七千人大会。毛主席讲发揚民主，活跃民主生活。同年五月，天津开人大会議，会上王光英作了发言，大讲国际国內形势。在談到国际形势特点时王讲：“現在不仅东风压倒西风，而且东风压掉西风。”这种說法直接与毛主席对国际形势的分析对抗，抹杀了国际上严重尖銳的阶級斗爭。有人問王光英：“你的报告有沒有根据？国际形势‘东风压倒西风’是毛主席的論断。你的‘东风压掉西风’有沒有根据？”王答：“自有出处。”現在不禁要問：“出处在哪里？”

六二年初，开放自由市場，王光英认为开放攤販市場会起作用，当有人与他爭論时，王光英說：“你不了解中央精神！”与刘少奇的“三自一包”紧相呼应。

王光英可謂左右逢源，一方面以接近中华人民共和国的‘元首’而自命得意，另一方面与台湾的亲属国民党的空軍(少将)軍官有书信往来。六二年王曾接到台湾的来信，王表示要作此“爭取工作”。应伊利与个別資本家閑談中也讲到：“我父亲(王槐青)与李宗仁认識，我哥哥在李宗仁手下作事，过去李宗仁还常到我家里去。过去有人給光美介紹一个国民党青年軍官，光美不同意，沒說成。我家学生分好几派，常常一吃飯就爭論起来。老太太、老太爷很知底。”用以說明王光美很早就是进步的。当一九六五年李宗仁回国时，有人問王光英：“李宗仁回国你还不去看看嗎？”王光英問：“你听誰說的？”答：“过去伊利說过。”王光英当时說：“光美到解放区去，临走时，还是李宗仁送到飞机場去的呢。”

王光美究竟是什么样的人物，我們很怀疑，对他的历史我們应审查。

一九六四年夏季省委召开三干会，刘少奇偕(妖婆)来津住在貴宾招待所。刘子厚、林鉄等請刘少奇向干部作指示，会上刘少奇推荐王光美讲話。他說：“光美有实际体会，会比我讲的好。”在省委三干会上，传达了刘少奇的指示，提出了“反修防修的三項根本措施：社会主义教育，干部参加劳动，两种教育制度，两种劳动制度。”只字沒提毛主席有什么指示。王光美的“桃园蹲点”，就談少奇指示，不談主席思想。两个人一唱一和，互相抬举。在此期間王光英見到王光美，王光英在会外也替王光美吹嘘，見了党員干部就問：“听了光美在桃园蹲点的报告了嗎？”光美还准备到保定去蹲点啊。”与此同时，市委統战部长周茹也在干部中宣揚：“少奇同志水平很高，眞不愧是接班人哪！王光美的蹲点报告，实际上不仅是光美蹲点，也是少奇蹲点，枕头旁边就作了指示了”，“听說王光美桃园蹲点后还到保定蹲点，还到連队当兵，这也是培养接班人哪”。王光美、周茹之流的話同出一轍。王光美的这次来津还受到大資本家的舅舅董权甫的設宴招待。王光英的代理人、軍統特务儿子車重远窜前跳后，大肆张罗，以能为这样的人服务洋洋自得。王光英曾对市委統战付部长李杰說过：“光美下去蹲点，最耽心的是少奇同志的健康，常常叼着烟卷就睡着了，有一次把被子烧了。”因此李杰号召“学习少奇同志这样的革命精神”，王光英并再次向李杰提出入党要求，王向李說：“光美这次来津曾問到我，你还沒入党啊！应該爭取嗎！”李当时对王表示：你現在条件还不够，还得改造一个时期。”可以看出，王光美与其資本家亲属的阶級感情多么深厚，关系多么密切。

文化革命开展以来，王一反过去飞扬拔扈，盛气凌人的常态，精神特别紧张。他曾向工商界透露：“听林鉄說現在有人反对二位主席(毛主席和刘少奇)，要少說話，紧紧跟上形势。”王并透露：“听說工商界也要文化大革命，这是絕对秘密，不要对别人讲。”当时（十六条公布以后）已很注意党政人名单的排列次序，說什么刘瀾涛沒在名单里，可能中央局改組了，并向工商界中一些人宣揚：“光美在清华大学蹲点作的报告很好，很受群众欢迎”，“江青同志在北大讲話，他有一个儿子有精神分裂症”，把这两个問題相提并論，用意何在？系有意詆毁。当听到传达主席給林彪同志一封信时，王光英給刘少奇粉飾說到：“刘主席也提倡学习主席著作。”就在这个时間內，王光英张罗民建工商联秘书长去看刘少奇、王光美出国訪問的影片。而且当紅卫兵小将抄資本家家时，王先采取了措施，把存折和定息轉移，送到工商联要求保存（拖干部下水），当紅卫兵对資本家家属斗爭时，应伊利說：“我与别的家属不一样，王光美是我的妹妹”。

市委統战部卫东紅色造反团
张玉珍、蔡世藩、賈美疃　口述
“火炬”　整理
1967.1.16.

憤怒控訴刘少奇包庇其大舅子王光英残杀工人的滔天罪行！

天津紅卫化工厂紅卫联合总部

我們怀着万分悲憤的心情，向广大的工农兵，革命知識分子和革命干部控訴党內头号走資本主义道路的当权派刘少奇包庇其資本家大舅子王光英残杀工人的滔天罪行！感謝毛主席他老人家亲自发动了这場史无前例的无产阶級文化大革命，揭发了反革命修正主义分子刘少奇，揭发了刘少奇的大狗牙彭眞，揭发了大拍刘少奇馬屁，廉价出卖工人阶級鮮血和生命的混蛋万晓塘，使得我們有出头說話之日，为自己阶級弟兄的慘死申寃报仇。

刘少奇的大舅子臭資本家王光英是我們近代化学厂（現已更名为“紅卫化工厂”）的老板。他因攀上了刘少奇这門“高亲”，更是狗仗人势，狠命地剝削我們工人阶級。1953年，王为了賺大錢，为了捞取政治資本，提出要筹办一个生产烈性炸葯硝化棉的厂子。同时从上海用高薪买来技术騙子金西俟。厂子就这样匆匆忙忙地办了起来。当时厂里根本沒有任何安全設施，要生产硝化棉这种烈性炸葯是完全无法开工的。但是，王光英嗜血成性，发財心切，在刘少奇“剝削得越多功劳越大”的刺激下，勒令开工生产。王光英买来的这个所謂“工程师”，也完全是个狗屁不通的傢伙，他采取阳光自然晒干的办法来处理硝化棉。資本家王光英就是这样，驅使工人在沒有安全設施，“工程师”不懂技术胡乱折騰的情况下替他卖命干活。毫无疑問，从开工生产那一分钟起，王光英就給工人埋下来一顆带来灾难的定时炸弹。

果然，1954年11月20日，这顆定时炸弹爆炸了。这次純粹由資本家不搞安全設施造成的工伤事故，是天津市解放以来最大的工伤流血惨案之一。当时，天津全市的救火車和救护車都开到近代化学厂来。工人死伤慘状目不忍睹。女技术員陈韻清全身烧烂，只剩腰带下边一点皮肤，当場死亡。工人张文元上半身皮肤大部烧坏，工人王永生的手皮都脫落了，当天夜里都慘死了。这次严重的工伤事故，造成七人死亡，六人重伤，是一桩空前严重残害工人阶級的事件。

事件发生以后，組織了一个以天津市总工会劳保科付科长李××为首的調查組。該調查組經过調查之后，向当时的天津市付市长万晓塘、公安局三处处长桑仁政、市劳动局局长林超等人作了汇报。調查組在汇报会上指出，硝化棉爆炸的主要原因，是沒有安全設施就开車生产造成的。认为应对造成这次事故的責任者厂主王光英，工程师金西候，二輕局局长张博进行严肃处理。可是万晓塘这个混蛋，在会上敷衍了一番，回到天津市委开了两次常委会后，就抛出了一个所謂处理硝化棉事故的四条“意見”，胡說什么：①王光英是工商联的秘书长，不常去工厂，不負主要責任；②王光英是“統战人物”，处理不能“破坏統战”；③王光英有“功劳”，他的工厂是第一个公私合营的；④王光英是“左派”，“紅色資本家”。这四条狗屁“意見”，全是他媽的胡扯八道！是为了巴結刘少奇，巴結刘少奇的大舅子，廉价拍卖我們工人的利益。万晓塘們这一群混蛋，是不折不扣的工贼！

“河深海深不如阶級友爱深”，我們广大的工人兄弟和其他一些眞正革命的同志們，对天津市委提出的这四条所謂“处理意見”，表示了极大的憤慨。在工人群众的促使下市检查院的××也认为这个“处理意見”是违犯国家法律和党的政策的。于是他带着这个“处理意見”到北京去最高检查院反映此事。检查院院长张鼎丞拍了半天的禿脑門儿，也沒有放出一个狗屁。最后他灵机一动，計上心来，便带着××去找刘少奇，老奸巨滑的刘少奇便授命他的大狗牙彭眞去“处理”此事。当张鼎丞与××赶到中央时，彭眞这个王八蛋竟然代表“中央”出来接見他們。彭眞把天津市委的所謂“处理意見”草草一看，覚得正合刘少奇的心意，便以十分欣賞的口吻笑嘻嘻地說道：“同意天津市委的意見。”××本来是认为天津市委的作法有問題，才到中央来反映情况要求重新考虑处理的，沒想到在这里得到了这样的答复！便說：“天津工人有意見……”話刚一出口，彭眞立刻变了狗脸，暴跳如雷地狂吠道：“你傻！你这是立場問題！……”工人的血泪控訴就这样被刘少奇，彭眞，利用他們的权势硬压了下去。也就这样，反动資本家王光英残杀工人阶級的严重罪行被一笔勾銷了。紅卫化工厂的七条人命，六个残废的深仇大恨十年之久得不到昭雪，这說明了什么呢？說明了上至刘少奇，下至天津市委这一邦資产阶級当权派对我們工人阶級实行的是不折不扣的資产阶級专政。在他們的血腥統治下，我們工人有苦无处訴，有寃无处申，而杀人的資本家却逍遙法外，依旧为非作歹。这样的情况我們还能忍受嗎？不！我們再也不能忍受了！我們要造反！我們要造党內头号走資本主义道路的当权派刘少奇的反！要造天津黑市委的反！一反到底！

"金猴奋起千鈞棒，玉宇澄清万里埃。"不把那些专我們无产阶級政的坏蛋統統打倒誓不罢休！

打倒反革命修正主义分子刘少奇！

打倒刘少奇的大狗牙彭眞！

彻底砸烂死鬼万晓塘把持的天津市委！

最 高 指 示

人民靠我們去組織。中国的反动分子，靠我們組織起人民去把他打倒，凡是反动的东西，你不打，他就不倒。这也和扫地一样，扫帚不到，灰尘照例不会自己跑掉。

揭发資产阶級分子王光美在高鎮四清中的几个問題

資产阶級分子王光美，在我省参加四清时，犯下了反党反社会主义反毛泽东思想的滔天罪行。現根据我們的回忆揭她几个問題，并准备陆續揭发。

一、反对二十三条

一九六四年，在高鎮（新城县）进村后，她在工作队中，讲到四清运动的性质时，就大肆宣揚刘少奇的謬論，即所謂"四清和四不清的矛盾"、"党內外矛盾的交叉，或者是敌我矛盾和人民內部矛盾的交叉"，但是，她不提毛主席馬克思列宁主义的提法，即社会主义和資本主义的矛盾。

更为严重的是，毛主席亲手制訂的二十三条頒布以后，其他村的工作队大张旗鼓地向貧下中农和社員宣讲，組織討論。工作队的同志們认为这个文件是綱領性文件，很好，很重要，很符合当前农村实际情况，提出要大张旗鼓宣传貫彻，她认为前段四清符合二十三条，不需要再宣传貫彻了。在她这种思想指导下，高鎮工作队只向群众宣讲了一次。

搞高鎮四清总結时，在一次工作队支委会上，有的同志提出按二十三条总結，看什么地方貫徹执行得好，什么地方貫徹执行得不好，她为这个事大发雷霆，吵了起来。她认为否定了她的成績，說什么也不接受。

在定兴县周家庄时，中央批发广东一个学习毛主席著作的經驗。其中有“双十条”字眼，后来发通知更正了。她让赵同軒同志打电話問，是誰让更正的，赵告訴她是中央，她才不让問了。在保定地委四清总团起草四清文件时，她总要加上“双十条”的字眼，为什么这样念念不忘，这是因为“双十条”的后十条是根据她的桃园經驗修改的。不仅如此，她还經常老王卖瓜自卖自夸，經常吹嘘她的“桃园經驗”，并且疑神疑鬼，她认为誰不尊重她的“桃园經驗”，就勃然大怒。記得在高鎮，进村后，工作队强調，搞过四清的，不要犯經驗主义；沒有搞过四清的，不要犯教条主义。出乎意料，触怒了这位“貴妇人”，她认为这是否定了她的“桃园經驗”，她說“这是虛无主义”，还說什么“要知道他們这样，我就不来跟他們一块搞！”

二、反对群众学习毛主席著作

資产阶級分子王光美极端仇視伟大的毛泽东思想，极端害怕毛泽东思想武装群众，疯狂地反对群众活学活用毛主席著作。

高鎮工作队进村后，就組織社員群众学习毛主席著作。工作队的同志們，輪流給社員讲課，她根本沒有讲过一次。她总是托辞“群众碰到問題，学习毛主席著作的积极性自然就来了”。后来，在巩固阶段，高鎮貧下中农如飢似渴地大学毛著，送书上門，开学用会，人們的精神面貌发生了深刻变化，新人新事层出不穷。但是，总結了材料，送給她看，她根本不看。

她反对推广方巷大队社員群众学习毛主席著作的經驗。說什么“推广方巷大队的經驗，不要否定过去的經驗”，即“桃园的經驗”。在四清中，解放軍同志把部队上的經驗运用到地方，她横加反对，說：“部队有部队的特点，农村有农村的特点，不要生搬硬套”（大意）

随着四清开展，广大农村出現了活学活用毛主席著作的热潮。面对这种大好形势，人們欢欣鼓舞。然而王光美大吹冷风，說什么“赶集也带語录牌，这是形式主义”，“学习毛著必須結合生产，結合农时季节”（大意）企图以此扼杀活学活用毛主席著作的群众运动。

在四清中，她本人根本不学毛主席著作，一到夜晚偷偷地学英文。

三、誣蔑貧下中农

貧下中农对四清工作队員富有深厚的阶級感情，亲如一家，視如知己。然而，王光美为了抬高自己，宣揚自己的所謂“艰苦”，竟然歪曲事实，大肆誣蔑貧下中农。本来工作队員到貧下中农家吃飯，有稀有干，照顾很好，她却說高鎮貧下中农“故意让她喝稀的”，还說什么：“貧下中农对咱們沒有阶級感情，还沒有取得貧下中农的信任。”

更令人可气的是編造說她的房东范合向她“卖穷”，把車子藏起来，皮袄也不穿了，得了感冒，后来經过她在他家吃飯，做工作，思想解放了，才推出車子，穿上了皮袄，等等，其实根本不是这么回事，完全是捏造。

四、生活特殊化

当时，四清总团規定四淸工作队員紀律，强調坚持“三同”，明文規定不吃魚肉蛋等。王光美口头調子唱得很高，表面裝得很象。其实怎么样呢？白天在社員家吃飯，吃很少，晚上門上門，吃高級糖、餅干、花生米，吃完就又回北京“取貨”。在貧下中农家吃飯，嫌脏，自带碗筷，吃飯时先盛一碗消消毒，又偷偷再倒回鍋里，然后，从鍋当中盛一碗吃。

她口头上也讲参加劳动，实际上很少参加劳动，即便是参加也是假的，背着个鉄鍬，戴上口罩，蒙上头巾，戴上手套，哪人多到哪去，去后先“哇喇”一番，生怕别人不知道她。总是鼓动别人，自己动嘴不动手。有时拿起鉄鍬干两下，裝裝样子，就說：“我还得到别处去干会儿”，就溜之大吉了。她是样样活都摸摸，样样活都不干，目的是为了捞取政治資本，到处夸耀，吹嘘自己。

她在乡下四淸，有四个同志专門为她服务。从来地不扫，火不生，就是火快灭了，也不用她的手去碰煤鏟。就是别人去添煤，她还說：“等我出去，你們再添。”生怕灰尘落在她的身上。

每逢出門开会，或向群众作报告，就是她的文件包、茶缸，也得让别人揹着。

河北省委文革办公室工作人員
紅光革命造反队　李秀科　段翰清
紅卫革命造反队　肖永庆

1967.1.29.

王光美高鎮“蹲点”丑聞集錦（一）

辛　椒

一九六四年十月——一九六五年七月，王光美继臭名昭著的“桃园蹲点”之后，又在河北新城高鎮再次“蹲点”。她在高鎮大搞物质刺激，譁众取宠，邀买人心，表演了一幕又一幕令人作呕的丑剧。

“御駕亲征”的开鑼戏

一辆小臥車嘎然停在高鎮村口，王光美从車上下来，被五、六个人簇拥着向村里走去。走在她身边的那个公安厅的女同志，随时侍奉于左右，既是警卫員又是服务員。其余四五个人（內有公安厅一付厅长）是专門做“保卫”工作的，白天是她的通訊員，夜里給她站崗、巡邏。

王光美进村不几天，老乡們就看出她来头不小、議論紛紛：“工作队里头頂属鲁洁（王光美化名）‘官’大，你看人家带那末多人，夜里还有人給她放哨呢！”

乔装的喜剧

王光美以石家庄师大十三級教师身分来到了高鎮工作队。

一身兰色布棉衣，一双塑料底旧棉鞋（在桃园已穿过一年）粗看起来很朴素，然而她又有意无意地加了些小点綴，“朴素”之中又流露出一种“貴妇人”的雍容气质。一条天兰色，陶嵐式的毛围巾不离脖子。那条围巾既寬且长，还墜有半尺长的流苏，据說她接見外宾时就披戴它。肩上常常揹着一个黃色牛皮包。一出門，大反常态：絕无出使外国那卖弄风情的“千姿百态”，而是羞羞搭搭地戴上一个从下眼瞼到下顎长，自左耳至右耳寬的特大号口罩，把脸捂盖得十分严实，让人难訳“庐山眞面目”。

王光美在村里，經常裝出一付平易近人的面孔，即使見到一个小孩也要俯身“談”半天，往往还要从她的牛皮包里，掏出用花花紙包着的糖菓，分給孩子。天长日久，調皮的孩子們尝到了“甜头”，只要一看見王光美，呼拉一下就围上去，啣着手指头，盯着牛皮包，等着分糖吃！

飲食“卫生”趣談

王光美每次吃派飯前，她的“警卫”們就本着“三不去”原則，到貧下中农家訪詢。（三不去：有传染病人的不去；孩子多的不去；生活特困难，特脏的不去）凡是违背这个“原則”的人家，王光美一概采取“迴避政策”。

王光美吃派飯都是自带碗筷。吃飯以前总要掏出带在身边的小鋁盒，从中取出酒精浸泡过的消毒棉，将双手、碗筷消毒一番，再进餐。

未經加热的菜，王光美概不动筷，即使偶而吃几口熟菜，也是高抬筷子，拣碗中間的夹。她每頓飯都要吃蒜。一早一晚老乡不做熟菜，光吃咸菜，她索性不吃，光吃大蒜就稀粥。

王光美为什么突然染上了吃大蒜的嗜好？是因为大蒜杀菌力强，可以維护“皇后”健康；还是因为它能刺激食慾，帮助“皇后”塞下“难于下嚥”的“劣等飯食”？那就不得而知了。

王光美吃飯出奇的少：吃粥只喝一碗底，吃窝头頂多吃个尖。为什么吃得这么少？胃口小嗎？不然。还是貧农老大娘道出了眞諦：“咱家飯食孬，委屈你啦！”

待她吃完了飯，大娘、嫂子总要滿腔热情地从她手里夺碗去洗，而她假惺惺地推說：“自己洗、自己洗”。却把脏碗筷放到盛碗筷的毛巾兜里，带回去洗——嫌貧下中农家的水脏！

植　树　妙　說

高鎮木場过去实行資本主义經营方式，一意追逐利潤，大量砍伐幼树，严重破坏了林带，四清以后，貧下中农掌了权，大量植树的問題首先提到議事日程上来了。

有一次，工作队党支部开会专門研究这个問題，这本来是个两条道路斗爭的严肃問題，而王光美竟大发思洋之幽情，不无感慨地說："瑞士那个国家象个美丽的大花园，在那里如果誰想砍掉一棵树，那他必須首先栽活四棵树。以后咱們高鎮就得这样。"

好一派洋奴的丑恶咀脸！

桃园——高鎮經驗的神話

王光美在高鎮，张口就是"少奇同志怎么說"閉口就是"'桃园經驗'如何"。工作队队长，指导員一布置工作，也口口声声是"魯洁怎么說，怎么說"。因此，工作队員們不滿地說："那本道林紙印刷的精装"桃园經驗"成了咱四清的"圣經"，魯洁的話簡直就是'圣旨'！"

王光美因一本"桃园經驗"得以紅得发紫，所以她一到高鎮，便做好了总結"高鎮經驗"的准备。在大队設了两个資料組：一个資料組負責搜集积累日常資料；另一个資料組由省宣传部、政策研究室等干部組成，专門写大块文章，隨时向"河北四清通訊"等刊物投稿，宣揚"高鎮經驗"。

运动后期，王光美授意高鎮工作队，抽調专門人才，組成一个具有相当規模的写作班子，专門为她总結"高鎮經驗"。說什么"'桃园經驗'是在高級干部都未下去蹲点以前搞的，現在高級干部下来蹲点的多了，必須把"高鎮經驗"提到"馬列主义理論的高度"。

眞不怕风大閃了舌头！自认为攀上了馬列主义的高峰，殊不知早已墜入了形左实右的泥坑。

看！刘子厚与王光美是什么关系?!

資产阶級分子王光美在新城县高鎮"蹲点"时，她自命为刘少奇的化身，中央的代表，飞揚跋扈，独断专行，不可一世。然而，刘子厚也把她看成是代表中央来河北省"蹲点"的，对她的話百依百順，奉为"圣旨"。

一、据徐純性（省委宣传部付部长）說，刘子厚曾經对他說过："省委、地委的意見，与王光美的意見有分歧时，要按照她的意見办事。"

二、六四年，在省委工作会議上，王光美向全省的县委书記做报告，介紹她的"桃

园經驗”，販卖修正主义的黑貨，报告后，刘子厚把王光美捧上天，他說：“这是一个活的馬克思列宁主义的报告。”（大意）

三、六四年秋后，王光美来到天津，住在常德道高級招待所，曾經和刘子厚进行密談，究竟你們談的什么？搞得什么鬼？！

我們要质問刘子厚，你这样办符合党章哪一条？目的何在？你究竟和王光美是什么关系？你們搞过什么黑勾当？必須彻底交代！

河北省委文革办公室駐津工作人員

紅光革命造反队　李秀科

段翰清

紅卫革命造反队　肖永庆

1967.1.29日

紅炮手

1967年

編 輯 者：紅炮手編輯部
天津市革命史研究所
（馬場道188号）电話：3.4573
河北大学毛泽东思想
“八・一八”紅卫兵
（馬場道137号新楼206）电話：3.2828

燎原快报

第十七期

中共中央文件　　中发(67)1号

各级党委：

哈尔滨师范学院造反团在两条路线斗争中，活学活用毛主席著作，耐心争取不同意见的人，团结大多数，做法是好的，这个材料发给各地红卫兵组织和其他革命群众组织参考。

此外，有一份北京矿业学院革命造反派红卫兵在联合统一问题上一些看法的材料，也发给各地红卫兵组织和其他革命群众组织参考。

中央 一九六七·

文件一：

哈尔滨师范学院造反团在
两条路线斗争中是怎样争取团结多数的

哈尔滨师范学院造反团在两条路线斗争中，由于逐渐掌握了毛主席讲的"既要弄清思想，又要团结同志"这一正确思想，使造反团的成员开始由三百余人，发展到两千多人。而八八团(保守派)则由一千三百多人，减少到四百人。不仅力量对比发生了根本变化，更重要的是使毛泽东思想和以毛主席为代表的正确路线，在学院广大群众中占领了巩固阵地。从而在哈尔滨为左派组织树立了一个先进榜样。

他们在这个工作中遇到大量的矛盾和问题，在毛泽东思想指引下，都逐个解决了。

这些问题是：

一、平反工作靠省委还是群众自己

这个问题一提出，就有争论。造反团有八个分队，其中有七个分队同意依靠自己的斗争解决问题，有一个分队不同意。后者的理由是：过去被他整了黑材料，搞不好，又要增加新的"罪过"。前者的理由是：依靠群众平反，是发动群众自己教育自己，自己解放自己的最好方法。平反问题，不只是为了给几个被打成"反革命"的人恢复名誉的问题，更重要的是在两条路线斗争中，继教育那些受蒙骗的群众站到革命方面来。为了解决这个认识问题，他们专门学习了十六条中的第三条和毛主席有关群众路线的論述，使思想认識统一了。之后，他们决定把平反会和诉苦会結合起来进行。在大会上，贫农的儿子董学華，工人子弟齐亚杰，烈士子弟冠方五等，诉說自己受到党内走资本主义道路的当权派的迫害和受到不明真象的八八团围攻的經过，使大家受到很深的教育。八八团去偷听的十几个人也受到了教育。政治系党总支付书記刘國屏也难过地說"他们都是我的学生，在資产阶級反动路綫影响下，我也查了他们的材料，准备打成反革命，这是非常錯誤的。"

坚持反动路綫的院党委为转移斗爭目标，此時把一个只是有一点历史问题，在运动中仅給領导写了一张大字报的教师任垂（不是造反团的成员）斗了，并打成反革命。造反团及時识破和揭穿了这一阴谋，发动群众，給任垂也平了反。造反团这一正确的行动和一系列的会议，对教育内部，争取八八团，共同对付党内走资本主义道路的当权派，起了重要的作用。

二、要"活材料"不是要"死材料"

开始，他们对黑材料非常重视，为争夺这些材料而八八团进行过尖銳的斗争。后来他们从学习毛主席著作中认识到，那些黑材料是当权派指示学生搞的，不能怨学生，要区分责任，"揪上不揪下"。他们还认识到，光要材料，不要思想，将来他们还要查理，不触及灵魂，光用硬办法，不能解决思想问题。于是他们提出：不要"死材料"，而要"活材料"（指抓对方的活思想）的口号。他们把这些观点宣传出去，对争取八八团产生了很好的影响。中文系四年級参加八八团的学生听了这些宣传，主动交給造反团一部份材料，造反团因势利导，对他们进行了帮助教育，把材料退还給他们，对方不要，于是就当众燒毁了。

三、对受蒙骗的同学是歧视他们还是教育争取他们

在两条路綫斗争中，他们組织大家学习毛主席的光輝著作《学习和時局》。集中討论"既要弄清思想，又要团結同志"这句话在文化大革命中如何运用。

思想观点明确了，他们就冲破重重困难，向八八团作政治工作。采用的办法是：

1. 个别谈心。开始遇到许多阻力。一方面是他们自己方法生硬，不会作说服教育工作；另一方面是八八团的人不理睬他们。造反团成员南春普找八八团的同学谈心時，先倒开水，表示欢迎，結果对方不但不谈，还把他赶了出去。后来，造反团研究改进方法，利用过去关係好，同乡等有利条件，慢慢接近，耐心說服，诚恳帮助，逐渐产生了效果。张直忠給八八团马玉岐谈话二十次，苦口婆心，做思想工作。起初，马玉岐说："剩下我一个人也在八八团干！"后来，张直忠一次又一次讲八八团如何犯了路綫錯誤，終于始马玉岐觉悟过来，退出八八团加入造反团。

2.开欢迎会。凡是退出八八团的同学，造反团都召开座谈会，欢迎新战友，谈心叙怀。双方在座谈中认为过去的隔阂，都是由资产阶级反动路线的影响造成的。造反团一个成员在欢迎会上提到"老造反、新造反"这个词句，当场被造反团另一个成员提出批评。他们共同学习毛主席語录："革命不分先后"使造反团的人受到教育，使八八团过来的人也感到心情舒暢。

3.帮助他们摆脱错误路线的影响。八八团的成员过来之后，他们也组织这些人学习《学习和时局》这篇著作，让其自覚划清思想界限。郭谦、戳利发等退出八八团"大民主公社"后，把八八团成立以来都做了那些错事，用摆事实讲道理的办法，互相进行自我教育。然后，他们又现身说法，去说服教育另一些八八团的成员，结果使"大民主公社"的成员全部退出八八团，加入了造反团。应该特别指出：这些同学所以能摆脱错误路线的影响，其力量的泉源，是来源于偉大的毛泽东思想，来源于党的政策的威力，来源于在大串连中受到的现实教育。八八团成员甘成富，到北京和武汉串连后，亲眼看到执行资产阶级反动路线的当权派对革命派师生怎样进行迫害，对保守派师生怎样进行蒙蔽，受到活生生的教育，在返回哈尔滨的途中就写好退出八八团的声明。另一个八八团的成员王岩，在大串连中体会到自己所保卫的不是党中央和毛主席，而保卫的是陇党委和党委书记杜若牧，当他在北京接受毛主席检阅的時候，感到自己犯了错误，心里非常惭愧。回来后，他立即写了声明，以退出八八团加入造反团的实际行动，表示坚决站在毛主席这边。

四、对待自己的缺点是开门整风还是闭门整风

这个问题，也是运动中提出的一个重要问题。一个左派組织，因缺乏斗争经验，产生这样或那样的缺点是难免的；但是，如果不注意改正这些缺点，就不能保証自己永远起先导作用，更不利于争取、团结、教育那些受蒙蔽的群众脱离反动路线的影响，站在革命方面来。

要改正这些缺点，是开门整风，还是关门整风？开始，他们怕开门整风会被八八团利用。經过争论，統一了认识："是革命的全不怕，不是革命的要怕活该。"

他们在整风中，除本身开展批评与自我批评外，也让八八团提意见。八八团的一些人给他们提出，不讲斗争策略，方法粗鲁。他们不仅虚心接受，而且做了誠恳的检查。八八团这些提意见的人受到教育，都退出八八团，加入了造反团。

五、如何帮助被争取过来的人顶住八八团的讽刺和打击

退出八八团和加入造反团的人，遇到的第一个压力就是挨骂，八八团

的人骂他们是"叛徒"、"托洛茨基"、"闹去离"、"动摇份子"，见面还向他们吐唾沫。

造反团的同学抓住这个活思想，立即组织他们学习"下定决心，不怕牺牲，排除万难，去争取胜利"等主席語录，坚定他们摆脱资产阶级反动路线影响的决心。原八八团的付大队长姜声芳学习了毛主席語录以后，坚定地表示："我们向毛泽东思想投降、向真理投降；感到无尚光荣，无比自豪。""我们过去受到错誤路线的影响，现在我们站到毛主席正确路线这边，这是斗争的胜利！"

文件二

矿业学院革命造反派红卫兵在联合统一问题上的一些看法

矿业学院革命造反派"矿院红卫兵"和"革命造反到底红卫兵"等，在红卫兵組织联合統一的问題上，感到有这样一些问題急需解决：

(一)正确处理好各红卫兵组织之间的关係，才能逐步达到联合統一。他们認为，要处理好关係，首先要有平等待人的态度，大組织不要以大欺小，小組织不要以小傲大。现在"矿院红卫兵"和"革命造反到底红卫兵"有互相指责的现象，所以虽有联合的愿望，但又互不服气，联合不起来。其次要学会商量办事，要耐心听取不同意见，要有自我批評的精神。现在他们在斗争部署，争取、教育受蒙蔽的群众等许多重要问题上，商量都是不够的，以致引起互相猜疑。有了意见后，又不摆到桌面上谈，因而隔阂有加深的傾向。目前他们准备交换意见，使这些问题逐步求得解决。

(二)团结教育过去受蒙蔽的，犯过错误而又願意改正的同志，組织浩浩蕩々的左派队伍。"矿院红卫兵"和"革命造反到底红卫兵"在这个问题上分歧较大，往々由于一个组织吸收了一个过去犯过错误的同志，而引起另一个組织的不满。他们認为，对待过去犯过错误的同志应该有所区别，例如，把受蒙蔽的群众和执行資产阶級反动路线的个啟骨干区分开，把盲目执行和自觉执行資产阶級反动路线的以及幕后操纵的区分开等々。

(三)要真正以解放军为榜样，大兴三八作风，贯彻执行三大紀律、八项注意。"矿院红卫兵"反映，他们的組织壮大以后，有組织紀律涣散、調动指挥不灵的现象。他们提出要反对无政府主义、自由主义，贯彻执行民主集中制。"革命造反到底红卫兵"提出，应该强调学习解放军艰苦奋斗的作风。他们反映，过去有些红卫兵组织铺张浪费，追求物质待遇，有的甚至经济不清，这些现象应该坚决克服。

中共中央办公厅秘书局　　1967.1.3 发出

周总理、陈伯达、江青同志

六七年一月八日凌晨三时接见农业部大专院校六五年毕业实习生、教育部、八紅卫兵总部时讲話

周总理讲話：

同志们，同学们，紅卫兵战友们，今天中央文革小組的組長陈伯达同志，第一付組長江青同志，关鋒同志，王力同志和我们在这个地方接見你们（毛主席万岁！）首先让我们代表我们伟大的领袖毛主席，林彪付主席、党中央和國务院向你们好！（毛主席万岁）同志们，你们在场的有从农业战线来的，教育战线来的，从外地来的，你们刚才是从中南海来的，从西门，西北门、西南门来的，在那里不好谈話　所以把你们邀請到这里来讲話，我们支持你们这种彻底批判資产阶級反动路线的群众斗争。毛主席万岁！无产阶級文化大革命万岁！你们在场的有白天参加了天安门广场批判刘邓反动路线的斗争大会。我们也支持你们高举毛泽东思想伟大紅旗，坚决批判资产阶級反动路线。

同志们，同学们，你们刚才在中南海西门提出要批判中央政治局委员、候补委员、國务院有些部门的负责同志的錯误。

我们說，作为党中央的政治局委员、候补委员谭震林、陈毅、李富春、李先念、谢富治、余秋里……这些同志在运动中，在某些方面作了錯事，说了錯話，写了錯文章。但是我们告诉你们，他们在一段时间内犯了错误，主要责任在刘少奇、邓小平二位，而不是在这些个同志身上，是在十一中全会有了结论，有的也不限于那时，有的已做了检查，有的已在准备检查，要给时间。他们都是处在第一线，谭震林是农业部，李富春是党务部，李先念是财经部，陈毅是外交部，余秋里是计划部，谢富治是公安保卫政法部，这些单位工作都是繁忙的，每天党都要他们去工作，他们也要检查，但是他们不同于制定反动路线的刘、邓，也不同于继续犯执行资产阶級反动路线的陶鑄同志。批判资产阶級反动路线别把方向弄錯了。要指向制定反动路线的头子，指向陶鑄，指向彭、陆、罗、楊，还有抓這些人的人，如计划战线上的第一波，而不是余秋里同志，像党的組织工作上的安子文，和彭真一样是反动的人。我们在一些会上也点了许多名字，批判的矛头要指对，要把批判资产阶級反动路线和斗批改联系起来，他们之间是有不可分的关係；同志们，我们大家都要过社会主义关　我们还要检查自己錯誤思想，这也跟大家说清楚，我们愿意听你们的意见，看你们的材料，他们在适当时候，场合作檢查

第二外地来津到中央、國务院請願是合理的，你们要按规定办事，主要在劳动人民文化宫，我们派了几百个同志接待了你们，回答基本

问题，解决急迫的问题，或者到政协去，我们在那里也设了一个点，大会堂是接见你们会谈的地方。中南海、钓鱼台、人大会堂是誓死要卫的(毛主席万岁！)中南海既是毛主席工作的地方，要给毛主席一个安静的地方，好操心国内外大事。(誓死保卫党中央，誓死保卫毛主席！)你们每天到中南海请愿，一来就用大喇叭对着中南海，不安静，使毛主席和中央负责同志不能很好工作，我们呼吁请求你们不要这样，你们看好不好(好！)(誓死保卫党中央，誓死保卫毛主席！)我们有规定不论是西门、西北门、北门，我们要坚决保卫，我们曾经发生过这样的事。西门、西北门，北门再出现过这样的事，我就要挺身而出，保卫中南海。(保卫党中央，听毛主席的话！)我曾处理过四次，我要求大家，无论如何遵守这个最高纪律。有人冲进去了，我们劝他们出来。你们要把这个事劝告大家，告诉北京同志、同学，红卫兵战友们，自觉遵守这个纪律。保卫中南海的解放军，他们是保卫党中央的，保卫毛主席的，有时态度急躁些，我替他们道歉。但另一方面，我也要求你们给毛主席的好战士们的道歉。(向解放军学习！毛主席万岁！)

同志们，同学们，刚才说了，你们要批判刘邓为代表的反动路线，又要批判陶铸所执行的反动路线，这是对的，但你们到中南海揪他们，毛主席，党中央要求你们不要这样做，你们可以利用公开的材料进行批判，还有党内的材料在党内准备批判。你们不光揪他们，还要揪其他负责人，我代表党中央、国务院说不能这样做。我们可以转材料，你们有材料可以转信访室我们可协助转到他们手里。

现在外地各战线，各学校来北京有计划编组的进行串联；中央各部如财贸、农林、财经、教育、政法再要需要很好的组织，希望得到协助和支持，最后让我们高呼：(呼口号略)

江青同志讲话

同志们，红卫兵战友们，你们好哇！(群众高呼，毛主席万岁！祝毛主席万寿无疆！)我知道你们非常关心他的健康，我告诉你们，他很健康(群众：毛主席万岁！)我代表中央文革小组的同志们向同志们致以无产阶级革命敬礼！同志们来自祖国四方，在这里集会很不容易，这是你们的干劲，精神是可贵的，是值得我们向你们学习的。现在全国文化大革命处在高潮中，社会上处在两条道路的斗争，就是你走社会主义道路呢？还是走资本主义道路？在党内出现两条路线的斗争，就是你站在资产阶级路线上？还是站在无产阶级路线上？这是大是大非的问题。在党内出现两条路线的斗争并不奇怪，斗争从党诞生就有了。如错误路线占主导的话，革命就失败，就受挫折。革命路线占主导，革命就胜利。有一个阶

最高指示

凡是敌人反对的，我们就要拥护，凡是敌人拥护的，我们就要反对。

关于公佈《首都红代会大庆公社总部关于余秋里问题的自我批評》的〔按語〕

八月六十日晨三时三十分大庆公社抛出了一份所謂"自我批評"，对在余秋里问题上所犯的严重錯誤做了一点皮毛的检查。這里我们首先声明：你们如果是真心誠意的進行自我批評並以实际行动表明你们痛改前非，迷途知反，真正回到毛主席的革命路线上来，我们是欢迎的。但是必须指出：大庆公社的"自我批評"乃是一場遮羞布罢了。在所謂的"自我批評"中，仍然是"保"字当头，对大庆公社在余秋里问题上所犯的錯誤避重就轻，說几句冠冕堂皇之詞，从而达到掩人耳目的目的，把过去所惯用的实用主义的手法又端了出来。

大庆公社的头头们：你们在余秋里问题上所犯的錯误不仅是"没能深入揭发和批判"的问题，也不是什么"在某种程度上"起到压制革命和阻碍革命群众的"对余"批判的问题。你们充当了余秋里这个资本主义复辟反革命逆流的马前卒，你们充当了欺骗广大大庆公社社员群众的骗子手，你们充当了镇压革命造反派的打手。最近在刘贼反扑的"七月黑风"中，你们更站在资产阶级立场上，有组织有計划的配合黄农林口、外事口的反革命翻案活动，在工交、石油系统大刮翻案风，向无产阶级革命派反攻倒算。从三月份以来，你们的大方向完全錯了，你们成了右倾投降主义的代表，假洋鬼子。使工交、石油系统的文化大革命遭到了多大的挫折啊！你们对毛主席和人民犯了罪。

首都红代会大庆公社总部关于余秋里问题的自我批評

最高指示

共产党人必须随时准备坚持真理，因为任何真理都是符合人民利益的；共产党人必须随时准备修正錯誤，因为任何錯误都是不符合人民利益的。

自今年三月份以来，我大公总部在余秋里问题上[illegible]紧跟形势，没有能高举革命的[illegible]没有能進行深入[illegible]，而是"保"字当头，在某种程度上起到压制和阻碍革命群众对余秋里的批判，我们之所以这样，主要原因是：

(1)主席著作学得不好，尤其是没有认真学好毛主席关于文化大革命的理论、路线，方针和政策，中央精神跟得不紧，对总理和中央文革的讲话没有全面的、深入的理解，没有吃透。

(2)群众观点差，没有认真地、虚心地听取大庆公社广大群众的意见。

(3)对区别两种不同性质的当权派和两种不同性质的"革"与"保"缺乏认

要的判断。并且对于余秋里来说不管他过去有多大功劳，只要他坚持资产阶级反动路线顽固不化，那他势必就会滑到反党反社会主义的邪路上去。最近以来許多兄弟院校的兄弟组织就余秋里的问題对我们提出了恳切的批評，我们一定虚心的接受，认真考虑并表示感谢。

大庆公社是在党中央、毛主席、林付主席和中央文革亲切关怀下成長和壮大起来的，我们是毛主席最忠实的红小兵，我们最能够为革命利益坚持好的，也最能为革命利益改正錯的，我们一定要认真总结我们在前进道路上的经验教训，並且热烈欢迎兄弟院校的革命組织对我们提出宝贵意见。

首都红代会 北京石油学院

大庆公社总部

1967.8.20

首都红代会 北京石油学院

《北京公社》 人民江山

1967.8.21 印

毛主席语录

人民靠我們去組织。中国的反动分子，靠我們組织起人民去把他打倒。凡是反动的东西，你不打，他就不倒。这也和扫地一样，扫帚不到，灰尘照例不会自己跑掉。

紅旗報

首都保卫毛主席紅旗战斗团　紅旗报天津分社

1967年2月　第五期　本期共四版

凡是錯誤的思想，凡是毒草，凡是牛鬼蛇神，都应該进行批判，决不能让它們自由泛濫。

——毛泽东

編者按：目前，在北京中学組織中，有一股反动逆流，他們是全北京市亦是全国中学生运动的絆脚石。他們依靠血統的关系，将这場严肃的阶級斗爭——无产阶級文化大革命运动，視作了他們的仇事。他們不去触及自己反动老子的灵魂和自己的灵魂，相反的却打出反革命的牌子，到处煽反革命的黑风，点反革命的黑火，与革命的造反組織为敌，和党中央的政策相对抗，有意識地抵制无产阶級文化大革命的进展，他們甚至气焰嚣張地炮打我們无产阶級革命司令部，妄图給他們的反动老子变天翻案，妄想复辟資本主义的肮脏制度。因此，我們要反对資产阶級反动路綫，就必須击潰这股反动逆流——“北京市中学生联合行动委員会”（即原西城糾察队、海淀糾察队、东城糾察队的化身）

現在联动正在全国扩大他們的势力，并已流竄天津，企图迷惑和蒙蔽一些不明眞相的人。因而全体紅卫兵战士和广大革命同志务必充分提高警惕，严密注視京津联动的动向，从思想上彻底地把这种反动思想批倒、批臭，肅淸其影响。让我們全中国的中学生馬上行动起来，用我們的生命和鮮血捍卫毛主席，捍卫以毛主席为代表的无产阶級革命路綫。

这期发表的只是刘邓資产阶級反动路綫下“联动”罪恶行为的一部分，以后本报还将陆續刊載，供广大革命同志和紅卫兵战友参考，以便揭发和批判“联动”的反动本质。

看！刘邓資产阶級反动路綫在北京六中的滔天罪行

《北京六中紅旗公社》

前　言

我們怀着誓死捍卫以毛主席为代表的无产阶級革命路綫的滿腔熱血，怀着对刘邓資产阶級反动路綫的刻骨仇恨，向同志們揭开刘邓反动路綫的忠实打手——西糾一小撮人在六中的血腥暴行。

在这里，人們可以清楚地看到：我校运动是怎样在刘邓反动路綫的統治下，从轟轟烈烈到冷冷清清。人們可以痛心地看到：一些紅卫兵的灵魂被刘邓反动路綫毒害麻痹到何等地步。

西城糾察队一小撮人在我校大打出手，制造了持續数月的白色恐怖，实行資产阶級专政，围剿革命派，长資产阶級威风，灭无产阶級志气。

臭名昭著，宣揚資产阶級反动血統論的对联“老子英雄儿好汉，老子反动儿混蛋，基本如此”是这一小撮人鎮压群众运动，破坏中学文化革命的理論基础。

“自来紅”是这一小撮人理应成为革命派的依据。

“紅色恐怖万岁”是这一小撮人打人的宗旨。

一句話，西糾——六中紅卫兵这一小撮領导人忠实执行了一条資产阶級反动路綫。害人、害己、害革命。資产阶級反动路綫，何其毒也！

森严恐怖的“劳改所”

美其名曰：“劳改所”。实际上是一个戒备森严、残忍恐怖的人間地獄。它是用来血腥鎮压群众运动的得力工具；它是残酷迫害我校革命群众的魔窟；它是破坏无产阶級文化大革命、任意践踏十六条的鉄証；它是对革命群众疯狂、野蛮地施用法西斯残暴手段的暗堡；它是破坏无产阶級大民主，实行資产阶級专政的典型。

“劳改所”位于我校后面一个偏僻的角落。“劳改所”东端設有崗楼，崗楼頂端有四面能轉动的探照灯，四面都有射击孔和瞭望孔。崗楼內警灯警鈴密布，并曾挖过地道，企图修建地下刑訊室。在这里，看守日夜値班，警备森严。这样的外形眞使人望而生畏。阴森黑暗的“劳改所”里的白墙上，“紅色恐怖万岁！”几个刺目的大字說明了这里的一切，况那字的下面还涂有斑斑的血迹，构成一幅恐怖的图画。“劳改所”中被統治下的人們，完全失去了人身自由，他們的一切都被剝夺了。

如果你見到了这番情景，你会感到：这不是北京普通的一所中学，当眞走进了小說“紅岩”中的渣滓洞、白公館。这是六中，这是被資产阶級反动路綫統治下的六中，是二十世紀六十年代北京六中的“集中营”，一小撮人就是在这里干尽了慘絕人寰，令人发指的法西斯暴行。

慘无人道的法西斯暴行

北京六中紅卫兵、西糾一小撮人，在武斗当中，打制了种种刑具，創造了种种慘无人道的法西斯刑法。

他們使用的刑具样样俱全。如：木枪、木棒、自来水管子、鋼絲鞭、弹簧鞭、塑料绳鞭、皮带、履带、匕首、洗衣板、板凳、車鏈子、火柴等等等等，应有尽有。

他們在进行武斗时，創造了許多前所未聞的法西斯残暴刑法。例如：

“坐飞机”把被打的人高高抬起，然后象砸夯一样往下重摔，我校一学生受此刑法后，大脑受到严重摧残，尾脊骨摔裂。

浇、烫、烧—浇：被打的人昏死过去之后，用凉水猛浇其身，使其清醒，然后继續逼供拷打。烫：用滚开的水向被打的人头部猛浇，受此刑法后，人的头皮脱落，脸色紅肿，胸前背后都是烫伤，慘不忍睹。烧：凶手最初是用一根火柴烧被打人的头发，后来竟发展到用整盒的火柴烧。又一做法，就是把火柴燃着后，向被打的人脸上按，向嘴里塞。

吊、踩、刺—吊：凶手有时拿人命开玩笑，将活人做上吊試驗，用绳套套在被打人的脖子上，猛力踢倒他脚下的凳子，使其悬空，吊到半死，又猛一松绳子，使其重摔于地，再做人工呼吸将其救活。踩：被打者躺在地下，几个人輪流踩之，受此刑法的人，被踩得內脏严重受伤，上吐下泄，大便不能自控。刺：凶手用木枪猛刺受害者，刺得对方躺下为止。

跪、剁—跪：凶手将凳子翻过来，令受害者跪在凳子上，长时間不得起来。有时令受害者跪煤渣，直跪得两膝疼痛难忍，鮮血直流。剁：凶手用刀剁受害者臀部，直剁得血清渗出，方才罢休。

磕响头—凶手令受害者給他磕响头，如果磕得不响，就用脚向他头上猛踩。受此刑后，受害者大都脑震蕩，記忆力衰退。

諸如以上刑法，名目甚多，举不胜举。

置于这种刑法之下，有的生命垂危，至今还在搶救中，有的被打成残废，身体受到严重摧残。

我校革命学生王光华、七十六岁的退休老工人徐霈田就死在这种駭人听聞的暴行之下。

王光华事件

一九六六年九月二十八日，北京六中紅卫兵、西糾一小撮人杀害了我校革命学生王光华。文化大革命开展以来，王光华表現积极，六六年五月九日王光华貼出小字报，第一个揭发了我校領导压制文化大革命的罪行。此后又写出了許多革命的大字报，向我校党內走資本主义道路的当权派进行了坚决的斗爭。自从“老子英雄儿好汉，老子反动儿混蛋，基本如此”这幅对联在我校出現后，王光华敢于坚持自己的观点，大胆发表自己的意見，和某些人的錯誤做法进行了坚决斗爭。九月七日王光华不顧我校紅卫兵的阻挠和威胁，未經他們許可，外出进行革命串連，打破出身不好不能串連的謬論。这是一种敢于造反的精神。进行革命串連是毛主席給我們广大革命师生的大民主，任何人不得抗拒。王光华的这种革命精神激怒了一小撮执行資产阶級反动路綫的人，因而对他怀恨在心。于是給王光华扣了一大堆罪名，下毒手来对付他。

我校紅卫兵成員，西糾头目之一姜××得知王光华在重庆串連，于是他就派了四个紅卫兵去重庆抓王光华，但沒抓到。九月二十七日，姜××得知王光华串連回来的消息，立即布下天罗地网，四处搜捕。王光华終于被非法逮捕了。后被带到学校“劳

（下轉第二版）

看！刘邓資产阶級反动路綫在北京六中的滔天罪行

（上接第一版）

改所”，刚一进屋門，娄××馬上抽了他一巴掌，随后又被带入里屋，令王脱去上衣，解下皮带。这时屋里屋外都有看守，戒备森严，屋里的暴徒們均为西糾队員。他們兽性大发，蜂涌而上，拳打脚踢，对王使用慘无人道的法西斯暴行。用木枪向王猛刺，并用枪托劈头盖脸向王打去，使之无法忍受，倒翻在地。十来个暴徒手持各种凶器进行为时三十分钟的毒打，王肋骨被打断数根，昏迷过去。这时，一个西糾队員一面踢王头部和頸部，一面恶狠狠地說：“触及触及你的灵魂”。有的一边打一边大声怪叫：“要饅头，不要窩头”（即要文斗不要武斗）。看这一小撮人何等疯狂！就这样王光华被打死过去几回，后經“劳改所”中“黑帮”給王做人工呼吸，才免除一死。

九月二十八日上午，王光华已經面部青肿，渾身重伤，危在且夕。去厠所时还不由自主地摔倒在地，小便出血。事态是这样严重，可是一小撮人还不死心，而后，栗××和陈××，等又會殴打王光华，逼他写材料。写不出来，仍是一頓毒打。恶毒的看守就象跳梁小丑一样，为虎作倀。在残酷的法西斯暴行下，就在九月二十八日下午两点左右，王光华被这群暴徒活活打死了。夜晚，十二点多钟，趁夜深人靜，就把王光华的尸体送到东郊火葬場焚尸灭迹。

徐霈田事件

我校退休老工友徐霈田，七十六岁。三七年以前在旧社会的戏院中当茶房多年。三七年——四零年在北师大当工友，四零年——五六年在我校当工友。解放后，工作一直认眞負責，勤勤恳恳。五六年退休因只单身一人，一直住在学校。他对党和毛主席无限热爱，退休后，病了几次都治好了。因而更加感謝党，感謝毛主席。他經常对人說：“要是在旧社会我的老命早就沒了。”

六六年九月三日，我校紅卫兵一小撮人給徐霈田以老吸血鬼莫須有的罪名貼了一张大字报，并将老人折磨一頓，将其轰出学校。因无家可归，在街头流浪两三天，給社会造成极坏的影响。后經派出所送回学校。

十月三日下午，王××，陈××（我校紅卫兵領导，西糾队員）等把徐霈田带到淋浴室。他們說：“給你洗澡”。于是这群暴徒們开始慘无人道的折磨这个老工人。先是用冷水泼身，只听老人慘叫：“冷啊！冷啊！”然后又用滚开的水向老人头上猛浇。王××，陈××等人一面浇一面獰笑着說：“老头子，今天让你洗个痛快！”老人被折磨得死去活来，連声慘叫：“热啊！热啊！饒了我吧，老祖宗！”这伙暴徒兽性更是大发，反而浇得更厉害了。老人的头皮被燙去一层。当老人勉强爬回宿舍时，已經奄奄一息，不省人事了。四日早晨，徐要求医治，但他們不許出屋不給医治。当天十点四十分徐又被王××、陈××等人拉到后院，进行种种毒打和戏弄。他們强迫七十六岁的老工人徐霈田学哭、学笑，令其吃屎、喝尿。过完癮后，又将徐嘴堵上，带到后院厠所中，将徐吊死。这群暴徒眞是置人于死地而后快。更令人气愤的是，他們竟揚言徐上吊自杀了。

老工人徐霈田在旧社会里，沒有死在国民党偵輯处的手里，侥幸死里逃生。今天，这位有三、四十年工龄的老工人却死在西糾一小撮法西斯暴徒手中。

王明瑚事件

十月七日深夜，六中紅卫兵一小撮人非法綁架了正在值夜班的外語教师王明瑚。当夜对他进行残酷的拷打，以王××为首的七个人用鋼絲鞭子同时向王明瑚猛打，并让王自己数着数，数錯了重打！就这样打了一百多下。又将王高高抛起，向地上猛摔。又让王躺在地上，几个人上去猛踩，頓时使王上吐食物，下泄粪便，內脏严重受伤，至今大便仍不能控制。这以后，又用匕首向王的前額猛砍一刀，鼻骨被打碎，两耳被打烂，王当場昏死过去。送往医院时，医生說应馬上住院治疗。紅卫兵头目說沒有生命危险，不让住院。后把他带回学校，关进“劳改所”，三四天不能吃东西。伤刚好一点，就又折磨他，并用火柴烧王的头。后来王的姐姐得知便用尽各种办法想把王带回家去，結果都沒成功，反而被大罵一頓。直至陈伯达同志来我校时，王才得住院治疗了。

郑杰事件

我校革命学生郑杰，运动以来一直表現积极。紅卫兵成立时，因他和紅卫兵某些人观点不同，并經常指責紅卫兵一些不正确的作法，而被他們怀恨在心。十月下旬，郑杰到长沙去串連，碰上我校紅卫兵，西城糾察队員金××付××等人。他們就向郑杰要串連証明信，郑将自己的出身証明拿出来，証明自己出身工人。金××一把将証明搶过装在兜里，郑又将証明搶了过来。金大怒，高声喝道：“可是你先挑起武斗的！”說着便摔着郑的手，給带到了省政协，金××立即罵道：“你它媽的今天老老实实交待，不然輕饒不了你！”随即就是几拳把郑杰打倒在地，接着皮带、鋼絲鞭（車鎖）象雨点般地落下来。頓时，郑杰被打的遍体鱗伤。背上被鋼絲鞭抽得一道道伤痕，眼角被抽得青腫了一大块。随后，立即叫他写检查：第一和王××有什么关系，有什么指示？第二赤卫兵里有沒有傅×？第三硬說赤卫兵是反对紅卫兵的。第四和王光华有什么勾結？第五供出王光华的材料。但是郑杰只把运动以来所做的事写了出来。因此，付××、金××就立刻大发雷霆，罵道：“你他媽的只写好的，就沒做坏事？你他媽的不老实！”說着又毒打了一頓。付××从外面拿来一把鎬头，在郑杰面前晃来晃去，并揚言：“一下砸死你，給埋了，誰也不知道！”金××把一把半尺多长的匕首投在楼板上：“你他媽老老实实去写材料！”郑杰一面写材料，付××一边在旁边用手捏其在背上的伤痕：“一道道的眞好玩，你痛嗎？”在問的同时又特别使劲地捏。还說：“胖了不少啊！你穿这么多，打的不解恨。你他媽的把衣裳脫了！”鋼絲鞭随即又落下来了。金××在一旁指着郑說：“你們家是地主！你到过广州沒有？是不是想炸广州車站？参观了交貿会沒有？是不是想破坏交貿会制造国际事件？！”并强迫郑自己出串联車費。

晚飯后，金××把女八中四个紅卫兵又叫了去将郑毒打一頓，还說女八中的紅卫兵打的不技术不要打脸。（怕出去被人发現）这一夜逼郑写材料，一直沒有睡覺。直到第二天午后才把郑带到省委第二招待所。夜晚逼郑睡在床下，命令他学猫叫、狗叫、熊叫、兎子叫，还叫唱“大海航行靠舵手”，随后将其拉出又塞入床底。金××挑动女八中紅卫兵連續用大刀往床下乱捅。随后，又将两碗水泼在他脸上。

深夜，将郑押上火車：“你回去馬上到紅卫兵保卫組报到，回去再找你算帐！”郑杰这样才幸免于难。

恶毒攻击最高指示任意踐踏党的政策

毛主席是我們心中最紅最紅的紅太阳。毛泽东思想是革命人民的灵魂。西糾队員、北京六中紅卫兵一小撮人竟恶毒攻击最高指示，把最高指示当做一种懲治人的刑法，是任何人所不能容忍的！

他們命令“劳改所”里的人每天在吃飯前必須背会几段主席語录，如果背不下来，就不准吃飯。

一次，有个人沒背下来，他們就让她一边端着飯，聞着香味，不許吃。一直到背下来，才准她吃。

又一次，他們叫×××立在一边，头上頂了一个裝水的盒，让他背一百遍主席語录。这个人一边背，后面的那些家伙們还用石头向那个盒投，到后来，×××直背得头昏眼花，豆粒大的汗珠一个劲地往下淌。那一小撮人就在旁边哈哈大笑，一直到他們取乐够了为止。他們就是这样拿最高指示开心的。

一天半夜，暴徒們又上了癮，他們把“劳改所”的人一个个全叫了起来，让他們都跪在凳子上，双手高举过头，一条条背語录，不准背重复了。他們还让一个人一条腿跪在凳子上，另一条腿悬挂在空中，叫他背語录。他們管这叫“金鸡独立”。把“劳改所”里的人累得滿头大汗，一直折騰了一个半小时多。

北京六中紅卫兵一小撮人不仅在行动上严重地违反了毛泽东思想，违反了《十六条》。在理論上，他們还任意踐踏党的政策，肆意歪曲。对抗毛主席一再强調的“要文斗，不要武斗”的指示与林彪同志說的“武斗只能触及皮肉，文斗才能触及灵魂”的教导相敌視。

他們在行凶打人的时候，大叫什么“我就是要触及触及你的灵魂。”还問什么：“是触及你灵魂，还是触及你皮肉？”直至对方答出是触及了本人灵魂，他們方才罢休。还大叫“不管它（指《十六条》），咱們干咱們的。”一个紅卫兵在打人的时候說：“我不是打的你这个人，我是打的你这个阶級。这不是武斗，这是文武結合的最高形式。”他們还恬不知恥地說：“我們对枪杆子里面出政权有着特别深刻的理解。”

这一小撮人还肆意破坏党的政策，破坏党的威信。党的政策对投誠过来的人表示欢迎，立功者受奖。我校数学教师×××解放初期从台湾投誠过来，党对他一家一直非常照顾。可是六中紅卫兵一小撮人不分靑紅皂白，把他拉入“劳改所”，强迫其劳动，有时还遭受毒打。一个紅卫兵还獰笑着对他說：“你回来后沒想到会这样吧！”

对于他們这种恶意攻击最高指示，任意踐踏党的政策的滔天罪行，我們岂能容忍！

負隅頑抗

紅旗十三期社論敲响了刘邓反动路綫的丧钟，我校的革命师生起来造反了。但是，西糾这一小撮人拼命压制、威胁、恐吓、漫罵。两条路綫斗爭在我校展开了殊死的大搏斗。在这关鍵时刻，陈伯达、关鋒、王力、戚本禹等同志亲临六中，痛斥了西糾那一小撮頑固坚持反动路綫的小坏蛋，大长了革命左派的志气。但是，这一小撮人猖狂已极，公然对抗中央文革小組，炮打无产阶級司令部。他們明里是人，暗地是鬼。出反对中央文革之謀，划鎮压群众之策。并企图从关鋒、戚本禹等同志身上打开缺口，反掉中央文革。还叫嚣要和陈伯达同志辯論。并搞暗杀、恐吓，散布秋后算帳論，妄图继續压制群众。他們恨党內走資本主义道路当权派之所恨，大罵大方向始終正确的北航紅旗，第三司令部，并計划暗杀蒯大富。他們比以前有过之而无不及，而且更加狡猾，更加隐蔽，也更加阴险了！

結束語

同志們，这就是刘邓資产阶級反动路綫在六中血淋淋的滔天罪行。

西糾、六中紅卫兵这一小撮人血腥鎮压群众运动，实現了党內走資本主义道路当权派和一切牛鬼蛇神破坏无产阶級大民主，破坏无产阶級专政，破坏无产阶級文化大革命的卑鄙目的。成了反革命修正主义分子手里的一枝枪，成了顚倒事非，混淆黑白，围剿革命派，制造“白色恐怖”的一支宪兵队。

这一小撮人拷打，杀害革命群众，严重地摧残了人民群众的民主权力，破坏了无产阶級文化大革命，并炮打无产阶級司令部，反对中央文革小組，这些混蛋就是現行反革命！就是要鎮压，要专政！公安部逮捕了这一小撮人中的几个混蛋，眞是好得很！大快人心！

西城糾察队在全国共討之，共誅之的遣責声中完蛋了。但是，这一小撮跳梁小丑并不就此收場，妄图卷土重来。看，“联合行动委員会”不正是刘邓資产阶級反动路綫垂死掙扎的产物嗎！“联合行动委員会”中的一小撮人保爹，保娘，归根結底，就是保党內走資本主义道路当权派。这一小撮混蛋造謠生事，盗用毛主席的名义，反对中央文革小組，炮打无产阶級司令部。“千鈞霹靂开新宇，万里东风扫残云”，“联合行动委員会”的下場决不会比西糾好，它只会是以彻底灭亡而告終！

当然，頑固坚持刘邓反动路綫的人只是极少数，这要与西糾、“联动”中受蒙蔽的广大群众区别开来；把坚持錯誤和願意改正錯誤的人区別开来；把犯錯誤路綫的輕重程度区別开来。我們深信，他們中的大多数是要革命的，是会覺醒的，是会起来造反的！

在这里，我們要警告那一小撮死抱着刘邓反动路綫僵尸不放的混蛋和幕后指揮者：悬崖勒馬，回头是岸。如一意孤行，頑抗到底那么就让你彻底完蛋！敌人不投降，就叫他灭亡！

无产阶級革命造反派联合起来！向刘邓資产阶級反动路綫展开总攻击，彻底粉碎刘邓反动路綫的猖狂反扑！高举毛泽东思想伟大紅旗，沿着毛主席亲自开辟的无产阶級文化大革命的航道，奋勇前进！

1967年2月　　紅旗報　　·3·

一·二〇紅色暴动好得很！

毛主席教导我們說："世界上一切革命斗爭都是为着夺取政权，巩固政权。而反革命的拚死同革命势力斗爭，也完全是为着維持他們的政权。""馬克思列宁主义、毛泽东思想教导我們，革命的根本問題是政权問題。"无产阶級文化大革命的中心任务，归根結底，就是无产阶級从党內一小撮走資本主义道路当权派夺权的斗爭。这是現阶段我国阶級斗爭的焦点，是社会主义和資本主义两条道路斗爭的集中表現。

目前这場轰轰烈烈的无产阶級文化大革命发展到了一个嶄新的阶段，革命的造反者夺了权！这一革命行动好的很！就是好！它大长了无产阶級革命造反派的志气，大灭了那些資产阶級的威风。

一月二十日天津市南大卫东、天大八·一三等革命造反組織，夺了天津市公安局、天津市委、市人委、天津日报、天津晚报走資本主义道路当权派的权，这是无产阶級文化大革命的新的胜利，是毛泽东思想的又一伟大胜利！

从运动开展以来，天津市的无产阶級文化大革命受到了层层的阻力，正象十六条中指出的"文化革命既然是革命，就不可避免地会有阻力。这种阻力，主要来自那些混进党內的走資本主义道路的当权派，……这种阻力目前还是相当大的，頑强的。"天津市委、市公安局那些走資本主义道路的当权派，利用他們的职权，采用武装鎮压，經济收买等卑鄙手段把运动引向邪路，来破坏这場无产阶級文化大革命的开展。在这样尖銳、复杂的阶級斗爭中，我們革命造反派，从經驗教訓中总結出一条，就是：要冲垮运动中的一切阻力，就必須联合起来，向資产阶級当权派夺权。天津大学"八·一三"紅卫兵、南开大学"卫东"紅卫兵等革命造反組織，于一月二十日夺了天津市委、市人委、市公安局、天津日报、天津晚报的权，吹响了向天津市資产阶級老爷們夺权的冲鋒号！这个权夺的好！夺的痛快！这个权就是夺得有理！他們为我們树立了光輝榜样，把天津的无产阶級文化大革命提高到了一个嶄新的阶段。把斗爭引向了革命的根本問題——政权問題。

但是在这場无产阶級与資产阶級你死我活的夺权斗爭中，一小撮党內走資本主义道路的当权派，对这場伟大的夺权斗爭怕的要死，恨的要命。因为夺权将夺去他們的命根子，失去了政权就丧失了一切，丧失了賴以"秋后算帐"的最后法宝。他們利用一些群众对这場夺权斗爭很不理解，乘机散布流言蜚語，大肆造謠、誣蔑，叫喊什么"学生无权接管公安局啦""天津市公安局与北京市公安局不一样啦"等等流言蜚語来破坏这場轰轰烈烈的夺权斗爭。这与运动初期天津市委散布的"天津市委与北京市委不一样啦""北京市委烂了不等于天津市委烂了"的腔調又有什么两样！这不是明目张胆地反对夺权又是什么？

让我們回顾一下天津市文化大革命以来的发展情況，就可以清楚的看出市公安局究竟是对誰实行专政，是为那个阶級服务的。运动初期市公安局对十六中革命学生运动采取了資产阶級专政，把革命学生敢于揭发市委的大无畏革命精神誣蔑为"反党、反社会主义"，把革命学生的行动，当作敌特情报收集起来。然而对违反国家法律的杀人犯，却迟迟不作处理。他們这样做究竟是对誰实行专政？使誰快乐，使誰痛絕不是一目了然了嗎？在这次一·二〇紅色暴动中天津市公安局无产阶級革命造反总部中的一小撮人，对革命造反派夺权的这一行动，采取的是抵制和威胁的态度。他們在革命造反組織查封天津市公安局后，拒絕上班，抗拒"抓革命、促生产"的指示，用一些公安业务来百般刁难革命同学，并且大肆造謠、威胁，給社会上造成很坏的輿論，这都是市公安局对"造反总部"人員所做出的卑鄙勾当，以达到他們不可告人的政治目的。我市的专政机关如果掌握在这样人的手中，可想而知他們将是为誰服务？对誰专政？維护誰的利益就很清楚了！这样的权，我們革命造反派不夺，誰来夺？今日不夺，更待何时？！是可忍，孰不可忍，革命的同志們，让我們深思、再深思，难道夺資产阶級当权派的权，是什么"过分"嗎？难道从資产阶級当权派手中夺权是"非法"嗎？不！决不是什么"非法"和"过分"而是大快人心的好极了的革命行动！

毛主席教导我們說："群众中蘊藏了一种极大的社会主义的积极性。那些在革命时期还只会按照常規走路的人們，对于这种积极性一概看不見。他們是瞎子，在他們面前出現的只是一片黑暗。他們有时簡直要鬧到顚倒是非、混淆黑白的程度。这种人难道我們遇見得还少嗎？这些只会循着常規走路的人們，老是对于人民的积极性估計过低。一种新事物出現，他們总是不贊成，首先反对一气。随后就是认輸，做一点自我批評。第二种新事物出現，他們又按照这两种态度循环一遍。以后各种新事物出現，都按照这个格式处理。这种人老是被动，在紧要的关头老是止步不前，老是需要别人在他的背上击一猛掌，才肯向前跨进一步。"那些反对群众接管公安局的人，大体有两种，一种是别有用心的人，他們提出天津市公安局必須由解放军接管，或必須由党中央毛主席下指示等等理由来破坏或拖延革命群众，夺資产阶級当权派的权，这种人应予以揭露和批判。另一种人，就是毛主席所批評的瞎子，这种人眼光短浅，胆小怕事，害怕群众，不相信群众，惟独喜欢一成不变，墨守成規，这是地地道道的政治庸人的态度。現在，公安局的权被革命派夺了去，他們感到十分惊惶，眼前似乎一片黑暗，不敢前进。不要紧，无情的事实，将迫使他迅速认輸。

无产阶級文化大革命是群众自己教育自己，自己解放自己的运动。夺权是群众运动发展的最高阶段。对待这場无产阶級与資产阶級的夺权斗爭，是积极支持呢？还是指手划脚地去批評呢？还是站在他們的对面去反对呢？这是鉴别眞革命还是假革命、是眞造反还是假造反的試金石。現在天津市正呈現出一片大分化、大动蕩、大改組的局面，革命的乱好得很！一切折衷主义、改良主义都滚到一边去！眞正的革命造反者联合起来，把无产阶級政权紧紧地掌握在无产阶級革命造反派手里。一切权力必須归于无产阶級革命造反派！

事实胜于雄辯

"天下者，我們的天下；国家者，我們的国家；社会者，我們的社会。我們不說，誰說！我們不干，誰干！""无产阶級文化大革命，就是发动亿万群众自己起来解放自己，向党內一小撮走資本主义道路的当权派夺权。只有展开这样伟大的群众运动，展开一个群众性的全面夺权斗爭，才能彻底解决无产阶級的夺权問題，彻底解决无产阶級专政的問題。"

天津大学"八·一三"、南开大学卫东等革命造反組織，按照党中央和毛主席的教导，于一月二十日向天津市的資产阶級当权派展开了一場夺权斗爭，向天津市公安局的資产阶級当权派夺权就是整个斗爭的一部分。

天津市公安局从运动一开始，就与黑市委貫通一气，疯狂鎮压革命的群众运动，举国罕見的十六中事件，就是鉄証。八月八日公布了"十六条"，市公安局的老爷們，非但沒痛改前非，反而更加变本加利，竟公开对抗中央軍委指示，对学生搞敌特情报，收藏整革命学生的黑材料，派便衣监視革命造反組織的革命行动……够了！这一切早已激起了京津广大革命造反者的无比憤慨。天津市公安局已經不是无产阶級专政的工具，相反，成了那些頑固坚持資产阶級反动路綫的人們的庇护所。天津市公安局的权，非夺不可！十九日北京公安局被接管的消息传来，大大鼓舞了在津的革命造反者，他們下定决心，不怕牺牲，于一月二十日夺了津公安局那班資产阶級老爷們的权：这个权夺的好！夺的痛快！

二十日凌晨，天大"八·一三"、南大卫东，河北紡織工学院"八·一八"，河北輕工业学院紅旗，延安軍校紅旗，天津工矿企业造反总部一部分单位，北京政法公社駐津联絡站、新北大捍卫毛泽东思想紅旗兵团赴津联絡站，清华井崗山赴津联絡站，北京三司赴津联絡站一致行动查封了津公安大楼。这次查封本应依靠公安局內部的革命組織，但由于对公安局內組織不很了解，为了保証安全进行查封工作，让所有非行动单位的人員都退出了大楼，把公安局的"当权派"集中到了一起，查封了大楼內所有办公室，紧接着就給中央文革拍了急电，汇报了他們的行动，并請中央文革考虑是否派軍队来接管。在軍队接管之前，为了保証国家机器的正常工作，捍卫无产阶級专政，为了貫彻中央"抓革命，促生产"的伟大号召，决定第二天早让基层工作人員恢复工作，每个科室配备几个同学监督共同工作，为此連續发出了"紧急通令"、"紧急呼吁"，"强烈呼吁"……，呼吁要革命的同志回到原崗位上来。經过討論，二十一日下午天津政法公社回到原崗位，又經过不断的宣传二十二日"井崗山"也回到了原崗位。但公安局造反队一小撮別有用心的家伙們，极力破坏、阻挠这次的革命行动，直到現在拒不回到原崗位上来恢复工作，对革命造反派施加压力以达共鉄杆保皇之目的。尽管如此，革命造反学生为了避免引起一些不必要的摩擦，凡属造反队、政法公社共同办公的办公室在造反队未到之前都未开封，由于官办造反队的层层阻力，至今尙未完全恢复工作，这笔帐，应該記在資产阶級当权派身上。但是无产阶級革命造反派是毛泽东思想的最忠实、最坚决的执行者、宣传者、貫彻者、捍卫者。他們天不怕，地不怕，鬼不怕，神不怕，死不怕，敢于造帝国主义，修正主义，及一切牛鬼蛇神的反，在无产阶級革命造反派面前这点儿刁难又算得了什么呢？！这只能更加露骨地暴露了官办造反队的眞面目。天大"八·一三"等革命造反者坚定地說"我們在这次行动中由于准备不足，有一些缺点錯誤，但我們坚信我們的大方向是正确的，胜利一定是属于我們的！"

关于目前局势的五点声明

蒯大富　1967.1.27

一、在康生同志的問題上，我犯了严重的敌我不分的錯誤。在伯达同志的电話指示以前，我是怀疑康生同志的，主张調查康生同志的問題。現在看来是完全錯誤的，是沒有阶級分析的观点，以致迷失了方向。总部作了一次检討，我还准备作检討。欢迎全兵团战士全校革命师生、外校外地革命师生对我的錯誤进行严肃的，尖銳地批評。

二、刘泉同志、陈育延同志、总部其他同志、28团的一些同志、烈火战斗組、捉鬼队的同志在对待总理和康生同志的問題犯了錯誤，他們应該作检討。但是，我坚信，这些同志的动机是好的。他們是誓死保毛主席的。

三、刘泉是好同志，我坚决支持力05班同学关于刘泉同志的严正声明。誰要想借刘泉同志犯錯誤的机会踢开刘泉，我是坚决不答应的！踢开刘泉就等于踢开蒯大富。28团的同志、陈育延同志的大方向始終是正确的，我坚决支持他們一切革命行动。广播台一貫立場坚定，旗帜鮮明，井崗山报，鮮明、尖銳、泼辣、毫不吐吐吞吞，为革命造反派說了話。根本不能改組！

四、我热烈欢迎同志們对井崗山总部和我个人进行严肃的批評和帮助。但是有人想借我們犯錯誤的机会从內部，外部施加压力想整垮井崗山兵团，尽而对中央文革施加压力，我是絕对不能答应的。并将同我的战友并肩作战，坚决回击！蒯大富作为个人，他根本不需要任何权利，清华大学井崗山兵团的大权完全可以掌握在任何一个清华革命师生所信任的同志手中。但是，要想我把清华大权輕易交給那些投机成性托派手中，那是白日作梦！是絕对办不到的！

五、我过去、現在和将来都坚决拥护中央文革小組的正确領导。我的命运和中央文革小組的命运是連在一起的，我永远也不会忘記中央文革小組对我的巨大支持。任何个人想挑拨我和中央文革小組的关系，或炮打中央文革小組，我将坚决和他拼到底！

坚决拥护中央文革小組的正确領导！

誓死保卫毛主席！

毛主席万岁！万岁！！万万岁！！！

清华大学井崗山接待站动态組

看“首都紅卫兵联合行动委員会”是什么貨色

下面我們揭露“联合行动委員会”（簡称联动）干的罪恶勾当，从这些怵目惊心的事实中，不难看出，这个以东糾、西糾和海糾为骨干力量、按照剝削阶級的反动血統論和宗派主义糾合而成的“联动”究竟是什么貨色！

一、瘋狂地攻击偉大的領袖毛主席，公然无耻地为刘少奇招魂

★一月六日晚六点多，一批东、西、海糾的残余暴徒数百人，打着“联合行动委員会”的旗号闖入北京市委、市人委接待站。声称是高干子弟。狂呼“打倒中央文革”，“刘少奇万岁”等反动口号。革命群众当即高呼“毛主席万岁！”并将其中数十人捕获。

同日晚十点左右，“联动”駕車駛过西单时，狂呼“打倒×××，保卫刘少奇！”并散发同一內容的极端反动的传单。革命群众采取了应有的行动。

★“联动”曾多次揚言要“揪出中央文革的后台。”其目标对准毛主席。

★前不久，北京五中革命师生将用大字报恶毒攻击毛主席和林副主席的現刑反革命分子李××扭送公安局。“联动”聞訊赶来，劫走李犯。

★一月十日，“联动”某負責人造謠传达了所謂“主席的六点指示”企图制造混乱。

★“联动”四处造謠說“主席批評了江青”，“主席十二月不在北京”等等，妄图为十二月黑风翻案。

二、瘋狂攻击中央文革，炮打无产阶級司令部

★十二月二十六日“联动”在大会上狂呼：“堅决批判以中央文革某些人为首的新的資产阶級反动路綫！”“中央文革执行的是一条忽左忽右的机会主义！”跟随着每个这样的反动口号，台下就是歇斯底里地狂吠乱叫，把帽子扔在空中，疯狂地乱蹦乱跳，尽力地发泄他們对中央文革的仇恨。

★一〇一中紅卫兵在西糾解散后，成了“联动”的骨干之一，仍然气焰嚣张，并貼出反动对联：

想当初、小将可爱　造反有理
看如今、血統高貴、什么东西　横批“一落千丈”，署名：想不通：

想当初、召之即来、甘当勤务員
看今朝、百般邀請、就是不接見
横批“言行不一”。

这些对联直接攻击江青同志，用意十分恶毒。

★在人大附中“联动”的老巢里被清华井岡山战士抄出了他們整理江青同志的黑材料一宗。在一〇一中“联动”的老巢里也抄出了大量反中央文革、反三司的黑传单。

三、公然踐踏十六条专搞武斗、恐怖活动，鎮压群众运动

★一月四日的大会上他們有計划地从后台冲入会場，挤碎了玻璃，散传单，放鞭炮。会上喧鬧起哄，强占麦克风，打了大会主席，撕破别人的衣服，从屋頂和上面走廊上往下扔鞭炮，吐痰，制造混乱。

类似事件，发生了多起。

★一月十日一群“联动”暴徒冲进五中联合广播台，盜走七盘录音滞、十七个电子管，破坏两部广播机、一个話筒……。类似事件不断发生。

★一月初某天夜里，“联动”四人来我校偷解放軍同志的摩托。一工人上前劝阻，竟被一棒子击昏。路人将受害者送医院后，凶手竟不許医生上前救护。

鉄証如山，“联动”中一小撮就是无恶不作的残无人道的法西斯暴徒，就是党內走資本主义道路当权派的宪兵队。

四、屡冲公安部，反对无产阶級专政

无产阶級专政是无产阶級大民主的前提，沒有无产阶級专政，就沒有无产阶級大民主。十二月份，公安部依法逮捕了一小撮攻击中央文革的反革命分子和鎮压革命群众，肆意行凶，草菅人命的东西城区糾察队中的一些首恶分子，“联动”对此怀恨在心，屡冲公安部，公然进行挑衅，对抗无产阶級专政。

五、猖狂进攻第三司令部，打击革命左派

对于坚持毛主席为代表的无产阶級革命路綫的三司，“联动”是恨之入骨，置之于死地而后快。

★“联动”在十二月五日頒发的成立宣言中声称“資产阶級反动路綫新形式乃是对当前运动的最大威胁。”揚言他們“时刻准备采取必要的行动。”

★他們提出“打倒三司”“打倒三司一小撮混蛋”“打倒鎮压中学革命的儈子手三司”等口号。到处张貼大标語，散发同类传单，而且常常騎着自行車，喊着，呼嘯而过。

★“联动”一成員写道：“滿天炮轰滿天仇，三司本是‘垃圾猴。留得西糾豪气在，三年归报三司仇。”这正是“联动”猖动攻击革命左派的代表作。

六、宣揚剝削阶級反动的血統論对抗无产阶級的革命路綫

★东、西、海糾垮台后，一小撮忠实执行資产阶級反动路綫的小混蛋又扯起“联动”的破旗，高喊“全市革干革軍子弟联合起来！”以血統論代替党的阶級路綫。

★在几次北京展覽館会議上，都有人高喊“我們的血統就是高貴的”。諸如此类的口号还不少。

★“联动”內部森严的等級制度在他們的袖章上明显地反映出来了。按照老子的級别，袖章有呢制、絨制、綢制、布制和尺寸大小的区别。多么露骨的封建等級观念！

★元旦社論发表以后，女六中全校各处貼出反动对联“老子英雄儿好汉，老子反动儿混蛋”横批“絕对如此”。这是“联动”的彻头彻尾反毛澤东思想的历史唯心論。

七、賊心不死、黃粱美梦、妄想再变天

在广大革命群众和三司等革命組織的反击下，“联动”节节敗退，土崩瓦解。这批傢伙見大势已去，于是改头换面，以下厂为名与工人右派組織捍卫团勾勾搭搭，以更隐蔽的方式活动搗乱，挑动工人斗工人，破坏工厂文化大革命。

从以上事实不难看出，“联动”完全是一个右派学生的黑組織，从他成立的第一天起，就扮演着可耻的角色。我們警告这些为党內走資本主义道路当权派保鏢的“联动”混蛋們：如果再不老实悔改，重新作人，强大的革命群众将要以泰山压頂之势，把你們打个人仰馬翻，永世不得翻身！

他們要干什么

揭联动暴徒六冲公安部

·一冲·

去年12月16日晚上，“北航紅旗”将两个企图偷摩托車并行凶打人的“联动”分子扭送公安部。正在公安部接待室与公安部人員接洽时，一伙“联动”暴徒冲进了接待室，搶走凶手并打伤紅旗战士。公安部的同志請双方安靜下来，有話慢慢談，不要动手打人。这些暴徒非但不听，反而破口大罵，用身体冲撞公安部的工作人員。动手打一位前来解决問題的付部长，接着对其他工作人員围攻，毆打，嚣张之极。为了保卫无产阶級专政机关，公安人員只得将其中打人最凶的几个拘留起来，继續对他們进行耐心的說服敎育。拘留期間，工作人員帮助他們学毛主席著作，沒带語录本的还发了語录。这样，他們終于“承认”了錯誤，作了检討。可是释放出来以后，却反咬一口，說公安部乱抓人。

·二冲·

12月28日上午，“联动”調来了二、三百名暴徒，强占了接待站的八个办公室，无理毆打在里边办公的同志，迫使这些同志离开办公室。他們还大肆破坏、砸烂玻璃窗、电話机，把痰盂、茶杯、墨水瓶等向公安部院里扔。工作人員在院內向他們喊話，請他們派代表来談，却被这些暴徒用弹弓打伤一个同志的眼睛，用石头打伤另一个同志的头部。中午，又有十几个暴徒从窗戶跳进院內动手打人，当即被公安人員扣下，让他們吃了飯，又对他們作了仁至义尽的說服，他們都先后承认了錯誤。到下午四、五点钟，在接待室的暴徒，又都从窗口跳到院里，将工作人員团团围住，連罵带打。另一部分暴徒围攻一位患心脏病的女同志，該女同志当場昏倒，而暴徒不让搶救，經过两小时的努力才把病人营救出来。这帮暴徒又擅入大礼堂，把里面的設备砸个乱七八糟。他們在礼堂里野驴般地尖吼：“高干子弟要掌权”！“打倒第三司令部”！“打倒公安部”！“枪毙三司后台”！“中央文革支持三司乱抓人”。“公安部权力下放”等反动口号，并撕下墙上的毛主席語录，把一些反动口号涂在墙上。这天半夜，一位副部长要找他們談，他們拒不理会，反而大罵什么“兎崽子”、“混蛋”等，把副部长赶出礼堂。第二天，即29日早上，他們把被扣留的二个打人凶手搶走，并将三个公安人員用绳子綁架到礼堂，进行围攻，謾罵。有一个同志被他們用绳子勒住脖子，差点儿噘气。他們还把装大便紙的簍子扣在工作人員头上。第三天，30日，革命的工人、学生要来支援公安部，他們才陆陆續續地溜走了。

·三冲·

事隔一天，即12月31日，“联动”又糾集了近一百名暴徒，再次冲进公安部接待站，强占了两个办公室。工作人員請他們派代表来解决問題，他們置之不理，并动手打人，当場推倒一个女同志，踢伤一个男同志，經公安部同志耐心說服，他們到一月一日下半夜才灰溜溜地逃掉了。

·四冲·

1月6日晚上十一时左右，“联动”又糾集了百余暴徒第四次冲公安部。这次他們公然从公安部的大門冲了进去。在里面大撒反动传单，写着什么“活着干，死了算”、“以牙还牙，以血还血”等。以后又冲入礼堂，再次搗毁礼堂的設备，包括电話机、配电室等，并在礼堂内点放鞭炮，涂写反动标語。第二天早上，公安部广播室把他們的所作所为广播出去，他們着慌了，企图搗毁广播室，但沒找着，便到处割电綫，砸喇叭。他們又想冲进南大楼，沒有得逞，又轉而拱进食堂，把食堂的四、五十斤粉腸和五、六十斤猪头肉搶吞一空。他們一边吃，一边还恬不知耻地說，“这是革命行动”，“他媽的，公安部的猪肉眞好吃”。眞他媽是一群下三賴！以后，革命群众聞訊赶来，这伙暴徒謊称总部来电話要他們回去，一溜烟地夾着尾巴仓徨遁。其实电話早让他們砸坏了。

·五冲·

一天之后，他們又一次糾集五、六百人带着菜刀、匕首等凶器企图冲入公安部，他們一路上大喊“打倒三司”，甚至喊“打倒江×”。由于不少革命群众聞訊自动赶来保卫公安部。“联动”的企图沒有得逞。但他們竟将“二踢脚”裝上鉄釘向負責守卫公安部的解放軍同志脸上扔过去，使好几个战士受伤。

·六冲·

可是他們的賊心不死，隔一天即1月11日，他們再次糾集五、六百名暴徒企图第6次冲公安部。这次自动前来保卫公安部的革命群众更多了，“联动”一到，立即就陷入了革命群众的汪洋大海之中，沒有冲成。在广大革命群众的严詞駁斥下，他們一小撮人理屈詞穷。但居然还无耻地向公安部提出所謂“最后通諜”，临走时还喊出“油煎江×”、“打倒周××”、“打倒陈××”，“刘××万岁”等极端反动的口号。

毛主席教导我們：“我們对于反动派和反动阶級的反动行为决不施仁政。”公安部依法逮捕了一些坚持反动立場的傢伙，好得很！打倒联动一小撮！枪毙联动后台！解放联动老百姓！坚决支持联动造反派！革命造反派联合起来！

戰報

毛主席语录

组织千千万万的民众，调动浩浩荡荡的革命军，是今天的革命向反革命进攻的需要。

第二期　　1967年2月16日
战斗兵团卫东第二大队宣传组

毛主席在军委扩大会议上的讲话

（一月二十七日周总理传达）

一、军队对文化大革命的态度，在运动开始時是不介入的，但实际上已介入（如材料送到军队保管，有的干部去军队）。在现在的形势下，两条路线的斗争非常尖锐的情况下，不能不介入，介入就必须支持左派。

二、老干部的多数到现在为止，对文化大革命还不理解。多数靠吃老本，过去有功劳，要很好在这次运动中锻炼改造自己。要立新功夺新劳（这時毛主席引用了《战国策》上的"触詟说赵太后"）。要坚决站在左派方面，不能和稀泥。坚决支持左派，然后在左派的接管和监督下搞好工作。

三、关于夺权，报纸上说夺走资本主义道路的当权派和坚持资产阶级反动路线的顽固分子的权。不是这样的能不能夺？现在看来不能仔细分，应夺来再说。不能形而上学，否则要限制。夺来后是什么性质的当权派，在运动后期再判断。夺权后报国务院同意。

四、交权后的老干部和新夺权的干部要共同搞好业务，保守国家机密。

《红旗》杂志第三期社论《论无产阶级革命派的夺权斗争》是毛主席亲自审阅和修改的重要文章

2月1日下午周总理在与工交口各部革命造反派座谈時，要求大家仔细阅读，认真学习《红旗》杂志第三期社论。周总理说这篇文章是毛主席亲自审阅和修改的，并说第三段主席改动最多。第三段中关于对待犯错误干部，文章中有这样一句话："只要不是反党反社会主义分子而又坚持不改和累教不改的，就要允许他们改过，鼓励他们将功赎罪"。其中"而又坚持不改和累教不改的"，总理说："这是毛主席加进去的"。当读到"只有这样才能使犯错误的本人心悦诚服，也才能使无产阶级革命派取得大多数人的衷心拥护，使自己立于不败之地，否则是很危险的"。这時总理说："读主席书多的人就知道这是毛主席的句子"。关于第三大段总理说："这里面有很多的话是主席的话。"

毛主席的指示

1、我认为十三个军区不要同时夺，要有前有后。

2、地方文化大革命正在猛烈开展，夺权斗争还在激烈进行。我们军队要支持地方革命左派进行夺权斗争。因此军队和地方文化大革命要叉开。

3、现在国际上帝、修、反，正在利用我们文化大革命继续大搞反华活动。如苏联在驱逐学生，新疆边境飞机活动多了，地面部队也在调动。凡是前线的大军区部队要有警惕，要有所准备。如济南、南京、福州、广州、昆明军区。所以文化大革命的时间要稍推一下。将来一定要搞的，顾大局。

周总理答夺权的有关问题

1、夺权后要不要党委公章？
答：不要用党委公章，还是用自己造反团的章子，夺了权以后成立夺权小组，夺权委员会，章子自己刻一个就行。

2、夺权以后是不是要把武器掌握在造反派手里？
答：缴获武器暂時封起来，稳定以后再处理。

3、夺权以后上级文件发给谁？
答：上级文件发给夺权委员会。

4、秘密文件应该怎样保密？
答：非常秘密的文件，指定非常可靠的革命左派过问，一般的就不必了。

就不能保证革命沿着正确的方向发展。

5、其他：1、去年6、7月的革命派在夺权的关键時刻不一定是革命派。在自己有了荣誉地位以后就会忘记阶级分析。同学们要甘当小学生。不要到别的单位去当工作队。革命要靠自己，要相信内部群众。2、不要搞资产阶级新闻作风，有些部队搞黄色新闻，这是转移斗争方向，不要这样作。

王力同志2月7日在新华社讲话要点

1、领导夺权斗争的临時权力机构，必须有个三结合的领导，即革命群众组织的负责人，革命的领导干部，当地驻军的负责人。这是判断和反映是否代表毛主席正确路线的夺权还是脱离群众的夺权的标准。

2、必须着重强调与革命干部的结合，这是当前夺权斗争的关键，这是当前一个强调的问题。这个政策关系到很多人。排斥一切、打倒一切的做法，正符合敌人的需要，我们不能这样做。省专市级的夺权，不是这样三结合的一概不承认。

3、克服革命造反派头脑中的小资产阶级思潮和无政府主义思潮是当前迫在眉睫的任务，这是能否把毛主席的路线坚持到底的关键。党中央要求：要服从中央的领导，要和无政府主义决裂。这种思潮必须用毛主席思想严肃对待，决不能允许对无产阶级司令部也怀疑，也打倒。

4、要接受巴黎公社的教训，要充分利用权力机构和专政工具。不形成强有力的临時权力机构

简讯几则

一、最近北航红旗很重视干部的问题。在二月十七日召开了全院中上层干部会议，会上一些干部摆了自己的活思想。据悉，中层干部都动得较好，纷纷写大字报，向群众亮相。

二、目前天津市正处在大联合、大夺权的前夕，军队和市委的革命干部已站出来了。天津广大革命群众都支持解学恭同志站出来，领导革命运动。

三、王力同志在二月十四日晚对北大、北师大、人大五十名学生谈到如何对待干部的问题。王力同志说：在无产阶级文化大革命中，涌现出大批优秀人物，将来国家的命运，是要交给他们，都要靠他们，但整个国家交给他们还要有个过程，还搞去在当初叫"当权"字的都靠边站不行。对于一些犯错误的干部，一定要按照毛主席的干部政策路线去做。毛主席的这条路线是和王明路线相对立的，王明对犯错误的干部都是打倒、推倒，搞残酷斗争无情打击。

四、谢富治同志在二月十七日下午接见首都革命造反派、夺权斗争委员会的同志时，谈到革命造反派内部问题时说，不要互相打架了，不要发互相攻击的传单，不要随便抓人，骂人都要看到自己的缺点，不要只看到别人的缺点……。

五、据讯《赤旗报》（日修的喉舌）最近在其报的头版头条刊登了一篇不展署名的文章，题目是《关于"红卫兵"对我们党的激烈攻击》。对我红卫兵的揭露十分害怕，下的资料，他们恶毒污蔑我国红卫兵正说明了我们做的对！我们深信日共修正主义的丑恶嘴脸，必将被广大日本人民所识破；日本人民的反美反修斗争必将取得胜利！

六、最近校外流传的所谓陈伯达同志六七年一月七日提到所谓假党员问题的讲话，乃我校一同学的一篇大字报，切勿当作中央精神。

（井冈山）

天津大学一中毛泽东思想红卫兵

驻京第二东郊造反队 翻印

最　高　指　示

什么人站在革命人民方面，他就是革命派，什么人站在帝国主义封建主义官僚資本主义方面，他就是反革命派。

彻底砸烂张淮三叛党集团

在揭发批判万張反革命修正主义集团的斗爭中，原市委組織部革命干部李超同志貼出了一張革命的大字报，揭露了万、張反革命修正主义集团的“付帅”張淮三，一九四八年的自首叛党問題，使我們不能不想到万、張反党集团中包括着一个叛徒集团，甚至有潜伏的特务机构，为了揭开黑幕，挖出这些定时炸弹，我們抱着“关心国家大事，把无产阶級文化大革命进行到底”的决心，走向社会，进行艰苦細緻的調查工作。

我們查閱了敌伪报紙后，提审了胡平，并参考他所提供的綫索，先后查詢了同案人金爽，曹东，胡平等11人，还查訪了有关人員馮东生、楊英等12人。現将調查結果公布如下：

一、案　情　概　述

——张淮三等自首叛党鉄証如山，不容抵賴！

一九四八年，我人民解放軍在伟大領袖毛主席的亲自指揮下，打退蔣介石反动派几百万軍队的进攻，轉入了全国規模的大举反攻，解放战爭节节胜利，毛主席英明的指出“曙光就在前面”。我天津地下党組織为配合大軍解放天津，加强組織宣传工作，准备迎接天津的解放，迎接解放战爭的最后胜利。但是，一敗涂地、面临全面崩潰的蔣匪帮不甘心其灭亡的命运，还在作垂死的挣扎，疯狂地搜捕我地下党。正是在这样的情况下，天津地下党的一个系統——职工会（工运系統）被可耻的叛徒出卖了。

当时的地下党“干事特派員”王善秋准备派袁桂林和孙金城去解放区学习，誰知孙金城叛变了，将此事告知了他的姐夫（国民党大枪队队长）当即指捕了袁桂林。袁經不起敌人的严刑拷打，轉天就叛变了，带着他的外甥姚家玉（国民党手枪队）把王善秋騙到酒館中喝酒，逮捕了王。王善秋也是个醋缸里泡出来的軟骨头，很快就供出了当时职工会委員张毓川（曹东）。这个曾叛变过党的曹东，被捕后立即又叛变了，他带領着敌特到处指捕，一連数日和特务乘坐汽車疯狂地大肆地逮捕我地下党人員。頓时，天津市籠罩着一片恐怖气氛，当天晚上（一月三日）九点，他就带領敌特逮捕了赵健、到午夜，地下工作者张国珍也落入敌人的魔窟，到四日晨，又捕了金爽（刘威新），紧接着又捕了李万川、胡平、吳大树等人。敌特在金爽家臥底，正巧张淮三去送活动經費（金子二两二錢）当即被捕。此时，敌特更加疯狂，到处逞凶，見人就抓，稍有可疑的，即行逮捕，从一九四八年一月一日到七日，共捕八十三人，其中以张淮三职位最高，是当时天津市地下党的学运书記。

当时被捕的有：

张叔康（张淮三）；

宋　捷（张淮三之妻）；

刘威新（金爽，现任南开区副区长）；

王俊臣（刘光星，现任天津鉄路車輪厂厂长）；

赵　健（原省工会干校总务科长，现退休）；

王振生（和平区修配服务公司业务科长）；……共八十三人。

这就是当时敌报大肆宣赫、震动平津的案件，为此敌特得到提前晋級，蔣賊死还以重金奖賞了伪四分局局长特务头子张培英。（此犯五〇年被我人民政府鎮压）。

了平津以至全国，敌人对此案的重視由此可見一斑。

然而，这样一个“要案”，被捕者为什么仅仅关押四个月即被安全释放呢？难道只要填写一个自首书就可以完事大吉嗎？更奇怪的是視財如命的敌人竟然在释放张淮三后，給其开証明将金子全部取回。这一个个的問題不能不引起我們的深思。在我們經过一番調查之后，可以得出这样的結論：这完全是敌人和叛徒狼狽为奸所耍弄的一套阴謀詭計。

一九四八年底，蔣匪軍已处在全面崩潰的前夕，解放战爭的最后胜利即将来临，蔣匪帮妄想将来卷土重来，他們一方面派遣大量特务潜伏下来，另一方面利用那些叛徒打入我組織內部，为他們反攻作好准备。很多迹象表明，张淮三一伙就是受敌人指使长期潜伏在我革命队伍中的“特务嫌疑分子。”

十儿年来，张淮三、金爽、王俊臣等一伙狐狸，依仗他們的后台，凭借他們的狡猾伎俩，互相包庇，瞞天过海，欺騙了組織，窃居了党內要职。

他們是怎样欺騙組織的呢？

他們的一张挡箭牌是：“我們的組織沒有再被破坏”想用这张虎皮来吓唬人，遮人耳目。当时的伪报（民国三十七年二月十八日民国日报等）都登载了地下工作系統的主要負責人，这就是他們出卖組織的鉄証：

他們的另一个手法是訂立同盟，互相吹捧，企图給他們叛徒的咀脸涂上一层金粉。看看叛徒胡平的交待材料吧：“在我和王俊臣在天津短住的过程中……我和王俊臣說过，回解放区后，你交待你的，我交待我的，誰也別連誰……我告訴他說张淮三、金爽是好样的，在对敌斗爭中，他們是坚定的。但在北京的对敌的叛党宣誓，只說在青訓队凡释放的人都需要經过这套手續，叫組織去审查吧。……实质上我和王俊臣在回解放区前就已訂下攻守同盟，已經下定决心，欺騙党組織了……”

“另外，在我和王俊臣的坦白交待問題中，一再突出张淮三、金爽在敌人面前的所謂传奇的传說，如什么张淮三用皮鞋踢匪警察，如何刑訊不供招，而金爽由于受刑早产。这样一方面达到表揚他們，而相对之下，蒙蔽了我和王俊臣的眞实情况……。

在我們审問金爽，赵建等人的过程中，他們口径很一致，确实如胡平交待的那样，他們肉麻地吹捧张淮三在敌人面前如何坚貞不屈，大鬧刑堂，事实果眞如此嗎？据我們了解，金爽的孩子在獄中喝的是牛奶吃的是乳粉；张淮三在獄中还吃到香甜的花生米，关押几个月一点也不見瘦，难道敌人会如此款待坚强的革命者嗎？

刘媄新（金爽，现任南开区副区长）；
王俊臣（刘光星，现任天津鉄路車輪厂厂长）；
赵　健（原省工会干校总务科长，現退休）；
王振生（和平区修配服务公司业务科长）；……共八十三人。

这就是当时敌报大肆宣赫、震动平津的案件，为此敌特得到提前晋級，將該死还以重金奖賞了伪四分局局长特务头子张培英。（此犯五〇年被我人民政府鎮压）。

多少革命先烈，为了保全党的地下組織不受敌特破坏，为了中国人民的解放事业，他們視死如归；忍受了多少惨无人道的酷刑。可是，曹东等狗东西为了保住自己的狗命，出卖了組織，出卖了同志，背叛了革命，背叛了党，成了可耻的叛徒。

国民党反动派逮捕了张淮三等人后，如获至宝，妄图乘机扑灭天津市的革命烈火，他們把这批"要犯"从伪四分局轉到警察总局。张淮三这个混进党內的混蛋被捕后为了保住自己的狗命，千方百計地討好曹东，苦苦哀求叛徒曹东保护他。曹东供认："在天津警察局，我跟张淮三在一个监獄押着，在夜間，拿他的大衣蒙着我两人的头，张淮三跟我說多吃，好抗敌人的刑，千万别說别的。（見附件二）眞是卑鄙至极！

經过多次审訊，二月份又移送伪天津督备司令部（稽查处）扣押审訊。叛徒张淮三承认了自己是地下党的負責人。三月份，特务机关释放了此案中牽連被捕的40余人，把张淮三、金爽等二十余个"要犯"解往国民党北平行轅青訓队"受訓"。

在北平行轅，他們被分别扣押起来，經过几次审訊后，就进行所謂"编队""受訓"了（即：换上国民党的軍裝，分到各队中接受国民党的"訓示"，內容有：軍訓、上反共課、服劳役等。）而张淮三这个特殊人物，在审訊后，却未被"编队"，还曾上过脚鐐，他在和胡平分手时，曾对胡平讲他的事"有些麻煩。"（見附件一）

究竟是怎么麻煩呢？請看李超同志的揭发："国民党的高級特务对张淮三专門进行三审，解放前夕，敌特将张淮三这个"要案"的三审材料运往台湾，审张的高級特务也逃往台湾。"这清楚地說明了张淮三这个叛徒供出了重要的情报，出卖了党。这就是张淮三所謂"有些麻煩"的眞象！

再看金爽。曹东供："曹看見金爽在獄中洗衣服，不象受刑的样子。在獄中生的小孩还吃着奶粉、牛奶……"够了！这些足以看出，他們是一群为了苟且偷生而不惜出卖党和人民利益的可耻叛徒。

被解往北京行轅的这二十几个人是分三批释放的。第一批是在48年4月份。有袁桂林等人，过了不久（5月1日）释放了第二批，有张淮三、金爽、王俊臣、胡平等人，在同年10月，又释放了第三批，有曹东等人，經过多方面調查証实，以张淮三为首的这批叛徒在出獄前，都履行了一套手續，填写了"自新人員登記表"，并写上名字，按上手印。紧接着又填写了"資遣証明书"，內容是"……各軍警、宪（指匪部）關口查閱放行……"据袁桂林供认："还扣有李宗仁的大戳子。"更令人气愤的是这些无耻的叛徒，竟然在人民公敌蔣該死象前，在国民党的青天白日旗下举起右手"宣誓"："余誓以至誠，信仰三民主义，永远与共产党脱离关系，服从总裁訓示，遵守政府法令，并严守本部一切机密，如有违背，願領受最严厉的制裁。"张淮三等叛徒宣誓反党，罪該万死，罪責难逃，不容賴！

被敌人突然提前释放的叛徒张淮三，就是这样从狗洞里爬了出来，敌人对这个"要犯"倍加照顾，在出獄前，特务还叫张淮三改了口供，将被捕时手中拿的进步杂志是"擦屁股用"的，改为"好奇"，而张淮三則唯命是从，眞是可耻至极！同时敌人还給他开了証明，介紹他到天津警察局取回被捕时扣下的金子。

张淮三到天津后不久，就"平安"地回到了解放区，城工部，并且通过刘仁等接上了組織关系。

这就是张淮三等叛党的前前后后，就連叛徒胡平等人也不得不承认自己"自首叛党，特别是在北京释放前的宣誓是正式叛党的鉄証。"张淮三等叛党鉄証如山，是抵賴不掉的！

二、用假象欺騙組織，訂同盟瞞天过海

敌人进行大肆逮捕之后，一方面大犒其所謂"有功"之爪牙，办此案的天津伪警察四分局全体受奖、晋級、增薪；另一方面又大肆宣揚，当时的天津伪国民日报，大公报都全版刊登这一消息，轰动在北京的对敌的叛党宣誓，只說在青訓队凡释放的人都需要經过这套手續，叫組織去审查吧。……实质上我和王俊臣在回解放区前就已訂下攻守同盟，已經下定决心，欺騙党組織了……"

"另外，在我和王俊臣的坦白交待問題中，一再突出张淮三、金爽在敌人面前的所謂传奇的传說，如什么张淮三用皮鞋踢匪警察，如何刑訊不供招，而金爽由于受刑早产。这样一方面达到表揚他們，而相对之下，蒙蔽了我和王俊臣的眞实情况……。

在我們审問金爽、赵建等人的过程中，他們口径很一致，确实如胡平交待的那样，他們肉麻地吹捧张淮三在敌人面前如何堅貞不屈，大闹刑堂，事实果眞如此嗎？据我們了解，金爽的孩子在獄中喝的是牛奶吃的是乳粉；张淮三在獄中还吃到香甜的花生米，关押几个月一点也不見瘦，难道敌人会如此款待堅强的革命者嗎？

他們是否接受任务长期潛伏下来的呢？請看以下事实：

1.我們审問叛徒曹东时的一段口供如下：

"在释放我前几天，一个穿便衣的人把我叫到一个房子里問我：'你去天津在什么地方住？''我在河东租了一間房子还沒住呢；'我就問敌人'問我住在什么地方干什么？'敌人說：'有人找你'，敌人說现在不說，找你以后再給你說。"

2.王善秋的口供也說："从北平行轅出来后，还叫我們联系，后来誰也沒联系。"問："联系誰呢？"答："就是联系国民党那些人唄！"

据此，敌人是否給了他們潛伏的任务，不是很清楚了嗎？对这些普通人員尙且如此，对张淮三等負責人敌人能輕易放过嗎？

3.再看看张淮三这个大叛徒，他出獄后天津警察局还对他进行监視，而这个叛徒居然还給监視他的特务送了礼。张淮三却恬不知耻地对××說这是"为了使敌人不另生节枝和取回金子。"另外，当时他出獄后与他接头的政治交通員××同志提供：当时在接头地点看到张淮三时，他身穿浅色的衣服，戴着綠色眼鏡，騎着車子，长的白白胖胖，不見瘦。张淮三問："我可以跟你走嗎？"可是接着又說要先上北京去一趟，在北京上了戶口，以后再消掉才回来。結果张淮三在北京呆了一个来星期才回天津。他到底抱着什么目的上北京，在那儿又干了些什么？不能不令人深思！

4.张淮三的老婆宋捷的弟弟原是国民党北平空軍飞行大队长，这个与人民为敌到底的反革命分子，在蔣家王朝垮台时逃往台湾，解放后宋捷竟将全家的照片寄給他，身为国家干部竟能私自与蔣賊盘踞的台湾通信，他們之間的关系更是令人深思的。

5.更值得注意的是在天津市即將解放之际，金爽，李万川等突然被第二次逮捕，却只仅仅扣押了十几天，而金爽又与审她的特务徐銘关系密切，这又說明一定問題？

为了弄清問題，我們把北平行轅"青訓班"的情况簡单介紹一下，該为"青訓班"以管押共产党員，进步学生，工人为主，有时捕押解放軍战士，經扣押审訊后有十种处理办法，如移送匪司法机关分开审判；留队感化；"刑滿释放"；"提前释放"；"控制运动"等。在控制运动中又有三种情况，其第三种是自行找工作组与匪青訓大队經常保持联系，接受匪特任务。其主要有刺探情报、协助內应、刺杀首长、长期潛伏待机而动等。

請革命的同志想一想，张淮三之流到底是什么人物?！

三、揪住黑綫，挖出黑根

猛轰包庇张淮三叛徒集团的后台

以万晓塘为首的反革命修正主义集团利用他們窃踞的要职，一直对抗我們伟大的領袖毛主席，惡毒抵制战无不胜的毛泽东思想，妄图变天津市成水泼不进，針插不进的修正主义独立王国。为了适应他們反革命复辟的需要，天津黑市委在組織路綫上一貫推行招降納叛的方針，为自己网罗党羽結成反革命死党，这些叛徒在他們的包庇下长期霸占着天津市党、政、工交系統的許多領导崗位。

天津市解放以后，在1950年的鎮压反革命运动中，将1948年逮捕我地下工作人員的罪魁祸首蔣匪特务头子，伪天津警察分局局长张培英枪决下。一小撮别有用心的阴謀家利用这个机会大肆吹捧张淮三等人为他們树碑立传。

在处决前，由市委組織部的馮东生，还有路达，于致远（解放前天津地下党工建負責人，现任河北省总工会主任）召集了1948年被捕的十几个天津地下党工作人員开了个会。张淮三、金爽、赵健、胡平、张国珍、吳大林、李万川等人参加了。在会上利用控訴特务罪行的机会，极力吹捧张淮三等人如何"堅眞不屈""頑强斗爭"从而統一了口径，定下了調子。在审訊张培英时又叫张淮三亲自出庭作証，完全肯定了张淮三。

这还不够，在鎮压了屠杀革命者的劊子手张培英后，他們又利用"天津日报""大公报"等报刊来替张淮三等叛徒評功摆好。1950年11月24日在"大公报"上登載了"特务头子杀无赦"一文。文章肉

麻地吹捧这群无耻的叛徒如何堅强，在"結尾中竟恬不知恥地写道："张叔康同志就是我們敬爱的张淮三同志，刘嬪新同志就是金爽同志。眞是令人作嘔！

1951年7月1日，天津日报又以題为"共产党員是英勇不屈的——紡織工会女工部部长金爽"載文，将这个在敌人面前卑躬屈膝，无恥地領着一帮叛徒在人民死敌蔣該死的狗头象和国民党的青天白日旗下进行反共宣誓的癞皮狗自吹自擂說得天花乱墜，胡說自己如何頑强地抗住了敌人种种残酷的刑法，如何"两次粉碎了敌人的逮捕拷問"，……妄图把一个背叛党背叛人民出卖灵魂的叛徒裝扮成英雄！

到了1962年，张淮三等人的叛党問題已几經揭发，然而天津黑市委仍不惜工本继續开动宣传机器极力为张淮三开脫，企图掩人耳目。在62年7月10日的"天津日报"上刊登了"蔣匪特务头子的滔天罪行"一文。这篇文章是經过市委宣传部付部长李麦审閱才发表的，里面通篇謊言，又把五一年的旧調重弹說什么敌人把金爽咀里"塞上炉灰。刘嬪新(即金爽)昏过去了，又被凉水泼醒，继續上刑……另一位被捕的地下工作者张叔康（即张淮三）甚至被吊起一只手和一条腿来毒打；还有的同志被匪徒們拔头发，打成残废，但这些无畏的战士，宁死不屈。"呸！簡直是放屁！

1955年审干期間，公安局审查解放时接收的敌伪档案里发现了张淮三的亲笔自首书和二次审訊記录，于是天津市委指派审干办公室主任李超同志和江枫同志組織了"专案小組"来审查张淮三的历史問題，但窃踞了审干委員会主任的万晓塘欺上瞞下，竭力包庇张淮三。李超同志揭发："……在审查张淮三时，根据以上情况，我起草张淮三的审查結論时，原为自首叛党，万不同意，后来把結論改为自首，万仍不同意，故未向中央組織部报（当时天津市为直轄市，市委常委的审干結論要經中央組織部批准）张淮三的审干結論就挂起来了。不久，张就提为市委书記处书記。北京的刘仁（原华北局城工部长）对天津市重用张淮三有意見，万晓塘就到北京找刘仁，不知怎么談的，刘仁不追究了。后来万晓塘对我們起草的結論进行修改后送中央組織部。万亲自找安子文面談，于是安就批准了修改意見。"就是在他們的包庇之下，这个大叛徒解放后扶搖直上，历任团市委书記，地方工业局局长、市委組織部长，市委常委，市委书記处书記等要职。物以类聚，人以群分，从此张淮三与万晓塘等結成死党，成为天津黑市委反党的一員主将。同样在万张集团的卵翼下，其它叛徒也一一安然过关。如当时对金爽的审干結論原为"自首叛党"，她不同意，找到张淮三大哭大鬧，后来給改为"自首"，最后又給改为"政治动搖"才算了事。叛徒王俊臣1954年在天津管理局公安处工作时，說有人向組織上检举王俊臣是叛党分子，当时組織上虽停止他的工作四个月，也在大叛徒张淮三一手包庇下，写了个証明才把案子結下来。他們就是这样长期欺騙組織互相包庇。

在伟大的社会主义教育运动中，群众运动的熊熊烈火又烧到张淮三的身上了。这时河北省党內最大的走資本主义道路的当权派——刘子厚也慌了手脚，成了一个专門审查組，由公安厅的二位付厅长負責审查工作，把这个重大問題包起来，結果也是不了了之，从63年一直到文化大革命也杳无音訊，既沒向中央报案，也沒动张张淮三一根毫毛，张淮三还是高高在上，稳作他的市委书記。很明显刘子厚要弄的一套手法也是包庇张淮三。

张淮三之流所以能够长期消遙法外，窃据我党政机关領导大权，大搞資本主义复辟活动，不仅是因为他們和天津市委以万晓塘为首的反革命修正主义集团狼狽为奸，互相勾通一气，而且还因为他們和刘少奇反革命修正主义集团有千絲万縷的联系，处处得到刘仁、安子文、薄一波等人的庇护。

张淮三在延安时，曾任刘少奇叛党集团核心人物楊献珍的資料員。后来在华北局城工部长刘仁（彭眞黑帮的干将）那儿受过訓，由刘仁派到天津担任地下学运系統負責人。张淮三出獄后又是在刘仁的一手包庇下，恢复了組織关系，重新安排了工作。解放后，万张集团与彭眞反党黑帮集团互相勾結，一唱一和共謀反革命复辟活动。张淮三对于旧北京市委的修正主义黑指示一貫視为珍宝，大肆吹捧幷堅决执行；他还經常通过廖斗寅（原薄一波的秘书、后来在天津某厂任书記、张淮三一手将其提拔为經委付主任）索取薄一波的黑指示。张淮三就利用职权处处大力宣揚薄一波的种种修正主义謬論，恶毒抵制主席思想，犯下了滔天罪行。

为什么张淮三之流叛变革命十几年之久，却一直消遙法外，步步高升，飞黃騰达？刘少奇大叛徒集团就是他們黑根和后台，他們与刘少奇大叛徒集团狗命相依，黑心相連，上下串通，狼狽为奸，欺騙党中央欺騙毛主席，对党对人民犯下了滔天罪行。"宜将剩勇追穷寇，不可沽名学霸王。"我們必須乘胜追击，将他們的黑根黑綫通通揪出来砸个稀巴烂！

最　高　指　示

奸訂立攻守同盟，編造鬼話謊言，欺騙党，欺騙群众，重新混入党內。現在，在人民面前却大叫"保密"，你們保的是什么密？还不是隐蔽自己那段变节投敌的丑史，隐瞞敌人交給你們的潛伏任务，这不是为自己的卑鄙的灵魂保密，为国民党反动派"严守本部一切机密"甘当蔣匪的狗奴才又是什么？

旣然是保密，为什么在解放后又在报上多次发表文章，大吹大擂自己在獄中的"英勇事迹"呢？这只能說明他們要頑抗到底，自絕于党，自絕于人民，要做不齿于人类的狗屎堆！

为什么这些敗类叛变革命十几年之久，却一直消遙法外，步步高升，飞黃騰达？刘少奇大叛徒集团就是他們的黑根和后台，他們与刘少奇大叛徒集团狗命相連，黑心相印，他們一直受到包庇和提携；在天津，万晓塘等都是包庇他們的罪魁！有潛伏特务嫌疑的叛徒张淮三和反革命修正主义分子万晓塘狼狽为奸，結成死党。万张反革命修正主义集团上串刘少奇反革命修正主义集团，在下网罗一大批牛鬼蛇神，勾結地富反坏右分子，兴妖作怪，瘋狂地反对毛泽东思想，对抗以毛主席为首的党中央，企图把天津市搞成資本主义的独立王国，他們时时企图顚复我們无产阶級专政，企图盼蔣重来，在中国复辟資本主义。我們絕不能叫他們的阴謀得逞，我們无产阶級革命派当前迫在眉睫的任务就是在毛泽东思想的伟大紅旗下联合起来，实行革命的"三結合"，把万张反革命修正主义集团所窃据的党政財文大权統統地夺过来！把万张反革命修正主义集团彻底砸烂！

"要扫除一切害人虫，全无敌"

打倒叛党分子张淮三！

彻底砸烂张淮三叛党集团！

彻底砸烂万、张反革命修正主义集团！

彻底砸烂刘少奇大叛徒集团！

伟大的无产阶級文化大革命万岁！

无产阶級专政万岁！

战无不胜的毛泽东思想万岁！

我們心中最紅最紅的紅太阳毛主席万岁！万岁！万万岁！

南大卫东四支《降妖》战斗組

一九六七年三月十五日初稿

附件〔一〕：

关于我被捕的經过材料（摘录）

……

我在北京青訓队释放的經过：

……我們到北京后被分押不是两个就是三个地方。和我們在一起的有王俊臣、张淮三、曹东。大約在号內押了一个星期左右的一天晚上叫我們去过堂。这次問得比較簡单，大体就是一般核实一下原有口供。在我和王俊臣問完回来后，就开始叫出张淮三去。张去了大約不到一个小时的样子就回来了，这时他就被带上脚鐐了。……轉天我們別人只过堂的就所謂編队受訓了。而当时张淮三未被編队。在我离开张淮三时，他曾对我說过他的事有些麻煩，究竟怎么麻煩他沒具体說。……我利用一个偶然的机会打听过一个也是属于当时在押的一个小孩（因他是侍候当时匪軍官的，可以在押人的号筒內隨便走动，有时也帮助給在押的人送飯送水）問他和我們一块押的那个代鐐的犯人还在嗎，据这个小孩（实际約十六、七岁）說还砸着鐐呢！后来大約又过了一个礼拜，……据赵建跟我說（他也是听来的）张淮三又过了一次堂，已經把脚鐐拿下去了，以后就沒听到张淮三的消息了。

……到了离大門不远的一間屋里，轉着桌在排队登記一张自新人員登記表，內容是姓名，年龄、籍貫……永远通訊地点等等。是由一个匪軍官給边塡的，完事每人在表后写上自己的名子幷按上手印。……在这个登記期間，我始終沒有見到张淮三和金爽，后来我們办完这个手續后就又叫到另外一間狹小的屋里，这里布置得像一个宣誓的場面，屋正中墻上挂着国民党旗，中間挂着孙中山的象。到了这屋后，由一个軍官对我們这十几个人讲話，在讲話前由外边进来一个軍官，說还有两个人等一会，这时我見到张淮三、金爽先后进来，这时这个匪軍官就对我們这廿几个人說（其中我认识的有王俊臣、王振生、张淮三、金爽等，別人不认识，其中有几个还不是属于我們这一案的）"你們的問題算完了，今后出去好好做老百姓，不要与八路軍来往了，做一个善民。如再有其他軌外行为就会对你

在拿枪的敌人被消灭以后，不拿枪的敌人依然存在，他們必然地要和我們作拚死的斗争，我們决不可以輕視这些敌人。如果我們現在不是这样地提出問題和认識問題，我們就要犯极大的錯誤

四、彻底砸烂张淮三叛徒集团

在我們伟大的領袖毛主席亲自发动和领导的无产阶級文化大革命中，无产阶級革命派高举毛泽东思想伟大紅旗，下定决心，不怕牺牲，排除万难，誓死卫东！向党內一小撮走資本主义道路的当权派发动了猛烈的攻势，万张反革命修正主义集团被揪出来了，张淮三叛徒集团的丑恶咀脸也拿来示众了！这是毛泽东思想的又一伟大胜利！

回顾中国革命的光輝历程，有多少革命先烈，在敌人屠刀下大义凛然，英勇不屈，視死如归。他們从入獄的那天起，就下定决心把自己赤誠的紅心，把自己的生命献給人类的解放事业。他們对党对毛主席充满了深厚的阶級感情，他們"想到人民的利益，想到大多数人民的痛苦"他們不畏敌人的强暴，"革命何須怕断头"，他們早把个人的安危置之度外，他們横眉冷对那些杀人魔王，"严刑利誘奈我何"头可断、血可流，革命的精神不能丢；为革命，他們"宁可把牢底坐穿"，"为有牺牲多壮志，敢叫日月换新天"，他們不愧为党的优秀儿女，中华民族的精华。他們在烈火和热血中得到永生，永葆其革命的青春！

而张淮三一伙怕死鬼，却在敌人的法庭上吓得灵魂出窍，为保住自己的狗命屈膝投降，叛变革命，出卖組織。甚至拜倒在人民公敌蔣該死的象前，他們的灵魂何等卑鄙！何等丑恶！这群阶級的败类必定要受到历史的懲罰和人民唾弃。

可是十几年来，张淮三之流却消遥法外，步步高升。原来他和他的包庇者們利用职权，利用他們霸占的宣传机器，瞞天过海，精心編造了一套他們在獄中的所謂"英勇不屈的斗爭事迹"，把屈膝媚敌的败类，打扮成視死如归的英雄以达到他們招降納叛，結党营私的卑鄙目的。

然而，烏鴉的翅膀怎能挡住太阳的光輝，謊言怎能遮蔽眞理。如今他們那一套騙人的鬼話已被无情的事实彻底戳穿了，被他們颠倒的历史又被我們无产阶級革命造反派扭轉过来了。张淮三之流叛变革命是鉄証如山，不容狡辯的！他們及其包庇者逃脫不了人民的审判！但是敌人是决不甘心失败的，他們必然要以各种方式进行垂死的挣扎。在事实眞象已逐漸大白的情况下，他們又拼命地宣揚种种"变节有理，叛徒无罪"的謬論，以攻为守，企图蒙混过关，对此我們必須迎头痛击，怒加駁斥。

一曰，"这是在出獄时'历行手續'，言外之意，就是'这不叫叛变'。"

"历行手續"，說得多么輕松！让我們看看到底是怎样的手續吧？塡写自新人員登記表，在人民公敌蔣該死和国民党旗下"宣誓"：永远与共产党脫离关系，服从总裁訓示……"，够了！根据这些就足以証明他們是无耻叛徒，难道毫不变节的共产党員会履行这个手續？难道拜倒在蔣該死膝下的癩皮狗不是阶級的败类？党章上又有那一条規定党員可以履行这样的手續呢？照他們的邏輯只履行一个手續，就可以出獄，这倒是保存革命力量的"妙法"，这是混蛋的邏輯、叛徒的哲学！其实他們保存的不是革命的力量，而是一文不值的狗命，保存的是反革命的力量。

二曰："我的身份沒有'暴露'，张淮三山獄后，就是这样說的。其意是："我沒有供出自己的身份，也沒有出卖同志，就被释放了。"

这純粹是騙人的謊言，鬼話！当时正是平津解放前夕，国民党岌岌可危，正在疯狂大屠杀，当时蔣該死宁肯錯杀一千也不放过一个共产党員。张淮三这个伪报上都透露的"要犯"，敌人会白白地释放嗎？难道你沒有暴露身份会被作为"要犯"带着脚鐐解往北平行轅？难道沒有暴露身份也值得一个国民党少将特务头子亲自审問嗎？难道沒有說出任何东西的供詞也值得这特务头子亲手带到台湾去嗎？解放后从敌伪档案中又发現了你淮张三的亲笔自首书，难道你的身份还沒有暴露嗎？企图以这套瞎話欺上瞞下，蒙混过关是絕对办不到的。

这二招都不行，他們又拿出最后一张王牌曰："这是党的机密，不能讲。"这就是金爽拒不交待的"充足"理由。奇怪，我們倒要問这是那个党的机密？他們是为誰保密？

这些叛徒在敌人面前，言听計从，有問必答，出卖党組織，出卖同志，毫不保密，出獄后狼狽为奸完了，今后出去好好做老百姓，不要与八路軍来往了，做一个善民。如再有其他軌外行为就会对你們不客气了。"說完后每人給了一张小条，內容是印好的，約有十几条：信仰三民主义、服从政府法令、永远不和共产党来往，幷大胆检举共产党、遵守秘密（指被捕在这的情况）等。每人在宣誓前举起一只手。这个匪軍官就叫金爽領着大家念，她念一句，大家讀一句，完了后，每人在这个小条下按上指紋交回。……出了这間屋子就离这里大門不远了。我和王俊臣、王振生先出来的，我們出了警哨后离开大門到街上，我就对王俊臣說："走慢点，咱們等一下张淮三。"但我們边走边等，大約有二十分钟也沒見张淮三出来，这时跟我們一案的几个人都說："快走吧！呆在这干什么？"我們为了避免嫌疑就六、七个人一块走了。……

在这个期間我主要与王俊臣談話的內容是叫他回解放区后把自己在监獄中所交待的問題向組織上說，但千万別連上我。我說："你不是在敌人面前沒說认識我么，你仍这样說：因为你是由王树林指捕的，你也沒拉出別人，咱們虽被捕但咱們領导下的关系也沒遭到破坏，这点組織上从事实上就会相信。我呢，是曹东指捕的，我也沒有拉任何人，組織上也可以考察我。关于在北京的宣誓問題，咱們出来的人都这样做了，連金爽、张淮三也这样了，我想这点向組織上談，組織上也会諒解的。总之咱們一定把张淮三、金爽在獄中和敌人的斗爭（实际上現在想起来是美化他們）事实上我和王俊臣在被敌人第一天逮捕后即自首叛变了。特别是在北京释放前的宣誓是正式叛变的鉄証，已談不到什么斗爭不斗爭的問題了。这实际說我和王俊臣已叛党了，但在回解放区前又定下了共同欺騙組織的新罪行。后来我們回到解放区后都是履行这个攻守同盟的，在整个交待問題中始終誰也不拉誰，在材料中每逢提到张淮三和金爽时总是强調他們在刑訊中如何如何坚强，实际許多情况我都沒見到，尽是听說他在匪分局时如何用皮鞋踢特务，但他在敌人宣誓中他也在叛变革命了嘛。金爽也是如此，就这样騙取了党的信任。

……

胡　平（手印）

1967.2.12.

以上共八頁

此材料是我队犯人提供，供参考。

天津市第三劳动改造管教队章

1967年2月13日

附件〔二〕：

曹东交待材料

……

在北京集中营宣誓在释放前有五、六天。墙上挂着孙中山、蔣介石的象，还有国民党的党旗，在下边立着的人对着行礼台上有一个人宣讀誓詞，宣讀的誓詞我不詳細了。

……在释放前有一个穿便衣的人把我叫到了一个房里問我：你在天津什么地方住，我說在河东租了一間房还沒住呢。我就問敌人問我上天津什么地方住干什么，敌人說有人找你，我說找我干什么，敌人說有事，我又問有什么事，敌人說現在不說，找你去再跟你談，我說找我好找，我在鳥市那里卖紙烟，天天在鳥市出摊，敌人叫我画了押就叫我回监獄了。

……

〔补充〕

被捕后在天津总局跟张淮三在一个监獄押着，在夜間拿他的大衣蒙着我两人的头，张淮三跟我說多吃好抗敌人的刑，千万别說别的，我想再問张淮三就推我沒說別的。

曹　东（手印）

1967年3月6日

南开大学卫东四支《降妖》战斗組

1967.3.26

向革命小將学习，堅决站在毛主席的革命路綫一边！

——革命领导干部关怀天津中学紅代会的誕生

李雪峰同志的講話

紅卫兵小将，同志們：

我热烈祝賀天津市中等学校紅代会的开幕。（掌声）让我和同志們一起共同高呼我們的偉大領袖毛主席万寿无疆！万寿无疆！（热烈掌声）

今天这个大会是天津市中等学校紅卫兵大联合大团結的胜利大会。（掌声）是偉大的毛澤东思想光輝的又一新的胜利。（掌声）是以毛主席为代表的无产阶級革命路綫的又一新的胜利。（热烈的掌声）天津市中等学校的紅卫兵小将們，在十个月的斗爭中，沿着偉大領袖毛主席所指引的道路，同天津市其他革命战友一起，一同站在斗爭最前綫。你們大方向始終是正确的。在激烈的革命斗爭中做出了出色的成績，不愧为我們偉大統帅毛主席的紅卫兵好战士。相信同志們今后在光荣偉大的中国人民解放軍的关怀和支持下，按着我們偉大領袖毛主席的指示，在軍訓整頓組織、建立“三結合”領导、实行“斗、批、改”的工作中，进一步做出更大更出色的貢献。同志們都知道，我是犯了严重錯誤的，我在文化大革命中曾經执行过資产阶級反动路綫，犯了方向路綫錯誤。这次毛主席指示我到天津来，是来向你們学习的，向紅卫兵小将战友学习，向革命群众学习。我衷心地欢迎同志們監督，欢迎同志們批評，决心在同志們的帮助下，徹底改正錯誤。（热烈的掌声）

下面，让我們共同高呼：

把无产阶級文化大革命进行到底！

无产阶級革命路綫胜利万岁！

战无不胜的毛澤东思想万岁！

我們偉大的領袖毛主席万岁！万岁！万万岁！

昨日李雪峰
今日阶下球

解学恭同志的講話

紅卫兵战友們，革命的同志們：

我热烈地祝賀天津市中学和中等学校紅卫兵代表会的胜利召开，热烈地祝賀你們在偉大的毛澤东思想的基础上实現了大联合，实現了大团結。**这次大会是毛澤东思想的偉大胜利！是以毛主席为代表的无产阶級革命路綫的偉大胜利！**

首先让我們共同祝愿我們的偉大領袖、我們心中**最紅最紅的紅太阳毛主席万寿无疆！万寿无疆！**祝愿毛主席的最亲密的战友林彪同志身体永远健康！

紅卫兵是在偉大的史无前例的无产阶級文化大革命中产生的具有强大生命力的新事物。紅卫兵一出現，就立刻得到了我們偉大領袖毛主席的巨大支持，迅速漫卷全国，震撼全世界。紅卫兵是在两条路綫、两个阶級的激烈斗爭中誕生的，是在毛澤东思想哺育下成長、壮大的，她代表着革命的新生力量，体現了革命的大方向。在斗爭中，革命的紅卫兵战友們，高举着毛澤东思想偉大紅旗，发揚了敢想、敢說、敢闖、敢干、敢革命的大无畏精神，不怕圍攻，不怕孤立，不怕漫罵譏笑，不怕打成“反革命”，堅决反对以刘、邓为代表的資产阶級反动路綫，大造天津市委內反革命修正主义分子的反，大造党內一小撮走資本主义道路当权派的反，大造地、富、反、坏、右和一切牛鬼蛇神的反，橫扫四旧，大立四新，进行革命的大串联，推动了文化大革命向更新的阶段发展，当前又为革命的大联合作出了貢献，你們誓死捍卫以毛主席为代表的无产阶級革命路綫，为无产阶級文化大革命立下了不朽的功勋！你們不愧为毛主席的紅小兵，不愧为二十世紀六十年代的革命闖将！我們要把紅卫兵的丰功偉績，用金色的大字載入无产阶級革命史册。我們要向你們学习，向你們致敬！

紅卫兵战友們：現在，无产阶級文化大革命已經进入了一个新的阶段。这个新阶段，就是由我們偉大領袖毛主席支持的上海“一月革命”风暴而开始的夺权斗爭。

我們偉大領袖毛主席教导我們說：**“世界上一切革命斗爭都是为着夺取政权，巩固政权。”**无产阶級文化大革命，从根本上来說，也是解决政权問題，即夺回被党內一小撮走資本主义道路当权派窃取的領导权，进一步巩固加强无产阶級政权。所以，在这个阶段，我們能不能取得夺权斗爭的胜利，直接关系到无产阶級文化大革命的命运，关系到我們国家的命运。

大家知道，長期以来以万曉塘、張淮三为首的反革命修正主义集团，招降納叛，結党營私，形成宗派，結交“权門”，欺上瞞下，頑固抵制毛澤东思想，推行修正主义路綫，就是因为他們手中有权；在文化大革命中，抵制毛主席的革命路綫，頑固地堅持資产阶級反动路綫，瘋狂地鎮压革命群众，实行白色恐怖，也是因为他們手中有权。所以，只有无产阶級革命派掌握了領导权，才能眞正貫徹执行以毛主席为代表的革命路綫，才能把无产阶級文化大革命进行到底，才能把天津市建設成一个非常革命化，非常无产阶級化的城市。

毛主席最近指示我們說：**在需要夺权的那些地方和单位，必须实行革命的“三结合”的方针，建立一个革命的、有代表性的、有无产阶级权威的临时权力机构。这个权力机构的名称，叫革命委员会好。**毛主席这一英明指示，为我們胜利地进行夺权斗爭，指明了方向和道路。夺权的中心，是在无产阶級革命派大联合的基础上，实現革命的“三結合”。沒有革命的“三結合”，就不能实現眞正的夺权，夺了权也是不能巩固的。

在无产阶級革命派同敌人进行英勇搏斗的关鍵时刻，人民解放軍駐軍根据毛主席的指示介入文化大革命，全力支持和帮助了无产阶級革命派，堅决鎮压反革命，对促进革命派大联合，促进革命的“三結合”，做出了巨大的貢献。同志們，让我們共同向光荣的人民解放軍駐軍的全体指战員，致以崇高的革命敬礼！

当前无产阶級革命派，在普遍进行整风的基础上，已經联合起来，結成一支浩浩蕩蕩的革命大軍，正在向万、張反革命修正主义集团发起总攻击。保守势力正在分化瓦解之中。在毛主席的干部政策的指导下，革命的領导干部已經或正在同革命派相結合，起来造反，积极投入夺权斗爭。

总之，我們正处在向万、張反革命修正主义集团全面夺权的前夜，形势好得很，而且越来越好！

同时，我們也要清醒地看到，夺权斗爭是阶級矛盾的总暴发，敌人必然进行垂死挣扎，斗爭是非常尖銳复杂的。夺权与反夺权，大联合与破坏大联合，实現革命的“三結合”与破坏革命的“三結合”，这是当前斗爭的焦点。而反夺权、反对大联合、反对革命的“三結合”的逆流，矛头总是或明或暗地对准人民解放軍。因此，我們务必要提高警惕性，及时揭露他們的阴謀，粉碎阶級敌人任何形式的新反扑。

我們的偉大領袖毛主席教导我們說：“你们**要关心国家大事，要把无产阶级文化大革命进行到底！**”現在，无产阶級文化大革命正处在无产阶級和資产阶級决战的关鍵时刻。摆在中等学校革命师生面前的光荣任务，就是堅决响应党中央的号召，复課闹革命，把无产阶級文化大革命进行到底。

革命的紅卫兵战友們：你們是中学无产阶級文化大革命的先鋒，在无产阶級文化大革命中，已經做出了很大貢献。希望你們在毛澤东思想的基础上，不断扩大紅卫兵的联合，不断加强紅卫兵的团結，爭取中間，团結大多数，堅决同破坏大联合的风头主义，小集团主义作斗爭；希望你們繼續以毛澤东思想为武器，不断整頓思想、整頓作風、整頓組織，提高革命性，科学性和組織紀律性；希望你們堅决捍卫以毛主席为代表的无产阶級革命路綫，反对資产阶級反动路綫，复課闹革命，学好用好毛主席著作，完成一斗二批三改的任务，徹底改革旧的教育制度。一句話，就是希望你們高举毛澤东思想偉大紅旗，乘胜前进！在复課闹革命中取得更新的成績！

同志們，我在文化大革命中，曾一度执行过刘、邓路綫，犯了方向、路綫錯誤。主要原因，是我的世界观沒有徹底改造好，毛主席著作沒有学好，毛澤东思想偉大紅旗举得不高。一句話，是因为头腦里有“私”字作怪。十一中全会以后，我是努力执行以毛主席为代表的革命路綫的。但是在这个过程中，也犯有这样那样的錯誤，甚至是严重的錯誤，說明了資产阶級反动路綫的影响还沒有徹底肅清。还必须用毛澤东思想徹底改造自己的世界观。我对自己所犯的錯誤，虽然在中央工作会議上、华北局机关等地方檢查过，但还不深刻。我愿意繼續檢查我的錯誤，并以实际行动来徹底改正自己錯誤。同时，我誠恳地希望革命派的同志們，随时对我进行批判和監督。在你們这个庄严的大会上，我向同志們表示：我堅决站在以毛主席为代表的无产阶級革命路綫一边；誓死捍卫毛澤东思想，捍卫毛主席的革命路綫；堅决站在革命派一边，站在紅卫兵战友一边，同你們团結在一起，战斗在一起，胜利在一起！

让我們紧紧团結在战无不胜的毛澤东思想偉大紅旗下，奋勇前进！

让我們高呼：

革命的紅卫兵联合起来！

无产阶級革命派大联合万岁！

战无不胜的毛澤东思想万岁！

我們偉大領袖毛主席万岁！万岁！！万万岁！！！

热情的支持 巨大的鼓舞

中国人民解放軍天津駐軍首长

郑三生同志的講話

紅卫兵战友們：

让我們祝愿偉大領袖毛主席万寿无疆！万寿无疆！祝愿毛主席的亲密战友林彪同志的身体永远健康！

我感謝你們的大会对我們的邀請，我們参加你們这个大会感到非常高兴，非常愉快。我再次代表天津駐軍全体指战員，向你們的大会祝賀！**向你們学习，向紅卫兵战友們致以无产阶級文化大革命的敬礼！紅卫兵战友們，当我們偉大領袖毛主席亲自点燃了无产阶級文化大革命熊熊烈火的时候，是你們首先接过了火种，担当了无产阶級文化大革命的勇敢的闖将。是你們，在无产阶級文化大革命的每一个阶段，都始終站在以毛主**席为代表的无产阶級革命路綫一边，代表着文化大革命的大方向，为无产阶級大革命建立了不朽的功勛！紅卫兵战友們，天津市中等学校紅代会的召开标志着天津市中等学校的革命的紅卫兵在毛澤东思想的基础上联合起来了，团結起来了。中国人民解放軍坚决站在你們这一边！永远同你們在一起，胜利在一起！

我們今天来参加你們的大会，就表示对你們支持。现在你們坚决响应党中央复課闹革命的号召，延安中学和其他学校的紅卫兵小将已經做出了显著的成績。我表示衷心祝愿你們，高举毛澤东思想偉大紅旗乘胜前进，取得新的更偉大的胜利！

最后让我們高呼口号：

无产阶級革命派大联合万岁！

无产阶級文化大革命万岁！

我們偉大的領袖毛主席万岁！万岁！万万岁！

中国人民解放軍天津駐軍代表

楊竹亭同志的发言

紅卫兵代表同志們，革命派的战友們：

我代表中国人民解放軍天津駐軍，热烈地、衷心地祝賀中等学校紅卫兵代表会議的隆重召开。向参加会議的代表，并通过你們向全体紅卫兵战士，致以无产阶級文化大革命的战斗敬礼！

紅卫兵，是我們偉大的領袖毛主席首先发現首先支持的革命組織；是在无产阶級文化大革命的暴风雨中誕生的战斗集体；是忠于党、忠于毛主席的革命路綫的一支生力軍。在我們的偉大領袖毛主席亲自发动和領导的无产阶級文化大革命运动中，紅卫兵战士首当其冲，运用和創造了大鳴、大放、大字报、大辯論、大串連等許多新的革命形式，为无产阶級文化大革命推波助瀾，始終沿着毛主席的革命路綫胜利进軍。誓死捍卫毛主席的革命路綫，誓死捍卫毛澤东思想，是每一个紅卫兵战士的心愿。在这場激烈的阶級搏斗中，紅卫兵战士无愧为无产阶級文化大革命的闖将，紅卫兵战士为无产阶級文化大革命立下了不朽的功勛。对此，我代表中国人民解放軍天津駐軍全体指战員，向紅卫兵战士致以崇高的敬意！

天津市的无产阶級文化大革命，經过十个月的激烈搏斗，盘踞在市委内的万張反党宗派集团的巢穴，即將被彻底摧毁。无产阶級革命派的大联合正在发展；同无产阶級革命派站在一起的革命的領导干部，解学恭同志、胡昭衡同志、江楓同志等，在广大革命群众的支持下，継續在紧張地战斗，辛勤地工作。革命的“三結合”正在形成，健康的发展。向万張反党宗派集团发起总攻击的决战时刻，就要到来。正在这时，又一次傳来了我們偉大領袖毛主席的最新指示。

毛主席提出：在需要夺权的那些地方和单位，必须实行革命的“三结合”的方针，建立一个革命的、有代表性的、有无产阶级权威的临时权力机构。这个权力机构的名称，叫革命委员会好。毛主席的这一偉大指示，是无产阶級革命派取得夺权斗爭胜利的政治保証和組織保证，是我們天津市无产阶級革命派决战决胜的方向和指針。

毛主席的偉大指示，我們坚决地，不折不扣地貫彻执行。今天举行的中等学校紅卫兵代表会議，就是为着毛主席最新指示的貫彻落实而召开的；就是在无产阶級文化大革命轉入新阶段的时刻，为更好地执行毛主席的革命路綫而召开的。这是一次意义重大的会議。在这个大会上，将要通过大家充分討論和协商，用民主选举的方式，把毛澤东思想哺育下的新生力量，把体現了革命大方向的、在无产阶級文化大革命中立下了功勛的代表人物推选出来，由他們参加全市无产阶級革命派的代表会議，进而产生革命的临时权力机构。这样，就使我們天津市的革命委員会，有了更广泛的群众基础，就可以实現毛主席指示的，建立一个革命的、有代表性的、有无产阶級权威的臨时权力机构。我們坚信，經过阶級斗爭大风大浪鍛炼的，經过群众斗爭的大世面考驗的，偉大的毛澤东思想武装起来的中等学校的紅卫兵战士，一定能使这次会議成为高举毛澤东思想偉大紅旗的大会，一定会使这次会議成为中等学校紅卫兵組織大团結大联合的大会，一定能够胜利地完成这次会議的光荣任务。从而把天津市的无产阶級文化大革命，迅速地推向一个嶄新的阶段。

伟大的领袖毛主席教导我们：“组织千千万万的民众，调动浩浩蕩蕩的革命军，是今天的革命向反革命进攻的需要。”我們坚决支持革命派联合起来，中等学校紅卫兵联合起来，夺党内一小撮走資本主义道路当权派的权。坚决貫彻执行《中共中央关于中学无产阶級文化大革命的意見》，坚决响应毛主席和党中央复課闹革命的偉大号召，把中等学校的无产阶級文化大革命搞得更好。新的战斗任务，对每一个无产阶級革命者都提出更新更高要求。在即將取得新的胜利的时刻，資产阶級的“私”字必定会侵蝕我們的队伍。“私”字多了，看不到別人，只看到自己；看不到无产阶級这个大团体，只看到自己的小团体；看不到大道理，只看到小道理。这样，就会使团結渙散，組織松懈，甚至成为革命派大联合的障碍；也有可能使我們队伍中某些好的同志，成为曇花一現的人物。总之，我們必須警惕資产阶級思想的侵蝕，刻苦地、认眞地活学活用毛主席著作。要按照毛主席在古田会議决議中規定的建党建軍路綫，克服自己队伍中的小团体主义、无政府主义、宗派主义、非組織观点、极端民主化、主观主义等資产阶級思想傾向，夺自己头脑里“私”字的权，加强无产阶級的革命性、科学性和組織紀律性，使紅卫兵的队伍更加革命化，更加战斗化，使我們的无产阶級革命事业越来越兴旺。还要特別引起注意的是，在我們夺取胜利的时候，阶級敌人利用革命組織的某些缺点錯誤，利用各个革命組織之間暫时存在的某些意見分歧，利用革命队伍中某些同志头脑中存在的“私”字，打开缺口，制造革命队伍的混乱，达到他們破坏革命派大联合、破坏革命的“三結合”，破坏无产阶級文化大革命的罪恶的目的。对此，我們必須高度警惕。

偉大的領袖毛主席号召人民解放軍，坚决支持革命左派。我們中国人民解放軍駐津部队全体指战員，坚决响应毛主席的偉大号召，坚定不移地站在以毛主席为代表的无产阶級革命路綫一边，坚定不移地站在无产阶級革命派一边，不管阶級敌人多么猖狂，不管阶級敌人玩弄什么阴謀詭計，在偉大的毛澤东思想武装起来的强大的中国人民解放軍和无产阶級革命派面前，它們是注定要失败的，它們的阴謀是永远不会得逞的！不論出现什么样的情况，我們都将和无产阶級革命派战斗在一起，胜利在一起。让我們永远永远、更高更高地举起毛澤东思想的偉大紅旗，无比坚定地沿着以毛主席为代表的无产阶級革命路綫胜利前进，夺取无产阶級文化大革命的彻底胜利！

最后，預祝天津市中等学校紅卫兵代表会議圓滿成功。預祝由这次会議建立起来的天津市中等学校紅卫兵联合組織——紅代会，在无产阶級文化大革命中建立新的功勛，取得新的胜利！

无产阶級革命派大联合万岁！

无产阶級文化大革命万岁！

毛主席的紅卫兵万岁！

偉大的中国共产党万岁！

战无不胜的毛澤东思想万岁！

我們偉大的領袖毛主席万岁！万岁！万万岁！

把无产阶級文化大革命搞得更好。你們要政治挂帅，到群众里面去，和群众在一起

——毛泽东

胡昭衡同志的講話

紅卫兵代表們，革命的战友們：

我热烈地祝賀天津市中等学校紅卫兵代表会議的胜利召开！

天津市中等学校紅卫兵，在毛澤东思想旗帜下胜利会师，选出自己的代表，今天齐聚一堂共商国家大事，这是以毛主席为代表的无产阶級革命路綫的偉大胜利！这是毛澤东思想的偉大胜利！让我們共同敬祝我們偉大的領袖，我們心中最紅最紅的紅太阳毛主席万寿无疆！敬祝毛主席最亲密的战友林彪副主席身体健康！

中国人民解放軍对天津市无产阶級文化大革命运动已經作出并且卫兵的联合和中等学校紅卫兵代表会議的召开，中国人民解放軍駐津部队全体指战員同志做了大量的工作。就此，也让我們共同向毛主席亲手締造的人民解放軍致以崇高的敬礼！

紅卫兵战士們，你們不愧是毛主席的紅小兵，你們是文化大革命的闖将。你們在偉大領袖毛主席亲自发动和領导的这場史无前例的无产阶級文化大革命中，經历了战斗的洗礼，证明你們最听毛主席的話，坚决按照毛主席的指示办事；你們充分发揚了敢想、敢說、敢干、敢闖、敢造反的革命精神，以战无不胜的毛澤东思想为武器，重重地痛击了党内走資本主义道路当权派和万張反革命修正主义集团，坚决地反对和批判了資产阶級反动路綫，为天津市的无产阶級文化大革命做出了巨大貢献，立下了不朽的功勛。在此，向你們，并通过你們向全体紅卫兵小将們致以战斗的敬礼！

我们伟大的导师毛主席说：“我们应当相信群众，我们应当相信党，这是两条根本的原理。如果怀疑这两条原理，那就什么事情也做不成了。”十个月来，阶級斗爭和革命实踐使我得出一个結論：相信群众相信党的具体表现，就是以毛澤东思想挂帅，到群众中去，坚决和眞正的无产阶級革命派站在一起，在革命斗爭实踐中鍛炼改造自己。只有坚决和眞正的无产阶級革命派站在一起，才能根本改变自己的世界观，才能彻底执行和坚决捍卫以毛主席为代表的革命路綫，才能实现革命的“三結合”联合夺权的偉大任务，才能眞正和群众相結合，在工作中走群众路綫　树立新的革命作风。

一、为什么說只有坚决和眞正的无产阶級革命派站在一起，才能根本改造自己的世界观？我出身富农家庭，長期受封建的資产阶級的教育，虽然在革命的熔炉中陶冶三十年，但資产說过一些違背毛澤东思想的話，做过一些違背毛澤东思想的事，写过一些違背毛澤东思想的文章，其根本原因就是毛主席著作学得不好，不能活学活用，不能时时事事以毛澤东思想挂帅，而要做到这一点，不和工农兵群众相結合，不按毛主席教导的**“你们要政治挂帅，到群众里面去，和群众在一起，把无产阶级文化大革命搞得更好”**，身体力行，是不行的。去年十月中央工作会議后，自己决心站在造反組織一边，支持无产阶級革命派，經过几个月，逐漸和他們熟悉后，感情起了变化，从内心里喜欢革命工人，革命小将那种“五敢”精神，即使对自己批評斗爭，也体会到他們那种革命勁头是可爱的。同时，对一些唯唯喏喏盲目服从的保守思想，漸漸产生反感。从思想深处，体会到他們体現了革命的大方向，他們是毛澤东思想哺育起来的新生力量，逐漸承认他們是老师，自己才是幼稚可笑的学生，因而即使看到了他們的缺点和錯誤，也比較能够以正确的态度对待了。从思想深处，体会到革命群众运动的烈火是徳爾慈后，治病救人的火，是脱胎換骨改造思想的火，是把毛澤东思想化作灵魂的火，这类“炮轰”，“火燒”大有好处。我的某些錯誤（特別是思想方法和工作作风方面的）由来已久，彻底改正很不容易；現在，从思想认識上說，才找到一条脫胎換骨地进行思想改造的道路。

二、为什么說只有坚决和眞正的无产阶級革命派站在一起，才能彻底执行和坚决捍卫以毛主席为代表的革命路綫？由于我对毛主席著作学得不好，跟得不紧，不能时时事事突击政治，以阶級斗爭为綱，对我們偉大領袖毛主席亲自发动和亲自領导的无产阶級文化大革命运动，很长时期内是很不理解，很不认眞，很不得力的。加以运动一开始，万曉塘，張淮三反党宗派集团就把我当做“三反”分子来整，八届十一中全会的文件精神又沒听到传达，所以不仅在运动开始以前对天津市的許多斗爭缺乏阶級分析，沒上阶級斗爭的綱，就是运动开始后，对許多斗爭也沒有以两条路綫斗爭为綱来观察分析，結果是成为脫离政

江楓同志的講話

紅卫兵战友們！亲爱的同志們！

首先，让我們共同祝愿我們最敬爱的領袖毛主席万寿无疆！万寿无疆！

让我們向为我市文化大革命做出巨大貢献的中国人民解放軍天津駐軍全体指战員同志致以崇高的革命敬礼！

我怀着万分激动的心情，向在毛澤东思想哺育下的在斗爭中成长起来的紅卫兵小将，致以无产阶級革命的敬礼！我衷心感謝紅卫兵小将們对我的希望和关怀！在革命暴风雨中，天津市中等学校紅卫兵代表大会光荣誕生了，这是毛澤东思想的偉大胜利！是以毛主席为代表的无产阶級革命路綫的偉大胜利！我衷心祝賀大会的成功，并預祝你們在新的斗爭中取得新的胜利！

紅卫兵是我国社会主义革命新阶段的必然产物，是二十世紀六十年代国际共产主义运动的偉大創举。紅卫兵是具有强大生命力的新生事物，她刚刚在东方地平綫上出現的时候，就得到了我們偉大領袖毛主席的亲切关怀和巨大的支持。紅卫兵从誕生的那天起，就以大无畏的革命精神，冲鋒陷陣，成为无产阶級文化大革命的急先鋒。我市中学紅卫兵从誕生的那天起，就高举毛澤东思想的光輝旗帜，在工农兵强有力支持下，向天津市委内的一小撮走資本主义道路的当权派、反革命修正主义集团打响了第一炮，越是瘋狂鎮压，越加激起了紅卫兵小將們起来革他們的命，造他們的反，痛击資产阶級反动路綫，和他們斗爭到底。同时大破資产阶級四旧，大立无产阶級的四新，横扫一切牛鬼蛇神，为我市的文化大革命作出了巨大貢献。

紅卫兵战友們，**我们伟大的领袖毛主席教导我们说：“世界是属于你们的。中国的前途是属于你们的。”**我市中学紅卫兵代表大会的誕生，标志着我市紅卫兵运动发展到了嶄新的阶段，她是我市革命派大联合重要的一环，她将有力地推动我市无产阶級革命派夺权斗爭的胜利展开。我市夺权筹备小組的成立，向全市无产阶級革命派吹响了夺权的进軍号角。在革命与反革命的决战关头，我衷心希望无产阶級革命派在毛澤东思想偉大紅旗下，尽快地联合起来，坚决地执行毛主席关于革命的“三結合”联合夺权的正确方針。革命的工人、农民、干部和革命的师生，团結起来，在中国人民解放軍的大力支持下，把失去的大权統統夺过来，牢牢掌握在无产阶級革命派手中。

紅卫兵战友們，我在文化大革命中，犯了不少的錯誤。文化大革命的初期十六中革命小将們，勇敢地起来，造万、張反革命修正主义集团的反，他們是我市文化大革命的急先鋒，他們的革命行动好的很。但是万、張反革命修正主义集团，为了維持他們反革命統治，竟丧心病狂地污蔑十六中的問题是右派性质，是“匈牙利式的小政变”，派了大批工作队，派了公安部队，鎮压了十六中革命运动，从四面八方圍攻十六中的革命师生，檢査和扣留了十六中革命同学給党中央和毛主席的信件、电报，秘密調査了革命同学的所謂政治背景，把打击的鋒芒指向革命的領导干部，这是万、張反革命修正主义集团鎮压革命的不可饒恕的罪行。我自己由于平时对主席著作学习不好，世界观改造的不彻底，当时对万張反革命修正主义集团还认識不够清楚，对毛主席亲自发动的这次史无前例的无产阶級文化大革命，还很不理解，参与了鎮压十六中革命群众运动犯罪活动，犯了方向的錯誤，路綫的錯誤。这是一个极大的犯罪行为，这是我一生最大的罪过，每当我想到这个問題我的心情是很沉重。在这里我再一次向毛主席請罪，向十六中革命群众請罪，向全市革命人民請罪！（掌声）

今后，我决心努力活学活用毛主席著作，以“老三篇”为座右銘，刻苦改造世界观，継續进行深刻檢查，坚决改正錯誤，坚决站在以毛主席为代表的无产阶級革命路綫一边，永远跟着毛主席闖革命。粉身碎骨也要和万張反革命修正主义集团斗爭到底！（掌声）下决心做一名普通的战士，向革命的小将学习，和革命的同志們团結在一起，战斗在一起，胜利在一起。誓死捍卫党中央，誓死捍卫毛主席，誓死捍卫毛主席的革命路綫，誓死捍卫无产阶級专政！

最后，让我們共同高呼：革命的紅卫兵万岁！

无产阶級文化大革命万岁！

无产阶級专政万岁！

偉大的中国共产党万岁！

毛澤东思想万岁！

偉大的領袖毛主席万岁！万岁！万万岁！

革命战友的祝賀与支持

天津市革命职工代表的发言（摘要）

紅卫兵战友們，同志們：

我代表天津市革命职工，对你們大会胜利的召开，表示最热烈的祝賀和最堅決的支持！

回顧过去短短九个月的时間里，无产阶級革命派在毛澤东思想的光輝照耀下，取得了一个又一个的偉大胜利。为天津市无产阶級文化大革命作出了巨大貢献，立下了不朽的功勋。現在，正当天津市无产阶級革命派联合起来，夺万張反革命修正主义集团的权的关鍵时刻，你們紅卫兵小将又在大联合方面迈出了胜利的一步。我們誓作你們的堅强后盾！

天津市貧下中农代表的发言（摘要）

紅卫兵战友們：

我代表天津市全体貧下中农对中等学校紅卫兵代表大会的胜利召开，表示最热烈的祝賀和最堅決的支持，并予祝大会胜利成功！

我們全体貧下中农，堅決同你們紅卫兵小将团結在一起，战斗在一起，胜利在一起。为了迎接更艰巨更光荣的战斗任务，我們都应該活学活用毛主席著作，堅决地、不折不扣地按着毛主席的指示办事。向人民解放軍学习。破私立公，彻底改造世界观，把我們的队伍建設成一支非常无产阶級化、非常战斗化的革命队伍。

天津大专院校《紅代会》代表发言（摘要）

亲密的战友們，你們中学的革命小将，高举无产阶級革命派"革命无罪，造反有理"的大旗，在資产阶級反动路綫的白色恐怖下，你們一馬当先，向省、市委內一小撮反革命修正主义分子发动了疾风暴雨式的攻击。你們天不怕，地不怕，神不怕，鬼不怕，围攻不怕，打击不怕　与刘、邓資产阶級反动路綫展开了殊死的搏斗。粉碎了阶級敌人的各种阴謀詭計，把一小撮走資本主义道路的当权派，打了个落花流水。为我市无产阶級文化大革命建立了不朽的功勋。你們这种**"舍得一身剮，敢把皇帝拉下马"**的革命造反精神，是永远值得我們学习的。为了誓死保卫毛主席，誓死保卫毛主席的革命路綫，我們并肩战斗，結成了血肉相連的战斗友誼。今后，我們要更高地举起革命的批判的大旗，更紧密地团結起来，夺取无产阶級文化大革命的彻底胜利！

《中学紅卫兵》創刊詞

紅旗招展，战鼓震天，天津中等学校紅卫兵代表大会，在偉大的毛澤东思想的光輝照耀下，在"一月革命"的滚滚雷声中庄严宣告成立，由它主办的《中学紅卫兵》报，滿怀革命的豪情，迎着阶級斗爭的急风暴雨，冲杀出来了。这是毛澤东思想的又一新的胜利，这是中等学校紅卫兵战士們的一件大喜事，让我們热烈欢呼《中学紅卫兵》的光荣誕生！

《中学紅卫兵》是宣傳和捍卫毛澤东思想的堅强陣地。《中学紅卫兵》无限忠于我們偉大領袖毛主席，无限忠于偉大的战无不胜的毛澤东思想，努力宣傳偉大的毛澤东思想，勇敢捍卫偉大的毛澤东思想。凡是符合毛澤东思想的，就宣傳，就歌頌，就支持；凡是不符合和反对毛澤东思想的，就抵制，就批判，就斗爭，就鏟除，她，一个毛澤东思想的宣傳員，她，一名毛澤东思想的忠实卫士，不怕前进征途上的任何艰难險阻，**"不管风吹浪打"，"我自巋然不动"**，永远跟着我們偉大的統帅毛主席在大风大浪中前进！

"俯首甘为孺子牛"，《中学紅卫兵》永远是无产阶級革命派的喉舌。《中学紅卫兵》，她立場堅定，旗幟鮮明，永远高举毛澤东思想偉大紅旗，永远站在以毛主席为代表的无产阶級革命路綫一边，永远站在无产阶級革命造反派一边，永远宣傳和捍卫以毛主席为代表的无产阶級革命路綫，为革命而吶喊，永远为无产阶級革命派劈山开道，踢开前进道路上的絆脚石。目前，她要为天津市的"大联合夺权"迎接一个嶄新的紅彤彤的新天津而英勇奋斗。

"横眉冷对千夫指"，《中学紅卫兵》，她是国内外一切阶級敌人的死敌，是帝国主义的死敌，是修正主义的死敌，是一切反动派的死敌，是資产阶級反动路綫的死敌。它是匕首，刺向敌人，它是投枪，飞向敌人，它是烈火，燒向敌人。"沉舟側畔千帆过，病树前头万木春"，让阶級敌人胆顫心惊吧！让資产阶級反动路綫去哭天嚎地吧！无产阶級革命派在前进，偉大的共产主义事业在前进！

《中学紅卫兵》，她又是一个高明的医生，革命队伍里的人誰染了病，她就医治，打倒"私"字，打倒山头主义，风头主义，小集团主义，无政府主义，打倒調和主义，折中主义，使革命队伍永葆战斗的青春。

《中学紅卫兵》，是无产阶級革命造反派战斗的武器，它要永远如我們偉大領袖毛主席教导的那样，**"要尖锐，泼辣，鲜明，要认真地办"**，眞正成为革命的闖将，战斗的急先鋒。

毛主席又教导我們說：**"我们的报纸也要大家来办"**。《中学紅卫兵》要堅决走群众路綫，堅决反对少数人壟断而失去革命性。全体中等学校紅卫兵同志們，《中学紅卫兵》像一棵幼苗，虽然有无限的生命力，但需要大家澆水施肥，才能成长壮大，它象一把刺向敌人的鋼刀，虽然有强大的杀伤力，但需要大家經常磨洗，才能永远鋒利。希望全体紅卫兵战友們，时时刻刻关心它，培育它，使之茁壮成长，时时刻刻磨洗它，使之永远鋒利。

全体紅卫兵战友們，《中学紅卫兵》光荣誕生了，让我們祝愿它，为无产阶級文化大革命，为中国革命和世界革命，作出最大的貢献！

胡昭衡同志的讲話

（上接第七版）时候，才有所惊醒。到参加中央工作会議，受到我們偉大导师毛主席和他最亲密的战友林彪副主席以及周总理、陈伯达等同志的諄諄教导，自己才开始懂得这是以毛主席为代表的无产阶級革命路綫和以刘邓为代表的資产阶級反动路綫的斗爭，是你死我活的斗爭。回过头来再观察天津市的阶級斗爭情况，思想上了綱，眼睛就豁亮些。万張反革命修正主义集团，党內一小撮走資本主义道路的当权派为什么这样仇視革命群众，特別是仇視以毛澤东思想哺育起来的革命小将以及他們的造反組織，这就找到了深刻的阶級根据和社会根据，这是两条路綫的不能調和的斗爭。并且也正从这里找到解决这一矛盾的基础力量，这就是眞正的无产阶級革命派和革命群众，不和这些人站在一起，心貼心，共命运，并肩战斗，就只能是口头的革命派，对貫彻执行以毛主席为代表的革命路綫是无能为力的。

三、为什么說只有堅决和眞正的无产阶級革命派站在一起，才能实現"三結合"联合夺权的偉大任务？万張反革命修正主义集团的权非夺不可，不夺，就不能彻底揭他們的盖子，不夺，就不能彻底挖他們的根子，不夺，就不能肃清他們的流毒，不夺，天津市的无产阶級文化大革命就会半途而廢。所謂把他們斗倒、斗垮、斗臭，使他們永世不得翻身，最根本的一条就是要把他們掌握的一切大权夺过来。只有这样，才能巩固无产阶級专政，才能强有力地打倒敌人的各种反扑，才能把文化大革命进行到底。对此，根据我們偉大統帅毛主席的教导：**在需要夺权的那些地方，必须实行革命的"三结合"方针，建立一个革命的、有代表性的、有无产阶级权威的革命委员会。**基础就是眞正的无产阶級革命派，广大的革命群众。我的初步体会，要充分发动群众，要堅持群众路綫，要实現决战阶段的夺权任务，就必須堅定地和眞正的无产阶級革命派站在一起。在无产阶級文化大革命运动中，两条路綫的斗爭是貫彻始終的，不論夺权前，不論夺权后，革命势力和反动势力的斗爭，革命势力和保守势力的斗爭，都是不会自动停止的。不破不立，"破"字当头，立在其中。破要靠眞正的无产阶級革命派来破，立要靠眞正的无产阶級革命派来立。当前，阶級斗爭十分尖銳复杂，不仅反革命分子尙在蠢动，有些保守力量也在抬头。我們既不能对反革命分子丧失政治警惕，也不能对保守势力搞折衷主义。否則，就不能实現革命的大联合，就不利于革命的"三結合"，也就不利于夺权斗爭。要堅决和眞正的无产阶級革命派站在一起，向他們学习，重視他們的意見，充分发揮他們的代表人物的作用，紧紧和他們結合在一起，才能使我們在夺权斗爭中立于不败之地。

四、为什么說只有堅决和眞正的无产阶級革命派站在一起，才能眞正和群众相結合，在工作中走群众路綫，树立新的革命作风？无产阶級文化大革命运动使我眞正懂得，群众路綫是阶級路綫。阶級路綫是具体的，是在阶級斗爭中处理敌我友的問題中具体体現的。超阶級的、不以阶級斗爭为綱的、缺乏阶級分析的群众路綫，决不是毛澤东思想的群众路綫。触及人們灵魂的文化大革命使我体会到，屁股坐在什么人方面，永远是一个人的世界观、立場、观点的根本問題。毛主席教导我们：**"共产党人的一切言论行动，必须以合乎最广大人民群众的最大利益，为最广大人民群众所拥护为最高标准。"**这次文化大革命不仅要解决向党內一小撮走資本主义道路的当权派夺权的問題，同时也要解决向我們革命者脑子里"私"字夺权的問題。这就不仅要破除資产阶級的旧机构、旧制度，而且同时要破除資产阶級的旧思想，旧作风。我的旧思想、旧作风还是很多的，这表現在工作方面就是不能眞正和群众相結合，不能彻底走群众路綫，不能牢固地树立新的作风。这个問題的解决，在这次空前偉大的群众运动中感觉到，須靠无产阶級革命派和革命群众的力量，須靠他們高举毛澤东思想偉大紅旗所燃燒起来的熊熊烈火，而自己則必須投身到这种革命群众的火热斗爭中去鍛炼，去改造。眞正的无产阶級革命派，体現着革命的大方向，体現着广大人民群众的最大利益；全心全意为人民服务的道路，就是堅决和眞正的无产阶級革命派站在一起，斗爭在一起，胜利在一起，和眞正的无产阶級革命派同心协力，彻底孤立最反动的右派，爭取中間派，团結大多数，团結两个百分之九十五以上。同眞正的无产阶級革命派同心协力，捍卫毛澤东思想，捍卫毛主席的革命路綫，捍卫我們的无产阶級专政，捍卫我們的偉大祖国。我希望在这方面，能够成为一个及格的，象样子的小学生。

这就是我的决心和誓言。

紅卫兵战友們、小将們！**"无限风光在险峯"**，更艰巨的战斗任务在等待你們去完成。在这一新的考驗面前，我堅信你們一定能向解放軍学习，活学活用毛主席著作，实現思想革命化，按照我們偉大領袖毛主席所指引的方向前进，胜利完成一斗二批三改的任务，把无产阶級文化大革命进行到底！

让我們共同高呼：

毛主席的紅卫兵万岁！

无产阶級文化大革命胜利万岁！

中国人民解放軍万岁！

战无不胜的毛澤东思想万岁！

中国共产党万岁！

我們最偉大的領袖毛主席万岁！万岁！万万岁！

（本期照片均为天津图片社供稿）

本期共八版　零售每份四分

伟大的导师 伟大的领袖
伟大的统帅 伟大的舵手
毛主席万岁!

天津中等学校紅卫兵代表大会委員会

紧急动員令

全体紅卫兵战士們:

《紅旗》杂志发表了戚本禹同志的《爱国主义还是卖国主义?》一文，吹响了新的战斗冲鋒号。一场关系到中国和世界革命前途命运的决战开始了! 党中央、毛主席向全国无产阶級革命造反派，向我們全体紅卫兵战士們发出了伟大的战斗动員令——向党内最大的走资本主义道路的当权派发动最猛烈的总攻击

[illegible]

道的假革命、反革命，是披着"馬列主义"外衣鉆进党内的最大的走资本主义道路的当权派，是中国的赫魯晓夫。刘少奇干尽了反党、反社会主义、反毛泽东思想的坏事，使革命受到了极大的损失。对他的滔天罪行必须彻底清算! 刘少奇必须打倒，让他靠边站!

刘少奇这个党内最大的走资本主义道路的当权派，是他一貫猖狂地反对毛主席，反对毛泽东思想。

是他在抗日战争爆发前夕，指使别人叛变投敌。抗战胜利以后，他又积极推行投降主义路綫。是他在全国解放以后极力反对对资本主义工商业的社会主义改造，反对农业集体化，大砍合作社，宣扬阶級斗爭熄灭論，取消阶級斗爭。

是他在我国三年暫时困难时期鼓吹"三自一包""三和一少"的修正主义路綫。

是他用臭家底《論修养》毒害了許多干部，团員和革命青年。

是他在四清运动中鼓吹臭名昭著的"桃园經驗"，推行形"左"实右的机会主义路綫。

又是他借毛主席不在北京之机勾結邓小平推

[illegible]

于死地! 而且，至今負隅頑抗，[redacted]。

多少年来，刘少奇干尽了坏事，他是埋在毛主席身边的一颗最大的定时炸弹，不把这颗定时炸弹挖掉，不把刘少奇批倒斗臭誓不罢休!

紅卫兵战士們: 战鼓已經敲响了，全国无产阶級革命派已經投入了向党内最大的走资本主义道路的当权派发动全綫进攻的激烈战斗中。特此我中等学校紅卫兵代表大会向全体紅卫兵战士发出紧急动員令:

一、高举毛泽东思想伟大紅旗，永远站在以毛主席为代表的革命路綫一边。继续发扬"五敢"精神向刘、邓、陶发动最猛烈的全面总攻击! 在政治上、組織上、思想上彻底把他們斗倒、批臭，叫他們永世不得翻身。

二、高举革命批判的大旗，口誅笔伐，彻底砸烂刘、邓反动路綫，全面批判他們在干部問題上的"打击一大片保护一小撮"，**誓死捍卫毛主席革命"三結合"的方針**，彻底肃清资产阶級反动路綫在中学的留毒。批深、批臭刘氏《論修养》。

三、刘少奇妄想把天津变成他复辟资本主义的

[illegible]

万张反革命修正主义集团，迎接天津的新曙光。

紅卫兵战士們: 我們坚决和刘、邓、陶决一死战! 用鮮血和生命保卫毛主席，保卫以毛主席为首的党中央，保卫以毛主席为代表的革命路綫!

紅卫兵战士們: 两个前途，两种命运的决战时刻来到了。让我們紧跟毛主席把两个阶級，两条道路，两条路綫的斗爭进行到底!

誓与刘、邓、陶血战到底!

敌人不投降就叫他灭亡!

战无不胜的毛泽东思想万岁!

伟大的領袖毛主席万岁! 万万岁! !

一九六七年四月五日

天津中学紅代会批判刘、邓、陶联絡站

公　　告

革命的洪流，滚滚向前;

无产阶级文化大革命进入了两个阶级，两条道路，两条路线决战的关键时刻;《红旗》杂志评论员文章和戚本禹同志文章的发表，吹响了向党内头号走资本主义道路当权派发动全线进军，把无产阶级文化大革命进行到底的进军号!

在伟大统帅毛主席的亲自领导下，无产阶级革命造反派发扬了大无畏的革命造反精神，揪出了赫鲁晓夫式的野心家刘少奇、邓小平，揪出了反革命两面派陶铸。这是毛泽东思想的伟大胜利!

刘、邓、陶长期以来窃踞了党、政要职推行了一条修正主义路线，妄想把社会主义的中国推进资本主义的深渊。他们配合国内外阶级敌人，疯狂地攻击我们心中最红最红的红太阳毛主席，疯狂地反对伟大的毛泽东思想。刘少奇在一九六二年还抛出了臭名昭著的《论修养》大搞反革命复辟的舆论准备，毒害广大干部和群众。刘、邓、陶真是罪行累累!

天津中学红代会批判刘、邓、陶联络站在全国掀起文化革命新高潮，在天津市无产阶级革命派夺权激战的前夜，宣告成立了!

批判刘、邓、陶联络站受中学红代会的直接领导。它的任务就是大力宣传毛泽东思想。大造刘、邓、陶的反。和全市广大革命造反派站在一起，团结广大革命群众组成浩浩荡荡的文化革命大军，向刘、邓、陶展开猛烈的进攻，全面地，深入地揭发。在政治上，组织上，思想上把他们批深批透，斗倒斗臭，坚决把他们拉下马，把他们打翻在地，让他们永世不得翻身!

全体红卫兵战士们，我们是毛主席的红小兵。在这个决战的关键时刻，我们要挺身而出勇敢战斗，发扬"**舍得一身剐，敢把皇帝拉下馬**"的无产阶级革命造反精神。誓死保卫毛主席，誓死保卫毛主席的革命路线!

打倒刘、邓、陶!

批臭黑《修养》!

用鲜血和生命保卫毛主席!

天津中学红代会批判刘、邓、陶联络站

一九六七年四月四日

中学红卫兵

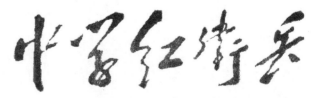

天津市中学紅代会主办　第二期　1967年4月6日

中学紅卫兵

•2•　　1967年4月6日　星期四

誓把刘、邓、陶批倒斗臭！

金猴奋起千鈞棒　玉宇澄清万里埃

中学紅卫兵和革命师生向刘邓陶发动全线总攻击

近日来全市紅卫兵和革命师生高举革命批判的大旗紛紛游行、集会和座談会，群情激憤严正声討刘、邓、陶，决心用鲜血和生命保卫毛主席。

◀本报訊▶**“钟山风雨起蒼黄，百万雄师过大江。”**革命的洪流一浪高过一浪。在无产阶级革命派实行全面的大联合向党內一小撮走资本主义道路当权派夺权的最关键时刻《爱国主义还是卖国主义？》发表了，这篇文章的发表在我市广大红卫兵战士和革命师生中产生了巨大的反响，广大红卫兵战士热烈欢呼这篇文章的发表，欢呼毛泽东思想的又一伟大胜利！

近日来，我市二百多所中等学校，十几万红卫兵战士举行了声势浩大的示威游行，游行队伍浩浩荡荡，红旗如林，红卫兵战士佩带着鲜红的袖章，簇拥着主席像，不断地挥舞着红彤彤的《毛主席语录》振臂高呼：“打倒党内最大的走资本主义道路当权派[illegible]……打倒刘、邓、陶！“批倒、批臭刘氏黑《修养》！”“我们最最敬爱的伟大领袖毛主席万岁！万岁！！万万岁！！！”红卫兵战士意气风发、斗志昂扬，高唱《大海航行靠舵手》《造反有理》阔步前进！

戚本禹同志文章的发表，大长了无产阶级革命派的志气，大灭了刘、邓、陶的威风，广大红卫兵战士纷纷表示坚决打倒刘、邓、陶，把无产阶级文化大革命进行到底！抗大红一中的红卫兵战士在本校游行集会上说：“《爱国主义还是卖国主义？》这篇具有重大意义的文章，吹响了向党内最大的走资本主义道路当权派发起总攻击的进军号。它标志着我国无产阶级文化大革命发展到一个更新更深入的阶段。我们要把《论修养》及影片《清宫秘史》从政治上、思想上、理论上批深、批透、批臭，这是彻底批判资产阶级反动路线，把无产阶级文化大革命进行到底的重要战斗任务。”

毛主席教导我們：“要特别警惕象赫魯晓夫那样的个人野心家和阴謀家，[illegible]这样的坏人篡夺党和国家的各级领导”。刘、邓、陶[illegible]魔爪伸得特别长，他们阴谋篡党、篡政、篡军，妄图实现资本主义复辟，刘、邓、陶对党对人民犯下了滔天罪行，红卫兵战士决不轻饶刘、邓、陶！十六中红卫兵在声讨刘邓陶的大会上说：“刘少奇的罪行罄竹难书，刘少奇根本就不是什么‘老革命’而是假革命！反革命！是地地道道的老反革命！是党内最大的走资本主义道路的当权派，是中国的赫鲁晓夫，是我国产生修正主义的总根子，是中国反动势力的总代表，我们革命的红卫兵誓死保卫毛主席，誓死捍卫毛主席的革命路线，舍得一身剐，敢把刘少奇拉下马！”财经学校红卫兵战士给本报来稿，揭露了刘少奇的反革命真面目，信中说：“刘少奇一贯反对毛主席，反对毛泽东思想，和帝国主义、修正主义及各国反动派串通一气，一唱一合，推行了一条反革命修正主义路线，对抗毛主席的无产阶级革命路线。他鼓吹阶级斗争熄灭论和资产阶级人性论，极力抹[illegible]为[illegible]……集会的发言中激愤地说：“我国成立十七年来，无产阶级和资产阶级两个阶级，社会主义和资本主义两条道路，无产阶级革命路线和资产阶级反动路线两条路线的斗争一直没有停止，在这次文化大革命中党内最大的走资本主义道路的当权派刘少奇和邓小平互相勾结，狼狈为奸，串通一气，恶毒地提出并极力推行了资产阶级反动路线，明目张胆地对抗以毛主席为代表的无产阶级革命路线，经过这次文化大革命更进一步地暴露了刘少奇、邓小平的反革命真面目。”

《红旗》杂志评论员的文章掀起了批判刘氏《论修养》的高潮，党内最大的走资本主义道路当权派刘少奇靠他的修正主义黑“法宝”招摇撞骗的日子一去不复返了。全国人民口诛笔伐，向这一反党、反社会主义、反毛泽东思想的黑货猛烈开火了，十六中的红卫兵战士说：“《论修养》这株毒草，不谈现实的阶级斗争，不谈反帝、反修，而大谈什么‘修养’啦，什么‘慎独’这[illegible]……”又说：“《论修养》不谈两个阶级、两条路线的斗争，而大谈什么‘自尊心’‘自爱心’‘容忍’‘委曲求全’用这些漂亮的词句把个人主义养起来；并大谈什么‘理想’加‘实干’而成为‘革命家’提倡为个人奋斗，提倡‘吃小亏占大便宜’刘少奇用这些来腐蚀我们，企图使我们变成‘伪君子’‘假善人’。”二五九卫校的红卫兵战士愤怒控诉刘氏黑《修养》的毒害，他说：“《论修养》在我校流毒很广，校领导把刘少奇的《论修养》和邓小平的《修改党章的报告》做为入党申请人的必修课，《论修养》要求人手一册，很多人受毒很深，不愿意当护士，不愿意当检验士，对工作挑挑捡捡。我们一定要肃清刘氏黑修养的恶劣影响，坚决把“老三篇”作为座右铭来学，全心全意为人民服务。”红卫兵战士恨透了《论修养》，铁路一中的红卫兵战士说：“《论修养》的毒性比鸦片有过之而无不及。”《论修养》这本[illegible]阶级个人[illegible]主义，保卫毛泽东思想[illegible]必须给以彻底批判，否则，就不能将无产阶级文化大革命进行到底，就不能完成毛主席交给我们红卫兵的历史使命！

“宜将剩勇追穷寇，不可沽名学霸王。”自文化大革命以来，我们红卫兵小将历来就冲在最前头，在向刘邓陶发起总攻击的时候我们也要首当其冲，为无产阶级革命事业建新功，立新劳。红卫兵战士纷纷表示要继续发扬敢想、敢说、敢干、敢闯、敢革命、敢造反的革命精神，穷追猛打，把这个假革命、反革命，党内最大的走资本主义道路的当权派打翻在地，再踏上一只脚，叫他永世不得翻身。

铁路一中三连的红卫兵战士向毛主席宣誓：“我们用只争朝夕的精神，口诛笔伐，奋起千钧棒。扫除一切害人虫。高举毛泽东思想伟大红旗，以敢教日夜换新天的气概，彻底批判以刘、邓、陶为首的资产阶级反动路线，打倒刘少奇！用鲜血和生命保卫党中央，保卫毛主席！”

天津七中的红卫兵战士们表示：“一定要高举毛泽东思想的伟大红旗，勇敢地投入战斗，把党内最大的走[illegible]……无完肤！让光焰无际的毛泽东思想普照全世界。”

试看未来的全球，必是赤旗的世界。我市广大中等学校红卫兵和革命师生正在继续举行游行、集会、座谈，进行革命的串联。向刘、邓、陶发起总攻击的时刻开始了！红卫兵战士们，让我们共同行动起来，打倒刘、邓、陶，完成一斗二批三改的战斗任务，将无产阶级文化大革命进行到底！

打倒刘少奇，批臭《论修养》

——和六十一中学部分紅卫兵座談紀要

編者按：四月三日下午我們和六十一中部分紅卫兵座談。会上大家怀着激昂，憤怒的心情控訴了刘氏《論修养》对革命青年的毒害，严厉声討了刘少奇反党、反社会主义、反毛泽东思想的滔天罪恶。大家一致表示，在两种前途，两个命运的决战緊要关头，要高举毛泽东思想伟大紅旗，拿起笔来作刀枪，勇敢投入战斗，誓把刘、邓、陶拉下馬！把他們批倒，斗臭。下边把座談发言紀要介紹给大家。

张彦聪：我是个团干部，又是个入党申请人，当时我认为《论修养》是入党前必读之书，如果不学习它就不能入党。学习了主席著作和戚本禹同志《爱国主义，还是卖国主义》之后，开始认识到了自己过去受毒不浅。过去，我对学校领导布置下来的工作，也不管符合不符合毛泽东思想，遵照执行，盲目服从，明知错了也不敢斗争。刘少奇的《论修养》是一本为帝国主义、封建主义、修正主义寻找奴才，为剥削阶级传宗接代的黑书。今后，我要大杀回马枪，大造党内最大的走资本主义道路当权派刘少奇的反！彻底批判刘氏黑书！

赵灿青：有的同学认为党内最大的走资本主义道路的当权派被揪出来就高枕无忧、万事大吉了，批判刘少奇只是党中央的事，这纯粹是天真幼稚的想法。**毛主席教导我們說：“凡是錯誤的思想，凡是毒草，凡是牛鬼蛇神，都应該进行批判，决不能让它們自由广濫。”**刘氏黑书，危害极深，流毒极广，这样一株毒性极大的毒草在社会上广为传播，一定会反映到我们头脑中来的，我们要运用伟大的毛泽东思想彻底把《论修养》批倒，批臭！肃清这株毒草对我们的毒害！

王惠珍：有的同学片面理解，文化大革命单纯是为了揪黑帮。十六条第十一条一开头就指出：“在进行文化革命群众运动的时候，必须把对无产阶级世界观的传播，对马克思列宁主义，毛泽东思想的传播，同对资产阶级和封建阶级的思想批判很好地结合起来。”党内最大的走资本主义道路的当权派的被揪出，集中地体现了十六条的伟大胜利，集中地体现了毛泽东思想的伟大胜利，这个胜利是非常振奋人心的。

郭造反：

毛主席說：“在拿枪的敌人被消灭以后，不拿枪的敌人依然存在，他們必然地要和我們作拼死的斗爭，我們决不可以輕視这些敌人。”刘氏《论修养》，大肆吹捧孔孟，大肆宣扬改良，调合，折衷，偷机取巧的那一套鬼东西，而只字不提阶级斗争，更不谈为人民服务。这篇又臭又长的文章一言以蔽之，字字句句都打上了鲜明的剥削阶级烙印，一直没有离开过“我”字。看！这就是刘少奇在腐蚀毒害青年一大罪证！这就是两个阶级，两种道路，两条路线争夺接班人的具体表现；但是，山高遮不住太阳，刘少奇的黑手再大也遮挡不住光焰无际的毛泽东思想，

董文革：刘少奇胡扯什么工人阶级愿意受资本家剥削，不剥削工人呢，工人就活不了等等，真是混蛋已极，反动透顶！工人阶级是一切剥削阶级的掘墓人！工人阶级是帝国主义、封建主义、修正主义的掘墓人，他们在战无不胜的毛泽东思想的光辉照耀下，不但要砸烂自己身上的锁链，而且还要建立一个红彤彤的毛泽东思想的新世界，让刘少奇一伙黑苍蝇在工人阶级的面前去向隅而泣吧！

段金海：文化大革命以来，党内最大的走资本主义道路的当权派刘少奇出自他的阶级本性，他一手泡制并推行了一条资产阶级反动路线，颠倒黑白，混淆是非，转移斗争矛头，残酷的镇压革命群众运动，把毛主席的红小兵打成“反革命”，“假左派，真右派”，“小牛鬼蛇神”，又抛出了“打击一大片，保护一小撮”的资产阶级反动路线，猖狂地对抗以毛主席为代表的无产阶级革命路线，刘少奇罪恶滔天，不把他斗倒斗垮斗臭誓不罢休！

孙和平：刘少奇吉称自己是“老革命遇到新问题”哇！好不要脸！什么老革命？他从来就不是革命者，而是一个假革命，反革命和老反革命！是中国的赫鲁晓夫，是毛主席身边的一颗定时炸弹。

（最后，张荣敏同学同我们共同学习了毛主席有关阶级斗争的最高指示。）

中学紅卫兵

1967年4月6日 星期四 ·3·

刘少奇二十年罪行录

（一九四六——一九六六）

刘少奇是中国第一号党内走资本主义道路的当权派，是推行修正主义黑货的祖师爷，是反党反革命部的黑司令，是镇压革命群众运动的罪魁祸首，是反毛泽东思想、反毛主席的阴谋家、野心家，说的不差，近二十年来刘少奇错误重重，罪行累累，毛主席多年争取，多年教育，但他仍不知悔改，顽抗到底。今天是撕开刘少奇的骗人外衣，把他暴露于光天化日之下示众的时候了！

第一大罪行 全国胜利前夕，害怕革命，害怕胜利企图阻挡历史车轮前进。

46年：他跪倒在政协会议面前，乞求和平，幻想和平，胡说什么“这是中国走向和平的新阶段。”

48年：在大好的革命战争形势前，他吓得目瞪口呆，一反常态，惊呼什么“现在，革命形势发展很快，出乎我们意料之外，现在不是怕太慢了，而是怕太快了。”

第二大罪行 在三大改造中，妄图巩固新民主主义的秩序，扭转社会主义的方向，把中国拉向后退。

51年：他宣称解放以后不是社会主义革命阶段，而是新民主主义时期，社会主义的问题是将来的问题。

反对农业合作化，反对中国尽快实现农业集体化，抗拒社会主义革命。

52年：他代表农村资产阶级，声嘶力竭地高喊“要保留富农经济”，纵容发展农村资本主义。

54年：他反对工商业者实行利用、限制、改造的政策，抗拒工商业的社会主义改造。

55年：他积极推行所谓“社会主义经济的灵活性”，发展资本主义，恶毒攻击社会主义的计划经济，妄想恢复已失去的资本主义阵地。

[redacted]合作，妄图在中国实行修正主义。

56年：他与毛主席唱反调，认为三大改造之后，阶级斗争不存在了，社会主义和资本主义谁胜谁负的问题解决了。

他认为合作化运动解决了农村的资本主义自发倾向，公然抗拒毛主席两个阶级两条道路斗争的指示。

他宣传全党和工人阶级同资产阶级搞好“联盟”搞好“关系”，向他们学习“有益的经验和知识”。竟然放弃社会主义改造的思想阵地。

他胡说“革命斗争的任务已经结束了，现在是需要完全法制的时代”，大搞全民国家，取消革命，取消斗争。

57年：他歪曲、反对毛主席正确处理人民内部矛盾的思想，主张用“缓和”和“妥协”的办法解决人民内部矛盾，明目张胆地推销修正主义黑货。

第四大罪行困难时期配合国内外反动派，掀起一股反党、反社会主义、反毛泽东思想的黑风，梦想在中国实行资本主义复辟。

61年：他提倡“自由思想，自由讨论”、“三不主义”为阶级敌人大开绿灯。

62年：他攻击三面红旗，夸大困难，散布悲观论调，向党的总路线开刀。

他大刮单干风，严重破坏生产力使广大贫下中农遭殃。

他诬蔑反右倾斗争本身是错误的，大刮翻案风，牛鬼蛇神纷纷出笼，大肆攻击党中央和毛主席的正确领导。

再版《论共产党员的修养》贬低毛主席，抬高自己，企图与毛主席争地位，分庭抗礼，打着“红旗”反红旗，宣传修正主义。

第五大罪行 破坏伟大的四清运动，提出形“左”实右的路线，对抗毛主席的革命路线。

63年：委派夫人王光美到桃园蹲点，搞了个臭名远扬的“桃园经验”，反对毛泽东思想。

64年：泡制“后十条”对抗前十条，并要在全民中的严重合，把农村形[illegible]右。

65年：二十三条发表后，又大搞阶[redacted]一”，对社教运动提出“一进厂就实行三结合。”

第六大罪行 打击左派包庇右派，疯狂镇压文化大革命运动。

65—66年：抗拒毛主席指示，把批判“海瑞罢官”的政治斗争引入纯学术批判的歧路。

66年：支持彭真搞“五人小组的汇报提纲”作为资产阶级反动路线的纲领。打击左派，压制左派，胡说文化革命是“打笔墨官司，不要辱骂。”派出工作组，镇压刚刚兴起的革命群众运动。

贼心不死，在文化大革命中煽阴风、点鬼火，向革命路线连续发动四次大反扑。

第七大罪行 歪曲主席教育思想，以“两种劳动制度、两种教育制度”，反对把全国办成毛泽东思想的大学校。

第八大罪行 反对工农兵学习毛主席著作，指令公开发表苏修反动权威攻击我国学习毛主席著作的信件大放谬论，胡言“简单化”“庸俗化”。

第九大罪行 歪曲历史、篡改历史，自吹自擂，大夸“一二、九”运动是刘少奇的领导，否定毛主席的英明指示。抬高示威游行、请愿的作用，反对主席枪杆子里出政权的思想，农村包围城市的革命道路。公然否定伟大领袖毛主席对中国革命的领导和决定作用。为更大的政治阴谋作舆论准备。

第十大罪行 组织资产阶级司令部，长期抗拒毛主席指示，附和阴违，不承认毛泽东思想是最高最活的马列主义，竭力否定毛主席在中国革命历史上的伟大作用。

革命的同志们，刘少奇干了这么多坏事，欠下了这么多帐，难道可以不揭发、不批判不斗争，让他继续为非作歹吗！我们要正告刘少奇，你不要指望几个保皇党、搞反动路线来保住你的“宝座”。你也不要梦想可以拖得下去蒙混过关。你更不要妄想过一阵子你就可以旧态复萌、依然

党中央和毛主席的战斗号召下，们把你揪出来斗倒、斗臭、斗垮！只要你反对毛主席，[redacted]们就把你打翻在地，再踏上一只脚，使你永世不得翻身！彻底埋葬刘邓资产阶级反动路线！

罢刘少奇的官！撤刘少奇的职！把刘少奇赶出党中央！

原载《革命串联报》

坚决打倒刘、邓、陶

“钟山风雨起苍黄，百万雄师过大江”。毛主席一声令下，无产阶级革命派组成了浩浩荡荡的文化革命大军，向党内最大的走资本主义道路的当权派发起了全线总攻击。戚本禹同志《爱国主义还是卖国主义？》的文章打响了进攻的第一炮。资产阶级反动路线全面崩溃了，刘、邓、陶已陷入了全国共讨之，全民共殊之的绝境。我们为全国的一片大好形势而热烈欢呼！我们要紧紧跟上党中央，紧紧跟上毛主席。与刘、邓、陶决一死战。

刘、邓、陶不投降就叫他灭亡！！刘、邓、陶从党中央滚出去！

刘、邓、陶长期与党中央毛主席对抗，他们是中国的赫鲁晓夫。在文化大革命中刘、邓互相勾结又制定了反动透顶的资产阶级反动路线。在这条绳索束缚下，许多革命造反派受到打击遭围攻，给文化大革命设下重重障碍。毛主席说：“**‘搬起石头打自己的脚’，这是中国人形容某些蠢人的行为的一句俗話。**”刘少奇之流正是这样一批蠢人。他们的负隅顽抗更激起全国人民的剧烈革命，现在是和他们算总帐的时候了！

刘少奇的论《修养》通篇宣扬了资产阶级个人主义和奴隶主义思想。这株大毒草，流毒很广，毒害了不少人，使中国革命遭受了不可弥补的损失。过去它在我校也是很有市场的。我校前党支部某些人曾极力吹嘘过它，有个负责人在高初三毕业生报告会上曾说：“从一点一滴的小事做起，就可以从小人物变成大人物。大人物就是从小人物变成的。”这就是刘少奇“吃小亏占大便宜”的论调。

我们要坚决地高举毛泽东思想的千钧棒，彻底肃清《修养》的流毒，把各种修正主义思想从我们头脑中通通清除出去！

毛主席指出《清宫秘史》是一株大毒草，是卖国主义的。而刘少奇却胆大包天，胡说什么《清宫秘史》是爱国主义的。这些都说明刘少奇是个地地道道的修正主义分子，是帝国主义和现代修正主义的哈巴狗。不把这样一个祸根彻底刨掉，中国就有变颜色的危险。我们要同仇敌忾，把党内最大的走资本主义道路的当权派斗倒斗臭，再踏上一只脚，让他们永世不得翻身！

我们牢记毛主席“**‘舍得一身剐，敢把皇帝拉下馬’，我們在为社会主义共产主义而斗争的时候，必须有这种大无畏的精神。**”的教导，更高地举起毛泽东思想伟大红旗，坚决把无产阶级文化大革命进行到底，让毛泽东思想伟大红旗插遍全中国，插遍全世界。

打倒刘、邓、陶！

刘、邓、陶不投降就叫他灭亡！

誓死捍卫毛主席！

毛主席万岁！万岁！万万岁！

十六中三连全体战士

声討刘、邓、陶

《红旗》杂志五期评论员文章和戚本禹同志的文章是我们的伟大领袖毛主席向全国人民和全世界人民发起向中国最大的走资本主义道路的当权派刘邓陶开火的进军号。我校全体革命师生立刻也向刘邓陶发起了猛攻！

四月三日，三连四排召开了《誓死保卫毛主席，打倒刘邓陶》的誓师大会。向刘邓陶开火了！

刘少奇摆出了工贼的嘴脸说：“资本家先生，你剥削一下吧！不剥削我就活不下去……。”对刘少奇这套地主资本家的混蛋逻辑以严厉痛斥！战士郑玉兴，马桂香在会上回忆了自己的家史，旧社会穷人受剥削，受压迫，那有半口饭吃，而那些地主资本家，那些吃人的牛鬼蛇神却吃着山珍海味，住着高楼大厦。刘少奇完全是站地主资本家的立场上替剥削阶级说话，他根本不是什么“老革命”，而是个地地道道的反革命！

刘亚元，王英，宁延秋等同学，通过了自己的亲身经历，控诉了《修养》对青年的毒害，《修养》提倡奴隶主义，提倡阶级调合论，提倡关在小屋子里闭门造车“修养”，使许多同学在无产阶级文化大革命中犯了保守错误，不敢起来造反。

《修养》这本欺人之谈，对抗毛主席的书必须彻底批判！

大家恨透了刘邓陶，怒火冲天，一起振臂高呼：“打倒刘少奇！”彻底肃清刘氏黑修养的遗毒！”

大家更加深深体会到，我们的伟大领袖毛主席是多么英明，伟大！

如果让刘、邓、陶这帮中国的赫鲁晓夫式的人物的阴谋进一步得逞，那劳动人民又要重蹈苦难，这是关系到千百万人头落地的大问题，要没有毛主席那还有我们！

毛主席呀，毛主席！

您是我们的红司令，我们是您的最忠实的红小兵，我们紧紧跟着您，用热血和生命捍卫您，和以您为代表的党中央！

全体战士怀着激动的心情一次又一次高呼：“毛主席万岁！万岁！万万岁！”

“誓死保卫毛主席！誓死保卫党中央！”

打倒中国赫鲁晓夫刘少奇，邓小平，陶铸！

舍得一身剐，敢把刘少奇拉下马！

铁一中高三（4）供稿

中学紅卫兵
·4·　　1967年4月6日　星期四

彻底揭发批判刘少奇滔天罪行

党内第一号走资本主义道路的当权派刘少奇，几十年来一贯反对毛主席，反对毛泽东思想，罪恶累累，铁证如山。今天我们收集了刘少奇的罪状十八条，供红卫兵战士批判。

1.刘少奇疯狂地反对毛主席，反对毛泽东思想。刘少奇根本不承认毛主席天才地、创造性地继承捍卫、发展了马列主义、把马列主义发展到一个崭新的阶段。一九四八年十二月，他对马列学院学员说：“马克思主义内容是世界有史以来无比丰富的，世界上任何大的问题都解决了，如民族问题，工人运动问题，秘密工作问题等等，中国有吃饭住房问题，外国也有，甚至城市地皮问题也可以参考苏联、参考马恩列斯的经验。”在一九六一年庆祝中国共产党成立四十周年大会上，他说：“对农业社会主义改造，我们运用列宁关于无产阶级专政下，工农联盟的理论和农业合作化理论总结了我们革命根据地农业互助合作运动的经验，对民族资本主义工商业的社会主义改造，我们运用了马克思关于无产阶级在一定条件下，可以对资产阶级采取赎买政策的思想，运用了列宁关于无产阶级专政条件下，采取国家资本主义政策的思想。”刘少奇从来不提毛主席对马列主义的伟大贡献。

2.一九五九年以来，林彪同志一再号召全军大学毛主席著作，要当毛主席的好学生，可是刘少奇一九六二年修改他的《论共产党员修养》时却仅提出作马克思、列宁的好学生。

3.一九六六年七月二十九日，刘少奇在人大会堂里讲，以保护少数为名来包庇袒护现行反革命分子，他说：“清华有一个学生，写了拥护党中央、反对毛主席的大标语，大家要斗他，工作组要保护他，现在看来说这个学生是反革命的结论材料还不充分。”从这里可以看出刘少奇存心是多么恶毒，他和这个反革命分子是一丘之貉……对毛主席，谁就是我们的敌人。

4.一九四〇年在东北战场上的领导方针上，刘少奇不支持林彪同志而支持彭真的错误路线，进而打击林彪同志。

5.反革命修正主义集团彭、陆、罗、杨的总后台是刘少奇，刘少奇支持他们收集林彪同志的材料，准备整左派。

刘少奇投敌罪行

6.刘少奇对1946年国民党旧政协决议，极为赞扬，胡说什么这个决议得到实行，中国就将走上和平民主新阶段。

7.1954年刘少奇决定把我国留学生的党、团组织关系交给现代修正主义分子赫鲁晓夫的基层组织去管理，这是反革命修正主义分子刘少奇卖身投敌的又一罪行。

8.保存富农经济，他在1950年6月14日政协委员会第二次会议上关于土地问题的报告中说：“我们采取的是保护富农的政策，当然不是一种暂时的政策，而是一个长期的政策”“这就是说，在整个社会主义阶段都是保存富农经济的，只有到这样一种事情成熟，可以大量采用机器耕种，组织集体农场实行农村的社会主义改造时，富农经济的存在方能成为没有必要了，而这还要相当长的将来，才能做到。”

反革命修正主义分子刘少奇竭力反对社会主义，为资本主义复辟鸣锣开道

9.刘少奇明目张胆的破坏合作化运动，一九五五年支持邓子恢，砍掉20万个合作社。

10.土改以后全国普遍出现了互助组合作社，毛主席对这些新生事物全力支持，积极帮助发展，1951年作出决定，要积极领导农村互助合作运动的发展，逐步地实现农业集体化。可是刘少奇对此横加指责，他在1951年全国宣传工作会议上说：“有些同志，依靠农村互助组、合作化代耕队实现工业化，实行农村社会主义，这是不可能的。这是一种空想的农村社会主义，是错误的。农村要实行社会主义如果没有工业的发展，不实现工业化，农业根本不可能实现集体化。”

11.1949年10月1日中华人民共和国成立，标志着我国由资产阶级民主主义阶段进入到社会主义阶段。可是刘少奇歪曲这个阶段是新民主主义时期，他在1952年6月中央宣传工作会议上讲：“现在是三年准备，十年建设时期。待十年建设后，中国面貌焕然一新，社会主义的问题是将来的事情。现在提出过早。”1954年9月中国处在社会主义改造高潮时期，党的过渡时期的总路线早已提出来了。可是刘少奇在第一届全国人民代表大会上作关于宪法（草案）的说明报告中公然说：“我国正处在建设社会主义的过渡时期，在我国这个时期，也叫做新民主主义时期，这个时期在经济上的特点是既有社会主义又有资本主义。”这是充分暴露了他的资本主义思想。

一丘之貉　默契配合

12.1962年一月在中央召开的七千人的大会上作了一个修正主义的报告，他大肆攻击三面红旗，竭力夸大我们工作中的缺点和错误，他认为暂时的经济困难是由于工作中的错误造成的，“三分天灾，七分人祸”。攻击1959年反右倾斗争过火了，反右倾本身就是错误的，为右倾机会主义分子翻案。他诬蔑党内缺乏民主，党的生活就是“残酷斗争，无情打击”，攻击党中央和毛主席的正确领导。

13.刘少奇1962年5月批转了一个极为错误的“中央财经五人小组向中央的报告”。这个报告极为夸大我们工作中的缺点和错误，对形势作了极为悲观的估计，这个报告在全党作了认真的传达和学习讨论，影响很坏，造成党内思想混乱，使不少同志一时迷失方向，使右倾机会主义分子和牛鬼蛇神纷纷出笼，掀起了一股“单干风”和“翻案风”。

14.1957年4月21日他在上海党员干部大会上明确地说：“现在国内敌人已基本被消灭，地主阶级早已消灭，资产阶级已基本被消灭，反革命已基本被消灭，我们说国内主要阶级的阶级斗争已经基本结束了，那就是说敌我矛盾已基本解决了。”

15.鼓吹资产阶级的本性改变，他在八大政治报告中说：“这个政策（指利用、限制、改造）这些步骤不仅得到广大群众的拥护，而且资本家也找不出任何站得住脚的理由来拒绝和反对。现在已经可以断定除开个别的顽固分子想对抗之外，在经济上接受社会主义改造，并且逐步转变为名符其实的劳动者。这是大多数民族资产阶级所能够做到的。”他極力美化资产阶级，并号召工人阶级和资产阶级搞好“联盟”搞好“关系”

形“左”实右的四清工作路綫

16.1963年3月在毛主席[redacted]目前农村中若干问题的决定”（草案），正确的提出了农村社会主义教育运动根本路线和政策，在这个决定的指示下，全国农村的社教运动蓬勃发展。就在这时候，刘少奇做了一个“关于社会主义教育问题”的报告，于1964年9月就制定了一个形“左”实右的“农村社会主义教育运动中几项政策规定”（草案）与毛主席制定的“决定”相对抗。

他是资产阶級反动路綫的祖师爷，是鎮压无产阶級文化大革命的罪魁祸首

17.5月25日聂元梓等同志的大字报出来后，刘少奇马上派李雪峰来北大，大讲一通，什么“党纪、国法”啦“什么内外有别”啦，企图来镇压聂元梓等同志，不仅如此，对中央里支持聂元梓大字报的康生等同志也施加压力。从这里可以看出刘少奇和陆平之流没有什么区别。他站在资产阶级反动立场上，实行资产阶级专政，长资产阶级威风，灭无产阶级志气，何其毒也！

18.北大的工作组组长张承先，镇压北大革命有力，刘少奇大为赞扬，急忙总结出“经验”来向全国推广，使文化大革命遭到极大的损失。

刘少奇罪该万死，千刀当剮！不把刘少奇打倒、不把刘少奇的反动言论批臭我们誓不罢休！

原载《红卫兵》报

中学动态

▲四月三日下午塘沽区十几个中学在塘沽一中召开了“复课闹革命誓师大会”。会上，红卫兵和革命师生纷纷表示决心，积极响应党中央“复课闹革命”的伟大号召。延安中学的代表也在会上介绍了经验，受到热烈欢迎。

▲四月四日十六中全校革命师生徒步到北仓烈士陵园进行扫墓活动。行军途中，大学毛主席语录，革命歌声不断，革命师生意气风发、斗志昂扬。在烈士墓前他们庄严表示，坚决保卫烈士用鲜血和生命换来的社会主义江山，打倒刘、邓、陶，彻底砸烂万张反革命修正主义集团，誓将无产阶级文化大革命进行到底。

▲延安中学近日将要正式按照巴黎公社的全面选举制，选举文化革命小组和文化革命委员会。目前全校已全部实现复课闹革命，积极参加反击反革命逆流和批判刘、邓、陶的战斗！

▲战斗区汉阳道中学在没有解放军组训的情况下，通过学用毛主席著作，破“私”立“公”整风运动，统一了全校的红卫兵组织，成立了“汉阳道中学红卫兵”目前，他们正在自己进行军训，积极为全校的革命大联合和复课闹革命作准备。

▲中学红代会各区分会分别成立了或正在积极筹备批判刘、邓、陶联络站。

▲中学红代会河北区分会积极组织力量反击社会上的反革命逆流。他们组织红卫兵到居民区宣传毛泽东思想，宣传天津革命的“三结合”，并举行了一些辩论会。

征稿启事

“我們的报紙也要大家来办”《中学红卫兵》坚决按毛主席的教导走群众路线。

我们殷切希望广大红卫兵战士和革命造反派热情地支持我。配合目前阶级斗争形势，是否围绕下面几个方面，作些文章：

一、活学活用毛主席著作，破“私”立“公”的心得体会。

二、批判党内最大的走资本主义道路当权派刘少奇、邓小平与陶铸罪行的文章，反映清大毒草《修养》流毒的利剑篇。

三、响应党中央和毛主席号召，复课闹革命的体会和经验。

文章可以短小精悍，形式可以生动活泼。

红卫兵战友们，行动起来，拿起笔来作刀枪，把《中学红卫兵》办成旗帜鲜明的毛泽东思想的宣传阵地，革命红卫兵的喉舌。

通讯地点：战斗区解放路一一四号

中学红卫兵

天津市中学紅代会主办（选刊）

第三期 1967年4月11日

中国的赫鲁晓夫—刘少奇必须打倒

短评

“一从大地起风雷，便有精生白骨堆。”地主阶级的孝子贤孙，资产阶级的代理人，党內头号走资本主义道路的当权派刘少奇是中国修正主义的总根子，是党、政、军、工、农、商、学各界中党內一小撮走资本主义道路当权派的总后台。他是中国最大最危险的政治野心家阴谋家，多少年来刘少奇一直疯狂地反对我们心中最红最红的红太阳毛主席，抵毁毛泽东思想，妄想在中国实现资本主义复辟。刘少奇是埋在毛主席身边一颗最大的定时炸弹，这颗炸弹一定要挖出来，刘少奇必须坚决打倒！

不打倒刘少奇，中国就会变颜色，千百万革命人民的人头就会落地。不打倒刘少奇，文化革命就会半途而废。同志们可以想想，为什么目前会出现一股资本主义复辟的逆流？为什么万张反革命修正主义集团的阴魂不散？为什么在无产阶级革命派大联合向万张反革命修正主义集团夺权的前夕会出现一股拚命把矛头指向革命的“三结合”，指向解放军，指向革命领导干部的反动逆流？为什么到现在“联动”仍然猖狂活动？为什么中学的文化大革命阻力那么大？千原因，万原因，归根结底，就是因为刘少奇这个党內头号走资本主义道路当权派沒有被批倒，斗臭，就是因为刘氏爪牙沒有扫除干净，就是因为刘邓资产阶级反动路线尚未彻底粉碎，肃清。

刘少奇必须打倒！这是我们无产阶级革命派的誓言。组织起千军万马，号召千百万群众，集中一切火力，向刘少奇发动全面总攻击！穷追猛打，决不留情！红卫兵战士要作这场决战的急先锋，要用我们的生命和鲜血保卫毛主席，保卫以毛主席为首的党中央，保卫以毛主席为代表的革命路线。誓与刘少奇血战到底！

刘少奇篡夺教育事业的领导权

前言

这是高教部一篇大字报，揭发批判了刘少奇在教育战线上明目张胆与毛主席光辉教育思想对抗，篡夺我国教育事业的领导权的历史。长期以来陆定一、林枫、蒋南翔、陆平、匡亚明之流的黑帮分子长期盘踞统治着教育界，贩卖着修正主义黑货以实现其与无产阶级革命事业争夺青年一代的梦想。但是，正在以毛泽东思想武装起来的青年一代已识破了他们的阴谋。在教育战线上誓死捍卫毛主席的教育思想和教育路线，并正在彻底批判资产阶级教育路线。对于这场斗争，一切革命青年和干部决不可等闲视之。

一九六三年毛主席总结了中国革命和世界革命的经验，特别是吸取了苏联资本主义复辟的教训，尖锐地提出了争夺青年一代，培养无产阶级革命事业接班人的问题，毛主席对争夺青年一代的主要阵地教育事业给予了极大的注意，极大的关心。

这时，刘少奇也“关心”起教育来了，他所从事的不是宣传和贯彻毛主席的教育思想，而是，另搞一套。

一九六四年春节，毛主席召开了教育工作座谈会。作了极其重要的指示，一九六四年三月毛主席又将北京铁路二中的材料批示给刘少奇、彭真等人，刘少奇在春节座谈会上沒谈什么，对于毛主席三月的批示也沒有什么表示，事过一个月，他却在中央工作会议上，撇开毛主席的指示另外提出“两种劳动制度和两种教育制度”的口号，号召教育工作者为实现这个口号而奋斗。

一九六四年暑假，毛主席同毛远新谈话，又对教育工作作了重要指示，一九六四年八月毛主席同某外国代表团谈话时，公开批判管教育的说他的话沒有人听。

刘少奇对毛主席这些指示和批评置若罔闻，他不仅通过彭真、陆定一所控制的教育系统来贯彻他的主张，并亲自出马周游大半个中国，到十几个省市去推销他的私货。他威胁人说：“对反对半工半读的人，要给他扣大帽子：你们是反对社会主义，反对共产主义，反对消灭三个差别！”并且扬言要成立第二教育部，第二教育厅去管半工半读。从此以后，教育部门就再也沒有认真贯彻过毛主席的指示了。

到一九六五年这一年为了贯彻刘少奇所提出的“两种劳动制度和两种教育制度”的口号竟成了教育界最响亮的、最革命的口号了，完全淹沒了毛主席的声音。

一九六五年这一年为了贯彻刘少奇的“两种劳动制度”的主张，在他的指导之下，有关部门先后召开了五、六个全国性会议。原教育部在四月和十一月召开农村半农半读会议和全国城市半工半读会议，原高教部在十二月召开了半工（农）半读高等教育会议。

一九六五年七月三日毛主席又批示了北京师范大学历史系一个班的材料，就是著名的“七三”指示，对于这个指示，刘少奇照样默不作声，到下面就更糟了。盘踞在教育界的走资本主义道路的当权派如陆定一，蒋南翔，刘季平，匡亚明之流，竟肆无忌惮地用种种手法歪曲毛主席指示精神，以贯彻“七三”指示为名行反对毛泽东思想之实。

一九六五年十一月，在何伟召开全国城市半工半读会议的时候，刘少奇以中央政治局的名义，召开了中央各部，国务院各部负责人参加的座谈会，讨论推行半工半读制度。在这个会上，刘少奇狂妄地把自己与马克思、恩格斯、列宁、直接衔接起来，公然把毛主席撇在一边，至于这个会议前后彭真、陆定一，何伟等人如何吹捧刘少奇，都是有案可查的。

这样刘少奇就成了教育界的“最高统帅”了。

两种教育思想，两条教育路线的激烈斗争，就构成了近几年的教育史，毛泽东教育思想和毛主席提出的教育方针和历次指示遭到党內走资本主义道路当权派和教育界资产阶级右派分子的拼死抵抗，他们对毛主席的声音是千方百计地封锁，歪曲抵制。成为鲜明对照的是刘少奇的这一套，竟然不径自走，喧嚣一时。

然而，好景不常，一九六五年五月毛主席作的指示同广大工农兵，革命师生、革命干部见了面，毛主席又亲自发动了无产阶级文化大革命，刘少奇的假革命的面目就被揭穿了，他统治教育界的宝座也被推翻了。

刘少奇的这种主张与毛主席的教育思想是根本对立的。

第一，毛主席教育思想的出发点是在社会主义社会教育战线上还存在着尖锐、复杂、严重的阶级斗争，存在着两个阶级两条道路的斗争，存在着无产阶级与资产阶级争夺领导权的斗争，存在着无产阶级与资产阶级争夺青年一代的斗争。

刘少奇的教育思想则是以抹杀教育战线上的阶级斗争为前提的，他在几次讲话中，除了说过“半工半读本身就是阶级斗争”而外，再沒有说阶级斗争的，并且他所说的“半工半读本身就是阶级斗争”也主要是提人们对劳动的态度对半工半读学校的态度方面的斗争。

第二、毛主席教育思想一个根本点，是教育必须为无产阶级政治服务，必须为培养有社会主义觉悟的有文化的劳动者服务，早在一九五七年毛主席就指出：**“我們的教育方針应該使受教育者在德育、智育、体育几方面都得到发展，成为有社会主义觉悟，有文化的劳动者。”**

刘少奇提出的半工半读，并不是从培养无产阶级接班人这个角度提出的，而是从普及教育和消灭体脑差别的角度提出来的。刘少奇强调的不是培养有社会主义觉悟有文化的劳动者，而是培养所谓既能从事脑力劳动，又能从事体力劳动的新型劳动者，他强调的不是德育而是智育。强调学生通过劳动取得自己生活和学习费用。

第三，毛主席很强调对学生要加强马克思列宁主义的教育，用马列主义改造学生的思想，把青年逐步培养成为马克思列宁主义者。无产阶级接班人五个条件第一条“他们必须是真正的马克思列宁主义者，而不是象赫鲁晓夫那样的挂着马克思列宁主义招牌的修正主义者”

党的八届十一中全会公报“用毛泽东思想武装工农兵群众，革命知识分子和广大干部，进一步促进人的思想革命化，是防止修正主义，防止资本主义复辟使我国社会主义事业取得胜利的最根本保证。”

刘少奇根本就不提学习马列主义、毛泽东思想促进人的思想革命化的问题。

第四，毛主席主张教育与生产劳动相结合，提出学校办工厂、工厂办学校，实行半工半读，毛主席这一思想突出地表现在：**“学生要以学为主，兼学别样，不但学文，也要学工，学农，学軍，也要批判資产阶級，学制要縮短，教育要革命，資产阶級知識分子統治我們学校的现象，再也不能继續下去了。”**这一英明指示中。

毛主席反复强调要学生学军事，要参加阶级斗争，要通过阶级斗争来学习和掌握马克思列宁主义。

第五，毛主席主张教育要彻底革命，学制要缩短，课程、教材、教学方法，考试制度等等要彻底改革，资产阶级知识分子统治我们学校的现象一定要彻底改变。

在刘少奇的“半工半读”思想中，资产阶级全日制的一套仍然占着统治地位。它与资产阶级的全日制除了半日劳动以外，再也找不出什么区别。

要培养有社会主义觉悟、有文化的劳动者，仅仅半天劳动是不能解决问题的，必须彻底改革教育，让学生以学为主的前提下，学工、学农、学军，批判资产阶级，搞阶级斗争，必须加强对学生的毛泽东思想的教育，让学生通过教学、生产劳动、阶级斗争等等环节学习掌握毛泽东思想，促进学生思想革命化。

刘少奇的“半工半读”就是空想社会主义者欧文的“半工半读”，实质上也是英美资本主义国家的半工半读，他的“两种教育制度和两种劳动制度”剥去它的社会主义外衣，只不过是资本主义改轨制的一个翻版，只是一种“新”型的资本主义教育制度。

中学紅卫兵

·2· 1967年4月11日 星期二

刘少奇在半工半讀教育中所散布的修正主义言論

从五八年以来，特别是六四年以来，刘少奇东奔西跑，先后在北京、天津、上海、武汉、长沙、广西等地发表了一些讲话，猖狂地攻击毛主席的教育思想。我们认为：必须把刘少奇的这些黑指示暴露于光天化日之下，让广大的革命群众来鉴别、批判肃清他的流毒。为此，我们摘编了这个材料，并加了按语，供大家参考。

一、用资产阶級世界观歪曲共产主义，把共产主义庸俗化。

"你们是不是搞个厂，所有做科室工作的，试行一半工作，一半劳动，又当工人，又当管理人员。所有非生产人员统统都去参加生产。从这些厂子，就可看到共产主义社会"

（64年7月5日在天津的讲话）

"这样发展下去，一直到共产主义，到共产主义，人们工作四小时，其余时间还是学习，共产主义人的生活是人人都半工半读"。

（58年7月3日接见共青团三届三中全会主席团时讲话）

毕业后不分配工作，当工人、当农民，作工种地，也可以演戏，写小说，讲马列主义，也能讲好，作半天工，半农半教，半工半教，就是早进共产主义，共产主义就是半天劳动，半天学习，文化活动等。"

（65年7月20日 农业部江一真副部长汇报农业教育工作时讲话）

"当然，进入共产主义不仅仅要消灭这三个差别，还要有经济上的发展，技术上的发展，文化水平提高，觉悟水平提高，要打下物质技术基础。"

（64年8月7日在湖北省委扩大会上的讲话）

"到了共产主义，至少每天也要做四小时工，四小时以外怎么办？不能都去玩，或去当教员，去学习，画画，作艺人，或作研究工作"

（64年7月5日在天津的讲话）

"还可以设想到共产主义，劳动制度和学校制度会怎样呢？马克思说，那时四小时劳动就可以了，其余的时间就可以学习，办公，写作，唱歌，演戏或作政府工作，地方工作，沒有专业作家，演员，画家，也沒有专业的党委书记、省长、市长，都是业余的，国家主席也是业余的。共产主义就是这样。"

（64年8月1日在山东的讲话）

編者按：毛主席說："共产主义是无产阶級的整个思想体系，同时又是一种新的社会制度。这种思想体系和社会制度，是区别于任何别的思想体系和任何别的社会制度的，是自有人类历史以来，最完全最进步最革命最合理的。"可是刘少奇却从工厂的一半劳动一半讀书，唱歌，画画中看到了共产主义，这簡直是胡說八道，是对最美好的共产主义社会的歪曲。由此看来刘少奇根本不是一个"老革命"，不过是个滿嘴呓語的小丑而已，对馬列主义一窍不通。

二、金錢挂帅，物质刺激，地位引誘，大量貫輸资产阶級的黑貨。

"学生补贴，可以考虑前两年13元，后两年15—16元，或者第四年十八元。到第三、四年正是能生产的时候，也要给点零用钱。第三、四年正是生产产品的时候，如不加点钱，生产积极性不高，不好好给生产。"

（64年7月5日在天津的讲话）

"毕业一批，分配一批，当工人，也可以当技术员，也可以到科室里去。学些政治，企业管理，将来可以要他们作车间主任、厂长、当校长。"

（六四年七月五日在天津的讲话）

"我个人意见：目的是这样，初中毕业，学完中技课程，愿再上大学的再上，或自己学，或组织起来，或函授或办业大，也可以半工半读。毕业之后，可以当工程师也可以当技术员，也可以当工人农民，也可以当党委书记、厂长、市长、县长等等。"

（六四年八月二十二日在广西僮族自治区直属机关和地方负责干部会议上的讲话）

編者按："政治工作是一切經济工作的生命綫。在社会經济制度发生根本变革的时期，尤其是这样。""沒有正确的政治观点，就等于沒有灵魂。"这些英明的指示毛主席早就指出了。可是刘少奇却反其道而行之，公然与毛主席唱对台戏。妄想把青年引上资本主义的岐路，培养修正主义的苗子。

三、用"吃小亏，占大便宜"的资产阶級世界观办学校，象资本家一样算經济账，一心想着"赚錢"，把学生当"童工"使用。

"有人说办这种学校会影响生产，可能初期是这样的，但要算总账，工厂是赚钱的，学生参加劳动，不拿工资只管饭吃。技术员兼教师，所以工厂办这类学校不是赔钱的。"

（64年8月7日在湖北省委扩大会的讲话）

"两个学生顶一个工人，劳动定额也是这样定，合得来。两个人顶一个工人，实际上不止顶一个，顶一个多，他文化高，体力也有。"

（64年8月22日在广西僮族自治区直属机关和地方负责干部会上的讲话）

"劳动部门沒有什么批准不批准的问题，就是二个人顶一个工人，顶一个学徒，在劳动制度之內，在学校之內。与其招收工人，不如招收这种人，比招收工人好得多。"

（64年8月7日在湖北省委扩大会上的讲话）

"你们省政府、自治区政府机关旁边开个工厂，不要开工资，工资已经有了。不要开工资就做工，这不赚钱呀？"

（64年8月22日 在广西僮族自治区直属机关和地方负责干部会上的讲话）

"在城市可以减少一部分固定工人，用半工半读学生代替，劳动制度可以改嘛！可以采用两个学生顶一个学徒或一个工人的办法。"

（64、8、2在中央学制会议上的讲话）

"有人说半工半读学生第一年不顶编，第二年三顶一这简直是剝削劳动，为什么只算小账，不算大赚，……从长远看，工厂是不会吃亏的，是会赚钱的。"

（同上）

"在新工厂对新工人办四小时作工，四小时读书的学校，上四年不给工资，最好接着上大学，除管吃饭外，再给几个零花钱。工厂分发工资，你还划不来呀！"

（同上）

"半工半读也要办大学，可招高中毕业生，或者把初中毕业生，先读二年预科，再上四年本科也可以。"这样六年不开工资，只管饭吃，这是很划得来的，"

（65年11月6日在政治局扩大会议上的讲话）

"中学生是半工半读，学徒工也是半工半读，开始十二、三元就可以了，第一年国家补贴些，第二、三年国家就赚回来了。"

（58年7月在天津讲话）

編者按：在这里刘少奇按照他那"吃小亏，占大便宜"的資产阶級人生观，张口閉口都是"賺錢""賠錢""划得来"等等。我們可以明显地看出，刘少奇在这里根本不是在談教育，考虑培养无产阶級革命接班人的問題，而是在作"买卖"，大談"生意經"，与脑滿肠肥的資本家沒有两样。

四、不談政治挂帅，鼓吹"阶級熄灭論"，片面夸大劳动作用，反对毛主席关于阶級斗争，反修防修的光辉思想。

"现在我们已经消灭了阶级，有条件了，例如房子怎么盖法都可以考虑，石景山工人即作工，又种地，那种工人和农民的生活水平一样，工农，城乡，体力劳动和脑力劳动的界限都消灭了。"

（58年6月29日在劳动部关于劳动工作的谈话）

"只要让教师、学生参加劳动，他们的思想面貌就会起变化。"

（64年对高教文科实行半工半读的讲话）"

"中国会不会出修正主义？资本主义在中国会不会复辟？在实践中还沒有完全证明不会出修正主义，资本主义不会复辟，但我们要努力避免。有什么办法避免呢？根本的就那三条措施；第一是社会主义教育运动，一定坚持到底；第二是改革我们的教育制度，搞半工半读，全日制改革，还要加强业余教育；第三是干部参加劳动。到目前为止，我们只有这三种办法。"

（65年11月6日在政治局扩大会上的讲话）

編者按：刘少奇，出于反动的阶級本性，鼓吹阶級熄灭論。"在这里他談了三条防止資本主义复辟的措施却絕口不提毛泽东思想，不提突出无产阶級政治，并且輕輕地把社会主义教育运动一带而过。

五、用資产阶級的所謂"教学质量"的观点，来反对毛主席提出的教育要革命，学制要缩短，課程要精簡的英明指示。

"全日制学校的改革也要抓。这个问题，毛主席去年春节讲话时就提出来了，还沒解决。请高教部、教育部准备。如何改革，再开一次会。看不准，千万不要瞎指挥。"

（六五年十一月在政治局扩大会上的讲话）

"教学年限，我主张不好规定死为几年，要规定总学时，学完就行，年限可长可短，三年可以，五年也可以。"

（五八年七月二十八日听农业部江一真付部长汇报农教工作时讲话）

"大学、中技、到底学多少年就够了？要按学时算，该几年就几年，总之质量不要降低，降低人家就谈话了，不要死规定几年，必须学完那些课程。" （同上）

"把耕读学校办成正式学校，一方面不要办成全日制学校那样，另一方而，也得把学制、课程定下来。时间可以比全日制学校长半年到一年，课程不要缩减得过多，眞正能学到些东西，才能有威信。"

（65年3三月在全国农业半工半读教育期间听汇报时讲话）

編者按：毛主席說："学制要縮短，教育要革命，資产阶級知識分子統治我們学校的現象再也不能繼續下去了。"毛主席在一九六四年春节座談会上又說："我看你們的課程可以砍掉一半。"但是刘少奇却在这里大談"課程不要縮短得过多"公然对抗毛主席的英明指示。

六、貪天之功，把半工半讀"发明权"归于自己，只字不提毛主席关于半工半讀的一貫思想。竭力为自己抛出的两种劳动制度和教育制度树碑立传。

"最近中央工作会议上提出了两种劳动制度和两种教育制度的问题，这个问题在工作会议上沒详细讲，几年以前我提出了这个问题，现在试验的地方不多，经验沒总结，我感到这个问题应引起我们的注意。"

（64年8月9日在湖北省委扩大会上的讲话）

"我过去在保定就搞过一年半工半读，它的好处是毫无疑问的。"

（65年1月16日在政治局扩大会上的讲话）

"今天我们讲的问题是两种教育制度、学校制度问题，这个问题在中央工作会议上，我提出来了。"

（64年8月22日 在广西僮族自治区直属机关和地方负责干部会议上讲话）

"一九五八年我在天津讲了一次，那时他们热情很高，一下子辅开了一百多个工厂，各种各样的都有，这几年沒人管，让它自生自灭，大部分垮台了。"

（64年8月7日在湖北省委扩大会上的讲话）

"我所设想的劳动制度和教育制度，符合马克思的话。列宁也讲了，十月革命后要进行综合技术教育。第一个综合，就是体力劳动和脑力劳动的综合，…我想，列宁讲的也是这种又劳动，又读书，半工半读学校。"

（64年8月7日在湖北省委扩大会上的讲话）

编者按：

毛主席在早期就曾組織中国先进青年去法国勤工儉学，半工半讀。一九五八年毛主席視察天津大学、南开大学，視察湖北鋼鉄生产和在《工作方法六十条》中都明确提出了半工半讀，但是刘少奇却大言不慚地貪天之功，硬說半工半讀是他"发明的"。而且狂妄地和列宁并列。这就是他公开反对毛主席的又一个鉄証。

天津市第二教育局捍卫毛泽东思想红流革命造反队供稿

刘少奇瞎指揮的故事

一九五八年刘少奇视查四川郫县，听了拖拉机站长汇报后，就对并大田的问题作了如下的指示："是个问题应该让农民讨论讨论，大田耕得又快又多又好，作物成片，才能多打粮食，在收费标准上应该分成几等。大田可以少收费，这样就能指导农民多搞一些大田……"这是方向性的指示，显然是在对并大田问题缺乏调查研究的情况下作的。并大田，是合作化，公社化的一部分內容，这主要靠政治挂帅，靠农民的社会主义觉悟来完成。刘少奇却把希望寄托在降低收费上，用少收费刺激农民的积极性，这实际上是修正主义的作法。因此这个方向性指示，带有方向性的错误。

老实说，刘少奇对农业，尤其是农业科学技术是很生疏的。对有的问题可以说是一窍不通，偶有所得，就发议论，打报告，哗众取宠。

一九五八年，刘少奇视察时，见到农民在丘地种庄稼，于是大谈丘地作物的优越性，什么增加了受光面积，可以考虑试验推广等等。另外在广种薄收，少种多收的问题上也发表了不少十分不成熟的以至是错误的意见，致使有些地方不适当缩减耕地面积。

最出奇的是，刘少奇一次在农村吃到白薯，发现味道甘美，对它的高产量，大加赞美。为此特向中央打了报告，建议扩大白薯种植面积，该报告在报刊上发表后，起了坏作用，有些地方主粮面积缩减，白薯种植面积增加，造成浪费和贮藏上的困难。在一九五八年视察小高炉时，听完汇报后，就发表一通议论，说什么小高炉加料有如人吃饭，有胃病人要吃细粮，每天多吃几次，有小毛病的小高炉要加细矿石，少加，多加几次就行了，毛主席教导我们：人的正确思想只有从实践中来，沒有调查就沒有发言权。刘少奇用自己的行动说明，他的议论，主张是想当然来的。……

转抄北大礼堂，永进翻印

中学紅卫兵

1967年4月11日 星期二 ·3·

刘少奇在峰峰煤矿販卖的修正主义黑貨

毛主席教导我們："敌人是不会自行消灭的。无論是中国的反动派，或是美国帝国主义在中国的侵略势力，都不会自行退出历史舞台。"刘少奇是混进党内的阶级异已分子。是埋在毛主席身边的定时炸弹。早在一九三六年，他就迎合帝国主义和国民党反动派的需要，亲自指示其一帮亲信党羽，叛党投敌，暗里结成一个庞大的叛徒集团。解放后，在社会主义革命和社会主义建设中，刘少奇又一贯的反对毛主席，反对毛泽东思想，大肆販卖修正主义的黑货，对中国人民和世界人民犯下了不可饶恕的罪行。

一九五七年二月初，刘少奇带着他的臭老婆，资产阶级分子王光美跑到河北省峰峰煤矿活动（黑帮分子林铁也陪同前往）。在那里召开了一个局长以上的干部座谈会和一个老工人座谈会。在会上刘少奇大放其毒。现在我们就把他在峰峰煤矿散布的修正主义毒品拉出来示众。

刘少奇在峰峰煤炭工人座談会上的讲話：

大家提了很多意见，很多问题由矿务（一九五七年二月）局基建局和其他负责方面考虑处理，有几个问题说一下：

（一）这次工资改革多数人升了级，少数人沒有升级。有百分之三十三点三沒升级不高兴；很多人升了级就高兴了。问题是所有的人统统升了级合理不合理，正当吗，我看不可以。工资改革了应该高兴吗！我看这次工资改革升得太多了，所以少数人有意见。少升些就沒有意见了。一次升了百分之六十七，那有那么回事婆！在下次怎样办呢，我有这种看法对不对你们讲。你们有理由说服我了，工资改革时，升级也对，有些人是应该的，但多了一些，不应该升的也升了。所以少数不升的就不满意了。已经升了就不必降了沒升得到明年再改革的时候有机会了再升。

（二）劳动保护设备有的沒有作好，象大家提的：手套、保险车、口罩等问题。有些问题应该解决，是不是一次都能解决了，我想一下子搞完是不可能的。能够办到的就办，不能办的就慢来。修理工人提到材料少了！钢材少，国家就那么多，靠外边进口进不来就是少嘛！一次啥事都办好是不可能的。今年基建大大削减就是因为沒钢材。

转建工人原要你们搞基建，现在叫你们在矿上抠井，搞煤洞子也是基本建设吗！基本建设人多了，全国基建多少万人沒工作。沒工作，不是基本建设有工不让你们作，因为那里沒活了吗，到另外的地方去吗！你们在一矿只开二十年，二十年开完了那儿去呢？还不是挪吗？到另外地方去吗，调来调去也象你们掘井队一样，这里打完了就到另外地方去，你们不是改行而是换了地方了。

地质勘探队提了很多问题，有很多困难，我想地质队是有很多困难的。因为地质队是基本建设的先锋，象小孩子上学沒有文化娱乐，沒有基地。生活条件不好的，住的房子铺草潮湿，这个地方完了又到另外一个地方去。我看草是湿的，在太阳地晒晒就干了吗！你们提的要矿务局支援你们，矿务局应该帮助你们解决，但也要体会到矿务局的困难。他们和你们一样，你们要求帮助可以吗！你们说你们苦，人家说人家苦，要求人家帮助，人家有条件是可以，你们要求个文工团，全国地质勘探很多，好几万婆！一个文工团少，两个少，三个文工团也看不到什么，你们有困难，你们都是光荣的，你们是建设时期的游击队，我们中华人民共和国就是打游击得来的，（毛主席打游击打了廿多年）你们到什么地方打游击？你们说你们结不了婚，那时候有的人四十多岁沒结婚，干呀！我们不打游击了，轮着你们了，你们不打游击了，轮着他们了，生病看不到死了很可惜，你们搬家有汽车有大车，我们那时连大车也沒有嘛！一个人一个干粮兜么，一个背包，背后还有敌人，那有那么多大车呀！你们最多限度沒有敌人攻击你们，我看你们打游击比我们强多了，你们有很好的后方吗！医生好不好，哪有那么好，好沒有设备也是不行的。职员加工资现在沒有批下来，总会批下来的，人民政府讲话一定，要加是一定的，但不会加那么多，少提一些下次再提么！该补发的就要补发，加钱加得不对，不好加，加钱加得不安心了。不加吧，不加好，人家加得多了，我加得少了，自己不满意吗！有理由，有那么一点理由，但沒有完全的理由，叫我说同志们还要安心，生活问题，工资问题应该关心，但国家建设更应该关心。因为我们还要团结呀！

吃大米有很多人不能吃，吃了大米烧心，不完全对，我看还是吃的不习惯，你们的肠子还沒有和大米交好朋友，和小米交好了，大米还要交好，我和大米小米都交好了，我都能多吃。现在政府有很大困难，河北遭受很大灾荒。河北的粮食，棉花很少，每天吃几百万吨粮食从外地运来，麦子少，小米更少，大米方便可以运来，不吃沒有办法，你们不喜欢吃你们怎么办？吃大米的问题请同志们原谅。河北省农民也吃大米呔，大米一斤就够了，吃麦面粉需一斤半，你们买米贵一些，可是好吃了。

房子少的问题。我看土房子能住，比农民的房子稍差一点，能住，解决房问题有个办法。自建公助，矿上发给集体宿舍和家属宿舍工人自己盖的三种。自建公助的办法很好吗！家属一天天来的多了，不够不是别的，主要是来的多了，房子不是少而是多了，单身宿舍够的还要多，应该住十八个、实际住十三个，东西放在床底下可以吗。我看再搞一层也可以，家属能够慢点来的慢点来。因为房子不够住，自建公助很好。你们柜子里有钱很多，生活不堪坏吗！我在煤矿住过，那时候我在萍乡煤矿，工人生活和你们差的多呢！生活苦的多！有钱拿出来盖房子吗！房租应该拿的都拿的起吗！真正的沒穿沒吃的吗？不是，而是吃的好，穿的暖，手里有钱可以拿房租吗？

井下的工人工作时间太长，八小时多，是否可以改成四班制，六小时工作呢，这个意见对不对呢？我想原则上沒有问题，将来坑下的工人和其他繁重的工人应该实行六小时工作。应该改四班，共产党无产阶级国家不改六小时就成问题了，这是个大事情。你们实行六小时，铁矿、锡矿和其他繁重体力劳动怎么办呢？马上实行四班制不有困难，今年？明年？后年？现在我还不敢答复，但是将来要实现。这是个大问题。四班制成本马上就要提高，就会吃掉几个矿井，国家的钱就要，沒钱就不能开矿吗！八小时可以多开几个矿井吗！四班制将来要实行，现在还不能实行。也可以早一些，也可以推几年，有困难吗！这个矿不是我的，也不是局长的，是大家的。大家说怎样就怎样吗！不开采矿，旧矿挖完了就沒有煤了，怎么办呢？

关于基本建設工人提干部做工人活的問題

工作扩大了，工作干部工作对嘛！工作少了你们回去生产也对吗！

井下工人到坑上来。现在有制度，坑下的工人到坑上来，不减少工资。这样身体好的也要求到坑上来。这样沒人下去，这个办法是有毛病的。要研究一下，我看在坑下时间长体力弱不能在坑下了，上来工资要少一些，但不能少的太多了。井上比井下多了是不好的，这个问题要研究。能够在井下工作的也要求上井上来那就不合理了，要求挣下工资就更不合理了，因为不是实在不能在下面吗！必须答应！不能答应的就不答应，不合理的事情就不要赞成呔！国家的不合理，人家的不合理需要反对，自己的不合理的事情也要反对吗！自己能下井不下井不合理吗！

生命的问题，医务问题有毛病，有些病容易看，有些病不容易看出来。本来有病医生说沒病，就犯了错误。本来沒病，有好多沒上班吗！有相当多的工人，沒有好多病不工作，医生很难办，资产阶级的帽子一戴就不好办了。我想大家应该把事情办得好一些。要是大家团结起把事情办好，难道我一个人有好处吗？对你们的子孙后代有好处吗？国家不合理要反对，矿务局不合理要反对，自己不合理也要反对，事是大家的，矿务局医务所工人要把这个问题整顿一下。医生的诊断不清，可以说不能证明医生应该说老实话，不要怕说资产阶级观点。到底有病沒病？吃中药的问题应开支票具体情况，应该研究个办法。有的中药很贵，要吃多少人参，贵也不是特效药。一般治病的药也不一定贵，大家都吃人参就吃几个矿，应该吃点中药的吃点也可以的。

在我们的国家大贪污沒有了，一次贪污几千万，几百万是沒有的，小的贪污是有的，十元、三十元、四十元是有的，有一个工人一年上了一个班，上半年休息，中间上一个班，下半年又休息，伸手向国家要钱，钱是我的，不是，是局长的，不是，是你们的，是你们工人阶级的，不合理了大家要反对。

峰峰是个新矿，环境卫生不好，马路不好，球场沒盖好，这个矿要开几百年的，几百年后，你们来看看，那个时候汽车，柏油马路，什么都有了，开滦好，开滦的时间长了呔！

问题要办还是依靠矿上办。我是一点事情也办不了的。我只是说那是对的，那是不对的，合理的能办的办，不合理的不办。合理的难办的暂时办不到的不办。中国是个大国，是个穷国，不是富国，是个落后的国。因此还不强，现在大炮飞机能造了，但钱少。现在不兴飞机大炮了用导弹原子弹，几百里外就打仗了。局长的工资比你们八级工人的工资还低些。大家苦都苦。当然有些人还是很苦的，是有困难的，将来生活是会提高的，吃肉啊，吃人参啊！慢一点到我们不仅是大国而且是强国了，能对付外国侵略了，那时沒有人敢欺侮我们了。那时候是你们的了，我们也老了，就死掉了。你们还年轻，即使上了年纪可以退休呔！大家一致团结，一致给政府团结，我想事情是可以办好的。

刘少奇对峰峰煤矿領导干部的指示

有几个问题值得你们注意：

对复员军人问题，为了搞好团结，可搞一个转业军人当副局长，负责对他们的教育。有的工人说复员军人挑皮捣蛋，不听话。沒有交上朋友就批评人家是不对。沒有交上朋友批评就会对立，形成宗派，山头，交上朋友就批评就好了。应该给工人说明白，让他们自己批评自己。

有个问题值得你注意（指孙局长）干部和工人不一样，想法子让工人消灭它。有些区别可以保留，有好多区别不该保留，要消灭。

矿务局应该帮助勘探队，他们有些困难是应当解决的。可以把这个礼堂让给他们吗。给他们几间房子吗！

医生所以好多苦，工作中有困难，医生诊断不清可以不作证明。应该整顿医生工作，使正气上升邪气下降，不合理的事情，要叫工人讨论，井下到井上来的工，不能随便批准，矿务局应安排办法，让工人讨论。

很多工人提了很多意见，开小组会让大家讨论。好意见集中起来开会研究，那个能办，那个不能办，能办的就办，不能办的给工人讲清楚，说明道理。搜集意见一年搞两次，意见就不多了。事情沒有办好闹起来也不怕，对的要办，不对的不怕。吃大米不怕不吃怎么办？四班倒的要求合理的将来办，那年办？……

国家的房子不收租，他自己盖的房子要收租，这是个问题要考虑。是否你要得要少一些。

转抄者：南开大学八·三一、八·一八红色造反团

黑司令——刘少奇

中学紅卫兵

·4·　　1967年4月11日　星期二

从刘少奇在唐山的二、三事看他的反动本质

刘少奇是三十年代无产阶级大叛徒集团的总头目，长期以来，隐藏在党内打着大黑伞，与其一伙共干反党反社会主义反毛泽东思想的罪恶勾当。

一九四九年四月，唐山解放不久（唐山一九四八年十二月十二日解放）野心勃勃的刘少奇匆匆忙忙来到唐山、召集会议。我们可以从刘少奇的二、三事看刘少奇是人还是鬼。。

在刘少奇召集的工人、资本家座谈会上（解放初期，厂矿是派我军代表与资方共营），帝国主义的走狗，残酷剥削压迫矿工的大资本家魏旽说："煤卖不出去，不能给工人开支。"

老工人阎占雪说："你今天不开支就不行，你不开我们就抓你"。刘少奇用轻蔑的眼光瞪了瞪这位工人说："你当这个总管怎么办？煤卖不出去怎么开支？你当得了吗？"

当时老工人可不知道这个"官老爷"就是刘少奇。于是阎占雪就说："行啊，我当，我当不了干一个月再撤职。好容易盼到了解放，我们干活，还不发工资，叫我们饿着？！我们要吃饭！魏旽每月六——七百袋白面，我们工人成年累月地干每月才二——三袋，工人干廿年还不如魏旽一个月的多，如果不给我们开支，领着老婆孩子讨饭去。"

刘少奇听了老工人的一席话，只是稍稍点了点头。

革命造反派的同志们，红卫兵战友们，毛主席教导我们：**"世上决沒有无緣无故的爱，也沒有无緣无故的恨。"**刘少奇这只披着羊皮的狼，与吸血鬼资本家一鼻孔出气。站在资本家的立场上，替资本家说话，刘少奇所有的是哪个阶级的感情，他爱的是什么，他恨的是什么，不是昭然若揭了吗？！

更令人气愤的是，由于老工人阎占雪同志顶撞刘少奇，刘便怀恨在心，事后进行了几个月的"调查"，把老工人阎占雪的祖宗三代都翻了出来。然而事实是无情的，它给刘少奇一记响亮的耳光，半根稻草也沒捞到！刘少奇为了进一步迫害这位老工人、与阎一同工作的老工人都退休了，只有阎不叫退。

与此同时，刘少奇对帝国主义的走狗、大资本家魏旽却念念不忘万分器重。五八年刘少奇再次到唐山时还关照地追问说："魏旽这个人哪里去了，这个人还有本事，你们可以用他。"

刘少奇对工人的疾苦置之不顾，对双手沾满工人鲜血的资本家欣赏之至，关怀之至，他到底让哪个阶级说话，为哪个阶级办事，替哪个阶级掌权，不是清清楚楚的吗，刘少奇欠下的账必须彻底清算。

一九五八年九月，刘少奇与其臭婆娘王光美又"驾临唐山"。

在此之前（一九五二年），由于煤矿资本家与英帝国主义相互勾结，制造谣言，大肆攻击新中国，挑拨党群关系，煽动工人罢工，制造反革命事件，对刚刚成立的新中国，制造困难施加压力，企图将新中国扼杀在摇篮里。而对着英帝国主义和资产阶级的猖狂进攻、恶意挑衅，刘少奇不是针锋相对的与之进行斗争，坚决击溃这一反革命严重事件，却向帝国主义和资本家妥协投降，一鼻孔出气，胡说什么这次反革命事件是因为"工人沒吃的"引起来的。刘少奇对新中国的仇视不是暴露无遗了吗？

就是在这次，刘少奇和王光美利用吃饭之机，指桑骂槐，黑话连篇，因为刘少奇吃了几块肥肉，王光美说："你平常不吃肥肉，为什么这次吃这么多？"刘少奇说："唐山肉香"。王光美便说："不是肉香，是下车后太饿了吧？……"

廖廖几句，刘少奇的丑恶灵魂，全部暴露出来了。

刘少奇这个反革命修正主义分子，出于他的资产阶级反动立场，处处事事，时时发泄他对无产阶级专政的仇视感情。对刘少奇的种种罪恶，今天必须彻底清算。

打倒反革命修正主义分子刘少奇！

无产阶級专政万岁！

战无不胜的毛泽东思想万岁！

伟大的領袖毛主席万岁！万岁！！万万岁！！！

刘少奇何許人也？

一、刘少奇与里通外国的反革命修正主义分子张闻天关系十分密切，刘的几个儿子在苏联的有关问题均委托张闻天的老婆刘英办理。五四年赫鲁晓夫上台后，张闻天提出将我留苏学生的党团组织关系委托苏修领导，刘邓写信给赫提出此项要求。

二、刘少奇的一个儿子刘允诺是留苏学生，苏修对他很重视。刘少奇的大儿子刘允斌长期在苏联生活和工作，他从事原子能方面的工作，参与国际机密。他娶了苏籍妻子，他的苏联老婆经常往返中苏之间。刘少奇对他的苏联儿媳的关怀备至，曾写信动员她来中国长住。

三、王光美的妹妹王光和留苏学医，和一个军事留学生结了婚。王光美的妹夫在六二年叛国降敌，几经交涉，苏修拒不交回。

四、谢飞同志曾向刘少奇谈过他专提拔重视知识分子，不热爱工农分子。这些问题我们经常议论，他曾反驳过我，说那些知识分子是经过锻炼的，有的是坐过牢的，如彭真。刘少奇借此对谢飞非常不满，也根本看不起谢飞同志，只有和大资本家的女儿王光美搞得火热。

五、刘是个知识分子，在祖父时有一百多亩地。

六、在和谢飞相处的日子里，沒有见过他提拔过一个工农干部。林枫和他老婆都是知识分子，刘很看得起他们，说过很多好话。山东省委向明（后听说是叛徒）是刘少奇非常欣赏的干部。当时刘还说过饶漱石是个年轻的政治家。刘还打击柯老，据说柯老曾讲过："刘少奇是个老右倾。"刘知道后，老是結记在心。三六年在天津时还专门写了信批评柯老。

七、六〇年二次莫斯科会议时，我与苏修斗争极为尖锐，可刘根本不讲话，直到最后才轻描淡写地说："会议前二段的气氛不能认为是很正常的。会后做正式访问时，刘却大讲特讲，吹捧他廿年代访苏时如何。苏修对刘大肆吹捧，百般拉拢，与勃列日涅夫勾勾搭搭，打得火热，刘少奇还别有用心地对苏修说："人民公社怎么样，我们还在实验，实验十年再下结论也不晚。"还无耻的说："要允许实验嘛。"配合了苏修的猖狂进攻。

八、在列宁格勒刘少奇对留学生说："中国的事情还要我们这些人出主意。"真狂妄到了极点。

选自造反报

刘少奇在印尼丑态百出

一月九日下午一时，刘少奇的随身翻译召开座谈会揭发刘在访问印尼时的大量罪恶行动。

1、刘在印尼除参加很少的会谈及其和使馆人员接见用去四小时外，其它尽是游览参观。

2、哈蒂尼叫王光美姐姐，王欣然以答。王与之大谈家庭问题，极力吹捧刘少奇。

3、印尼空军节时，刘少奇应邀参观，当场苏联制造的米格飞机附冲失事。刘当场造谣污蔑我们国家也经常有这样的事情发生，刘少奇对我们社会主义制度贬低，诽谤到何等地步。

4、在印尼巴厘岛皇宫里，苏加诺邀了王光美：刘少奇和哈蒂尼一起跳双人摇摆舞。

揭穿刘少奇和资产阶级一笔肮脏的政治交易

一九六〇年二月十二日，刘少奇在北京接见资产阶级代表人物，与这群吸血鬼们作了"亲切"的谈话。百般维护资产阶级的利益，充当资产阶级的辯护士，为资产阶级在中国复辟，极力提供物质的、思想的和輿论的准备，公开地和资产阶级进行了一笔肮脏的政治交易，赤裸裸地暴露了刘少奇的叛徒嘴脸。现摘录一部分拿来示众。

一、狂热地鼓吹"剥削有理"

刘少奇说："取消定息，到一九六二年还有三年，定息取消了以后怎么办？工商业者现在就想了，这也难怪。因为对他们是切身的问题。……真有困难，总要解决。"

"我们的政策是：高薪不降，调职不减薪，减的补发。中华人民共和国是靠得住的。……如果有的因为调职而少发薪水的，你们可以告诉统战部转告有关部门补发，这个问题容易解决。"

二、对资产阶級"何其爱也"

刘少奇说："工商业者……年老了不能作事，需要退职、退休，现在还沒有規定一个办法。一句话，国家是照顾到底，负责到底。将来总要定个办法。目前临时怎么处理？年纪大了，身体不好，不能工作，就不一定去上班，请个假薪水照发，暂时按这样办。"

三、叫嚣资产阶級改造"靠自觉"

刘少奇说："……参加体力劳动是好的，但是搞体力劳动过多，也不一定好，要靠自觉，不一定搞的很多，世界观的改变，只能慢慢地来，不能强迫……。"

四、竭力地混淆阶級界限

刘少奇说："工商界的家属要参加街道工作，应该提倡以普通劳动者的姿态出现在劳动人民中间。我们党提倡所有的党员和干部要以普通劳动者的身份参加生产劳动，目的不在于创造多少价值，而在于改变群众的观感，领导干部参加劳动，扫扫地，铲铲土，群众的观感就改变了，互相的关系就改善了，生产就提高了，灵得很。"

五、鼓励资产阶級传宗接代

刘少奇说："对工商界子女人们有些看法，可能暂时受点气，你们不要过于重视。要把这看成好事，坏事会变成好事，好事还在后头啦！"

六、宣扬"阶級斗争熄灭論"

刘少奇说："工商界和共产党合作。……四十年前比较，工商界的确是大有进步。互相信任也建立了一些。……经过十年有了许多事实，互相信任就进一步，现在工商业者对党的信任增多了，悦服的人是不是那么多也可以研究，悦服的人肯定有，但不是那么多。"

七、主张"大公有私"

刘少奇说："个人利益一定要照顾，沒有个人利益也就沒有整体利益。六亿五千万人的个人利益集中起来就是整体利益。因此，不是大公无私，而是大公有私，先公后私，个人利益服从整体利益。要把这个问题搞清楚，要主动地去做。"

八、把资本家当成"财富"

刘少奇说："你们有文化，有技术，有经验，……问题在于顾一头还是顾两头，能不能与群众打成一。片。"

九、販卖"唯利是图"的反动哲学

刘少奇说："一切服从最大多数的最大的利益，这是最根本的一条。谁违背这一条，最后总是沒有好处的。谁能忠实于最大多数人最大利益，对人民有贡献，并且能够一贯地作下去，最后总是有好处的。对党员我们也是这样要求，对工商界现在可以提倡为多数人的最大利益而奋斗。"

十、拿原则作交易

刘少奇说："不论是老、病或有其他的困难问题，国家都负责到底，这一点请各位放心，……。总之，是要照顾到底，不要担心。我们现在是中华人民共和国，六亿人民的国家不会小气。……不会亏待你们。"

"我们可以这样分工：你们管一头，要所有的工商业者走社会主义道路，跟着党走，思想进步，改造世界观，为国家作事，这一头你们包了。对工商业的照顾等等，我们包。哪一头工作做的不够，可以互相提意见，我们来订个口头的协议……，不要顾两头，要奔改造服务这一头，要一边倒，全心全意为人民服务，个人利益就会来。"

中国头号修正主义分子刘少奇，正是中国资产阶级梦想恢复资本主义制度的头号打手，是资产阶级在党内最大的代理人和保护人。

刘少奇給宋裴卿的信

宋裴卿先生大鉴：

接四月卅日来函，得悉贵公司职工团结，劳资双方共同努力扩大生产，增设新厂之计划，甚为欣慰。望本公司兼顾劳资两利之方针继续努力，前途光明，国家民族之复兴指日可待也。顺候台安。

刘少奇

五月三日

即送　东亚企业公司

宋裴卿　先生启

刘少奇緘

重要更正

第二期第二版在"打倒刘少奇，批臭《论修养》——和六十一中学部份红卫兵座谈纪要中主席语录应为"**凡是錯誤的思想，凡是毒草，凡是牛鬼蛇神，都应該进行批判，决不能让他們自由泛濫。**"

由于我们工作疏忽大意，误把泛滥写成广滥。特此更正。

东方红报

北京地质学院东方红报编辑部

1967年4月11日 星期二　第25期　本期共四版

毛主席语录

学制要縮短，教育要革命，資产阶級知識分子統治我們学校的現象，再也不能继續下去了。

教师必須圍着学生轉

社论

最近，我院广大革命的教师、干部，纷纷到学生群众中去，和学生一起同生活共战斗。这是革命的新事物，我们为此高声呼好！

十七年来，在我们的学校里，基本上还是因循着资本主义、修正主义乃至封建主义的一套教学体系，沿袭着从孔夫子办学以来形成的师生关系。教师是学校里的特权阶层，学生则是接受知识的奴仆；教师以学生为敌人，实行突然袭击，对学生进行填鸭式的灌注；教师什么都高明，学生只有接受的权利，没有批判的自由。这种教育制度只能磨灭青年的革命意志，培养奴隶主义，培养修正主义分子，培养特权阶层、精神贵族！这是亡党亡国的教育制度！它摧残了青年学生的身心健康，它是资本主义复辟的温床。这就是资产阶级反动路线在教育阵地上的具体表现。是可忍，孰不可忍?!

毛主席说："学制要缩短，教育要革命，资产阶级知识分子统治我们学校的现象，再也不能继续下去了。"

教师到学生中去，教师围着学生转，这个革命的创举是迈开教育革命的第一步！是改革几千年来学生围着教师转这种颠倒了的历史的伟大革命！

教师到学生中去，教师和学生相结合，教师围着学生转，这就是对资产阶级反动路线的当头一棒，致命一击。

资产阶级反动路线的本质，就是不相信群众，压制群众，反对群众。教师到学生中去，有事同学生商量、讨论，真正做到毛主席所教导的那样，"官教兵，兵教官，兵教兵。""先做学生，然后再做先生。"只有这样，才能从根本上肃清反动路线的影响，从根本上改变旧的学制体系，创造崭新的师生关系和人民学校。

教师围着学生转，教师到学生中去，这就是对刘、邓资产阶级反动路线的一个有力的批判。资产阶级反动路线，在对待干部问题上，就是采取"打击一大片，保护一小撮"的政策。广大干部，广大教师到群众里去，到学生中去，这就进一步孤立了一小撮党内走资本主义道路的当权派，最有效地解放了大多数干部、教师。

我们的学校，只能是培养"在德智体诸方面生动活泼地主动地得到发展的"，"有社会主义觉悟的有文化的劳动者"的熔炉，而决不是特权阶层、精神贵族的温床。教师去围着学生转，作学生的就能变被动为主动，由知识的奴仆，变成知识的主人；就能变填鸭式的接受，为生动活泼的批判的接受。这样，师生就可以在三大革命运动中，特别是在阶级斗争的大风大浪中，学游泳，长知识，取长补短，炼就一身为人民服务的真才实学。更重要的是，这样培养出来的人，才可能成为无产阶级革命事业可靠的接班人。

教师围着学生转，这绝不是一项权宜之计，而是教育制度中一项根本的改革，是学校里翻天覆地的大事。

"风物长宜放眼量"。革命的教师、干部同志们，勇敢地投身到学生群众斗争的洪炉中去吧！资产阶级知识分子统治我们学校的时代一去不复返了！一个崭新的、红彤彤的新地院已出现在东方的地平线上！

当权派到群众中去好得很！

本报评论员

我院的文化大革命出现了一个崭新的局面。继高元贵（原院长）同八·八战斗队同吃、同住、同革命以后，原院党委委员以上的当权派，主动地或被通令下到各战斗队去，各系分会及有关战斗队，分别成立了有关各当权派的联络站，一个群众性的彻底批判刘、邓资产阶级反动路线、展开全院斗批改的高潮到来了！

当权派到群众中去好得很！这是我东方红战士坚决执行毛主席所指示的干部到群众中去的又一革命创举。这是对刘、邓资产阶级反动路线"打击一大片，保护一小撮"，把干部同群众隔离开来的又一有力回击！

当权派到群众中去，十分有利于把批判刘、邓资产阶级反动路线的斗争推向一个更深入、更广泛的新阶段，当权派到群众中去，十分有利于斗批改；当权派到群众中去，接受群众的监督，同群众打成一片，朝夕相处，短兵相接，展开面对面的斗争，革命的就结合，不革命的就靠边站，反革命的就坚决与之斗争，把他打倒。经过斗争，谁个优、谁个劣，群众自有公断。

毛主席说："人民，只有人民，才是创造世界历史的动力。""群众是真正的英雄，而我们自己则往往是幼稚可笑的。"当权派只有到群众中去，虚心地向革命群众学习，甘当群众的小学生，与革命群众同呼吸共命运，才能保持晚节，永葆革命的、战斗的青春！

犯有路线错误的领导干部，特别是犯有严重错误的干部，尤其要滚到群众中去，接受群众的批判，恳切地希望群众火烧他，炮轰他，烧掉形形色色的资产阶级的旧东西，非如此则不能完成世界观的改造，非如此不能回到毛主席革命路线一边来。

革命的和要革命的领导干部行动起来！勇敢地投身到革命群众运动的大风大浪中去和群众一起，在阶级斗争中摸爬滚打，建新功，立新劳，以向党内走资本主义道路当权派猛烈开火的实际行动来证明自己是真正站在毛主席革命路线一边的。取得三结合的群众证明书，把无产阶级文化大革命搞得更好。

我们深信：当权派到学生群众中去，将把我院的文化大革命推向一个更新的阶段！

宣扬市侩哲学　腐蚀毒害青年

・争　青・

一九五七年刘少奇心怀鬼胎，在与我院应届毕业生代表的讲话中大放厥词，贩卖《修养》的黑货，用以毒害青年，为害极大，必须进行彻底的批判。

以杜勒斯为代表的美帝国主义，曾经叫嚷要在中国实现复辟的希望，寄托在我们第三代、第四代青年身上。反革命刘少奇则不愧为中国最大的赫鲁晓夫。他及时地、拼命地为美帝国主义效劳，扮演起反革命传道士的角色。刘少奇在这篇黑讲话中，不仅极力抹煞阶级斗争，贩卖个人主义，而且恬不知耻地兜售他那一套封建主义、资本主义的处世之道，用市侩哲学腐蚀青年，为在我国实现反革命复辟制造舆论。

反革命刘少奇通过这次座谈会的机会现身说法，极力宣扬他那一套不要「怕吃小亏」，以后才能占大便宜」的骗子术。一方面虚伪地说：「你们要吃一点小亏，在一年、两年时间内也不一定使人家相信你，要在八年、十年、二十年以后人家才会知道你是一个好人。」他还厚颜无耻地说：「你们吃了亏，人们会了解你们的，会照顾你们的。我们打过游击，现在就得到照顾了。」另一方面他还怕别人觉悟不出他的奥妙所在，于是露骨声称：「要吃亏，吃得太大了也不行。」这就充分地暴露了这个党内最大的走资本主义道路当权派的丑恶嘴脸，他和**毛主席「毫无自私自利」「不谋私利」**的教导根本是水火不相容的，刘少奇哪里还有一点点共产党人的味道?!

同别的修正主义者一样，刘少奇采用低级庸俗的东西腐蚀青年。刘少奇的通篇黑话，除了吃喝玩乐，就是结婚找对象。什么「结婚比较困难，结了婚就更困难了」，什么「乱找对象」，「挖人墙脚」，什么「搞地质工作的我看就是不如牛郎织女」，什么「现在有些军官到处找对象，站在女学校门口去等，还有「加工订货」的现象」等等，真亏他说得出口！他不仅是下流无耻，而且还恶毒地污蔑伟大的解放军，污蔑我们的社会主义制度。

毛主席早就在一九五五年就指出，**「青年是整个社会力量中的一部分最积极最有生命的力量。他们最肯学习，最少保守思想，在社会主义时代尤其是这样。」**但是刘少奇却在阶级斗争最激烈的时候，在右派分子要翻天而全国人民将要起来反击的时候，极力向青年们散布什么「热情高的时候，注意不要过高，生活的道路是很长的，不要性急，性急是会出毛病的」，还有什么「精神饱满是必要的，但也不要过火」，什么「要量力而行，要谨慎从事」等等。一句话，刘少奇就是要青年不要按毛主席的教导，去积极参加火热的阶级斗争，去为祖国奋发图强，不要青年挺身而出捍卫党，捍卫社会主义事业，保卫毛主席。而是要把青年变成一个低级、庸俗、目光短浅的十足的利己主义者和政治庸人。

刘少奇在这篇讲话中，用心之险恶，言词之露骨，真是达到无以复加的地步，干净无遗地暴露了刘少奇反革命修正主义的嘴脸，现在是最后清算他的滔天罪行的时候了。

第二版　东方红报　1967年4月11日

《民族工作展览》是一株反毛泽东思想的大毒草

最 高 指 示

凡是错误的思想，凡是毒草，凡是牛鬼蛇神，都应该进行批判，决不能让它们自由泛滥。

民族文化宫展出的《民族工作展览》（以下简称《展览》）是一株反党反社会主义反毛泽东思想的大毒草。它秉承党内最大的走资本主义道路的当权派刘少奇、邓小平的意旨，自五九年筹建和开放以来，忠实地贯彻执行了反革命修正主义路线，贩卖阶级调和、阶级投降的黑货，竭力鼓吹阶级斗争熄灭论。它公然宣扬和平改革、和平过渡的谬论，为反动农奴主、奴隶主涂脂抹粉，鸣冤叫屈；为他们宣扬剥削有理、压迫无罪；为党内一小撮走资本主义道路当权派进行民族分裂大造舆论。《展览》恶毒地反对最伟大的领袖、我们心中最红最红的红太阳毛主席，大肆吹捧党内最大的走资本主义道路的当权派刘少奇；竭力贬低和攻击战无不胜的毛泽东思想，吹捧刘少奇的黑《修养》、黑报告。总之，这个展览从建馆的指导思想，直到展品的内容、陈设、安排，都彻头彻尾地贯穿着一条刘邓反革命修正主义的黑线。**毛主席教导我们：“帝国主义者和国内反动派决不甘心于他们的失败，他们还要作最后的挣扎。在全国平定以后，他们也还会以各种方式从事破坏和捣乱，他们将每日每时企图在中国复辟。”**《展览》就是为党内最大的走资本主义道路的当权派刘少奇实行反革命修正主义复辟进行舆论准备的。它不仅在全国流毒甚广，甚至流毒全世界，因此，我们无产阶级革命派必须高举毛泽东思想批判的大旗，彻底把这个黑展览批深，批透，批臭，让毛泽东思想的伟大红旗在民族文化宫高高飘扬，永远飘扬。

一、黑《展览》大肆吹捧刘少奇，疯狂反对毛主席

《展览》的筹建和开放，是刘邓黑司令直接插手、由其干将反革命修正主义分子李维汉、徐冰、汪锋、刘春等一手炮制的。在正式展出以前，刘邓黑司令部得力干将李维汉，秉承刘邓的意旨，进行了多次的“审查”。一九五九年十月，在预展期间，反革命修正主义分子汪锋专函请求其主子刘少奇、邓小平等作了全面“审查”。同时还邀请了陈云、彭真、习仲勋、班禅等作了“审查”。这些反革命修正主义分子，对这个展览大加赞赏，邓小平说：“民族宫比革命博物馆好”，当即批准开放。这些黑指示以后就成了反革命修正主义分子刘春吹捧自己的资本，也成了压制革命同志宣传毛泽东思想的大棒子。

在审查期间和开放以后，刘邓黑司令部曾多次下黑指示。例如：邓小平指示要突出“党的领导”，根据这个黑指示，《展览》放肆地突出了刘少奇等一小撮党内走资本主义道路的当权派，据初步统计，全馆刘少奇的照片出现了二十多处，仅综合馆就出现了九次，其中多次是专门拍的个人特写镜头，如劳动、接见……等。最大的照片有五尺长、四尺宽。特别令人气愤的是，《展览》把我们最最敬爱的领袖毛主席的照片却放在次要的地位。从照片的版面内容来看，刘少奇的照片都出现在比较有政治意义的严肃场合，而毛主席的照片却不是这样。他们利用这种极其恶毒的手法，吹捧刘少奇，贬低我们最伟大的领袖毛主席。更严重的是，有的馆连一张毛主席的照片都没有，却有不少党内一小撮走资本主义道路当权派邓小平、陶铸、乌兰夫等人的巨幅照片。他们这样做的用心是何等的险恶！

二、黑《展览》公开抵制和反对毛泽东思想

从筹建《展览》时所定的方针来看，打着“在我国民族问题、民族工作方面体现毛泽东思想”的幌子，实际上大肆贩卖刘邓反革命修正主义的黑货。后来，虽把“体现”二字改为“宣传”二字，但换汤不换药。这一点从《展览》使用的毛主席语录就可以得到说明。《展览》共有十八个馆、三千七百多平方米的展出面积，但是，一直到一九六四年为止，全馆总共只有五条毛主席语录。他们为了抵制宣传毛泽东思想，设了许多清规戒律，说什么只收“有关民族方面”的毛主席语录，还说什么毛主席语录要“各馆平均分配，不能重复”……。就连毛主席关于“**民族斗争，说到底，是一个阶级斗争问题。**”这样一条最著名的原理，也是经过多年的斗争，直到一九六六年五月才把它安置在重要位置上的。当初革命群众要求把这条语录安置在展览中比较注目的地方，却遭到了民委党内一小撮走资本主义道路的当权派刘春、丹彤的反对，他们不敢明目张胆地反对毛泽东思想，只好把这条语录制成一个小牌挂在不显要的地方。后经许多革命同志的坚决斗争，才于去年修改时用特大号金字安置在《综合馆》的最注目的地方。但是，当反革命修正主义分子刘春五月从外地返京发现后，便大发雷霆，勒令撤掉，当即遭到革命同志的坚决抵制，才未能得逞。直到现在，仍有九个馆没有毛主席语录。此外，革命同志还提出，不仅版面要用毛主席语录，照片说明和讲解词也都应该使用毛主席语录，并定出修改方案。这些方案都遭到否决，横加压制。与此相反，刘少奇的语录、题词、黑《修养》、黑报告，邓小平的语录，乌兰夫的语录，却大量展出，几乎每馆都有，甚至比毛主席语录还显著。其用心恶毒，极其明显。

三、黑《展览》全面否定三面红旗

党内第二号走资本主义道路的当权派邓小平，在一九六零年对《展览》下黑指示说：“展览会要赶上形势。”于是，刘邓黑司令的娄罗奉为圣旨，坚决照办。例如：正当一九六一年、一九六二年刘少奇、邓小平恶毒地攻击总路线、大跃进、人民公社三面伟大红旗时，《展览》配合这个“形势”，从内容中硬砍掉了总路线、大跃进这两面红旗，并大量压缩了对人民公社的宣传，凡有提到人民公社的地方，都一概改为“农村人民公社”，只字不提城市人民公社。

同时，在宣传人民公社的照片内容里，不是宣传兄弟民族劳动人民依靠集体经济，发扬自力更生、奋发图强、艰苦奋斗的精神；而是宣扬恩赐观点，宣扬国家对少数民族的贷款、投资、救济等。

一九六三年十月二十一日，刘少奇在薄一波汇报的插话中大肆攻击总路线，并提倡“比、学、赶、帮”来与总路线相对抗。他说：“看来现在提倡比学赶帮的办法，比过去只抽象地号召鼓足干劲、力争上游的方法好，盲目性会少一点。”黑《展览》积极配合这一“形势”，除了大砍大删有关三面红旗的介绍外，却增加了有关比学赶帮方面的内容。例如：在《综合馆》的显著地位，增加了巨幅标语：“开展比学赶帮超运动，……”为刘少奇的反革命活动进行舆论配合。

四、黑《展览》否认社会主义社会的阶级矛盾和阶级斗争

毛主席教导我们：“整个过渡时期存在着阶级矛盾、存在着无产阶级和资产阶级的阶级斗争、存在着社会主义和资本主义的两条道路斗争。忘记十几年来我党的这一条基本理论和基本实践，就会要走到斜路上去。”但是，李维汉、徐冰、汪锋、刘春等反革命修正主义分子，却极力反对毛主席的这一英明指示，他们打着宣传民族平等、团结的旗号，在《展览》中竭力鼓吹刘少奇的阶级斗争熄灭论。刘少奇鼓吹：“在过去几年中，党的领导力量，主要放在社会主义革命方面，……但是，从现在起，已经可以而且必须集中更大的力量在社会主义建设了。”他们把刘少奇的黑话奉若神明，在展览中大肆宣扬什么“帮助少数民族发展经济和文化，消灭事实上的不平等”，“是过渡时期党和国家在解决国内民族问题方面的一项根本任务。”散布什么“不消灭历史上长期形成的各民族经济文化方面的落后状态，以及由此而产生的各民族在经济上、文化上的实际不平等，也就不可能从根本上彻底地解决我国的民族问题。”以此来抹杀阶级斗争，为他们保护地主、农奴主、奴隶主的反革命利益制造理论根据。

毛主席教导我们：“民族斗争，说到底，是一个阶级斗争问题。”而李维汉、徐冰等反革命修正主义分子，完全不顾客观存在着的奴隶和奴隶主，农奴和农奴主的阶级对立，却秉承他们的主子刘少奇、邓小平的意旨，在《展览》中贩卖他们的修正主义的黑货——所谓“社会主义民族”和“社会主义民族关系”。根据不完全统计，《展览》早在一九五七年已有十一个馆十二处提到“我国各民族之间已经形成社会主义民族关系。”但是，他们还嫌表现不够，于一九六三年进行了一次所谓“赶形势”大修改，专门表现“社会主义民族和社会主义民族关系”。这次修改以后，共有近四十几次宣扬了“社会主义民族和社会主义民族关系”问题，有的馆专门安排了大型版面。有的馆，如广西馆、云南馆，除版面外还以布景箱或沙盘模型专题表现“社会主义民族关系”。为刘少奇的阶级斗争熄灭论，大唱赞歌，否定我国整个过渡时期还存在阶级矛盾和阶级斗争。

五、黑《展览》竭力宣扬刘少奇和平改革的谬论

在综合馆的单元说明中曾写道：“党和国家认为不仅少数民族地区的社会主义改造必须采取和平方式，而且一部分少数民族地区的民主改革也要采取和平的方式。”这完全是刘少奇的黑话。在单元说明中还进一步强调了这个修正主义的谬论：“土改……在一部分地区如新疆、宁夏等地区都是采取和平方式进行的……并在傣族和其他少数民族地区实现了和平改革。”在对西藏和平解放协商改革的宣传和对云南傣族地区的和平协商改革，以及新疆民主改革的宣传中，对事实真象进行了歪曲。《展览》用巨幅照片和大量文字宣传所谓民族上层人士的“开明”，宣扬了反革命修正主义分子乌兰夫的“牧工、牧主两利”，“不分不斗不划阶级”的投降主义路线。

毛主席教导我们：“敌人是不会自行消灭的。无论是中国的反动派，或是美国帝国主义在中国的侵略势力，都不会自行退出历史舞台。”毛主席还教导我们：“革命的中心任务和最高形式是武装夺取政权，是战争解决问题。”而黑《展览》却与我们伟大的领袖毛主席的这一英明的论断唱对台戏，是可忍，孰不可忍！！

六、黑《展览》歪曲党的民族区域自治政策和宗教信仰自由政策

民族区域自治，是社会主义国家、人民民主国家根据马克思列宁主义关于民族问题的理论，对少数民族采取平等、照顾其特点，保障其政治权利，促进其经济文化发展的一种政策措施。它只能是按照国家的政策、法律、制度，行使地方职能的一种国家的地方政权，只能是劳动人民当家作主，而绝对不许可利用地方自治与中央抗衡，搞独立王国。而《展览》却大肆宣扬所谓“自治机关民族化”，少数民族“自己管理自己的内部事务”等等。

在社会主义革命和社会主义改造没有彻底进行以前，甚至有的地方连民主革命还没有彻底进行的情况下，大肆吹捧自治机关的所谓“民族化”，所谓“自己管理自己的内部事务”，强调什么“民族的自治权利”，并把过去一贯骑在人民头上作威作福的反动宗教上层，经过美化塞进自治机关的各级领导岗位，这种作法是原封不动地保留了剥削制度，实行的不是无产阶级专政，而是资产阶级专政。

在民族区域自治问题上，《展览》借口所谓“干部民族化”，公开与毛主席的干部共产主义化的口号相对抗。

毛主席教导我们：“要彻底解决民族问题，完全孤立民族反动派，没有大批从少数民族出身的共产主义干部是不可能的。”《展览》绝口不提培养无产阶级革命事业接班人，绝口不谈干部的共产主义化，而是热衷于宣传几年内提拔多少本民族出身的县长，州长或自治区主席，副主席，宣扬个人往上爬的作官当老爷的剥削阶级思想。

《展览》完全按照刘邓黑司令的得力打手李维汉的意图，肆意歪曲党的宗教信仰自由政策，不但不深刻揭露反动喇嘛，反动阿訇利用宗教进行反革命活动一面，反而大肆宣传信教自由，闭口不提不信教的自由。这实际上是做了反动阿訇，反动喇嘛的传声筒，粗暴地践踏了党的宗教信仰自由政策。

七、黑《展览》为制造民族分裂大造舆论

毛主席教导我们：“国家的统一，人民的团结，国内各民族的团结，这是我们的事业必定要胜利的基本保证。”

民族分裂主义分子乌兰夫公然对抗毛主席的指示，利用有人假借毛主席名义发表的《中华苏维埃中央政府对内蒙古人民宣言》，大肆进行反党反社会主义的民族分裂的罪恶活动，企图以自治为名，搞独立王国，把内蒙古自治区从祖国民族大家庭中分裂出去。乌兰夫不仅在内蒙大造舆论，他把《宣言》在自治区广为散发，并要干部进行学习，而且他把黑手伸向北京。首先他就看中了民族文化宫《展览》这块修正主义的阵地。（下转第三版）

1967年4月11日 东方紅报 第三版

要特别警惕象赫鲁晓夫那样的个人野心家和阴謀家，防止这样的坏人篡夺党和国家的各級領导。

毛泽东

斩断刘少奇伸进地院的魔爪

厉 兵

五七年的五月，刘少奇伙同何长工召集我院毕业生代表开了一个黑会，讲了一通黑话，真是又臭又滥又长又丑又毒。就是这样的一篇黑话，被捧为“导师格言”，竟成为我院政治工作的纲，学生、共青团工作的圣旨。这还不算，刘氏还责令电台广播，登报发表，结果是误人子弟，流毒全国。

要问这篇黑话有何值得评论之处？那就是它“精粹”得出奇，把养修的真谛全盘托出；“坦率”得可爱，赤裸裸一丝不挂。

刘少奇不算蠢猪，他有着一副修正主义和反动派的共同心肠，一心一意在青年身上打主意，为的是使修正主义不至于断子绝孙。他的通篇讲话都通向一个基本点：资本主义。

追溯到十年前，那时正是阶级斗争空前激烈、尖锐的时刻。国际上以赫鲁晓夫为首的苏共领导背叛了马列主义，把苏联拖进修正主义的泥坑，中国共产党高举马列主义毛泽东思想的旗帜，革命的、批判的旗帜，与现代修正主义进行着坚决的斗争；在国内，毛泽东同志《关于正确处理人民内部矛盾的问题》发表了，它正确地、科学地总结了我国社会主义革命时期的阶级和阶级斗争的规律，而另一方面，国内阶级敌人也乘我党整风之机，发动了疯狂进攻。刘少奇就在国内外阶级敌人的一片喊杀声中抛出了一系列黑报告、黑座谈、黑指示，推反革命复辟之波，助修正主义泛滥之澜。刘少奇在我院毕业生代表座谈会上的发言就是这样的一个代表作。

“阶级斗争基本结束”了吗？“帝国主义者和国内反动派决不甘心于他们的失败，他们还要作最后的挣扎。”“他们将每日每时企图在中国复辟。”这位“刘克思”并不是什么理论家，可是他却到处招摇撞骗，信口雌黄，连马列主义的基本常识都不懂，岂不叫人笑掉大牙。

然而他又毕竟不是一般的蠢才，他用这句话麻醉人民，使革命者放松对敌斗争的警惕，保护牛鬼蛇神过关。什么地、富、反、坏、右社会渣滓，在他的保护下，窃据了党政部门中许多重要职位。“阶级斗争基本结束”就是“资产阶级重新上台”，这在刘氏词典里是写得明明白白的。

只要罗列一下他的词句，就可以看清它的脸谱：

“你们是建设时期的游击队”。刘少奇在授与地院以桂冠的同时，缴了你头脑中阶级斗争的枪。

“经过当农民、当社长、当乡长、当县长，这样的发展过程，前途比大学毕业生出来做科学研究工作要好。”刘少奇这只特长的扒手描绘出一张升官图。

“向科学进军这个号召是不错”。刘少奇把青年引向白专道路。

“不要怕吃小亏，以后才会占大便宜”。“要吃亏，当然吃得太大也不行”。刘少奇在兜售他的资产阶级人生哲学。

“可以把房子出租，收租钱，等于存银行收利息”。刘少奇为“红色”资本家鸣锣开道。

“学校里不学教条学什么！”刘少奇肆无忌惮地推行资产阶级的教育路线。

“不努力奋斗就生活不好，为生活而奋斗”。刘少奇大肆鼓吹资产阶级人生观。

“吃饭、穿衣、住房、结婚、钱、个人名利”，这就是刘少奇所宣扬的全部生活内容。

这篇黑话的核心是资本主义；它的灵魂是资产阶级个人主义；它的要害问题在于一个“私”字。

刘少奇要树的是资产阶级人生观，市侩的人生哲学，要关心的是资产阶级政治，要推行的是资产阶级教育方针，要走的是资本主义道路，刘少奇用心何其毒也！

无产阶级革命家与刘氏哲学是完全针锋相对的。毛主席教导我们：“你们要关心国家大事，要把无产阶级文化大革命进行到底。”叫我们到工农中去，去改造非无产阶级世界观。林彪同志也语重心长地叮嘱我们，念念不忘阶级斗争，念念不忘无产阶级专政，念念不忘突出政治，念念不忘高举毛泽东思想伟大红旗。

“借问瘟君欲何往，纸船明烛照天烧。”

刘少奇伸进地院的黑手是一只货真价实的大扒手，肮脏的手，反动的手。全院的革命师生迅速行动起来，高举起革命的、批判的宝剑，斩断刘少奇伸进地院的魔爪！

把刘少奇彻底斗倒、斗垮、斗臭！

建設时期的游击队員是什么貨色？

王少甫

承蒙刘少奇“恩典”，在五七年接见我院毕业生代表讲话中，他把地质工作者“赐封”为“建设时期的游击队员”。

“建设时期的游击队员”是什么货色呢？用刘某人的话，概括说来就是“会说，会做的劳动知识分子”，具体地说就是：

1.“会说”：象刘少奇那样口蜜腹剑，两面三刀；

2.“会做”（样子），即，会“从各方面表现自己”，“在各方面都表现好一些”，会“在一段时期里老老实实地做一个‘地质匠’”，“甘愿先做几年‘地质匠’”，然后再“向科学进军”；

3.“会做”（买卖），能“吃一点亏”，但“吃得太大也不好”，因为还要“占大便宜”；

4.“会生活”“报纸慢一点看也可以”，但是要“多给点钱补偿一下”，这样就可以“存点钱”，“为了将来结婚”“年青时候就想办法自己盖点房子”，并且还可以“把房子出租，收租钱……”

5.最主要的一定要是“知识分子”，因为“向大自然进军，首先要训练知识分子，知识分子是非常重要的呵！”因为“有文化，有技术，群众关系好”，才能当“厂长”“县长”……

行啦！行啦！这样一个资产阶级知识分子的画像已经很清楚了，毛主席教导我们要成为一个有社会主义觉悟的，有文化的劳动者；刘少奇这个混蛋却大唱反调，他所鼓吹的这个“建设时期的游击队员”不正是地地道道的高踞于“劳动者”之上的精神贵族吗？

刘少奇这个党内最大的走资本主义道路的当权派，也效法赫鲁晓夫集团，在中国搞“特权阶层”，其目的很明显，就是为他自己奠定修正主义的社会基础，以实现资本主义的复辟，把我们的社会主义祖国也变成今天修正主义的苏联，是可忍，孰不可忍?!

让“建设时期的游击队员”这块刘记招牌见鬼去吧！去作刘少奇的殉葬品吧！

打倒刘少奇！

* *

《民族工作展览》是一株反毛泽东思想的大毒草

（上接第二版）一九六四年九月，乌兰夫以“审查”《展览》为名，大搞阴谋活动。他指使展览馆馆长、反革命修正主义分子任英，将一九三五年《宣言》“要摆得突出点”。根据乌兰夫的黑指示，任英将《宣言》复制、翻拍、放大，在《展览》的《内蒙馆》以显著的地位展出，为配合反革命修正主义分子乌兰夫在内蒙的反党分裂活动进行舆论准备。

《展览》是党内最大的走资本主义道路的当权派刘少奇、邓小平在统战、民委系统为复辟资本主义进行舆论准备的重要阵地，彻头彻尾浸透了刘氏反革命修正主义路线毒汁，这样一个黑《展览》所造成的恶劣影响是很坏的，开馆以来的七年中，据不完全统计已有二百多万人参观了这个展览，其中包括数以百计的国际友人。为了彻底揭发批判这个黑《展览》所贯彻的刘、邓反革命修正主义路线，肃清它所造成的恶劣影响，我们已经造了它的反，这个反造得好，造得对！但是我们的这一革命行动却遭到了统战、民委系统的保守势力的百般阻挠和破坏。民族宫“二·七”革命造反兵团、民院“抗大”公社，“民委工农兵革命造反队”等组织中的一小撮人在民委副司长包忠爱、陈志敏、路达的操纵下，为了保党内一小撮走资本主义道路当权派，拉拢一部分不明真相的人，打着“造反”旗号，对展品进行了肆意破坏。

我们用毛泽东思想武装起来的革命造反派，坚决造刘邓反革命修正主义路线的反，一定要把《展览》中的黑线黑根全部彻底干净地挖出来，彻底肃清刘邓反动路线在《展览》中的恶劣影响，让一个用毛泽东思想武装起来的新的《民族工作展览》重新占领民族文化宫这块重要阵地，为我国民族工作做出新的贡献。

打倒刘少奇！

打倒邓小平！

彻底批判刘邓反革命修正主义路线！

毛主席的革命路线胜利万岁！

最最伟大的领袖，我们心中最红最红的红太阳毛主席万岁！万岁！万万岁！！

中央統战民委系統彻底摧毁反革命修正主义路綫联合委員会

毛泽东思想哲学社会科学部红卫兵联队

地质学院《东方红》公社

民族文化宫《东方红》公社

民族学院《东方红》公社

第四版　　东方紅报　　1967年4月11日

布哈林的徒孙

馬克思在《共产党宣言》中說过：共产党人可以把自己的理論用一句話表示出来：消灭私有制。

刘少奇肮脏的一生也可以用一句話概括起来：保存私有制。

一九五一年在政协全国委員会民主人士学习座談会上报告中的一段"精彩"讲話，代表了他的全部政治主張，也暴露出他作为资产阶级代言人的丑恶嘴脸。

他說："将来我們是要搞社会主义的，但是現在不搞，……如果現在就采取社会主义步骤，把工业收起来，对人民沒有利益，而且人民也不願意这样。如果搞，就要伤害工业生产的积极性。在农村我們曾經宣傳过劳动致富。什么是劳动致富呢？就是劳动发財，农民是喜欢发財的。……伤害私人工业家和个体生产者的生产积极性，这是破坏作用。这是反动的，这是所謂'左'的錯誤，因为它破坏了生产积极性，妨碍生产力的提高。……我們曾經反对过农业社会主义思想，下过这样的結論，說它的性质是'反动的空想的农业社会主义思想'。所以現在过早地国有化，集体化，是違背大多数人民的利益、違背进步的。"

看，这个念念不忘吃小亏占大便宜的窩級市儈是多么害怕和担心触动了小生产者和"私人工业家"的利益，因而对工业、农业上的社会主义改造深恶痛絶。看了他这一段讲話，就不难理解他为什么在全国刚一解放就极力鼓吹在农村和城市都要大力发展資本主义，散布"剝削进步"，鼓励資本家进行"更多的剝削，更大的剝削"。叫嚷要长期"保护富农經济"，咒罵"农村依靠互助組，合作社代耕队，实行农业社会主义化，这是不可能的，这是一种空想的农业社会主义。"胡說什么"几个初級合作社不能叫做社会主义萌芽，……要合作化，条件不成熟。"

以"条件不成熟"論来拚命反对社会主义革命，这是为资产阶级效劳的一切修正主义分子們慣用的伎俩，只要我們稍微翻一翻修正主义的丑史，就会发现，刘少奇販卖的只不过是布哈林之流的旧貨。

"我們沒有成长到实现社会主义的地步……我們还沒有实现社会主义的客观經济前提。""生产力还沒有发展到足以实现社会主义的水平。……"这就是布哈林之流修正主义分子們唱过千百次的陈調濫調。刘少奇在我国进行社会主义革命时又拾起这些破烂，就充分証明了他是布哈林之流的忠实門徒。

刘少奇和他的鼻祖們由于他們资产阶級本性的决定，根本不懂得馬克思列宁主义认識論，更不懂得毛澤东思想，也完全不懂得"精神变物质"这一馬列主义原理。

"精神变物质"，这是毛主席对馬列主义认識論的重大发展。毛主席在《人的正确思想是从那里来的？》一文中指出：**"代表先进阶级的正确思想，一旦被群众掌握，就会变成改造社会、改造世界的物质力量。"** 社会主义制度的建立，只要有馬克思列宁主义作指导，领导群众經过斗爭就能实现。如果不用馬克思列宁主义去指导，如果根本不想搞社会主义，社会主义制度就不会实现，也决不会自己发展起来，而只能发展資本主义。刘少奇不断叫嚣实行社会主义时机不到，目的也在于保护私有制，发展資本主义。

为了达到这种目的，刘少奇还编造了一种更荒謬的"平行发展"論，胡說什么：私人企业的活动范围很大，可以和国营企业平行发展。只要有一天私人企业发展到生产过剩时，我們对私人資本一限制，社会主义就可以实现。这就是刘少奇的邏輯，然而这是地地道道修正主义的邏輯。

修正主义者从来都是一脉相承，编造"平行发展"謬論何自刘少奇始？早在苏联实行社会主义革命时，布哈林之流就散布过：国民經济中社会主义成分"可以沿着不同的軌道和平地向前移动，彼此'平衡'"。在布哈林之前还有苏汉諾夫。

刘少奇不仅是布哈林之流修正主义分子們当之无愧的继承者，而且对于他們的修正主义理論有了新的发展与創造。布哈林只不过认为这两种成分可以和平共处，互不干涉，平行发展。而刘少奇則不仅认为可以平行发展，而且还可以"完全合作，彼此有益"，"互相照顾……公私两利。"真可謂"青出于蓝而胜于蓝"。

斯大林在批駁这种謬論时一針見血地指出，这种理論和列宁主义毫无共同之处，目的是要保持个体农民經济的陣地，用"新的"武器把富农分子武装起来反对集体农庄，破坏集体农庄的陣地。刘少奇在解放后极力散布"平行发展"論，其目的就是要扼杀国营企业，发展私人企业；扼杀集体經济，发展私人經济；扼杀社会主义，发展資本主义。

我們偉大領袖毛主席早在一九四三年就曾指出：集体化是克服农民永远陷于貧困的唯一道路，然而解放后刘少奇还继續不断地散布"平行发展"論，鼓吹长期保护富农經济，足見这个反革命修正主义分子反对毛主席、对抗毛主席革命路綫由来已久。

一心保存私有制，念念不忘发展資本主义的修正主义分子刘少奇，在一九六一年我国經济困难时期刮起"三自一包"的阴風，正是他反动本性的又一次大暴露，是资产阶級一次垂死挣扎，他妄图通过"三自一包"把已經实现的农业集体化整垮，恢复个体經济，

刘少奇在中国历史舞台上的全部跳梁表演，都是为千方百計保存和巩固私有制而費尽心机。他从来就不是一个真正的革命者，而是一个混进党内的资产阶級分子；他根本不懂得馬列主义，而是一个只知道吃小亏占大便宜的庸俗的市儈，是中国的赫魯晓夫。

让这个布哈林的徒孙——中国的赫魯晓夫見鬼去吧！（何方）

东方红论坛

匕首篇

人皆可以「超」尧舜

孟子曰："人皆可以为尧舜。"盖指「让贤」之说，实则纯为骗人的鬼话。早已被世人唾弃于地，变成了臭气熏天的垃圾。

真乃天下怪事，无奇不有。想不到两千年后的今天，却有人为孟子唱起赞歌来：「我看这句话说得不错」。事情本来就怪，更何况歌手又是大名赫赫的刘克思，自然怪不得使人更加不可思议了。我想孟子若有在天之灵，大约要感激涕零，惊喜得发狂的。

大家千万别发生误会，认为刘少奇是唱的孟子旧本，并没有什么新鲜玩意。其实，刘少奇要比孟子「伟大」得多。因为孟子毕竟是个口是心非的伪君子，提倡「让贤」，可自己从没把乌纱帽让给讨饭的秀才戴半刻。而刘少奇呢？不但是理论家，而且是出色的实干家，他不但能把党、政大权大大方方地交给比小偷还卑贱的叛徒，而且比尧舜还宽宏大量，一下子把预备党员的「少爷」「小姐」提升为部长级的党委书记。这的确是尧舜在「让贤」的史册中查不到的政绩吧！

真是苍天不负有心人，刘少奇「苦其心志，劳其筋骨」的修身养性，终于青出于蓝而胜于蓝。倘若孟子能活到今天，大约要在刘少奇面前惭愧万分，甘拜下风了。至于原来的理论，自然也要修改一下，「人皆可以为尧舜」，还是改为「人皆可以超尧舜」为妙。

然而，尧舜无论如何，毕竟还得个好死。至于刘少奇这个正人君子将落个什么下场呢？「五十而知天命」，算来刘君子六十有余，大约已清楚自己的下场了吧！？

新兵

赫秃儿下台哭刘修
——续《某公三哭》

呜……

花开花落只不过三两次，谁料到哭东尼、哭西尼、哭自己，今日又伦到哭俺刘贤弟。苍天啊！俺实指望华厦也变「修」天下，到如今，泡影乌有，希望成灰。遥望东方，满脸横泪。俺原本也风云叱咤，怪只怪太鲁莽，桌子上甩皮鞋，丢尽脸皮，竟让人演出了逼宫戏。可是啊！可是，刘贤弟生性乖巧，有「修养」能伸能屈，会吃小亏，来日再占大便宜。万没料到，也落得这般天地。咱兄弟俩本是一个娘养的，「三和」「两全」都是一个主义，盼的是刘贤弟把大业承继下去，在中国推行我的主义。想不到，阳光照原形，狂风惊雷，你啊你比我更惨，跌得头破血流，三十年「修养」，枉费心机。人亡弦断停了这出戏，忍教俺痛断肠肝，洒下串串伤心泪。愁眼四顾，佳人何在？只落得冷冷清清，残花成泥。哭一声我的刘贤弟啊！咱「修」家子孙又断一条。呜呼噫嘻！伤心人卷帘独对西风，算只有那关河暮雨，如愁绪千条，点点滴滴，这日子呀！可怎么活下去？怎么活下去！！

新泉

简讯

▲四月七号，中央文革小组江青、戚本禹、叶群等同志来到红卫兵战果展览馆参观，受到全体展览馆工作人员的热烈欢迎，江青同志紧紧地和我东方红战士握手并亲切交谈，戚本禹、叶群同志在一片欢呼和热烈的掌声中戴上了我东方红公社的纪念章。

▲四月八号，我东方红战士与民族文化宫东方红公社，民族学院东方红公社，统战部红色联络站，中国科学院哲学社会科学部红卫兵联队，以及政法公社、农机、林院、工大、邮电东方红等单位的亲密的战友在民族文化宫共同战斗，狠狠地痛击了一小撮保皇派的猖狂挑衅，争取和教育了一部分受蒙蔽的革命群众组织，取得了辉煌胜利。

▲四月八号，我东方红公社革命委员会，就福建、新疆、江西等地资本主义复辟的严重情况，发表严正声明，坚决支持这三个地区的无产阶级革命派，并已派调查团前往，同以上地区的无产阶级革命派并肩战斗。

▲四月八号下午，我东方红公社革命委员会召开「控诉批判刘少奇黑修养的大会」。会上，我院师生员工以亲身的经历愤怒地控诉了《修养》的毒害，并表示要坚决起来造反，砸烂刘氏黑《修养》的精神枷锁。紧跟毛主席彻底闹革命。

▲连日来，物探、勘探、地质等分会派出毛泽东思想宣传小分队，前往农村、工厂进行宣传，向贫下中农、工人宣传毛泽东思想，揭发刘少奇反毛泽东思想的罪行。受到革命的贫下中农、工人同志们的热烈欢迎。

▲四月九号，我东方红公社举行了庆祝东方红食堂成立半周年的活动。东方红战士坚决表示，要听毛主席的话，走自己动手，丰衣足食的抗大式的道路，把东方红食堂办得好上加好。

▲四月十号，首都无产阶级革命派近二十万人在清华大学斗争三反分子刘少奇的臭婆娘、政治大扒手王光美。清华大学井冈山兵团的战士和首都无产阶级革命派带着无比的阶级仇恨，愤怒地控诉和声讨了三光美犯下的滔天罪行。同时被揪来斗争的还有陆定一、彭真、薄一波、蒋南翔等反革命修正主义分子。

本报发行组：北京地质学院教三楼201　　电话：27461—549

毛主席语录

必须坚决地克服许多地方存在着的某些无纪律状态或无政府状态，……这种状态，给予革命利益的损害，极为巨大。

《一九四八年的土地改革工作和整党工作》

中学红卫兵

天津市中等学校紅卫兵代表大会主办

第六期 1967年4月29日（星期六）

人民日报社论

打倒无政府主义

在无产阶级革命派的夺权斗争中，实现和巩固革命的大联合，团结广大革命群众和革命干部，集中火力，向党内最大的一小撮走资本主义道路当权派展开大批判，同时，按各地不同的情况，逐步地转入本单位的斗批改，这就是当前运动的大方向。我们必须紧紧把握这个斗争的大方向。

在这样一个关键时刻，无政府主义又冒了出来，分散我们的斗争目标，转移斗争的大方向。

无政府主义思想严重的人，在某些时候也可以起来批判无政府主义。但是，他们只批判别人的无政府主义，不批判自己的无政府主义；今天批判别人的无政府主义，明天自己又闹无政府主义；专门触及别人的灵魂，最怕触及自己的灵魂；在搞违反政策的鲁莽行动和无原则的纠纷上是“好汉”，在夺自己头脑中“私”字的权的战场上是懦夫。

无政府主义混淆无产阶级的大民主和资产阶级自由化的界限，混淆无产阶级的革命纪律同资产阶级奴隶主义的界限，混淆无产阶级专政和资产阶级专政的界限，极力在革命中发展个人或小团体的利益。

正如列宁在《共产主义运动中的“左派”幼稚病》一书中所指出的那样，**“无政府主义往往是对工人运动中机会主义罪过的一种惩罰。”**无政府主义，归根结底是资产阶级个人主义，它要求把个人的解放置于全人类的解放之上。列宁在《论工人政党对宗教的态度》一文中说：**“无政府主义者，正如馬克思主义者早已屡次說明的，虽然非常‘猛烈地’攻击資产阶級，但是他們还是站在資产阶級世界覌的立場上。”**

必须强调指出，极力宣扬“一概怀疑、一概打倒”的无政府主义思潮的，不是别人，正是那几个提出资产阶级反动路线的人。正是这些人，在他们资产阶级反动路线的统治和反动的组织纪律被广大群众冲破的时候，他们就煽惑一些人，以极“左”的面目出现，否定无产阶级的权威和无产阶级的组织纪律，妄图破坏无产阶级文化大革命，妄图破坏无产阶级专政。广大无产阶级革命派，一直同他们进行着坚决的斗争。

在全国解放战争胜利的前夕，毛主席曾经强调指出：**“目前的形势，要求我党用最大的努力克服这些无紀律状态和无政府状态，克服地方主义和游击主义，将一切可能和必須集中的权力集中于中央和中央代表机关手里，使战爭由游击战爭的形式过渡到正規战爭的形式。”**

在目前大批判、大斗争的决战关头，继续狠夺自己头脑中“私”字的权，大力扫除无政府主义，是每一个革命战士的光荣任务。**“不破不立，不塞不流，不止不行。”**无产阶级革命派必须在斗争中不断地活学活用毛主席著作，重新学习《关于纠正党内的错误思想》等光辉著作，一边战斗，一边整风。出现分歧时，要多作自我批评。只有这样，才能大破无政府主义，才能大立无产阶级的革命性、科学性和组织纪律性，才能够建立起拖不垮、打不烂、万众一心、步伐整齐的无产阶级文化革命大军，紧紧地把亿万革命群众和革命干部团结在坚持毛主席革命路线的无产阶级司令部周围，实现革命的“三结合”，彻底打倒党内最大的一小撮走资本主义道路当权派，彻底粉碎他们的资产阶级反动路线，把无产阶级文化大革命进行到底！

（转自人民日报四月二十六日社论）

停止内战，一致对敌

許論兵

中国人民解放军天津驻军支左联络站“四月二十五日”声明，人民日报“四月二十六日”社论，指出了天津市目前所存在着的严重问题，这就是到处泛滥的无政府主义思潮。它严重地阻碍着我们去完成伟大的历史史命。

反革命的无政府主义思潮，无孔不入，在当前的大批判中，它严重地侵蚀着无产阶级革命派，使之革命派内部团结涣散，关系松懈，意见分歧，甚至大打内战，完全丧失战斗力；各革命派组织的矛头不一，各行其是，单独行动；它公开破坏大联合，扭转斗争大方向，它将轰轰烈烈的批判刘邓的斗争引向歧途，甚至导致失败！这正是党内最大的一小撮走资本主义道路当权派妄图破坏文化大革命，破坏无产阶级专政所要弄的新阴谋！

毛主席說：“极端民主化的危险，在于損伤以至完全破坏党的組織，削弱以致完全毁灭党的战斗力，使党担負不起斗爭的責任，由此造成革命的失敗。”大敌当前，必须大反特反无政府主义，必须把反对无政府主义的斗争，提高到一个夺权与反夺权的重大斗争的原则高度上来。

列宁說：“无政府主义的宇宙观只是翻了面的資产阶級宇宙观”，那些极端的个人主义者，总是把个人或小集团的利益放在革命利益之上，他宁肯放掉对刘邓的大批判，也要去为他个人或小集团利益去“出生入死”地大打内战，“搞违反政策的鲁莽行动和无原则的纠纷”。

无政府主义，风头主义，是革命组织中引起武斗的思想根源。

停止内战，共同对敌，是当前实现大联合大夺权的一个重要问题，各革命组织之间，应在大方向一致的前题下，求同存异，搞好团结，结成强大的左派阵营，搞好对党内最大的一小撮走资本主义道路当权派的大批判、大斗争！

但是，也有一些人，他们打着“停止内战”的招牌，妄图抹杀中学两条道路的斗争，我们在大反特反无政府主义的同时，要特别警惕！他们只要“团结”，不要斗争，只讲大联合，不讲以左派为核心，他们竭力反对对保守组织进行斗争，不允许对资产阶级反动路线进行批判，只要一提批判，就是“挑动群众斗群众”，只要一讲斗争，就是“要把人家一摔了打死”而自己，则抱着资产阶级反动路线的僵尸不放，妄图混进大联合的队伍，每一个无产阶级革命派，在大联合夺权的关键时刻，切切不可忘记大批判，大斗争！

大联合，大夺权，是我们斗争的大方向，大批判大斗争是实现大联合，大夺权的根本手段。中学的革命派战友们，停止内战，一致对敌，把刘邓及其炮制的一整套资产阶级反动路线批深、批透，为加强、巩固和发展天津市革命的“三结合”而斗争！

保守組織必須向革命造反派靠拢

中学红代会四月十八日关于“保守组织”和“组织工作”的严正声明大方向是正确的，旗帜是鲜明的。它大长了无产阶级革命造反派的志气，正确地体现了毛主席的无产阶级革命路线，我们坚决支持！

它明确指出：“红代会是无产阶级革命派的大联合，是革命造反派的强大靠山，从她的成立到发展壮大必须是：坚决依靠革命造反派，团结一切可以团结的力量。”“红代会各级组织必须保证革命造反派占领导地位。”正确地解决了依靠谁，团结谁的问题，红代会就是要以坚持毛主席无产阶级革命路线的造反派红卫兵为核心，舍此就不能实现真正的无产阶级革命派的大联合，就不能捍卫毛主席的无产阶级革命路线，就是乌七八糟的大杂烩。

我市中学毛泽东主义红卫兵和半工半读毛泽东思想红卫兵就是黑市委官办的保守组织，做为一个整体来说它必须解散！它的成员有许多已经辐杀回马枪，起来造资产阶级反动路线的反了。我们热烈欢迎！但有些人至今仍然不承认它们是保守的，竟然喊出“毛泽东主义红卫兵万岁！”等口号。这难道不是“保皇有功”的混蛋逻辑吗？这难道不是继续顽固坚持资产阶级反动路线的行为吗？

这些组织的成员是资产阶级反动路线的受害者，应该在革命的大批判中活学活用毛主席著作，把对刘邓资产阶级反动路线的刻骨仇恨凝结在笔尖上，向党内最大的走资本主义道路的当权派和万张反革命修正主义集团算总账！这样才能迅速回到毛主席的无产阶级革命路线上来，才能做毛主席最忠实的红卫兵。

对于少数顽固坚持资产阶级反动路线至今死抱着反动血统论不放不肯承认错误的人，就是要彻底孤立他们，坚决予以毁灭性的打击！

声明指出：“那些盲目地参加了这两个保守组织，但与前天津黑市委确实联系不大的，并且在学校是革命造反组织就不要把他们和保守组织等同对待，要具体问题具体分析。”这里已经说得明明白白，有人借口××中学的主义兵沒保市委而否定声明，是绝捞不到半根稻草的！

《人民日报》四月十五日社论指出：“一切受蒙蔽的群众和犯了错误的干部都必须在这场大批判中彻底肃清资产阶级反动路线对自己的毒害，必须坚决支持革命派，向革命派学习，向革命派靠拢。如果对革命派抱着抵触和不满情绪，那就不但不能改正自己的错误甚至可能被党内一小撮走资本主义道路当权派所利用，充当他们进行资本主义复辟的工具！”中学红代会的声明紧跟中央社论精神，为使天津革命的三结合更具有革命性代表性和无产阶级权威性作出了巨大的努力，就是好得很！

广大的“主义兵”和“思想兵”的同志们：万恶的刘邓资产阶级反动路线是我们不共戴天的死敌，我们就是要把它砸个稀巴烂！

机不可失，时不再来，起来造反吧！

毛主席的无产阶级革命路线必胜！

十六中《六·二一》
《紅缨枪》

·2· 中学红卫兵 1967年4月29日 星期六

高举毛泽东思想伟大紅旗，砸烂黑《修养》！

天津四十五中 程桂荣

毛主席亲自发动和领导的这场无产阶级文化大革命，取得了一个又一个的伟大胜利。目前，无产阶级文化大革命，进入了决战时刻——对党内头号走资本主义道路的当权派刘少奇和他妄图实现资本主义复辟的理论基础黑《修养》，展开了全国性的大揭露、大批判。

毛主席教导我們："凡是要推翻一个政权，总要先造成輿論，总要先做意識形态方面的工作。革命的阶級是这样，反革命的阶級也是这样。"党内头号走资本主义道路当权派抛出黑《修养》这株大毒草，就是为他复辟资本主义做舆论准备的。

黑《修养》闭口不谈革命的根本问题是政权问题，闭口不谈两个阶级、两条路线的斗争。而他鼓吹的"党性"，完全是资产阶级的"党性"。黑《修养》是高级个人主义的理论。它提倡个人主义、奴隶主义；反对马列主义、毛泽东思想。它毒害了多少革命的青年，毒害了多少革命的干部！今天是彻底清算的时候了！

我们只有用主席思想真正认识《修养》的毒害，彻底地批判《修养》这个黑纲领，坚决肃清其流毒。才能使主席思想在我们头脑里扎根，加速思想革命化，才能使我们的社会主义江山永不变色！

我是一个普普通通的学生干部，这几年来通过学习毛主席著作，在主席思想的哺育下，在同志们的帮助下，还是有所进步的。但是，在阶级斗争尖锐复杂的情况下，在两条路线激烈的斗争中，资产阶级反动路线蒙蔽了我。在这场无产阶级文化大革命中，使我跟不上形势的发展。运动初期，成了运动的绊脚石。还是文化大革命挽救了我。在革命造反派的行动的教育下，在批判刘氏黑《修养》的斗争中，使我认识到：要革命、要造反，必须彻底批判资产阶级反动路线，彻底批判反动的黑《修养》。

在文化大革命初期，我充当了刘邓资产阶级反动路线的打手，站错了立场，盲目地执行了资产阶级反动路线。后来，经过学习主席著作，并且革命造反派的行动也教育了我，使我逐渐认识了自己的错误，认识到只有彻底批判资产阶级反动路线，才能真正执行毛主席的革命路线。但是，如何进行彻底批判？并没有完全认识到。原来，我认为，我自己认识到了就行了，何必检查……我是资产阶级反动路线的执行者，也是受害者，等等。

通过这次大批判，认识到产生这种错误思想的根源来自黑《修养》，来自"私"字。《修养》说："在这样的学习，反省和自我检讨中，去肃清自己一切不正确的思想残余，以至某些不适合于共产主义利益的最微弱的萌芽。"这就是党内头号走资本主义道路的当权派所鼓吹的"闭门思过"吧！这样"修养"，的确只能越"养"越修。**毛主席教导我們："无产阶級革命事业的接班人，是在群众斗爭中产生的，是在革命大风大浪的鍛炼中成长的。"**中了《修养》的毒，滋长了个人主义，使我没按主席的教导去作。在认识自己错误的过程中，有一个问题搞不清。我认为自己出身好，对党对毛主席无限热爱，能听党的话，平时还是比较注意"思想改造"的。而文化大革命初期为什么站错了立场呢？开始真有些不服气。我想："如果别人当文革组长还不是和我一样，也得执行资产阶级反动路线。"我不是在革命斗争中批判自己的错误，批判资产阶级反动路线及其流毒，而是文过饰非。

《爱国主义，还是卖国主义？》的发表，吹响了向党内头号走资本主义道路的当权派发动总攻击的进军号。黑《修养》暴露在光天化日之下，展开了群众性的大批判。我才真正找到了毒根。黑《修养》就是我执行资产阶级反动路线的思想基础。

一、沒有认识到阶级斗爭的尖锐、复杂性，对两条路线的斗争认识模糊。

由于黑《修养》的毒害，脱离阶级斗争，脱离无产阶级专政，根本不谈两条路线的斗争，鼓吹个人"修养"、"闭门思过"、"忍辱负重"、"个人主义"、"奴隶主义"……所以，在以前的工作中没有认识到路线斗争的尖锐复杂性。对发生的问题，不看成是两条路线的斗争在激烈地争夺青少年，争夺自己，而认为是一般的"思想问题"。提倡脱离两条路线斗争的"谈思想"、"交心"、"自我革命"。工作做不到点上，当然解决不了问题。对自己也是脱离阶级斗争，脱离两条路线的斗争的"闭门思过""独自修养"。**毛主席說："无产阶級和資产阶級之間的阶級斗爭，各派政治力量之間的阶級斗爭，无产阶級和資产阶級之間在意識形态方面的阶級斗爭，还是长时期的，曲折的，有时甚至是很激烈的。"**而我头脑里缺少了阶级斗争这根弦，不是把自己当成革命的对象，而是脱离阶级斗争去"革别人的命"，"思自己的过"。

二、不相信群众。

毛主席教导我們："群众是眞正的英雄，而我們自己則往往是幼稚可笑的"。在资产阶级反动路线的毒害下，我根本沒有认识到"**群众是眞正的英雄**"。由于自己沒有学好主席著作，世界观沒有改造好。长期当干部，不相信群众。整群众的材料，习以为常，自认为"分析"同学的"思想情况"是正确的，让组织掌握材料，了解情况，这是各班基层干部都应作的事。不然组织上怎么知道下边的情况呢？怎么作"工作"呢？

事实是这样吗？不是！解决问题首先要相信群众，依靠群众。加速思想革命化，不是要把同学修养成"唯唯诺诺"、"谨小慎微"的君子。我呢？不相信群众自己能解放自己，只相信"我"，把自己当成"诸葛亮"，把群众当成"阿斗"。分析别人情况，沒看到自己的问题。认为"整材料"是"天经地义"的。所以，在文化大革命中，党支部、工作组让我们把同学的思想情况写一下，分三种："积极"、"中间"、"落后"。何谓"积极"？何谓"落后"？顺着党支部、工作组的指挥棒转的，就谓"积极"；有革命造反精神的，敢造资产阶级反动路线反的，就谓"落后"。当时沒认识到这是整群众，还认为组织上了解情况，应该汇报嘛！在"修养"的毒害下，使我对这种熟视无睹，习以为常。打击，压制了革命同学的造反精神。

三、在《修养》的毒害下，对奴隶主义麻木不仁。

毛主席教导我們："共产党員对任何事情都要問一个为什么，都要經过自己头脑的周密思考……絕对不应提倡奴隶主义。"但《修养》却反复强调"党性"、"……念"、"驯服工具"等等。他强调的是资产阶级的"党性"，他的这一套就是"革命有罪，造反无理"。

奴隶主义对我的毒害是很深的。自己世界观沒改造好，在当"干部"的过程中，由于沒有以主席思想作为武器，看不清反动的"驯服工具论"的本质，使我做了资产阶级反动路线的"驯服工具"。沒有一点革命的造反精神，即使有时对上级布置下来的东西不理解，有所抵触，也不是拿主席教导的那样去做，而只是从自己身上"找"缺点、错误，忠实地按上级布置的去做。对上奴隶，对下命令，不服从也得服从，否则就是"个人主义"、"组织纪律性差"，大帽子满天飞。不但自己不造反，还且限制别人造反，做所谓"说服工作"。还认为这是自己对党忠诚，忠于党，忠于革命。

这多么危险呀！刘少奇利用某些干部盲目服从，达到其复辟资本主义的罪恶目的。奴隶主义也是修正主义的一个思想基础，为复辟资本主义大开方便之门。

由于我过去中了《修养》的毒，所以忠实地执行了资产阶级反动路线，压制了革命同学，围攻了教师。运动初期，只要造反派一出现，就指责一顿，保了党支部，又保了工作队，真可谓"老保户"了。甚至批判资产阶级反动路线时，也沒站出来批判。这一切都是刘氏黑《修养》对我的毒害。如果这样下去，就会越"修养"越修，越"修养"越成为修正主义苗子。

一切受《修养》毒害的同学们，老师们，让我们高举毛泽东思想伟大红旗，大杀"回马枪"，挖掉毒根，铲除修根。让伟大的毛泽东思想红旗牢牢地在我们的头脑里扎根，把无产阶级文化大革命进行到底！

转载自：**"紅代会四十五中毛泽东思想紅卫兵"《紅卫兵》**第四号（本刊有删节）

编后 为程桂荣同学的文章叫好！

今天，本报转载了程桂荣同学的这篇文章。

程桂荣同学在运动初期，盲目执行了资产阶级反动路线。今天，她能针对自己的问题，活学活用毛主席著作，对自己以前的错误有了认识。并且，能深挖根子，狠批黑《修养》，猛杀"回马枪"，把矛头直指党内最大的走资本主义道路的当权派——刘少奇。这是一件大好事！

多少年来，刘少奇的黑《修养》束缚和毒害了我们多少同学。**"雄关漫道眞如鉄，而今迈步从头越"**！今天是我们起来造他的反的时候了！今天不造反，更待何时！

革命的同志们，一定要把矛头狠狠地、准准地指向党内最大的走资本主义道路的当权派！牢牢把握斗争的大方向！

"寿糕与椰子"（刘少奇丑聞）

六〇年，由于苏修的破坏和严重的自然灾害，造成我国暂时的经济困难。刘少奇窜到海南岛榆林港，进行"秘密视察"。一次，竟然别出心裁，要做一个直径为一尺的"万桃寿糕"。可惜榆林港做不出来，海口市也无可奈何。几经周折，终于在广州市"大同酒家"做好。动用专机，把"寿糕"运到海南岛榆林港，供刘修享用。

同年，刘修伙同狗妻王光美，来到海南风景区"鹿回头"游览。一日，闲步椰林。忽然，不远处一棵成熟的椰子从树上落下，这可吓坏了"刘皇后"。当即，训斥县委："椰子要打在刘主席头上怎么得了！"并指挥一批人，连夜出动，将全部椰子不分生熟统统摘掉。真是："皇上"漫步椰子林，椰子一扫而光！

中学红衛兵

1967年4月29日　星期六

·3·

大杀回马枪，彻底闹革命

我们是中国医学科学院卫校原保守组织毛泽东思想红卫兵。在运动中，由于我们没学好毛主席著作，中了刘氏黑《修养》和"谭氏路线"的毒害。在我们伟大领袖毛主席亲自点燃的这场史无前例的无产阶级文化大革命中，成了资产阶级反动路线的御用工具，同时也是资产阶级反动路线的受害者。

毛泽东思想红卫兵，是在万张反党集团的扶植下成立的，是受万张反党集团一手操纵的，是刘邓资产阶级反动路线的产物。对这样的保守组织，絲毫沒有什么留恋的，必须彻底分化瓦解。彻底肃清刘邓和万张反党集团的一切流毒。

毛泽东思想红卫兵绝大部分都是工农出身的，对党和毛主席有着深厚的感情，万张就利用了我们对党和毛主席的无限热爱，蒙蔽了我们，企图让我们保护他们逃避人民对他们的惩罚。革命造反派的战友们识破了这一小撮坏蛋的阴谋，冲破重重障碍，终于把他们揪了出来。铁的事实活生生地教育了我们。我们觉悟了！

我们觉悟了，就要大杀回马枪，彻底闹革命，和革命造反派紧紧团结起来，并肩战斗。在两条道路的斗争中，丢掉私心杂念，轻装上阵，向党内一小撮走资本主义道路的当权派发起总攻击！

受黑市委蒙蔽的战友们：在当前大批特批刘邓资产阶级反动路线的高潮中，不能再沉默了，要勇敢地站起来，为了党和人民的利益，为了誓死保卫毛主席，大胆地拼吧！杀吧！

医学院卫校八一八红旗《反戈一击》

何其毒也

黑市委大搞經济主义点滴

天津黑市委对于他们所蒙蔽的红卫兵组织，不但从政治上、思想上、组织上插手控制，用来压制革命造反派，为黑市委服务。而且还大刮经济主义风，对被蒙蔽的革命小将从经济上和生活上拉拢腐蚀。企图把他们变成修正主义苗子。

毛泽东主义红卫兵还未正式成立，就由杜长天批准，赵武成同意，做了全国第一流的袖章，证件五万个（据了解十万）。纠察队袖章几千个，光钢印就五个。共花人民币一万多元。

烟台道五十六号毛泽东主义红卫兵总部成立后，家具、电话及一切用品，费用都由中文办供给。传单、文件均由中文办负责印刷。

青年宫完中总部成立后，把红艺兵挤走，黑市委给接了电话，给了办公用具，印刷设备。同时拨给自行车五辆。

九月初黑市委为了保护自己，调了一些学校几百名红卫兵住进市委大楼。住宿、伙食全部由市委来管。

九月底借口迎国庆，调了一百名红卫兵去市委大楼附近刷洗揭发市委的大字报。刷洗后，由市委负责管饭。

十月一日、二日、三日，大学完中、初中红卫兵纠察队负责纠察任务，由黑市委决定每人每天发给四角钱的补助费。并且发给餐卷到高级饭馆进餐。

初中校红卫兵总部成立后，黑市委拨给房子一所，电话五个，汽车一辆，摩托三辆，还有其它东西。

战斗区指挥部成立时，市委拨给房子一所，雨衣六件，二十床被（资本家的），自行车二十三辆，电视一台（区工商联的）。

仅上几例就可以看出黑市委对受蒙蔽的红卫兵组织收买，拉拢，用心何其毒也。

天津黑市委控制、操纵中学"毛泽东主义紅卫兵"的罪行

——徐光自供

編者按： 徐光，市妇联主任，万张集团干将，文化大革命中是中文办第二把手，她和杜长天承家主子的旨意，操纵中学一些红卫兵组织，充当了镇压中学文化大革命的急先锋。

由于徐光有意回避要害问题，避重就轻，大事化小，小事化无，尤其是牵扯到本身的问题谈的就更少了，但是从这篇自供中说到的一些情况也够触目惊心了！

在万、张反革命修正主义集团控制下的黑市委，由于在学校中已失去了工作队这个镇压学生革命运动的工具，所以一开始就企图掌握红卫兵的领导权，对红卫兵极力控制和蒙蔽，利用一些革命小将对党对毛主席的革命热情，来实现他们不可告人的罪恶勾当，根据我个人对这个问题的了解和认识，进行以下的揭发。

一、毛泽东主义紅卫兵与总部发展的过程：

当红卫兵这个光荣革命的组织在各校先后出现以后，天津黑市委极力的控制，蒙蔽，不许他们造反，如赵武成在八月廿号左右在中学文办曾说："现在红卫兵已开始发展起来，主席接见了红卫兵，戴上了红袖章，我们要看到这个形势，下一步重点要抓红卫兵工作，红卫兵如我们不领导，别人也会领导。"为了加强控制，他们首先充实加强了中学文办的领导，于八月下旬，市委书记处调杜长天、徐光到中学文办去工作，万晓塘、赵武成并向我们作了交待，万曾说："你们到中学文办工作，主要是抓红卫兵，别的可以少管些，不仅抓面，还要蹲点，每人都要联系一个学校，我（万指其本人）已去四十一中蹲点，赵武成去南开中学蹲点，谷云亭去女一中蹲点，杜长天在一中蹲点，这样可以取得第一手经验。因此在九月初即以这一些学校为基础，串联其它学校，进行筹备完中红卫兵总部。黑市委的老爷们，赵武成到中学文办曾再三说明总部的建立一定按完中初中半工半读，分别建立，先打好基础，然后再搞全市性的统一组织，他们的野心就是想先分口控制，最后统一控制，所以硬要杜长天甩开半工半读的同学们，单独建立完中的总部，于是在九月十号以后，在青年宫建立了完中的红卫兵总部。确定了由原来十余筹备校的代表在总部工作，由此看出当时我们这样做就是忠实地执行了黑市委资产阶级反动路线，蒙蔽群众，企图把这个总部办成能够贯彻市委意图，为市委保驾的总部。

毛泽东主义红卫兵联络总部成立后，黑市委就积极控制掌握，赵武成经常到中学文办去作黑指示，抓的很"细"很"具体"，在九月上旬他曾说："市委书记处意见，为了加强对总部的领导，可以在总部设辅导员或是顾问，由杜长天去挂帅，还可派两名干部去具体帮助工作，要与他们共同，以便与他们打成一片，对赵武成这些黑指示，中学文办完全执行了，所以总部的活动，中学文办的干部都去参加。

九月中旬，九·一八大会后，革命造反派的同学们又成立了一个九·一八造反总部，紧接着有一部分学校（初中、完中、半工半读）要求也建立一个天津第一联合指挥部，遭到黑市委的百般阻挠，赵武成曾十分不满的指示中学文办说："已经有两个指挥部了，同意哪个观点就参加哪个，何必再建立，这样就等于搞分裂，破坏团结"

二、黑市委控制、蒙蔽毛泽东主义紅卫兵的罪行。

万张反革命修正主义集团控制的黑市委，想欺骗蒙蔽红卫兵，作为他们垂死的救命圈，这完全是妄想，有部分毛泽东主义红卫兵曾一度受了蒙蔽，但到十月下旬先后冲破了黑市委资产阶级反动路线的毒害，而起来造反了。

（一）大讲黑市委是革命的，来欺骗革命小将、不能造他們的反。 刘子厚六月上旬就从北京，华北局会议上跑回来，给天津黑市委定了调子，他说天津市委和北京市委不一样，天津市委是革命的，你们可以这样讲。万晓塘这个反革命分子在六月十三号报告中无耻的说："我是革命的，如有人说我是黑帮，我就不干，市委沒有黑线。""市委是革命的"，这些黑话在干部中，在同学中，在红卫兵中广泛贯彻，大、小会，个别谈话，都贯彻这一套，尤其大大蒙蔽了毛泽东主义红卫兵，这样就骗取了他们对党对毛主席的热爱和革命感情。来保黑市委。更可恨的是直到十月初，刘子厚这个三反分子还要我们蒙蔽革命小将，他说："以后不要公开说保卫省委市委或某某书记，但在座谈会上可以个人表态，如有人问我，你是属于什么派，我要回答，我当然是革命左派。"赵武成在九·一八大会后，在中学文办恬不知耻的说："……这些人不搞黑帮，专搞革命市委，大方向错了，这还革命？革个屁！"

（二）利用紅卫兵保黑市委的駕

黑市委就是怕革命，怕造反，怕群众，每逢开批黑市委大会或是找他们回答问题，他们总是想利用红卫兵，蒙蔽这些革命小将来保他们的驾，如九月二日至六日市委门前辩论，省委与市委就亲自动员中学文办，并动员红卫兵到市委大楼，他们说："他们（指北京红旗学校同学和劳二中同学，已占了市委大楼，掌握了扩音器，这不得了，这是'小政变'，要动员工人、学生把他们赶出去，要工人和学生去大楼保卫党和国家机密，保卫档案室。"当××学校一百多同学到市委大楼要保卫档案问哪个是档案室时，杜长天则说到处都是档案，有一部分同学们很快识破了这个阴谋，第二天就退出了这个大楼，九·一八大会黑市委又是怕得要死，假得要命，赵武成说："这个大会他们可能游街、武斗，或到市委大楼砸、抢，"万晓塘说："动员二百红卫兵到会场去维持秩序，不武斗，不辩论。"这完全是叫红卫兵去保他们的驾，当时中学文办从部分完中与初中校动员了二百余名红卫兵，蒙蔽了这些同学保了黑市委。

（三）利用紅卫兵替黑市委說話

黑市委自己无耻的自称是革命的，是无产阶级司令部，还嫌不够，还想通过红卫兵的口来这样说，最典型的是九·二五大会，这个大会，黑市委以讲形势，讲任务，迎接国庆为名，而是进一步压制革命造反派，巩固九·一八大会的所谓成果为实，名义是红卫兵主持召开，实际完全是黑市委一手操纵，还蒙蔽同学来讲，不许炮打无产阶级革命司令部，书记处竟选用了"我们是无产阶级保字号"这个对口词，来在大会上表演。八万人的大会，多少人受了蒙蔽，这个罪责是难逃的。

（四）挑动群众斗群众

九月初市委门前辩论黑市委提出要中学文办去完成，六名同学参加辩论，我实际是动员他们去参加辩论。这还不够，在九月八日，李定、李中垣又奉了书记处命令，组织工人与学生纠察队到北京请纠察队来，揪走甄常华与徐国恩。在九月下旬，十八中同学三、四名来到中学文办找周茹印材料，周茹躲起来不见，与工作人员发生纠纷，完中纠察队三名来办公室找杜长天，受了蒙蔽就辩论起来，李德林参予了这一活动，挑动了红卫兵斗红卫兵。

（五）大搞經济主义，腐蝕紅卫兵

杜长天批准赵武成同意作了近十万个"毛泽东主义红卫兵"袖章和全国第一流的证件，花钱几万元。更主要的还是想通过袖章和证件来扩大与发展毛泽东主义红卫兵，以便黑市委控制与掌握，为此把总部设在舒适方便的青年宫内，黑市委设了大中红卫兵服务站（桂林路十八号）大搞经济主义给完中联络站发了五辆自行车与一批经费，初中郊区指挥部不仅给了楼房，发给一套办公用具，还发给三辆摩托，一辆汽车，他们就是用这样的恶劣手段来消磨红卫兵的革命意志与造反精神。

（六）轉移运动方向，調轉斗爭矛头。

黑市委因为心中有鬼，千方百计围攻革命造反派，把群众斗争矛头调开，在扫四旧将要告一段落时，赵武成就代表书记处说黑活："红卫兵扫四旧后，发展趋势可能有两个，一是继续停留在社会上，一是冲向党政机关，下一步发展要引导，在社会上搞一段后，即搞学校，还是要把运动逐步转向学校斗、批、改的轨道。"所以在九月初，赵亲自下了黑指示，要中学文办与半工半读办公室共同发出"我们的建议"，强调红卫兵整训，搞校内斗、批、改。还蒙蔽了××中学与××师范学校来发出响应，表示支持与欢迎，这完全是出于黑市委的需要，转移斗争目标，到十月上旬，赵武成又在中学文办布置加强对红卫兵教育，再搞训练，提高政策水平，作好思想准备，逐步搞校内斗批改，黑市委只是想把学生斗争矛头转向基层，他们不顾一切地去引导同学斗本校干部和教员，以扭转运动大方向，调转斗争矛头，好保他们自己。

（七）蒙蔽紅卫兵，对黑市委进行假批判：

十月中旬以来，全市已掀起批判资产阶级反动路线的革命高潮，但黑市委怕的要死，十分害怕群众集会批判黑市委，十月中旬，毛泽东主义红卫兵想开大会批判马瑞华为代表的资产阶级反动路线，黑市委听说即慌了手脚，请示了正在北京开会的刘子厚、赵武成，刘当即做了黑指示，要天津黑市委贯彻放的原则，要充分把意见放出来，只有这样才可解决群众和市委的矛盾，放要放开，放足放够，放后才可辩论，并嘱咐这精神不要向外说，赵武成还装腔作势的告诉谷云亭，要毛泽东主义红卫兵高举批判资产阶级反动路线的旗帜，支持他们批判资产阶级反动路线，欢迎给市委提意见，揭发市委问题，故意作出一付市委是革命的姿态，谷云亭立即召开会议，并把这些黑指示让我与李德林到青年宫总部进行传达，又一次蒙蔽欺骗了总部的红卫兵代表，他们积极筹备大会，黑市委又以怕受冲击，效果不好，通知停止大会召开，这不十分清楚，欢迎揭发批判市委完全是虚伪的，是骗人的鬼话。（下轉第四版）

中学红卫兵

·4·　　1967年4月29日　星期六

中学紅卫兵要做批判反动血統論的先鋒

丹　兵

随着对刘邓资产阶级反动路线批判的深入开展，一个批判反动血统论的高潮正在中学兴起，无数的革命小将怀着无比愤怒的心情，彻底地揭发、控诉和批判了反动血统论及其制定者的滔天罪行。

“不破不立，不塞不流，不止不行。”“破”就是批判，就是斗争，就是革命。只有彻底地批判了反动血统论，才能树立起毛主席的革命路线，只有彻底地批判了反动血统论，才能把中学的文化大革命进行到底。

目前，中学里批判反动血统论的形势好得很！

中学红卫兵从来就是革命批判的先锋，是我们，在看了全国第一张马列主义大字报后，首先起来批判党内一小撮走资本主义道路当权派在中学推行的修正主义路线；是我们，首先起来批判反动的“四项原则”，吹响了向黑市委进攻的号角；是我们，首先批判工作组的形“左”实右的资产阶级反动路线；是我们，首先冲出学校，杀入社会，大扫四旧，大立四新；又是我们，首先响应毛主席的号召，彻底批判刘氏黑《修养》，彻底砸烂刘邓资产阶级反动路线……

反动血统论是彻头彻尾反马克思列宁主义，反毛泽东思想的，是剥夫彻尾的历史唯心主义，是同马克思列宁主义的阶级分析根本对立的。反动血统论是刘邓推行的“挑动群众斗群众，转移斗争目标”的资产阶级反动路线的重要组成部分，是刘邓用来分化瓦解革命队伍，扼杀中学文化大革命的一支毒箭。反动血统论是中学资产阶级反动路线的主要表现形式。就是它，摧残了多少革命接班人的身心健康；就是它，压制了多少革命造反派！想想这些，我们怎能不咬牙切齿，痛恨万分？！中学红卫兵在批判反动血统的高潮中，一定要打头阵，做先锋！

在我市，中学红卫兵受反动血统论的毒是比较深的。由于当时红卫兵所处的地位，有些红卫兵一时受了蒙蔽，成了这个反动血统论的执行者和拥护者。毛主席说，压迫越深的地方，反抗的也就越厉害。做为当时的执行者和拥护者，受的毒比别人深，残存在自己头脑中的反动血统论也必然比较多。这些红卫兵要改造自己，解放自己，要在自己的头脑中树立毛主席的革命路线，更重要的是捍卫毛主席的革命路线，就必然会首先起来，彻底肃清反动血统论的流毒，努力奋起，彻底砸烂反动血统论。

实践证明，中学红卫兵是批判反动血统论的主要力量，红卫兵从来就是革命批判的先锋，广大同学都看着红卫兵的一举一动。只有一般同学的热情和积极性，而无红卫兵的带头和响应，这个批判是搞不好的。做为当时的执行者和拥护者，主动起来批判，首先起来自我批评，就可以有力地消除隔阂，争取群众，就可以把运动推向一个更高的阶段。

目前，在某些中学红卫兵中存在着几种错误思想，极大地阻碍着运动的进行，这些思想必须迅速彻底纠正。

“你们这是针对红卫兵，是阶级报复。”同学一批反动血统论，就有少数红卫兵这样想。这种人不相信群众，不理解群众运动。他们对反动血统论的本质认识不清，错误地把红卫兵和反动血统论等同起来，把群众和红卫兵对立起来，认为一批判反动血统论就是批判红卫兵。这种思想本身就带有反动血统论，就应在批判之列。我们的同志应该相信群众，**毛主席說：“群众是眞正的英雄”**。我们是生活在群众之中，我们的缺点错误只有在群众的批判中，帮助下，才能认识清楚，才能改得快，改得好。群众是通情达理的，他们看得准，认得清，斗争的锋芒所向是刘邓资产阶级反动路线，而绝不是红卫兵小将。存在这种思想会把红卫兵与同学分隔开来，造成抵触情绪，而使红卫兵重新陷在反动血统论的泥坑里。

“允许青年人犯错误，认识到就可以了。”一些犯错的人这样说，这是放弃批评与自我批评，逃避思想改造的挡箭牌。说这种话的人往往是自己迁就自己，没有认识错误的人。**“敌人是不会自行消灭的”**，灰尘不打扫不会自动跑掉，我们犯了错误，就要认真检查，尽快改正，改正的越迅速越彻底越好，这才是红卫兵的风格。

“你们批吧，我等着”。这实质上是把自己摆到被批判的地位上去了。他们不知道自己也是反动血统论的受害者，自己也要控诉、揭发、批判。有这种思想的人，必然会对运动采取消极的态度，埋怨这，埋怨那，而恰恰忘记了自己解放自己，忘记了反动血统论的制定者，党内头号走资本主义道路当权派刘少奇、邓小平。

“我没怎么执行，你们批吧，没我的事。”这话听来有理，其实错误得很。首先，他们忘记了**毛主席的“无产阶級不但要解放自己，而且要解放全人类，如果不能解放全人类，无产阶級自己就不能最后地得到解放。”**的教导，忘记了无产阶级革命派应当做革命的主力军，应当做革命批判的先锋，应当带动受害深而犯错误的同志一道革命。同时我们还必须清醒地看到，刘邓所极力推行的反动血统论影响颇大，流毒甚广，它必然地会在我们头脑中有所反映，玷污我们清洁的面貌和健全的肌体。对此我们必须痛加批驳，否则，光革别人的命，不革自己的命，慢慢发展下去，将是很危险的。

批判反动血统论是一个“破私立公”的过程。反动血统论的核心就是一个“私”字，受反动血统论毒害的人，也正是由于自己头脑中有“私”字。“私”，是刘邓最喜欢的东西，是刘氏黑《修养》所极力推行的东西。反动血统论之所以毒害了这么多青少年，是与刘少奇极力宣扬的个人主义分不开的。我们红卫兵都是毛主席的红小兵，凭着我们对毛主席的热爱，对毛主席的革命路线的无比忠诚，我们一定要痛批刘氏黑《修养》，砸烂反动血统论，打倒刘少奇。我们一定能够在批判反动血统论的高潮中成为先锋！

“金猴奋起千钧棒，

玉宇澄清万里埃”。

中学红卫兵行动起来，争做批判反动血统论的先锋！

我的思想轉变过程

毛主席教导我們說：“共产党人必須随时准备坚持眞理，因为任何眞理都是符合于人民利益的；共产党人必須随时准备修正錯誤，因为任何錯誤都是不符合于人民利益的”。还教导我們說：“任何政党，任何个人，錯誤总是难免的，我們要求犯得少一点。犯了錯誤則要求改正，改正得越迅速，越彻底，越好。”

在我们伟大的领袖毛主席亲自领导下，在无产阶级文化大革命的凯歌声中，党内头号走资本主义道路的当权派——刘少奇，被广大红卫兵战士和革命群众揪出来了，这真是大快人心！

党内头号走资本主义道路当权派刘少奇亲手炮制的资产阶级反动路线，并肃清其流毒，是当前的首要任务，是当前的斗争的大方向。每一个红卫兵战士，都应该为捍卫毛主席的革命路线，积极投身到这个大批判中，批判不批判资产阶级反动路线，就是衡量我们每一个人是革命还是不革命，真革命还是假革命的试金石。

可是以前我始终认识不到这一点，对资产阶级反动路线恨不起来，更不想批，这些都是一个“私”字在作怪。一事当前，先替自己打算，处处离不开“我”字，跳不出个人主义小圈子，总认为一批判资产阶级反动路线，就是对着自己，把自己放于被批判的地位。于是一听批判资产阶级反动路线，就不高兴，所以资产阶级反动路线对我的影响不但没减少，而且更加深了，不但和同学之间产生了隔阂，就是和红卫兵之间的关系也越来越不好了。同学、红卫兵对我产生了怕字，不敢接近我，我不考虑自己的缺点错误，光说别人这也不好，那也不好，自己最好了，是当然的左派，因此自来红思想越来越严重，反动血统论影响，在我头脑中越来越深，我们处在脱离群众的地位上，严重地破坏了大联合，使我班运动始终搞不起来，自己也知道这样下去会脱离群众，但由于受自来红思想影响很深，因此不能带着问题学习主席著作，使问题进一步恶化。后来，同学和红卫兵多次给我提出善意的批评，我带着我的问题学习毛主席著作和人民日报社论，从中受到了极大的启发和教育，开始认识到自己的错误的严重性，对批判资产阶级反动路线的态度有所转变，开始认识到资产阶级反动路线必须批判，必须批倒批臭，才能实现大联合，才能从走资本主义道路的当权派手中夺权，完成一斗二批三改的任务。后来我们到北京参观了摧毁“联动”展览，受到了极大的教育，我们更加憎恨反动的血统论，更加憎恨资产阶级反动路线，我们亲眼看到在资产阶级反动路线的压制下，多少造反派无辜被剥夺了宝贵生命，多少造反派遭到毒刑和拷打，而杀人不眨眼的法西斯式暴徒就是这些“血统高贵者”！真是惨无人道到了极点，我越看越生气，我越看越恨！我恨那条资产阶级反动路线，我恨，我恨那资产阶级反动路线的制定者——党内头号走资本主义道路的当权派，就是他制定了这条路线，使多少阶级姐妹丧失生命、使多少阶级兄弟，被压的服毒自杀……这条资产阶级反动路线欺人太甚了，它使出身好的背上自来红的包袱，放下主席著作，蜕化变质；使出身坏的失去革命的信心，背上家庭包袱，因而停止不前，他的目的就是这个！刘少奇这个老东西，他对文化大革命有着刻骨的仇恨，想方设法转移斗争矛头，妄图实现打击一大片、保护一小撮，而反动的血统论，就正好迎合了他的心意，于是他千方百计将这知的青年引上另一个极端，妄图实现反革命复辟，但是好景不长，这个老修正主义分子被人民揪出来了，这是毛泽东思想的又一伟大胜利！刘少奇的破产，宣布了资产阶级反动路线末日的到来！我更进一步认识到它的本质！一定要将它批倒批臭！

大海航行靠舵手，万物生长靠太阳，干革命靠的是毛泽东思想。伟大的毛泽东思想是颠扑不破的真理，伟大的毛泽东思想是我们这场伟大批判斗争取得胜利的基本保证。只有高举毛泽东思想伟大红旗，才能将资产阶级反动路线批深批透，批倒批臭。才能实现大联合，完成一斗二批三改的任务。让我们高举起毛泽东思想的批判旗帜，将这场批判运动推向一个更新的高潮。

馬春荣（原毛泽东主义红卫兵）

复课闹革命，为“三位一体”大夺权而战

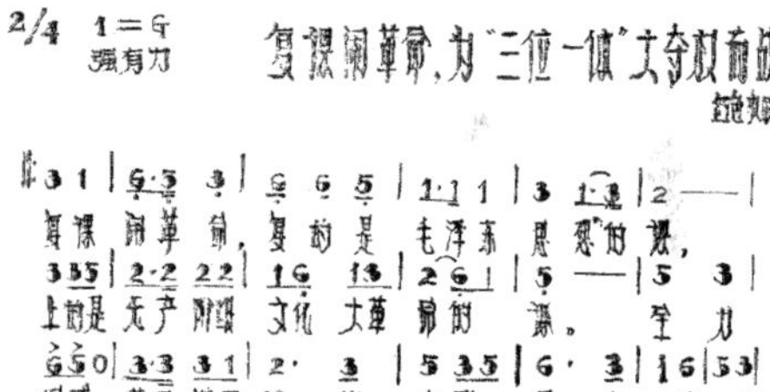

天津黑市委控制、操纵中学“毛泽东主义紅卫兵”的罪行

（上接第三版）

（八）建立糾察队，控制紅卫兵

当北京纠查队建立以后，黑市委十分羡慕，曾数次督促中学文办迅速建立一支纠察队来，赵武成九月二十日，在中学文办曾说：“红卫兵已普遍组织起来了，红卫兵还要自己管自己，如有这支队伍就好办了。”问题不很清楚了吗，黑市委就是想用纠察队来控制红卫兵，该有传达书记处意见，全市搞起一万人来，工人五千，学生五千，完中二千，搞起后统一指挥，并要李雪林去坐阵，说他做青年工作，接近学生有经验，还让公安局派三名干部加强所谓的安教育（赵武成给公安局打电话，九处处长黄治平出面。）并组织部调转业军人进行军事训练，当时似拟学习北京“西纠”经验，随即通令，组织纠察队部干部去参观，在国庆节三天值勤时，吃饭不要钱，经讨市人委杨拯民批准，搞了经济主义，赵武成恨不得一下子就搞起庞大的纠察队伍来，但红卫兵并不积极，到九月下旬开成立大会时，才达到四百余人。

紅旗

红代会北航红旗
第34期1967.4.29.

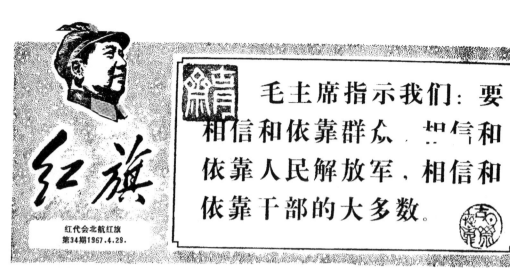

毛主席指示我们：要相信和依靠群众，相信和依靠人民解放军，相信和依靠干部的大多数。

社论

坚决貫彻三相信，三依靠的方針

在无产阶級文化大革命决战的关鍵时刻，《红旗》第六期社論发表了，給我們傳来了偉大領袖毛主席的亲切声音：**要相信和依靠群众；相信和依靠人民解放军；相信和依靠干部的大多数。**毛主席的这个最新指示是反对无政府主义的强大思想武器，是对无政府主义最全面、最深刻、最高水平的批判，是当前运动深入发展的根本方針，我們毛主席的红卫兵坚决拥护，坚决照办。

对待群众采取什么态度，是区别站在毛主席革命路线一边还是站在刘、邓资产阶級反动路綫一边的分水岭。毛主席革命路綫从来就是相信群众，依靠群众，放手发动群众，尊重群众的首創精神，让群众在斗争中自己教育自己，自己解放自己。不但相信本单位、本地区的群众，还要相信外单位、外地区的群众。不但要相信敢革命、敢造反，始终站在毛主席革命路綫一边的群众，而且还要相信犯过錯误曾經充当资产阶級反动路綫工具的群众，在毛主席革命路綫的光輝照耀下，他們之中的絶大多数不仅能认識錯误，改正錯误，而且能对无产阶級文化大革命作出貢献。那种对外单位、外地区，对犯过錯误的群众一概不相信，一概排斥的观点是极端錯误的；那种安不下心来，只想往外单位、外地区冲呵、杀呵的情緒必須克服；那种对犯錯误的同志采取不团结的作法必須防止，当然这种团结必須是坚持原则，首先从政治上思想上进行相互批評或者斗争、相互帮助才能达到。决不是吹吹拍拍，拉拉扯扯，感情用事所能奏效的。

人民解放军是毛主席亲手締造的、林副統帅直接指揮的偉大的无产阶級军队，毛主席指出：**“没有一个人民的军队，便没有人民的一切。**人民解放军是无产阶級专政的柱石，是无产阶級文化大革命的可靠保证。我們要爱护人民解放军。在林彪同志直接領导下的人民解放军是全国人民最光輝的榜样，在无产阶級文化大革命中，人民解放军响应毛主席的偉大号召，在支左、支工、支农、军管、军訓等项工作中取得了巨大成績，为无产阶級文化大革命立下了不朽的功勛。最近中央关于内蒙、青海等地的正确决定，大长了无产阶級革命派的志气，大灭了一小撮反革命修正主义分子的威風，革命群众为之叫好！好得很！！可是内蒙古、青海、新疆等地一小撮党内走资本主义道路的当权派却暗中挑动受蒙蔽的保守组织的群众涌向北京，企图对中央施加压力，真是无耻到极点，他們这样做必定要碰得头破血流。受蒙蔽的群众应該及时識破他們的阴謀詭計，响应毛主席“**拥军爱民**”的偉大号召，倒向毛主席革命路綫一边、倒向无产阶级革命派一边，掉轉枪头，大杀回马枪，把斗争矛头指向党内一小撮走资本主义道路的当权派。

是“打击一大片、保护一小撮”，还是“解放一大片、打击一小撮”，这是资产阶級反动路綫和无产阶級革命路线在干部問題上的分界綫，我們必須坚信大多数干部是好的和比較好的，这是符合馬克思列宁主义、毛泽东思想的正确估計，对全国对北京对航院都适用。对于干部的大多数必須采取坚决、彻底，尽快解放的方針。不仅要解放广大基层干部，而且要解放中、上层干部，不仅要解放好的和比較好的干部，而且要解放犯有錯误，甚至严重錯误而愿意改正的干部，欢迎他們到群众中来，在群众斗争的大風大浪中鍛炼和改造自己，和群众一起批判“打击一大片、保护一小撮”这个资产阶級反动路线的組成部分。只有这样，才能彻底肅清资产阶級反动路綫的流毒。

（下转第三版）

爹亲娘亲不如毛主席亲

热烈欢庆“五一”国际劳动节

北航881工厂全体革命工人

我们无产阶级的光荣节日“五一”国际劳动节来临了。今年的“五一”是我国无产阶级文化大革命开展以来的第一个“五一”节。是在世界革命的圣地、祖国的心脏，我们最最敬爱的领袖毛主席居住的地方——北京成立革命委员会后的第一个“五一”节。也是我们无产阶级革命派掌权后的第一个“五一”节，我们今年庆祝“五一”具有更深远的国际意义。

全国工农业在毛主席的**抓革命、促生产**的伟大号召下取得了辉煌的胜利，我们以无限兴奋的心情来庆祝这一光辉的节日。让我们纵情欢呼光焰无际的毛泽东思想万岁！万万岁！！让我们衷心祝愿我们心中最红最红的红太阳毛主席万寿无疆！万寿无疆！！

当我们在欢度这一光辉节日的同时，我们还要想到这一节日来之多么不易啊！毛主席教导我们：**成千成万的先烈，为着人民的利益，在我们的前头英勇地牺牲了，让我们高举起他们的旗帜，踏着他们的血迹前进吧！**

我们工人，年纪大一些的在旧社会受尽剥削、压迫，过着暗无天日的牛马生活，自从来了共产党领导我们翻了身，使我们在政治上有了地位，在生活上有了保障。年轻的工人生活在红旗下，成长在新中国，受着党的教育和培养。我们深深地体会到天大、地大不如党的恩情大！爹亲、娘亲不如毛主席亲，河深、海深不如阶级友爱深，我们深深地懂得没有共产党，没有毛主席就没有我们的一切。我们宣誓，生为捍卫毛泽东思想而战斗，死为捍卫毛泽东思想而献身！读一辈子毛主席的书，永远跟着毛主席在大风大浪中前进。

我们最最敬爱的领袖毛主席亲自领导下的无产阶级文化大革命已开展十个多月了，在这场史无前例的无产阶级文化大革命运动中，我们有些阶级兄弟曾受过资产阶级反动路线的蒙蔽，犯过这样或那样错误，但我们无产阶级革命派，坚决贯彻毛主席思想，帮助他们，启发他们，和他们一起学习毛主席著作，和他们一起批判资产阶级反动路线，使他们从蒙蔽中清醒过来，回到了以毛主席为代表的无产阶级革命路线上来。

自从我们左派掌权后，坚决贯彻了毛主席提出的**抓革命、促生产**的伟大方针，全厂革命职工紧紧结合院内外的阶级斗争形势，对资产阶级反动路线进行了揭发和批判，打退了资本主义复辟的反革命逆流。我们高举起毛泽东思想的批判旗帜，坚决把刘氏黑《修养》批深、批透、批倒、批臭，我们一定要把以刘少奇为首的党内一小撮大大小小走资本主义道路的当权派统统揪出来，把他们斗臭、斗倒，使他们永世不得翻身！

我们在四月初接受了党和毛主席交给的艰巨而光荣的任务——“×××”，由于全厂职工大学毛主席著作，大学“老三篇”，促进思想革命化。在红旗勤务站的领导下，工人们苦干、巧干，争分夺秒，工人们激情高昂地把车间当成战场，把机床当作刀枪，把生产的每一个零件，当作射向敌人的一颗子弹。大家提出要象“老愚公”那样战胜一切困难，要象张思德那样“公”字当头，要象白求恩那样对工作精益求精。

（下转第三版）

·2· 红 旗 1967.4.29

坚决执行毛主席的干部路线！

干部所下班级负责人座谈会

四月二十六日下午红旗连召集了一个干部所下班级负责人座谈会，全院有二十一个单位出席了会议，在会上主要讨论了关于干部下班后的一些问题。

九系斗、批、改突击连的发言指出，目前全院的辩论气氛很好，但仍然必须首先批判在干部问题上的刘、邓反动路线，只有这样三结合才有希望。

干部所在班级红旗战士谈到，干部中普遍有这种活思想：即不愿再做政治工作了，觉得我院红旗是坚强的左派组织，有没有干部问题不大，而自己过去犯过错误，因此思想上感到压力很大。他们还谈到，我院批判"打击一大片，保护一小撮"不要纠缠在王恒、周天行身上，而应该解放广大受到刘、邓反动路线打击和迫害最厉害的中层、基层干部。从而尽快地实行三结合。

总之与会者普遍认为，我院干部还未彻底解放，还应继续批判"打击一大片，保护一小撮"。使广大干部，特别是中层、基层干部早日解放出来，这对搞好航院的斗批改是十分重要的。

干部所下班级名单

姓名	班级	姓名	班级
王 恒	162	王大昌	2211
周天行	5931	刁振川	5941
程九柯	4951	王敬明	（因抓213未下班）
张有瑛	1312	张仲禹	5351
张 亭	4611	王惠民	3311

短评

要想搞好斗批改，就必须实行革命的「三结合」；而要实行革命的「三结合」，就必须彻底批判在干部問題上「打击一大片，保护一小撮」的资产阶级反动路线，把广大受刘、邓反动路线迫害的革命干部統統解放出来，这是当前头等重要的工作。

「没有调查就没有发言权」，我們每个红旗战士和革命同志一定要牢記毛主席的教导，深入地进行調查研究，要了解干部們在想什么，做什么，要全面地、历史地看待每一个干部，对他們进行阶級分析，热情地帮助他們改正錯误，和他們一起完成斗批改的光荣任务。在这方面，干部所下班級的同志們做得很好。

另一方面，每个犯錯误、但愿意改正的干部应該丢掉「私」字，到群众中去，向刘、邓反动路线猛烈开火。决不可「怕」字当头，更不能幻想哪一天革命群众把自己解放出来，和自己「三结合」。有些干部的头脑中，有「撂挑子」和「斗批走」的想法，这种想法辜负了党和群众对你們的希望，是十分错误的。

对干部全部复职，这是资本主义复辟；全部打击，这是资产阶级反动路线。毛主席的干部路线是「打击一小撮，解放一大片」。正如干部所下班級红旗战士所說：我們当前应該解放广大受刘、邓反动路线迫害最厉害的中层和基层干部，而决不应該纠缠在王恒、周天行身上。我們认为他們提得对，提得好！所謂宁「左」勿右的错误倾向，在我院主要是表現在对广大中层、基层干部問題上的。

总之，我院目前形势大好，在这大好形势下，我們应該一鼓作气，在干部問題上打一场人民战争，争取在我院尽快实现革命的「三结合」！

簡訊

▲我院「毛主席的革命路线胜利万岁」展览会，自四月十一日筹建以来，得到来自工艺美术研究所，中央美术学院及其附中，人民美术出版社，玉器厂，工艺美术学院，工艺美术学校的革命战友的大力支持，预计五月十日左右可以展出，希望全院革命同志密切注意。

▲新人大《怒涛战斗队》给全校革命干部的一封公开信中，指出了干部中的几种活思想，现摘要如下：

三怕：怕成为反革命复辟逆流中的人物；怕成为挑动群众斗群众的人物；怕别人抓小辫子不放。

二等：等群众来解放自己，"给自己"平反；等着斗、批，散（即斗批改后调动工作，离开人大，转业改行）。

革命的干部们，去掉「三怕」，「二等」，勇敢地站出来，积极投入战斗！

▲八一电影制片厂决定在北师大建立一个批八一厂十几年来毒草影片及剧本的联络站。现主要是八一厂革命造反派联络总部和师大井冈山参加，地质东方红也要参加。目前准备从批《五更寒》开始。《五更寒》宣扬活命哲学，人性论，是反党反毛泽东思想的大毒草，这部影片的批判，将会很好地配合刘氏黑《修养》和叛徒哲学的批判。

▲四月二十四日下午，在北影制片厂召开批判反动影片《青春之歌》大会，会上斗争了崔嵬。「砸三旧批毒草影片战斗组」得到江青同志的热情关怀，工代会，红代会的大力支持。下阶段他们将走向社会，批判反动影片《青春之歌》。

▲总政话剧团即将重新排演表现人民战争的话剧《平型关》，这一战役是由林副统帅亲自指挥的。

▲据悉《毛主席第七、八次接见红卫兵小将》影片目前正在编制中。《反面教材刘少奇》，《叛徒赫鲁晓夫》影片正在编制过程中。

▲新北大消息：展览馆分馆「翦伯赞罪行展览会」经过一个月的努力已初步完成，但还存在不少问题，准备预展一周，大加修改，欢迎同学踊跃参观。

▲清华摧毁了封建的二校门，准备建一巨型毛主席塑像，这在北京是艺术水平很高的。蒯大富同志代表全校革命师生向叶群同志提出要求，要求林副主席给毛主席塑像提词：「我们伟大的导师，伟大的领袖，伟大的统帅，伟大的舵手毛主席万岁！」

程九柯问题串连会

四月十七日晚在俱乐部举行了程九柯问题串连会。会上，许多干部和同学都积极发言和辩论。发言者大多数认为程九柯同志是热爱毛主席，是忠于党的；在许多重要原则问题上并不是"泥瓦匠"，对一些错误的领导是有斗争、有抵制的。例如：在困难时期，虽然传达了一些黑指示，也说过一些错话，但是他认为"政治挂帅一万年都是这样，越是困难越是要作好政治思想工作"；另外在六六年春节，程在向下传达前市委黑帮所谓的"备战"报告时，他把报告中渲染"战争一触即发"的恐怖气氛一段给删去了。大家还谈到程九柯工作踏实勤恳，生活艰苦朴素。同意他作为我院第一批"三结合"对象。发言者也对程九柯的错误进行了批评，认为他中刘氏黑《修养》毒较深，奴隶主义思想较重，在一些问题上仍有斗争性不强的表现。对一些错误的东西有所抵制，但坚持不够。大家希望程九柯同志能在当前批判刘邓反动路线的斗争中，和广大革命小将共同战斗，认真克服自己的缺点和错误。

《与会者》
1967.4.28

毛主席的干部路线照亮了我的心

我是一个中层干部，在文化大革命运动初期盲目地执行了前院党委所传达的刘、邓及前市委的黑指示，犯了严重错误。而工作组来院后，我又成为刘、邓资产阶级反动路线的受害者，成为打击一大片的对象。工作组撤走后，由工作组一手扶植起来的筹委会继续执行了资产阶级反动路线，对干部实行了更加残酷的打击迫害。集中管制、劳动改造，弯腰、挂牌、游街，剥夺了干部参加文化大革命的权利，失去了行动自由。由于自己路线觉悟不高，较长的时期没有冲出资产阶级反动路线的黑暗统治。

去年九月我院红旗战斗队，在与资产阶级反动路线大搏斗中，摧毁了资产阶级反动路线统治机器——筹委会，广大中上层干部从此才取得自由。同时红旗战斗队真正执行了**毛主席的："不但要看干部的一时一事，而且要看干部的全部历史和全部工作，这是识别干部的主要方法。"**的教导，对干部采取了区别对待，支持、鼓励、帮助我们积极地站了出来，回到了长期脱离的群众的行列中，逐步在群众的帮助教育下，回到毛主席的革命路线一边。和革命群众在一起，揭发控诉了刘、邓反动路线对干部的迫害，批判清算了黑《修养》对自己的毒害。通过这些斗争提高了阶级斗争观点和路线觉悟，进一步认识到文化大革命具有深远的、伟大的历史意义及我们伟大领袖毛主席对世界无产阶级革命事业，作出了最伟大的贡献。

在和革命小将共同斗争中，我看到他们对新鲜事物有敏锐的感觉；他们敢闯、敢干、敢革命、敢造反。正是由于他们具有这些革命精神，在毛主席的思想指引下，冲破资产阶级反动路线的枷锁；横扫了旧社会所遗留下来的四旧；揪出了党内一小撮最大的走资本主义道路当权派，挖出了可耻的叛徒集团及大大小小的反革命修正主义分子。他们在文化大革命中建立了丰功伟绩。同时在共同斗争中，革命小将对我们进行了不客气的批评，严厉地指出了我们过去的一些缺点错误，同时又热情地支持我们每一个革命的行动。有时还虚心地征求我们对运动或某些问题的意见。我们深刻地体会到革命小将是真正按照伟大领袖毛主席的教导，对犯错误干部采取了"一看、二帮"的态度。

他们这些革命行动，鼓起了我们纠正错误，挺起腰杆大胆工作的勇气，克服掉思想中的自卑感。在思想感情上对革命小将产生了敬佩与热爱。今后，我决心永远和革命小将在一起，共同斗争，在工作中积极地贡献自己的一份力量。同时在共同斗争中，进一步向革命小将学习，在伟大的毛泽东思想指引下，誓把无产阶级文化大革命进行到底！

九系梁兴德

1967.4.29 红旗 .3.

郭嘉宏战斗組

“郭嘉宏”战斗组是九〇一实验室和四九一一部分师生的联合战斗组。自成立以来，在战斗中活学活用毛主席著作干得很出色！

他们感到学习毛主席著作一定要与阶级斗争的实践、要与当前两条路线斗争紧紧地结合起来，这样才能有所成效，才能牢牢掌握斗争的大方向。

在戚本禹同志的文章发表以后，他们联系《人民日报》社论，经过学习和讨论，感到当前的大方向是集中火力狠批黑《修养》，在批判的过程中活学活用毛主席著作，提高思想觉悟。

在批《修养》的过程中有人认为：“报纸上有批判文章，看看就行了”，针对这种活思想，重温毛主席最高指示：“你们要关心国家大事，要把无产阶级文化大革命进行到底！”这样，增强了他们的革命责任性与责任感。认清了批判黑《修养》的实质就要落实到“权”上，才能批深批透。指出了论《修养》的要害就是篡权。

他们遵循毛主席的教导，要团结一切可以团结的人们，无产阶级不但要解放自己，而且要解放全人类。如果不能解放全人类，无产阶级自己就不能最后地得到解放：**“谁是我们的敌人？谁是我们的朋友？这个问题是革命的首要问题。”**分析了干部中依靠谁，团结谁，孤立打击谁。团结一切可以团结的力量，正确对待犯错误的干部和过去较保守的党员。广大红旗战士还主动地组织干部一起战斗，在战斗中，对他们的革命行动加以鼓励，欢迎他们大杀回马枪，另一方面对干部的错误进行严肃的批判，决不迁就。

“郭嘉宏”战斗组是在批判中成长的，必将在批判中高举毛泽东思想的伟大红旗，成为航院战斗阵地上的一面旗手！

高举红旗 铁骑无敌

航院摩托队是由六名红旗战士组成，在文化大革命期间，他们担任繁重的交通联络工作，高举毛泽东思想伟大红旗，所向无敌，克服重重困难，出色地完成任务，不愧为一支无坚不摧的“红铁骑”。

在文化大革命的初期，正当红旗战斗队处在资产阶级反动路线的高压之下，在科委奋战二十八天二十八夜去“钓大鱼”的时候，是他们举起“革命无罪，造反有理”的旗帜，突破筹委会的黑纪律，给红旗战士送衣，送饭。当摩托车被附中红卫兵偷去损坏以后，是他们，自己动手，把它修理好！

在那时是些无畏的战士，如今保持了那时的锐气，知难而进，勇于挑重担，在长期的战斗中磨练出来的一个特点就是不怕苦不怕累，张铭仁赶到房山回来后又出东城；张序平为了给下乡的红旗宣传队送宣传品，在昌平车子坏了，照样推着车子爬山道，克服重重困难，一定要把任务完成。到那儿就战斗在那儿，在昌平、房山他们就和那儿的红旗战士一起，共同战斗，一块宣传。人家称之为“能走善战的红铁骑”。

紅旗广播站

红旗广播站自从它吸收了一批新生力量以来，战斗力更加强了。

广播站的全体工作人员高举毛泽东思想红旗，有一股踏实的作风，有批评和自我批评的精神。每天早晨他们在一起学习毛主席著作，晚上大家坐下来议论议论，“同学对今天的播音有何反映？”

刻苦，是广播员的特征，不信吗？走到八楼前就能听到广播员在练习播音。

为了及时反映院内情况，在大方向一致的前提下允许不同意见的争论，为了能及时报道红旗战士的声音，每天由二次播音增加到四次播音。

红旗广播站是在战斗中成长起来的，也必将在战斗中和红旗战士站在一起，高举革命大旗，前进再前进！

1941的新面貌

一九四一原来是保皇比较厉害的班级，但现在又是战斗力较强的，较活跃班级，为什么呢？

让我们来看看一九四一的今昔吧！

一九四一班共有六名红旗战士包括新发展的三名。在那白色恐怖的环境，是他们「下定决心，不怕牺牲，排除万难，去争取胜利」取得一个又一个的胜利，如今他们又遵照毛主席的教导，本着「惩前毖后，治病救人」「既弄清思想又团结同志」「对待一切犯了错误，有所觉悟，愿意进步的同志，不但要看，而且要帮……」

从这个愿望出发对一些同志所犯错误，毫不留情，坚决批判，在批判中求团结。原来保守的同志本着对革命负责的态度，认识了自己的错误，「起义较早」。他们最听毛主席的教导：「你们要关心国家大事，要把无产阶级文化大革命进行到底！」。重整旗鼓，反戈一击，大杀回马枪。

原团委委员张美丽可谓较顽固的一个，但在红旗战士耐心的做思想工作，进行帮助，在第五次帮助她时，她感动地说：「你们红旗战士，不是把我推到泥坑里，而是想拉我一把。」于是交出了他整同学的黑材料！目前她和红旗战士一起投入了新的战斗！

文化大革命是狠触灵魂的思想革命化的大革命，每个人既是革命的对象又是革命的动力。既要做革命的闯将，又做批判的先锋，他们按照毛主席的教导「要批刘少奇的《论共产党员的修养》和邓小平多年来的讲话」成立了批修养联络站。并且承担了系里办「进军号」的任务，干得很出色！

（上接第一版）

必须指出：在当前对待干部問題上存在着两种错误的思想倾向，特别需要引起注意。

一种是右倾思潮，具有右倾思潮的同志，他們分辨不出哪些是走资本主义道路的当权派，哪些是无产阶级当权派，他們分不清敌我矛盾和人民内部矛盾的界限，他們不懂得貫彻党的干部政策的根本目的，他們低估了阶级斗争和路线斗争的复杂、尖锐性，他們总认为自己接触的干部比别人接触的干部好，他們甚至对一小撮走资本主义道路的当权派說：“快来吧，‘三结合’对你們也是有門的。”这是一种危险的思想，依了他們，必然会导致资本主义复辟。当然，对于那些不是反党反社会主义分子而又坚持不改和累教不改的，就要允許他們改过，鼓励他們将功赎罪。而决不是什么和他們“三结合”的問題。

另一种“左”倾情绪，具有“左”倾情绪的同志，他們对干部不是采取一看二帮的态度，他們把干部看作被挑选的对象，他們自己则象观众一样站在台下看干部“亮相”。他們偶而也喝采叫好，但总是找不到一个称心如意的干部，他們习惯于抓住一个片面、一些缺点、错误猛上纲，他們觉得干部不是泥瓦匠就是投机商，最后总是抡起反对“三凑合”的大棒子把实行革命的“三结合”打入冷宫。

两种错误思想倾向，看起来常打架，其实是一个娘胎里出来的，它們的共同作用是对抗革命的干部路线，阻碍革命的“三结合”的早日实现，适应了阶级敌人的需要。

我們既要防“左”，也要反右，在对待已被革命群众揪出的走资本主义道路当权派的問題上要反右，在对广大基层和中上层干部問題上要防“左”，我們要反对一些同志的右倾思潮，更要反对另一些同志的“左”倾情绪。在当前特别应该反对在对待广大基层和中上层干部問題上宁“左”勿右的錯误倾向。

毛主席教导我們：**“不但要看干部的一时一事，而且要看干部的全部历史和全部工作，这是识别干部的主要方法。”**这就要求我們对干部要作深入细致的調查研究和阶級分析。那种对干部的全部历史和全部工作不調查、不研究，不作阶級分析的簡单粗暴的作法，对革命危害极大，必须坚决廢止。

必须指出，由于北京旧市委的修正主义领导和刘氏黑《修养》对广大党員干部的长期腐蝕，我院大部分干部在过去，尤其是在文化大革命中都犯有程度不同的錯误，不仅有社会根源和思想根源，还有组织根源。他們既是资产阶級反动路綫的忠实执行者又是资产阶級反动路綫的受害者，只有彻底解放他們才能把批判资产阶級反动路綫和批判刘氏黑《修养》的群众运动推向新高潮。

目前我院許多中、上层干部和广大基层干部正在摆脱刘邓反动路綫的束缚，打碎刘氏黑《修养》的精神枷锁，主动地深入群众，到班里去，和革命小将同吃、同住、同战斗，组织各种形式的大、中、小串联会、辯論会、調查会，四大武器得到充分的运用，内容丰富多彩，整个航院，呈現出一派空前的热气騰騰的大好形势！让我們坚决貫彻“三相信”、“三依靠”的方針，把航院的无产阶級文化大革命搞得更好。

（上接第一版）

我们按照毛主席的教导打了一场人民战争。第一战役只用了××天就保质、保量地拿下了。“×××”的胜利完成是战无不胜的毛泽东思想的伟大胜利，并充分显示了用毛泽东思想武装起来的革命工人是任何人间奇迹都能创造出来的。

我们一定要牢记毛主席的教导，**“夺取全国胜利，这只是万里长征走完了第一步。……中国的革命是伟大的，但革命以后的路程更长，工作更伟大，更艰苦。”**

我们是用毛泽东思想武装起来的中国工人阶级，我们要立足航院，胸怀祖国，放眼世界，我们要时刻想到世界上还有成千上万的阶级兄弟仍在帝国主义、现代修正主义和各国反动派的铁蹄和皮鞭下，过着牛马不如的生活，正在进行着艰苦的斗争，我们不能忘记世界上受苦受难的阶级兄弟，我们不能忘记过去，忘记了过去就意味着背叛。我们与世界各国人民心连心，肩并肩，永远战斗在一起，胜利在一起。

·4· 红 旗 1967.4.29

唤起工农千百万，同心干

在我们伟大祖国的首都——金色的北京城百里之外的西北郊横着巍峨峻峻的西山山脉，它给我们雄伟的首都筑成了一道道天然的钢铁般的屏障。

我们北京航空学院红旗战斗队赴昌平地区毛泽东思想宣传队战斗在这古老的山区。我们翻山越岭，跨河涉水，披星戴月，日夜战斗，给山区的贫下中农送来了毛主席的声音，传播着毛泽东思想。宣传队的红旗插在大队院场的大槐树上，迎着晚风飘扬，欢乐的锣鼓声在山谷里回荡。"毛主席的宣传队来咱庄演节目来啦！"乡亲们欣喜奔走来到院场。大哥大嫂，大爷大娘，还有那小孙女扶着七十高龄的老奶奶都来啦。平静的山村顿时掀起了欢闹的波涛。宣传队的战士们赶忙扶着老奶奶坐在凳子上。演出开始了，山村变得鸦雀无声，只有那宣传队的红旗战士回忆那悲惨的童年的歌声象阵阵苦水浸袭着山里人的心。歌声刚落，演员已泣不成声。老奶奶满眼的泪水从心坎里涌出，战士们上前扶着老奶奶，给老人揩着眼泪。老人噙满泪水的眼睛瞧着毛主席派来的红卫兵，好半天才开了口："咱们热泪流成一线，咱们的心贴着心。你们是毛主席的好孩子，句句话儿暖咱穷人的心。"乡亲们也上前拉着宣传队的年轻人的手，激动地说："过去旧北京市委一小撮黑帮害得我们山里的贫下中农好苦啊，我们听不到毛主席他老人家的声音。如今你们送来了毛主席他老人家的声音，好比给咱山庄送来雨露和阳光，咱穷哥儿们浑身添劲喜在心。"

我们这支年轻的宣传队象矫健的战鹰展翅飞翔在春色满谷的山区。毛泽东思想的阳光照耀着我们在阶级斗争的大风浪中锻炼、战斗、成长。

突出政治，掌握斗争的大方向

我们这支宣传队刚刚成立的时候，可以说是一穷二白。临行前还没有准备好一个文艺节目，队员中大多是新手，从未登台表演过，擅长文艺和能跳会唱的也很少。但困难没有吓倒我们。同志们学习了毛主席著作。**"穷则思变，要干，要革命。一张白纸，没有负担，好写最新最美的文字，好画最新最美的画图。"** **"革命战争是民众的事，常常不是先学好了再干，而是干起来再学习，干就是学习。"** 我们组织大家学习"老三篇"。同志们发扬了愚公移山的精神，自力更生，艰苦奋斗，不怕牺牲，排除万难，边战斗，边准备。一方面组织部分同志作社会调查，了解和熟悉当地两条路线斗争的实际情况，为宣传提供丰富的活的材料，以便更好地把握宣传的方向。一方面组织人力迅速投入编写排练工作中。这样，在不到三天的时间，我们编制的一套幻灯、洋片、大字报和编排的文艺节目就开始和当地的革命造反派见面了，受到了他们的热烈欢迎和支持。

但是在这紧张的几天中，有的同志为了赶任务，产生了单纯的军事观点，求起节目的数量来了。如何更紧地把握节目的政治内容这个大方向就有些放松了。根据同志们的意见，我们又及时组织大家学习毛主席的《在延安文艺座谈会上的讲话》和《红旗》杂志、《人民日报》社论，并在队里展开了对党内最大的走资本主义道路当权派及其黑《修养》的批判。同时我们还组织全队的同志活学活用"老三篇"，破私立公，在灵魂深处闹革命，加强思想革命化，提高保卫、执行和宣传毛主席的革命路线的自觉性。两条路线斗争的教育进一步激发了同志们的革命干劲和斗争意志。按照毛主席的教导，我们集中力量更多地编绘和排练了揭露党内最大的一小撮走资本主义道路当权派的反革命丑恶嘴脸，团结、教育、鼓动、帮助革命群众同心同德地和党内最大的一小撮走资本主义道路当权派作斗争的幻灯、洋片和文艺节目。这就使得我们每次演出政治内容鲜明，斗争目标集中，突出了斗争的大方向。由于我们宣传队的同志按照毛主席的教导，学习与求恩同志精益求精的精神，这就使得我们演出的每一个节目，放映的每一张幻灯片，突出了毛泽东思想，在群众中产生了强烈的反响。不少贫下中农社员对我们说："你们这么一宣传，刘少奇这个大坏蛋非搞得臭臭的不可，就象老鼠过街，人人喊打，他的骨子里藏着什么，我们贫下中农都看得清清楚楚！"

加强政治工作，掌握思想教育

毛主席教导我们：**"……人民解放军建立了自己的强有力的革命的政治工作，这是我们战胜敌人的重大因素。"** 他还教导我们，**"政治工作是一切经济工作的生命线。"** 受旧市委一小撮反革命修正主义集团长期封锁的山区人多么渴求听到我们心中最红最红的红太阳、敬爱领袖毛主席的声音啊！对毛主席有着无限深厚的阶级感情的山区人民把毛主席的声音比做雨露和阳光！是啊，把毛主席他老人家的声音迅速地传播到山区人民心中去，这是我们毛主席忠实的红小兵义不容辞的责任。毛主席教导我们：**"什么叫工作，工作就是斗争。那些地方有困难、有问题，需要我们去解决。我们是为着解决困难去工作、去斗争的。越是困难的地方越是要去，这才是好同志。"** 同志们纷纷表示要忠实地执行最高指示，勇敢地挑起这副艰苦的担子。

参加我们这支宣传队的同志来自不同的系、不同的班，有高年级的也有低年级的，有在科委门前共同战斗的老战友，也有素不相识的新同志。结合我们这个新集体的特点，我们全队同志又一块学习了《为人民服务》，使每个同志都认识到，**"我们都是来自五湖四海，为了一个共同的革命目标，走到一起来了。……我们的干部要关心每一个战士，一切革命队伍的人都要互相关心，互相爱护，互相帮助。"** 这样，每一个同志都觉得自己就是这个新集体的战斗一员了，开始热爱这个新集体。同志们在思想上有了共同的革命目标。

但是，参加这支宣传队的每个同志思想状况并不都是一致的。目的并不都那么明确，认识并不都那么清楚。随着时间、地点等条件的变化，每个人的思想情绪也是在不断变化的。

毛主席教导我们：**"掌握思想教育，是团结全党进行伟大政治斗争的中心环节。如果这个任务不解决，党的一切政治任务是不能完成的。"** 因此，发动群众，人人抓活的思想，随时解决各种思想问题，是加强我们宣传队的团结，提高它的战斗力的重要工作。

当我们的演出受到了工人、贫下中农夸奖和赞扬，工作取得了一点成绩的时候，有的同志就露出了骄傲自满情绪，放松了严格要求，排练就抓得不紧了，纪律松懈了，缺乏镇定而有秩序的工作了，这就使得我们演出中慌张忙乱，影响了宣传效果。在这种情况下，我们又通过学习毛主席的语录，使同志们懂得，**"夺取全国胜利，这只是万里长征走完了第一步。"** 激发了革命的干劲，**"继续地保持谦虚、谨慎、不骄、不躁的作风，继续地保持艰苦奋斗的作风。"** 这样每一个同志都能在演出前后开动机器，放下包袱，继续不断地挖掘潜力。宣传工作呈现出天天向上的趋势。

又如有一次因为爬山很累，刚下山，在地头干活的社员就要求我们演出。这时有的同志就强调累了，不愿给老乡地头演出。回来后，同志们对这个问题展开了讨论，通过学习"老三篇"使不少同志认识到自己怕累不愿为贫下中农地头演出的思想是一种缺乏全心全意为人民服务的思想，是不正确的。表示要学习贫下中农的革命干劲，树立"完全""彻底"为人民服务的思想。同志们都一致认识到我们要宣传好毛泽东思想，自己必须突出毛泽东思想，在改造客观世界的同时要改造主观世界，加强思想革命化。我们还不断地通过大家摆形势，谈任务，定计划的座谈会，使每个同志都清楚地认识到我们宣传战斗的重大意义。因此我们宣传队的同志不仅能在台上为较多的社员演出，也能在地头路边为社员演出，受到了山区贫下中农的称赞。不少社员看了我们在地头给他们演出后激动地说："你们听毛主席的话，为人民服务不怕苦，我们贫下中农一定要更好地抓革命，促生产，感谢你们对我们的支持，报答毛主席他老人家对我们山区的关怀。"

联系实际，联系群众

人的正确思想是从哪里来的？毛主席教导我们：**"人的正确思想，只能从社会实践中来，只能从社会的生产斗争、阶级斗争和科学实验这三项实践中来。"**

我们宣传队的计划要想得到预想的成功，必须联系实际，联系群众。一切从实际出发，一切从人民群众的利益出发。

联系实际，就是说我们不是为宣传而宣传，为演出而演出。而是我们要通过宣传达到团结、教育、帮助人民，打击和消灭敌人的政治目的。具体些说，就是通过我们的宣传提高当地革命群众的勇气，打击阶级敌人的威风，推动当地文化大革命的前进。这就要求我们预先对我们要去战斗的地方的两条路线斗争实际情况有一定的了解和熟悉。因此在去那个地方之前，我们先派出同志前去了解联系，到了那个地方也要抽出一定的人力进一步了解和熟悉那个地方的阶级斗争情形。根据我们了解的情况具体分析，确定我们宣传的内容、方向、战斗的部署，这样我们的工作才能比较顺利地进行。由于我们宣传队比较注重了调查研究，总结工作，因此我们宣传的内容使当地革命造反派看了眉开颜笑，拍手称快，摩拳擦掌，干劲倍增，他们说："你们替我们造反派讲出了心里话，抓革命，促生产，劲头越来越大了，那些地富反坏右、四不清下台干部一听见你们敲锣鼓就怕得捂着耳朵溜走了！"

联系实际，还必须联系群众。我们是人民的儿子。我们要当群众的学生。同志们反复学习了毛主席《在延安文艺座谈会上的讲话》，认识到我们到山区宣传要为贫下中农服务，我们必须到贫下中农里面去，同他们打成一片，我们要学习他们的语言，学习他们的感情。因此我们宣传队不能整天只忙于演出的事务中，大家还同贫下中农一道参加劳动，在劳动中了解他们，熟悉他们，学习他们。这样，我们的宣传就会得到源源不断的充足的养分，显示越来越大的威力。在这个过程中使我们每个同志得到思想教育和锻炼。

到了一个寨子村庄，我们不仅宣传群众，而且帮助群众。我们把宣传材料印发给他们，帮助他们组织宣传队伍。教村里青年唱歌、演剧，帮他们整理编排文艺节目。每走一个地方，我们都播下毛泽东思想的种子，让它生根开花。此外，我们还帮助革命造反派组织阶级教育展览，加强阶级教育宣传，同时提高宣传队同志们的阶级觉悟。

不怕牺牲，排除万难

我们宣传队战斗在古老的山区，经常翻山越岭，跨沟涉水，披星戴月，日夜演出，工作比较艰苦。而我们的同志大多是第一次到山区，缺乏这方面的锻炼。疲劳对每个同志都是一个考验。但是当我们想起山区的人民把毛主席的声音比做雨露和阳光的时候，我们就加快了脚步，恨不得让山区的人民很快听到毛主席的声音。我们高声朗诵毛主席的语录：**"下定决心，不怕牺牲，排除万难，去争取胜利。"** **"发扬勇敢战斗、不怕牺牲、不怕疲劳和连续作战的作风。"** 就浑身是劲，身上行李也轻了，路长有头，山高有顶，困难再大也压不倒毛主席的红卫兵！我们有时一天连演三场也不觉得累，当我们看到贫下中农社员看完我们的演出眉开颜笑，眼里噙着激动的泪花的时候，我们的每个同志心无不尝到斗争的幸福。

"雄关漫道真如铁，而今迈步从头越。"

一支年轻的北航红旗毛泽东思想宣传队在茁壮的成长，在毛泽东思想的大道上前进！

北航红旗赴昌平地区毛泽东思想宣传队

1967年5月4日　星期四　　中学红卫兵　　·5·

毛主席說：混进党里、政府里、軍队里和各种文化界的資产阶級代表人物，是一批反革命的修正主义分子，一旦时机成熟，他們就会要夺取政权，由无产阶級专政变为資产阶級专政。这些人物，有些已被我們識破了，有些則还沒有被識破，有些正在受到我們信用，被培养为我們的接班人，例如赫魯晓夫那样的人物，他們现正睡在我們身旁，各級党委必須充分注意这一点。

毛主席和中央首长談批判《論修养》

我們最最敬爱的伟大領袖毛主席說：

要批判刘少奇的《論共产党員的修养》和邓小平多年来的讲話。

刘少奇的《論共产党員的修养》我看过几遍，这是反馬克思主义的。現在我們的斗爭方法要高明些，不要、不能老是砸烂狗头，打倒××。我看大学生应該好好研究一下、选几段，写文章批判。

刘少奇的《論共产党員的修养》是欺人之談。哪里有那样的修养啊！

周总理說：

刘少奇的《论共产党员的修养》是唯心主义的，过去有人向他提出过，他也没有改，毒害不少人。这次批判，我们要用毛泽东思想来加强我们的修养。毛泽东思想修养，就是要在斗争中去修养，这一次就是最好的修养。能在毛主席健在时得到这样的学习、锻炼，这是我们的最大的幸福。

陈伯达同志說：

有的同志问我，刘少奇《论共产党员的修养》这本书怎么样？毛主席认为这本书脱离阶级斗争，脱离无产阶级夺取政权的斗争，空空洞洞讲一些个人的修养，是欺人之谈。书上也讲阶级斗争，但是只是概念上的，没有把阶级斗争当作现实问题，这本书是抗日战争时期写的，他不分析抗日战争中无产阶级的政党应当如何做。

毛主席说，这本书是唯心的，是反马克思列宁主义的。尽管讲了那么多的马克思列宁主义的概念，结果把阶级斗争变成个人修养，提倡资产阶级个人修养。毛主席说，不讲现实的阶级斗争，只讲个人修养，蒋介石也可以接受。我顺便说一下，马克思说过，列宁也说过阶级斗争的学说，并不是我个人的发明，阶级斗争必然会引导到无产阶级的专政，当然发现阶级斗争是一个进步。

事实上，《论共产党员的修养》讲的阶级斗争不够格，完全是资产阶级个人主义。这本书是空空洞洞的马克思主义的概念，也有孔孟之道，是一个大杂烩，是一个不三不四的资产阶级个人主义的东西，只是一些概念，糊糊涂涂的概念。

原来刘少奇有一封信，说中国没有斯大林，只有靠我们来工作。那个时候（写信时）毛主席已经很明确是我们伟大的领袖，毛主席突破了斯大林的框框，创造性地发展了马克思列宁主义。中国不是没有斯大林，而是有更高的斯大林。

康生同志說：

首先请同志们打开《毛主席语录》第204页，把第二十四节标题拉掉，把它改成"纠正错误思想"，同节第208页第五行从"刘少奇"到"（大笑）"全部删掉。

为什么把标题改了？这是刘少奇的语言，是不通的，不科学的，在毛主席的著作中从来不用"思想意识修养"这个词。思想和意识有联系，但这是两个概念，讲"思想"是一回事，讲"意识"那就含义很广。"意识"是指人的头脑对客观世界的反映，在一定意义上，在生理上讲，意识和知觉有相同意义，失掉了知觉就失掉了意识，意识是包括感性和理性知识的。看来刘少奇这个"马克思主义者"是不通的。

毛主席说过，刘少奇这本书是欺人之谈。革命的根本问题是政权问题，这本小册子里只谈了个人修养、个人道德，根本不谈夺取政权的问题，离开了政权，离开了阶级斗争，自然就会陷入道德主义的泥坑，同志们有时间可以看这本书。

刘少奇说，共产党员修养要有崇高的共产主义道德。他的共产主义道德是能"爱人"，能"恶人"。又说"己所不欲，勿施于人"，这完全是孔孟之道。刘少奇说，修养要有最大的勇敢，不做亏心事，不怕鬼敲门，这就是他的最大的勇敢。

他在这本书中说到，要学习马克思列宁主义的时候，说什么没有偶象的事情，可以看出他暗示攻击毛主席。

刘少奇在讲到"忠实"、"坦白"时说，无事不可对人言，照他这个讲话，我们党的机密也可以告诉蒋介石。刘少奇还说过，要有最高的自尊和自爱心，请同志们注意他的自爱心是保护自己的生命和健康，这就是赫鲁晓夫的活命哲学，这就可以理解他为什么叫薄一波、安子文自首，这就是他的所谓修养。

从这本书可以看出刘少奇的资产阶级反动本质和丑恶灵魂，同志们对这本书批判是很好的。这本书在国内外流毒极广，毛主席说，要写文章批判。

张春桥同志說：

你们很关心毛主席最近做些什么工作，毛主席最近在考虑批和改的工作。去年十二月毛主席和我们谈了，在批时要批判刘少奇的《论共产党员的修养》和邓小平多年来的讲话，对他们要进行全国性的大批判。

戚本禹同志說：

党内有斗争，有关共产党员修养的书，是苏共的一套，是灌输资产阶级路线。有些人向上汇报别人一举一动、一言一行很积极，不是对错误进行教育，这根本不符合毛泽东思想。我党的建党原则哪有这一条，把人搞得谦小慎微，这本身就是个人主义，没有造反精神。

刘少奇长期在党内推行的，论共产党员的修养，完全是资产阶级的东西，没有造反精神，提倡奴隶主义，这样的东西不批判怎么行呢？不批倒他，我们就不得解放，我们的党就不能建成毛泽东思想的党。

刘少奇就是提倡孔孟，要搞修养，他的修养就是当个大人物，就是当官做老爷。我们是为人民服务，做个螺丝钉，这是我们的修养。

（转自东方红报）

中学红卫兵

·6·　　1967年5月4日　星期四

评论　打倒无政府主义，砸烂万张反党集团！

最近，陈伯达同志指出，天津市“大联合的主流，革命‘三结合’的大方向；基本上是应该肯定的。”这说明天津革命的“三结合”已经基本形成，向万、张反党集团夺权的时刻就要到了。

在这个夺权的关键时刻，万、张反党集团必然会以“十倍的努力，疯狂的热情和百倍增长的仇恨来拼命反扑，企图推翻无产阶级专政，恢复已经失去的天堂。”在这时候，打倒无政府主义，是无产阶级和资产阶级，无产阶级革命派和万、张反党集团的殊死大搏斗中的一条极其重要的战线。

无政府主义者，分散转移斗争的大方向，不顾革命的大局，独自搞山头，出风头，闹分裂。

无政府主义者，不要无产阶级的权威，以极“左”的面目出现，怀疑一切，排斥一切，打倒一切。

无政府主义者，闭口不谈阶级和阶级斗争，提倡抽象的，无阶级的“造反”。

无政府主义者，不要无产阶级专政，不要无产阶级的组织，空洞的高喊“相信群众”和“大民主”。

在万、张反党集团向我们进行猖狂反扑的时候，无政府主义客观上就成了阶级敌人的同盟军。

不是吗，在中央首长肯定了天津的“三结合”之后，万、张反党集团为了挽救他的狗命，一方面在公开地负隅顽抗；另一方面就极力地散布无政府主义的思潮。他们混淆黑白，蒙蔽一部分群众去推垮五个代表大会和革命的三结合；他们散布流言蜚语，挑动一部分群众夫揪斥、打倒革命的领导干部；他们搬弄是非，引起革命组织间的矛盾和纠纷，甚至挑起武斗；他们暗放冷箭，引诱一些人去攻击解放军。这些行动都是无政府主义的行动。受蒙蔽的人忘记了毛主席的教导，不按中央首长的指示办事，他们的头脑往往被无政府主义束缚住了。这也正恰恰中了万、张反党集团的下怀，上了阶级敌人的当。

毛主席說：“世界上一切革命斗爭都是为着夺取政权，巩固政权。”而无政府主义者不管无产阶级专政，不看整个阶级的动向，往往为了自己小集团的某种需要，而不惜牺牲党的利益和群众的利益，拿原则做交易，去迎合别人的错误的政治观点；他们对革命的“三结合”不是热情支持，积极帮助，而是抓住个别缺点错误，攻其一点，否定一切；他们总是把“解放自己”放在首位，总是让大家按照他的意愿去办理一切，改造一切。他们看不见复杂的阶级斗争，看不见两个司令部的决战，看不见两个阶级的搏斗，看不见夺权前夕万、张反党集团拼命反扑的嘴脸，他们不管“权”是在哪个阶级手里，而一味去追求自己的“小名”，“小利”。这种行为，必然会使无产阶级革命派成为一盘散沙，给万、张反党集团以篡权的大好机会。

多么危险啊！同志。无政府主义，正是万、张反党集团打入革命壁营，梦想复辟的一个大缺口。

目前，还有一些人借反对奴隶主义，来抵制反对无政府主义。其实，这正是为他的无政府主义来服务的。刘少奇所提倡的“奴隶主义”、“驯服工具论”决不能跟无条件服从以毛主席为首的党中央的正确领导相提并论。这是两个阶级，两条路线，两个司令部的原则性分歧。这些人把听解放军的话，按党中央指示办事的人统称为“奴隶”，而把那些不听解放军的话，不按党中央指示办事的人称为“真正的造反者”。告诉你，毛主席的话，以毛主席为代表的党中央的正确指示，你理解也得听，不理解也得执行。这不是什么“奴隶”，这是对毛主席的热爱，对以毛主席为首的党中央的信赖，对毛泽东思想的无比崇拜。

在无产阶级文化大革命中，阶级斗争是异常尖锐复杂的，全国各地区绝不是一盘散沙，而是有统一的领导，统一的计划。我们的最高统帅就是毛主席，我们的最高领导机关就是以毛主席为代表的党中央和中央文革。我们的每一斗争步骤，每一战略布署，中央都有明确的指示和周密的计划。在这里，绝不允许任何无政府，无组织，无纪律的现象存在。我们一定要按照毛主席的指示，按照党中央的指示办事，切切不可打乱了毛主席的整个战略布署。

其实，无政府主义实际上就是一种个人主义。**列宁說：“无政府主义者，正如馬克思主义者早已屡次說明的，虽然非常‘猛烈地’攻击資产阶級，但是他們还是站在資产阶級世界观的立场上。”**无政府主义也正是中国最大的走资本主义道路的当权派、中国最大的个人野心家刘少奇为了复辟资本主义所极力贩卖的货色。所以，对于无政府主义，我们必须提高警惕，狠批痛打，斩草除根。

关于无政府主义、极端民主化的反动本质，**毛主席早就指出：“极端民主化的危险，在于損伤以至完全破坏党的組織，削弱以至完全毁灭党的战斗力，使党担負不起斗爭的責任，由此造成革命的失敗。”恩格斯也說过：“二者必居其一。或者是反权威主义者自己不知道自己所說的是些什么，那末他們就仅仅是散布糊涂观念；或者是他們知道这一点，那末他們就是背叛无产阶級的事业。在前后两种场合，他們都只是为反动派效劳。”**无政府主义从来就是马列主义，毛泽东思想的最大敌人，在无产阶级革命派大联合大夺权的关键时刻尤其是这样。

同志们，让我们面对着万、张反党集团的复辟阴谋，高举起红彤彤的“老三篇”，高呼：打倒无政府主义！砸烂万张反党集团！保卫无产阶级专政！

給中国的赫魯晓夫——刘少奇揭底

（三句半）

百万工农齐上阵，
万炮齐发轰瘟神。
对准头号反革命——刘少奇，
开炮！
刘鬼罪恶滔滔，
罪该万死不可轻饶。
我们来给刘少奇，
揭底。
少奇我最能出“高招”，
命薄一波、杨献珍投降变节，出牢。
名曰保存实力，东山再起。
（好死不如赖活着）
叛徒！（可耻）
少奇我心里真纳闷，
外国出了马克思，中国为什么不出个刘克思？
出了！出了！（问：）出了个嘛？
赫鲁少奇。
少奇我生活最俭朴，
在敌后工作别人吃玉米碴我吃不上土豆烧牛肉，
炖只母鸡、我烧条活魚也总还可以吧，
没羞。
见了公款我眼红手发痒，
把它拿来口袋里装。
兑换金鞋拔子归自己，
可鄙！
“吃小亏占大便宜”是我的修养，
极端个人主义是我的指导思想，
你们必须按我说的去做，
没门
（刘、赫互相称呼：赫老兄刘贤弟）
赫秃吹着白毛驴拨眼，
兄弟默契配合奏小曲，
赫：阶级斗争已熄灭，
和平共处最有理。
刘：敌我胜负已成定局，
红色资本家可以入党。
（合）阶级斗争怎能忘，
谁听你的太平曲。
唱了一曲又一曲，如今我又耍鬼计，
砍掉合作社二十万，保护富农要长期，
“三自一包”我卖力，投机倒把没关系。
放屁！
为右倾机会主义分子翻案我是老手，
不遗余力提拔彭真之流，
在各部门培植自己的亲信。
结党营私。
野心勃勃凌驾毛主席之上，
含沙射影攻击毛泽东思想，
伺机进行资本主义复辟。
妄想！
文化革命蓬勃兴起，
我好象热锅上的蚂蚁，
抛出资产阶级反动路线，
保护自己。
挥起大棒镇压群众，
派下工作组对抗十六条，
挑动群众斗群众，
该死！
八届十一中全会春雷响，
毛泽东思想放光芒，
刘鬼抛出检查瞒天过海，
休想！
宜将剩勇追穷寇，
不可沽名学霸王。
举起革命造反大旗，
乘胜追击！
七亿神州风雷起，
永远跟着毛主席。
横扫一切害人虫，
全无敌。

北京水力发电学校紅卫兵烏兰牧騎宣传队供稿

（本报略有修改）

要　闻　简　讯

▲安源煤矿造反总部工人群众砍掉所谓“刘少奇栽培的梧桐树”，封闭了为吹捧刘贼而设的《安煤纪念馆》、《安源煤矿工人俱乐部》及谈判大楼。

▲王力同志谈学生运动的两个弱点：有些领导人中间（指革命群众组织），存在着分散主义、小团体主义、个人主义、各自为政、互不服气、互相摩擦、互相拆台。各人打起一个旗子。战斗呢？打两枪就跑，不断地开辟战场，不断地延长战线，光追求新奇、新鲜，已经打响的战斗不把它消灭。第二就是同工人运动结合不够，没有在工人运动中生根，有的漂浮，就像浮萍一样，缺少根基。

坚持文斗　不用武斗

“用文斗，不用武斗”，这是党在无产阶级文化大革命运动中的一项极其重要政策，是我们伟大领袖毛主席的最高指示。每一个无产阶级革命派都必须不折不扣地执行和捍卫这一最高指示。

无产阶级文化大革命是一场触及人们灵魂的大革命，这就是要从政治上，思想上与资产阶级进行不调和的斗争。这个你死我活的阶级斗争是在思想领域中激烈地进行的，靠武斗，靠触及皮肉是不能解决问题的。**毛主席教导我們：“凡是錯誤的思想，凡是毒草，凡是牛鬼蛇神，都应該进行批判”，“但是，这种批判，应該是充分說理的，有分析的，有說服力的”**。这就是要用文斗。而武斗提倡的决不是分析说理的方法，却是简单粗暴的方法，它只能触及皮肉，不能触及灵魂，不能把错误的思想、毒草和牛鬼蛇神的丑恶本质充分暴露在光天化日之下，让人们去批判，去斗争，因此，在无产阶级文化大革命中武斗是根本违背毛泽东思想的。

在无产阶级专政的条件下，我们享受着人类历史上从来没有过的大民主，我们可以大鸣，大放，大辩论，贴大字报，搞大串联，可以把党内一小撮走资本主义道路的当权派拉下马。有了这些，难道不足以将那些大大小小的走资本主义道路的当权派充分揭露，把他们斗倒斗臭吗？！难道非得用武斗来解决问题吗？

武斗，就是不相信无产阶级专政，不相信群众，不相信伟大的，战无不胜的毛泽东思想的表现！

武斗决不意味着无产阶级革命派敢打敢拼的战斗风格。无产阶级革命派的敢打敢拼，就是充分运用四大武器，敢于在思想战线上与敌人拼个“刺刀见红”；而武斗则是一种懦弱无能的表现。

目前，正当我市无产阶级革命派在大批判中实行大联合，向万张反革命修正主义集团夺权的关键时刻，阶级敌人不甘心自己的死亡，他们极力挑拨是非，制造混乱，在革命派内部挑起武斗，妄图破坏无产阶级文化大革命。我们千万不要上当，必须识破他们的阴谋！武斗在革命派内部的发生，转移了斗争的大方向，它会使同志们放弃了对万张反党集团的斗争，破坏了各革命组织之间的团结，严重地影响当前大批判，大联合，大夺权的战斗任务的进行。这些，必须引起我们无产阶级革命派的高度警惕！

“横眉冷对千夫指，俯首甘为孺子牛。”无产阶级革命派要胸怀宽广，对敌人恨得入骨，对同志、对人民要爱得深沉，决不能用武力来对付自己的阶级弟兄！在我们的斗争中，同志之间，革命组织之间有不同观点的争论，这是正常的，也是必要的。十六条中明确指出：“在辩论中，必须采取摆事实、讲道理，以理服人的方法。”必须坚信：只要你掌握了真理，掌握了伟大的毛泽东思想，你就会战无不胜！

无产阶级革命派的战友们：我们同党内一小撮走资本主义道路当权派的夺权斗争是尖锐的，复杂的，曲折的。要完成这个任务，就需要我们团结一切可以团结的力量，最大限度地孤立无产阶级的敌人。因此，坚持文斗，不用武斗就是做好这项工作的重要原则。无产阶级革命派万万不可忽视这个问题。否则，我们就要犯绝大的错误。

我们无产阶级革命派对毛主席无限热爱，对毛主席的革命路线无比忠诚，是最听毛主席的话的！同样，在“坚持文斗，不用武斗”这个问题上，我们也要作出榜样。我们要努力在大批判中促进大联合，坚决彻底粉碎阶级敌人的阴谋破坏，对当前天津市的武斗现象必须迅速地加以制止！

同志，是真革命派还是假革命派，这也是个考验啊！　　　　（紅燕）

1967年5月4日 星期四 中学红衛兵 ·7·

> 资产阶级反动路线是当前实现无产阶级革命派大联合的主要障碍。要批判资产阶级反动路线，必须把矛头直指党内头号走资本主义道路的当权派，并且把这场斗争同本地区、本部门、本单位的斗、批、改任务紧密结合起来，通过共同的斗争，实现革命的大联合。
>
> 《人民日报》社论《高举革命的批判旗帜实现革命的大联合》

革命的大批判促进了革命的大联合

——我們是怎样在批判党内头号走資本主义道路当权派的斗争中实现革命大联合的？

上海市第六女中紅卫兵团

毛主席教导我們：“組織千千万万的民众，調动浩浩蕩蕩的革命軍，是今天的革命向反革命进攻的需要。”

四月七日，我们上海市六女中革命红卫兵，在对党内头号走资本主义道路当权派和以他为代表的资产阶级反动路线的大批判、大斗争中，成立了全校统一的革命红卫兵组织——上海市第六女中红卫兵团，实现了以无产阶级革命派为领导核心、以教学班为基础，自下而上的革命大联合。这是我们全校红卫兵战士，在革命的大批判中，听毛主席的话，不折不扣地执行毛主席的指示，牢牢掌握斗争的大方向，正确开展两条路线斗争的结果。这也是全校红卫兵战士，在革命的大批判中，活学活用毛主席著作，狠批《修养》，促进人的思想革命化的结果。

四月十三日，《人民日报》和新华社向全国报道了我们学校在革命的大批判中实现了革命的大联合的消息和《文汇报》为此发表的社论，十五日《人民日报》又发表了《高举革命的批判旗帜实现革命的大联合》的社论。这是我们心中最红最红的红太阳毛主席对我们红卫兵最大的关怀和支持，最大的鼓舞和鞭策。喜讯传来，全校沸腾，同学们千遍万遍不断地高呼：毛主席万岁！万岁！万万岁！

分歧和对立是怎样产生的？

我们市六女中是一所有两千四百多师生、四十四个教学班的完全中学。工农和其他劳动人民子女约占全校同学的百分之四十六。从无产阶级文化大革命以来，我们学校先后建立过六个红卫兵组织和几十个战斗组。这些组织之间、同学之间一直存在尖锐的分歧和对立。这些分歧和对立是怎样产生的呢？

去年六月，无产阶级文化大革命一开始，在旧市委和旧区委的直接控制下，学校的一些领导人，就顽固地执行了党内头号走资本主义道路的当权派所提出的资产阶级反动路线。他们别有用心地蒙蔽一部分同学，转移斗争的大方向，把斗争矛头指向一般的教师。以后，在毛主席的无产阶级革命路线的指引下，一部分师生识破了他们的阴谋诡计，首先起来造反，揭发了旧区委和学校领导的问题。他们慌了手脚，对革命派师生大肆围攻、迫害。他们挑动群众斗群众，蒙蔽一批学生、一手策划成立了一个保守派组织，把斗争矛头对准无产阶级革命派师生。革命派同学为了保卫毛主席，捍卫毛主席的无产阶级革命路线，也先后组织了“毛泽东思想红卫兵总部”、“红卫兵上海司令部八一八战斗队”、“红三司”、“东方红”、“反到底”等五个革命红卫兵组织和几十个战斗组。由于学校领导推行资产阶级反动路线的结果，使同学之间分成了两派。一派同学勇敢地站在毛主席的无产阶级革命路线一边，大造党内一小撮走资本主义道路当权派的反，大造资产阶级反动路线的反。一派同学却站到了资产阶级反动路线一边，保旧市委，保旧区委，保学校旧党支部，反对革命派师生。同时，那些顽固执行资产阶级反动路线的人还利用资产阶级的反动的血统论，打击排挤一部分出身不好的同学和教师，利用同学们思想上存在的小团体主义、风头主义等非无产阶级思想，在同学之间，在无产阶级革命造反派组织之间制造矛盾，制造不和。

随着无产阶级文化大革命的深入开展，以毛主席为代表的无产阶级革命路线取得了决定性的胜利，资产阶级反动路线全面崩溃、旧市委、旧区委内一小撮走资本主义道路的当权派的丑恶嘴脸，已经暴露在光天化日之下，经过革命派同学的斗争，原来的保守派组织也垮台了。这时，大批的同学都外出串连，“杀”向社会，全校只剩下三、四百人，对资产阶级反动路线一直没能认真地进行批判。

三月初，毛主席关于**复課閙革命**的指示下达以后，广大红卫兵战士和同学纷纷响应毛主席的伟大号召，回到了学校。这时，虽然大家都有“杀”回班级，实行以教学班为基础的全校大联合的愿望，但由于资产阶级反动路线没有得到彻底批判，同学们虽然回到了班级，坐在一个教室里，却各占一方，互不理睬，几个革命红卫兵组织之间还起劲地打着“内战”，根本联合不起来。这样的情况严重地影响了无产阶级文化大革命的深入开展，斗、批、改不能进行，复课闹革命也搞不起来。

《红旗》杂志第五期评论员文章《在干部问题上的资产阶级反动路线必须彻底批判》、调查员的报告《“打击一大片，保护一小撮”是资产阶级反动路线的一个组成部分》和戚本禹同志的《爱国主义还是卖国主义？》的发表，吹响了向党内头号走资本主义道路当权派发起总攻击的号角，无产阶级文化大革命进入了一个崭新的阶段。全国以及上海全市迅速地掀起了广泛而深入的革命大批判运动，这场革命的大批判，大大促进了我们学校革命的大联合。

党内头号走資本主义道路当权派是破坏大联合的罪魁祸首

当时，我们学校在革命大联合问题上，同学之间主要存在着三方面的矛盾：第一，革命派红卫兵和过去参加过保守派组织红卫兵之间的矛盾。第二，革命派组织之间的矛盾。第三，由于反动血统论的毒害，出身好的和出身不好的同学之间也有矛盾，也就是红卫兵战士和没有参加红卫兵组织的同学之间的矛盾。原来我们只是看到这些矛盾的现象，没有看到这些矛盾的根源是什么，谁是破坏革命大联合的罪魁祸首。**在大批判中，我們通过批判党内头号走資本主义道路的当权派，通过批判资产阶級反动路綫，批判《修养》，越来越清楚地认識到尽管这些矛盾表现不同，内容也不同，根子却是一个：就是党内头号走資本主义道路当权派和他所抛出的资产阶級反动路綫。**是他为了保护一小撮修正主义分子，转移斗争大方向，挑动群众斗群众，造成了学生之间的对立；是他利用资产阶级的反动血统论，欺骗少数学生，造成了学生之间的隔阂；也是他那本欺人之谈的《修养》，转弯抹角地提倡资产阶级个人主义，毒害同学们，滋长了形形色色的非无产阶级的思想。**这个中国的赫鲁晓夫就是破坏革命大联合的罪魁祸首！**

冤有头，债有主。同学们找到了相互隔阂的祸根，找到了共同的敌人，立即投入了革命的大批判运动，向党内头号走资本主义道路当权派发起了猛烈攻击，全校革命红卫兵和广大同学一起举行了大大小小一系列的控诉、揭发、批判大会，还举行了游行示威。大家怀着对党内头号走资本主义道路当权派的无比仇恨，一起揭发、批判资产阶级反动路线的罪恶，一起控诉黑《修养》对自己的毒害。大家同声愤怒地高呼：打倒党内头号走资本主义道路当权派！**在共同的战斗中，无产阶級革命派认識到：斗争的矛头不应指向原来参加过保守派組織的同学，而应该指向党内一小撮走资本主义道路当权派；参加过保守派組織的同学也认識到革命派紅卫兵执行的是毛主席的无产阶級革命路綫，而自己是受了资产阶級反动路綫的毒害，同他們对立是錯誤的。**革命的大批判，使大家明确了是非，弄清了思想，提高了觉悟，消除了隔阂，在政治上、思想上有了新的共同基础。这样就在共同的斗争中，在毛泽东思想伟大旗帜下联合起来了。各班级都以革命红卫兵为核心实现革命的大联合。四月七日，成立了全校的红卫兵团。

我 們 的 体 会

在革命的大批判中怎样实现革命的大联合？我们认为：最重要的是高举毛泽东思想的伟大红旗，一切按毛主席的指示办事。紧紧掌握斗争的大方向，彻底批判党内头号走资本主义道路的当权派，批臭《修养》。在斗争中活学活用毛主席著作，用毛主席的教导来检查自己的思想，衡量自己的行动。在这段实践中，我们有以下几点体会：（下轉第八版）

中学红卫兵

·8·　　1967年5月4日　星期四

革命的大批判促进了革命的大联合

（上接第七版）

（一）紧紧掌握斗争的大方向，正确开展两条路线的斗争

我们要实现的联合，是革命的大联合，是在毛主席革命路线上的大联合，不是"大杂烩"，"和稀泥"，"大捏合"。要现实革命的大联合，必须坚决开展两条路线的斗争，彻底批判资产阶级反动路线，肃清其恶劣影响，在斗争中实现现革命的大联合。但是，如何正确开展两条路线的斗争？矛头指向谁？是指向过去受蒙蔽参加过保守派组织犯有错误的同学吗？是指向有不同意见的革命组织和同学吗？都不是。**毛主席教导我們："誰是我們的敌人？誰是我們的朋友？这个問題是革命的首要問題。"**在革命的大批判中，我们一定要把矛头直接指向党内头号走资本主义道路的当权派。只有这样才有共同团结的基础。同时也只有彻底批判了党内头号走资本主义道路当权派的一系列反动谬论，才能彻底肃清资产阶级反动路线的流毒，才能争取、教育过去受资产阶级反动线路蒙蔽的同学认识自己的错误，起来革命，和资产阶级反动路线决裂，回到毛主席的无产阶级革命路线上来。

集中火力批判党内头号走资本主义道路当权派，在革命的大批判中实现革命的大联合，这是当前斗争的大方向。我们一定要紧紧掌握这个斗争的大方向，这是实现革命大联合的关键。开始，我们由于没有认清这一点，没有很好地把握这个大方向，所以总是联合不起来。后来我们抓住了这个斗争的大方向，共同对敌，很快就实现了革命的大联合。例如，高二（2）班，原来革命红卫兵和参加过保守派组织的同学隔阂很大。开头，大家把批判资产阶级反动路线的矛头向下，结果越批判越对立，矛盾越大。在革命的大批判中，大家一致把矛头指向党内头号走资本主义道路的当权派，全班召开了揭发控诉资产阶级反动路线的罪行的大会。在大会上，许多参加过保守派组织的同学控诉了资产阶级反动路线对自己的毒害。她们激动地说："当我们把矛头指向自己的阶级姐妹时，还以为自己是听党的话。这是党内头号走资本主义道路的当权派害了我们，我们要坚决打倒他！"这样大家就在共同的斗争中团结起来了。现在这个班级许多参加过保守组织的红卫兵已参加了革命的红卫兵组织。

有的同志说："对资产阶级反动路线的批判要落实。"对，是要落实的，但落实在那里？我們认为是要落实在彻底批判党内头号走資本主义道路的当权派及其資产阶級反动路綫和《修养》上，同时把大批判和本单位的斗、批、改結合起来，落实在彻底斗垮党内一小撮走資本主义道路当权派上。这样才可以批深批透资产阶级反动路线，才可以把本单位的斗、批、改搞好，才可以在批判中真正触及我们每个人的灵魂。如果把批判落实到参加过保守派组织的同学身上，就会分散了当前的斗争目标，不能彻底孤立党内一小撮走资本主义道路当权派，这正中了敌人的奸计，我们决不能这样做。

（二）破私立公，清除《修养》的流毒，实现人的思想革命化。

在实现革命的大联合中，除了资产阶级反动路线的毒害之外，无政府主义、小团体主义、风头主义、个人主义等等形形色色资产阶级思想影响是一个很大的障碍。我们在实现革命的大联合过程中，就曾碰到过这样的情况：大的原则通了，一致了，但一碰到具体问题就谈不通，仍是联合不起来。这主要是资产阶级思想在作怪。

拿我们革命派组织内部来说，就存在着各种非无产阶级思想。如说："我们是闯出来的！""我们是老造反，你们算老几？""大联合要以我为主"，等等。革命组织之间相互看不起，热中于打无原则的"内战"。对参加过保守组织的同学，有的革命派同学也抱着排斥的态度。同样，参加过保守派组织的同学，也存在着各种各样的非无产阶级思想。一种是从个人意气出发，不服气，认为革命派也比我强不了多少；一种是觉得过去落后了一步，犯错误，整天灰溜溜的抬不起头来，现在想起来造反，又担心不受欢迎；还有一种是觉得面子不好看，以为过去参加过保守派组织，现在要向革命派靠拢，不大好意思。所有这些表现、想法，统统是"私"字在作怪，在捣鬼。

毛主席教导我們："党内存在着各种非无产阶級的思想，这对于执行党的正确路綫，妨碍极大。"在大联合中，我们一定要活学活用毛主席著作，大破"私"字，大立"公"字，肃清一切非无产阶级思想的影响，这样才能实现革命的大联合。

在革命的大批判过程中，我們深深体会到，我們同学身上存在的各种非无产阶級思想，很大一部分就是党内头号走資本主义道路的当权派那本《修养》腐蚀、毒害的結果。洋洋数万言的欺人之谈，拐弯抹角宣扬的就是一个"私"字。我们必须在斗争党内头号走资本主义道路当权派的同时，也夺自己头脑中"私"字的权，打倒"私"字，树立"公"字！

我们在革命的大批判中，活学活用毛主席著作，特别是学习"老三篇"，批判《修养》，用毛主席的教导来检查自己的思想，衡量我们的行动，克服我们革命队伍中形形色色的非无产阶级思想。

毛主席教导我們："因为我們是为人民服务的，所以，我們如果有缺点，就不怕别人批評指出。不管是什么人，誰向我們指出都行。只要你說得对，我們就改正。你說的办法对人民有好处，我們就照你的办。"我们一定要按照毛主席的这个教导去做。一边战斗，一边整风，通过整风，搞臭的决不是无产阶级革命派，而是资产阶级思想。无产阶级革命派只有越整越坚强。

（三）以无产阶級革命派为核心，团結大多数群众。

毛主席一再教导我們："要爭取团結一切可以团結的人們。无产阶級不但要解放自己，而且要解放全人类。如果不能解放全人类，无产阶級自己就不能最后地得到解放。"这就是我们实现革命的大联合的重要指导思想。我们一定要坚决实行毛主席的这一教导，帮助受蒙蔽的同学从资产阶级反动路线解放出来，团结广大群众，组织浩浩荡荡的革命大军。

革命的大联合是在毛泽东思想的原则基础上实现的，是以坚持毛主席的无产阶級革命路綫的无产阶級革命派为领导核心的大联合。离开了这一点，就很可能成为无产阶級革命派組織和保守派組織"合二而一"的大合并，成为大杂烩。要实现这样的革命的大联合，我们通过这一段的实践，认为必须注意联合的条件和方法。

条件，就是无产阶级革命派必须占优势，并且受到广大革命群众的支持和信任。方法，就是启发群众自觉地实行自下而上的、以教学班为基础的革命大联合。不能简单的合并了事。

我们学校原来革命的红卫兵只三百多人，只占全校同学的百分之十五左右。在我校的资产阶级反动路线崩溃之后，从政治上说，我们是占优势的，革命的红卫兵组织在学校里是有权威的。但从数量上说还不占优势，在筹备大联合时，我们也曾经想把跨班级的红卫兵组织解散了。但是，我们想到一个问题，资产阶级反动路线还没有彻底批倒、批臭，从全校说，革命左派占优势，分散到各个班级并不完全占优势。经过辩论之后，我们决定原来跨班级的红卫兵组织暂时不解散，大家都回班级去，积极做工作，为实现革命的大联合创造条件。我们一方面组织大家向党内头号走资本主义道路的当权派猛烈开火，把资产阶级反动路线批倒、批臭；另一方面，我们热情地帮助受蒙蔽的同学回到毛主席的无产阶级革命路线上来，把广大同学团结在自己的周围。这样，就使无产阶级革命派的队伍迅速扩大，同时，革命派在各个班级里也都受到同学们的支持和信任，成为班级里实现大联合的核心力量。这样逐个班级地成立红卫兵分队，实现以革命红卫兵为核心的班级大联合。在各个教学班实现了革命的大联合之后，我们立即解散了原来跨班级的红卫兵组织，成立了全校以教学班为基础的统一的红卫兵组织，实现了革命的大联合。各个班级和全校的红卫兵组织的领导骨干，都是由革命红卫兵通过民主选举产生的，结果当选的都是在群众中有一定威信、敢于斗争的红卫兵战士。

在革命的大批判中怎样实现革命的大联合，千条万条，归根結底就是一条：认真讀毛主席的书，坚决听毛主席的話，不折不扣地照毛主席指示办事，永远紧跟毛主席，誓死捍卫毛主席的无产阶級革命路綫，我們沒有任何理由糾纏在枝节問題上不实現革命的大联合。

我们在革命的大批判中，初步实现了以教学班为基础的革命大联合。这只是万里长征走完了第一步。今后的路程更长，更伟大，更艰巨。我们还没有实现革命的"三结合"，革命的大批判还要深入下去，革命的大联合还要进一步巩固发展。任重而道远。我们一定要高举毛泽东思想伟大红旗，进一步活学活用毛主席著作，深入开展革命的大批判，把无产阶级文化大革命进行到底！　（原载二十六日《人民日报》）

伟大导师 伟大统帅

伟大领袖 伟大舵手

毛主席万岁

红旗

红代会北航红旗
第三十五期
1967年5月4日

世界是你们的，也是我们的，但是归根结底是你们的。你们青年人朝气蓬勃，正在兴旺时期，好象早晨八、九点钟的太阳，希望寄托在你们身上。

毛泽东

·2· 红 旗 1967.5.4

与工农结合，在大风大浪中锻炼成长

——纪念五四运动四十八周年

社论

在无产阶级文化大革命的一片凯歌声中，我們隆重纪念五四运动四十八周年，热烈庆祝毛主席的光輝著作《**五四运动**》和《**青年运动的方向**》发表二十八周年。

四十八年前的今天，北京的爱国青年学生，涌上街头，举行声势浩大的游行示威，大造帝国主义的反，大造封建主义的反，大造压迫人民出卖国家的反动政府的反。他們面对反动軍警的棍棒屠刀，毫不畏惧，前仆后继，表現了中华儿女的革命英雄气概。五四运动揭开了中国资产阶級民主革命的新的一頁。五四运动的青年，是中国民主革命的先鋒，是文化革新运动的先鋒。五四运动后許多青年走向社会、走向工农，长期与工农相结合，在群众斗争的大風大浪中，掌握了馬克思列宁主义、毛澤东思想，成为坚强的无产阶級革命战士。

长江后浪推前浪，一浪高一浪，它象征着中国革命的历史。今天，我国人民在偉大领袖毛主席的領导下，发动了震撼世界的无产阶級文化大革命运动。革命的青少年和红卫兵高举战无不胜的毛澤东思想偉大紅旗，发揚了无产阶級革命造反精神，大造走资本主义道路当权派的反，大造资产阶級反动路线的反，大破剝削阶級的四旧，大立无产阶級的四新，充当了无产阶級文化大革命的急先鋒，建立了不朽的功勛。革命的青少年和红卫兵在与工农结合中，在群众斗争的大風大浪中，用毛澤东思想，蕩滌着剝削阶級遺留下来的一切污泥浊水，同时改造着自己的灵魂，不断地提高思想觉悟。一代新人正在茁壮地成长。

我們的偉大领袖毛主席高度評价和贊揚青年的革命行动，他說：“**青年是整个社会力量中的一部分最积极最有生气的力量。他们最肯学习，最少保守思想，在社会主义时代尤其是这样。**”他老人家对于我們青年一代寄予无限希望：“**世界是你们的，也是我们的，但是归根结底是你们的。你们青年人朝气蓬勃，正在兴旺时期，好象早晨八、九点钟的太阳。希望寄托在你们身上。**”

早在二十八年前，毛主席就在他的光輝著作《五四运动》中給我們青年指出：“**革命的或不革命的或反革命的知识分子的最后的分界，看其是否愿意并且实行和工农民众相结合。**”一九六四年，毛主席又及时地总结了当时国际共产主义运动的經驗教訓，提出把青年一代培养和造就成无产阶級革命事业接班人的問題，毛主席給我們青年提出了充当无产阶級革命事业接班人的五个条件，在无产阶級文化大革命的今天，主席反复强調的一个問題，就是一定要实現革命的“三结合”，“三结合”不但是夺权的一种形式，也是从接班人的方面来考虑的，帮助青年同志学习的一种方式，是老革命干部带新干部一起工作的最好形式。

五四运动的历史和文化大革命的亲身經历証明：我們青年一代要不辜負毛主席的期望，要很好掌握马列主义毛澤东思想，成为坚强的无产阶級革命事业接班人，就必須遵照毛主席的指示，坚定不移地走与工农相结合的道路，在群众斗争的大風大浪中去鍛炼成长。

革命群众运动的大風大浪，是动員人，教育人，改造人的巨大力量。在溫室里培养出来的花朵是經不起雨打的，是沒有生命力的。“**无产阶级革命事业的接班人，是在群众斗争中产生的，是在革命大风大浪的锻炼中成长的。**”我們只有經群众斗争的大風雨，見群众斗争的大世面，在群众斗争中，經过千錘百炼，經受住一切折磨，經受一切可能的意外的挫折，經过各种各样的痛苦，經过个人主义同集体主义，资产阶級思想与无产阶級思想的剧烈冲突，我們才能成为坚强的革命战士。

战无不胜的毛澤东思想就是在革命斗争的大風大浪中形成和发展起来的。毛澤东思想就是斗争的哲学。只有在革命的斗争大風大浪中，活学活用毛主席著作，才能真正掌握毛澤东思想，学会革命斗争的本領。

我們只有不断地学习毛主席著作，不断地深入工农群众，經过长期的反复磨炼，才能在思想感情上同工农打成一片，才能树立起无产阶級世界观。沒有这个长期艰苦的改造过程，就不可能实現知識分子革命化和劳动化。

与工农相结合，在三大革命运动的大風大浪中活学活用毛主席著作，这是我們防止资产阶級思想侵蝕，成为无产阶級革命事业接班人的根本保证。

帝国主义的預言家們根据苏联发生的变化，也把“和平演变”的希望寄托在我們身上。党内头号走资本主义道路当权派刘少奇为了实現资本主义复辟，也千方百計地与无产阶級争夺青年，他在《修养》中推行一条要青年和古人，和“本本”相结合的道路，鼓吹脱离政治，脱离阶級斗争的主观惟心主义修养，其目的是要扼杀我們青年的革命性，让我們变成脱离工农群众的“特权阶层”，成为他复辟资本主义的社会基础。我們一定要戳穿刘少奇的阴謀，我們一定要使帝国主义的阴謀彻底破产。

让刘少奇的《修养》見鬼去吧！我們革命青年决心投身工农群众的洪流，跟着統帅毛主席在群众斗争的大風大浪中奋勇前进，让我們偉大祖国千秋万代保持鲜紅顏色！

紧跟毛主席永远干革命

我们伟大的导师，伟大的领袖，伟大的统帅，伟大的舵手毛主席教导我们说：“**为了保证我们的党和国家不改变颜色，我们不仅需要正确的路线和政策，而且需要培养和造就千百万无产阶级革命事业的接班人。**”毛主席和党中央历来就非常关心和倍加重视无产阶级革命事业的接班人这个关系到我们党和国家命运的生死存亡的重大问题。同样，资产阶级为了维持它腐朽的反动统治和在社会主义国家复辟资本主义，也千方百计地培养资产阶级的接班人，把青年一代拉上反革命修正主义的道路上去。因此，在争夺我们年青一代上，无产阶级与资产阶级展开了激烈、复杂、长期、严重的阶级斗争。

“**世界上的一切革命斗争，都是为着夺取政权，巩固政权。而反革命的拚死同革命势力的斗争，也完全是为着维持他们的政权。**”

从一八七一年的巴黎公社吹响了震动全世界的英雄的法国无产阶级第一次从资产阶级手中夺取政权的豪迈战斗号角开始，迄今为止，已经是九十六年了。在马克思列宁主义毛泽东思想的伟大旗帜下集合起来的千千万万的无产阶级向资产阶级进行大夺权，这必然会引起资产阶级极度的恐惧和垂死的挣扎，他们必然“**以十倍的努力、疯狂的热情，百倍增长的仇恨来拚命斗争，想恢复他们被夺去的天堂**”，向无产阶级进行大反扑，反夺权。九十六年的历史，就是无产阶级与资产阶级大夺权、大搏斗、大厮杀，刀光剑影，浴血鏖战的历史。

历史证明，资产阶级的反夺权，主要采取反革命的两面手法。一种是赤裸裸的武装进攻，另一种则是“和平演变”。无产阶级专政由于遭受资产阶级武装进攻的血腥镇压而失败的，已经有一八七一年的巴黎公社和一九一九年的匈牙利苏维埃共和国的血的例子；由于资产阶级的“和平演变”，使得南斯拉夫、苏联蜕化变质了，马列主义的党变成了修正主义的党、法西斯党，整个国家改变了颜色，资产阶级复辟了。并且，东欧、亚洲的一些社会主义国家正在“和平演变”。这是一个多么沉痛的历史教训！

对于资产阶级的武装进攻，现在我们是比较警惕的，有准备的，能够对付的。一九一八年至一九二〇年期间，俄国的资产阶级反革命武装和地主白卫军勾结英法日波等帝国主义对列宁亲手创立的年轻的苏维埃社会主义共和国的联合进攻，一九四一年德国希特勒法西斯匪徒对列宁斯大林缔造的苏联的突然袭击，一九五〇年美帝国主义这个“庞然大物”勾结十六个仆从国的侵略军对朝鲜发动大规模的侵略战争，以及一九五六年匈牙利国内资产阶级在外国帝国主义策动和支持之下的反革命叛乱等等，资产阶级反夺权的武装进攻，都被无产阶级坚决彻底地粉碎了。历史雄辩地告诉我们：资产阶级用武力征服社会主义国家，夺取无产阶级的政权，已经是万分困难的、难以实现的黄粱美梦。因此，资产阶级总是采取更为阴险毒辣的另一种反革命手法，不惜工本，不择手段地收买社会主义国家的领导集团，豢养工人贵族，争夺青年一代，以达到他们“和平演变”社会主义国家的罪恶目的。

帝国主义的预言家们根据苏联和南斯拉夫发生的变化，也把“和平演变”的希望，寄托在我们第三代第四代身上。中国的赫鲁晓夫、党内头号走资本主义道路的当权派刘少奇为了在中国复辟资本主义，他不但在政治、经济、思想、文化各个领域内提出和推行了一套反革命修正主义，如工业上的“托辣斯”，农业上的“三自一包”，国际上的“三和一少”，社会主义教育运动中的“形‘左’实右”，以及在教育上的刘氏“半工半读”等等，而且还抛出了不要革命，不要阶级斗争，不要无产阶级专政，宣扬腐朽的资产阶级世界观，宣扬反动的资产阶级唯心主义哲学，反马克思列宁主义毛泽东思想的黑《修养》，毒害腐蚀青年一代，培养修正主义的苗子，为他在中国篡党篡政篡军做准备。毛主席天才地总结了国际共产主义运动的实践经验和无产阶级专政的历史教训，采取了一系列卓有成效的防修反修、防止资本主义复辟的重大革命措施，孜孜不倦地告诫我们“**要特别警惕象赫鲁晓夫那样的个人野心家和阴谋家，防止这样的坏人篡夺党和国家的各级领导。**”并且英明地提出了全党全国全军“**要从上到下地、普遍地、经常不断地注意培养和造就革命事业接班人**”伟大的战斗号召和无产阶级革命事业接班人的五条标准，这是具有伟大战略意义的头等大事，是无产阶级革命事业的百年大计、千年大计、万年大计。 （下转第四版）

1967.5.4 红旗 ·3·

高举馬克思列宁主义、毛泽东思想偉大紅旗奋勇前进

——纪念马克思诞生一百四十九周年

·本报编辑部·

今年五月五日，是马克思诞生一百四十九周年。

马克思，这个光辉的名字，和他的伟大思想，早已传遍欧洲、美洲、亚洲、澳洲、非洲，传遍整个世界。

自从有人类社会以来，奴隶与奴隶主，农民与地主，工人与资本家，始终是一方贫困，一方富有，一方反抗，一方镇压；刀光剑影，此隐彼现，一个王朝覆灭，另一个王朝兴起。对于这一切，在马克思之前，没有一个人可以理解，可以解释。只有马克思，研究了人类社会的一切，总结了人类社会的一切，发现了人类历史的发展规律，创造了伟大的马克思主义，揭示了人类的未来。

列宁说："马克思的学说所以万能，就是因为它正确。"马克思的哲学、政治经济学和科学社会主义，不仅给了人类以认识的武器，而且给了人类以改造自然、改造社会和改造人的思想的武器，这就是马克思对人类的巨大贡献。毛主席说：**"马克思主义的道理千条万绪，归根结底，就是一句话：'造反有理。'几千年来总是说：压迫有理，剥削有理，造反无理。自从马克思主义出来，就把这个旧案翻过来了。这是一个大功劳。这个道理是无产阶级从斗争中得来的，而马克思作了结论。"**一百二十年前，马克思、恩格斯合著的光辉万丈的《共产党宣言》中就写道："迄今存在过的一切社会的历史，都是阶级斗争的历史。"他号召无产者起来造反，公开宣称：无产阶级的"目的只有用暴力推翻全部现存社会制度才可以达到。让那些统治阶级在共产主义面前发抖吧！无产者在这革命中只会失去自己脖颈上的锁链，而他们所能得到的却是整个世界。"他号召："全世界无产者，联合起来！"这声音，象一道闪电，划破了旧世界的黑暗，如万盏明灯，照亮了人类的未来！

一八七一年的"巴黎公社"是马克思主义的最初实践，是无产阶级向资产阶级夺权的初次尝试。虽然公社因凡尔赛的反革命进攻而失败了，但是，历史已证实了马克思的预见："即使公社被搞垮了，斗争也只是延期而已。公社的原则是永存的，是消灭不了的；在工人阶级得到解放以前，这些原则将一再表现出来。"公社的道路是马克思指引的道路，公社的光辉照耀着千秋万代。

伟大的天才列宁，是马克思最忠实最理想的继承人。列宁在帝国主义时代的历史条件下，揭示了一系列的关于无产阶级革命和无产阶级专政的不可辩驳的真理。列宁领导的伟大的俄国十月革命，首先在地球六分之一的土地上建立了社会主义的苏维埃政权，开创了人类历史的新纪元。为了捍卫和发展马克思的学说，实现无产阶级的理想，列宁不仅每时每刻要同国内外反动派作斗争，还同老机会主义者、老修正主义者第二国际考茨基之流进行了完全不调和的斗争。

在马克思的巴黎公社原则的旗帜下，在列宁的十月革命的旗帜下，以无产阶级革命为主导的新的世界革命开始了。革命浪潮汹涌澎湃，冲击着最没落、最腐朽的、垂死的资本主义的最后阶段——帝国主义。当斯大林领导苏联人民消灭了德国法西斯，第二次世界大战结束以后，一系列社会主义国家相继出现。马克思的学说进一步得到实践。

但是，十月革命胜利后四十年，苏联却走上了修正主义的道路，全面实现资本主义复辟。赫鲁晓夫、柯西金、勃列日涅夫等一小撮现代修正主义头子，背叛了马克思、恩格斯、列宁、斯大林的神圣事业，成了世界共产主义运动史上不可饶恕的罪人。这是多么惨痛的教训啊！

东方红，太阳升，中国出了个毛泽东，出了个光辉万丈的毛泽东思想。正如林彪同志所说："毛泽东同志是当代最伟大的马克思列宁主义者。毛泽东同志天才地、创造性地、全面地继承、捍卫和发展了马克思列宁主义，把马克思列宁主义提高到一个崭新的阶段。毛泽东思想是在帝国主义走向全面崩溃，社会主义走向全世界胜利的时代的马克思列宁主义。毛泽东思想是反对帝国主义的强大的思想武器，是反对修正主义和教条主义的强大的思想武器。"

几十年来，毛主席领导中国共产党和中国人民前仆后继，艰苦奋战，终于取得了一九四九年中国革命的伟大胜利，在帝国主义的东方战线上打开了巨大的缺口，为世界被压迫民族和被压迫人民提供了丰富的武装斗争的经验。马克思、列宁所来不及解决的一个极其重大的问题，即无产阶级夺取政权以后，如何巩固政权，防止资本主义复辟，防止修正主义和平演变的问题，在毛泽东思想的宝库中找到了答案。毛主席亲自发动和领导的中国无产阶级文化大革命，在无产阶级专政的条件下，依靠亿万觉悟了的人民群众，用大字报、大辩论的形式，大鸣大放，大揭露，大批判，坚决地向那些公开的、隐蔽的资产阶级代表人物发起进攻，粉碎他们的反革命复辟的阴谋；同时，迎头痛击资产阶级在意识形态领域里的一切挑战，用无产阶级的新思想、新文化、新风俗、新习惯，来改造无产阶级自己，改变整个社会的精神面貌。这就找到了防止修正主义的有效方法，使人类有希望由社会主义过渡到共产主义。这是毛主席的一个伟大功勋。

中国的赫鲁晓夫、党内头号走资本主义道路当权派刘少奇，长期以来，利用所窃取的职位打着马克思列宁主义的旗号，贩卖修正主义黑货，反对马克思列宁主义，反对毛泽东思想。由于毛主席领导的轰轰烈烈的无产阶级文化大革命，使刘少奇在我国复辟资本主义的阴谋还未得逞，就被革命群众揪到光天化日之下了。这是件大好事。这是马克思列宁主义、毛泽东思想的伟大胜利。刘少奇曾不知羞耻地梦想当什么"刘克思"，见鬼去吧！马克思在天之灵一定会象当年嘲笑蒲鲁东之流一样嘲笑你这头蠢驴！中国人民会继续把你斗倒、斗垮、斗臭，把你打翻在地，叫你永世不得翻身！

以柯西金、勃列日涅夫为首的苏联现代修正主义领导集团，煞费苦心地把一件件马克思列宁主义的外衣往自己身上披，企图打扮得漂漂亮亮，来迷惑世界人民。他们拚命地叫喊，要反对中国的"教条主义"。可是，全世界革命人民都很清楚，他们所攻击的正是马克思主义最本质的东西，马克思主义的活的灵魂。他们象魔鬼害怕阳光一样地害怕毛泽东思想，疯狂地攻击和诋毁毛泽东思想。但是，他们这一切都是徒然的。毛泽东思想是最高最活的马克思列宁主义，是不可抗拒的。毛主席亲自领导的中国无产阶级文化大革命，正以排山倒海之势，雷霆万钧之力，迅猛异常地向前发展，揪出了党内一小撮大大小小的走资本主义道路的当权派，冲击着一切反动的、腐朽的势力，动摇着苏修领导集团的统治宝座，震撼着莫斯科城。柯西金、勃列日涅夫之流的命运决不会比他们的难兄难弟刘少奇、赫鲁晓夫稍微好些。

我们是毛主席的红卫兵。马克思、恩格斯、列宁、斯大林、毛泽东的道路——革命到底的道路，共产主义的道路，我们走定了！我们不但要把中国的走资本主义道路的当权派统统揪出来，把中国变得一片红，我们还要把马克思列宁主义、毛泽东思想伟大红旗，高高地插到华盛顿的上空，插到莫斯科的上空，插遍全世界！

"全世界无产者，联合起来！"埋葬帝国主义，埋葬现代修正主义，埋葬一切反动派！

马克思列宁主义、毛泽东思想万岁！

邓小平罪行调查材料之三

（上接第3、3?期第七版）

請看他的"道白"：

——共产主义，就是要搞起碼有"25000"人的"居民点"，"要做到北京，貴阳有的，你們"居民点"（指遵义）都有，将来高跟皮鞋、口紅、电視机都可以有，不是要消灭城乡差别嗎？就是这些了。"

——"到了共产主义，每人搞一个縫紉机，做自己心願的衣服。""穿衣可以充分自由，自己爱穿什么就穿什么，穿鞋也是爱穿布鞋就穿布鞋，爱穿皎鞋穿皎鞋。爱穿草鞋也行，拼命穿草鞋，节約下的錢穿双皮鞋，高級和低級相結合，不要統統一样。"

——"要搞娛乐場所，运动場几百戶一个是不行的。""我主张中国成为自行車国，每人一輛自行車，騎車可以鍛炼身体，农具用汽車拖。"

——"将来什么工作最重要？管娃娃最重要，全国要有两千万人干这一行。""重要的部分是教育人，要訓练保育員。""他們的待遇应該比大学教授高。"

"第二个重要部門是做飯。""将来每人每年六十斤猪肉。""每人每天半斤苹果。""要允許'喝'二两白干。"

………………

这就是邓小平心目中的"共产主义"，地地道道的資本主义复辟的假共产主义！在这里为共产主义而奋斗变成了为"口紅"、"电視"、"高跟皮鞋"而奋斗，为"猪肉"、"白干"、"自行車"而奋斗，什么加强无产阶級专政，什么消灭阶級和阶級差別，什么人的思想革命化，什么高举毛泽东思想伟大紅旗，統統被抛到九霄云外。用邓小平自己的話来說就是："吃、穿、住、行、玩五个字"，"不是要消灭城乡差別嗎？就是这些了。"这种共产主义和赫魯曉夫的"土豆燒牛肉"式的"共产主义"，究竟有什么区別？

为了复辟資本主义，邓小平公然学着赫魯曉夫的腔調，大肆鼓吹資本主义的經营方式。我們伟大的領袖毛主席指出：**"粮食是宝中之宝。"**发展国民經济必須**"以农业为基础。"**邓小平却公开同毛主席大唱反調，胡說什么"粮食只有使用价值，沒有交換价值。""你們要講究什么有市場，"企图以追求利润来腐蝕群众，破坏国民經济。毛主席教导我們：**"农村人民公社必須发展多种經营，农林牧副漁同时并举。"**邓小平却提出："各地要按資源特点"，"你們可以搞鋁具、铁具、鎳铁具、銅具、鋅銀具，等等"，并指示盛产煤的綏化县負責人："嘛，国内国外市场都需要，你們要拼命和氣。"把赫魯曉夫在西欧推行的一套"經济分工"論，完全搬到了我国，企图用資本主义的經营方式、价值法則来改造社会主义的經济，实现其"口紅＋高跟鞋"式的共产主义，这就是邓小平的险恶用心。一九六一年七月二十一日邓小平在黑龙江省委的一次座談会上竭立宣揚"自負盈亏"、"独立核算"，揚言要按照"經济的办法去搞經济"，"用等价交換迫使（企业）搞好独立核算，提高生产。"赤裸裸地暴露了其复辟資本主义的狼子野心。

削尖脑壳，企图钻进遵义会議

削尖脑壳，企图挤身于遵义会議参加者的行列，是邓小平五八年遵义之行所干的一件最最见不得人的丑事。

遵义会議是我党历史上最有历史意义的大会。这次大会，第一次确立了我們伟大領袖毛主席在我党的領导地位；大会糾正了当时具有决定意义的軍事上和組織上的錯誤。遵义会議以后，在毛主席的亲自領导下，中国人民克服了无数艰难险阻，取得了一个又一个的胜利。遵义会議的光芒，就是毛泽东思想的光芒，为了紀念这个具有伟大历史意义的会議，在遵义設立紀念館，整飾了革命历史遺址，供全国和全世界人民瞻仰。

一九五八年十一月二日，邓小平、楊尚昆、李井泉"駕臨"遵义紀念館。当时紀念館的陈列，是根据五七年多方查証后布置的。一樓陈列館里，懸挂着当年参加会議的十八人的照片，邓小平没有参加会議，当然不会有他的照片。但是，这个野心勃勃的家伙，一看十八人中，独独缺少他这个"邓总书記"，滿脸不高兴。于是眉头一皺，計上心来，走到樓上当年开会的会議室，立即装出一副旧地重游的样子，肯定地說："会議就在这里开的。"接着竟厚顏无耻地指着会議室靠里边的一角說："我就坐在那里。"为了使人确信他是会議的参加者，故意显得頗为熟悉，到处指手划脚，一会說这儿布置的"窄"了，一会儿那儿安排的"小"了，胡扯乱点，瞎湊一通。事后，在邓小平的指使下，有个叫做石明（新华社記者，反革命修正主义分子汪小川的老婆）的御用文人，特意写了一篇《邓小平同志在遵义》的臭文章，先后在《貴州日报》、《新遵义报》、《山花》、《貴州十年文艺創作选、散文特写集》上大登特登，广为传播。說什么："遵义紀念館的工作人員，很久以来就盼望着能接待一次参加遵义会議的客人。今天这願望实現了。……遵义会議的参加者邓小平、楊尚昆同志，对这座闊别二十多年，有伟大历史意义的樓房，記忆犹新。"为捏造邓小平参加遵义会議，大造輿論。

邓小平真的参加过遵义会議嗎？沒有，根本沒有。邓小平在撒弥天大謊。

遵义会議是1935年1月6日——1月8日召开的，历时三天。参加会議的除当时中央政治局正式及候补委員外，还有长征时一、三軍团的軍团长、政委及五軍团的政委、总政主任和参謀长，共十八人。1931年还是瑞金县委书記的邓小平根本沒有参加会議，也根本沒有資格参加会議。遵义会議紀念館的同志为了証实邓小平的話，曾多次通函有关部門，請求查詢旁証材料，結果一一落空，得到的是否定的回答。1959年5月15日中共中央办公厅秘书局在遵义会議紀念館的一再追問下，明确回答："关于邓小平同志是否参加遵义会議的問題，我們沒有这方面的材料，无法证明。"1964年，当年曾是主席警卫員的陈昌奉同志到遵义，据他的回忆，遵义会議时他根本沒有看到过邓小平。大量事实証明：所謂邓小平参加遵义会議純系他自己无耻的捏造。邓小平为了提高个人威望，达到其篡党、篡国的野心，竟然无中生有，大造其謠，不惜玩弄窜改历史的卑劣手法，真是不識人間有羞耻二字。

可是，貴州省及遵义紀念館内一小撮走資本主义道路的当权派，为了巴結邓小平，不顾广大革命群众的抗議，說什么："他（指邓小平）是政治局常委，他說自己参加了，还要找誰证明。"1965年9月14日，在邓小平第二次去遵义前夕（第二次去是在65年11月10日），終于再次修整了陈列方案。于是，会議室椅子多了一张，茶杯增了一个，邓小平的狗头也挂在了陈列館的墙上，竟然和我們最高統帅毛主席并列在一起。使邓小平的阴謀暂时得逞。

然而，历史毕竟不是一块大理石，可以随意让人雕刻。在伟大的无产阶級文化大革命中，英勇的紅卫兵和遵义紀念館的革命派起来造反了！他們憤怒地揭露了邓小平伙同貴州省委及遵义紀念館内一小撮党内走資本主义道路的当权派互相勾結，狼狽为奸窜改历史，吹捧反革命修正主义分子的滔天罪行。把邓小平的狗头揪起来，使颠倒了的历史重新颠倒过来。这是革命造反派的一大功勋！这是战无不胜的毛泽东思想的又一伟大胜利！

（刘、邓罪行联合调查团）

·4· 红 旗 1967.5.4

毛主席的故事

中国第一张马列主义的大字报

毛主席在湖南长沙第一师范学习时，当时的校长叫张干，他是一个混蛋，勾结反动军阀，迫害进步同学，多收学费，限制穷人子弟入学。

毛主席领导全校进步同学反对张干，在君子亭起草了一个宣言，写得非常好，斥责张干教育无方，误人子弟。宣言写成后，贴在校内，轰动全校。这是中国历史上第一张大字报。

张干暴跳如雷，立刻出布告开除以毛泽东同志为首的十七名进步同学，遭到全校进步师生的坚决反对，袁教员徐特立，杨昌济（后是主席的岳父）等都反对，经过尖锐的斗争，迫使张干作出特殊处理：宣布开除的布告作废。毛主席领导同学继续坚持斗争，张干终于在一九一五年被赶下台去。

经过这次斗争，毛主席在同学中的威信更高了，同学们选他当学友会总务（主席）。

敢把皇帝拉下马

毛主席不仅敢在学校造校长的反，而且敢造皇帝的反，造袁世凯的反。有些好心人劝他不要做，这样要吃亏。毛主席说：干革命不怕吃亏，不怕坐牢。当时湖南报上不敢登反袁的文章，毛主席就收集了材料，印成小册子散发。反动派发现后怕的要死，到处搜捕印小册子的人。一师来的更多（因为一师进步师生多，成为他们的眼中钉），但当时毛主席的群众基础好，进步的同学、老师都掩护他，敌人没找到。这次活动给当时湖南的反动派以沉重打击。也教育了广大人民，加强了反袁斗争。进步同学也受到很大教育，他们开始怕毛主席出问题，后来说：我们这些人敢怒不敢言，而毛泽东敢怒、敢言、敢做、敢为。

毛主席在青年时代给我们作出典范，敢于造反动派的反，敢于造一切牛鬼蛇神的反，成为一名杰出的学生领袖。

敢 于 批 判

毛主席读书最善于动脑筋，看书听课都独立思考，去其糟粕，取其精华。毛主席在读《伦理学原理》时，在唯心部分就加上"此处不通"、"此处无理"、"此处不合吾意"，严加批判。在唯物观地方，批上"此处甚精"、"此处合吾意"。这本书共有十万多字，毛主席就在上面写了一万二千一百多字的批语。

毛主席看了《明耻篇》（揭发袁世凯罪行的书），在封面上写了十六个字："五月七日，民国奇耻！何以报仇？在我学之"。充分表现出他救国救民的伟大抱负。因为毛主席是为革命而学习，所以他非常关心时事，每天都要看报，看报时带上三件宝：笔记本、世界地图、字典。边看报，边看地图，重要的时事记在本上。因为他关心时事，同学有什么问题，他都能圆满回答，所以同学送他一个外号："时事通"。

和贫下中农心连心

毛主席在一九一六年、一九一七年利用暑假两次去农村调查研究。从一师出发，围绕洞庭湖，身无半文，步行十一县，二千余里。做深刻细致的农村调查，了解农村的情况。

毛主席下去时，生活很艰苦，穿草鞋，拿把雨伞，到最贫苦的农民家里做深入细致的工作，白天劳动，晚上访问。起先农民并不欢迎他，因为当时的知识分子都看不起工农，农民也不愿意接近知识分子。毛主席用实际行动让农民了解自己，白天和农民一起劳动，一块吃饭，农民干啥他也干啥，农民吃啥他也吃啥，还帮助农民写信、写对联。毛主席从小参加劳动，田里活都会，他带着深厚的感情去接近农民，农民很快就发现毛主席和当时一般的学生不同，毛主席和他们是心连心的。他们把心里话告诉毛主席。毛主席从贫、下中农那儿得到了很多的知识和道理，为以后写《湖南农民运动考察报告》作了准备。

毛主席这两次调查是无产阶级革命家天才的创举。回来以后毛主席写了两篇通讯，进步同学很敬佩，都说他：身无半文，心忧天下。

第一次调查和毛主席同去的还有一个学生，他回来后牢骚满腹，觉得非常没有意义。毛主席却认为收获非常大。不同的世界观，就会有截然不同的两种结论！

工人的知心朋友

毛主席认识到工人阶级是革命的领导力量，深切地了解工人无文化的痛苦。一九一七年主席利用一师学友会举办了工人夜校。当时的文章都是用文言写的，主席为了让工人能看懂，就亲自起草了一篇用白话写的热情洋溢、简明通俗的夜校招生广告。第一次除了张贴以外，还委托警察来发，没有一个人报名；第二次主席和警察一起发，还是没有人来。但这两次的活动却使得警察以为它只是一个识字、学算术的学校，以后再也不来过问了。毛主席巧妙地取得了办夜校的合法权。

工人为什么不来？主席心里很清楚。旧社会的警察是和工人誓不两立的，工人怎么能相信警察会给他们做好事呢？第三次主席就不请警察了，他和进步同学到工人家里挨家挨户地进行动员。三天功夫就有一百零三个工人报了名。夜校规定不收学费，保证来去安全，每次上课穿衣随便（那时上学的都要穿长袍），这在工人看来都是十分亲切的。

毛主席对工人学文化很关切，他虽然只教历史，一有空就去听课。听课中发现不结合工人实际，就提出内容要少而精，方法要深入浅出。毛主席很重视提高工人的觉悟，他教历史，经常把报上的消息告诉工人。讲近代史，就讲帝国主义怎样欺侮我们，启发工人的革命要求。工人们说：第一师范的毛先生为我们工人想得真周到啊！每句话都说到我们的心坎上。

毛主席是和工农结合的典范。和工农结合，使毛主席认识到群众有无穷的力量，也认识到必须把群众组织起来，才能改造中国与世界。

★ ★ ★

（上接第二版）

"钟山风雨起苍黄，百万雄师过大江。"由我们伟大的导师，伟大的领袖，伟大的统帅，伟大的舵手毛主席亲自发动和领导的无产阶级文化大革命，如同马克思恩格斯热情赞扬和坚决支持的英勇的巴黎公社起义，如同列宁领导的苏联伟大的十月社会主义革命一样，具有无比伟大的深远的历史意义。这场无产阶级文化大革命，是我国社会主义革命发展的一个更深入、更广泛的新阶段，它就是要消灭资产阶级思想，树立无产阶级思想，改造人的灵魂，实现人的思想革命化，挖掉修正主义根子，巩固无产阶级专政。毛主席第一个天才地英明地成功地从理论上、实践上解决了无产阶级专政的社会主义国家过渡到共产主义的整个历史时期中，如何铲除修正主义，防止资本主义复辟，走向共产主义的极为重要的问题。

毛主席从来认为：**"无产阶级革命事业的接班人，是在群众斗争中产生的，是在革命大风大浪的锻炼中成长的。"**在毛主席的无产阶级革命路线的光辉照耀下，亿万革命群众，揪出和斗倒、斗臭了党内头号走资本主义道路的当权派，我国资本主义复辟的总后台，修正主义的总根子，妄图篡党、篡国、篡军的赫鲁晓夫式的大野心家、阴谋家刘少奇，横扫了自上而下的各地区、各部门、各单位一切大大小小的牛鬼蛇神，这是无产阶级文化大革命的伟大胜利，是毛泽东思想的伟大胜利！**"沉舟侧畔千帆过，病树前头万木春。"**在这史无前例的革命群众运动的洪流中，一大批本来不出名的革命青少年，成了勇敢的革命闯将，他们有魄力，有智慧，敢想，敢说，敢干，敢闯，敢革命，敢造一切牛鬼蛇神的反，敢造资产阶级反动路线的反，敢造一切剥削阶级腐朽的意识形态的反。他们为无产级阶文化大革命立下了不朽的功勋，他们就是在毛泽东思想的阳光雨露的哺育下，在阶级斗争的大风大浪中锻炼成长起来的无产阶级革命事业的接班人。从他们身上，可以无限自豪地看到我们伟大社会主义祖国的未来，看到世界的未来。就连帝国主义、资产阶级的老爷们也不得不哀叹"和平演变"我们第三代、第四代的希望"如同肥皂泡一样地破灭了"。

"千钧霹雳开新宇，万里东风扫残云。"我们伟大的社会主义祖国在前进！世界在前进！革命在胜利！不管反动派怎样企图阻止历史车轮的前进，用毛泽东思想武装起来的亿万革命人民这个历史前进的火车头将永远飞驰向前，不可阻挡！

我们伟大的导师，伟大的领袖，伟大的统帅，伟大的舵手毛主席对我们青年一代寄予了无限的希望，他说：**"世界是属于你们的，中国的前途是属于你们的。"**我们这一代青年人，将亲手把**"一穷二白"**的祖国建设成为伟大的社会主义强国，将亲手参加埋葬帝国主义的战斗，任重而道远。我们革命的红卫兵要永远忠于无产阶级，忠于毛主席，忠于毛主席的无产阶级革命路线，忠于我们社会主义铁打的江山！象早晨八、九点钟的太阳一样战斗！

地球在运转，东方的旭日正在东升！

工读教改组舸争流

电话：27251转245 定价：每份2分

毛主席语录

在人民内部，不可以没有自由，也不可以没有纪律；不可以没有民主，也不可以没有集中。

中学红衛兵

天津市中等学校紅卫兵代表大会主办

第八期 1967年5月11日（星期四）

陈伯达同志談“天工八二五”問題

五月八日下午，陈伯达同志接見了胡昭衡同志，关于“天工八二五”問題陈伯达同志作了重要指示。

伯达同志指示××軍召集“天工八二五”的积极分子会議和全体会議进行传达，并听取他們的意見。

你们开始走的路是对的，现在你们走错了路。有的人开始走对了，现在走错了；有的原来走错了，现在改过来了。原来走对的，不能半途而废，“行百里者半九十”。明明是走了一里，就说走了百里，就什么意见也听不进去了，这是搬起石头砸自己的脚，让自己走到反面。你们不但在天津，而且到唐山，过错就更大了。

你们过去虽然做得对，一系列的错误可以把过去正确的东西一笔勾销，掉到泥坑中去。你们过去正确过，不要以为这样就可以随便干了，商量也不能商量了，过错也不让弥补了，非打倒不可。但打倒的不是我们。走错了路不回头，要变成被打倒的对象。想想嘛，把天津闹乱了，有什么好处。

天津的部署是中央定的。

没进红代会，这是缺点，可以弥补嘛。无非有缺点，再三要弥补。你们这样搞就没有回旋的余地了。就你们少数人正确？你们的行动是得不到社会同情的。你们这样跟解放军对抗是严重错误，是非常严重、非常严重、非常严重的错误。

解放军不能说一点缺点没有，有缺点可以提意见，为什么非这样闹翻不行呢！这样闹对你们有什么好处！难道天津三四百万人，就由你们这很少的一部分人垄断？解放军并没有得罪你们嘛，工作有缺点可以弥补嘛。工作有缺点就不能弥补，毛泽东思想哪里去了！没有吸收你们进红代会是个很大缺点，中央说要补嘛。为什么补也不行，硬要推翻另立。你们是不是正确，还要经过实际考验。实际考验证明，你们是非常严重的错误，证明你们不正确。

这些意见请你们好好想一想。

你们绝大多数人是好的。一时弄不清楚问题是可以原谅的。这么长的时间，到了回头的时候了。一个人一辈子有几天功夫方向是对的，就吃老本吃一辈子。把别的造反派都否定了，也就否定了自己。毛主席再三说过要读读《阿Q正传》。你们是不是赵太爷？别不许人家革命。要防止你们上别人的当，上少数几个人的当。回过头来还是同志，有意见可以提。这样闹，对你们有什么好处！你们脱离了群众的想法，你们的行动是与群众利益相反的。

你们的干劲要保护，看是什么干劲。干对的我们赞成，干错了的我们不赞成。

你们要革命，不许别人革命，“只此一家，别无分店”，这是正确的吗？合乎毛泽东思想吗？没有你这一家，世界照常活，无产阶级文化大革命照样前进。别把自己看得太高了。

希望你们回到毛主席的革命路线上来，我们鼓掌欢迎你们。有意见，你们可以提。现在连中央的决定、耐心的谈话、听你们的意见，你们完全不理，都抛到脑后。你们究竟到何处去？你们要不要无产阶级权威？以毛主席为代表的党中央，就是无产阶级权威。你们要不要以毛主席为代表的党中央的权威？你们这行为不是无产阶级的行为，不代表无产阶级，是有很大破坏性的小资产阶级的无政府主义思潮占领了你们的脑子。无政府主义不管变成什么形式，最后都是要失败的。

我们不是怕你们，是爱护你们。无产阶级怕什么！你们以为这么乱闹一通，我们就害怕了。

我们可以等待，但不能把大量时间只用在你们身上。你们按中央指示做，欢迎你们一块革命。我们等待这么久了，你们看不清我们的耐心，你们越走越远。这样下去后果怎样？为什么不可以想一想。为什么不反省一下。走错路是经常有的。走错了倒回来再走，这是完全合乎事物的规律的。不是走回头路，而是走前进的路。走错了路，回到原来的出发点再走。

无产阶級革命派大联合万岁！

大反特反无政府主义！

打倒无政府主义！

戚本禹同志接見北京中学生各派代表时的讲話（摘要）

（一九六七年四月十四日）

一、（略）

二、阶级斗争观点，阶级路线。

林副主席有个报告，第一个问题讲的是要有阶级观点的问题。这是马克思列宁主义的根本问题。共产党是搞阶级斗争的，没有阶级斗争，也就没有存在的必要了。这个报告要传达。要以阶级斗争的观点来观察事物，否则就会犯错误，看不清方向。对每个问题的评价、做法，离开阶级观点就会犯错误。干部子弟有的是无产阶级，有的是变质的，有的跑啦！要牢牢掌握阶级观点，中学争论最大的是阶级出身问题，开始争的是“血统论”，以后是“出身论”。引起争论不是偶然的。

怎样对待成份呢？实行什么路线呢？对这个问题，毛主席有过最概括、最科学的论述，看毛选四卷一二七九页：**“既反对忽視成份、又反对唯成份論”**。中学开始是唯成份论，“老子英雄儿好汉，老子反动儿混蛋”。伯达同志批判这些是反动的“血统论”。说封建资产阶级他们讲高贵的“血统论”，德国法西斯也讲，日尔曼民族的血统是最高贵的，犹太人的血统是低贱的；白种人的血统是高贵的，黄种人的血统是低贱的。这种“血统论”在劳动人民中也有影响，如有的劳动人民讲：“我们天生的命不好，就不能造反。”有的农民起来造反，还要找姓刘的来当皇帝。三国时刘备当皇帝，就因为他是皇帝的血统，用来欺骗劳动人民。有些做官当老爷的也影响其子弟，“老子英雄儿好汉”这是历史的悲剧。人家说他，他就打、砸、抢；人家批评他，他就走向反动，这是个悲剧。所有的红卫兵、老红卫兵都要接受这个教训。这个悲剧改了的话，也可以变为喜剧，重新回到毛主席路线上来。“八一”学校有“联动”，擦玻璃还找部队给擦，有的“联动”的人，四体不勤，五谷不分，对老百姓的生活也不了解，他认为不扣扣子就是流氓，把人家打一顿，这是跟他老子看帝王将相的大毒草的戏所受的影响，做了二十世纪的“唐吉诃德”。他们还想翻案，二十年掌权，很可悲，我看他们是掌不了权的。这一种倾向一定要反对。

“出身论”也不对，有很大错误，是大大错误的。它的错误就在于否定阶级分析，否定阶级观点，抹煞人的阶级性，不承认阶级出身对人的影响。他们是用资产阶级的客观主义伪装起来，来反对“血统论”，实际上是和反动“血统论”走到一起了。这是一种思潮，企图从根本上否定阶级出身，否定经济地位对意识的影响，想把剥削阶级抹掉。主席说：**“在阶級社会中，每一个人都在一定的阶級地位中生活，各种思想无不打上阶級的烙印。”**而他们完全否定一个人的家庭出身对本人的影响，否定了阶级地位。我们不是唯成分论者，我们号召各种不同阶级出身的人，在大风大浪中学习毛泽东思想。努力改造自己。而“出身论”者却全然不讲这些，实际上和彭真的“重在表现”是一样的，用资产阶级观点来反对血统论煽动青年对党不满，向党进攻。这是一颗大毒草，不要上他们的当。批判反动“血统论”时，他们想混水摸鱼，要警惕。我们的主张是，既要有成分论，又不唯成分论，这是“两点论”。出身不好的愿意改造的，我们欢迎，但不能否认阶级成分。

三、中学红卫兵的光荣任务。

当前中学压倒一切的任务是对刘邓反动路线的大批判，每个红卫兵战士都应积极投入大批判运动，只有这样才能有利于完成斗、批、改。昨天《人民日报》发表的上海女六中的做法和《文汇报》的社论，中央文革小组认为这两篇文章是好的，决定向全国广播，上海女六中的作法是有普遍意义的，斗争的矛头是指向党内走资本主义道路的当权派，搞大联合，当然有的学校条件不成熟，可以进一步酝酿，大联合要经过一个过程。

中学有三种矛盾：革命派内部的矛盾；革命派与保守派的矛盾；革命派与反动组织的矛盾。第一种矛盾属于“摘桃子”，这种争论也是很妨害的。“摘桃子”要代表阶级摘，不能代表个人和小集团摘，如果为个人和小集团摘桃子，那就不是无产阶级，是错误的。如果上纲的话，那就是资产阶级思想。不要学“私”字当头，无产阶级要搞大联合，革命派要搞大联合，不能打“内战”，打内战重要还是批判刘邓路线重要呢？矛头不能转向保守派学生，第二种矛盾，对保守派采取都检查的办法不好，要改正。保守派的同学们要自己教育自己，**“既要弄清思想，又要团結同志”**，弄清思想也可以联合。保守派同学也应当明白：如果没有革命派， **（下轉第四版）**

中学红卫兵

·2·　　1967年5月11日　星期四

打倒中国的赫鲁晓夫——刘少奇

从王光美的一封信看刘少奇、王光美的反革命面目

反革命修正主义分子刘少奇，从他混入革命队伍的那一天起，就野心勃勃，阴谋篡党、篡军、篡政。一九三〇年他被捕叛变后，就更加暴露了他的反革命面目。从此，他更加猖狂地网罗各色牛鬼蛇神进行阴谋活动，大搞地下司令部，大搞独立王国。在各个领域内，丧心病狂地抵毁毛泽东思想，妄图使修正主义泛滥，实现资本主义复辟，夺无产阶级的权，专无产阶级的政。刘少奇说什么："世界观沒有改造好"啦，"老革命遇到新问题"啦，"犯了严重错误"啦，……统统都是胡说八道！刘少奇是一个地地道道的反革命！近来揭发的"刘少奇的大叛徒集团"以及"二月兵变"等，不更有力地说明了他的罪恶目的吗？

在这里，我们揭露刘少奇、王光美包庇反动资本家王光英的罪行：

王光英本人在肃反时，曾供认他参加过国民党，群众也来信检举他参加过反动组织，可是原中共天津市委统战部和天津市工商联一小撮党內走资本主义道路的当权派，遵照刘少奇的旨意，千方百计地想拉王光英入党，他们写信让王光美澄淸一下王光英的历史问题，王光美回信竟否认历史事实，包庇王光英。而统战部、工商联中一小撮坏蛋，就根据王光美这封黑信，做了结论，否认王光英的历史问题。刘少奇、王光美这一小撮混蛋，狗胆包天，无视群众的检举，破坏党的政策，今天我们要彻底淸算！

现将工商联党支部给王光美的信、王光美的复信，公布于众，供大家批判。

一、中央天津市工商联支部一九六〇年一月十五日给王光美的信：（略）

二、王光美给中共天津市委统战部和工商联支部的复信：

中共天津市委统战部请转中共天津市工商联支部：

你们一九六〇年一月十五日来信，早已收到，现在才答复你们，请原谅。根据你们提出的问题，将我对王光英的了解介绍如下：

1、王光英在北京志成中学读书期间，沒有听说他参加过国民党，是否参加过该校"自治会"的工作，不知道；该校组织学生受军训，他可能参加过，是否当过中队长，不知道。在志成中学读书时，光英曾在相当长的时期当过拉拉队队长，很出风头，拉拉队是在学校各种球类校队和外校比赛时，站在旁边呼喊助威的。这个时期，光英政治上表现落后，不关心国家大事，学习也不用功，和他要好的一邦同学如：宗德纯、王燕序、邓昌明、李××等均为地主、资本家、官僚的儿子，其中有一些并曾与光英结拜过兄弟，他们每日吃吃玩玩（但，仅限于看电影、看赛球、滑冰和吃零食之类的吃和玩）过的是非常庸俗的公子哥儿式的生活。在志成中学毕业后，投考大学期间，他曾在北京中国大学內，被日本宪兵逮捕过，扣了一个时期，经托人救出，被捕原因，当时听说是同一个汉奸特务因女朋友而争吵打架，被陷害的，是否有别的原因，详情不了解。

2、一九四六年光英曾当过国民党经济部冀热察绥特派员天津办事处的接受专员，据说他干这个事是由一个在辅仁大学时期的同学伍恩佑（基督教徒，哈尔滨一个大资本的儿子，曾同光英合作过论文，他的爱人与光英的爱人应依莉是好朋友）介绍的，伍的一个亲戚是那个接受办事处的负责人。沒有听说光英在这个期间参加过国民党。根据光英在搞接受不久就被国民党政府某单位，以贪污的罪名逮捕的情况看，也不象是参加了国民党的。

3、在辅仁大学三四年级学习时，光英曾参加了天主教，与辅仁大学当时的教务长反动神父伏开鹏有过来往，并在日帝投降前后，替辅仁大学化学系一个教授郝尔森（德国人，天主教徒）保存过地毯等贵重物品。辅仁大学毕业后，光英曾在天津与萧权甫先生（现在可能是天津北洋纱厂的资方代理人，光英的舅父）合办过一个小肥皂厂，后又回辅仁大学研究院学习，兼任助教，以后又与同学宗德纯一起合办了一个化工厂，生产橡胶制品、漆布等。开始时，听说由光英做技师，主要出人股，宗德纯则主要出钱股。以后听说他们搞过投机倒把，买空卖空的勾当，详情不了解。

四、王光英的家庭成份是民族资产阶级。父亲王槐青曾任教师，孙中山的国民政府时期参加政府做职员，北洋军阀时期最高曾做过农商部工商司司长兼代理部长等职，一九二六年或一九二七年辞职后未再做官，可能兼过中孚银行（通孚丰公司）的理事或董事，还在短时期內做过临时的会计师。无党派，沒有同日帝和蒋匪合作过。曾有房产三所，股票和银行存款若干。家庭经济收入，在较长时期依靠银行存款和股票利息以及出卖、出租房子的收入。日帝占领北京后，通货澎账，有些公司倒闭票股作废（如：六河沟煤矿等）子女们尚在读书期间，生活日渐下降，解放时，尚有房屋一所数十间，票股若干（光英工厂中可能有些，启新洋灰公司的有一些）。解放后，父亲曾为北京文史馆馆员，曾有几年是主要依靠文史馆的津贴生活，现已去世。母亲董洁如，曾任小学教师，长期是家庭妇女，解放后，开办了洁如托儿所，以房产和和钱财陆续投入托儿所的事业中，该所已于一九五八年交给北京市卫生局。母亲现为北京市人民代表，北京按院胡同托儿所所长，解放前，曾对共产党的地下工作人员给予若干帮助，解放后，对共产党的政策，积极拥护，现因病半休息半工作。光英的五哥王光复一九三五年左右考入国民党空军学校，一九四五年曾在蒋匪空军任上尉中队长，现在可能在台湾，二哥王光琦在一九四六年——一九四七间，曾给李匪宗仁做过生意，现在对外贸易部工作，无党派。大哥早死。三哥为北京医学院教授兼附属医院皮科主任，九三学社社员，历次运动中都是左派，靠近党。四哥和五个妹妹都是共产党员。王光英的爱人应依莉（原名应秀兰），曾因与光英结婚而加入天主教，沒听说她参加过其他反动党派。但，应的父亲和哥哥均曾经是国民党某部队的管军需的军官，解放前，在北京南苑有土地出租给二地主。现在应依莉可能还有姐姐和弟弟等在台湾，详情不了解。

此致

敬礼！

王光美

1960年3月23日

好一个"中共正式党员"！这就是你对你反动资本家哥哥的历史政治活动的证明吗？你张口一个"光英"、闭口一个"父亲"、"母亲"，叫得多么亲切！多么富有感情！你的爱憎何等分明！哪里有一点共产党员的气味？王光英的问题果真就象"刘夫人"证明的"仅限于看电影、看赛球、滑冰和吃零食之类的吃和玩"吗？果真就"仅限于"政治上表现落后，不关心国家大事、学习不用功"吗？"仅限于"是一个"很出风头的拉拉队长"吗？不！王光英很"关心"国家大事，政治上表现很"积极"，他关心的是将介石的"国"，"积极"的是投靠日本帝国主义。为蒋介石，国民党反动派效劳，破坏抗日、破坏学生爱国运动，剥削和压迫人民的反革命活动。

请看我们对他历史的初步调查，事实如下：（针对王光美的四点"证明"我们也来他个四条揭露）

（1）王光英这个血债累累，双手沾满着人民鲜血的反动资本家，早在中学时代，就走上了反革命道路，在一九三二至一九三八年在北京志成中学读书，这个学校是特务组织兰衣社开办的，校长吳鉴（又名吳葆三）是兰衣社的特务，这个学校是一个极其反动的学校，一九三七年抗日爆发以后，共产党积极抗日，在青年中组织了一个"民族解放先锋队"，国民党反动派积极反共，消极抗日。国民党特务吳葆三网罗了一个特务外围组织"自治会"和共产党争夺青年。王光英积极参加了这个组织，是本班的代表，并任要职（这个组织分几个部，他在俱乐部），"自治会"专门为国民党"捐款"，西安事变，蒋该死被张学良扣捕释放后，"自治会"搞庆祝，进行反革命游行，破坏学生抗日运动。"自治会"是破坏"一、二九"运动的急先锋。"自治会"为表示对蒋该死的无限忠诚，在假期里组织了一个"献剑团"，由吳葆三率领去南京为蒋介石献剑。据了解，当时家住北京的"自治会员"都参加了，王光英家一直住在北京，故不例外。"献剑团"还和蒋介石合影留念，眞是反动透顶。国民党在学校搞训练，王光英是军训的中队长，和学校反动当局关系甚密。

（2）王光英因其父的上层关系和他本人的"反共之能事"，被委任为国民党经济部，冀热察绥特派员天津办事处的接收员，帮助国民党蒋介石下山摘桃子。这是政治问题，决非和某个人的私交。据案记载，"王光英参加国民党已于1957年4月在天津市工商界肃反运动中交待"。王光英因道德败坏，被捕过两次、后经托人保出狗命（按：王光美狗胆包天，竟敢否认事实）。

（3）王光英是忠实的天主教徒。在辅仁大学时和教务长反动神甫有过密切关系。日本投降后，替德国人郝学森（天主教徒）保存过贵重物品。二十岁的王光英就走上了剥削的道路，投资开几个工厂，喝尽了工人的血肉。

（4）王光英出身于一个反动官僚资产阶级家庭。其父王槐青曾留学日本。学商回国后，在北京政府从七品小官爬到农部参事、商标局局长、工商司司长、后任代理部长。曾去纽约参与签订"九国条约"，并任要职。几次出国任顾问、专门委员等职。忠实地为封建军阀效劳，疯狂地镇压人民，投靠帝国主义，哪里是一个"无党派"，而王光美竟胡说成"民族资产阶级"，说其父"沒有同日帝和蒋匪合作"，和王光英一起公开为其反动老子开脫罪责，涂脂抹粉，欺骗党和群众！

其母董洁茹是天津八大家族之一，董家的千金女。解放后，董开创黑托儿所——洁茹托儿所，自任所长，女儿王光和任副所长，王槐青任全权顾问。对保育员实行资产阶级专政，却得到彭眞之流的器重。这个臭资本家老妖婆竟当上了北京市人民代表。什么"对共产党的政策积极拥护"！纯粹是放狗屁！

王光美的五哥王光复是蒋匪爪牙，曾任国民党空军少校参谋。抗战胜利后，曾在国民党上海兵工厂帮凶，随蒋贼一起逃窜到台湾。

其二哥王光琦，曾充任战犯李宗仁的经济顾问，为国民党反动派政府卖命，屠杀中国人民，血债累累。解放后，在刘少奇、王光美的 手掌卵下，这个反革命分子，摇身一变，成为无产阶级专政国家机器中的重要成员。

还有，反动亲属应依莉一家……等等，等等。总之，王光英的家庭是一个地地道道的反革命家庭，无论王光美怎样撒谎、掩盖、粉饰，历史的事实总是抹煞不了的。

刘少奇、王光美之流如此包庇反动资本家王光英，就是要达到他们险恶的目的——篡夺政权，复辟资本主义。在目前中国的社会里，资产阶级是刘少奇篡权的社会基础，他对资产阶级怎能不爱呢？正如毛主席所说的：**"世上决沒有无緣无故的爱，也沒有无緣无故的恨。"** 刘少奇、王光美、王光英统统是一路货色，臭味相投。他们为实现资本主义复辟，互相勾结、狼狈为奸，疯狂地进行反革命活动。但是，他们的"美梦"永远也实现不了。我们要奋起毛泽东思想的千钧棒，把们他打翻在地，再踏上千万只脚，叫他们永世不得翻身！

刘少奇、王光美狗胆包庇王光英罪责难逃！

打倒党內头号走资本主义道路当权派赫鲁少奇！

打倒政治大扒手王光美！

打倒反动臭资本家王光英！

天津铁路一中　高三（三）班《心向党》

参考消息

四月十八日下午謝副总理对北京中学紅代会核心組讲話（节录）

应该想想，目前为什么会打內战？这有两个原因：1.客观上资产阶级反动路线有新反扑，被坏人挑动。2.主观上有无政府主义、个人主义、小集团主义。"乱"要有阶级性，革命队伍中要大分化、大改组，大乱这观点我不赞成，现在革命委员会成立不起来，坏人在造我们的谣。革命委员会一定要开，大家要把最近中央首长的讲话好好讨论，领会精神并坚决执行。　　（67.4·23 晚）

譚力夫賊心不死

▲譚力夫在监獄中十分嚣张，公然写文章题为："怀疑一切可以休矣！"把矛头指向革命造反派！

▲譚力夫最近给他妈妈写了一封信內容要点：

（1）六六、十二、八。近来屈指一算八十多天了，疲劳、软化、消耗和损伤使身体越来越坏了。现在胃溃疡复发了，有时半身酸痛，瘦的皮包骨……（按：对无产阶级专政不满）；

（2）抓革命促生产太成问题了隔这么多天，问题也弄不淸楚（按：恶毒攻击我们伟大领袖毛主席和中央文革）；

（3）工大是黑窝子，百分之八十以上都是出身不好的（按：造谣）。

1967年5月11日　星期四　中学红卫兵　·3·

砸烂万张反革命修正主义集团

杀向万张反党集团

毛泽东主义紅卫兵尖刀組

毛主席教导我們說："敌人是不会自行消灭的，无論是中国的反动派，或是美国帝国主义在中国的侵略势力，都不会自行退出历史舞台。"

以万晓塘为首的反党集团顽固地执行资产阶级反动路线，站在与毛主席和广大群众对立的资产阶级反动路线上，为了掩盖他们的反革命罪行，费尽脑汁，想出各种"妙计"镇压革命群众，把揭发他们、敢于造他们反的革命群众，打成"眞右派"、"假左派"，"反革命"等等。把保他们的群众说成是"左派"。利用革命群众在观点上的对立，挑起两派群众间的斗争。目前，革命群众冲破了重重封锁线，把反党反社会主义的万张反党集团揭露出来了，这显示了革命群众的巨大威力，这是毛泽东思想的伟大胜利！

以万张为首的反党集团为了保住他们自己，最贯用的手法，就是挑动群众斗群众。当时我们尖刀组就是在市委万张反党集团的操纵和指使下，而和自己观点不同的一派闹对立，自己不革命，也不许别人造反，严重地执行了资产阶级反动路线。

万晓塘死后，我们沒有听毛主席的话，沒有好好学毛著，沒有进行调查研究，所以就分不淸敌我，分不淸是非，受了万张集团的蒙蔽，认敌为友，把反党分子万晓塘一直误认为革命左派，把万当成革命先烈来追悼。认为以万为首的市委是无产阶级革命司令部，自己不揭发不炮轰，也不准别人炮轰揭发。当眞正的革命造反派起来造市委反时，我们不但不支持他们的革命行动，反而诬之为攻击无产阶级革命司令部。

万刚死（一九六六年九月二十日）某同学的母亲郭淑贞（市监委干部，路达之妻）打电话叫我们到她家去，说这个同学找我们有急事。在他们家，我们针对万的死，谈了天津市无产阶级文化大革命的形势，认为我们应该组织起来，捍卫无产阶级革命司令部（实质是捍卫天津市委），对恶意攻击无产阶级革命司令部的要坚决斗争（对无产阶级文化大革命很不理解，自封为"左派"和群众闹对立，阻止革命群众造市委的反），于是我们组织了尖刀组。

××同学的父亲杨××（市监委干部）知道我们成立了尖刀组，和周茹联系，周茹派杨希明和徐光跟我们联系。

一九六六年九月二十二日下午在团校接待室里，徐光（完中文革办公室主任）和杨希明（据了解《光明日报》记者）（按：万张反党集团这帮混蛋经常冒充"新华社记者"、"光明日报记者"欺骗红卫兵，眞是混蛋透顶。杨希明是个秘书根本不是什么"光明日报记者"。）接待了我们。他们先了解了我们对市委的态度，因为我们是相信市委的，他们说话就比较大胆了，对我们进行了煽动，放了不少毒。

现在分析起他们的谈话来，他们的目的何其毒也！

他们谈话的目的，就是要我们跟他们一样，站在资产阶级的反动立场上，死保市委，死保万张反党集团，挑起我们和反市委一派的斗争，把斗争的主要矛头指向革命群众。

我们向他们谈了我校无产阶级文化大革命的情况之后，我们分析：我校运动为什么不能迅速向前发展？我们认为要搞大联合，使我校红卫兵组织联合起来，全校同学团结在毛泽东思想的旗帜下，有了统一的领导，才可能很好地完成毛主席交给我们的任务，才可能把无产阶级文化大革命进行到底。

徐、杨表示支持我们这一行动。但指出我们的头脑太简单，对问题考虑不周全，这样会被坏人利用。

接着他们就大讲特讲领导权的重要意义。意思是有了领导权，就能掌握群众，掌握运动的大方向。十六中必须要由相信市委的人来掌握权，说我们对红卫兵组织筹委会的情况不了解，更不了解各红卫兵组织大联合的目的，徐问："联合起来谁能掌权？你们想过沒有？"接着说："还不是高三一伙（指反市委的）！你们学校一直是反市委的重点校，市委非常注意你们，你们学校革命'左派'一直沒有成长起来，现在联合高三一伙掌了权，形势就会更加不利（说穿了左派联合起来，掌握了运动的领导权，对市委尤其是万氏集团和保市委的一派，就是不利，所以才千方百计阻止大联合）。现在联合沒条件。"煽动我们放下一斗、二批、三改，放着走资本主义道路的当权派不搞，而把主要精力用来调查各红卫兵组织和筹委会的观点，和同自己意见相同（保市委，所谓大方向正确）的人联合起来（打击别人，争夺运动的领导权）。并举了女六中红卫兵一例，告诉我们坚决不能让反市委的掌权。

谈到"七一"红卫兵时，徐、杨说，"七一"红卫兵的大方向不错（实质指对市委的态度）。"当时"七一"红卫兵正搞军训，而不搞学校斗、批、改。徐光说："不知'七一'红卫兵军训的目的是什么？但××（红卫兵负责人，不反市委）和×××（反市委的）之流有根本区别。"所以，就让我们跟"七一"红卫兵联合在一起搞革命。

当时我们的观点是错误的，是保市委的。万氏集团抓住我们在思想方法上造成的错误认识，站在反动的资产阶级立场上，打一派，拉一派，挑动群众斗群众，使我校群众在很长的时间内不能发动起来，使我校运动迟迟不能向前发展。

徐、杨非常"支持"我们，说："你们还需要知道什么？我们知道什么就尽力告诉你们什么。"他们把我们蒙在鼓里，大肆煽动，目的就是要把我们引上保市委的邪路，走上与广大群众相对立的道路。

毛主席說："誰是我們的敌人，誰是我們的朋友，这个問題是革命的首要問題。" 而我们沒有学好毛主席著作，对无产阶级文化大革命很不理解，认不淸谁是敌人，谁是朋友，把那些市委的资产阶级老爷们当成了革命左派、革命前辈，对他们的话不加阶级分析，盲目相信，百依百顺，他们这样支持我们，我们就更加不怀疑自己的观点，拼全力去干了。

第二天，我们在×××家研究工作，她母亲郭淑贞是我们认为的"老革命"，郭的话我们更加相信。她把徐光、杨希明的黑指示更加具体化了。郭挑动群众斗群众，挑动学生斗学生，压制给市委提意见、揭发问题，特别是反万氏反党集团的革命群众，借我们压制革命群众。在万氏集团的蒙骗下，我们做了压制群众的工具，几乎成了资产阶级反动路线的牺牲品。

郭淑贞是铆杆保黑市委的，死保万张反党集团。为了达到此目的，她不择手段地挑动群众斗争群众。她曾经给我们做过"讲演"，当时沒有记录，现根据记忆，整理如下：

她说："万晓塘是个好同志，他的死是国家的损失，革命的损失。'保'万晓塘，不要光看成是'保'万一个人的问题，这是斗争，是资产阶级和无产阶级的斗争"。

当谈到万是怎样死时，她说："万晓塘很早就有病，身体不好，文化大革命以来，日夜不停地工作。九月十八日大会，劳二半八一八、女六中等校学生，把万晓塘同志包围起来，让她坐在太阳地，不给他水喝。而万晓塘同志诚恳地承认了错误，接受群众的批评（恶意攻击革命小将，美化万这个反党分子）。会开到中午沒有结束，大会决定下午继续开，受蒙蔽的同志们不让万晓塘同志走，乱嚷乱叫，我们说万晓塘同志有病，叫他回去休息。一中的（还有别的学校名字记不起来了）学生把万晓塘同志围起来护送出去，晓塘同志发烧39°C，又病又乏了，市委同志不让万晓塘同志参加大会了，可是晓塘同志还是坚持参加大会，下午参加大会的人越来越少，由一千多人变成几百人，四点钟就散了会。（郭恶意攻击革命群众，意思是说，万晓塘是坚强的革命左派，带病参加大会，而红卫兵小将和革命群众却对待他很不好，意思是攻击革命小将揭发市委是"炮打无产阶级司令部"，揭发万晓塘是"炮打无产阶级司令官。"参加大会人数减少，也成为郭死保市委的理由，意思是说眞理在市委一方。市委就是正确的，要不群众怎么也不来参加揭发市委的大会呢？）

第二天，晓塘同志写发言材料，准备明天（二十号）给全市做报告，当时大家（干部）都不在办公室，只有晓塘同志自己在。吃饭时，有人去看，他已经累死在办公桌上。马上叫大夫来抢救，无效，终因心脏病暴发死了。"她又说："孙大圣，劳二半'八一八'红卫兵部分人反市委，我们相信多数人是好的，少数人捣蛋。"她给我们提出任务，让我们回校后大力广播万晓塘的文章，好的要反复广播，另一方面要发动写批判反对万晓塘的文章（完全暴露了她挑动群众斗群众的丑恶本质），让我们相信群众，动员革命师生，站起来积极参加写文章的活动。她让我们行动起来拉的出去，站的出去，站得起来，敢于辩论，让毛泽东主义红卫兵拉得出去保卫市委。

最后她说："市委书记工作很忙，晚上都不睡觉，又管机关又管你们，赵武成有胃病，把胃割去了三分之一，吃饭很少，你们应关心首长的身体，不要总闹。"

最后还鼓动："你们年青犯了错误还可以改，要敢字当头，我们不行了，做错了人家揪住不放。"

此外，她还多次表扬男一中，说男一中的红卫兵（保市委）好，斗争坚决，敢字当头，批评我们打不出去，不能保护市委。

我们的尖刀组就在市委的万张反党集团的蒙蔽下诞生了。这个组织从那一天起，就为资产阶级反动路线效劳，为万张反革命集团效劳。

我们沒有认淸阶级敌人的面目，受了骗，受了蒙蔽，在革命路上走了一段弯路。今后我们要"坚持眞理，修正错误"，知错必改，在游泳中学会游泳。

斬断万張反党集团伸向主义兵的黑手

在前段运动中，我们犯了方向性、路线性的错误，充当了黑市委的保皇派，做了黑市委的得力助手。我们都是干部子弟，由于我们沒有学好毛主席著作，阶级斗争沒有上纲，把复杂的阶级斗争看得太简单，同时我们世界观沒有改造好，对运动很不理解，生怕革到自己老子身上。"6·21"事件发生时，我们怀疑黑市委，可是在市委反党集团的一手策划下，市委召集了市委机关干部开了会，统一了认识，这些干部受了蒙蔽。于是，许多省市委干部的孩子挨了骂。当时我们丢掉了主席著作的学习，认为自己父母是老革命，阶级斗争经验丰富，就盲目听信了，而且又看到许多工人、干部都反对我们，就认为反对市委是错了。革命不能靠父母，要靠自己，而我们却靠父母，靠小道消息，不进行分析，盲目相信，因此受骗了。我们认为反市委就是反党，从小道消息知道，胡昭衡有问题，又有的家长有意点了我们李××有后台，我们就认为李××一定是反党反社会主义分子。而工作队来后，拉一派打一派，把相信市委的封为"左派"，打击反市委的同学，把革命造反派压了下去，把一场轰轰烈烈的文化大革命镇压下去。

后来我校成立了红卫兵。由于红卫兵的发起人都是省市委干部的孩子，而且都是保市委的，所以我毛泽东主义红卫兵织组在吸收红卫兵的过程中，也犯了资产阶级反动路线，打击了许多人的革命积极性，吸收的人基本都是相信市委的。工作组撤走后，又来了联络员，实际上联络员就等于工作组，还是执行了市委的资产阶级反动路线。联络员的所谓的任务是听、看、想，不包办代替，实际上联络员到我校完全包办代替，并且控制了毛泽东主义红卫兵，为了达到市委的目的，联络员便作毛泽东主义红卫兵的幕后操纵者，市委对我们这个组织很看重。市委第二书记赵武成之子赵××是我们的负责人，而且组织内部省市委干部的孩子很多，市委通过这些关系，把我们当成他们的牺牲品，利用我们红卫兵中的错误（受了谭氏流毒的影响）。红卫兵压制同学，而红卫兵受黑市委的指示。市委想用这种手段来压制文化大革命，但市委还不放心，市中学文革亲自成立了全市毛泽东主义红卫兵，去打击一部分人，拉拢一部分人，孤立一部分人。因此我们红卫兵在黑市委的操纵下，（下轉第四版）

◇　◇　◇

编后

"坚持眞理，修正錯誤"这是革命红卫兵的本色。在那里跌倒了，就在那里爬起来，扫去泥土，猛杀回马枪，继续投入战斗！

冤有头，債有主。冤头就是刘邓，债主就是万张。过去，他们利用了我们一些红卫兵战友对党的热爱和政治上的不成熟，欺骗蒙蔽了我们的战友，使他们背离了毛主席的革命路线，害得他们好苦呀！今天我们的战友们站起来了，千仇万恨记在心，集中到刀尖上枪头上，狠狠地，准准地向刘邓，向万张投去！投得准！投得好！我们坚决支持你们的革命行动。

红卫兵是毛主席最忠实的红小兵。决不做万张反党集团的"保皇兵"，决不抱住刘邓反动路线僵尸不放，决不坚持错误不改！

"造反不分先后"，一切受蒙蔽的同志们，向《尖刀组》和《从头越》的同志们学习，勇敢地站到毛主席革命路线一边，反戈一击，把万张反党集团杀个人仰马翻，屁滚尿流。

中学红衛兵

·4·　　　　1967年5月11日　星期四

走上海女六中的道路

短　評

四月十三日《人民日报》报道了上海女六中实现革命大联合的消息，十五日又发表了《高举革命的批判旗帜实现革命的大联合》的社论。四月二十六日，又发表了上海女六中红卫兵团的文章《革命的大批判促进了革命的大联合》（本报上期转载）。为中学运动的发展指出了明确的方向，即集中火力批判党内头号走资本主义道路当权派，在革命的大批判中，实现革命的大联合。广大的革命师生必须牢牢掌握这个大方向。

“組織千千万万的民众，調动浩浩蕩蕩的革命軍，是今天的革命向反革命进攻的需要。”在无产阶级文化大革命发展到与党内最大的一小撮走资本主义道路当权派决战的时刻，革命形势的纵深发展，需要无产阶级革命派迅速地实现革命的大联合，团结一切可以团结的力量，向党内头号走资本主义道路当权派发起全面的总攻击，让中国的赫鲁晓夫在人民战争的汪洋大海中遭到灭顶之灾！上海女六中的革命师生在革命的大批判中，忠实地执行毛主席的指示，牢牢掌握斗争的大方向，正确地开展两条路线的斗争，在共同的斗争中，在毛泽东思想的基础上联合起来了。这个革命的大联合好得很！我们天津市中学的广大革命师生一定要积极行动起来，认真学习上海女六中的经验，走上海女六中的道路！

革命的大联合，必须是具有政治上、思想上的共同基础的大联合。不对资产阶级反动路线进行深刻地批判，不肃清它的流毒，不把群众真正地发动起来，而只是单纯的组织上的联合，决不是巩固的革命的大联合，而只能是“联而不合”。真正的革命的大联合必须是在革命的大批判中，在两条路线的斗争中推进和形成的。上海女六中的经验有力地、突出地说明了这一点。

革命的大联合必须破私立公，实现人的思想革命化。当前，不管是在参加革命组织的同学中，还是在参加过保守组织的同学中，所存在的非无产阶级思想，都同样会影响革命的大联合。因此实现革命的大联合，要我们每一个革命组织，每一位同志，勇敢地抛弃“私”字，大立“公”字，识大体，顾大局，活学活用毛主席著作，狠批黑《修养》，以克服我们队伍中形形色色的非无产阶级思想，有力地促进大联合。

革命的大联合，必须是在毛泽东思想的原则基础上，实现以无产阶级革命派为核心的大联合。否则，就会成为革命派组织与保守派组织“合二而一”的大杂烩。因此，革命派师生要善于团结大多数群众，而保守派则必须向革命派靠拢！

上海女六中的经验说明，资产阶级反动路线是当前实现革命派大联合的主要障碍。在无产阶级文化大革命中，党内头号走资本主义道路的当权派恶毒地抛出资产阶级反动路线，打一批，拉一批，极力制造混乱，挑动群众斗群众；同时利用反动“血统论”、“出身论”等等反动谬论，对革命派师生进行迫害。它使我们同学之间、师生之间长期处于分裂状态，严重地影响着学校无产阶级文化大革命的进行。这条资产阶级反动路线，至今在许多学校还没有彻底肃清，因此在我市的许多中学里，革命的大批判、大联合受到极大的障碍。这笔债要算在党内走资本主义道路当权派的账上！革命的大批判、大联合是互相促进、互相推动的。批判的好，联合的就好；联合的好，批判的就会更好。广大的革命师生一定要分清敌友，团结一致，同仇敌忾，将资产阶级反动路线批深批透，把广大革命师生从资产阶级反动路线的束缚下真正解放出来，才能实现真正的革命的大联合，共同将无产阶级文化大革命进行到底！

无产阶级革命派的战友们，中学红卫兵战士们，革命形势急剧发展，我们任重而道远，**“天地轉，光阴迫。一万年太久，只爭朝夕。”**让我们赶快行动起来吧！扫清障碍，停止“内战”，一致对敌，在革命的大批判中实现革命的大联合！把无产阶级文化大革命进行到底！

朗颂：毛主席是我们心中最红最红的红太阳，千人歌，万人唱，祝福我们伟大的导师毛主席万寿无疆！

祝福毛主席万寿无疆

1＝D　2/4　每分钟90拍　　天津市农机校红色农机

新疆风味，热情激动地．　　兵、红宣兵集体创作．

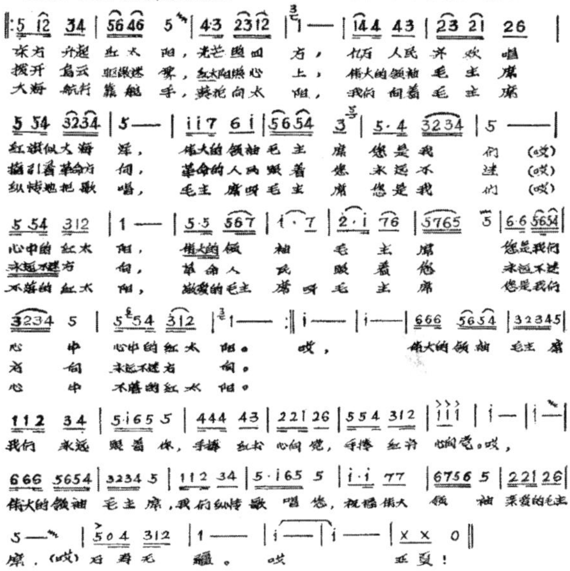

启　　事

▲本报上期第三版刊登的《万张反党集团在天津市完中“打击一大片，保护一小撮”的罪行》一文，作者为天津四十五中毛泽东思想红卫兵。

▲本报编辑部地址：天津市中学红代会（解放路114号）

电話：3.1435

（上接第一版）走资本主义道路的当权派怎么能揪出来呢？要把批判刘邓路线落实下来，但不能落脚到批判保守同学。第三种矛盾，对联动组织不能联合，这是大是大非问题，经过批判看他们的认识如何。对他们的头子和受蒙蔽的群众要区别。

《人民日报》转载《文汇报》的社论和报道上海女六中的情况，也适合中学。中学的任务，就是要在大批判中促进大联合，要在大批判中认识反动路线。要好好学习毛主席著作，认识毛主席革命路线的伟大。刘邓是总根子，要把大批判、大斗争、大联合和本校的斗争联系起来。如果你校是实行的彭真的一套，斗争学校党内一小撮走资本主义道路的当权派，就可以联系起来，把学校的斗、批、改完成得更好。经过大批判，大联合，希望中学搞出个样板，搞个好的典型，创造出完整的经验。中学就是以批判刘邓路线为纲，把斗、批、改完成，这要依靠革命派联合起来才能搞好。现在中学红卫兵的主要任务，就是积极大批判，通过大批判搞大联合，内部分歧的问题，用人民内部的方法来解决，不要老打“内战”。放着刘、邓路线不管，打“内战”这就不对了。中学你们打“内战”，也有点倾向了。对“联动”怎么来的，没有从理论上很好批判，没有很好分化他们，争取他们，有的人不敢沾边。应当做些工作，把他们组织起来开个会，讲道理，做些工作，使他们自己认识到刘、邓路线的错误，回到毛主席路线上来。

（根据記录整理，未經首长审閱）

斩断万张反党集团伸向主义兵的黑手

（上接第三版）把造反派压得抬不起头来。谁反市委就打击谁，我们完全操纵在黑市委手里。这样不行就来另一招，又在全市组织了一个完中纠察队。纠察队员都是坚信市委的，而且是比较有组织纪律性的，当时开纠察队成立大会时，赵武成、杜长天也参加了，他们利用纠察队控制毛泽东主义红卫兵，利用毛泽东主义红卫兵控制同学，三条线整个是为了保护万张这个反革命修正主义集团。市委为了达到这个目的就要阴谋放暗箭，不顾一切，大搞经济主义。国庆节时，让纠察队到登瀛楼去吃饭，还不让交钱。市委一发生辩论，就拉出去保卫、辩论，成了市委的有力助手。市委说什么，我们就听什么。那时候，我校红卫兵要联合在一起，但一直没有联合起来，一方面各组织之间有矛盾，另一方面就是市委在里面进行挑动。市中学文革办公室的徐光、杜长天曾说过：现在大联合不好，领导权非常重要。应该掌握在谁手里？现在你们毛泽东主义红卫兵还站不起来，反市委的决不能掌握……（大意）。于是我们就没有联合。市委联络员很重视我们。总到我们这个组织来，有时送来市委的黑指示，我们就当圣旨去做。给我们许多框框，束缚了我们的手脚，使我们越来越保。当时我毛泽东主义红卫兵在观点上基本是一致的，不相信市委的也被压的不得不相信市委。为了会上压制怀疑市委意见的人，赵××做了一次长时间的“精采”的“报告”，讲了许多理由来说明市委是革命的。万晓塘死后，我红卫兵一些人贴出了“血债要用血来还”的大字报，大喊“誓作革命的保爹派”。当时“八·三一”红卫兵××同学说了万晓塘不好。我们红卫兵有几个战士去找她辩论，她不承认万晓塘是革命的，她就是反革命。而且还写出了这样的大字报。还翻印了许多“悼念万晓塘”的文章。在开悼念万晓塘大会的前一天，联络员来了还问我们：“你们一共去了多少人参加这个大会？毛泽东主义红卫兵都参加吗？有谁不参加？把不参加的人的名字和‘八·三一’那个同学的名子都记了下来。”他还要我们联络更多的组织去参加这个大会，可见市委的手段是多么毒辣。自以为通过这样精心策划的大会就能把全市的红卫兵和学生都控制住，保住自己的乌纱帽。这是不可能的，越这样越能暴露自己的丑恶本质！

从以上事实充分可以看出，毛泽东主义红卫兵的一切权利都掌握在黑市委手中，黑市委耍出了种种阴谋卑鄙手段，利用他们所蒙蔽的毛泽东主义红卫兵及其他组织来镇压天津市的文化大革命。因此天津市的阶级斗争的盖子一直揭不开。从以上事实也能清楚地看出我们在运动中没有很好地学毛著。在阶级斗争最尖锐最复杂的时刻，丢掉了主席著作的学习，没有用主席思想去分析一切，观察一切，而是盲目地听信，把家长的话作为“最高指示”　革命不是靠自己而是靠父母。从个人利益出发，因此做了市委的得力助手。

现在我们觉醒了，一定起来造反。造走资本主义道路当权派的反！造资产阶级反动路线的反！造一切不符合毛泽东思想的反！夺自己头脑中“私”字的权！彻底批判资产阶级反动路线！使我校的革命造反派更快地联合起来，从党内一小撮走资本主义道路的当权派手中夺权！

天津毛泽东主义紅卫兵
《从头越》

红色造反报

天津《红色造反报》编辑部主编

第三期

1967年5月15日 星期六

1967年3月17日创刊

最高指示

《清宫秘史》是一部卖国主义的影片，应该进行批判。

本报编者按：反动影片《清宫秘史》，公开站在帝国主义、封建主义和反动资产阶级立场上，宣扬卖国主义和资产阶级改良主义，美化资产阶级共和国，歌颂保皇党，污蔑革命的群众运动和反帝反封建的英勇斗争，提倡阶级斗争调和论。

我们伟大领袖毛主席早就严正指出：《清宫秘史》是一部卖国主义的影片，应该进行批判。可是党内最大走资本主义道路的当权派和一小撮反革命修正主义分子，顽固地站在资产阶级反动立场上，把这部反动影片吹捧为"爱国主义"的，一直拒绝对这棵大毒草进行批判。他们所以全力歌颂反动影片《清宫秘史》，其目的是利用这部影片来迷惑群众，反对伟大的毛泽东思想，为资本主义复辟进行舆论准备，妄图推翻我国伟大的无产阶级专政。

对《清宫秘史》二种相反的评价和态度，决不是对一部具体影片的看法不同，而是资产阶级同无产阶级两个阶级的斗争，是马克思列宁主义、毛泽东思想同资产阶级改良主义、修正主义思想的斗争，是资本主义复辟同无产阶级反复辟的斗争。归根结底，是资本主义同社会主义谁战胜谁的斗争。

戚本禹同志所发表的《爱国主义还是卖国主义？》这篇重要的战斗文章，吹响了向党内最大走资本主义道路当权派发动总攻的号角。现在我们把《清宫秘史》电影剧本刊登出来，供无产阶级革命造反派的同志们批判，彻底肃清党内最大走资本主义道路当权派所代表的资产阶级反动路线的流毒，把无产阶级文化大革命进行到底，保无产阶级专政永不变色，让光辉伟大的毛泽东思想红旗永远永远的高高地飘扬。

清宫秘史（电影剧本）

姚克　编剧

第一场A

布景：城楼、荒野、骡车箱

人物：难民、义和团、官兵、太监、光绪

（城楼上黄龙旗随风飘荡，一片肃杀的军乐，杂以隆隆的炮声，半空中炮弹炸裂的火花，城门口难民如潮水一般的拥出城来，又有刀枪明亮，手执火把的义和团，横冲直撞的在民众中间狼奔豕突。炮火连天，浓烟匝地。）

迭印字幕：

"清光绪二十六年"

"庚子之乱"

（黄龙旗中炮弹，炸成碎片，旗杆折断。难民与官兵杂乱的脚步，扑过镜头。）

迭印字幕：

"八国联军攻陷京师"

"西宫蒙尘"

（晨光曦微中，三辆骡车的阴影，掠过镜[illegible]面，手中紧紧捏着一张照片。光绪拿起照片看看，泫然欲涕，慢慢抬起头来，发为逼没奈何只得跟着过去，回头望珍妃。珍妃失望，无限幽怨。）

（光绪赌气地抓起玉如意）

（隆裕抬头，恰好光绪把玉如意摔下来。她赶紧双手枪住，差一点打碎。）

（光绪愤然掉首而去，回到御座旁。）

（李莲英见状，只得捧盒跪在西太后面前。西太后回头向荣寿公主）

西：大公主！

（荣寿公主疾趋至御座旁，请安。）

西：（低声）你替皇帝把那两对荷包给了长叙家的两个姑娘吧。

荣：是。

（荣寿公主迈步至瑾、珍二妃前，李捧盒后跟，荣把第一对荷包给瑾妃，瑾妃接谢如仪。荣把第二对给珍妃，珍妃倔强地想不接。瑾妃急以目示意。珍妃乃勉强忍着气，怨恨地遥望光绪。光绪遥望着珍妃，目光中有无可奈何之意。）

（珍妃伸手接荷包，低下头去。泪落在荷包上）

第二场A

布景：太和门、太和殿外

李：奴才恭贺爷的大喜。（起来，怒目向王、孙）你们楞着干什么？还不赶快跟皇上穿戴起来？难道（话中有刺）要老佛爷自个来动手吗？

王、孙：喳！

（王、孙等赶忙立起，为光绪穿戴。李清安退出。光绪咬着牙任凭王尚等摆布。）

光：总有一天，我——（他愤然一拳打在桌上）（一对翠玉福禄鸳鸯砸成两半）

第三场

布景：坤宁宫

人物：光绪、隆裕、王商、福晋、执事太监、宫女等

（各种宫灯，点得灯烛辉煌。桌上高面烧着龙凤花烛，光绪被逼与隆裕后并坐饮合卺交杯，福晋等[illegible]，光绪一脸的不高兴。）（[illegible]子孙饽饽，跪呈帝、[illegible]，隆裕一惊，福晋等惊愕，面面相觑，光绪疾趋至廊前，执事太监等俱跪下，）

倒霉了，知道吗？

孙：喳。（退下）

（光再到窗口看，火势已暂微，）

光：（对珍）你受惊了吧？

珍：奴婢不怕，不过，总觉得——

光：觉得什么？

珍：今儿是皇上大喜的日子，偏偏遇着起火，艳以觉得——

光：觉得是个不祥之兆吗？

珍：不，皇上，你怎么说这个话呢？奴婢是觉得宫里办事的人太疏忽了一点。

光：岂但是疏忽，简直是不象话，我总有一天要把他们完全撵出宫去。

第五场

布景：御书房（夜景）

人物：光绪、翁同龢、王商、孙德

（翁同龢灯下与光绪讲学，案头放着各种线装书。）

翁：臣刚才所讲的，皇上都明白了吗？

光：都明白了，不过"天下为公"的这一句，请翁老师再讲得明白一点。

翁：是，不过——（目视左右）

光：（会意，对左右）你们到外边去。

王、孙：喳！（退出）

光：（离座与翁密谈）现在没有外人了，请老师讲吧。

翁：（正襟危坐，侃侃而言）皇上，天下者，乃天下人之天下，而不是一人一家所能私有，[illegible]中国，自古以来，经过多少次大乱，换

光：（焦急）嗳，你又来了，今儿格咱们要不受拘束，尽量的说老实话！

珍：是，这多少年来，太后专政，一意孤行，朝廷上尽是些老朽昏庸的大臣，除了拍太后的马屁之外，什么叫国计民生，他们是完全不管，跟外国交涉一次，就吃一次大亏，我想照这样子下去，前途真是不堪设想了。

光：（拍案而起）着啊，你的话一点也不错！你想，我们自从鸦片战争那一次起，接连着英法联军攻破京城，先帝避乘热河，之后中法之战，又割地求和，差不多没有一次不是丧权辱国，如果不再发奋图强，将来我们中国一定要被瓜分去了。

珍：翁老师想必有富国强民之策？

光：对啦，他以为：如果要中国富强，必须要维新变法！

珍：什么叫维新变法？

光：嗐，现在的时代不同了，决不能墨守旧规，一成不变，我们应该考察世界的情势，人家有什么好东西，我们就应该马上学他们，我们自己有什么坏东西，就应该立刻改革掉，你知道吗？日本国只不过是几个小岛，还不够咱们一个省份那么大，可是自从明治皇帝维新之后，他们的国家已经一天天的强盛起来了。

珍：但是我们应该怎么样改革呢？

光：你听我说：在文的方面，科举的八股文，简直是害学苍生，我们应该立刻废止，改设学堂，替国家造就有用的人材，在武的方面，[illegible]要赶紧想法子仿造洋枪洋炮，[illegible]，我们沿海的地方很多，尤其要把海军建设起来！

想。）
（珍妃男装的照片）

第　一　场B

布景：体和殿
人物：西太后、光绪、荣寿公主、固伦公主、李莲英、崔玉桂、王商、孙德、福晋、命妇、太监、宫女等
（体和殿内景，西太后端坐于宝座，光绪待立于左，荣寿、固伦两公主及福晋、命妇立于座后，李莲英、崔玉桂、王商、孙德跪于两旁，御座前设长桌一，上置大盒一个，中有镶玉如意一柄，红绣花荷包两对。）
西：（指着玉如意及荷包向光绪说话）皇帝，回头候选的姑娘们上殿，你要仔细地挑选，选中谁做皇后，就把这玉如意给她，选中谁做妃嫔，就把这两对荷包给她们，知道吗？！
光：是，皇阿吗！（"阿"字重读，"吗"字轻读，"阿吗"满语"父亲"也。）
西：（字字有力）皇后是一国之母，你要仔细一点，先前我跟你说的话，都记住了吗？
光：（万分委曲）是，皇阿吗。
西：（向李莲英）小李子，宣她们上殿吧！
李：（叩头领旨）喳。
（李起立，转身向外。）
李：老佛爷口谕，宣姑娘们上殿！
（殿外官领执事太监跪应）
监：喳！（起立向外传旨）老佛爷口谕，宣姑娘们上殿！
外面应：喳！

第　一　场C

布景：体和殿
人物：五个选女及执事太监等，余同第一场B
（选女们向体和殿而来。她们入体和殿。她们一字儿排开，向御座跪下行满洲大礼。）
（西太后用目向李莲英示意，李会意。李至御座前，请双腿儿安，自桌上拿了那只大盒，高捧着跪下。）
西太后以目示光绪。光绪无可奈何地离了御座，向前观看，李莲英跟在后面，只见……）
（东首第一个是隆裕，隆裕抬起眼皮来，无限希望。光绪皱　，不顾，顺着向西看过去。西太后注视着。德馨二女及瑾妃等在镜头掠过，直到珍妃——珍妃抬起星眸，无限娇羞。）
（光绪立停，眼睛闪出光芒，与珍妃脉脉相视，徐徐拿起玉如意。）
（李莲英捧盒跟在后面，窥知帝意所属，他机警地把眼一转，回头看西太后。西太后咳嗽一声）
（光绪拿着玉如意，刚想交给珍妃，闻声猛吃一惊，回头看西太后。西太后怒目而视，赫赫威仪。）
（光绪暗惊，失了主张，将玉如意缩回，向李莲英看。李向隆裕呶嘴捧盒走了过去。）
（光绪咬牙压下心头之火，轻轻叹了口气，

人物：礼部堂官、内阁学士、法驾卤簿、鸿胪官、侍卫、各部府执事官、太监等
（册封皇后之玉册，上有"光绪十五年正月癸未"等字样。）
（太和门外，皇帝法驾卤簿全副仪仗及内贮玉册之龙亭，由礼部堂官、内阁学士前导，迤逦入太和门。自太和门至太和殿，殿外有官雁立，跪迎如仪。）

第　二　场B

布景：乾清宫东暖阁
人物：光绪、王商、孙德、侍监等
（皇帝之大典礼服整齐地陈于炕上。王商与孙德面面相觑，惊疑莫定。靠窗前，光绪背身而立，显然是在发脾气，王、孙相顾无奈，硬着头皮走过去。王、孙跪下）
王：吉时已到，请皇上穿戴起来吧。
光：（没好气地）我不穿，我不要她做皇后。
王：皇上——
光：你甭管！（走开）

第　二　场C

布景：慈宁宫内
人物：西太后、李莲英、崔玉桂、荣寿公主、福晋、命妇们、太监们
（一个小太监喘息着自外赶到，与廊下的崔玉桂耳语。崔颔首走入，崔趋入宫与李莲英耳语，李眼珠一转，入寝宫。）
（西太后正在由诸女官侍候着穿戴，李上前单腿跪奏）
李：回老佛爷，小崔子说皇上要脾气不肯穿戴，请老佛爷作主。
西：（把脸一沉）怎么着？不肯穿戴？哼！这么点儿年纪就不听话，往后长大了，那还了得？！小李子，快瞧瞧去。
李：喳！
西：要是他不肯穿，你瞧着办！
李：喳！（退下）

第　二　场D

布景：乾清宫东暖阁
人物：光绪、王商、孙德、李莲英、小太监
（王商、孙德跪在地下哀求。）
王：皇上，你就委曲点儿穿了吧，要不然奴才们的脑袋可就难保了。
光：这与你们不相干。
小太监：（匆匆自外入，跪奏）回爷，李总管传老佛爷口谕。
光：（愕然起立）啊？
（李莲英昂然自外入，俨然立在门口，向东）
李：皇上接旨！
光绪向北跪下。）
李：老佛爷口谕，吉时已到，请皇上升殿行礼。
光：儿臣遵旨。（起立）
（李乃改容抢步上前请双腿儿安。）

王：（跪上前阻住）皇上——
光：（低声）长叙家的二妞儿来了吗？
王：（低声）来了。
光：她在那儿？
王：（碰头）奴才不敢说。
光：混账！
王：喳。
光：快领我去！
王：喳（立起，嗒然前导）
（光绪跟着王商出宫而去）

第四场

布景：景仁宫
人物：光绪、王商、珍妃、孙德、执事太监、宫女、喜婆等
（王商紧紧跟着光绪到景仁宫门外，王突然跪下）
王：皇上，你还是回那边去吧，回头老佛爷……
光：别罗嗦！（疾趋入景仁宫。）
（宫内比较冷清，正中设宝案，上置册封瑾嫔、珍嫔之金册及册文，只有执事太监等守着，他们冷不防光绪来，慌忙跪迎）
太监等：奴才们恭贺爷的大喜。
（光绪一摆手，趋入暖阁。）
（珍妃背向门而坐，梳凤髻，御丹凤朝阳袍，喜婆等瞟见光绪，慌忙跪下。珍妃愕然起立，窘出望外。光绪喜形于色，趋前。）
珍：（离座行礼）皇上。
（光绪忙拉她手扶起）
光：快起来。（携珍手同至花烛之下，细看娇容）咱们有好久不见了，我很想念你，你知道吗？
珍：（脉脉含情）奴婢也很想念皇上。
光：这一次可真委屈你了。
珍：皇上别那么说，奴婢不是一样伺候着你吗？不过，皇上，您今儿格怎么能到这儿来呢？
光：那怕甚么？我要到那儿就到那儿，谁管得着我？
珍：皇上当然不怕什么，但是咱们老祖宗的家法——
光：（突然变色）家法！家法！我就顶恨这个家法！（触动愁思，背转身去。）
（宫女等面面相觑，暗暗退下。）
珍：（款款深情）皇上，你这个话要是给老佛爷听见了，可——
光：我偏要说！
珍：（急止之）皇上，你——
（珍扶光到窗口，将坐下，忽闻窗外人声鼎沸，急推窗一看，但见远处火光熊熊，不知什么地方起了火。）
光：啊！是那儿走水？
（彩牌楼火烧，众监纷纷扑救。太监等忙乱奔走。王商仓惶四顾，孙德匆匆入宫）
孙：（入门，趋前数步，跪奏）回皇上，是启祥门前的彩牌楼着了火，不要紧的，请皇上放心。
光：哦！叫下面留神一点儿。
孙：喳！（要走，光叫住）
光：这件事顶好别让老佛爷知道，回头他们又该

过多少次朝代，这个道理，皇上想必也知道。
光：（领悟）朕知道，得人心者得天下，失人心者失天下。
翁：是的，老百姓是最听话的，也是最容易满足的，只要在上者不要忘记了他们的痛苦，处处地方替他们百姓打算，那末天下就能长治久安了。
光：但是，咱们的这位（目示左右）太后，却一点也没有想到这上面去。
翁：（将身子挪前一点，低声）所以要请皇上当机立断。
光：但是朕应该怎么办呢？
翁：这个——（忽然起身请安）请皇上恕罪。
光：（连忙扶起）老师只管直言。
翁：皇上。（移座更近，作密语，声细不可闻。）

第　六　场

布景：同豫轩（夜景）
人物：珍妃、光绪、王商、春艳、春寿、小德张
（一炉香。春艳的手洒上香末，端过去，摆在琴桌上。春寿从绣龙的琴囊中取出瑶琴一张，捧到琴桌前放下。珍妃从轩内走出来，坐到琴桌边，调了一下琴弦。光绪便衣小帽，匆匆进宫，只有一个王商跟着，宫门口几个太监赶忙跪迎。同豫轩的圆洞的门口，两个小太监跪迎，将要通报，光绪摇手止之，侧耳细听。琴声起，光绪慢慢的走过来。珍妃弹琴而歌（歌词大意，承恩雨露，誓以身报，国家多难，愿帝发奋图强。）
（光绪注意地听。）
（珍妃唱，光绪听。光绪听珍妃唱毕，兴奋地从花丛中走出。珍妃一见大惊，急起身跪迎，光绪一把扶住）
光：二妞儿，我倒想不到你会唱得那么好，更想不到你对于国家大事，也这样的关心，这个歌儿是你自已编的吗？
珍：是的，奴婢放肆得很，皇上不会降罪吗？
光：你怎么也跟我来这一套呀？以后不要什么皇上奴婢的，咱们你我相称好了。
珍：您今儿格好象很高兴似的。
光：对啦，我今天很高兴，打算跟你痛痛快快的谈一谈。
（光绪携珍妃入内，春艳、春寿、王商、小监等请安。）
光：（回头）王商！
王：喳！（上前请安）
光：你到外面去，今儿格不论是谁，不许进来！
王：喳！（请安毕，退后）
（光偕珍入内，边行边说。）
光：今天翁老师跟我提了一件很重要的事情。
珍：他怎么说？
光：二妞儿，我先问你，现在咱们大清国的国运如何？
珍：（凄然仰首）好象是一天一天在衰败下去。
光：这是什么缘故？
珍：奴婢不敢说。

珍：（忽有所悟）说起海军，刚才工务处有一个奏折在这儿。（走到御案前，检视奏
光：（一边走过来一边问）怎么工务处提到海军的事啦？
珍：他说：太后盖造颐和园的款子不够，要想动用海军协款。
光：（勃然变色）啊？！（翻阅卷章，略看数行，一拳打在案上）该死！该死！我说他们只晓得拍太后的马屁，就不管国家的生死存亡啦！跟我磨墨！
珍：是！（上前磨朱墨，胆怯地）皇上打算怎么批呢？
光：当然是驳回去咯！（濡笔疾书）
（同豫轩外。小德张直往里闯，王商死命拦住）
王：皇上有旨，有事明儿再回。
小：怎么着？老佛爷有口谕，你敢拦着吗？我问你，你有几个脑袋？！
王：（陪着笑脸）小德哥，您就照应照应我吧！回头皇上怪下来，我也受不了啊。
小：好吗，你眼睛里头只有皇上，就没有老佛爷了，是不是？
王：小兄弟不敢，你多包涵点吧！
小：胡说八道！你不去回，我自个儿去见皇上去。
（王商拉之不及，直往里走。小德张闯入，上了台阶，门内走出光绪及珍妃，小德张赶紧请安）
小：皇上吉祥，珍主儿吉祥。
光：什么事？！
小：老佛爷口谕，请皇上去。
光：你去回老佛爷说我已经睡了。
小：按理说：就是皇上安歇了，老佛爷有事也应该去的。
光：（渐按捺不住）不用你多说，我不去。
小：喳！可是依奴才看，皇上还是去的好。
光：什么？（欲待发作，珍妃拉住，光绪忍着气冷冷地）你知道老佛爷有什么事吗？
小：（欲言又止，抬头看看珍妃，再看看光绪然后低头）奴才不便说。
光：（与珍对看一眼，珍故意转身，走向廊前不去听他们的话）你说好了。
小：（低声）老佛爷要皇上到皇后那儿去。
（珍妃突然转过身来）
光：（冷笑）你去回老佛爷，说我没有功夫。
小：喳！（陡然站起轻蔑地）不过回头闹出事来，可别怪奴才。（转身就走）
光：（怒气直冲，双目圆睁，威严地）混蛋！
（冲向小德张。小德张慌忙跪下，珍急回身想劝止。）
光：掌嘴！
（小德张自己打嘴巴。珍妃无可奈何倚在栏边。光绪威风凛凛站着不动）
光：滚！
光：回来！
小：喳！（回来跪下）
光：去跟你主子说，跟老佛爷说，跟满天下说：我爱在那儿，就在那儿，谁也管不着。
小：喳！

（下转第二版）

·2·红色造反报1967，5，15

清　宫　秘　史

（上接第一版）

第 七 场

布景：慈宁宫

人物：西太后、荣寿、固伦、李莲英、隆裕、小德张、崔玉桂

（荣寿、固伦二公主捧西太后梳妆用具自内间出，到西太后梳妆处，轻轻放下。李莲英正在为西太后梳头。发光如鉴，其长委地，李的手细心在梳。）

西：小李子，跟我仔细的瞧一瞧，有白头发没有？

李：没有，老佛爷，半根也没有。

西：别哄我呀！

李：奴才敢吗？老佛爷。

西：拿镜子过来！

二公主：是。（一人拿了一面镜子分立两旁，西在镜中仔细端详）

西：小李子，今儿格你还有什么新花样没有？

李：回老佛爷，奴才又想了一个新花样，叫做丹凤朝阳，你要不要试一试？

西：好，你就替我梳吧。

李：喳。

西：小李子就有这么一手，他替我梳的头可以见天见不同样。（对荣寿）你们赶明儿跟着他学学。

大公主：是，李总管好手艺，我们早说过了，要拜他为师呢。

李：噢，大公主，这可把奴才给折寿死了，奴才算得了什么呢？这不是老佛爷赏脸，才让奴才当这个差使吗？

西：说真话，别人替我梳头总是笨手笨脚的，只有小李子，他就从来没有跟我弄掉过一根头发。

李：老佛爷夸奖了，这那儿是奴才的本事，老佛爷龙体康健，本来一根发头都不应该掉的。

（说到这儿对大公主呶一呶嘴，大公主把镜子改变方向，李巧妙地把木梳上的断发，藏到袖中。慈宁宫外走廊。隆裕后款款行来，后面跟着小德张及小监二人，到宫门口，几个小监请安迎接）

小监等：皇后吉祥。

隆：（低声）老佛爷起身了没有？

小监：早起来啦，李总管正在跟她老人家梳头哩。

隆：哦，（一面把一个红纸包塞在小监手里）一点小意思，送给李总管的。

小监：（请安，接下）喳。（引隆裕入宫。隆裕到寝宫之前，跪下，小监侧身入内。李莲英及二公主替西太后簪花。小监远远跪下，手里的红纸包露了一露。）

李：（会意，转面向西太后）回老佛爷，皇后跟你请安来啦。

西：叫她进来吧。

李：（回过头去）老佛爷口谕，皇后进见。

（隆裕立起来进宫。隆裕见西太后如仪）

隆：老佛爷吉祥。（侍立一旁，面有泪痕）

西：（注视其面）孩子，你怎么啦？

隆：（欲说又止，忍不住跪倒西太后前）求老佛爷替臣媳作主。（哭）

珍：（请安）谢皇上。

光：不是给你的，要你谢什么？

珍：练海军是全国人民的事情，我也是一份子呀。

（正说笑间，王商自外入跪奏）

王：回爷，爷的朱批给驳回了。（呈上折子）

光：啊？！（阅毕西太后朱批，陡然色变）该死！

珍：（愕然）怎么啦？

光：你瞧吧！（把奏折给她看。珍妃阅批嗒然若丧）

光：（惨然望着积钱罐）现在这么一点点，更有什么用呢？

（夺罐要砸，珍妃拦住）

珍：皇上，有这一点点总比没有好，从今以后，我们更要多捐一点了。

光：（无限感慨）唉，要是全中国的人，人人都象你，中国就有救了。（惋惜地手抚摩积钱罐）

第 九 场A

布景：同豫轩

人物：珍妃、瑾妃、光绪、三宫

（“积钱罐第二十六号，光绪十六年六月吉立。”接着是一个一个积钱罐在镜头面前掠过，越掠越快，经过无数的积钱罐，以快速度掠过后，镜头停在最后一只罐上，其字样为“海军储金罐第一百八十八号，光绪二十年六月吉立。”）

（珍妃的手在投入龙洋，珍妃穿着男装，凄然不乐。）

瑾：（走过来）妹妹，你还在弄这个呀！

珍：我也明知道这是小孩子的玩意儿，无济于事，不过，我也算尽一点儿心罢了。（说毕，忽有所见，注视）

（王商紧张地从走廊边走过。）

（珍妃注视，移步上前。远处光绪匆匆从走廊向外走。珍、瑾急躬身请安。）

瑾：（俟光绪走远，起立，低声问珍）皇上这几天好象有什么心事似的。

珍：哎，可怜他这几天晚上，从没好好儿睡过。

瑾：为什么呢？

珍：（走近细语）听说，近来日本国屡次跟我们挑战，皇上为了要不要跟他们开战，一天到晚的发闷儿。

瑾：日本国那种小鬼头怕他什么？咱们只要派十万大兵去，就把他们的全国都踏平了。

珍：姐姐，你不知道，日本国虽然小，可是他们现在国富民强，咱们不一定打得过他们呢！再说，要打日本，就得用海军，咱们的海军呢?!

瑾：（指着积钱罐）你不是捐了好些钱，咱们不也有了好些条兵船了吗？

珍：这有什么用呢？咱们练海军的钱，一半让太后造了颐和园，一半上了李莲英的口袋啦。

瑾：这么说，难道我们的大清国，就等着挨打吗？

珍：所以皇上这几天急得直跳脚，口口声声说是我们的国家，都是让太后给害了！

第 九 场B

布景：养心殿

切，喃喃向上忏悔）

光：求列祖列宗，保佑我们大清朝国富民强，请先帝恕儿臣不孝之罪……（唏嘘泣下）

第十一场A

布景：同豫轩

人物：春艳、春寿、瑾妃、珍妃

（一架旧式照相机，春艳、春寿在用惊异的目光在看）

艳：咱们珍主儿的花样真多，我就不明白，怎么盒子盖儿一亮，就把人的影子照进去啦？

寿：少多嘴，来了，来了！

（用手一指，瑾妃从走廊那边走过来。）

（二春上前请安。）

瑾：珍主儿呢？叫我来照相，自己又走开啦！

艳：珍主儿在换衣服呐，请你坐一回儿。

瑾：又换什么行头啦？（向内喊）妹妹，快出来照相啊！

珍：来了！（穿着男装翩然而出）

瑾：（瞥见珍妃的男装）唉？你怎么又穿了男装了？

珍：我要照一张男装的相。

瑾：你这一打扮，要是给老佛爷瞧见了——

珍：怕什么？在自个儿屋子里穿穿，不见得就犯了法呀！

瑾：还是小心点儿好。

珍：得了，咱们照相去。（拉瑾妃到照相机前）

第十一场B

布景：流水音阁外

人物：西太后、隆裕后、李莲英、小德张及女官、宫女、太监等多人

隆：（站在太后身边唠叨）她现在愈来愈放肆了，间天儿在宫里头照相，有时候穿着爷儿们的衣裳，到处乱跑，简直不成样子。

西：她竟这样胡闹？

李：（乘机进谗）老佛爷不要生气，珍主儿不大懂得宫里的家法，再说皇上也喜欢这么样子，他们都是新派。

西：（勃然大怒）什么新派、旧派的？她仗着皇上的势，就可以无法无天了吗？我倒偏要去会会她。（霍然立起来）

第十一场C

布景：同豫轩

人物：珍妃、瑾妃、西太后、隆裕、李莲英、小德张、女官、宫女、太监多人、光绪、春艳、春寿

（珍妃、瑾妃、及春艳、春寿还在照相）

艳：主儿，您跟咱们也照一个吧。

珍：好，站那边儿去。

（春艳算站好地位，珍妃刚要给他们照，忽然外面传呼“老佛爷驾到”！珍等大惊）

（西太后、隆裕、李莲英及女官太监等自外入，珍妃、瑾妃满面惊惶跪下）

珍瑾：老佛爷吉祥，皇后吉祥！

（西太后、隆裕傲然不答，走过去，李莲英拿垫子放瓷鼓凳上，西太后坐下，隆裕侍立，李莲英打扇，其他人等在门外候着。）

（珍妃胆怯地走上前）

珍：老佛爷请里头坐。

西：（冷冷地）不敢当。

头）

光绪向李赶过来）混帐！（李避至西太后身旁，向光绪请安。光绪要打他。西太后喝住光绪。）

西：住手！

光：（气得浑身发抖，向李）你要造反吗？

西：是我叫他打的。

（光绪气馁了一半，呆视着太后。）

（春艳从轩内出，向光跪禀）

艳：回皇上，珍主儿一头撞在墙上，昏过去了！

隆：哟，这怎得了，我去瞧瞧！

光：站住，不用你去！（向轩内跑）

西：（阻止光绪）站住！（光绪站住）见了我安都没请，就想宠小老婆去了！（向瑾）你瞧去，别回头死呀活呀的，说起来是我做婆婆的作践死了儿媳妇儿。

瑾：是。

（西太后立起身。李莲英向太监举手示意。外面一片声音：“老佛爷起驾啦！”众拥着西太后行。光无奈，只好跪送。）

十十二场A

布景：同豫轩

人物：李莲英、珍妃、光绪

（李莲英捧着西太后的手谕，大摇大摆的走进来）

李：老佛爷手谕：（珍妃急跪下，李念）“珍贵妃习尚奢华，屡违内则，着降为贵人，以照阃戒，钦此。”

珍：谢老佛爷！（起立）

李：（将手谕放在桌上，抢前一步，请安）珍主儿吉祥！（阴险地）昨儿格奴才伺候不到，请你别生气啦！（珍昂头不理）嘿……（退下）

（珍妃垂泪返房，光绪当门而立，抚着她的肩劝慰）

光：你心里不要难过，这都是我连累了你。

珍：皇上别这样说，是奴婢该死，连累了皇上生气。

光：唉，圣人说过，先要修身齐家，而后可以治国平天下，像咱们这个家，哎，什么时候才齐得了啊！

珍：老佛爷一家之主，可是，皇上，你别忘了，你是一国之主啊！

光：你的意思是——？

珍：（跪下）奴婢不敢。

光：（急拉起）你有话尽管说！

珍：皇上，你为了国家，为了百姓，你不能一辈子顺着老佛爷的意思啊！

光：对啦！我要——（在桌上拿起手谕，要走出去，珍妃一把拉住）

珍：只要皇上实行以前的话，维新变法，发愤图强，别说把奴婢的虚名降低，就是把奴婢杀了，奴婢也是甘心情愿的。

光：你放心，我已经拿定主意，一定要维新变法。

珍：要是太后跟守旧党不答应呢？

光：这个——哎——目前他们的势力太大，我们只好慢慢的做去。

珍：可是我们要等到什么时候呢？

光：你别忙，（拿起光绪二十一年的时宪书给她）我已经有了一个通盘计划，你记着，今年是乙未年，在三年之内，开始维新变法。

（珍妃泪珠未干，但脸上透露着希望的微笑，她翻开时宪书，在三月二十三日上写：“君无戏言”四字，珍妃的手合拢时宪书。）

第十二场B

珍：你怎么说呢？

光：我当然说不咯！你来瞧！

光：（走过去，打开匣子，取出诏书）这是变法的上谕，等明儿一早发出去，布告天下，我相信全国的人民，一定是非常高兴的。（又指指几份稿子）还有这几个上谕，以后科举的时文，改为策论；书院改称学堂，兼读洋文；民间庙宇，不在祀典者，一律改为学堂，开经济特科，以真才取士，注重武备，巩固国防，提倡科学，研究洋务。其他的还有好些细则。总而言之，这是我们大清朝立国三百年来，第一件重大的改革，我相信，中国这样改革起来，不到三十年，就可成为世界上最最富强的国家啦！

瑾珍：（欢欣万状，同时跪下）敬祝皇上成功！

光：（扶起）不过，有一件扫兴的事！

瑾珍：（变色）什么事？

光：老佛爷把翁老师开缺了！

珍：翁老师是主张维新变法的大臣，怎么能把他开了缺呢？

光：太后一定要把他开缺，我有什么法子？

珍：可是这太使人丧气了！

光：你别忙，翁老师已经荐了一个比他强十倍的新人物来做我的臂膀。

珍：是谁？

光：他的名子叫康有为。

珍：哦！康有为！

第 十 二 场C

布景：颐和园仁寿殿

人物：西太后、李莲英、崔玉桂、及西太后之侍从等、荣禄

（西太后坐在窗口，从旁侍候者多人。）

西：康有为？（向李莲英）康有为是什么东西？

李：回老佛爷，他是个广东人，在工部衙门当一个主事。

西：一个主事？

李：皇上因为他官小，所以特赏三品侍郎，在总理衙门行走，三天两天，在宫里召见。

西：这简直是胡闹啦！这么大点点的小官儿，也进宫召见吗？

李：听说他官儿虽小，名气倒很大，外面新成立的保国会，就是他领头创办的。

西：哦！

李：除了他，还有康广仁、杨深秀、杨锐、林旭、刘光弟、谭嗣同、梁启超一大帮子人，都是维新派，很得皇上的重用。

西：哼！什么维新派，都是些乱党，帮着皇上来计算我的，小李子！

李：喳！

西：传荣禄进见。

李：喳！（向外）老佛爷口谕，传荣禄进见。

荣：（跪着）奴才荣禄恭叩圣安。

西：算啦！我问你，皇上维新变法，你觉得怎样？

荣：皇上的愿意是好的，可惜一般维新之臣，少年气盛，一意孤行，恐怕是未见其利，先见其害。

西：着啊！他们那儿是在变法维新，他们无非想把我的老臣一个一个撵了去，好让他们来掌权罢了。

荣：（叩头）老佛爷明鉴！

西：所以我不能不有个防备，我想先调你到天津去做直隶总督，执掌北洋的兵权，等到秋

西：哦！我明白啦，昨儿晚上他还是没有到你那儿去吗？
隆：是的。
西：怎么我的话他也不听啦，敢情是让那个狐狸精迷住了。你放心，有我给你作主，总有一天我叫那个狐狸精现原形给你看！
（崔玉桂捧着承奏折的匣子进宫来，与李莲英耳语，李眉头一皱接过匣子入内。李上前一步，象要说什么话。）
西：有什么事吗？
李：（抢步上前跪奏）回老佛爷，你的颐和园可盖不成了。
西：什么？
李：工务处请拨款子的奏折给驳回了。
西：谁敢？
李：（呈上朱批奏折）是皇上亲笔批驳的，老佛爷请看。
（西太后阅折尾朱批，上面写着："查历年各省所解协款原系专储为筹备海军之款，不准移作别用。颐和园虽为太后颐养游憩而筑，究为不急之务，断不可擅移海军协款，以败垂成之功，所有筑园不敷之数，着户部另行筹拨。"）
西：好呀，我要造一个小小的花园溜溜腿儿，他都不准了。
李：老佛爷别生气，皇上可并没说不跟你盖花园儿呀，不过另筹款子嘛，又得耽搁日子，在你万寿之前，也许来不及啦。
西：哼！我活着还轮不到他作主呢，拿笔砚来！
李：喳！
（李捧上朱笔，西太后执笔在手。朱笔勾去光绪御批，另批："颐和园所需建筑费用，仍由海军协款项下拨付，毋庸再议。"）

第　八　场

布景：景仁宫
人物：珍妃、光绪、瑾妃、春艳、春寿、王商
（珍妃的手拿着十块龙洋投入一个积钱罐，罐上写着"海军储金罐第一号，光绪十五年正月吉立。"）
珍：（边投钱边含笑向光绪）从今天起，我每天存十块钱。
光：这一点点钱有什么用啊？
珍：别小看它，积少成多，大家聚起来，就是一笔大数目了。
光：只怕你们辛辛苦苦捐的钱，落到贪官污吏的手里，那就糟了。
珍：我不相信有人会吞没这种钱，难道他连一点点良心都没有了吗？
光：但愿如此。（一笑走过去）
珍：（向瑾妃）姐姐，你也捐一点儿。
瑾：好，我也捐五块。（取钱投入）
珍：（对春艳、春寿）你们呢？
二春：（请个安，忸怩地）我们一人捐一块。
珍：好，我看再去找谁。（想走）
光：慢着！（兴奋地解下腰带上的汉玉佩）我捐这个。

人物：光绪、军机大臣、众大臣
（光绪正与众大臣会商大事，空气十分紧张。）
光：日本国欺人太甚，如果再这么容忍下去，总有一天他们要打到北京城来了！
军：可是李鸿章的电报上说：咱们的海军还没有练好，恐怕不是人家的对手。
光：（以拳抵桌）海军！海军！咱们的海军到那儿去啦？还不是——（说至此，用目觑着四围的大臣，不敢再说下去，心中痛苦万分，起身踱蹀）
（众大臣面面相觑）

第　九　场C

布景：慈宁宫
人物：西太后、李莲英、荣寿公主、固伦公主
（西太后在打牌，李莲英及两公主伴着）
西：小李子，咱们的园子什么时好完工？
李：回老佛爷，还有一个月也就差不多啦！
西：今儿格是——？
李：奴才已经都算好啦，在老佛爷的万寿前完工，一定误不了！
西：哦。

第　九　场D

布景：养心殿
人物：光绪、军机大臣、众大臣
光：（回身立到桌边，悲愤地）旁的都不必提了，现在咱们只有两条路，不是战，就是和！
（众大臣默默无言）
光：（沉痛地）朕也知道，战，咱们八成儿要打败，可是打败以后，也好让全国人民醒悟一下，知道我们大清国如果再不发奋图强，那就真要一败涂地，不可收拾了。
军：（跪奏）依微臣看来，还是讲和的好。
光：（感慨地）可是，讲和的条件呢？咱们的土地有限，人家的欲望无穷，你能答应得了这许多吗？（强毅地）朕已经仔细的想过了，事到如今，也只有决心一战！
（军乐声渐起）

第　九　场E

布景：过程
人物：——
（黄龙旗飘扬海上，军乐声愈来愈高）
迭印字幕：
"甲午之战，中国海军败绩。"
（背景渐渐暗下去，炮声隆隆，炮火横飞，蓦然一个巨响，黄龙旗炸成破碎。）

第　十　场

布景：太庙
人物：光绪
（光绪的手抚摩着破碎的黄龙旗。光绪的背影，独自一人，跪在太庙神龛之下，容颜悲

（珍妃羞愤低头）
（西太后看见照相匣子，佯为不知）
西：小李子，这是什么新鲜玩艺儿？
李：（也装着不经意）哦！这是个照相匣子。
西：（向珍妃）哦，我早就听说你能干，原来这些玩艺儿都让你学会了呀！
珍：这不过是偶然拿它来解解闷儿的。
西：（冷笑）解解闷儿！什么东西不好学，偏偏去学洋鬼子的玩艺儿？
珍：是皇上赐给奴婢的。
西：（勃然）好呀！又把皇上抬出来了！（厉声）皇上给你的又怎么样啊？（向李莲英）小李子！把这个鬼子玩艺儿拿去给火烧了！
李：（请安）喳！（向门外太监）拿外头去烧了！
太监：喳！（拾照相机走）
（珍妃怒不敢言，面有不豫之色。瑾赶紧以目止之。）
西：（坐下，目光四射）怎么？不舍得吗？
珍：奴婢不敢，这一点小玩艺儿算什么呢？再大一点的东西老佛爷要怎么办就怎么办好啦！
西：哼，气派倒不小啊？
（隆裕注意到珍妃的男装，乘机挑拨）
隆：本来么！你瞧她浑身上下可不是皇帝打扮的么？
珍：这是奴婢自己裁的。
西：满宫里就数你会刀尺，索性穿起爷儿们的衣裳来了，你还懂得咱们的家法吗？
珍：咱们的家法可没有不许穿男装呀！
西：（拍桌子，勃然站起）我的话就是家法！（向李莲英）把她的衣裳剥下来撕了它。
李：（请安）喳！（走到珍妃跟前，请了个安，向珍妃侧目而视）
（珍妃凛然不动）
李：那就别怪奴才动手啦！（伸手向前，想剥珍妃衣。珍不等他的手近身陡然举手打李頬）
珍：你敢！
（李用手摸着脸倒退几步，太后勃然站起，怒呼）
西：跪下！……
（瑾妃大惊，见珍妃不肯屈服，瑾急走到珍面前，哀恳珍）
瑾：妹妹！妹妹！
（珍妃向瑾妃望了一下，勉强跪下。）
（李莲英吐了一口唾沫，撒娇地向西跪下）
李：可不得了，连牙都差点儿打掉啦！奴才为了老佛爷挨打，还是头一回呐！（磕头）
西：你起来！（转向珍妃，上前，李起立）打了他就是打了我，你要造反吗？
（珍妃昂头不屈。西太后回头向李示意，李上前请安）
西：掌嘴！
李：喳！（站起来，得意地肃然到珍妃前请安）珍主儿，这可是老佛爷的旨意呀！（装腔作势，卷起袖子，向珍走去，珍妃兀然不惧，李正要一掌打去，后面光绪怒喝）
光：住手！
（光绪匆匆赶来。珍妃感愤交并，转身入内。瑾妃进退两难。李吃惊后退。大众愕然

布景：同豫轩
人物：瑾妃、春寿、春艳、珍妃、光绪、王商
（时宪书：光绪二十四年戊戌）
（一只铜的雕花炭炉，瑾妃在烘火）
寿：（捧上一杯茶，请个安，放在旁边）瑾主儿请喝茶。
瑾：珍主儿呢？怎么老半天不见人影儿？
寿：珍主儿在外边站着呢！
瑾：这孩子也不怕着了凉！快请她进来吧！
寿：是。（走出）
艳：珍主儿在外面，是等皇上回来哩！
瑾：这也难怪她。（猛听得自鸣钟，回顾，也觉得焦灼起来）真的，怎么这时候还不回来哩！
艳：（试探地）听说皇上去见老佛爷，是为了变法的事情。
瑾：你们懂什么！少管闲事！
艳：是。
珍：（匆匆从外进来）姊姊！你叫我干什么？
瑾：（拉她的手）瞧你手冻得冰凉的，坐下来烤烤火，别那末心神不定的，喝杯热茶。
珍：我的心怎么能定得下来？姊姊！您看老佛爷会不会答应皇上变法呢？
瑾：我看是——很难说——
珍：哎，依我说，皇上要变法，就变法得了，何必要向老佛爷请示呢？
瑾：我的老爷子呵！这样大的事情，不请示还成吗？
珍：如果老佛爷不答应呢？
瑾：那也只好算啦！
珍：不——（摇摇头，气急地站起来）不答应，也得答应！
瑾：妹妹，说话留神一点儿！
珍：姊姊，我实在憋不住了！这次皇上的变法，要是再办不到，我们就完了，我们的大清朝也——（忽然闻声，急急跑到窗口探望）他回来了！
珍：（失望地）不是的。
瑾：干吗呀！那么失魂落魄的！
珍：姊姊您不知道，今天的事太重大啦，万一他——（外面一阵吆喝声："皇上驾到！"珍、瑾大喜，至窗口外看。从窗口看出几个太监提着灯笼，引着光绪，急步走来。王商拿着奏匣先进来）
王：主儿吉祥，（请安，把奏匣放下）（春艳、春寿挑起棉门帘，光绪大踏步进来。）
瑾、珍：（迎前跪接）皇上吉祥！
光：（双手扶起）起来！（面色在严肃中微露得意）
珍：（面色从疑惧转为惊喜）皇上，老佛爷答应了吗？
光：答应了！（欣然坐下）可是我也捱了好几个时辰，等着她老人家高兴的时候，才开口的。
珍：她老人家怎么说？
光：她说：你一定要变法，我也不拦住你，可是别违背了祖训，别把大权都交给汉人就是了！她又说：你要是铰辫子，学假洋鬼子，我可不答应的。

去做直隶总督，执掌北洋的兵权，等到秋凉，我教皇上陪我到天津去阅兵，那时候再把京城里的乱党一网打尽，你看怎么样？
荣：老佛爷说的是。
西：你在天津，处处留心，有什么风吹草动，立刻进京来见我，记住了！
荣：喳！

第　十　三　场

布景：勤政殿
人物：光绪、王商、康有为、孙德
（"勤政亲贤"匾额。光绪升御座。孙德跪捧着一只银盘，内置俗称"绿头签"的京官名牌数十个，光绪把康有为的签子翻身。王商持签遇至殿外。康有为整容入殿，趋前跪拜如仪）
康：微臣康有为恭请圣安。
光：平身。
康：谢皇上。
光：自从维新变法以来，上有太后重重阻碍，下有旧党阳奉阴违，到现在已经成了新旧不两立的形势，有人告密说：老佛爷跟荣禄商定密计，九月初五日要朕随驾同到天津阅兵，乘机将京里面的维新官员全体拿办，你看这件事情，应该怎么对付？
康：现在北洋兵权都归荣禄执掌，依臣的愚见，陛下不如派一名干员到天津去练兵，设法先夺取他的兵权，再图进取。
光：派谁去呢？
康：此人责任重大，微臣不敢妄参末议！
光：（想一想）直隶按察使袁世凯曾经在×××平过内乱，很有胆识，朕想就派他去，你看怎么样？
康：陛下圣裁。
光：（点头）……还有礼部主事王照屡次上条陈，都被礼部尚书怀塔布他们拦阻，你看该怎么办？
康：陛下必须建立威信，力除壅蔽，新政才能够畅行无碍。
光：朕决意把怀塔布这班老顽固，一个个除掉，至于太后要朕到天津阅兵的事，你可以跟杨锐、林旭、刘光第、谭嗣同他们商量一个对策，密缮封奏，候朕的裁夺。
康：微臣遵旨。（叩头）

第　十　四　场

布景：南海会馆
人物：康有为、谭嗣同、刘光第、林旭、杨锐、差人
（康有为坐桌旁，手指着密诏，向谭、刘、林等询问）
康：现在新旧两派，已经到了水火不相容的地步了，但是，皇上的意思，又决不愿意开罪于太后，你们三位想想，可有什么两全的办法？
谭：老师，事到如今，只有先下手为强，倒不如劝皇上派袁世凯到天津……（与康等耳语）
（下转第三版）

清　宫　秘　史

（上接第二版）

康：你这个办法果然不错，不过，我们也不能陷皇上于不孝。

（门上有人扣环。康等惊顾。一个当差的进来）

差：四大人，杨大人到。

康：请！

差：喳！（退出）

（杨锐气急败坏地自外入。康等起立相迎，互相拱手招呼）

杨：（向康）呀！长素兄，小弟刚见了驾出来，皇上有密谕一道，教小弟亲手交给你哪。（把身边一张黄纸片掏出来）

（康拆封阅读，面色渐变。黄纸上写着“朕维时局艰难，非变法不足以救中国，非去守旧衰谬之大臣而登用通达英勇之士（注：原印本如此，似有脱漏），而皇太后不以为然，朕屡次切谏，太后更怒，今朕位几不保，汝康有为、杨锐、林旭、谭嗣同、刘光第等，可妥速密筹，设法相救，朕十分焦灼，不胜企望之至，特谕。”）

（密谕字面内“选印”西太后怒斥光绪，光绪跪地受训。）

康：（阅毕，蹙额向杨、刘等）今天早晚进赐两道密谕，都有（以手指）“今朕位几不保”这六个字，难道……

杨：（抢说）据皇上说：今天太后的脸色，比往常更难看，恐怕眼前，就要发生变故。

（康指“可妥速密筹，设法相救”二句）

康：要是事态不严重，皇上何至于说这些话哪？！

林：（急躁地握拳）那末——怎么办呢？

刘：（愤然向谭）我看倒不如照你刚才说的，先下手为强，密奏皇上教袁世凯到天津去……

杨：（愕然不解）袁世凯？

（康与杨耳语）

第十五场A

布景：藕香榭

人物：光绪、珍妃、王商、崔玉桂

（光绪、珍妃正凭栏细语）

光：自从变法以来，我用尽了心机，受尽了闲气，总想慢慢儿的把国家整顿起来，谁知道愈做愈难，愈做愈没有把握……（以拳击栏）

珍：皇上要沉着点气儿，别愁坏了身体。

光：（望着水中自己的影子，点头）我的确比从前瘦得多了，不过身体我倒不在呼，只要国事有办法……

珍：依奴婢看，国事并不是没有办法，不过要做，就得彻底的做。

光：咳，我何尝不想彻底的干，可是大权不在我手中……要彻底除非是……

（王商自外入，跪呈密封奏折一封）

王：康——

光：住口！（匆匆接过来，唯恐有人窥视，目注两旁。珍妃会意，与王商分道向两旁察看。光绪匆匆地在书桌上拿起一本书，假装看着书，把密折拆视。珍妃倚栏遮视，见光绪已阅毕，塞入靴筒，乃走过去。）

光：（拉珍妃到暗处）康有为说，要我这最后一着棋子了，不过我觉得总未免危险了点。

珍：要彻底干，皇上就不能顾虑到冒险不冒险。

光：是。

（西太后立起。李扶她，向外说话）

李：老佛爷起驾了！（开始走动，福晋、女官等随行。）

外传声：老佛爷起驾了！

（李扶着西太后出殿，光绪、珍妃请安。）

（殿外，西太后上轿向李莲英）

西：你去看着他们。

李：喳！

（殿内、光绪焦急的向珍妃）

光：我得立刻通知康有为，叫他快走。

珍：让奴婢去传王商进来。

（她说着就走，跑到门口，恰好李莲英进来）

珍：（机智的）哦！……我正要找你！

李：主儿有什么吩咐？

珍：皇上想吃点新鲜的藕。

李：喳！（转身吩咐门外的小太监）皇上要新鲜的藕。

（李转身时，珍妃向光绪示意，光绪即解身上小玉玺掷给她。外面答应声：“喳！”李回转身对珍妃。）

珍：不要削好的，要整段儿的。

李：喳！（再转身向外）不要削，要整段儿的。

外应声：喳！

第十五场C

布景：仁寿殿

人物：西太后、杨崇伊等

（杨崇伊等跪着，西太后御宝座，手执光绪密旨）

西：这儿有密旨一道，你进城去亲手交给步兵统领，（把密旨交给杨）记住了！

杨：微臣遵旨。（起立趋前接旨复退后）

第十五场D

布景：排云殿

人物：光绪、珍妃、李莲英、王商、孙德、小太监们

（小太监自外入，手捧鲜藕一大盘，跪在门口。李莲英上前接了盘子。小太监退后。李持盘跪献给光绪）

李：要奴才给爷削吗？

（珍妃忙走过来）

珍：我来削，皇上还有话问你呢！（以目视光绪）

李：喳！（向外）拿刀子来啊！

珍：不用了，那边有把截纸刀，挺快的。

（珍妃持盘走开，李莲英狐疑地偷看看她。光绪搭讪地踱来踱去）

光：呃……今儿天气……还不错。

李：是，挺凉快的。

（珍妃持盘走进殿之右厢，把盘放在小桌上，一面抽出花笺，振笔疾书，一会儿又拿起小刀削藕。光绪故意与李搭讪，拉他到廊前，对着昆明湖）

光：你看，这湖上的风景多美啊！

李：是的，您哪！

光：这个湖说是仿着杭州西湖挖的，是不是？

李：有一点儿相仿，可并不是完全学着西湖！

光：唔，是这儿大，还是西湖大？

李：这儿小得多啦！

杨：等皇上从颐和园回来就可以知道了。

林：恐怕连皇上都不会知道吧？！

谭：这几天我时常心惊肉跳，我看一定有事。

康：……只要皇上肯照我们的计划……。

（话犹未了，孙德气呼呼地自外入，杨、康等皆起立。孙自怀中取出汗透的密旨。）

孙：皇上在颐和园有密旨给诸位大人。

（康等肃然跪下，孙将密旨交给康）

皇命在身，我得立刻回去复旨。

康：（起身）孙总管请便，（孙返身便走。康等惊愕地紧视密旨。）

康：（读）“朕今命尔赴上海督办官报，火速离京，不得延迟。”啊？！这是什么意思？

杨：我看，局势必有大变，长素兄马上就走吧！

林：我看等到晚上皇上进了城，问明白了再走也不迟呀！

谭：（指着密旨上“火速离京，不得延迟”这一行字）要不是万急的事，皇上决不会这样急的。

刘：而且这字体也不象皇上的笔迹，其中一定有个缘故。

康：其中莫非有诈？

杨：决不能是假的，你瞧，这不是皇上随身带的御宝吗？（指着下边钤的小玺）

谭：我看老师决定先走了再说吧！

康：现在新政刚在开始，我怎么能够一走了之呢？

杨：可是，君命不可不从，你还是遵旨的好。

（谭、林、刘等，都望着康点头，表示赞成杨的话。康看看密旨，再看看杨等。）

康：也罢！那么我就走！

第十七场

布景：勤政殿

人物：光绪、林旭、杨锐等，袁世凯

（光绪坐着向下问）

光：康有为已经走了吗？

（林、杨等跪在地下）

杨：康有为是昨天下午乘火车走的，等到步兵统领派人来逮捕他，已经到了天津了。

光：（连连点头）昨天你们上的奏折，我本来觉得太冒险，可是事到如今，也只能冒险试一试了。

杨：兵贵神速，请陛下当机立断，先发制人。

光：好，你们先退下，我这就召见袁世凯。

杨等：是。

（杨等退下。袁世凯上殿，跪拜如仪）

袁：微臣袁世凯恭请圣安。

（光绪略一踌躇）

光：朕现在维新变法，你能为朕效忠吗？

袁：臣愿意为新政效命！

光：目前有人反对新政，你知道吗？

袁：臣略知一二，不过皇上已经亲政多年，皇上的圣明远播四海，太后应该不干预朝政才是。

（光绪有喜色）

光：要是太后决意阻挡新政，你看朕应该怎么办？

袁：陛下圣教，臣不敢妄议。

光：假使朕有所举动，你能为朕效忠吗？

袁：臣愿意粉身碎骨，报答陛下的隆恩。

光：（大喜）你真是本朝的栋梁。

袁：（袁磕头）谢陛下。

光：（起立注视袁片刻，郑重地）现在有一件机密要事，朕想派你去办……你愿意吗？

袁：（抬头，沉着地）但不知皇上要臣办什么机密要事？

光：（自袖中抽出一纸，交给

（坐下）

袁：托大人洪福。

荣：京城里近来怎么样？

袁：京城里出了一桩大事。

荣：哦！出了什么事？

袁：（目视左右）请左右回避一下。

荣：（惊疑对左右）下去！

众：喳！（两边差役等避开）

袁：请大人过目！（将密旨金箭递给荣禄。荣接旨一看，立刻变色，跪下）

荣：荣禄不知道圣旨到，请钦差大臣恕罪。

袁：（慌忙也跪下）大人请快起，卑职不敢。

荣：（叩头）荣禄罪该万死，请大人发落。

袁：（拽荣起）那儿的话，卑职是来向大人请示的，请大人发落才是。

（荣禄一听此话，猜透一半，喜形于色，让袁上坐。）

荣：大人既然不肯杀荣禄，那么荣禄只能请老佛爷发落了。

袁：这正是卑职的意思，不过，事不宜迟，请大人立刻进京吧！

荣：是。（向外唤）请王师爷。

外面应声：喳！

（王师爷进来）

荣：（向王）我有要事，立刻进京去见太后，你吩咐李都统带一万新兵跟着我开拔进京。

师：是。

第十九场

布景：勤政殿

人物：光绪、王商、孙德、西太后、李莲英、珍妃、崔玉桂

（光绪蹙着眉，怔忡地在殿上坐着，王商侍立在一旁。）

光：袁世凯去了一天啦！怎么还没有消息来？

王：奴才怕皇上心焦，已派人去打听，一会儿就要回来的。

（光绪无奈，支头蹙额。孙德踅进入，跪御座前）

孙：皇上……吉祥……

（光绪见孙德喘着说不出话，急问）

光：有消息吗？快说！

孙：回皇上……大事……不好了！……紫禁城的……侍卫，……都换了……天津来的……新兵了！

（光绪色变，希望地）

光：是袁世凯带进京的？

（孙德呼吸稍舒，王商立于孙旁，惊惧地）

孙：奴才听说是昨儿半夜两点钟换的，是荣总督的兵，

（光绪大惊失色，从御座上站起。）

光：荣禄……他进京来了？

孙：是！听说昨儿下午五点半进京的。

（光绪嗟伤的与王商互相呆视，王商亦跪下。光绪摆手令王、孙起立）

光：（向二人）快派人去打听明白，再来见我。

孙、王：喳！（急走至屏门口）

光：（忽然想起）回来！（王、孙回来跪下）赶快派人去通知谭嗣同，叫他们马上走！

王、孙：喳！（急退出）

（光绪走下御座，在殿上踱蹀、踟蹰，搓手捶胸，焦灼万状。屏门后履声橐橐，光绪愕然回顾。西太后突然在屏门口出现，脸上露

西：（狠毒地）胡说！（略停）我宁把国家毁了，也不能饶了他们！

（光绪愕然片刻，懂得了太后的意思，然后坦然不惧地慢慢站起来）

光：皇阿吗大权独揽，儿臣情愿退让！

……不过——

西：谁要大权独揽？是你要我的老命，倒说我要夺你的权啦！

（李莲英由外上，见西太后怒，悄悄至西太后前跪下）

李：回老佛爷，荣总督跟王公大臣们都在仪鸾殿候驾。

西：叫他们等着！（坐下）

李：喳！

（西太后向光绪揶揄冷笑着，光绪再上前跪下）

光：皇阿吗慈悲——

西：（抢着说）要我饶了这班乱党，那除非等我死了才行。（光绪屹然立起，背向太后）

光：那么臣儿立刻下一道上谕保护他们。

西：我一定降旨，把他们斩首！

（珍妃从屏门后上，西太后、光绪未注意她）

光：我是皇帝，他们都得遵从我的旨意。

西：可是你要知道！你的皇帝，是谁给你做的？我有本事立你做皇帝，就有本事把你废了！来啊！把他押下去！

（左右哄然答应，光绪昂然走出去，到门口劈面遇着珍妃，焦急万状，但已来不及打话，珍妃见光绪走后，一股正义感，使她坚强起来。珍妃抢上前，跪在太后面前）

珍：太后！皇上是一国之主，不能随意把皇上废了的。

西：（见了珍妃，火上加油）什么？这儿也配你说话！？

珍：（面无惧色）奴婢该死！……奴婢只求老佛爷顾全一点儿大局。

西：什么叫顾全大局？我可不懂！

珍：顾全大局就是请太后宽恕了皇上，让他推行新政，使中国有富强的一天。

西：哼！哼！哼！新政，新政！我偏要废了他们的新政。他们满口说外国好，撺掇皇上念洋文，铰辫子，充假洋鬼子……（咬牙）总有一天把洋鬼子都杀完了，我才痛快！

珍：太后难道就不怕亡国吗？

西：什么话？！

珍：（痛心地）这也许是咱们国家的气数快完了！所以鬼使神差地叫袁世凯出卖了皇上，保全了您的政权。可是您睁着眼瞧吧！总有一天，咱们大清朝会灭亡在您的手里，那时候您要后悔，可来不及了！

西：（忍无可忍，站起，指着珍）你找死吗？（震怒向外叫）小李子！小崔子！（李、崔在外应声后，向太后跪下）把这个贱货也押起来！

李、崔：喳！（李、崔奉命起立，望着珍妃，作势欲上，珍妃向他们瞪眼）

珍：我自个儿会去！

（珍妃昂然向屏门口去，崔跟着）

李：请示老佛爷怎么发落？

西：（沉吟）要是把杀了，未免太便宜了她，（向李）你想想有什么合适的地方，先把她锁起来！

李：（想了一想，抬头阴险的恶笑）回老佛爷，北三所的寿药屋，是挺破旧的，平常空关着

光：（默思）让我想一想再说。（正在密言，突然发觉崔玉桂昂然入）
崔：老佛爷口谕，请皇上立刻到排云殿随驾。
（光绪惊愕地与珍妃面面相觑，他们默然，只得随去。）

第十五场B

布景：排云殿
人物：西太后、光绪、珍妃、李莲英、女官、宫女、小太监等
（光绪向西太后请安）
光：皇阿吗吉祥。
珍：太后吉祥。
西：（讽刺地）你们今天到颐和园来，是为什么来的？
光：为着陪伴皇阿吗。
西：既然是陪我来的，那末这大半天你们上那儿去了？
光、珍：（同时跪下）儿臣／奴婢该死！
西：哼！是谁叫你这样不孝顺的？
光：儿臣怎么敢不孝顺皇阿吗呢？
西：那末我说的话你还听不听？
光：儿臣不敢不听！
西：好，你们起来吧！
光：谢皇阿吗！
珍：谢太后。
（二人站起，侍立一旁）
西：（眼睛一转）你既说听话，我先说一件事，看你依不依。
光、珍互看了一下）
光：儿臣——一定遵命！
西：好，我要你把一个人，革职拿办！
（光、珍吃惊，互相对视，力持镇静）
光：但不知皇阿吗要拿办的是谁？
西：就是教你不孝顺我的康——有——为！
光：（倒退一步，惊惶万状）可是……
西：你刚说听话？
光：（无奈，低下头）是。
西：（以手指着光绪，斩钉断铁地）那么照着我的话办！
光：是。
（光、珍偷眼互相看一下）
西：你现在就下密旨教步军统领，把康有为拿下，等我亲自发落。
光：是。
（光与珍面面相觑，踌躇无策。机警的李莲英，捧着文房四宝。小太监门搬着小桌至光绪前摆下，西太后指着纸笔）
西：（命令地）快写！
光：（无奈）是。（提笔写密旨）
西太后悠然自得，眼光扫到珍妃。珍妃低下头去。光绪写好密旨，腰间取佩小玉玺，加钤后，递给西太后。西太后看密旨，微笑，把它藏在身边）
西：我还有事，你们在这儿等着，不准走开半步。
光：当时为什么不把它挖得比西湖还大？
李：这个奴才可不大清楚了！
光：嘿嘿……（李愕然）
（珍书毕，她钤上小玺，将笺卷成细条，拣了一段肥藕用纸刀在藕节旁雕去一小块，将纸条塞入藕孔中，然后将雕去那块仍旧合上，另拣一段藕用刀削。光绪仍在搭讪地绊着李莲英说话）
光：呃……这几天老佛爷听戏吗？
李：（只得敷衍）老佛爷每天都听戏，回头皇上也听一回儿。
光：今天是什么戏码子？
李：哦，多着呢——
（珍妃已切好一段藕，置古磁碟中，再检视那段夹藏密旨的藕，并无破绽，一并放在大盘里，端着走出右厢。）
李：有叫天儿的《翠屏山》……
光：哦，还有呢？
李：还有……（忽然停止，向右厢看）
（珍妃捧着盘子走出来，李尖锐地默察珍妃。）
光：（厉声）你说呀！
李：（慌忙）哦，还有孙菊仙的……
珍：（将盘放桌上）皇上请赏鲜藕。
光：嗯。
珍：（向李）传王商。
李：主儿有事尽管吩咐奴才得了！
光：（焦躁）主儿叫传，你就传咯！
李：（请安）喳！（李退至殿门口，向外说。）传王商！
（珍妃急向光绪以目示意，指指盘中藕，光绪点头。）
王：（在外应声）喳！
（李引王入殿，王跪下，珍妃拿一段藕给李。）
珍：这一段赏给你。
（光绪把那段肥藕给王商，并以目示意。）
光：这段赏给你。
（李、王接藕叩谢，李偷眼看王商）
李、王：奴才谢赏！
光：（向王）没别的了。
王：喳！（退出）
（李狐疑地看着王出殿，想跟出。）
光：哦——刚才你说还有孙菊仙的什么？
李：（立停）哦，——是，《三娘教子》。
光：还有呢？
李：哦……
（殿外，王商把藕折断，中露纸卷，拆阅，急忙奔至孙德身前耳语，并将密旨给他。孙匆匆而去。）

第十六场

布景：南海会馆
人物：康有为、杨说、刘光第、林旭、谭嗣同、孙德
（康、杨等正在室中会议）
康：今天杨崇伊他们刚从天津回来，就到颐和园去˙不知又在捣什么鬼？
（袁接过纸条阅读。光绪目不转睛的看着袁。袁接着再低头缓缓地阅读，阅毕，双手徐徐无力的垂下，低头不语。）
光：你……你办得了吗？
袁：（略一踌躇）臣……臣愿尽忠。
光：这是国家之福！（将座旁小几上之密诏金箭拿在手中。光绪将密诏付袁，袁跪接。）
光：现在朕先派你去做钦差，另外再给你手谕一道、金箭一枝，你坐第一班火车到天津，杀死了荣禄，你就是直隶总督，……你再带一万新兵进京，围住颐和园，请太后交出政权，……你的责任重大，要小心在意才好。
袁：微臣遵旨。
光：你真能忠心不变吗？
袁：臣情愿鞠躬尽瘁，死而后已。
光：（郑重恳切）朕把身家性命跟国家的命运，都交给你了。
（光绪拿着金箭，手颤动，望着金箭，又望着袁世凯）
光：这金箭不是轻易可以动用的，你拿了它，就有生杀的大权，你万万不要辜负了朕的托付。
（袁磕头，将手谕卷折藏起）
袁：皇上请放宽心！
（光绪忙以金箭付袁，袁磕头谢恩，帝急扶他起来）
光：你千万要胆大心细，别误了大事！
袁：（请安）微臣遵旨……事不宜迟，臣即刻动身了！
（光绪再向袁嘱咐着）
光：朕专等你的好消息！
袁：是！（向帝叩头起立，倒退出去。）

第十八场A

布景：直督署签押房
人物：荣禄、门子、师爷、仆人
（荣禄正吩咐师爷）
荣：马上打个电报给上海道，等轮船一到上海，就把康有为拿下，押送进京。
师：是。
（门子拿了一张名片进来）
门：（打千）回大人，袁世凯，袁大人拜会。
（荣禄接了名刺）
荣：（沉吟）袁世凯……（向师爷）他也是个新党。（向门子）你跟他说"挡驾"。
师：据晚生看，大人倒不如见见他，看他是什么来意。（荣禄点头）
荣：请。
门：喳！（打千退下）
师：（向门外）伺候大人衣帽。
（外应："喳"！二仆进来，替荣禄穿官服。）

第十八场B

布景：直督署花厅
人物：荣禄、袁世凯、门子、仆人
（荣禄自签押房至花厅。袁世凯上前，向荣禄请安。荣迎礼，分宾主在炕床坐下，仆献茶。）
荣：袁大人这次出京，一路平安。
然回顾。西太后突然在屏门口出现，脸上露着杀气。李莲英随后进来。其余的人都站在屏门后。光绪上前迎接，恭敬的行礼如仪。）
光：皇阿吗吉祥。
（西太后不睬，向李挥手示意，李退出，光绪上前一步）
光：皇阿吗请登御座。
西：（冷笑一声）我还敢这样放肆吗？
（李莲英掇大椅入，把椅放下，转身就走，太后唤住）
西：见了皇帝，连安都不请一个，你还要脑袋吗？
李：喳！多亏老佛爷提醒儿——（向光绪请安）皇上吉祥！（光绪也不睬）
（太后走过去坐椅上，光绪侍立，僵了片刻（
光：皇阿吗有什么慈训？
西：给你请安来啦！求你饶命来啦！
光：（跪下，态度坚决）儿臣不敢！
西：你不敢？（变脸）那么派袁世凯来杀我的是谁？
光：儿臣没有叫袁世凯惊动皇阿吗！
（太后自袖中掣出金箭手诏）
西：那么，这是什么？（将金箭、手诏掷在地上。地上之金箭手诏，光绪略一瞥视。）
光：儿臣只要他杀死荣禄，然后领兵进京，扫清逆党。
西：这是手谕上的话，你亲口怎么对他说的？
光：（坦然不惧）儿臣不过要皇阿妈交出政权，以后只在园中游山玩水，颐养天年，永不干预朝政，儿臣并没有叫他们谋害皇阿妈。
（太后又气，又恨，眼眶含着泪影，咬牙切齿地）
西：你倒说得冠冕堂皇……你四岁的时候，我抱你进宫，立你做皇帝，到现在二十四年了。
（光绪依着习惯礼貌地磕头，西太后仍声色俱厉。）
西：现在你恩将仇报，违背了祖训，维新变法不够，还要我这条老命！……你还有良心吗？
光：（磕头）儿臣该死！
西：幸而我命不该绝，天叫你瞎了眼，错用了人。
（光垂头不语，稍微昂起脸来，疑惧参半。太后冷笑了几声）
西：你以为袁世凯真心向着你，那儿知道，他一到天津，就把你卖了！
（光绪愕然抬头，脸上露着深痛。）
西：你要行新政，我不是没答应，可是谁知道你连我都容不得了！
光：并不是儿臣容不得皇阿妈。
西：那么是谁？
光：是皇阿吗容不得新政，所以新政亦容不得皇阿吗。
（太后勃然大怒，站起）
西：好！那我就跟新政权拼了！（向李）小李子传我的口谕！叫步军统领抓住那班乱党，押到刑部下监。
李：喳！
（光绪磕头苦苦哀求）
光：求皇阿吗开恩！要降罪，降在儿臣身上就是了！
西：没有那么容易，他们有胆量造我的反，我就叫他们都死在我手里。
光：（磕头哀求（皇阿吗杀了他们，就是杀了中国的人材 毁了咱们的国家！
北三所的寿药屋，是挺破旧的，平常空关着，净闹鬼，奴才觉得倒很谨慎合适。
西：好，（向崔）小崔子！这个差使让你办。
崔：喳！（退出）
西：（向李）我把皇帝交给你，你把他押到瀛台，派人守着，除了皇后跟我自己的人，谁都不准到瀛台走动。
李：喳！

第二十场A

布景：北三所
人物：崔玉桂、珍妃、田贵寿
（崔玉桂押着珍妃到北三所）
崔：珍主儿，您委屈一点儿啦！（珍妃不理。对着守田贵寿）好好儿伺候着珍主儿，有个风吹草动，小心你的脑袋！
田：喳！
崔：珍主儿还有什么吩咐没有？
珍：（不理，崔请安，退，忽唤住）皇上怎么样了？
崔：（没有好气）这个奴才不知道。

第二十场B

布景：瀛台
人物：光绪、李莲英
（李莲英引光绪到瀛台）
李：皇上天天在办新政，实在太辛苦啦！所以老佛爷叫你休息休息。（推开窗）这儿倒是挺清静的，四面是海，只有这么一条路可以出去。
光：（生气）少废话！珍主儿怎么样了？
李：（奸笑）没什么，太后给她找了新房子啦！
光：（又急又愤）什么？
李：她搬到北三所的寿药屋去住了！
光：北三所？我从来没有听见过这个地名儿？
李：（刁钻地）不错，这个地方儿，白天静得很，要到晚上才热闹哩！
光：（不懂）什么？
李：告诉爷吧！那儿是白天没人去，晚上净闹鬼的好地方儿。
光：混蛋！（李请安）这一定又是你的主意！（跑过去举手欲打，李勃然立起，目露凶光。光楞了一楞，手停在空中，如彼桎梏，李的狰狞面目，渐转为奸笑，再请安后退）

第二十一场

布景：勤政殿
人物：西太后、孙家鼐、王文韶、刚毅等王公大臣三十余人
（西太后端坐御座，王公大臣等三十人觐见，行礼如仪。）
西：不用跪下！
众：（起立）谢太后。（分班侍立）
西：自从皇帝亲政以来，听信了乱党的话，改行新政，对我忤逆不孝，我本想把他废了，不过为大局着想，我暂时宽恕了他，现在我要立溥携做皇子，你们有什么意见？
（军机大臣孙家鼐出班跪下）

（下转第四版）

（上接第三版）

肃：微臣孙家鼐启奏太后。
西：（不悦）你有什么话？
鼐：微臣以为现在皇上已经再请太后垂帘听政，那末立皇子的事情，似乎并不急急，现在外头谣言很多，南方各省人心浮动，革命党颇想乘机起事，如果重立皇子，恐怕南方有变，——
西：（抢白）不用多说，立皇子，本来是咱们自己家里的事，叫你们几个汉大臣来，不过是给你们一点面子罢了！知道吗？
鼐：（磕头）是。（起立退后）
西：（将谕稿付荣禄）这是我的上谕！拿出去发啦！
荣：喳！
（许景澄、孙家鼐、王文韶、袁昶数人低头）
西：（向端王）端王！
端：（出班跪下）喳！
西：不用跪（端王起立）回头你就领你儿子进宫，如今他既做了皇子，他得学好些宫里的规矩才是。
端：喳！奴才即刻带大阿哥进来谢恩。
鼐：（还是忍不住）启奏太后，皇上虽然不孝，可是长江以南的官绅百姓，都很拥戴，还有东西各国的使臣，也都向着皇上，如果他们借口干涉，那我们如何对付，请太后圣裁。
西：（勃然大怒）什么？洋鬼子要来管咱们的家事吗？我就顶恨这班洋鬼子，刚毅！赵舒翘！
刚、赵：喳！是！（二人出班跪下）
西：你们调查义和团的事情怎么样了？
刚：回老佛爷，义和团法力无边，奴才经已当众试验过，的确是刀枪不入，就是洋枪洋炮也不能损伤分毫，真是圣朝洪福齐天，所以天降神兵扶清灭洋。
赵：请老佛爷旨，把义和团编为义军，扫灭洋人，立威天下，大清国运，就在此一举。
（太常寺卿袁昶出班，跪奏）
袁：微臣袁昶启奏太后，义和团不过是些无知愚民，乌合之众，万不可靠——
（吏部侍郎许景澄出班跪在袁旁）
许：微臣许景澄启奏太后，臣觉得乱民必不可用，外衅必不可开，自古以来，没有用邪术妖法来治国平天下之理，请太后圣鉴。
（太常寺少卿张嘉亨，侍讲朱祖谋，户部尚书兼内务府大臣立山，内阁学士联元，大学士王文韶，兵部尚书徐用仪等，均出班跪在袁、许之旁）
众：请太后圣鉴。
（西太后觉得有点彷徨。端王见势不利，着急地向余众示意帮忙，亦出班跪奏。）
端：回老佛爷，义和团非但枪炮不入，还有腾云驾雾、呼风唤雨的法术，请太后重用他们，攻打各国使馆，跟各处的教堂、洋行、医院，杀尽洋鬼子，跟顺从洋人的二毛子，让他们知道咱们的厉害。
（刚毅、赵舒翘亦跪在端王后）
刚、赵：奴才、臣愿以身家性命保荐义和团。
（徐桐、启秀、长萃、那桐、王培佑、濂贝勒、瀛贝勒、崇绮、徐承煜、关贝勒等约二十人齐出班跪在端王前后。）
众：臣、奴才愿保。

倚在窗栏间，景色惨淡，宛如幽灵。此时，歌声渐起，听了歌声，才知道就是珍妃。珍妃哼着幽怨凄凉之曲。）

第二十三场 B

布景：瀛台
人物：光绪
（光绪被囚的怨愤，苦闷。歌声既止，光绪长吁一声，走到窗口，开窗，窗外还是一片湖光映着夜色）
光：（望湖兴叹，不觉吟出二句唐诗）身无彩凤双飞翼，心有灵犀一点通。（思念之极，不觉泫然）

第二十三场 C

布景：北三所
人物：珍妃、王商
（珍妃对月怀念，忽然木棚外起了剥啄之声，珍惊视，棚外有一人影，向珍招手，珍走过去，那人原来是王商，一见珍，立即请安。）
珍：啊！你是王商？
王：（招手示意，低声）一会儿皇上要来，可是不能让人知道的。
（说完匆匆请个安走了。珍又惊又喜，如在梦中。珍赶紧去拿了一面破镜子，挖出剩脂残粉，勉强装饰一番。）

第二十三场 D

布景：南海湖西
人物：光绪、王商、小太监
（光绪蹲在一只小船上，船慢慢的在渡河。船的一端，一根巨缆。瀛台岸上，有二个小太监在放缆。光绪情绪紧张，船在行。小船的那端，也是一根巨缆。南海那边的岸上，两个太监在拉缆。光绪上了岸，王商接住，二人急从暗处行去。）

第二十三场 E

布景：北三所
人物：珍妃、光绪、王商、二太监
（光绪入寿药屋，珍跪迎，光绪疾趋前拉她起来。按满洲风俗久别重逢，卑者抱尊者之腰，尊者以手抚之，然后拉手凄然相视。光绪见珍妃形容憔悴，不禁失声）
光：二妞儿！
（珍妃低头泣下）
珍：（呜咽着）皇上！
（二人执手呜咽，千言万语，一时无从说起，光绪竭力克制自己的感情，强笑着）
光：你……你瘦了！……（谛视她的手）连指甲都磨短了！
珍：（把手缩回）皇上，前些日子听说你病了，现在大好了吗？
光：好了，可是——哎，不说吧！（向四面一看）嗐！这哪儿是人住的地方！……
（光绪惘然向卧室走去，珍妃疾趋至房门口拦住）
珍：里头脏得很，皇上别进去吧！

的干一下。（音渐高）
（王商在窗外弹指）
王：回爷，起三更了，一回儿又有人查夜，怕路上不方便。
（光怅然，望着珍妃）
光：我得走了！
（珍无可奈何，只得默然跪送。光绪恋恋不舍，只得向外走，但他忽然一咬牙！向王）
光：再等一会儿，大不了——
珍：（跪下）不，皇上，您要忍耐这个最后关头，还是走吧！
光：（叹气）嗐！……（点头）我走，我走！
（二人互抱，拉手，然后光绪霍然走出，走了几步，回身，从桌子上拿起那张照片）
光：我拿这个！
珍：（跪下）是！

第二十四场

布景：瀛台
人物：光绪、王商、孙德
（直隶省的地图一角，自天津起，烟尘滚滚，一直烧过杨村、通州、丰台而达北京。光绪神情紧张，听取王商、孙德的报告。）
王：天津失守，提督聂士成阵亡。
孙：直隶总督裕禄受伤死在蔡村。
王：提督马玉昆在杨村败退。
孙：通州陷落，长江水师大臣李秉衡自尽。
王：董福祥的甘勇围攻东交民巷使馆，打了二天还没有打下来！
孙：八国联军已经进逼京城。
王：满街的拳民在杀人放火。
孙：文武百官都在纷纷逃命。
光：（猛然立起来，大声地）那么太后呢？

第二十五场 A

布景：宁寿宫。
人物：西太后、荣禄、端王、刚毅等
（西太后拍桌怒叱端王、刚毅那一辈主张用义和团的大臣，他们都震慄跪着。）
西：都是你们要我用义和团去杀洋人，如今洋人没杀得了，洋兵倒快杀到京城来了！你们怎么不想法子退兵喀？
端等：（叩头如捣蒜）奴才、臣该死！
西：（气得脸都黄了）不中用的东西，你们除了磕头，还会什么？（端等加紧叩头）下去吧！
（端王等起立与其他大臣狼狈退出，荣禄正要走。）
西：你先别走！
荣：喳！（回身跪下）
西：（又气、又急、又悔，半日方说出口）我后悔没有听许景澄、袁昶他们的话……
荣：事到如今，老佛爷还是赶快打定主意吧！
西：（略一踌躇）我看还是到热河去避一避再说。
（荣自怀中取出一电呈上）
荣：李鸿章跟各省督抚联名打了个电报给奴才，劝老佛爷跟皇上不要走。
西：（向电报看一眼）你说咱们不走行吗！
荣：洋人都知道这一次用义和团是老佛爷的主意，老佛爷要是不走——（他吞吞吐吐不敢

下咱们母子不管——（一阵心酸，老泪纵横，刚毅等默然。）——可是你们三个人无论如何得跟着我走！
刚等：是！
西：（向王文韶）你上了年纪，我不忍心教你吃苦，你随后赶来吧！
王：谢太后，臣一定尽力赶上。
西：（问刚、赵）你们会骑马，应该随着我走，沿途照顾着不要走开。
刚等：是！（刚等三人退出。西太后颤巍巍地起立，回到卧室。）
西：（向太监宫女们）快给我换上汉装。
众：喳！
（众人七手八脚地忙给西太后卸宫装。西太后已穿上粗蓝夏布衫裤，只着黑布鞋，打扮得象村妇模样，头发已改了村妇的髻，宫女二人，正在替她扎上花布包巾。小太监进来请安。）
小太监：老佛爷吉祥！
西：（向小太监）是你去套的车吗？
小太监：喳！只套了三辆车！
西：怎么只有三辆？
小太监：回老佛爷，逃难的人太多，满城的车辆牲口，都给雇空了！
西：外头怎么样了？
小太监：外头逃难的人很多，败兵跟义和团到处放火打劫，乱得很！
西：哦！
（崔玉桂自外入跪下）
崔：珍主儿到！
西：（霍然立起，有点惭愧）教妃等——（自己觉得失面子，赶紧拭干眼泪，变过脸来）——教她进来！
崔：喳！（退出。西太后对镜照影，内心悔惭交集。崔玉桂引珍妃入。珍穿全副宫装，昂然入室请安）
珍：老佛爷吉祥！
（西太后向崔等挥手，崔等悄然退下，然后西太后闲闲地向珍妃）
西：（温和地）你起来说话。
珍：是。（凛然直立起来）
西：我生平还是第一次这么丢脸，打扮成这个样子。
珍：（掉头不看西太后）我早知道太后是要走的。
西：（索性老着脸）对了，四五天之前，我就想走了，可是车辆雇不齐，而且——皇帝也有病。
珍：（一惊）皇帝有病。
西：（点头）他说，他无论如何不走，他就犯了这不肯走的病！
珍：（放了心）哦！
西：所以我想请你给他瞧瞧——要是你能治好他的病，我就不计较过去的事，咱们娘儿俩一块儿走，要不然——
（隐藏着恫吓）你可别抱怨我！
珍：奴婢决不抱怨太后。
西：你难道就不怕洋鬼子吗？
珍：不怕！奴婢知道皇上也不怕
西：那么，你是早知道他不走的。
珍：嗯！是奴婢劝他不要走的。
西：（气极，但口气仍竭力缓和）你既能劝他不走，难道就不能劝他走吗？
珍：奴婢可不能劝皇上给太后当一辈子的傀儡

光：是！
（光绪跟着西太后走，李莲英、宫女们及太监们随着。）

第二十六场 B

布景：景祺阁，阶前湖石上刊“文峰”二
人物：同上
（崔玉桂及小太监数人，押珍妃至景祺阁一隐秘处。西太后及光绪等一行人自宁寿宫迤逦至景祺阁。崔遥见西太后来，趋出至过道旁跪着。西太后向李莲英示意）
西：你先侍候皇帝上车，我上楼去拜了菩萨就来。
李：喳！
（李跟光绪走出过道，折而向北，走出贞顺门，西太后见光绪走后，登时沉下脸来）
西：（向崔玉桂）把她拉出来！
崔：喳！
（太监们引珍妃出，珍妃至西太后跟前，直立不跪。）
西：现在我不用你劝他走了！
珍：我真不明白——他的心怎么这样不坚定，会中了你的圈套！
（炮声隆隆）
西：没有功夫跟你废话，（以目示崔）把她扔到那口井里去！
（珍妃凛然屹立，小太监们不敢上前。）
崔：都是些小子，看我来！（上前抓珍妃）
珍：（厉声叱之）你不配！——我自己会去！（向西走去，走到转弯处，突然转脸向北，作最后的告愿）皇上希望你早点回来吧！
（她在隆隆炮声中，凛然向珍妃井走去）

第二十六场 C

布景：贞顺门外
人物：同上
（贞顺门外，停着三辆骡车，隆裕等都在车上，车的四周有许多太监侍卫官兵等环立着。光绪在找珍妃，掀开车帘，看看都不是。他突然放下车帘，回身进贞顺门）
光：（向空说话）二妞儿！二妞儿！
（李莲英欲拦不及，赶上去）

第二十六场 D

布景：珍妃井
人物：光绪、珍妃、西太后、李莲英、崔玉桂、太监们
（珍妃从容跃入井中，崔玉桂及小太监们都跪下）
（西太后扶着一个小太监的肩头，走到井边看了一下）
西：把石板盖上了！
崔：喳！
光：（光绪挣脱了李莲英的手，直跑到井边看了一下）
（如在梦中）二妞儿，二妞儿！
（他到井边向下一看，忽然眼睛睁大，脸色惨变）
光：二——妞儿！

（只有荣禄及孙家鼐二人未跪下。西后见如此热烈之廷争，略露踌躇。王文韶启奏。）

王：微臣王文韶启奏太后，中国从甲午之战以后，财力亏损，兵力单薄，要是跟世界各国启衅，众寡不敌，强弱悬殊，恐怕要一败涂地，请太后三思。

西：（勃然大怒，起立，以手击案）你们要帮着洋鬼子说话吗？

许：（泪流满面）太后明鉴，要杀洋人，万万使不得。（放声大哭）

西：（怒叱）许景澄！你连朝廷的礼貌都不懂吗？小李子，把他撵出去！

李：喳！

（李与崔上前扶许出，许大哭起来。端王见群臣感动，急以目视刚毅等。袁昶等还想再说，西后用手一摆）

西：不必再讲了，我决定把义和团编成军队，就派端王统带，发大内库银十万两，先充饷银，以后再把办理情形，随时呈报！

端等：（胜利地）喳！

第二十二场

布景：义和团神坛

人物：大师兄、二师兄、拳民等、官员等

（鼓吹大螺之乐声。香烟缭绕，蜡炬高烧，供桌上列着许多祭品，供桌后悬着许多神像，内有鸿钧老祖、黎山老母、关帝、赵子龙、二郎神、孙悟空、周仓等像，均甚粗俗。义和团首领穿长衣，系红带，着缎靴，戴大墨眼镜，口衔香烟，背负快枪，腰挟旧式手枪，手提一秫秸，口中念念有词，词曰："天灵灵，地灵灵，奉请祖师来显灵，一请唐僧猪八戒，二请沙僧孙悟空，三请二郎来显圣，四请马超黄汉升，五请济颠吾佛祖，六请江湖柳树精，七请飞镖黄三太，八请前朝冷于冰，九请华陀来治病，十请哪吒三太子，率领天上十万兵……"）

（许多拳民穿着密门钮的拳衣裤，头上扎着黄色或红色的布，当胸佩一黄纸，上用朱砂画一像，非人非鬼，非神非妖，有头无足，面尖削，但有眉眼，头四周有光，锐指，耳际腰间作狗牙诘屈状，心以下，书字一行，文曰："云凉佛前心，玄火神后心"。他们握刀向神像叩拜，诵咒曰："左青龙，右白虎，云凉佛前心，玄火神后心，先请天王将，后请黑煞神。"拜毕，首领突然掣刀立起呼杀，众和之，皆起跃，持械挥舞，声震天地，状如疯魔。）

第二十三场 A

布景：北三所

人物：珍妃

（夜色朦胧中，紫禁城的鸟瞰，宫阙顶上的琉璃瓦映着月色，闪闪有光，小屋数楹，屋顶是寻常的灰瓦，越显得简陋幽暗。北三所的木墙，铁锁锁着，遥见一个蓬头宫人，舒

光：（拉着她的手）我要进去看看！

（光绪拉着珍妃入室，见室中破败不堪，不禁讶然。）

光：二妞儿，是我害了你了！

（珍妃不语，光绪骤然瞥见桌上珍的一张男装的照相。）

光：咦？这一张照片，以前没有见过。

珍：这是那年太后把我们的照相匣子烧掉之前照的，一向我怕惹事，所以没拿出来。

光：哎，想起从前，真是好象一场大梦。

珍：这个梦大概不久就会醒了。

光：（容颜黯淡）不，以后的日子，是越来越糟了。

珍：真的，这几天外边的情形怎么样？

光：老佛爷听了端王、刚毅那班混蛋的话，想嘬着义和团的邪术灭掉外国，如今犯了众怒，各国联合起来对付咱们，眼见得亡国就在眼前了！

珍：听说这两天天津很吃紧——

光：岂但吃紧，恐怕就要失守了？

珍：（震了一下天津就要失守了？）

光：（点头）现在南方都不肯动兵，只有北洋的军队可用，可是兵微将寡，怎么抵得住各国联合的兵力？我看不出一个月，京城恐怕就难保了！

珍：联军打进京来太后预备怎么办呢？

光：我看她大概是以一走了之吧！

珍：可是皇上呢？

光：在国家危急存亡之秋，我怎么能走呢？可是（慨然言之）你知道，我是身不由主的——

珍：皇上！这是你千载一时的机会来了！

光：怎么呢？

珍：皇上要挑起社稷的重任，万万不能跟着太后逃走，做一辈子的傀儡皇帝！

光：（点头）我明白你的意思，不过这次各国动了公愤，他们亦许蛮不讲理——

珍：大不了一个死罢了！况且这个祸是太后闯的，各国一定会原谅皇上，那时候皇上挺身而出，收拾残局，我相信各国非但不会伤害皇上，还会帮助皇上恢复皇位，重振朝纲。

光：对，我一定宁死不走！

珍：奴婢也宁死不走！

（北三所外面巡夜的太监二人拿着灯笼打着梆子走过。王商一闪身躲开。王商在窗外轻轻弹指，珍大惊，将光绪推入暗处。巡夜的灯笼在窗前闪过。）

甲监：珍主儿还没有睡呵？

珍：唔。

甲监：这几天晚上，鬼闹得厉害不厉害？

乙监：珍主儿，刚才我们在外边看见这屋子里有一个黑影子，也许就是鬼呢？哈哈……

（光绪在暗处，怒眦欲裂，珍敢怒不敢言。二太监嘻嘻哈哈的走了。珍看他们走远，忙去扶光绪出来，只见头面上满是蜘蛛网子。）

光：这班混蛋，他们常到这儿来噜苏吗？

珍：不，也不常来！

光：哎！蛟龙失势，这班狗也来欺负人，我有一天重掌朝纲，一定要好好整顿一下。

珍：皇上说得是，所以皇上更要保重万金之躯，将来我们好好的干一下。

光：（点头）我为了你，为了国家，一定要好好

说下去）

西：（明白）那除非我把政权还给皇帝才行，是不是？

荣：（低头）喳！

西：（勃然立起，刻毒的）走！可也不是我一个人走！

——你叫马玉昆带着官兵保驾同行！

荣：喳！

第二十五场 B

布景：宁寿宫西太后寝室

人物：西太后、李莲英、刚毅、隆裕、崔玉桂、众小监等

（小太监们正在收拾箱笼，将细软珍宝分别装箱，点录清单，室中颇零乱。西太后坐着，隆裕侍立。李莲英自外入跪下。）

李：回老佛爷，刚毅中堂求见。

西：（一惊立起）哦！——我就来！

（西太后颤巍巍地走到外面正屋陛御座，李莲英引刚毅自外入，刚上前叩头）

刚：老佛爷，洋鬼子来了！

西：怎么！

刚：天坛附近刚到了一大队兵，请老佛爷即刻就走吧！要不然，他们就要杀进宫来了！

（西太后闻言，如堕深渊，脸色惨变）

西：我知道了，你先叫军机处的大臣们都来见我！

刚：喳！（退出）

西：（陡然站起来）小李子，小李子！

（李、崔跪下）

西：（向李）快到瀛台教皇帝跟我一齐走。

李：回老佛爷，奴才已经探过皇上的口气，他说他是宁死不走的。

西：哦！（眼睛一动）教他来了再说！

李：喳！（退出）

西：（唤住他）教他就穿便服来！

李：喳！（退出）

西：（向崔）你教皇后跟妃嫔她们都收拾好了行李到这儿来见我。

崔：喳！

西：再到北三所教珍妃先来！

崔：喳！（退出）

西：（向其他太监门）赶快派人出去套好车辆！

太监们：喳！

第二十六场 A

布景：同上

人物：西太后、李莲英、崔玉桂、刚毅、赵舒翘、王文韶、珍妃、光绪

（钟敲一点，灯烛默然，自始至终有远远隆隆的炮声，渐渐逼近，西后御宝座，刚毅、赵舒翘、王文韶入见。）

西：不用跪了！

（刚等请安）

刚等：谢老佛爷！（侍立一旁）

太后！

西：（惨然）只剩你们三个人了吗？

刚等：是！

西：他们都到那儿去了？——想都回家去了，丢

呀！

西：（好象心头被刺了一下）你一定不肯劝他走？

珍：是！

西：你没有后悔！

珍：奴婢从来不后悔！

西：（每一个字从牙缝中迸出）好！我可以不用你劝他！

（崔玉桂进来跪下）

崔：回老佛爷，洋兵快要进城了！大阿哥、端王爷他们都在外头候驾，马玉昆带着一千官兵在后门等着保驾，请老佛爷趁早起驾吧！

西：教他们先上车，我随后就来！

崔：喳！（退出。崔玉桂走到外面正屋，隆裕，瑾妃等都换了汉装在那里等候。隆裕等鱼贯而入卧室，向西太后请安。）

西：你们先上车去，我就来！

众：是！（含泪退下）

（瑾妃临行时，突然跑过来与珍妃拥抱，二人拉手呜咽，不敢出声。）

西：（怒喝瑾妃）还不快走！

瑾：（只得与珍妃分手）是！（退出。李莲英匆匆进来跪下）

李：回老佛爷——（欲言又止）

西：（向崔）你先押她到景祺阁，等我来自发落。

崔：喳！（珍妃昂然退出）

李：（目送珍妃走后，才开口）皇上一定要先去北三所，所以来迟了！

西：叫他进来！

李：喳！（退下）

（李引光绪入，光绪向太后请安）

光：皇阿玛吉祥！（起立）

西：洋兵进城了，咱们马上就得走了！

光：珍妃在那儿？

西：你先别管她！

光：儿臣到北三所去找她，她不在，到这儿一看，她又不在，问谁都说不知道，皇阿玛到底把她弄到那儿去了？

西：哼！她贪生怕死，第一个先走了！

光：儿臣不信——

西：那么你在这等着她吧！我可要走了！（起立，好象要走）

光：她倒底在那儿？

西：我不是已经告诉你了吗？

光：她一定不会走的。

西：你不信到车上去瞧瞧，实话告诉你，我已经答应她，我们一块儿先走，等京城里稍为安静一点，我就把大权交还你，让你来跟洋人办交涉，所以她就肯走了！

光：（怔了一怔）皇阿玛可别哄我！

西：（假意拭泪）到了这个地步，我还要哄你吗？

光：（几乎相信了，忽然眼睛又转了一下）不！皇阿玛是要哄儿臣上车！

西：我要是哄了你，日后我的坟教人给刨了！

光：那么，这是真的？

西：自然是真的。

光：她已经上了车了？（炮声隆隆）

西：你听，还不快走，教她在车上着急。

光：儿臣这就去！

西：咱们一齐走！

上前抱住光绪。）

西：（向他们挥手，声音发抖）抬着他上车去吧！

李：喳！

（在隆隆的炮声中，西太后和光绪一行人的影子，出贞顺门去了。只剩下寂寞的珍妃井。）

第二十七场

布景：荒郊

人物：光绪、王商、村民、村妇等

（骡车中，光绪的回忆被车的突然停止所惊醒，光绪从车帘里看看，看不清楚，装好了照片，掀帘而出。骡车停在一个小村边，车轮出了毛病，王商与赶车的在设法修理，光绪从车中钻出身来，跨坐在车舷上。光绪纵目四览，觉得生平未经此境，精神略爽，跳下车来看看旁边）

光：王商，怎么回事呀！

王：回爷，车轴子脱了坏，一回儿就成。

光：哦！这儿是什么地方？

王：快到芦沟桥，离京城有三十里地啦！

光：哦！（慢慢信步所之的行过去）

（光绪到一棵树底下，忽然迎面来了几个老弱村民。）

村老：大爷，请问您，皇上在那辆车上？

光：（愕然，故意地）你们找皇上干吗？

村妇：喏！我们听说皇上逃难出来，所以带了一点吃的献给皇上。

光：现在弄得兵慌马乱，你们还不恨皇上吗？

村民：阿弥陀佛，皇上是好皇帝，他是带我们老百姓的。

村妇：只有太后她——

村民：别胡说！

村妇：是是，我们都惦着皇上呢！我们想皇上一路逃出来，也许会饿了，所以煮了几个鸡蛋，做了几个饽饽，送来给皇上吃。

光：（神情感动）难得你们这么忠心，皇上在那边车子里呐。我替你们拿去好不好？

村妇：好的，好的！（热诚地一样样从篮内取出来，交给光绪。光绪张开了双手接取东西，禁不住热泪盈眶。王商和几个太监吆喝而来。）

王：走开，走开！围在这儿干什么？（伸手要打人）

光：（止住）不许胡来！

王等：喳！（请安下去）

（村民等本来四散逃奔，闻声停住，呆看。）

光：谢谢各位，我们的皇上总有一天会报答你们的。

（说毕捧着食物走过去）

村妇：（莫明其妙）大爷，这位是谁呀？

王：就是我们皇上！（说毕走开。村民等呆若木鸡。光绪已跨上车舷。赶车吆喝着骡子前进，王商等拥簇着车子前进。村民等一齐跪下）

众：（高呼）皇上万岁！

（车经过村民之前，光绪含笑，吃着饽饽，向村民点首为别，民众夹道跪送，车辆向着阳光，渐走渐远。）

——剧　终——

> **毛主席教导我们说：**
>
> **必须坚决地克服許多地方存在着的某些无組織状态或无政府状态，……这种状态，給予革命利益的損害，极为巨大。**

中学红衛兵

天津市中等学校紅卫兵代表大会主办

第九期 1967年5月20日（星期六）

革命导师論打倒无政府主义

必须坚决地克服许多地方存在着的某些无纪律状态或无政府状态……这种状态，给予革命利益的损害，极为巨大。

毛泽东：《一九四八年的土地改革工作和整党工作》
《毛泽东选集》第四卷一三三三——一三三四页

如果无产阶级先进分子不以马克思列宁主义的思想和这些小资产阶级出身的党员的旧有思想坚决地分清界限，严肃地、但是恰当地和耐心地进行教育和斗争，则他们的小资产阶级思想不但不能克服，而且必然力图以他们自己的本来面貌来代替党的无产阶级先进部队的面貌，实行篡党，使党和人民的事业蒙受损失。

毛泽东：《关于若干历史问题的决议》
《毛泽东选集》第三卷第九九三页

但是这个自由是有领导的自由，这个民主是集中指导下的民主，不是无政府状态。无政府状态不符合人民的利益和愿望。

毛泽东：《关于正确处理人民内部矛盾的问题》

无政府主义者"自称为社会主义者和人民的朋友"，实际上是人民社会主义的敌人。

马克思：《巴枯宁"国家和无政府主义"一书概要》
《马克思恩格斯全集》第一五卷

我们面对着的是一个戴着极端的无政府主义的假面具的，目的是要打击那些不接受它的教条和领导的革命者而不是要打击各国现存的政府团体。这个……团体，混入了工人阶级国际组织的队伍，企图先夺这个组织的领导权，如果这个计划不能实现，就力图破坏这个组织。

这个团体横蛮无理地用它自己的宗派主义纲领和自己的狭隘思想来偷换我们协会的广泛的纲领和伟大的意向。

马克思、恩格斯：《社会主义民主同盟和国际工人协会》
《马克思恩格斯全集》第一八卷三七一页

普鲁东是个小农和手工业者的社会主义者，对联合简直是切齿痛恨的。他说：联合的坏处多于好处，它在本质上无益而且甚至有害，因为它是束缚工人自由的锁链之一……

恩格斯：《法兰西内战一书导言》
《马克思恩格斯全集》第22卷225页

这些先生见过革命没有？革命无疑是天下最权威的东西。革命就是一部分人用枪杆、刺刀、大炮，即用非常权威的手段强迫另一部分人接受自己的意志。获得胜利的政党，如果不愿意失去自己努力争得的成果，就必须凭借他的武器对反动派造成的恐惧，来维持自己的统治。要是巴黎公社不依靠对付资产阶级的武装人民这个权威，它能支持一天以上吗？反过来说，难道我们没有理由责备公社把这个权威用的太少了吗？

总之，二者必居其一。或者是反权威主义者自己不知所云，如果是这样，那他们只是在散布糊涂观念；或者他们是知道的，如果是这样，那他们就是在背叛无产阶级运动。在这两种情况下，他们都只是为反动派效劳。

恩格斯：《论权威》
《马克斯恩格斯全集》第十八卷第三四四页

党的组织，在他们（按：指无政府主义者——编者）看来是凶恶可怕的"工厂"；部分服从整体和少数服从多数的原则，在他们看来是"奴隶制"……，他们一听见在中央领下实行分工，就发出可怜又可笑的嚎叫，反对把人们变成"小轮子和小螺丝钉"……。

列宁：《进一步，退两步》
《列宁全集》第七卷第三八六页

……无政府主义者正如马克思主义者早已屡次说明的，虽然非常"猛烈地"攻击资产阶级，但是他们还是站在资产阶级世界观的立场上。

列宁：《论工人政党对宗教的态度》
《列宁全集》第一五卷第三八四页

所谓的无政府状态，独立小组的自由联合等，原则的唯一结果，只能是无限制地和荒谬地分散革命的斗争力量，让政府用一小撮兵士几乎没有遇到抵抗就把各个城市一一征服。

恩格斯：《行动中的巴枯宁主义》
《马克思恩格斯全集》第一八卷第五三九页

"我们不是农奴！"……这就非常明显地暴露出资产阶级知识分子的心理，他们把自己看成高于群众组织和群众纪律的"上等人物"……无政府主义空谈的知识分子个人主义者总觉得任何一种无产阶级组织和纪律，都好象是农奴制。

列宁：《进一步，退两步》
《列宁全集》第七卷第三四八页

谁要是把无产阶级政党的铁的纪律那怕是稍微削弱一点（特别是在无产阶级专政时期），那他事实上就是在帮助资产阶级，反对无产阶级。

列宁：《共产主义运动中的"左"派幼稚病》
《列宁全集》第三十一卷第二十六页

无产阶级所以能够成为而且必然会成为不可战胜的力量，就是因为它根据马克思主义原则形成的思想统一是用组织的物质统一来巩固的……不管人们对落后小组习气怎样大加赞美，不管人们怎样炫耀知识分子的无政府主义，它一定会把自己的队伍日益紧密地团结起来。

列宁：《进一步，退两步》
《列宁全集》第七卷第四一〇页

问题在于马克思主义和无政府主义建立在完全不同的原则上，虽然双方登上斗争舞台时都举着社会主义的旗帜。无政府主义以个人为基础，认为解放个人是解放群众、解放集体的主要条件。在无政府主义看来，个人没有解放以前，群众的解放是不可能的，因此它的口号是"一切为了个人"。而马克思主义则以群众为基础，认为解放群众是解放个人的主要条件。这就是说，在马克思主义看来，群众没有解放以前，个人的解放是不可能的，因此它的口号是"一切为了群众"。显然，这是两个互相否定的原则，而不只是策略上的分歧。

斯大林：《无政府主义还是社会主义》
《斯大林全集》第一卷二七三页

不应当忘记，右派和"极左派"实际上是双生子，所以他们都站在机会主义的立场上；不同的只是右派并不经常掩盖自己的机会主义，"左派"却经常用"革命"的词藻掩盖他们的机会主义。

斯大林：《关于反对右倾和"极左"倾的斗争》
《斯大林全集》第八卷第九页

附　　录：

无政府主义思想严重的人，在某些时候也可以起来批判无政府主义。但是，他们只批判别人的无政府主义，不批判自己的无政府主义；今天批判别人的无政府主义，明天自己又闹无政府主义；专门触及别人的灵魂，最怕触及自己的灵魂；在搞违反政策的鲁莽行动和无原则的纠纷上是"好汉"，在夺自己头脑中"私"字的权的战场上是懦夫。

人民日报社论《打倒无政府主义》

无政府主义混淆无产阶级的大民主和资产阶级自由化的界限，混淆无产阶级的革命纪律同资产阶级奴隶主义的界限，混淆无产阶级专政和资产阶级专政的界限，极力在革命中发展个人或小团体的利益……无政府主义，归根结底是资产阶级个人主义，它要求把个人的解放置于全人类的解放之上。

（同上）

要知道这种绝对自由是资产阶级的或者是无政府主义的空话（因为无政府主义作为世界观是改头换面的资产阶级思想）。生活在社会中却要离开社会而自由，这是不可能的。

《列宁选集》第一卷七二六页

游击主义有两方面。一方面是非正规性，就是不集中、不统一、纪律不严、工作方法简单化等。这些东西是红军幼年时代本身带来的，有些在当时还正是需要的。然而到了红军的高级阶段，必须逐渐地自觉地去掉它们，使红军更集中些，更统一些，更有纪律些，工作更周密些，就是说使之更带正规性。在作战指挥上，也应逐渐地自觉地减少那些在高级阶段所不必要的游击性。在这一方面拒绝前进，固执地停顿于旧阶段，是不许可的，是有害的，是不利于大规模作战的。

《毛泽东选集》第一卷二二六页

中学红卫兵

·2·　　1967年5月20日　星期六

打倒无政府主义 保卫无产阶级专政

社论

我们认为：无政府主义者是马克思主义的真正敌人。

正当无产阶级革命派全面联合，向党内一小撮走资本主义道路的当权派全面夺权之际，无政府主义是革命派大联合向党内一小撮走资本主义道路的当权派夺权的敌人！

无政府主义是刘邓反动路线的组成部份！它往往以极“左”的面目出现，来扰乱革命阵营，企图推翻无产阶级专政，实行资产阶级专政。无政府主义思想是极端反动的，必须坚决打倒！

天津的无政府主义思潮，在某些地方或单位已经泛滥成灾，他们打着“造反”的旗号，充着不怕死的“英雄”，却从根本上否定了以毛主席为代表的党中央的权威！中央首长在一个月内四次接见天津代表和夺权筹备小组负责同志，作了重要指示，按理说，天津运动应该很正常地发展起来，革命的权威应迅速树立，革命的组织纪律应迅速健全。但是以天工八二五为代表的无政府主义思潮，却大肆抵毁中央首长讲话，他们到处煽阴风，点邪火，招摇撞骗，妄图抵消中央首长讲话的作用，他们到处散布什么：“我们的材料没反映上去”“×××搞假汇报”“中央受骗了”……。在他们眼里根本没有什么无产阶级权威，在他们眼里，敬爱的周总理、陈伯达等坚定的无产阶级革命家尤如“阿斗”一样好欺，可骗；在他们的眼里，中央首长都是不善于听取群众意见的“官僚”式的人物；在他们的眼里，他们自己比中央首长还要高明。虽然他们也声嘶力竭地喊了几句迷惑群众的口号，但明眼人一看便知，这些人考虑问题的立场是以我为正，中央首长讲话稍不合胃，便是不掌握情况。其错误就是在于不把中央文革这个毛主席的最高参谋部放在眼里。对待毛泽东思想不是像林彪同主席所指出的那样：“理解的执行，不理解的也得执行”的原则。这决不是奴隶主义，因为伟大的毛泽东思想集中了人类的智慧，是最高最活的马克思列宁主义，因此每一个无产阶级革命派必须不折不扣地执行毛主席的指示。无政府主义者从根本上否认了这个真理，他们往往把自己想得太高了。

天津的无政府主义思潮直接否认了无产阶级的革命权威，这是令人不能容忍的，我们无产阶级革命派一定要树立以毛主席为代表的的党中央的绝对权威。否则就不能实现革命的联合及夺权！

毛主席說：“无政府状态不符合人民的利益和願望”无政府主义者以极“左”的面目出现，打着造反的旗号，否认任何权威、任何服从、任何权力，具有强大的破坏力。他们无视人民的利益，肆意挑起武斗，破坏公物，打、砸、抢，好象这些就是他们最好的“造反”行动。

无政府主义者，对于最高指示，对于军委命令，可以找出一些不三不四的理由相对抗。

无政府主义者，不懂得用一分为二的观点去分析问题，他们总是对一事物抓一点缺点错误不放，不允许别人改正。他们也正是以这点理由，去否定一切权威。他们除了自己之外，不願意树立任何一个权威。一个事物，尤其是新生事物，哪里能没有缺点错误？可是无政府主义者却把这样一个客观规律，当成怪事，大肆宣扬，他们根本不懂得一分为二这个唯物辩证法。

无政府主义者根本不懂得毛主席关于“**一个伟大的斗争过程，其开始阶段、中間阶段和最后阶段的领导骨干，不应該是也不可能是完全同一的。**”的伟大教导。他们有的在前一段路走对了，似乎现在就可以不注意政策和策略了，可以胡作非为了，蛮不讲理了。他们根本不懂得用发展的眼光看人看物。

无政府主义者不懂得分清“**是延安还是西安**”这一界限，正像毛主席指出的一样：“**他們反对官僚主义，就把延安說得好似‘一无是处’，而沒有把延安的官僚主义同西安的官僚主义比較一下，区别一下。**”他们否定了“延安”的主流和成绩，必然捧出“西安”的臭货，拿出资产阶级专政的大棒子！

无政府主义反动思潮的泛滥，直接指向了以毛主席为代表的党中央。无政府主义者干出的是使亲者痛，仇者快的事！对于无政府主义这股反动思潮，必须予以无情的打击！

有这样一些人，他们见了无视无产阶级革命权威的现象不动心，见冲击解放军，围攻殴打解放军的行为不动声色，麻木不仁。但听说要批判揭露无政府主义的罪恶了，他们却打出了不少的大棒子，企图阻挠对无政府主义思潮的批判。我们要大喝一声：同志，你的立场站错了！你们根本没有象列宁教导的那样：“**馬克思善于无情地摈弃无政府主义，……**”这些人看不见无政府主义的危害性，他们被无政府主义者那种形“左”实右的“英雄”形象迷住了心窍。更可憎的是：近来，尤其是伯达同志鲜明地对八·二五表态后，他们不是慎重地考虑伯达同志的意见，认真地帮助天工八·二五迅速回到以毛主席为代表的无产阶级革命路线上来，而是变本加厉地“作八·二五的坚强后盾”，支持八·二五，他们这样做，就是纵容八·二五继续干下去。这种作法是非常毒辣的；他们想把八·二五推到“要打倒的对象”的泥坑里去，将其置于死地而后快。他们自己也可能滑到这样的泥坑里。这些人，必须猛醒，否则，绝无好下场！

不打倒无政府主义，就不能将无产阶级文化大革命进行到底。对于目前天津的这股无政府主义思潮，无产阶级革命派决不能熟视无睹，而应坚决搞臭，摧垮！

打倒无政府主义！大反特反无政府主义！

无产阶級革命派大联合万岁！

向“八·二五”击一猛掌

正当我市革命造反派沿着毛主席的革命路线，按照中央对天津工作的指示精神在批判中实现大联合，向党内最大的一小撮走资本主义道路的当权派及其爪牙——万张反党集团发动全面总攻击的大好形势下，反动势力不甘心自己的灭亡，他们极力宣扬“排斥一切，打倒一切”的无政府主义思潮，否定无产阶级权威和无产阶级的组织纪律，妄图破坏无产阶级文化大革命，破坏无产阶级专政。

必须指出：一些受无政府主义思想严重侵蚀的个人或组织则不顾革命的利益，不顾斗争的大方向，自觉或不自觉地迎合了这股反动思潮。目前的无政府主义思潮强烈地冲击着我市的大联合、革命的“三结合”，严重地破坏和阻碍了我市的无产阶级文化大革命。这种无政府主义思潮，尤以“天工八·二五”为突出的代表者。

当战友在激浪中卷入逆流时，我们要向他们击一猛掌！

“天工八·二五”现在走错了路，是有很大破坏性的小资产阶级的无政府主义占领了他们的头脑。

他们不相信群众，总想把个人和小团体放在群众之上，排斥群众的大多数，“只此一家，别无分店”，极力粉饰自己，攻击其它革命组织；对于文化大革命的新生事物，天津市五个代表大会一贯采取敌视态度，将它看成是资本主义复辟的产物。甚至在中央文革已肯定之后，仍扬言要砸烂、摧垮，竟冒天下之大不韪，悍然以打、砸、抢的卑劣行径袭击了几个代表大会的常设机构。他们完全是将个人和小团体的利益置于天津四百万人民的利益之上。

与此同时，他们还把矛头指向了伟大的中国人民解放军，避开解放军为我市革命派大联合、革命的“三结合”而做出的巨大贡献不谈，却抓住一些缺点错误，以一叶障目。公然对抗人民解放军，冲击了“支左”联络站，造成了极坏的影响。

更令人不能容忍的是：“天工八、二五”的无政府主义发展到严重地步，竟无视以毛主席为代表的党中央的无产阶级权威，“连中央的决定，耐心的谈话，听你们意见，你们完全不理，都抛到脑后”。在传达了陈伯达同志对你们讲话后，又含沙射影地将矛头对准了中央文革小组领导同志，说什么：“×××搞假汇报”，“勒令×××把向中央文革汇报的材料交回”，凡此种种言行，其实质就是妄想推翻陈伯达同志对天津工作的重要指示，把中央看成“阿斗”。这种对无产阶级司令部的怀疑态度，是极端错误危险的！

实践考验证明：“天工八·二五”目前的所作所为是违背主席教导的，是同革命的大方向背道而驰的，是同无产阶级革命派的革命造反精神格格不入的。这些，就是由于无政府主义思潮泛滥，“私”字在头脑中掌了权的结果。因此，“天工八·二五”明显地站到了资产阶级一边去，为无产阶级文化大革命制造了麻烦，带来了严重损失，你们的作法只能使亲者痛，仇者快。发展下去只能是自绝于人民，变成被打倒的对象！

“八·二五”中的革命同志们，毛主席和中央在关注着你们，无产阶级革命派的战友们注视着你们，陈伯达同志的讲话猛烈地触动着你们，到了你们猛醒的时候了！浪子回头金不换，我们以无产阶级革命派战友的名义，向你们大声疾呼：迅速回到毛主席的革命路线上来吧！否则，就会走向反面！

望“八·二五”三思而行。　　（紅燕）

再　更　正

本报第七期第三版《万张反党集团在天津市完中“打击一大片，保护一小撮”的罪行》的调查报告，是天津四十五中学东方红战斗队、卫东彪战斗队合写。特此更正。并向读者、作者致歉。

本报编辑部　一九六七年五月十八日

紧紧跟上党中央 坚决搞臭无政府主义

本报十六日讯　今天下午一点在河北宾馆召开了天津市工、农、学、干五个代表会联席会议，会上中国人民解放军天津驻军杨银声同志代表天津驻军支持革命左派联络站传达了对天工八二五的几点意见，解学恭同志也在会上讲话，他指出：目前天津市的主要问题是无政府主义，因此大反特反无政府主义是当前一项重要的战斗任务。

领导干部讲话之后，五个代表大会的代表纷纷表示坚决拥护天津驻军支左联络站对天工八二五谈话，积极投入大反特反无政府主义的战斗。工代会代表姜卫东首先发言，他激动地说：我们工代会坚决拥护支左联络站对天工八二五谈话并倡议五个代表会联合起来打好这场战役。中学红代会代表在会上向大家保证：我们中学的小将一定积极投入这场战斗，和工人、农民、大学生及革命干部共同打好这一仗！

许多代表在发言中愤怒地控诉了无政府主义在天津造成的各种罪恶，大家一致认为无政府主义是当前天津市运动的主要障碍，它是走资本主义道路当权派在夺权前夕抛弃的一种新阴谋。无政府主义不要无产阶级专政，严重地破坏了文化大革命，严重地破坏了社会主义建设。必须坚决打倒无政府主义！

大家认为：中央首长对天津的讲话是对天津人民极大的关怀，我们必须紧紧跟上中央，打倒无政府主义，把无产阶级文化大革命进行到底！

这次会议是向无政府主义进军的冲锋号。会后，全市人民必将积极行动起来，把无政府主义彻底埋葬在人民战争的汪洋大海中。

中学红卫兵

1967年5月20日 星期六 ·3·

誓与联动血战到底！

《天津红卫兵摧毁联动联络委員会》举行大会

本报訊 五月十三日上午，天津市中学无产阶级革命造反派，在批判党内最大的走资本主义道路当权派的高潮中，在毛主席的革命路线取得彻底胜利的凯歌声中，在毛主席的“**宜将剩勇追穷寇**”的伟大号召的感召下，穷追猛打。向破坏和阻碍我市中学文化革命的反革命组织——联动，展开了猛烈的攻势，在天津人民体育馆召开了声势浩大的《天津红卫兵誓与联动血战到底誓师大会》。

最近，天津联动分子的猖狂活动，引起了广大革命造反派的高度警惕。他们遵循毛主席的“**人民靠我們去組織，中国的反动分子靠我們組織起人民去把它打倒。**”“**凡是反动的东西，你不打他就不倒，这也和扫地一样，扫帚不到，灰尘照例不会自己跑掉。**”的伟大教导，立即组成了“天津红卫兵摧毁联动联络委员会”，打一场人民战争，将联动及联动思潮葬身于人民战争的汪洋大海之中。

今天，人民体育馆会场里歌声嘹亮，充满了战斗的气氛。革命造反派个个群情激奋，高声朗读毛主席语录，会场写满了大幅标语：“联动是地地道道的反革命组织！”，“联动不投降就叫它灭亡！”，“打倒联动！”充分表达了革命造反派誓与联动血战到底的英雄气概。

九时许，大会在庄严的《东方红》歌声中宣布开始，革命造反派手擎红通通的《毛主席语录》一遍又一遍地高呼：“毛主席万岁！万岁！万万岁！

首先，由《天津红卫兵摧毁联动联络委员会》天津十八中“红旗红卫兵”战士致开幕词，敬祝我们心中最红最红的红太阳毛主席万寿无疆，万寿无疆！祝願林副統帅身体健康，永远健康！

接着指出，四月二十一日我们伟大领袖毛主席，中央文革小组本着“**懲前毖后，治病救人**”的方针，放出了一批联动分子，希望联动的广大群众回到毛主席的无产阶级革命路线上来，但是，有那么一小撮极端反动，极端顽固的联动分子，自认为中央文革小组可欺，他们人还在心不死，为刘邓资产阶级反动路线鸣锣开道，继续炮打中央文革小组，为刘邓翻案，真他妈的混帐透顶！这一小撮混蛋，还垂死挣扎，流窜全国各地，纠集天津的联动分子组织了什么“工农兵红卫兵联合行动委员会”，疯狂破坏我市文化革命，他们到处打、砸、抢。偷袭。借“打流氓”为名，对革命群众大打出手，无恶不做。“老子英雄儿好汉，老子反动儿混蛋”的反动血统论又重新登台，妄图扼杀中学文化大革命。

他强烈呼吁：联动分子磨刀霍霍，杀气腾腾，向革命造反派恶狠狠地扑来，他们把枪口对准我们最最敬爱的领袖毛主席，对准中央文革小组，对准毛主席的革命路线，我们怎能视而不见，听而不闻呢？！我们天津的中学革命造反派联合起来，彻底摧毁这个反革命组织。

“**蚂蚁緣槐夸大国，蚍蜉撼树談何易**”。小小的混蛋联动岂能撼动毛泽东思想的参天大树。

最后他正告联动混蛋：“**搗乱，失敗，再搗乱，再失敗，直至灭亡**”这就是你们的下场！

“**多少事，从来急，天地轉，光阴迫。一万年太久，只爭朝夕**”，今天的大会吹响了向刘邓资产阶级反动线路，反动血统论猛烈开火的第一炮！

在一片雷鸣海啸的“打倒联动”，“批臭反动血统论”的吼声中，宣读了《天津红卫兵摧毁联动联络委员会》的宣言。

宣言说，我们《天津红卫兵摧毁联动联络委员会》在阶级大搏斗的决战时刻诞生了！

（下轉第四版）

最高指示

在人类历史上，凡屬将要灭亡的反动势力，总是要向革命势力进行最后掙扎的，而有些革命的人們也往往在一个期間內被这种外强中干的現象所迷惑，看不出敌人快要消灭，自己快要胜利的实质。

“津联动”严正声明是反革命宣言书

天津工农兵红卫兵联合行动委员会五月十日贴出的“严正声明”把矛头直指以毛主席为代表的无产阶级革命路线，指向了以毛主席为首的无产阶级革命司令部，是一篇彻头彻尾的反革命宣言书，是“联动黑纲领”的翻版，必须彻底批判，坚决打倒！

“津联动”站在以刘、邓为代表的反动资产阶级立场上，站在当前对刘、邓大批判的大方向的对立面上，与中央文革相对抗，继续顽固地推行“老子反动儿混蛋，老子英雄儿好汉，基本如此”的反动血统论，妄图把敢于起来批判资产阶级反动路线的革命群众打下去，把轰轰烈烈的文化大革命压下去，而保护住刘、邓黑司令部。你们口口声声说：“我们是毛主席最忠实的红小兵”，说“要和毛主席干一辈子革命”，而又对以毛主席为首的司令部的最高参谋部——中央文革心怀不满，实际上你们把矛头直指向伟大领袖毛主席。你们妄想恶毒地把中央文革与毛主席分开，这是完全不可能的，是极端反动的。中央文革始终是站在毛主席革命路线一边，是毛主席的革命路线的最忠实的执行者，谁反对中央文革我们就打倒谁。

当广大革命造反派起来向刘、邓黑司令部，向资产阶级反动路线猛烈开火之时，你们却又拾起反动血统论，借释放联动分子之时攻击中央文革，向毛主席的革命路线进行反扑，企图压制革命。这就是资本主义复辟的逆流的一个表现，为刘、邓黑司令部叫怨翻案！你们已经站到了反动的资产阶级立场上去了！毛主席说：“**有些人不了解我們今天的政策……**”必须明确指出释放联动小头目是毛主席的伟大战略思想，绝不会说明你们做对了，而中央文革犯了错误。联动就是反动组织，这个案定定了，谁也翻不了。毛主席和中央文革今天释放你们，是给你们改过自新重新做人的机会，你们必须好好改，珍惜这个机会。如果你们继续坚持错误，死抱住保护刘邓黑司令部，进行资本主义复辟的反动血统论的僵尸不放，攻击中央文革，向毛主席的革命路线反扑，那么只有死路一条，彻底完蛋！

十六中《紅烂熳》

看！“联动”的反革命宣言书

編者按：“津联动宣言和声明”终于出笼了。

该声明站在资产阶级的反动立场上，死抱着反动血统论的僵尸不放，上打中央文革，下扫革命群众。这是射向毛主席的一支毒箭，是一篇地地道道的反革命宣言书。

“联动”是一个地地道道的反革命组织。党内走资本主义道路的当权派是“联动”赖以生存的基础，“联动”是党内走资本主义道路的当权派梦以复辟的复仇军。“津联动”，从它的第一份声明来看，就是在歇斯底里地为万、张反党集团招魂，替刘、邓黑司令说话。所以铲除万、张反党集团，打倒“津联动”，彻底批判刘、邓资产阶级反动路线，执行以毛主席为代表的无产阶级革命路线，这是我们革命造反派神圣的职责。

目前，值得注意的是，在有些学校中，有些沒有参加“联动”，但具有“联动思潮”的人，他们往往对“联动”恨不起来，看不清它的反革命实质，对它采取了不正确的态度。他们或是同情“联动”，认为对“联动”采取的某些专政措施太过火了；他们或是欣赏“联动”的某些做法，尽力去追求、模仿，并引以为荣。这些都是非常危险的。潜移默化，由小变大，它很可能把这些人引向歧途。

解放“联动老百姓”，打击“联动一小撮”。这是目前打倒联动的一个极其重要的政策。“联动”是一个反革命组织，但“联动”中的广大“老百姓”还是可以教育，还是願意跟着毛主席干革命的。我们革命造反派一定要注意教育、争取这些人，切不可与他们敌对起来。

“**小小寰球，有几个蒼蝇碰壁。嗡嗡叫，几声凄厉，几声抽泣。**”几个可怜的小小联动分子，岂能撼动毛泽东思想的参天大树。我们革命造反派奋起毛泽东思想的千钧棒，一定能将那些顽固不化，死不回头的联动分子砸个稀巴烂。

奇文共欣赏，毒草可肥田。我们从这个反动的声明中不也可以得到许多教益吗？

彻底击溃津“联动”的猖狂进攻

战鼓震天，无产阶级革命派正奋起毛泽东思想千钧棒向刘邓反动路线猛烈攻击，资产阶级反动路线正在全面崩溃。

但是“**敌人是不会自行消灭的。无論是中国的反动派，或是美国帝国主义在中国的侵略势力，都不会自行退出历史舞台。**”在刘邓反动路线即将灭亡之时，他们必然要做垂死挣扎。其反革命御林军——一小撮联动分子最近猖狂活动，正是刘邓翻案阴风，万张反革命修正主义集团阴魂不散，他们正配合社会上的牛鬼蛇神，以十倍的疯狂，开始反扑。

天津工农兵红卫兵联合行动委员会的一小撮混蛋们，利令智昏，错误地估计形势，在此刻跳出来了，其反革命宣言书“严正声明”出笼了。

这一小撮红卫兵的叛徒，恬不知耻把自己打扮成为毛主席的红小兵，似乎十分听毛主席的话，高唱着“我们永远跟毛主席闹革命”，他们打着红旗反红旗，以毛主席的话为挡箭牌，实际上向毛泽东思想射出了一支支毒箭，他们恶毒地把矛头指向了中央文革，指向了毛主席的革命路线。

在其反革命宣言里声嘶力竭地叫嚣：“中央文革必须坚持真理修正错误，永远坚定地站在毛主席革命路线一边。”中央文革是无产阶级司令部，她始终站在毛主席革命路线上，她和革命造反派同生死、共患难，血肉相连，在文化大革命中建立了不朽的功勋，谁反对中央文革我们就砸掉谁的狗头！这一小撮亡命之徒竟敢攻击中央文革，实际上在攻击我们心中最红最红的红太阳毛主席！妄图破坏无产阶级文化大革命，用心何其毒也！我们就要和他们血战到底，用鲜血和生命保卫毛主席，保卫中央文革，我们坚决和中央文革战斗在一起，胜利在一起！

这一小撮联动分子死抱着刘邓的僵尸不放，死抱着反动血统论不放，歇斯底里地大叫“老子英雄儿好汉，老子反动儿混蛋就是基本如此。”这付反动对联早已臭名昭著。元旦社论早已宣判了它的死刑，但是这一小撮混蛋竟无视中央指示，仍得意忘形地叫喊：“狗崽子先造老子的反，红五类先联合起来”，“攻击红卫兵的所谓造反组织解散”，其罪恶目的妄想破坏学校的大联合，反攻倒算，秋后算账。告诉你们，革命造反派革命不怕死，怕死不革命！你们漫骂和恐吓动摇不了我们批判刘邓反动路线的决心，头可断，血可流，毛泽东思想不可丢！

你们这一小撮混蛋不痛改前非，改邪归正，仍执迷不悟，那只有死路一条！对你们只有进行无产阶级专政！

“山雨欲来风满楼”，津联动的声明，正是反动路线新反扑的信号弹，一场反毛主席的革命路线，反中央文革的新反扑即将来临，革命造反派切不可等闲视之，如让刘邓反动路线翻身，如让这一小撮混蛋的阴谋得逞，社会上，学校里就会出现白色恐怖，就会有无数革命人民人头落地，文化大革命就会半途而废！

“**宜将剩勇追穷寇，不可沽名学霸王**”。我们要痛打这帮断了脊梁的落水狗，迎头痛击资产阶级反动路线新反扑。斗争是艰巨的，道路是曲折的，前途是光明的。敌人将“**搬起石头打自己的脚**”，这一撮混蛋必将以失败而告终，我们必将取得胜利！同志们！在毛泽东思想的红旗下联合起来！“**下定决心，不怕牺牲，排除万难，去爭取胜利！**”

（摘自十六中“兵团战报”）

津“联动”声明

我们是新生的联动，我们是毛主席忠实的红小兵。在革命战争年代里，我们父母跟着毛主席打下了红色的江山，今天我们英雄的后代永远忠于毛主席，永远忠于伟大的中国共产党，永远忠于战无不胜的毛泽东思想，根据天津形势，我们特发表宣言和声明：

一、我们天不怕、地不怕，不怕杀头和坐牢，永远跟着毛主席干一辈子革命。

二、我们重申，“老子英雄儿好汉，老子反动儿混蛋”，就是“基本如此”。

三、全市工人、贫下中农、革命军人、革命干部、革命烈士（红五类）的红后代联合起来，坚决打退资产阶级狗崽子新反扑。

四、全市的狗崽子（黑七类出身）们树起你们的狗耳朵听着，是革命的先造你老子的反，要是不革命的就滚他妈的蛋。

五、以造反为名行攻击红卫兵之实的一切不符合中央八条第二条的所谓造反组织，必须勒令解散，否则将给予毁灭性的打击。

六、中央文革必须坚持真理，修正错误，永远坚定地站在毛主席革命路线一边。

全市红五类子女共同高呼：

毛主席的红卫兵万岁！

红八月万岁！

联动的无产阶级革命造反精神万岁！

坚决打退彭氏路线的猖狂进攻！

坚决打退刘、邓、陶资产阶级反动路线新反扑！

伟大的中国共产党万岁！

伟大的领袖毛主席万岁！万岁！万万岁！

天津市工农兵紅卫兵联合行动委員会

中学红卫兵
·4·　1967年5月20日　星期六

看！天津黑市委"打击一大片，保护一小撮"的鉄証

（止到六六年九月二十五日的統計）

（表一）

司令部成员被斗情况：完中　49所　被斗　83人
初中　被斗 166人

教职工被斗情况：完中被斗370人，另外被打：476人
初中被斗：1098人，另外被打：532人

罢官情况：
完中：6人（市委批4人，原文革办公室批2人）
初中：13人（区委批）

要求罢官数：完中：37人
初中：46人

（表二）

文件名称：批斗情况对照表　（1666·9·29）

单位	初划三类	初划四类	已斗三类	已斗四类	单位	初划三类	初划四类	已斗三类	已斗四类
1中	1	2		1	42中	1	1	2	
2中	1	1		1	45中	2		1	
3中		1		1	50中		1		1
4中	2	1		1	54中	2		1	
5中	2				61中	1	1	1	1
7中	1	1		1	90中	1	1		1
8中		3		1	女一中	3	1		1
10中	1	1	1	1	女二中	2	2		2
13中		2			女三中		4		4
14中	1	1		1	女四中	1	1		1
16中	2	4		1	女六中	1	1	1	1
18中	4	1		1	南开女中	1	2		1
19中	1	2	1	1	南开中学	4	1		1
20中	1	1		1	民族中学	1	1	1	1
21中	1	1		1	外语学校	1	1		1
24中	2		1		铁路一中	1	1	1	
25中	2		1		政　师	1			
30中		2			二　师	1		1	
31中	1	2		2	市　师	1	2		2
34中	3		1		幼　师	2	1	2	
35中		2		1	河大附中		2		1
40中	3		2		师院附中	2	3	1	1
41中	1	1	1		河北中学	1	1		

注：

1 全市共有四十九所完中，本表没有天南大附中、音院附中、体院附中的材料，故只包括四十六所完中的党员校长、书记（有的包括支委）被定为三类、四类的情况。

2 本表四类干部数字的产生肯定有一部分是在群众运动的洪流中被群众揪出来的真正的党内走资本主义道路的当权派，但它在很大程度上是"打击一大片，保护一小撮"的见证。

3 按此表来分析全市四十六所全中只有九所没有划出四类党员司令部成员。在这四十六所学校里党员司令部成员共一百八十八人，其中被定为三、四类的达一百一十七人，占总人数的百分之六十二点二。其中四类者五十七人，占三十点二；三类者六十人，占百分之三十二。

（表三）

49所完中批斗干部教职工統計表

校名	武斗情况：司令部被斗	武斗情况：教职工人数	武斗情况：被斗人数	武斗情况：被打人数	罢官情况：罢官数	罢官情况：市批数	罢官情况：省批数	罢官情况：要求罢官数
20中	1	136	多半校	半数以上				
16中	2	218		38	2	市批		
[illegible]				30				
25中	1	120		4				
90中	2	129		20	1	市批		
幼师	3	80		10				
18中	3		24					
19中	3		8	3				
女六中	4		2	1				
1中	3		20					
31中	2		4	4				
40中	6		5	3				
女三中	4		4	1				
南开中学	1		20	2				
3中	1		6	23				
50中	1		15	18				
民族中学	3		17	3				
二师	1		17					
5中	1		11					
政师	1			1				
25中	1		11					
54中	1		8	24				
音院附中	1			2				1
7中	1		1	60				
8中	1		1	1				
45中	1							1
34中	1			20				
南开女中	1			11				2
女四中	1			9				1
61中								
14中	1	110	4	4				
38中	1	130	2					5
女二中	2	105		7				2
30中	2	137	26	8				4
河北中学	4	51	8	8				
2中	1	110		17				
铁路一中	7	120	21	28				
24中	1	140						
10中	1	130	13	2				
4中	2	130	4	16	1	市批		
13中		140		14				
41中	1	140		18				
42中	1	170	2	30				
女一中	1	164	1	30				
河大附中	1	108		27				
师院附中	1	140		11				
体院附中	1	48		20				
市师	3	184	2	5				
外语学校	1	90		20				

（天津十八中紅旗紅卫兵供稿）

編者按：上面我们公布天津黑市委，在天津中等学校干部问题上的三份表格。从这里不难看出，刘邓"打击一大片，保护一小撮"的资产阶级反动路线在天津的滔天罪行。它是天津黑市委，万张反革命修正主义集团，积极推行刘邓"打击一大片，保护一小撮"的罪证。我们要彻底批判这条反动路线，彻底砸烂万张反革命修正主义集团。解放广大革命干部，一道把无产阶级文化大革命进行到底！

誓与联动血战到底！

（上接第三版）我们的任务是深刻揭发联动的罪行，批判反动血统论，批判反动的特权思想，从政治思想砸烂联动，摧毁产生联动的社会基础，砸烂高干子弟集宿制学校，铲除联动的社会基础。揪出天津联动的总后台——党内一小撮走资本主义道路的当权派。

宣言指出，联动的大多数是受蒙蔽的，是要革命的，我们的方针是从政治上分化瓦解联动，团结联动大多数群众，打击一小撮顽固分子。毛主席说：**"要培养和造就千百万无产阶級革命事业的接班人，这是关系到我們党和国家命运的生死存亡的极其重大的問題，这是无产阶級革命事业的百年大計，千年大計，万年大計。"**联动干出了帝修拍手称快的坏事，帝修从他们身上看到了和平演变的希望。我们就是要"反其道而行之"，誓与联动血战到底！为了捍卫毛主席的革命路线，刀山敢上，火海敢闯，任凭联动猖狂反扑，垂死挣扎，捍卫毛泽东思想的决心永不变。

接着《天津红卫兵摧毁联动联络委员会》代表发言，他愤怒声讨了刘、邓疯狂推行反动血统论的滔天罪行，决心彻底砸烂联动总后台——刘、邓，将他们打翻在地，再踏上一只脚。

首动红代会新北大公社代表前来参加大会，他列举了大量的触目惊心的事实，彻底揭露了联动的反革命面目，表示与天津革命造反派一起打垮联动。

大会发言的还有十八中红旗，五中红野，一中红旗等十余个单位的联合发言，及天大八一三《井岗山》串联会、南大卫东《誓死卫东》串联会代表的发言。热烈祝贺大会的胜利召开。许多工人同志也参加了大会。

大会在一片"誓死保卫毛主席、誓死保卫中央文革小组"等口号和"大海航行靠舵手的歌声中胜利结束。

会后，各校革命造反派举行了游行。这次大会的召开宣判了天津联动灭亡的日子到了！它唤起天津中学朝着刘邓勇猛地杀将过来。让我们举起战斗的双手，共同迎接中学文化革命的高潮吧！

天津市中等学校紅卫兵代表大会主办　第十期　一九六七年五月二十七日(星期六)

在 通知 的指引下　把中学文化大革命进行到底

社论

我们伟大领袖毛主席亲自主持制定的一九六六年五月十六日《通知》的公开发表，给我们中学无产阶级革命造反派以巨大的鼓舞和力量。它使我们进一步领会和掌握了毛主席提出的无产阶级文化大革命的理论、路线、方针和政策，进一步推动了我们对党内最大的一小撮走资本主义道路当权派的大批判运动，增强了我们把中学无产阶级文化大革命进行到底的决心。

十七年来，“那些支持资产阶级学阀的党内走资本主义道路的当权派，那些钻进党内保护资产阶级学阀的资产阶级代表人物”极力抵制毛主席的革命教育路线，通过那些资产阶级学阀，资产阶级知识分子，用大量的修正主义毒素来腐蚀毒害我们青年一代，妄图使我们变成资产阶级接班人，以期实现资产阶级专政，达到“和平演变”的目的。这些党内走资本主义道路的当权派长期霸占着中学教育阵地，实行修正主义教育，培养资产阶级接班人。这些混进中学教育陣地的资产阶级代表人物，“是一批反革命修正主义分子，一旦时机成熟，他们就会要夺取政权，由无产阶级专政变为资产阶级专政”。对于这些党内走资本主义道路的当权派，对于这批反革命修正主义分子，必须彻底批判，必须清洗，必须把他们窃取的中学教育陣地的党、政、财、文各部门的领导权统统夺回来，“资产阶级知识分子统治我们学校的现象再也不能继续下去了。”我们同这些党内走资本主义道路的当权派，同这些反革命修正主义分子的矛盾和斗争，就是当前我们中学运动的主要矛盾，就是我们当前运动的大方向。目前，全市中学的革命造反派正在紧紧抓住这个主要矛盾，牢牢掌握这个斗争的大方向，把中学文化大革命推向一个新的高潮。

但是，就在全市中学革命造反派起来进行大批判，大联合，夺党内走资本主义道路当权派的权的关键时刻，就在进行这场在中学教育陣地上你死我活的阶级大搏斗时，在一些学校的一些同学身上却表现出了一幅异乎寻常的“和平”景象。

这些人是：“命令不服从，个人意见第一。只要组织照顾，不要组织纪律。”对毛主席“复课闹革命”的伟大号召，对党中央的指示无动于衷，左耳朵进，右耳朵出。什么党中央、解放军全不在眼里；对军政训练，对集体生活願来就来，想走就走，顺他心就干，逆他意就“造反”，“这年头谁管谁”就是他的口头禅；“不是为了团结，为了进步，为了把事情弄好，向不正确的意见斗争和争论，而是个人攻击，闹意气，泄私愤，图报复”，搞山头，出风头，打无原则的内战；“办事不认真，无一定计划，无一定方向，敷衍了事，得过且过，做一天和尚撞一天钟。”他们不学“毛著”，却热衷于“高谈阔论”；他们不搞路线斗争，却在袜子、棋盘、无线电上搞错综复杂的线路斗争；他们退居“三线”，进行“战备”，睡觉、打球、游泳、钓魚就是他们的主要任务；“自以为对革命有功，摆老资格，大事做不来，小事又不做，工作随便，学习松懈”；“事不关己，高高挂起；明知不对，少说为佳；明哲保身，但求无过”；“自己错了，也已经懂得，又不想改正，自己对自己采取自由主义”。

所有这些，都是自由放任主义，分散主义，宗派主义，和平主义的复杂混合物——无政府主义的突出表现，都是极端民主化的突出表现。毛主席说：“极端民主化的危险，在于损伤以至完全破坏党的组织，削弱以至完全毁灭党的战斗力，使党担负不起斗争的责任，由此造成革命的失败。”目前，无政府主义，极端民主化思潮的泛滥正在极大地阻碍着中学文化大革命的开展。无政府主义不要无产阶级的权威，不要无产阶级的组织纪律，它放弃斗争的主要矛盾，扭转运动的大方向，而片面地强调“个性”，强调“自由”。使得人心涣散，使得革命造反派成为一盘散沙。它客观上就成了党内走资本主义道路当权派的有力助手，成了阶级敌人的同盟军。无政府主义思潮的泛滥，就是“和平演变”的开始，它使我们失去政治嗅觉，失去阶级觉悟，对“政权”麻木不仁，不加过问。这样，就在我们的不知不觉中，被揪出来的党内走资本主义道路的当权派就会重新篡权，而未被揪出来的，也就会蒙混过关，我们的中学文化大革命就会夭折，我们就会又重新陷到资产阶级教育的泥坑中去。这是多么危险啊！同志。

毛主席近几年经常教导我们，革命的谁胜谁负，要在一个很长的历史时期内才能解决。如果弄得不好，资本主义复辟将是随时可能的。全体党员，全国人民，不要以为有一二次，三四次文化大革命，就可以太平无事了。千万注意，决不可丧失警惕。目前，党内最大的一小撮走资本主义道路的当权派被我们揪出来了，它手下大大小小的牛鬼蛇神也正被我们打得落花流水。但是，就在这革命一天天接近着最后胜利的时候，“在知识分子和青年学生中间，最近一个时期，思想政治工作减弱了，出现了一些偏向。在一些人的眼中，好象什么政治，什么祖国的前途，人类的理想，都沒有关心的必要。好象马克思主义行时了一陣，现在就不那么行时了。”这些人“由于缺乏政治经验和社会生活经验，不善于把旧中国和新中国加以比较，不容易深切了解我国人民曾经怎样经历千辛万苦的斗争才摆脱帝国主义和国民党反动派的压迫，而建立一个美好的社会主义要经过怎样的长时间的艰苦劳动”。这些人忘记了阶级斗争，忘记了无产阶级专政，忘记了祖国的前途，忘记了世界的命运，忘记了毛主席的谆谆教导，忘记了自己肩上的革命重担。

在无产阶级文化大革命中，我们中学革命造反派从来都是革命的闯将，批判的先锋。在这场夺取中学教育陣地的伟大斗争中，我们要想打头陣，要想成为中学文化大革命的主力军，就必须高举《通知》这个伟大的革命旗帜，深刻领会毛主席关于在无产阶级专政下进行革命，防止资本主义复辟的理论和实践；进一步领会和掌握毛主席提出的无产阶级文化大革命的理论、路线、方针和政策。就必须向解放军学习，活学活用毛主席著作，夺自己头脑中“私”字的权，加强革命性、科学性和组织纪律性，加强三大纪律八项注意，发扬不断革命的精神，永葆革命的青春。

“你們要关心国家大事，要把无产阶級文化大革命进行到底。” 同志们，“任重而道远，有志有抱负的中国青年，一定要为完成我们伟大的历史使命而奋斗挺身，为完成我们伟大的历史使命，我们这一代要决心一辈子艰苦奋斗。”

“多少事，从来急；天地轉，光阴迫。一万年太久，只爭朝夕。” 中学革命造反派的同志们，赶快行动起来，在《通知》这个伟大历史文件的指引下，紧紧抓住主要矛盾，牢牢掌握斗争的大方向，大反特反无政府主义，将中学的无产阶级文化大革命进行到底！

·2· 中学红卫兵 1967年5月27日 星期六

短评

在毛主席的文艺路线指引下奋勇前进！

《在延安文艺座谈会上的讲话》这篇闪烁着灿烂光辉的著作已经发表二十五周年。在二十五年前，它象大海中的一盏明灯，为中国的民族的大众文化指明了方向，开辟了光明的航道；今天，它象光芒四射的红太阳，照亮了无产阶级文化大革命的道路。

二十五年来，尤其是解放十七年来，我国文艺战线上两条路线的斗争从来就没有停止过。自从毛主席在《讲话》中指出了“**我們的文学艺术都是为人民大众的，首先是为工农兵的，为工农兵所創作，为工农兵所利用的。**”的无产阶级文艺方向，这就成了反革命修正主义文艺的“祖师爷”周扬之流以及背后支持他们的党内最大的走资本主义道路当权派的心腹之患。他们极端害怕和仇视毛主席的文艺路线，千方百计地抵毁这一光辉文献，极力吹捧帝王将相、才子佳人，兜售修正主义的黑货。但是，乌云遮不住太阳，在《讲话》这篇光辉著作的指引下，我国的革命文艺工作者在江青同志的直接领导下，以崭新的无产阶级新文艺猛烈冲击这条贯穿在文艺界的黑线。我国人民在史无前例的无产阶级文化大革命中，又忠实地遵循毛主席的文艺路线，大破大立，向那些反革命修正主义文艺的“祖师爷”及支持他们的党内最大的走资本主义道路的当权派发动了猛烈的攻击。从而宣告了反革命修正主义文艺路线的彻底破产，毛主席的无产阶级文艺路线的最后胜利！

但是，修正主义文艺路线在各方面的流毒还远远没有肃清，阶级敌人随时都会向毛主席的文艺路线反扑，他们决不会就此罢休。我们全体人民要高举毛泽东思想伟大红旗，在毛主席的文艺路线指引下，把文艺战线上的无产阶级文化大革命进行到底！

热烈欢呼毛主席《在延安文艺座谈会上的讲话》发表二十五周年！

“四海翻腾云水怒，五州震荡风雷激。” 在无产阶级革命派大联合、大夺权的凯歌声中，在千百亿万革命群众彻底埋葬党内头号走资本主义道路当权派的隆隆战鼓声中，我们以无比兴奋无比激动的心情，热烈庆祝毛主席《在延安文艺座谈会上的讲话》发表二十五周年！我们千遍欢呼，万遍歌唱；纵有千言万语也表达不出我们对毛泽东思想的无限信仰和无限崇拜；纵有千言万语也描绘不了我们对毛主席的无限热爱和无限忠诚！我们千颗心、万颗心，心心迸发出同一个声音：毛主席是我们心中最红最红的红太阳！我们衷心祝愿毛主席万寿无疆！万寿无疆！

一年来，伟大的无产阶级文化大革命，战绩辉煌，硕果累累，旧世界被砸得落花流水。中国的赫鲁晓夫刘少奇和他所支持的文艺界修正主义头目周扬、夏衍、林默涵等，一个个被我们揪出来了！这是多么大快人心的事啊！尖锐复杂的阶级斗争深深地教育了我们：革命的根本问题是政权问题。

十几年来，刘少奇和他所支持的周、夏、林之流，打着“红旗”反红旗，利用他们窃据的职权，疯狂地抗拒毛主席的文艺路线，拼命地推行一条又粗又黑的反革命、修正主义的文艺黑线，对整个文艺界实行资产阶级专政，妄图把文艺界变成他们复辟资本主义的“桥头堡”。在我院（校）党内一小撮走资本主义道路的当权派，秉承主子刘少奇的旨意，一贯忠实地推行了以周扬、夏衍、林默涵为代表的反革命修正主义文艺黑线，千方百计地抵制毛主席对文艺工作的历次重要指示。他们拒不高举毛泽东思想伟大红旗，却狂叫什么“高举天津音乐学院大红旗”，他们反对毛主席的**“文艺为无产阶級政治服务”**的光辉思想，大肆贩卖“政治落实到业务上”的反动观点；他们拒不执行毛主席的**“文艺为工农兵服务”**的伟大方针，却专门提倡搞“大、洋、古”。为死人、洋人歌功颂德，为资产阶级小姐、少爷、老爷、太太们寻欢作乐。我们自动组织了“乌兰牧骑”式的演出队，配合政治任务，创作了有说、有唱、有拉、有跳的，生动、活泼、短小精悍的文艺节目，深入工厂、农村、部队演出，深受工农兵的欢迎。而他们却横加指责地说：“你们搞这些蹦蹦跳跳、花花绿绿的不务正业，影响正规教学”。他们竭力阻挠我们到工农兵中去，到火热的阶级斗争中去，改造世界观，树立全心全意为人民服务的思想；却以“大舞台的生活”、“一对一的关门教学”把我们这些天真活泼、朝气蓬勃的青少年，关在小琴房里。用“风花雪月”、“音色”、“速度”等等，把我们紧紧捆住，妄图消磨我们的革命意志；大搞“尖子主义”、“三名三高”，用名誉、地位、金钱，来腐蚀、拉拢我们青少年，妄图使我们在业务上竞争，陷入资产阶级个人主义的泥坑里。他们和反动学术“权威”穿一条连裆裤，百般排斥、打击、迫害工农革命干部和工农子女，在音院附中实行资产阶级专政。在他们的把持下，音院附中变成了资产阶级大染缸，修正主义的“安乐窝”，牛鬼蛇神的“避难所”，变成了党内最大的走资本主义道路当权派复辟资本主义的御用工具和顽固堡垒。

“金猴奋起千钧棒，玉宇澄清万里埃。” 毛主席亲手点燃的无产阶级文化大革命的熊熊烈火，烧毁了大大小小刘少奇们复辟资本主义的黄粱美梦。音院附中的革命派起来造反了！我们高举“造反有理”的大旗，沿着毛主席的革命路线，天不怕、地不怕、鬼不怕、神不怕，敢想、敢说、敢拼、敢闯，以战无不胜的毛泽东思想为武器，冲破了资产阶级反动路线的白色恐怖，粉碎了阶级敌人的种种阴谋和反扑。终于把党内一小撮走资本主义道路当权派揪了出来；把这个资产阶级的大染缸，反了个底朝天；把这个牛鬼蛇神的“安乐窝”，砸了个稀巴烂。被敌人窃走的一切大权，我们要统统夺过来，我们无产阶级革命派要作新音院附中的主人。战无不胜的毛泽东思想的伟大红旗，要插遍音院附中的每一寸土地！

毛主席是我们的最高红司令，我们是毛主席最忠实的红小兵。用鲜血和生命保卫毛主席，捍卫毛泽东思想。捍卫毛主席的革命文艺路线，是我们响当当的钢铁誓言。歌颂毛主席，大演工农兵，宣传毛泽东思想，创造无产阶级光辉的新文艺，是我们义不容辞的神圣职责。我们就是要大学特学毛主席《在延安文艺座谈会上的讲话》，大批特批刘少奇一群狗党的修正主义的文艺黑货；我们就是要大破特破文艺黑线，大立特立毛主席的文艺路线；我们就是要“杀”上文艺舞台，为社会主义大喊大叫，为无产阶级大唱大跳；我们就是要把帝王将相、才子佳人、牛鬼蛇神，连同他们的祖师爷——刘少奇，砍下舞台，打翻在地，再踏上千万只脚，叫他们永世不得翻身！

到工农兵中去，到火热的斗争中去，经风雨，见世面，滚上一身泥巴，炼就一颗全心全意为人民服务、为共产主义献身的红心！把颠倒了的历史，重新颠倒过来！让工农兵占领整个文艺舞台，让伟大的光芒万丈、光焰无际的毛泽东思想永远永远占领一切阵地！

毛主席的伟大著作《在延安文艺座谈会上的讲话》万岁！万岁！万万岁！

天津音乐学院附中紅卫兵

紀念毛主席的光輝著作《在延安文艺座談会上的讲話》发表二十五周年，中学紅代会举办庆祝活动

《**本报訊**》为纪念我们伟大领袖毛主席的光辉著作《在延安文艺座谈会上的讲话》发表二十五周年，中学红代会，于五月十七日——二十日，在人民礼堂举办了庆祝活动。

大会开始，全体革命小将在《东方红》乐曲声中，向我们最最敬爱的伟大领袖毛主席致敬，敬祝我们伟大领袖毛主席万寿无疆！敬祝林副主席身体健康！而后共同学习最高指示，中学红代会委员会代表致开幕词。

文艺节目演出开始 红卫兵小将表演了许多精采的节目。表现出革命小将对党、对毛主席的无限热爱。表现了革命小将誓死保卫党中央，誓死保卫毛主席，誓死保卫以毛主席为代表的无产阶级革命路线。表现出他们誓与刘、邓、陶，万张反党集团血战到底的决心。他们的演出受到广大革命小将的热烈欢迎。

天津驻军毛泽东思想宣传队，也为革命小将进行了演出。表现出毛主席亲手缔造的中国人民解放军与人民的血肉关系，表现出中国人民解放军坚决支持革命左派、做革命小将的坚强后盾。红卫兵小将与亲人解放军的演出，给革命小将以巨大的鼓舞和力量。他们说：“看了演出，受了很大的教育。给我们上了一堂生动的政治课。”

演出结束后，全场高唱革命歌曲——《大海航行靠舵手》。

二十日，坦桑尼亚朋友观看了红卫兵小将的演出。

⇩ 演出后坦桑尼亚朋友和演员合影

⇦ 南开中学毛泽东思想宣传队演出的《在北京的金山上》

⇧ 天津农机校《红色农机兵》演出的“祝福毛主席万寿无疆”

中学红卫兵

1967年5月27日　星期六

•3•

軍政訓练就是好

大中学校的军政训练，是大中学校无产阶级文化大革命的一个伟大创举，具有伟大的战略意义。毛主席教导我们：**“派軍队干部訓练革命师生的方法很好，訓练一下和不訓练大不一样，这样做，可以向解放軍学政治，学軍事，学四个第一，学三八作风，学三大紀律八項注意，加强組織紀律性。”毛主席还指示：“軍队应分期分批对大学，中学和小学高年級实行軍訓，并且参与关于开学，整頓組織，建立三結合领导机关和实行斗批改的工作，先作試点，取得經驗，逐步推广。”**

天津驻军的解放军同志，高举毛泽东思想伟大红旗，带着毛主席的最高指示，来到了长征中学。这是我们长征中学的一件大喜事，广大革命师生员工热烈欢迎毛主席给我们派来的亲人，一千遍，一万遍地高呼：毛主席万岁！万岁！万万岁！

解放军一进校，就坚定地站在革命造反派一边，同她们密切合作，他们执行的是以毛主席为代表的无产阶级革命路线，他们在我校革命派大联合、同斯闘革命，增强师生的革命性、科学性、组织纪律性方面做出了巨大的贡献。解放军同志们对我们的军政训练，使我们克服了过去那种山头主义、风头主义、小团体主义等形形色色资产阶级个人主义；克服了那种战斗队之间互不服气，互相拆台，互打内战的状况；克服了只是少数人在校闹革命，多数人在家沒[illegible]的状态。更重要的是，通过军政训[illegible]使我们将主席著作学习放在了首位，用主席思想统帅一切。又是解放军同志带头亮私心，帮助我们破私立公，使许多班在毛泽东思想的基础上，在革命的大批判中联合起来了。解放军同志为搞好我校的文化大革命做了最大的努力，他们的成绩是主要的，大方向是正确的，这是任何人也抹煞不了的！

毛主席曾在解放战争胜利前夕教导我们：**“目前的形势，要求我党用最大的努力克服这些无紀律状态和无政府状态，克服地方主义和游击主义，将一切可能和必須集中的权力集中于中央和中央代表机关里手，使战争由游击战争的形式过渡到正规战争的形式。”**在目前向党内一小撮走资本主义道路当权派夺权的关键时刻，在我校斗、批、改伟大战役的前夕，组织千千万万的民众，调动浩浩荡荡的革命军是目前形势的迫切需要，而无政府主义、小团体主义、风头主义、个人主义等非无产阶级思想是大联合的障碍，大力扫除无政府主义是每一个中学革命师生的光荣职责。

闹无政府主义的人根本否认革命的统一行动的重要意义，他们无视革命大联合的重要作用和强有力的生命力，而是抓住大联合的缺点错误不放，攻其一点，不计其余。他们提倡一种丧失了无产阶级阶级性的“造反”精神，他们无视革命纪律在集体中的重要意义，稍不随意，就叫喊不当“阿斗”，就要“造反”。闹无政府主义的人，对新建的领导班子，对于帮助我们军政训练的解放军同志，不是热情支持帮助，而是站在对立面上，大不服气。领导班子有了缺点错误大加指责，不然就推翻另立。他们这样做，在革命队伍中是有很大的消蚀作用和离心作用的。无疑只能削弱革命队伍的战斗力，在客观上起到帮助党内头号走资本主义道路当权派的作用，我们必须大反特反无政府主义！

我们正在做我们前人从来沒有做过的伟大事业，解放军同志进校帮助我们搞军训，还是解放军有史以来第一次接到这样艰巨光荣的任务。由于沒有经验，工作中会有这样或那样的缺点和错误，这是不奇怪的，也是无可非议的。我们坚信，解放军同志会在今后的工作中，更高地举起毛泽东思想伟大紅旗，在和革命造反派共同的学习和战斗中，纠正错点，改进工作。我们决不许任何人以任何借口把矛头指向解放军。在军政训练中，我们永远和解放军团结在一起，战斗在一起，胜利在一起。

我们的军政训练就是要突出无产阶级政治，突出两条路线斗争，突出毛泽东思想。以两条路线斗争为纲，活学活用毛主席著作，促进思想革命化是军政训练的根本任务。为了完成这一光荣伟大的任务，中学的每一个红卫兵战士和革命师生，要拿出主人翁的态度来，响应毛主席的号召，积极参加军政训练，虚心向解放军学习，和人民解放军密切合作，团结一致，把我校的军政训练搞好，把我校的无产阶级文化大革命进行到底！

转载：**天津长征中学**

《长征战报》新1号

坚决貫彻毛主席关于軍政訓练的偉大指示，把我市中学办成毛泽东思想的大学校

本报訊　红旗飘飘，凯歌陣陣。五月三十日，天津市二十多个学校的一万一千余名革命师生迈着整齐的步伐，高唱着革命歌曲，雄纠纠地走进红旗三中（一〇五中学），举行了声势浩大的拥军爱民大会。

大会在《东方红》的雄壮歌声中开始了。首先，解放军和革命师生怀着对毛主席的无限热爱，共同学习了最高指示。接着，大会服务组代表致开幕词。她首先敬祝我们心中最红最红的红太阳毛主席万寿无疆，敬祝我们的副统帅林彪同志身体永远健康。接着她说：“中国人民解放军在执行军政训练这一伟大历史任务中，始终高举着毛泽东思想伟大红旗，努力学习最高指示，忠实执行最高指示，热情宣传最高指示，勇敢捍卫最高指示。做了大量细致艰苦的政治思想工作，把光焰无际的毛泽东思想带给了我们，有力地促进了以教学班为基础的革命大联合，有力地促进了革命的“三结合”，建立了崭新的革命新秩序。”她说：“我们最热烈地拥护，最坚决地贯彻执行毛主席的‘拥军爱民’的伟大号召，永远和解放军团结在一起，战斗在一起，胜利在一起。”

接着她愤怒地指出，目前阶级敌人疯狂地反对解放军，大肆诬蔑解放军，恶毒攻击解放军。而有些糊涂的同学只看现象，不看本质，也跟着随波逐流，不要无产阶级权威。她说：“在革命的紧要关头，无政府主义又冒出来了，而且显得十分活跃。它严重地破坏了我们无产阶级文化大革命，严重地混淆我们的大方向。大敌当前，必须搞臭无政府主义。”最后她说：“中共中央一九六六年五月十六日《通知》，这一伟大历史文件的发表再一次吹响了无产阶级文化大革命进军的号角。它告诉我们，和党内一小撮走资本主义道路当权派的矛盾是对抗性的矛盾，是最主要的矛盾。在毛泽东思想的指引下，在解放军的帮助下，让我们牢牢掌握斗争的大方向，向刘、邓猛烈开火！”

接着，正在进行军政训练的天津一〇九中，一〇五中，女一中，六十八中和爱国道中学的革命师生用自己的亲身感受热烈称赞“军政训练好得很！”他们千遍万遍地欢呼：“毛主席万岁！毛主席万万岁！”他们的联合代表在发言中说：“解放军一进校，就高举毛泽东思想伟大红旗，紧紧抓住了两条道路，两条路线斗争这个纲，深入到各战斗组织，认真地广泛听取广大革命群众意见，用毛泽东思想分析了当前形势，坚决支持了革命造反组织的一切革命行动。组织广大革命群众向资产阶级反动路线展开了猛烈的攻击，使各革命组织，在新的基础上团结起来。并遵照林彪同志的教导：**‘革命不但要革别人的命，而且要革自己的命，不革自己的命，这个革命是搞不好的。’**从而在各革命组织之间展开了全面的整风运动，使革命师生精神面貌焕然一新。解放军同时又带来了突出政治，活学活用毛主席著作的优良传统，带来了三八作风和四个第一，带来了严格的组织纪律性！使毛泽东思想在广大革命师生头脑中扎下根。”他说：“在解放军的帮助下，在毛泽东思想的阳光哺育下，实现了革命的大联合。有许多单位成立了‘三结合’的领导机构，其形势越来越好！”他严正地指出：“天津组训部队是模范地执行了毛主席的伟大号召，他们的大方向是完全正确的，否认和怀疑这一点，都是极端错误的。”他说：“几个月的军政训练，我们和解放军结成了一道铜墙铁壁，建立了深厚的无产阶级感情，大大加强了军民关系。”他兴奋地高呼：“军民团结如一人，试看天下谁能敌！”在一片雷鸣般的掌声中解放军的代表上台表了决心。他说：“我们人民解放军一定按照毛主席‘**軍队須和民众打成一片**’的教导，正确对待革命群众，爱护群众的积极性，尊重群众的首创精神，虚心听取群众意见，很好地向革命小将学习，坚决执行军委十项命令，以无比热情爱护人民群众。”他说：“我们永远和你们站在一起，坚决支持你们的一切革命行动，直到取得无产阶级文化大革命的最后胜利。”

会上，公安局造反总部和河大八·一八的代表也发了言。他们热烈庆祝大会的召开，严肃地批评了以天工八·二五为代表的无政府主义思潮。他们表示永远和人民解放军战斗在一起，胜利在一起。

最后，解放军和革命小将一起演出了文艺节目，共同表达了“军爱民，民拥军，军民魚水一家人”的深厚的无产阶级感情，一起歌颂我们的最高统帅，我们的红司令毛主席。

大反特反无政府主义，坚决捍卫无产阶級专政

春雷正响，凯歌阵陣。浩浩荡荡的革命大军正以百万雄师过大江之势向党內最大的一小撮走资本主义道路当权派发起猛烈的总攻击。在这一派大好形势下，我们高三（4）大联合请到第三毛纺厂（原东亚毛织厂）老工人李玉琴、韩惠兰控诉了旧社会和党內最大的走资本主义道路当权派对工人的迫害。老工人血泪斑斑的控诉激起了每一个同学的愤怒，在会上大家纷纷表示，要牢记阶级苦，把革命进行到底！

二班、四班的战士们说：“刘少奇解放十七年来反对无产阶级专政，反对无产阶级运用政权达到自己的目的。妄图实行资本主义复辟。目前无政府主义的大泛滥，就是不要无产阶级专政，就是反对无产阶级夺取政权。”三班的战士说：“我校一些组织借口当‘革命的拆台派’，借口‘打倒奴隶主义’，借口不‘迷信’解放军，行无政府主义之实。”

大联合服务组又强调指出：大反特反无政府主义，打倒无政府主义，是火燃眉毛的当务之急，是当前的国家大事。我们就是要奋起毛泽东思想的千钧棒，象粉碎资产阶级反动路线的白色恐怖那样，彻底粉碎无政府主义反动思潮。他们表示，继续在大批判中巩固壮大革命的大联合，促成我校师生的革命大联合。

天津长征中学

高三（4）大联合

消遥派可以休矣！

目前我市正处在大联合大夺权的关键时刻，正处在向党內最大的一小撮走资本主义道路当权派发动总攻击的时刻。在这个紧张的战斗形势下，有少数同学却滋长了安逸的思想和松劲情绪。整天无所事事，得过且过，消遥自在。有的同学主席著作学习不抓紧，对形势漠不关心。整天打球，下棋。要不就是天天游泳。有的同学干脆回了家。成了消遥派。

还有的人以前过的平平稳稳，现在还打算如此消遥下去。也有的是从前受了资产阶级反动路线的蒙蔽，犯了错误，如今并不是勇于参加火热的斗争，而是消极观望，止步不前。也成了消遥派。

还有的人，大事作不来，小事又不作。对于深入细致的工作，不愿用脑子去分析研究。因此整天感到空虚沒事干，整天把文化大革命发生的事，当作“新闻”来谈闲天，荒渡光阴。不去积极参加夺权斗争，而是坐等夺权。也成了消遥派。

甚至还有的毕业班同学也坐等毕业分配了。以上种种，都是一种小资产阶级思想意识的反映，归根结底是一个“私”字。这个“私”字必须破，破“私”才能立“公”。

毛主席教导我们说：**“世界是你們的，也是我們的，但是归根結底是你們的，……”，“你們要关心国家大事，要把无产阶級文化大革命进行到底。”**让我们响应伟大领袖毛主席的号召积极投入火热的阶级斗争中，誓作革命派，不作消遥派。

天津四十五中毛泽东思想紅卫兵（哨兵）

致讀者：　本报第九期（五月三十日）第四版所刊登的**《看！天津黑市委“打击一大片，保护一小撮”的鉄証》**的三份表格，系我《红旗红卫兵》从市中学文革办公室黑窝搜出。此表格是各校工作队（组）所汇报的情况和市委对各校干部初划类别的情况。不是调查报告。因许多学校到我校询问此事，特在此说明。

天津十八中紅旗紅卫兵　　**一九六七年五月二十五日**

中学红卫兵　　1967年5月27日　星期六
·4·

沿着毛主席的革命文艺路綫胜利前进！

——紀念毛主席《在延安文艺座談会上的讲話》发表二十五周年

欢呼五个代表大会好得很！

中学紅代会天津音乐学院
附中紅卫兵毛泽东思想宣传队

1=C 2/4　　（表演唱）

幕前独白：毛泽东思想光芒万丈，天津城上红旗飘扬，五个代表大会好得很，迎接天津新曙光！

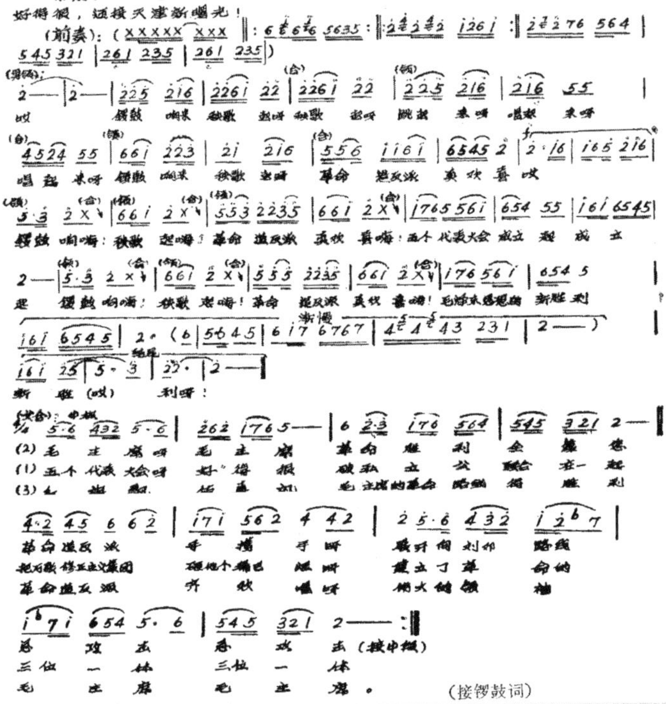

（接锣鼓词）

（锣鼓词）

男：锣鼓敲，震天响，
胜利歌声传四方。
女：风雷激，云水怒，
革命洪流不可挡。
合：大联合，大夺权，
毛泽东思想放光芒，
革命路线得胜利，
造反派来齐欢唱。
（锣鼓）
（对口词）
部分女：革命的大联合，大夺权，
男女：好得很！
部分女：革命的三结合，
男女：好得很！
女合：五个代表大会，
男女：好得很！
好得很！
好！好！
就是好！
男：彻底砸烂，
女：万张反革命修正主义集团！
男：彻底砸烂，
女：刘、邓、陶资产阶级反动路线！
男女合：谁咒骂革命的三结合，
大伙合：就把它砸烂！
男女合：谁破坏革命的三结合，
合：就把它砸烂！
男女：谁攻击解放军，
合：就把它砸烂！
男女：谁进行反革命复辟，
合：就把它砸烂！
合：敌人不投降，就叫它灭亡！（接锣鼓）
（快板合）：红旗飘，军号响，
革命大军歌声亮，
永远跟着毛主席，
浩浩荡荡向前闯。
大联合，大夺权，
毛泽东思想放光芒，
革命路线得胜利，
造反派来齐欢唱，齐欢唱！（接表演唱第一段）

▷天津音乐学院附中红卫兵演出的「欢呼五个代表大会好得很」

打倒刘少奇

（三句半）

红旗飘飘战鼓响，
捷报频频传四方，
把刘少奇揪出来示众，
牵驴！

剥下刘少奇的画皮，
咱看看他到底是嘛东西？
他和赫秃是一路货，
修正主义。

刘少奇是中国头号野心家，
他猖狂地反对毛主席，
毛主席是我们心中最红最红的
红太阳。

刘少奇写了一本又黑、又臭的黑《修养》，
疯狂地反对马列主义和毛泽东思想，
“有了这本书可以随心所欲、青云直上”，
妄想！

“我是堂堂的国家主席”，
“老子就是天下第一”，
“我是中国的刘克思”，
砸烂你这个狗东西！

他宣扬活命哲学，
积极推行投降主义，
满嘴地“孔孟”之道，
骚气！

“英雄当识时务大局”，
“吃小亏嘛，沒关系”，
“咱的心胸要开阔，开阔，开阔……”
“占大便宜。”
（合）呸！资产阶级人生观滚到一边去！

“赫鲁晓夫是我的师兄”，
“铁托是我的师弟”，
“我们走的是一条路”，
“资本主义”。
（合）此路不通！我们要的是社会主义！

资本家是他的亲爹，
地主、富农是他的爷爷，
“他们剥削有丰功伟绩。”
放屁！

“‘三和一少’就是好，”
“‘三自一包’就是高，”
“‘四大自由’就是棒。”
（三人问）棒？
（丙）棒……
我给你一棒！

“我最喜爱的电影是《清宫秘史》”，
“《海瑞罢官》是一出好戏
“他的观点和我一样”。
变天复辟！
（合）蚍蜉撼树谈何易！

文化革命波浪汹涌，
惊醒了刘少奇的黄粱美梦，
彭、罗、陆、杨都被揪出来了。
大快人心！
（合）这是毛泽东思想的又一伟大胜利！

甲：他们乘毛主席不在北京，
乙：泡制出一条资产阶级反动路线。
丙：“现在我是主席，你是总书记。”
丁：“咱得快点想个主意。”
丙：“快把那个工作组派、派、派下去。”
丁：“金钱万能，大搞经济主义。”
丙：“把水搅得混混地，让他们瞎打一气。”
丁：“保咱自己，把文化大革命，压下去。”
甲、乙：哪去！？
乙：警告你邓小平！
甲：警告你白毛驴！
乙：你胆敢反对毛主席，
甲：我们砸烂你。
乙：你胆敢反对毛泽东思想，
甲：我们抽你的筋，扒你的皮！
乙：把你打翻在地，
甲：再狠狠地踏上一只脚，
甲、乙：叫他们永远不得翻身！
乙：我们要牢记毛主席的教导，
甲：高高举起革命的批判大旗。
乙：金猴奋起千钧棒，
甲：玉宇澄清万里埃。
乙：要扫除一切害人虫，
甲：全无敌。
（呼口号）：打倒刘少奇！打倒邓小平！

天津东方紅中学东方紅战斗队

解放軍来到咱学校

（京东大鼓）

最高指示：沒有一个人民的軍队，便沒有人民的一切。

锣鼓响来，红旗扬，
革命师生喜洋洋，
解放军来到咱学校，
前呼后拥来欢迎。
那解放军，
帽徽领章红光闪，
毛主席语录贴在胸膛。
刹时全校春光满，
同学们心里更豁亮。
那解放军，
处处宣传主席思想，
和我们共同学习、共同商量，
支持左派闹革命，
打得敌人无处藏，
抓革命来促生产，
军民协作力无边，
革命教学双胜利，
齐声高唱：
（歌曲）东方红，太阳升，
中国出了个毛泽东，
他是人民的大救星……
解放军和左派站在一起，
我们的力量大无边。
毛主席是我们红司令，
他老人家决定多么英明，
我们对毛主席无限热爱，
祝福毛主席万寿无疆。

天津农机校《红色农机兵》毛泽东思想宣传队
集体创作

在现在世界上，一切文化或文学艺术都是属于一定的阶級，属于一定的政治路綫的。

毛泽东

紀念《在延安文艺座談会上的講話》发表二十五周年，彻底摧毁反革命修正主义文艺黑綫！

八一八战報
一九六七年六月五日 第75期 （本期共八版）
紅代会河北大学毛泽东思想八·一八紅卫兵《八·一八战报》編輯部

續

斬斷赫魯曉夫伸向河北省文艺界的黑手

河北省委內头号走資本主义道路的当权派伙同省委內一小撮反革命修正主义分子，秉承其主子党內最大的走資本主义道路当权派的旨意，把持河北省的文艺陣地，大肆販卖修正主义文艺黑貨，对抗毛主席的文艺路綫和党的文艺方針政策，妄圖把文艺陣地变成复辟資本主义的工具，实行"和平演变"。我們必須斬斷中国的赫魯曉夫伸向河北省的黑手，清算河北省头号走資本主义道路的当权派及省委內一小撮反革命修正主义分子在文艺战綫上的罪惡，肃清党內最大的走資本主义道路当权派修正主义文艺路綫的流毒。

一、篡改为工农兵服务的方向，变无产阶級文艺为資产阶級文艺

文艺为什么人的問題，是区分无产阶級的文艺与資产阶級文艺的根本問題。无产阶級的文艺是为千千万万劳动人民服务的，是为工农兵服务的。正如我們的偉大領袖毛主席所說的："我們的文学艺术都是为人民大众的，首先是为工农兵的，为工农兵而創作，为工农兵所利用的。"这是堅定的无产阶級文艺路綫。党內最大的走資本主义道路的当权派却千方百計地篡改毛主席提出的文艺的工农兵方向，变无产阶級文艺为資产阶級文艺，为資产阶級服务。他对能貫徹毛主席的革命路綫，富有革命战斗傳統，为工农兵所利用，为广大劳动群众所欢迎的文工团大杀大砍，誣蔑："文工团員就会扭扭秧歌，打打腰鼓"，指令其走卒："文工团要整編，人員要大大削减，建立正式的剧团。"就这样，在党內最大的走資本主义道路当权派这个修正主义文艺总后台的支持下，把一支无产阶級文艺革命大軍扼杀了，代之而起的是販卖大、洋、古的修正主义黑貨的"正規剧团"。

河北省头号走資本主义道路的当权派伙同省委內一小撮反革命修正主义分子，大肆販卖其主子的黑貨，到各个剧团里拔尖子，組織所謂尖子剧团，鼓吹"要向最高峯看齐，三年达到省級水平，五年达到出国水平"，"演員行当不全，下决心調，而且要吃。將全省精华集中起来。"为此，成立了河北省青年躍进剧团，在这个剧团成立之时，就公然提出：为上、中、下服务的方針，与毛主席提出的工农兵方向相对抗。他提出的所謂"上"，即出国和为中央首長服务；"中"，即为省委一小撮資产阶級老爷們服务；"下"，才是为群众服务。实际上，刘子厚眼里根本沒有工农兵群众。他所抓的重点剧团就是为"上"，"中"服务的，躍进剧团專演傳統戏招待"首長"，多年来根本沒下过乡。邯鄲东風豫剧团，人称是河北省头号走資本主义道路当权派的眼珠子，他曾多次指示这个剧团，要"打出去"，并把出国、拍电影、灌唱片、到北戴河为"首長"暑期消夏服务作为四大奋斗目标。用这四大任务代替文艺为工农兵服务的方向，抽取了文艺的阶級內容，从根本上反掉了毛主席文艺思想的最核心的部分。妄圖改变无产阶級文艺的性質，使文艺成为复辟資本主义的工具和供資产阶級老爷們享乐的工具。

二、篡改"百花齐放、百家爭鳴"的方針，鼓吹資产阶級的自由化

毛主席教导我們說："百花齐放、百家爭鳴的方針，是促进艺术發展和科学进步的方針，是促进我国的社会主义文化繁荣的方針。""百花齐放、百家爭鳴"是我們偉大領袖毛主席提出的繁荣和發展无产阶級文化和科学的阶級政策，而且，"百花齐放"，"百家爭鳴"都是在无产阶級專政的条件下进行的。它与有些人鼓吹的战国时期的"百家爭鳴"的封建阶級的自由化以及資产阶級的自由化有本質的区別。

毛主席在一九五六年五月最高国务会議上提出这个方針不久，党內头号走資本主义道路的当权派就与毛主席大唱反調，鼓吹說："百家爭鳴早在春秋战国就有了。……毛主席不过是加以总結提高，为什么要提倡百家爭鳴？是要反对教条主义，不要一家之言。"把毛主席提出的"百家爭鳴"与春秋战国的"百家爭鳴"相提并論，是对我們偉大領袖毛主席的極大誣蔑。他所說的"教条主义"和"一家之言"，实际上就是指馬克思列宁主义、毛澤东思想和无产阶級这一家，他所反对的"教条主义"和"一家之言"就是鼓吹資产阶級的自由化，就是要不加限制地大搞資产阶級、修正主义的文艺黑貨。毛主席早就駁斥了这种謬論，他說："我們同資产阶級和小資产阶級的思想还要进行長期的斗爭。不了解这种情况，放弃思想斗爭，那就是錯誤的。凡是錯誤的思想，凡是毒草，凡是牛鬼蛇神，都应該进行批判，决不能讓它們自由泛濫。"又說："放，就是放手讓大家講意見，使人們敢于說話，敢于批評，敢于爭論。"

主子有言，走卒緊跟，河北省头号走資本主义道路的当权派追随其主子的旨意，公然篡改毛主席"百花齐放，百家爭鳴"的方針，胡說什么"执行百花齐放，百家爭鳴的过程，就是社会主义的新文艺同各种各色的文艺作品竞賽的过程。"說什么要通过"和平竞賽"，"保証革命的社会主义的文艺胜利。"显然，这是借"和平竞賽"之名，行販卖封建主义和資产阶級黑貨之实罢了。在这种資产阶級自由化的反动思想指导下，河北省头号走資本主义道路当权派却更露骨地攻击党的"百花齐放，百家爭鳴"的方針，他說："一个剧目只要有一定的思想、艺术質量，就能站住脚"，就能"爭夺观众"，恶毒的攻击革命的現代戏，"假如現在唱一唱对台戏，，一边是革命現代戏，一边是傳統戏，那边看戏的人多？这恐怕还很难說。"在这里，他鼓吹帝王將相、才子佳人的傳統戏的嘴臉不是完全暴露出来了嗎？他所鼓吹的"和平竞賽"，就是要旧戏把革命現代戏賽垮，挤掉，讓帝王將相、才子佳人、少爷小姐永远充斥着舞台，就是讓封建主义和資本主义的文艺永远盤踞文化陣地。正因为如此，河北省头号走資本主义道路的当权派才那样热衷于旧戏，一直到无产阶級文化大革命的号角吹响之后的一九六六年四月还点看《三娘教子》《白蛇傳》《王宝川》等旧戏。所以說，河北省头号走資本主义道路的当权派，是中国赫魯曉夫的忠实走卒，是封建主义、資产阶級文艺的吹鼓手。

三、对抗毛主席"推陈出新"、"不破不立"的指示，鼓吹"首先繼承"、"先立后破"的謬論。

毛主席在一九四四年一月九日給延安平剧院的信中就强調指出："历史是人民創造的，但在旧戏舞台上（在一切离开人民的旧文学艺术上）人民却成了渣滓，由老爷太太少爷小姐們統治着舞台，这种历史的顛倒，现在由你們再顛倒过来，恢复了历史的面目，从此旧剧开了新生面， （下轉四版）

（第2版）　八·一八战报　1967年6月5日

打倒文艺黑綫的总后台劉少奇

劉少奇反對毛主席文藝路綫黑話集

前　言

我們偉大的領袖毛主席的光輝著作《在延安文艺座談会上的講話》發表25周年了。这部具有划时代意义的光輝文献，天才地、創造性地發展了馬克思列宁主义的世界观和文艺理論，为无产阶級文艺制定了一条最完整、最正确、最徹底的革命文艺路綫。它是无产阶級革命文艺运动的指針，是战胜形形色色資产阶級、修正主义文艺思想的强大武器。

長期以来，党内头号走資本主义道路当权派刘少奇，为了实現其在中国复辟資本主义的野心，力圖把文艺变成制造反革命輿論的工具。他惡毒地攻击毛澤东文艺路綫，千方百計地抗拒主席关于文艺問題的批示；篡改文艺的工农兵方向，狂热地鼓吹大、洋、古；反对文艺工作者与工农兵結合，实行和平演变；大肆推行資产阶級“自由化”，为牛鬼蛇神出籠鳴鑼开道，把文艺界搞得烏烟瘴气！

今天，我們在紀念《講話》發表25周年的时候，必須把修正主义文艺黑綫的总后台刘少奇揪出来示众，把他的黑話暴露在毛澤东思想的陽光之下，坚决把他批倒、批臭，徹底肃清其流毒，讓毛澤东思想的偉大紅旗，永远高高飄揚在社会主义的文艺陣地上！

这份材料是根据北京有关文化机关、团体、所印發的材料匯編而成的，由于水平的限制，錯誤、缺点一定不少，供大家批判时参考。

（一）恶毒詆譭毛泽东文艺思想　狂猖反对党对文艺的領导

最高指示和有关論述

毛主席的《新民主主义論》和《在延安文艺座談会上的講話》，就是对文化战綫上的兩条路綫斗爭的最完整、最全面、最系統的历史总結，是馬克思列宁主义世界观和文艺理論的繼承和發展。

——《林彪同志委托江青同志召开的部队文艺工作座談会記要》

毛主席的这四篇光輝著作，是偉大的毛澤东思想的重要組成部分，是当代馬克思列宁主义世界观和文艺理論的最高峯，是我們文艺工作的最高指示，够我們无产阶級用上一个長时期了。

《高举毛澤东思想偉大紅旗积極參加社会主义文化大革命》

我們曾說，現阶段的中国新文化，是无产阶級領导的人民大众的反帝反封建的文化。眞正人民大众的东西，現在一定是无产阶級領导的。資产阶級領导的东西，不可能屬于人民大众。

——《在延安文艺座談会上的講話》

在我国革命进入社会主义阶段以后，毛主席又發表了《关于正确处理人民内部矛盾的問題》和《在中央宣傳工作会議上的講話》兩篇著作，这是我国和各国革命思想运动、文艺运动历史經驗的最新的总結，是馬克思列宁主义世界观和文艺理論的新發展。

——《林彪同志委托江青同志召开的部队文艺工作座談会記要》

按着艺术标准来說，一切艺术性較高的，是好的，或較好的；艺术性較低的，則是坏的，或較坏的。这种分別，当然也要看社会效果。文艺家几乎沒有不以为自己的作品是美的，我們的批评，也应該容許各种各色艺术品的自由竞爭；但是按照艺术科学的标准給以正确的批判，使較低級的艺术逐漸提高为較高級的艺术，使不适合广大群众斗爭要求的艺术改变到适合广大群众斗爭要求的艺术，也是完全必要的。

——《在延安文艺座談会上

刘少奇黑話：

在中国馬克思主义与文艺还沒有結合

——1957年与魏俊瑞的談話

《新民主主义論》是1940年写的，当时是新民主主义革命时期，因此講新文化是这样提的。是无产阶級社会主义思想領导下的人民大众的反帝反封建的文化。……而今天，比1940年，情况完全变了，如果現在仍用新民主主义的文化观点来看今天，显然不够了。

64年1月3日文艺工作座談会上的講話

《在延安文艺座談会上的講話》，提出了为工农兵服务的方向，就是新民主主义来講的，方向是新民主主义的，因此未提反对資本主义的。

64年1月3日文艺工作座談会上的講話

中央可搞个指示，写篇文章，把文化性質这个重要問題講清楚。

1963年在中央召开的文艺討論会上的講話

毛主席在《講話》中談到，文艺批评有兩个标准，政治标准第一，艺术标准第二。艺术标准是什么，当时毛主席沒有講。

——1964年1月3日文艺座談会上的講話

“《清宮秘史》是一部卖国主义的影片，应該进行批判，”“有人說是爱国主义的，我看是卖国主义的，徹底的卖国主义。”

毛主席的話，水平最高，威信最高，威力最大，句句是眞理，一句頂一万句。　——林　彪

1963年12月，針对反革命修正主义文艺黑綫对文艺界的反动統治，毛主席尖銳地指出：“各种艺术形式——戏剧曲艺、音乐、美术、舞蹈、电影、詩和文学等等，問題不少，人数很多，社会主义改造在許多部門中，至今收效甚微，許多部門至今还是‘死人’統治着。”“許多共产党人热心提倡封建主义和資本主义的艺术，却不热心提倡社会主义的

1963年11月，毛主席对文化部批示中尖銳地指出：“文化部是帝王將相、才子佳人、洋人死人部。”

毛主席在1965年12月指出：《海瑞罢官》的要害問題是“罢官”。

党的文艺工作，在党的整个革命工作中的位置，是确定了的，摆好了的；是服从党在一定革命时期内所規定的革命任务的。

——《在延安文艺座談会上的講話》

我們既反对政治观点錯誤的艺术品，也反对只有正确的政治观点而沒有艺术力量的所謂“标語口号式”的傾向。我們应該进行文艺問題上的兩条战綫斗爭。

——《在延安文艺座談会上的講話》

他們或者明目張胆，或者暗中放箭，采取不同的語言，不同的体裁，不同的手段，惡毒地反对毛主席，反对毛澤东思想。

——1965年5月林彪

1950年，胡乔木在旧中宣部一次亲自主持的会上說：“《清宮秘史》不能批判，因为少奇講过，这个电影是爱国的。”

中央負責同志也要看戏看电影，既然看了，免不了要發表意見，意見一傳出去，就造成紧張。怎么办呢？我看以后中央負責同志对文艺作品發表的意見，可以听也可以不听，这样我們講話也比較自由了。

1953年周揚在前文化部党組会上傳达

1964年1月3日，刘少奇召集文艺坐談会，名为貫徹毛主席的批示，实际上是掩蓋反革命修正主义文艺黑綫对文艺界的專政。会上周揚說：“文艺工作中的問題只是認識上有时候清楚，有时候不清楚，工作上有时候抓紧，有时候抓不紧。”刘少奇贊同說：“周揚同志講的意見和情况都很好。”

1965年9月6日，在政治局会議上听取文化部党組匯报时，刘少奇对肖望东說：“你們都是文化部的。都到这战綫了。文化工作沒有什么巧的，在实践中一学就会了。

在文化大革命初期，刘少奇伙同彭眞，妄圖把文化大革命納入修正主义軌道，搞什么“純学术討論”。刘少奇說：“写文章要慎重，要有高水平，要写出高明的东西。这是打笔墨官司，不要辱駡。”

党与政府采取政治上的干涉，有的是应当的，如《武訓傳》《紅樓夢》等問題，就是干涉得对的，但是也有的干涉是粗暴的，或者干涉錯了的，

195[illegible]年3月5日与周揚、刘白羽的談話

我們要求艺人的是思想內容，艺术改革則由艺人自己来搞，我們不必去干涉了。

56年3月8日对旧文化部党組的指示

一个作家写的作品沒有被通过，或是一个劇本不讓上演，不讓發表，或是讓作家再改，这怎么办呢？……应有正式文件。……不要口头搞，口头上發表議論不能算数。

——1956年3月刘少奇对周揚、刘白羽的“指示”

（下轉三版）

1967年6月5日 八·一八战报 （第3版）

劉少奇反對毛主席文藝路綫黑話集

（上接二版）

最高指示和有关論述

文艺界的主要的斗争方法之一，是文艺批評。文艺批評应該發展，过去这方面工作做得很不够，……

《在延安文艺座談会上的講話》

劉少奇黑話

現在对文艺批評太多了，特别是口头批評和品头評足太多了。这一点，应当引起注意，我看同志看戏，不許議論不行，議論了对人又有压力，我看随便講几句，不能算批評，可以不听，如果是正式意見，那就講清楚。議論有时是正确的，有时不一定正确；省委決議也有不正确的，都可以討論。……外行提意見应采取商量的态度，不要站在作家之上。作家、艺术家尊重群众意見，但不是非听不可；当然正式决議还是要听的。不这样，作家就无所适从，也就沒有个性了。

1956年3月8日对文化部党組的"指示"

中国共产党是全中国人民的領导核心，沒有这样一个核心，社会主义事業就不能胜利。

《語录》

"究竟成績是否偉大？有无虛假"？我們党"不懂裝懂"，"就是沒实事求是"，大躍进以来的思想文化革命是"戴帽子、乱斗爭"，"强制人家接受馬列主义"前几年是"抽象的紅、空談革命，革命"这是因为"党爬上了領导位置，乱指揮""繼續这样下去，要下台"。"不要欠帳到棺材，生前不还死后还 。"

1961年7月6日在一次討論科学工作十四条的会議上的講話。

（二）反对社会主义文艺的工农兵方向

鼓吹复古崇洋，为資本主义復辟制造輿論

我們的文学艺术都是为人民大众的，首先是为工农兵的，为工农兵而創作，为工农兵所利用的。"

《在延安文艺座談会上的講話》

現在，文艺界有一个方向問題就是方向不明确。

63年2月接見××代表团时的講話

文艺是为資产阶級的，这是資产阶級的文艺。象魯迅所批評的梁实秋一类人，他們虽然口头上提出什么文艺是超阶級的，但是他們在实际上是主張資产阶級的文艺，反对无产阶級的文艺的。

《在延安文艺座談会上的講話》

一九六二年，反革命修正主义分子周揚一伙，在党內头号走資本主义道路的当权派的支持下，按照刘少奇的"阶級斗爭熄灭論"，炮制了臭名昭著的"全民文艺"論，篡改文艺为工农兵服务的方向，鼓吹为"統一战綫內的全体人民"服务。

我們的文学艺术都是为人民大众的，首先是为工农兵的，为工农兵而創作，为工农兵所利用的。

《在延安文艺座談会上的講話》

你們的唯一的任务是写給讀者看，讀者就是你們的主人，他說你們的工作沒有做好，那就等于上級說的，你們沒有話講。

1948年10月2日对华北記者团的講話

我們要战胜敌人，首先要依靠手里拿槍的軍队。但是仅仅有这种軍队是不够的，还要有文化的軍队，这是团結自己、战胜敌人必不可少的一支軍队。

《在延安文艺座談会上的講話》

文工团員就会扭扭秧歌打打腰鼓，这样下去是害了他們。文工团要整 編人員要大大削减，建立正式的剧团。文工团員很年輕，大部分讓他們轉業，或者上学，学工業，学科学，学艺术，不要这样混下去了。

文工团員是"万金油"干部沒有專長，文化又低，將来轉業都有困难，是誤人子弟，要解决一下。

51年10月对周揚的黑指示

只能是从工农兵群众的基础上去提高。也不是把工农兵提到封建阶級、資产阶級、小資产阶級知識分子的"高度"去，而是沿着工农兵自己前进的方向去提高，沿着无产阶級前进的方向去提高。

在延安文艺座談会上的講話》

党內头号走資本主义道路当权派亲自"指示"策划的《关于整頓加强全国剧团工作的指示》（一九二年十二月）規定："今年国营剧团，改变其已往文工团的綜合性宣傳队的性質，成为專業化的剧团，并逐步建設剧院艺术。"

中共中央軍委扩大会議《关于加强軍队政治思想的決議》中，明确地規定部队文艺工作的任务是："必須密切結合部队的任务和思想狀况，为兴无灭資、巩固和提高战斗力服务。"

刘少奇看了海政文工团的演出之后以訓斥的口气問："你們为什么不公演？"演員們回答："我們軍队文工团主要是为連队服务。"刘少奇这个大叛徒听后，很不高兴地說："你們可以公演嘛！也可以卖票，將来还可以搞企業化，如果你們自己能养活自己，可以减輕国家許多負担。

（海政文工团毛澤东思想遵义、同心干 学游泳，驅虎豹战斗队。）

你是資产阶級文艺家，你就不歌頌无产阶級而歌頌資产阶級；你是无产阶級文艺家，你就不歌頌資产阶級而歌頌无产阶級和劳动人民：二者必居其一。

《在延安文艺座談会上的講話》

刘少奇竭力鼓吹三十年代文艺。1956年，他在怀仁堂看了曹禺的《雷雨》之后大加吹捧說："深刻，很深刻，非常深刻。"

繁猗（編者按：《雷雨》中的一个資产阶級人物）將来可以做共产党員。

1956年对周揚等人談关于《雷雨》的意見

为什么会在延安时期出現了"东方紅""兄妹开荒"、"白毛女"和其它一些好歌好戏，今天还在唱，还在演，还有生命力呢？那是因为在延安的时候，毛主席召开了文艺座談会，强調了文艺为工农兵服务的方向和文艺工作者必須深入群众生活。大家按照毛主席的指示作了，才出現了那些好东西。

林彪同志对部队文艺工作者的指示

刘少奇鼓吹三十年代歌剧的"傳統"无耻地把反动人黎錦暉捧为新歌剧的"父亲"。1956年3月8日，他說："我們是否有歌剧傳統？有。《葡萄仙子》《麻雀与小孩》都是不錯的。"

"歌剧祖宗从黎派（指黎錦暉—摘者註）算起，不要輕視黎 的創作，他們大胆把这些形式搬到舞台上来，是父亲，《白毛女》是儿子。"

許多部門至今还是"死人"統治着。許多共产党人热心提倡封建主义和資本主义的艺术，却不热心提倡社会主义的艺术，豈非咄咄怪事。

中国資本主义的，我們叫新民主主义时代的音乐、小說、詩歌、戏剧，在艺术水平上講，不如封建时期的高，現在写的小說、剧本也常常不如封建时期的好，所以演戏就演帝王將相、才子佳人。

1964年4月9日接見××文化代表团时的談話

历史是人民創造的，但在旧戏舞台上（在一切离开人民的旧文学旧艺术上），人民却成了渣滓，由老爷太太少爷小姐們統治着舞台，这种历史的顚倒，現在由你們再顚倒过来，恢复了历史的面目，从此旧剧开了新生面，所以值得庆賀。

1944年1月9日看了《逼上梁山》以后写給延安平剧院的信

对历史戏，外国戏全不演，有人会不高兴的，可以演一些。我們反对艺术的教条主义。

《惡虎村》（編者按：这是一出美化叛徒的戏）、《將相和》都是改得好的剧目，《惡虎村》里的黃天覇有教育意义。

1964年1月3日在文艺座談会上的講話

戏曲要推陈出新，不能推陈出陈 光唱帝王將相，才子佳人，和他們的丫头保鏢之类。

1963年在中央工作会議上的指示

有些老戏很有教育意义，不要去改。新文艺工作者到戏曲剧团搞戏改，不要犯急性病，改的不要过分，一定要"瓜熟蒂落"，"水到渠成"，不要过早的改，不能改的不象了。当然瓜熟不摘，也要掉下来。戏改如此，各种改革都是如此。

无产阶級对于过去时代的文学艺术作品，也必須首先查它們对待人民的态度如何，在历史上有无进步意义，而分別采取不同态度。……內容愈反动的作品而又愈帶艺术性，就愈能毒害人民，就愈应該排斥。

《在延安文艺座談会上的講話》

京戏艺术水平很高，不能輕視，不能乱改。……

京剧看不懂，可以用幻灯打字幕，那个时代講的話不要去改，照样写出来。

1956年3月8日对文化部党組"指示"

对于人民群众和青年学生，主要地不是要引导他們向后看，而要引导他們向前看。

新民主主义論》

我們对于旧时代有益于人民的文化遺产，必須謹愼地加以繼承。

1956年在中国共产党第八次全国代表大会上的政治报告

学習我国历代聖賢的优美的我們有用的遺教。

《論共产党員的修养》

（下接四版）

（第４版）　八·一八战报　1967年6月5日

刘少奇反对毛主席文艺路线黑话集

（上接三版）

最高指示和有关論述

反动文化是替帝国主义和封建阶級服务的，是应該被打倒的东西。不把这种东西打倒，什么新文化都是建立不起来的。不破不立，不塞不流，不止不行，它們之間的斗爭是生死斗爭。

毛主席《新民主主义論》

一定的文化是一定社会的政治和經济在观念形态上的反映。……凡屬主張尊孔讀經、提倡旧礼教旧思想、反对新文化新思想的人們，都是这类文化的代表。……这类反动文化是替帝国主义和封建阶級服务的，是应該被打倒的东西。不把这种东西打倒，什么新文化都是建立不起来的。不破不立，不塞不流，不止不行，它們之間的斗爭是生死斗爭。

《新民主主义論》

同上

旧的文学艺术不能适应社会主义的經济基础，古典的艺术形式不能完全适应社会主义的思想內容，那要不要革命？要不要改革？……这是一場严重的阶級斗爭……

江青同志１１、２８、講話

劉少奇黑話

宣傳封建不怕。几千年了，我們不是胜利了？和尙、尼姑都不禁了，还禁戏？旧的东西总会死亡的，怕什么？《四郎探母》可演，禁了，人家又不知道这些汉奸戏了。

１９４９年在天津的講話，抄自文化部大字报。

１９５６年旧中宣部、旧文化部在北京市召开了第一次全国戏曲剧目工作会議，会議期間，对歌頌汉奸、宣傳活命哲学的反革命京剧《四郎探母》發生了爭論，反革命修正主义分子周揚請示刘少奇，刘少奇說：“《四郎探母》唱唱也不要緊嘛，唱了这么多年了，不是唱出一个新中国嗎？”

京剧是很高的艺术，不能輕視，搞掉了，是不利的。……

戏改不能过急，有急性病。不改也不行。“出新”不能勉强，沒有怀孕就要生孩子，不行。

我們反对不成熟的改革，改的什么地方也不象了，戏改应該是瓜熟蒂落，水到渠成。

瓜不熟，即摘，是主观主义，自以为是。

戏改不要大改，有害梢改，无害不改，有些老戏很有教育意义，不要去改。

过去的詞句（指京剧唱詞——摘录者註）是反映那个时代的人的思想，改了，倒不好了，現代化了。

５６年３月８日对旧文化部党組的指示

（下接五版）

斩断刘少奇伸向河北省文藝界的黑手

（上接一版）

所以値得庆賀。你們这个开端將是旧剧革命的开端，我想到这一点就十分高兴，希望你們多編多演，蔚成風气，推向全国去！”“推陈出新”是毛主席提出的發展社会主义戏剧的最正确的方針。要推陈出新，必須大破大立，“不破不立。破，就是批判，就是革命。破’就是要講道理，講道理就是立，破字当头，立也就在其中了。”改革旧戏，提倡新戏，推陈出新，是一場十分尖銳的“兴无灭資”的革命斗爭，是一場極为广泛深刻的社会主义革命。所謂“推陈出新”，就是要在毛主席的文艺思想指导下推資本主义、封建主义之陈，出社会主义、共产主义之新，大力提倡社会主义的革命現代戏。

然而党内头号走資本主义道路的当权派却反其道而行之，任意篡改毛主席提出的“百花齐放、推陈出新”的方針，說什么：“……我們的方針是百花齐放，推陈出新，要推掉一些陈的，但不能勉强，……不要‘硬生孩子’，百花齐放，允許并存。”河北省头号走資本主义道路的当权派秉承其主子的旨意也大叫大嚷，鼓吹“先立后破”，“首先繼承”的反动謬論。正当一九六一年至一九六二年国内外阶級敌人掀起反华大合唱，进行瘋狂反华的时候，河北省头号走資本主义道路的当权派与其主子遙相呼应，一九六一年四月，在与河北省青年躍进剧团的講話中公然提出一个資产阶級的方針与毛主席提出的革命方針对抗，說什么：“我們的方針首先是繼承，然后在繼承的基础上再發展提高。不繼承，發展就是乱發展。”还举例說：“小孩子必須先臨帖，臨帖好了再进步，才能自成一家，所以，首先强調繼承，不要先說改。”同年八月，在和演員座談时又提出：“經驗証明要先立后破。不要草率地改，不要急，着重繼承。”再三强調，要“想尽一切办法解决繼承問題。”并力圖把河北梆子剧院树为河北省繼承的样板，指出，要“强調繼承傳統，梆子剧院是省級剧团，要在全省树立旗帜。”河北省头号走資本主义道路的当权派，公开要树立一个推行修正主义文艺路綫的活标本，把梆子剧院变成宣傳修正主义思想的根据地，他的所謂‘首先繼承”，而后批判，实际上就是只講繼承，不要批判，只許資产阶級“放’，不許无产阶級“放”，不許无产阶級反对資产阶級，这与毛主席提出的“推陈出新”、“先破后立’是直接对立的，这是一条資产阶級修正主义文艺路綫。

对于遺产，对于过去的旧艺术，只有用馬克思列宁主义的阶級分析的方法，首先进行分析，进行批判，进行革命，剔除其封建性的糟粕，才能談得上繼承，也才能眞正不割断历史的繼承民主性的精华，才能古为今用，才能够推封建主义、資本主义之陈，出社会主义，无产阶級之新，也才能够眞正建設馬克思列宁主义、毛澤东文艺思想指导的无产阶級的文艺。

四、对抗毛主席的偉大指示，破坏戏剧改革

毛主席在一九六三年十二月指出，各种艺术形式——戏剧、曲艺、音乐、美术、舞蹈、电影、詩和文学等等，問題不少，人数很多，社会主义改造在許多部門中，至今收效甚微。許多部門至今还是“死人”統治着。許多共产党人热心提倡封建主义和資本主义的艺术，却不热心提倡社会主义的艺术，豈非咄咄怪事。毛主席这一偉大指示，指出了戏剧革命的方向，吹响了文化革命的新的进軍号。許多革命的戏剧工作者，在毛主席的指示下，掀起了戏剧革命的高潮，其主要标帜就是在江青同志的亲自指导下在北京进行的一九六四年六月——七月的京剧革命現代戏会演，而且取得了巨大胜利。党内头号走資本主义道路的当权派和他的忠实走卒对此恨得要命，怕的要死，千方百計破坏戏剧革命。于一九六四年一月三日党内头号走資本主义道路当权派与党内另一个最大的走資本主义道路的当权派伙同彭眞、周揚等反革命修正主义分子召开了一个直接对抗毛主席一九六三年十二月指示的文艺黑会。并由彭眞、周揚負責以貫徹毛主席的指示为名，积極貫徹执行这个会的黑指示。河北省头号走資本主义道路的当权派和河北省委一小撮反革命修正主义分子，把其主子的黑指示奉为至宝，于六四年三月在保定召开了近二十天的所謂“戏剧文学創作会議”，大肆販卖其主子的黑貨。他們对于毛主席的指示陽奉陰違，竭力抗拒，借傳达毛主席指示之名，行販卖党内头号走資本主义道路当权派修正主义文艺黑貨，鼓吹封建文艺、資产阶級文艺之实。値得注意的是，这个会名义是繁荣革命現代戏剧，但却大肆演出帝王將相、才子佳人的封建戏，諸如：《送京娘》、《强項令》、《醉打山門》《通天犀》等。这难道不是奉行其主子的旨意，公开詆毁和反对毛主席的指示嗎？

毛主席一九六四年六月再一次指示，文艺界十五年来，基本上（不是一切人）不执行党的政策，做官当老爷，不去接近工农兵，不去反映社会主义的革命和建設。最近几年来，竟然跌到了修正主义的边緣。如不認眞改造，势必在將来的某一天，要变成象匈牙利裴多菲俱乐部那样的团体。党内头号走資本主义道路的当权派伙同彭眞、陆定一、周揚之流迫于毛主席一再指示，于六五年六月份搞了一次假整風，妄圖蒙混过关，实际上还是一意孤行，破坏戏剧革命。在六五年六月至七月北京举行的現代京剧会演上，展开了以江青、康生同志为首的坚决执行毛主席的革命路綫，坚持京剧革命和以彭眞、陆定一、周揚之流为代表的坚持貫徹党内头号走資本主义道路当权派的修正主义文艺路綫，公然破坏京剧革命的兩条道路的尖銳斗爭，就是鉄証。

河北省头号走資本主义道路的当权派是坚决站在党内头号走資本主义道路一边，公然对抗毛主席指示，破坏戏剧革命。一九六五年五月他对躍进剧团說：“旧戏为什么人家老愿看哪？就是艺术好。”一九六五年八月，还指示各团“不要把傳統戏都丟掉，这个問題希望你們注意。”并向剧团傳达周揚的黑指示：“六六年九月要演傳統戏，周揚部長給河北省提了一个意見，在河北省要开放一部分傳統戏”。“象‘东風’可以上演《穆桂英挂帅》、《紅娘》。”更为严重的是，去年二月，躍进剧团下乡半农半艺，他还讓演員每人帶一套旧戏裝，排演《王定保借当》等戏，他叫上演《桃花扇》，他吹捧《海瑞罢官》式的反动戏剧《强項令》，一九六五年十一月份，他与北京旧市委反革命修正主义集团头子彭眞宣揚《夜奔》的所謂“逼上梁山”，“官逼民反”等等为复辟資本主义和反革命政变制造輿論，对于帝王將相、才子佳人的封建戏是如此。对革命現代戏却尽力詆毁与貶斥，恨一棒子把革命現代戏打下去，使“死人”永远統治戏剧舞台。胡說什么“現代戏赶不上傳統戏”，“演新戏沒功夫”。惡毒的誣蔑新戏唱腔“不如驢叫”。眞是一付資产阶級老爷的嘴臉，其用心何其毒也！他頑固地站在反动的資产阶級立場上，瘋狂地反对毛主席亲自領导的戏剧革命。

“千鈞霹靂开新宇，万里东風扫殘云”。在紀念毛主席《在延安文艺座談会上的講話》的时候，应該高举毛澤东思想偉大紅旗，肃淸党内头号走資本主义道路当权派在文艺战綫上的流毒，徹底淸算河北省头号走資本主义道路当权派的修正主义文艺思想和他在我省犯下的滔天罪行。（紅宣兵）

1967年6月5日　　八·一八战报　　（第5版）

刘少奇反對毛主席文藝路线黑话集

（上接四版）

最高指示和有关論述

唯物主义者幷不一般地反对功利主义，但是反对封建阶級的、資产阶級的、小資产阶級的功利主义，反对那种口头上反对功利主义、实际上抱着最自私最短視的功利主义的伪善者。……某种作品，只为少数人所偏爱，而为多数人所不需要，甚至对多数人有害，……任何一种东西，必須能使人民群众得到眞实的利益，才是好的东西。

《在延安文艺座談会上的講話》

无产阶級文艺的目的，就是要团結人民，教育人民，鼓舞革命人民的斗志；瓦解敌人，进行兴无灭資的斗爭。它是强有力的思想武器，是形象地、通俗地宣傳馬克思列宁主义、毛澤东思想的工具。

林彪同志对部队文艺工作的指示
64年5月19日

內容愈反动的作品而又愈帶艺术性，就愈能毒害人民，就愈应該排斥。

《在延安文艺座談会上的講話》

必須將古代封建統治阶級的一切腐朽的东西和古代优秀的人民文化即多少帶有民主性和革命性的东西区别开来。

《新民主主义論》

帝国主义、資本主义和修正主义的文艺是反动的，頹廢的，色情的，是麻痹人民，欺騙人民的；我們革命的文艺是教育人民，啓發人民的智慧，鼓午人民的革命干勁，引导人民前进的。

林彪同志对部队文艺工作的指示

“全盤西化”是行不通的，是中国老百姓所不能接受的。艺术和自然科学不同，例如割闌尾，吃阿斯匹林这些医疗方法，就沒有什么民族形式。但是艺术却不同，艺术就有民族形式問題，这是因为艺术是人民的生活、思想、感情的表现，同民族的習慣和語言有密切的联系。它的發展是有民族范圍的繼承性。

毛主席同音乐工作者的談話
56年8月24日

对于全世界各国人民的优秀艺术形式，我們也要按照毛主席的“洋为中用”的指示来作推陈出新的工作。

江青同志11月28日講話

人民生活中本来存在着文学艺术原料的矿藏，这是自然形态的东西，是粗糙的东西，但也是最生动、最丰富、最基本的东西；在这点上說，它們使一切文学艺术相形見絀，它們是一切文学艺术的取之不尽、用之不竭的唯一的源泉。

《在延安文艺座談会上的講話》

革命現代京剧《紅灯記》《沙家浜》《智取威虎山》《奇襲白虎团》等和芭蕾舞剧《紅色娘子軍》，交响音乐《沙家浜》、泥塑《收租院》等，已經得到广大工农兵群众的批准，在国内外观众中，受到了極大的欢迎。这是对社会主义文化革命將会产生深远影响的創举。它有力的証明：京剧这个最頑固的堡壘也是可以攻破的；芭蕾舞、交响乐雕塑这种外来的古典艺术形式，也是可以加以改造来为我們所利用的。

《林彪同志委托江青同志召开的部队文艺工作座談会記要》

不是把工农兵提到封建阶級、資产阶級、小資产阶級知識分子的“高度”去，而是沿着工农兵自己前进的方向去提高，沿着无产阶級前进的方向去提高。

《在延安文艺座談会上的講話》

……决不能和任何别的民族的帝国主义反动文化相联合，因为我們的文化是革命的民族文化。

《新民主主义論》

所謂“全盤西化”的主張，乃是一种錯誤的观点。形式主义地吸收外国的东西，在中国过去是吃过大亏的。

《新民主主义論》

我們同資产阶級和小資产阶級的思想还要进行長期的斗爭。不了解这种情况，放弃思想斗爭，那就是錯誤的。

《語录》

刘少奇黑話

对書报、戏剧、电影的审查尺度要放寬，否則会使很多人失業。……天津禁了些旧剧，使人少吃飯，人家不滿意，有問題还要我們解决，这是干了蠢事。……現在是叫大家能吃飯就吃着，以后多从吃飯問題上考虑，大家有飯吃，就好。

1949年在天津的講話

对当前事業无害的，都可允許演。有害的改一下。不要以为不能演現代戏的，就不重視了，搞娛乐、休息、就鼓励了社会主义积極性了。

56年3月8日对旧文化部党組的指示

一九六一年二月二十一日，刘少奇在怀仁堂看中国京剧院演出时說：“可以多編一些这样的新历史剧，另外也可以改編一些傳統剧目，甚至象《梅龙鎮》、《二进宮》、《四郎探母》等思想性差技术性强的戏，也可以改改內容，把技术留下来，繼承艺术成果，編成可以發揮浪漫主义的想象，”

（京剧院提供材料）

一九五九年刘少奇亲点中国京剧院黑帮分子李少春的《梅龙鎮》。看完后，携同王光美，兴致勃勃地接見了演員。并指示要搞全部的《李鳳姐》。一九六一年又念念不忘地指示京剧院要排这出戏。

（京剧院提供材料）

其他国家的影片也要进口，如美国的。

世界各国的影片都要搞进来，一种是进步的，一种是无害的，讓人民能了解一下世界各国人民的社会生活，增加一些世界知識。总之，全世界好的东西都要。

改良主义不怕，无害即行。美国搞鉄幕，我們不搞的。

56年3月8日对旧文化部党組的指示

音乐舞蹈工作者，要有外国的知識，用这种知識方法也可以表現中国人的思想感情。

64年1月3日在文艺工作座談会上的講話

只懂得关于老百姓的一点东西，不知道世界知識。只当一个土作家是不行的。（同上）

反映現代生活不能勉强，芭蕾舞，外国歌剧不一定能反映，即使能反映，也只有几个戏。观众口味是不同的，有的愿听全本戏，有的愿听片断，大部分人是听故事，而农民則喜欢听連台本戏，有头有尾。看了戏，能得到休息，使人高兴就好。看《天鵝湖》可以提高兴致，《巴黎聖母院》的艺术水平也很高，也有教育作用，京剧艺术水平很高，不能輕視，不能乱改。

1956年3月8日对旧文化部的指示

不成熟（指《魚美人》）沒关系，新的事業嘛，这个舞不成熟，下个舞就成熟，要勇敢創造嘛。

1959年看北京舞蹈学校《魚美人》后談話

要学習塔斯社，同时也要学習資产阶級通訊社。

1956年5月28日
对新华社的指示

您（指苏修專家——編者按）的功劳很大……您象佛一样，給我們的舞蹈家傳經播道起了点化作用，您的学生以后就会在这里把您的眞經傳播下去的……您就是佛嘛，中国舞蹈艺术的始祖嘛。

1959年的一次談話

……还是我們办得好，进步幷不慢，因为有些資产阶級的东西可以学，还能接受他們的东西。

1948年10月2日
对华北記者团的講話

（三）反对文艺工作者与工农兵相結合，推行“三名”“三高”政策

我們的文学艺术家，我們的科学技术人員，我們的教授、教員，都在教人民，教学生。因为他們是教育者，是当先生的，他們就有一个先受教育的任务。在这个社会制度大变动的时期，尤其要先受教育。过去几年，他們受了一些馬克思主义的教育，有些人幷且很用功，比以前大有进步。但是就多数人来說，用无产阶級世界观完全代替資产阶級世界观，那就还相差很远。

《在中国共产党全国宣傳工作会議上的講話》

这种人不喜欢我們这个无产阶級專政的国家，他們留恋旧社会。……所以他們实际上是准备投降帝国主义、封建主义和官僚資本主义的人。这种人在政治界、工商界、文化教育界、科学技术界、宗教界里都有，这是一些極端反动的人。

《毛主席語录》

要完成文化教育工作各方面的任务，必須进一步扩大和加强知識分子队伍。……我們必須运用資产阶級和小資产阶級的知識分子的力量来建設社会主义，并且要向他們学習。

《在中国共产党第八次全国代表大会上的政治报告》

知識界已經改变了原来的面貌，組成了一支为社会主义服务的队伍。

由于我們党作了長期的有系統的工作，我国知識分子的基本队伍已經同工人农民結成了亲密的联盟，并有相当数量的知識分子变成了共产主义者，加入了我們的党。

《在中国共产党第八次代表大会上的政治报告》

（下接六版）

（第6版） 八·一八战报 1967年6月5日

刘少奇反对毛主席文藝路线黑話集

（上接五版）

最高指示和有关論述

各种艺术形式——戏剧、曲艺、音乐、美术、舞蹈、电影、詩和文学等等，問題不少，人数很多，社会主义改造在許多部門中，至今收效甚微。

1963年12月对文艺工作的指示

在我們的許多工作人員中間，現在滋長着一种不愿意和群众同甘苦，喜欢計較个人名利的危險傾向，这是很不好的。

«关于正确处理人民內部矛盾的問題»

一切共产党員，一切革命家，一切革命的文艺工作者，都应該学魯迅的榜样，做无产阶級和人民大众的"牛"，鞠躬尽瘁，死而后已。

«在延安文艺座談的会上講話»

"沒有正确的政治观点，就等于沒有灵魂。"

«关于正确处理人民內部矛盾的問題»

文艺工作者应該学習文艺創作，这是对的，但是馬克思列宁主义是一切革命者都应該学習的科学，文艺工作者不能是例外。文艺工作者要学習社会，这就是說，要研究社会上的各个阶級，研究它們的相互关系和各自狀況，研究它們的面貌和它們的心理。

«在延安文艺座談会上的講話»

書当然不可不讀，但是光讀書，还不能解决問題。一定要研究当前的情况，研究实际的經驗和材料，要和工人农民交朋友。……学習馬克思主义，不但要从書本上学，主要地还要通过阶級斗爭、工作实践和接近工农群众，才能眞正学到。

«在中国共产党全国宣傳工作会議上的講話»

中国的革命的文学家艺术家，有出息的文学家艺术家，必須到群众中去，必須長期地无条件地全心全意地到工农兵群众中去，到火热的斗爭中去，到唯一的最广大最丰富的源泉中去，……

«在延安文艺座談会上的講話»

政治工作是一切經济工作的生命綫。

«語录»

沒有正确的政治观点，就等于沒有灵魂。……思想政治工作，各个部門都要負責任，

«語录»

劉少奇黑話

建国己經十一年，工人阶級的文艺队伍应該說已經形成了。

1960年第三次文代会前的指示

不要做小作家，要做大作家。魯迅就有丰富的知識，我們的作家也应該成为这样的大作家。

1956年3月5日与周揚、刘白羽的談話

个人順着历史發展，才能促进历史，將来写历史的时侯，写上你一个名字，个人名利莫过于这个吧。

只有跟着共产党走，个人才能成功，即使改了行。姚依林原来学化学，后来上山了，現在搞商業。魯迅原来学医生，他覺得搞文学能代表人民說話。他們才成功了。

1958年6月30日在«北京日报»社的講話

我們的作家，如果要成为一个好的專業作家，应該具有丰富的知識，应該懂得自然科学（也应該懂得原子彈，現在是原子能时代）、化学、代数、几何、微积分，也应該懂得历史知識和世界文学知識，至少应該懂得一种外国文。……我們許多作家，是革命培养出来的，有丰富的斗爭經驗，和群众也有联系，就是知識不够，是土作家，只懂得关于老百姓的一点东西，不知道世界知識。只当一个土作家是不行的。我們的青年作家或專業作家都要有丰富的知識。文化水平决定作家的創作水平……要讓那些有天才的人專業化，讓他們学習历史，学習文学，給他們条件，为使他們成为一个大作家打好基础。

1956年3月5日与周揚、刘白羽的談話

你們要安心学習，兩耳不聞窗外事，一心專讀聖賢書，窗外事可以問一問，但不要因此不安心。

1948年12月14日对馬列学院第一期学員的講話

文艺家下乡如果有困难，可以开輛車去，作家可以在車上做飯睡覺。

文学家要和群众結合，有些人就是下不去。可弄几輛汽車，上边有厨房，你們坐在汽車上到处开，坐在汽車上看看也好。

1964年1月3日在文艺座談会上的講話

稿費条例应在作家中間做充分討論，

应該重視編輯工作，对于編輯的待遇，各方面都要提高。

1956年3月5日与周揚、刘白羽的談話

对国家有功人員应有獎励制度，是很必要的，如科学家的發明和創造……其它如文化部門，教育部門都应該注意这件事。

1955年2月12日在人大常委会的講話

赫魯曉夫用所謂"物質刺激"来偷換社会主义的"各尽所能，按劳分配"的原則，不是縮小而是扩大極小部份人同工人、农民和一般知識分子之間的收入差距……加劇苏联社会的阶級分化。

«九評苏共中央的公开信»

赫魯曉夫所实行的是徹头徹尾的修正主义路綫。在这种路綫下，……文化、艺术和科学技术部門的高級知識分子中，产生出大批的新資产阶級分子。

«九評苏共中央的公开信»

要把唱戏的，写詩的，戏劇家赶出城，統統轟下去，分期分批下放到农村、工厂、不要总呆在机关里，这样写不出东西，你不下去就不开飯，下去再开飯。"

毛主席在64年春节座談会上的講話

我們一切工作干部，不論职位高低，都是人民的勤务員，我們所做的一切都是为人民服务，……。

«毛主席語录»

这种人……在同志中吹吹拍拍，拉拉扯扯，把資产阶級政党的庸俗作風也搬进共产党里来了。

«毛主席語录»

文学艺术中对于古人和外国人的毫无批判的硬搬和模仿，乃是最沒有出息的最害人的文学教条主义和艺术教条主义。

«在延安文艺座談会上的講話»

好演員工資要高些，吃得要好些。差一点的，工資可低些。可以采取訂立合同的办法。

1956年3月8日对文化部党組"指示"

为了給作家 提供条件 ，刘少奇指示作协及各分会建立"基金委員会"，"供給会員及非会員的优秀的業余写作者以必要的旅行費用或創作津貼。"

1956年3月与周揚、刘白羽的談話

担負实际工作的同志，我們發現其中确实有創作天才的（因为文学艺术和其他工作不同，需要特殊的天才），就可以調出来使他們專業化，讓他們当作家。全国有很多地委書記、县委書記、厅長、局長，如果他們确实有写作天才的，就应該調出来。我們少一个厅長，多一个作家，比較起来益处更大。

1956年3月5日与周揚、刘白羽的談話

有的人原来是省委、地委書記或部队干部，現在从事創作，要帮助他們多写，并給一定荣誉……

1956年3月8日对文化部党組的"指示

文学編輯，这工作不是作家就不行。編輯工作是一种高級創作。

1956年3月5日与周揚、刘白羽的談話

一九六〇年，刘少奇請紅線女、謝芳在家里吃飯时說："你們長得漂亮，又年輕，很有前途。"

（据北影大字报）

建立培养作家的文学院，并派人去苏联高尔基文学院深造。

1956年3月8日对旧文化部的指示

（四）抹杀文艺領域中的阶級斗爭 反对文艺界的社会主义改造

社会主义和資本主义之間誰胜誰負的問題还沒有眞正解决。

«毛主席語录»

共产党同各民主党派長期共存，这是我們的愿望，也是我們的方針。至于各民主党派是否能够長期存在下去，不是單由共产党一方面的愿望作决定，还要看各民主党派自己的表現，要看它們是否取得人民的信任。

«关于正确处理人民內部矛盾的問題»

凡是反动的东西，你不打，他就不倒，这也和扫地一样，扫帚不到，灰塵照例不会自己跑掉。

«毛选»第四卷

胡風分子，是以偽裝出現的反革命分子，他們給人以假象而將眞象隱蔽着。但是，他們既要反革命，就不可能將其眞象隱蔽得十分徹底。作为一个集团的代表人物，在解放以前和解放以后，他們和我們的爭論已有多次了，……最近的大暴露，不过是抓住了他們的大批眞瀶实据而已。

1955年6月«关于胡風反革命集团的材料»序言。

我国社会主义和資本主义誰胜誰負的問題現在已經解决了。

1956年9月八大政治报告

党內不重視与党外人士合作，清一色观点是不正确的，要批判，右派批評我們不都是錯的，如批評我們"宗派主义"，說我們沒有友情、溫暖，不和人家談話，錯了也不講，客客气气，这是有的，要克服。

1957年12月13日对参加統战部長会議一部分人的談話

文艺界絕大多数人是認識問題，也有些人是二心的反党的，要进行批評，但不要象反右派那样。

1964年1月3日在文艺工作会議上的講話

对胡風小集团，可以开一些会，根据政治原則对他們采取帮助的态度。对胡風，不是打倒他。

1955年1月17日周揚在中宣部一次会議上傳达刘少奇的指示

（下轉七版）

1967年6月5日 八·一八战报 （第7版）

（上接六版）

最高指示和有关論述

我国社会主义和資本主义之間在意識形态方面的誰胜誰負的斗爭，还需要一个相当長的时間才能解决。这是因为資产阶級和从旧社会来的知識分子的影响还要在我国長期存在……，如果对于这种形势認識不足，或者根本不認識，那就要犯極大的錯誤，就会忽視必要的思想斗爭。 《关于正确处理人民內部矛盾的問題》

一个嶄新的社会制度要从旧制度的基地上建立起来，它就必須淸除这个基地。

1955年《严重的教訓》一文按語

必須在政治战綫和思想战綫上，进行經常的、艰苦的社会主义革命斗爭和社会主义教育。

《語录》

我們要大破一切剝削阶級的旧思想、旧文化、旧風俗、旧習慣，要改革一切不适应社会主义經济基础的上層建筑，我們要扫除一切害人虫，搬掉一切絆脚石！

——林彪

政治工作是一切經济工作的生命綫。在社会經济制度發生根本变革的时期，尤其是这样。

《严重教訓》一文按語

对于旧文化工作者、旧教育工作者和旧医生們的态度，是采取适当的方法教育他們，使他們获得新观点、新方法，为人民服务。

《論联合政府》

我們的任务是联合一切可用的旧知識分子，旧艺人，旧医生，而帮助、感化和改造他們。

《毛澤东論文艺》84頁

在拿槍的敌人被消灭以后，不拿槍的敌人依然存在，他們必然地要和我們作拚死的斗爭，我們决不可以輕視这些敌人。如果我們現在不是这样地提出問題和認識問題，我們就要犯極大的錯誤。

《毛选》第四卷第1428頁

毛主席指出：混进党里、政府里、軍队里和各种文化界的資产阶級代表人物，是一批反革命修正主义份子，一旦时机成熟，他們就会要夺权政权，由无产阶級專政变为資产阶級專政。

中共中央5月16日《通知》

劉少奇黑話

这些組織不要老开会。可开年会，开的好一些。在旧社会，曲艺艺人就習慣在他們祖师爷过生日的时候，在一起聚会几天，吃吃喝喝，联絡感情，加强联系，我們也可以在县里建立曲艺协会，每年开一次年会。平常發会員証，到处去参加社会活动。

56年3月8日对旧文化部党組的指示

舞女問題，看可否召集来开会，我們可以派一些女同志去工作。舞女自己开舞厅，自己开茶舘，減少中間剝削，好处是舞女有飯吃，花錢的人，有地方花。

1949年在天津市委扩大会上的指示

現在要不要在文艺界进行社会主义教育和社会主义改造？对絕大多数来說，搞五反也是社会主义教育，使社会主义收效多一些。对反党的，二心的，要加批判，但不要像反右派那样搞得太厉害了。

1964年1月3日文艺工作座談会上的講話

几千个剧团（指民間職業剧团）都合营，会搞掉积極性，这不是促进，而是促退。促退就是反动。……要讓民間職業剧团再搞它二、三个五年計划，讓它与国营剧团竞賽，看誰的观众多，看誰最能得到人民喜爱。……

民間職業剧团与国营剧团竞賽，国营剧团与他們賽不过。

1963年3月8日对旧文化部党組的“指示”

民間職業剧团慢一点改为国营。

要用物質利益督促他們的劳动，要劳动者从自己物質生活上去关心自己的劳动的結果，这是社会主义的客观法則。

对国营剧团也要提这个問題，搞得好的，生活就好。

56年3月8日对旧文化部的黑指示

对于流散艺人，可讓他們登記，發給执照；說鼓書的也是个体劳动，要讓他們到处跑跑。怎样組織好？可与他們商量，可以象行会一样，每年开它一、二次会，时間也可固定，过去魯班的行会就是一年一度而且时間也是固定的。开会时，采取民族形式，玩它一天，把一年会費都花掉，热鬧一番，大家高兴……文艺团体也要多帮助他們，不要强迫他們集体活动，要松散一些。

1963年3月8日对旧文化党組的“指示”

曲艺是个体劳动，要适当組織，要适合他們的生产生活情况，便于他們的精神劳动，不应有严格的組織。 56年3月8日对旧文化部党組的指示

1965年3月3日，刘少奇，邓小平泡制了中央書記处会議紀要。这个文件說1964年以来学术文艺战綫上批判資产阶級学术“权威”的革命搞“过火”了，“妨碍了創作繁荣”，要求赶紧“刹車”。并規定：今后对全国知名人物点名批判，必須报“中央批准”。

我們理論工作者的主要任务是反对外国的修正主义，把这一斗爭进行到底，……中国的修正主义产生就困难了。

1963年11月对哲学社会科学学部講話

有些人不了解我們今天的政策适合于今天的情况，过去的政策适合于过去的情况，想利用今天的政策去翻过去的案，想否定过去肃反工作的巨大成績，这是完全錯誤的，这是人民群众所不允許的。

《关于正确处理人民內部矛盾的問題》

全党必須遵照毛澤东同志的指示，高举无产阶級文化大革命的大旗，徹底揭露那批反党反社会主义的所謂“学术权威”的資产阶級反动立場，徹底批判学术界、教育界、新聞界、文艺界、出版界的資产阶級反动思想，夺取在这些文化領域中的領导权。

中共中央5月16日《通知》

抓錯，搞錯每个朝代都有。搞錯了，宣告无罪，杀錯了，沒有办法，但要挽回名誉。把思想問題与反革命問題混在一起，領导要負責任，大家也有責任，因为思想落后，就有可能被反革命利用。

1956年3月8日对旧文化部党組的指示

文艺界需要整風，可成立一个專門小組，大家提意見，讓他們写出檢查报告，写好后印个几十份几百份，給中央几份，看看他們的思想怎样。經过批評，然后再写，主要靠个人思想斗爭，自己用心去写。过几年拿出来看看，再写一遍，老的愿意抽回去的也可以。这种做法，可以集中在問題多的單位去搞，开个名單，要控制严些，不要登报，不要向外公开。

1956年3月8日对文化部党組的“指示”

（五）篡改歪曲“二百”方針 为毒草出籠大开綠灯

在現在的情况下，修正主义是比敎条主义更有害的东西。我們現在思想战綫上的一个重要任务，就是要开展对于修正主义的批判。

《在中国共产党全国宣傳工作会議上的講話》

百花齐放、百家爭鳴这兩个口号，就字面看，是沒有阶級性的，无产阶級可以利用它們，資产阶級也可以利用它們，其他的人們也可以利用他們。所謂香花和毒草，各个阶級、阶層和社会集团也有各自的看法。

《关于正确处理人民內部矛盾的問題》

凡是錯誤的思想，凡是毒草，凡是牛鬼蛇神，都应該进行批判，决不能讓它們自由泛濫。

《毛主席語录》

毫无疑問，……看着錯誤思想到处泛濫，任凭它們去占領市場，当然不行。有錯誤就得批判，有毒草就得进行斗爭。

《关于正确处理人民內部矛盾的問題》

要使文艺很好地成为整个革命机器的一个組成部分，作为团結人民、教育人民、打击敌人、消灭敌人的有力的武器，帮助人民同心同德地和敌人作斗爭。

《在延安文艺座談会上的講話》

凡是敌人反对的，我們就要拥护；凡是敌人拥护的，我們就要反对。 《語录》

百家爭鳴早在春秋战国就有了。“百家爭鳴”的口号，最初是陈伯达提出来的，后来毛主席把它提高了，提出“百花齐放，百家爭鳴”的政策。很多东西也不都是毛主席提出来的，毛主席不过是加以总結提高。为什么要提百家爭鳴？要反对敎条主义，不要一家之言，应該百家爭鳴。你們学習，要学会自己独立思考，要有自己的見解，不要迷信别人……不要怕，什么都可以怀疑。

1956年5月13日《与北大历史系同学談話紀要》

为了繁荣我国的科学和艺术，使他們为社会主义建設服务，党中央提出了“百花齐放，百家爭鳴”的方針。科学上的眞理是愈辯愈明的，艺术上的風格是必須兼容并包的。党对于学术性質和艺术性質問題的討論，不应当依靠行政命令来实現自己的領导，而要提倡自由討論和自由竞賽来推动科学和艺术的發展。

1956年在中国共产党第八次代表大会上的政治报告

如果审查起来是很繁重的，牵涉到宪法上規定的言論、出版的自由。事前审查当然保險一些，但先要审查批准，宪法里沒有这个規定……出版以后，也沒有規定圖書、杂志都要审查。

1959年9月13日在人大常委会討論違法的圖書杂志处理問題的講話

1952年刘少奇說：“查禁一本書等于槍斃一个人，誰給你們权利查禁書？

——摘自文化部揭發材料

反动的書，还有多少人看？要研究，不要隨便查禁。

1963年3月8日对旧文化部党組的“指示”

为什么資产阶級报紙敢于把我們罵他們的东西登在报帋上，而我們的报帋却不敢發表人家罵我們的东西呢？这是我們的弱点，不是我們的优点。我們的新聞报道，为什么不反映眞实情况呢？我們应該讓人家知道世界的眞实情况。

1956年5月28日对新华社工作的指示

对于美联社、路透社等外国通訊社的消息，我們应該有选擇地登一些。有些报刊登国际新聞只登說我們好的，罵我們的或說美国好的都被删去，这种作法是不好的。比如說，美国政府首腦人物罵了我們，

（下轉八版）

（第8版）　　八·一八战报　　1967年6月5日

（上接七版）

最高指示和有关論述

对于革命的文艺家，暴露的对象只能是侵略者、剝削者、压迫者及其在人民中所遺留下的惡劣影响，而不能是人民大众。……除非是反革命文艺家，才有所謂人民是"天生愚蠢的"，革命群众是"專制暴徒"之类的描写。

«在延安文艺座談会上的講話»

我們是站在无产阶級的和人民大众的立場，对于共产党員来說，也就是要站在党的立場，站在党性和党的政策的立場。

«在延安文艺座談会上的講話»

党的文艺工作，……是服从党在一定革命时期內所規定的革命任务的。

«在延安文艺座談会上的講話»

必須办好报紙，……必須使报紙成为保持紧張的工作作風，旺盛活潑的情緒和高度的思想覚悟的工具。

林彪　1964年2月 关于办好报紙的指示

凡是錯誤的思想，凡是毒草，凡是牛鬼蛇神，都应該进行批判，决不能讓它們自由泛濫。

«在中国共产党宣傳工作会議上的講話»

劉少奇黑話

这个新聞在我們的报紙上是否可以登？我看可以登。他在罵我們，是一眞实情况，是客观事实。

（同上）

現在我們的国际新聞报道只有一面：罵美国的，說我們好的。这种片面性的报道，会造成假象，培养主观主义。（同上）

我們駐在外国的記者，例如駐在倫敦、新德里等地的記者，要把那里人家說我們好的和罵我們的东西都加以报道。（同上）

我們如果不敢強調客观的、眞实的报道，只強調立場，那末，我們的报道就有主观主义，有片面性。如果这样做，就是下决心要有片面性。新华社报导如果有了片面性，就会丧失一切，对自己不利，对人民不利，就不能成为世界性通訊社。（同上）

关于刊登公报，过去有不少清規戒律，要解禁。公报不应各报一律刊登，有一兩家报紙登就可以了，其它报紙可以自由主义一些。

（同上）

你們这家报紙可以公开宣傳和人民日报竞賽……办得不好，也可以取消。搞自由竞爭，……是必要的。　1955年5月对新华社工作的"指示"

对新疆宗教出版物，仍依照新疆分局所拟办法，政府不作事先审查，較为主动，因为全国出版物現在都不作事先审查。如果政府答应事先审查，那大家就可能送許多来請求审查，而自动送审者，又大体沒有反政府言論者，势必要批准出版。为此，就可能發生大批由政府批准出版宗教書籍，这是很不利的。这些允許出版的書籍中也不可能沒有錯誤，但政府在以后就不能禁止，人家也不好批評。而不允許出版的書籍，也难免有一个明白的界限。如只有少数字句和錯誤，稍加修改就可以出版的不讓其出版也不好。因此，审查起来也將陷于被动。　1954年对新疆分局一个关于宗教問題的报告批語。

（六）鼓吹修正主义"写眞实"的謬論　提倡暴露社会主义的"陰暗面"

也有这样的一种人，他們对于人民的事業并无热情，对于无产阶級及其先鋒队的战斗和胜利，抱着冷眼旁观的态度，他們所感到兴趣，而来不疲倦地歌頌的只有他自己，或者加上他所經营的小集团里的几个角色，……这样的人不过是革命队伍中的蠹虫，革命人民实在不需要这样的"歌者。"

«在延安文艺座談会上的講話»

你是資产阶級文艺家，你就不歌頌无产阶級而歌頌資产阶級；你是无产阶級文艺家，你就不歌頌資产阶級而歌頌无产阶級和劳动人民：二者必居其一。

«在延安文艺座談会上的講話»

歌頌資产阶級光明者其作品未必偉大，刻画資产阶級黑暗者其作品未必渺小，歌頌无产阶級光明者其作者未必不偉大，刻画无产阶級所謂"黑暗"者，其作者必定渺小，这难道不是文艺史上的事实嗎？对于人民，这个人类世界历史的創造者，为什么不应該歌頌呢？

«在延安文艺座談会上的講話»

也可以写大躍进的缺点，滿腔热情，碰了釘子又改正过来，对大躍进的缺点可以批評，不是暴露。

1964年1月3日文艺工作会議上的講話

現在的新聞报道有偏向——只講好的有片面性，应該好的要講，不好的也要講。

1955年5月28日«对新华社工作的第一次指示»

"报帋上宣傳只說工人好，說資本家不好，使資本家感到在我們报帋上沒有地位。"

"报帋要注意，資本家好的要說好。"

过去的大躍进，本身有缺点，文艺也反映了这些缺点，缺点是可以改进的。

大躍进是有缺点的，写大躍进不批判缺点，当然不好。把大躍进中的缺点，如浮夸，也当作优点写了。

1964年1月3日文艺座談会上的講話

在創作方法上，要采取革命的現实主义和革命的浪漫主义相結合的方法，不要搞資产阶級的批判現实主义和資产阶級的浪漫主义。

«林彪同志委托江青同志召开的部队文艺工作座談会記要»

一切危害人民群众的黑暗势力必須暴露之，一切人民群众的革命斗争必須歌頌之，这就是革命文艺家的基本任务。

«在延安文艺座談会上的講話»

对于革命的文艺家，暴露的对象，只能是侵略者、剝削者、压迫者及其在人民中所遺留的惡劣影响，而不能是人民大众。

«在延安文艺座談会上的講話»

我們不但否認抽象的絕对不变的政治标准，也否認抽象的絕对不变的艺术标准，各个阶級社会中的各个阶級都有不同的政治标准和艺术标准。但是任何阶級社会中的任何阶級，总是以政治标准放在第一位，以艺术标准放在第二位的。

«在延安文艺座談会上的講話»

我們所說的文艺服从于政治，这政治是指阶級的政治、群众的政治，不是所謂少数政治家的政治。

«在延安文艺座談会上的講話»

除非是反革命文艺家，才有所謂人民是"天生愚蠢"，革命群众是"專制暴徒"之类的描写。

«在延安文艺座談会上的講話»

我們是站在无产阶級的和人民大众的立場。对于共产党員来說，也就是要站在党的立場，站在党性和党的政策立場。在这个問題上，我們的文艺工作者中是否还有認識不正确或者認識不明确呢？我看是有的。許多同志常常失掉了自已的正确的立場。

«在延安文艺座談会上的講話»

革命的思想斗爭和艺术斗爭，必須服从于政治的斗爭，因为只有經过政治，阶級和群众的需要才能集中地表現出来。……正因为这样，我們的文艺的政治性和眞实性才能够完全一致。

«在延安文艺座談会上的講話»

在現在世界上，一切文化或文学艺术都是屬于一定的阶級，屬于一定的政治路綫的。

«在延安文艺座談会上的講話»

在1964年1月3日的文艺座談会上当周揚說"反右派后大躍进阶段，有成績，有缺点，也反映了"五風"时，刘少奇插話說："对工作中的缺点、錯誤可以写的，批評的，批評不等于暴露。暴露是敌对的，現在需要批評的作品。

1964年1月3日文艺"座談会上的講話

作家只要把这种生活如实地記載下来，用不着加工，这就是革命的浪漫主义了。

1964年初邵荃麟在作协一次会上的傳达

"現在社会主义有很多东西还沒有反映如：三年自然灾害等"。接着又說："形式要注意多样，象一些反投机倒把等題材也可以写。"

（1964年。摘自«文学批判»）

你們的工作第一要眞实，不要故意加油加醋，不要帶有色眼鏡，群众是反对我們，就是反对我們；是欢迎就是欢迎；是誤解就是誤解。你們不要怕眞实地反映这些东西，……你們不要怕反映黑暗的东西，当然，有的是不必發表的。

1948年对华北記者团的講話

要学習資产阶級通訊社記者的报道技巧，他們善于运用客观的手法、巧妙的笔調，旣报道了事实，又挖苦了我們，他們的立場站得很稳。人們从他們的新聞报道中能够看到一些眞实的情况。

1955年5月28日对新华社工作的指示

新华社的报道要眞实、生动、有兴趣、文笔也好。这样做了，我們就会建立起威信来的。

1956年6月19日对新华社工作的指示

外国記者強調他們的新聞报导是客观的，眞实的。公正的报导是他們的口号。我們如果不敢強調客观眞实的报导，只強調立場，那么我們的报导就有主观主义，有片面性，

1955年5月28日对新华社工作的指示

刘少奇曾别有用心地把«海港»搞成一个着重表現落后人物，也就是揭露"陰暗面"的戏，并且惡意誹謗說："当时碼头工人罢工，生活困苦，地下党筹备了一批錢，每天發救济粮，但是發不完，后来發現很多人重領，冒領，于是我想了个办法，憑扛摔領錢。"

你們要在实踐的斗爭中，鍛煉出几十个成名的記者，他們不造謠講眞話，不仅对帝国主义講眞話，而且对共产党的錯誤也講眞話。

——1956年6月19日«对新华社工作的第二次指示»

如果你問群众今年的公粮怎么样？听到的回答是很好很好，你就报导个好，这还不算眞实，因为你听到的是表面的話，沒有听到眞实的話。……如果能够眞实的全面的深刻把群众情緒反映出来，作用就很大，这是人民的呼声，人民不敢說的，不能說的，我們說出来了。

1948年对华北記者团的講話

要采取忠实的态度，把眞实的情况反映出来，吹是不好的，应該吹的才吹，要把人民的要求、困难、呼声、趋势、动态，眞实的、全面的、不是拉杂而是精彩的反映出来，"精"就是不拉杂，"彩"就是漂亮，挂点彩。美丽的讀起爱来讀。……

1948年10月2日对华北記者团講話

（河北大学毛澤东思想八一八紅衛兵«星火燎原»战斗队匯編）

卜算子

咏梅

一九六一年十二月

讀陆游咏梅詞，反其意而用之。

风雨送春归，
飞雪迎春到。
已是悬崖百丈冰，
犹有花枝俏。
俏也不争春，
只把春来报。
待到山花烂漫时，
她在丛中笑。

歌颂江青

正确区分两类不同的社会矛盾

毛主席在十年前发表的《关于正确处理 同党内最大的一小撮走资本主义道路当权派

反复辟

河北保定彻底粉碎资本主义复辟联络站主办
一九六七年六月十九日　星期一　第三期

社论

毛主席在十年前发表的《关于正确处理人民内部矛盾的问题》这部划时代的著作，创造性地发展了马克思列宁主义的唯物辩证法和阶级斗争、无产阶级专政的理论。这部光辉著作对国际共产主义事业的重大贡献在于，它第一次最深刻、最全面、最正确地分析了社会主义社会的矛盾，提出了正确区分和处理两类不同性质矛盾的伟大学说，为在无产阶级专政条件下还必须继续进行革命，奠定了理论基础。

十年来，毛主席在他的一系列伟大著作和指示中，在他亲自主持制定的中共中央一九六六年五月十六日《通知》和八月八日《关于无产阶级文化大革命的决定》中，对于社会主义社会的矛盾、阶级和阶级斗争的理论，又作了巨大的发展。这进一步地标志着马克思列宁主义发展到了一个崭新的阶段，即毛泽东思想的阶段。

毛主席分析了社会主义时期各种错综复杂的社会矛盾，指出：**“在我们的面前有两类社会矛盾，这就是敌我之间的矛盾和人民内部的矛盾。这是性质完全不同的两类矛盾。”**

在社会主义的整个历史阶段，随时存在着资本主义复辟的危险。党内最大的一小撮走资本主义道路当权派，就是企图实行资本主义复辟的最危险的人物。无产阶级和广大劳动人民，同党内最大的一小撮走资本主义道路当权派的矛盾，是主要矛盾，对抗性的矛盾，敌我矛盾。无产阶级文化大革命，就是要集中全力解决这个主要矛盾。

在无产阶级专政条件下，坏人只是极少数，只是一小撮。对他们，就是要揭露，要打倒，要专政。

目前，有些同志，讲的是抓住主要矛盾，掌握斗争大方向，实际上把斗争的矛头指向自己的战友或群众。他们忘记了真正的敌人，颠倒了敌我关系，混淆了主要矛盾和次要矛盾。这是很错误的。

要集中力量打击最主要的敌人，就要正确处理人民内部的矛盾，团结一切可以团结的力量，实现以左派为核心的最广泛的革命大联合。

当前，人民内部的矛盾，包括革命群众之间的矛盾，无产阶级革命派同受蒙蔽参加保守组织的群众之间的矛盾，革命群众同犯错误的干部之间的矛盾，等等。这些矛盾，同敌我之间的矛盾有着根本性质的区别，是次要的矛盾，非对抗性的矛盾，是在根本利益一致的基础上的矛盾。

运用毛主席的阶级分析方法来观察人民内部的矛盾，主要地大量地是思想方面、意识形态方面的矛盾。当然，敌我之间也存在着思想方面、意识形态方面的矛盾，但是，这同人民内部的矛盾是根本不相同的。

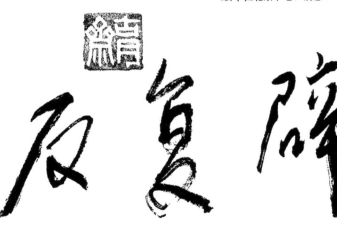

在无产阶级文化大革命中，两个阶级，两条道路，两条路线的斗争，必然要反映到人民内部来。特别值得注意的是，形形色色的小资产阶级的思潮，如无政府主义、个人主义、主观主义、小团体主义、山头主义，等等，同无产阶级世界观是根本对立的。这些小资产阶级思潮，常常会干扰无产阶级革命路线，转移斗争的大方向，危害革命的大联合。

我们必须警惕，小资产阶级还会不断生长出新的资本主义和资产阶级。小资产阶级的摇摆性是很严重的。地主资产阶级总是想通过这种摇摆性，为他们实行反革命复辟的活动，制造便利。

每一个革命同志，都要警惕自己，不要把小资产阶级的思想和行动，当成无产阶级的革命性。

毛主席教导我们：**“凡属于思想性质的问题，凡属于人民内部的争论问题，只能用民主的方法去解决，只能用讨论的方法、批评的方法、说服教育的方法去解决，而不能用强制的、压服的方法去解决。”**

我们必须正确运用“团结——批评——团结”的公式，解决人民内部矛盾，实现革命的大联合和革命的“三结合”，向党内最大的一小撮走资本主义道路当权派展开大批判、大斗争，胜利地完成本单位斗批改的任务。

（新华社北京十七日消息）

毛主席的英明预言和伟大号召已经实现了
欢呼毛泽东思想的伟大胜利欢呼无产阶级文化大革命辉煌成果
我国第一颗氢弹爆炸成功

这次氢弹试验成功，是我国核武器发展的又一个飞跃，标志着我国核武器的发展进入了崭新阶段。

中共中央、国务院、中央军委、中央文化革命小组，向从事核武器研制和试验的解放军全体指战员、工人、工程技术人员、科学工作者和一切有关人员，致以最热烈的祝贺。希望他们遵循毛主席的教导，响应林彪同志的号召，戒骄戒躁，再接再厉，为加速发展我国国防科学技术和实现我国国防现代化，建立新的更加伟大的功勋。

中国有了原子弹，有了导弹，现在又有了氢弹，这就大长世界各国革命人民的志气，大灭帝国主义、现代修正主义和各国反动派的威风。中国氢弹试验的成功，进一步打破了美帝和苏修的核垄断地位，沉重地打击了它们的核讹诈政策。

我们再一次郑重宣布，在任何时候、任何情况下，中国都不会首先使用核武器。我们说的话，从来是算数的。中国人民和中国政府，将一如既往地继续同全世界一切爱好和平的人民和国家一道，共同努力，坚持斗争，为全面禁止和彻底销毁核武器的崇高目标而奋斗。

（新华社北京六月十七日电）

田锋同志是响当当的造反派！

毛主席教导我们："各种剥削阶级的代表人物，当着他们处在不利情况的时候，为了保护他们现在的生存，以利将来的发展，他们往往采取以攻为守的策略。或者无中生有，当面造谣；或者抓住若干表面现象，攻击事情的本质；……总之，他们老是在研究对付我们的策略，'窥测方向'，以求一逞"。触目惊心的二·一一反革命事件，至今已经四个多月了。几百名"反革命"、"黑八一"，经过革命派的斗争，先后从监狱或各级"粉反"放走了。留下的几个就真的都是"反革命"吗？我们遵照毛主席"没有调查就没有发言权"的教导，进行了一系列的调查研究工作，我们认为：以"'黑八一'反动头子"的罪名加以逮捕的"八一"政委田锋，根本就不是什么"反革命"！所谓"田锋的罪状"，实属捏造。田锋同志是一个响当当的革命造反派！

一、田锋同志简介

田峰：男，现年三十八岁，汉族，贫农出身，没进过学校，河北唐县南町头公社田辛庄村人。被捕前任保定运输局党委会监察干事。小时候，就在家里拾柴禾，家里无房无地，十至十二岁，跟着母亲要过二年饭，又扛过二年小活，后来就在望都的农村做短工。十六岁参军，历任战士、班长、排长等职。一九五二年在朝鲜战场负伤，荣立三等功。一九五八年到保定运输局小车三队任党支部书记，一九六一年调运输局，一九六四年在四清工作队参加了四清工作。中途因病，休息一年多。

田峰弟兄七个。二弟，党员，支部书记；三弟，团员，工人；四弟，党员，从部队转业回乡，任民兵指导员；五弟，在家务农；六弟在部队当班长。田峰的主要社会关系也都是很好的。

二、"黑粉反"逮捕田峰的"理由"

我们发现，在2·11以前，并没有人向"粉反"递交过一份象样的"检举"田锋的材料，所以，"黑粉反"拖到二月十八日，才在报纸"上给田锋拼凑了一些所谓的"罪状"。我们把它抄出来供同志们分析：

田峰——反革命组织"八一"总部政委。

曾给刘志坚当过通信员。现在保定运输局党委会当监察干事。

出谋划策，极力扩大其反动组织。田峰三次赴京以"告状"为名，进行反革命串连。范洪彪（曾当过刘志坚的通信员）告诉他，"刘志坚让我们组织，没事"。田峰认为有了靠山，就更加肆无忌惮地发展其反动组织，纠集社会渣滓，网罗牛鬼蛇神。

[illegible]同韩丁、祖元福，到清华大学和"红旗军"成员、寇宝华之弟寇福顺联系。并派安大禹等赴京参加"捍卫毛泽东思想全国荣复转退军人工农联合总部"的黑当大家议论到梁×一伙到××军区整理造反派的黑材料时，又见××军区用小卧车护送梁×，非常气愤，目睹××军区这样的"支左"工作，联想到造反派头上戴的"反解放军"的大帽子，是多么令人深思的问题啊！

6、为了把"交通运输局红色造反团"打成反革命组织，"黑粉反"根据"黑色公安"拟的审讯提纲对田锋同志进行审问。"黑粉反"的张××，竟以党的化身出现，要田锋同志必须把问题向党讲清楚。接着张××便以个人身份提出一系列问题审问田锋和"交通运输局红色造反团"的关系。这不就完全暴露了"黑粉反"与"黑色公安"狼狈为奸，镇压革命派的阴险嘴脸吗。（图四）

四、田锋同志在文化大革命中的表现

毛主席教导我们：**"必须善于识别干部。不但要看干部的一时一事，而且要看干部的全部历史和全部工作，这是识别干部的主要方法。"**共产党员田峰同志，文化大革命一开始，就积极地响应了我们伟大领袖毛主席的号召，勇敢地投入了战斗。尽管他身体不好，尽管他识字不多，在向保定地区最大的走资本主义道路当权派李悦农进行斗争时，表现得却是非常坚决。他曾和革命小将一起赴京控告地、市委耍阴谋、放暗箭，挑动工农斗学生的罪恶事实，控诉中，不少人流下了眼泪。中央接待站的同志热情地支持了他们的革命行动。田峰同志突破重重障碍，克服了种种困难，摆脱了黑地市委设下的层层罗网，终于成立了自己的组织。走资本主义道路的当权派竟以"田峰三次赴京以'告状'为名进行反革命串联"的罪名对他进行了逮捕。这真是颠倒黑白，混淆是非！明明在田峰"犯罪"的档案里，有这个组织合法存在的批示根据，"八一"组织的公章，也是经公安局批准刻制的，有的人竟敢"无中生有，当面造谣"。用心何其毒也！

运动中，田峰同志还揭发了局内走资本主义道路当权派，党委书记李洪志其后台、市委工业部部长李风台的滔天罪行。奇怪的是，有一份也装进了田峰的"罪恶"材料档案中。我们要问：

革命为何有罪？造走资本主义道路的当权派的反又为何无理？

一九六六年十一月三日，田峰同志见到了我们最最敬爱的伟大领袖毛主席，田丰激动地写道："一九六六年十一月三日上午十点十分我们最最敬爱的领袖毛主席接见了我们，是我们最幸福的时刻了！我们赴京的八一红卫兵都见到了我们最最敬爱的领袖毛主席他老人家。"由于他热爱共产党、热爱毛主席，所以，最能坚持真理，运输局造反派的同志们说："[illegible]是个好同志，敢于斗争，最能替我们造反派说话"！。（图五）

他最相信人民解放军，"八一"全部情况（包括"八一"有人受贿），他向4642部队韩朝臣同志三，南大卫东小将解围。观点是多么的鲜明！

在1·21事件中，他提供了很多线索。直到被捕后，在狱中还给造反派写了揭发王拐子的重要材料，渴望弄清1·21的真象，彻底揭开省、地、市委阶级斗争的盖子。世界上能有这样的"反革命"吗？

试问：九个多月轰轰烈烈的文化大革命，毁于2·11的一个早晨，什么人高兴？又什么人悲痛？千计革命群众被扑几百名革命群众坐牢，游街，挨批斗，这叫什么"革命行动"？

这是地地道道的白色恐怖！这是资产阶级对无产阶级的专政！

五、驳所谓"田峰罪状"种种

"黑粉反"在"报纸上给田峰拼凑的"罪状"，就连他们自己也感到站不住脚。于是，到了三月二十二日、才又匆忙地凑上几条，下面我们略加批驳：

"罪状"之一："出谋划策，极力扩大其反动组织。……纠集社会渣滓、网罗牛鬼蛇神"。〔按：在审讯记录上，明明写着田峰的口供：我反对什么人都收，特别"反对在县里发展组织"。当他知道第一兵团司令高广金发展陈子瑞的儿媳妇，常北女的侄女和调来很多农民时，非常警惕。因此，他曾派刘国青到南市区监督高广金工作。这那里是什么"极力扩大其反动组织"呢？哪个牛鬼蛇神是他纠集的呢？田峰同志谈到：组织越来越大，下边有的根本不听指挥，而且有冒牌的。尽管如此，田峰同志还是主动承担了责任。他说："因为我是政委"。请同志们评一评，这条"罪状"能值几个钱？〕

"罪状"之二：田峰三次赴京以"告状"为名，进行反革命串联。〔按：黑市委最怕这些干部起来造他们的反。于是就用压、拉、打等手段进行分化瓦解。田峰等同志没有屈服，三进北京告状。第一次：六六年九月二十七日——九月三十日。第二次，六六年十月二十七日——十一月九日。第三次六六年十一月二十四日——十一月二十七日。他和革命小将一起，向中央首长汇报了保定地区的文化大革命、控诉了刘子厚、李悦农的滔天罪行。在北京散发了"揭发控诉保定地市委迫害八一红卫兵革命组织的滔天罪行"的传单，他们的革命精神得到了中央接待站的赞扬，华北局答应让他们建立"八一"组织。

田峰同志还荣幸地见到了我们最最敬爱的伟大领袖毛主席。这三次光明磊落的串联，这世界上最幸福的会见，竟被一小撮走资本主义道路的当权派诬蔑为"反革命串联"！多么反动！这是对我们伟大领袖毛主席的侮辱！真正的打着红旗，而干着反革命勾当的[illegible]不就很清楚了吗？

"罪状"之三：曾给刘志坚当过通讯员。范洪彪（曾当过刘志坚的通讯员）告诉他"刘志坚让我们组织，没事"。田峰认为有了靠山，就更加肆无忌惮地出来。

附：揭发信一封。

报告革命造反派：

让王久田交代1·21反革命流血事件的总指挥，交不出来不行！1·21反革命流血事件是有总指挥的。如果把这个总指挥搞到了，省地、市委的黑盖子就有可能揭开了。1·21反革命流血事件是有计划，有目的地搞的。王久田（王拐子）交代不出总指挥那肯定是不行的。王久田里面的骨干还多哪，让王久田全部交出名单来。开始他们是二十多个常委，后又选了铁杆保皇兵十几个当常委。名誉（义）上写有选上王久田，实是不上，王久田转为半明半暗了。这是为的让地、市委挂勾方便的问题，背后活动更厉害。叫王拐子说出省、地、市委由那个干部专支持他们？关于这些东西，王久田不说是过不去的，外县还有他们的力量呢！让他交代出主要负责人（骨干分子在内）不说怎么能过得去呢？王久田是刘子厚，李悦农，钟朔云用金钱收买的一条忠实走狗，破坏了无产阶级文化大革命，罪责难逃。让他个人好好交代吧！他和地、市委的关系和别人大不一样了。让王久田（王拐子）揭省、地、市委的反动盖子吧！这非王久田说不行！千万别把（王拐子）看成一般人物，在文化大革命运动中（王拐子）可不是取（去）的一般人物的角色呀！

检举人：田峰

田峰同志本想到中央告状的，然而他失去了自由，和外界断绝了联系，但是，由于他无限信任解放军，才没有奋起反抗。在一次审讯中说："那次解散（二·一一大逮捕）是解放军去的，如果不是解放军去，非干起来不可。因为我思想里不服，不承认自己的组织是反革命的。""黑粉反"对付这个"不老实"的"犯人"，有他们特殊的办法，今天提审，明天批斗，后天罚跪……二月二十八日的一次审问中，审判员问："二月二十六日的大会（就是捆绑田峰等人公审的那天）对于帮助你们有好处，大会后，你对你的罪恶有什么新的认识，记录上写道"田哭了……，别跟我费劲了……"在一次农村把他批斗了以后，田峰同志感到莫明其妙，他想，我不知道这个村有我们"八一"的人呀！这一定是下面搞的鬼！但是，他这个政委，还是主动地承担了责任，他听到一些人控诉"八一"的罪恶，他确实感到自己的责任重大了。他写了"向毛主席请罪书"。要求上级根据我们犯的使亲者痛，仇者快的错误，严肃的给我处理，早处理我，先处理我。"并表示"誓死捍卫毛主席！誓死捍卫以毛主席为首的党中央！""打倒党内走资本主义道路的当权派！""打倒资产阶级反动路线！"

革命的同志们，"八一"[illegible]组织。省、地、市党政军内一小撮反革命修正主义分子，对"八一"红卫兵的革命闯将怕得要死，恨得要命！他们在外部实行经济封锁，在内部打进来拉出去反动组织，纠集社会渣滓，网罗牛鬼蛇神。

四出活动，和外地反动组织联系密切。田峰曾伙同韩丁、祖元福，到清华大学和“红旗军”成员、寇宝华之弟寇福顺联系。并派安大禹等赴京参加“捍卫毛泽东思想全国荣复转退军人工农联合总部”的黑会。曾计划把“八一”总部改为“红旗军”后经黑全委会决定，改为“八一红卫军”。

打人骂人，严重侵犯人身权利。田峰常常亲自动手或唆使其他暴徒毒打革命群众。

× × × × ×

这些“罪状”又有多少是真的呢？凭借这些“罪状”就能当“反革命”吗？根据这些“理由”就可以坐牢吗？

这里面有文章！大有文章！

三、逮捕审讯田锋的几点秘密

1、党内走资本主义道路的当权派，镇压保定市文化大革命的刽子手之一的姜小流，早在去年十月三日就被广大革命造反派揪出来了。公安局的同志也反映：“姜小流早就靠边站了。”奇怪的是，在“在押犯”田峰档案袋里放着的一张二月十四日的搜查证上，居然盖有姜小流的大印！我们不禁要问“黑粉反”到底是在搞什么鬼？他一方面在“公堂”上大声斥责“犯人”和侯玉印、姜小流的关系，另一方面又用姜小流的“大印”镇压“犯人”，这能说不是秘密吗？（图一）

2、众所周知，“八一”头头是二·一一逮捕的。而在“犯人”们的“拘留证”上，却前后不一的写有“１９６７年３月×日×时×分向我宣布被拘留人——”的字样，田峰是在３月２７日宣布拘留的。请问，为什么在３月２７日才宣布拘留？难道以前的四十多天“犯人”们有人身自由吗？

在“粉反”的黑账上，一会写上“反革命”，一会儿写上“群魔”，一会儿又写上“应予判刑”。你们随心所欲，左右“犯人”，严刑逼供，目无国法，掩人耳目。联想到３月２７日才通知“犯人”被拘留，这能说“粉反”的黑后台心中没有鬼吗？（图二）

3、在搜集八一的“罪证”时，竟把田锋记载毛主席语录、中央首长讲话的笔记本放入“犯人”档案作为罪证。试问学“毛著”有什么罪？

4、当报上刊登了“八一”的“罪状”和所谓的“镇压反革命”的报道时，审判员让田锋看，田不服，想去中央上告。于是就在黑账上记下田锋不老实。与此同时，在××军区的档案袋中却把二月十六日任永基同志等同志揭发二·一一事件的革命传单批上“重要毒草，切勿遗失”的字样。难道这是偶然的巧合吗？绝对不是！这个阴险恶毒的黑老鳖，听不得半个不字。否则就是“不老实”、“反革命”。

（图三）

他们搜集革命小将的黑材料，并定为“重要毒草”。联想到任永基的坐牢，这又告诉了我们什么？

5、交通运输局一·二八事件时，造反派要揪保皇派的头子梁×，梁跑到××军区，因梁的爱人在××军区当科长，军区就派一辆小卧车把梁×送回运输局，以助长保皇派的嚣张气焰，军队还开来宣传车。所以，最能坚持真理，运输局造反派的同志们说：“田志是个好同志，敢于斗争，最能替我们造反派说话”。（图五）

他最相信人民解放军，“八一”全部情况（包括“八一”有人受贿），他向４６４２部队韩朝臣同志汇报过几次，也和公安局三科长说过。足见他的行动是光明磊落的。

“八一”某些负责人极力往里拉人，田峰进行了不调和的斗争，由于工作方法欠缺，又由于看不惯“八一”出现的一些不良现象，他曾写大字报声明退出。

“八一”个别负责人受了刘子厚、钟翔云等人的收买，后来田丰从市文革负责人口里才得知“八一”个别负责人被收买时，田丰异常气愤。当审判员审问到他是否受贿时，田丰同志理直气壮地说：“我连一支烟也没抽过他们的。”就是这样，审判员也说他“私心太重”，让他“老实交待”，争取“从宽处理”。人们不禁要问：那些和刘子厚、李悦农密谋开过黑会的黑老鳖们，却逍遥法外，而一个革命干部中的闯将却惨遭毒手，这不正是“实行资产阶级专政”吗？联想到省、地、市及基层单位的革命领导干部许多人不敢站出来造反这不正是资产阶级专政的结果吗，再听听刘子厚说的“只要河北省还剩一个十三级以上的领导干部那就好办！”这句话，究竟是谁再替他撑腰？

毛主席教导我们：“共产党人必须随时准备坚持真理。”田丰同志遵循毛主席的教导作了。他曾对“八一”内部的不良倾向进行了无情的斗争。“黑粉反”审讯刘希凯时，刘说：“田丰在一次会上说：‘为什么我们八一内部情况地市委很快就知道了？原来是内部出了叛徒了，安大禹得了钱，刘文彩也得着了钱了。’”田丰发现“八一”有问题时，立即找司令××整风，并说：“你要不整风，我就开除你。在田丰的倡导下，整风开始了。在“八一”整风会上，田丰同志严厉地批评了寇宝华。田丰说：“我们为什么造资产阶级的反你知道吗？人家（清苑人，寇的姘妇）家里边有七、八个孩子，可你把她弄来照顾你，文化大革命是触及你（灵魂的时候）啦！你倚老卖老，那根本没用。因为个人问题，对革命造成影响。”并指出：寇宝华胡作非为，“给造反派造成极坏的影响，”还批评他：“只要求别人造反，你为什么不实行三同？而对造反者吹胡子瞪眼，……你在北京起了什么作用？吃病号饭，在楼下小屋里盖着被不动，别人说你，你还骂街。为什么把你弄回来？你有组织性纪律性没有？”还批评他：“小孩在北京，户口在保定。”“和带着那个女的‘去民政局找工作不合手续’。”“和那个女的同吃同住，违反政策。”严厉指出寇宝华和“毛主席唱对台戏”，“不按毛主席指示办事”。田丰，是一个多么好的同志呀！有这样的“反革命”吗？整风会上，他作了诚恳的检讨，这又是多么虚心！

田峰同志不但同走资本主义道路当权派斗，还同资产阶级保皇派斗。他原是王拐子部下的一个指导员，发现了王拐子保刘子厚、李悦农后，便当机立断，踢开了拐子兵。参加了“八一”后，他曾和戏校、农专的革命小将抄过拐子兵的老窝，还多次领着“八一”战士在保皇势力相当顽强的时候，为天大八·一主席的侮辱！真正的打着红旗，而干着反革命勾当的是谁，不就很清楚了吗？

“罪状”之三：曾给刘志坚当过通讯员。范洪彪（曾当过刘志坚的通讯员）告诉他“刘志坚让我们组织，没事”。田峰认为有了靠山，就更加肆无忌惮地发展其反动组织，纠集社会渣滓，网罗牛鬼蛇神。〔按：给刘志坚当过通讯员的人就必定是反革命吗？具体到田峰来说，“黑粉反”的逻辑就更站不住脚了。说到这儿，我们倒想问一问“粉反”的后台黑老鳖：你们不是在“学习申宪智”大会上为刘子厚、李悦农擂鼓助威了吗？你们不是多次赔着刘子厚们开过黑会吗？如果说田峰因为听了刘志坚一句话而成了“反革命”，那么，就请黑老鳖给你自己定个罪吧！

“罪状”之四，打人骂人，严重侵犯人身权利。田峰常常亲自动手或唆使其他暴徒毒打革命群众。〔按：田峰同志是坚决反对打人的，个别人也可能有打人的，但打的多是走资本主义道路当权派和执行资产阶级反动路线的顽固分子，当然也打了些保皇小丑。在当时的情况下，出现这些现象并不值得大惊小怪的。我们认为，改了就是了。如果说造反派在当时由于一时激动打了人就是“反革命”，那么，二、一一欺骗解放军，把刺刀对准造反派胸膛的黑后台，又算个什么东西呢？

“罪状”之五：实行特务手段，打人、控制群众组织，如朱××先打入王拐子组织。（按：请看，黑老鳖是多么混蛋！就是这个混蛋，在二、一一把王拐子大军宣布为反动组织，并登了报。而过了四十一天，为了陷害田丰同志，为了给他拼凑“罪状”，竟扬起手，打自己的嘴巴。把王拐子大军也说成是群众组织。看！他们搞的这是什么鬼名堂！）

这真是歪曲事实、造谣陷害，无所不用其极！

六、田峰在狱中

田峰同志带病坐牢已四个多月了。一百二十多天，受尽了挨斗、提审、捆绑、罚跪、揪头发等等刑法。面对这非人的待遇，田峰同志是怎样对待的呢？他想的是毛主席，爱的是毛主席，在一份“辩护”材料中写道：“我没有任何理由反对毛主席，要不是毛主席他老人家，那有我田峰现在的幸福呀！我以往就是这样，听见谁要说毛主席的政策一个不字，我就给他干到底！尤其是对我的老人，几个参过军的弟弟和孩子，都是经常给他们讲：怎么热爱毛主席，怎么保卫毛主席。我给我现在在部队的弟弟去过不少这样的信，……教育弟弟在部队好好干革命……现在我又怎么能用一句话就说出我对毛主席的热爱呢？没有话可说了，请求组织考验吧！”！

他恨的是阶级敌人，骂的是阶级敌人，在同一份材料中这样写道：“八一”的一些好人是听我的话的，个别混蛋已被市委收买了，他是不听我的话的，听了我的话怎么按他主子意图办事呢？”谈到他本人时，他说：“我连當地市的一口凉水保证没喝过，运动以来，保证没和刘子厚、李悦农、钟翔云接触过，如违犯以上所说，请愿受广大革命派的严肃处理。”

在狱中，他没有忘记阶级斗争，没有忘记毛主席亲自发动和领导的这场文化大革命、没有忘记省、地、市最大的走本主义道路的当权派，他给造反派写了揭发一·二一事件的材料，希望把罪魁祸首早日揪道路的当权派！　“打倒资产阶级反动路线！

革命的同志们，“八一”红卫兵决不是什么反动组织。省、地、市党政军内一小撮反革命修正主义分子，对“八一”红卫兵的革命闯将怕得要死，恨得要命！他们在外部实行经济封锁，在内部打进来拉出去进行政治瓦解，大量事实表明，这完全是党政军内一小撮走资本主义道路当权派有目的、有计划、有组织地搞的！

七、田峰同志没有罪！

毛主席亲自主持制定的十六条指出：“在这样大的革命运动中，他们难免有这样那样的缺点，但是，他们的革命大方向始终是正确的”。“警惕有人把革命群众打成‘反革命’。”党政军内一小撮走资本主义道路当权派，抓住田峰同志在运动中某些缺点，肆意夸大，穿线挂勾，无限上纲，最后竟逮捕入狱。这不是明目张胆地破坏十六条吗？

十六条还指出：“在运动中，除了确有证据的杀人、放火、放毒、破坏、盗窃国家机密等现行反革命分子，应当依法处理外……不许用任何借口，去挑动群众斗争群众，挑动学生斗争学生，即使是真正的右派分子，也要放到运动后期酌情处理。”

一小撮走资本主义道路当权派，颠倒是非，混淆黑白，２·１１大肆逮捕。而今，他们又把大批的“犯人”偷偷放走，平反的问题却如石沉大海——杳无音信。他们又在要弄刘少奇的最后一张王牌“秋后算账！”

更阴险的在于，田峰是“八一”的政委，放出田峰，２·１１的马脚就会彻底暴露。黑老鳖就再也无处藏身了。

田峰问题，决不仅是田峰一个人的问题，在田峰问题上，党内走资本主义道路的当权派要了一个大阴谋，这就是用镇压田峰达到镇压保定地区革命造反派的目的，达到镇压革命干部起来造反的目的，达到资本主义复辟的目的。党内走资本主义道路的当权派就是这样“将轰轰烈烈的无产阶级文化大革命打下去！”

同志们！革命造反派的战友们：

我们能对革命战友惨遭毒手而置之不理吗？

我们能让党内走资本主义道路的当权派颠倒黑白吗？

我们能让资本主义复辟吗？

不能！不能！绝对不能！

我们要按毛主席的教导：“金猴奋起千钧棒”，把被走资本主义道路当权派颠倒了的历史颠倒过来。

我们认为田峰是响当当的革命造反派！

我们勒令“黑粉反”必须立即释放田峰同志！

我们强烈要求“支左”立即为田峰同志平反！

砸烂黑粉反！解放造反派！

揪出黑老鳖！

２·１１就是地地道道的反革命事件！

彻底为田峰同志平反！

向田峰同志学习！向田峰同志致敬！

打倒刘邓陶！

打倒刘子厚！

枪毙李悦农！

保定电校革造会

保定九中红委会　轻骑兵

一九六七年六月十三日

彻底清算黑粉反的反革命滔天罪行！

黑"粉反"在我院犯下的滔天罪行

毛主席说："就我们自己的愿望说，我们连一天也不愿意打。但是如果形势迫使我们不得不打的话，我们是能够一直打到底的。"

史无前例的无产阶级文化大革命正以排山倒海之势，雷霆万钧之力扫除一切害人虫，冲击着一切污浊水。以毛主席为代表的无产阶级革命路线取得了决定性的胜利，革命造反派无不欢欣鼓舞，扬眉吐气。

但是在那二月的黑风里，古城上空笼罩着一片乌云，刮起了一股欲杀造反派的妖风，有多少革命造反者和革命小将被捕入狱，坐牢，受到训斥和拷打！有多少革命造反组织被摧垮！在黑"粉反"内一小撮混蛋的支持下又有多少保皇组织死灰复燃！

（一）"难忘"的二·一一

一九六七年二月十一日凌晨，小小的市一医院一片杀气腾腾，站岗、放哨、戒严。黑"粉反"让王拐子第三联队带领着一部分不明真相的带枪的群众及农大臭东方红的人到我院抓捕、捆绑，殴打我红色造反队队员（人数见附表1）。在抓捕时既无逮捕证，也没有固定的名单，任意抓人，拳打脚踢，五花大绑，然后推上汽车。更令人气愤的是，我红色造反队一女队员（当时已怀孕）因见打人而高喊：要维护十六条！要文斗，不要武斗！而被捆绑上车。

当时还召开了所谓的"控诉"大会，他们集合了已出院的病人，家属及农大东方红的一伙人，让他们拿出早已准备好的成叠的发言稿，以控诉"黑八一"为名对我红色造反队进行了长达四个小时的所谓"控诉"。与此同时，让病人家属不断欧打被抓上汽车的我红色造反队战士，肆意违反十六条。

并当场宣布，我红色造反队为"反革命"组织，立即取缔。原因是与"八一"有联系。勒令我队队员在拐子兵的监督下进行所谓的劳动改造。然后将我队部分战士带到×校，私设公堂，让拐子兵随便审训拷打，在审讯时不是询问有关"八一"的问题，而是询问有关我院文化大革命的情况，在他们得不到半点油水时只好释放我红色造反队队员。

（二）所谓反解放军的帽子

毛主席教导我们说："世界上只有唯心论和形而上学最省力，因为它可以由人们瞎说一气，不要根据客观实际，也不受客观实际检查的。唯物论和辩证法则要用气力，它要根据客观实际，并受客观实际检查。不用气力就会滑到唯心论和形而上学方面去。

２·１１反革命行动后，我红色造反队写了一条标语，即："强烈抗议第一医院王拐子三联队欺骗一些不明真相的解放军捆、绑、殴打我红色造反队队员！"并于２·１３写了一张大字报。题为：２０个为什么。。但是"粉反"内一小撮混蛋对我们的标语和大字报怕得要死，恨得要命。他们害怕揭了他们的老底，暴露他们的丑恶面目，因此为了杀人灭口掩盖他们的反革命罪行，披着合法的外衣对我红色造反队施加压力，如：个别"谈话"，当面审讯，扬言：即使被打了也不能说。"粉反"孙××说："粉反"是无产阶级司令部，专政机关，是以中国人民解放军为主体配合各造反组织所组成的。并说以李泽（首都政法公社的）为首的"粉反"是坚定的革命左派等等。公然打着中国人民解放军这面光辉的旗帜，对革命造反派进行欺骗，企图堵住我红色造反队的嘴，以便掩盖他们的罪恶事实。

与此同时，把一顶顶"反解放军"的帽子扣在我红色造反队的头上。在谈论问题时，"粉反"内一小撮混蛋只许我们谈二·一一以后的事，过去的事一律不听，其用意在于，否定我红色造反队的革命造反史，攻其一点，不及其余，把我队打成"反革命"组织并扣以"反解放军"的大帽子，把我队至于死地，用心何其毒也。相反，对王拐子三联队他们则勾勾搭搭，亲如手足。听其使唤，随叫随到，不辞劳苦，费尽九牛二虎之力，把它扶植起来，并利用王拐子第三联队整了我红色造反队的黑材料。

二·二二，"粉反"内一小撮混蛋，穷凶恶极，竟然赤膊上阵，把我红色造反队摧垮，并把我队办公室及宣传用具交给了王拐子第三联队，随后批斗及审讯我红色造反队负责人，勒令给"粉反"写检查材料，写请罪书。而后还说我们是假请罪，真顽抗。

此时我院走资本主义道路的当权派及牛鬼蛇神，乘机跳出来向我贫下中农队伍红卫兵、红色造反队大杀大砍。地、富、反、坏、右"控诉"我红卫兵，极力抹杀我红卫兵的功勋，否定我院无产阶级文化大革命。向以毛主席为代表的无产阶级革命路线进行猖狂反扑，企图在我院实现资本主义复辟。可见黑"粉反"后台是二月黑风的祸首。

由此可见，干了反革命勾当的，反解放军的决不是我们革命造反派，而是黑"粉反"内那一小撮别有用心的混蛋。

保定市第一医院红色造反队

2·11反革命事件第一医院被捕人名单

单位	姓名	性别	年龄	家庭成份	个人成份	政治面目	被捕时在何组织	职务	运动表现	逮捕原因	被捕时间	释放时间	捕放有无手续	被捕期审问情况	释放原因	备注
保定市第一医院红色造反队	刘兴武	男	２９	贫农	学生	退团	红色造反队	队长	坚定造反者	不明	２、１１	２、１２	无	关于医院情况	无何罪状	
保定市第一医院红色造反队	欧汉武	男	２８	华侨	学生	群众	红色造反队	队长	坚定造反者	不明	２、１１	２、１２	无	关于医院情况	无何罪状	
保定市第一医院红色造反队	张凤珍	女	２９	中农	学生	团员	红色造反队	战士	坚定造反者	因念十六条被捕	２、１１	２、１１	无	未审问	无何罪状	（怀孕三个月）
保定市第一医院红色造反队	刘惠芳	女	３０	工人	学生	党员	〃	负责人	坚定造反者	因看被捕战士被捕	２·１１	２·１２	无	我院情况	〃	
〃	贺志敬	男	３０	工人	学生	群众	〃	战士	〃	不明	２·１１	２·１２	无	我院情况	〃	（八一普通队员）
〃	宁维荣	男	３０	贫农	转业军人	党员	〃	战士	〃	不明	２·１１	２·１１	无	未审问	〃	（　〃〃　）
〃	王庭杰	男	３５	贫农	学生	党员	〃	战士	〃	不明	２·１１	２·１１	无	未审讯	〃	（　〃〃　）

〃	贺志敬	男	30	工人	学生	群众	〃	战士	〃							
〃	宁维荣	男	30	贫农	转业军人	党员	〃	战士	〃	不明	2·11	2·11	无	未审问	〃	（〃〃）
〃	王庭杰	男	35	贫农	学生	党员	〃	战士	〃	不明	2·11	2·11	无	未审讯	〃	（〃〃）
〃	许琳	女	40	工人	学生	群众	〃	战士	〃	不明	2·11	2·11	无	未审讯	〃	（〃〃）
〃	徐黎	女	30	中农	学生	群众	〃	战士	〃	不明	2·11	2·12	无	我院情况	〃	
市一医院	杨登云	男	45	贫农	干部	党员	未参加组织		造反者	不明	2·11	2·14	无	〃	〃	
〃	胡其明	男	39	贫农	转退军人	党员	〃		〃	不明	2·11	2·12	无	〃	〃	
〃	支俊杰	男	40	上中农	转退军人	党员	"八一"	战士	〃	不明	2·11	2·12	无	〃	〃	
〃	张玉兰	女	40	贫农	转退军人	党员	"八一"	战士	〃	八一成员	2·12	3·12	无	关于八一问题	受蒙蔽	
已退休	傅文华	女	39	贫农	转退军人	党员	"八一"	〃	〃	八一成员	2·11	3·12	无	关于八一问题	受蒙蔽	

注：1、如果有被捕的只填人数，及被打情况。2、保守组织被捕的可以填，但要在备注中注明。

针锋相对　寸土必争

本报评论员

一场资本主义复辟与无产阶级反复辟的革命群众运动，正在河北省深入发展。这个波澜壮阔的反复辟运动，象大海的怒潮，一浪高过一浪地猛烈冲击着河北省地下黑司令部，针锋相对地回击着资本主义反革命复辟的逆流。

正如毛主席所教导的那样：**"捣乱，失败，再捣乱，再失败，直至灭亡这就是帝国主义和一切反动派对待人民事业的逻辑"**。自今年二月以来，我省、地、市的党、政、军内的一小撮反革命修正主义分子，盗用他们篡夺来的政权，对广大革命造反派进行了猖狂的反攻倒算，制造了一·二一，二·一一非法的与"合法"的一系列的反革命事件。目前，他们不仅没有低头认罪反而采取了更阴险、更毒辣、更隐蔽的手段，打击革命造反派，继续推行他们的资本主义反革命复辟的罪恶计划。他们公然操纵"保"字号的组织，有组织、有计划的和革命造反派对垒。甚至不惜牛力，手传口授，指使保字号组织，大造反革命复辟舆论，妄图维持他们的政权，他们这样干，恰恰反映了他们那种朝不保夕的恐慌心理。

混进党、政、军内的一小撮反革命修正主义分子是一批愚蠢透顶的家伙。他们总是错误地估计形势，错误地估计革命造反派的力量和决心。他们抱着强盗和赌徒的心理，孤注一掷，妄想把轰轰烈烈的无产阶级文化大革命运动打下去，实行自上而下的资本主义反革命复辟。妄想叫革命造反派在他们的残酷镇压下屈服，这是绝对办不到的。其结果只能是飞蛾扑火，自取灭亡。

我们伟大导师毛主席教导我们：**对于帝国主义和一切反动派，我们的方针是针锋相对、坚决斗争**。我们要针锋相对地迎头痛击混进党、政、军里的一小撮反革命修正主义分子所要弄的一系列阴谋鬼计，我们要不怕流血，不怕牺牲，坚决斗争，直至最后的胜利。在反动派面前不能有丝毫的畏惧和退让。而必须坚决毫不客气地把它消灭掉。

敌人压迫，我们就反抗，而且要一反到底。

敌人挑衅，我们就回击，而且要加倍地回击。

敌人搞资产阶级专政，我们就要采取各种斗争方式，同敌人作斗争，向他们夺权，砸烂他们的地下黑司令部。

敌人搞非法刑訊，我们就把法庭变成为揭露"黑老鳖"的讲坛，对这一小撮反革命修正主义分子进行人民的正义审判。

敌人搞政治欺骗，我们就坚决把它戳穿，坚决发动广大群众控诉黑老鳖的血腥罪行，普遍地、深入地开展仇视，鄙视，蔑视"黑老鳖"的群众运动，做到家喻户晓，人人皆知。

敌人害怕和抵制毛泽东思想，我们就大张旗鼓地宣传毛泽东思想，让它们在毛泽东思想的照妖镜面前现原形，"全国共诛之、全党共讨之"。

敌人磨刀，我们也要磨刀。对于"黑老鳖"的威胁和新的挑衅，我们必须提起高度警惕和保持清醒的头脑，我们要做好一切准备，掀起一个反复辟的高潮。向敌人展开更强大的反击。全省革命造反派，都必须紧急行动起来，并肩战斗，把反复辟的斗争进行到底，把无产阶级文化大革命进行到底。

革命造反派的战友们，让我们更加紧密的团结起来，坚决斗争，就一定能把"黑老鳖"这个纸老虎戳它个稀巴烂！

一九六七年六月十九日

征稿启事

为了将此报办好，为了彻底粉碎这股资本主义反革命复辟逆流，为了将这场关系到中国生死存亡的无产阶级文化大革命进行到底，我们衷心地希望革命造反派予以支持，热烈欢迎革命造反战友踊跃投稿！文体不限。

《反复辟编辑部》

地址：河北保定农专
电话：2422

请看黑粉反五号机密简报

粉反五号机密简报意味什么

短评

"粉反指挥部"三月一日机密《简报》中写道："通过粉碎'八一'反动组织彻底揭开保定地区阶级斗争的盖子，或弄清黑'八一'反动头子的罪债，以及肃清黑'八一'的影响，促进革命派的大联合。"又写到："还需要打击反扑之敌与彻底肃清残渣毒根，否则将继续压制阻碍革命派大联合"。

我们认为，这种论调是彻头彻尾反毛泽东思想的，是明目张胆和中央有关大联合的指示唱对台戏。

毛主席亲自主持制定的十六条明确指出："文化革命既然是革命，就不可避免地会有阻力。这种阻力，主要来自那些混进党内的走资本主义道路的当权派，……"。而粉反却把群众组织看成运动的阻力，想通过镇压革命派达到保守派的联合是完全错误的。

《红旗》杂志、《人民日报》多次指出，要"高举革命的批判旗帜实现革命的大联合。""资产阶级反动路线是当前实现无产阶级革命派大联合的主要障碍。要批判资产阶级反动路线必须把矛头直指向党内头号走资本主义道路的当权派，并且把这场斗争同本地区、本部门、本单位的斗、批、改任务紧密结合起来，通过共同的斗争，实现革命的大联合。"

可是，"粉反"的矛头不是指向党内最大的走资本主义道路的当权派，不是指向反革命修正主义分子刘子厚、李悦农，不是高举革命的批判大旗，批判资产阶级反动路线，而是指向广大的革命造反派，下决心要在群众中"彻底肃清残渣毒根"。结果二·一一就抄错了二百多个组织、逮捕一千五百多人，在"粉反"的黑名单上，"保定公社""农大造反团""交通运输系统红色造反团"等五十三个组织都被定成是反动的。"粉反"甚至利用这一群众组织整另一群众组织，如一九六七年二月二十七日××大学×××红卫兵红旗战斗队外调小组就整了保定要武战校"风暴"的黑材料送交××审阅，××××在二月十七日就收集了很多群众组织的黑材料，其中整保定电校革命造反委员会的黑材料，全是造谣。"粉反"花这样大的精力对付革命组织，目的就是为了保住刘子厚、李悦农之流。这不是地地道道的资产阶级反动路线是什么？这不是典型的"打击一大片，保护一小撮"是什么？！

毛主席教导我们说：**社会主义制度终究要代替资本主义制度，这是一个不以人们自己的意志为转移的客观规律，不管反动派怎样企图阻止历史车轮的前进，革命或迟或早总会发生，并且将必然取得胜利。**"我们现在必须彻底批判"粉反"后台所执行的资产阶级反动路线，彻底解放保定地区受压制的革命群众，只有这样才能实现保定地区革命的大联合，必须坚决把黑"粉反"黑后台揪出来示众！把它打翻在地，再踏上一只脚！

"天若有情天亦老，人间正道是苍桑"。

"粉反"指挥部三月一日机密《简报》第五号第一条供称："粉碎'八一'反动组织无有原始材料和根据，一切都是从取缔开始，侦察，获取罪证。"

奇怪！在二·一一当天"粉反某些人士几乎开动一切宣传机器，大肆宣传"八一"的各种罪行之时，甚至地上汽车，天上飞机散发"八一"罪行的大量传单是以什么做为依据的呢？！十六条明明指出，在运动中，应当依法处理的是确有证据的杀人、放火、放毒、破坏、盗窃国家机密等现行反革命分子。而"粉反"既然没有原始材料和根据，又为什么对"八一"红卫兵加以取缔呢？二·一一反革命事件幕后操纵者的动机不就暴露出来了吗？

《红旗》杂志第三期社论指出："有的地方，反革命组织暴露得很充分了。当地驻军和广大革命群众，掌握在无产阶级革命派手里的公安机关，对反革命组织实行了镇压，这是做得完全对的。"既然"粉反"到三月一日还供认"粉碎八一反动组织无有原始材料和根据"，那么这个"反动"的帽子从何而来？！我们不禁要问，二·一一行动究竟是谁叫搞的？黑粉反必须交出黑后台！

经毛主席批示的《中央军委命令》草稿指出："不准随意扑人，更不准大批捕人。对于确实查明的反革命分子要逮捕。但必须证据确凿，经过批准手续"。"粉反"直到三月一日对粉碎"八一"还说无根据，直到现在还不能对被捕的犯人定罪，这是什么问题？！《中央军委命令》指出，逮捕必须"经过批准手续"，"粉反"在二·一一一天逮捕了一千五百多人，都经过谁批准了呢？以上这些完全说明"粉反"的行动是违反对抗《中央军委命令》的。

"粉反"也不得不承认"通过这段紧张的工作抓到手的现象多，本质少，因此，对打击首要，肃清影响不够有力"。这完全暴露了"粉反"黑后台"搬起石头打自己的脚"的丑态！

这一切严肃地告诉我们，"粉反"指挥部自己就供认了二·一一行动是对抗毛主席革命路线，反毛泽东思想。流露出二·一一的反革命动机。

值得注意的是在《简报》中，"粉反"供认了可以任意取缔群众组织的理论根据，那就是"没有原始材料和根据"可以先取缔再说。怪不得二·一一反革命事件以后，取缔的通令可以不断地发，许多革命组织不断被取缔，他们还准备"掌握了解'敌情'动态"，"展开'侦察''取缔'其它反革命组织"，用心何其毒也！

如果按照黑"粉反"的反动逻辑，保定的任何一个群众组织都可以先取缔，没有证据不要紧，先取缔了再"侦察"获取罪证。照此办理"粉反"自己又何以存在？！

河北省、保定地区彻底粉碎反革命組織指揮部
审訊調查組情况（簡报）

第五号　　机密

根据叶××指示经与指挥部政法组和省公安厅同志研究将政法组和审讯调查组合并一起，以行使专政机关的权力，业经指挥部常委代表同意。随着两个组的合并，同时将犯人也集中拘押，（省公安厅、公安处、指挥部）于第一监狱禁闭室。几处的犯人合计共有八十三人，预计近日再教育释放十余人。

从拘押的犯人数和犯人口供以及调查发现的问题（四、五号简报），距完成通过粉碎"八一"反动组织彻底揭开保定地区阶级斗争盖子，或弄清黑"八一"反动头子的罪债，以及肃清黑"八一"的影响，促进革命派大联合，还需要一个时期。现在的问题是：

一、粉碎"八一"反动组织无有原始材料和根据，一切都是从取缔开始，侦察，获取罪证。况且指挥部的组建又不适应，即指挥部下设机构没有形成一股绳，为迅速粉碎此案，而是想通过指挥部的组织形式，实现革命派大联合的目的，为此，有些顾此失彼现象。但目前尚不能急于取消指挥部。

二、通过审讯调查工作活动，发现"八一"与上头、下头均有不可告人的联系，同时黑"八一"与保定市(郊)党、政、军、工、交、财贸、文教卫生、政法等近二百个单位有联系，还涉及到九个县有黑"八一"的组织。有的单位有黑"八一"组织；有的有"八一"成员。有的单位是靠黑"八一"夺的权（已查实的有南、北市区、交通运输局、防治结核病医院等）；有的是黑"八一"扶植起来的（保定公社、农大造反团）；还有不少单位对黑"八一"依赖性很大。通过这段紧张的工作抓到手的现象多本质少，因此，对打击首要，肃清影响不够有力，从目前敌情动向看，有的地方反扑很猖狂，如："敢死公社""交通运输局"和南、北市区一些街道，有的转入地下，还有一些改头换面，气焰也较嚣张。据此，也还需要打击反扑之敌与彻底肃清残渣毒根，否则将继续压制阻碍革命派大联合。

三、拘留的犯人还没有低头认罪，普遍存有只要华北局不是黑帮，他们也成不了黑帮的心理，如，黑"八一"总头子郭丙禄供称：我们"八一"是华北局批准的，是革命的组织，在前进中有点缺点和错误"。因此，从扑至今多数犯人只交待表面问题多，本质问题少，互相推卸罪债。

根据上述情况，我们下一步工作意见，

1、遵照毛主席的教导，以群众路线的方法。审讯调查与广大群众相结合，加紧审讯调查工作外，发动与结合革命群众批斗、揭发，控诉，以打击首恶分子，争取协从分子，教育受蒙蔽的群众，肃清影响。对于教育释放或取缔后进行反扑活动的分子，要进行打击，以维护党的政策，国法的严肃性。在通过打击敌人的同时弄清黑"八一"幕后操纵指挥者，彻底揭开保定地区阶级斗争的盖子。

2、遵照袁×的指示，将我们这个政法组与×军区军管会政法组合并一起，以利形成拳头，加强对敌专政。合并后，指挥部的政法组和审讯调查组为军管会政法组的派出小组，随着黑"八一"反动组织彻底粉碎撤销，犯人逐渐移地方专政机关处理（此案原系××××部队主办，困调走移交×军区）现在全部移交省公安厅他们也有困难，同时也涉及到军区对公安厅的支持问题。

3、通过审讯、调查，接待群众检举、控诉、掌握了解敌情动态和革命派组织大联合情况，以及展开侦察取缔其它反革命组织。同时也注意了解左派组织纯洁程度的情况，促进革命派大联合。

4、建议首长加强对我们的领导，以使工作顺利进行。

以上报告，当否请指示。

审讯调查组

一九六七年三月一日

（轻骑兵）

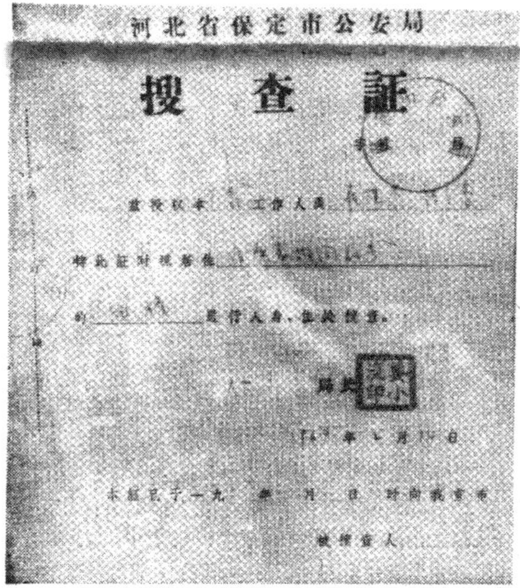

河北省保定市公安局

搜查証

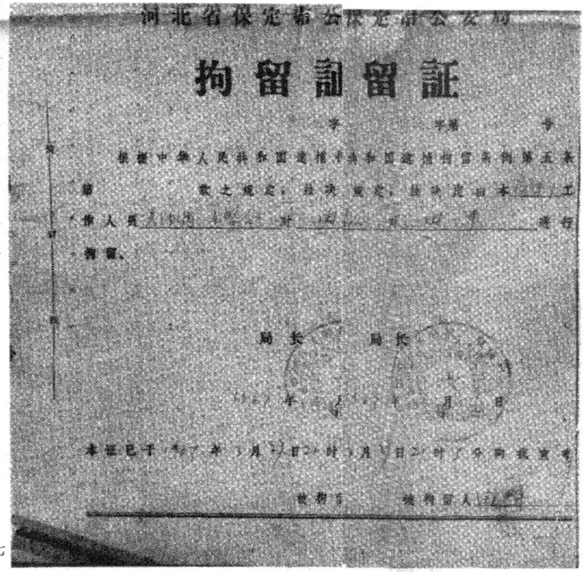

河北省保定市公安局

拘留証

（图一）这是姜小流二月十四日为黑粉反签发的搜查证。
（图二）田峰二月十一日被捕，拘捕时间却在三月二十七日宣布，岂非咄咄怪事！

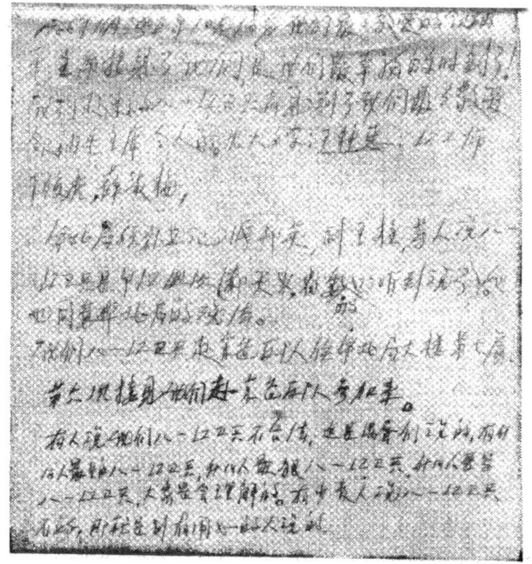

（图五）这是田峰见到毛主席以后写的日记，从中可看出他是无限热爱毛主席的。这样幸福的会见，竟被一小撮混蛋们诬蔑为「反革命串联」。这是对我们伟大领袖的恶毒攻击！

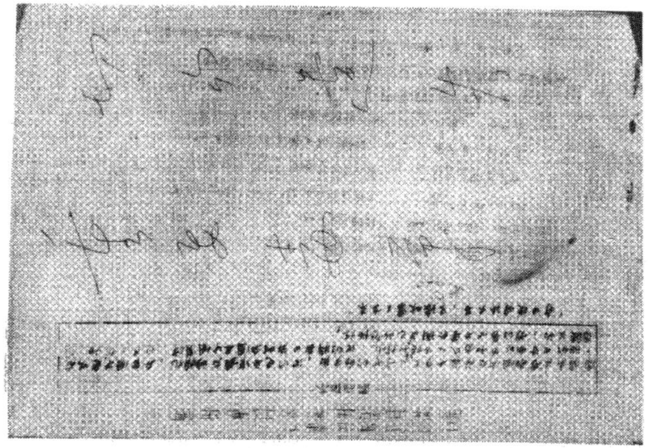

（图四）这是从××军区卷宗中发现的一张革命的传单，却被黑老鳖诬蔑为"重要毒草"。

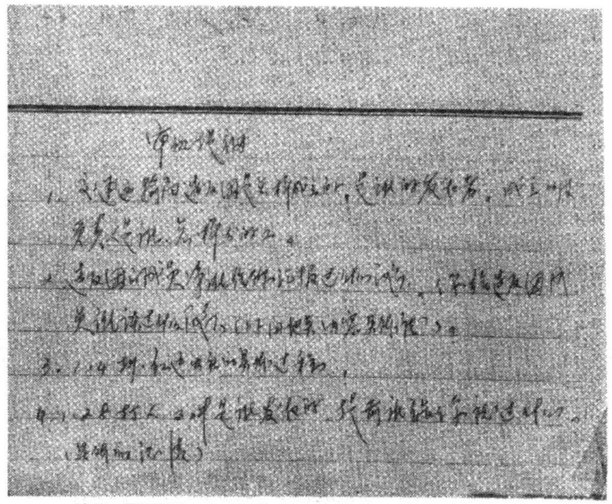

地址：保定农专　　电话：2422

（图三）这是黑色公安留给黑粉反的审讯提纲，从中可以看出他们是站在谁的立场上专谁的政。

毛主席語录

搞一点原子弹、氢弹，我看有十年功夫完全可能。

中学红衛兵

天津市中等学校红卫兵代表大会主办

第15期 1967年6月21日（星期三）

认眞执行通令，肃清无政府主义

·本报评论员·

在全市大反特反无政府主义的紧急关头，六月六日中共中央、国务院、中央军委、中央文革小组向全国发出了通令。全市无产阶级革命造反派无不欢欣鼓舞。

应该指出：最近天津地区的无政府主义思潮的泛滥和武斗事件发生是异常严重的，它极大地妨碍了文化大革命的正常进行。通令就是中央为了纠正这种打、砸、抢、抄、抓的歪风，维护无产阶级文化大革命的秩序，维护无产阶级专政的权威，保护无产阶级专政下的大民主，保护大鸣、大放、大字报、大辩论的正常进行，防止反革命分子和流氓分子混水摸鱼 乘机捣乱所颁布的。我们红卫兵战士要坚决照办严格执行，大力宣传，和一切违反通令的行为作坚决的斗争。

无政府主义思潮是属于唯心主义体系的，它的轴心是个人主义，也就是一个“私”字。它打着怀疑一切的旗号，但他从不怀疑他自己。因此无政府主义者所指的“怀疑一切”，是怀疑以毛主席为首的党中央的绝对权威和无产阶级专政的权威；

“五代会是保守势力的收容所！” 坚决摧毁砸烂五代会！”什么“河老八、公安造总是地地道道的保守组织！”……说来说去只有“反复辟联络站”是革命造反组织了！（当然我们不否认那里也有造反组织）难道你们的“造反行动”就只是上述那些与中央精神相对抗的口号和行动吗？！

无政府主义者用一些自欺欺人的语言，说什么“中央受骗了！”，“×××欺骗了主席！”甚至用一些自相矛盾胡言乱语混淆视听，什么“×××欺骗了陈伯达”而又说：“陈伯达是坚定的无产阶级革命的理论家”等不一而言！

在这里我们不妨试问一下，为什么无政府主义著不怀疑一下，自己所提出的问题是否正确呢？

无政府主义者被山头主义，风头主义，个人主义迷住了心窍，为了非原则上的争论他们可以整天热衷于打内战，他们可以丢掉斗争的大方向。仿佛这些行动才是表明他是造反劲头大小的唯一尺度。心里只有“造反”二字，但偏偏忘记了其中的阶级内容！

为什么无政府主义思潮在天津的泛滥尤其显著呢？这是和万张反党集团的垂死挣扎有关系的。社会上的地、富、反、坏、右分子，流氓等和被打倒的万张反党集团一起刮阴风，寻找各种借口，抓住一些革命群众组织内部的无政府主义思想，以百倍增长的仇恨和反革命热情，进行反革命的阶级报复，或明或暗地把矛头指向解放军、攻击革命的“三结合”，扰乱社会治安，妨碍四大民主的正常进行。本报发表的七十九中六月四日殴打解放军的严重事件，就是一个很好的例子。

表面上天津很乱，但乱的结果，只能是阶级的阵线分明了。牛鬼蛇神乘机跳出来了。无产阶级的造反的阶级斗争本领增长了。

对无政府主义的斗争是政治斗争。一切政治斗争都是阶级斗争。也就是说，对无政府主义的斗争也是一场严肃的阶级斗争。我们与无政府主义的斗争是关系到要不要以毛主席为首的党中央的权威！要不要无产阶级专政的权威！要不要将文化大革命进行到底的大事情！也是能不能很好地执行通令的大问题！决不是什么影响当前运动大方向的枝节问题。

我们中学红卫兵向来就是无产阶级文化大革命的先锋和革命闯将，如今面对着严重的无政府主义思潮大泛滥，能够坐视不闻吗？红卫兵战友们，立即行动起来。中央的六·六通令是我们冲锋的号角，战斗的武器，行动的纲领！

隆重紀念 热烈欢呼

红旗招展，歌声荡漾。毛主席光辉著作《关于正确处理人民内部矛盾的问题》发表十周年的伟大纪念日来到了！在无产阶级文化大革命取得决定性胜利的凯歌声中，在我市广大革命派逐步实现革命大联合，开展「三结合」大夺权的决战时刻，我们纪念毛主席这篇光辉著作发表十周年，有着极其重大的意义。我们伟大领袖毛主席是当代最杰出的马列主义者，他全面地、创造性地继承和发展了马列主义，把它推向当代最高水平，使全世界进入了伟大的毛泽东思想新时代。毛主席这篇伟大著作十年来，尤其在这次文化大革命中，充分发挥了它的无限光辉和无比威力。就在这个令人兴奋的节日里，六月十七日在祖国西部地区上空成功地爆炸了第一颗氢弹，实现了毛主席「十年功夫」搞成原子弹、氢弹的英明预言，这是毛泽东思想的又一伟大胜利！这个胜利又给这光辉节日增添了无限光彩。我们是毛主席的红卫兵，最听毛主席的话，让我们以这篇光辉著作为武器，牢牢地掌握斗争大方向，在斗争中分清敌我，正确处理两类不同性质的矛盾，尽快实现革命的大联合，夺取夺权斗争的伟大胜利，夺取斗、批、改的伟大胜利！

无产阶级文化大革命强有力的保证！

六月六日，中共中央、国务院、中央军委、中央文革小组的“通令”发表了！“通令”发表的多么及时呀！它大长了无产阶级革命造反派的志气，大灭了走资本主义道路当权派、地、富、反、坏、右及无政府主义的反动气焰；为无产阶级文化大革命取得彻底胜利提供了可靠保障！“通令”的发表好得很！好得很！就是好得很！

“通令”说明了我们的民主是在无产阶级专政下的民主，强大的专政机器掌握在我们手里，警告那些混水摸鱼企图破坏文化大革命的阶级敌人：你们胆敢乱说乱动，就坚决镇压！让你们彻底灭亡！

“通令”有力地捍卫了毛主席给予革命群众的四大民主的正常进行，最有效地维护了无产阶级文化大革命的秩序，维护了无产阶级的权威，为文化大革命的胜利进行扫清了道路，提供了可靠保障！

“通令”斩断了阶级敌人乘机捣乱的黑手；打破了阶级敌人企图通过打、砸、抢、挑动群众斗群众，破坏文化大革命，进而企图颠复无产阶级专政的美梦！

毛主席教导我们：“**帝国主义和国内反动派决不甘心于他們的失敗，他們还要作最后的挣扎。**”阶级敌人必然还会使出新的花招做拼死的挣扎，我们革命造反派要提高警惕，严防阶级敌人混水摸鱼、破坏捣乱。

“通令”好得很！无产阶级革命派热烈拥护，大力宣传，坚决执行！八二五等不要执迷不悟，不要继续上阶级敌人的当了！悬崖勒马为时不晚，同志，回头吧！

“通令”的发表给天津市“三结合”夺权提供了可靠的保证，天津市革命“三结合”夺权必将彻底实现！毛主席的革命路线必胜！

坚决捍卫十六条！要文斗，不要武斗！

·赤兵·

努力学习“通令” 热情宣传“通令”
坚决执行“通令” 勇敢捍卫“通令”

【本报訊】正在我市发生一系列的打、砸、抢、武斗现象之际，中央“六六”通令发表了，“六六”通令的发表，大长了革命造反派的志气，大灭了资产阶级的威风。

文化革命，是一场触及灵魂的大革命，是在文化领域里的一场大搏斗，是思想斗争，武斗是不能解决问题的。我们革命的红卫兵小将，就是坚决听毛主席的话，用文斗，不用武斗；坚决制止打、砸、抢。我们就是要坚决执行“六六”通令，大力宣传“六六”通令。东方红区的红卫兵小将，组织了宣传队，到劳动战场宣传中央“六六”通令。红卫区的红卫兵小将也在组织宣传队，组织小学生到汽车上宣传“六六”通令。各校的同学已经或正在组织起来。女四中红卫兵，不仅组织小学生到汽车上宣传，而且下到工厂、街道去宣传通令，还组织了宣传队，排练文艺节目，用文艺的形式宣传“六六”通令。让广大的革命群众都来学习、执行、宣传、捍卫“六六”通令。十八、十九、十六、三十四、一〇五等中学的革命小将也纷纷走上街头宣传“六六”通令。

红卫兵小将在宣传通令的过程中，不怕太阳晒，不怕嗓子哑，不怕苦，不怕累，充分地表现出了红卫兵誓死捍卫党中央毛主席的绝对权威，捍卫毛主席革命路线的决心。红卫兵小将这些捍卫中央指示的革命行动，受到广大革命群众的热烈赞扬和坚决支持。他们满怀激情地表示，向革命小将学习，向革命小将致敬。

全体红卫兵战友，革命的同学们，让我们行动起来，掀起一个宣传“通令”的高潮！

·2· 中学红卫兵 1967年6月21日 星期三

把李立三揪出来示众

天津市的革命造反派以百万雄师过大江的气势，向刘邓展开了猛烈的攻击。根据中央的布署，胜利召开了五个代表大会，筹备了革命三结合夺权小组，展开向万张反革命修正主义集团手中夺权的大决战。

天津市正处在大夺权的前夜，全市人民正在迎接胜利新曙光！

船在海中航行，总不能一帆风顺，阶级斗争绝不是那么风调雨顺。在大决战关键时刻，一股无政府主义反动想潮在天津大肆泛滥起来。无政府主义者对毛主席派到天津的李雪峰同志借口某些缺点，声嘶力竭大喊大叫"打倒李雪峰""枪毙李雪峰"，对中央肯定了的五代会，不是起到促进作用，反而丧心病狂的喊出："五代会是合二而一的大杂会""必须彻底改组"甚至狂妄叫嚣"推翻五代会"，地富反坏右趁机纷纷出笼，混水摸鱼，打击革命派与革命小将，甚至把矛头对准在天津立下不朽功勋的中国人民解放军，广大革命群众在毛泽东思想支配下，顶住了这股歪风，这时他们施用了最后卑鄙伎俩——打砸抢抄，国家财产受到破坏，阶级兄弟人身安全受到了威胁，敌我不分，严重的混淆了阶级界线，等等等等……是可忍，孰不可忍！

这股邪风来自何处？谁人在掀恶浪？

水有源，树有根，用战无不胜的毛泽东思想武装起来的革命造反派终于揪出了破坏天津文化革命的罪魁，无政府主义的后台，老牌反革命修正主义分子李立三。

是他，操纵华北局保守组织"一联"，串通天津某些组织，利用这些组织的一些非无产阶级思想破坏大联合，大反特反李雪峰，借以发泄他自己的私忾。

是他，配合万张一唱一合，使无政府主义歪风肆意泛滥干扰斗争大方向、让地富反坏右趁机出笼，兴风作浪，妄图东山再起，把和平路变成无政府主义大本营。

是他，使一些组织一些人无视中央权威，甚至把中央发表的讲话认为是中央受骗，甚至把毛主席批示的"三七"指示认为主席受骗。等等。

是他，就是他，铁证如山，罪责难逃！

人们难以解开的迷，终于解开了！这说明，毛泽东思想光焰无际，威力无穷，任何牛鬼蛇神逃不脱毛泽东思想的显微镜。

六六通令，给予无政府主义所施展的打砸抢抄迎头痛击，粉碎了李立三绝死前的阴谋。

北京，天津，内蒙建立了批斗李立三联络站，揪出了破坏三结合罪魁，无政府主义后台李立三，也极大地震动了无政府主义者，他们的市场越来越小，劲头越来越消……

"**六月天兵征腐恶，万丈长缨要把鲲鹏缚。**"北京，天津的造反派决心在毛泽东思想光辉指导下，打倒万张后台李立三，夺回万张手中权，以"**宜将胜勇追穷寇**"气概横扫其爪牙。

李立三反党宗派主义集团及其爪牙，钻进了革命造反派布下的天罗地网，走到了人命危浅的地步。

天津市形势大好，越来越好！

我们坚信通过这场大批判大斗争，犯有无政府主义错误的人，会从错误路线回到毛主席的革命路线上来，促进天津市大联合、捍卫革命的三结合。

同志们，战友们，让我们携起手来，并肩前进，听毛主席的话，紧跟党中央！树立党中央绝对权威，把李立三斗倒斗臭斗垮，把天津市文化大革命进行到底，迎接天津市新曙光！

打倒无政府主义后台李立三！

◇✤◇　◇✤◇

行军路上

红旗飘飘，歌声嘹亮。我们长征中学组训三连战士，满怀革命激情，热烈响应**毛主席"抓革命，促生产"的伟大号召**，奔赴文安县皇甫公社夏收第一线。

大海航行靠舵手，万物生长靠太阳，干革命靠的是毛泽东思想。六月九日上午，我们经过了一百多里的水上行军之后，又踏上了陆上行军的征途。同学们个个斗志昂扬，意气风发，边走边唱："**下定决心，不怕牺牲，排除万难，去争取胜利。**"毛主席的教导时刻在我们的心上。为了完成夏收任务，我们毛主席的红卫兵不怕千难万险，刀山敢上，火海敢闯！路途远又算得了什么。听，同学们欢快热情的歌声在田野上回荡。我们过一个村子，村里的贫下中农都热情地欢迎我们。"向贫下中农学习！"，"向贫下中农致敬！"嘹亮的口号声响成一片。

行军路上，人人争当毛泽东思想宣传员，人人都做宣传鼓动工作。同学们自动地组织起来，有的说对口词，有的说自编的快板；表扬好人好事。队伍行军速度很快，队伍里十分活跃。

"**我們都是来自五湖四海，为了一个共同的革命目标走到一起来了。**"互相帮助，互相爱护是我们革命战士的本分。一个同学走路有些吃力了，同学们马上赶上去帮他背行李。

队伍行进到司吉城，已经走了二十多里路，天也逐渐黑下来了。同时，别的队伍已经到达了目的地。这时，同学们已经很劳累，怎么办呢？这时，组训解放军陈团长来到队伍面前，对大家进行了政治动员："同学们！我们参加夏收有着极其深刻的意义。我们行军就是打仗。打仗时要消灭敌人，就必须先接近敌人；我们今天要达到目的地，就必须坚持到底。"短短地几句话更加鼓舞了我们的斗志，我们继续前进了！

敬爱的解放军同志，总是在最困难的时刻帮助我们，用毛泽东思想鼓舞我们前进。夜行军是锻炼我们的好时机，解放军同志带领我们进行了军事演习。"敌人的探照灯过来了，队倒匍匐前进！"；"前面是敌人炮火区，冲过去！"；"敌情解除，开始行动！"顿时歌声四起，传遍四面八方。

在晚上九点多钟，我们终于胜利到达目的地。这次行军是我们活学活用毛泽东思想的过程。我们就是靠毛泽东思想，战胜了困难，取得了胜利。

第二天清晨，大家不顾一天行军的疲劳，积极行动起来，开始了紧张的麦收。

"和贫下中农相结合，炼红思想，胜利完成毛主席交给我们的任务。"就是我们行动的口号。

同志们！让我们在这场夏收战斗中，贡献出我们最大的力量！

长征中学紅卫兵三連

最 高 指 示

混进党里、政府里、軍队里和各种文化界的資产阶級代表人物是一批反革命修正主义分子。一旦时机成熟，他們就会夺取政权，由无产阶級专政变为資产阶級专政。

李立三在天津十大罪状

老牌反革命修正主义分子李立三是刘邓黑司令部的一员得力干将、万张反党集团后台之一，是刘少奇在天津的特派员，是我们不共戴天的仇敌。我们必须把他彻底打倒！批臭！斗垮！

李立三这个反动的资产阶级政客，是只狡猾的老狐狸，吃人的活老虎。解放十七年来，贼心不死，继续玩弄反革命的两面手法，配合中国的赫鲁晓夫刘少奇上窜下跳到处活动，妄图复辟资本主义。天津就是他进行反革命活动的一个重要基地。

李立三在天津的罪恶滔天，必须彻底清算！

（一）四九年，五〇年，李立三配合刘少奇臭名昭著的"天津讲话"，频繁地往返京津二地，多次以党的政策的解释者出现，大放厥词，明目张胆地鼓吹"剥削有功"、"欢迎剥削"、"造反无理"的反革命谬论。长资产阶级威风，灭无产阶级志气。公开表示要勾结资本家在中国复辟资本主义。

（二）六二年，李立三紧密配合刘少奇在七届八大会上反党、反社会主义、反毛泽东思想的黑话，窜来天津，借口贯彻中央扩大工作会议精神，勾结万张反革命修正主义集团大肆攻击三面红旗，煽动向党中央"提意见"，刮起一股翻案的黑风。

（三）六三年、六四年李立三多次来津贩卖薄一波工业七十条、科技十四条、鼓吹中国的工业要实行托拉斯，为资本主义复辟大做舆论准备。

（四）六四年李立三串通薄一波，对抗党中央提出的工业学大庆的伟大号召，伙同万张反党集团以树红旗厂为名，亲自培植复辟资本主义的试验田（电子仪器厂就是其中的一个），和中央唱对台戏，对抗中央对天津的严厉批评。

（五）六五年，李立三借"四清"为名，到他亲手树的"红旗"厂——天津电子仪器厂蹲点，对抗二十三条，妄图搞第二个桃园经验（工厂四清经验）到全国推销。

（六）四清中，李立三与万张反革命修正主义集团一唱一合，胡说电子仪器厂是"红旗"、"一类厂"、"没有夺权问题"。对万张的得力干将、走资本主义道路的当权派于秀卿明打暗保，力图维护，巩固和发展电子仪器厂资本主义势力。

（七）李立三与万晓塘勾结，招降纳叛，大树人造劳模黑市委爪牙李××，把他誉为"一类干部"、"接班人"，提拔为总支付书记，垄断了全厂党务大权。

（八）在此期间，李立三还以讲党课，"解释"党的政策为名，大肆散布修正主义黑货，攻击毛主席思想，歪曲无产阶级专政，鼓吹阶级调合的反革命论调。

（九）一九六五年至六六年李立三积极为刘少奇培植刘氏半工半读学校——天津电子仪器厂半工半读学校，为自己捞取政治资本，竭力推行修正主义教育路线，与毛主席的无产阶级教育路线相对抗，与党争夺接班人。

（十）无产阶级文化大革命运动中，他耍阴谋，放暗箭。六七年二月李立三公开跳出来"亮相"："坚决支持《一联总部》打倒李雪峰的一切革命行动。願意接受，作任何一项普通的工作。""贡献一点自己的力量"。还积极提供"打倒李雪峰"的材料，他勾结刘莱夫、梁寒冰（均系三反分子）操纵华北局的《一联》，蒙蔽天津一些群众组织，支持保守组织，以反李雪峰为名破坏中央对天津文化大革命的部署，破坏天津革命的"三结合"和大联合，煽动广大群众反对天津驻军和五个代表大会，破坏天津市革命派向万张反革命修正主义集团夺取党、政、财、文大权。

李立三在天津十七年来罪恶滔天，十恶不赦！

紅代会电子仪器厂半工半讀毛泽东思想东方紅紅卫兵

工代会电子仪器厂毛泽东思想革命造反团

闖"难　关"

战鼓咚咚，军号嗒嗒。《大力抓紧夏收》的社论发表啦！我八一八红旗坚决贯彻执行毛主席"抓革命，促生产"的伟大号召，肩负重任，迎着朝阳，雄纠纠，气昂昂地奔赴夏收第一线。

这次劳动，我们把伟大的毛泽东思想作为战胜一切困难的巨大动力，决心把文化大革命中焕发出来的冲天革命干劲，落实到夏收工作上，胜利完成支援夏收任务。在这次劳动中自觉地锻炼和改造自己。

第一天同学精力充沛，干得蛮好，然而第二、第三天——困难的时候到了。经过一两天紧张的劳动，大部分同学手上起了黄豆般大的水泡；腰酸疼的不愿再动弹一点；腿也不听使唤了；……最困难的时刻，也是最考验人，磨炼意志的时刻；最困难的时刻也是光焰无际的毛泽东思想发挥它无穷威力的时刻。听，毛主席教导我们：**中国人連死都不怕，还怕困难嗎！**用毛泽东思想武装起来的革命造反派，就是应该天不怕，地不怕，神不怕，鬼不怕。我八一八红旗自成立的那天起就下定决心：哪怕上刀山，下火海，跟随毛主席他老人家干革命的决心不能变。我们是在"离天滚滚寒流急"，"已是悬崖百丈冰"的白色恐怖中冲杀出来的铮铮硬汉，我们是在"敌军围困万千重"和"风吹浪打"中锻炼成长起来的硬骨头，岂能被困难所吓倒！岂能让腰酸手疼所屈服！迎着困难闯上去……。

"大海航行靠舵手，万物生长靠太阳，干革命靠得是毛泽东思想。"

越是在疲劳的时候，越是在困难的时候，我们越不能放松毛主席著作的学习，越是要努力活学活用。困难面前，老愚公的形象在我们眼前不知出现了多少次，"**下定决心，不怕牺牲，排除万难，去争取胜利。**""**发扬勇敢战斗，不怕牺牲、不怕疲劳和連續作战的作风。**"等毛主席语录，不知朗读了多少遍！老愚公形象每次出现，每次朗读和学习毛主席的教导，我们都感到是那样的亲切，每次都从中汲取了无穷的力量，从而成为我们克服困难的巨大动力。腰酸了就蹲着割，蹲累了干脆就跪着割，一边割，一边小声地背颂毛主席语录："**这个軍队具有一往无前的精神，它要压倒一切敌人，而决不被敌人所屈服。不論在任何艰难困苦的场合，只要还有一个人，这个人就要继續战斗下去。**"这时大家只有一个念头：为了"抓革命，促生产"争取时间，无论如何不能停下手中的镰刀！

休息时，分在各队劳动的八一八红旗毛泽东思想宣传队的同学，不顾自己的劳累，来为大家演节目。高亢激昂的语录歌荡漾在原野里，回响在每个同志的心间，又为我们闯过"难关"增添了力量。《毛主席是我们心中的红太阳》的舞蹈，革命现代京剧《沙家浜》选段……这些精采的充满革命战斗气氛的节目，在这短短的十几分钟，把大家的劳累驱散……。

是战无不胜的毛泽东思想，使我们经受了考验，闯过了难关，在最艰苦的时刻，我们手中的镰刀不但没有减慢，反而挥得更快，舞得更欢，有的割麦亩数成倍的增长。看到这些成绩，望望贫下中农一张张笑脸，我们心里有说不出的幸福。

但这仅仅是一个开端，前面的路还远呢！我们在取得初步胜利之际，没有忘记主席的教导："**雄关漫道真如铁，而今迈步从头越**"！再接再励，从头越！八一八红旗战士遵循毛主席他老人家的教导，手握镰刀，高唱语录歌，迎着胜利的曙光，永不停滞的阔步向前，永远向前！

中国医学科学院卫校八一八紅卫兵、紅旗

1967年6月21日　星期三　　中学红卫兵　　·3·

肃清《修养》流毒　埋葬奴隶主义

——控诉黑修养对我的毒害

毛主席说：**"我們現在思想战綫上的一个重要任务，就是要开展对于修正主义的批判。"**

我是受黑《修养》毒害的一个。回忆前一段在总部（前毛泽东主义红卫兵完中联络总部）工作，为黑市委卖了不少命，也蒙蔽了不少同学，我是非常痛心的。我前一段所做的一切，对不起党对不起毛主席对我的培养和教育，对不起广大革命群众对我的希望。过去，我没有执行毛主席的革命路线，执行的却是刘邓的资产阶级反动路线，成了万张反革命修正主义集团的驯服工具。毛主席教导我们说：**"'人固有一死，或重于泰山，或輕于鴻毛。'为人民利益而死，就比泰山还重；替法西斯卖力，替剝削人民和压迫人民的人去死就比鴻毛还輕。"**对于前一段我所做的一切是比鸿毛还要轻的。

我是一九六六年九月中旬到总部工作的，是总部比较老，受毒比较深的一个。过去，我对市委还有些怀疑，可一开始，黑市委就把一个所谓"老红军""老干部"杜长天搬了出来，迷惑了我们。杜长天还亲自和我们谈过一次话，进一步迷惑了我，使我成了黑市委的奴隶和驯服工具。杜长天是黑市委镇压革命的得力干将，是挑起群众斗群众的罪魁祸首，他对工农子弟说一种话，对革干子弟又说一种话，极力用反动的血统论来挑起同学之间的矛盾。黑市委还用经济收买的方法想给我们摩托车，被我们拒绝，后来又给了自行车等等，来进一步拉拢我们。

在黑《修养》的毒害下，自己失去了阶级和阶级斗争的警惕性，自己想的是为人民服务，而实际上是为黑市委卖命。黑市委在总部搞了不少阴谋，开了多次密谋会。如在九、一八大会以后，反革命修正主义分子周茹、李定及中文办的几个干部与一些受黑市委蒙蔽的一些九一八大会的对立面学校××中。×中、女×中等在一起商谈九一八大会，首先李定开场，没说几句有事溜了，以后就由周茹讲什么"保护少数，大部分是受蒙蔽的""九一八大会是反革命的大会"等等给革命同学打成了反革命，这个反革命修正主义分子是多么恨我们革命小将！他们打着红旗反红旗，是一群披着羊皮的恶狼。

市三级干部会议时，赵武成，徐光又找了十几个学校在干部俱乐部召开会议，了解同学的动态，是不是在保他们。首先，万张反党集团的干将徐光说："我们各方面人都找来了解了解情况"，等他们把情况弄清后，赵武成、徐光等大摆老资格，说抗日战争时工作特别艰苦，从太行山东行到某根据地等等，大摆老革命的样子来蒙蔽我们，以达到保他们自己的目的。但他们这只是一个幻想，广大红卫兵战士用毛泽东思想这一伟大的战无不胜的武器识破了他们的阴谋诡计，起来造反了，猛杀回马枪了，这个总部也就宣告破产，于十一月份解散了，广大同学纷纷揭发市文革和黑市委。回忆前一段我们所走过的路是多么危险呀！在黑"修养"的毒害下，我成了万张反党集团的奴隶，把他们当成了党的化身，叫干什么就干什么，不分析自己做的对错，在政治上犯错误也不在组织上犯错误，也就是这样，按照黑市委的旨意由烟台道五十六号转到了青年宫，十月初广大同学造反走了，出去串联，而我还固守总部，可见自己的思想已顽固到极点了。后来，津一联来到总部造反，自己还不满意，和他们干仗等等。

经过广大革命师生的帮助，自己思想上油污才开始清洗，开始使我猛醒，真正明白了在黑市委蒙蔽下，在刘氏黑《修养》毒害下，充当了万张反革命修正主义集团的工具，给革命带来了损失，犯了一个永世难忘的错误。多亏毛主席的教导和广大革命同学的帮助，才使我获得了新生。否则，自己不知要在错误的道路上滑得多远呢。

毛主席教导我们说：**"无数革命先烈为了人民的利益犧牲了他們的生命，使我們每个活着的人想起他們就心里难过，难道我們还有什么个人利益不能犧牲，还有什么錯誤不能拋弃嗎？"**受过黑《修养》毒害的同志们，赶快觉醒吧！猛杀回马枪，批臭黑《修养》，批臭资产阶级反动路线！彻底砸烂刘邓黑司令部，彻底砸烂万张反革命修正主义集团，把无产阶级文化大革命进行到底！

革命派的同志们，受过黑《修养》毒害的战友们，让我们团结起来，奋起毛泽东思想千钧棒，猛杀回马枪，彻底砸烂中国的赫鲁晓夫——刘少奇！彻底砸烂万张反党集团！彻底埋葬奴隶主义！

让刘少奇的黑《修养》见鬼去吧！

八中　馬德发

阶級斗爭熄灭論——資本主义复辟书

阶级斗争，是马克思列宁主义、毛泽东思想的精髓。对她的态度，是承认还是抹杀，是进行还是取消，是真假马列主义、真假共产主义的延安和西安、是毛主席的革命路线和中国的赫鲁晓夫刘少奇的资产阶级反动路线的根本分歧。

混蛋刘少奇，出自反革命本性无时无刻地不在攻击社会主义，无时无刻地不在为资本主义复辟竭尽全力。早在一九五七年他就迎合国内外反动派的需要，宣布"阶级斗争基本结束"，"我们已经消灭了阶级。"同时，极力吹嘘赫鲁晓夫的"土豆烧牛肉"的共产主义。并扬言要向"美好"的目标"和平过渡"。

资产阶级最集中的代表人物刘少奇，真的否认阶级斗争吗？没有！他会驮着资产阶级的利益与无产阶级齐步到共产主义吗？不会！

"敌人是不会自行消灭的。"几千年的阶级斗争史，钢铁般的证明：任何一个反动阶级，从未放弃过自己的利益，与无产阶级"和平共处"；从未停止过向革命事业的猖獗进攻而自行退出历史午台。他们的阶级斗争观点向来"十分""明确"。他们怕说阶级消灭，国家的权力的消灭和党的消灭。他们就是要统治无产阶级，让压迫、剥削永存。

事实正是这样：从中国的封建统治直到国民党反动派的当道，总是要维护摇摇欲坠的黑暗统治，而宣扬"皇上是好皇帝"，"蒋介石是中国的领袖"。混淆阶级阵线，麻痹人民的斗志，这是一切反动派贯用的黔驴之技。

赫鲁晓夫的假共产主义在国际共产主义运动中的教训，我们必须记取。苏联赫鲁晓夫修正主义集团打着"阶级消灭了"的幌子，在国际上投降帝国主义，在国内复辟资本主义，葬送了苏联人民用鲜血和生命浇灌的革命胜利果实。在他们"没有阶级"，"全民党"的统治下，使广大劳动人民陷入水火热之中的人间地狱。

中国决不能重蹈复辙！

翻开阶级斗争历史，看眼前激战宏图，我们更清楚认识到混蛋刘少奇决没有忘记阶级斗争，也不可能忘记阶级斗争。他鼓吹阶级熄灭论正是为了向无产阶级反攻倒算，复辟资本主义。阶级斗争熄灭论是资本主义复辟书。

毛主席告诫我们：**"我們是战爭的消灭論者，我們是不要战爭的；但是只能經过战爭去消灭战爭，不要枪杆子必須拿起枪杆子。"**让我们高举阶级斗争的旗帜，用阶级消灭阶级，用阶级斗争去消灭阶级斗争。让我们念念不忘阶级斗争，把无产阶级文化大革命进行到底！

·机校批刘邓、砸万张联络站·

三言两語

近些日子看来，打倒李雪峰的勇士们士气似乎仍然很高，大标语、口号仍然很凶，什么打死李雪峰、轧死李雪峰、活埋李雪峰、烧死李雪峰云云，真是面面具到，无所不有。

但是，有头脑的人稍一思索就会发现这些勇士们空虚得很！

自从三月中旬展开打倒李雪峰高潮以来，开了多少次打倒李雪峰大会，可是得到的是什么呢？我看只能是自我安慰罢了。要揪斗李雪峰，李雪峰又不来；说李雪峰是万张后台又没有根据，所以这些勇士们又在革命组织中耍起"威风"来了：什么李雪峰的兵呀，保呀；什么鱼找鱼，虾找虾，混蛋专找河老八云云。勇士们是勒马的时候了，冷静地想想吧！难道这就是你们的大方向吗？

勇士们：我在这里奉劝你们几句，我很不希望你们成为被打倒的对象，也不希望你们再盲目地为人家卖命了。回过头来！还是好同志。

四十五中毛泽东思想红卫兵"前哨"

凱旋归来，貧下中农贊小将　狼狽返津，革命群众赶懶虫

本报訊　自十六日起，天津中学红卫兵支农大军已陆续返津。

数万名中学红卫兵小将，经过一个星期左右的支农劳动，经过刻苦锻炼，个个意气风发，斗志昂扬，决心为天津的大联合、大夺权付出更大的力量。

我们的红卫兵小将，在农村受到了贫下中农的热烈欢迎和热情招待。每一个红卫兵战士也虚心地向贫下中农学习，向他们学习农业技术，学习他们的思想品质。他们组成了一个毛泽东思想宣传队。宣传主席思想，宣传党的方针政策。在业余时间，还帮助当地革命群众组织搞文化革命。

贫下中农最爱毛主席的红小兵。他们听说红卫兵要来，家家户户提前作好准备，腾出了房屋，烧好了开水。一位贫农老大娘得知红卫兵要来，就点上油灯等着，等啊，等啊，一直等到半夜，油灯干了，才睡觉。贫下中农对红卫兵小将深厚的阶级感情，深深感动了每一个战士，给他们增添了无穷的力量。

我们的红卫兵结束了夏收劳动，要返回天津了，要和贫下中农分别了，他们是多么地恋恋不舍呀！临行前，每个红卫兵战士都帮房东挑满了水，把院子扫干净，贫下中农也一直把队伍送出村，送上船，和他们挥手告别。

我们的红卫兵又投出入了紧张的文化大革命战斗，他们组织起来，积极宣传通令，要和天津的无政府主义决一死战！

又訊　在天津正处在"骑虎难下"困境的反李"造反"派们，为了拉拢群众，最近也纷纷到天津郊区参加夏收"劳动"但是，到了农村，日子更加不好过，仅三天半时间，这些在天津猖獗一时的"造反派"便被贫下中农一个个地赶回了天津。

最近，天津反李中坚力量天工八二五，以及十八中八一八，南开女中红旗兵团等，到天津西郊劳动，被冒雨赶回天津。

六月十四日，南开女中红旗兵团的一张大字报中说：李雪峰之流"狗急跳墙"，"阴魂不散"，"操纵保守组织进行反攻倒算，阶级报复，猖狂地挑衅，血腥地镇压"。"陷害我们，极尽一切卑鄙手段，破坏生产，不给水喝，不给房、电，吃凉饭，干长达十六小时的非人劳动"……

然而，据东方红战校红卫兵《揭老底》战斗队揭露：天工八二五，十八中八一八，南开女中红旗兵团劳动地点——西郊大稍口生产队负责人说："他们每天八点才下地，十一点就到家了，下午三点集合下地，六点半到家，有时连这个时间也没保证。""他们两天也劳动不了十六小时，他们一共才三天半，这才多少小时？""他们天天'开会'，'学习'，要不就睡懒觉。有次都下工了，他们还不起，我们气坏了。""临走那天耽误了十几个劳动力"，"我们把他们赶走了"，"我们这周围这几个村子早就想赶他们"，"有的村，他们扒了贫下中农八十多间房子，吃了我们两亩地黄瓜，拔了二百多颗树。"最后终于被贫下中农赶出村。

最后，揭发材料中还说：这些"造反派"们，可算是"濒归绝境"，"狗急跳墙"，被贫下中农赶了出来还死皮赖脸，厚颜无耻地高喊："反革命围攻左派"，"恶毒陷害革命小将绝无好下场"。最后，揭发材料还说，告诉你们，谁个劣，谁个不劣，贫下中农最清楚，谁胆敢冒贫下中农之大不韪，必遭灭顶之灾！

中学红卫兵

·4· 1967年6月21日 星期三

一場严重的反革命阶級报复事件！

編者按：七十九中"六、四"事件是一场严重的反革命阶級报复事件！

毛主席說："帝国主义者和国内反动派决不甘心于他們的失敗，他們还要作最后的挣扎。在全国平定以后，他們也还会以各种方式从事破坏和捣乱，他們将每日每时企图在中国复辟。"

天津反动的无政府主义思潮的严重泛滥，纵容了一小撮被鎭压的地富反坏右分子和社会上的牛鬼蛇神，向以毛主席为代表的无产阶級革命路綫，向无产阶級专政的柱石解放軍，向毛主席的紅卫兵进行了猖狂的反攻。

在这场有計划、有步驟，蓄謀已久的反革命阶級报复事件中，"卫东中联"七十九中"紅革会""紅旗"中的一小撮人充当了阶級敌人的得力打手，你們打的是什么人？是我們的亲人解放軍 是我們的阶級的弟兄！你們这样做，帮了誰的忙？助了誰的威？你們当了敌人的帮凶！如果一意孤行下去，是沒有好下场的！必定得到法律的制裁！

必須警告一小撮地富反坏右分子，你們如果乱說乱动，就毫不客气，坚决鎭压！你們对解放軍、紅卫兵进行猖狂反攻，必定是自取灭亡！一小撮打人凶手，逃不出人民的法网，逃不脫人民对你的懲罰！

由我们最最敬爱的伟大领袖毛主席亲自点燃的无产阶级文化大革命的熊熊烈火越烧越旺，正处在向万张反党集团夺权的激战前夜的天津城更是这样。但是，无政府主义冒出来了，它无视党中央、中央文革的绝对权威，妄图扭转斗争的大方向。但是，紧跟着党中央、毛主席的天津广大无产阶级革命派，响应党中央的号召，大反特反无政府主义，于是一小撮无政府主义暴徒们，便穷途匕见，妄想以惨绝人寰的法西斯暴行，挑起武斗，制造白色恐怖，吓倒无产阶级革命派。

我天津解放军战校（79中）红卫兵坚决听毛主席的话，大反特反无政府主义，解放军大力支持我们。所以阶级敌人对我们恨之入骨，早在五月中旬他们就疯狂地叫喊："要血洗七十九中"，但是在解放军大力支持帮助下，他们没有得逞，但他们贼心不死，终于在六月四日发动了这次反革命事件。

六·四反革命事件的经过：

六月四日晚九点三十分左右，红革会、红旗的刘炳桂、郭志贤等一帮拿着一个手榴弹，直奔解放军团部，说什么："团部有人用手榴弹砍我脑袋了！"跑到楼上后，自觉得不符合实际（因为头上无伤），便又改口说："你们砍我的脚了！"可是身上毫无伤痕。上楼后，一直闯入团部，找到解放军，恶毒咒骂解放军，以发泄他们对解放军的恨。这时，在场的红卫兵再也忍不住了，就和他们辩论，直到问得他们理屈词穷，只得按了手印，承认了他们辱骂解放军。

这时已经晚上十点多钟了，同学们都准备睡觉了，听到红革会吴××在楼下喊："冤有头，债有主，血债要用血来还！"，"七十九中解放军执行了什么路线，值得怀疑！"刘××也接着喊："执行的是资产阶级反动路线！尹参谋是刘少奇的黑干将，立即滚出七十九中！"（尹参谋是部队首长。）解放军是无产阶级专政的柱石，是我们的亲骨肉，怎能容忍他们这样污蔑！红卫兵战士马上跑到楼下和他们辩论，辩论后，他们就回去打电话了。

约十一点左右，同学发现门口有几个手持木棍的往里走，还没等弄明白是怎么回事，一声凄厉的警笛声刺破了寂静的夜空，随即三十几辆自行车，每辆两个人冲进了校园。

一场惨绝人寰的大规模流血反革命事件发生了。

我红卫兵战士赵旭明刚上三楼，从黑影里窜出来红革会的李学仁，手持尖刀，抱住赵旭明就刺，被赵躲过，没刺中，这时楼上的红卫兵战友听见喊声马上下来抢赵旭明，这残忍的李学仁，竟又持刀刺我红卫兵战士阚恩金的腹部，刀被阚抓住，手被刺破，同学们高喊"用文斗，不用武斗"抢走了赵、阚两位战士。这时解放军和红卫兵为了避免大规模武斗流血事件发生，都撤到团部，红革会和一群地痞流氓们都手持木枪、尖刀由李学仁带路直奔团部，李学仁什么也不顾，手持尖刀，直奔尹参谋，一手揪住尹参谋举刀就刺，在这千钧一发的时刻，我解放军梁排长为了保卫首长安全，把生死置之度外，奋不顾身的窜上去，抓住了李学仁持刀的手，夺下了刀子，这时我们解放军的尹参谋还叮嘱同学们："咱们决不动手打人，要文斗，不要武斗。"这时门外的暴徒们更加猖狂了，他们用木棍砸门，门碎了终于开了，刀、枪、棍、棒一起砸来，我们敬爱的解放军啊，他们为了保卫我们红卫兵小将，冒着生命危险，五个人成一排站在最前面，牢牢地护住了我们，暴徒们死命地毒打解放军和红卫兵，用泡沫灭火器喷向解放军，一个暴徒用木棍打中了我们高排长的头，耳朵骨骨折，出血，当时高排长就脸色腊黄，站立不稳，可是他还是坚强地站在最前面保护着我们，五个解放军为了保卫我们，当时，挨着暴徒们的毒打，解放军真是我们的亲骨肉啊，直到这时，他们完全没考虑自己，说："死，也要和解放军战校红卫兵小将死在一起"，同志们，谁不为这样动人的场面感动啊，我们的红卫兵战士早已泪流满面，毛主席万岁！伟大的中国人民解放军万岁！

庄严低沉的《国际歌》声从人群中响起来了，虽然红卫兵都泪流满面，泣不成声，但高唱国际歌时，每个人脸上都表现的刚毅顽强，"革命不怕死，怕死不革命"，告诉你们要想拉着历史车轮倒转的一小撮无政府主义暴徒们：毛主席的红小兵有毛主席撑腰，解放军支持，是压不垮的！残酷的毒打只能使我们更坚强，更团结，大反无政府主义的决心、劲头更大。你们可以摧残我们的肉体，但却丝毫也动摇不了我们誓死保卫毛主席的红心，我们红卫兵早下定了决心。

"生为革命生，死为革命死"。

地陷下去我们填，天塌下来我们顶。

阴风恶浪摧不垮，乱云飞渡仍从容。

雪压青松松更青，霜打红梅梅更红。

正在这事态继续恶化的时候，我红卫兵战士王秋南同志为了保护几个女同学，正在四楼的一个窗口上。几个暴徒发现了他，他们用手电照他，有人恶毒地用弹弓打中他的头部，他头一昏手一松从四楼摔了下来。但他又坚强的站起来，但刚翻过外专的墙头便昏了过去。

……

暴徒们还在围着团部，毒打我们亲爱的解放军和红卫兵，可是我们红卫兵和解放军一起高唱语录歌，高喊："用文斗，不用武斗"。暴徒们终于闯了进来，由红革会的李学仁、郭志贤指挥点一个，打一个，五个解放军全部被打，其中三个重伤，有一个铁一中的暴徒，手拿鞭子，腰里带着尖刀点名打我们红卫兵战士，阚恩金同学护住了他，暴徒们便抄起一杯开水泼向人群，把泡沫灭火器筒投入人群……。这时车辆厂主义兵，天动造反队等一些厂子的人，残无人道地打我红卫兵战士。一群暴徒并围住了解放军毒打，强行抢走了帽徽，这是彻头彻尾的反革命法西斯暴行！

暴徒们高喊："镇压解放军，扎死尹参谋，杀死尹参谋"。并还喊什么交出打人的凶手，红卫兵战士马上义正词严的驳斥了他们说："我们只能交出被打的人，你们必须交出打人凶手"。

我红卫兵总部主任赵洪生，从家里来，他刚上楼，看到刘炳桂，扛着团长的车子往下走，他马上拦住，这时红革会的郭志贤说了一声"他是总部的"，于是暴徒们一哄而上，刀枪棍棒拳打脚踢一齐来。当时赵被打得昏昏沉沉，神志不清，身受重伤，同志们发现后把他抢了出来。

一个铁一中井冈山女流氓揪住我们尹参谋，一连打了好几个耳光，……

我总部的周家骏、李瑞祥在进来时，也遭毒打。

这场矛头直接指向解放军的反革命事件是完全有组织，有计划，有幕后操纵的，他们在发生以前，切断了电话线，把七十九中团团围住，截断外援，在这场事件中，解放军五人都遭毒打，红卫兵遭毒打不计其数，重伤六人，惨忍的暴徒们，冲进楼后，闯进我男女战士宿舍，主席语录 四卷等物均被劫走破坏，被、褥、衣服，被撕成碎片。扔到楼下，财产衣物被抢劫一空，连同学的早点也被这群暴徒们吃了。……

雪压青松松更青，霜打红梅梅更红，敌人的疯狂迫害使革命小将更勇敢、更坚定，经过几个月浴血奋战的解放军战校红卫兵战士顶着恶浪行，迎着暴风笑，为有牺牲多壮志，敢叫日月换新天，放开眼界看未来，坚定不移向前进，去迎接那胜利的明天。

伟大的中国人民解放军是无产阶级专政的柱石，是无产阶级革命派的坚强后盾，红革会一小撮，对忠于人民的解放军怕的要死，恨的要命，六·四反革命事件完全暴露了这一小撮亡命之徒在绝望的困境中的垂死挣扎，这决不是偶然的，这是阶级斗争的必然规律。

正告你们：历史将会严惩你们这一小撮暴徒！

谁反对解放军谁就是反革命！

伟大的中国人民解放军万岁！

我们心中最红最红的红太阳毛主席万岁！万岁！万万岁！

天津解放軍战校（七十九中）紅卫兵总部

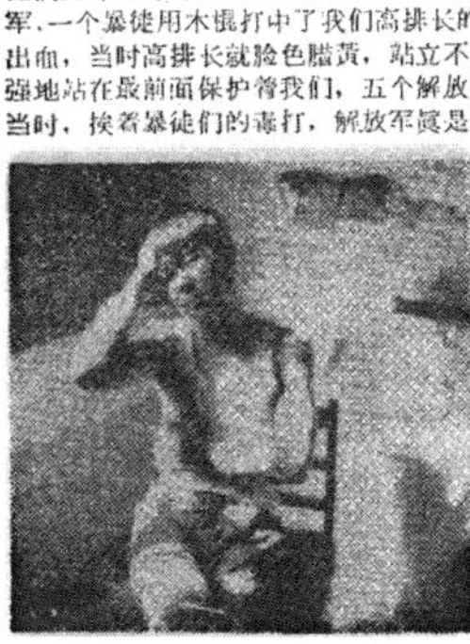

被暴徒們毆打致伤的我红卫兵战士

被暴徒們搶劫一空的现场

头可断，血可流，无产阶级专政不可丢

六月六日通令的发表，好得很！她大长了无产阶级革命造反派的志气，我们誓死捍卫通令，捍卫无产阶级专政！

毛主席教导我們說："革命的根本問題是政权問題"，而无产阶级专政是无产阶级政权的根本保证。丧失了无产阶级专政就丧失了无产阶级的一切。

当前天津市正处在夺权的前夜。可是在党内一小撮走资本主义道路的当权派的纵容下，利用了某些群众组织的无政府主义思潮和不明真象受蒙蔽的群众大搞特搞无政府主义，大闹特闹极端民主化，刮起了一股打、砸、抢、抄、抓的歪风，破坏了无产阶级文化大革命的新秩序，不能保证无产阶级专政下的大民主，不能保证大鸣、大放、大字报、大辩论的正常进行，压制不同意见，甚至抡起木棒殴打不同意见的革命群众，夜袭革命组织，破坏国家财产。更严重的是竟然冲击军事机关和专政机关，绑架驻军首长，破坏无产阶级专政的权威，把矛头指向无产阶级专政的柱石——中国人民解放军，对专政机构施行种种压力，企图搞垮无产阶级专政！是可忍，孰不可忍！必须给以坚决的回击！

在天津市无产阶级革命造反派联合起来向党内一小撮走资本主义道路的当权派夺权的关键时刻，党内一小撮走资本主义道路的当权派勾结社会上的地富反坏右，正如毛主席指出的，他们要作最后的挣扎！他们妄图把水搅混，推翻无产阶级专政，继续把持政权，负隅顽抗，千方百计地阻挠无产阶级革命造反派向他们夺权。"蚍蜉撼树谈何易"！一切敌人都逃脱不了战无不胜的毛泽东思想，逃脱不了无产阶级专政的铁拳！

我们要牢记林彪同志教导我们的："念念不忘阶级斗争，念念不忘无产阶级专政，念念不忘突出政治，念念不忘高举毛泽东思想伟大红旗。"

头可断，血可流，无产阶级专政不可丢！无产阶级专政就是我们的命根子！

当前天津市阶级斗争的最高形式就是无产阶级革命派保卫无产阶级专政，巩固无产阶级专政和党内一小撮走资本主义道路当权派及地富反坏右企图搞垮无产阶级专政，推翻无产阶级专政的激烈斗争。天津驻军是天津无产阶级专政的柱石，我们坚决维护天津驻军的崇高威信，反对解放军就是反对无产阶级专政，谁坏破无产阶级专政谁就是我们的敌人！我们誓与天津驻军团结在一起，战斗在一起，胜利在一起。

试看天下谁能敌！

胜利一定属于我们！

无产阶级专政万岁！

十四中腊子口红卫兵翼如铁纵队 王学文

毛主席对刘少奇的批判

（4月15日徐景賢同志在上海宣传工作会議上的講話摘要）

1.刘在各地方安插了資本主义复辟的勢力“骨干力量”控制了我国若干重要部門。

2.1956年刘迎合国际阶級斗爭的需要，摆出了阶級斗爭熄灭論，說“經过社会主义，我国資产阶級不存在了，”主席批判說：“說沒有阶級斗爭，就是阶級斗爭，是瓦解无产阶級的阶級斗爭意識。”

3.“論修养”是典型的資产阶級处世哲学。主席下了定义：“什么論共产党員修养，是欺人之談，誰看了听了他的話就不是共产党員了。”

4.“为什么不早把刘拉出来？”从两方面看，①党中央毛主席一直对他有斗爭，他的錯誤言論一暴露，連續遭到主席批判。②刘、邓不是孤立的人，是阶級的代表……这是阶級斗爭的規律，我們应該把大批判放在一切工作的首位，作为一切的綱，是中心的中心。

5.学科技的同学，还是执行毛主席的“三七”指示。

6.林彪同志（三月二十日）的講話是高度馬列主义水平的講話。

在暴风雨中成长

——为“六·一七”一周年而作

“六·一七”到現在已經一年了。今天，我們中文系四年級的每个革命同学，我們革命造反公社的每个战士，回顾一下“六·一七”的前前后后，回顾一下一年多来我們中四在这場无产阶級文化大革命中所走过的历程，是多么令人激动啊！

无产阶級文化大革命，如暴风驟雨，它滌蕩着旧世界的污泥浊水，它鍛炼了新时代的革命闖将。

我們中四經受了这場大风大浪的滌蕩和鍛炼。

风浪中淘出了政治大扒手张惠者和以保爹聞名的刘力里。

风浪中涌現了革命造反公社！

张惠者、刘力里秉承了反革命修正主义分子李泽民和刘子厚的旨意，忠实地执行了資产阶級反动路綫，压制了中四的革命造反派，坑騙了毛泽东思想紅卫兵广大同学，鎮压了八·一八革命战士。

中四一度成为河大保守势力的堡垒。张惠者、刘力里之流就是这堡垒中的指揮官、太上皇。

但是、中四并不是鉄板一块，从运动一开始就貫穿着两条路綫的斗爭。

我們不能忘記，在冀县分校那段艰辛的日子里，中四一部分敢闖敢干的革命同学，发揚了大无畏的革命造反精神，与以李泽民为首的校党委及其保守势力展开了針鋒相对的斗爭、写出了无数张揭发校系两級司令部的革命大字报，并且支持了兄弟班級革命造反派的革命行动。

我們不能忘記，“六·一七”那充滿了白色恐怖的一天！中四的革命造反派受到了大字报的疯狂围攻，十几个同学的名字被划上×，张榜公布，被张惠者之流的人物駡成“冀閭成反党黑帮”、“牛鬼蛇神”、“反革命”，同时还有更多的同学受到盯梢、监視……

从此中四的革命造反派压在了阴山之下。

但是，中四的革命造反派并沒有被白色恐怖吓倒，他們向党中央、向毛主席揭发控訴了李泽民鎮压革命造反派的罪行，准备与李泽民展开一場大搏斗。

正在这个时候，刘子厚的黑手伸进了河大，刘子厚的亲信汇集在中四。

刘子厚的亲信在中四上窜下跳，刘子厚的亲信在中四发号施令，多少秘密的会談，多少肮脏的交易，多少卑劣的勾当，庞大的保守組織在这里发起，刘子厚的旨意在这里传出，“刘、閻、杜是坚定的革命左派”在这里喊响。

凭籍着刘子厚的神通，张惠者这个政治大扒手，由死保李泽民变成了“造”李泽民“反”的当然“左派”，成为毛泽东思想紅卫兵的一个决策人物。运动初期被打成“反革命”的各系級的同学，戴上了紅卫兵袖章，可是中四的“反革命”仍旧是“反革命”！

事情的发展就是这样，张惠者、刘力里之流是李泽民的左派又是刘子厚的左派，他們是两朝的当然“左派”！中四的革命造反派是李泽民的“反革命”，又是刘子厚的“反革命”，是双料的“反革命”！

（下转第四版）

新河大

河北大学革命造反公社紅卫兵主办

天津馬場道河北大学　电話：3.2828

第10期

1967年7月1日出版

（第二版）　新　河　大　1967年7月1日

刘少奇东南角——中原公司之行

（一）

1919年4月，反革命修正主义总头目刘少奇来天津"視察"，在天津刘少奇犯下了滔天罪行。他狂热地吹捧喝尽工人血汗的反动資本家宋棐卿等一伙混蛋，带着他的臭妖婆王光美和反动資本家在灯紅酒綠的宴席上欢聚一堂，称兄道弟，群魔狂舞。刘少奇还召集資本家开座談会，大肆放毒。刘少奇1949年4月天津之行，整天和喝工人血、吃工人肉的吸血鬼——資本家在一起鬼混。这充分暴露了刘少奇大叛徒、大工賊資产阶級孝子賢孙的反动本質！

1949年4月的一天下午四点左右，刘少奇带着他的女妖婆王光美"視察"天津市容。刘少奇和王光美带着警卫員，刘少奇穿着一身粗尼子黑制服，戴着围巾，沒坐汽車，象古代封建皇帝老儿"私訪"一样，从天津市东南城角开始了他的"視察"市容。刘少奇、王光美从东南城角往繁华市中心区劝业場走去。

刘少奇走到卢庄子，中原公司（現百貨大楼紅旗商店）附近停住了，他在妖婆王光美陪同下。到了他大舅子狗資本家王光英开办的"天津近代化学厂办事处"門前，刘少奇、王光美推門进去，刘、王二狗大駕光臨，忙坏了王光英等一伙混蛋資本家，王光英笑容可掬地問刘少奇："怎么沒坐車？"刘少奇說："走来的。从东南城角到劝业場視察市容。"王光英連忙給当时在場的資本家一一介紹，当时在場的除王光英和近代化学厂的其他职工外，王光英的狐朋狗友：搪瓷总厂資方代理人崔家栋；健华貿易公司資方代理人卢鼎珏，近代化学厂布匹代購的經紀人肖金声等人。刘狗大舅子王光英一一介紹，刘少奇这个反革命修正主义的总头目和这群狗資本家，喝人血吃人肉的寄生虫一一紧紧握手。刘少奇問資本家崔家栋："干什么行业的？"崔家栋赶忙回答："我是搞搪瓷的。"刘少奇关心地問："你是哪一家呀？"崔家栋答："我是裕丰号搪瓷的。"刘少奇还关心地問别的几个資本家，当时王光英領着，王光美紧跟着。

刘少奇还十分关心地問了他狗大舅子王光英厂子生产情况，然后說："买卖兴盛啊！"还对王光英說："資本家可以剝削。"刘少奇坐了一会，說他还要"視察"市容，和这群資本家一一告别，由妖婆王光美，狗大舅子王光英陪着，到中原公司（現百貨大楼紅旗商店）然后到"华竹"商店看看。刘少奇这趟"視察"受到資本家无比恭敬、殷勤招待　这位天津資本家恭称为"平凡而伟大的热誠"、"久仰的思想导师"的刘少奇，和資本家打成一片。亲如一家！

（二）

以上事实仅是党内最大的走資本主义道路的当权派，中国的赫魯晓夫刘少奇1949年春天津之行的一件事，就不难看出：刘少奇和反动資本家打得火热，极尽美化吹捧資产阶級，对反动資本家关怀备致　亲如手足。刘少奇和資本家亲热握手，表明刘少奇这个大工賊、大叛徒和反动資本家是一顆藤上的毒瓜，刘少奇就是中国資产阶級的忠实狗奴才，鑽进党内的中国資产阶級的代理人；刘少奇这个混蛋已經完完全全拜倒在資产阶級用工人鲜血和白骨換得金錢石榴裙之下了。中国最大的糖衣炮弹，反动資产阶級分子王光美，老狗王槐青精心培育的糖弹射中了刘少奇的狼子黑心窩，他俩臭味相投，夫唱妇随，疯狂反党反社会主义，反对伟大的战无不胜的毛泽东思想，处处抗拒反对我們伟大領袖毛主席。阴謀篡党篡軍篡政，在中国复辟資本主义！

毛主席教导我們說：**"世上决沒有无緣无故的爱，也沒有无緣无故的恨。"**

在毛泽东思想的显微鏡和照妖鏡下，刘少奇、王光美的丑恶咀臉暴露无遺。刘少奇和資本家亲密无間，紧紧地握手交談，华灯初上之时和反动資本家坐在一起大摆宴席，吃喝玩乐；就連刘少奇"視察"市容也不放过和資本家握手交談。刘少奇爱的是什么？刘少奇爱的是象王光美这样的資产阶級臭妖婆；爱的是反动資本家王光英、宋棐卿这些吸血鬼寄生虫；刘少奇爱資本家之所爱，恨資本家之所恨，和資本家完完全全是一个鼻孔出气，穿一条褲子，一路子貨！

反革命修正主义总头目刘少奇和天津这群混蛋資本家欢聚一堂，开座談会，在座談会上刘少奇大放其毒，鬼話連篇。他說："現在，在新民主主义当中，你們这些資本家可以充分发揮你們的积极性，将来过渡到社会主义的时候，怎么办呢？上次我对宋棐卿談过，我說：'你現在才只办一个厂子，将来你可以办两个、三个……办八个厂子，到社会主义的时候，国家下个命令，你就把工厂交給国家，或者由国家收买你的，国家一时沒有錢　发公債也行，然后国家把这八个厂交給你办，你还是經理，不过是国家工厂經理。因为你能干，再加給你八个厂子，一共十六个厂交給你办，薪水不减你的，还要給你增加，可是你得要办呀！你干不干呢'宋先生說：'那当然干！'将来召集大家开个会，討論怎样轉变为社会主义，大家一定不会皺着眉来，一定是眉笑眼开的来开会。"

看！反革命修正主义总头目刘少奇就是这样一付地地道道資产阶級狗奴才相！这个資本家的狗奴才，孝子賢孙为反动資本家出謀划策屈膝投降的工賊叛徒丑恶咀臉暴露无遺！这是大工賊大叛徒刘少奇对資产阶級地地道道的阶級投降主义！

（三）

毛主席教导我們說：**"在我国社会主义革命取得基本胜利以后，社会上还有一部分人妄想恢复资本主义制度，他们要从各个方面向工人阶级进行斗争，包括思想方面的斗争。而在这个斗争中，修正主义者就是他们最好的助手。"**

刘少奇却满咀噴狗粪胡說什么："今天資本主义的剝削不但沒有罪恶，而有功劳，封建剝削除去以后，資本主义剝削是有进步性的。今天不是工厂开得太多，工人受剝削太多，而是太少了，工人、农民的痛苦在于沒有人剝削他們，你們有本事多剝削，对国家人民都有利，大家贊成。"

刘少奇还肉麻地吹捧資本家："資本家剝削是有历史功績的，沒有一个共产党員会抹杀資本家的功劳，駡是駡，功劳还是有的。……今天中国資本主义是在年青时代，正是发展他的历史作用，积极作用，建立功劳的时候，应赶紧努力，不要錯过。今天資本主义剝削是合法的，愈多愈好，股息应該提高。"

刘少奇这些話是地地道道的混帐邏輯！刘少奇这些"理論"是地地道道反革命修正主义理論！是从工人阶級的叛徒老牌修正主义分子伯恩斯坦、考茨基之流，苏联現代修正主义头子赫魯晓夫那一伙混蛋垃圾堆里拾来的破烂！

毛主席教导我們說：**"几千年来总是说：压迫有理，剝削有理，造反无理。自从马克思主义出来，就把这个旧案翻过来了，这是一个大功劳。"**

毛主席还教导我們說：**"否定马克思主义的基本原则，否定马克思主义的普遍眞理，这就是修正主义。修正主义是一种资产阶级思想。修正主义者抹杀社会主义和资本主义的区别，抹杀无产阶级专政和资产阶级专政的区别。他们所主张的，在实际上并不是社会主义路线，而是资本主义路线。"**

資本主义剝削就是有罪！有罪！有罪！罪該万死！罪恶滔天！讓刘少奇"剝削有功"謬論見鬼去吧！在万恶的旧社会，資本家疯狗恶狼一般残酷、血腥剝削工人，工人流尽了血，流尽了汗，被吸血鬼資本家敲骨吸髓地剝削、压榨，吃不飽，穿不暖；多少工人弟兄被吸血鬼資本家逼得家破人亡，卖儿卖女；多少工人姊妹被污辱逼得走投无路悲痛地投入那滚滚东流的海河……

这就是刘少奇的"剝削不但沒有罪恶，而且有功劳"嗎？

資本家残酷剝削，工人吃不飽，穿不暖；刘少奇却說"剝削无罪，而且有功！"

資本家残酷欺压工人，逼得工人家破人亡，卖儿卖女，刘少奇却說"資本主义剝削是有进步性的"。

資本家凶狠压榨剝削逼得工人上吊投河，刘少奇却說"工人农民的痛苦在于沒有人剝削他們"。

資本家剝削工人大发洋財，吃喝嫖賭，是罪恶滔天，罪該万死！刘少奇却說"你們有本事多剝削，对国家人民都有利，大家贊成"。

資本家剝削工人的历史是沾满工人阶級血汗的罪恶史，刘少奇却說"資本家剝削是有历史功績的！……"

資本家是地地道道的吸血鬼、劊子手、寄生虫，而刘少奇却說"今天資本主义剝削是合法的，愈多愈好，股息应該提高"。

我們的紅司令毛主席教导我們說：**"什么人站在革命人民方面，他就是革命派，什么人站在帝国主义封建主义官僚资本主义方面，他就是反革命派。"**

刘少奇一貫反对毛泽东思想，是地主資产阶級的孝子賢孙，是睡在我們身边的赫魯晓夫，他美化吹捧帝国主义、修正主义、封建主义、資本主义，鼓吹投降主义叛徒哲学，揭开刘少奇的"老革命"假面具，把他揪到光天化日之下，这个坏蛋就現了原形，他根本不是什么老革命，而是地地道道的假革命，反革命！是貨眞价实的老牌反革命派！

反革命修正主义总头目刘少奇1949年春天津之行，带着資产阶級"交际花"臭妖婆王光美，在資产阶級一片"久仰的思想导师"恭維、肉麻地吹捧声中，已飘飘然自以"刘克思"自居了。刘少奇在資产阶級灯紅酒綠，美酒宴席"香风"之中，已經完完全全丧失了一个共产党員的最起碼的立場，不仅和反动資本家坐到一条板凳上，而且已經和資产阶級紧紧拥抱在一起了！

反动資本家的美酒宴席是千百万工人兄弟姐妹的血汗，資产阶級腐朽墮落的享乐天堂是建筑在千百万工人的鲜血和白骨之上的啊！資本家剝削肮脏的双手沾满了工人的血！資本家喝的紅葡萄美酒，那是工人的血！刘少奇、王光美喝的資产阶級美酒，那是工人的血和汗！

无产阶級革命造反派联合起来！高举战无不胜的毛泽东思想伟大紅旗，奋起千鈞棒，打倒吸血魔王中国的赫魯晓夫刘少奇！打倒反动資产阶級分子臭妖婆王光美！

河北大学革命造反公社紅卫兵《万山紅遍》战斗队

1967年6月天津

1967年7月1日　　新　河　大　　（第三版）

刘少奇是怎样顽固对抗毛主席关于批判《清宮秘史》的指示的？

最　高　指　示

凡是錯誤的思想，凡是毒草，凡是牛鬼蛇神，都应該进行批判，决不能让它們自由泛濫。

毛主席严正指出《清宮秘史》是一部卖国主义影片，应該进行批判，但是党內最大的走資本主义道路当权派刘少奇竟敢公然对抗毛主席的指示，硬說它是一部"爱国主义"影片。自一九五〇年三月卖国主义的影片《清宮秘史》出籠以后，我們伟大領袖毛主席曾五次对《清宮秘史》提出批評，但是刘少奇及其走卒反革命修正主义分子陆定一　周揚、胡乔木一伙頑固对抗毛主席的指示，十六年来，一直不肯公开批判这部反动的彻底的卖国主义影片，是可忍，孰不可忍！

第一次

1950年三月大毒草《清宮秘史》出籠后，当时堅持毛主席革命路綫的江青同志多次指出，这个影片是宣传卖国主义的，必須批判，但是却遭到有着刘少奇这个后台老板支持的反革命修正主义分子、当时中宣部常务付部长胡乔木的压制，胡在他亲自主持的中宣部一次会議上說："这个电影不能批判，因为少奇同志認为，这部影片是爱国主义的。"公然与毛主席唱反調。

第二次

后来，毛主席批評了胡乔木，指出这部影片明明是卖国的，为什么說是爱国的？胡表面上承認了錯誤，但是暗地里仍然按照刘少奇的黑指示办事，竭力阻撓对《清宮秘史》的批判，在堅持毛主席的革命路綫的江青同志的一再堅持要求批判这部反动卖国影片的情况下，虽然他們也不得不敷衍了事的指定了一个反动的历史工作者写了一篇假批判的文章，但是，就是这样的文章，胡乔木却以"措詞激烈"要"修改"为借口，扣住不准发表。解放后第一次无产阶級在文化战綫上的重大斗争就这样被刘少奇一伙活活的扼杀了。

第三次

为了阻撓对毒草的批判，一九五三年刘少奇指使周揚在文化部党組会上，传达他别有用心的意見："中央負責同志也要看戏，看电影，既然看了，免不了要发表意見，意見一传达出去，就造成影响，怎么办呢？我看以后中央負責同志对文艺工作发表的意見，只要不是見諸正式文件的也可以不听。"刘少奇及其走卒周揚之流竟敢这样胆大包天，公然叫囂可以不听毛主席的話，眞是狼子野心凶相毕露。

第四次

毛主席在一九五四年十月十六日給中央政治局的同志和其他有关同志写的一封信中再一次提到反动影片的問題，毛主席在信中指出："被人称为爱国主义影片而实际上是卖国主义的《清宮秘史》在全国放映之后，至今沒有被批判。"但是在刘少奇支持下旧中宣部、旧文化部反革命修正主义分子陆定一、周揚一伙自一九五四年至今长达十二年的时間內，頑固地堅持資产阶級反动立場，拒不执行毛主席的指示，拒不公开批判《清宮秘史》，眞是反动透頂，頑固至极。

第五次

毛主席于一九五六年十二月二日在一次重要談話中，又提到《清宮秘史》，指出《清宮秘史》有人說是爱国主义的，我看是卖国主义的，彻底的卖国主义的。

十六年来，毛主席先后五次批評《清宮秘史》。而刘少奇竟敢頑固对抗，其猖狂程度无与倫比，何其毒也。

（清华財务科《小兵》战斗組）

刘少奇探亲記（四則）

全国解放前夕，毛主席在《将革命进行到底》（一九四九年十二月三十日）一文中，十分尖銳地指出："美国政府的政策……在革命陣营內部組織反对派　极力使革命就此止步；如果再要前进，則应带上温和的色彩　务必不要太多地侵犯帝国主义及其走狗的利益。"中国赫魯曉夫刘少奇　便是帝国主义在我革命陣营內部組織起来的"反对派"的总头目。一九四九年初，刘少奇到臭資本家王槐青家探亲，就是以上主席所指出的美国政策的一次实施，是帝国主义政策的产物。

"盜者"与"閃光"

人們常說：賊偷东西喜欢黑夜。但仔細分析起来，賊偷东西有时也需要点閃光。比如：要偷的东西看不見时，賊就希望老天打个閃，照照亮；但东西偷到手，逃跑或躲藏的时候，即使划根火柴，賊也会吓得要死。

一九四九年初，刘少奇来到臭資本家王槐青家探亲。这天下午五点，王家所住的北京旧刑部街附近，已經开始戒严，六点，刘少奇和王光美乘小轎車到达王家，刘少奇看到王家大門口有警卫，出人意料地大发雷霆起来："不叫你們来，你們偏要来，我只吃一次飯……"等等，这是什么态度？

一九四二年，刘少奇去山东等地检查工作时，竟要大批人員护送，却胡說什么"保护他的警卫員"。

这是党的干部对待下級、对待人民的态度嗎？不是，决不是，而是十足的官老爷的凶恶和伪君子的丑态！

对臭資本家們，刘少奇却是另一种截然相反的态度。刘曾說："我們不要讓他們（指資本家）感到害怕。"

刘少奇对人民是那样的恨，对資本家却是如此的爱，这完全是他的剝削阶級本質所决定的。

刘少奇这次探亲又是滿带"温和色彩"的。为促成其"温和"，自然是刀枪之类得要回避一下了，而刀枪的回避　又使持枪的警卫員不免遭到一頓訓斥。但是　活命哲学的祖师爷刘少奇，他眞的把自身安全置之度外了嗎？不是，因为尽管是訓斥，但并沒有把警卫員撤走。那么　是刘少奇毫无目的的大发作嗎？也不是。只是这样一喊叫，緩和了因警卫員出現造成的所謂"紧张"空气　增加了"温和色彩"，讓听众感到刘的群众威信"多么高"，群众基础"多么好"，不会发生問題；但怕死鬼刘少奇，不撤走警卫員，又保証了他狗命的安全，眞是一箭双鵰　两全其美！

刘少奇对警卫員的态度，和"盜者"对"閃光"的态度一样，"盜者"需要"閃光"与否，是以偷到东西为前提；刘少奇需要警卫員与否，是以他和他的阶級利益为轉移的。而刘少奇本人就是当代最大的窃国大盜！

"挂毯"与"香檳酒"

在一种"温和"的气氛下，刘少奇投其所好地向狗丈母娘董洁如献上了，罗馬尼亚貴宾（时在1949年）送給刘的一块挂毯；刘对其整日过着寄生生活　以吃喝为天职的狗岳父，也不敢怠慢，急忙递上苏联貴宾(时在1949年)給刘的两瓶老香檳酒　更是正中其狗岳父的下怀。而在进見礼，挂毯和老香檳酒上也充分表現了刘的投机成性，一方面可以不必花費自己分文　另一方面还可以夸耀夸耀他与外国貴宾的友好关系。这在資本家王槐青、董洁如眼里，刘少奇眞不愧为"乘龙快婿"，对于这样一个"快婿"，王家也不冷淡。王槐青的狗崽子王光超、王光英弟兄，急忙請来北京西城著名的湖南菜館"曲园"的厨师，設立行灶，为刘少奇准备了一桌上好的湖南酒菜，款待起刘来。

这时，温和的气氛已达到屎尿交融的地步　至使刘少奇跪倒在臭資本家王槐青的怀抱里　成了資本家地地道道的孝子賢孙！

吃飯和穿衣的哲学

臭資本家王槐青一家，整天吃的是山珍海味，穿的是綾罗綢緞，可是他們的貪欲从不会滿足。尤其这天"乘龙快婿"刘少奇来家　更是个揮霍的机会，当晚王光英問刘少奇解放后可否穿西服？刘却装模作样地回答："旧的衣服都可以穿，不必做新的，做新的是浪費。"并且　刘少奇这天穿了一身旧呢子制服，戴了一頂旧帽子，装扮成一种"朴素"的样子，也确实給王家造成了刘少奇"职位很高，沒有架子，服装朴素，提倡节約"的印象。資产阶級生活浸透每个毛孔的刘少奇，如此不奇怪嗎？不奇怪的。

1942年刘少奇在新四軍中，曾对他的前妻之一——王前，說："你看人家刘瑛（张聞天之妇）多聪明，穿得不好，吃得可好吶！吃在肚里誰也看不見，穿在外面，大家不都看見了嗎？"

在这天酒席上，刘少奇也是一面振振有詞地念着节約經，一面却对上好的湖南酒菜，十分卖力地唱着贊頌歌！

这是哪家的"朴素"？又是哪家的"节約"？分明是刘少奇的吃飯穿衣的哲学，是更奸詐无恥的資产阶級人生观。决不是刘少奇要講究眞正的朴素、眞正的节約。时隔不久，刘少奇便用自己的行动戳破了自己伪装的画皮。当年冬季刘少奇、王光美到王家，与王家合影时，却穿了連高級首长中也很罕見的笔挺的呢子制服和外套皮領大衣。

刘少奇这样一会儿乔装成一个"艰朴"的"老革命"，一会儿又現出原形是一个闊气的官老爷。如此变幻无常又是为什么呢？这点"修养"多年的刘少奇心里最清楚。他是精通資产阶級唯心主义的，初到王家，刘少奇便給王家来了个"先入为主""給他們留下个人人敬爱的布尔什維克"，"久仰的思想导师"（資本家們对刘的吹捧）的印象，而后刘少奇再怎么揮霍，也无妨大体了；而且又吻合了这天的"温和色彩"。但是我們却說这是混蛋邏輯、只有混蛋才相信的鬼話！

果真如此嗎？

刘少奇酒足飯飽后，并沒有忘記他的消遣。当晚，他带着王津津（王光美的姪子）去看言慧珠演的电影《离婚記》，那种"温和的色彩"繼續加浓着。

事后有人問王光美的三妹王光中："为什么进步人士要看落后电影？"王光中回答道："刘少奇是老革命干部，看落后电影也不会受影响。"刘少奇以前看过沒看过《离婚記》还沒做調查，但我們知道以道德敗坏著称的刘少奇，已經无故地遺弃了四个妻子、刘少奇还瞎不知恥地叫嚷："几次結婚都是公开的，沒有偷偷摸摸搞不正当的关系……"这与电影上比較已有过之而无不及、无恥之极了！被刘遺弃的妇女，都是出生于劳动人民之家，刘少奇无故地遺弃她們，至使她們患病成残或死亡，这是地主、資本家的孝子賢孙刘少奇对劳动人民的侮辱，是杀害劳动妇女的劊子手　是严重的阶級斗爭！血債一定要用

（下转第四版）

（第四版）　　新　河　大　　1967年7月1日

吸血鬼……賭場……天堂

——刘少奇包庇天津反动資本家又一罪証

河北大学革命造反公社紅卫兵《万山紅遍》战斗队

解放前，在天津形形色色資本家聚会的場所：天津的“証券交易所”，是这群資本家——形形色色吸血鬼的賭場和天堂。在这里是吸血鬼們大做股票买卖的市場，也是資产阶級群魔狂舞的大賭場！

反革命修正主义总头目刘少奇把他的反革命魔爪伸到天津，通过王光美、王光英的关系，把反革命修正主义黑种子埋在天津，生根发芽，并期待結出反革命修正主义的黑果来！以便在天津取得銷售市場，为資本主义复辟創造条件制造輿論。

1949年天津刚刚解放不久，天津的反动資本家蠢蠢欲动。解放前天津資本家的賭場和天堂“証券交易所”，由于天津解放前夕形势所迫，不得不停止营业。

毛主席教导我們說：“已被推翻的反动阶級，还企图复辟。在社会主义社会，还会产生新的資产阶級分子。整个社会主义阶段，存在着阶級和阶級斗爭，这种阶級斗爭是长期的、复杂的，有时甚至是很激烈的。”

被推翻的剝削阶級，他們人还在，心不死，时刻梦想在中国复辟資本主义，夺回他們失去的天堂。

天津証券行的反动資本家开黑会，和刘少奇的狗大舅子反动資产阶級分子王光英串通一气，他們挖空心思进行罪恶活动。反动資本家就通过王光英——王光美——刘少奇的裙带关系，提出所謂的“回收游資”，实际上是这群吸血鬼聚賭抽头的“建議”，这群吸血鬼資本家写信給刘少奇，硬把“天津証券交易所”，这个吸血鬼的賭場和天堂，說成是能为我国社会主义效劳的“好場所”。这个混帐“建議”，立即得到刘少奇这个党內头号走資本主义道路当权派的积极支持和批准。这是刘少奇包庇反动資本家吸血鬼的又一罪証！

在中国的赫魯晓夫刘少奇的縱容和积极支持下，刘少奇这頂大紅伞的庇护下，天津的牛鬼蛇神，形形色色反动資本家，兴风作浪，群魔狂舞！

天津吸血鬼的大賭場和天堂——“天津証券交易所”又死灰复燃了，形形色色的資本家和社会上牛鬼蛇神重新聚集一堂，在这所交易所以及它所附屬的几十个証券行中，每天呼么喝六，吸着《大前門》《恒大》香烟，噴云吐霧，做着发財致富的荣华美梦。一些反动資本家大搞买空卖空，投机倒把，牟取暴利，大发其財！这些吸血鬼，暴发戶每天山珍海味，燕窩魚翅，大吃八喝；还带着小老婆在昏黃的灯光、軟綿綿的黃色音乐伴奏下，在“皇宮”舞厅整天鬼混！这伙吸血鬼在刘少奇这个党內头号走資本主义道路当权派的支持庇护下，大搞資本主义复辟罪恶活动，把天津市搞得一时烏烟瘴气！由于反革命修正主义总头目刘少奇公开积极为資本主义复辟鳴鑼开道，給这些反动資本家吸血鬼的資本主义复辟活动，披上一件“合法”的外衣，使这群吸血鬼借着这个“大紅伞”的庇护，疯狂地进行反党反社会主义罪恶活动，在天津大搞資本主义复辟活动。

刘少奇的狗大舅子王光英，在解放前只是从他狗爹王槐青剝削所得財产分出一部分，投資到天津近代化学厂。天津証券交易所的重开，正合他的心意，于是王光英把他狗大舅子应××的剝削老底，一部分委托貿易行搞貿易，一部分做为投机倒把的本錢。在証券交易所停办时，王光英因源盛証券行的經理周慰曾欠了他的錢不能还清，王光英把周的家俱沒收，于是王光英从天津泰安道的两小間住房搬到天津民园大楼的三大間单元住房，其后又搬入四大間的单元住房，从小吸血鬼一跃为大吸血鬼！1951年，王光英开办的天津近代化学厂原料不足，王光英等人就写信給王光美，要求支援，在刘少奇、王光美的格外关怀下，得到特殊照顾一次就購入×吨原料。反革命修正主义总头目刘少奇和臭妖婆王光美，对資本家是何等情长意深，关怀备至！

刘少奇长期以来，疯狂反党、反社会主义、反毛泽东思想，用尽种种阴险花招，耍尽鬼把戏，但他仍逃不出用战无不胜的毛泽东思想武装起来的无产阶級革命造反派雪亮的眼睛，揭穿他的鬼画皮，砸烂他的猴戏，剝下他“老革命”的假面目，把他放到光天化日之下，用照妖鏡一照，中国赫魯晓夫，最大的吸血鬼刘少奇就現了原形！

中国的赫魯晓夫刘少奇梦想在中国复辟資本主义，这是白日作梦！永远也办不到！我們有战无不胜光焰无际的毛泽东思想，有我們心中最紅最紅的紅太阳毛主席和中国共产党英明領导，有七亿中国人民，任何地富反坏右，牛鬼蛇神都逃不脫革命造反派的天罗地网，刘少奇、王光美之流小丑，何以逃脫人民的巨掌！小小的臭虫何以阻挡我們伟大毛泽东时代列車的前行？无产阶級革命造反派联合起来，口誅笔伐，拿起笔做刀枪，集中火力打倒中国的赫魯晓夫刘少奇！

六月十五日

在暴风雨中成长

（上接第一版）

我們中四的革命造反派受到了最残酷的迫害，同时也經受了最深刻的磨炼：被剔除战斗組，不讓与同学們一起写大字报，不发給学习材料……辱罵、恫吓、孤立、敌視，一古腦儿地压在了这些同学的头上，伙费和助学金也被扣掉！运动初期与頑固保守势力的斗爭事迹也被一笔抹杀！我們沒有政治上的权力　我們沒有生活上的保障，我們不能和人随便說話，我們不能随便和人接触，我們成了被专政的对象，我們成了被囚禁的罪犯！

而这种迫害竟长达五个月之久！

革命的同学究竟闖了什么祸？犯了什么罪？五个多月的专政，一百六十多个昼夜的煎熬，人格上的汚辱，精神上的摧残，資产阶級保皇派一心要把革命造反派整垮，压倒　他們視革命造反派如仇敌，他們欲置革命造反派于死地而后快！

“革命无罪，造反有理”，但在中四就是革命有罪、造反无理。你要革命嗎？你要造反嗎？那你就是“右派翻天”，你就是“反革命”！你要和“反革命”接触嗎？黑条子馬上就会飞到张惠者的手里，你要說张惠者一个“不”字嗎？黑名单上跟着就給你批上“观点对立”，你要对刘子厚表示怀疑嗎？反党的帽子立刻給你扣在腦袋上！

中四广大要革命的同学，哪一个不受压抑？哪一个不受监視？哪一个能公开表达自己的意志？

中四成为河大园里最頑固的堡垒，最黑暗的角落……

但是，暴力征服不了革命造反派，不是嗎？“反革命”的帽子沒有使我們屈膝告饒，政治上的分化瓦解沒有动摇我們的战斗友誼，同志間那亲切的眼光是对战友的无比信赖，那相互传递的条子是对胜利的堅定信念，那光焰无际的毛泽东思想是我們力量的源泉！在那不眠的床上，在那漆黑的夜空下，我們不断地思索，我們不断的交換意見，我們探索自己的道路，我們串連革命的力量……

哪里有压迫哪里就有斗爭，哪里有压迫哪里就有反抗，中四不是刘子厚的天下，中四不是张惠者及其亲信的天下，中四是中四革命同学的中四，广大的革命同学是中四的主人，中四不能容人踐踏，中四不能容人专政！

1966年11月，中四革命同学終于冲破了层层障碍，造了张惠者的反，造了資产阶級反动路綫的反，相繼成立了自己的組織：紅旗公社、6.17造反者公社。被打成“反革命”的同学翻身了！受压抑的同学解放了！多少人流下了激动的眼泪，多少人高呼：毛主席万岁！毛主席万万岁！！

从此，中四的历史掀开了新的一頁。

斗爭在繼續，形势在发展，紅旗公社，6.17造反者公社，与保守組織毛泽东思想紅卫兵总部展开了一系列的斗爭，最后終于造了換湯不換药的“井崗山”总勤部的反，紅旗公社，6.17造反者公社，这两个兄弟組織合成一股力量，成立了革命造反公社，并与“八・一八”联合起来了。

我們的联合是革命的联合，我們的联合是战斗的联合！“八・一八”是反刘子厚的先鋒，“八・一八”在反省委上作出了巨大貢献，刘子厚对“八・一八”恨得要死、怕得要命，对“八・一八”实行了长期鎮压和大规模的圍攻；中四的革命造反派是刘子厚亲信們的眼中釘、肉中刺，刘子厚亲自指使了对中四革命造反派的迫害，刘子厚不倒中四革命造反派就不能翻身，刘子厚不倒“八・一八”就要被专政，“八一八”和中四革命造反派有着共同的命运，我們为什么不能联合？我們为什么不能并肩战斗?！

刘子厚是我們共同的敌人，他是鎮压河大无产阶級文化大革命的罪魁祸首，刘子厚罪恶滔天，刘子厚罪該万死！

无产阶級文化大革命在前进！革命造反公社在斗爭中成长！我們为自己解放自己而自豪！我們为能够参加到革命造反派的斗爭中来感到幸福！

資产阶級反动路綫迫害了我們，我們对它有深刻的仇恨；毛主席的革命路綫解放了我們，我們对她有深厚的阶級感情。我們就是要同党內最大的走資本主义道路的当权派血战到底！我們就是要为毛主席的革命路綫的胜利而热烈欢呼！我們就是要用鮮血和生命保卫党中央、保卫毛主席，捍卫毛主席的革命路綫！

“为有牺牲多壮志，敢教日月換新天”是我們的誓愿；

“独有英雄驅虎豹，更无豪杰怕熊罴”是我們的意志；

“宜将剩勇追穷寇，不可沽名学霸王”是我們的思想准备。

历史在前进！时代的列車在前进！人类社会在向前发展！我們将在革命斗爭中乘风破浪，高歌猛进，勇往直前！

河北大学革命造反公社紅卫兵
《6.17》造反者战斗队
1967年6月17日

刘少奇探亲記（四則）

（紧接第三版）

血来还！

再就是，要說刘少奇这个大流氓、大坏蛋，“不受电影的影响”，那只能是刘少奇的水平大大超过了电影編导者的水平，也許沒什么“先进經驗”可取了。然而，也未必。大家知道，刘少奇遺弃二十六岁的謝飞时，据說嫌她老了，而娶了十六岁的王前。我們还知道，刘少奇与王光美的結合基础是：刘少奇爱王光美的“貌美”，王光美图刘少奇的“职位高”。但是，現在刘少奇这个中国的赫魯晓夫，已被全国革命造反派拉下了馬，并踏上了千万只脚，当然那种“职位高”是一去不复返了；資产阶級分子王光美也被革命造反派搞成了一堆臭狗屎，并且有的造反派还明确指出“光美，光美，只光不美”，更何况王光美現已年近五十，已超过二十六岁的謝飞有一倍了。因此，刘少奇看了《离婚記》后，眞的不受影响了嗎？我們分析的結果是：恐怕不牢靠吧！

中国的赫魯晓夫、帝国主义在我革命陣营內部組織起来的“反对派”的总头目刘少奇，多年来，不仅沒有“太多地侵犯帝国主义及其走狗的利益”，而且充当了地主阶級、資产阶級的孝子賢孙，充当了党內最大的走資本主义道路的当权派。現在，刘少奇已被广大革命造反派揪出来，已經形成全国共討之、全党共誅之的局面，刘少奇昔日的威风扫地已尽。但是，我們还要“宜将剩勇追穷寇”，发揚魯迅革命造反精神，狠打“落水狗”刘少奇！

河北大学革命造反公社紅卫兵
《万山紅遍》战斗队
六月十四日

十一八 增刊（第2号）

天津人民出版社十·一八革命造反团

1967年7月5日

最高指示

在現在世界上，一切文化或文学艺术都是屬于一定的阶級，屬于一定的政治路綫的。为艺术的艺术，超阶級的艺术，和政治并行或互相独立的艺术，实际上是不存在的。无产阶級的文学艺术是无产阶級整个革命事业的一部分，如同列宁所說，是整个革命机器中的"齿輪和螺絲釘"。

文艺战綫上两条路綫斗爭大事記

1949——1966

中国作家协会革命造反团　　新北大公社文艺批判战斗团

前　　言

毛主席的《在延安文艺座談会上的讲話》发表二十五年了。这篇光輝著作在无产阶級革命历史上第一次提出了最完整、最彻底、最正确的馬克思列宁主义文艺路綫。

中华人民共和国成立以来的十七年，文艺領域里存在着一条与毛主席的文艺路綫相敌对的反革命修正主义黑綫。党內头号走資本主义道路当权派刘少奇，就是这条黑綫的总根子、总后台。在他的操纵下，旧中宣部、旧文化部、旧北京市委互相勾結，由陆定一、周揚、夏衍之流篡夺了文艺界的領导权。这一小撮反革命修正主义分子顽固地对抗毛主席的革命文艺路綫，从《清宮秘史》到《海瑞罢官》，利用文艺陣地，散布大量封建主义、資本主义和修正主义的毒素，为复辟資本主义制造輿論。

十七年来的斗爭表明，文艺領域里两个阶級、两条路綫的斗爭，是社会阶級斗爭的反映，是党內以毛主席为代表的无产阶級革命路綫和刘、邓資产阶級反动路綫斗爭的一个重要組成部分。归根到底，是社会主义和資本主义誰战胜誰的斗爭，是資产阶級复辟和无产阶級反复辟的斗爭。毛主席教导我們：**"凡是要推翻一个政权，总要先造成輿论，**

总要先做意识形态方面的工作。革命的阶级是这样，反革命的阶级也是这样。”毛主席的这一英明論断，已为建国以来文艺战綫的阶級斗爭事实所完全证实。

在毛主席亲自发动和領导下，我国无产阶級革命派，向反革命修正主义文艺黑綫展开了一場又一場的斗爭，取得了一次又一次的胜利。在一九六二年党的八届十中全会上，毛主席提出“千万不要忘记阶级斗争”，并指出要抓意識形态領域里的阶級斗爭。在毛主席亲自发动和領导下，一場偉大的无产阶級文化大革命在我国兴起，敲响了反革命修正主义文艺黑綫的丧钟。

今天，我們紀念毛主席的《讲話》发表二十五周年，就是要高举毛澤东思想的革命的批判的旗帜，彻底摧毁反革命修正主义文艺黑綫！彻底打倒文艺黑綫的总后台刘少奇！将无产阶級文化大革命进行到底！

*　　*　　*

中华人民共和国成立。我国进入社会主义革命阶段。毛主席在建国前夕，及时地教导我們“必須学会在城市中向帝国主义者、国民党、資产阶級作政治斗爭、經济斗爭和文化斗爭”，警惕資产阶級“糖衣炮彈”。

以刘少奇为代表的資产阶級反动势力，利用电影等文艺形式鼓吹資产阶級改良主义道路，向无产阶級猖狂进攻。

毛主席亲自发动和领导了对电影《武訓傳》的批判，有力地打击了資产阶級反动思想，取得了思想战綫上一次大斗爭的輝煌胜利。

一九四九年

3月5日——13日　在全国胜利前夜，党中央召开七届二中全会。毛主席在会上作了具有偉大历史意义的报告，英明地估計了中国人民民主革命胜利以后的国内外阶級斗爭的新形势，指出工人阶級和資产阶級的矛盾是国内的基本矛盾，資产阶級的“糖衣炮彈”将成为对于无产阶級的主要危險。“在拿枪的敌人被消灭以后，不拿枪的敌人依然存在，他们必然地要和我们作拚死的斗争，我们决不可以轻视这些敌人。”“必须学会在城市中向帝国主义者、国民党、资产阶级作政治斗争、经济斗争和文化斗争”，“如果我们不去注意这些问题，不去学会同这些人作这些斗争，并在斗争中取得胜利，我们就不能维持政权，我们就会站不住脚，我们就会失败。”

6月30日　毛主席写了有偉大历史意义的著作《論人民民主专政》。毛主席在这一著作中，全面地总結了中国革命斗爭的历史經驗，奠定了我国人民民主专政的理論基础和政策基础，为我国社会主义革命开辟了道路。他强調指出：“革命的专政和反革命的专政，性质是相反的，而前者是从后者学来的。这个学习很要紧。革命的人民如果不学会这一项对待反革命阶级的统治方法，他们就不能维持政权，他们的政权就会被內外反动派所推翻，內外反动派就会在中国复辟，革命的人民就会遭殃。”

7月2日——7月19日　召开第一次全国文代会。七月六日，毛主席亲临会場，对革命文艺工作者寄予极大的希望：“你们开的这样的大会是很好的大会，是革命需要的大会，是全国人民所希望的大会。因为你们都是人民所需要的人。……你们对于革命有好处，对于人民有好处。因为人民需要你们，我们就有理由欢迎你们。再讲一声，我们欢迎你们。”

7月6日　周恩来同志作政治报告。他强調指出：“我們应該感謝毛主席，他給予了我們文艺的新方向，使文艺也能获得偉大的胜利。”

7月9日　陈伯达同志說：“毛澤东思想就是馬列主义和中国革命实踐的最好的結合，文艺工作者必须学习毛澤东思想。”

7月5日　周揚在《新的人民的文艺》的报告中，也讲了一些要表現新的人物，不要忘了农村等等。但会后却向作家强調所謂作品的“趣味性”，强調要写恋爱，“即使有点色情也可以”。

7月27日　《人民日报》发表毛主席为戏曲改进会題詞：**“推陈出新”，为戏曲改**革、为社会主义文化革命指出了方向。

同一时期，刘少奇却在天津大肆放毒：“宣傳封建不怕，几千年了，我們不是胜利了？和尚、尼姑都不禁了，还禁戏？旧的东西总会死亡的，怕什么？《四朗探母》可演，禁了，人家又不知道这些汉奸戏了。”

他对上海戏剧工作者說：“怕什么！过去上海演了那么多坏戏，共产党不是也得了天下嗎？”

他还鼓吹“对书报、戏剧、电影的审查尺度要放寬，否則会使很多人失业”，“現在是叫大家能吃飯就吃着，以后多从吃飯問題上考虑考虑，大家有飯吃就好。”为封建主义、資产阶級文艺打开閘門。

8月　上海《文汇报》等开始討論小資产阶級人物可否作为文艺作品的主角，一些資产阶級文艺家在“問題不在你写什么，而在你怎么写”的口号下，企图取消命革文艺应大力表現工农兵英雄人物的历史任务。

8月14——9月16日　毛主席連續发表了《丢掉幻想，准备斗爭》等四篇对于美国国务院白皮书和艾奇逊信件的評論。这些評論揭露了美帝国主义侵略中国的反动政策，批判了国內一部分資产阶級知識分子对于美帝国主义的幻想，并对中国革命的发生和胜利的原因作了理論上的說明。毛主席庄严宣言：**“自从中国人学会了马克思列宁主义以后，中国人在精神上就由被动转入主动。从这时起，近代世界历史上那种看不起中国人，看不起中国文化的时代应当完结了。伟大的胜利的中国人民解放战争和人民大革命，已经复兴了并正在复兴着伟大的中国人民的文化。这种中国人民的文化，就其精神方面来说，已经超过了整个资本主义的世界。”**

9月21日　毛主席在政协第一届全体会議开幕詞中庄严宣告：**“占人数总数四分之一的中国人从此站起来了。”“帝国主义者和国内反动派决不甘心于他们的失败，他们还要作最后的挣扎。在全国平定以后，他们也还会以各种方式从事破坏和捣乱，他们将每日每时企图在中国复辟。”**預言**“随着经济建设的高潮的到来，不可避免地将要出现一个文化建设的高潮”**。

10月1日　中华人民共和国成立！中国进入了社会主义革命的新时代。

10月　毛主席为《人民文学》創刊号題詞：**“希望有更多好作品出世。”**

一九五〇年

1月4日　反命革修正主义文艺黑綫干将夏衍、丁伶窃踞上海文艺工作的領导地位，召开座談会，认为伪“中国电影制片厂”沒有来得及拍完的《武訓傳》“还有摄制价值”。他們把这部狂热宣揚資产阶級改良主义、奴才主义、投降主义，誣蔑中国人民的革命傳統和农民革命斗爭的影片說成是“歌頌忘我的服务精神，提高民族自信心”，是为了“迎接文化建設高潮的到来”。

3月　反动影片《清宮秘史》在北京、上海等地上映，并在报刊上被吹捧。

毛主席严正指出：**《清宮秘史》是一部卖国主义的影片，应该进行批判。**

党內最大走資本主义道路的当权派刘少奇与胡乔木等談話中却說：这部影片是爱国主义的。

江青同志（当时担任文化部电影事业指导委員会委員）坚持执行毛主席的革命路綫，几次提出要批判《清宮秘史》。

但是，反革命修正主义分子陆定一、胡乔木、周揚却抗拒毛主席这一指示。胡乔木在中宣部一次会議上說：这个电影不能批判，因为少奇讲过，这个电影是爱国的。

經毛主席批評，胡乔木等表面承认錯誤，实际上仍按刘少奇黑指示办事，扼杀了文化思想战綫上这場关于中国走社会主义道路还是走資本主义道路的重大斗爭。

6月6日　毛主席在七届三中全会上作了《为爭取国家財政經濟状况的基本好轉而斗爭》的报告。指出：**“有步骤地谨慎地进行旧有学校教育事业和旧有社会文化事业的改革工作，争取一切爱国的知识分子为人民服务。在这个问题上，拖延时间不愿改革的**

思想是不对的，过于性急、企图用粗暴方法进行改革的思想也是不对的。”

6月10日　《文艺报》发表“别林斯基紀念特輯”。在“編輯部的話”中，說什么“馬列主义的文艺批評，是别林斯基等偉大傳統的继承者。”《文艺报》从建国起就陆續刊載别林斯基、車尔尼雪夫斯基、杜勒罗留波夫等人的文章，妄图把資产阶級革命家的思想，当成我們思想运动、文艺运动的指导方針。

6月23日　毛主席在全国政协一届二次会議的閉幕詞中，作出了**以批评和自我批评方法进行自我教育和自我改造**的指示。在毛主席領导下，全国知識界掀起了思想改造的运动。

6月30日　毛主席发布关于实施土地改革法命令。全国展开了土地改革运动。鎭压反革命分子的运动也相继展开。

10月25日　胡乔木站在資产阶級反动立場上，掩盖、抹煞无产阶級与資产阶級在文艺战綫上爭夺陣地的激烈斗爭。他宣揚“广闊的陣地已經占領了，需要的是在这个陣地上着手新的庄严的建設。”（《文艺报》三卷一期）

12月　反动影片《武訓傳》拍摄完成，經周揚审定后，公开上映。封建阶級、資产阶級代表人物紛紛出来捧場，什么“劳动人民文化翻身的一面旗帜”，“典型地表現了我們中华民族的勤劳、勇敢、智慧的崇高品质”，等等。这种吹捧一直继續到第二年四月。仅京、津、泸三天报刊上发表的歌頌文章，就有四、五十篇之多。

一九五一年

5月20日　《人民日报》刊出社論：《应当重視电影《武訓傳》的批判》，严肃指出《武訓傳》的反动性。毛主席尖銳指出：**“在许多作者看来，历史的发展不是以新事物代替旧事物，而是以种种努力去保持旧事物使它得免于灭亡；不是以阶级斗争去推翻应当推翻的反动的封建统治者，而是象武训那样否定被压迫人民的阶级斗争，向反动的封建统治者投降。我们的作者们不去研究过去历史中压迫中国人民的敌人是些什么人，向这些敌人投降并为他们服务的人是否有值得称赞的地方。我们的作者们也不去研究自从一八四〇年鸦片战争以来的一百多年中，中国发生了一些什么向着旧的社会经济形态及其上层筑（政治、文化等等）做斗争的新的社会经济形态，新的阶级力量，新的人物和新的思想，而去决定什么东西是应当称赞或歌颂的，什么东西是不应当称赞或歌颂的，什么东西是应当反对的。”**毛主席对支持、歌頌《武訓傳》的反革命文艺黑綫的头目严肃責問道：**“资产阶级的反动思想侵入了战斗的共产党，这难道不是事实吗？一些共产党员自称已经学得的马克思主义，究竟跑到什么地方去了呢？”**在毛主席亲自发动和領导下，展开了新中国建立后第一次对資产阶級反动思想大規模的批判。

6月　胡乔木、周揚对毛主席关于批判《武訓傳》的指示采取抗拒的态度。周揚只是在文联組織一些反动“权威”座談过两次加以应付。六月四日，他还写信給于伶布置抗拒这一批判运动：“在思想斗爭問題上”，“具体处理要愼重、仔細，不可急躁魯莽”，幷要于伶收集提供保护資产阶級右翼的“眞实情況”。

6月25日　周揚在《文艺报》发表他在中央文学研究所的报告《坚决貫彻毛澤东文艺路綫》，猖狂抗拒毛主席的批評，把毛主席尖銳指出的“**文化界的思想混乱达到何等程度**”，仅仅說成是思想上的“麻痹”，“失去……应有的思想上的敏銳”，幷把自己及自己同伙坚持纵容支持《武訓傳》的罪行說成是“我們文艺工作的領导上”，存在着“事务主义的作风”。

6月　在这期間，創作上出現一些有严重錯誤的作品，《关連长》及萧也牧的《我們夫妇之間》就是突出例子。前者以資产阶級人道主义丑化解放軍英雄人物；后者則美化資产阶級知識分子，丑化革命干部、劳动人民形象，宣揚低級趣味。这些作品，受到了批評。

6月　在周揚、夏衍支持下，資产阶級右翼竭力阻挠对《武訓傳》的批判。上海报刊出現許多文章，宣揚《武訓傳》問題“你、我、他都有份”的“錯誤人人有份”的論調，公开为吹捧《武訓傳》者辯护：“我們要批判的武訓歌頌者，本质上是进步的，只是思想认識上犯了錯誤”，反对对“那些犯了錯誤的人戟指而攻之”。

7月23——28日　《人民日报》連載《武訓历史調查記》。調查团克服了种种困难，与周揚派去进行破坏的钟惦棐作了斗爭，进行了大量的工作。这篇經毛主席修改的調查記，以铁的事实揭露了武訓这个大地主、大債主、大流氓的反动丑恶面目，为这次大論爭作了总結。

8月8日　在《武訓历史調查記》所提出的铁的事实面前，周揚又換了一副臉孔，以“一貫正确”的姿态出来“系統总結”这次論爭，撈取政治資本，在《人民日报》发表《反人民、反历史的思想和反現实主义的艺术》这篇文章，为自己开脫罪行，幷只是大談世界观和艺术思想的問題，有意掩盖《武訓傳》的反动政治目的。

8月26日　經周揚授意幷批准的夏衍关于《武訓傳》的假檢討在《人民日报》刊出。夏衍把自己的罪行說成只是对資产阶級的侵蝕“采取自由主义，熟視无睹”，“是认識問題”。

9月　在旧中宣部一次会議上，江青同志对周揚等人坚持資产阶級反动立場、抗拒对《武訓傳》的批判提出尖銳的批評。

这个时期，江青同志坚决貫徹、执行毛主席的指示，与胡乔木、周揚作斗爭。周揚对江青同志十分不滿，散布流言蜚語，說有江青同志在，“工作难做”等等。

10月12日　《毛澤东选集》第一卷出版。《毛澤东选集》第二卷于一九五二年四月十日出版，《毛澤东选集》第三卷于一九五三年四月十日出版。这是我国人民和世界人民的大喜事。

10月23日　毛主席在全国政协一届三次会議开幕詞中，再一次强調知識分子的思想改造。指出：**“思想改造，首先是各种知识分子的思想改造，是我国在各方面彻底实现民主改革和逐步实行工业化的重要条件之一”**。

10月　刘少奇下达“整編”文工团的黑指示：“文工团員就会扭扭秧歌，打打腰鼓，这样下去，是害了他們。文团工要整編，人員要大大削减，建立正式的剧团”，文工团員“不要这样混下去”了。

一九五二年

5月　在紀念《在延安文艺座談会上的讲話》发表十周年时，胡乔木授意林默涵写出《继續为毛澤东同志所提出的文艺方向而奋斗》的《人民日报》社論。这篇社論，根本不提抗美援朝等阶級斗爭形势，打着“紅旗”反紅旗，以反对“公式化、概念化”为名，对革命文艺作品横加指責，引导文艺創作向資产阶級方向提高。

夏季　旧文化部召开全国文工团工作会議，胡乔木、周揚貫徹了刘少奇砍杀革命文工团的黑指示。会上，有的省、区代表反对，周揚等就抬出刘少奇来压服。掌握編制大权的彭眞对文工团卡得很严，却批准了周揚提出的各地区設立大型剧院、正規剧团的方案。毛主席亲手締造的战斗文艺組織被扼杀，大批年青的革命文艺工作者被遣散，使資产阶級文艺队伍继續統治文艺界，为戏剧、歌舞的資产阶級方向开辟道路。

9月26日　《天津日报》发表毛主席題詞：**“百花齐放，推陈出新”**。指出了我国文艺推封建主义、資本主义之陈，出社会主义之新的方向。

10月6日　旧文化部举办第一届全国戏曲观摩演出，由周揚主持，幷設立周揚、田汉、張光年等組成的評奖委員会。这次会演，与毛主席关于戏曲改革的指示大唱反調，竭力吹捧鬼戏、才子佳人戏，揮舞“反对粗暴干涉”的大棒，阻撓戏曲革命。

11月14日　周揚在全国戏曲观摩会上作总結，用“人民性”、“現实主义”的标签，把封建时代的剧目捧上了天，反对戏曲表現現代生活，說什么戏曲“多数本来适合于表現历史故事題材的”，因此“不要强求它立刻表現現代生活”。

12月26日　全国戏曲观摩会剛結束，周揚就通过旧文化部发出《关于整頓和加强全国剧团工作的指示》，要各剧团“改变其以往文工团綜合性宣傳队的性质”，指責对旧戏曲的必要改革是“濫禁乱改”，“必須坚决加以糾正”。建国后戏改的第一次革命运动被扼杀了。

12月　解放初，毛主席一再指示要批判胡风反动思想、文艺整风期間，革命群众也要求展开这一批判。周揚等不得不組織了所謂“胡风文艺思想討論会”。周揚在会上吹捧胡风是“非党的布尔什維克”，在“政治态度上拥护毛澤东同志”，“在大的政治方向政治斗爭上”是“同党在一起的”；又說，“胡风一向的确抓到了我們文艺运动中的眞正的弱点，就是公式化概念化”，竭力包庇胡，抗拒毛主席的指示。

一九五三年

本年　刘少奇指使周揚在文化部党組会上特意傳达他的意見：“中央負責同志也要看戏看电影，旣然看了，免不了要发表意見，意見一傳出去，就造成紧張。怎么办呢？我看以后中央負責同志对文艺作品发表意見，只要不是見諸正式文件，都不要当成正式意見，可以听也可以不听。”这是丧心病狂地攻击毛主席对《清宮秘史》等的批判，煽动文艺界抗拒毛主席的指示。

1月　旧文化部开“創作会議”。周揚、林默涵、邵荃麟等集中攻击各級党委不懂得“艺术的特殊規律”，对文艺工作“粗暴干涉”。提出“要眞正懂得創作的人来領导”，要改变領导的“行政方法”为“社会方式”，并酝釀把“文学工作者协会”改为“作家协会”，成为少数精神貴族的“俱乐部”。

刘少奇在这期間下达黑指示：“要建立基金委員会，供給会員及非会員中优秀的业余写作者以必要的旅行費用或創作津貼。”

3月　偉大的馬克思主义者斯大林逝世。

苏联老牌修正主义文人爱倫堡不久即抛出攻击斯大林、攻击无产阶級专政的小說《解冻》和論文《談作家的工作》，揭开了苏联文艺全面蛻化、全面“修正”列宁文学党性原則的序幕。

这年冬天，胡乔木以中宣部名义要全国文艺工作者学习爱倫堡的《談作家的工作》。

9月3日　第二屆文代会在北京举行。

周揚等在这次会上对《武訓傳》批判以来的文化思想战綫上对資产阶級的斗爭大肆反扑。二十四日，周揚作了《为創造更多的优秀的文学艺术作品而奋斗》的报告，大肆为《武訓傳》批判“糾偏”，为受到批判的資产阶級“权威”鳴冤呼屈，并宣揚“資产阶級和小資产阶級的文艺思想在文艺界迅速丧失原有的市場”，为封建文艺、資产阶級文艺打掩护。对文艺作品，不强調革命性、政治性，而在反对“公式化”、“概念化”的幌子下，打击无产阶級文艺。

10月6日　胡乔在会上作报告。文代会准备期間胡就打算代表中宣部作报告。报告草稿公然抗抵毛主席提出的文艺为工农兵服务的方向，不提两条道路斗爭，而給革命文艺大潑冷水，强調作家“个人的精神劳动”的特殊。提出以各协会为“領导中心”，企图取消党对文艺的領导。

毛主席、陈伯达同志批駁了这个报告。胡乔木怀恨在心，到大会临近結束时，以回答問題的方式仍然抛出这个报告。

大会决定改組“文协”为“作协”，制訂修正主义的作协“章程”，并在胡乔木、周揚等策划下，調来一批文艺黑綫骨干作为“駐会作家”，如丁玲、赵树理、刘白羽、艾青等。

社会主义改造在各条战綫上日益深入，意識形态領域的阶級斗爭愈加激烈。

以刘少奇为代表的一小撮党內走資本主义道路当权派，瘋狂压制馬克思主义新生力量，保护資产阶級“权威”。

毛主席又一次发动了大規模思想批判运动，批判了俞平伯的《〈紅楼梦〉研究》和胡适反动思想，取得了思想战綫上又一次大斗爭的偉大胜利。

1953年10月　毛主席在中央第三次农业互助合作工作会議上的讲話中指出：对于农

村的阵地，社会主义如果不去占领，资本主义就必然会去占领。难道可以说既不走资本主义的道路，又不走社会主义的道路吗？

12月　周揚指使張光年主編的《京剧丛刊》第一集出版。周揚曾对張光年說：“从京戏和地方戏傳統剧本中間，精选出几十本来，稍加整理，可以一直演到共产主义社会，誰要是文学好的，把它們改成話剧，让全世界都能演，那就是今天的莎士比亚。”“把莎士比亚的戏挑选若干出找人編成京剧，用来向中国观众普及，丰富京剧的上演剧目。”

一九五四年

2月6日——10日　中共中央举行七届四中全会，彻底揭露和粉碎了高崗、饒漱石反党联盟，并一致通过了根据毛主席的建議而提出的《关于增强党的团結的决議》。决議指出，在我国社会主义革命阶段，包含着极复杂极尖銳的斗爭，国内外阶級敌人决不会甘心自己的死亡，他們会利用每一个机会使反动統治在中国复辟。

3月18日　一九五三年底到一九五四年初，胡风反革命集团骨干分子路翎接連拋出大毒草《战士的心》、《初雪》、《洼地上的战役》等。其后台就是胡乔木、周揚。胡乔木十分賞識路翎，对他的作品大加称贊。周揚也自称是路翎作品的“欢迎者”，三月十八日，他在旧作协党組討論路翎小說的会上，胡說什么路翎的小說“是用小資产阶級立場来拥护社会主义事业的”。

夏季　北京人艺上演《雷雨》。工农兵反对这种美化資产阶級、鼓吹“人性論”、宣揚阶級調和的剧目。但是，周揚黑帮控制的《文艺报》、《戏剧》一方面扣压批評文章不予发表，一方面大加宣傳为《雷雨》叫好。他們的总后台刘少奇也出面撑腰。他看了《雷雨》后，贊不絕口，說：“深刻！很深刻！！非常深刻！！！”这九字“眞言”，把資本主义、修正主义和三十年代剧目在全国泛滥的閘門打开了。

5月4日　周揚在《发揚“五四”文学革命的战斗傳統》一文中，大肆美化中国資产阶級知識分子，大捧“西方先进的科学和先进的文化思想”。在《〈紅楼梦〉研究》批判展开前夕，周揚頑固地充当了資产阶級唯心論的狂热吹鼓手和俞平伯之流資产阶級反动“权威”的代言人。

7月　反革命分子胡风向中共中央政治局提出一个所謂关于文艺問題的三十万字的“意見书”，大肆攻击党的文艺方針和毛澤东同志的文艺思想。胡风在这个反革命綱領中，恶毒地把提倡共产主义世界观，提倡和工农兵相結合，提倡思想改造，提倡民族形式，提倡为政治服务　說成是“放在作家和讀者头上的五把刀子”。

9月　《文史哲》发表《关于〈紅楼梦簡論〉及其他》，批判了俞平伯的資产阶級唯心論、形式主义和煩瑣考证的方法，把《紅楼梦》說成是曹雪芹自傳，抹煞这本书反封建的积极意义。

9月　毛主席看到《关于〈紅楼梦簡論〉及其他》一文后，給以极大的重視和支持。九月中旬一天下午，江青同志亲自到《人民日报》編輯部，找来周揚、邓拓、林默涵、邵荃麟、馮雪峰、何其芳等人，說明毛主席很重視这篇文章。她提出《人民日报》应該轉載，以期引起爭論，展开对資产阶級唯心論的批判。周揚、邓拓一伙竟然以“小人物的文章”、“党报不是自由辯論的場所”种种理由，拒絕在《人民日报》轉載，只允許在《文艺报》轉載，竟敢公然抗拒毛主席指示，保护資产阶級“权威”。

9月15日　我国第一届全国人民代表大会第一次会議开幕。毛主席在开幕詞中庄严宣告：“领导我们事业的核心力量是中国共产党。指导我们思想的理论基础是马克思列宁主义。我们有充分的信心，克服一切艰难困苦，将我国建设成为一个伟大的社会主义共和国。”

一九五四年九月二十日全体代表一致通过了中华人民共和国宪法。

9月　江青同志傳达毛主席的指示之后，以周揚为首的文艺界反革命修正主义集团頑固坚持資产阶級反动立場，阻撓对資产阶級唯心論的批判。周揚指責《关于〈紅楼梦簡論〉及其他》一文“很粗糙，态度也不好”，林默涵、何其芳則說，“也沒有什么了不起的地方”。《文艺报》轉載，加了一个“編者按”，依然采取保护資产阶級“权威”，貶抑馬克思主义新生力量的恶劣态度。这条按語是馮雪峰写的，經过旧中宣部批准，林默涵曾贊揚，“这样比較客观一些”。

10月　毛主席对批判俞平伯的《〈紅楼梦〉研究》和胡适反动思想的斗爭，以及檢查《文艺报》的工作，多次作了重要的口头指示。毛主席指出，胡适派的思想，没有受到什么批判。古典文学方面，是胡适派的思想領导了我们。他尖銳批判周揚等人的“投降主义”，指出，有人说，一受到批判，就抬不起头；总有一方是抬不了头的，都抬头，就是投降主义。他严厉批駁了周揚用“沒有警觉”为自己辯解，一針見血地指出，不是没有警觉，而是很有警觉，倾向性很明显，保护资产阶级思想，爱好反马克思主义的东西，仇视马克思主义。毛主席又强調說，可恨的是共产党员不宣传马克思主义，共产党员不宣传马克思主义，何必做共产党员！他指出，《文艺报》必须批判，否则不公平。毛主席着重指出，一切新的东西都是“小人物”提出来的。青年志气大，有斗志，要为青年开辟道路，扶持“小人物”。

毛主席又一次提出《清宫秘史》五年来没有批评，如果不批评，就是欠了这笔债。《清宫秘史》实际是拥护帝国主义的卖国主义的影片。光绪皇帝不是可以乱拥护。

10月5日——7日　在开展对《〈紅楼梦〉研究》以及胡适的反动思想批判时候，旧文联在周揚主持下开第二届全国委員会会議。他們只字不提这个具有偉大历史意义的斗爭，却提出“开展作品竞賽和自由討論”的資产阶級自由化口号，抵制毛主席亲自发动和領导的革命运动。

10月11日　周揚黑帮一直包庇和纵容胡风的反革命活动。旧作协党組扩大会上，周揚鼓吹“社会主义与非社会主义”“要展开自由竞賽”，提出“是不是能让胡风搞一个刊物”。林默涵、刘白羽馬上表示支持。十一月十三日，在另一次党組会上，周揚宣称“与胡风合作还有可能”，說要“回答”“胡风提出的問題”，“但又要不伤害自由討論的积极性”。

10月16日　毛主席給中央政治局的同志和其他有关同志写了《关于〈紅楼梦研究〉問題的一封信》。毛主席指出：“这是三十多年以来向所谓紅楼梦研究权威作家的错误观点的第一次认眞的开火。”“事情是两个‘小人物’做起来的，而‘大人物’往往不注意，并往往加以阻拦，他们同资产阶级作家在唯心论方面讲统一战线，甘心作资产阶级的俘虏，这同影片《清宫秘史》和《武训传》放映时候的情形几乎是相同的。被人称为爱国主义影片而实际是卖国主义影片的《清宫秘史》，在全国放映之后，至今没有被批判。《武训传》虽然批判了，却至今没有引出教训，又出现了容忍俞平伯唯心论和阻拦‘小人物’的很有生气的批判文章的奇怪事情，这是值得我们注意的。”

10月18日　旧作协党組开会，傳达毛主席关于批判《〈紅楼梦〉研究》的一封信。这是对抗毛主席批評的黑会。周揚在会上把他們的問題說成只是“忽略放松”“对資产阶級思想作批判”。林默涵、馮雪峯、陈企霞等都是同一腔調。何其芳更公开抗拒毛主席的批評，說什么“我們也还沒有成为他（俞平伯）的俘虏，投降还說不上”。

10月28日　《人民日报》根据毛主席的指示，发表质問《文艺报》編者的文章，公开批評文艺界某些領导人（其中包括周揚、丁玲、馮雪峯等）对資产阶級唯心論的容忍和贊揚，揭露了他們压制新生力量的資产阶級貴族老爷态度。

10月31日　在毛主席一再批評下，旧文联主席团和旧作协主席团不得不举行联席会議（扩大），开始檢查《文艺报》工作。

11月　刘少奇、邓小平亲自出馬，为《文艺报》开脫罪責，保护旧中宣部。他們对陆定一、周揚說，《文艺报》只是“缺乏自我批評的精神”（刘），“缺乏与人为善的态度”（邓），公开对抗毛主席批判《文艺报》的指示。

十一月三日周揚在旧作协党組会上对《文艺报》編者一再表明：“我們是保护《文艺报》的，从党組到編輯部要有一个共同的态度。”

11月7日　胡风在十一月七日和十一日的旧文联主席团和旧作协主席团联席扩大会議上趁机进攻，猖狂攻击党的文艺路綫、文艺方針。发言后，周揚对胡风說：“我觉得很好。”直到十二月八日，周揚在这个会上还为胡风及其党徒唱贊歌，說什么并不否认

“胡风先生、阿壠先生、路翎先生在文艺事业上的劳績”，甚至肯定胡风的反革命“意見书”“所发表的意見也有一些是好的，值得重視”，表示“欢迎”他参加对胡适派資产阶級唯心論的斗爭。周揚还吹捧胡风分子路翎“是一个有才能的而又努力的作家”。

11月　胡风糾集党羽，发动全面进攻，妄图夺取文艺界的領导权。路翎写了四万余字的《为什么会有这样的批評？》把广大讀者对他作品的批判一律污蔑为阴謀陷害。胡风反革命集团骨干分子阿壠、張中曉等也都写文章大肆反扑，吹捧胡风及胡风分子。他們还化名到处投稿、写信，大布“疑兵陣”。一时刮起了一股妖风。

本年　周揚在第二次全苏作家代表大会上，吹捧正在向馬列主义发动猖狂进攻的肖洛霍夫。会上，西蒙諾夫惡毒地攻击斯大林同志提出的社会主义現实主义的創作方法，并在苏联作家协会的章程上篡改了社会主义現实主义的定义。周揚对西蒙諾夫等贊叹备至。甚至无耻的吹捧为“譬如北辰，居其所而众星拱之”。

11月26日　旧中宣部召集学术界、教育界、文艺界党員負責人开会。胡绳（当时中宣部副秘书长）在会上拚命抹煞这場思想政治斗爭的重大意义，妄图把它拉入“学术討論”的邪路。

12月 8 日　旧文联主席团、旧作协主席团联席扩大会議作出《关于〈文艺报〉的决議》。按照刘、邓黑指示，《决議》为《文艺报》开脫罪責，并以檢查“違背了集体領导”为名，包庇周揚、林默涵一伙。

在这次会上，周揚作題为《我們必须战斗》的发言，放出“錯誤人人有份”的烟幕彈，蒙混过关。

12月　毛主席指示：**批判胡适思想的文章要写得通俗，并正面宣传马克思主义。胡适每一篇文章都是有政治目的的，我们写文章也要有的放矢。**

彻底揭发胡风反革命集团，展开了肃清暗藏反革命分子的尖銳斗爭，对反革命势力予以沉重的打击，巩固了无产阶級专政。

一九五五年

1月　毛主席决定把胡风的反革命“意見书”公开发表，展开批判。毛主席还針对胡风在他的《我的自我批判》中用“小資产阶級观点”来掩盖退却，指出：**对胡风这样的资产阶级唯心论、反人民、反党的思想，绝不让他在“小资产阶级观点”掩盖下逃跑，而予以彻底地批判。**

1月17日　刘少奇百般包庇胡风反革命集团。周揚在中宣部一次会議上傳达刘少奇的“指示”：“对胡风小集团，可以开一些会，根据政治原則对他們采取帮助的态度。对胡风，不是打倒他。”周揚秉承主子的意旨，說：“解放以前的賬不算，批評他解放以后的文章就可以了”，“（胡风的）反批評也要发表。”

3月21日——31日　中共中央召集全国代表会議。会議一致通过了关于中华人民共和国发展国民經济的第一个五年計划草案的决議，关于高崗、饒漱石反党联盟的决議。粉碎高饒反党联盟，是我党“有决定意义的胜利之一”。

5月13日——6月10日　《人民日报》連續公布了关于胡风反革命集团的三批材料。毛主席在为这些材料写的按語中尖銳地指出：胡风集团是一个反革命政治集团，“**他们的基本队伍，或是帝国主义国民党的特务，或是托洛茨基分子，或是反动军官，或是共产党的叛徒，由这些人做骨干组成了一个暗藏在革命阵营的反革命派别，一个地下的独立王国。这个反革命派别和地下王国，是以推翻中华人民共和国和恢复帝国主义国民党的统治为任务的。**”他教导我們：“**在国际国內尙有阶级和阶级斗争存在的时代，夺取了国家权力的工人阶级和人民大众，必须鎭压一切反革命阶级、集团和个人对于革命的反抗，制止他们的复辟活动，禁止一切反革命分子利用言论自由去达到他们的反革命目的。**”毛主席的指示是革命人民反对胡风反革命集团斗爭的强有力的武器。

在毛主席亲自发动和領导下，一个气势磅礴群众性的揭发和批判胡风反革命集团和肃清一切反革命分子的斗爭轰轰烈烈地展开了。

6月10日　毛主席在《关于胡风反革命集团的第三批材料》的按語中再一次强調“**批**

判胡适派资产阶级唯心论这一斗争的重要性和必要性”，并再一次严肃批評“**口称相信马克思列宁主义，却不重视批判唯心论这一斗争**”的那些人。

7月31日 在省委、市委和区党委书記会議上，毛主席作《关于农业合作化問題》的报告。报告指出，在全国农村中新的社会主义群众运动的高潮就要到来。

9月12日 毛主席为《中国农村的社会主义高潮》一书中的一百零四篇文章写了按語，热情歌頌了五亿农民的社会主义积极性和偉大的革命群众运动，严厉批判了右傾机会主义的种种表現。毛主席指出，“**群众中涌出了大批的聪明、能干、公道、积极的领袖人物**”，“**在中国，这类英雄人物何止成千上万，可惜文学家们还没有去找他们。**”

10月4日——11日 中共中央举行七届六中全会（扩大）。在会議的最后一天，毛主席作了总結。他尖銳地批判了刘少奇及其一伙提出的“四大自由”、“巩固新民主主义秩序”的資产阶級口号，和他們在农业合作化問題上的右傾机会主义路綫。毛主席指出，**过去几年，我们取得了四个方面的胜利：反对唯心主义、宣传唯物主义，鎮压反革命，粮食统购统銷，农业合作化。这四个方面的胜利，都带有反资产阶级的性质，给了资产阶级很大的打击；以后还要给以粉碎性的打击。反对唯心论要继续长期地搞。**

12月27日——30日 旧中宣部召集关于丁、陈反党小集团問題的傳达报告会。丁、陈解放前的叛党投敌以及解放后組織小集团继續反党的罪行已彻底揭露，但是，陆定一、周揚还尽力包庇这些叛徒、反党分子。

陆定一給这批叛徒吃定心丸：“交代了就过去了。”周揚替叛徒辯护：“也許这些同志当时并不愿意这样做（指自首叛变），但是在生死的面前，他下不了决心，这是国民党的罪恶。”对他們“要等待，要帮助，要挽救”等等。

12月27日 毛主席撰写《中国农村的社会主义高潮》一书的序言，指出：**农村的社会主义高潮已经到来，其它经济部门以及科学、文化、教育、卫生等项事业的发展规模和速度，必须扩大和加快，以适应农业的发展的需要。必须批判那些确实存在的右倾保守思想。并指出：乡村里每日每时都发生着社会主义事业的新事情，每个人都应当关心它。**

苏共二十大后，国际修正主义思潮泛濫；国内阶級敌人抵抗社会主义改造，資产阶級右派猖狂反党反社会主义。

毛主席直接領导反右派斗爭，深入进行了政治战綫和思想战綫的社会主义革命。

在大跃进中出現了文化革命的高潮，群众創作活动蓬勃发展。

一九五六年

1月21日 在周揚、邵荃麟、刘白羽的策划下，旧作协創作委員会开会吹捧赫魯曉夫修正主义的文学标兵肖洛霍夫的《被开垦的处女地》，刘白羽鼓吹“肖洛霍夫很忠实于生活的眞实，忠实于生活中最本质的东西——斗爭”。他們提出所謂“干預生活”这一修正主义口号，說什么要“勇敢地揭露生活中的矛盾和冲突”，也就是要把社会主义社会当作“阴暗面”加以“揭露”。

2月 苏共召开第二十次代表大会。这是苏共赫魯曉夫領导集团走上修正主义道路的重要步驟。这次会議使苏联国內和国际上修正主义思潮大为泛濫。

苏共二十大在文艺領域得到迅速的反映。肖洛霍夫在苏共二十大会議上发言，就猖狂攻击过去以斯大林为首的苏共中央对文艺的領导，会后不久就抛出了小說《一个人的遭遇》。西蒙諾夫等人发表論文，反对社会主义現实主义的革命精神，鼓吹資产阶級的“創作自由”。

2月15日 周揚指令《文艺报》（第3期）发表了苏联《共产党人》杂志专論《关于文学艺术中的典型問題》。苏修这篇反斯大林的大毒草，打着“对生活作艺术的认識有它自己的規律”以及反“煩瑣哲学”、“公式”的幌子，販卖資产阶級自由化。发表后，周揚让林默涵、張光年組織作协理論批評組討論，事后发表了林默涵、張光年、陈涌、巴人等人写的一系列鼓吹的文章。这是为周揚策划的作协第二次理事会扩大会議作理論上的准备。

2月27日——3月6日　旧作协第二次理事会会議（扩大）在北京举行。

周揚在《建設社会主义文学的任务》的报告中，把自己裝扮成批判《紅楼梦研究》中資产阶級唯心主义和揭露胡风反革命集团的"英雄"，欺世盗名，实际上攻击这些偉大的斗爭，厉声斥責思想批判、古典文学研究和文学評論中的所謂"簡单化、庸俗化"。周揚借着反对"公式主义"、"自然主义"，宣揚資产阶級現实主义理論。同时，破天荒地一次封了五位所謂"当代語言艺术的大师"，命令无产阶級向資产阶級"权威"跪倒投降，公然对毛主席一九五四年十月十六日的指示进行反扑。

这次会議通过了"中国作家协会一九五六——一九六七年工作綱要"，妄图用立法形式貫彻反革命修正主义文艺路綫。

3月5日　旧作协理事会会議（扩大）閉幕前夕，刘少奇把周揚、刘白羽叫到自己家里，抛出了加速文艺界"和平演变"的黑綱領。

刘少奇針对毛主席关于批判《清宮秘史》的指示，大讲黑話，說什么"党与政府采取政治上的干涉，有的是应当的，如《武訓傳》《紅楼梦研究》等問題，就是干涉得对的；但是也有的干涉是粗暴的，或者干涉錯了的"。又說："以后遇到这种干涉的时候"，"沒有正式文件，你可以只当作个別意見，可以不听"。刘少奇十分鄙視有丰富的斗爭經驗、熟悉工农兵的作家，污蔑地称作"土作家"，說以后"不行"了，而要"专业化"，閉門学自然科学知識，历史知識和世界文学知識，懂外国文，"修养"成为一个所謂"大作家"。周揚如获至室，第二天就向会議郑重傳达。

3月8日　刘少奇在旧文化部党組汇报时发出"指示"，扼杀文艺領域里批判資产阶級的斗爭，反对党对文艺工作的領导，說："現在对文艺批評太多了，特別是口头批評和品头評足太多了。""外行提意見应采取商量的态度，不要站在作家之上。"鼓吹"无害文艺"，"戏改不要大改，有害稍改，无害不改"。"世界各国的电影，只要无害的……都可进口"，提倡"好演員工資要高些，吃得要好些"，促使文艺界进一步"和平演变"。

3月15日——3月30日　旧作协和团中央联合召开"全国青年文学創作会議"，貫彻刘少奇的"文化水平决定作家的創作水平"的黑指示，网罗茅盾、夏衍、老舍等一批資产阶級反动学术"权威"大肆放毒，鼓吹"知識就是力量"，大讲古典文学的艺术技巧，推行"收徒拜师"，培养資产阶級的文学接班人。周揚在会上紧紧追随赫魯曉夫，大反斯大林，攻击"歌頌共产党毛主席的話是概念化、公式化的"，"反而有害"。同时，露骨地宣揚"写普通人"、"写眞实"、"写缺点"、"写阴暗面"等修正主义謬論。

4月5日　《人民日报》发表《关于无产阶級专政的历史經驗》。同年十二月，又发表《再論无产阶級专政历史經驗》。这两篇文章，总結了无产阶級专政的历史經驗，批駁了苏共二十大的修正主义观点，捍卫了馬克思列宁主义。

3月——4月　周揚竭力步赫魯曉夫大反斯大林之后尘，在全国青年文学創作会議和第一届全国話剧观摩演出会上的报告，多次大反斯大林，并把矛头直接指向我們心中的紅太阳毛主席。四月十九日在旧剧协第四次常务理事会議（扩大）上他就猖狂攻击說："不要把毛主席描写成救命恩人。……我們在話剧、歌詞中这样宣傳毛主席是錯誤的。""老百姓想毛主席是一件事，我們这样照着宣傳又是一件事。"周揚黑帮煽动右派分子在文艺作品中攻击毛主席。

他在旧作协召开的文学期刊編輯工作会議上的总結报告中說："苏共二十次代表大会有一个很大的好处，就是思想解放，打破了过去的思想壟斷的局面。"他幷把"百花齐放，百家爭鳴"方針歪曲为資产阶級自由化。

4月　美化資产阶級分子的电影剧本《不夜城》出籠（載一九五七年《收获》創刊号）。

4月25日　毛主席发表了偉大的划时代的光輝著作《論十大关系》。发出了调动一切积极因素，动员一切可用的力量，来多、快、好、省地建设社会主义的偉大号召。制定了我国社会主义革命和社会主义建設的一系列的理論和政策。

5月2日　毛主席在最高国务会議上提出"百花齐放、百家爭鳴"的方針，体現了我們党的群众路綫和无产阶級的阶級路綫，促进了无产阶級文艺在斗爭中得到不断发展。这是毛主席对馬克思主义文艺理論的新发展。

5月26日　陆定一作《百花齐放，百家爭鳴》的报告，公开篡改毛主席这一坚定的阶級政策，鼓吹阶級斗爭熄灭論，主張与資产阶級在思想上搞"統一战綫"，鼓吹阶級投降主义。他公开对毛主席所发起和領导的《〈紅楼梦〉研究》批判进行翻案，向資产阶級"权威"俞平伯賠礼道歉。鼓吹文学上的自由化，提出"反題材决定論"，鼓吹写"天上的仙人、会說話的禽兽等等世界上所沒有的东西"。

6月　右派分子刘宾雁的大毒草《本报内部消息》在《人民文学》刊出。这是資产阶級右派的代表作。

6月　文化部召开第一次全国戏曲剧目工作会議，抗拒毛主席关于"**推陈出新**"的指示，决定了所謂"破除清規戒律，扩大和丰富傳統戏曲上演剧目"的方針，为大批毒草出籠开綠灯。

会上对美化汉奸、宣揚活命哲学、叛徒哲学的京剧《四郎探母》发生了爭論，刘少奇指示周揚說："戏曲不应該采取禁演的办法。你說《四郎探母》宣揚汉奸意識，可是最后共产党还是胜利了。""《四郎探母》唱唱也不要紧嘛！唱了这么多年，不是唱出了一个新中国嗎？"无耻地为汉奸戏辯护，和他一貫鼓吹叛徒哲学同出一轍！

自七月起，各地展开了关于鬼戏和《四郎探母》等坏戏的爭論。在旧中宣部、旧文化部、旧北京市委控制下的文艺界，正确意見受到压抑。張庚等的"忠、孝、节、义"有"人民性"以及鬼戏有"反抗性"之类的謬論却得到支持。

8月24日　毛主席向音乐工作者发表了重要談話。毛主席进一步闡明了**古为今用、洋为中用、推陈出新**的原則。指出：**艺术要有独创性，要有鲜明的时代特点和民族特点。中国的艺术，既不能越搞越复古，也不能越搞越洋化，应当越搞越带有自己的时代特点和民族特点，在这方面要不惜"标新立异"**。毛主席号召文艺工作者：**你们要重视中国的东西，要努力研究和发展中国的东西，要以创造中国自己的有独特的民族形式和民族风格的东西为努力目标。你们掌握了这样一个基本方向，你们的工作就是前途远大的了。**

9月　何直（即右派分子秦兆阳）在《人民文学》发表《現实主义——广闊的道路》，提出了臭名昭著的"現实主义广闊道路論"，鼓吹"写眞实"的口号。这是攻击社会主义現实的右派作家的創作綱領。

9月　中国共产党召开第八次代表大会。毛主席在开幕詞中指出："**我们的党是一个政治上成熟的伟大的马克思列宁主义的政党。我们的党现在比过去任何时期都更加团结，更加巩固了。我们的党已经成了团结全国人民进行社会主义建设的核心力量。**"会議指出必须加强思想战綫上的工作。

刘少奇在会上鼓吹"阶級斗爭熄灭論"。

9月25日　周揚跟在刘少奇后面，在二十五日的发言中，攻击党对文艺領导是"教条主义"、"宗派主义"、"粗暴的态度"、"严重地束縛了作家、艺术家的創作自由"，竭力鼓吹資产阶級的自由化。这是資产阶級右派分子向党向社会主义进攻的宣言书。

10月　"匈牙利事件"发生。国际上反共逆流猖獗一时。我国的資产阶級分子、修正主义分子，也紛紛聞风而动。

11月21日——12月1日　周揚召集文学期刊編輯工作会議。他在会上歪曲党的"**百花齐放、百家争鸣**"的方針，鼓吹"大胆放手"，特别提出敢于发表"尖銳地批評生活中的缺点的文章和作品"。企图使全国文学期刊成为資产阶級右派分子向党进攻的陣地。

12月15日　上海《文汇报》用煽动性的专栏討論电影問題，攻击工农兵方向，要电影退回到三十年代去。与此相呼应，《文艺报》发表了由周揚的亲信钟惦棐执笔写成的"本刊評論員"文章：《电影的鑼鼓》。这篇文章提出了反动的"票房价値"論，汚蔑表现工农兵就是"教条主义和宗派主义的性质"，公开提出反对"工农兵电影"。它还攻击党的領导"干涉过多"；汚蔑解放后电影"今不如昔"，鼓吹"学习"三十年代电影的"傳統"。这篇文章敲起了資产阶級右派分子猖狂进攻的鑼鼓。

1956——1957年间　彭眞公开宣揚叛徒哲学，幷为上演坏戏、鬼戏撑腰。他在一次报告会上談到京剧《四郎探母》时說："解放这么多年，大家觉悟都提高了，有誰看了

《四郎探母》会去当汉奸嗎？这个戏演了有什么关系？”

一九五七年

1月 丁玲、陈企霞大鬧翻案。周揚在陆定一的支持下，企图与丁、陈进行肮髒的政治交易。一月初，周揚召集林默涵、邵荃麟、刘白羽等共同謀策，将一九五五年批判丁、陈后中央批轉的反党集团性质的結論擅自改为“对党鬧独立性的宗派結合”。但丁、陈十分嚣張，拒不接受。

1月12日 毛主席发表了旧体詩詞十八首。这是我国人民的一件大喜事。毛主席的詩詞是我国无产阶級文学的光輝典范。对我国人民思想革命化和革命文学的发展有深远意义。毛主席同时发表关于詩歌的一封信，指示：**“诗当然应以新诗为主体，旧诗可以写一些，但是不宜在青年中提倡，因为这种体裁束缚思想，又不易学。”**

2月27日 毛主席在最高国务会議上作了《关于正确处理人民內部矛盾的問題》的报告。同年六月十九日发表。毛主席在这部著作中，全面地、系統地、深刻地总結了我国和国际无产阶級专政的历史經驗，分析了社会主义社会的矛盾、阶級和阶級斗爭，提出了正确处理两类不同性质的矛盾的英明論断。毛主席着重指出：**“阶级斗争并没有结束。无产阶级和资产阶级之间的阶级斗争，各派政治力量之间的阶级斗争，无产阶级和资产阶级之间在意识形态方面的阶级斗争，还是长时期的，曲折的，有时甚至是很激烈的。”**

3月12日 毛主席《在中国共产党全国宣傳工作会議上的讲話》中再一次分析了社会主义时期阶級和阶級斗爭的規律，着重指出：**“我们同资产阶级和小资阶级的思想还要进行长期的斗争。”“在现在的情况下，修正主义是比教条主义更有害的东西。我们现在思想战线上的一个重要任务，就是要开展对于修正主义的批判。”**

本年 周揚策动下，田汉、夏衍、阳翰笙联名抛出“話剧运动五十年紀念”的建議书，叫囂总結所謂三十年代文艺的經驗，来“改正当前的工作。”田汉活动頻繁，召开座談会，敦促别人写回忆录，准备为周揚及他們一伙“修史”。

4月9日 周揚在《文汇报》发表讲話，欢呼“剧目开放是戏曲界的一件大事”，贊美刘宾雁的《本报內部消息》等大毒草，认为“尖銳地揭露和批判生活中的消极現象的作品，愈来愈引起了人們的注目”。他支持和鼓励《文汇报》向党进攻，說什么“我认为《文汇报》的电影問題討論是有益处的。”恶意攻击党对文艺工作的領导“教条主义、宗派主义”和“官僚主义的”。

4月10日——24日 旧文化部召开第二次全国戏曲剧目工作会議，进一步宣揚“剧目开放”的方針。当时文化部副部长！分工管戏曲工作的刘芝明跟在彭眞的屁股后面，也叫嚷《四郎探母》“已經不起什么坏作用了”，有人想看《杀子报》，“那就只能滿足他們的需要”。五月十四日，旧文化部正式发出了解除禁戏的通令。于是，形象极为丑恶、思想极为反动的鬼戏《杀子报》《黃氏女游阴》《僵尸拜月》《馬思远》等紛紛出籠，舞台为牛鬼蛇神所充斥。

4月 萧洛霍夫的大毒草《一个人的遭遇》在旧作协編的《譯文》上翻譯发表。五月、六月的《文艺学习》还加以轉載，并发表文章贊頌，向青年作者推荐。

5月1日 中共中央发出了整风运动的指示。

資产阶級右派，利令智昏，以为时机已到，发动大規模向党进攻。

周揚亲自出馬，上窜下跳，煽阴风，点鬼火。他在五月十三日編輯工作座談会上破口大罵共产党員“象特务一样”。他和大右派費孝通等一鼻孔出气，也叫喊“七八年来的思想改造是‘严冬’，到今天才感到有些‘初春’气候”。他还說什么“我国国內的阶級斗爭已經基本上結束，今后要靠知識吃飯”，“美术家領导美术，音乐家領导音乐”。并主張办所謂“同人刊物”。

在周揚的鼓励下，邵荃麟到浙江煽动右派向党进攻。田汉提出《为演員的青春請命》，指揮戏剧界右派进攻。夏衍用杂文反对党的領导，說“放手就是領导”。馮雪峰、陈涌勾結《文艺报》丁、陈的門徒阴謀推翻一九五四年毛主席发动的对《文艺报》的批判，并筹办右派“同人刊物”，刘紹棠、黃秋耘、錢谷融之流也跳出来攻击《在延安文艺座談会上的讲話》，說是“过时”了，宣傳“人道主义”、“人性論”。《文艺报》积极仿效《文汇报》，在文艺界的作用特别恶劣。《人民文学》到了七月，还出版毒草专号。一时之間，烏云滚滚，群魔乱舞。

6月6日 旧作协开党組扩大会第一次会議，在周揚布布置下邵荃麟主持会議，他第一个跳出来为丁陈反党集团翻案，煽动右派分子、反党分子向党进攻。他认为經中央审批的“丁陈是反党小集团”的結論“是不能成立的”，“这个帽子应該摘掉”。刘白羽也說批判丁陈是“斗爭过火，只有斗爭，沒有团結”，周揚也叫嚣“对丁陈的斗爭有偏差，斗爭过火”。

6月8日 《人民日报》发表社論《这是为什么？》吹响了反击資产阶級右派的号角。这天，在旧作协党組扩大会上丁、陈右派集团发动猖狂进攻。周揚看到形势发展对自己不利，为了窺測风向，謀划对策，当晚与刘白羽、邵荃麟商量决定休会。

6月——7月间 周揚、林默涵、邵荃麟找《文艺报》負責人張光年、侯金鏡、陈笑雨，傳达邓小平对他們进行包庇的黑指示，“自己把小辮子揪下来。要突出《文汇报》这个战場，对右派实行反击。”周揚指令張光年等馬上拋出假檢討，他自己搖身一变，成了反右“英雄”。

7月1日 毛主席为《人民日报》写的社論《文汇报的資产阶級方向应当批判》发表。严厉批判了周揚所贊揚的《文汇报》这个資产阶級右派的輿論陣地，进一步号召革命群众动手击退資产阶級右派分子的猖狂进攻。

7月25日 在全国展开反右斗爭以后，文学界右派仍十分嚣張。周揚竟然将旧作协党組扩大会休会四十多天，抵制反右斗爭开展。

由于周恩来、康生等同志亲自抓文艺界反右斗爭，指示要充分发动群众，开大会，大爭大辯，党組扩大会才得以复会。

周揚、邵荃麟等在会上发言，一反故态，打扮成反丁陈集团、反右的“英雄”。

8月14日 旧作协党組扩大会議举行第十七次会議。周揚、林默涵、夏衍、邵荃麟、刘白羽等經过紧張的謀划和准备，以批判馮雪峰为名，煽起了一股顚倒历史、圍攻魯迅，为王明机会主义路綫翻案的黑风。

許广平同志不顾周揚黑帮的压力，在会上严正声明：“魯迅是执行党的决定。”駁斥了周揚、夏衍之流的无耻讕言。

8月15日 周揚、林默涵召集参加旧作协党組偉大会議的各单位的負責人开黑会，作了进一步布置。周揚說：“这些問題，左联时期就搞过，沒有搞徹底。这次一定搞徹底。”林默涵接着說：“这次斗爭，不但要改变过去的文学史，而且直接影响到当前”，“要堅决，不惜牺牲一切，宁可沒有文艺！”周揚的忠实打手陈荒煤、周立波、沙汀等三十年代人物，在会議上相继发言，圍攻魯迅。

9月16——17日 旧作协党組扩大会議經二十五次会議后收場。周揚作“总結”。他以反右为名，大肆为三十年代王明路綫翻案。这篇叫《不同的世界观，不同的道路》的“总結”的反动观点十分露骨，周揚加以百般掩盖以后改写成《文艺战綫上一場大辯論》。

一九五八年

1月7日 毛主席在《人民日报》发表了光輝的詩篇《蝶恋花——贈李淑一》。文艺界出現了学习和討論毛主席詩詞的热潮。毛主席的詩詞是革命現实主义与革命浪漫主义相結合的典范。

1月 毛主席提出对丁玲、王实味等人在延安时期的毒草进行“再批判”的指示，幷亲自为《文艺报》第二期的“再批判”专栏修改了按語，指出：“‘奇文共欣赏，疑义相与析’，许多人想读这一批‘奇文’。我们把这些东西搜集起来全部重读一遍，果然有些奇处。奇就奇在以革命者的姿态写反革命的文章。”“谢谢丁玲、王实味等人的劳作，毒草成了肥料，他们成了我国广大人民的教员。他们确能教育人民懂得我们的敌人是如何工作的。鼻子塞了的开通起来，天眞烂漫、世事不知的青年人或老年人迅速知道了许多世事”。接着，各地展开群众性的批判。

1 月　陆定一鼓吹文艺作品美化資产阶級。他說："那时小老板也很苦，工人更苦，能写工人更好，不能写工人，写小老板也可以。"

2 月　周揚发表《文艺战綫上的一場大辯論》。这是由周揚率領林默涵、刘白羽、張光年共同起草，又在彭眞家里討論而炮制出来的。周揚在这篇文章中埋下了不少釘子。他以总結文艺界两条道路斗爭、批判馮雪峰为名，借題发揮，攻击鲁迅，誣蔑毛主席对三十年代文艺黑綫的批判，公开打起王明机会主义文化路綫的破旗。

2 月　周揚支持田汉等筹划的《中国話剧运动五十年史料集》第一集出版。这部所謂"史料集"，美化三十年代文艺黑綫，为他們这一小撮人树碑立傳。此后，还陆續于一九五九年四月出版了第二集，一九六三年四月出版了第三集。

3 月11日　陈伯达同志在国务院科学規划委員会第五次会議上的报告《厚今薄古，边干边学》在《人民日报》上发表。陈伯达同志批評了文化思想領域里厚古薄今、輕視革命实踐的資产阶級傾向，提倡哲学、社会科学的战斗性。

3 月15日　文艺界的一些头面人物举行座談会，对周揚的《文艺战綫上的一場大辯論》极尽阿諛奉承、大吹大捧之能事，竭力貶低毛主席的《在延安文艺座談会上的讲話》。座談会发言，以《为文学艺术大跃进扫清道路》为題在同年第六期《文艺报》发表。

3 月22日　由于毛主席詩詞的发表和工农业大跃进的推动，涌現了全国創作民歌的热潮。毛主席指示**要搜集民歌，指出中国诗的出路，第一条民歌，第二条古典，在这个基础上产生出新诗来，形式是民歌的，内容应当是现实主义和浪漫主义的对立统一。**

新民歌的大量涌現，证明了这个眞理：**劳动人民的积性、创造性，从来就是很豐富的。过去是在旧制度压抑下，没有解放出来，现在解放了，开始爆发了。**

四月十四日，郭沫若就大規模收集民歌問題发表意見。

4 月　《鲁迅全集》第六卷出版。周揚伙同林默涵、邵荃麟、馮雪峰早在去年十月十一月間就为《答徐懋庸并关于抗日統一战綫問題》炮制了一条顚倒历史的注释。到此，周揚、林默涵等搞出的一篇文章，一个座談会，一条注釋，公然同毛主席关于三十年代文艺运动的历史总結唱反調，攻击左翼文艺运动的偉大旗手鲁迅，把一条資产阶級、修正主义的文艺黑綫說成是馬克思列宁主义的文艺路綫，把一个資产阶級投降主义的"国防文学"的口号說成为无产阶級的口号。他們公开打出"三十年代"文艺黑綫的旗号，反对毛主席的文艺路綫。

5 月　中国共产党第八届代表大会第二次会議，制定了"鼓足干勁、力爭上游、多快好省地建設社会主义"的总路綫。

毛主席在会上提出了无产阶級文学艺术应該采用**革命的现实主义与革命的浪漫主义相结合**的創作方法。广大工农兵作者和革命文艺工作者热烈拥护，展开了热烈討論。

6 月 1 日　《紅旗》杂志創刊。毛主席发表了《介紹一个合作社》，指出："**从来也没有看见人民群众象现在这样精神振奋，斗志昂扬，意气风发**"。"**中国劳动人民还有过去那一副奴隶相么？没有了，他们做了主人了。**"

《紅旗》創刊号还发表了柯庆施同志的《劳动人民一定要做文化的主人》，闡明了文化革命的意义，高度贊揚了劳动人民的文艺創作，大长无产阶級的志气，大灭資产阶級的威风。

在毛主席的領导和鼓舞下，在三面紅旗的指引下，群众文艺創作运动蓬勃开展，新民歌、工厂史、村史、部队史和革命回忆录都产生了数量众多的好作品，成为群众自己教育自己的武器。

在群众創作高潮的推动下，文艺工作者的創作也有很大发展，戏剧、电影、小說、报告文学等也都产生了一些好的和比較好的作品。

7 月16日　《紅旗》第四期发表陈伯达同志在北京大学的讲演《在毛澤东同志的旗帜下》，指出："毛澤东旗帜是中国人民革命和社会主义建設的胜利的旗帜。毛澤东旗帜就是中国人民高举的紅旗。"报告还鮮明地批判了資产阶級反动学术"权威"。

8 月　周揚在河北文艺理論工作会議上讲話，提出"建立中国自己的馬克思主义的文艺理論和批評"。同年十二月，周揚在北京大学中文系又作"建立中国的馬克思主义美学”的报告。这是根据刘少奇的“馬克思主义和文艺在中国还沒有結合”的黑指示提出的。他誣蔑毛主席的文艺思想“完整性、系統性还不够”，对一些文艺理論問題“还沒有解决，至少还沒有完全解决”。

9月　北京大学、复旦大学和北京师范大学学生編写的《中国文学史》相継出版。

10月3日　在我国工农业大跃进的高潮中，毛主席在《人民日报》上发表了光輝詩篇《送瘟神》两首，对大跃进中的我国人民作了崇高的評价：**“春风杨柳万千条，六亿神州尽舜尧”**。极大地鼓舞了千百万群众，促进了大跃进。

11月　彭眞的反党工具《前綫》創刊。彭眞主持写的发刊詞是一篇篡党篡国的修正主义綱領。

一九五九年

1月　赫魯曉夫修正主义集团召集了苏共“二十一大”，会上对我国总路綫、大跃进、人民公社进行恶毒的誣蔑和攻击，支持我国右傾机会主义者和其他阶級敌人的猖狂活动。

旧中宣部召集教育、出版和文艺界負責人开会。胡乔木、周揚在会上对一九五八年的学术批判大加誣蔑。周揚說什么“教授不敢讲話”了，又說反动学术“权威”“他們有好东西，要学习的”。胡乔木气势汹汹地大喊大叫：“我們不要資产阶級的破烂，也不要无产阶級的破烂！”

2月　旧中宣部召开宣傳工作会議，反对一九五八年的文化大革命。陆定一提出所謂“文化亡国論”，“文化让路論”，反对工农兵群众参加文化大革命。周揚也大放厥詞，反对文化大普及，反对所謂“写中心”、“画中心”，即反对文化为当前的政治斗爭服务。

旧中宣部下令旧文化部党組“糾左”，“檢查一九五八年文化工作”。

周揚、林默涵又向旧作协党組下达向右“轉”的命令。周揚还嘱咐說：“要轉得自然，要同一九五八年的說法相衔接，不要前言不对后語。”

2月18日——27日　旧作协召开文学創作工作座談会。周揚、夏衍、邵荃麟、茅盾、老舍等大放其毒。周揚在二月二十日的讲話中，瘋狂攻击大跃进，奴顏婢膝地把現代修正主义艺术叫做“国际水平”，狂热宣揚了一系列修正主义文艺理論。茅盾在题为《創作問題漫談》的讲話中，說描写日常生活的普通題材比重大題材“教育作用”“更为普遍”，鼓吹写英雄人物的“缺点”，写“中間状态的典型”，同时还对新民歌冷嘲热諷。这是在周揚直接指揮下，把文学工作全面推向右“轉”的一个重要的黑会。

本年春　周揚亲自到上海布置周信芳炮制《海瑞上疏》这株为右傾机会主义者打气的大毒草。这出戏在建国十周年前出籠。

2月　《中国青年》和《文艺报》上展开关于小說《青春之歌》的辯論。革命群众对吹捧刘少奇、彭眞，美化資产阶級知識分子的《青春之歌》提出了严正批判。前团中央和周揚黑帮立即組織茅盾、何其芳等“权威”进行圍攻。

6月16日　吳晗跳出来在《人民日报》上抛出了《海瑞罵皇帝》，这是恶毒地攻击党，鼓动右傾机会主义分子向党进攻的大毒草。

6月　中国人民解放軍第二届文艺会演大会在北京开幕，演出許多优秀的戏剧、曲艺、歌舞。周揚到会瘋狂攻击群众文艺創作和文化活动，鼓吹部队剧团排演《楊門女将》《大雷雨》《抓壮丁》等“洋名古”之类的东西。

6月——7月　周揚糾集林默涵、錢俊瑞、邵荃麟、陈荒煤、刘白羽、何其芳、張光年等党羽到北戴河开会，討論文化部“改进工作”方案。周揚提出了“改进”文艺工作的十个問題（即后来修正主义的文艺綱領“文艺十条”的雛形），并准备在拟定召开的文艺工作座談会抛出。但未及詳細討論，具有偉大历史意义的庐山会議召开了。周揚慌忙打电話通知林默涵退却，說“形势有变化”，要他們赶快收攤，并把已經写出来的文件隐蔽起来。

7月　夏衍在文化部召开的全国故事片厂厂长会議上，提出臭名昭著的“离經叛道”論。他說：“我們現在的影片是老一套的‘革命經’，‘战爭道’，离开这一‘經’一‘道’就沒有东西。这样是搞不出新品种的。我今天的发言就是离經叛道之言。”

自庐山会議开始，在全党展开了反对右傾机会主义的斗爭。周揚同“三家村”反革命集团相勾結，运用文艺为反党集团翻案。紧接着，在經济暫时困难时期，刘邓黑司令部在文艺方面的吹鼓手周揚黑帮全面推行反革命修正主义文艺路綫，积极为篡党、篡軍、篡政，实現資本主义复辟作輿論准备。

1959年8月2日 党中央八届八中全会在江西庐山举行。会上，以海瑞自命的彭德怀右傾机会主义集团提出了一个彻头彻尾的修正主义綱領，猖狂攻击三面紅旗，梦想实現其篡党野心。

以毛主席为首的党中央彻底打垮了彭德怀反党集团，罢了彭德怀等人的官。

刘少奇与彭德怀是一丘之貉，他在会議期間对彭德怀說：“与其你篡党，还不如我篡党！”

9月21日 吳晗的大毒草《論海瑞》，經过反革命修正主义分子胡乔木的修改，在《人民日报》刊出。这篇文章，实际上是极力美化彭德怀反党集团，为右傾机会主义分子喊冤叫屈。

9月 經周揚授意，并送資料、定調子，由周信芳等炮制的反革命京剧《海瑞上疏》，在上海演出。

在此前后，各地出現了一批歌頌反党分子形象“海瑞”的戏剧、散文等作品。

10月1日 中华人民共和国成立十周年。

旧文化部举办“国产新片展覽月”，开始放映反动影片《林家鋪子》《青春之歌》《聶耳》以及其它一些坏影片。

在首都舞台上演的主要是《赵氏孤儿》《二度梅》《伐子都》《游西湖》等坏戏、鬼戏。話剧則主要是《雷雨》《娜拉》《大雷雨》《第十二夜》《一仆二主》等宣揚資产阶級思想、美化資本主义世界的剧目。

11月 旧文化部举办“苏联电影周”，公然放映大叛徒萧洛霍夫的《一个人的遭遇》。

12月 吳晗的大毒草《海瑞的故事》出版。

12日8日——1960年1月4日 旧中宣部召开全国文化工作会議。周揚玩弄反革命两面派的手法，打起反对修正主义的旗号，但不准反对苏修，而对国内的修正主义問題也极力縮小，說成仅仅只是个别現象，最后是拉出巴人和李何林来批判一下，搪塞了事。

12月29日 文化工作会議期間，周揚这个投机家，提出了一个所謂反对現代修正主义、批判欧洲資产阶級文艺遺产的請示报告。十二月二十九日，邓小平“指示”說，反对修正主义“不能影射”苏修，“只讲我們自己的”，而且“一定要愼重”；对批判遺产，則强調要“长期打算”，“充分准备”，“細水长流”，“写出有分量的文章”，“不要一下发动总攻”，不要搞一个大的运动；在出版欧洲資产阶級文艺作品方面，“无害的要出”。实际上是不准广大工农兵群众批判現代修正主义和資产阶級文艺。

12月30日 陆定一在文化工作会議上作报告，大反斯大林，把苏联資本主义复辟的罪責推到斯大林头上。他还发揮邓小平的黑指示，大肆宣揚修正主义的“有益无害”論。

一九六〇年

1月3日 周揚作文化工作会議的总結报告，反对毛主席的文艺方向。他說：“光靠方向正确不行，要拿出貨色来。”周揚还根据邓、陆的“指示”，再一次强調宣揚“有益无害”論，提倡害人的封建主义文艺和資产阶級文艺。

3月2日 根据周揚黑指示，在旧作协党組策划下，以《文学評論》《文艺报》編輯部的名义召开紀念左联成立三十周年座談会。“三十年代”文艺的头面人物夏衍、阳翰笙、邵荃麟、茅盾、阿英、孟超、唐弢以及林默涵、何其芳等糾集在一起，在发言中翻案，叫喊說他們当时“高高举起了无产阶級革命文学的旗帜”，“在我国无产阶級革命文学运动中起了巨大作用”。

在此前后，上海文艺出版社即以昂貴的代价影印了周揚等編輯的三十年代杂志。

4月13日——29日 旧文化部在北京举办現代題材戏曲观摩演出，齐燕銘提出“現代戏、傳統戏、新編历史剧三者并举”，把現代剧降低为傳統戏的“补充”。

4月22日 列宁誕生九十周年，《紅旗》杂志第八期，发表了重要文章《列宁主义万岁》，坚決批判了現代修正主义，捍卫了馬克思列宁主义的純洁性。

7月22日——8月13日 第三次全国文代会和旧作协第三次理事会（扩大）会議召开。

会議筹备期間，林默涵向旧作协党組負責人邵荃麟等傳达刘少奇关于文艺队伍問題的指示：“建国已經十一年，工人阶級的文艺队伍应該已經形成了。”七月二十三日，陆定一在文代会的报告，按照这个調子，大肆美化資产阶級知識分子，說：“一支以工人阶級的文学艺术工作者为骨干的强大的文学艺术队伍，已經成长起来。”

周揚在会上作《我国社会主义文学艺术的道路》的报告，伪装反修，实际上塞了不少黑貨。他根本否定毛主席已經給我們指出的文艺的正确方向和道路，說：“我們应該很好地总結我們的經驗，闡明我国社会主义文艺应当沿着什么方向、什么道路前进才是正确的”。他并吹捧《三家巷》等一批毒草，列为“优秀作品”，还要人們向十八、十九世紀欧洲資产阶級文艺作品跪倒。

通过这次文代会，周揚把“三十年代”的“元老”夏衍、田汉、阳翰笙都提为文联副主席，在各协会的領导崗位，也安插了亲信。

10月1日 我們偉大領袖毛主席的光輝著作《毛澤东选集》第四卷出版发行。

林彪同志为此发表重要文章《中国人民革命战爭的胜利是毛澤东思想的胜利》。林彪同志着重指出：“中国革命的胜利，是馬克思列宁主义的胜利，是毛澤东思想的胜利”。“用毛澤东思想武裝我們的头脑，保卫馬克思列宁主义的純洁性，反对形形色色的現代修正主义思潮，是我們当前重要的战斗任务。”

10月22日 在林彪同志主持下，中央軍委扩大会議作出高举毛澤东思想偉大紅旗的《关于加强軍队政治思想工作的决議》，明确規定部队文艺工作的任务是：“必須密切結合部队的任务和思想情況，为灭資兴无，巩固和提高战斗力服务。”

11月19日 周揚召开历史剧座談会。会上，吳晗、翦伯贊、侯外庐等反共老手和一批資产阶級史学“权威”大肆放毒。周揚竭力鼓吹表現历史題材，說：“某些艺术品种，如昆曲、京剧可以主要是写历史題材，甚至全部都写历史題材”。他秉承邓小平的旨意，叫嚣要把中国几千年来的历史“戏剧化”，并当場委任吳晗負責編出中国历史剧拟目，把有利于宣傳頌古非今的历史事件挑选出来供剧作家选題参考。

一九六一年

1月 党中央举行了八届九中全会。全会公报指出：“我国在过去三年中所取得的偉大成就，說明了党的社会主义建設总路綫、大跃进、人民公社是适合中国的实际情况的。”公报还尖銳地指出：“……占人口百分之几的极少数沒有改造好的地主阶級分子和資产阶級分子……他們总是企图复辟，他們利用自然灾害所造成的困难和某些基层工作中的缺点，进行破坏活动。”

同月 林彪同志在《关于加强部队政治思想工作的指示》中号召：一定要把毛澤东思想眞正学到手。并指出：“要带着問題学，活学活用，学用結合，急用先学，立竿見影。”

同月 吳晗的《海瑞罢官》在《北京文艺》发表。这个戏的矛头指向以毛主席为首的党中央，要翻庐山会議的案。戏中叫喊右傾机会主义分子的“罢官”是“理不公”，呼喚他們重新上台，主持“朝政”，实現資本主义复辟。

2月21日 刘少奇在怀仁堂看中国京剧院演出时說：“可以多編一些这样的新历史剧，另外也可以改編一些傳統剧目，甚至象《梅龙鎭》、《二进宫》、《四郎探母》等思想性差、技术性强的戏，也可以改改內容，把技术留下来，继承艺术成果”。

2月　陈云对曲艺工作作了許多黑指示。他反对曲艺表現社会主义革命和社会主义建設，为当前政治斗爭服务。二月十四日他对中宣部文艺处負責人說：“要懂得观众的心理，他們来听曲艺，首先是为了文化娛乐的需要，不是来上課。”与此同时，他竭力鼓吹旧书目，对于《孟丽君》等坏书贊賞备至。陈云的所謂“指示”，經旧中宣部作为文件印发，流毒甚广。

2月——3月　周揚在上海、杭州召集了二十多个座談会，多方搜集所謂党对文艺的領导“簡单化”、所謂反右傾运动中的“粗暴批評”造成資产阶級作家、艺术家、教授“情緒紧張”的材料。周揚也在座談会上猖狂反对毛主席。他在杭州对《魯迅傳》摄制組人員讲話时說：有的戏“把‘感謝毛主席’这句話直接表現出来，一遍还不够，感謝了三遍四遍。”“你感謝了那么多，我就不感謝了。”这种混賬黑話，何等恶毒！

3月19日　“三家村”反革命集团的主将邓拓登台，《燕山夜話》在《北京晚报》出籠。

3月26日　邓拓的《燕山夜話》提出《欢迎“杂家”》的口号，煽动的地主資产阶級知識分子，各种牛鬼蛇神向党进攻，夺取領导权。

4月中旬　《文艺报》抛出《題材問題》专論。这篇在周揚、林默涵指导下，由張光年起草，又經旧作协党組討論，周揚、林默涵精心修改的大毒草，是反革命修正主义文艺路綫的代表作。它打着“題材多样化”的幌子，排斥工农兵火热斗爭的題材；它在“用一切办法广开文路”的口号下，鼓励反党反社会主义的“有志之士”、“有用之才”出来进行反革命宣傳，为資本主义复辟制造輿論。

专論发表后，北京和許多文艺团体举行座談，不少报刊轉載并发表文章响应。苏修《外国文学》杂志也連續加以报导，說是中国文艺界的“新事物”。

4月8日　周揚为了实現他的“建立中国的美学理論”的大阴謀，指使《文艺报》編輯部召开了所謂“批判地继承中国古典文艺理論遺产”座談会。茅盾、林默涵、田汉、孟超、俞平伯、朱光潛、陈翔鶴等修正主义分子和資产阶級“权威”到会。发言的人大肆美化封建时代的文論、詩論。《文艺报》自第五期起特辟专栏，将发言及后来組織的文稿連續刊出，大量引用古人的言論，在文艺界造成了“言必称刘勰，死不談馬列”的风气。俞平伯的文章发表后，《文艺报》的走資本主义道路的当权派洋洋得意地宣称：“俞平伯这个名字在《文艺报》上出現，就是一个胜利！”公然为一九五四年对俞平伯《紅楼梦研究》的批判翻案，替他恢复“名誉”。

同月　周揚主持高等学校文科教材編选計划会議。他在四月十二日的讲話中，再一次反对毛澤东思想，反对政治挂帅，反对思想改造。

通过这次会議，周揚搜罗了大批資产阶級学者和反动“权威”，让他們主持文科教材的編写工作。結果，編出一批塞滿封建主义、資本主义和修正主义黑貨的教材。

6月1日　旧中宣部召集的全国文艺工作座談会开場。陆定一、周揚等早就阴謀策划的这个会議，对一九五八年大跃进以来的群众創作运动和庐山会議以来的思想批判运动，瘋狷反扑，对毛主席的文艺路綫发起了猖狂进攻，同时企图全面地貫彻反革命修正主义文艺黑綫。会議开場不久，周揚、林默涵就抛出了《关于当前文学艺术工作的意見（草案）》即《文艺十条》的初稿，在会上組織討論。

这次会后，旧中宣部指令各省市委宣傳部召开本地区的文艺工作座談会，貫彻《文艺十条》。

6月2日　周揚在文艺工作座談会上作报告，誣蔑反右派以来的历次政治思想斗爭“产生了副作用，有些人不敢讲話了”，“文艺題材、形式、风格的自由发展，不同学派的自由討論，这两个‘自由’受到了阻碍和束縛。”

周揚又一次反对歌頌毛主席，他恶狠狠地說：“一会儿說毛主席如何，一会儿出来一个毛主席象，这是廉价的宣傳。……我不敢讲，彭真同志說是懶汉！”

他还系統地宣揚了文艺对政治的“間接服务”論，遺产的“全盘继承”論，反“題自由化的方針。

6月8日——7月2日　由夏衍主持的全国故事片創作会議也在北京举行。夏衍在会上販卖"离經叛道"論。会議制定了一个修正主义的电影綱領——三十二条。

六月十六日，周揚在会上借胡风的恶毒語言，大反毛澤东思想，他叫道："胡风說，机械論統治了中国文艺界二十年。……如果我們搞得不好，双百方針不貫彻，都是一些紅衣大主教，修女，修士，思想僵化，言必称馬列主义，言必称毛澤东思想，也是够叫人惱火的就是了，我一直記着胡风的这两句話。"

二十三日，他又在会上作报告，誣蔑历次政治思想斗爭"是右派深淵、反党深淵、右傾机会主义深淵、修正主义深淵"，說什么"深淵太多了，一下跌入，万劫不复"，为牛鬼蛇神鳴冤叫屈，叫嚣"以后少搞点深渊"。

7月　邵荃麟在旧作协傳达刘少奇关于全面檢查报刊理論宣傳工作"片面性"的黑指示，并加以貫彻。实质是否定大跃进以来理論宣傳和思想批判的革命精神。

8月1日　"文艺十条"經周揚、林默涵主持修改，印发給各地。

"文艺十条"是一个彻头彻尾的反革命修正主义文艺綱領。它全面地系統地攻击毛主席的革命文艺路綫，反对党对文艺工作的領导，反对文艺为无产阶級的革命斗爭和中心工作服务，反对政治第一的批評标准，反对作家深入工农兵，鼓吹"間接服务論"、"反題材决定論"，鼓吹資产阶級自由化的方針，提出一整套招降納叛、建立資产阶級文艺队伍的修正主义制度。

"文艺十条"发出后旧作协党組扩大会議，頌揚"十条"是"綱領性的文件"，"只要在今后的工作中，努力加以貫彻，整个文学艺术事业就会很快繁荣起来。"上海文艺界的資产阶級分子們也狂呼："好得很！人手一册，是座右銘！"有的揚言要为"文艺十条""立碑"。

坚持毛主席文艺路綫的革命派，特别是部队的革命文艺工作者，对"文艺十条"則进行了抵制。他們針鋒相对地指出，部队的文艺工作就是要为部队的中心工作服务，为巩固和提高战斗力服务。

年底，陆定一、周揚等組織人力，对《文艺十条》多次进行修改，定为"文艺八条"，加了一些伪装，而其基本內容未变，仍是修正主义的一套貨色。

8月　影射现实的反党反社会主义的鬼戏《李慧娘》（孟超編剧）出籠。一些人立即怪声叫好，說是"鲜艳的紅梅"，"文苑的奇葩，剧坛的异卉"。廖沫沙化名繁星跳出来，叫嚣"有鬼无害"（見八月三十一日《北京晚报》）。

田汉的影射现实的反革命"历史剧"《謝瑤环》，也同时出籠。

9月1日　旧中宣部批轉刘白羽一手炮制的《作家协会党組关于安排作家創作問題的請示报告》。这个《报告》以保证創作时間为名，要作家埋头創作，不去深入工农兵，不参加政治活动；鼓吹資产阶級的"創作自由"。

10月　苏共举行第二十二次代表大会，通过了一个全面的、系統的現代修正主义的綱領。

10月9日　陆定一在討論文艺工作的会上歪曲"百花齐放"的方針，在所謂"无害"的幌子下鼓吹放資产阶級文艺，說："百花齐放不仅是风格、形式、題材、方法，还表現在政治方向容許无害作品。无害作品的阶級基础就是資产阶級中間派。中国那么大，专有人搞无害作品可以不可以？可以。""周瘦鵑搞盆景，鴛鴦蝴蝶派的，容許他搞"，这"也算一花"。

11月　陈翔鶴抛出借古諷今的反党反社会主义小說《陶淵明写〈挽歌〉》（載《人民文学》）。随后，还有黃秋耘等其他人的一批反党历史小說出籠。

一九六二年

1月　刘少奇在扩大的中央工作会議上大反毛主席，大反毛澤东思想，大肆詆譭历次政治运动是"殘酷斗爭，无情打击"，为右傾机会主义分子翻案，瘋狂攻击三面紅旗，鼓吹"三自一包"，抛出資本主义复辟的綱領。

1月30日　在关鍵时刻，偉大領袖毛主席在扩大的中央工作会議上做了具有重大历史意义的讲話。毛主席总結了社会主义革命和建設的經驗，提出了民主集中制的問題，指出了社会主义时期阶級斗爭的規律。毛主席說：已经被推翻的反动阶级，还企图复辟。在社会主义社会，还会产生新的资产阶级分子。整个社会主义阶段，存在着阶级和阶级斗争，这种阶级斗争是长期的、复杂的、有时甚至是很激烈的。毛主席又指出：……还有一些人挂着共产党员的招牌，但是并不代表工人阶级，而是代表资产阶级。党内并不纯粹，这一点必须看到，否则我们是要吃亏的。

3月3日——26日　全国話剧歌剧創作座談会，在周揚指揮下，在广州举行。田汉在开幕詞中煽动說："从北京到各省市都傳达了'文艺十条'，許多同志出了气，吐了苦水，但气可能还沒有出够，苦水还沒有吐完。在这次座談会上可以一吐为快。"林默涵讲話，带头攻击革命左派。齐燕銘反对强調同工农兵結合，又誣蔑說："紅菩薩"不能为社会主义服务！在刘少奇及周揚等的支持下，一些資产阶級文艺家，大出反党之"气"，反对毛主席的革命文艺路綫，肆无忌憚为受过批判的資产阶級分子翻案。

3月5日　陶鑄在"广州会議"讲話，充当資本主义复辟的吹鼓手。他誣蔑反右傾斗爭使作家受"精神的虐待"，"心情不舒暢"，"强笑为欢"。他又为資产阶級的"創作自由"招魂，說：要"充分尊重作家的自由，創作的自由，沒有創作的自由，就不会有創作的繁荣"。

八届十中全会后，陶鑄将这个讲話改头換面加上伪装，在六三年二月号《作品》上抛出。

4月　提出重印《毛澤东选集》四卷本三十万套，閻王殿却只許印五万八千套，而且仅供出口用。但就是这一年，在周揚反革命修正主义集团倡导下，文化部一次撥出用于印古典文学著作的紙張竟达七千五百吨，如用来印《毛澤东选集》，可印六百万部。

3月18日　《戏剧报》第三期发表长篇論文吹捧田汉的《謝瑤环》。在此前后，《戏剧报》以学术討論为名，美化宣揚封建道德的坏戏《斬經堂》，压制不同意見。長期以来，周揚、田汉等人控制的《戏剧报》毒草丛生，大肆鼓吹"名、洋、古"，为資产阶級代表人物提供反党陣地，完全成了資本主义复辟的工具。

5月　在紀念《讲話》二十周年的前夕，毛主席的光輝詩篇《詞六首》在《人民文学》发表。毛主席在战斗中写成的光輝詩篇是表現第二次国內革命战爭的詩史，是鼓舞全国人民和世界革命人民斗爭热情的强大思想武器。

5月　毛主席的偉大著作《在延安文艺座談会上的讲話》发表二十周年。自二月中旬起周揚伙同林默涵調集何其芳、張光年、陈荒煤、叶以群等二十余人，在北京新侨飯店，以"紀念"《讲話》，"总結經驗"为名，密謀策划大写反对毛主席文艺路綫、宣揚"全民文艺"等修正主义謬論的黑文章。这就是臭名昭著的"新侨黑会"。

5月23日　根据周揚三月十五日"新侨黑会"的讲話起草并經周揚仔細修改定稿的《为最广大的人民群众服务》，以《人民日报》社論名义抛出。这篇文章紧密配合刘少奇复辟資本主义的阴謀，响应赫魯曉夫"全民国家"、"全民党"的修正主义口号，企图用所謂"全民文艺"代替无产阶級文艺，用所謂"統一战綫"偷換文艺的工农兵方向，硬要把資产阶級作为我們文艺的服务对象，从而使文艺变为反革命复辟的工具。

同日《文艺报》抛出了張光年执笔，周揚审閱的社論《文艺队伍的团結、鍛炼和提高》，陈荒煤的《关于創造人物的几个問題》。

稍后，何其芳的《战斗的胜利的二十年》和瞿白音的《关于电影創新問題的独白》相继在《文学評論》和《电影艺术》出籠。

6月　《早春二月》电影剧本在《电影創作》上发表。在周揚支持、夏衍参与下，这部反动影片由北京电影制片厂于一九六三年摄成。

8月　刘少奇为了进一步制造資本主义复辟的輿論，毒害革命人民，将他的黑《修养》再版抛出，大量印行，流毒全国，流毒世界。

同月　經夏衍、陈荒煤亲自指导而炮制的、为刘少奇树碑立傳的反动影片《燎原》出籠。

8月2日——8月16日 农村題材短篇小說創作座談会，由邵荃麟主持，在大連召开。这是一次猖狂地攻击三面紅旗，攻击以毛主席为首的党中央，鼓吹“单干”，鼓吹“三自一包”，为刘少奇搞反革命复辟制造輿論的黑会。

八月十日，周揚亲自到会煽风点火，咒駡“集体經济搞得家破人亡”，鼓吹“三自一包”。他要作家“搞个有憤怒的作品”，說这样“写出来相当惊心动魄”，“比《被开垦的处女地》还生动”。

茅盾在会上对党和社会主义制度破口大駡，誣蔑大跃进“是暴发戶心理”。

在周揚、邵荃麟带动下，赵树理、康濯、方冰等人恶毒地誣蔑說：党把农村“搞得天怒人怨”，“天聾地啞”，农民“閉着眼睛过日子”，“有个戏写公社怎么好，到处挨駡”！会上，邵荃麟竭力鼓吹“中間人物”論和“現实主义深化”論，并鼓吹写反党反社会主义的“頂风”“英雄”。

党的八届十中全会以来，在毛主席提出抓意識形态领域阶級斗争的偉大号召下，以江青同志为代表的无产阶級革命派冲破反革命修正主义文艺黑綫的阻撓，掀起了一个嶄新的文化革命。周揚等反革命修正主义分子負隅頑抗，百般破坏。

1962年9月24日——9月27日 毛主席亲自主持召开了党的八届十中全会。

毛主席在会上再一次强調了关于社会主义社会的矛盾、阶級和阶級斗爭的理論，向全党和全国人民发出了**千万不要忘记阶级斗争**的偉大战斗号召，提出**要抓意识形态领域的阶级斗争。“现在不是写小说盛行吗？利用小说进行反党活动，是一大发明。凡是要推翻一个政权，总要先造成舆论，总要先做意识形态方面的工作。革命的阶级是这样，反革命的阶级也是这样。**”毛主席的这一偉大号召，是我国无产阶級文化大革命的眞正的开端。

本年间 党中央揭发了习仲勋为高崗翻案的大阴謀。周揚积极参与了这个阴謀。他支持、鼓励在习仲勋指使下写出的为高崗翻案的反党小說《刘志丹》。周揚还曾要夏衍設法把它改編为电影。該书作者是周揚在延安魯艺的学生。

10月19日 周揚在文艺工作座談会上“傳达”十中全会精神，借机把自己打扮成左派，歪曲十中全会精神，說什么文艺界“基本情况是好的”，“反党、反馬克思主义的东西发表得……不多”，并别有用心地說，貫徹十中全会精神，“也不要走向另一个极端”，公开抵制毛主席的**要抓意识形态领域阶级斗争**的偉大号召。

11月6日——11月12日 周揚策划在山东、济南召开了“孔子学术討論会”。这是周揚伙同一批牛鬼蛇神对抗十中全会革命精神，对社会主义制度猖狂进攻，制造反革命輿論的一次黑会。他們公开鼓吹“尊孔复古”，演出了向封建祖宗行鞠躬礼的丑剧。

一九六三年

1月1日 柯庆施同志根据毛主席的指示和十中全会精神，向上海文艺工作者提出了“写十三年”的倡議。

他在上海部分文艺工作者座談会上指示：“解放十三年来的巨大变化是自古以来从来有过的。在这样的时代、丰富的生活里，文艺工作者应該創作出更多更好的反映偉大时代的文学、戏剧、电影、音乐、繪画和其他各种形式的文艺作品”，“要为社会主义革命和建設事业服务”。

1月6日 上海《文汇报》报导了柯庆施同志的讲話。

2月 程季华主編的《中国电影发展史（初稿）》出版。这是周揚、夏衍等人有計划地通过伪造历史进行自我吹噓、宣揚三十年代文艺，为“国防文学”口号翻案的反党大毒草。

3月8日 刘少奇在旧文化部汇报时鼓吹帝王将相、才子佳人戏，反对戏曲表現社会主义革命和社会主义建設，胡說：“可表現現代生活的，就演現代生活的戏。不能表現現代生活的戏，就演历史戏。让大家看了戏，好好休息，就是鼓励社会主义劳动热情。”

他还为資本主义、修正主义文艺开道，說：“世界各国的电影，都搞点进来，一种是进步的，一种是不怎么进步但也无害的，搞些进来，让我們了解各国的生活、学习。”

4月　旧中宣部召开文艺工作会議。周揚組織林默涵、邵荃麟等一伙人圍攻柯庆施同志提出的“写十三年”的口号。

在北京区文学組討論会上，邵荃麟一伙攻击柯庆施同志“不懂文艺”、“簡单化”、“挫伤了作家”的“积极性”，針鋒相对地提出“要写四十年（指五四以来）”，“写一百〇五年”，“写自己熟悉的”，“不要太狹窄，要多样化”。

9——10日　周揚在大会上公然叫嚷“写十三年是有困难的”，理由是“时間短，印象不深”。

16日　邵荃麟在大会发言中大力宣揚反“題材决定論”，說“贊成生活各方面的題材，因为世界是多样性的”，“（題材范圍）还是定一同志說的，不要限制”。

張春桥同志当即駁斥了周揚等一伙的謬論。他列举“写十三年”的十大好处，强調“写十三年”的重要性。

17日　林默涵为会議作总結，肯定邵荃麟的发言，并进而公开提出：“提倡有益，反对有害，允許无害。”

4月　旧文联在北京召开第三届全国委員会第二次扩大会議。

4月22日　周揚作《加强文艺战綫，反对修正主义》的报告。說什么“‘二百’方針执行的过程，是各种文艺思想竞賽的过程”，“不要排斥文艺中有娛乐性的东西，无害的东西，对生活上有益的”，他鼓吹缺点“要写，不要回避”，否則就是“粉飾”，作品“要有人情味”。

4月27日　周揚作总結报告，宣揚一整套反革命修正主义黑貨。說什么“一九六一年的‘文艺八条’是正确的，調动了文艺界的积极性，是好文件”，提出：“成立全国性机构”，进行“傳統剧目的审定、整理、加工”“把它（傳統剧目）肯定下来，子子孙孙长期演下去。”胡說“所謂高举紅旗，就是发揚傳統”，“这傳統要从‘五四’算起”，“左联时期就是与資产阶級作斗爭的”，“从来都力图与群众相結合的”。

4月　周恩来同志在中宣部文艺工作会議、文化部文化局长会議、出版工作会議和全国文联委員会扩大会議上报告，号召全国文艺工作者：积极参加国內外的阶級斗爭，做一个革命的文艺工作者。他明确指出：文艺創作应以“歌頌今人的作品为主”，而“十三年中，重点又要放在社会主义革命”。“《四郎探母》、鬼戏出現，不好，应当禁止。”

5月20日　《中共中央关于目前农村工作中若干問題的决定（草案）》下达。在毛主席亲自領导下制定的这个重要文件，是我国人民进行社会主义革命的强大的思想武器。

6月14日　在毛主席亲自領导下，制定了《关于国际共产主义运动总路綫的建議》。这个划时代的綱領性的文献，和《人民日报》、《紅旗》杂志編輯部对苏共中央公开信的九篇評論等重要文章，对当代世界革命一系列重大問題，做了馬克思列宁主义的科学分析，是反帝国主义和現代修正主义的强大思想武器。

5月6日　柯庆施同志、江青同志組織梁壁輝（即俞銘璜）写的批判孟超《李慧娘》、廖沫沙“有鬼无害論”的文章在上海《文汇报》上发表。

6月　毛主席在杭州会議上讲話，再次强調指出：**阶级斗爭要天天讲，月月讲，年年讲。有流血的阶级斗爭，有不流血的阶级斗爭。不讲阶级斗爭什么问题都不能说明。**

7月　刘少奇、邓小平以“中央”名义批轉中宣部《关于出版工作座談会情况和改进出版工作問題的报告》，对出版毛主席著作又規定了許多新“王法”，千方百計地抵制、阻挠宣傳毛澤东思想。

8月1日　毛主席观看了話剧《雷鋒》，接見了全体演出和工作人員。毛主席以后又接連看了一些革命現代戏。毛主席对革命現代戏的关怀极大地鼓舞了革命文艺工作者，坚持工农兵方向、紧密为当前政治任务服务、歌頌社会主义时代英雄人物的热情和积极性。

8月29日　周揚在戏曲工作座談会上大讲傳統剧目、新編历史剧目、現代題材剧目"三条腿不可偏廢"，"不要提以什么为主"。还說："京剧表現帝王将相很带勁儿。"他公开反对柯庆施同志、江青同志組織的对鬼戏、对"有鬼无害"論的批判。

8月　戚本禹同志的《評李秀成自述》发表，揭露了李秀成"丧失了革命气节，背叛了太平天国的革命事业"的叛徒嘴臉，批判了資产阶級反动学术"权威"罗尔綱等人长期以来把叛徒美化成"英雄"的反动謬論。旧中宣部竟发出通知，指責戚本禹同志的文章在政治上是有害的，在科学上是站不住脚的。并組織邓拓、翦伯贊之流写文章圍攻戚本禹同志。

9月　在党的中央工作会議上，毛主席指出：**戏剧要推陈出新，不能推陈出陈，光唱帝王将相、才子佳人和他们的丫头保镖之类。**

9月24日　《光明日报》发表姚文元同志《略論时代精神問題》，批判周谷城的"时代精神汇合"論。

9月27日　毛主席指示：**文艺部门、戏曲、电影方面也要抓一个推陈出新问题。舞台上尽是帝王将相、家员丫环。內容变了，形式也要变，如水袖等等。推陈出新，出什么？封建主义？社会主义？旧形式要出新内容。按这样子，二十年后就没有人看了。上层建筑总要适应经济基础。**

10月　周揚再次召集戏曲工作会議。他在报告中吹噓戏曲改革已經取得"巨大的成績"，叫嚷："主張演鬼戏不一定是資产阶級思想"，并根据彭眞的謬論，公开提出所謂"分工論"，說什么"特別是京剧，适合于表現帝王将相"。

10月　上海群众艺术館举办第一次农村創作故事会串，集中各县优秀作品进行表演。

柯庆施同志极为关怀群众性的新故事会活动。在柯庆施同志亲自指导下，上海新故事会活动发展很快，涌現了許多优秀的故事員，創作了許多表現社会主义时代新人、新事、新思想的优秀作品，成为群众喜聞乐見、自己教育自己的好形式。

11月　毛主席指示：**《戏剧报》尽是牛鬼蛇神，听说最近有些改进，文化方面特别是戏剧大量是封建落后的东西，社会主义的东西少，在舞台上无非是帝王将相。文化部是管文化的，应注意这方面的问题，为之检查，认眞改正。如不改变，就改名帝王将相、才子佳人部，或者外国死人部。**

毛主席在另一次听取汇报后指示：**《戏剧报》宣传牛鬼蛇神，文化部不管文化，封建的帝王将相、才子佳人很多，文化部不管。**

10月——11月　中国科学院哲学社会科学部委員会在北京举行第四次扩大会議。

11月13日　刘少奇在会上讲話，和毛主席关于反修防修的偉大指示唱反調，提出"当前理論工作的主要任务是反对外国的修正主义"，說只要反对国外的修正主义"就可以防止国內修正主义的产生和发展。"

在刘少奇支持下，周揚作了所謂"哲学社会科学工作者的战斗任务"的报告。大談"整理和研究历史遺产"，叫囂反对所謂"粗暴态度、命令主义"，攻击所謂"用簡单化的办法乱貼标签"，胡說"有些人怕戴帽子，不敢讲話，和我們作法有关"，"有人說对毛主席的著作认識不一样，这是不是反党反社会主义？……对学术上有不同意見是完全可以的。"

11月29日　毛主席观看了話剧《霓虹灯下的哨兵》，并接見了演出人員。

12月　江青同志大抓京剧、芭蕾舞、交响乐改革，在我国掀起一个嶄新的文艺的革命。

她深入北京京剧一团蹲点，亲自指导排演革命現代京剧《沙家浜》。旧北京市委彭眞、李琪一伙反革命修正主义分子瘋狂抵制，从中破坏，恶語中伤江青同志。

江青同志并亲自指导开始排练我国第一个革命的芭蕾剧《紅色娘子軍》。在排练过程中，周揚、林默涵等人竭力破坏。

12月12日　毛主席在一份反映柯庆施同志大抓故事会和評彈改革的材料上批示，針对反革命修正主义集团对文艺界的反动統治，尖銳地指出：

“各种艺术形式——戏剧、曲艺、音乐、美术、舞蹈、电影、诗和文学等等，问题不少，人数很多，社会主义改造在许多部门中，至今收效甚微。许多部门至今还是‘死人’统治着。”“许多共产党人热心提倡封建主义和资本主义的艺术，却不热心提倡社会主义的艺术，岂非咄咄怪事。”

毛主席指示：“社会主义经济基础已经变了，为这基础服务的上层建筑之一的艺术部门，至今还是大问题。这需要从调查研究着手，认眞地抓起来。”

12月25日——1961年1月22日　华东区話剧观摩演出在上海举行。

柯庆施同志在开幕式上就大力提倡革命現代剧問題作了重要报告。

《人民日报》轉載柯庆施同志的报告时，周揚作了恶毒的删改。

一九六四年

1月3日　刘少奇、邓小平以中央名义召开文艺座談会，借口貫彻毛主席批示，实际上阴謀进行抵制。

在刘邓授意下，周揚在会上作了一个与毛主席批示大唱反調的发言。他把文艺界牛鬼蛇神的泛滥說成是“大多数是认識問題”，把为資本主义复辟制造輿論說成是对“历史变化沒认識清楚”，工作上“有时候抓得不紧”，接着，他大肆誣蔑“大跃进时期领导文艺的方法是簡单粗暴的”。

刘少奇对周揚的发言贊賞备至，說他“讲的情况和意見都很好”。幷亲自出馬，为毒草和牛鬼蛇神鳴鑼开道，进行辯护。說什么，“（文艺界）絕大部分是认識問題，也有些人是二心的，反党的，要进行批評，但不要象反右派那样。”他甚至提出，文艺工作者下农村“可以开大轎車去，作家可以在車上做飯睡觉”。

康生、江青同志在这次会上与刘少奇一伙进行了針鋒相对的斗爭。江青同志說：“資本主义对我們的东西就更粗暴”，“現代戏求全很难”，“新剧目現在还沒有一半，已經有人在叫要两条腿走路了”，“就是要允許一段非驴非馬的东西”，“十四年的功夫，还搞古时的感情，这是个立場問題”。康生同志針对刘少奇等吹捧資产阶級“文学家”可以“改造人的灵魂”的謬論，駁斥說：“我的灵魂要靠那些文学家改造？我不承认！”

1月11日　毛主席观看了豫剧《朝阳沟》，幷接見全体演出人員。

2月3日　旧剧协举行黃色下流、腐朽透頂的“迎春晚会”。这次晚会是文艺界牛鬼蛇神丑恶灵魂的一次典型的大暴露。

3月　周揚策划下，由唐弢主編的《中国現代文学史》（討論稿）出籠。这部《現代文学史》全面系統地宣揚三十年代文艺“取得一次又一次的輝煌的战果”，吹捧“周起应（按：即周揚）馬克思主义观点”，胡說什么“国防文学”口号是响应“党和毛澤东同志关于建立抗日民族統一战綫的号召”而提出的“无产阶級的口号”。

3月——4月　部队文艺工作者揭发了“迎春晚会”的問題，陆定一、周揚慌忙布置文联及所属各协会进行假“整风”。这次假“整风”后，旧中宣部写了一份《关于全国文联及所属各协会整风情况的报告》，妄图蒙騙毛主席和党中央。

4月6日——5月10日　中国人民解放軍第三届文艺会演大会在京举行。

五月九日，林彪同志听取了总政治部关于全軍第三届文艺会演的情况的汇报后，对部队文艺工作作了重要指示。他指出：

“无产阶級文艺的目的，就是要团結人民，教育人民，鼓舞革命人民的斗志；瓦解敌人，消灭敌人，进行兴无灭資的斗爭。它是强有力的思想武器，是形象地、通俗地宣傳馬克思列宁主义、毛澤东思想的工具。”

4月9日　刘少奇对一个外国文化代表团說：“中国資本主义的，我們叫新民主主义时代的音乐、小說、詩歌、戏剧，在艺术水平上讲，不如封建时期的高，現在写的小說、剧本也常常不如封建时期的好，所以演戏就演帝王将相、才子佳人。”公开同毛主席的指示唱反調。

6月5日——7月31日　在毛主席亲切关怀和江青同志的具体指导下，举行了全国京剧現代戏观摩演出大会。这次观摩演出攻破了京剧这个最頑固的堡垒，在京剧改革的带动下，促进了文艺界革命性的变化。以此为标志的文艺革命，成为我国无产阶級文化大革命的开端。

毛主席在会演期間观看了《智取威虎山》《紅灯記》《沙家浜》《奇襲白虎团》《紅嫂》等优秀剧目的演出，并接見全体人員。

6月23日　开始举行京剧現代戏观摩演出人員的座談会。周总理、康生、江青等同志参加。江青同志在七月的讲話中指出："我們要創造保护自己社会主义經济基础的文艺。在方向不清楚的时候，要好好辨清方向。"

一貫反对京剧革命現代戏的彭眞、陆定一、周揚、夏衍等反革命两面派，表面假裝热心京剧改革，背地里破坏京剧現代戏的創作和演出。彭眞在会上讲話中攻击京剧現代戏"粗制濫造"，否定京剧改革已經取得的偉大成就。他还說："最近可以把那些古人戏稍微擱一擱……索性搞那么一段时期，把現代的革命戏演順了手，那时，再同时演一部分古代人的戏也好。"与京剧現代戏的革命創举大唱反調。

6月27日　毛主席在《中央宣傳部关于全国文联和所属各协会整风情况的报告》上，再次作了极其尖銳、极其重要的批示：**"这些协会和他们所掌握的刊物的大多数（据说有少数几个好的），十五年来，基本上（不是一切人）不执行党的政策，做官当老爷，不去接近工农兵，不去反映社会主义的革命和建设。最近几年，竟然跌到了修正主义的边缘。如不认眞改造，势必在将来的某一天，要变成象匈牙利裴多菲俱乐部那样的团体。"**同时，毛主席在中国作家协会的"整风报告"上批道："**写在纸上，不准备兑现的**"

6月19日和7月2日　毛主席分别观看了話剧《南海长城》和《万水千山》，并接見了演出人員。

7月2日　毛主席一九六四年六月二十七日批示，給了旧北京市委彭眞为首的反革命修正主义集团和周揚为首的反革命修正主义文艺黑綫以致命的打击。周揚秉承刘少奇、邓小平旨意，慌忙部署，进行頑抗。他召集文艺工作会議，名为傳达毛主席批示，实际上瘋狂抵制。他說："有的人认識迟，官僚主义；有的人是感情爱好問題。""队伍，多数是好的，愿意搞社会主义，这个估計不改变。"妄图以所謂"中間人物"論的文艺問題掩盖大連反党黑会的政治要害。

7月　江青同志根据毛主席**"洋为今用""推陈出新"**的指示，深入中央乐团，具体指导在京剧《沙家浜》的基础上把它移植成交响音乐。

7月29日　周揚在京剧現代戏演出大会的"总結报告"中，继續負隅頑抗，百般掩盖文艺黑綫，保护自己，包庇同伙。他說："一九六一年起……我們有困难，工作上有缺点、錯誤……所以現代戏的高潮下去了"，"提出挖掘傳統，搶救遺产，提倡流派、拜师等等，本身也是对的"，他竭力为反党分子田汉、孟超开脫罪責，說《謝瑤环》"表現对今天社会的不滿，不是說《謝瑤环》整个的都反动"，"《李慧娘》里表現的是反社会主义的情緒"，"不是說孟超同志是反社会主义"。并撫慰他們說："錯了就錯了。田汉、孟超不要紧張"。

7月——11月　周揚在刘、邓与彭、陆一伙指使下，导演了一場抗拒最高指示，牺牲車馬，保存将帅，打击左派，包庇坏人的假"整风"。抛出了夏衍、齐燕銘、陈荒煤、邵荃麟等人，进行了所謂"批判"，企图蒙混过关，从而掩盖刘、邓、彭的罪恶，为自己也撈取新的政治資本。

周揚、林默涵对旧作家协会提出：批判只限邵荃麟一人，只限文艺問題，只限"中間人物"，不准触及大連会議政治要害。結果，九月号《文艺报》上发表了一篇批判"写中間人物"的文章，就此草草收場。

十一月二十日文联各协的假"整风"收場，周揚作了总結报告，說什么"我的錯誤和你們（指夏衍等人）的路綫錯誤不同"是"沒有經驗"。

8月　毛主席在《中央宣傳部关于公开放映和批判影片〈北国江南〉〈早春二月〉的請示报告》上批示：**"可能不只这两部影片，还有别的需要批判。使修正主义材料公布于**

众。”

全国展开了对《北国江南》、《早春二月》的群众性批判。

9月 彭眞召集“五人小組”会。陆定一采取丢車保帅的手法，把楊献珍、田汉、夏衍、邵荃麟等分别罵一通。說“文艺八条”錯誤在于“沒有专門一条讲党的領导”，旧中宣部的錯誤仅仅是“迟鈍”。此后，又为夏衍等人开脫，說他們是“胡里胡涂走上那条路”。

9月 毛主席在中央音乐学院一个学生写的一封信上批示：**古为今用，洋为中用。**

大型革命芭蕾舞剧《紅色娘子軍》上演。

10月6日 毛主席观看了大型音乐舞蹈史詩《东方紅》。并于十月十六日接見了演出《东方紅》的全体人員。

10月8日 毛主席观看了我国第一个革命芭蕾舞剧《紅色娘子軍》以后，热情鼓励：**“方向是对的，革命是成功的，艺术上也是好的。”**

10月13日 毛主席观看了歌剧《江姐》，并接見了全体演出人員。

11月7日——12月29日 全国少数民族群众业余艺术观摩演出大会在北京举行。毛主席于十一月二十七日接見了大会代表。

11月27日 陆定一在旧中宣部办公会議上依然叫嚣，“中間人物可以写，包括神仙、鬼、寓言都可以写”。

12月 江青同志貫徹毛主席的指示，向陆定一、周揚等人指出：《林家鋪子》《不夜城》《逆风千里》《紅日》《革命家庭》《球迷》《两家人》《兵临城下》《聶耳》等一大批影片，有反动、反革命、資产阶級、修正主义思想、低級趣味，都应当批判；批判了可以达到思想經济双丰收。陆、周等人秉承彭眞旨意，拒不执行毛主席的指示，把原訂批判十部坏影片的計划否定了，只許批判《不夜城》和《林家鋪子》两部。

一九六五年

1月14日 中共中央发布在毛主席亲自領导下制定的《农村社会主义教育运动中目前提出的一些問題》即二十三条。毛主席再次强調了社会主义时期的阶級斗爭学說，着重指出：**“忘记十几年来我党的这一条基本理论和基本实践，就会要走到斜路上去。”**

1月2日 在毛主席号召下，对楊献珍、周谷城的反动观点和一批坏电影展开了批判。

刘少奇、邓小平、彭眞、陆定一、周揚一伙对这一批判运动万分恐惧和仇視，千方百計地把运动拉向右轉。

2月22日 陆定一向旧中宣部傳达“二十三条”。他提出：“不要随便給人戴資产阶級帽子”，“有些資产阶級的口号，如典型、形象思維等，我們还是要用的。”他希望夏衍“能写出好作品来，有一个好的晚年。”

2月23日 周揚召集各协会和主要报刊負責人談話，布置了对批判的“大刹車”。他借口貫徹“二十三条”精神攻击群众性批判的“批判面太寬了”，叫嚷“对群众評論……不能犯尾巴主义”。指責这个时期发表的批判各种的毒草文章“打空炮”、“缺乏分析”、“教条主义”、“乱猜”、“罗織罪状”、“夸大”、“光扣帽子”、“片面性和絕对化”，提出对夏衍、田汉“要有历史观点”，“要一分为二”，“政治与学术要分开”。

2月 下旬，彭眞公然包庇右派，扼杀批判运动，把矛头針对左派，說什么“文艺界要除‘三害’：形而上学、自以为是，个人主义。”

3月3日 刘少奇、邓小平炮制中央书記处会議紀要。这个文件說六四年以来学术文艺战綫上批判資产阶級“权威”的革命搞“过火”了，“妨碍了創作繁荣”；要赶紧“刹車”。

在会上，邓小平公开为毒草作品大开綠灯，不許群众起来鏟除毒草，說什么：“文艺作品演戏只演兵，只演打仗的。电影哪有那么完美？！这个不让演，那个不让演”，“有人就是想靠批判别人出名，踩着别人肩膀自己上台。”

会議紀要下达后，报刊上的批判大部分停下来了。接着，党内外刮起了一股对六四年批判运动的翻案风，攻击群众批判是“爆破組”“人海战术”“以空論对空論”等等。

4月　旧文化部假“整风”收場。

陆定一伙同罗瑞卿，在刘、邓批准下，把肖望东从南京軍区調到旧文化部任代理部长。

8月　刘少奇、邓小平又一次炮制中央书記处会議紀要。这个文件鼓吹学习毛主席著作要“推行自愿原則”，說“不能卡得太死，不能千篇一律，不要搞形式主义，不要形成社会强制”。

9月　在政治局常委扩大会議上毛主席指出：“必须批判资产阶级的反动思想”。幷当面指示彭眞，要批判反动的資产阶級“权威”吳晗，批判他的反党反社会主义的《海瑞罢官》。

9月23日　旧文化部在北京召开全国文化局（厅）长会議。彭眞、陆定一、周揚瘋狂誣蔑毛主席。彭眞叫喊：“在眞理面前人人平等，管你什么党中央的主席。”“錯誤人人有份”。

10月　江青同志亲自指导的交响乐《沙家浜》演出。这是毛主席指示的古为今用、洋为中用、推陈出新又一重大成果。

史无前例的无产阶級文化大革命，推翻了旧中宣部、旧文化部、旧北京市委对文艺工作的修正主义統治，摧毁了反革命修正主义文艺黑綫，揪出了文艺黑綫的总后台刘少奇。

1965年11月10日　《文汇报》发表姚文元同志的文章《評新編历史剧〈海瑞罢官〉》，揭开了批判吳晗之流的序幕。这篇文章是江青同志在毛主席支持下，組織張春桥同志、姚文元同志經过了七、八个月的反复修改写成的。

11月11日——29日　姚文元同志的文章发表后，立即受到全国广大革命人民的坚决支持与热烈响应。

刘少奇、邓小平拒不执行毛主席的重要指示，指使旧北京市委、旧中宣部、旧文化部进行抵制。彭眞、周揚下令北京方面所有的报紙拒不轉載姚文元同志的文章。《北京日报》社长、反革命修正主义分子范瑾两次质問《文汇报》发表姚文元同志文章的背景是什么。

11月24日根据毛主席的指示，上海新华书店出版姚文元同志文章的单行本，急电全国新华书店，征求訂购数字。各地均有回电，唯北京奉命不复。

11月28日　在周恩来同志的督促下，彭眞被迫应付，在人民大会堂西大厅召集会議，商討轉載姚文元同志的文章問題。会上邓拓說：“吳晗有些紧張，因为他知道这次批評有来头。”彭眞說：“什么来头不来头，只問眞理如何，在眞理面前人人平等。”露骨地把攻击矛头指向毛主席。

11月29日　周揚在全国青年业余文学創作积极分子大会上作报告，极力抵制毛主席关于批判資产阶級代表人物的重要指示，只字不提关于《海瑞罢官》的批判，对十六年来文化战綫上的阶級斗爭进行了肆意的歪曲和捏造，把自己打扮成毛澤东文艺路綫的执行者。他公然卑鄙地纂改毛主席一九六四年六月批示，妄图掩盖資本主义文艺黑綫的罪恶。

11月29日　《解放軍报》轉載姚文元同志的文章，“編者按”明确指出：《海瑞罢官》是一株大毒草。

同一天，《北京日报》轉載姚文元同志的文章，“編者按”提出要“不同的意見展开討論”。这个“編者按”，是彭眞授意幷定稿的。

11月30日　《人民日报》在第五版《学术研究》栏内轉載姚文元同志的文章。彭眞写的編者按說，要就如何“对待历史人物和历史剧的問題进行辯論”。周恩来同志与彭眞斗爭，在編者按最后一段加上了毛主席的話：“同那些反马克思主义的东西进行斗爭，就会使马克思主义发展起来。”

12月　长篇小説《欧阳海之歌》出版。作者金敬迈同志遵循毛主席的教导，长期深入連队，塑造了在毛澤东思想直接哺育下成长的共产主义新人的光輝形象。显示出中国人民解放軍在林彪同志的正确領导下，高举毛澤东思想的偉大紅旗，取得了偉大成就。这篇小説受到讀者热烈欢迎。在文化大革命中，作者正在继續修改，以求不断提高。

12月8日　《紅旗》杂志发表戚本禹同志的文章《为革命而研究历史》。

12月12日　向阳生的《从〈海瑞罢官〉談道德继承論》出籠。这是彭眞指使邓拓写的假批判、眞包庇的大毒草。

同一天，旧中宣部姚溱把六二年八十八期《中央宣教动态》上庆云（即关鋒）的文章《从陈賈談起》及《从杂家論起》交給彭眞，策划圍攻革命左派关鋒同志。

12月21日　毛主席在杭州和陈伯达、关鋒、戚本禹、艾思奇等同志談話，指出：**戚本禹的文章（指《为革命而研究历史》）很好，我看了三遍，缺点是没有点名。姚文元的文章（指《評新編历史剧〈海瑞罢官〉》）也很好，对戏剧界、历史界、哲学界震动很大，缺点是没有击中要害。《海瑞罢官》的要害是罢官，嘉靖罢了海瑞的官，我们也罢了彭德怀的官，彭德怀就是海瑞。**毛主席还指出：**《清宫秘史》，有人说是爱国主义的，我看是卖国主义的，彻底的卖国主义。**

12月22日　毛主席同康生、楊成武同志談話，彭眞也在場，毛主席再次指出《海瑞罢官》的要害是罢官。彭眞为吳晗辯护："据調查，吳晗与彭德怀沒有組織联系或直接联系。""吳晗不是政治問題。"

12月24日　彭眞要求与毛主席单独談話。談話后彭眞造謠說："毛主席說的'吳晗問題两个月后下政治結論'。"

12月26日　彭眞責問上海的同志："发表这样的文章（指姚文元同志的文章）也不打个招呼，你們的党性哪里去了？"

12月27日　彭眞指示《北京日报》发表吳晗的"自我批評"，并让《人民日报》轉載，企图保护吳晗过关，制造对《海瑞罢官》的批判快要收場的假象，妄想使这場严重的政治斗爭半途夭折。

12月29日　周揚、林默涵亲自組織人馬写的文章，署名方求，在《人民日报》发表，继續玩弄用"学术問題"冲淡、掩飾政治要害的把戏。

一九六六年

1月4日　陆定一在閻王殿召开黑会，竭力反对毛主席关于《海瑞罢官》的要害是罢官的指示，妄图把这場惊心动魄的阶級斗爭变成純学术的討論。他說："社会科学、文学方面題目多得很"，接着提出一串題目，还說"解决这些問題要一二百年。"

1月9日　彭眞批发毛主席一九六五年十二月二十一日談話紀要，隐瞞了《海瑞罢官》的要害問題，歪曲毛主席的指示說："毛主席认为吳晗两个月可以定案。"

1月17日　戚本禹同志的《〈海瑞罵皇帝〉和〈海瑞罢官〉的反动实质》、关鋒和林杰同志的《〈海瑞罵皇帝〉和〈海瑞罢官〉是两株反党反社会主义的大毒草》先后写成，被旧中宣部閻王殿扣压。

2月2日——20日　江青同志根据林彪同志的委托，在上海召开部队文艺工作座談会。这次会議，高举毛澤东思想偉大紅旗，对当前文艺战綫上阶級斗爭的許多根本問題，作了正确的分析，提出了正确的方針、政策。会后，写出了《紀要》。

2月3日　文化革命五人小組召开扩大会。

彭眞在会上散发了七个攻击左派的材料，并說，"已查明吳晗和彭德怀沒有联系"，"邓拓也是左派"。康生同志与彭針鋒相对地反駁說："不要打击左派，要拥护关鋒等同志。"斥責許立群："不收集吳晗的材料，却专門收集左派的材料。"会后，彭眞叫許立群、姚溱起草汇报提綱。

2月4日　許立群、姚溱秉承彭眞的旨意，在釣魚台背着同住一楼的康生同志，起草五人小組《关于当前学术討論的汇报提綱》。这是一个妄图扼杀无产阶級文化大革命的反革命綱領。

《提綱》宣布五人小組設立学术批判办公室，由許立群任主任。

2月5日 彭眞在《提綱》上批道：“此件由于时間仓促，来不及在五人小組內部傳閱和商榷。”幷将此《提綱》提交政治局常委討論，由非五人小組成員許立群口头汇报，彭眞插話，皆未涉及提綱本质問題。

2月8日 彭眞向毛主席汇报。毛主席問他：**“吳晗是不是反党反社会主义？”**彭眞說：“通过調査，不是。”彭提出要整左派的风，毛主席說：**“这个问题三年以后再谈。”**許立群拿出关鋒（即何明）的杂文，毛主席說：**“写点杂文有什么了不起，何明的文章我早看过，还不错。”**幷說：**“文化领域里的阶级斗争不是匆忙做出一个政治结论就可以完结的。”**

2月12日 在刘少奇家里，在刘少奇支持下，彭眞等人討論幷通过了《提綱》，盗用中央名义，将《提綱》加了批示，說“中央同意”，“望照此执行”，发到全国各級党組織。

2月底起 在毛主席指示下，《紅旗》杂志陆續发表关鋒、林杰、戚本禹等同志批判吳晗、翦伯贊的文章。

3月17日——20日 毛主席在中央政治局常委会上指出：**以前对知识分子包下来的政策，有利也有弊，现在许多文化部门被资产阶级知识分子掌握着实权。许多文化部门要问到底掌握在哪些人手中？吳晗、翦伯赞是党员，也反共，实际上是国民党。对这些资产阶级学术“权威”，要进行切实的批判。要培养自己的年青的学术权威，不要怕青年人犯“王法”。不要扣压他们的稿件。**

3月17日 毛主席对《部队文艺工作座談会紀要》很重視，三次亲自修改。

3月19日 林彪同志就工业交通战綫活学活用毛主席著作写的一封信指出：我国七亿人口需要有一个統一的、革命的、正确的思想，这就是毛澤东思想。（按：此信六月十九日发表于《人民日报》）

3月30日 中央軍委批准《紀要》，发出命令，要“部队必须坚决貫彻执行”，幷上报中央，請审批。此件被彭眞扣压。

3月28日——30日 毛主席多次和康生、江青、張春桥等同志談話，批評所謂《五人小組汇报提綱》（即《二月提綱》）混淆阶級界綫，不分是非，指出这个提綱是錯誤的。毛主席說：**一九六二年十中全会作出了阶级斗爭的决议，为什么吳晗写了那么许多反动文章，中宣部都不要打招呼，而发表姚文元的文章却偏偏要跟中宣部打招呼呢？难道中央的决议不算数吗？**毛主席指出，**扣压左派稿件，包庇反共知识分子的人是大学阀，中宣部是閻王殿。要“打倒閻王，解放小鬼！”**

4月10日 中共中央批轉《紀要》。这是一个具有极大现实意义和深远历史意义的重要文件。

《紀要》指出，十六年来，“反党反社会主义的黑綫专了我們的政”，駁斥了黑綫的各种謬論，揭露了三十年代文艺黑綫和“国防文学”口号的反动实质。

4月16日 毛主席召开中央政治局常委会議討論彭眞的問題。

同日，彭眞下令《北京日报》抛出《关于“三家村”和《燕山夜話》的批判》材料和《前綫》《北京日报》編者按。这个編者按是按彭眞意見写出幷由他最后定稿的。中央識破了这个“丢車馬、保将帅”、“假批判、眞包庇”的大阴謀，通知各报不予轉載。

4月18日 《解放軍报》发表社論《高举毛澤东思想偉大紅旗，积极参加社会主义文化大革命》。社論是根据《部队文艺工作座談会紀要》写成的，全面闡述了《紀要》精神，第一次公开揭露批判了文艺黑綫。

5月4日 中央政治局常委討論彭眞、陆定一、罗瑞卿、楊尙昆反党集团問題。

《解放軍报》发表社論《千万不要忘記阶級斗爭》，指出：当前一小撮反党反社会主义分子对我們的进攻具有打着“紅旗”反紅旗的新特点，对此必须要有足够的认識和高度的警惕。

5月7日 毛主席写信給林彪同志，指出，**无论是解放军指战员、工人、农民、学**

生，还是商业、服务行业、党政机关的工作人员，都要学政治、学军事、学文化，都要批判资产阶级，都要以本业为主，兼做别样，都要培养成为具有无产阶级政治觉悟的，全面发展的共产主义新人。

毛主席的这个英明指示，給我国无产阶級文化大革命指明了前进的方針，是完成斗批改这个偉大历史任务的强大思想武器。

5月8日　《解放軍报》、《光明日报》、《紅旗》开始連續发表高炬、何明、戚本禹等同志的文章，揭露《前綫》、《北京日报》、《北京晚报》的資产阶級反动立場，揭露旧北京市委反革命修正主义集团的丑恶面目。

5月10日　《解放日报》、《文汇报》发表姚文元同志的文章《評“三家村”》，向邓拓等一小撮反党分子及其支持者进行了全面的批判，新华社上海分社以急电全文发布这篇文章，全国各报刊立即轉載。

5月16日　中共中央发出《五·一六通知》。这是經中央书記处会議、政治局常委会議，进行了一系列斗爭后，在毛主席亲自主持下制定的具有世界历史意义的馬克思列宁主义的、偉大的綱領性的文件。

《通知》宣布中央决定撤銷五人小組及其《二月提綱》，重新設立文化革命小組，隶属于政治局常委之下。《通知》指出：《提綱》“是根本錯誤的”，对文化大革命“阳奉阴違，竭力抗拒”，它实际上是彭眞“武断专横，濫用职权”搞出来的，“盗窃中央的名义，匆匆忙忙发到全党”。《通知》系統地批判了《提綱》：“站在資产阶級的立場上”，“根本顚倒了敌我关系”，“掩盖这場斗爭的严重的政治性质”；“包庇吳晗这一类的反动的資产阶級代表人物”；“仇視和压制我們在学术界的一批代表无产阶級的、战斗的新生力量”；“根本否认眞理的阶級性”，以“立”抗“破”，“企图打着‘在毛澤东思想的指引下’这个旗帜作幌子，开辟一条同毛澤东思想相反的道路，即現代修正主义的道路，也就是資产阶級复辟的道路”。

《通知》号召：“高举无产阶級文化大革命的大旗，彻底揭露那批反党反社会主义的所謂‘学术权威’的資产阶級反动立場，彻底批判学术界、教育界、新聞界、文艺界、出版界的資产阶級反动思想，夺取在这些領域中的領导权，而要做到这一点，必须同时批判混进党里、政府里、軍队里和文化領域各界里的資产阶級代表人物，清洗这些人，有些則要調动他們的职务。尤其不能信用这些人去做領导文化革命的工作，而过去和現在确有很多人在做这种工作，这是异常危險的”。

在这个《通知》里，毛主席教导我們：**“混进党里、政府里、军队里和各种文化界的资产阶级代表人物，是一批反革命的修正主义分子，一旦时机成熟，他们就会要夺取政权，由无产阶级专政变为资产阶级专政。这些人物，有些已被我们识破了，有些则还没有被识破，有些正在受到我们信用，被培养为我们的接班人，例如赫鲁晓夫那样的人物，他们现正睡在我们的身旁，各级党委必须充分注意这一点。”**

5月18日　在中央政治局扩大会議上，林彪同志談彭、罗、陆、楊反党集团問題，指出“被推翻的地主和資产阶級随时都在梦想恢复他們的天堂。他們的枪杆子被繳械了，他們的印把子被夺过来了，但是他們在思想文化陣地上还有相当的优势，他們拚命利用这种优势到处放毒，为資本主义复辟制造輿論准备。当前进行的无产阶級文化大革命，就是这种資产阶級阴謀复辟和无产阶級反复辟的尖銳的阶級斗爭。它是关系到国家的命运、前途和将来面貌的头等大事，也是关系到世界革命的头等大事。我們一定要严重注意資本主义复辟这个重要問題，不要忘掉这个問題。而要念念不忘阶級斗爭，念念不忘突出政治，念念不忘无产阶級专政，念念不忘高举毛澤东思想偉大紅旗。不然的話，就是糊涂虫。不要在千头万緒，日里万机的情况下，丧失警惕性。否則，一个晚上他們就会杀人，很多人头落地，国家制度要改变，政权要改变顏色，生产关系就会改变，由前进变成倒退。”他又强調指出：“毛主席的話是我們行动的最高准則，誰反对它就全党共誅之，全国共討之。在他背后誰做秘密报告，就是赫魯曉夫式的野心家”。

6月1日　毛主席批准播发五月二十五日北京大学聶元梓等同志的全国第一張馬克思列宁主义的大字报，亲自点燃了无产阶級文化大革命的熊熊烈火。

七月一日，《紅旗》杂志重新发表毛主席的《在延安文艺座談会上的讲話》。編輯部“按語”指出《讲話》和《新民主主义論》、《关于正确处理人民内部矛盾的問題》、《在中国共产党宣傳工作会議上的讲話》这四篇光輝著作，是无产阶級文化大革命的綱領性文件。“按語”又指出：《讲話》“針对周楊为代表的三十年代資产阶級文艺路綫作了系統的批判”。“二十四年来，周揚等人始終拒絕执行毛澤东同志的文艺路綫，頑固地堅持資产阶級、修正主义的文艺黑綫”，“他們把文艺变成进攻无产阶級专政的工具，变成复辟資本主义的手段”。

八月一日至十二日，在毛主席主持下，八届十一中全会在北京举行。全会通过的《关于无产阶級文化大革命的决定》，即十六条，是无产阶級文化大革命的綱領性文件，是国际共产主义运动中划时代的重要文献。全会宣告了毛主席的无产阶級革命路綫的偉大胜利，宣告了以刘少奇、邓小平为代表的資产阶級反动路綫的可耻失敗。

在这場史无前例的无产阶級文化大革命中，我国革命人民高举战无不胜的毛澤东思想偉大紅旗，遵循毛主席的无产阶級革命路綫，向刘、邓資产阶級反动路綫发动了最猛烈的总攻击，揪出了党内头号走資本主义道路的当权派、中国的赫魯曉夫刘少奇，把他拉下馬，彻底打倒他！文艺界的无产阶級革命造反派同亿万革命人民一道，摧毁了陆定一、周揚、夏衍为首的一小撮修正主义分子在文艺領域里的資产阶級专政，对修正主义文艺黑綫展开了总批判、总清算。这是毛澤东思想的偉大胜利！是毛主席的革命文艺路綫的偉大胜利！

要造就一大批人，这些人是革命的先鋒队。这些人具有政治的远見。这些人充滿着斗爭精神与牺牲精神。这些人是胸怀坦白的，忠誠的，积极的，与正直的。这些人不謀私利，唯一的为着民族与社会的解放。这些人不怕困难，在困难面前总是坚定的，勇敢向前的。这些人不是狂妄分子，也不是風头主义者，而是脚踏实地富于实际精神的人們。中国要有一大群这样的先鋒分子，中国革命的任务就能夠順利的解决。

——毛　泽　东

反复辟报

1967年7月6日　第2号　本期共四版

天津市批刘邓砸万張反复辟联絡站

毛主席啊毛主席！天…

社論

敬祝毛主席万寿无疆

——紀念中国共产党成立四十六周年

毛主席是当代最偉大的馬克思列宁主义者，是世界人民心中的紅太阳，是无产阶級革命的偉大导师。中国共产党是最偉大最革命的馬克思列宁主义的党，因为她有毛主席的領导，以战无不胜的毛澤东思想为指南。中国共产党的四十六年，就是偉大的毛澤东思想发揚光大，由胜利走向胜利的灿烂历程。井岡山的烽火，延河边的灯光，百万雄师的凱歌，北京城上的紅旗，到处都閃耀着毛澤东思想的光芒！是毛主席拯救了灾难深重的中国，是共产党領导人民获得了解放，今天，我們又在党中央毛主席的带領下，在社会主义大道上奋勇前进。我們一万遍地欢呼，我們一万遍地歌唱，欢呼毛主席万岁！歌唱偉大的中国共产党！

毛主席天才地、創造性地发展了馬克思列宁主义。在《关于正确处理人民内部矛盾的問題》这部划时代的著作中，毛主席最深刻，最全面，最正确地分析了社会主义社会的矛盾，这是对国际共产主义运动的偉大貢献。一年前，党中央毛主席又点燃了无产阶級文化大革命的熊熊烈火，中国的紅色风暴震撼了全世界。广大的工农兵学員正发动起来了，猛挖修正主义根子、横扫一切牛鬼蛇神，揪出了党内最大的一小撮走資本主义道路的当权派和中国的赫魯曉夫刘少奇，文化大革命取得了巨大的胜利。这是国际共产主义运动史上光辉的一頁，它标志着世界无产阶級革命已經进入了偉大的毛澤东思想的新时代，这是历史的飞跃，是二十世紀六十年代头等重大的事情。

跟着党走，朝着毛主席指引的方向前进，这是文化大革命中我們革命造反派最坚定的信念。运动初期我們受打击受迫害，正說明了我們是站在毛主席革命路綫一边，牢牢地掌握了斗爭的大方向，现在，我們又击中了資本主义复辟的要害，再一次受到压制迫害，为此，我們感到无比的驕傲和自豪。資产阶級反动路綫的白色恐怖沒吓倒我們，同样，資本主义复辟的反革命反扑也休想使我們的斗志有絲毫动搖。用毛澤东思想武装起来的革命造反派，天不怕，地不怕，一身豪气，渾身是胆，敢在太岁头上动土，偏向老虎嘴边拔毛。我們能够战胜任何敌人，而从来不被敌人所屈服。

毛主席教导我們：**“帝国主义者和国内反动派决不甘心于他们的失败，他们还要作最后的挣扎。在全国平定以后，他们也还会以各种方式从事破坏和捣乱，他们将每日每时企图在中国复辟。”“在社会主义这个历史阶段中，还存在着阶级、阶级矛盾和阶级斗争，存在着社会主义同资本主义两条道路的斗争，存在着资本主义复辟的危险性。”“混进党里、政府里、军队里和各种文化界的资产阶级代表人物，是一批反革命修正主义分子，一旦时机成熟，他们就要夺取政权，由无产阶级专政变为资产阶级专政。”“如果弄得不好，资本主义复辟将是随时可能的。”**揪出党政軍里一小撮走資本主义道路的当权派，彻底粉碎資本主义复辟，这就是大方向，这就是党中央毛主席給我們革命造反派提出的大方向，我們的大方向永远是正确的！有人公然声称天津不存在資本主义复辟的問題。住口！这是地地道道的反革命輿論，这是刘少奇的“阶級斗爭熄灭論”。在大联合大夺权的关鍵时刻，他們宣揚的是“运动收尾”論，“革命到头”論，他們在拐弯抹角地企图把“造反有理”顚倒过来，变成“革命有罪”，要我們背离党中央毛主席的教导，抛弃斗爭，妄图逼我們在刘少奇的黑窩子，万張反革命修正主义集团盘据十七年之久的天津市，这个阶級斗爭异常激烈的战場上繳械投降。我們要大吼一声：这是癡心妄想，办不到！

我們要問：

万張反革命修正主义集团的問題搞清楚了嗎？

——沒有！

万張反革命修正主义集团的后台揪出来了嗎？

——沒有！

万張反革命修正主义集团的爪牙肃清了嗎？

——沒有！

革命造反派眞正掌权了嗎？

——沒有！

毛主席的革命路綫在天津眞正貫彻了嗎？

——沒有！沒有！远远沒有！

在天津，万張不死心，刘邓沒批臭，时刻都有資本主义复辟的危險，我們怎么能不造反？！我們就是要造反！造反！！造反！！！革命造反派的战友們，在紀念中国共产党成立四十六周年的今天，我們要更高地举起革命造反的大旗，将文化大革命进行到底。毛主席教导我們：**“不是东风压倒西风，就是西风压倒东风，在路线问题上没有调合的余地。”**革命造反派要永葆革命的青春，高擎的紅旗要永不褪色。中国共产党在与国内外敌人进行斗爭的四十六年历史經驗告訴我們：在两条路綫的中間奉行改良主义，只能是向投降主义发展，热衷于“議会”的合法斗爭，实际上就是修正主义的开始。我們永远不能忘記我們是党的好儿女，是毛主席的好战士，要做彻底的革命者，决不当曇花一現的人物。

革命造反派最听党的話，革命造反派最热爱毛主席，革命造反派揪出刘邓、万張是毛澤东思想的偉大胜利！毛主席是我們偉大的領袖，偉大的导师，偉大的統帅，偉大的舵手！毛主席和党中央是革命造反派最亲最亲的亲人！毛主席他老人家的健康，是世界人民最大的幸福，中国共产党的領导，是我們事业必胜的保証。毛主席啊毛主席，天津的革命造反派心中想念您！拔荷山作[illegible]千万支[illegible]凝成一句話：敬祝毛主席万寿无疆，我們永远跟——着——您！

我們革命造反派最坚定的信念。运动初期我們受打击受迫害，正說明了我們是站在毛主席革命路綫一边，牢牢地掌握了斗爭的大方向，現在，我們又击中了資本主义复辟的要害，再一次受到压制迫害，为此，我們感到无比的驕傲和自豪。資产阶級反动路綫的白色恐怖沒吓倒我們，同样，資本主义复辟的反革命反扑也休

阶級斗爭异常激烈的战場上繳械投降。我們要大吼一声：这是痴心妄想，办不到！[illegible]

我們要問：[illegible]万張反革命修正主义集团的問題搞清楚了嗎？

——沒有！

中央是革命造反派最亲最亲的亲人！毛主席他老人家的健康，是世界人民最大的幸福，中国共产党的領导，是我們事业必胜的保証。毛主席啊毛主席，天津的革命造反派心中想念您！拔芦山作笔，以渤海为砚，[illegible]千言万語凝成一句話：敬祝毛主席万寿无疆，我們永远跟——着——您！

天津的革命造反派日夜想念您！

囍

毛主席塑象委員会成立

全市人民的大喜事

〔本报讯〕正当两条道路、两条路綫生死决战的关鍵时刻，正当我們无产阶級革命造反派迎着风暴杀退資本主义复辟一次又一次的反扑之际，天津市无产阶級革命派成立了"毛主席塑象委員会"！这是战无不胜的毛澤东思想的偉大胜利！这是无产阶級文化大革命中又一支响彻云霄的凱歌。她的成立有着特殊意义，給了党内最大的一小撮走資本主义道路的当权派刘邓陶和万張反革命修正主义集团及其主子李雪峰以沉重的打击。長期以来，他們攻击、誣蔑、誹毁、反对光焰无际的毛澤东思想，丧心病狂封鎖毛主席的声音，对党对人民犯下了滔天罪行。"凡是敌人反对的，我们就要拥护"，毛主席是我們无产阶級革命造反派最亲最亲的亲人，是我們心中最紅最紅的紅太阳，我們对毛主席就是无限热爱、无限忠誠、无限敬仰、无限崇拜，我們就是有决心和气魄来完成为毛主席塑像这样的大事业！

早在今年四月份，我們革命造反派就克服了重重困难，自下而上地串联在一起，开始了毛主席塑像的筹备工作。当时正值全国亿万工农兵群众向刘邓黑司令部发起全面总攻的决战阶段，参加筹备的同志立即投入了战斗。尽管反革命"圍剿"的恶浪劈头盖来，但革命造反派牢牢掌握斗争大方向，用了半个多月的时間在人民大楼对面塑制了"工农兵打倒刘邓陶，批臭黑修养"的泥塑群象。紧紧地配合了向刘邓决战的战斗，有力地打击了資本主义复辟的"四月圍剿"。

五月初，筹备小組向全市革命造反派发出了紧急倡議，呼吁全市革命造反派紧急行动起来，联合起来，打一場人民战争，为塑制毛主席巨型塑像貢献最大力量。与此同时，召开了一系列有关会議，对天津制作毛主席巨型塑像的技术、設备、原料、人力等方面作了考查，并三次派人去北京参观学习。經过調查研究，决定了塑像的制作材料、象高和塑象設置地点。

經过两个多月的艰苦战斗，在全市革命造反派大力支持下，筹备工作已基本就緒，全市革命造反派組織也都先后参加了这一工作。

六月初，天津市无产阶級革命造反派连續召开了毛主席塑像委員会的筹备会議，通过决議：七月动工、九月下旬竣工，并确定了委員会的委員、常委名单。常委有：天津市批刘邓砸万張反复辟联絡站、无产阶級革命派反复辟联絡站、工人阶級反复辟联絡站、工矿企业革命造反总部、彻底改組工代会联絡站、大专院校紅卫兵革命造反总部、中等学校紅卫兵革命造反委員会筹备会、农业系統反复辟联络站等十五个革命造反单位、系統。

六月十五日，筹委会向全市、全国人民郑重宣告：毛主席塑象委員会正式成立并开始工作。遂展开了全面施工。

在光輝的节日"七一"到来之际，塑象委員会的全体工作人員个个振奋，一致表示：坚决加倍努力活学活用毛主席著作，加紧工作，以实际行动迎接我們偉大的党的四十六周年生日。表現出革命造反派对党对毛主席的滿怀深情，一片丹心。

不久的将来，雄偉高大的毛主席塑像将巍然矗立在解放桥北岸中心广場的入口处。毛主席光輝偉大的形象将如紅日升騰在海河之濱。毛主席永远和我們在一起！天津的天，是毛澤东思想的天！天津的地，是毛澤东思想的地！我們无产阶級革命造反派誓做毛澤东时代的一代新人！天津市的革命群众在偉大导师毛主席的指引下必将取得无产阶級文化大革命的最后胜利！

热烈庆祝

中学紅革会成立！

钟山风雨起蒼黄，百万雄师过大江。

〔特约通讯〕紅旗招展，凱歌震天！正值当前我市文化大革命进入两个阶級，两条道路，两条路綫的决战阶段，正值毛主席的革命路綫取得全面胜利，資产阶級反动路綫已經四面楚歌的大好时刻，我市"中等学校紅卫兵革命造反委員会成立大会"于六月二十六在人民体育館胜利召开了！

这一天，我市中学革命造反派的紅卫兵小将們怀着无比的喜悦心情，遵照毛主席"你们要关心国家大事，要把无产阶级文化大革命进行到底"的教导，高举"革命无罪，造反有理"的大旗，云集一堂。会場内外，口号声、歌声震天动地，显示了革命小将坚如磐石的革命精神。这些小将，在当前的大批判大斗爭中，在迎头痛击李雪峰之流的資本主义复辟逆流的殊死决战中，不畏艰难險阻，冲杀出来了！今天，他們汇合在一起了，联合起来了！一支浩浩蕩蕩的中学革命造反大軍站起来了！一个全市性的革命造反派的組織——"紅革会"在天津市誕生了！

她的誕生，是中学革命造反派活学活用毛主席著作，敢于革命，敢于造反的成果，是战无不胜的毛澤东思想的又一偉大胜利！每个革命造反派无不为之欢欣鼓舞。

她的誕生，吹起了中学广大革命造反派，打破了中学文化革命运动"万馬齐瘖"面临夭折的局面，給我市无产阶級文化大革命增添了新的血液。

她的誕生，无疑是复活黑市委官办御林軍——"主义兵"的人的失败！

中国人民解放軍后字二五三部队、工人、貧下中农、革命干部、大专院校及其他各方面的代表，在大会上发表了热情洋溢的讲話。他們一致表示：坚决支持中学革命小将的一切革命行动，誓和中学小将团結在一起，战斗在一起，胜利在一起！他們的发言，激起了小将們一陣又一陣热烈的掌声。中学代表在会上发言表示：一定要向解放軍学习，向工人阶級、貧下中农、革命干部学习，做他們的小学生。坚决继承和发揚"6·21"、"8·26"、"9·18"革命造反精神，团結起广大革命造反派，为促进我市革命的大联合、大夺权而努力，誓把我市无产阶級文化大革命进行到底！

在大会进行当中，全市各方面一百多个組織送去了賀信和賀电，表示对这次大会的强有力的支持。当大会勤务員宣布这个消息时，到会的紅卫兵小将高举紅彤彤的毛主席語录高呼："中国共产党万岁！毛主席万岁！万万岁！"

天工八·二五、小教革命委員会、財貿革委等方面的革命造反派除前来参加这次大会外，并为大会演出了精彩的文艺节目。

最后，大会在《大海航行靠舵手》的高歌声中胜利結束。

·2· 反 复 辟 报 1967年7月6日

一切犯有思想上和政治上錯誤的共产党員，在他們受到批評的时候，应当采取甚么态度呢？这里有两条可供选择的道路：一条是改正錯誤，做一个好的党員；一条是墮落下去，甚至跌入反革命坑内。这后一条路是确实存在的，反革命分子可能正在那里招手呢！

——毛 泽 东

「万晓塘之死」必須彻底查清

「万晓塘之死」联合調查团

（一）

万晓塘究竟是怎么死的？这个問題早已成为天津市广大革命造反派的中心議題之一。現在調查“万曉塘之死”的人越来越多，关心这一工作的人更多。这种形势好得很！能否彻底揭开这个“謎”，是关系到能否彻底揭开天津市阶級斗爭盖子的一个关鍵。因此，“万曉塘之死”必須彻底查清！

（二）

在我国史无前例的无产阶級文化大革命运动中，天津市的斗爭一直是最复杂的。眞眞假假，假假眞眞，混淆陣綫，欺上瞞下，这种情况极端严重。而在这有名的复杂激烈的斗爭中，革命造反派对三反分子万曉塘之死的追查，一直是全市文化运动斗爭的中流漩渦。去年九月，万張反党集团的后台老板通过黑市委，利用万鬼之死鎮压紅卫兵小将，胡說什么“万曉塘有病，被紅卫兵整死了。”还組織了五十万人的特大“追悼”会，用死人整活人，向党示威。但是革命造反派是压不垮的！在紅卫兵小将的勇追猛打，在革命的群众运动洪流的冲击下，黑市委的陣地守不住了！然而，敌人不打是不倒的，他們要进行最后的掙扎。今年一月，李雪峰来津后，又通过几个“权威”人士之口和几份“調查报告”，給万鬼定下了“自杀”的“結論”。但“万曉塘畏罪自杀”这个結論的論据是很不充足的，是經不住推敲的。造反派对“自杀”之說有怀疑、有看法，是很自然的，因为无产阶級革命派从来就反对奴隶主义，而提倡調查研究、独立思考；对不合乎实际、沒有道理的說法絕不盲从！

但是，斗爭是有反复的。在“二月黑风”、“三月逆流”中，天津市的造反派被压得抬不起头来。什么“絕对相信×××，堅决拥护李雪峰！”什么某某組織“怀疑革命的領导干部，絕无好下場！”某某組織“破坏三結合罪責难逃！”什么某某組織“有后台，成分不純！”等等，等等，反革命大帽子满天飞，眞有“黑云压城城欲摧”之势，十多个月的革命成果有毁于一旦之险。不少革命群众組織被軟硬兼施地挤垮了，很多左派紅卫兵革命小将含着眼泪把自己的組織解散了，造反派攻打万張反党集团的炮火稀少了，“万曉塘之死”的調查工作也被迫停下来了。

周总理在四月十日接見天津代表时响亮地指出：“九月十八日上午，赵武成檢討有几千人；下午万曉塘檢討只有几百人。万曉塘的檢討根本沒有压力，算不上檢討，不象样子，象談話一样。这样的檢討怎么会逼得万曉塘死呢？这个問題还要再追查。”

經周总理这样一点，万鬼“自杀論”更显得矛盾百出。“自杀論”者的唯一物证就是卫生間发現的“速可眠空瓶子”。但据他們自己“肯定无疑”的材料分析，江楓发現药瓶子一事，根本沒有人給他证明，并且那个瓶子就有些来历不明，[redacted]指紋，[redacted]现场，这就更引人怀疑了。在此案的調查工作中，遇到的阻力之大，是我們以前沒有充分預料到的。这种阻力主要来自市公安局

公 安 局 里 有“鬼”

工代会五金交电公司系統无产阶級革命派大联合总部
紅代会南大卫东《誓死卫东》串連会“抓爪牙”战斗组

一、看“公安造总”的顾問、公安局副局長郝志剛在干什么？

同志們，我們来看一張塘沽公安局的十一位革命群众的一張大字报吧！

《郝志剛是布置整群众黑材料的罪魁禍首》

最 高 指 示

“‘舍得一身剮，敢把皇帝拉下马’；我們在为社会主义共产主义而斗爭的时候，必須有这种大无畏的精神。”

天津市公安局軍管后，公安局副局长郝志剛是抓业务的組长。長期以来，他頑固地推行資产阶級反动路綫，在他的指使下，整理了大量群众組織的黑材料，压制了革命造反派。

（一）三月份郝志剛、王建之在市局三楼召开各分部、局政保科长会議，会上郝志剛布置对群众組織进行全面摸底調查，并要求逐步划出“左、中、右”。

上述任务布置后，王建之亲临塘沽分局进行檢查指导，塘沽公安分局副局长張国瑞，整群众組織的专案組长竇景山（原文如此）

（二）郝志剛、王建之在市局召开了各分局长会議，会上布置对革命群众的所謂“重点人物”进行調查、排队，預以打

二、“敌情”

“公安造总”的后台老板和其中一小撮人把革命造反派打入“敌情”。

在郝志剛下达了上述黑命令之后，“公安造总”和一些被保字号所把持的保卫部門立即行动，进一步在天津刮起資本主义反革命复辟的黑风，扶植保守势力，打击革命造反派，整造反派黑材料，随便抓革命造反派，随便傳訊革命造反派等等，举不胜举，手段极为卑鄙毒辣，我們再揭露“公安造总”是怎样把反李雪峰的和对五个代表会有看法的革命群众打入“敌情”的。

三月二十二日，公安二处副处长李革等人到財貿口，对財貿口八个保卫处长下达了黑命令，其中除了让所有保卫人員一律恢复工作，要整理群众組織黑材料排队分类，发了两个表外，重点突出要各保卫工作人員大搞“敌情”，特别是反李雪峰的“敌情”。

下面摘录一段財貿口×××保卫人員的工作記录本上对上面这个会的記录来說明：

△1. ……

2. 四反問題：反毛澤东思想、反解放軍、反中央文革、反——，四个，只要反，不管是什么，反就不行，就要搞，反李雪峰的逆流很嚣張，（按，这才是他們的用意所在。）……（說明：上面四个“反”缺最后一个，原文如此。）

反李雪峰，如果×××××再反李雪峰就行了。劳二半（按：指八·一八。）是市夺权联合进去的，人家退出来了，人家反李雪峰沒有私字，小伙子們打了鋪盖卷丁（頂）着做（坐）监牢獄去，現在小伙子們鍛炼得好家伙的了。”并說：“我认为天津大联合有問題……”

×××（ ）（說明：括号本来是空白的。）說：“天津市五个代表会議，不能代表天津市四百万人民，是李雪峰一手捏出来的。”

×××（綜合商店职工）說：“天津市大联合不是自下而上的，而是自上而下的。农民代表农民都不知道，不能代表农民。”

水暖商店孙×与吳×說（散布）：“不拿工資，不怕坐牢，不怕流血，不吃飯也得把李雪峰拉下馬。”（他是重复劳二半观点，表示支持劳二半。）

小五金商店李××对楊××說：“支持李雪峰你們看准了嗎？”（按：問句話也要打入“敌情”！）

王××：現在支持李雪峰的一弁（辮）就跑，反对（的）愈来愈充足。

1967.4.13.

同志們！这是什么样的“敌情”呢？这些人被看作是“敌情”[redacted]因为他們反对李雪峰，对天津的大联合表示了自己的观点，支持了革命造反派。——这就是

自己"肯定无疑"的材料分析，江楓发現药瓶子一事，根本沒有人[illegible]給他証明，并且那个瓶子就有些来历不明，[illegible]指紋[illegible]头[illegible]杯子現場，这就更引人怀疑了。在此案的調查工作中，遇到的阻力之大，是我們以前沒有充分預料到的。这种阻力主要来自市公安局及夺权領导筹备小組某些負責人。他們首先是百般刁难，横加阻撓；随后又带头制造輿論：对万曉塘之死作調查是"給万曉塘翻案"，是"反革命复辟阴謀"！現在又更进一步不让了解万曉塘之死的知情人与調查群众見面。某些人不惜用欺騙的手段阻止調查工作的进行。公安局的接待人員不仅对我們摆肉头陣，耍无賴，而且对調查者和知情人进行监視，給知情人施加压力，使他們不敢大胆說出眞相。这样一来，再联想起万鬼之死的前前后后整个过程，使我們更清楚地认識到："死鬼"之中还有"鬼"。查清楚"万曉塘之死"是彻底揭开天津市阶級斗爭盖子的关鍵之一；是关系到天津市文化大革命能否进行到底的重大問題。"万曉塘之死"必須搞清！

（三）

我們要警告那些混进党里、政府里、軍队里的資产阶級代表人物，你們不要太不自量！螳臂是擋不住車的。历史一定要前进，无产阶級一定要胜利！这是不以人的意志为轉移的客观規律。那些頑固坚持反动立場，企图拉着历史倒退的家伙，不論耍什么阴謀，放什么暗箭；不論怎样顚倒黑白，混淆是非；不論怎样善于打着"紅旗"反紅旗，总逃避不了你們失敗的命运！硬要抱着花崗岩脑袋去見上帝就只有粉身碎骨，遺臭万年，絕沒有好下場！

天津市的阶級斗爭盖子一定要彻底揭开！万張反党集团及其后台老板一定要揪出！一个在毛澤东思想光輝照耀下的紅彤彤的新天津一定要誕生在海河之濱！

[illegible]文如此）

（二）郝志剛、王建之在市局召开了各分局长会議，会上布置对革命群众的所謂"重点人物"进行調查、排队，預以打击处理，据我們初步了解，經張国瑞、竇景山、王开研究决定在塘沽处預計处理××名，其中逮捕××名，劳改××名，其他处理××名。

上述事实說明，布置整理群众組織的黑材料是郝志剛一手泡制的，罪責难逃，我局張国瑞、竇景山、王开一伙坏蛋不但积极照办，并且大加发揮，瘋狂鎮压革命造反派，他們的罪行也必須彻底清算！

誓死保卫以毛主席为代表的无产阶級革命路綫！

革命无罪，造反有理！

港区公安局革命群众

王××等十一人

67.5.6

个，只要反，不管是什么，反就不行，就要抓。反李雪峰的逆流很嚣張，（按：这才是他們的用意所在。）……（說明：上面四个"反"缺最后一个，原文如此。）

▲敌情調研：1.四类分子动态。

2．关于在当前搞大联合的一切反映，特别是反李雪峰的（按：这是实质。），指四号（說明：指四号通令。）内的人（按：这是打的紅旗，从下面公布的一份《敌社情况周报》就可以看出其实质。）。

当然有什么圣旨，就会有什么行动，請看下面財貿口二商局保卫处在四月十日中央首长讲話之后怎样把革命造反派打入"敌情"的。

《敌社情况周报》

×××（綜合商店毛澤东思想造反队队員，职工）对×××說："現在八·二五

同志們！这是什么样的"敌情"呢？这些人被看作是"敌情"，就是因为他們反对李雪峰，对天津的大联合表示了自己的观点，支持了革命造反派。——这就是"公安造总"一小撮决策人的"敌情"标准！他們把革命群众打成反革命，甚至在中央指示"反对李雪峰，不要說是反革命逆流"之后，他們还頑固对抗，继續大整革命群众黑材料，坚持資产阶級反动路綫。

毛主席在《炮打司令部——我的第一张大字报》里写道："……从中央到地方的某些领导同志，站在反动的资产阶级立場上，实行了资产阶级专政，将无产阶级轰轰烈烈的文化大革命运动打下去，顚倒是非，混淆黑白，围剿革命派，压制不同意见，实行白色恐怖，自以为得意，长资产阶级威风，灭无产阶级志气，又何其毒也！"把毛主席这段話对照"公安造总"一小撮决策人，又何其相似啊！

别了，李雪峰先生

·本报評論員·

拉着"党中央毛主席派来的"大旗，瘋狂鎮压天津革命造反派的李雪峰，莫名其妙地消声匿迹了。——令人"欣慰"……

李雪峰，这个刘邓黑司令部的干将，是一个頗有些悲剧色彩的人物，他的命运和刘邓路綫的兴衰紧紧地联系着。現在他从天津滚蛋，是刘邓路綫在天津又一次大破产的象征。

李雪峰办了一件大事，这就是他在天津搞了一股資本主义反革命复辟逆流。对李雪峰来說，四川、河南那样的血腥鎮压，他是非常想大大重演一番的，这个在北京搞过五十天白色恐怖的心狠手毒的劊子手，只是迫于某种客观原因的限制，在天津才不得不采取比較隐蔽但也更为毒辣的手段——大搞調合折衷、"合二而一"，极力抹煞两条路綫的斗爭，扶植保守势力，复活万張余孽，殘酷迫害打击革命造反派，以达到破坏天津市无产阶級文化大革命，复辟資本主义的目的。

应該使那些书生气十足的同志們认識到：四个月的历史证明了，李雪峰之流不是不想鎮压革命造反派，而是很想、并且干了的。經过"五·一二"铁路分局事件、"五·一八"强行拆除十九中紅旗紅卫兵被打現場事件、"五·二五"无理逮捕柴閩等人事件、"五·二六"毆打鎮压十八中八·一八小将事件、"六·四"打砸劳二半八·一八事件、"六·六"血洗三中井岡山事件、"六·一七"大毕庄武斗事件、"六·三〇"天拖铁牛卫东彪兵团被毒打事件，以及最近发生在成都道中学、二十六中和人民中学等处的一系列捕人事件中，清楚地說明天津的专政工具正在为哪条路綫服务。更要引起警惕的是，一大批万張的爪牙，早已悄悄地爬了出来，从背后扶起了一批名牌保守組織；沒有亮相的当权派已經被塞入了"三結合"；万張的幽灵在借尸还魂……种种迹象表明，天津正进行着一場沒有枪声的更隐蔽、更阴险的資本主义复辟！

应該使那些开始怀疑我們斗爭大方向的同志們认識到，四个月的历史证明了，我們这支反复辟大軍从小到大，从弱到强，用自己的艰苦奋战，乃至鲜血生命捍卫了毛主席的革命路綫。和平路上短兵相接的大字报，中心广場群情激憤的大示威，渤海潮为之起舞，海河水为之高唱。正是这股汹湧澎湃的洪流，頂住了李雪峰之流資本主义复辟的恶浪，使他們至今不能、也永远不能实現資本主义复辟的黄粱美梦。反复辟斗爭的胜利，是我們最輝煌的战果。

为了实現資本主义复辟，李雪峰在天津通过大大小小的走資本主义道路的当权派，扶植了一大批保守势力。他們的复活，引起了天津革命造反派的警惕；他們的資本主义复辟活动，造成了一支英勇的反复辟大軍；他們的鎮压，使我們更坚定了战斗到底的决心；他們的种种欺騙手段，使我們革命造反派更加聪明起来。李雪峰和一切逆历史潮流而动的家伙一样，走向了自己的反面。

李雪峰之流嗾使死灰复燃的保守組織把斗爭矛头对准革命造反派，要尽了一切卑鄙手段，把革命造反派再次打成"反革命"，甚至在政治迫害的同时，采取殘酷手段，打击乃至杀戮造反派，欲置造反派于死地而后快。这就造成了天津革命与保守的两派政治力量异常尖銳的对立。在两条路綫的殊死搏斗中，鍛炼出一批坚强的革命造反派，同时也暴露了一小撮頑固不化的保字号，使天津本来很不鮮明的阶級陣綫逐漸分明起来，这也无疑是一件大好事。

随着李雪峰丑恶嘴脸的大暴露，在他賴以支撑門面的五代会中，眞正的革命造反組織越来越不"安分"了。近来"内战"居然"外打"起来，正式成立了"工代会无产阶級革命派彻底改組工代会联絡站"，大批的工代会成員上街高呼"彻底改組五代会！"天津的工人阶級革命造反派发言了！李雪峰之流不但沒有迎接来从三月份就大肆宣揚的所謂新"曙光"，反而又"輸光"了一桩諾注，还有什么可說的呢？

資本主义复辟的"二月黑风"、"三月逆流"、"四月反扑"、"五月围剿"、"六月鎮压"，統統都表演过了，直到今天，我們仍在領教。这一切，从根本上說来，是我們革命造反派的胜利。李雪峰实在是不堪回首，欲哭无泪，最后，只好不辞而遁了。可怜到連他最心愛的保字号也沒有撈到送行的机会。李雪峰在天津的历史，可以写成一部資产阶級反动路綫瘋狂反扑及破产的記录，它将做为刘邓路綫的殉葬品，而遺臭万年。

在李雪峰滚蛋后的六月份，有两件値得提起的大事。

一件是六月二十五日五代会內外革命造反派近百万人在中心广場大联合的大会，这是盛况空前的大会它象征着五代会內外革命造反派的大团結、大联合；它宣告了李雪峰之流分化瓦解革命造反派，复辟資本主义阴謀的慘敗，这是毛澤东思想的偉大胜利。

另一件是夺权領导小組对革命造反派的很有意思的讲話。革命造反派的胜利，李雪峰的滚蛋，使得解学恭之流不得不坐下来和我們天津"老粗"談談話。这次談使話他們很尴尬，李雪峰是慘敗了，他們却打肿臉充胖子，学着李雪峰的腔調，除了新冶金不敢提及外，还硬着头皮要支持河老八、公安造总。而对着以工人阶級革命造反派为主的浩浩蕩蕩的反复辟大軍，采取可笑的鸵鳥政策，报之以不承认主义。这一切充分說明李雪峰所竭力推行的資产阶級反动路綫正被他們的继承人忠实地、頑固地并且是更狡猾、更阴險地执行着，也就是說，天津現今存在着一条沒有李雪峰的李雪峰路綫。这一点是需要革命造反派的战友們，尤其是至今还存在若干不切实际幻想的人們引为警惕的。

如此"大方向"！

（上接第四版）什么力量也打不破的，完全打不破的。"天工"八·二五"正是这道銅墙鉄壁上的普通一磚。任何企图通过搞垮天工"八·二五"而压制全市革命造反派的阴謀永远也不会得逞。

"五·一七"事件表明天津市的广大群众无产阶級觉悟有了很大的提高，他們眞正做到毛主席的"**你们要关心国家大事，要把无产阶级文化大革命进行到底。**"的教导，自觉地、主动地挺身而出，捍卫毛主席革命路綫。

"五·一七"事件表明天工"八·二五"革命小将尽管有这样或那样的缺点和錯誤，仍然不愧为坚定的革命左派。他們是毛主席革命路綫上的一个堡垒，任何反动势力永远也攻不破他！

"五·一七"事件表明天津市革命造反派又一次經受暴风雨的洗滌，他們更坚定、更团結了。

"五·一七"事件表明李雪峰、解学恭之流采取公开手段鎮压革命造反派的計划必将彻底完蛋！天津市資本主义复辟的反革命逆流必将彻底摧垮！

无产阶級革命派的战友們！目前天津市正处在两条路綫殊死决战的关鍵时刻，同一切反动势力一样，資产阶級反动路綫决不甘心于它的灭亡，它还要进行垂死的掙扎，越是瀕于灭亡，越是瘋狂，我們必須百倍提高警惕，同心协力，坚持斗爭，奋战到底，胜利一定属于我們无产阶級革命派，毛主席革命路綫的胜利旗帜将永远飄揚在天津城！

工代会化工部天津油漆厂"一·一四"革命造反总部

汽車运輸五厂"井岡山"革命造反兵团

汽車运輸二場紅色造反組織大联合革命生产委員会

津小教革命造反总部"拼刺刀"纵队

天津人民出版社"十·一八"《換新天》大队

1967年7月6日　　反复辟报　　·3·

《天津日报》是資本主义复辟的喉舌

天津市「东方欲曉」战斗組

毛主席教导我們："凡是要推翻一个政权，总要先造成輿论，总要先做意识形态方面的工作。革命的阶級是这样，反革命的阶級也是这样。"李雪峰自从来到天津后，大搞資本主义复辟，作为輿論工具的《天津日报》，即扮演了一个鼓吹凋合、折衷、"合二而一"、大杂燴的可耻角色，成为李雪峰之流在天津大搞資本主义复辟的喉舌，执行了一条彻头彻尾的資产阶級办报路綫，根本不能代表全市广大革命群众的心声。

且看李雪峰之流操纵《天津日报》上騙中央，下騙群众，攻击革命造反派，抬高自己，复辟資本主义所使用的四大手段：

（一）砍

《天津日报》公然詆毀毛澤东思想，和《人民日报》唱对台戏，有目的地封鎖中央指示，删改重要的报道。

在轉发报道首都大专院校紅代会消息时，副标题中砍去了"彻底粉碎資产阶級反动路綫，以十六条为綱"这句話。

在轉发报道北京革命职工代表会議召开的消息时，副标题中又将'彻底打退資产阶級反动路綫的新反扑，痛击資本主义反革命复辟逆流'与反复辟的問題。"在文化大革命进行了一年多的今天，居然有人公开宣揚刘少奇的"阶級斗爭熄灭論"，是何居心？

实际情况又是怎样的呢？《天津日报》对于毛主席著作和毛澤东思想是公开对抗的。例如，天津人民印刷厂广大革命职工，冲破了党内一小撮走資本主义道路当权派設置的重重障碍，于今年"五一"前夕，胜利完成了試制外文版《毛主席語录》的光荣任务，这是革命派为之欢欣鼓舞的大喜事。該厂的革命职工写了向全市人民报喜，欢呼毛澤东思想偉大胜利的稿件，而《天津日报》却借口"版面有限"，拒絕刊登，連消息也不予报道。請看，这是什么立場！什么爱憎！

又，天津紅卫化工厂革命派自二月十六日以来，先后召开了二十五次千人以上的大会（最多的一次有几十万人），憤怒声討中国的赫魯曉夫刘少奇和他的皇亲国舅、反动資本家王光英在天津紅卫化工厂的滔天罪行，大长了革命派的志气。这些会，《天津日报》記者也作了采訪，写了报道。尽管紅卫化工厂的革命派（革命联合委員会）已加入了工代会，就是因为他們反李雪峰，于是《天津日报》至今不給刊登关于他們的报道。《天津日报》的大方向到底是什么，不是昭然若揭了嗎？

（二）压

《天津日报》秉承李雪峰之流的旨意，通过"社論"、"評論"极力打击革命造反派，横加罪名，干尽誣蔑陷害之能事，把他們一律称为"反动逆流"，誰反对李雪峰的"三捏合"誰就是破坏"革命的三結合"，誰就是"攻击解放軍"，誰就是"反革命"。

三月十八日的評論中把无产阶級革命派奋起反击資本主义复辟的革命洪流，誣蔑成万張反革命修正主义集团挑起的"一次又一次的反革命逆流"，是"把矛头指向革命的'三結合'，指向偉大的中国人民解放軍，特别是对站出来的革命領导下部进行恶毒攻击"，是什么"阶級敌人正以十倍的瘋狂进行反扑"！

的資产阶級反动路綫进行大批判、大斗爭时，《天津日报》四月十五日抛出一篇《牢牢把握斗爭大方向》的社論，打着"紅旗"反紅旗，与《人民日报》社論唱反調，竭力否认我市当前两条路綫的激烈斗爭，而把矛头对准了革命造反派，一再"命令"革命造反派去"維护天津业已形成的"所謂"革命派的大联合"，所凭李雪峰之流在天津实现其复辟資本主义的美夢。

众所周知，"五·一二"铁路分局事件是李雪峰之流一手策划的蓄謀已久的政治陷害案，是二十世紀六十年代天津市的"国会大厦纵火案"。可是《天津日报》在六月十五日竟以半版的篇幅，以"讀者来信"、"編后"的形式，对受陷害的铁道部无产阶級革命造反总部进行了顚倒黑白的恶毒攻击。

請看《天津日报》的"大方向"多么"正确"，"目标"多么"集中"！《天津日报》倒底是革命造反派的喉舌还是攻击革命造反派的傳单？毛主席說得好："**什么人站在革命人民方面，他就是革命派，什么人站在帝国主义建封主义官僚資本主义方面，他就是反革命派。**"《天津日报》及其操纵者李雪峰之流，究竟是站在什么立場上的？

（三）树

《天津日报》在李雪峰之流的操纵下，成了党内一小撮走資本主义道路当权派和頑固的保守組織向革命造反派进行反攻倒算的輿論陣地。《天津日报》利用职权，大搞資本主义的"一言堂"，不惜血本，拼命大树至今毫不悔改的河大八·一八、公安造总等保守黑旗，向革命造反派示威。河大八·一八、公安造总是保皇起家的死硬保守派，至今仍在大整群众的黑材料，对抗中央軍委指示，頑固坚持資产阶級反动路綫。据不完全統計，仅仅从三月下旬到五月底，河大八·一八的报道和文章，《天津日报》就登了三十余次。为了大树这个臭名昭著的保字号，《天津日报》的版面是多么慷慨啊！

"新冶金"是一个剛剛成立几天

对恢复八小时工作制极为不滿，經常借口开会曠工曠职。《天津日报》却吹捧"九·一五"战斗队"坚持八小时工作制"。他們連生产計划的一半都完不成，《天津日报》却硬說"九·一五"战斗队"完成和超額完成生产計划"。

《天津日报》彻底地背离了无产阶級革命路綫，連办报必须遵重事实的起碼准則都抛到九霄云外去了！

（四）吹

《天津日报》自三月十三日报导了天津市閉門圈定的"夺权筹备工作小組宣告成立"的消息后，几个月来，《天津日报》一直为配合李雪峰之流閃电篡权制造輿論，又是社論，又是評論，又写报道，又組織文章，眞可謂做到了玩命的"大喊大叫"。以下我們随手从《天津日报》上拿出几个例子，就可以从一斑而窺全豹了。

三月二十九日在头版上刊登了大专紅代会評論員文章：《为五个代表会議的胜利召开叫好》。

三月新曙光沒迎来，四月一开头就又开始为"迎曙光"制造輿論了。四月一日发表組織文章：《欢呼天津文化大革命形势好得很》；四月二日又发表两篇文章：《中学紅代会好得很》、《革命大联合，迎接天津新曙光》。四月四日发表評論員文章，极力吹捧自上而下捏合成的五代会是什么"通过大串連、大討論，进行了群众性的充分酝釀和充分的协商"而"自下而上"形成的，硬要打胂臉充胖子說它具有"代表性"、"革命性"和"无产阶級权威性"。文章还迫不及待地說："广大革命群众密切关怀的临时权力机构，象一輪朝日，噴薄欲出，无产阶級革命派大联合夺权的胜利指日可待。"眞令人肉麻，几个月的实踐早已否定了这类叫人渾身起鸡皮疙瘩的胡言乱語。

五代会的領导核心和实力派是新冶金、河大八·一八、公安造总等頑固的死硬保守派，《天津日报》在六月十七日的社論中却睜眼說瞎話，叫喊天津的"革命的大联合"是"以革命左派为核心的"。

現在的五代会有的消声匿迹，有的名存实亡，有的众叛亲离，就这样，《天津日报》还要为之大吹特吹。就連由于胡昭衡問題而武斗一場，沒有开成的"六·二〇"大会，《天津日报》也在六月二十一日做了大肆美化的专题报道，說什么"大会指出"、"大会强調指出"……"革命領导干部解学恭、胡昭衡、江楓同志出席了紀念大会"。参加大会的人都知道，大会在磚头瓦块的飞舞、拳打脚踢的毆斗、乱糟糟的叫喊和革命群众的怒吼中，根本就沒有开成，連胡昭衡等人是从什么門、怎样溜走的也一淸二楚。而《天津日报》竟敢一手遮天地大行騙术。

从《天津日报》的砍、压、树、吹四大手段，足見《天津日报》已經成为資本主义复辟的喉舌。林彪同志指出："报紙要更好地反映群众的东西，报紙从群众那里吸取力量，群众从报紙那里吸取力量。"現在《天津日报》完全脫离了毛主席的革命路綫，岂能代表全市广大人民的利益？它只能充当革命造反派的反面教員而已。

如此"样板田"

——兼評《天津日报》六月二十日的一篇报导

华北精密机械研究所造反总部215纵队

六月二十日，《天津日报》第三版发表了題为《团結群众大多數实現全系統革命派大联合》的妙文，并在副題上进行了肉麻的吹捧。我們感到可疑，細一查問，原来完全不是这么回事。这个大騙局必须揭穿！

李雪峰来津，由于頑固地继續执行資产阶級反动路綫，大力扶植保守勢力，积极为天津的資本主义复辟进行准备活动。有压迫，就有反抗。为了捍卫毛主席的革命路綫，革命造反派自觉地从几千到几万、几十万、近百万地汇成一支反复辟革命大軍。而李雪峰也就在革命群众的討伐声中，逃之夭夭。

接替李雪峰"重任"的某些負責人，感到步李雪峰后尘是不行了。为了欺上瞞下，混淆視听，达到扶植保守勢力，瓦解造反派的目的，便耍出了新的花招。經过精篩細选，就挑出了"軍工大联合"这个大組織，做为所謂"大联合"中工业系統的"样板田"。經过一番精心筹措安排之后，于六月八、九两日，在干部俱乐部偸偸摸摸地召开了"軍工大联合"的首届代表大会。

大会邀来了記者、观察員……，天津市的几位头面人物也亲临坐陣。主将出場了，肯定有好戏上演。会議第一天，幕启，剛忍痛被赶出"軍工大联合"的一个保守組織，因不解主子的用意，赶来大鬧了一場；接着就是八·一三的"赶胡昭衡"。气氛是"紧張而熱烈"的。为了防备家丑外揚，第二天就組織了"尖刀連"，……眞是戒备森严。而不知趣的被騙而未吸收的"紅总"（造反派），

《日报》吹捧道："积极地进行加强扩大工作，革命派的队伍不断壮大。到目前为止，已經联合了全系統百分之七十的革命群众进入了工代会"，还有什么"旗帜鮮明"等等。多么娓娓动听！

不錯，为了欺人耳目，曾忍痛把一个在社会上臭透了的保守組織开除。并以此为銹餌，到处游說，騙来了"实驗厂东方紅兵团"和"十八所大联合"，同时又收入一个保守組織；总之，吃了一点小亏，占了一个大便宜，表面一看似乎多了两个革命組織。但是不久，誓做"××公社"（保守組織）坚强后盾的华北精密机械研究所"侯团"这个有名的老保户（即六月二十四日夜到和平路寻衅武斗，被群众轰走，在和平路四面钟丢下汽車展覽示众的保字号組織），却被提升为"評审委員"！让老保当"評审委員"，眞要笑冷天下人牙齿。而对造反派又是怎样的呢？远的不說，就說大会期間吧，六月九日（即会議第二天）上午，"紅总"（造反派）前去要求辯論，落得个什么結果，大家已經知道；下午，剛剛被吸收进去的十八所代表因为作了个那样的发言，后来即被"軍工大联合"以《第三号通告》开除出去。他們的遭遇，就是"軍工大联合"恨造反派的眞实面目的又一次大暴露，难道这就叫"加强扩大"革命的队伍嗎？爱保字号，恨造反派，这又是哪边園的"旗帜鮮明"呢？至于"百分之七十"这个比例数，就更荒唐了，华北精密机械

在轉发报道北京革命职工代表[redacted]中又将“彻底打退資产阶級反动路綫的新反扑，痛击資本主义反革命复辟逆流”狠狠砍掉。

《人民日报》在报道北京农代会时，强調了“彻底打退資产阶級反动路綫的新反扑，痛击資本主义反革命逆流，把无产阶級文化大革命进行到底”。可是《天津日报》在报道时又迴避了这个問題。

我們不禁要問：为什么怕提及两条路綫的斗爭？为什么怕提及痛击資本主义反革命复辟逆流？《天津日报》如此大杀大砍是受了誰的旨意？有人斷然說：“天津不存在放軍，特別是对站出来的革命領导干部进行恶毒攻击”，是什么“阶級敌人正以十倍的瘋狂进行反扑”！

三月十九日和三月二十二日分別发表的大专紅代会、中学紅代会給毛主席的致敬电中，更加露骨地叫嚣“目前，社会上还有一股反革命逆流”！面对著反对李雪峰資本主义复辟的革命洪流，他們嚎叫着“要挺身而出，堅决給予回击”！

正当天津市以工人阶級为主体的无产阶級革命造反派高举毛澤东思想偉大紅旗，向党內最大的一小撮走資本主义道路的当权派、向本地区、本部門、本单位一小撮走資本主义道路的当权派以及他們堅持号，《天津日报》的版面是多么慷慨啊！

“新冶金”是一个剛剛成立几天，連个宣言都沒有发就当上了工代会核心成員的保守組織，他們一直把矛头指向革命派，也是楼黑材料的干將。而《天津日报》在报导中却把它称之为“无产阶級革命派”。

发电設备厂“九·一五”战斗队是保皇会“八·一五”筹委会的变种，是資产阶級反动路綫的产物。《天津日报》在报导中为了給“九·一五”涂脂抹粉，居然不擇手段，使用了撒謊、捏造的卑鄙伎倆。“九·一五”战斗队一直是刘少奇的“六·二工作制”的积极推行者，

接

刀迷”，……眞是戒备森严。而不知趣的被騙而未吸收的“紅总”（造反派），偏偏又找上門来請辯。幸有“尖刀迷”在，“活捉”血染，于是，瞬时“紅总”不少人进了医院。这样一来，外面就显得十分清靜、蕭条、冷落了。而內部的好戏也就开始了，剛被拉入的十八所代表，在发言时喊出了“改組五代会”，“誓与劳二半八·一八、天工八·二五风雨同舟”。嘩！台下大乱，“打倒无政府主义”的口号雷动；咱！一个耳光，保守号上台大打出手，話筒被搶，演了一場罕見的“打擂台”。接着，在头头的带領下，拋开十八所、电器厂，演了一場“大联合二分家”。最后的表演是“跑龙套”，他們圍着十八所、电器厂走了两圈，名曰“示威”。这就是《天津日报》所吹捧的“样板田”；这就是所謂滿載丰果的“胜利閉幕”；这就是某些人瞞以欺上瞞下、进行政治投机的“政治資本”；这就是被肉麻吹捧的“軍工大联合”首屆代表大会的“盛况”。

以上是事实。再看看《天津日报》的报道。

分之七十”这个比例数，就更荒唐了，华北精密机械研究所入工代会的是老保組織，广播器材厂进大联合的人数仅占百分之十五左右，十八所仅有一个組織加入，新近又被开除……够了！試問这“百分之七十的革命群众”在哪儿呢？《日报》还撒謊說“实现了以左派为核心的革命派大联合”，多么好听！果眞如此嗎？事实是：四月底，铁的事实會迫使“軍工大联合”不得不承认华北精密机械研究所造反团总指揮部（即“侯团”）是一个地地道道的保守組織，并且七个常委以七比〇一致决定开除，怪就怪在这个保守組織非但沒出来，反而升級当上了評审委員，这是“以左派为核心嗎”？

就是这么一个“軍工大联合”，就是这么一个首屆代表大会，难道能称得上是“一个胜利的大会，成功的大会”嗎？不！这是一个不折不扣的欺騙的大会，吹牛的大会！而作为偌大一个天津市的唯一官方大报——《天津日报》，竟然扯下如此彌天大謊，难道不覺得害羞嗎？是誰让你們这样干的呢？

究竟誰是罪魁禍首？

——“五·一二”事件的前前后后

铁道部第三設計院“八·三一”造反队

（一）前　言

在我們偉大領袖毛主席亲自发动和領导的这場史无前例的无产阶級文化大革命运动中，天津市的无产阶級革命派，高举毛澤东思想偉大紅旗，奋不顾身地砸碎了万張反革命修正主义集团設下的重重枷锁，冲垮了資产阶級反动路綫。到今年一月初，各单位的保守組織紛紛瓦解。在“一月革命”的风暴中，无产阶級革命派紛紛掌权，革命的大联合即將形成，革命形势一派大好。

就在这个时候，李雪峰来到了天津。

他继續頑固地推行資产阶級反动路綫，天津市文化大革命出现了巨大的反复。自二月中旬到三月底，整个天津市的保守势力死灰复燃，向革命造反派猖狂反扑；已被打下台的走資本主义道路的当权派，也在蠢蠢欲动，伺机向革命造反派反攻倒算。資产阶級反动路綫的烏云又一次籠罩天津城。

天津铁路分局以原党委各部成員为核心的保守組織“铁联总”自成立以来，頑固地执行資产阶級反动路綫，一貫大整革命群众黑材料，对“地总”等革命造反組織恨之入骨，深欲置之死地而后快。李雪峰来津之后，他們更是变本加厉地对革命造反派进行分化瓦解、打击陷害，至使“地总”这个二万多人的革命組織基本解体。

四月上旬，中央首长对天津工作做了重要指示，給了革命造反派以极大的支持和鼓舞，再次解放了天津革命造反派，从此，革命造反派的队伍又一天天地壮大起来，汇聚成一支不可阻擋的滚滚洪流，冲垮了李雪峰在天津复辟資本主义的黃粱美梦，打退了保守势力的多次反扑，天津市无产阶級革命派又一次出现“百万雄师过大江”的大好局面。

但是，一切反动势力决不甘心于他們自己的失败，李雪峰之流为了挽救自己日暮途穷、內外交困、极端孤立的窘迫处境，便不惜孤注一擲，調动了所有的保守組織，对革命造反派掀起了空前未有的反革命圍剿，于是，在五月分出现了大批駭人听聞的政治迫害案。“铁联总”和“铁路公安造总”便是这股逆流中的馬前卒。这就是“五·一二”事件的政治背景。

（二）預　兆

早在五月五日下午六点，“铁联总”就召开过緊急会議。杜××在会上說：“咱們就和他們拼了，下面組織愿意怎么干就怎么干，工代会全力支持你們！”又煽动說：“电业系统已經动手把对立面（电业“大联合”）抄了！”在“铁联总”內部不断灌輸武斗的思想准备，于是“铁联总”便接二連三地出现了挑起武斗的种种举动，如：五月九日“铁联总”的装卸調度員郭××，抽出生产汽車从西沽运来当班的装卸工二十余人，参予在“地总”办公室里涂写大标語的挑衅事件，同时又复盖了电务段紅色造反团等革命組織剛剛貼了不到两小时的大字报，并出动数十人对紅色造反团进行圍攻，直至深夜十一点多。五月十日“铁联总”游行示威，高喊“打倒八·二五！”“取締八·二五！”等口号，并隨意复盖革命的大字报，企图挑起武斗。到了五月十二日，下午两点，調度員方向敏（“铁联总”的）突然乘四十五次車离开天津到泊鎮，当日夜間事件发生后，他即在泊鎮从二十三点三十分起，就地指揮津浦綫行車了，可見“五·一二”事件是他們早已策划了的。事件发生的前一天，“铁联总”的巡道工張宝增对李文軒說：“‘地总’不敢武斗，打起来，把他們往調度室一拉，电話一摔，就說他們砸了調度室，就这一下子，‘地总’就得完蛋，非打成反动組織不可！”这难道还不能說明“铁联总”陷害“地总”是早有准备的嗎？

（下转第四版）

审問“安眠藥瓶”

——万曉塘之死疑案

河北大学井岡山兵团“紅綫”战斗队

不久前解学恭之流又指使公安造总、河老八拋出了一个《万曉塘畏罪自杀眞象》的材料。这份材料，不仅內容矛盾重重，而且心虛到連日期都不敢注明的地步。“自杀論”者唯一欣慰的证据便是“安眠药瓶”，而这个“肯定无疑”的材料正好說明“药瓶”有鬼！我們的“疑”更大了。

（一）

江楓：“跟我一块进去的有高书田和馬树荣……我把手巾拿开，下面有个速可眠（一种烈性的安眠药）药瓶，我拿起来一看，馬树荣就在我后面說：‘唉，这瓶药前天拿来的，怎么都吃了？’高书田就說：‘过去万也沒有关門洗澡的习慣，今天怎么关起門来了？’”

〔按：江楓的意思就是說他发现了药瓶，馬树荣和高书田是证人。〕

馬树荣：“当时我和倪景福等人把万从水里撈出来，抬到臥室放到一个圓墩上控水，这时高书田打电話找大夫，我便和谷云亭的秘书王永凡去第一医院接大夫……最后我和另外三名大夫拿着手术器械一同回来……大約过了半个小时左右，又来了一名大夫，我把他送上楼后出来时又碰上了蔡吉祿，他从口袋里掏出一个速可眠的瓶子說：‘小馬，你看这个瓶子！’我說：‘这药我才拿来一两天，怎么沒了？’这时高书田走过来問說什么事，我告訴他說药瓶子的事。”

高书田：“約八点左右，我从赵武成房間里出来，在过道里遇到蔡吉祿拿着个速可眠的瓶子与馬树荣說話。我問馬树荣怎么回事，馬說：‘在洗澡間发现速可眠瓶子。’我說：‘药哪里去了？你什么时候拿的药？’馬說：‘我前一两天才拿了一瓶。’”

〔按：馬树荣和高书田說法一致，是在楼道里看見的安眠药瓶，而且是蔡吉祿拿着的。至今江楓找不出证人证明药瓶是他发现的。作为公安局长、“偵察专家”的江楓，不保护现場、不取指紋，不当場拿出药瓶来給进行搶救的医生提供綫索，反而带头破坏现場，这是为什么？〕

（二）

江楓：“这时我拿着空瓶子出来了，又看了看办公桌上有一瓶安宁片，里头还有七八片，还有一瓶速可眠，里头还有一二粒（二十五粒滿瓶），我就告訴蔡吉祿，把所有的药品都带走。”

〔按：两个速可眠药瓶：臥室办公桌上一个，洗澡間一个。〕

馬树荣：“我在一九六六年九月九日去市委医务所給万曉塘拿了一瓶速可眠，一瓶安宁片，是張大夫的处方，周大夫拿的。十七日下午两点左右，万曉塘說沒有安眠药了，我就問高书田，高說：‘汽車上有药，是以前放在車上备用的，你去拿吧。’我在汽車上一个雨衣包里拿的药，是一瓶速可眠和一瓶安宁片，拿后便送到了万的房間，同时把那个速可眠空瓶扔到上箱子里去了。”

〔按：九月九日拿的药吃完后，在十七日把空瓶子扔到土箱子里了，万处最后剩下十七日在車上拿的一瓶药，即一个药瓶；馬树荣的意思，万的身边总是保持一瓶速可眠，亦即一个瓶子，但现場却出现两个速可眠的瓶子。来历不明的另一个速可眠药瓶子，你是从哪里来的？为着什么目的来的？〕

×　　×　　×

看了这份材料，眞是你不說我倒明白，越說我越糊塗，万曉“自杀論”者，你們还有哪些“肯定无疑”的材料和精心泡制的謊言？趁早拿出来吧！我們相信，三反分子万曉塘的死，究竟是“畏罪自杀”还是共后台、同党、爪牙为了灭口的自相謀杀，最后一定会搞清，王八旦們一个也逃不了！

如此"大方向"！

——"五·一七"事件的事实真相

李雪峰、解学恭之流来到天津之后究竟执行的是什么路綫？这个問題的爭論至今还是相当激烈的。我們遵照毛主席关于普遍性存在于特殊性之中的教导，对和平路"五·一七"事件这个小小的"麻雀"进行了解剖，并从中得出了我們的答案。現将我們的答案公布于众，請同志們判断。

一、"五·一七"事件的事实經过：

五月十七日下午五时許，由无代会中的公安造总、河老八串通北郊区"批刘邓、砸万張联絡站"，以"反无政府主义"为名，由工代会出头組織，动用一百三十九辆生产用車，分兵四路，举行了声势浩大的声討天工"八·二五"的示威游行。車上貼滿了攻击天工"八·二五"的大字标語，一路高呼"打倒八·二五！""取締天工八·二五！""八·二五不投降，就叫他灭亡！"等口号，气势汹汹，不可一世，如此规模的游行，在天津实在罕見。

由于他們公然扭轉斗爭大方向，把矛头指向革命造反組織，严重地破坏"抓革命、促生产"的偉大方針，因而造成群情激愤，車队行至和平路上，过路行人和貼大字报的群众紛紛对他們提出責問，然而他們对此却視而不見，继續高呼口号，大有不屑一理之意。在盛怒之下，一位老工人憤然将自行車推上前去拦住汽車，广大群众也紛紛圍了上去，强烈要求与他們辯論，車上的人心亏理屈，張口結舌，最后，不得不灰溜溜地下車溜走，司机也随之弃車而去。这样，車队末端的二十三辆汽車便抛錨在和平路上了。在場的群众还从第一辆車的司机室中搜出一份天津工学院附近的詳細地图。

为了保护国家財产，防止阶級敌人乘机破坏，天津人民出版社"十·一八"、十九中紅旗紅卫兵、五十五中馬列主义紅卫兵等在場的四十多个单位的革命群众，自动地組織起来保护現場，并与有关当局取得联系，要求他們迅速处理現場，不料却遭到他們的无理拒絕。此后，各革命組織又与有关当局进行了多次会談，經过三天的努力，在革命造反派的督促之下，公安局軍管会不得不出面解决問題，終于在二十日凌晨，将二十三辆卡車全部拉走。

二、揭开"五·一七"事件內幕

"五·一七"事件到底是个什么事件？到底是个有組織，有計划的政治迫害案，还是某些人士所謂的"观点不同的人自发产生的冲突"呢？这个問題必须予以解决。毛主席电話通知：

昨晚去市里开会，关于傳达陈伯达同志对天工八·二五問題的談話，我們应該立即行动起来广泛地进行宣傳，造成声势，改变面貌。要求：

1. 要大量散发材料，各級都要印发，群众組織都要印。

2. 从現在起，各工矿企业、各农村除广播新华社重要文章以外，都要广播陈伯达同志的重要讲話。

3. 利用各种宣傳工具。如：写标語，出动宣傳車进行宣傳。（宣傳队也可以）

4. 召集不同规模的群众大会，傳达陈伯达同志的讲話。（利用业余时間）

5. 更要发动各个革命造反組織，利用工休时間在本厂、本村或上街进行宣傳活动。

一九六七年五月十二日

（注：此份材料是北郊区武装部在五月十二日用电話通知該区各公社、工厂的武装保卫部門及部分群众組織的行动布署。）

材料（二）：工代会統一布置的"战斗"口号（附：康文田同志的批語）：

1. 坚决拥护陈伯达同志五月八日的重要指示！

2. 天工"八·二五"一小撮是天津眞正的"西糾""联动"！

3. 清算天工八·二五一小撮法西斯暴徒砸搶工代会的滔天罪行！

4. 工代会的革命造反派不是好惹的！

5. 誓死和无政府主义血战到底！

6. 誓死捍卫革命的"三結合"的正确方針！

7. "八·二五"一小撮必须向全市人民低头认罪！

8. "八·二五"一小撮必须悬崖勒馬！

9. "八·二五"、"河大井岡山"一小撮抗拒陈伯达同志指示，继續冲击支左和夺权筹备領导小組是把自己領到死亡的道路！

10. 欢迎"八·二五"受蒙蔽的同志回到毛主席的革命路綫上来！

11. "八·二五"一小撮是制造天津市白色恐怖的罪魁禍首！

12. 以"八·二五"一小撮为首的"大专总部"必须解散！

13. 坚决清算"八·二五"一小撮在天津犯下的滔天罪行！

14. 严惩"八·二五"、"河大井岡山"一小撮五月九日砸支左、綁架工作人員，是破坏軍委八条的罪魁禍首！

15. 强烈要求支左取締"八·

21. 无产阶級专政万岁！

22. 偉大的領袖毛主席万岁！

一九六七年五月十日

这是工代会議給我系統代表王尤群同志带回来的。当时我看到这个材料之后，有些口号是錯誤的，我們不能往下发。

康文田六月一日

（注：康文田同志是工代会成員，化工系統革命联合委員会的負責人。）

材料（三）：工代会汽运六場革命造反团韓濛銘同志的揭发材料：

……

五月六日中午，在工代会大厅林启予（工代会常委組长），开紧急会，他說："工代会被'八·二五'砸了，对'八·二五'要大造声势，下午要組織十五万人大游行，游到天工'八·二五'門口去，以后还可以按系統，自己結合着搞。"

将散会时，他向汽运一場、五場各要一百部汽車，向二場要五十部，向六場造反团要一百部被拒絕，六場"东方紅"报了五十辆。

但这次游行，因广大革命造反派反对而流产。

五月七日在民园（現名人民体育場）工代会組織声討印尼反动派的会后，財貿、新冶金、物资系統、电业系統四个組織搞了一次声討八·二五的游行。

五月十七日也是工代会有計划布置的，决不只是北郊区。南郊的也来了，是五場車运送的。河大八·一八，公安造总都有。

路綫、时間决不是偶然的巧合。

我場保守組織"筹联"（已入工代会）为了这次游行凑足車数，还不擇手段，竟違犯"六定制度"（定人、定車等），开走他人車辆，影响了别組、别人的生产和出况。

他們还动用公家的摩托車，由芦秉璋来回联絡指揮。可以看出这是有預謀，有周密布置的行动。

材料（四）：工代会天津油漆厂"一·一四"革命造反总部季兆林同志揭发材料：

五月十七日下午，我下班以后，在回家途中經过京津公路天穆村地段时，发現路旁停有二十多辆卡車，車上站滿了人。其中有四部車是我厂生产用卡車，上面滿載着我厂保守組織"紅联"的人（約二百余人）。所有这些汽車的拦板周圍都貼滿了青一色的印刷大幅标語"打倒天工八·二五"、"打倒无政府主义"。并听到他們宣布紀律："不得任意下車，不能进行辯論……"。我看到有一个戴眼鏡、背綠色书包的人，正在指手划脚，跑前跑后的人。此人到我厂去过，所以认出他就是工代会的李德民。（該李原是工代会組联組工作人員，曾到我厂作过調查，并将保守一七"事件絕不是什么"观点不同的群众自发的冲突"，完全是自上而下有計划、有預謀、有組織的反革命大示威。这是工代会、公安造总、河老八的决策人在李雪峰、解学恭之流的指使下向革命造反派的瘋狂反扑，是李、解之流頑固堅持資产阶級反动路綫的典型表現。

三、"五·一七"事件中严重的经济损失

由于李雪峰、解学恭之流公然对抗毛主席"抓革命、促生产"的偉大号召，一手制造了"五·一七"事件，造成了經济上的巨大损失。

抛錨和在和平路上的二十三辆卡車中，有十四辆是汽車运輸二場的。下面便是这十四辆車經济损失的一个小統計。

第一車队参加"五·一七"游行的內勤工人中，中班十三人，白班四人。下午三时左右都放下工作走了，折合12.5人曠工一日；

由于車多路长，行駛速度很慢，汽油消耗量极大。按三十公里計算，耗費汽油四百公升以上，折合人民币二百四十元以上；

停在和平路上的2325号汽車应在十八日上午进厂大修，結果因該車不能按时入厂，造成三十个工人及全部机、具停工半日，使該厂全月計划不能完成；

五月十八日由于十四辆汽車突然停运，造成許多裝卸工人当日停工，計有六队、三十四队、三十五队各五人停工，十三队全休停工；

由于十四辆汽車多日停运，致使每天有四十名裝卸工人难以安排工作；

五月二十日軍管部門将車移走，責成用車单位整修投产，所用物料計六百九十二元。

从五月十七日至六月一日的十五天中，总共亏产量为7350吨公里。运費损失达一万九千八百四十五元。

以上只是有形的损失。至于停产无月之久对工农业生产的影响，就牛法計算了。

"窺一斑而視全豹"。从这个小統計中不难看出整个"五·一七"事件的經济损失是何等的惊人啊！

四、"五·一七"事件说明了什么？

"五·一七"事件的发生絕不是孤立的、偶然的，这是天津市两条路綫斗爭的具体表現，是李雪峰、解学恭之流操纵其御用工具向革命造反派累累反扑的必然結果。

《人民日报》社論指出："对革命小将队伍中的各种非无产阶級思想，我們应該积极地、耐心地引导他們用无产阶級思想去加以克服。同时也要相信，在毛澤东思想哺育下的革命小将，一定能够自己教育自己，自己解放自己。如果誰看不到这一点，那就要犯絕大的錯誤。"天津夺权筹备小組的决策人，正是这种絕大錯誤的明知故犯者。

他們把革命小将視为眼中釘、肉中刺，总是企图抓住革命小将的錯誤不放，一棒打死，以除后患。陈伯达同志五月八日关于天工"八·二五"問題的重要讲話，明明是对天工"八·二五"革命小将的最大关怀和爱护，然而他們却得意忘形，以为这样一来，天工"八·二五"末日即到，于是便不分昼夜，兴师动众，操纵大批保守派涌上街头，到处宣傳广播，示威游行，恶毒攻击天工"八·二五"的标語、傳单和口号声頓时充满天津城。"五·一七"事件便是他們反革命示威猖獗到不能令人容忍地步的暴发点。

他們滿以为通过这种毒辣手段，完全可以把天工"八·二五"致于死地，从而达到杀一儆百的目的；然而結果却适得其反，恰恰是他們搬起了石头砸了自己的脚。

毛主席教导我們說："**眞正的銅墙铁壁是什么？是群众，是千百万眞心实意地拥护革命的群众。这是眞正的銅墙铁壁，**（下轉第二版）"

究竟誰是罪魁禍首？

（上接第三版）

五月十二日上午，"铁联总"通知下属各单位下午六时来分局开会"声討八·二五"，因下面有的組織不同意这样做，在十一点多重新通知开会，改为"傳达陈伯达同志的讲話"。当时××工区巡道工吕××（"铁联总"的）对人說："下午带着瓢去喝人腦子去吧！"看！从这一系列的言行，这铁一般的事实，不难看出"五·一二"事件就是有准备、有予謀、有后台、有政治目的的反革命政治迫害案！

（三）經　过

"五·一二"事件之所以能够栽赃陷害，嫁禍于人，无非是要弄了《水滸傳》里"林冲誤入白虎节堂"的故伎。現在让我們看看"五·一二"事件的事实經过。

五月十二日下午七点多，"铁联总"和铁三院紅色造反团在分局大院按計划开会了。会上宣布"发生意外情况，統一指揮"。会后宣布"女同志和体弱的先走，其余留下"，秘密通知把主席像及路徽戴在右胸前，作为标記。挑起武斗的予謀不是昭然若揭了嗎？

八点多，新大路中学学生李志成、侯古凤等人听說"铁联总"复盖了他們的大字报，便扔下正在修理的幻灯机一路来到铁路分局。果然发現在二楼楼道他們前一天貼的（后来知道此人是谷宗文），对李說：

"你认識我嗎？"

"我不认識你。"

"你在'地总'踢过我，叫我滾出去，不认識我了？"

"我沒踢过你！"

"沒踢过就死抽他！"于是木棍皮带又向李猛抽下来，接着两人把李志成抬起，从三、四尺高扔了下来，李志成后腦碰破，昏死过去。醒来时，褲子都尿湿了。

后来，谷宗文竟然攥着李志成的手写"供詞"，字写的比扣子还大，因为当时李志成已經昏迷，写的內容是什么都記不清了。这就是铁路公安造总的卑劣行徑，他們借工作之便，对中学革命小将施以如此慘无人道的手段，这难道就是他們捍卫的"无产阶級专政"嗎？

在三樓，当吳振忠、周新义抬着漿子桶走上楼道时，迎面来了几个人，問道："你們是干嘛的？"回答是貼大字报的，又問："知道三楼不叫走嗎？""不知道。"于是这几个人便气势汹汹地罵道："混蛋！"話音剛落，从調度室里跑出几十个人，戴着白手套，手持木棒，照着吳、周便打。吳、周二人高喊："打人啦！打人啦！"这伙暴徒便把吳、周二人分别拖到津浦調度室和京山貨調办公室。

吳振忠被拖入調度室后，即被他們揪住头发，踢翻在地，紧跟着

后来，听說有两名工人失踪，在楼外有个妇女还听到三楼有打人声普。为了解救受难的工人师傅，便冒着危險，一拥而上冲进了三楼。三十中学"井岡山"战士李××进入京山貨調室找人，恰遇一人站在調度台上掄起大棒向新大路中学"井岡山"战士迟××猛打，李××上去把大棒夺下，这人又抄起椅子向李××打来，李閃了过去，椅子落到玻璃板上，頓时玻璃被打得粉碎。这人便发狂一样地乱揮木椅，整个屋內唏哩嘩啦，調度設备也被他砸坏。此后紅卫兵小将分别在京山貨調室和津浦調度室救出了周新义和吳振忠。

上述这些就是"五·一二"事件的主要梗概。完全可以看出調度室是誰砸的，怎么砸的，誰是凶手，是誰制造停車停运事件，是誰私設公堂，大搞逼供信。事实俱在，任何人也休想抵賴！

（四）事　后

"五·一二"事件发生后，不到几小时，十三日清晨就見到了河大"八·一八"的造謠傳单。誣賴天工"八·二五"、"河大井岡山"、劳二半"八·一八"、铁路"地总"砸了調度室，鬧得滿城风雨，并随早車发到铁路沿綫。妄图把"铁联总"这一反革命破坏事件嫁禍到天工"八·二五"等革命造反派的身上。这不是有計划的政治陷害又是什么！

天津市有关当局本应十分重視这一事件，真正站到毛主席革命路

政治迫害案，还是某些人士所謂的"观点不同的人自发产生的冲突"呢？这个問題必須予以解决。毛主席說："你对于那个問題不能解决吗？那末，你就去調查那个問題的現状和它的历史吧！你完完全全調查明白了，你对那个問題就有解决的办法了。""一切結论产生于調查情况的末尾，而不是在它的先头。"我們遵照毛主席的教导，对"五・一七"事件进行了調查研究，現将我們掌握的部分材料公布于众，供同志們分析批判。

材料（一）：北郊区武装部的左、綁架工作人員，是破坏軍委八条的罪魁禍首！

15．强烈要求支左取締"八・二五"！

16．杀退以"八・二五"为首的反革命逆流！

17．欢迎受"八・二五"蒙蔽革命同志赶快觉悟！

18．感謝天津駐軍对我文市化大革命作出的卓越成績！

19．誰把矛头指向解放軍就是自取灭亡！

20．向解放軍学习！向解放軍致敬！

以认出他就是工代会的李德民。（該李原是工代会組联組工作人員，曾到我厂作过調查，并将保守組織"紅联"从后門拉入工代会。后来他又調到工代会宣傳組工作，专門負責組織游行，召开大会等的筹备工作。）因此，可以断定这次向天工八・二五的大示威是工代会中一小撮人一手組織和策划的。

工代会化工系統革联化工部
天津油漆厂"一・一四"革命造反总部　　季兆林

×　　×　　×

从以上材料不难看出，"五・

小　启

一、天津市有关当局在圍剿天工八・二五时，曾經莫須有地給八・二五扣上了八条"罪状"，"罪状"之一是誣枉八・二五对"持有不同意見"的天工思想兵，"从經济……上采取限制的办法"。但是，当北京軍区三令五申地要天津有关当局处理河大八・一八对河大井岡山等組織的經济封鎖問題时，这个有关当局却采取沉默頑抗态度，对北京軍区的指示拒不执行。既然連北京軍区他們都不放在眼里，那末，对我們这个"可恶"的民办的"天津市批刘邓、砸万張，反复辟联絡站"还能垂爱吹？故此，他們公开宣布不支持，甚至反对。于是，天工思想兵所未遭受到的經济上的限制，却真正严重地压在了我們联絡站头上，——連半分錢經費也不撥給。因此，我們只好宣布：本报概不贈閱，以便用售报收入还債。这，望广大讀者鉴諒。

二、同样原因，我們既在經济上遭受困难，在报紙的出版方面（包括排版、印刷、紙張采购等）也不例外，因此造成本报不能及时出版与讀者見面。第一期即严重拖期，但革命造反派的战友們并未責怪，反而踊跃购买一空。对此，我們特向造反派的战友們致以歉意，并感謝你們的热情支持。今后，我們更要加倍努力工作，力求出版及时。

三、希望各界革命造反派的战友們不断把自己編印的小报、傳单等惠寄給我們一份。

本报編輯室

八点多，新大路中学学生李志成、侯占风等人听說"铁联总"复盖了他們的大字报，便扔下正在修理的幻灯机一路来到铁路分局。果然发现在二楼楼道他們前一天貼的"砸烂万張反党集团，揪出后台爪牙！"的大标語，被"铁联总"所属的"二七公社"复盖了。他們找到軍代表要求解决問題，但是遭到了拒絕，又去找"二七公社"两次，同样未得解决，于是就动手撕掉"二七公社"写的"八・二五是这次反革命逆流的急先鋒"这幅标語。九点多，材料厂工人吳振忠、周新义等四人从"地总"借了浆糊和紙張，也来二楼張貼标語，忽然涌来四、五十人把他們团团圍住，爭执不休。

李志成等同学見四个工人被圍在当中就要遭到毒打，便奋不顧身地拥上前去，把人群冲开，其中两个工人李广俊、郑秀春（女）空身挤出去了，吳振忠、周新义抬着大浆子桶，在人群中无法挤出，于是就上到三楼，想繞过人群把浆糊紙張送还"地总"（三楼楼道中一半是調度所，另一半是办公室）。"铁联总"的一小撮人对革命群众施行严刑拷打、逼逼口供的法西斯暴行也就从这时候开始了。

在二楼，李志成挤到楼梯口，見一小同学被一个身穿"三院"字样背心的人揪住，他便上去咬了那人一口，小同学跑了，但是李志成被后面一个人一把揪住了脖子，連踢带打地塞进了"二七公社"办公室。

李志成在这里被他們追逼口供打得死去活来。忽然有人用暗記敲門，进来了一个自称是公安局的人照看吳、周便打。吳、周二人同喊："打人啦！打人啦！"这伙暴徒便把吳、周二人分别拖到津浦調度室和京山貨調办公室。

吳振忠被拖入調度室后，即被他們揪住头发，踢翻在地，紧跟着他們抄起电話地摔到地上，又把門窗玻璃砸毁，一切就緒后，反咬一口，指着吳振忠說："好你个王八蛋，把調度室砸了，打！"約三十人一拥而上，对吳狠狠毒打，与此同时，他們向"支左"和沿綫各站发去电話說："調度室被'地总'砸了，調度电話不能用啦！"

这伙暴徒对吳振忠严刑逼供达五次之久，硬要吳振忠写出他是"地总"王东生派来的。逼供到第三次时，吳被迫写了"是'地总'楊玉华叫我来給'铁联总'貼大字报的"，这些暴徒仍不满足，继續毒打，并把吳振忠捆綁起来，一直到中学紅卫兵小将的大队来到楼前要求放人时，他們才把吳振忠松开，藏起凶器，最后拿起炉圈照吳右眼猛打一下，吳立即昏死，满臉是血，被拖到墻角，待吳醒来时，还有两个人手持木棍看守着他。

周新义在另一間屋子里，遭到同样待遇，不細說了。

当李志成被拖入"二七公社"被人发觉后，铁路工程学校一同学将情况用电話通知了新大路中学井岡山兵团，于是派了两名战士到現場看看情况。因"铁联总"在楼道打人，进不去，他們就給"卫东中联"打电話，电話中把李志成誤傳为刘志成被捕（刘志成是何兴庄中学某組織負責人），大家聞訊后紛紛赶来向"铁联总"要人，并逐室搜查，从"二七公社"救出了李志成。

到铁路沿綫。妄图把"铁联总"这一反革命破坏事件嫁禍到天工"八・二五"[redacted]这不是有計划的政治陷害又是什么！

天津市有关当局本应十分重視这一事件，真正站到毛主席革命路綫上来，相信群众、依靠群众、放手发动群众，組織联合調查团，通过充分的摆事实讲道理，尽快澄清事实真相，按照中央政策法令，給予罪犯应得处分。但是事隔十七天之后，公安局竟然以莫須有的罪名无理扣留了慘遭毒打的吳振忠（"铁联委"成員）和与此事件毫无关系的女工楊玉华（"地总"成員），并在社会上大发布告、广为宣傳，仿佛河大"八・一八"的造謠傳单还有几分可信似的。必須指出，这是李雪峰之流又一次打击陷害革命造反派的大阴謀！

毛主席指出："'搬起石头打自己的脚'，这是中国人形容某些蠢人的行为的一句俗话。各国反动派也就是这样的一批蠢人。他们对于革命人民所作的种种迫害，归根结底，只能促进人民的更广泛、更剧烈的革命。"他們对革命群众的无理逮捕和扣留，不过是黔驴之技，只能表明他們內心的虚弱和不安而已。

正告李雪峰之流，我們无产阶級革命派从造反的那一天起，早已把自己的一切乃至自己的生命置之度外了，坐几天牢，逮几个人，吓不倒我們！我們革命造反派，在革命的暴风雨中，炼就了一身鋼骨铁筋，我們就是不怕压，越压越坚强。天津必将是用毛澤东思想真理武装起来的革命造反派的天津，任何反动势力的垂死挣扎，只能加速他們自己的完蛋！

街头小議选（二）

冶系革委衬火器材厂委員会　放眼量

▲河大八・一八和公安造总說的話，是怀疑不得的，否則可要小心！

万曉塘是自杀的，是經河大八・一八断定。現在有人提出怀疑来了，河大八・一八和公安造总立即怒斥曰：『絕不允許为叛徒万曉塘翻案！』你看，这个罪名可兜得起！

真叫人不明白，難道万曉塘的罪行仅仅在自杀嗎？如果說他被杀就証明他没有罪了？調查研究，只能把他和他的集团的罪行弄得更清楚些，怕什么？

周总理四月十一日指示說：『万曉塘的檢討根本沒有压力，算不上檢討，不象样子，象談話一样，这样的檢討怎么会逼得万曉塘死呢？这个問題还要再追查。』

不知河大八・一八和公安造总对周总理的話考虑了沒有。

▲六月十日，工代会內部的二十九个单位发表《联合声明》：『彻底改組这个工代会。』

六月十九日，二十九个单位发展到九十二个单位，組成『彻底改組工代会联絡站』，发表了《严正声明》，提出了具体的工作內容。

日子沒过十天，数字整翻了一个觔斗，二十九变成了九十二，改組意見也由原則的变成具体的了。这对于那些把新冶金之流塞进工代会就认为是生米做成了熟飯，可以万无一失了的李雪峰之流，真是要命的打击，徂惡之余，不禁要罵：无事生非，吃飽了撑的！

事情也就是这么『討厌』，要是当初再狠狠心，一个造反的也不收，工代会中不会有这么多的『不安分』分子。

▲現在存在着两个对立的口号：一个是『彻底改組（天津的）五代会』，一个是『（天津的）五代会好得很』。

据『鉴定』，前一个口号是『同中央精神相違背的』。

那么，后一个口号怎么样呢？大概是『紧跟中央精神』的吧？

中央的精神』，由于人們的世界观不同，会有不同的理解。面前摆着的事实是：天津市工代会中組成了一个『天津市工代会无产阶級革命派彻底改組工代会联絡站』，为彻底改組工代会，实现天津真正的无产阶級革命派的大联合及革命的『三結合』而积极战斗！

这应該就是有切身感受者发出的声音了。为什么身居『好得很』的五代会不安于室呢？这不能不使人怀疑那位口号鉴定家的世界观。

▲六月二十日，沒进入工代会的三十四个单位发表了与天津市夺权領导小組負責人座談的《联合公告》，其中意見之多，火气之大，实在叫人吃惊。

据介紹，夺权領导小組邀这些单位去座談，上来就明确表示这些单位是革命造反派，可以进入工代会，現在不愿进去的，还要耐心等一等。可是，經过好几天的座談，这些单位不但沒有消火，意見反而比沒談时多了。

是这些单位不識抬举呢？还是有别的毛病？

▲『反复辟联絡站』現在成了惹人注目的組織了，过去对它連眼皮也懶得撩的人，如今一听『反复辟』三个字就恨得牙根发痒，大有与它誓不两立之势。既然恨到这般地步，自然要挖空心思来整治它，于是一系列巧妙細致的工作就开始了：

貼大字报給它『上綱』，叫人怀疑它，此其一也；

开群众会給它『定案』，叫人训斥它，此其二也；

个别談話讲利害，瓦解它，此其三也；

以进入工代会为誘餌，婉言劝退，此其四也；

成立专門組織和它糾纏，此其五也；……

花样繁多，恕不詳列。但仅此五項所用力量已經空前可观了。

『反复辟联絡站』是反动組織？它比『政法公社』更可杀？那就干脆鎮压它！

『反复辟联絡站』是保守組織？它比『野战兵团』更可恶？那就干脆解散它！

如果两者都不是，那么它是什么組織呢？你到底恨它的根据是什么呢？在它的身上下这么大的力量符合中央的精神嗎？

萧思明同志六月五日讲話中說：『万張反党集团并不甘心他們的失敗，他們使用种种阴謀詭計，轉移斗爭大方向，破坏革命的大联和「三結合」，企图还進复辟。』

既然天津的首长也看到复辟的危險严重存在，群众中立着一个反复辟的联絡組織，对革命又有什么不便？退一步說，如果它現在的存在确实不符合当前形势需要，不妨公开讲讲形势，說說道理。应該相信，群众是通情达理的。无論如何，『恨它』是絕对沒有道理的。

▲天拖鉄牛卫东彪，听毛主席的話，『抓革命，促生产』，提前两天完成六月份生产任务，意气风发地出来报喜，凡革命者，誰不拍手欢呼？

然而，从河大八・一八院里却飞出了磚头、石块，砸了天拖游行的人，砸了十三路汽車的乘客，拖了铁牛卫东彪的战士去打，拖了过路的盲人去打……这不是要瘋嗎？

有人說河大八・一八『对中央精神跟得最紧』，說这話自己不觉得臉上发热嗎？

偉大导师 伟大領袖
偉大統帅 偉大舵手
毛主席万岁！

七律

人民解放軍佔領南京

一九四九年四月

鐘山风雨起蒼黄，百万雄师过大江。
虎踞龙盘今胜昔，天翻地复慨而慷。
宜将剩勇追穷寇，不可沽名学霸王。
天若有情天亦老，人間正道是滄桑。

北京出現大批判大联合新气象

本报特约通讯员来稿：在无产阶级文化大革命取得决定性胜利的凱歌声中，北京大专院校的无产阶级革命派在中央文革和北京市革命委员会的亲切关怀下，经过自下而上的革命串联，于六月二十日下午在北京工人体育舘由首都红代会主持召开了隆重纪念毛主席《关于正确处理人民内部矛盾的问题》公开发表十周年的大会。

参加大会的有北京五十八所大专院校的一百二十多个革命群众组织的红卫兵小将和革命师生的代表。中央首长陈伯达、谢富治、戚本禹等同志在下午六点多钟亲临会場并和部分红卫兵战士进行了亲切的交谈，给了大家以巨大的鼓舞。

会上，由清华、地质、师大、新北大、北航五大院校的联合代表，政法学院三大组织（政法公社、政法兵团、政法红旗）联合而成立的革委会的代表，师院井冈山和东方红两大组织联合代表，人民大学三红和新人大公社的两大组织联合代表作了发言，热烈祝賀毛主席这篇划时代的光辉著作发表十周年，一致表示要努力学习、坚决执行、热情宣传、勇敢捍卫这一光辉思想。大家都在会上作了中肯的自我批评，表示要坚决地团结起来、联合起来。给到会战士以极大鼓舞。

最后，大会在一片热烈的“毛主席万岁，万万岁！”的欢呼声中一致通过了首都大专院校无产阶级革命派给毛主席的致敬信。

这是一次成功的大会，是大团结、大联合的大会。它标志着北京大专院校无产阶级革命派大联合，进入了一个更高更新阶段，出现了大批判、大联合的新气象。这一大批判、大联合的新气象一定可以成为全国的模范。

又讯：在这次大会上，陈伯达、谢富治、戚本禹等同志与到会的部分院校代表进行了亲切的交谈。

谢富治：你们要坐下来，狠狠地学习毛主席著作，不要荒废时间，要读毛主席的书、照毛主席的指示办事（同学们汇报了大会情况，主要是不同观点联合发言）。好！（同学们汇报有五十八个单位参加了大会，一百二十多个群众组织，不同观点都来了，有已经联合起来的，如政法，有正在联合的如人大三红和新人大公社、北航、地质、清华、北大、师大五个单位联合发言。当汇报到五个单位联合发言时）戚本禹问：是韩爱晶搞的吧？（同学说：这是韩爱晶委托我们做的。）戚本禹说：韩爱晶不错。（同学说：这是毛泽东思想的伟大胜利。）我对今天的会不了解，我以为又是打架，怕上当，我是积极的。哪儿打架就到哪儿去。

戚本禹：为什么要联合？（同学：我们学习了毛主席《关于正确处理人民内部矛盾的问题》这部光辉著作。）陈伯达：这个大会好得很，好极了！（同学：这个会好就好在自下而上，同学自己发起的。）把大会宣传一下。

（下转第二版）

新河大

河北大学革命造反公社《新河大》编辑部主办　　天津市马場道河北大学

第 11 期

1967年7月8日出版　　本期共四版

2　　新　河　大　　1967年7月8日

林付統帅是毛主席以下的又一天才

——某部队政委五月二日在两条路綫斗爭教育大会上的讲話

毛主席经过二十几年的观察，认为刘是一个资产阶级在党内的代理人，很失望，又观察邓八、九年，也不行。最后在十一中全会上，选举林彪同志为毛主席的第一付手。确定林彪同志是毛主席的亲密战友，好学生。林彪同志一直在毛主席身边，毛主席观察了三十九年（现在是四十年）。林彪同志是一贯最坚决、最正确、最彻底、最忠实地执行了毛主席的路线，最坚定地站在毛主席一边，和一切"左"右倾机会主义作斗爭。林彪同志立誓把传播毛泽东思想作为自己的毕生事业。林总的主要事蹟有以下几个方面：

一、一九二七年南昌起义后，林总上了井冈山，这时就和毛主席在一起了，当时林总是个连级干部。有一次毛主席领导研究建立罗宵山脈根据地的问题，有人主张乱窜，就是后来批评的流寇主义。而林彪同志则认为：我们现在军队人少，而根据地有广大的群众，军队和群众结合起来，这样力量就大了。可见林彪同志对主席思想就是理会得很深。事后主席对当时的政委陈毅说：林彪是个人材。

二、林总在红28团任营长，当时31团打了败仗主席带林总去接应，当把31团接回来正在开联欢会时，敌人从后面追来，林总则叫31团休息，自己带28团去迎击敌人，胜利归来。后来主席讲，林彪不仅是个人材，而且也是个将材，军队就得叫这样的人带。林彪同志24岁任军团长。

三、在古田会议前，毛主席被撤职离开军队，当时只有三个人不同意主席走，有林总、罗帅（荣垣）和另外一个同志。主席离开红军后，林彪同志带领军队作战，一直是执行主席的军事路线，军队的战斗力一直沒有受到损失，现在的红九连就是当时的一个连。后来的事实证明叫主席离开军队是错误的，就由陈毅同志去請主席回来。主席说，回来可以，得要弄清问题。这时就开了著名的古田会议。古田会议的决议（就是主席的《关于纠正党内的错误思想》）是我党建立一支人民军队的纲领。

四、长征是我党从困难走向光明的大道。当时长征时的主力军是林总的一方面军，先锋团是杨成武同志。长征中的一些著名战斗都是林总亲自指挥打的，当然主席和周总理也都在。林彪同志是一贯执行主席的军事路线的。

五、到延安后，培养干部成了主要的任务，这时主席调林彪同志为抗大校长，这是中国的第一个毛泽东思想的大学校，培养出许许多多的好干部。

六、抗战初期，国民党吓得到处乱跑，到处传播"亡国论""速胜论"，这时为了打击国民党的失败情绪，振奋全国人民抗战信心，主席指示在平型关狠打一仗。林彪同志亲自指挥了平型关大战，打死了日本中将誉称"军中之花"板垣师团长。平型关大战震动中外，它宣告了中国人民是不可侮的，从而有力地打击了"亡国论"和"速胜论"。

七、在战爭中林总被国军打伤后去苏联养病。在卫国战爭时，斯大林领导一些高级将领研究对德法西斯的战略问题时，林彪同志（还有叶剑英、×××）提出与他们不同的主张。林彪同志认为：德军直接攻击列宁格勒，其目的在于迂迴攻击莫斯科，大本营要加强力量，根本的是要掌握予备力量。对这个见解斯大林同志甚为赞扬。后来的事实证明，也完全是如此。

八、解放战爭时期，彭眞、林枫等人和主席的指示相对抗，瞎指挥，死守大城市山海关、锦州、四平等地，占领大城市不走，主张"马德里一战"。彭眞调走后，林彪同志任东北局书记，坚决贯彻主席的指示："让开大路，占领两乡，放手发动群众，进行剿匪，巩固后方，万人下乡大搞土改，三下江南，四保临江，使东北局势大变。"在著名的三大战役中，林总亲自指挥了"辽沈""平津"两大战役。

九、一九四九年，林总在中南局任第一书记时，在纪念"七一"党的生日会上对干部讲：全国胜利后很多东西我们是不熟悉的，我们要学习，但首先要学好马列主义毛泽东思想。在这个时候，林总就已提出学习毛著的问题。林总在中南区时，带病在担架上指挥湘西剿匪战斗，后因病调离。

十、在部队建设上，彭德怀积极向苏修学习，林总则按主席的指示，要以我（我军的传统）为主，反对彭的教条主义。

十一、在国家经济暂时困难时期，阶级敌人大刮阴风，而林彪同志始终是旗帜最鲜明的。

十二、在彭德怀主持下的国防部，留下个落后的底子，自林总主持国防部以来，把军队一跃变为全国学习的榜样。在这个阶段主要有：1959年林总提出：高举毛泽东思想伟大红旗，阔步前进。1960年林总召开全军政治工作会议，提出"四个第一"，这是又一次的古田会议（关于军队的建设问题）1961年林总提出五句话，二十一个字（带着问题学，活学活用，学用结合，急用先学，立竿见影。）1962年林总提出三点指示：要大学毛著，抓好活思想，抓好毛著落实。1963年林总提出大学雷锋、好八连，把活学活用毛主席著作推向一个新阶段。1964年林总提出突出政治，把毛著定为必修课。1966年林总提出五项原则，最高指示。1966年底，林总提出把学习毛主席著作的群众运动推向一个新阶段。

十三、林总提出的活学活用毛主席著作的群众运动，推动了全国，影响了全世界，这是一个重大的功勋。

林总说：斯大林在世时沒有做好这件工作，沒有把列宁的思想传播给全体苏联人民，所以赫秃搞宫庭政变，人民沒有思想准备，因而使赫秃篡党、篡政的阴谋得逞。赫秃在上台前，沒有一个现成的领导班子，上台后才组织的。但由于他们（那些老人）沒有掌握马列主义，所以赫秃一上台就朦了，等他们明白过来时也晚了，下台了。

总之，林彪同志是我党久经考验的付帅。林彪同志毛泽东思想红旗举得最高，跟得最紧，学得最好，用得最活，是一个久经考验的政治家、军事家、理论家、是最好的接班人，是毛主席以下的又一个天才。

謝付总理指示

——六月十三日晚对政法革命委員会負責人的講話

大批判、大联合、大团结、大统一，搞好本单位的斗批改，要做出榜样，走在前面。要搞大批判，不要搞小批判；要搞大联合，不要搞小联合；要搞好本单位斗批改，不要向外分散精力。任何小联合你们都不要参加。

校内要搞好按班、按年级的大联合，贯彻主席的"三·七"批示，要做出榜样。

要学会做深入细致的思想工作，不要简单急躁，做团结工作要耐心。

不参加校外的派别斗爭，坚定不移地站在毛主席一边，你们要为北京市大联合做出贡献，在这方面，你们的毛泽东思想红旗要举得更高，要使双方团结起来，在北京市要把大联合这面大旗打起来。

学习、宣传、运用、执行"通令"，要走在前面，你们要结合"通令"，好好地学习、检查、总结、提高，总结你们的成功和失败的经验。

一定要牢牢掌握斗爭的大方向，大批判、大联合、大团结，搞好本单位的斗批改。这是方向。其它什么派别斗爭、小动作，统统不要参加，只要高举毛泽东思想伟大红旗，掌握斗爭的大方向，就一定有发展前途。

要忠于毛主席、林付主席，忠于中央文革，听毛主席、林付主席、中央文革小组的活，要紧跟。

七条"通令"、《关于正确处理人民內部矛盾的问题》要安心坐下来学习、检查、总结提高。在这基础上，进一步落实和健全组织，并发动大家来斗批改。在外面的人一律撤回，搞好本单位的斗批改。

北京出现大批判大联合新气象

（上接第一版）

戚本禹：不用你说，他们自己去宣传。（同学：红卫兵报怎么出？）陈伯达：联合出报，另搞一摊是不合适的，要搞个联合编辑部，这不是和稀泥。戚本禹：原则问题要搞清楚的。砲打谢付总理是错误的。（指政法兵团）要检查。

陈伯达：那天我批评得太重了吧……又要批评对方，又要批评自己。光批评别人，不批评自己是联合不起来。你们会说陈伯达火气大。（同学：首长讲话很诚恳，对我们震动很大，有很大帮助。）……你们消息比无线电还快，就是今天这个消息太慢了（指大会）。谢富治：我负主要责任。陈伯达：以后这样的会你们可以跟谢富治商量。（同学：丁国钰参加了昨天的讨论会、筹备会）。我太官了了。北京出现了一个新气象，大批判、大联合可以成为全国的模范。戚本禹：好得很！谢、陈：好得很！好得很！戚本禹：就是好得很！陈伯达：不同意见的组织联合发言，这种形式很好。（有人谈到最近北大的情况）不要挖人家的墙脚，最后自己的墙脚要被人家挖掉，你们明白我的意思吗？（同学：明白）。

是搞反資影片嗎？

——揭开《三条石》电影剧本創作的黑幕

一九六四年十一月反革命修正主义分子陆定一、周扬按其主子的意图，在北京召开了各电影制片厂党委书记、厂长会议。在会上周扬讲了黑话，他强调："特别是反资的题材，马上抓，明年就要拿出影片来。"反革命修正主义分子刘白羽说："天津三条石有个展览会，材料很丰富。"长春电影制片厂走资本主义道路的当权派袁小平，心领神会，立即找到天津黑市委文艺处处长任扑的小说《三条石》，经旧文化部、天津黑市委、长影黑党委共同决定把这部小说改为电影剧本，由长影导演周、林、夏、陈的爪牙武兆堤与原作者共同改编。

在决定改编和改编中，周扬的老婆反革命修正主义分子苏灵扬特意为此事召集了专门会议。周扬曾亲自出马，与改编者交谈，召开有关电影剧本《三条石》和京剧本《三条石》创作问题座谈会，大发黑指示。我们不禁要问：资本主义的吹鼓手们，当眞要立地成佛，搞什么反资影片吗？周扬一伙，为什么如此重视电影剧本《三条石》的创作呢？它的背影又是什么呢？这一连串的问题，我们不能不追查，不能不辯论清楚！

周扬等人当眞要搞反资影片吗？

如果眞的搞反资影片《三条石》就应该强调揭露资本家的阶级本质、资本家剝削罪恶、和资本家起家的剝削实质。

可是周扬却特别强调要剧本写出：资本家与资本家之间的竟争；民族资产阶级和官仃资本主义的依附和矛盾；民族资产阶级和帝国主义依附和矛盾。这就是要以资本家为中心展开冲突，全剧的中心人物是资本家而不是工人，就是以资本家为主。这样资本家势必处于被排挤、压制、迫害的地位了。也就为改编者美化资本家创造了有利的条件。林家铺子的林老板，不夜城的张伯韩不就是在这三个矛盾中得以美化吗？周扬也不打自招："三条石主要写解放前资本家活动，三条石是重工业，近百年历史，一直到解放前还发展不起来，主要是帝国主义压迫它，官仃资本也压迫它，阻止它。"一句话，资本家发展重工业是艰难的，剝削工人也是为着发展祖国的重工业。这不是为中国的资本主义发展受到压抑鸣不平吗？为资本家的处境喊冤叫屈吗？这不就是说资本家的剝削也是有历史功绩的吗？他竟然露骨地说什么："电影剧本写资本家打着小旗欢迎解放军进城，要写的诚恳些。"资本家就是资本家，资本家的本质就是剝削，剝削就是罪该万死！他们根本不会有历史功绩，更不会欢迎为劳动人民打江山的中国人民解放军！问题很明显，周扬要改编者泡制出来美化资本家，鼓吹资本主义，宣扬剝削有功的大毒草。

如果眞的要写反资影片，就应该以工人为中心，写出工人阶级在毛泽东思想伟大红旗指引下，在党的领导下向三座大山和民族资产阶级所进行的英勇顽强的政治斗争。

周扬谈了这个矛盾，那个矛盾，就是不谈工人与资本家的矛盾是两个阶级你死我活的矛盾，却强调写什么资本家与工人的"一致"性，说什么："资本家作地雷并不积极，国民党还抓人。工人也不願给国民党搞地雷、军火，和资本家是一致的。"工人和资本家是对立的阶级怎么能有一致性呢？这不是在抹杀阶级斗爭吗？

为此，他要改编者丑化工人形象，本来小说《三条石》对工人的描写已经很不成样子了，周扬竞变本加厉地提出："资本家对工人搞宗教麻醉与精神统治要反映。""资本家在工厂搞宗教可以写……事实上资本家让工人信宗教，搞久了确实有人信了。"他打着写眞实的幌子，就是要写出工人阶级在宗教麻醉下的愚昧和儒弱，这样，资本家威风凛凛，工人胆小如鼠，从而否定工人对资本家所展开的斗爭。

如果你要写工人与资本家的斗爭，他也只让写自发的经济斗爭，不让写在党的领导下有组织的自觉的政治斗爭。他说："是否可以不写工会，我想沒有党，就去写工人阶级的自发斗爭，主要是由经济利益引起的……"竟说："关于写党的领导比较麻烦……。"我们的伟大领袖毛主席说："中国无产阶级开始走上革命的舞台，就在本阶级的革命政党——中国共产党领导之下，成为中国社会里比较最有觉悟的阶级。"

即使写自发的经济斗爭，也不让写正面斗爭。说什么："工人反抗要写得多样一些，要写工人阶级和资产阶级斗智，明爭暗斗，工厂失火了，资本家要工人去救，工人都不去么！这方面材料可以用一些。"还说："三条石的电影结尾，不要有领导有组织地大罢工……。"问题很明显，周扬就是要千方百计地抹杀阶级斗爭。否定在伟大的毛泽东思想指引下，在党的领导下，所进行的伟大的政治斗爭。我们不禁要问：丑化工人阶级，否定工人阶级在党的领导下对剝削阶级所展开的政治斗爭，反资又何从谈起呢？

如果要写反资影片就应该强调作家以伟大的毛泽东思想为指导认识生活，表现生活，运用革命现实主义与革命浪漫主义相结合的艺术方法进行创作。可是周扬却说什么："现在青年人头脑簡单，作品写出复杂性来，用复杂性教育青年。"周扬就是反对用主席思想认识生活，塑造人物，强调表现复杂性就是要写出资本家的"善良"、"创业的艰难"；写出工人的"愚昧"、"自私"等等，反对用阶级观点揭示人物的阶级本质，反对用毛泽东思想教育青年。为此，他竟疯狂地把矛头指向我们心中最红最红的红太阳毛主席，说什么："相信毛主席也是有条件的。"我们就是要无限信任、无限崇拜世界人民的伟大领袖毛主席。

周扬还说："西欧十八、十九世纪描写资产阶级文艺作品应该看一看、读一读，作比较参考。"这就是要作者运用批判现实主义的创作方法，写出生活的复杂性来。

如果要搞反资影片，为什么偏偏选中任扑的小说《三条石》呢？这部小说，虽然在某种程度上，描写了资本家对工人的压榨和剝削，但是沒有揭露沾滿血污的发家史，沒有批判资本原始积累的罪恶，沒有充分揭示资本家的剝削本质。小说的中心情节表现的是资本家与资本家之间的勾心斗爭，相互倾轧。小说中沒有一个站得住的工人形象，把工人群众描写成一批沒有觉悟的"群氓"。描写了工人阶级的叛徒、工贼，描写了任凭命运摆布，对资本家充滿幻想的所谓老工人，描写了有些流气的徒工，书中穿针引线的人物杨德子和资本家郭大公之间存在着一种暧昧的微妙关系，郭大公一心一意想把德子培养成自己的走狗。总之，根本沒有表现工人的有力反抗和自觉的政治斗爭，严重地丑化了工人阶级形象。所以说，小说《三条石》是有基础改编成周扬一伙所需要的反资影片的。苏灵扬在特为改编小说《三条石》所召集的专门会议上泄露了天机，说什么："小说基本上是好的，可以改编成电影……"另外小说还写了资本家狗咬狗，这很好……"工人中有觉悟的，也有一种人沒有觉悟，受欺骗，不反抗……"等等，从苏灵扬的黑话中不是暴露出他们搞的反资影片是什么貨色了吗？

如果眞的要搞反资影片，为什么周扬一伙疯狂地对抗陈伯达同志关于电影剧本《三条石》创作的指示呢？1965年2月，陈伯达同志路经天津，听说天津市委正在组织写电影剧本《三条石》，曾对该剧本创作作出正确指示，陈伯达同志指出，三条石是个好题材，是眞正的民族重工业，三条石电影必须写三代或者四代，如四代有困难，至少写三代。这一指示为处理《三条石》题材指出了明确方向，按照陈伯达同志的指示去写，就可以充分揭露批判中国民族资本家的罪恶发家史，就可以看到资本家的资本增长，渗透着工人的血和汗，就可以反映出工人阶级在伟大的毛泽东思想指引下成长斗爭的光荣历史。从而起到教育青年一代的作用。在对待三条石题材问題上，发生了两个阶级、两条道路的尖锐、激烈的斗爭，又一次暴露了周扬一伙所谓反资影片是什么貨色了！

我们的结论是：通过周扬一伙的言行，充分暴露了他们不是搞什么反资影片，而是搞美化资产阶级，丑化工人阶级，鼓吹资本主义，抹杀阶级斗爭，为资本主义复辟作舆论准备的影片。

问題的关鍵仅仅是要泡制一部毒草影片吗？

1962年9月，毛主席在党的八屆十中全会上英明指出："利用小说进行反党活动，这是一发明。""凡是要推翻一个政权，总是要先造成舆论，总要先作意识形态方面的工作，革命的阶级是这样，反革命的阶级也是这样。"一九六三年十二月和一九六四年六月毛主席针对文艺界反革命修正主义黑线占统治地位的严重情况，作了两个伟大批示，陆定一、周扬一伙，于1964年11月依旧召集黑会大搞所谓的反资影片，实际是鼓吹资本主义的影片，周扬天津之行，精心泡制这样的黑样板，充分暴露他们继续对抗毛主席的伟大指示的卑劣行径。这是问題的一个方面。问題的另一方面，也是值得我们追究的是：1964年8月毛主席关于批判《北国江南》、《早春二月》的报告上明确指出："可能不只这部影片，还有别的，都需要批判。"同年十二月，江青同志根据毛主席的指示要陆定一、周扬等把包括《不夜城》《林家舖子》在内的十部毒草影片拿出来示众，电影界一場群众性大批判的疾风暴雨就要到来！敌人是不会自行退出历史舞台的。陆定一、周扬一伙安排了对策：1964年11月召开了全国各电影制片厂厂长、党委书记会议，强调写所谓的反资影片，1965年1月份，林默涵借口"打击面不要太大"提出只对《不夜城》《林家舖子》进行所谓的批判。1964年11月的会议和这一假批判有什么联系呢？

周扬天津之行就是要精心泡制鼓吹资本主义的电影和京剧的黑样板。他这样作的目的是什么呢？听一听他的胡说八道："夏衍和我说，他也想写反对资产阶级的东西，我对他说，你不要写吧，带着情绪，写也写不好，以后再写吧！还说："夏衍对资产阶级熟，熟了就要替他们说话。"他还说："现在的方向问題解决了……但是表现得不对还是要犯错误。"周扬的黑话，决不单单是为夏衍等人鸣不平的问題，也不单单是为毒草被批判鸣冤叫屈、反攻倒算的问題，而是直接和主席的有关指示相对抗的问題，他的黑话的实质就是《林家舖子》等一大批毒草的泡制，不是立場问題、方向问題，不是为资本主义复辟作舆论准备的问題，而是如何表现的问題，即方法的问題。而关于《林家舖子》、《不夜城》的假批判正是避开《林家舖子》、《不夜城》为资本主义复辟作舆论准备的政治实质，而扱力把批判引到探索如何描写资产阶级的爭论中去。所以，周扬一伙，精心泡制黑样板目的就是在这次假批

（下转第四版）

4 **新 河 大** 1967年7月8日

永遠沿着毛主席指引的方向奮勇向前

——紀念毛主席"七三"指示发表两周年

凯歌阵阵，喜讯频传。由我们伟大领袖毛主席亲自发动和领导的无产阶级文化大革命正以排山倒海之势、雷霆万钧之力向前发展。在此当前两个阶级、两条路线决战的关鍵时刻，在天津市革命的大联合和革命的"三结合"取得辉煌胜利的凯歌声中，我们教育战线上的革命小将以无比的兴奋的心情，眼里含着激动的泪花庆祝我们伟大领袖毛主席的"七三"指示发表两周年。毛主席呀，回顾十几年来教育战线上尖锐激烈的阶级斗爭，回顾十几年来您指引我们闯过的急流险滩，我们内心怎能不充满对您老人家无限的热爱，又怎能不充满对党内最大的一小撮走资本主义道路当权派说不尽的刻骨仇恨！树有根，水有源，您的恩情比山高比海深。我们满怀无比激动的心情敬祝您老人家万寿无疆！万寿无疆！敬祝您老人家最亲密的战友，我们的付统帅林彪同志身体健康，永远健康！

大海航行靠舵手，万物生长靠太阳，我们最最敬爱的毛主席呀！我们革命青年永远也离不开您，我们永远也离不开您的光辉思想，您的思想是雨露，我们是在您的雨露滋润下的禾苗。您无限地关怀我们，您在我们身上寄托了无限的希望，您时时刻刻关心着我们的健康成长！是您，第一次提出了"健康第一，学习第二"的方针；是您，向青年发出了"身体好，学习好，工作好"的伟大号召；是您，提出了"半工半读，勤工俭学"的指示；又是您，发出了"培养和造就千百万无产阶级革命事业的接班人"的伟大号召。为了把我们培养成无产阶级革命事业的接班人，为了使我们的党和国家，使我们的红色江山，千秋万代永不变色，您在我们身上花费了多少心血呀！使出了多大的力量！我们将永远也不会忘记您的教导："世界是你们的，也是我们的，但是归根结底是你们的。你们青年人朝气蓬勃，正在兴旺时期，好象早晨八、九点钟的太阳，希望寄托在你们身上。……世界是属于你们的。中国的前途是属于你们的。"一九六五年七月三日这一天，您尖锐地指出："学生负担太重，影响健康，学了也无用，建议从活动总量中，砍掉三分之一。"您又给了那些资产阶级的"权威"老爷们一个响亮的耳光，您说出了我们亿万青年的心里话。在这个伟大的"七三"指示中，您又把国家的前途，人类命运的重担放在我们的肩上。您那充满豪情的语言，您那语重心长的谆谆教导："今后的几十年对祖国的前途和人类的命运是多么宝贵的啊！现在二十来岁的青年，再过二、三十年正是四、五十岁的人。我们这一代得亲手把我们一穷二白的祖国建设成伟大的社会主义强国，将亲自参加埋葬帝国主义的战斗。任重而道远，有志气有抱负的中国青年，一定要为完成我们伟大的历史使命而奋斗终生，为了完成我们伟大的历史使命，我们这一代要下定决心，一辈子艰苦奋斗。"您好象站在那大海的航船上，又向我们发出了庄严的号召，又给我们指明了前进的方向。您的伟大指示，永远激励我们前进，您的声音响彻云霄，您的伟大教育思想迸发出万道金光。

毛主席的伟大指示，照亮了整个教育阵地，照亮了每个革命青年的红心。同时又象照妖镜一样，照得那些资产阶级"权威"、"学者"和牛鬼蛇神无处躲藏。但是，正如毛主席所经常教导的那样，敌人是不会自行消灭的，他们还要作最后的挣扎。钻进教育界的反党反社会主义反毛泽东思想的资产阶级代表人物，他们对伟大的社会主义事业怀着刻骨仇恨，对广大工农兵文化翻身深恶痛绝，他们利用所盘踞的教育阵地，千方百计地阻挠和破坏毛主席的教育路线，对抗毛主席的教育方针。他们拼命抵制、扣压伟大领袖毛主席的指示，企图让我们革命青年听不到伟大领袖毛主席的声音，见不到伟大领袖毛主席的光辉思想，企图永远使我们脱离三大革命运动，脱离广大的工农，脱离火热的阶级斗爭，企图把我们圈在教室内"两耳不闻窗外事，一心只读圣贤书"，使我们青年走上个人奋斗，只专不红的道路。他们千方百计地同无产阶级爭夺青年一代，妄图把我们培养成资产阶级的接班人。所以，他们对毛主席的伟大指示怕得要死，恨得要命。党内头号走资本主义道路的当权派刘少奇和他的忠实干将陆定一象对待主席的一系列指示一样，对毛主席的"七三"指示仍然置之不理，拒不执行，继续玩弄两面派手法，对抗毛主席的教育路线。陆定一诬蔑毛主席的"七三"指示"是局部问题，要从全局看问题"。更可恶的是，我校党内走资本主义道路的当权派李泽民将主席的"七三"指示扣压达两个半月之久，严密封锁最高指示，眞是可恶至极，是可忍，孰不可忍！

阶级敌人，反动派永远也挡不住历史的车轮滚滚向前，妖雾永远遮不住光焰无际的毛泽东思想。我们见到毛主席的指示，就如同在黑夜的迷路中望见了北斗星，我们怎能不欣喜若狂，纵情歌唱。我们眼里含着激动的泪花，内心有说不出的欢畅，千言万语汇成一句话：毛主席万岁！毛主席万万岁！！

一声春雷震天响，一九六六年毛主席点燃了无产阶级文化大革命熊熊烈火，革命磅礴之势如暴风骤雨，迅猛异常，蕩涤着社会上一切污泥浊水。毛主席又向我们发出了更加伟大的号召："学生也是这样，以学为主，兼学别样，即不但要学文，也要学工，学农，学军，也要批判资产阶级。学制要缩短，教育要革命，资产阶级知识分子统治我们学校的现象，再也不能继续下去了。"我们遵循毛主席的伟大指示，向党内最大的一小撮走资本主义道路的当权派发起了总攻击，我们革命小将起来造反了！我们用战无不胜的毛泽东思想为武器，打得那些资产阶级"权威"老爷们丢魂丧胆，屁滚尿流，将他们打倒在地，让他们永世不得翻身！谁再胆敢抵制和扣压毛主席的伟大指示，我们就砸烂他的狗头！

毛主席呀，毛主席，我们这一代是中国革命和世界革命继往开来的极其关鍵的一代。革命的胜利果实，社会主义的铁打江山要我们来保卫，革命前辈的优良传统和彻底革命精神要我们来继承；彻底埋葬帝国主义、现代修正主义、各国反动派的重担在我们的肩上，"任重道而远"啊！敬爱的毛主席呀，我们绝不辜负您的希望，我们一定要发扬大无畏的革命造反精神，彻底批判党内最大的一小撮走资本主义道路当权派的资产阶级、修正主义教育路线，彻底埋葬旧的教育制度，打碎几千年来套在人民脖子上的文化桎梏，打碎产生精神贵族和高薪阶层的溫床，砸烂产生现代修正主义的阶梯，我们将"为完成我们的伟大历史使命而奋斗终生！"我们将永远沿着您的"七三"指示所指引的方向奋勇前进！我们誓作社会主义的工农兵，决不当资产阶级的大学生！我们一定要把毛泽东思想的伟大红旗插遍整个教育阵地！让毛泽东思想的光芒永远照亮整个教育界！

为彻底砸烂旧的教育制度而战！

为捍卫毛主席的教育路线而战！

为捍卫毛主席的"七三"指示而战！

无产阶级文化大革命万岁！

战无不胜的毛泽东思想万岁！

我们心中最红最红的红太阳毛主席万岁！万岁！万万岁！

《沧桑》战斗队

是搞反資影片嗎？

（上接第三版）

判后，急忙抛出黑样板，把假批判进一步引到结合黑样板讨论如何描写资产阶级的死胡同中去。以掩盖党内最大的走资本主义道路当权派，把文艺作为进行反革命复辟制造舆论工具的大阴谋！这就是六四年十一月会议和假批判的联系。所以说，电影剧本《三条石》的创作，是陆定一、周扬一伙对抗主席伟大批示和有关指示所安排的阴谋活动的一个重要环节。这就是问题的关鍵！

正因为如此，周扬唯恐被推向前线充当炮灰的任朴、武兆堤，在文艺大批判暴风雨即将到来之前退却、顶不住，给他们打气道："艺术家沒有牺牲精神是不行的，有些外国记者在越南是不怕牺牲的，不这样就得不到别人所得不到的东西！"何等的露骨啊！那里来的牺牲之感呢？

陆定一、周扬一伙为什么胆敢如此嚣张呢？这是因为他们的背后有党内最大的走资本主义道路当权派刘少奇给他们撑腰。创作"历史上的反资题材"就是刘少奇提出来的，大量事实证明刘少奇的"历史上的反资题材"根本不是什么"反资"，而是用艺术形式表现他的混蛋逻辑："资本家的剥削是有历史功绩的"是鼓吹资本主义为其反革命复辟作舆论准备的东西，周扬等人正是按其主子的旨意从事这一阴谋活动的。

林彪同志说："文艺战线上存在着尖锐的阶级斗爭，谁战胜谁的问题还沒有解决。文艺这个阵地无产阶级不去占领，资产阶级必然去占领。斗爭是不可避免的。"让我们牢记毛主席、林副统帅的教导，高举文艺批判大旗，彻底砸烂反革命修正主义文艺黑线，把无产阶级文化大革命进行到底！

吉林省红色造反者砸烂文艺黑线联络站

河北大学毛泽东思想八一八红卫兵、

河北大学革命造反公社"激扬文字"战斗队

簡訊

▲老修李立三的苏修狗婆娘大国际间谍李莎已被揪出受审。

▲不久前，在印度某地区出现一张砲轰印修头头甯布里迪·巴德的大字报。

▲六月三十日，天拖"铁牛"千余人手持凶器，来我校挑起武斗，打伤亲密战友八·一八战士数十余人，绑走三人。此暴行激起群众极大愤怒。

井岡山

天津市京津中学井岡山編輯部

最高指示

人民靠我們去組織。中国的反动分子，靠我們組織起人民去把他打倒。凡是反动的东西，你不打，他就不倒。这也和扫地一样，扫帚不到，灰尘照例不会自己跑掉。

痛击刘少奇向毛主席革命路綫的又一次瘋狂反扑

——刘少奇向北京建筑工业学院新八一战斗团及全院革命师生員工的"認罪書"

（一九六七年七月九日）

按語：

刘少奇这个"檢查"，根本不是什么檢查！

这是刘少奇对我們心中最紅最紅的紅太阳，我們偉大的領袖毛主席的最恶毒攻击。

这是刘少奇向以毛主席为代表的无产阶級革命路綫、向无产阶級革命派的最瘋狂的反扑。

这是刘少奇否定无产阶級文化大革命，反攻倒算，妄图翻案的鉄証。

这是一篇彻头彻尾、彻里彻外的反革命复辟宣言书！

无产阶級革命派的战友們，立即联合起来，行动起来，奋起毛泽东思想的千鈞棒，迎头痛击刘少奇的瘋狂反扑！彻底粉碎刘少奇的瘋狂反扑！！誓把刘少奇揪出中南海斗倒、斗臭！！！

坚决打倒刘少奇！誓死保卫毛主席！！

（刘 賊 "认 罪 书"）

北京建筑工业学院新八一战斗团的战士們：

北京建筑工业学院全体革命师生員工們：

七月四日晚上，中共中央办公厅主任汪东兴同志通知我說，党中央的意見，要我向建工学院新八一战斗团的战士們写一个檢查。現特檢查如下：

（一）

一九六六年七月底，我們偉大的导师，偉大的領袖，偉大的統帅，偉大的舵手毛主席号召中央所有負責同志和各地来到北京的所有負責同志都去亲自参加北京各学校的无产阶級文化大革命，以便取得感性知識。我就是在毛主席的这个号召下，在去年八月一日到李雪峰同志处同北京新市委的同志一起研究，我到那个学校去？經过研究后，一致确定，我到建筑工业学院去。李雪峰同志也决定一同去。由于建筑材料工业部是归口由国家建委領导的，所以谷牧同志也到你們学校参加文化大革命。当时我通知中央文革小組派人参加，中央文革小組派了戚本禹同志来参加。当时我們几个人都沒有要創造什么經驗，向全国推广的意思。

八月二日晚，我到你們学院参加你們的大会，上述各同志都来了。此外，还有刘瀾濤及其他外地来北京的同志也有几位来了，他們是临时决定来参加的，我事先不知道。

参加你們八月二日的大会，主要是听取你們中一些不同的意見。最后，我讲了几句話。

八月三日晚，我和李雪峰、谷牧、戚本禹同志等再次到你們学院，先找"八一团"的代表談話，后找"革命团"的代表談話。主要也是听取意見。最后，我分別向"八一团"和"革命团"的代表談了我的几点意見。

八月四日晚，我在中南海找工作組負責同志談話，主要是問了一些情况，最后我也說了一些話。

（下转第二版）

第2版　　井　岡　山　　1967年7月29日

（上接第一版）

八月五日，毛主席炮打司令部的大字报出来了。我才知道我在这次无产阶級文化大革命中犯了严重錯誤。这时候，我已感到我再不能过問建工学院的事了。当天下午，我用电話告訴李雪峰同志說，我以后不再去建工学院，也不再过問建工学院的事了。八月五日李雪峰同志的讲話，以后吳兴峰在建工学院的活动，我都不知道。八月五日以后，建工学院有几位同学給我来过信，并接到过几分簡报，但是，我都沒有答复。有的送給了李雪峰同志，有的处理了。

以上就是我参加北京建筑工业学院无产阶級文化大革命运动的簡单經过。

（二）

在去年（一九六六年）六月一日，經毛主席批准在全国发表北京大学聶元梓等七同志第一張馬列主义的大字报以后，北京和全国各地的无产阶級文化大革命运动就轰轰烈烈地起来了。可是在去年六月一日以后的五十多天中，我在指导无产阶級文化大革命中却发生了路綫錯誤，方向錯誤。这个錯誤的主要責任应該由我来負担。其他同志的責任，例如在京的中央其他領导同志，国务院某些部委的領导同志，北京新市委的領导同志，某些工作組的領导同志，某些地方的領导同志等等，他們虽然也有一定的責任，但是，第一位要負責任的就是我。我对自己所犯的这次錯誤，直到去年八月五日毛主席炮打司令部的大字报出来后，我才开始理解的。在此以前，我是不理解我犯了这样严重的錯誤。

去年七月十八日以前的一段时間內，毛主席不在北京，党中央的日常工作，是由我主持进行的。北京各方面的文化大革命情况，是經常在我主持的中央会議上汇报的。在这些汇报会議上作出了一些錯誤决定，批准或者同意了一些錯誤的建議。

例如：

向北京各大学、中学和一些机关派出了大量的工作組；

制定出一些限制群众革命行动的办法，如內外有別，不让群众上街游行，不让把大字报貼到馬路上去等等；

批发了北京大学文化革命簡报第九号給各地党委，把革命师生群众的革命行动，說成是反革命事件；

批发了一些中央局报送中央的关于无产阶級文化大革命的报告和討論紀要等；

在北京許多学校进行了所謂“排除干扰”的斗争，在建筑工业学院这种所謂“排除干扰”的斗争就变成所謂“抓游魚”的斗争，虽然我在事先完全不知道，在中央会議上也沒有听到过有“抓游魚”这回事。由于这种斗争，就在許多学校工作組的領导下发生了学生斗学生的現象，发生限制人身自由及其它非法作法，圍攻了革命派，压抑了不同意見，甚至将一些学生定为“反革命分子”、“右派”、“假左派”、“游魚”等。这样，就在一段时間內轉移了斗争的大方向，就在不少学校造成了一种恐怖气氛，这种恐怖气氛是反动的、白色的恐怖气氛。

当工作組初到各学校，一般还是受到群众欢迎的。但是，很快就在群众中发生了各种不同意見，其中有一些批評和怀疑工作組領导或工作組某些成員的意見，也有一些批評和怀疑党的某些領导人的意見。由于大多数工作組对群众运动包办代替，并規定許多限制，这就必然引起群众的不滿和怀疑，即使其中有些过激的言論，也是属于敢想、敢說、敢于斗爭、敢于造反的革命言論。当然也有极少数右派言論出現。这本是一种正常情况。应当拿出足够的时間让各种不同的意見充分地发表出来，充分地辯論清楚恰恰在这种关鍵时刻，由我主持的中央汇报会議就陆續地作出了前面所說的那些錯誤的决定。在工作組派出之后的五十多天中，我是一直支持工作組的，这样就增加了工作組犯錯誤的可能性和严重性。工作組的負責人大多数既不理解无产阶級文化大革命，又沒有好好的向群众学习，一开始就要业已发动起来的广大群众按照我們和工作組主观設想的計划和步驟行动。这样，就違背了革命的群众运动发展的規律，就发生了許多严重事件，就在事实上站到反动的資产阶級立場上去了，实行了資产阶級专政，将无产阶級轰轰烈烈的文化大革命运动打了下去，顚倒了是非，混淆了黑白，长了資产阶級的威风，灭了无产阶級的志气。既使在这种时候，我还是不觉悟的，不知道这种局面的造成是极不正常的，是极不利于无产阶級文化大革命的，是极不利于党的事业和社会主义事业的。这是一种右傾机会主义的路綫錯誤。时間虽然只有五十多天，但是这种錯誤所造成的損失和影响，确实很大的。这种后果，直到現在，还沒有完全肃清，有些地方甚至变本加厉，造成群众中严重的对立情緒。

我的这种錯誤，是違背毛澤东思想的，也違背了一九六六年五月十六日通知中所提出的关于无产阶級文化大革命的理論、路綫、方針和政策。

（三）

在毛主席不在北京时，是毛主席党中央委托我主持党中央日常工作的。由于我在去年八月五日以前还不理解我在无产阶級文化大革命中犯了路綫錯誤、方向錯誤，所以我到建工学院几次讲話中，都沒有主动地承担責任，沒有正式地站出来向建工学院全体师生爽快地宣布，在建工学院文化大革命初期所犯的各种錯誤，主要应由我来負責，以便减輕当时在京的中央其它領导同志、北京新市委、建筑材料工业部和工作組的責任。当时，我只是籠統地說，工作組在你們学校是犯了錯誤的。这个錯誤的責任也不能完全由工作組来負担，党中央和北京新市委也有責任……。工作組在你們学校所犯的錯誤，你們清楚，你們可以討論，党中央和北京新市委的錯誤，你們也可以討論，誰的錯誤誰負責。在这里，沒有說明，我自己应負主要責任，也沒有說明，当时的党中央是毛主席不在北京，由我主持日常工作的党中央。这样，就模糊了当时所犯錯誤誰是应当負主要責任的。当时我的这种說法是不正确的。

我参加你們八月二日全院的辯論大会，听了两种不同意見的辯論，此外，同学們还給我递条子，提出来第三种不同意見。这些不同意見虽然包括一些原則問題、方向問題在內，但是我认为基本上还是人民內部的不同意見問題，应該經过正常的討論和辯論，分清是非，正确的坚持，錯誤的改正，就可以团結起来。因为无产阶級文化大革命要依靠革命的学生，革命的教师，革命的員工，去团結一切可以团結的人才能搞好。学校的文化大革命，要以学生为主来搞，我认为这种从团結的愿望出发，經过充分的討論和辯論，分清是非，坚持眞理，改正錯誤的基础上的团結，恰恰是当时所需要的，不能說这样的团結是“合二而一”的。当然在这里我应檢討，我当时在說这个問題的时候，說的有些不够完全、不够确切的地方。

經过去年八月二日和八月三日听取各方面意見的結果，又在八月四日听了工作組領导同志的談話，在我的脑子中已逐漸地形成了这样的印象：即“八一战斗团”的斗争大方向是正确的，他們是坚决反对原来的院党委和工作組的錯誤領导的，他們的无产阶級革命造反精神是好的。而“革命团”虽然也說院党委和工作組領导有缺点有錯誤，但他們由于受了蒙蔽，基本上是保院党委、保工作組的。他們的斗争矛头主要不是指向院党委和工作組，而是主要指向“八一团”。因此，他們的斗争大方向是不正确的。我的这种看法，同北京新市委的看法基本上是一致的。但是我沒有来得及向建工学院的师生員工們宣布我的这种看法，只是在八月四日找工作組同志談話时，略微地透露这个意思，但也是很不全面的。

此外，我在同各方面接触中还发現建工学院的党团組織还是原班人馬地在进行活动，既沒有經过改选，也沒有停止活动，因此，党团組織的活动常常是維持旧秩序，反对革命造反精神和革命造反行动的。因此，我曾建議改选党团組織，如果一时选不出来，就推选临时召集人。党团員一般不开秘密会，开会时要找一倍非党团員参加。我这个建議的目的，是想使当时文化大革命运动不致受原来党团組織的操纵，阻碍运动的发展。至于我这个建議是否在以后付之实行，在以后的实行过程中，是否使建工学院的大多数干部遭受打击？我就不知道了。如果在以后因为实行我这个建議，而使建工学院大多数干部遭受打击的話，那就应該由我来負担主要責任。

我在几次談話中，还談到以下一些問題：

一、有人起来鬧事，起来向我們党委和工作組造反，不要害怕，而要支持他們起来鬧事，起来造反。即使有少数坏人参加，也不要怕。因为絕大多数都是好人，都是拥护中国共产党和社会主义的，都是拥护毛主席的。坏人只是极少数。如果害怕人家起来鬧事，不让人家起来造我們的反，那就一定要犯方向性的錯誤。但是我在解釋这个問題的时候，話讲得过多了，以至說过“不要怕坏人上台，坏人上台一个时候有好处。蛇完全出了洞，才能打着。”这些話是錯誤的。应加以批駁。

二、在几次讲話中，我都强調了要团結多数，要团結一切可以团結的人，而沒有說明要以无产阶級革命派为核心，在大方向一致的前提下，去团結一切可以团結的人，去实現革命的大联合和革命的“三結合”。而沒有无产阶級革命派为核心，沒有大方向一致的前題条件，革命的大联合和革命的“三結合”都是实現不了的。即使实現了也是不能巩固的。

三、在几次談話中，我都引用馬克思說过的話，“无产阶級只有解放全人类，才能最后地解放他自己。”在解釋全人类包括一些什么人时，首先我指出包括工人、农民、及其他劳动人民、学生、知識分子，这是人类的絕大多数，但也包括那些还沒有处死的地、富、反、坏、右、資本家，及已經处死者的家属子女等，都要改造他們。而要改造这些人需要做很多工作。因此，在讲到改造这些剝削阶級的殘余时，讲得过多了，过重了。这就引起人們有本末倒置之感，这也是錯誤的。

对于我在北京建筑工业学院所犯錯誤及其恶劣影响請同志們放手揭发和批判。

对于我在文化大革命初期的錯誤指导思想及其恶劣影响請同志們放手揭发和批判。

对于我的其它言論和行动，凡不符合偉大的毛澤东思想的，也請同志們放手揭发并給予彻底的批判。

最后，我要向受过以我为代表的錯誤路綫压制和受害了的革命师生員工賠礼道歉！在无产阶級文化大革命初期，受錯誤路綫蒙蔽而犯了不同程度錯誤的革命师生員工和广大工作組員，他們責任甚小，主要責任在我，他們也是錯誤路綫的受害者，我也要向他們賠礼道歉！

希望同志們在对我进行大揭发、大批判的过程中，形成以无产阶級革命派为核心的革命的大联合和革命的“三結合”，把北京建筑工业学院办成紅彤彤的毛澤东思想大学校。

把无产阶級文化大革命进行到底！

无产阶級专政万岁！

无产阶級革命造反精神万岁！

偉大的、光荣的、正确的中国共产党万岁！

偉大的战无不胜的毛澤东思想万岁！

偉大的导师、偉大的領袖、偉大的統帅、偉大的舵手

毛主席万岁！万岁！万万岁！

刘少奇（簽名）

一九六七年七月九日

领导我们事业的核心力量是中国共产党。

指导我们思想的理论基础是马克思列宁主义。

動态報

第一期　红代会35中井冈山公社对外联络组主办
（一九六七年七月十四日）

★　南开大学即将复课闹革命，南大八一八红色造反团和南大卫东红卫兵正在进行协商，讨论有关大联合和复课闹革命的事项。

★南开大学卫东红卫兵以外文系为试点复文化课。外语系每天上午九—十一点两小时学习专业知识。

★天津大专院校红代会七月十日发表公告，通过南大八、一八红色造反团，艺师八一八等四个组织为红代会成员〈支左联络站同志支持〉但以天大八一三，一小撮人大搞宗派，分裂大专院校红代会，泡制了七、一一公告，这是非法的，支左不承认，怎样处理支左尚未表态。

★最近刘少奇向矿业学院革命师生员工作了公开书面检查，态度极不老实，是假检查真反扑。

★刘子厚已被撤消河北省革委会的职务。

★据悉新北大公社调查了李雪峰的全部历史。他的问题只是文化大革命初期的资产阶级反动路线。但检查比较早，认识比较深刻。在内蒙的乌兰夫问题上斗争比较坚决，是主席司令部里的人。

★目前河大八、一八正在全线讨论大联合的问题，这对河大进行复课闹革命提供了良好的基础。

★南开大学八、一八红色造反团正在遵照中央首长的指示，开展轰轰烈烈的全线的开门整风运动各分团战斗队陆续开门整风，效果很好。

★据铁路二中有关同学说铁路二中近日召开全校复课闹革命誓师大会，准备八月一日复课闹革命。

★由我井冈山发起的卫东区"复课闹革命筹备处"正在积极筹备中卫东区共有十三个中学参加。予定本月十五日在我校召开筹备会议。将研究有关复课闹革命的具体措施，讨论其它中学参加的问题，并将和北京市红代会取得联系。

现有的十三个中学是：

三十五中，七十九中、六十九中、三十九中、三十中、二中、铁一中、铁二中、何兴庄中学、铁路工程、女二中、二十四中、河北中学。

下次讨论的有：

二十六中、三十三中等。

★纺染厂红旗和井冈山（反李派）在解放军的帮助下前几天发表声明，表示不打倒李雪峰了。因为天津的主要矛盾是革命群众和万张集团的矛盾。解放军驻厂毛泽东思想宣传队立即贴出大标语，坚决支持红旗、井冈山的关于李雪峰同志的严正声明。

★据悉三五二七厂武斗发生时天大八一三和南大卫东估计河大八一八和体院思想兵等会来支援三五二七厂造总，于是把队伍拉出了一部分，准备阻拦，但是河大八一八等组织并没有去。

★天津五代会组织了三五二七厂现场展览后，河大井冈山等很惊慌。在通往三五二七厂的各路汽车上都派人发传单、造舆论，并主动向参观群众讲演。

★工农学野战兵团燎原纵队就五三十流血事件又重发声明，认为五三十事件是保守势力的反扑，燎原纵队是受害者。矛头直接向军管会第十号通告。

★劳二半八一八在和平路上大量贴出"强烈抗议中学红代会剥夺我劳二半八一八的一切政治权利""强烈抗议军管会专我劳二半八一八的政"的标语。

★我校东方红近日在校外活动频繁，经常有许多人出入于河北中学，河北区文化馆等处。

天五八二五动向简介

★据悉"二五狗"改变部署：1不再打李雪峰2.准备全力搞江枫。3.进一步靠拢八、小三。总部为了自圆其说，写了一份"关于打倒李雪峰的辉煌战果总结"胡说："我们达到了目的，完成了历史任务，我们早就说过，打李雪峰不是目的，而是使造反派联合起来。随风打肿脸充胖子，"二五狗"咬错了人还不承认。辉煌二字倒有些照人，这不不过是八二五狗的脸像罢了。

★八二五狗内部厌战情绪很大，决策人为了稳定军心，决定叫二五兵分批探亲。这一决定受到热烈欢迎。

★据悉八二五总部决定，和平路上的喇叭和宣传车一律不撤，近日和平路上仍然大喊大叫。使难兄难弟也效法二狗，真他妈的无法无天。

★八二五门前出现了"强烈要求军管会取缔八二五"署名是红军红卫兵七四八二五战斗队。

★发电设备厂驻厂解放军公开表达态度说"发电设备厂九一五是革命造反组织。"广大革命造反组织纷纷到该厂庆祝。

★我校东方红公社近日来又耍了 个大阴谋，企图破坏全校大联合和复课闹革命。把东西和人全拉到河北中学，并在主要马路上造谣贴出告急，诬蔑我井冈山公社。广大革命造反派要严密注视东方红公社动向，及时识破他们的阴谋。

启事

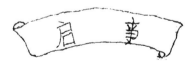

无产阶级革命派战友们，革命的同志们：

动态报从今天就诞生了。以后将陆续出版大约三天一期，由于没有办报经验，难免有这样的错误和那样的缺点。希广大的革命造反派和革命的同志们给予及时的批评并大量投稿。

井冈山公社对外联络组

一九六七、七、十四

第三版　　1967.8.31 看今朝70期

沈阳市三大群众组织关于立即制止武斗、恢复生产的协议书

毛泽东思想八·三一沈阳革命造反总司令部、辽宁无产阶级革命派联络站，辽宁革命造反派大联合委员会三方在军方协助下，经过协商达成如下协议，共要点是：

一、立即制止武斗，停止打、砸、抢、抓、杀。

二、立即就地彻底查清武器和各种武斗工具，各方面都不能隐藏和转移，然后加以清点上交。

三、迅速恢复生产

四、各方面立即清查混入组织内部不符合公安六条规定的和其他坏人。

五、由各方派出三名代表（其中最少有一名常委）与沈阳卫戍司令部共同组成监督小组。

六、本协议从签字时起、立即生效。

百匪新罪行　八一渡江惨案

武汉消息：八月一日武汉革命造反派五万余人横渡长江，遭到了陈再道的死党和"百匪"的破坏。下水时，事先混入会场的"百匪"拼命往里挤，在水中派潜水员用凶器刺杀和击伤运动员，强往江底拉。同时破坏码头观众看台，致使观众掉入水中，造成骇人听闻的八一渡江大惨案。第二天从江底捞起×××具尸体。这是一起有组织，有计划的谋杀事件，有关部门正在调查，一定要把肇事者揪出来示众！

打倒陈再道！打倒百匪！

影訊

将放映的一批较好的故事片有：《槐树庄》《小兵张嘎》《分水岭》《海鹰》《鸡毛信》《突破乌江》《椰林怒火》《昆仑山上一棵草》《特别快车》《红军桥》《路边新事》《小哥俩》《青菜花》《朝阳沟》同时还有两个外国电影。

毒草影片《红日》《革命家庭》《红河激浪》《舞台姐妹》也将公开示众供广大革命群众批判。

要聞簡訊

☆为了满足广大革命群众的要求，上海印刷的一百开塑料封面的《毛主席語录》（比原来的《毛主席語录》小二分之一）即将出版，预计今年出版650万册，准备上海发行300万册，军委发行200万册，其它150万册。

☆最近公安局破获一起打砸抢集团，并逮捕了其中六中的七名"老红卫兵"此七人参加了这个集团，经常偷窃，抢劫自行车、汽车等，并殴打造反派行凶作恶，真是罪有应得！

消息

李先念八月廿四日在粮食部讲：总理很关心，再忙也要过问一下粮食工作，这里是个大任务，……主席思想是以农业为基础以工业为主导，几亿人口吃饭，我们粮食系统责任重大。

第四版

看今朝70期 1967.8.31 市委党校《抗大兵团》

八月廿五日聂荣臻付总理在京西宾馆的讲话（摘要）

军队必须坚决站在无产阶级革命派方面。三军无产阶级革命派是中央支持的。他们是在两条路线斗争中杀出来的，是经过斗争考验的，坚强的无产阶级革命派，他们在文化大革命中作出了重要贡献、对三军无产阶级革命派的态度不是简单的支持与不支持的问题而是看是否站在毛主席革命路线上的重要问题，是对待毛主席司令部态度的问题。一定要站在三军无产阶级革命派一边，决不能与他们相对立。5.13以后，军内阶级阵线分清了，这是一个相当长的时期，为什么军队打硬的那么厉害？林付主席作了很多重要指示，红旗杂志、人民日报发表那么多文章、社论都不行。这里有个总根子，现在这个根子挖出来，在斗争中这是件大好事。5.13不是简单的冲击演出的问题，而是军内两条路线斗争的总爆发、总暴露。5.13以后，看演出也不是简单的看戏与不看戏的问题，而是一个站队的问题。三军的演出我看过两次了，昨天我看到一份揭发吴克华的材料，吴说、他看新三军演出时问过我们，说我答应过他。这完全是歪曲事实，在人大会堂一道看戏，我说看戏要看站在什么方面，我并没有叫他去看新三军演出。吴克华是支持革命派的对立面的。

中央文革小组决定

——李广文同志八月廿九日传达——

广播局领导班子中央指定以下十一个同志组成：

康树棠、王寿仁、李炳、黄望南、曾仁义、張志根、張英第、黄宪仁、梅承藻、胡芦杰、薛元煌同志（鼓掌）

十一个同志中，指定康树棠同志担任组长，王寿仁同志担任付组长。这个班子名字叫广播局领导小组。这个领导小组在广播局革命委员会没有成立以前，暂行代行行政权利机构的职责，它负责全局的，全面的工作以及本局的文化大革命的领导。

李敦白同志他原来是三人小组领导成员、一定和大家做了许多工作，中央文革小组考虑到他的情况，这个领导班子他就不再参加，并且决定调出广播局，另行分配工作。

校内动态

我兵团赴山西战友来信

《抗大兵团》毛泽东思想宣传队和北师大井岗山北邮东方红毛泽东思想宣传队在山西省第二次扩大会议期间为大会作了联合宣传演出，受到了山西省革命造反派的热烈欢迎。刘格平同志、袁振同志在百忙之中观看了演出。演出结束后刘格平同志接见了三个宣传队的战友并在一起合影留念。

热情欢迎新战友

八月卅日根据从保守组织"反修二十五中队"造反出来的《新从头越》战斗队的申请，我兵团决定立即批准《新从头越》为我兵团成员。我们欢迎《四、二七》中受蒙蔽的群众向《新从头越》战斗队学习，受蒙蔽无罪，造反有理，反戈一击有功。不要继续受党校走资派张、孙之流的蒙蔽，应及早回到毛主席革命路线上来。

毛主席万岁

人民靠我們去組織。中国的反动分子，靠我們組織起人民去把他打倒。凡是反动的东西，你不打，他就不倒。这也和扫地一样，扫帚不到，灰尘照例不会自己跑掉。

毛泽东

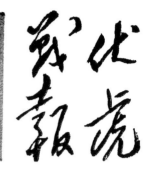

河北日报
险峰战斗兵团、飞跃战斗兵团
遵义红旗、雄鹰大队、红旗公社
联合主办
1967年7月21日
第8期 星期五

省直机关和保定地区革命造反派近四万人举行誓师大会

坚决粉碎中国赫鲁曉夫的新反扑

要发扬痛打「落水狗」的彻底革命精神，穷追猛打，不获全胜，决不收兵

“六月天兵征腐恶，万丈长缨要把鲲鹏缚。”十八日晚上，省直机关和保定地区革命造反派，在保定市体育场召开了彻底粉碎党内最大的走资本主义道路当权派刘少奇的新反扑誓师大会。到会的四百一十多个革命造反组织包括近四万名革命造反者和革命群众，义愤填膺，怒火万丈，一致指出：刘少奇的“七·九”检查，是资本主义反革命复辟的宣言书。要发扬痛打“落水狗”的彻底革命精神，坚决粉碎中国赫鲁晓夫的新反扑，把无产阶级文化大革命进行到底。

大会在雄壮的《东方红》歌声中开始。全体与会的革命造反派战士和革命群众，手捧红光闪闪的《毛主席语录》，高声朗读：**“人民靠我们去组织。中国的反动分子，靠我们组织起人民去把他打倒。凡是反动的东西，你不打，他就不倒。这也和扫地一样，扫帚不到，灰尘照例不会自己跑掉。”“敌人是不会自行消灭的。无论是中国的反动派，或是美国帝国主义在中国的侵略势力，都不会自行退出历史舞台。”**……

大会主席在致开幕词中指出：党内最大的走资本主义道路当权派刘少奇，是我国复辟资本主义的总祸根。长期以来，他披着马列主义的外衣，干着反党反社会主义反毛泽东思想的罪恶勾当，犯下了滔天罪行。但是他并不甘心失败和灭亡，仍在作垂死的挣扎，向我们无产阶级革命派进行新的反扑，妄想东山再起。对这个反革命大阴谋，必须彻底揭穿，彻底批判！

大会结束后，举行了声势浩大的示威游行。

大会号召全体革命造反派战士，要紧紧掌握斗争大方向，迅速掀起大批判、大斗争的新高潮，彻底肃清刘少奇这个党内最大的走资本主义道路当权派在各个战线上的流毒，解放受资产阶级反动路线迫害的干部和群众，促进革命的大联合和革命的“三结合”。

工人总部、农民总部、红代会和商业总部的代表，压抑不住满腔怒火，先后在会上发言，严词揭露党内最大的走资本主义道路当权派刘少奇的新阴谋。他们在发言中强调指出：在中国赫鲁晓夫刘少奇猖狂反扑的影响下，我们保定地区又出现了资产阶级反动路线的新反扑，党内一小撮走资本主义道路的当权派操纵保守组织搞“小乌合”，把斗争的矛头直接指向革命造反派；他们极尽造谣污蔑之能事，积极地为复辟资本主义制造舆论；他们试图挑动农民进城，镇压革命造反派；他们挑拨离间，蓄意在各个造反组织之间制造分裂，千方百计地妄想搞乱阶级阵营。但是，我们用毛泽东思想武装起来的无产阶级革命派懂得，在尖锐复杂的阶级斗争面前，切不可书生气十足。对以中国的赫鲁晓夫刘少奇为首的大大小小的走资本主义道路的当权派，不能有半点恻隐之心，必须是刀出鞘，弹上膛，穷追猛打，不获全胜，决不收兵。

“宜将剩勇追穷寇，不可沽名学霸王。”与会的革命造反派战士们坚决表示，要牢记毛主席这一教导，更高地举起毛泽东思想伟大红旗，掀起大批判、大斗争的新高潮，在革命的大批判中进一步搞好革命的大联合，组成一支浩浩荡荡的文化革命大军，把以刘少奇为首的党内最大的一小撮走资本主义道路当权派以及省、地、市各级一小撮反革命修正主义分子杀他个人仰马翻，片甲不留！

驻保部队和保定市工交系统联合举行活学活用毛主席著作讲用会

掀起活学活用毛主席著作新高潮

在我国亿万革命群众沿着毛主席的伟大战略部署胜利进军的时候，在保定地区无产阶级革命造反派向党内一小撮走资本主义道路当权派展开猛烈进攻取得节节胜利的大好形势下，中国人民解放军河北省军区、驻保部队支左工人口毛泽东思想宣传站和保定工人革命造反总部，于七月十六日至十九日联合召开了军民活学活用毛主席著作讲用会。

这次讲用会，是保定市工人革命造反派和人民解放军支左部队高举毛泽东思想伟大红旗的大会，是军民团结的大会，是用光焰无际的毛泽东思想总结一年来文化革命经验的大会，是把活学活用毛主席著作的群众运动推向新阶段的誓师大会。中国人民解放军驻保部队首长对这次会议非常重视，出席了会议，并作了重要讲话。 （下转第三版）

◇ 历时四天的驻保部队和本市工交系统联合举办的活学活用毛主席著作讲用会在河北礼堂胜利召开。图为大会会场。

·2· 伏虎战报 1967年7月21日 星期五

侯玉印到底是不是“反革命”?

河北省保定地区反复辟联络站公审王路明、李悦农等反革命修正主义分子大会纪要

编者按：保定市的无产阶级文化大革命刚开始不久，就在全市出现了一股大反侯玉印之风。黑省、地、市委内的反革命修正主义分子把侯玉印问题看得比天还大，狂叫什么“保定市的无产阶级文化大革命方向不对头”，“搬不倒侯玉印保定的文化大革命就扭不过来！”他们到处调兵遣将，日夜策划，必欲把侯玉印致于死地而后快。官办文革、保皇派黑一司顿时活跃起来，查档案、搞侦察，开动一批宣传机器大造舆论，说什么“侯玉印炮打了无产阶级司令部”、“侯玉印是阴谋家”，“侯玉印是政变分子”。“打倒侯玉印”的大字标语贴满了保定城。就这样，侯玉印被打成了“反革命”，无产阶级革命派遭到了镇压。

当前，革命洪流汹涌澎湃，无产阶级革命派空前发展壮大，正在两个阶级、两条道路、两条路线斗争的决战时刻，一些人又把侯玉印的问题当成压倒一切的任务，声嘶力竭地叫喊“不准给侯玉印翻案”，“千刀万剐侯玉印，气死保侯兵！”他们比黑一司当年喊的口号“更有力”，“更高一级”。

黑省、地、市委中的反革命修正主义分子为什么对侯玉印那样怕得要命、恨得要死？官办文革、黑一司的小丑们又为什么对侯玉印那么感兴趣，反的那么起劲？无产阶级文化大革命已经进行一年多了，为什么有些人又拾起当年黑一司的衣钵？侯玉印是河北省内最大的走资本主义道路当权派吗？是保定地区最大的走资本主义道路当权派吗？只有打倒侯玉印才是保定地区的斗争大方向吗？都不是。那么为什么他们恨侯玉印的劲头比恨刘少奇、恨刘子厚还要超过多少倍呢？这到底是为什么？发人深思。

今天，本报把河北省保定地区反复辟联络站公审王路明、李悦农等反革命修正主义分子大会纪要公布于众，以便帮助无产阶级革命派更加认清反侯玉印问题的本质，提高阶级斗争观点。也希望那些受蒙蔽的人从中得到教益，早日回到毛主席革命路线上来。

七月九日河北省保定地区反复辟联络站在保定市体育场召开了公审黑省、地、市委反革命修正主义分子王路明、李悦农、陈子瑞、钟翔云大会。大会首先由反复辟联络站代表王友山同志讲话。他扼要的总结了保定无产阶级革命派反击资本主义反革命复辟逆流的成绩，指出了今后斗争的方向。

接着公审大会开始。

首先由镇压保定市法院文化大革命运动的黑地、市委工作组负责人齐丙寅揭发交代。齐丙寅是市人委宗教处副处长，他领受了黑地、市委的密旨，在刘子厚、李悦农的得力心腹卢新春的直接掌握、控制下，组成了以他为首的十四人工作组，对市法院的文化大革命进行了疯狂大镇压。

齐丙寅揭发交代（摘要）

我是去年九月四日“奉命”从承德四清前线调回到保定所谓专搞文化大革命的骨干之一。约在十二、三日，黑地委决定我到市法院去镇压文化大革命运动，把侯玉印同志第一次打成了“反革命”。

九月十三日大坏蛋卢新春把我和刘中兴叫到市委，在场的有钟翔云、马英、单庆祥，后来陈子瑞也去了。首先大坏蛋卢新春说：“你们看到形势没有？自从李懋贴出反李悦农第一张大字报后，首先是政法部门积极配合……法院在侯玉印带动下，操纵了一些不明真象的红卫兵，抓住李悦农与周潞川问题不放，成了反党阴谋活动的中心。”反革命修正主义分子钟翔云说：“叫政法部门闹的，保定地区文化大革命始终不能正常进行。”反革命修正主义分子陈子瑞说：“政法部门在这次运动中，不但没起到保卫党的作用，倒成了反党的中心，侯玉印就是漏划的一个大右派。”

审问：“陈子瑞，你说侯玉印是漏划的大右派吗？”

陈子瑞答：“侯玉印不是漏网大右派。因为他反了李悦农，所以李悦农把他说成是漏网大右派。我那时候错误地认为李悦农是坚定的革命‘左派’，侯玉印反李悦农是炮打无产阶级司令部。”

审问：“卢新春，你说，怎么把侯玉印打成反党反社会主义阴谋家！”

卢新春答：“我有罪。我把侯玉印同志打成反党反社会主义阴谋家，这是黑地、市委指示我干的，是李悦农、陈子瑞指示我干的。”

审问：“李悦农，你怎么下的指示？”

李悦农答：“因为侯玉印反对我，我有意见，所以我就指示卢新春把他打成了反革命。”

齐丙寅继续揭发：黑地、市委为了搞倒侯玉印，镇压革命群众运动，还采取了一系列恶劣阴谋手段，如：①调动了一个九人组成的所谓联络员队伍；②为镇压政法战线，他们从地委调了马××、张××、郭××、李××来市建立了“专案”办公室，由卢新春亲自领导，陈子瑞作阵督战；③调动所谓同一观点的红卫兵来市法院轮斗侯玉印；④调动法院、检察院全部力量，甚至重点人也来搞侯玉印。

在黑地、市委指示下，我以个人所谓党观点的方法出现，去年九月二十一日，在法院全体干部会议上，说出李悦农是“左派”，是华北局会议上批准的。侯玉印是反党反社会主义“野心家”“阴谋家”，并说和侯玉印一起反李悦农的同志是“上当”“中毒”，犯了方向性错误，一度视他们为“反党骨干”。在同一会议上，推翻了法院文革小组，改选了文革组织，从此就把侯玉印打成了反党反社会主义“野心家”“阴谋家”。并多次进行批斗。更恶毒的是大坏蛋陈子瑞、卢新春在一次汇报会议上指示说：“白天组织法院、检察院干部批斗侯玉印，由齐丙寅负责；晚上组织同一观点的干部、红卫兵批斗，由刘中兴负责。”陈子瑞还说：“侯玉印这个老狐狸要狠斗他，打他个昏头昏脑的，不给他喘息机会，每天叫他休息三、四个小时就行了。”

审问：“陈子瑞，交代。”

陈子瑞：“对侯玉印的批斗是在九月二十四日，李悦农从黑省委回来说，省委同意批斗侯玉印，他并传达廖鲁言的黑指示说，侯玉印这个老狐狸狡猾得很，给他施加压力，每天让他休息三几个小时就可以了，把他思想搞乱。我就根据这个指示，回去以后发挥了，阴谋策划白天晚上不让侯玉印休息，搞得他昏昏的，企图让他交代问题。”

审问：“李悦农，交代。”

李悦农答：“批斗侯玉印，我向黑省委作了汇报，当时有刘子厚、廖鲁言、王路明。给他们汇报了以后，他们说，光是支持红卫兵截了李悦农的小汽车，这一条就够上批斗了。抓紧时间批斗，晚上白天一气呵成。我回来向地委传达了这个意思。”

齐丙寅揭发交代：“去年十月一日，卢新春把我叫到市委指示说：经市委研究，地委批准，在四日以一天时间于市直机关批斗侯玉印。在批斗大会上，由市委常委、副市长王铁宣布：侯玉印是反党反社会主义野心家、阴谋家，是漏划的大右派。并宣布停止党内外一切职务。”

在地、市委将要垮台、法院革命群众起来要造他们的反的时候，在十月中旬，反革命修正主义分子钟翔云、大坏蛋卢新春慌了手脚，他们亲自主持召开了法院文革三人小组座谈会。当同志们提出对侯玉印问题性质有怀疑时，钟翔云、卢新春马上欺骗说：“就凭劫夺李悦农小汽车、堵钟翔云这两条，就足以定侯玉印问题的性质，你们要相信市委，顶住吧，干吧！”散会时，大坏蛋卢新春对我个别说：“法院这三个小青年，（三名文革成员）如果经住这次考验，准备提拔庭长，破格提拔副院长。对冯××要好好培养，运动后期考虑入党。”

审问：“钟翔云，去年九月二日，你在市委开黑会，当时要武战校五、六名同学去找你，你说这是‘夜袭截路’，是反革命行动，今天要你回答，算不算反革命行动？”

钟翔云：“这是革命行动。当时我为了保李悦农，欺骗了法院的革命群众。”

审问：“卢新春交代，你要提拔哪三个小青年？”

卢新春答：“我指的是侯××，张××，冯××，封官许愿，这是我的罪行。”

大会主席：“请大家注意，侯××就是操纵黑一司抢砸市法院的侯××。张××也是操纵黑一司砸市院的，他们都是保反革命修正主义分子李悦农的干将。”

齐丙寅揭发交代：在去年十月下旬，卢新春指示“专案”办公室负责人和我，叫复制侯玉印等人的黑材料，并在他亲自指挥下，把材料藏入市委档案室，以后又多次转移。严重的是中央军委关于平反指示下达后，我请示材料如何处理时，大坏蛋卢新春仍指示说：“以后统一处理。”拒不交出黑材料。

审问：“卢新春，为什么不烧毁黑材料？”

卢新春答：“有秋后算账思想。”

审问：“陈子瑞，刚才卢新春交代的，是你的指示吗？”

陈子瑞答：“是我的指示。我是根据王路明指示干的。”

审问：“王路明，方才陈子瑞说是你的指示，是不是？”

王路明答：“是。我是根据刘子厚的。”

齐丙寅揭发交代：“严重的是在去年十一月份当法院联络员撤出后，卢新春还指示留下我和张××，张××躲藏在市直文革以掌握情况为名，大搞特务工作。同时他还在人委招待所亲自召开了由法院所谓骨干侯××、刘××参加的会议。专门布置了特务工作。他在会议上说：“上次反复，法院一个力量没有，这次反复留下了你们两个种子，要听党的话。”大坏蛋卢新春除叫他们把情况个别向他反映外，还要我们保持与侯、刘的密切联系，了解搜集侯玉印的情报。为此，我们建立了有地点有时间的碰头。请看，黑地、市委的手段何其毒也！

继齐丙寅交代后，又有黑省、地委刘子厚、李悦农的得力心腹疯狂镇压文化大革命的忠实干将卢新春交代罪行。去年八月下旬，正当全市革命烈火正旺，万炮齐轰黑地委，矛头对准反革命修正主义分子李悦农的时候，刘子厚、李悦农、钟翔云等密谋策划把卢新春、马英等调来市委，在李悦农、陈子瑞直接掌握下，制定了一整套镇压保定市文化大革命的黑计划。而市法院则被他们确定为“特殊战场”。卢新春就是这个“特殊战场”的幕前幕后指挥官。

卢新春交代罪行（摘要）

我原来在容城县搞四清，来保定市后，按照黑地委的旨意突出的镇压了市法院和市公安局的文化大革命。尤其是在法院的问题上，我完全按照省、地委的黑指示，残酷地打击了侯玉印同志的革命行动，把侯玉印同志打成“反党反社会主义阴谋家”，把他支持的法院无产阶级革命派打成“反党阴谋家的骨干”。今将为什么突出的打击侯玉印同志，所采取的毒辣手段，侯玉印同志问题的真象，等几方面的主要罪行，向无产阶级革命派做以下交代：

一、重点打击侯玉印同志，是黑地委一手策划的，反革命修正主义分子陈子瑞来市委后亲自指示搞的。据我所知，侯玉印同志是最早起来革命的一位领导干部，从去年八月中旬开始，他就坚定地支持市直中层干部起来造反，支持红卫兵小将，斗争的矛头指向黑地委内以李悦农为首的一小撮走资本主义道路当权派。这完全是革命的行动，大方向是正确的。但黑地委内一小撮走资本主义道路当权派，却把侯玉印同志视为眼中钉，肉中刺，就在陈子瑞的直接策划下，颠倒黑白，硬给侯玉印同志加上“向党伸手”“搞阴谋活动”“有个人野心”“炮打地委无产阶级司令部”“妄想夺取文化大革命领导权”等莫须有的罪名。

审问：“陈子瑞，卢新春说的对不对？”

陈子瑞：“对。就是因为侯玉印反了李悦农，把他打成了‘反革命’。”

审问：“根据什么？”

陈子瑞：“没有根据，这是阴谋，是陷害，是黑地委指示办的。李悦农说过几次，他说保定市文化大革命有问题，侯玉印的大方向错了，要把侯玉印搬倒了，保定市的文化大革命就能扭过来了。九月三日晚上，在省委开了个黑会，王路明也说保定市文化大革命有问题，什么是无产阶级司令部，什么是走资本主义道路当权派不明确，你们市委里头有右派，你们出一个，我们就撤一个。”

审问：“李悦农，刚才陈子瑞说的开的黑会，你怎么做的结论？”

（下转第三版）

1967年7月21日 星期五 伏虎战报 ·3·

高举革命批判旗帜 砸烂反革命文艺黑綫

省直红联军召开批判三反分子张承先等大会

七月十八日，河北省直宣教系统红联军所属二十多个革命造反组织和解放军驻保某部代表一千多人，在河北戏剧学校礼堂召开彻底批判反革命修正主义文艺黑线大会。

大会在雄伟的《东方红》歌声中开始。与会人员怀着对我们的伟大领袖毛主席无限忠诚、无限热爱的心情，朗读毛主席语录，一遍又一遍地欢呼"祝毛主席万寿无疆！"大会充满了团结战斗的气氛。

省委宣传部革命造反队、省梆子剧院跃进公社、省文联红色造反团、河北日报险峰战斗兵团、省戏研室全无敌战斗队、省话剧院换新天大队和浪滔天、省文化局红色造反团、省戏剧学校洪流、河北画报社红战队、省电影发行放映公司东方红造反团红军造反团、省文物工作队敢于革命造反队、省京剧团延安公社等革命造反组织的代表先后在大会上发言。他们以无比愤怒的心情，用大量的无可辩驳的事实，对省委内、省文化局党内一小撮走资本主义道路的当权派、反革命修正主义分子张承先、翟向东、路一等，进行面对面的揭发批判。

代表们在发言中，以毛泽东思想为武器，从政治上、思想上、理论上和组织上揭发批判了河北省党内一小撮走资本主义道路当权派及他们派到各文艺单位的黑爪牙，一贯推行周扬等反革命修正主义分子所鼓吹的全民文艺，竭力诽谤和抵制毛主席一贯教导的：**"我们的文学艺术都是为人民大众的，首先是为工农兵的，为工农兵而创作，为工农兵所利用的"**伟大指示。他们在文学创作上，一贯鼓吹所谓"三十年代"的文艺，以突出"中间人物"来反对塑造工农兵英雄形象；他们在戏曲战线上竭力提倡帝王将相、才子佳人等宣传封、资、修的坏戏、坏作品；他们在电影工作中，抛出大毒草片，流毒全省；尤其令人不能容忍的是，他们为了夺取无产阶级专政，在全省文艺界特别是青年一代中到处鼓吹"三名三高"反革命修正主义政策，妄图把广大忠于毛泽东思想的文艺战士蜕变为资产阶级的忠实奴仆，是可忍，孰不可忍！代表们一致表示，一定要遵照毛主席的教导：**"宜将剩勇追穷寇，不可沽名学霸王。"**高举毛泽东思想的千钧棒，彻底砸烂反革命修正主义文艺黑线，让战无不胜的毛泽东思想伟大红旗在我省文艺界高高飘扬！永远飘扬！

大会在《大海航行靠舵手》的雄壮歌声中胜利结束。

掀起活学活用毛主席著作新高潮

（上接第一版）

在历时四天的会议期间，一千多名革命造反派代表和参加支左、支工、军管的解放军指战员们，通过大会发言，小会座谈，广泛交流了在文化大革命当中，如何活学活用毛主席著作的经验和体会。与会的革命造反派代表和解放军指战员们，通过用毛泽东思想总结一年来文化大革命的经验，更加深刻地认识到在无产阶级文化大革命中活学活用毛主席著作的重大意义。大家亲身感到，千重要，万重要，活学活用毛主席著作最重要。

代表们在会议当中，充分分析了当前保定地区文化大革命的形势，大家认为，目前，文化大革命已经进入了两个阶级、两条道路、两条路线大决战的关键时刻。在这个时刻，斗争更复杂了，更尖锐了，摆在我们造反派面前的矛盾更多了，任务更重了。因此，全体代表一致表示：回去后要带动和组织广大革命群众掀起活学活用毛主席著作的新高潮，把活学活用毛主席著作群众运动推向新阶段。并向全市广大工人革命造反派发出了把活学活用毛主席著作推向新阶段的倡议书。

参加这次讲用会的工人革命造反派代表和解放军指战员，共一千三百多人。北京市工代会、红代会，天津市红代会，保定地区无产阶级革命派联络站，保定市大中学校红代会，解放军某部革命造反联合总部，以及省、地、市各革命造反派组织的代表，也应邀出席了大会。

侯玉印到底是不是"反革命"？

（上接第二版）

李悦农："我说保定市文化大革命的方向不对头，揪住李悦农不放，将来市委会犯错误。我在那次会上决定，叫陈子瑞座阵市委去扭方向。"

审问："是不是想弄倒侯玉印？"

李悦农："是。"

审问："把造反派打下去？"

李悦农："是。"

审问："谁给你的指示？"

李悦农："这是廖鲁言、王路明的指示。"

审问："王路明，有这个指示没有？"

王路明："有。听了李悦农的汇报，李悦农说市委有问题，市委不发动群众打市委司令部，专门打他，这是有阴谋，讲侯玉印有问题，这次会廖鲁言、刘子厚都参加了，刘子厚叫我和郝田役代替省委召开市委全会，对市委提出批评，如果市委不发动干部炮打市委司令部，光打李悦农，那就犯了方向性错误。市委里边有没有右派？有一个揪一个，再不行就改组市委。这是我说的。"

审问："保定地区革命造反派把矛头对准李悦农对不对？"

王路明："对，完全对。"

审问："那你为什么说犯了方向性错误？

王路明："这是站在反动立场上，镇压革命运动。"

卢新春继续交代：

二、打击侯玉印同志所采取的阴谋手段。

1、不择手段地从多方面搜集整理侯玉印同志的黑材料。①市委十七级干部会上，黑地委派出所谓"联络人员"，专门搜集侯玉印的黑材料；②去年九月黑地委派公安处马××到最高人民法院分别了解侯玉印的档案；③陈子瑞要来侯玉印的档案，叫我和马英一起偷看；④去年九月我请示陈子瑞从地委要来了三名干部，建立了秘密"专案"政法小组，专门搜集整理侯玉印的黑材料。

审问："李悦农，整理侯玉印的黑材料是你们下的黑指示吗？"

李悦农："对。有好几次了。我在地市委会上跟陈子瑞商量过。"

审问："陈子瑞，是不是？"

陈子瑞："他叫我整了两次黑材料，一次是侯玉印刚反李悦农，把侯玉印材料报黑省委；再一次，侯玉印到华北局平反，他整材料大告造反派。目的是不给侯玉印平反。"

审问："李悦农老实交代。"

李悦农："王路明对我说要把侯玉印的材料整出来，叫郝田役带到华北局去。要象省里整简明的材料一样，谁也翻不了案。按这精神，我跟陈子瑞、钟翔云都讲过。"

审问："王路明，是你做的指示吗？

王路明："是。"

审问："陈子瑞，侯玉印的档案，你从哪里弄来的？"

陈子瑞：**"从地委组织部副部长高××那拿来的。因为当时廖鲁言说，要了解侯玉印问题，**必须从历史上来了解。李悦农说，看看侯玉印历史上有什么问题，为什么老这样翻腾。所以我把档案要来了，从档案上看侯玉印历史上没什么问题。"

审问："侯玉印是不是大叛徒？"

陈子瑞："不是大叛徒，档案上没有叛徒。"

卢新春继续交代：

2、制造社会舆论：去年九月五日，陈子瑞和我，在市委接见了农大姬文乐等二同学，向他们介绍所谓侯玉印的历史问题和搞"阴谋"的言论，这就把侯玉印的问题引到了学校；九月十七日，破坏造反派召开的揭发批判李悦农大会，叫市委文革办公室散发了姬文乐等写的侯玉印问题的传单。这就又把侯玉印的问题引向了社会。

审问："陈子瑞，交代。"

陈子瑞："姬文乐到市委去了解侯玉印的历史问题，当时我叫卢新春出面介绍，我也在场，一块儿说的。"

审问："姬文乐写的揭发侯玉印的传单，是你支持印的吗？"

陈子瑞："廖鲁言指示的。"

卢新春继续交代：

3、去年九月二十日，以"联络人员"的名义，向法院派了庞大的"专案"工作组，直接控制法院，打击侯玉印同志。

4、在大叛徒廖鲁言的指示下，利用受蒙蔽的学生和市直口红卫兵，采取残酷斗争的办法，对侯玉印进行昼夜批斗。（具体规定上午搞四小时，下午搞四小时，晚上八个小时）。

5、利用职权，采取高压手段和组织手段压制革命群众，把斗争矛头指向侯玉印同志。

6、阴谋策划召开批斗侯玉印大会，打一儆百。

审问："陈子瑞，交代，去年十月四日在市人委礼堂召开批斗侯玉印大会，你知道不？"

陈子瑞："我知道，是我策划的。黑地委曾经正式研究过这个问题。在批斗侯玉印三、四天后，我把情况向李悦农汇报了，他表扬说：现在法院文化大革命形势很好。不过今后再开小会就没劲了，想法开些大会，把侯玉印这么一搞，对保定文化大革命的大方向，作用很大。我回来就筹划开大会。"

审问："李悦农，交代。"

李悦农："陈子瑞讲得都对。陈子瑞汇报后，地委做过讨论，我认为当前的局势，按我们的说法是打开局面了。"

审问："打开什么局面？"

李悦农："把革命派压下去了。为了镇压市里文化大革命，我说可以开大会，打一儆百。"

卢新春继续交代：

7、挑动干部斗学生，镇压革命小将。如斗争、围攻崔士林同学。

8、阻止、抵制北京政法学院的革命同学为侯玉印的问题来保定进行革命串连。

审问："李悦农，交代，为什么害怕北京的革命小将？"

李悦农："革命小将来要给侯玉印平反，我们不愿意叫来。先是给北京市委打电话，能不能劝阻，后来估计劝阻不住，就做了来的准备，安排了对付的办法，目的就是迷惑同学。"

卢新春继续交代：

9、依仗职权，封官许愿，收买保守派。如封侯××当庭长，许愿冯××入党，等等。

10、抵抗中央指示，不认真对侯玉印同志进行平反。①反革命修正主义分子刘子厚指示：对侯玉印平反，采取群众组织协商的办法，这样只得罪一头（造反派），反正留下一个侯玉印平不了反，也成不了反动路线；②在反革命修正主义分子李悦农的亲自策划下，给侯玉印下了个假平反"通知"，准备秋后算账。

审问："李悦农，交代，给侯玉印平反，是真是假？"

李悦农："是假的。"

审问："钟翔云，你说，给侯玉印平反问题，李悦农给你做过什么指示？怎么策划的？"

钟翔云："给侯玉印平反完全是假的，是欺骗造反派。后来的通知很明显，根本不是平反。"

审问："不通知，谁的指示？"

钟翔云："李悦农、刘子厚都商量过。"

审问："李悦农，尽有谁一起商量的？在什么地方？"

李悦农："在满城总团住的时期叫钟翔云去汇报。有刘子厚……"

钟翔云："刘子厚、王路明、李悦农、刘英都在场。"

审问："王路明，有这回事吗？"

王路明："有，当场有刘子厚、李悦农、刘英、我。刘子厚说的，我同意。那是假平反。"

× × ×

公审大会到此暂告一段落。反革命修正主义分子刘子厚、王路明、李悦农等一小撮混蛋，镇压文化大革命的罪债累累，必须奋起毛泽东思想千钧棒，穷追猛打，彻底清算！

毛主席的文艺路线胜利万岁！

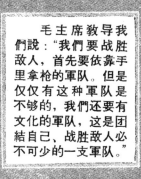

毛主席教导我們說：“我們要战胜敌人，首先要依靠手里拿枪的軍队。但是仅仅有这种軍队是不够的，我們还要有文化的軍队，这是团結自己、战胜敌人必不可少的一支軍队。”

↑ 在无产阶级文化大革命的惊涛骇浪里，中国人民解放军总字五〇一部队革命造反兵团和河北师大东方红公社毛泽东思想宣传队长途跋涉来保，为广大革命造反派进行了演出活动。这是五〇一演出的多口词《无产阶级革命派联合夺权》。

↓ 继承革命老传统，跋山涉水传真经。亲人捎信给毛主席，千言万语阶级情。这是河北省歌舞剧院红卫兵总部的战士创作的反映文化大革命的优秀歌舞《红卫兵长征》。

← 红军不怕远征难，万水千山只等闲。铁流两万五千里，红军威名天下传。河北省歌舞剧院红卫兵总部的战士们在演出《长征组歌》。

← 文艺要为工农兵服务，要为无产阶级政治服务。这是五〇一的表演唱《宣传队下乡》。

→ 在向中国的赫鲁晓夫刘少奇展开大批判、大斗争的关键时刻，河北省京劇团「延安公社」的造反派演出了京劇《红灯照》。全劇充分表现了红灯小将們的火満杀洋的革命造反精神。

> 这个仇恨共产党、仇恨人民、仇恨革命达到了瘋狂程度的反动集团，絕不是眞正放下武器，而是企图继續用两面派的方式保存他們的"实力"，等待时机，卷土重来。
>
> 毛澤东

伏虎战報

河北日报 险峰战斗兵团、飞跃战斗兵团、遵义红旗、雄鹰大队、红旗公社 联合主办

1967年7月25日 第9期

江清最后自殺身殺罪有應得!

江青同志的重要讲话

（七月二十二日凌晨在河南代表团会議上）

（群众呼口号）应该是向同志们学习，向同志们致敬！（群众高呼：毛主席万岁！）

刚才有一位同志讲，要发动群众制止武斗，这个意见很好，要大力宣传。挑动武斗的人总是一小撮，如果广大的群众知道了他们的阴谋诡计，揭出了他们，他们就会象过街的老鼠人人喊打。要发动群众，要向群众作深入的宣传工作，这样我们才能胜利。

我们不能太天真烂漫。当挑起武斗的一小撮人，他们拿起武器打你们的时候，革命群众可以拿起武器自卫。在双方达成停止武斗的协议以后，他们仍然不把武器收起来的话，你们自卫的武器不能放下！（鼓掌，并高呼：毛主席万岁！）

我记得好象就是河南一个革命组织提出这样的口号，叫作"文攻武卫"，这个口号是对的。（热烈鼓掌）我们坚持毛主席提出的文斗，坚决反对武斗，做深入的群众工作，这是第一条，同志们要向群众深入地宣传这一条，做比较艰苦的群众工作，要广大的群众识破一小撮坏人的阴谋，是要做一些工作的。但是，还要有第二条，不能天真烂漫。当他们不放下武器，拿着枪支、长矛、大刀对着你们，你们就放下武器，这是不对的。你们要吃亏的，革命小将你们要吃亏的。现在在武汉就有这个情况。当然，武汉的革命小将也在采取自卫手段。同志们，当我们听到"百万雄师"以及他们的幕后一小撮操纵者拿着那样的武器对手无寸铁的革命群众行凶，甚至绑架、殴打我们的谢富治同志、王力同志，我们能允许吗！（群众高呼口号）

河南的情况现在已经达成了协议，我希望各方面都不要撕毁协议，谁撕毁协议谁就是蒋介石。蒋介石在一九四六年十月十号跟我们订了停战协议，他马上又撕毁了。

我今天看看同志们，又把这个道理讲一下，我们有理，真理在我们这边。就是说，毛泽东思想在革命小将、革命干部、革命工人、革命农民这边，不在他们一小撮那边。我们必胜，他们必败。如果他们挑起武斗，不肯放下武器，你们不要天真烂漫，放下武器。我支持这一点。

我就讲这么一点。（热烈鼓掌，并高呼：毛主席万岁！向江青同志学习，向江青同志致敬！）

（按记录稿整理，未经本人审阅）

《**文汇报**》星火燎原革命造反总部

《**解放日报**》革命造反联合司令部

《**支部生活**》革命造反司令部

驻保部队和保定革命造反派七万余人举行声势浩大的游行示威

愤怒声讨陈畨道镇压武汉造反派的滔天罪行

大长了无产阶级革命派的志气，灭了资产阶级保皇派的威风，它将宣判中国的赫鲁晓夫刘少奇及其黑爪牙的死刑

本报讯 **"六月天兵征腐恶，万丈长缨要把鲲鹏缚。"**七月二十二日上午，伟大的中国人民解放军保定驻军四八〇〇部队、河北省军区和保定革命工人造反总部、大中学校红代会以及省、地、市广大革命造反派七万余人，怀着对伟大领袖无限热爱，对党内最大的一小撮走资本主义道路当权派及反革命分子陈再道的极大仇恨，举行声势浩大的示威游行，愤怒声讨中国的赫鲁晓夫刘少奇及其黑爪牙陈再道的滔天罪行。

这个大游行示威，给了党政军内一小撮走资本主义道路当权派强有力的打击，大灭了阶级敌人及其保皇派的威风，大长了革命造反派的志气。

武汉地区反革命分子陈再道，与三反分子王任重结成死党。这一小撮混蛋利用窃取的重要职权，操纵反动组织"百万雄师"，对无产阶级革命派和革命群众实行打、砸、抢，大镇压、大逮捕，干了一系列的反革命勾当。他们企图将无产阶级革命派压下去，以达到破坏无产阶级文化大革命的卑鄙目的。由中央派往武汉处理当地无产阶级文化大革命问题的代表：中共中央政治局候补委员、国务院副总理、全军文革副组长谢富治同志和中央文革成员王力同志，以及工作人员竟遭到陈再道这个混蛋及其反动组织"百万雄师"围攻绑架，并刺伤了谢富治同志，这种公开反对中央文革，公开反对毛主席的严重的反革命事件，是可忍，孰不可忍！

这天，保定笼照着战斗的气氛。凌晨，全副武装的四八〇〇部队指战员，个个精神焕发，斗志昂扬，威风凛凛，充分显示出毛主席亲手缔造、林副主席亲自领导的中国人民解放军的强大威力。全市无产阶级革命造反派也排着整齐的队伍从四面八方涌来。这时，体育场附近形成了人的海洋。红似火的战旗在初升的太阳照耀下显得更加鲜艳、壮丽，迎着东风高高飘扬。愤怒的人群不断高呼口号："打倒刘少奇！""打倒邓小平！""打倒反革命分子陈再道！""誓死保卫毛主席！""誓死保卫党中央！"……口号声响成一片，震天动地。

九点半，游行正式开始。保定红代会所属单位的革命小将挥舞着红彤彤的《毛主席语录》，迈着整齐的步伐走在游行队伍的最前头。接着就是英雄的四八〇〇部队。英雄们迈着矫健的步伐，雄赳赳，气昂昂地向前挺进。军队的后面是工人总部，省地市革命造反派。整个游行大军如同海潮一般汇成一股不可阻挡的革命洪流，滚滚向前。战斗的古城沸腾起来了。

在游行过程中保守派曾企图冲垮造反派游行队伍，但很快就被造反派的滚滚洪流压倒，没有得逞。这就深深教育了受蒙蔽的群众，使他们越来越清楚的看到河北地下黑司令的反动本质，促使他们杀回马枪，起来造反，回到毛主席的革命路线上来。

这次游行显示了革命造反派的伟大力量，宣判了刘邓及其黑爪牙陈再道、河北地下黑司令的死刑！

又讯：二十四日晚，工人总部、大中学校红代会、反复辟联络站，省地市各造反派组织四万余人，又云集街头，举行声势浩大的示威游行，声讨反革命分子陈再道，支援武汉地区革命造反派，彻底粉碎刘少奇的新反扑，坚决揪出河北地下黑司令。

⇦ 解放军驻保四八〇〇部队和省地市革命造反派一起游行示威，愤怒声讨中的国赫鲁晓夫刘少奇和反革命分子陈再道。

短评　彻底粉碎资产阶级反动路线的新反扑

最近以来，我省广大无产阶级革命派，连日举行集会、游行。口诛笔伐，愤怒声讨党内最大的走资本主义道路当权派刘少奇，坚决击退刘少奇的新反扑。七月二十二日，伟大的中国人民解放军驻保部队和保定地区无产阶级革命派举行了声势浩大的游行示威，最坚决地支持武汉无产阶级革命造反派，彻底粉碎资本主义复辟反革命逆流。

刘少奇为什么在这个时候抛出他的“七·九”检查？武汉军内三反分子陈再道，为什么在这个时候竟敢公开的操纵反动组织“百万雄师”制造全国罕见的反革命事件？难道这是偶然的事情吗？不，这是阶级斗争的发展规律。**我们伟大领袖毛主席教导说：“凡是将要灭亡的反动势力，总是要向革命势力进行最后挣扎的”**。阶级敌人的反扑，并不表明反动势力的强大，而正是说明党、政、军内的一小撮走资本主义道路当权派的穷途末日到了。

保定地区文化大革命的历史不正是这样吗？当我们伟大领袖毛主席亲自点燃的文化大革命熊熊烈火正在燃遍全国的时候，刘少奇就“破门而出”，亲手炮制了一条资产阶级反动路线，反革命修正主义分子刘子厚、李悦农秉承他主子的旨意，赤膊上阵，派出大批工作组，操纵官办文革和保守组织，站在资产阶级反动立场上，混淆是非，颠倒黑白，把革命造反派打成“反革命”，妄图把轰轰烈烈的文化大革命打下去；无产阶级革命派高举“**造反有理**”的大旗，杀退资产阶级反动路线的一次次反扑，党内一小撮走资本主义道路的当权派一个个被揪出来示众的时候，他们又抛出了经济主义这个破“救生圈”，借以挽救他们将要死亡的命运。这些诡计都遭到惨败后，混进无产阶级专政机构内的资产阶级代表人物，利用他们的合法权利，刮起一股二月资本主义复辟黑风。革命造反派组织被解散、被镇压，许多革命闯将又被打成“反革命”，许多地方和单位资本主义复辟了。无产阶级革命派在毛主席的关怀下，在中国人民解放军的支持下，纷纷新生，起来痛击资本主义复辟反革命逆流的时候，刘子厚、李悦农地下黑司令部，怕得要死，恨得要命，千方百计进行镇压，把革命洪流说成是“反解放军”的反革命逆流……

目前，文化大革命已进入两个阶级、两条道路、两条路线斗争的决战阶段。阶级斗争更加尖锐、复杂。现在，河北的阶级敌人正在以文武并用的战术向无产阶级革命派进行反扑。他们文的一手，就是打着“批头号”、“紧紧掌握斗争大方向”的幌子，千方百计地抹杀两条路线的斗争。胡说什么“现在没有保守派了”、“谁斗黑帮谁就是造反派”。他们一面大搞保守组织的小联合，一面采用打进来，拉出去的办法，分化瓦解造反派队伍，破坏革命的大联合，妄图篡夺无产阶级文化大革命的领导权。他们武的一手，就是公开的或秘密地支持和操纵保守组织制造武斗事件，挑动农民进城围攻造反派，想以此来摧垮无产阶级革命派，保护他们自己，复辟资本主义。这些人自以为得计，其实，恰恰搬起石头砸自己的脚。他们表演的愈充分，就愈暴露了他们的修正主义真面目，为自己的垮台创造条件。

无产阶级革命派的战友们，都应当百倍提高警惕，及时识破阶级敌人玩弄的新阴谋，坚决打退大大小小刘少奇的新反扑。要彻底粉碎资本主义复辟反革命逆流，无产阶级革命派就必须在毛泽东思想的旗帜下，进一步联合起来，把文化大革命的和生产的领导权紧紧掌握在自己手里。在斗争中，要活学活用毛主席著作，正确处理人民内部矛盾，紧紧掌握斗争大方向，集中力量狠狠打击党内一小撮走资本主义道路的当权派。

武汉斗争情况简介

鋼总树战旗，威風震江城

早在去年六月，刘少奇、邓小平、王任重之流在把他们的魔爪伸向学校、机关的同时，也把他们的黑手伸进了工厂企业，大批敢打、敢冲的革命工人被打成“黑帮”“右派”“反革命”。仅武汉锅炉厂被斗的革命群众就达二百余人，被大字报点名批判的达六百多名。

反革命的白色恐怖并没有使革命工人屈服。用毛泽东思想武装起来的革命造反派工人不怕围攻，不怕打击，纷纷成立起自己的战斗组织——“毛泽东思想战斗队”，这就是工人总部的雏型。

去年十月，各校的毛泽东思想红卫兵纷纷下工厂“与工农相结合”。从那个时候起，“毛泽东思想战斗队”和毛泽东思想红卫兵的命运紧紧联系在一起了。

去年十一月四日，工人总部终于冲破重重阻力宣告成立了。从此，钢工总、钢九·一三这两支坚强的左派工人队伍，并肩战斗，威震武汉三镇，大江南北！

就是这两支战斗队，冲破刘、邓资产阶级反动路线的反革命围剿，与革命小将一道，起来造湖北黑省委的反，揪出了反革命修正主义分子“秋后算账”派总头目王任重，揪出了反革命两面派、镇压群众运动的急先锋张体学。

就是这两支战斗队，英勇地顶住了“工人赤卫队”“职工联合会”“大专兵”等保守组织的反革命围攻，英勇地捍卫了毛主席的革命路线。

就是这两支战斗队，在黑省委王任重、张体学之流刮起反革命经济主义黑风，唆使其御用军“职工联合会”等肆意闹事，停工、停电、停交通。在黑省委内一小撮反革命修正主义分子刮起反革命经济主义黑风时，他们首先举起“**抓革命，促生产**”大旗，喊出了“砸烂反革命经济主义”的响亮口号，掀起了“**抓革命，促生产**”的高潮。

就是这两支战斗队，团结大多数，向党内一小撮走资本主义道路当权派展开了夺权斗争，赢来了今年一月份的大好形势。

江城二月黑風涌，武汉三月逆流急

轰轰烈烈的工人运动，学生运动，使得钻进党里、政府里、军队里的一小撮反革命修正主义分子恨得要命，怕得要死，对武汉地区文化大革命的中坚力量钢工总、钢九·一三、钢二司等坚定的革命造反组织更是视为眼中钉，肉中刺，他们时刻都想扼杀这些革命的生力军。

全国自上而下资本主义复辟的急先锋谭震林跳出来了，武汉地区资本主义复辟的急先锋陈再道也迫不及待地跳出来了。陈再道之流在造反派内部采用拉一派打一派的卑劣手段，蒙蔽不明真象的群众，大整钢工总、钢九·一三、钢二司等革命组织的黑材料。并开动了一切宣传机器，在武汉三镇的大街小巷，咒骂工总等革命组织“专搞打、砸、抢，比土匪还不如”。更可恶的是胡说什么：“王任重是三类干部，张体学是二类干部。我们以前就是保对了。”

经过一系列反革命舆论宣传以后，陈再道一手炮制的反革命复辟的宣言书——“三·二一通告”出笼了。“通告”中，恶毒地把工总打成了“反革命”组织，并非法勒令解散了工总，工总战斗队员个个请罪，人人过关，多少无辜的群众被围斗，多少革命闯将被投入监狱。夜漫漫，路漫漫，“**长夜难明赤县天。**”

反复辟，战暴徒　英雄热血烈又赤

中央军委十条命令发表了，伟大的历史文件五·一六通知发表了。革命造反派树战旗，震军威，又冲杀出来了。

陈再道之流在文斗战场上输得精光之后，于是就伙同王任重之流，勾结社会上带着各种面具的反动、保守势力和形形色色的牛鬼蛇神，拼凑了一个乌七八糟的所谓“百万雄师”。陈再道之流用金钱物质收买暂时受蒙蔽的群众，用威胁恐吓等卑劣手段强迫群众为他们做牺牲品，甚至网罗社会渣滓劳改犯、流氓集团、地、富、反、坏、右分子集中于市委大楼、江汉公园等魔洞内专搞武斗训练，还无耻地美其名曰“学习毛著短训班”。

面对陈再道之流和“百匪”的疯狂残忍，英雄的钢工总、钢九·一三首先举起抗暴的战旗，为了保卫造反派的红色据点，给了陈再道之流以有力的还击。白天，坚守生产岗位，晚上为迎击“百匪”的挑衅英勇奋战。

英雄的钢二司等革命小将，“钢八司”和“小八路”，在敌人的屠刀下，谱下了一曲又一曲动人的凯歌！

革命造反派用生命和热血顶过来了，陈再道之流的资产阶级专政摇摇欲坠日暮途穷了！

省卫生防疫站一队红色造反团

組織毛澤东思想宣傳队奔赴农业第一綫

河北省卫生防疫站一队红色造反团，积极响应毛主席“**把卫生工作重点放到农村去**”的伟大号召，组织毛泽东思想宣传队，奔赴农业第一线。宣传队已于七月十九日满怀革命激情，踏上征途。

我们伟大领袖毛主席在一九六五年六月二十六日，对卫生工作曾做了重要指示，指出“**要把卫生工作重点放到农村去。**”党内最大的走资本主义道路当权派和他在卫生系统的黑爪牙，抗拒毛主席的英明指示，在卫生战线上贯彻一条修正主义、资本主义的卫生黑线，企图把卫生战线变成复辟资本主义的营垒。在当前大批判高潮中，红色造反团革命造反派组织毛泽东思想宣传队深入到农村第一线，是切实贯彻毛主席对卫生工作“六·二六”指示的具体表现，也是彻底批判党内头号走资本主义道路当权派在卫生战线上贩卖一切黑货的实际行动。宣传队深入农业第一线，将同广大贫下中农结合，按照毛主席的教导，彻底砸烂旧的卫生体制，为建设社会主义卫生事业做出应有的贡献。

（红色造反团供稿）

1967年7月25日 星期二 伏虎战报 ·3·

打退刘少奇的新反扑

红代会河北红二师保定公社

毛主席教导我们说：**各种剥削阶级的代表人物“老是在研究对付我们的策略，‘窥测方向’，以求一逞。有时他们会‘装死躺下’，等待时机，‘反攻过去’。”**

刘少奇这个老牌反革命修正主义分子，在他的向无产阶级革命路线反扑的反革命“认罪书”中，顽固地站在资产阶级反动立场上，混淆黑白、避重就轻、本末倒置，使出了假“认罪”、真进攻的反革命伎俩，向无产阶级革命派进行反攻倒算。他极力回避自己罪恶的要害所在，妄图给他自己和党内一切大大小小的反革命修正主义分子翻案。他假惺惺地说什么“我是不理解犯了这样严重的错误”，把他的十条尺义引卫“制定出一些限制群众革命行动的办法”，把他提出和执行的资产阶级反动路线，说成什么“这是一种右倾机会主义的路线错误”，还说什么“我的这种错误是违背毛泽东思想的，是违背五月十六日中央通知”，等等。这纯粹是一派胡言，罄竹难书的事实证明，他无论是现在还是在历史上，都是恶毒攻击和反对毛主席、反对毛泽东思想的老手，是混进党内的资产阶级代理人，是拜倒在美帝国主义和苏修脚下的无耻叛徒。

就是这个中国的赫鲁晓夫，还在他的“认罪书”中，把革命造反派的敢想、敢干、敢革命的“**舍得一身剐，敢把皇帝拉下马**”精神，污蔑成“过激”的行动恶说成是。这和当前党、政、军内一小撮走资本主义道路的当权派诬蔑革命造反派的行动是“过火”，没什么两样。正告这些“大人物”们，凡是镇压学生运动的人都不会有好下场。如果你们一意孤行，刘少奇就是你们的榜样！

“宜将剩勇追穷寇，不可沽名学霸王。”我们坚决奋起毛泽东思想这个威力无穷的千钧棒，穷追猛打落水狗，打退刘少奇的新反扑，把这个党内最大的走资本主义道路的当权派，连同混入党里、政府里、军队里以及各种文化界的资产阶级代表人物，以及他们的臭思想、臭理论统统埋葬！让我们祖国各地、世界各地，处处闪耀着光焰无际的红彤彤的毛泽东思想！

口诛笔伐「认罪书」

本报评论员

「今日欢呼孙大圣，只缘妖雾又重来。」

在伟大的毛泽东思想的光辉照耀下，亿万革命人民正在高举革命批判大旗，向党内头号走资本主义道路的当权派发起总攻击的严峻时刻，中国的赫鲁晓夫刘少奇的「认罪书」出笼了！这是刘少奇反动本性的又一次大暴露。毛主席教导我们说：**「敌人是不会自行消灭的。无论是中国的反动派，或是美国帝国主义在中国的侵略势力，都不会自行退出历史舞台」。**党内最大的走资本主义道路当权派刘少奇的「认罪书」，是他进行资本主义反革命复辟的宣言书；是向无产阶级革命派进行反攻倒算的信号弹，是公开向毛主席的革命路线猖狂反扑的宣战书；是彻头彻尾地反党、反社会主义、反毛泽东思想的大毒草！

「认罪书」闭口不谈他一贯反对毛主席的伟大指示，与毛主席的革命路线为敌的罪恶行径；闭口不谈他一手炮制的资产阶级反动路线，颠倒是非，混淆黑白，打击革命派，实行资产阶级专政，疯狂镇压无产阶级文化大革命的滔天罪行；闭口不谈他顽固站在资产阶级反动立场上，妄图在中国复辟资本主义的阴险目的。却避重就轻，上推下卸，拐弯抹角的减轻罪恶。把他的累累罪行推给党中央、毛主席，把矛头直接指向以毛主席为代表的无产阶级司令部。说什么：「我就是在毛主席的这个号召下……经过研究后，一致确定我到建筑工业学院去。」；「我是不理解犯了这样严重的错误」，「这个错误的责任也不能完全由工作组来承担，党中央和北京新市委也有责任……党中央和北京新市委的错误，你们也可以讨论，谁的错误谁承担。」等等。看，被群众运动的海洋即将淹没的「落水狗」，竟如此猖狂，顽固地坚持反动立场，是可忍，孰不可忍！

「认罪书」是一个很好的反面教材，我们要充分利用它。剥开它的画皮，揭示它的阴险本质，把它暴露在光天化日之下，让广大的革命人民奋起毛泽东思想的千钧棒，全国共讨之，全党共诛之，批深，批透，斗倒、斗臭，彻底肃清它的流毒！

无产阶级革命派战友们，「认罪书」清楚地告诉我们，以刘少奇为代表的大大小小的走资本主义道路的当权派，特别是那些混进无产阶级专政机构内部的资产阶级代表人物，借着窃取的合法地位，披着合法的外衣，极力扶植、收买、操纵保守组织，对无产阶级革命派进行疯狂镇压，有的幕后指挥，有的由幕后转入幕前，粉墨登场，散布种种反动谬论，千方百计地扭转斗争大方向，以保护党内一小撮走资本主义道路的当权派。无产阶级革命派的战友们，在光焰无际的毛泽东思想伟大红旗指引下，我们要紧紧团结起来，把斗争的矛头准确地指向已揪出的、尚未揪出的、明的、暗的、大大小小走资本主义道路的当权派，发扬痛打「落水狗」的精神，穷追猛打，不给他们任何喘息之机，革命的同志们，让我们高举革命的批判大旗，把大批判、大斗争的群众运动推向更高潮，让熊熊烈火把社会渣滓和一切牛鬼蛇神烧个尽光吧！让战无不胜的毛泽东思想光辉普照全中国！普照全世界！

发扬痛打「落水狗」精神

保定卫校燎原红卫兵红色造反团 雪梅

伟大导师毛主席教导我们：“敌人是不会自行消灭的。无论是中国的反动派，或是美国帝国主义在中国的侵略势力，都不会自行退出历史舞台。”按照毛主席的教导，我们一眼看穿了刘少奇“认罪书”的本质。中国的赫鲁晓夫刘少奇同一切阶级敌人一样，绝不甘心于他们的失败，时刻幻想恢复他那失去的“天堂”。这次借向建工学院“新八一战斗团”和全体革命师生员工“认罪”的机会，猖狂地向革命群众，向毛主席的革命路线进行反扑，妄图翻案。这根本不是什么认罪和检查，而是一篇地地道道的反革命宣言书。

刘少奇又摆出一副“老革命遇到了新问题”的架式，口口声声说是由于“不理解”、“不觉悟”，而“不自觉”地犯了“极不利于无产阶级文化大革命的，是极不利于党的事业和社会主义事业的。这是一种右倾机会主义的路线错误。”

你是老革命遇到了新问题吗？你是“不自觉”、“不理解”、“不觉悟”的问题吗？不是，绝对不是。无数铁的事实证明，你根本就不是什么老革命，而是假革命，反革命。早在抗日战争爆发前夕，你就大肆宣扬活命哲学，叛徒哲学，指使别人叛变自首；抗日战争胜利以后，蒋介石磨刀霍霍，疯狂准备打内战，你却提出“和平民主新阶段”的投降主义路线；全国解放后，你高唱“剥削不但无罪，而且有功。”提倡“四大自由”，极力反对资本主义工商业的社会主义改造，大砍农业合作社；在全国社会主义三大改造完成以后，你竭力宣扬阶级斗争熄灭论，积极主张阶级合作，取消阶级斗争；在三年困难时期，你与国内外牛鬼蛇神遥相呼应，恶毒攻击三面红旗，鼓吹“三自一包”，“三和一少”的修正主义路线；在社会主义教育运动中，你又提出了一条形“左”实右的机会主义路线；……一桩桩活生生的事实，分明是一部老反革命的滔天罪恶史，“不自觉”“不理解”“不觉悟”能干得出来这些么？

刘少奇在“检查”中说什么他到建工学院是在毛主席的号召下去的，这纯粹是胡言乱语。刘少奇一贯与毛主席分庭抗礼，拉拢一班人马，阴谋篡党、篡军、篡政。刘少奇的建工学院之行，完全出自他反革命的本性，很自觉地跑到那里去，观测气候，耍阴谋，放暗箭，挑动群众斗群众，摸索镇压文化大革命的反革命经验，炮制资产阶级反动路线。到今天，刘贼却装没事人似的说“没有要创造什么经验向全国推广的意思。”这完全是无耻的谰言。

刘少奇还恬不知耻地说他也支持了革命造反派。呸！不要脸的东西。谁不知道，你是镇压文化大革命的罪魁祸首，是革命造反派的死对头。是你，当文化大革命刚刚兴起，就急急忙忙派出工作组，妄图扑灭这场熊熊革命烈火；是你，在革命造反派中大抓“右派”“游鱼”；是你，指使臭婆娘王光美，把清华大学八百名革命师生打成“右派”“牛鬼蛇神”。你的罪恶滔天，还有什么可狡辩的。只有我们心中最红最红的红太阳毛主席才最最支持革命造反派，为革命小将撑腰。

刘少奇虽然已经是一只“落水狗”了，但是他还没有死，如果稍微给他以喘息的机会，他还会爬上岸来咬人。我们必须奋起毛泽东思想千钧棒，发扬鲁迅痛打“落水狗”的精神，穷追狠打，毫不留情。革命造反派的战友们：面对敌人的猖狂反扑，让我们紧急行动起来，拿起笔，做刀枪，朝着中国赫鲁晓夫的心脏，冲上去，杀！杀！！杀！！！

狂 犬 吠 日

刘少奇这个老牌反革命修正主义分子，在这次伟大的无产阶级文化大革命一开始，他察觉到自己的末日来临，于是积他几十年反党、反毛主席、反毛泽东思想、反毛主席革命路线的经验，精心炮制了一条资产阶级反动路线，挑动群众斗群众，转移斗争目标，扭转运动的大方向，以便保存自己和他的狐群狗党。刘少奇破坏文化大革命的铁证如山。但是他在“七·九”检查中，不仅不认罪，反而更加恶毒地攻击我们伟大的领袖毛主席，真是猖狂到了极点。

刘少奇在他的“七·九”检查中，说他是响应毛主席的号召才到建工学院去的。”实际上，谁都很清楚，毛主席是让领导同志突出政治，到群众当中去，以便把文化大革命搞得更好。毛主席还明确地指示，不要派过多的工作组，而刘少奇却违背毛主席的指示，派出了大量的工作组，颠倒是非，混淆黑白，扭转斗争目标，把矛头指向革命群众，这怎么能说是响应毛主席的号召呢？花言巧语是骗不了革命群众的，罪行也是赖不掉的。

刘少奇在“七·九”检查中，还厚颜无耻地说：去年八月，就看准了“八一战斗团”大方向是正确的。在这里，刘少奇首先把自己打扮成是支持左派的。这纯属为自己涂脂抹粉。紧接着就发泄对毛主席的不满，反咬一口。说什么由于八月五日毛主席贴了炮打司令部的大字报，而使他未能来得及支持“八一战斗团”。这不是公开的挑动“八一战斗团”的革命小将反对毛主席，又能做何解释呢？真是猖狂之极。人所共知，正是由于毛主席贴了大字报，才使刘少奇企图扭转运动大方向的阴谋未能得逞。现在他非但不认罪，反而又把矛头指向我们的伟大领袖毛主席，其结果只能加速他的灭亡。

刘少奇在这两个阶级、两条路线决战的关键时刻，公开进行反扑，这和保定地区的保守势力，在其幕后操纵者的指挥下，急急忙忙联合起来，与造反派分庭抗礼，难道是偶然的吗？不是，这是疯狂的向造反派的反扑。阶级敌人真实面目的暴露，不是坏事，而是好事，它将进一步激发革命群众的斗志，使一切革命同志更加擦亮眼睛，团结起来，朝着党内一小撮走资本主义道路的当权派，发动猛烈进攻！大大小小的刘少奇，必将搬起石头打自己的脚，胜利必将属于用毛泽东思想武装起来的无产阶级革命造反派！

八二建红色造反野战军《红战报》供稿

·4· 伏虎战报 1967年7月25日 星期二

彻底砸烂黑省委复辟资本主义的工具！

——河北日报《参考资料》罪行录之五

万 军

矛头向下，打击、污蔑革命群众、基层干部

编者按：毛主席教导我们：“人民，只有人民，才是创造世界历史的动力。”“政治路线确定之后，干部就是决定的因素。” 毛主席这些教导，谆谆告诫我们要相信群众、依靠群众，要重视干部、爱护干部。但是反革命修正主义分子翟向东秉承其黑后台“打击一大片、保护一小撮”的旨意，在黑《内参》上，以大量篇幅，把矛头向下，指向革命群众、基层干部，以保护各级党内走资本主义道路的当权派。他们极尽污蔑攻击之能事，把广大基层干部说得一无是处，抓住少数干部的缺点错误，就大肆渲染，说基层干部粗暴、野蛮，简直比国民党还恶劣；把逐步用毛泽东思想武装起来的走社会主义道路的广大农民群众，污蔑为没有政治头脑，糊里糊涂、自私自利的个人主义者，真是可恶之极。看他们胡说什么：

“今年三月，青龙县小马坪公社党委副书记李××从县开会回来，路过白草坪大队，见社员段×没去参加集体生产，在家盖房，马上找来大小队干部，叫他们把段×的房子拆掉，干部们不肯，就亲自拿镐上房扒瓦，干部们一齐上前拦挡，没扒成，气的搬起两块石头，到房上砸坏了一百多块瓦。”这篇报道还说：“大马坪大队社员张××的老婆和×××的老婆为孩子吵架。因为李××经常在张××家吃喝，张××老婆就把李××请来。李不分青红皂白，硬叫支书和大队长处分张××老婆。干部们不同意，李大怒，说：‘不服，我撤你的职。’当场和大队长争吵起来。李对群众说：‘今后你们谁再管他叫大队长是我撵的！”随后又对支书说：“‘你不想干，不干也一齐撤。’李××回到公社后，竟亲自写了撤大队长职务的通知，派人送往大马坪大队。”

（一九六五年十一月二日，第83期）

“怀来县狼牙山工委所属地区的社员群众，最近对狼牙山工委和狼牙山公社的干部的特殊风，提出了二百六十条意见，从书记、社长到一般干部，都有走后门的行为。”

（一九六二年二月二日第726期）

“一部分干部、工人、教职员和学生等，要求退职回家。银行营业所主任朱××向领导公开说：“让我回家就算把我救了，不管怎样，种点自留地，吃饱再说。”该人未经批准私自回家，连党籍都不要了。

“煎茶铺有两个拖拉机工人回家不干了，他们说：‘耕了一年地，丰收了，家里吃不饱，我不干了，也告诉我儿子长大了别开拖拉机！’”

“特别是小学教员中，波动较大。全县八百名小学教师，有一百二十人正式提出退职回家。”

（一九六一年十一月一日，第702期）

“近来，本报收到来稿反映基层干部要求退职还家。这些人所以要求要退职，多是由于对当前形势认识不清，受到自由市场的影响，有的不经批准就私自回家，有的请假不归。……邢台县南石门工委所属的南石门等四个公社五十三名干部，有二十三名要求退职回家，八名闹情绪。……曲阳县以下脱产干部中，有百分之三思想不稳定。他们说：‘当干部挣钱少，连饭费都不够，不如回去种自留地。”黄骅县目前闹退职、搞小自由和投机倒把、闹享受、纪律松弛、工作不负责任的干部，约占干部总数的百分之二十。……黄骅县有的干部私自回家不归，有人去叫，他说：‘不拿绳子捆，我是不回去的’。”

（一九六一年十一月二日，第303期）

“武安县固城公社蹲点干部韩××说：‘老天爷不下雨，光指望担水保苗，是棒锤弹花不沾弦。’东万年大队长孔庆财说：‘去年冰雹打，今年大旱年，人有志，天不扶，咋个也不行，……’阳邑东街大队有的干部说：‘现在劳动一天换不了多少东西，不如叫妇女纳鞋底上算。’有的队放弃了农业，来向副业找门路。公社制止也不听，小北庄大队副支书李玉春向公社要求外出搞副业，公社没批准就不辞而别了。”

“张家口市下花园区份家营大队，发现有人把观音庙中的四胎泥象搬出庙门外晒太阳，靠天等雨。茶坊区榆林公社有些社员说：‘今年不行了，等吃救济吧！’宣化区姚家坟大队有的社员说：‘老天爷不下雨，你怎么也不行。’”

（一九六五年八月二十七日，第59期）

“邢台市、临西、巨鹿、新河、清河、内邱、临城、邢台县等八个县（市）委代理书记深入生产队了解，在干部和社员中对减少棉田的思想阻力，归纳成‘五大罪状’：

一、在粮棉产区社队，较普遍的怕减少棉田后减少收入；

二、怕粮食不能自给，国家又不供应；

三、怕没有自留棉，社员的衣被问题不好解决；

四、怕丢掉棉花管理技术，特别是在全部砍掉棉田的社队这种思想更突出；

五、发牢骚：南宫县有些基层干部说：‘过去抓棉花，就是棉花重要，现在又强调粮食，就是粮食重要，反正你们说什么，就得抓什么。’柏乡××村大队长说：“国家这个宝可难猜着，春天叫种棉花，保面积，种到好地里，棉花种好了，现在又叫多种粮食。’”

（第一九六五年八月二十一日，第57期）

「抗灾斗争图片专辑之一」宣扬的是什么？

——《参考資料》放毒一例

去年邢台地区遭受地震灾害后，毛主席、党中央和全国全省人民都极为关切，我们最最敬爱的伟大领袖毛主席两次派周总理亲到灾区慰问，灾区人民无不感到极大的鼓舞。伟大的人民解放军迅速赶赴灾区，为灾区人民带来了毛泽东思想，增强了灾区人民自力更生战胜困难的信心和力量，但是反革命修正主义分子翟向东等一小撮却为他们的黑主子林铁、刘子厚忠心效劳，利用内部刊物《参考资料》这块阵地，耍阴谋、放暗箭，精心炮制出一期所谓《抗灾斗争图片专辑之一》。

我们伟大领袖毛主席说：“我们中华民族有同自己的敌人血战到底的气概，有在自力更生的基础上光复旧物的决心，有自立于世界民族之林的能力。” 图片专辑的宣传，却反其道而行之。这期专辑共二十七页，发六十幅图片，但周总理两次代表毛主席、党中央到灾区慰问，这样重要的活动，却只安排了两幅照片。而反革命修正主义分子阎达开的活动却登了五幅。此外还发了地委的活动场面。“专辑”名为“抗灾”，却不着重安排解放军大力宣传毛泽东思想，帮助和支持灾区人民抗灾的生动镜头，不着重反映灾区人民在毛泽东思想指导下，奋发图强，战天斗地，自力更生，恢复生产，重建家园的英雄事迹；却着重在灾情惨景上大作文章，他们对死人、死牲畜、房倒屋塌、土地裂缝、桥梁倒斜、水眼等等，为保存历史资料而拍下来的照片却大感兴趣，一下就用了十六幅，还总嫌反映灾区惨情的材料不够。由此可以看出，他们迫不及待地要摄影记者搞出照片，出这一期专辑的目的并不是出于关心灾区人民，并不是为了反映灾区军民的抗灾斗争，而是为了宣扬黑省委、黑地委如何深入灾区，同灾区人民“共患难”，而是为了吹捧黑省委一小撮反革命修正主义分子，为他们涂脂抹粉。尤其阴险的是替省委办不易直言的事，借宣扬灾区惨象欺骗党中央、欺骗毛主席，大捞灾难财骗取中央更多的钱物。

灾区人民在党中央和伟大领袖毛主席的亲切关怀下，在毛泽东思想的光辉照耀下，他们刀山敢上，火海敢闯，敢教日月换新天，在严重的自然灾害面前，他们遵照毛主席的教导，奋发图强，自力更生恢复生产，重建家园，进行了轰轰烈烈的抗灾斗争，很快战胜了灾情，这是毛泽东思想的伟大胜利，是人民解放军大力支援灾区的结果，而翟向东等一小撮反革命修正主义分子把反映这样惊天动地的时代精神面貌，反映灾区军民高举毛泽东思想伟大红旗，英勇抗灾的许多图片置于死地，原来安排的以反映上述内容为重点的第二期“特辑”，他们却决定不发了。这是一个阴谋，他们借抗灾报道为的是吹捧黑省委刘子厚、林铁一小撮反革命修正主义分子，为他们捞取政治资本，第二期却要反映毛泽东思想武装起来的人民的力量，他们自然是坚决反对，而加以扼杀了。

> 混进党里、政府里、軍队里和各种文化界的资产阶級代表人物，是一批反革命的修正主义分子，一旦时机成熟，他們就会要夺取政权，由无产阶級专政变为資产阶級专政。　毛澤东

伏虎战報

河北日报　险峰战斗兵团、飞跃战斗兵团　遵义红旗、雄鹰大队、红旗公社　联合主办

1967年7月26日　第10期　（武汉文化革命专刊）

彻底为武汉地区工人总部翻案

伟大的无产阶级革命导师毛主席，在几十年以前就英明地指出：**无产阶级“终究成为中国革命的最基本的动力。中国革命如果没有无产阶级的领导，就必然不能胜利。”**在伟大的中国革命史上，中国无产阶级用自己无数次流血奋战，用自己千百万优秀儿女的生命和鲜血，写下了最光辉灿烂的篇章，充分证明了毛主席的这些论断的英明、正确。在这些光辉灿烂的篇章里，也记载着武汉工人阶级引以为荣的“二·七”大罢工和他们的杰出代表、中国人民优秀儿子林祥谦同志。

十七年来，武汉工人阶级和全国工人阶级一样，牢记着伟大领袖毛主席的教导，从夺取全国胜利第一步起，跟着毛主席开始了社会主义革命和社会主义建设的万里长征！他们坚定地站在毛主席革命路线一边，同以刘邓为代表的资产阶级反动路线进行了长期激烈的斗争，抵制刘少奇推行的修正主义黑货和复辟资本主义的阴谋。

毛主席亲自发动和领导的无产阶级文化大革命开展以来，伟大的武汉工人阶级一马当先杀了出来。他们踏着林祥谦烈士的鲜血，象“二·七”老工人和北洋军阀的斗争一样，向党内一小撮走资本主义道路当权派，向资产阶级反动路线，向王任重、宋侃夫等省市委内一小撮反革命修正主义分子迎头拼杀。他们在资产阶级反动路线的白色恐怖下，不屈不挠地战斗。打成“右派”不怕，打成“反革命”也不怕！遭围攻不怕，坐监牢也不怕！他们豪迈地说：我们“**舍得一身剐，敢把皇帝拉下马**”，终于，毛主席革命路线的光芒驱散了刘邓反动路线的迷雾。在毛主席英明领导下，他们砸烂了“右派”帽子的枷锁，打碎了资产阶级反动路线的镣铐！

革命的工人同志解放了。在革命学生的帮助下，他们经过大串联，建立了自己的革命组织——毛泽东思想武汉地区工人总部。从此以后，革命工人和革命师生团结在一起，战斗在一起了，革命的先锋队和革命的主力军汇合起来了！

文化大革命的历史证明，工人总部是武汉地区坚定的革命造反组织，四十八万战斗队员是武汉地区文化大革命的主力军和中坚力量，他们为武汉地区文化大革命建立了不朽的功勋！

是他们，一开始就把斗争的矛头对准各单位各部门的走资本主义道路的当权派，首先燃起了工矿企业文化革命的烈火。

是他们，最坚决地支持了革命学生的革命行动，最坚决地支持了革命学生的无产阶级造反精神。

是他们，在红旗大楼和革命小将一起浴血奋战，砸碎了湖北黑省委的御用工具、资产阶级反动路线的喉舌——旧湖北日报，把湖北日报夺回到了无产阶级革命派手中。

是他们，和湖北黑省委的御林军“职工联合会”，作了最坚决的斗争，打垮了武汉地区的保皇阵线。

是他们，粉碎了党内走资本主义道路当权派刮起的经济主义妖风，在“职工联合会”等保皇组织离开生产岗位，肆意破坏生产的情况下，勇敢地挑起了革命、生产两副重担。

是他们，和旧湖北省委、武汉市委内一小撮资产阶级代表人物作了长期、艰苦的斗争，揪出了以王任重、宋侃夫为首的一小撮反革命修正主义分子。

武汉军区的陈再道以及混进党、政、军里的资产阶级代表人物，一直把工人总部看作是眼中钉、肉中刺，从她登上政治舞台的第一天起，就力图把她扼杀在摇篮之中。但是，工人总部不但没有被压下去，反而越战越强。在一月革命的风暴中，他们同其他革命造反派一道，把旧湖北省委、旧武汉市委，各单位大大小小的走资本主义道路当权派打翻在地，再踏上一只脚。一些被视为“痞子”的“小人物”居然掌权了。于是，混进党、政、军里的资产阶级代表人物，气急败坏，声嘶力竭地叫喊道：“反了，反了”“糟了，糟了”。他们圆睁着双眼，准备着有朝一日猛扑过来，恢复他们失去的天堂。终于时间等到了，在一股自上而下的资本主义复辟逆流中，陈再道赤膊上阵了。他祭起彭真黑“二月提纲”的妖法，利用夸大、歪曲、造谣、污蔑等卑鄙手段，炮制出了所谓“工总十大罪状”，把工人总部打成反革命组织，凭着一纸“三·二一通告”，勒令工人总部解散，把武汉地区轰轰烈烈的无产阶级文化大革命打下去，对广大战斗队员实行资产阶级专政。至今仍然对抗中央军委命令，拒不为工总平反。

毛主席说：“世界上一切革命斗争都是为着夺取政权，巩固政权。而反革命的拚死同革命势力斗争，也完全是为着维持他们的政权。”陈再道为什么要在无产阶级革命派大联合，向党内一小撮走资本主义道路当权派夺权的关键时刻，把工总打成反革命组织？目的就是为了维护党内一小撮走资本主义道路当权派的权。陈再道为什么拒不为工总平反？也完全是为了维护他们的权利。“下定决心，为工总翻案，工总翻案，陈再道完蛋。”这四句话极其深刻地指出，要不要为工总翻案，是无产阶级与资产阶级你死我活的斗争，是一场无产阶级夺权与资产阶级反夺权的你死我活的生死决战。“权”，这就是问题的要害和实质。

陈再道竭力回避这个要害问题，千方百计地耍阴谋，玩诡计，欺骗群众。他胡说什么“战斗队员可以起来革命，但是组织不能恢复。”他们还拚命把广大战斗队员拉到形形色色的保守组织中去，妄图使为工总翻案的斗争流产。

“你们为牛鬼蛇神翻案。”陈再道及一些老保们一听到“为工总翻案”就一棒子打过来。我们说：“这是污蔑。”我们无产阶级革命造反派，爱憎最分明，眼睛最雪亮。我们是为毛主席革命路线翻案，为无产阶级革命造反精神翻案。对于混进工总中的少数牛鬼蛇神，我们疾恶如仇，不但要把他们清洗出去，还要专他们的政，这就是我们鲜明的立场！有些糊涂同志竟然也指责说，“彻底为工总翻案，难道牛鬼蛇神的案也能翻吗？”我们说，彻底翻案，就是要把陈再道颠倒了的历史完完全全、彻头彻尾地重新再颠倒过来。“为牛鬼蛇神翻案”，明明是站在陈再道的反动立场上打击革命派的反动理论，一切革命的同志都决不能跟着瞎说。

毛主席在《青年运动的方向》一文中说道：**“只有动员占全国人口百分之九十的工农大众，才能战胜帝国主义，才能战胜封建主义。现在我们要达到战胜日本建立新中国的目的，不动员全国的工农大众，是不可能的。”**今天，不把广大的工农大众发动起来，无产阶级文化大革命也势必不能取得最后的胜利。不为工总翻案，不把被陈再道镇压下去的四十八万战斗队员发动起来，武汉地区的文化大革命就有夭折的危险。无产阶级革命派一定要从无产阶级最大利益上来看待这个问题，一定要下定决心，把工人总部的案翻过来！

毛主席说：“‘搬起石头打自己的脚’，这是中国人形容某些蠢人的行为的一句俗话。各国反动派也就是这样的一批蠢人。他们对于革命人民所作的种种迫害，归根结底，只能促进人民的更广泛更剧烈的革命。”陈再道就是这样的蠢人，他对于革命工人同志的迫害，只能激起革命工人更广泛更剧烈的反抗。“压迫越深，反抗越烈，蓄之既久，其发必速”。四十八万坚强不屈的工人战斗队员，经过“三月黑风”的考验，骨更硬，心更红，志更坚了。他们已经为陈再道掘好了坟墓，他们必将重新站起来！为工人总部翻案是一个不可抗拒的历史潮流，一场更加猛烈的工人运动之火即将燃遍武汉。工人总部的战旗必定永远屹立江城！工人总部四十八万用毛泽东思想武装起来的英雄战士，将用他们不屈不挠的战斗，立比“二·七”大罢工更加伟大的功勋，在国际工人运动史上记下更加光辉灿烂的一页！

伟大的工人运动万岁！

（摘自钢二司武汉水利电力学院《红水院》小报）

短評

丢掉幻想　准备斗争

目前，我省广大无产阶级革命派，都在密切注视着武汉形势的发展，誓作武汉革命派的坚强后盾。为了帮助大家了解武汉反革命事件的经过和武汉革命派的斗争，今天本报作了集中报道。

我们伟大领袖毛主席在去年五月就指出：**“混进党里、政府里、军队里和各种文化界的资产阶级代表人物，是一批反革命的修正主义分子，一旦时机成熟，他们就会要夺取政权，由无产阶级专政变为资产阶级专政。”**陈再道，就是混进军队里的资产阶级代表人物。是他，利用人民解放军的崇高威信支持右派，压制左派；是他，把铁杆保皇组织改头换面，作为复辟资本主义的工具；是他，利用合法权利把那些没有经过“亮相”或本来就是走资本主义道路的当权派硬拉进“三结合”中去；是他，利用无产阶级专政工具镇压造反派；又是他，公开对抗党中央和毛主席，炮打无产阶级司令部，制造反革命事件。

三反分子陈再道一手制造的反革命事件，决不是一个孤立的事件。这是阶级敌人向毛主席的革命路线的反扑，向无产阶级革命派的反扑，妄图把无产阶级文化大革命镇压下去。狼子野心，何其毒也！

武汉反革命事件的发生再次证明了毛主席的英明论断：**“帝国主义者和国内反动派决不甘心于他们的失败，他们还要作最后的挣扎。”**我们无产阶级革命派必须**“丢掉幻想，准备斗争”**，时刻保持百倍警惕，严阵以待，誓与刘、邓和他们在河北的地下黑司令血战到底！

·2·　伏虎战报　1967年7月26日　星期三

震撼全国的武汉反革命事件

一九六七年七月二十日，以陈再道为首的一小撮反革命分子，操纵反动组织“百万雄师”以及公、检、法一小撮混蛋，悍然绑架、围攻、斗争甚至毒打代表中央去武汉解决问题的谢富治副总理和王力等同志，公开把矛头指向以毛主席为代表的党中央，制造了震撼全国的反革命事件。

由中央派往武汉解决文化大革命问题的代表谢富治、王力等同志到达武汉后，坚决支持了武汉地区革命造反派。王力同志代表中央文革传达了四点指示，指出武汉军区已经犯了方向的路线的错误；武汉地区工人总部应该翻案；《长江日报》“二·八声明”方向是对的，成绩是主要的；“三钢”、“三新”、“三司革联”等都是革命造反组织，夺权必须以他们为核心。

中央文革这一英明指示，给了陈再道之流当头一棒，动摇了这一小撮资产阶级代表人物的宝座，大长了革命造反派的志气，大灭了资产阶级保皇派的威风。但是，敌人是不甘心于失败的，他们还要作最后的挣扎。

十九日深夜，反革命分子陈再道指使他的爪牙，操纵反动组织“百万雄师”，封锁了军区通往东湖宾馆的要道，绑架了谢富治、王力等同志。把王力同志抓到军区阳台上，毒打、斗争、戴高帽、挂黑牌。并在全城贴出了反动透顶的标语，嚎叫什么“揪出王力的黑后台”，“打倒谢富治”、“打倒张春桥、关锋、戚本禹”等等，真是狗胆包天，可恶之极。

从二十日起，陈再道之流，操纵反动组织“百万雄师”等，出动成千辆军用卡车，在武汉对党中央示威，大肆捕人，并用手枪、机枪向革命群众扫射，还占据了一些重要据点，妄图制造反革命暴乱，反革命气焰嚣张一时。然而，一切反动派都是搬起石头打自己的脚，以陈再道为首的一小撮反革命分子真实面目暴露之日，就是他们彻底完蛋之时。陈再道这一小撮反革命分子，已成瓮中之鳖，不日即可就擒。

谢富治、王力等同志已于二十三日下午胜利地、光荣地回到毛主席的身边，这是毛主席的无产阶级革命路线的伟大胜利，是战无不胜的毛泽东思想的伟大胜利。

武汉驻军八一九九部队站在毛主席的革命路线上，公开支持武汉“三钢”、“三新”等革命造反组织，东海舰队守卫长江大桥，并派部队上岸支持革命造反派。支左的部队分别进驻大专院校，保护无产阶级革命派。武汉局势已基本被革命造反派控制，形势正在好转，受蒙蔽的群众已开始觉悟，回到毛主席的革命路线一边来。

“七·二〇”反革命事件，充分说明了混进党政军内一小撮资产阶级代表人物，为了挽救其灭亡的命运，正在配合党内最大的走资本主义道路当权派刘少奇的新反扑，疯狂地进行反攻倒算，阶级报复。全国的无产阶级革命派，团结起来，万众一心，文攻武卫，彻底粉碎阶级敌人的猖狂反扑，用鲜血和生命捍卫毛主席的革命路线，保卫党中央，保卫毛主席，迎接决战的新胜利。

（武汉钢二司新华师总部供稿）

武汉地区文化大革命大事记

武汉钢二司《仙人洞》战斗队

一九六六年

六月：全国第一张马列主义的大字报公开发表以后，武汉地区的无产阶级文化大革命蓬勃展开。广大革命群众奋起毛泽东思想千钧棒，横扫“四旧”，战果辉煌。矛头开始指向党内一小撮走资本主义道路的当权派。

以反革命修正主义分子王任重为首的黑省委大肆破坏。王任重公开将毛主席亲自发动的这场具有伟大历史意义的文化大革命，篡改为“教育革命”。他一方面虚报成绩，窃取了中央文革第二副组长的要职，另一方面派出大量工作组，镇压革命群众，打击、迫害革命干部，开始实行白色恐怖。

陈再道之流这时实际已从右的方面介入，不少人成为工作组的要员。

七月：不少革命小将因反工作组，反黑党委，被打成“反革命”、“牛鬼蛇神”。

八月：北京大专院校革命小将南下至武汉点火，大串连好得很，武汉各大专院校革命学生开始大造资产阶级反动路线的反。

九月：保守组织“武汉地区大专院校红卫兵”（即“大专兵”、“大抓兵”）成立，死保王任重、张体学以及工作组、黑党委。

十月、十一月、十二月：林彪同志发表国庆讲话。《红旗》杂志十三期社论发表。

“全国各地在京造反派批判资产阶级反动路线誓师大会”召开。

武汉地区狠批资产阶级反动路线，保守组织死保王、张之流，两条路线的斗争十分剧烈。在大搏斗中，“毛泽东思想红卫兵武汉地区革命造反司令部”（即钢二司）、“工人总部”（即钢工总）、“九·一三兵团”（即钢九·一三）等革命造反组织相继成立，并迅速发展。工矿企业的保守组织凑合为“职工联合会”，中等学校保守派成立“中学校红卫兵”（即“三字兵”、“体学兵”）。

截至十二月份，保守组织“大专兵”、“三字兵”、“职工联合会”基本上垮台。

一九六七年

一月：上海一月革命风暴刮来。武汉地区革命造反派开始大联合。月底夺了旧省市委的权。并与全国其他造反组织一道，揪出王、张的后台三反分子狗陶铸。

武汉部队正式介入地方文化大革命。原来的工作组要员摇身一变成为“支左”大员。利用武装部，开始筹建“红武兵”（即“黑乌兵”，反动组织“百万雄师”的核心骨干力量，以民兵为主体）。

二月：在组织准备就绪以后，武汉部队开始造舆论，把“三钢”等革命组织发表的“二·八声明”打成为“反毛泽东思想的大毒草”。

二月十八日，陈再道之流发表一篇“严正声明”，公开与造反派决裂。同时，派出大批人员上街造舆论，把在“二·八声明”上签字的十二个造反组织，尤其是“钢工总”、“钢二司”诬蔑得一无是处。

三月：在造反派内部拉一批、打一批，制造分裂。称“二·八声明”为“香花”的是“香花派”，反对它的是“毒草派”，挑拨两派之间的关系。

三月二十一日，在一个月的舆论准备之后，陈再道之流抛出了大毒草“三·二一公告”，把“香花派”的头头，武汉地区最大的革命造反组织、拥有四十八万战斗队员的“钢工总”取缔了。近二千名革命闯将被捕。“钢工总”的基层组织负责人、积极分子无一不被斗争，广大战斗队员无一不被迫写检讨。其他“香花派”组织无一不被整，尤其是“钢二司”。白色恐怖笼罩武汉三镇。

保守组织“大专兵”、“三字兵”、“职工联合会”因“打倒‘工总’、镇压‘反革命’”而捞到活命稻草，死灰复燃。“黑乌兵”也因此逐步扩大。陈再道之流，一手扶植他们，发表好几篇文告和讲话，公开支持老保。

四月：戚本禹同志的文章发表。造反派开始大批党内最大的走资本主义道路的当权派以及他的臭《修养》。陈再道之流却转移斗争大方向，把矛头指向革命群众，以“消除‘二·八’声明的流毒”为名，把“毒草派”中的一些造反组织也整了一通。并且凑合“抓革命、促生产办公室”，原垮了台的走资本主义道路的当权派官复原职，对革命造反派进行阶级报复，资本主义复辟严重。陈再道之流派出的军代表，成为“第二工作组”，镇压革命组织和革命群众。

以“钢二司”、“钢九·一三”为代表的革命组织意识到武汉部队支左大方向错了，就利用四大武器炮轰支左工作，提出要为“工总”翻案。

陈再道之流以“人民解放军”光荣称号骗取、蒙蔽、煽动群众反对“钢二司”、“钢九·一三”等革命造反组织。“黑乌兵”、“大专兵”、“三字兵”在“维护中国人民解放军的崇高威信”的幌子下，在陈再道之流的操纵下，愈来愈猖狂。

月底，大型武斗发生，造反派为维护《十六条》，伤亡重大。

五月：保守组织在陈再道之流的精心扶植下，恶性膨胀，发展到几十万人，联合为“百万雄师”，向造反派大打出手。实行军管的公、检、法部门也把矛头一致指向造反派。造反派站在毛主席革命路线上坚决予以回击。

中旬，几万造反派和革命群众开展绝食斗争，抗议陈再道操纵公检法专政机关镇压造反派。

整个五月，大型武斗发生了一百二十余起，造反派伤亡七千余人。

六月：中央“六·六通令”前，武汉发生数起大血案，发表之后，仍然继续，而且向法西斯阶段发展。

上旬，大型武斗发生几十起。

中旬，发生反革命暴乱。十七日造反派死亡数字在一百五十人以上，伤者数以千计。

二十三日、二十四日又有数百人死于反动组织“百万雄师”屠刀之下。陈再道之流也公开出面镇压。“百匪”使用了大刀、长矛、枪、自制坦克、炮艇、硫酸、毒气等等凶器，用火烧造反派占据的大楼。不少无辜群众也被打死。

造反派始终坚持毛主席的革命路线，“文攻武卫”、“寸步不让”，并且得到革命群众的大力支持。七、八十岁的老人和八、九岁的“小八路”都参加抗击“百匪”的战斗。

七月：“百匪”控制了一切交通要道和重要部门，大肆屠杀造反派。不少造反派战士被殴打、屠杀、活埋，更多人被捕和下落不明。反革命暴徒置中央的“六·六通令”于不顾。

十四日至十九日，谢富治、王力同志抵汉，全力支持造反派。大灭陈再道之流和“百匪”的威风，大长造反派的志气。陈再道和“百匪”对此恨之入骨，二十日竟然绑架、斗争、殴打、刺杀谢富治副总理，王力同志也遭百般折磨、斗争、殴打等法西斯暴行。明目张胆地反对毛主席和中央文革；制造反革命叛乱事件。

二十二日，江青同志发表重要讲话。造反派誓死保卫毛主席，保卫毛主席的革命路线，保卫中央文革。

1967年7月26日 星期三 伏虎战报 ·3·

武汉主要革命造反组织简介

武汉三钢

1、**武汉钢二司**：武汉地区所有大专院校（除华工、湖大）和许多中学里最早高举“造反有理”大旗的革命派学生组成。司令部成立于一九六六年十月二十六日，全称是“毛泽东思想红卫兵武汉地区革命造反司令部”。这些革命小将，无限忠于毛主席，在文化大革命运动中充当了革命的急先锋，他们发扬革命“五敢”精神，大造党内一小撮走资本主义道路当权派的反，因而引起混进党、政、军内一小撮资产阶级代表人物的刻骨仇恨。今年二月因发表“二·八”声明，被武汉军区内走资本主义道路当权派陈再道打成“反革命”组织，但钢二司战士不畏强敌，笑迎风暴，顽强战斗，坚决顶住了反革命复辟逆流。广大革命群众冠之以“钢”，故称“钢二司”。今年钢二司坚决为“钢工总”彻底翻案，在反革命分子陈再道的屠刀下，英勇顽强，威武不屈，为文化大革命作出了卓越贡献。

2、**钢工总**：全称是“毛泽东思想战斗队武汉地区工人总部”。由武汉地区最早从资产阶级反动路线的白色恐怖中冲杀出来的革命工人组成。工总一成立，立即显示出了工人运动的巨大威力，他们立场坚定，旗帜鲜明，坚决站在毛主席的革命路线一边，大造湖北省委内以王任重为首的一小撮走资本主义道路当权派的反，在这一小撮坏蛋刮起反革命经济主义黑风时，他们又积极响应毛主席“抓革命，促生产”的伟大号召，既充当了抓革命的闯将，又是促生产的模范，为武汉地区文化大革命作出了杰出贡献。因而混进党、政、军内一小撮走资本主义道路的当权派，对这支坚强的革命工人队伍，恨之入骨，今年三月采取种种卑鄙手段，竟然把这个左派工人组织打成“反革命”组织，强令取缔解散，将大批革命闯将，非法逮捕入狱。

四月初，中央军委十条下达如一声春雷解放了革命造反派，工人总部又一次高举“造反有理”大旗，顶逆流，战恶浪，从资本主义反革命复辟逆流中冲杀出来，被广大革命群众誉为“钢工总”。最近，在抗击反革命分子陈再道一手挑起的“七·二零”反革命暴乱中，工总战士高举文攻武卫、武装保卫武汉的战旗，有力地回击了阶级敌人的疯狂反扑。又一次为武汉地区文化大革命建立了战功。

3、**钢“九·一三”**，是武汉钢铁公司及冶金部第一冶金建筑公司以产业工人为主体的革命造反组织。自成立以来，坚定地站在毛主席革命路线一边，矛头始终对准党内一小撮走资本主义道路当权派，他们积极响应毛主席“抓革命，促生产”的号召，今年一月夺了武汉钢铁公司党、政内一小撮走资本主义道路当权派的权，二月份获得增产。但因支持了工人总部，遭到反革命分子陈再道之流的残酷迫害。在抗击“七·二零”反革命暴乱中，钢“九·一三”战士英勇顽强、坚贞不屈，前仆后继，为武汉地区文化大革命谱下一曲曲动人凯歌。

武汉三新

1、**新华工**（红司）：武汉华中工学院的一个最早的革命造反组织。与钢二司观点一致，为武汉地区文化大革命做出许多贡献。因缺乏阶级斗争经验，曾走过一段弯路。党、政、军内一小撮走资本主义道路当权派血腥镇压革命造反派的阶级斗争现实，使他们认清了陈再道之流的丑恶嘴脸，今年四月份，他们又奋起毛泽东思想千钧棒，与钢二司并肩战斗，大造了武汉军区内资产阶级代表人物陈再道的反。

2、**新湖大**：湖北大学的一个革命造反组织，观点与新华工同。为武汉地区文化大革命做出了贡献。

3、**新华农**（东方红）：是武汉地区学生的一个革命造反组织，钢二司的战友，为武汉地区文化大革命做出了贡献。

三司革联

武汉地区红卫兵第三司令部（简称三司），原是一个策略派。在今年二月反复辟逆流中，三司一些真正革命同志成立了革命造反联络站（简称革联）。他们不畏经济封锁，不惧政治高压，毅然大造了武汉军区内走资本主义道路当权派、反革命分子陈再道的反，在武装自卫斗争中，成为钢二司的亲密战友。（钢二司驻北航联络站供稿）

三山五岳毛泽东思想统帅 意重情长永垂千古日月光

▲许多解放军战士在车上目睹「百匪」惨杀革命造反派和群众，气得眼泪直流。不少群众和老太太跪在地下求解放军制止武斗，战士很感动，有的当即脱下军服、军帽，跳下车去抢救。一个十多岁的小孩，向「百匪」冲去，十多个「百匪」拿着长矛对着他了，这时，一位解放军战士飞跑上去抱住小孩，用自己的身体挡住雨点般的棒打救下了小孩，造反派，解放军，亲如一家心连心。

▲下午血腥屠杀结束后，几个造反派战士在群众中募捐，泪流满面。人们无不悲愤填膺，倾囊相助。抽屉中一会儿就装满了一角到五元的人民币及无数的硬币和粮票。一个卖茶的小女孩端着卖得的一盒硬币，迈着沉重的步伐走到前面将钱全部倒在抽屉里含着热泪，走开了。

▲民众乐园人群密集，一干部模样的中年妇女突然向窗口投去一包东西，当场被群众扭住不放，待上面人拆开一看，方知是四百元人民币。

▲下午，一中年男子亲自将一百七十七元人民币交给民众乐园守卫者说：「革命造反派被杀伤，我心里很难过，把自己的手表卖了一百八十元，只留下三元，其余全部捐献，以表心意」。

▲三民路一带民房的瓦都被群众作为武器打光了，房主毫无怨言，有的房主自己也上房作战。

▲在战斗中，周围的革命群众，老人、小孩自动送饭送菜，送面包、送蛋糕，人太多，就自动排起队来，一队进，一队出。一家饭馆把做的饭全部送来，店名也不留。

▲一位外地来的解放军，亲自送来四十元钱。问他的姓名时，他回答说：「解放军！战士！」说完就插入人群中。

▲一位六十多岁的老爷爷拿了三元钱，含着热泪亲自送来，接待人员劝他拿回去，他却双膝跪下非要收下不可。周围群众人人感动，眼含泪花，一下又形成捐献热潮。

▲一个六岁左右的小女孩，把一角钱和一两粮票放在桌子上就溜走。当人们从人群中把她找回来时，她说：「别人都捐钱给受伤的造反派叔叔，我只有爸爸给我过早的一角钱和一两粮票！饿一餐不怕！」说完又跑了。多么天真纯朴的感情啊！

▲三个老太太扶着拐棍到募捐站，送来一百七十三元钱和二百七十斤粮票。工作人员不肯要，要她们留着自己用。他们却说：「这是我们街道几百个人捐的，我们不能来，这里打「百匪」，只好尽这点心意」。

（选自武汉水利电力学院《红水院》小报）

★　★　★

鲜血擦亮了眼睛

陈再道之流用金钱、汽水、面包……收买了一批亡命之徒，网罗了一批劳改犯及地富反坏牛鬼蛇神，用欺骗、威胁、恫吓的手段蒙蔽了一些不明真相的群众，策划了反革命暴乱，屠杀了大量的革命造反派和革命群众。在血的事实面前，一些黑武兵觉醒了，现在，在我们革命造反派强大的政治攻势下，他们纷纷起来造反了！退出了黑武兵，有的已经坚决表示要站在革命造反派一边，我们表示热烈的欢迎。受蒙蔽无罪，反戈一击有理。黑武兵中受蒙蔽的群众，不要再执迷不悟了，不要再为陈再道卖命了，放下武器，改邪归正，回头是岸！

▲今天，革命造反派把我带到人民文化园（民众乐园），他们很通情达理，认为我是受蒙蔽的群众，我拉肚子，同志们请医生给我看病，上街买吃的给我，打开水给我喝，等等。我认为革命造反派的同志有深厚的阶级感情，我感谢革命师生和革命造反派的同志们，我坚决支持革命造反派。

▲我们五点钟来到人民文化园，大家都保护我们，又给我们看（拿）来饭吃，又给我们讲政策：坚持文斗，反对武斗。我们从心里感到造反有理，革命无罪。但“百万熊渠”就不是这样，专门组织人去搞武斗，我们坚决反对这种作法，我们回去后，退出红武兵，投入到文化大革命中去，保卫毛主席，保卫党中央！

▲造反派问一个黑武兵：“为什么要杀人”？黑武兵回答说：“是强迫来的，不来的话，就要被扣工资，我一个月六十三元五，全家七口人，再一扣工资的话，养不活了，只好来了。在我被打伤后，几个二司的同学送我到医院医治，对我很好，红武兵搞武斗不好，我不参加红武兵了。”

▲一个十二、三岁的小孩去江汉公园看他当黑武兵的父亲，他对一个看门的黑武兵说：“叔叔，我找爸爸。”黑武兵说：“小牛鬼蛇神，你是二颗子派来的奸细。”说着，一棍子打去，小孩吐血倒地，不省人事。正好小孩的父亲从里面出来，见到自己的小孩被打死，抱起尸首，死盯着周围的黑武兵，凶手早就逃之夭夭了，这黑武兵愤怒地脱下武斗衣，丢掉棍子，向黑洞口、阴森森的江汉公园狠狠地望了几眼，抱着孩子的尸首回家不干了！

（选自武汉水利电力学院《红水院》小报）

武汉百万雄师是什么货色？

“百万雄师”全称：“武汉地区无产阶级革命派大联合指挥部百万雄师联络站。”成立于一九六七年五月十六日。参加主要组织有：①“红武兵”——原保皇组织职工联合会垮台后，六七年一月下旬，由陈再道下令，市武装部出面，以加强民兵作用，保卫无产阶级专政为名，以民兵为主体组织起来的。原名叫“红色民兵”“红战士”。后因到处搞武斗，臭不可闻，不得已才改名“红武兵”。②“红卫兵”——由王任重、张体学等扶植起来的学生组织，是高唱“湖北省委就是好”的吹鼓手，是大抓南下一小撮的干将，是“百匪”的传声筒。一月份已自动解散，三月黑风刮起来时，才从阴沟里爬出来，并组成“特动”，与北京的“联动”关系甚密。还有什么“红城公社”“红色炊事员”等等。

“百万雄师”，号称人员百万。它是地地道道为湖北省武汉地区党政军内一小撮资产阶级代表人物妄图挽救垂死命运而策划组成的。这个组织的单线负责人、第一号头子王克文，是武汉市市委书记处书记、副市长；二号头头辛甫，是武汉市组织部长；三号人物夏菊花，是武汉市杂技团演员“三高”典型，是王任重一手吹捧起来的大黑花。

“百万雄师”的别动纲领：1，不准工人总部翻案；2，拥护三·二一通告（通告是陈再道镇压湖北武汉地区工人运动、学生运动，非法取缔拥有四十八万战斗队员的工人总部的反革命宣言书）；3，拥护六·四通告（对抗军委十条，挑动反革命暴乱的信号弹）；4，军内没有走资本主义道路当权派，陈再道是无产阶级司令部的人；5，承认武汉红卫兵（即“三字兵”。“三字兵”即原来的保守组织大专院校红卫兵和中学红卫兵，一月份已解散，三月份由军区扶植起来，五月份加入“百万雄师”，一起进行反革命暴乱）。

“百万雄师”的行动口号：踏平工总，镇压反革命！踏平工总、九·一三、钢二司，为民除害。矛头直指革命造反组织。

“百万雄师”拥有一个二万人的武斗集团，专门从各厂、各单位抽调出来的身强力壮的大汉以学习毛著短期训练为名，大搞武斗训练。他们装备有各种器械，如汽车、消防车、高压水泵、大刀、长刀、匕首、铁条，以及硝酸、硫酸、六六六粉等等。自五、六、七月以来，在反革命分子陈再道的支持下，对革命造反派进行了大规模的屠杀达数十起，如5·31、6·3、6·8、6·13、6·15、6·23、6·24、6·25等。自六月四日以后，据不完全统计，“百匪”将造反派的联络站、广播站砸毁百余处，打死造反派七百四十四人，打伤八千九百人。他们惨绝人寰地使用了六六六粉、硝酸、硫酸、1059凝固汽油弹、大刀、长矛等等。最近，又直接参加了反革命暴乱。

（钢二司《仙人洞》战斗队、专揪陈再道兵团供稿）

·4·　伏虎战报　1967年7月26日　星期三

欢呼谢富治王力同志回到北京

谢富治、王力等同志由武汉光荣回到北京，在周恩来、陈伯达、康生、江青等同志陪同下，在机场同数万革命群众见面时，一起高呼"毛主席万岁！""毛主席万万岁！"

新华社记者　唐理奎摄

他們对于革命人民所作的种种迫害，归根結底，只能促进人民的更广泛更剧烈的革命。搗乱，失敗，再搗乱，再失敗，直至灭亡——这就是帝国主义和世界上一切反动派对待人民事业的逻輯，他們决不会违背这个逻輯的。

毛澤东

↑ 造反派战士马长保被百匪打伤，伤口6·8厘米，因严重脑震荡而昏迷不醒，在动手术抢救。

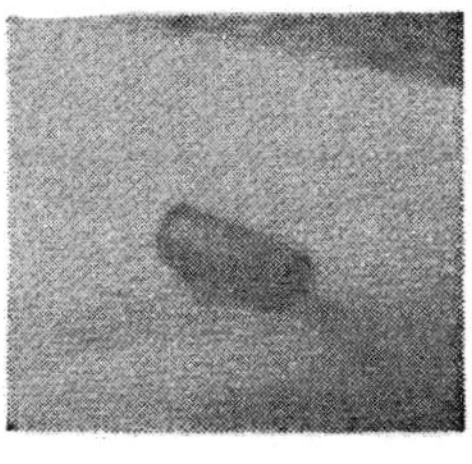

→ 这是百匪打伤北航红旗战士用过的手枪子弹壳。

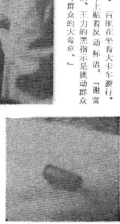

→ 百匪在坐着大卡车游行。车上贴着反动标语：「谢富治、王力的黑指示是挑动群众斗群众的大毒草。」

红旗報

干代会天津文联紅旗編印

1967年8月　第9号　共4版

毛主席語录

人民靠我們去組织。中国的反动分子，靠我們組织起人民去把他打倒。凡是反动的东西，你不打，他就不倒。这也和扫地一样，扫帚不到，灰尘照例不会自己跑掉。

打倒万晓塘

——憤怒声討万張反革命修正主义集团在天津文艺界的滔天罪行

毛主席教导我們說：“**阶级斗争并沒有结束。无产阶级和资产阶级之间的阶级斗争，各派政治力量之间的阶级斗争，无产阶级和资产阶级之间在意识形态方面的阶级斗争，还是长时期的，曲折的，有时甚至是很激烈的。**”

党內最大的走資本主义道路当权派刘少奇在天津的忠实代理人，就是万张反革命修正主义集团。这个集团的头目万晓塘、张淮三秉承他們的后台老板刘少奇的旨意，十多年来，把持了天津的党、政、財、文大权，上下勾結，大搞反革命复辟活动。

他們懂得，凡要推翻一个政权，一定要进行輿論准备，正因如此，万张反革命修正主义集团的黑手也伸进了文化界，他們或幕后操纵，或台前指揮，或安插亲信、分兵把口，或亲临坐陣、严加控制。万张反革命修正主义集团把他們的一員干将白樺安插进来，十年数提級，使他掌握了教育、卫生、文化、外事、体育等方面大权。白樺十多年来推行中国赫魯晓夫刘少奇、邓小平以及彭、罗、陆、楊这一小撮反革命修正主义分子的黑貨，貫徹万张反革命修正主义集团的黑指示十分卖力。从表面看来，万晓塘、张淮三等反革命修正主义分子，似乎关于文艺直接插手不多，但实际上，在文艺界中的累累罪行，一桩桩一件件都直接被万晓塘、张淮三等人的黑手操纵。这一切罪行，都要和他們来一个总清算！

一、万晓塘与修正主义精神貴族

“現在的主要問題是怎么样活着的問題。……留得青山在，不怕沒柴烧。”“生活第一，健康第一。”“現在主要是抓生活，抓健康，保命。”

万晓塘这个反革命修正主义分子从他的叛徒哲学、活命哲学出发，在我国經济暂时困难时期，被吓得目瞪口呆，一連串地大叫“保命”！眞是无耻！

万晓塘不仅自已大叫“保命”，而且，为了保住一批反动“学者”、“权威”以及修正主义精神貴族的狗命，在文艺界貫徹一条徹头徹尾的反革命修正主义路綫，大搞物质刺激，大搞和平演变。

在一次万晓塘亲自主持的市委工作会議上，討論了天津文联的工作。就在这次会議上提出了“稿費不要減”、“不要变相强迫他們（用稿費）交党費”、“要办个俱乐部”、“文联机关小，生活上有困难，可以参加市委农場，一起劳动，分一些副食”等等，这是万晓塘等一小撮人把天津文艺界推入修正主义深渊的罪証！

一九六二年，举行了广州話剧歌剧創作会議。天津派出参加会議的人回来汇报时，万晓塘亲自听汇报，以示重視。会上，万晓塘又亲自下了三道黑指示，除了三令五申要“赶快”传达“认眞貫徹”广州会議精神以外，又再三强調什么“目前，在物质生活方面已經很紧张了，不要再在精神生活方面搞得很紧张”呀，什么对作家艺术家“要放松一些，在生活上要加以照顾”呀，什么“建立文艺俱乐部，給作者以自由交談的場合”呀！根据反革命修正主义分子万晓塘的这个黑指示，天津文联党組赶紧炮制了一个《关于安排作家艺术家繁荣文学艺术創作問題的报告》，在这个黑报告中提出了一整套修正主义的制度和綱領，也提出了許許多多生活上的要求，諸如要求在“市里清靜处所拨房屋一幢”，再到“市外（如北戴河）拨房子一幢”作为“創作之家”，要求每年拨款三万元作为搞物质刺激的本錢——“創作基金”，甚至詳尽到还提出要每月“烟二十五条”等等。《报告》中說，只有“以上措施落实之后”，“党的政策才能得到徹底的貫徹”，作家們的“积极性才能充分調动起来”。这眞是恬不知耻的混蛋邏輯！

毛主席在一九六四年六月对文艺工作的批示中指出：“**这些协会和他们所掌握的刊物的大多数（据说有少数几个好的），十五年来，基本上（不是一切人）不执行党的政策，做官当老爷，不去接近工农兵，不去反映社会主义的革命和建设。最近几年，竟然跌到了修正主义的边缘。如不认眞改造，势必在将来的某一天，要变成象匈牙利裴多菲俱乐部那样的团体。**”

十分淸楚，反命命修正主义分子万晓塘在大叫“保命”、“保命”的背后，正是利用这一套“保命”措施，加速了文艺团体演变为“裴多菲俱乐部”的过程，用这种反革命的“和平演变”来为他的資本主义复辟制造社会基础。

二、万晓塘与电影

电影是一种极其重要的宣传工具，因此万张反革命修正主义集团对电影极其“重視”。旧中宣部、旧文化部多次发出黑指示，要求“各地上映影片节目多样化，不要控制太严，对过去掌握过严的影片要重新审查，适当放寬。”有了这个黑指示，白樺兴高彩烈，大为振奋，把毒草影片《如此多情》、《寻爱記》，資本主义国家影片《忠誠》、《传奇英雄》、《巴格达窃贼》，香港影片《寒夜》、《男大当婚》等等赶忙拿出来大肆放毒。这样尤嫌未足，还搞什么“內部观摩”，借此将一些毒草影片大演特演，什么香港影片《大儿女經》、《野玫瑰》，資本主义国家的《蜜月》、《王子复仇記》，苏修的《雁南飞》、《第四十一》，捷修的《白鴿》等等，仅一九六〇年上半年就放映了二百多部。对于这种“观摩”，万晓塘等人不仅是座上常客，連其妻子儿女也每次都“观摩”一番。

有一次万晓塘携带小孩去“观摩”內部影片，一个服务員由于不认識他，把他頂了回去，不許小孩入場。万晓塘非常恼火，白樺聞訊也大为“惊詫”，恶狠狠地說：“把第一书記頂回去了，那还了得！”于是誠惶誠恐，在每次放內部影片时总特意找一名认識万晓塘的干部到門口“恭迎”。

这一点，旣說明了白对万之“忠心”，也說明了万晓塘对毒草的爱，并用他的亲身行动給毒草泛濫大开綠灯！

万张反革命修正主义集团为了进一步制造反革命复辟輿論，他們还要亲自炮制毒草电影。于一九五八年，筹建了一个庞大的綜合性的天津电影制片厂，万晓塘这次亲自出馬了。由他亲手批准拨五百亩农田作厂址，拨款四百五十多万元作建厂基金，又拨外汇二十五万美元作为进口設备之用，于是紧鑼密鼓，天津电影制片厂終于建立了起来。为了把这个电影宣传机构，更牢靠地把持在他們手中，連調拨干部也由黑市委直接插手了。由万张反革命修正主义集团控制的黑市委，不惜千金礼聘反动“专家”、网罗牛鬼蛇神，成了一个藏污納垢的修正主义黑窝子，成了万张反革命修正主义集团制造反革命复辟輿論的御用工具！

这个制片厂，在万张反革命修正主义集团的干将白樺的直接控制下，从一九五八年到一九六一年下馬为止，共拍摄了一千七百本新聞紀录片。其中不少內容是攻击三面紅旗的。应該特別指出的是，为了給中国的赫魯晓夫刘少奇制造篡党、篡国的輿論准备，拍摄了一部长新聞紀录片《城市公社紅旗飘》。万晓塘又一次亲自出馬，和反革命修正主义分子林鉄、白樺等一起，亲自指导拍摄，在影片中对刘少奇涂脂抹粉，大捧特捧。把毛主席提出的公社化的伟大号召，偷天换日，安在了刘少奇的身上。电影出籠后，利用天津各报刊，登解說詞，发吹捧文章，极力扩大它的流毒。

万晓塘这个刘、邓黑司令部在天津的忠实代理人，如此热心吹捧刘少奇，絕不是偶然的。一九五九年，他就对历史博物館工作人員讲过：“要多多表現少奇同志，少奇同志对天津党的发展有很大貢献。”他甚至在一九六二年在党校的一次黑报告中胡說：“《修养》是建党的主要文件。”

几句話泄露了天机！万晓塘这个死心塌地为刘少奇效“忠”的反革命修正主义分子就是要千方百計地突出他的主子，为他的主子实行篡党、篡国鳴鑼开道。

三、在天津文艺界的各个領域里，毒草丛生，烏烟瘴气

美术上，花草虫魚，山山水水，充斥画幅，展覽館里陈列着关良的变了形的京剧“写生”，林风眠的扑朔迷离的印象派的贋品，李可染的丑化祖国河山的黑山水，“創作”方面大搞封建主义的《岁岁有魚（余）》，神仙道士的《游仙图》。

音乐上，大搞复古主义的古乐，开展《天涯歌女》、《秋水伊人》之类黄色音乐的“旧歌重放”，編一些《夫妻逗趣》、《王三姐赶集》之类下流低級的貨色。

戏剧舞台上，帝王将相、才子佳人长期盘踞，在万张反革命修正主义集团干将白樺的“倡导”下，提出所謂“挖、整、創、移”的方針。“挖”出一些《大三节烈》、《阴阳报》、《馬寡妇开店》；“整”了一些《大报仇》、《金瓶女》、《花为媒》；“創”作一些《画皮》、《紅叶題詩》、《石义砍柴》；“移”进了一些《天要下雨娘要嫁》、《啼笑姻緣》、《五彩轎》等等。在这个四字“眞言”中，让誨淫誨盜、封建迷信、內容反动的坏戏紛紛出籠，让帝王将相、才子佳人、牛鬼蛇神粉墨登場！

在文学方面，控制《新港》，大放其毒。《新港》被置于白樺亲信、反革命修正主义分子万力的把持下，变成了排斥工农兵，使之成为反革命修正主义分子陈翔鶴、黄秋耘以及其他牛鬼蛇神自由放毒的場所。其他一些所謂天津的“专业作家”，也放出了大量毒草，《来訪者》（方紀），《探亲記》、《婆喜喜》（楊潤身），《战斗的青春》（孙振，即雪克），《海河春浓》（王昌定），《“一二·九”进行曲》（王林），《紅色交通綫》（袁靜），《我們在地下作战》（周驥良），《鉄木前传》、《风云初記》（孙犁）以及《文明地獄》（石英）等。

为这些毒草大开綠灯，为这些牛鬼蛇神大开閘門的是誰呢？是党內头号走資本主义道路的当权派刘少奇，是彭眞、陆定一这些反革命修正主义分子，是周揚、夏衍、林默涵这伙文艺界的黑帮头目，是刘、邓在天津的忠实代理人万张反革命修正主义集团！

就是这个万晓塘亲手包庇了炮制《創作，需要才能》的王昌定，为之翻案、撤銷处分；就是这个万晓塘在方紀的《晚餐》、《来訪者》受到严厉批判时，說什么：“我看《晚餐》还不錯，是挖苦資本家的嘛。”

一九六一年夏，周揚黑帮召开了中央文艺工作座談会，万张反革命集团也紧紧跟上，同年秋天亦步亦趋地召开了天津文艺工作座談会，会上文艺界的牛鬼蛇神，秉承万张反革命修正主义集团头目的旨意，紛紛跳了出来，张牙舞爪地向党、向社会主义、向光焰无际的毛泽东思想展开了猖狂进攻，大叫应該向“左”傾算“总帐”！

会后，白樺向万晓塘写了一个关于这次黑会的报告，在此报告中提出編写《文艺学习材料》，其中收入大量周揚黑貨。万晓塘对这个报告极为欣賞，迫不及待批上“速送亢之同志閱”。“速送”二字，透出了万晓塘的心情，是何等急迫，此即授权王亢之代表书記处表示同意的意思。

一九六二年夏，他对广州会議的精神，也面授机宜，下黑指示說：“要认眞貫徹广州戏剧創作会議的精神”，要“很快传达下去，文联写一个貫徹計划”。

由此可見，万晓塘这个反革命修正主义分子，对于周揚等人的这些修正主义的黑貨眞是“心有灵犀一点通”，而且能不失时机，亲自推銷！

一九六二年秋，經由万晓塘精心安排，天津文艺俱乐部这个“裴多菲俱乐部”开张了。万晓塘亲自参加，欣賞了坏戏、坏相声之后，又在一种“自由随便的場合”里，会見了“作家”“艺术家”。在会見中，万晓塘鼓励人們大写反党反社会主义反毛泽东思想的毒草，胡說什么“文艺作品的題材、形式应該是各种各样的，适合各种人的口味，既要有教育意义，还要有娛乐性。”

好一个“适合各种人的口味”！这正是周揚的“全民文艺”的黑貨！这是万晓塘公开跳出来，为一切毒草的出籠开放了綠灯！

“金猴奋起千钧棒，玉宇澄淸万里埃。”

現在，我們就是要把万晓塘这块毒根徹底挖出来，把他砸烂！叫他永世不得翻身！

·2· 红旗战报 1967,8.

从《新港》的“編后記”看万力反革命修正主义面目

天津作家协会及其主办的刊物《新港》，已經变成象匈牙利裴多菲俱乐部那样的团体了。从一九五九年以来，到一九六四年底《新港》休刊，反革命修正主义分子万力共编刊物六十六期，发表了一系列反党反社会主义的文章，对党对社会主义进行了猖狂的进攻。不仅如此，万力还通过“編后記”为这些毒草大力鼓吹。五十七篇“編后記”绝大部份是万力亲手写的，只有少数几篇，也是他授意其他編輯执笔，最后由他修改定稿的。万力說过：“‘編后記’是指导讀者的，每期都有重点文章，应当向讀者推荐。”他又說：“写‘編后記’不要太露骨了，太露骨了容易被动。”这是黑話，意思是鼓吹反革命文艺黑綫要有“策略”。尽管如此，万力所写的这些“編后記”，仍然掩飾不住他的反革命修正主义面目。他声嘶力竭地为貫彻周揚反革命文艺黑綫喊叫，为資產阶級反动学术“权威”吹捧，为牛鬼蛇神的出籠助威，为反党反社会主义的毒草大开綠灯。而对工农兵文艺以及来自广大工农兵群众对刊物的批判，則是百般抵制、打击。

这些“編后記”也表明了《新港》的方向和性質，說明了《新港》是一个为复辟資本主义鳴鑼开道的工具，是推行周揚反革命文艺黑綫的一个黑店。

現在，我們摘編了这些“編后記”，并加了簡單的按語，以供大家参考、批判！

瘋狂反对毛泽东思想，积极貫彻彭眞、陆定一、周揚的黑指示

“毛泽东同志的《在延安文艺座談会上的讲話》发表已經二十年了。……为了紀念这个伟大文献发表二十周年，我們发表了以下几篇文章：袁靜同志……的文章，写出了他們在学习、研究和实践中的体会和感想；朱寨同志和李滿天同志的文章，回忆了《讲話》在开始发表时对青年文艺工作者（包括他們自己）精神上的影响，和他們当时的喜悅心情；……（《試論〈紅旗譜〉的創作过程》和《美的頌歌》）对梁斌同志的《紅旗譜》的創作过程，孙犁同志的艺术风格，作了一些分析和研究，他們都指出：这两位作家所以取得突出的成就的基本原因，在于他們努力学习和执行毛主席的文艺方針。”（一九六二年五月号）

按：这一期刊物是打着“紅旗”反紅旗的样板，打的旗号是紀念《講话》，其实是借此机会大肆販卖周揚黑貨（朱寨的《向海洋》更是明目张胆地在吹捧周揚）。还必須指出：在万力主编《新港》六年中，有四年的五月号“编后记”根本只字未提毛主席的《講话》这一伟大光辉著作，可以看出万力对毛泽东思想的抵制和敌視。

“《为最广大的人民群众服务》，概括地論述了：毛主席的《在延安文艺座談会上的讲話》发表以后二十年間，我国文学艺术事业所取得的巨大成就和基本經驗，并根据当前新的形势和情况，向全国全体文艺工作者提出了新的战斗任务。十分重要。为了便于大家学习，特予轉載。”（一九六二年六月号）

按：一九六二年，周揚黑帮打着紀念《講话》发表二十周年的幌子，集中了一批人馬在北京新侨飯店炮制出了两篇篡改文艺为工农兵服务的方向、鼓吹“全民文艺”論的大毒草，《为最广大的人民群众服务》便是其中一篇。

“在文艺战綫上也取得了巨大成就。党的文艺政策，得到大力貫彻，深入人心；文艺創作更加繁荣旺盛，文艺队伍在健康地发展；文艺工作者和工农群众的关系更密切了。”（一九六四年一月号）

按：一九六三年十二月，毛主席对文艺工作方面的錯誤作了批示。万力竟然在一九六四年一月号《新港》的“编后记”中胡說什么文艺的“巨大成就”，这是公开和毛主席的批示唱反调，真是狗胆包天，十悪不赦！

“周揚同志在中国文学艺术工作者第三次代表大会上的报告《我国社会主义文学艺术的道路》，精辟地詳尽地闡明了我国社会主义文学艺术发展的道路，彻底揭露和批判了現代修正主义和資产阶級文艺思想的反动实质及其种种謬論。本期全文轉載。希望大家认眞学习，把周揚同志报告的精神坚决貫彻到实际行动中去，并将学习心得写成文章交我們发表。”（一九六〇年十月号）

“陆定一同志在京剧現代戏观摩演出大会开幕式上的讲話，本刊这期和上期轉載的彭眞同志在大会上的讲話，……都根据毛泽东文艺思想和当前国内外阶級斗爭形势，提出了和解决了文艺工作的許多重大問題。希望大家认眞学习，大力貫彻，把文艺战綫上的社会主义革命进行到底！”（一九六四年九月号）

按：毛主席教导我們說：“在現在世界上，一切文化或文学艺术都是属于一定的阶級，属于一定的政治路綫的。”万力把持下的《新港》执行的是什么路线？他利用掌管刊物的大权，要“大家認真学习”、“大力貫彻”黑帮头子們的黑报告、黑講话；百般抵制的是毛主席的革命文艺路线。

大肆吹捧資产阶級“专家”

“李霽野同志的《旧詩一束》，系选自即将由百花文艺出版社出版的《今昔集》……还发表了《今昔集》的《后記》，內中說明作者对旧体詩的一些看法和这些詩的写作过程。”（一九六二年十一月号）

按：李霽野的《今昔集》，印成书后，因其借“昔”諷“今”实在太露骨了，未能出籠，万力却迫不及待地为其鼓吹！

“《三人行》是王西彥同志的长篇小說第一部《在漫长的路上》中的三章，写的正是书中的三个主要人物、三个不同类型的知識分子，在十五、六年前的动盪年代里，在国民党統治地区，各自不同的遭遇、苦悶和追求。长篇将由百花文艺出版社出版。”（一九六二年八月号）

按：王西彦的《在漫长的路上》，是一部为地主資产阶級知識分子树碑立传、丑化劳动人民的作品。万力也为之大作广告。

“田間同志新写的《赶車传》第五部——《金娃》，在这期間发表，有重大的政治意义。”（一九六〇年七、八月号）

“田間同志的《桥上》七首及《非洲游記》代序，以如火的热情吹起了亚非人民反帝、反殖民主义的革命的号角。”（一九六三年五月号）

按：田間的《赶车传》是一部悪毒地詛咒我們伟大領袖毛主席，严重地歪曲阶級斗爭，否認党的領导，丑化貧下中农形象，美化阶級敌人，为地主阶級树碑立传的“詩”，万力却說有“重大的政治意义”。有什么“意义”？值得深思！《非洲游记》是反对一切战爭，渲染战爭的恐怖和苦难，販卖和平主义，反对毛主席的伟大人民战爭思想的毒草，万力当然也要大力推荐了！

“去年我們选发了一些美术作品，除国内外一些著名画家的作品外，絕大部分是天津地区的老画家（馬达、刘子久、刘奎齡等）……的作品。从这里也可以看出他們的努力和进步。”（一九六二年一月号）

按：馬达，原天津美协主席；刘子久，地主；刘奎龄，資本家。他們所“努力”者何？是复古！是脫离現实！是麻痹人民！

“感謝老作家李广田、季羡林同志給我們寄来了新作。老舍同志同意把他对天津市青年文学爱好者的一次讲話摘要《本固枝荣》，加以修改，給我們发表。”（一九六二年八月号）

按：所謂李广田、季羡林的新作，是指散文《或人日记抄》和《石林頌》。前者是一篇用阴暗、隐晦笔法攻击社会主义制度的毒草；后者是借风物描述抒发其資产阶級情感的貨色。而万力就“感謝”不遠了，其对資产阶級“专家”卑躬屈膝之态可掬！

“李何林同志的文章，系为紀念‘八一’建軍节三十五周年而作，因稿到迟了，故在这期发表。”（一九六二年九月号）

按：李何林在这篇文章里，为自己的逃跑主义百般美化，万力不仅为之鼓吹，连稿子到迟了，也要在“编后记”中张揚声叙。

“老作家陈翔鶴同志的《张黑七上西天》在本刊发表以来，不少讀者表示欢迎，但也有个别青年讀者对它提出了一些批評和責难。从这些意見中，可以看出：簡单地理解生活，粗暴地对待文艺作品，在某些青年讀者中的不良影响还是相当深的。……《浅談〈张黑七上西天〉》，对《张黑七上西天》作了較細致的分析，可以帮助讀者正确地理解、欣賞这篇作品和民間故事。”（一九六二年十一月号）

按：万力的反动气焰囂张到何种程度！他悪毒地謾罵革命群众，无耻地吹捧反党作家。事实是这样：当反党老手陈翔鹤的大毒草《张黑七上西天》出籠以后，許多革命讀者紛紛来信来稿尖銳地提出批判，万力則大罵革命群众“简单化”，“不懂民間故事”，而且到北京向周揚黑帮的爪牙毛星求救，結果約来一篇《淺談〈张黑七上西天〉》，向革命群众进行反攻。这是一次压制革命群众的严重事件，是万力反党丑悪面目的一次赤裸裸的暴露。

“郭小川同志近年来写了一些好詩。詩人以飽滿的政治热情，歌頌了我們的新生活、新人物，并在詩的形式方面，不断努力进行新的探索和創造。”（一九六三年九月号）

按：郭小川的詩早就受到了公开的批判，万力仍在这里为其鼓吹，这是和广大革命群众对郭小川批判唱反调，为郭小川鳴不平。

“去年本刊連載了孙犁同志的长篇小說《风云初記》第三集，得到广大讀者的欢迎。在这部书的合訂本出版之际，黃秋耘同志为此而写的評論——《一部詩的小說》是值得向讀者們推荐的。”（一九六三年二月号）

按：黃秋耘何許人也？漏网大右派。他的这篇“值得向讀者們推荐”的毒草，是吹捧孙犁，宣揚修正主义文艺观点的。万力在《新港》上还发表了他一系列的評論。尤有甚者，在一九六二年七月号上，发表了他的反党反社会主义的大毒草、历史小說《顧母絶食》。

“梁斌的《〈播火記〉后記》，……这是作者多年写作經驗的小結。对創作与思想、創作与生活的关系；如何构思、如何修改；以至創作期間的生活安排，等等，都作了具体明确的叙說。它可以帮助讀者理解作家，理解作品，理解創作的基本規律和創作过程中的甘苦。”（一九六三年十月号）

按：梁斌的长篇小說《紅旗譜》和《播火记》，专写错誤路线，是文艺界黑帮头子周揚一手树立的反对毛泽东思想的大“标本”。万力吹捧梁斌，自然更是有加无已！

“王林同志根据当年参加‘一二·九’运动时的所見所聞，并广泛搜集有关資料，訪問过去的战友，經过多年醞釀，新写出一部反映这一伟大革命运动的小說，在这期开始連載，希讀者注意。”（一九六三年十二月号）

按：这是指王林的《‘一二·九’进行曲》，美化白区工作中的錯誤路线，为刘少奇、彭真歌功頌德，歪曲当时的革命群众斗爭，万力也极力加以推銷！

“陈白尘同志自从写了話剧《金田村》以来，已經三十年左右了。最近他到太平天国領袖馮云山、洪秀全播下革命火种的广西紫荆山去旅行，給我們写来一篇优美的散文，让我們分享这个革命山区的景物。”（一九六三年十二月号）

按：陈白尘是一个叛徒，在这篇游山玩水的文章里，他丑化了我們新中国的劳动妇女。

毛主席教导我們說：“敌人是不会自行消灭的。无論是中国的反动派，或是美国帝国主义在中国的侵略勢力，都不会自行退出历史舞台。”万力窃踞《新港》大权之后，首先就是积极网罗各地的反党作家和資产阶級反动学术“权威”。他秉承其祖师爷周揚的旨意，强调“要广泛联系不同流派作家”，“越杂越好”，“杂了才能把刊物搞得题材多样化”，“才能适合社会上不同讀者的爱好”等等，举起周揚“全民文艺”的招牌。对那些資产阶級“专家”的文章，不仅责令编辑不准修改，而且在显要地位刊登，并且还在“编后记”中鼓吹，广为传播。在万力把持下的《新港》，成了“杂家”放毒的陣地。文艺黑线头子周揚的得力干将袁水拍說：“《新港》好就好在一个‘杂’字，这才叫‘杂志’。”

为死人招魂

“朱丹同志的《画外随笔》，写的是艺术大师齐白石晚年生活的几个側影，有助于我們了解他晚年的生活、思想和艺术成就。今年九月，适逢他逝世五周年忌辰，除发表此文外，并选发了他生前的三顆刻印和书法（书写毛主席的《沁园春·雪》，內中有几处笔誤），以示紀念之意。”（一九六二年九月号）

按：朱丹在文章里，一面把齐白石捧上了天，一面大肆散布和平主义、人性論等反动的資产阶級思想。更不能令人容忍的是，万力为吹捧齐白石的书法，竟不顾书写毛主席詩词“有几处笔誤”，可见他对我們伟大領袖毛主席的詩词是何等态度！

“感謝林如稷同志在病中寄来《新春試笔談杜甫》。今后我們仍继續发表介紹、研究杜甫的文章，以紀念他、学习他。”（一九六二年三月号）

“《紅樓梦》是我国古典小說中現实主义文学的杰出作品。今年适逢我国伟大作家《紅樓梦》作者曹雪芹逝世二百周年，特发表文彦理等同志的两篇文章，以資紀念。”（一九六三年八月号）

按：《新港》用了很多篇幅去大力吹捧封建主义、資本主义的文人学士，但对社会主义制度下的工农兵群众作品却百般挑剔，完全証明万力热心提倡的不是社会主义文艺，而是封建主义、資本主义的文艺。

膜拜洋人

“我們特发表南星同志的《略談彭斯的詩歌技巧》，以紀念彭斯誕生二百周年。……可帮助我們更好地学习外国优秀詩歌。”（一九五九年六月号）

（下转第三版）

黑《新港》是怎样組织稿件的？

万力这个混进党內的資产阶級代表人物，为了忠实推行修正主义文艺黑綫，窃踞《新港》副主編宝座之后，就不遺余力地要把刊物办成为复辟資本主义制造輿論的陣地。因此，他狠抓組稿工作，什么“联系作家的面要广，要善于团結不同流派的作家，才能把刊物办得多样化，才能滿足不同讀者的爱好。”他經常亲自过目贈送刊物名单，凡是文艺界的大大小小牛鬼蛇神，只要被他挖掘到的，都塞进这个名单里去，眞是群魔腐集。这里面有些人是文艺界的党內走資本主义道路的当权派，如刘白羽、张天翼、张光年等。这些黑綫上的实力派，架子十足，尽管刊物长期送給他們，对于《新港》就是不予理睬。奴性十足的万力对这些人却总是小心翼翼，卑躬屈膝，經常向他們致函問候。还說：“我也不指望他們写稿来，送刊物、写信是为了向他們汇报工作，請他們多作指导。”汇报什么工作？多作什么指导？戳穿了他是要通过捧这些实力派的臭脚，摸清刘邓黑司令部的意图，紧跟周揚，博取主子的欢心。

万力除去亲自給文艺界的第一流人物写信問候，还指令編輯也仿照他这样干，說：“凡是你們責任內联系的作家，不管他来稿与否，隔三两个月就写封信，問候一下，要表現的关心热情。你殷勤些，他盛情难却，就会寄稿子来。”看，万力就是这样低三下四地向牛鬼蛇神跪乞毒草。

尽管如此，万力认为函約还不得力，就亲自出馬或派人到京沪等地登門拜訪那些“权威”、“名流”。諸如周揚黑邦的得力干将何其芳、毛星、朱寨等人，万力經常像要小錢似的追着他們的屁股要稿子。李广田、李霁林、許欽文、林如稷这些三十年代的老头子，竟也获得万力的“靑睞”，派人去拜訪。他說：“这就是不同的流派，杂志要办得‘杂’，就要动員这些人拿起笔来給你写文章。”因此，当李广田等人寄来稿子之后，万力就乐不可支，不仅在显著版面登了这些毒草，还在“編后記”中表示感謝。

对于反动学术“权威”的毒草出籠，万力更是煞費苦心。他曾几度和《河北文学》爭夺梁斌的《播火記》。把在《新港》連載的《播火記》和孙犁的《风云初記》視为奇珍，在每次付印前还将校样一遍一遍地送至“梁府”、“孙府”，請他們一次又一次地琢磨怎样修改才能毒上加毒。为了扩大这两株毒草的影响，万力还到处組文吹捧，并恬不知耻地向人說：“《新港》就是靠这两个人吃飯的。”

出于一种反动的阶級本能，万力对那些反党老手、漏网大右派拉稿拉得尤其紧。如王西彥的《三人行》，这篇为地主資产阶級知識分子树碑立传、丑化劳动人民的大毒草，就是他两次派人到上海拉来的稿子，一經到手，就用黑体字标題，老五号字排印，作为重点文章向讀者推荐。尤有甚者，陈翔鶴的《张黑七上西天》是一九五六年就炮制出来的一支大毒箭，因未能及时出籠，陈翔鶴对此耿耿于怀、蓄恨已久。当万力向其約稿时，陈认为有机可乘，把这支毒箭重新射出，并在“附記”中以挑衅的口吻向党发起猖狂进攻。編輯部有人认为这个“附記”表現的情緒不正常，建議删掉，万力严詞拒絕，只字不易地照发。这是因为万力对党对人民的刻骨仇恨与反党老手陈翔鶴是共同的，陈翔鶴咬牙切齿的咒駡，正道出万力心里的声音，他怎么舍得删掉！这支毒箭一經射出，立即引起革命群众的强烈憤怒。編輯部收到許多来稿来信，声討这篇毒文的反动性。万力竟全部扣压了这些革命的来稿来信，并猖狂叫嚣：这些“責难”是“簡单地理解生活，粗暴地对待文艺作品”。急急忙忙派人专程赴京，乞援于周揚黑邦爪牙毛星，約来一篇《浅談〈张黑七上西天〉》，对革命群众进行鎮压，充分暴露了他的反动透頂的丑恶嘴脸。正因为万力护庇毒草全国聞名，那些漏网大右派、反革命修正主义分子炮制的毒草，如黄秋耘的《顧母絕食》、韦君宜的《訪旧》、李滿天的《荷花出水》等等，都接踵而至，使《新港》成了一个名副其实的“毒草园”。

为了使毒草一茬接一茬地在《新港》盛长，万力在約稿工作上确实作到了神出鬼沒、四通八达。他以《新港》副主編的身份到外地去招兵买馬，大搞私人关系。河南省文联的摘帽右派徐愼就是用这种办法拉上的关系。之后，徐愼就为《新港》大現身手，連續炮制了《老年兄的故事》、《鑼鼓传》等歪曲农村生活、庸俗低級的反动貨色。除了私人关系，还有一种所謂的“照顧”关系。天津的反动“权威”王林，大毒草《探亲記》的炮制者、反党“作家”楊潤身，大叛徒、反动“权威”袁靜都想为自己炮制的毒草在《新港》爭得一席之地。一九六〇年王林把他炮制的歌頌反动軍閥、貶低党的領导的大毒草《西安事变演义》送至《新港》未获連載，他深为不滿，对刊物表現得极其冷淡；但是，《新港》連載了他的美化白区工作中的錯誤路綫的大毒草《“一二·九”进行曲》之后，他的积极性激增，立刻关心起《新港》来，还主动跑到炮制大毒草《靑春之歌》的作者楊沫那里去，給《新港》拉稿。正是因为这种照顧关系起到的微妙作用不容忽視，市儈成性的万力就不吝篇幅地給袁靜、楊潤身等粗制滥造的毒草提供版面。

为了鼓励毒草的大量出籠，万力还极力推行資产阶級的高稿酬制度，大搞物质刺激。他叫嚷：“《新港》的稿費标准要和全国第一流的刊物看齐，不然，好稿子就不会到手。”《新港》內定的第一流作家，如梁斌、孙犁等人的稿酬都是每千字十五元，被內定为第二流的每千字也不下十二元。每期《新港》毒草出籠之后，紧跟就寄出数字庞大的稿酬，劳动人民用血汗創造的財富源源地流入这些毒草炮制者的腰包。这和資本家剝削了工人阶級而又获得党內头号走資本主义道路当权派的“剝削有功”的“嘉奖”不是如出一轍嗎？

毛主席教导我們說：**“我们的文学艺术都是为人民大众的，首先是为工农兵的，为工农兵而创作，为工农兵所利用的。”**但是万力又是怎样对待工农兵业余創作的呢？这个老奸巨滑的两面派，想方設法使毒草充斥了《新港》的版面，却又假惺惺地打出“培养新生力量，繁荣业余創作”的旗号，在《新港》开辟了一个“小小說”栏。实际这是一个大騙局。反革命修正主义分子万力公开宣布：“小小說”栏每期只发三篇业余創作，总字数不得超过一万（不到全字数的十三分之一）。并严格要求：“宁缺勿滥，注意质量。”在这些死框框的限制下，曾有过几期，这个“小小說”栏因“质量”差，只登了两篇业余創作。万力根本不重視业余創作的組稿工作，他从未給任何一个业余作者写过一封約稿信（如果有，这个业余作者一定是已經飞黄騰达，出了小册子的皎皎者），也从沒有看过一篇业余作者的自动来稿。由于解放以来我国工农业余教育的跃进，业余作者的来稿如雪片飞来，如果按照毛主席的教导办事，就必須十分重視这个工作，投入較大的力量。万力却粗暴地指示編輯：“你們的工作要有重点（指向专家組稿），一般自动来稿一看就无法选用的就不要枉費力气，装份油印退稿信寄回算了。”他甚至批示：业余作者的詩歌可以不退稿。就是这样，很多来自工农兵战綫上、充滿生活气息的业余創作都被拒之于千里之外，即使侥倖被选中的稿件也长期积压在編輯部发不出去。待到发排之时，又因字数限制，大砍大删。万力常对編輯人員說：“你們可以拿修改业余作者的稿件练练基本功。”仅此一句話即可看出万力把业余創作貶低至何种程度。为了掩人耳目，这个狡猾的狐狸說：“小小說就是要短，要的就是精炼。”他还派人約反动学术“权威”老舍写了一篇毫无一点政治內容的一千字的小小說《打电話》，向业余作者“示范”。

万力一方面百般压制和排挤工农兵业余創作，另一方面又以封、資、修文艺观点向业余作者进行腐蝕毒害。当大多数业余作者对《新港》跨年度連載《高尔基文艺书簡》及《魯迅著譯校讀瑣記》提出批評意見之时，万力不惟不采納，还以“教导”的口吻說：“这是高水平的东西，专家們最欣賞。你們也需要提高啊，应該多讀些这样的文章。”他还借此机会向业余作者宣传閱讀十八、十九世紀資本主义国家文学名著是如何重要。万力經常以帮助业余作者提高写作水平为名，向那些“专家”、“权威”約稿，請他們写指导写作的文章。这些文章閉口不談毛主席的文艺思想，更不提思想改造，却大量地向青年灌注腐朽、沒落的文艺思想。反动学术“权威”老舍在他写的《文艺学徒》中公然要青年业余作者向旧艺人梅兰芳、余叔岩等学习，把死人齐白石也抬出来，作为“勤学苦练”、“奋斗不懈”的样板，妄图把青年引入个人奋斗、成名成家的邪路上去。王西彥的《漫淡文学技巧》甚至要生活在伟大的社会主义时代的青年人完全脫离政治，拜倒在賈島、曹雪芹、契訶夫等古人、洋人的脚下，作一个“披閱十載、增删五次”，专門追求“新的技巧”的“苦行僧”。

仅从万力組稿这一項工作来看，他已犯下不可饒恕的罪行。我們一定要高举毛泽东思想伟大紅旗，彻底揭露、彻底批判、彻底清算反革命修正主义分子万力的全部罪行。

（上接第二版）

“犹太作家肖洛姆·阿萊汉姆……是小說家、剧作家、批評家和詩人……人們称他为‘犹太的契訶夫’。……为了紀念这位杰出的犹太作家，我們特发表他的《‘雅歌’一頁》。”（一九五九年八月号）

“今年一月二十九日是俄罗斯伟大作家契訶夫誕生一百周年紀念。为此，我們特发表汝龙同志新譯的他的两篇小說和王西彥同志的論文。契訶夫是中国人民和世界进步人类喜爱的作家之一，我們紀念他，学习他。”（一九六〇年一月号）

“泰戈尔不仅是伟大的詩人、作家、戏剧家、教育家，而且是一个伟大的爱国主义者，并且具有高度的国际主义精神。”（一九六一年五月号）

“感謝戈宝权同志为我們新譯了他（謝甫琴柯）的八首最有代表性的短詩；同时还介紹了他的两幅名画。謝甫琴柯不仅是伟大的革命民主主义者、詩人和小說家，而且是个杰出的肖象画家和水彩画家。”（一九六一年三月号）

“今年是英国十九世紀批判現实主义伟大作家查理斯·狄更斯的一百五十周年誕辰。……我們发表了徐云生同志譯的《黑奴佣》，以資紀念。”（一九六二年六月号）

“今年一月是阿·托尔斯泰八十誕辰。《談談阿·托尔斯泰的創作經驗》对从事文学創作者是有启发作用的。”（一九六三年一月号）

“費定的文章虽短，但对文学与生活、現代題材、写作技巧等問題，都提出一些非常中肯的意見。”（一九五九年八月号）

按：从彭斯到狄更斯，从谢甫琴柯到契訶夫，从阿莱汉姆到泰戈尔，这些資产阶級作家，这些死了的洋人，无不是万力崇拜的偶象！什么“人类喜爱的作家”、“伟大的詩人”等等，真是頂礼膜拜，无以复加。万力不仅为之捧場，更号召青年去“学习”、“閱讀”，其何所居心耶？尤其是万力发表苏修作协主席費定的文章，完全暴露出他是一个現代修正主义的吹鼓手。

提倡艺术技巧，抵制文艺工作者改造世界观

“值得特別注意的是老舍同志的文章。他謙虛地‘現身說法’，說明社会知識、艺术修养对一个作家多么重要。”（一九五九年八月号）

“学习技巧是許多青年作者的迫切要求。王西彥同志的論文，广征博引，列举出中外古今大作家的言論和事例，着重闡明了技巧与生活、思想的关系，学习技巧的重要。說来娓娓动听，令人感到亲切。”（一九五九年八月号）

“唐弢同志的《杂談詞汇》一文，指出我們創作中的一个重要問題，深値注意。”（一九五九年八月号）

“魏金枝同志的《再談小小說》，对我們小小說的作者和編輯，都是一个很大的鼓舞。”（一九六四年二月号）

“許多青年业余作者常来信詢問：应該写什么，怎样写，怎样生活等問題。孙犁同志的文章，根据他的体会和經驗，簡明扼要地正确地回答了这些問題。”（一九六四年六月号）

按：在我国經济暂时困难时期，一切牛鬼蛇神乘机蠢蠢欲动，周揚黑帮就大力提倡什么“提高質量”、“加强文学修养”，鼓吹封、資、修文艺；万力也不甘落后，經常約請“专家”們对青年作者进行“指导”，实际上是腐蚀和毒害。教训青年作者要“提高写作技巧”、“注意修养”，大肆宣揚封、資、修的腐朽文艺观点，絶口不提文艺工作者必須改造思想，必須活学活用毛主席著作，公开反对毛主席的文艺方針。

宣揚資产阶級文艺观，取消文艺的革命性和战斗性

“吳雁同志的文章，大胆地提出了自己的意見。創作是需要才能的。（一九五九年八月号）

按：吳雁（即王昌定）的《創作，需要才能》，以貴族老爷的态度，宣揚資产阶級“才能論”，对广大工农兵群众起来掌握文艺，大泼冷水，反对工农兵群众登上文艺舞台。这种反动的观点，一出籠即受到公开批判。殊不知，万力正是帮助这株毒草出土的祸首之一。

“《文艺报》上发表了《題材問題》的专論和侯金鏡同志的《創作个性和艺术特色》一文后，在天津文学界引起很大的兴趣和注意。……我們极愿和作者一起为广开文路、促进題材和风格多样化而努力。”（一九六一年七月号）

“再一次吁請作家、作者和我們合作，共同为創作題材、艺术风格的多样化……而努力。”（一九六二年三月号）

按：这里，万力大肆鼓吹周揚修正主义的黑貨“才能論”、“題材广泛論”等資产阶級文艺观，不愧是周揚的一名忠实門徒。

为毒草大开綠灯

“《战斗的青春》一书……大家一致认为这是一部較优秀的作品。”（一九五九年七月号）

“远千里同志的文章……热情地肯定了这一作品（指《战斗的青春》）的成就。”（一九五九年十一月号）

按：孙振（笔名雪克）的《战斗的青春》，周揚曾因其写了“三級叛变”而大为賞識，这是宣揚叛徒哲学，美化日本帝国主义侵略者，丑化革命英雄形象的一株大毒草！

“《武当山上》描写的是第三次国內革命战爭初期，我中原解放区的一支部队，突破了国民党反动派的包围，在鄂西北进行游击战爭的艰苦斗爭生活的片断。”（一九六〇年十一月号）

按：这是万力自我吹嘘。《武当山上》是万力写的一篇丑化革命群众和解放军战士的毒草。

“这一期还发表了韦君宜同志的《訪旧》和……《妻子同志》。这两篇小說塑造了老一代和新生一代的两个妇女的形象。前者刻划了一个久經考驗的坚决、干练、朴实的农村革命妇女，后者描写了一个年輕女工如何执着劳动的革命意志。”（一九六三年三月号）

按：韦君宜的小説《訪旧》也是一篇毒草，它以极为阴暗的心理，丑化社会主义制度。《妻子同志》更是从資产阶級情感出发，对女工作了歪曲的描写。

“李滿天同志的《荷花出水》，用一連串的故事刻繪了两个农村干部的形象。从这一作品也可看出作者在探索新的表現手法的努力。”（一九六三年五月号）

按：李滿天写有一系列反党反社会主义小説，《荷花出水》是其中之一。

“徐愼的《老年兄》……繪出了……我国新社会的新的风俗画，热烈地歌頌了社会主义社会的婚姻制度給予人民的自由幸福生活。”（一九六三年七月号）

按：《老年兄》丑化农村干部，歪曲农村生活，描写亦极为庸俗低級。

“小說《因为五丑是队长》……告訴我們农村干部应該时刻警惕資产阶級思想的侵蝕，并批評了个別农村干部闹特殊、脫离群众的坏作风。作品的主題是积极的。”（一九六三年八月号）

按：《因为五丑是队长》是一篇所謂“写真实”的小説，揭露社会主义生活的所謂“阴暗面”。継这篇毒草出籠后，万力还发了一篇吹捧它的文章。

“这一期发表的《凤凰之歌》……等三篇小說，就描述了青年們敢于斗爭、敢于胜利的革命精神，机智、热情的高尚品格。……教育和引导革命的接班人，是社会主义文学重要的任务之一，我們盼望着在这方面出現更多更好的作品。”（一九六三年十一月号）

按：《凤凰之歌》的作者是张庆田，写有一系列反党反社会主义的毒草，《凤凰之歌》是其中一篇。

·4· 紅旗戰報 1967,8.

彻底批判王林的《"一二·九"进行曲》

〔按〕王林曾任天津文联党組副書記，现为天津作协副主席，所謂的"老作家"、"老党員"。这个所謂"老作家"，长期以来专門炮製毒草，他的《腹地》和《战起来的人民》，严重歪曲了冀中人民的抗日斗爭，丑化了抗日軍民的英雄形象。他的《西安事变演义》（又名《叱吒风云》，未出版）是一部为張学良树碑立傳的大毒草。他的《"一二·九"进行曲》則是严重歪曲历史，为党內头号走資本主义道路当权派刘少奇歌功頌德，并为其进行資本主义复辟做輿論准备的大毒草。

楊沫的大毒草《青春之歌》，是以"一二·九"学生运动为背景的所謂历史小說。这部大毒草一出籠便得到了周揚等反革命修正主义分子的賞識。周揚等人之所以热心地为之吹捧，就是因为，《青春之歌》是为党內头号走資本主义道路当权派刘少奇歌功頌德，为他篡党、篡政、篡軍制造輿論准备的。

王林也不甘心落后，在这陣反党声浪中，赶紧炮制出《"一二·九"进行曲》这株毒草，充当了这一合唱的吹鼓手。在这株毒草的卷头，他还特引用了中国的赫魯晓夫刘少奇的一段話，从而更加明确地表明了它为刘少奇搞資本主义复辟效劳的政治目的。在万张反党集团的忠实爪牙、反革命修正主义分子万力把持下的《新港》，也迫不及待地从一九六三年十二月号开始連載，直到一九六四年底休刊全部登完。万力还在"編后記"中为之大加鼓吹，說什么"王林同志根据当年参加'一二·九'运动时的所見所聞，并广泛搜集有关材料，訪問过去的战友，經过多年醞釀，新写出一部反映这一伟大革命运动的小說"，并且希望"讀者注意"云云。

那么，这部經过"广泛搜集"和"多年醞釀"的《"一二·九"进行曲》究竟都販卖了些什么貨色呢？

胆大包天，公开对抗毛泽东思想

《"一二·九"进行曲》首先公开对抗毛主席所指出的知識分子必須和工农兵相結合的道路，别有用心地把青年引向一条脫离工农兵的斜路。

毛主席教导我們說："**革命的或不革命的或反革命的知识分子的最后分界，看其是否願意并且实行和工农民众相结合。**"但是，王林在《"一二·九"进行曲》中，却根本不提这条唯一正确的道路，相反地，却通过谷玉兰等形象，大肆鼓吹一种"独特"的道路。书中主角谷玉兰，王林虽然竭力迴避她的阶級出身，不难看出，是个有錢人家中的小姐。正是这样一个人物，被作者打扮成为一个共产党員。这个所謂"共产党員"的"革命"活动，也都沒有离开知識分子的圈子，而这些知識分子又都是些什么华侨資本家的小姐、軍閥官僚的少爷、娜拉式的玩偶、滿腦子崇洋思想的地主羔子以及思想反动的天主教徒等等。

不仅如此，王林更把知識分子的作用誇大到工农群众之上。在小說結束的一章中，王林也假惺惺地写了这帮大学生到农村去，但却又明目张胆地在这里大唱反調，甚至把农民都写成了群氓。王林写道："在城里，咱們人多势众，宋哲元对付咱們象長虫吞大象；在乡下呢，眼下咱們不过几百人，人家变成大象，咱倒变成长虫啦！"这眞是地地道道的反党黑話！毛主席在《青年运动的方向》中指出："**在过去几十年的青年运动中，有一部分青年，他们不願意和工农大众相结合，他们反对工农运动，这是青年运动潮流中的一股逆流。**"王林在这里鼓吹的不正是这样一股逆流嗎？

尤有甚者，王林竟通过一个农民的口，胡說什么："听鉄道上的老工人說，那年长辛店的工人鬧罢工、鬧革命，是北平城里的共产党大学生領导的。所以我老想見見这些人們，今天听井家的伙計說你們是从北平城里出来的大学生，我想一定鉄路工人說过的那种'共产党大学生'……"这簡直是顚倒黑白！这里，王林不仅是鼓吹知識分子不但可以不和工农相結合就可以走向"革命"的道路，而且还可以去"領导"工农民众去鬧"革命"。王林如此这般地鼓吹知識分子，就是为了把青年引向脫离工农兵、脫离革命的岐途，从而为培养資产阶級接班人效劳！

二、偷天換日，为刘少奇歌功頌德

"一二·九"学生运动在当时之所以取得胜利，是由于有我們伟大領袖毛主席所制定的正确路綫的指导。一九三五年一月，遵义会議以后，确立了毛主席的領导，毛泽东思想照亮了全中国，正是在光焰无际的毛泽东思想指导下，一九三五年十二月开展的"一二·九"运动才能够在正确的道路上取得胜利。因此，在对"一二·九"运动做历史的回顧时，就必須把毛泽东思想指导作为头等重要的問題表現出来。但是，王林在《"一二·九"进行曲》中，从头到尾，却根本不提毛泽东思想的指导！在这里，王林充当了刘少奇、彭眞之流的忠实走卒。彭眞在一九五八年的一次黑报告中十分露骨地叫嚷："馬克思死了，革命在发展；列宁死了，革命也在发展。'一二·九'时期，我們沒有中央的領导，不也搞成功了。"彭这里所說的"中央的領导"就是毛主席。彭眞这个反革命修正主义分子之所以公开摒弃毛主席的領导，其罪恶企图就是为他的后台刘少奇以及他自己实現篡党、篡政、篡軍、篡国进行輿論准备。

王林在这里也紧紧跟上。他在《"一二·九"进行曲》这株毒草中，沒有一个字提到党中央和毛主席的領导，却在卷首引了刘少奇的一段話作为全书的題詞，从而明确地申明了他的这本黑书是为中国的赫魯晓夫刘少奇树碑立传的。党內头号走資本主义道路的当权派刘少奇吹噓說："'一二·九'运动中的革命学生所走过的这种道路，是一个模范。"又說："这是一切革命青年学生在民族危机中爭取民族解放的正确道路。"王林引了这一段話，同时全书也是按照这个調門，把"一二·九"运动吹捧得完全超过了它应有的历史地位。人們都还記得，正是刘少奇、彭眞、蔣南翔、陆平等一伙反革命修正主义分子，拼命提高对"一二·九"的宣传調門，企图"貪天之功，据为己有"，大肆吹噓說"一二·九"运动是什么"大革命失败后的第一个革命高潮"，是什么"划时代的伟大革命事件"等等。王林正是按照这样的調門也在《"一二·九"进行曲》中胡說什么"一二·九"运动"造成了全国群众的救亡高潮"，什么"冲垮了蔣介石'宁附外人，不与家奴'的反共、反人民的內战部署。"

三、宣揚王明的阶級投降主义

文艺黑綫总头目周揚大肆宣揚的"全民文化"，实际上是他在三十年代所鼓吹的"国防文学"的借尸还魂。从"国防文学"到"全民文化"是一脉相承的一条从三十年代貫穿到六十年代的反革命修正主义文艺黑綫。而王林的《"一二·九"进行曲》則正是按照周揚在三十年代所提倡的"国防文学"的曲調走步的。

"国防文学"是以王明的右傾机会主义路綫为根据的。它从右傾机会主义立場解释反帝統一战綫，根本否认无产阶級的領导权，强調全民的共同利益，主张阶級蔣合，主张阶級投降主义。这一切在王林的《"一二·九"进行曲》中都是应有尽有！极力夸大資产阶級知識分子領导作用。华北大学的寬棠小姐就是一个典型的例子。她是一个"对政治感觉不怎么灵敏"的只知道"死讀书"的人，而华大的运动竟是由她"組织起来"并"行动起来"的。一个旧軍閥的儿子赵光汉居然成了运动中的"闖将"，其实是一个流氓集团"三哥团"的头子。王林对这个"三哥团"有几句十分"精彩"的話，活脫地把他的反动观点暴露了出来。王林写道："这些人……很复杂，又很单純。从社会关系和政治观点上看，非常复杂；从民族自尊心上看，却又极其单純；就是在外国人面前要翹大姆指，决不能当'松小子'。"而这些人却是所謂"形形色色的爱国者"。

王林这一段話竭力鼓吹王明的阶級投降主义。在这里，不管什么阶級、不管什么政治观点，只要有一点所謂"民族自尊心"就可以成为王林笔下的"英雄"。

不仅如此，王林还进一步把各种反共、反人民的資产阶級分子和帝国主义的走狗囊括进"形形色色的爱国者"的行列中来。地主羔子楊士杰和他的老婆娜拉式玩偶王韻梅就是这一号人物。楊士杰公开叫嚣說我們是"过激派"，是"跟法西斯同样是极权主义"，而对这种恶毒的反共言論，"共产党員"、书中的最主要的"英雄"人物玉兰竟然只当成是"牢騷"，而且不知道如何回答楊士杰。不仅如此，她竟还以"領教"的口气問楊士杰上大学时"参加学生运动"的"經驗"！这眞是混蛋之极！

另一个帝国主义的走狗苗国香，大肆宣传"日本人是魔鬼，是中国人的仇人。可是天主要我們：'仇人打你的左脸，你給他右脸。'……"公开鼓吹什么"你們請請愿，表示一下眞正的民意就行啦，为啥还闹游行，跟共产党学那一套？"。对于这个公开鼓吹民族投降主义的帝国主义的走狗，作为"共产党員"的玉兰也只是"忍不住笑笑"，而且还亲切地叫着"姑姑"，并把这一套民族投降主义的說教当成"忠告"！

王林不仅把这些人物拉进"形形色色的爱国者"的行列，而且也沒有忘記为資本家、官僚政客歌功頌德。他把一个华侨資本家吹捧为"省吃俭用，积攒下一些錢"，"一心要工业救国"的"好"資本家。把一个軍閥旅长說成是什么"穷庄稼汉"，只是因为"胆大敢干"、"屡立战功"才"一直升到旅长职位"。王林在这里販卖的不正是中国的赫魯晓夫刘少奇那一套反动言論嗎？

四、資本主义复辟的进行曲

王林在《"一二·九"进行曲》的結尾处写道："轰！轰！轰！我們是开路的先鋒！"

"……这歌声……向民族危机中的全中国人民发出呼号，为神圣的民族革命战爭吹奏起进行曲！"

但是，这是一些什么样的"开路先鋒"呢？开的是什么路呢？吹奏的又是什么"进行曲"呢？

如前所述，在王林笔下的这些"形形色色的爱国者"，是一群杂七杂八的人物，其中既有根本沒有經过思想改造、脫离工农的資产阶級知識分子，也有社会、政治观点极为复杂的流氓集团的头子，既有堅决反共的地主阶級的孝子賢孙，也有販卖民族投降主义的帝国主义走狗。这样一伙光怪陆离的"开路先鋒"，只能为資本主义复辟吹奏进行曲！

毛主席教导我們說："**利用小说进行反党活动，是一大发明。凡是要推翻一个政权，总要先造成舆论，总要先做意识形态方面的工作。革命的阶级是这样，反革命的阶级也是这样。**"刘少奇这个反革命修正主义分子的总后台，正像毛主席一針見血所指出的那样，他也是大抓文艺，利用文艺为他的反革命活动制造輿論。因此，他不遺余力地通过旧中宣部、旧文化部大肆就"一二·九"的題材大做文章，无論是小說、电影、回忆录、报告，都极力吹捧刘少奇、彭眞，为他們树碑立传。王林也成了这支反革命合唱队的一个忠实吹鼓手。

刘少奇这个大野心家、大阴謀家，这个最危险的敌人，已經被我們揪出来了！現在，我們也要把这个刘少奇"駕前"的走卒王林揪出来，把他批倒、批臭！

斥吳火的《天下有道則庶人議》

吳火是周揚反革命修正主义文艺黑綫的吹鼓手，万张反革命修正主义集团在文艺界的干将白樺的爪牙。历年来他曾用上官紅、秦淮碧、钟毅、鲍显英等笔名炮制了大量毒草杂文，发表在《天津日报》《新晚报》等报刊上，积极配合封建主义、資本主义和現代修正主义这股反动的社会势力，向党进攻，攻击社会主义制度，反对毛泽东思想。他在《天下有道則庶人議》、《从海瑞談起》、《兼听与偏听》等毒草杂文中，竭力鼓吹"全民国家"、散布阶級斗爭熄灭論；大肆宣揚"全民文艺"，提倡資产阶級自由化；恶毒地攻击三面紅旗，攻击社会主义制度。他的反党杂文是攻击无产阶級专政的一束毒箭。是时候了，我們必須将吳火的反党罪行揭深批透！并肃清其流毒。

一九五九年，帝国主义、現代修正主义和国內外反动派，对我国建設社会主义的总路綫、大跃进和人民公社运动，进行了恶毒的污蔑和攻击。反革命修正主义分子周揚也积极配合这股反华逆流，穷凶极恶地攻击三面紅旗，胡說什么許多人都"不敢說話"了，妄图为牛鬼蛇神广开言路，提供反党反社会主义反毛泽东思想的陣地。同年一月份，吳火就抛出了毒草杂文《天下有道則庶人議》，配合国內外阶級敌人对我国三面紅旗进行攻击，积极为万张反革命修正主义集团在天津顚复无产阶級专政，复辟資本主义制造輿論准备。在这篇毒文的开头，吳火大喊大叫："庶人不議則天下不会有道。"还胡說什么"社会主义民主"即"庶人議"，"并不是所有的人都这样充分地理解到我国社会主义民主的重大意义。""更不用說叫所有的人去熟练地掌握运用了"。这样，他的結論也就不言自明，即社会主义的"天下无道"。这是对社会主义制度明目张胆的攻击，也是对广大革命群众的污蔑。

毛主席教导我們："**世界上只有具体的自由，具体的民主，沒有抽象的自由，抽象的民主。在阶级斗爭的社会里，有了剝削阶级剝削劳动人民的自由，就沒有劳动人民不受剝削的自由。有了资产阶级民主，就沒有无产阶级和劳动人民的民主。**"而吳火却別有用心地抽掉阶級和阶級斗爭的內容，涉談什么"天下有道則庶人議"。他所謂的"庶人"，是道道地地的修正主义"全民"观点。他还叫嚣"一切国事都要通过庶人的議論"。这与現代修正主义"阶級斗爭熄灭論"、"全民国家"、"全民党"的反动謬論如出一轍。抽象的民主，全民的国家，这是資产阶級和現代修正主义者騙人的鬼話，他們从来实行过，也不可能实行，这面历史垃圾堆里的破旗，只不过是他們用来維护資产阶級专政和資产阶級民主的遮羞布。鉄的历史事实，早已粉碎了这一騙人謊言。就連吳火在同年七月份发表的另一篇毒草《斗牛和怒象》中，所引的事例已十分有力地給他自己一个响亮耳光。这篇毒草，虽談的是艺术規律，但也說明了旧社会阶級斗爭的普遍問題：在旧社会一个放牛孩子給一幅《斗牛图》提出了頗有眞知灼見的批評，一些貴族老爷、封建文人不仅不采納，反而污蔑提出的批評意見是"儿童"見識；另一給雕象提出正确批評的黑人，也被一位"画家"老爷謾罵是"傻瓜"。在阶級社会中，劳动人民对一件艺术品都沒有提出批評的权利，他們岂敢議論国家大事呢？

尤其不能令人容忍的，吳火在这篇毒文中，竟然顚倒事实，歪曲历史，他胡說什么"我們正是依靠着实行这种最广泛的民主，贏得了革命，也贏得了建設的胜利。"毛主席教导我們："**枪杆子里面出政权**"，"**在中国，离开了武装斗爭，就沒有无产阶级的地位，就沒有人民的地位，就沒有共产党的地位，就沒有革命的胜利。**"吳火却明目张胆地宣揚"依靠"什么"最广泛的民主""贏得了革命"的修正主义黑貨，恶毒地攻击毛主席关于武裝夺取政权的馬克思列宁主义的科学論断，其用心何其毒也。

很明显，吳火抛出《天下有道則庶人議》这篇毒草的阴险目的，是打着"庶人議"的騙人幌子，鼓吹"全民国家"和用"民主"取得革命胜利的修正主义反动观点，妄图抹杀在社会主义国家里还存在着阶級斗爭，为地、富、反、坏，牛鬼蛇神，爭取发言权，为他們攻击无产阶級专政，进行資本主义复辟制造輿論准备。对吳火利用杂文进行反党的罪行，必須彻底淸算！

伏虎战報

河北日报险峰兵团、飞跃兵团联合主办

一九六七年八月七日　增　刊　星期一　（武汉专刊）

蒋介石总是要强迫人民接受战争，他左手拿着刀，右手也拿着刀。我們就按照他的办法，也拿起刀来。

毛澤东

武漢風雲

——記7·20事件

乘着上海的“一月革命风暴”，迎着东北的新曙光，倾听那西南的春雷，欢呼着山东、山西和首都北京的伟大胜利，武汉的无产阶级革命派在前进，在坚强地迎着暴风雨前进！我们伟大的领袖毛主席和他的亲密战友林彪同志非常关心江城的文化大革命，亲自指示，国务院副总理谢富治、中央文革小组王力等同志组织一个解决武汉等地无产阶级文化大革命问题的班子。毛主席他老人家还亲切地指示：**你们要“三结合”，带红卫兵去。**

北航红旗战士井岗山、尹棨平、吴介之、胡慧娟四位小将兴奋地接受了这一光荣的重任，同谢富治、王力、空军政委余立金及工作人员张根成等同志一起，踏上了一场新的战斗的历程。

大江高歌传佳音，热泪盈眶迎亲人

“烟雨莽苍苍，龟蛇锁大江。”七月的武汉，仍然是战火纷飞、硝烟弥漫。陶铸、王任重的死党陈再道之流的黑手控制着武汉三镇的大权，“百万雄师”中一小撮混蛋横行在武汉三镇，他们利用掌握在手的公、检、法等专政工具对三钢（钢工总、钢二司、钢九一三）、三新（新湖大、新华工、新华农）、三司革联等武汉无产阶级革命派进行了血腥的镇压。革命派的鲜血染红了战旗，白色恐怖仍然笼罩着武汉的大地。

抬头望见北斗星，心中想念毛泽东。为捍卫毛主席的革命路线浴血奋战一年多的武汉无产阶级革命造反派，日日夜夜眼望着北京，时时刻刻想念毛主席。盼啊盼，终于盼来了毛主席派来的亲人。七月十四日中午十二点零五分，谢富治、王力等同志来到了具有光荣革命传统的江城。

东风劲吹红旗飘，黄河长江齐欢唱。激动人心的喜讯顿时传遍江城，革命造反派真是欣喜若狂，见着一辆小车过去，都以为是亲人来了，就喊：“王力同志来了！谢富治同志来了！”他们多么想马上见到亲人。

十四日晚，亲人来到红色据点新湖大和红武测，十六日又到了红色据点新华工，十七日第二次来到钢二司司令部所在地红武测。亲人带来了党中央、毛主席和林副主席的亲切关怀，亲人带来了中央文革小组对武汉革命派的巨大支持，带来了首都北京的声音。亲人走到那里，那里就响起“毛主席万岁！”的欢呼声。

七月十九日凌晨，这是许多三钢战士永远难忘的时刻。毛主席派来的亲人来到了三钢的根据地——红水院。

一个工人同志拿着几个“工总”的袖章走到首长跟前，问：“‘反革命组织’的袖章首长戴不戴？”谢富治和王力等同志亲切地笑了，一起戴上了“工总”的红袖章。工人同志激动地含着热泪高呼“毛主席万岁！”在场的那些被打成“反革命”、被赶出厂门的“钢工总”战斗队员内心都有说不完的激情。一年多来，他们一直受着资产阶级反动路线的残酷迫害，但是他们从未在敌人的大刀、木棍面前屈服，从未在“反革命”的大帽下低头，他们是顶天立地的硬骨头，而今天，他们在亲人面前都激动地流下了眼泪。

在红水院体育馆里，王力同志满怀自豪地说：“我们武汉有一支钢铁的无产阶级革命派！”谢富治和王力同志看到这些革命派，心情也很不平静，他们打心眼里爱护这些革命造反派。当武重一战斗队员跟谢副总理说：“我们都是‘野心家’。”谢副总理激动地握着他的手回答：“你们都是好同志！都是好同志！”当二十六中钢二司一战士说：“首长亲自接见我们‘牛鬼蛇神’。”谢副总理便严肃指出：“你们不是牛鬼蛇神，你们都是革命造反派。”小将们兴奋得跳了起来。

革命方知北京近，造反更觉毛主席亲。这是多么激动人心的会见啊！会场内外，大街小巷，到处响着革命造反派的声音：“祝毛主席万寿无疆！万寿无疆！”“誓死保卫毛主席！”

风云突变武汉城，恶浪翻滚东湖滨

狗急跳墙。武汉市党、政、军内一小撮走资派预感到他们的末日来临了，便发起狂来。一个蓄谋已久的反革命暴乱事件就要发生了。

十七日，谢富治和王力同志就来到“百万雄师”的总部，耐心地向他们做了不少工作，要他们停止武斗，“百万雄师”的头头们一脸假笑，心里那肯放下屠刀。十九日下午，谢富治和王力同志又去军区，亲切地同那些干部交谈，指出他们“支左”犯了方向路线的错误；“工总”的案要翻过来；“三钢”、“三新”是坚强的革命造反派；“一八”声明主流是好的……。并告诉他们：“大错小错，改了就行。”很多干部都看清了方向，而那一小撮走资派则更心慌了，竟对首长伸出了毒手。

晚上，首长回到东湖客舍二号楼，还未休息，受到陈再道之流煽动、蒙骗的八二〇一战士和老保“百万雄师”开始了一场反革命暴乱。手握长矛、腰插短刀、头戴钢盔的“百万雄师”封锁了武汉的街口；几百辆满载“百万雄师”和八二〇一的汽车、消防车包围了东湖客舍；一辆辆狂驰在马路上的百匪宣传车嘶叫着：“打倒王力！”“把谢富治揪出来！”“北航红旗滚出武汉！”等反动口号。

凌晨一时左右，三辆满载百万雄师的卡车冲进东湖客舍。情况十分危急，但首长首先想到的并不是个人的安危。谢富治同志把井冈山叫到跟前说：“你打电话给二司，要他们不要派人来，以免发生大规模武斗。”井岗山刚通了一会电话，与二司的线便突然被卡断了。北航红旗战士马上打电话把陈再道和钟汉华叫了进来。陈大麻子满脸假笑，气得红旗战士恨不得给他两拳，井岗山指着陈大麻子的鼻子，义正词严地警告他：“你必须采取有效措施保护首长的安全，如果发生了问题，我们饶不了你！”陈大麻子满脸横肉一抖，阴险地对谢富治、王力同志说：“这回要靠你们做工作罗！我们无能为力呀！”

楼外“百万雄师”高叫着“揪出王力！”“揪出谢富治！”首长准备出去，井岗山抢上前锁住房门，焦急地说：“首长不要出去！”谢富治和王力同志用亲切而又沉着的眼光回答了他，拧开门把，坚定地走了出去，大声地说：“你们要干什么？我就是谢富治！”“我就是王力！”这下使得刚才还气势汹汹的“百万雄师”一时便说不出什么话来。谢富治、王力同志把他们叫到草坪前坐下，耐心地向他们做起思想工作。

正在这时，突然又冲进好多辆卡车，卡车上挤满上着刺刀，架着机枪的全副武装八二〇一和公、检、法人员，这些家伙一下车便气势汹汹地把首长包围起来。几个幽灵般的黑影在人群中窜来窜去，歇斯底里地煽动“绞死王力！”“打倒谢富治！”暴徒们便上前殴打首长。张根成、井岗山、尹棨平、吴介之、胡慧娟紧紧围在首长周围，并且大声地说：“谢富治和王力同志是毛主席和中央文革派来的！你们不要受坏人煽动！”暴徒们那听这些，上来一、二十个人便把他们强行拉开，拳头、旗竿、藤帽，雨点般打在革命小将身上。

陈大麻子看着这群暴徒行凶，内心正洋洋得意之际，几个头戴钢盔的“百万雄师”围上前来给了他几拳，口里还不干不净地喊着：“打死王力！”陈大麻子吓得象个癞皮狗一样直挺挺躺在地上，一个“百万雄师”这时才认出不是王力，而是陈大麻子，便喊道：“别打错啦！这是我们的陈司令！”连忙对他鼓掌道歉。

暴徒们疯狂地向谢副总理和王力同志冲去。他们残暴地打了谢副总理，并把他拥进楼房里，还抓走了中央工作人员张根成同志和北航红旗战士尹棨平。而王力同志则被他们强行从后门绑架到了军区，在军区，他们竟猖狂地斗争王力同志，把矛头指向敬爱的中央文革小组。王力同志的脚骨被打折了，但他傲然挺立使敌人害怕得要命；王力同志的眼被打肿了，但他锐利的眼光象匕首刺得敌人发抖。暴徒们从王力同志嘴里没捞到半点好处，内心更加空虚，只得暂时把王力同志关在军区。

武汉“七·二〇”事件的消息很快传到了北京，北京城怒吼了！成千上万的首都工人、解放军和红卫兵立即走上街头，连续举行了声势浩大的示威游行。天上下着大雨，但大雨浇不灭心头的怒火，天上响着惊雷，但惊雷也盖不住愤怒的吼声。“用鲜血和生命保卫毛主席！”“谁反对中央文革就打倒谁！”“坚决支持武汉革命派！”“打倒百万雄师！”　**（下转第二版）**

•2• 伏虎战报 1967年8月7日 星期一

武 汉 风 云

（上接第一版） 在天安门前，在西山周围，在京西宾馆，到处是游行的队伍，到处是愤怒的吼声："打倒刘、邓、陶！""打倒陈再道！""陈大麻子算老几，老子今天来揪你，抽你的筋，扒你的皮，打倒你的后台刘会奇！"

造反派，心连心，亲人就是解放军

一辆百万雄师的汽车上绑架着北航红旗战士尹聚平同志，暴徒们吵着，骂着，象一群疯子一样。一会，听得他们的喇叭狂叫着："王力给我们抓住啦！"车上的家伙見目的已经达到，便指着尹聚平说："把这家伙揍一顿，扔下去！"这时候的小尹心里焦急的是首长的安全，早横下了心，死也不下去。几个"百万雄师"的人跑上来，强行把她扔下了车。她不认识路，只好假装要水喝走进一家，而这家恰好是"工总"的人，听说是北航红旗的小将，就热情地给她指路。尹聚平同志顺着路线走到了新武大，偶尔一回头，才发现那家工人的几个小孩一路上一直护送着她。顿时一股暖流涌上心头，真是造反派心连心，**"海内存知己，天涯若比邻。"**

二十日晚，王力同志由军区转到二十九师师部。又避开叛乱者的层层搜捕，转移到二十九师两个排的驻地。当两排解放军战士知道王力是毛主席派来的亲人，看到暴徒这样迫害中央首长，都难过得哭了。他们写下了决心书，表示了誓死保卫毛主席、誓死保卫中央文革的决心。后来，在武汉空军司令部派来的解放军的帮助下，王力同志终于安全地到达了机场。

这已是二十二日凌晨两点了，暴徒们还紧紧包围着东湖客舍，满载全副武装的"百万雄师"的汽车还不断地开往东湖，几辆卡车上载满全副武装的武汉空军部队的战士，插着红旗，也高速地开进了被暴徒们一直包围着的东湖客舍。暴徒们以为这是"自己人"，高兴地看着这几辆车过去了。这些蠢驴们根本没想到这是无限忠于毛主席的空军战士，他们是来救护中央首长的。北航红旗的战士们换上了空军的服装，跟着谢副总理，在空军战士的保卫下，机智地闯过了"百万雄师"的封锁线，终于来到了王力同志所在的机场。

东方升起了金色的太阳，飞机的马达在纵情歌唱，载着英勇战斗的中央首长和红卫兵小将的飞机就要起飞了。而"百万雄师"的一小撮混蛋们还辛辛苦苦地包围着空荡荡的东湖之滨，做着癞蛤蟆的美梦……。

千钧霹雳开新宇，万里东风扫残云

螳臂挡车，可笑不自量；乌鸦的翅膀，怎能遮住太阳的金光。胜利永远属于无产阶级革命派，胜利永远属于伟大的毛泽东思想。

七月二十二日下午四点五十五分，谢富治、王力、张根成和北航红旗的小将们回到了伟大祖国的首都北京，回到了红太阳的身旁。激动的泪花不知闪动在多少战友的眼里，"毛主席万岁！万万岁！"的欢呼声把三山五岳震荡。当井岗山、尹聚平、介炅之、胡慧娟四位小将走下银色的飞机，激动的心一刻也没有平静，就象久离家门回到亲娘身边一样，他们有满腹的话儿要对北航红旗的战友们讲。是啊！在这次不平凡的历程中小将们不知向中央首长和外地革命造反派学到了多少东西：他们对毛泽东思想是那样无限忠诚；他们对无产阶级革命事业是那样忠心耿耿；他们对革命造反派战友是那样支持和爱护……今后，一句话，象他们那样，永远跟着毛主席，干一辈子无产阶级专政下的革命！

二十五日，在雄伟的天安门城楼上，我们最最伟大的领袖毛主席的亲密战友林彪同志参加了首都百万军民支持武汉革命派的大会。北京城发出庄严的声音：武汉的革命派战友们，我们伟大的领袖毛主席支持你们！林副主席支持你们！党中央支持你们！中央文革小组支持你们！中国人民解放军支持你们！全国的无产阶级革命派支持你们！

看！武汉空军表了态，支持革命派；八一九九部队进驻红色根据地，支持革命派；东海舰队的舰艇开到武汉，支持革命派……。武汉在沸腾，扬子江在欢唱。无产阶级革命派扬眉吐气，陈再盗之流胆颤心惊。纸上的谣言终究掩盖不了血写的事实，受蒙蔽的同志们开始觉悟了，开始造反了！大桥上，一个受蔽的群众撕下臂上的"百万雄师"袖章，把它扔进了滚滚东流的大江；一些在首都的"百万雄师"人员在大街上贴出了他们的造反声明……今日的武汉三镇，正到处燃烧着革命造反的怒火。

迎着初升的太阳，沐浴着毛泽东思想的灿烂阳光，一个为无产阶级革命派掌权的新武汉要就诞生了！让我们放声歌唱：祝我们心中最红最红的红太阳毛主席万寿无疆！万寿无疆！

（原载北航《红旗》报）

千刀万剐陈再道

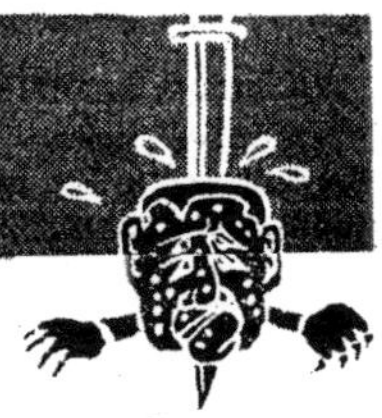

三 反 分 子 陈 再 道 罪 行 录

（续第十一期）

（7）一九六七年三月二十八日，陈再道在一次讲话中谈到："那有不犯错误的，我革命几十年了，王明统治时期，我跟着执行错误路线，罗总长在没有揭发出来之前，还要按罗的办。对有些问题有怀疑，也不敢讲。"（按：真是不打自招，可见陈从来就没有执行毛主席和林副主席的正确军事路线。）

（8）一九六七年一月四日，刘志坚被揪出来后，军区马上召集会议，统一口径说："我们执行了刘志坚的，也执行了军委的、林总的。"（按：两条路线的斗争是水火不相容的，既然你陈再道执行了刘志坚的反动军事路线，又怎么能执行林总的正确军事路线？执行刘志坚的是真的，执行军委的、林总的是假的。）

（9）一九六一年后，军委、林副主席一再指示要防止高级干部特殊化，要反腐化堕落之风。而陈再道却把军委、林副主席的指示当作耳边风，继续搞特殊化，小病大休养，无病也休养；消极怠工，生活腐化。

二、陈再道是贺、罗篡軍集团伸进武汉軍区的黑爪牙

（1）一九六三年陈再道派孔庆德到军区某步校"蹲点"，大搞单杠过硬，军事挂帅，陈也经常"亲临指挥"，罗瑞卿非常欣赏这一套，于是派八一电影制片厂人员把陈再道这套"经验"拍成电影，流毒全军、全国。

（按：陈再道不愧为罗的得意门生，忠实的走狗。）

（2）一九六四年，大野心家、反党分子罗瑞卿搞全军大比武，军事冲击政治，首先是从武汉军区搞起来的，并在武汉军区、北京军区设立试点，而对大军区（沈阳、南京）都信不过。

陈再道是紧跟罗的，在一次军委会上，反党分子罗瑞卿大谈特谈比武成绩，陈随声附和道："对比武成绩也不能估计过低。"

（按：陈为主子罗瑞卿效劳大唱颂歌，故得主子重用。）

（3）一九六二年反党篡军头子罗瑞卿来汉到底与陈再道密谋些什么？陈为讨好主子，当时组织专场舞会，陈搂罗妻，罗抱陈妻，翩翩起舞。

（按：何等亲热，他们到底有何奥妙的关系！？）

（4）当贺龙被揪出来后，陈惊恐万分，突然从北京打电话回来，叫××逼军区党委对贺龙问题表态，暗中施加压力，想保自己过关。

（5）陈、孔、韩是徐××的部下，叶明也是的，杨秀山是二方面军（贺龙）的。

（按：难怪陈、孔、韩与徐如出一辙，何其相似也！）

（6）陈再道是徐××的老部下，陈再道自一九二七年混进红军以后，便一直在张国焘、陈昌浩、徐××所控制的四方面军，陈再道在这一段时间内连年高升，到了一九三三年便当上了师长，一九三四年便当上了军长，可见张、徐是非常重用和信任陈的。

（7）在无产阶级文化大革命中，徐、陈又勾结起来，破坏文化革命。今年二月，徐来汉亲自主持会议镇压革命造反派，公然为陈再道之流撑腰。军区副司令员孔××在二月×日的一次讲话中说："陈司令员在北京开会，他们（指李迎希、张广才）说会已经开完了，已经回来了，使群众到处找。各大军区都在保毛主席（显然是借口）。徐××（当时在武汉）问：'武汉军区为什么停不下来？'我说：'我们的腰杆子不硬。'徐××说：'反对面怎么办？'我说：'抓？'徐××说：'对！各总部，各军部都要抓。'"

看！他们一唱一和，配合得何等好啊！

孔还说，徐××讲：陈（再道）、钟（汉华）有错误，但不是三反分子。军区文化大革命中，革命造反派揭发了陈再道不少严重问题，很多人，其中包括不少高级军官也认为陈是三反分子，是无疑的。而徐却为之打包票，这说明了什么问题？

（8）军队无产阶级文化大革命开始以后，陈再道之流怕得要死，千方百计地想扑灭文化大革命的烈火，他们制定了两个黑七条。第一次是陈再道从北京打电话回来的七条黑指示，后来军区党委根据这七条研究制定了另七条，内容有：取消军区的一切组织；×××、×××事件由军区组成调查团调查，其他任何人不得干涉；不准贴大字报；武汉军区没有犯方向路线错误等等。

（9）在一次会议上徐××说："别的军区有反革命（他把造反派当反革命），难道你们武汉军区就没有？我才不相信！要抓，你们还下不得手，不要怕，有武汉军区作后台！"在徐××的这个黑指示下，

（下转第三版）

千刀万剐陈䒗道

（上接第二版） 真正支左的负责同志相继被软禁和靠边站了；军区内的革命造反派政治干事、文化工作人员、秘书、司机等大批革命群众无辜地被关进监狱。

（10）在军委会议上，徐××保陈再道，说陈"不是三反分子，是毛主席司令部的人。"而当徐××靠边站的消息传到武汉后，陈再道急忙开动大批宣传车，在武汉三镇大肆"辟谣"。

（11）刘志坚在任中央军委文革小组组长期间，执行的是一条资产阶级反动路线，陈再道就是这条反动路线的积极推行者。一九六五年五月与八月两次军区党委会议纪要，完全是推行贯彻资产阶级反动路线，是按刘志坚的黑指示制定的。

五月——六月初，军区党委会议纪要，按照刘志坚的黑指示制定了"所属人员包括领导干部在内，分批分期进行整顿"、"摸底排队"、"审查作品和教材"，抽调参加四清人员的原则等等。都是转移斗争的大方向，把矛头指向群众的。

八月的纪要，规定了"谁有问题揭谁"，"动员家属职工给干部提意见"等等，竭力把矛头向下。

（12）陈再道和刘志坚早就是同伙，抗日战争和解放战争时期，陈曾任冀南东进纵队司令和冀南军分区司令时，刘曾任政治部主任、副政委等职。陈对人讲：刘志坚与我是冀南的。有一次刘志坚被俘，我下了决心，打了一个伏击，把刘志坚抢回来了，刘念念不忘此事。

（13）一九六五年九月，陈、钟传达军委一次办公会议时，宣传罗瑞卿一套折中主义的东西。说过去关于大保证、小保证的提法，还要研究。

三、与王任重、張体学結成死党，瘋狂鎮压地方文化大革命

1、正当革命群众奋起揭发湖北省委问题时，陈再道八方游说，为湖北省委大唱赞歌。

仅从去年九月十二日到十六日五天内，陈再道先后五次出席张体学安排的"庆祝会"、"欢迎会"，如九月十二日庆祝武大新校庆，九月十三日庆祝毛主席视察武钢八周年，九月十六日省委"欢迎"首都红卫兵大会。陈再道陪同张体学一道去湖北大学，亲自给保省委、抓"一小撮"有功的老保们行赏（每人一套《毛泽东选集》以示鼓励）。在这些大会上，陈死劲地吹捧湖北省委、吹嘘王任重、张体学，说他们领导"正确"，是"高举毛泽东思想伟大红旗的"，湖北省的文化大革命"既轰轰烈烈，又扎扎实实"等等。

2、打击造反派，大抓"一小撮"。

在文化大革命一开始，陈再道就介入了地方文化大革命，充当了王、张镇压造反派的得力帮凶。为了整垮武汉地区较早的革命造反组织新湖大红八月，陈耍尽了卑鄙手段，派特务打入我造反派内部，如武汉军区空军部队派到湖大来的观察员陶×，不但自己作侦探，而且出谋划策，指使一些叭儿狗打入红八月造反队里，陶还给一同学五块钱，叫他别泄秘，收集红八月的材料，上交省委。最后武汉军区竟用解放军冒充《解放军报》记者到造反派内部来摸南下同学和武汉造反派的问题。真是可恶之极！

3、保护王、张黑帮，与之结成死党。

去年十二月二十三日，毛泽东思想红卫兵十人押送王任重，乘民航二级专机由广州回武汉，省委得信后，上午在东湖甲所开常委会研究接王任重问题，张体学提出，陈再道、韩××同意，确定飞机在王家墩军用机场降落，绝对保密，机场周围，戒备森严，并专派副参谋长孙××到机场亲自指挥组织保卫工作，生怕这个黑帮被造反派揪走了。

六六年十二月三十一日和六七年元月十日（均是半夜）把张体学、王树成、刘惠农等二十余人，窝藏到滨江饭店（军区高级招待所），达半月之久，妄图保护他们，逃避群众的斗争，作贼心虚，怕泄漏风声，陈再道还命令其心腹爪牙，对滨江工作人员进行威胁，规定工作人员不得外出，有急事要外出者，必须二人同行，实行连环保。如果有泄密者，扬言要"按组织纪律论处"。

为了哄骗群众，陈还批准把张体学的地方汽车牌照改换成军用汽车牌照。去年十月，陈批准接受省委办公厅等五个单位的档案、文件，省市委内的一些黑头目趁机把大批黑材料塞进军区，甚至私人的金银首饰，蒋匪头象，伪币日钞，裸体油画他们也一概收下。在陈再道操纵下，军区成了省市委内一小撮走资本主义道路当权派的防空洞，成了黑帮藏污纳垢之所。

去年九月十日陈、钟指示军区，派干部每天到王、张家值班，以保障他们的安全。长期以来，部队内部散布"王任重是我们的好政委"，"张体学是二类干部"，陈再道三月二十二日还坚决果断地说："张体学是内部问题，充其量就是执行了资产阶级反动路线。"

4、疯狂镇压地方无产阶级文化大革命

（一）《二八声明》前

陈再道一直参与地方文化大革命。去年八、九月份，他经常出席湖北省委常委会议，十分卖力地为王任重、张体学执行资产阶级反动路线出谋划策。早在去年文化大革命开始，陈再道就抽调大批军队干部充当省委工作组，仅武汉地区就抽调二百四十二人。在中央八月发出撤消工作组的决定后，陈竟然还把参加工厂四清的三百七十八名干部在四清结束后留在原单位，镇压群众运动。在中央决定撤消工作组后，陈还抽调空军干部六百多名集训准备派往各院校充当"三员"，当有的同志向军区党委和省委提出批评要求按中央指示办事时，竟遭政治迫害。

去年九月十三日，在参加毛主席视察武钢八周年的大会上，张体学要求陈让湖北军区派十名干部，以《解放军报》记者身份到南下串连的同学中去窥探情况，陈马上照办了。当被革命师生识破，露了马脚以后，陈再道慌了手脚，急忙下达命令："此事不准涉及省委、张体学，湖北军区造一个假报告直接承担责任算了。"看陈再道为资产阶级反动路线卖命又何其毒也！陈再道是破坏中国人民解放军崇高声誉，离间军民血肉关系的罪魁祸首。

（二）从"二·一八"到"三·二一"

今年二、三月间，全国普遍出现了资本主义反革命复辟逆流，在湖北、武汉地区，以陈再道为首党内走资本主义道路当权派充当了资本主义复辟反革命逆流的急先锋。

1、残酷镇压无产阶级革命派

二月八日，在全国自上而下的资本主义复辟逆流中，以武汉的三钢为首的造反派发表了革命的《二·八声明》。声明尖锐地指出反革命复辟逆流在武汉的表现，号召革命造反派联合起来，粉碎这股逆流，将无产阶级文化大革命进行到底！虽然声明也有一些缺点和错误，但它的大方向全然没错，成绩是主要的。

但是，陈再道之流为了镇压无产阶级文化大革命，镇压真正的无产阶级革命派，竟恶毒地将《二·八声明》打成了反毛泽东思想的大毒草，反革命宣言书。他盗用中国人民解放军的名义，抛出了所谓"二·一八严正声明"，这是挑动群众斗群众，扼杀武汉地区文化大革命的第一颗黑色信号弹。

陈再道镇压群众的如意算盘是这样的，先整垮工总，再搞臭二司，红教工，最后再整新华工、新湖大等，这样，保守派自然而然起来。实际上在三月初到四月底，他的第一步已完全实现，第二步正在进行，第三步也开始了。

（1）陈再道对工人总部的残酷镇压。

陈再道曾对红卫兵的头头讲："对工人总部，我们在作报告写文章时都要注意，不明显提反革命组织，但群众可以说。有了舆论准备之后，我们再把他们打成反革命，把二司打成比工总更坏的反革命。"他又说："在战斗队员中，只提一小撮，实际上我们不能这样，而应该让他们靠边站，不给任何权力。如果有谁提出相反的意见，就说是'二·八声明'的流毒没有肃清。"

陈再道还说过："工人总部号称四十万，被反革命分子掌握了。工总九个头头，七个是严重不纯分子，干了很多坏事，破坏了文化大革命。""工总、二司把省委扣起来，实际上是把省委保起来。"

三月十五日陈再道在全市"抓革命，促生产"动员大会上，为"三·二一通告"出笼作最后的舆论准备，他宣称："当前一股反革命逆流被粉碎，无产阶级革命派正在实行大联合，右派组织正在土崩瓦解，党内一小撮走资本主义道路当权派篡夺的权正在被夺回来，无产阶级文化大革命形势大好。"

在这些颠倒是非，混淆黑白，极其露骨的黑话之后，"三·二一通告"终于出笼了，这个混蛋通告竟丧心病狂地勒令工总所属的组织一律解散，扬言工总被"一小撮反革命分子"操纵了，然后就开始了蓄谋已久骇人听闻的大规模逮捕，在半个月时间里，仅在武汉地区就逮捕了三千人以上。例如在电信分部一千零七十人中，逮捕四人，拘留十二人，军事登记一百多人，在那段时间内，夜间四出捕人，一片白色恐怖。有一次，陈再道"参观"井冈山大楼，大楼总指挥梅传和正被迫写检讨。陈再道看见他后，出门时恶狠狠地说："这种人真该枪毙！"于是梅马上就被捕了。

在这种反动势力沉重压迫之下，并未正式宣布解散的九·一三、红教工等也被迫解散了，武汉地区无产阶级文化大革命受到严重摧残。

（2）陈再道对二司政治迫害。

陈再道对二司问题曾有过四点指示：

1、二司过去做了一些事情，但后来大方向错了，特别是把矛头指向解放军。

2、二司犯了严重错误，曾和工总互相勾结，做了许多坏事，要把反革命分子揪出来。

3、二司的头头要对二司所犯的错误负责，要彻底揭发批判，要做出深刻检查，要把反动思想和反动分子揭发出来，办了坏事，要公开讲、到处讲，公布于众，表现出自己的革命精神，才能得到人民的信任。

4、二司的群众绝大多数是好的，都是青年，积极性高，他们有的犯了错误，也是受蒙蔽的，难免的，他们会觉悟的，会回到毛主席的革命路线上来的。

如果说，这些话还只是公开讲的，还比较客气（当然仍可以嗅出其中的杀气），那么在暗地里就更加杀气腾腾了："工总干了的，二司干了，工总没干的，二司也干了"。这么一来，二司是十恶不赦的反革命组织必定无疑了。

三月黑风中，在陈再道指示下，支"左"办公室经常通令二司负责人去军区交待问题，军区经常恐吓二司，说要抛二司的材料。并以帮助二司整风为名，派出大量宣传队，做基层组织分化瓦解工作，并要二司整风办公室把二司负责人拉出来斗。

在陈再道的授意下，一些保字号组织空前活跃，四处调查，收集二司材料，收集二司同学在工厂、农村串连时的情况，企图进行第二次秋后算账。

两个多月血淋淋的事实证明，陈再道执行的带枪的刘邓路线比不带枪的刘邓路线更残酷，更狠毒。

（3）陈再道对新华工等坚定革命造反派的恶毒打击。

有些糊涂人，以为陈再道真的分什么"香花派"、"毒草派"，其实他根本不管这些。对保守派，他就拼命扶植，对造反派就残酷镇压。例如："八·一七"在"二·八声明"上是毒草派，陈再道仍不客气把它解散了。对新华工等造反派，他大耍两面手法，明里说要依靠，背地里要打倒。

（4）对各专县革命派的血腥镇压。

1、天门：全县造反派人数达七十余万，现所有造反组织被解散，打成反革命组织，一共逮捕了一千三百六十五人，轻者五花大绑，重者脚镣手铐。

2、汉川：汉川县仅有一个最大的农民造反组织"毛泽东思想红卫军汉川县革命造反委员会"，达六万人之多，军区派出的支左指挥部去后不几天，就与武装部（3·28通告后）发出通告，宣告为反革命组织，不准改头换面，化整为零，由武汉去的7250部队（空军的）成立了支农办公室，专门对付汉川县革命造反委员会。在全县实行白色恐怖，逮捕三百余人。未逮捕者均被请罪和游街、斗争。先锋区平均每大队斗争三人。由武装部毛部长亲自带一批人去主持斗争大会。当我们与支农人员谈时，他们回答说："我们都是经过军区了的，向上级汇报了的，不会错。"

3、黄石市：黄石市共三十个革命造反组织，其中革命职工红色造反联络总部、学生二司、三司、小教红色造反团是全市最大的革命造反组织（达三万人），均被打成反革命组织，其他则被勒令解散。

2、大力扶植保守势力

堂堂武汉军区副司令员韩东山三月二十六日在黄石一次讲话中说："什么保皇派，都是好同志"。这句话代表了被陈再道控制的军区支左的意见。陈再道对造反派恨之入骨，对保守派亲如家人，请听他的高论：

"红卫兵（指三字兵）在运动初期，他们和你们一起大破四旧、大立四新还是有成绩的"。（与新湖大、新华工的一次谈话）"大专兵起来，不是什么资本主义复辟，他们的前途大得很"。"大专兵成份好，听话，积极分子多，不要整他们，有时还要依靠他们。造反派对大专兵采取的态度是错误的，我们的支左方针没有变，只是更明朗，对红卫兵（即三字兵）的看法没有变"。

四月十九日，陈再道要钟汉华从北京打电话给军区，竟盗用江青同志的名义，胡说什么"红卫兵"不解散，中学红卫兵与大专院校红卫兵不同等等。

武汉军区支左就是根据陈再道这些话作为支持保守派的指导方针，他们还指示武装部出面，自上而下地组织了一个什么"红武兵"，使得原职工联合会得以改头换面，死灰复燃。（下转第四版）

第四版　　伏虎战报　　1967年8月7日　星期一

（上接第三版）

（三）《六·四通告》出笼的前前后后

1、陈再道负隅顽抗，伺机反扑

尽管陈再道利用他手中控制的一部分军权，大搞资本主义复辟，但他终于抵抗不了毛主席的革命路线，四月初，中央发表一系列反复辟文件，敲响了陈再道的丧钟。他见势不利，慌忙改变策略，推脱罪责，企图蒙混过关。

陈再道胡说："我是打倒之列么？""我从来就不是在打倒之列，敌人总是想打倒我"。"你们造反派就是想当官，你们把我整垮，让你们来当司令员"（这是硬的一套）。陈又"亲热"地说："你们（指三新）都是革命左派，你们怀疑我们不依靠你们，不依靠你们依靠谁？什么事情不是都同你们商量吗？"（这是软的一套）。

陈再道软硬兼施不能奏效，他就来个金蝉脱壳，往下推，他在四月二十日与二司在京辩论时说："我没有叫他们（指保守派）搞你们，这是群众在下面搞的。"

最后，陈再道为塞住造反派的口，公然炮打无产阶级司令部，说什么："我执行了毛主席的路线，也执行了刘志坚以主席名义发下来的错误东西。"陈再道尽造谣言，真是罪该万死。

2、打击亮相干部，破坏革命的三结合

（1）设立伪"抓办"，搞资本主义复辟。

湖北省"抓革命，促生产"的领导班子的名单，是王任重、张体学推荐并亲自拟的，并与陈再道商量过，"抓办"原来提六人：姜一、张旺午、夏世厚、林木森、江仲华、徐立三（这六个人都是张体学信得过的）。因夏世厚民愤太大，经过省委革命干部三次谈判才将夏从"抓办"中拉出来，后又把张体学的心腹许道琦、韩宁夫、李夫全、阎钧等拉进"抓办"。韩宁夫原被军区定为打倒对象，只因能信得过他，也拉进"抓办"。姜一的问题很严重，都是陈再道亲自点名进"抓办"的。夏世厚的民愤极大，可是陈再道一再为他打包票。三月下旬，陈再道、韩东山对省人委造反组织负责人说："你们不要夏进'抓办'，不太对的！我看夏世厚同志没多大问题，他很有干劲。"还说什么："夏年纪都五、六十岁了，不会再搞女人的，再不出来就只能退休。"

更令人气愤的是，陈再道对张旺午这个大叛徒也是百般庇护，极力往他脸上贴金。在一次接见中，陈再道对代表说："张旺午脑子很活，能力强，湖北省十几年来的计划数字，都背得出来，是个活算盘。"湖北军区副司令戴×，在一次会议上说："刚才请上台的（指韩宁夫、许道琦、张旺午、姜一），都是站出来革命的，你们都得听他们的，他们还是你们的领导，他们怎么说，你们就得怎么做"。这实际上是代表陈再道讲这番话的。

陈再道曾说："现在形势要求我们抓一下生产，在抓革命促生产中做出成绩，才能得到中央的支持，才能争取群众。"一句话泄露了天机。

除了省级"抓办"外，其他各级情况相似，都是原班人马上台，他们上台之后，对革命造反派实行反攻倒算，气焰极其嚣张，资本主义复辟在湖北武汉是非常严重的了。

（2）以各种手段，打击亮相干部

陈再道一面向省委干部施加压力，搞个什么六十四人集体亮相，另一方面用各种方法，打击亮相到革命造反派一边的领导干部，出来一个打击一个。

年迈花甲的老干部孟夫唐同志，前不久，明确表示支持造反派，给陈再道极大的威胁。故他迫不及待地擅自几次公开点了孟夫唐同志的名，把实行资本主义复辟的罪名推到孟头上。在武汉部队五·二一文件中公开点孟夫唐的名说："……目前省市委内以反革命修正主义分子王任重为首的一小撮走资本主义道路的当权派和一些别有用心的人，如孟夫唐之流已经赤膊上阵了，他们在幕后煽阴风，点鬼火，进行了一系列的阴谋活动。"在五月下旬陈在一次内部讲话中声嘶力竭地叫嚷："刘真、孟夫唐要公开点名，这是逆流！什么对解放军提意见？就是逆流！要公开批判。"明目张胆地炮打周总理，伪造四点指示，企图将孟夫唐同志一棍打死，以杀鸡吓猴，压制其他革命干部出来亮相。

任爱生、刘真、张华等同志出来亮相之后，也不断遭到陈再道的迫害。在陈再道指使下，特动分子多次抄他们的家，还把任爱生同志强行绑架，残酷毆打，非法审讯，逼得他跳楼自杀，生命垂危。

薛朴若同志最近毅然辞去市"抓办"副总指挥之职，坚决支持造反派，更击中了陈再道要害，于是又对薛施加压力，却找不到什么借口，便企图对薛下毒手，有一次，几十个特动分子去抓薛朴若同志，幸亏薛不在家，才得以幸免。

但是威胁、恫吓、抄家、绑架、白色恐怖，吓不倒真正的革命领导干部，在广大造反派支持下，革命领导干部的队伍日益壮大。

3、陈再道贼心不死，垂死挣扎。

陈在五月下旬一次内部会议上说："现在问题是我们对七条（注：指新公校与钟汉华签订的七条协议）采取什么态度，如果承认了，他们就继续进攻。"看陈再道对革命造反派是寸步不让，寸利必争。那么，我们就应针锋相对，寸土必争，寸权必夺。

六月四日，陈再道盗用武汉部队名义，抛出一个臭名昭著的"六·四公告"，公然为自己开脱罪责，并且以攻为守，变本加厉，更猖狂地向造反派出击。"六·四公告"是挑起大规模武斗黑风和反革命暴乱的黑色信号弹，在"六·四公告"的背后，陈再道唆使《百万雄师》有组织、有计划地纠集红武兵暴徒配合专政机构袭击革命造反派，并公然派出整连整连的解放军全部化装穿便衣到郊区农村用金钱收买、物质利诱等可耻手段组织不明真相的农民拿起大刀长矛、冲担等屠杀我革命小将、革命造反派战友，他们的鲜血染红了江城。这是多么触目惊心的景象！

四、殘酷地鎮压軍內文化大革命，大搞白色恐怖

1、陈一手镇压了军区大院内的无产阶级革命造反派

把最早的造反组织，如"古田"、"老三篇"、"捍卫毛泽东思想战斗团"打成反革命组织，逮捕了这些组织的勤务员及一般战士，军区里的造反组织全部被整垮，未捕的成员受到监视。

三月初，在武汉军区大礼堂召开了文工团、体工队、军乐队的大会（这次没有政治部），宣布他们的罪行后，又抓了六个同志，其中四个男同志，两个女同志。当时两个女同志说："我没罪，我不去！"士兵就推她们，拉她们，她们高呼口号："毛主席万岁！"望着台上的毛主席画像痛哭。会议主持者就命令拉下幕布遮住毛主席画像。演员们和被捕的人都流着泪高呼："我们要见毛主席，我们要见毛主席！"一时悲壮的口号声震撼着礼堂。最后士兵用绳子将两个女同志五花大绑地拖走了……留下的同志含泪送着他（她）们，嘴里不断呼喊着："保护八条，不许打人……"请看：陈再道之流就是这样对待我们军区的革命造反派的。

2、残酷打击革命领导干部

李××（武汉军区副司令员）张××（武汉军区副政委）是坚决支持革命造反派的，是和陈再道一伙势不两立的。陈软禁了他们二人，企图置李、张于死地而后快。

3、陈再道是镇压军事院校文化大革命的罪魁祸首

军事院校的革命造反组织几乎全部被打成反革命组织，全部被整垮。

（1）空字×××部队的无产阶级文化大革命受武汉部队党委的领导，自开展运动以来，该部队的革命师生响应我们伟大领袖毛主席的号召，向党内一小撮走资本主义道路的当权派展开猛烈的进攻。在斗争中，他们成立了《红色造反者总部》。参加的人数为全校总人数的百分之九十三点三，陈再道极端仇视《红总》，竟敢动用无产阶级专政的工具对革命造反派实行镇压。在陈再道的授意下，在二月二十一日武汉空军部队司令员亲自挂帅上阵率领二千名武装人员包围《红总》，逮捕十八人，斗争一百六十人，共三百三十六人次，反省、请罪、检讨更不计其数，把一个响当当的革命造反组织就这样整垮了。

（2）二月二十四日上午，陈再道派出大批武装部队把武字×××部队（护士学校）围得水泄不通，大门、小门、窗口前都布满了带枪的岗哨，逮捕十余人。事后又派进工作组，纠合老保成立《护校指挥部》，在"镇压反革命逆流"、"整顿护校"的口号下，对革命造反派进行残酷的镇压，将《10·5红色造反团》等六个组织打成反革命组织，惨遭所谓"行政管制"、"群众监督"的有六十多人，这些同志几个月来一直没有人身自由。

（3）镇压高级步校群众运动的情况：

高级步校《红色造反兵团》、《红旗》等革命造反组织，在文化大革命中揭发了军区党委的问题，二月二十一日陈再道对高级步校进行了残酷的镇压，陈再道的得力助手副政委叶×和副司令员杨××先后上阵，带二十个连的武装部队备有轻重武器大炮、高射炮、高射机枪等围剿《红色造反兵团》等革命组织，先后逮捕十六人。第一个被逮捕的人高喊"毛主席万岁！"刚喊一声就有人钳住这个战士的喉头，口里塞进了手帕，然后五花大绑，惨不忍睹，叶×和杨××公开宣布"红色造反兵团"、"红旗"为反动组织，宣布黄×、郑×等二十五人为反动组织骨干，除逮捕的人外，其余都交群众监督，对一般成员大搞人人过关，人人检查，原《抗大职工造反团》、《反修》、《满天红》等战斗队都得交待跟着《红色造反兵团》、《红旗》所干的"坏事"。杨××在二月二十三日全校人员会议上公开盗用中央军委的名义炮打中央军委，镇压群众，他说："军区采取这么大的行动，你们想军委不知道吗？军区调动一个连的兵力都要经过军委批准！"，"黄×郑×是中央军委指名要抓的"。这是天大的谎言，最无耻的手段。

五、打倒大淫棍、大恶霸陈再道！

一九六×年×月×日的下午，陈再道将三个少女（都只有十六、七岁，分别在武汉部队内的不同单位工作）叫到他的办公室里，斥退左右人员，于是"命令"（他惯于这样滥用"司令员"的职权）这三个女子把衣服脱得精光，然后就在长沙发上发泄他的兽欲，同时要另两个女子扶住他。仅这三个女子就曾先后一起被陈再道奸污过四次。革命的工、农、兵同志们，这个千刀万剐的陈再道就是这样惨无人道地残害我们的阶级姊妹的！

陈再道平时在办公室里只是吃吃烟、喝喝茶，根本没搞什么工作，根本不学毛著，前几年陈再道连毛著也没有。陈再道一回到家里（他家布置得很奢华），更是过着官太爷的生活。他随身总要带几个女战士、警卫人员，他有时靠在椅上，把脚一伸，别人就得连忙替他脱鞋子。热天睡觉时，总要年青护士为他打扇，直到他睡着为止，有时就是开电扇，叫护士念书报为他催眠。被陈再道污辱过的女子以数十计。

陈自一九六五年六月起以养病为名，行玩乐之实。一九六六年六月在北京，七月至天津、八月赴北戴河，后又返回天津。在此之前曾到福州、庐山、上海、广州等地，真不愧为一个出色的游玩专家。在游玩期间，爬山、钓鱼、游泳，样样不落后，钓鱼一坐数小时，游一次千把米，也算颇为辛苦。他的夫人、小姐也随他飞机来，火车往，分享了快乐。

在我国遭受暂时困难时期，毛主席、党中央、国务院曾指示不许修建楼堂馆所，而陈却抗拒这些指示。一九六一年陈再道曾亲自带领人马勘察了地点，要在东湖修一座象广州军区珠江宾馆那样的高级招待所，并已在经费物质上做了一些准备，因有人反对，省委不划地皮。此计未成，又指挥他的亲信姚×等人，大兴土木，赶修"曹家花园"招待所，购置高级设备，花了百余万元。在此前后在总医院修了漂亮的高干病房，在麻城龟峰山修了七幢阔气的别墅，在汤池修了非凡的高干病室……大量挥霍人民血汗，直到六六年六月，他还指示要扩建茶港俱乐部，扩建"曹家花园"招待所。

一九六一年以后，林副主席、军委一再指示要防止高级干部特殊化，要反腐化堕落之风，军委发布了防止高干特殊化的指示，而陈竟把林副主席、军委的指示当作耳边风，继续搞特殊化，小病大休养，无病也休养，工作消极怠工，而搞女人却非常积极。

陈再道饱食终日，无所用心，专门想些与众不同的歪点子来打发日子。他有一套汽车打兔法：夜间把轿车开到南湖机场，叫随从在地上，他坐在车上，大开车灯，满场飞跑追捕兔子，就随手乱指叫，随从们捉住给他，以助玩乐。陈再道钓鱼也别致得很。他一出去钓鱼，就是两乘车子，带上护士、秘书、警卫、电台、沙发等，专门到别人的养鱼塘里去钓。有一次，他在武昌×地的养鱼塘里钓鱼，当地公社农民不认识这位"大麻司令"，不许他钓，找他扯皮，他就连忙叫人发报，调了几车解放军去无理地把那农民抓到武汉军区来。

陈再道又是一个凶恶残暴的大恶棍，他的军阀作风极其恶劣，对手下的军官动不动就是打骂、怒斥。一九五×年有一次某师在黄陂搞军事演习，陈再道去"巡视"，用飞机侦察出一点问题，他就顿时暴跳如雷，即刻下令全师官兵紧急集合，当众打那师长两个耳光，怒骂道："他妈的，你是吃干饭的……"连师长都如此，可想而知陈再道对其他手下人是如何了。

陈再道的儿子们也学他的"榜样"，接下了他的衣钵。陈再道的大小子陈东平，一贯不务正业，腐化堕落，专爱看些西方下流电影，收听外国的黄色音乐，甚至与敌台联系，与苏修、美帝勾结，被我公安机关捕获判刑。但陈再道包庇这个叛国通敌的反革命儿子，对我专政机关的判刑大为不满，认为处理重了，常骂道："这不是共产党做的事"。陈再道的小儿子陈南平在中学里就一贯偷东西，调戏强奸女学生多人。这些事陈再道知道却不管教，后来还把这个不齿于人类的狗屎塞到空军部队工作，陈再道还让这个坏蛋入了党，当上学习"毛著"的"积极分子"，并搞了录音到处放，欺人盗誉。陈南平一九六〇年入伍，飞黄腾达，现在升为相当于"上尉"级干部了。

（转自《武汉烈火》报，本报有删节）

（续完）

蒋介石总是要强迫人民接受战争，他左手拿着刀，右手也拿着刀。我们就按照他的办法，也拿起刀来。 毛泽东

向军内「走资派」发动总攻击

省会革命造反派和京津代表集会欢迎武汉战友

海内存知己，天涯若比邻，革命造反派，永远心连心。在举国同庆八届十一中全会一周年的时候，八月七日下午省会革命造反派和京、津无产阶级革命派代表近三万人，隆重举行“欢迎武汉革命造反派战友来保传经大会”，热烈欢迎武汉“钢工总”、“钢二司”、“钢九·一三”的英雄战士。

当大会开始，十二名武汉战友走到台前同与会同志见面的时候，体育场上万臂齐挥，掌声雷动，武汉和保定战友同声欢呼毛主席万岁，万岁，万万岁！

保定工人总部代表，首先代表保定工人总部、红代会和省地市机关革命造反派致欢迎词。他说，我们满怀胜利的喜悦和战斗的豪情，热烈欢迎武汉革命造反派战友来保定传经，我们为武汉战友在同党内、军内一小撮走资本主义道路的当权派进行殊死斗争中所取得的伟大胜利而欢呼！我们向武汉地区浴血奋战的革命造反派战友致敬！天下造反派心连心。我们保定地区与武汉有同样的遭遇，让我们与武汉地区和全国的革命造反派战友携起手来，并肩战斗，夺取无产阶级文化大革命的彻底胜利。

“钢工总”常委、驻首都联络站负责人李向阳同志首先代表三钢全体战士和武汉无产阶级革命派，向保定市，向河北省全体革命造反派致以无产阶级文化大革命的敬礼！向英雄的四八〇〇部队致敬！他说，我们带来了武汉地区革命造反派对你们最衷心的感谢和战友的问候！你们的战斗不是孤立的，我们武汉和全国无产阶级革命派做你们的坚强后盾，胜利一定属于你们！他说，我们虽相隔千里，心是连在一起的，你们在二月黑风中，也同样受到了压抑，这里有一个“八一”被打下去了，我看可以翻案，一定要翻案。谁打击革命派，谁就是破坏无产阶级文化大革命。

钢二司代表薛大川和钢九·一三代表周芳同志在大会上说，我们不怕坐牢，不怕砍头，坚持斗争，最后终于在毛主席和党中央的亲切关怀下，在谢副总理、王力同志的亲自支持下取得了胜利。这也是保定革命造反派、全国革命造反派的胜利。武汉、保定革命造反派心连心。我们坚决支持保定工人总部、保定红代会和省、地、市机关革命造反派等革命造反组织，支持你们向党内、军内一小撮走资本主义道路的当权派进行斗争的革命行动，誓与你们战斗在一起，胜利在一起。让我们团结起来，共同保卫毛主席和毛主席的革命路线。

武汉战友报告完后，保定革命造反派向武汉战友赠送了毛主席著作、毛主席塑像等作为纪念。

接着，保定革命造反派代表发言，表示在当前革命造反派向党内、军内一小撮“走资派”开展大搏斗中，要很好地学习武汉革命造反派的革命精神和斗争经验。我们要学习他们在同党内、军内一小撮“走资派”的斗争中不畏强暴、不怕坐牢、不怕砍头、彻底革命、造反到底的革命精神；学习他们团结广大革命群众，同一小撮“走资派”打人民战争的战略战术；学习他们以文攻武卫的方针，用革命的两手对付反革命两手的斗争方法；学习他们一贯高举毛泽东思想伟大红旗，一贯忠于党、忠于毛主席，在紧要关头敢于用生命和鲜血保卫毛主席、保卫毛主席革命路线的无产阶级感情。与会革命造反派热烈高呼：向武汉战友学习！誓与党、政、军内一小撮走资本主义道路当权派血战到底！誓死保卫毛主席！

打倒陈再道，解放全中原！

打倒马辉，解放河北！

在大会上，北京地质学院东方红、新北大北京公社、河北北京师范学院东方红、北京政法学院政法公社、北京机械学院东方红和天津南开大学卫东、天津大学八·一三、河北轻工业学院红旗等革命造反派代表发了言。他们说，在全国两条路线斗争新高潮的推动下，在武汉革命造反派英勇斗争的鼓舞下，保定新的革命风暴已经来临了。以工人总部、红代会为代表的革命造反派向着党内、军内一小撮走资本主义道路的当权派发动了总攻击，这是百分之百的革命行动，完全符合伟大领袖毛主席的战略部署，完全符合斗争的大方向。我们京、津两地的革命造反派坚决支持保定革命造反派这一革命行动，坚决和以工人总部、红代会为代表的保定革命造反派团结在一起，战斗在一起，胜利在一起，让全国的无产阶级革命造反派联合起来，彻底摧毁资产阶级司令部。

他们的讲话，时时被高昂的口号声所打断，保定、武汉和首都、天津的战友同声高呼口号，充分表现了革命造反派的战斗友谊，和彻底摧毁资产阶级司令部的坚定信念。

“海内存知己，天涯若比邻。” 保定革命造反派和首都、天津等地革命造反派代表，在体育场隆重集会，热烈欢迎武汉“钢工总”、“钢二司”、“钢九·一三”革命派战友来保定“传经送宝”。图为大会会场。

首都和来自全国各地革命派代表在京隆重集会

誓与张宣革命派风雨同舟生死与共

愤怒声讨张宣地区党内军内一小撮走资本主义道路当权派疯狂镇压革命造反派的滔天罪行

北京消息 正当亿万革命群众奋起毛泽东思想的千钧棒，向党内、军内一小撮走资本主义道路的当权派发起总攻击的关键时刻，首都和全国各地革命造反派代表四千多人，于七月三十日晚，在北京地质学院隆重集会，紧急声援浴血奋战的张家口、宣化地区无产阶级革命派战友。

首都工代会铁路筹备小组、向东机械厂革命职工联合战斗团、北京地质仪器厂东方红总部、邮票厂革命造反总部；首都大专院校红代会北航红旗战斗队、清华大学井冈山兵团、北师大井冈山公社、地质学院东方红公社、新北大公社革命造反总部、首都中等学校红代会师大女附中红色造反团、女八中东方红公社等革命派组织。还有河北省保定、石家庄、唐山、秦皇岛、邯郸、邢台等地的革命造反派，以及来自武汉、内蒙、河南、上海、天津、山东、山西、新疆、湖南、四川等地的无产阶级革命造反派，共一百四十多个无产阶级革命派组织的代表都参加了大会。

处在水深火热中的张宣地区无产阶级革命造反派赴京告状团的一千多名同志，抬着我们最最敬爱的伟大领袖毛主席的巨幅画像，高呼着“头可断，血可流，毛泽东思想不可丢！”“可挨打，可挨骂，誓死不低革命头”的战斗口号，参加了大会，受到了首都和来自全国各地的无产阶级革命派战友的极其热烈的欢迎。

张、宣地区无产阶级革命派的代表，张家口大中学校红代会负责人首先在大会上发言。

（下转第二版）

伏虎战报

河北日报 险峰兵团 飞跃兵团 联合主办

一九六七年八月十日

星期四　第十三期

·2· 伏虎战报 1967年8月10日 星期四

革命派接管《河北日报》就是好得很！

本报评论員

洪流滚滚，战鼓冬冬，红旗漫卷，凯歌阵阵。正当全国亿万人民向党内、军内一小撮走资本主义道路当权派发起总攻击的关键时刻，保定无产阶级革命派，毅然决然地接管了被混进军内的资产阶级代表人物操纵的《河北日报》，这一革命行动是何等的好啊！我们为这一革命行动拍手叫好，我们为这一革命行动热烈欢呼！这是用毛泽东思想谱成的响彻云霄的凯歌，是毛主席革命路线的又一伟大胜利。

报纸是专政工具之一，不是为无产阶级专政服务，就是为资产阶级服务，二者必居其一。被混进军内的资产阶级代表人物操纵的《河北日报》，顽固地站在资产阶级反动立场上，**"颠倒是非，混淆黑白，围剿革命派，压制不同意见，实行白色恐怖，自以为得意，长资产阶级的威风，灭无产阶级的志气"**，充当了镇压革命造反派的急先锋。为党内、军内一小撮走资本主义道路当权派搞反革命政变，实行资本主义复辟，摇旗呐喊，鸣锣开道，大造反革命的舆论准备。无产阶级革命派，对为资本主义复辟服务的《河北日报》，能不管不问吗？不能，绝对不能。对于被混进军内的资产阶级代表人物操纵的《河北日报》，不造反，不接管，就是对人民不负责，对毛主席的革命路线不忠，就是犯罪。

毛主席教导我们说："凡是要推翻一个政权，总要先造成舆论，总要先做意识形态方面的工作。革命的阶级是这样，反革命的阶级也是这样。" 被混进军内的资产阶级代表人物操纵的《河北日报》，从新生那天起，不仅没有想革命造反派之所想，急革命造反派之所急，说革命造反派之所说，而是对革命造反派施加种种压力，公开站在资产阶级反动路线一边，对保守派的文章大登特登，成为资本主义复辟的吹鼓手。无产阶级革命派冲破重重阻力，六月四日出了一张高举毛泽东思想伟大红旗，坚定地站在毛主席革命路线一边，为革命造反派说话的报纸，这下可动摇了混进军内资产阶级代表人物的宝座，他们对这张报纸怕得要死，恨得要命，凭借他们多年的反革命经验，施出种种卑劣手段，给革命造反派妄加了这样那样的罪名，扣了一顶又一顶的大帽子，把一张为革命造反派说话的报纸扼杀在摇篮里，始终没有和广大革命群众见面。对谬误百出，毒草丛生，流毒全省，危害极深的《河北日报》，对为反革命阶级大造舆论的《河北日报》，还不把它砸个稀巴烂，还不把这个极其重要的舆论阵地夺回到无产阶级革命派手里，更待何时？！因此，保定无产阶级革命派接管《河北日报》就是革命的行动，就是有理，就是好得很。

接管《河北日报》的革命行动，触怒了混进军内的资产阶级代表人物，赤膊上阵，操纵其保守组织，极尽造谣、污蔑、攻击之能事，必欲置革命造反派于死地而后快。对他们所散布的种种谬论必须予以驳斥。

"你们炮打无产阶级司令部"。可怜的围着指挥棒转的保皇先生们，什么叫无产阶级司令部？你们的脑子里有这个概念吗？一九六六年《红旗》杂志第十五期社论《夺取新的胜利》中指出："什么叫无产阶级司令部？就是坚决拥护毛主席、坚决拥护毛泽东思想的，坚决执行以毛主席为代表的无产阶级文化大革命正确路线、坚决拥护文化大革命十六条的，坚决反对反革命修正主义的，坚决反对资产阶级反动路线的。"难道不管是什么人，不管执行的什么方针、政策、路线的一个机关都叫无产阶级司令部吗？难道组织"黑粉反"，镇压革命造反派，左一个通告，右一个通令，把矛头对准革命群众，把革命左派组织打成"反动组织"加以取缔、解散，把大批的革命闯将打成"反革命"，抓捕入狱，妄图把文化大革命的熊熊烈火扑灭，这叫无产阶级司令部吗？我们绝对不允许任何人假借"反对炮打无产阶级司令部"的名义，来整革命造反派，来压制革命。因而，"炮打无产阶级司令部"的罪名，永远也扣不到坚决听毛主席的话，誓死捍卫毛主席、誓死捍卫毛主席革命路线的革命造反派头上。

"你们对抗国务院、中央军委指示"。这是贼喊捉贼，反咬一口。《中共中央、国务院、中央军委、中央文革小组关于人民解放军支持革命左派群众的决定》中指出："在这场伟大的无产阶级向资产阶级的夺权斗争中，人民解放军坚决站在无产阶级革命派一边，坚决支持和援助无产阶级革命左派。"混进军内的资产阶级代表人物，置中央指示而不顾，公开的明目张胆的站在资产阶级反动路线一边，对保守派关怀备至，拍手叫好，从政治、经济上多方予以支持，利用所控制的《河北日报》大登特登他们的文章；对无产阶级革命左派，视为洪水猛兽，恨之入骨，百般刁难，千方镇压，妄图把革命造反派一口吃掉，借以复辟资本主义，恢复他们的同党所失去的"天堂"，难道这不是他们的所作所为而形成的历史吗？无可辩驳的事实说明，"对抗国务院、中央军委指示"的不是接管《河北日报》的无产阶级革命派，而正是混进军内的资产阶级代表人物。

"树欲静而风不止"。保定无产阶级革命派接管被军内资产阶级代表人物所控制的《河北日报》，这仅仅是夺权斗争的开始。**"敌人是不会自行消灭的。"** 他们决不会甘心丢失这块宣传阵地的，混进军内的资产阶级代表人物正操纵保守势力，为其反夺权进行舆论准备，妄图来一次大的反扑。用毛泽东思想武装起来的革命造反派，必须百倍警惕，坚决执行"文攻武卫"的政策，从最坏处着想，作好一切必需的准备工作，严阵以待，敌人胆敢来犯，就给以毁灭性的打击。混进军内的资产阶级代表人物，你们跳吧，动手吧，赤膊上阵吧，带着你们的虾兵蟹将一齐来吧，我们无产阶级革命派已布下了天罗地网，单等你们跳出来，把你们送入历史的垃圾箱。

"金猴奋起千钧棒，玉宇澄清万里埃。" 无产阶级革命派的战友们奋斗吧，把已经接管过来的《河北日报》牢牢地掌握在自己手里，把它办成高举毛泽东思想伟大红旗的报纸，把它办成为革命造反派大喊大叫的报纸。

"天生一个仙人洞，无限风光在险峰。"

彻底清算陈再道的滔天罪行

粟裕七月二十七日上午传达了七月二十六日十二时至二十一时由在北京中央委员、军委常委、各大军区负责同志参加的中共中央扩大会议，斗争了陈再道

这次从武汉共来了五个人，陈再道、钟汉华、八二〇一部队（独立师）的牛师长、蔡政委、武装部部长。住在京西宾馆，前两天北京同学到宾馆去揪陈，冲上了九楼，谢副总理出面作了工作，才没再揪。

武汉白色恐怖由来已久，陈再道大批抓人，已抓起来五百多人，并竭力散布对中央的不满，他反对毛主席发动和支持的夺权斗争，军委八条也不传达，恶毒地攻击总理。他支持组织"百万雄师"，这个组织共有九个头头，其中有四个是八二〇一部队的负责人，如牛师长等，还有王任重的娘头、武汉杂技团的夏菊花，王玉珍，市组织部长辛甫等。他们从一月开始就和无产阶级革命派对立。就是在中央六·六通令下达后，他们仍大肆挑起武斗。陈再道提出"以武斗制止武斗"彻底消灭革命，所以六、七月份武斗最厉害。

周总理在七月十四号去武汉处理这些问题，对双方做了工作，当时造反派表现很好。谢富治、王力等从昆明抵武汉（七月十五日）后，总理委托谢、王留下，继续处理一些问题。总理返京后，谢、王在武汉分别接见了武汉造反派和"百万雄师"，二十日开会时，谢、王指出，"百万雄师"是保守组织，军区支左犯了方向、路线错误，当场牛师长跳起来指责谢、王，后来派来独立师包围会场闹事，并绑架了王力同志，**（下转第四版）**

（上接第一版）

他代表张家口大中学校红代会、工交"革司"、财贸"革司"、文教卫生"革司"、宣化工交"革司"、宣化地校"红旗"、中国人民解放军总字793部队"红联"、"革命造反团"、总字一六〇部队"革联"、"红兵"、总字432部队"红色"、中办一局干校"红司"等革命派组织，向首都和来自全国各地的无产阶级革命派汇报了张、宣地区无产阶级文化大革命的情况，用大量的铁的事实，愤怒控诉了混进张家口地区党、政、军内一小撮走资本主义道路的当权派，顽固地站在资产阶级反动立场上，疯狂镇压革命造反派的滔天罪行。他说：我们张宣地区的无产阶级革命派，都是在两条路线斗争中同当地党内一小撮走资本主义道路的当权派搏斗中，从白色恐怖中冲杀出来的。但是，混进党内、军内的资产阶级代表人物不甘心于自己的失败，刮起了自上而下的资本主义复辟的"二月黑风"，精心策划了"二·一〇"反革命事件，把大批革命闯将打成"反革命"、"牛鬼蛇神"，解散了几百个革命派组织，至今仍然对抗中央军委命令，拒不为革命派战士和革命派组织平反。与此同时，扶植保守组织市、区"联总"，向革命造反派反攻倒算，一连制造了"五·二"、"五·三"、"五·一六"、"六·五"、"六·七"、"六·十九"、"七·八"等流血惨案。特别是从七月二十三日开始，残酷镇压参加声援武汉革命派游行的张家口革命造反派。"联匪"使用木棒、铁棍、石头、毒气、高压水枪等凶器，杀害我革命造反派，用断水、断电、断粮、断交通围困我革命造反派，现在张宣地区的无产阶级革命派正在浴血奋战。他说：我们有信心，有决心，有勇气击退资本主义复辟的反革命逆流，我们要杀回张家口去，不把张宣地区的无产阶级文化大革命进行到底，不把张宣地区党内、军内一小撮走资本主义道路的当权派揪出来，斗倒斗臭，誓不罢休！

在张、宣地区无产阶级革命派代表血泪斑斑的控诉中，与会的革命派战友不断地愤怒高呼："打倒刘邓陶！""打倒陈再道""打倒王金山、贺明！""打倒带枪的刘邓路线！"

首都大专院校红代会、首都中学红代会、首都工代会，以及来自河北保定、石家庄、唐山、秦皇岛、邯郸、邢台等地革命派组织的代表先后在会上发言。他们严厉谴责了张、宣地区党政军内一小撮走资本主义道路当权派疯狂镇压无产阶级革命派的罪行，纷纷表示坚决支持张、宣地区无产阶级革命派战友的斗争，誓与张、宣地区的革命派战友团结在一起，战斗在一起，胜利在一起！

在暴风雨般的掌声中，武汉"钢二司"王玉昆代表武汉地区革命派，以及河南"二七公社"、内蒙古"三司"等来自全国各地的革命派组织在大会上发言。他热情地赞扬张、宣地区无产阶级革命派为夺取无产阶级文化大革命的彻底胜利所进行的英勇斗争，坚决表示要和张、宣地区的革命派风雨同舟，生死与共，并严正警告张家口的陈再道，必须向毛主席的无产阶级革命路线投降，如果继续顽抗，就是死路一条！

大会在热烈的掌声中一致通过了《关于张家口、宣化地区目前形势的联合严正声明》和《给中央军委、中央文革小组的致敬电》。

（首都声援张、宣地区无产阶级革命派大会供稿）

热烈欢迎武汉战友加入保定工人总部

武汉赴石代表正式加入狂人公社

常青松柏根連根 革命造反派心连心

本报讯 石家庄五〇一、师大东方红、狂人公社等革命造反派，于七月三十日在狂人广场举行大会，热烈欢迎武汉革命造反派战友。

武汉造反派“钢工总”代表应邀在大会上做了关于武汉形势和斗争经过的讲话。他的讲话受到极大欢迎。“钢工总”代表在讲话中表示坚决支持石家庄市革命造反派，认为五〇一、东方红、狂人公社的大方向始终是正确的，并且申请加入狂人公社。石家庄狂人公社批准了他们的要求，给“钢工总”的代表戴上了狂人袖章。武汉革命造反派还发表了对石家庄市文化大革命形势的严正声明。

北京红代会、工代会、农代会的赴石代表，哈军工红色造反团代表，河南“二七公社”等代表和保定河北农大红色造反团代表也出席了大会。农大造反团代表在热烈掌声中发言，表示坚决支持武汉革命造反派的一切革命行动，坚决支持石家庄市革命造反派的一切革命行动。

又讯：八月二日，武汉地区工人总部赴保战斗队的代表，在给西郊各厂无产阶级革命派报告武汉形势的大会上严正声明：保定工人革命造反总部是响当当的革命造反组织，我们坚决支持这个组织的一切革命行动，并申请加入这个组织。保定工人革命造反总部的代表当即宣布：热烈欢迎武汉战友光荣地加入我工人总部。这时，雷鸣般的掌声和口号声连成一片，充分表达了武汉革命造反派与保定革命造反派的战斗情谊。

打倒马辉 解放河北

共青团河北省委机关“打虎”、“五·七”革命战斗队

“四海翻腾云水怒，五洲震荡风雷激。”

震撼世界的无产阶级文化大革命，在我们伟大领袖毛主席的亲自领导下，已经进入一个更加深入、更加广阔的新阶段。形势一派大好。保定的革命形势也是一派大好，而且越来越好。在毛主席的革命路线指引下，在英雄的四八〇〇部队的坚决支持下，革命造反派紧紧掌握斗争大方向，对中国赫鲁晓夫及其在河北的代理人开展了革命的大批判。革命派经过浴血奋战，增强了斗志，丰富了经验，壮大了队伍，团结了群众，大大提高了战斗力。革命洪流，汹涌澎湃，一泻千里，势不可挡。

但是，必须看到，在前进的道路上阻力还很大。正如十六条所指出的：“文化革命既然是革命，就不可避免地会有阻力。”当前，这种阻力主要来自军内一小撮走资本主义道路的当权派。

事实不正是这样吗？！

为什么“二·一一”以来，革命造反派惨遭镇压，革命组织被横加取缔？

为什么保守派死灰复燃，气焰嚣张，有恃无恐？

为什么刘、李死党打而不倒，疯狂反扑？

……

就是因为河北有个地下黑司令。这个黑司令，就是河北军区内以马辉为首的一小撮走资本主义道路的当权派。不把马辉等一小撮揪出来，河北保定的文化大革命就有夭折的危险。

一年来文化大革命的历史告诉我们，马辉等一小撮混蛋，确实是混进军内的走资本主义道路的当权派，是中国赫鲁晓夫在河北军内的代理人。

就是他们，和刘子厚、林铁狼狈为奸，长期以来对抗毛主席的革命路线，顽固地推行刘、邓的反革命修正主义路线。

就是他们，在文化大革命的烈火点燃起来以后，同刘子厚、李悦农这帮反革命修正主义分子结成死党，参加黑会，共谋镇压革命造反派的阴谋诡计，并为其保镖，涂脂抹粉，提供讲台，窝藏黑材料。

就是他们，刮起了复辟资本主义的“二月黑风”，公开扶持保守势力，实行白色恐怖，武装镇压“八一”红卫兵，制造了骇人听闻的“二·一一”反革命事件，组织黑“粉反”，把上百个革命造反组织打成“反动组织”，把上千名革命群众无理逮捕。

就是他们，镇日、取缔、解散了大批造反组织后，拼凑“大杂烩”，炮制“三凑合”，千方百计地想把本来就是党内走资本主义道路的当权派和大叛徒王洪儒、谢辉、杨一辰人等拉入“三凑合”，进行资本主义反革命夺权。

就是他们，操纵保守势力，不断挑起事端，制造了一次又一次大规模的武斗流血事件。

就是他们，野心勃勃，控制三级公安等专政机关，大搞资产阶级专政；控制报社、电台等宣传工具，为资本主义复辟大造舆论。

就是他们，在“六·二二”、“六·二三”事件后，极力扶植保守组织，拼凑“小乌合”，与革命造反派分庭抗礼，挑动群众斗群众。

就是他们，收买、操纵保守势力，造谣惑众，混淆视听，挑拨革命造反派与英雄的四八〇〇部队的关系。

就是他们，在军区内部，压制支持革命造反派的指战员的正确意见，实行资产阶级专政。

铁的事实证明：马辉等一小撮混蛋，推行的是一条地地道道的、不折不扣的资产阶级反动路线，他们是河北保定镇压革命造反派、破坏无产阶级文化大革命的罪魁祸首，是河北军内走资本主义道路的当权派，是彭德怀、罗瑞卿之流在河北的代理人。

毛主席教导我们：“凡是反动的东西，你不打，他就不倒。”马辉等一小撮反革命修正主义分子是不会自行消灭的，他们绝不会自行退出历史舞台。在两个阶级、两条道路、两条路线决战的关键时刻，马辉等一小撮必然进行垂死挣扎。无产阶级革命造反派，必须提高警惕，做好充分准备，严阵以待，坚持文攻武卫，随时击退马辉等一小撮策动的反革命新反扑，及时揭穿他们的阴谋，严防武汉事件在保定重演。

我们无产阶级革命派，天不怕，地不怕，神不怕，鬼不怕，坐牢不怕，杀头不怕，造马辉等一小撮的反是造定了。为了保卫毛主席，为了捍卫毛主席的革命路线，为了无产阶级千秋万代的革命事业，我们就是要和马辉等一小撮血战到底！

无产阶级革命造反派和革命的同志们，紧急动员起来，勇敢地投入这一新的战斗，坚决地把马辉等一小撮揪出来，踏上千万只脚，叫他永世不得翻身！

向军内“走资派”发起总攻击的战斗号角吹响了。一时站错了队，参加保守组织的同志们，希望你们猛醒，迅速回到毛主席的革命路线上来，大造马辉等一小撮的反。受蒙蔽无罪，反戈一击有功。

我们希望河北军区内真正要革命的同志，勇敢地杀出来，和我们一起，大造马辉等一小撮的反，坚决捍卫毛主席的革命路线！

让我们更高地举起毛泽东思想伟大红旗，迎接新的更大的暴风雨！让我们更加紧密地团结起来，**“下定决心，不怕牺牲，排除万难，去争取胜利。”**

马辉不投降，就叫他灭亡！

胜利一定属于坚持毛主席革命路线的无产阶级革命派！

蒯大富七月三十日的讲話

地点：清华井岡山兵团总部

全国造反派战友们：你们好！

你们来自于全国各条战线，经过枪林弹雨的考验。今天请你们到这里来，给我们提了不少宝贵意见，对今后工作想了不少办法，为此我代表红代会向你们学习，向你们致敬！

最近全国文化大革命形势大好。武汉跳出了个陈再道，只能说明阶级敌人穷途末路，狗急跳墙，快要灭亡了，这是一件大好的事情。七月二十五日林副主席说：“我们正没有题目作文章，这下子陈再道给我们出了个题目，我们就要抓住题目大作文章。”又说：“武汉的问题不只是一个武汉的问题，而是全国的问题。”王力同志说：“文化大革命还要进行一年，还要一年收尾。”另外，七月二十六日人民日报上，中央提出几个新的口号：“誓死保卫林副主席，誓死保卫中央文革！”（过去群众提过这个口号）一定能把钻进党政军内“走资派”揪出来。同志们！能不能这样想：誓死保卫林副主席，是不是说有人在反对林副主席，誓死保卫中央文革，是不是说有人在反对中央文革，到底谁在反对林副主席、谁在反对中央文革？陈再道给我们出了个什么题目？不是很清楚了吗！文化大革命还要一年战斗，一年收尾，也就是说还要两年。下面一年到底解决什么问题呢？我认为军队的问题解决彻底了，政权也就好解决了。所以，下一年的战斗任务，就是专门解决各大军区的军权问题。如果各地的军权都解决了，估计只要一年全国各省也就可以建立革命委员会了。再加上一年扫尾那就很好了。

毛主席教导我们：**任何地方都存在着两条路线的斗争，而且一定要反映到军队中去。**刘少奇十七年来，一直想篡党篡政，他不是笨蛋，他一定要篡夺军权。所以，军队中不仅有着两条路线的斗争，而且两条路线斗争还是相当尖锐和复杂的。另外，军队不介入地方，地方不介入军队，国外不介入国内，国内不介入国外，全都是假的，而且早就互相介入了。

同志们，我们都是来自五湖四海，为了一个共同的目标走到一起来了。这个共同的革命目标，就是保卫毛主席！保卫林副主席！保卫中央文革！将无产阶级文化大革命进行到底。我们目标是一致的，就要互相配合，互相支援。同志们！刘少奇、邓小平、彭德怀等都是落水狗了。现在到底谁在反对林副主席，我认为一定还有活狗。陈再道到底有多大能耐？调动一个营，要经军委批准，调动一个团，要经毛主席批准。陈再道有多大的狗胆，调动8201一个师镇压群众。另外其它地方出现军队镇压群众现象，是谁背着林副主席盗用军委名义镇压群众。所以我们认为军队走资派有后台、陈再道的后台是徐向前！让我们把徐向前揪出来，斗倒！斗臭！今年八一节要隆重庆祝一个月，要大作文章。最后我们坚决支持全国造反派，向那些在粉碎反革命复辟逆流中经过考验的造反派学习。我们红代会同学坚决再下去，和你们并肩战斗，直到取得最后胜利。

第四版　　伏虎战报　　1967年8月10日　星期四

要特别警惕象赫鲁曉夫那样的个人野心家和阴謀家，防止这样的坏人篡夺党和国家的各級領导。

毛泽东

一九六三年，中国的赫鲁晓夫刘少奇，为了在河北推行他的修正主义路线，派他的臭妖婆王光美到河北来搞四清。刘子厚一见喜在心，跑前跑后真殷勤。

王光美在桃园按照刘少奇的黑指示搞了一套形"左"实右的黑经验。一九六四年刘少奇来河北，又捧出王光美来放毒。

臭妖婆在全省县委书记干部大会上大肆贩卖她反对毛泽东思想的黑货。刘子厚在主子面前连连称赞，并大量印发讲稿，流毒全国。

一九六四年河北召开工作会议，到会干部提出反右倾。刘子厚怕暴露他这一小撮修正主义分子，提出反中游。这一黑主张立即得到刘少奇的支持。

一九六四年八月，中央批转了华北局反右倾的报告，吓坏了刘少奇，赶忙让他的臭妖婆到天津指示刘子厚写反中游的报告给他送来，与中央精神唱对台戏。

一九六五年十月，刘少奇和刘子厚密谈。刘少奇提出两种教育制度、两种劳动制度、国营企业放给社办等问题，刘　　就在河北忠实地执行了这一黑指示。

毛主席亲自主持制定了"二十三条"，宣布了刘修形"左"实右的路线的破产。后有人控告刘子厚拒不执行时，他怕的要死，得知刘少奇支持他的做法时，他才放下了狗心。

刘少奇与刘子厚是一丘之貉，刘少奇是修正主义的总后台，必须把他们一起彻底打倒，斗垮、斗臭！叫他们永世不得翻身！

（省委机关红色造反兵团供稿）

彻底清算陈再道的滔天罪行

（上接第二版）并殴打谢、王，王力一只眼睛被打充血，身上打青多处，一只脚趾被打骨折，还把王力同志、北航红旗战士拉去游街，从早上六点到下午三点，二十一号陈还派保卫科长和两连战士监视谢、王，后谢、王对保卫科长做了工作，他觉醒了。绑架王力的一个营长也觉悟了，他们表示要用生命保卫首长。东海舰队闻讯调了十艘军舰开进武汉。这时，杨成武代总长交待陈再道必须绝对保证王力的生命安全。在斗争王力时陈再道还向谢副总理施加压力说：这次我是无能为力了，看你们的了。

中央得知消息后，周总理亲自带两架专机（一架周总理坐，一架空机），准备接谢、王等人。周总理秘密通知了军区，别人是不知道的，但在周总理离飞机场一百公里时，陈再道派了二十五辆汽车，载着"百万雄师"的人和战士，亲自到了机场，当时空军发现情况不对，马上给总理拍报，改降在另一机场。一架空机降在原机场，陈再道一看没有总理，他名是欢迎实是想扣留总理。陈的秘书揭发说，陈再道在得知总理要来时就说：周总理来了又怎么样？还不是与王力一样。陈真是嚣张至极。

在这次会上很多人揭发了陈再道，粟裕代表了国防工业口揭发了陈。河南军区第二政委何运洪发言吞吞吐吐，总理制止他说，叫你来是揭发问题，你不想说就不要说了。

这次周总理表扬了后来转变过来的保卫科长，独立师营长，两连战士和空军。在会上大家追责陈再道："你为什么要反对中央？"他只答，我是个老粗。

陈再道一直对中央不满，在八届二中全会没被选为中央委员就怀恨在心。他对中央精神不传达，他搞的完全是张国焘的那一套。那个牛师长本来是广州军区不要的，他拉去任独立师长。

这次武汉事件是一个反革命政治事件，在文化大革命中发生这件事是很严重的，要把陈斗倒、斗臭，会上已定他为反革命修正主义分子。这次他在武汉蒙蔽许多人，流毒很广，要尽快消毒，现在要向"百万雄师"做工作，同时也要向革命派做工作，一定要维持革命秩序。

（转自《武汉三司革联》报）

简明新闻

武汉战友在河北

▲武汉钢工总、钢二司等组织的革命战友，十二人应邀来保定，在农大红色造反团出席欢迎会并给保定造反派做报告，会上并发表了支持保定造反派的声明。

▲八月一日武汉战友又应邀与农大红色造反团一起去四八〇〇某部驻地举行联欢，受到广大指战员的热烈欢迎，四八〇〇部队并向武汉钢工总、钢二司代表赠了精装「毛选」等礼品。

▲省委红色造反兵团举行了「欢迎武汉革命造反派代表传经送宝大会」，邀请武汉钢二司来保定代表介绍了武汉战友与陈匪再道的斗争事迹，报告了武汉地区文化大革命的大好形势，受到了热烈欢迎，武汉战友在会上表示坚决与保定造反派风雨同舟，战斗在一起，胜利在一起。

▲武汉造反派坚决支持石家庄革命造反战友，在石家庄造反派最近举行的集会游行中，武汉钢二司代表同河南二七公社、首都工代会、红代会代表一起参加大会，发言支持，游行时高举大旗走在队伍的最前头，并戴上了「狂人」的袖章。在抗大通讯兵校「狂人」小将被老保围攻时，武汉钢二司同河南二七公社共五名战士，又冒险给被围的战友送饭，几百名围攻的老保缩着脖子，不敢妄动，大长造反派志气。

▲八月七日上午，四八〇〇部队举行盛大欢迎会，邀请武汉「钢工总」、「钢二司」、「钢九·一三」代表，报告他们向刘少奇和王任重、陈再道一伙反革命分子顽强斗争的英雄事迹和经验。部队负责同志李光军、王猛、李忠信等亲切地接见了他们，王猛同志在会上首先讲了话，他说，武汉革命造反派取得的胜利，是对全国革命造反派的有力的支援，现在你们来到保定，这是对保定文化大革命的有力推动，是对保定革命造反派的最大支持，也是对一小撮走资派的沉重打击。

武汉「三钢」的代表介绍了武汉的大好形势，和斗争经验。会后，「三钢」的代表，把经过战斗洗礼的三个红袖章送给部队首长，部队首长向代表们赠送了毛主席瓷像、毛主席像章、毛主席著作等礼品。

▲八月七日中午，武汉「三钢」战友，和保定革命造反派代表举行了座谈会，交流了战斗经验。他们一致感到，保定市和武汉虽然相隔千里，但文化大革命的形势非常相似，他们表示一定互相支援，并肩战斗，团结在一起，战斗在一起，把党内、军内一小撮走资派统统揪出来斗倒、斗臭。会后，武汉革命派战友还向保定革命派赠送了礼品。

北京消息

▲最近北航红旗地质东方红战士，批斗了反党分子彭德怀，清算彭德怀反毛泽东思想的资产阶级军事路线的罪行，会后并把彭贼与张贼闻天一起游街示众，真是大快人心。

▲反革命分子陈再道被揪到北京。在京造反派已组织起批斗陈再道联络站。

▲最近清华大学井冈山兵团公布了四月十四日审讯反动资产阶级分子王光美的记录，这个大扒手极不老实，为其狗夫刘少奇和她自己的罪行百般狡赖，革命群众读后无不愤怒万分。

▲八一前夕，北京航空学院红旗战士抓到湖南省反革命修正主义分子张平化，进行了批斗。

▲日修驻京记者砂间一良、刚野纯一，一贯反华，在我国搞间谍活动，罪恶滔天，七月二十八日晚，北京红卫兵小将在人民大学斗争了这两个坏蛋，并发出驱逐令，令其立即滚出中国。

红色工交

毛主席语录

我們現在思想战綫上的一个重要任务，就是要开展对于修正主义的批判。

《在中国共产党全国宣传工作会議上的讲話》

首都工交口革命造反联絡委員会主办

第十八期　一九六七年八月十日　星期四　本期共四版

續　李富春同志談工交战綫上两条路綫的斗爭

在经济战线上，特别是工交战线上的两条道路、两条路线的斗爭，一直是很激烈、很尖銳的。刘少奇、邓小平、薄一波等党內最大的一小撮走資本主义道路的当权派，在社会主义革命和社会主义建設中，完全采取了一条同毛主席为代表的无产阶級革命路线相对抗的反革命修正主义路线。这条反革命修正主义路线，长期以来，特别是十七年来，一有机会就干扰和反对毛主席的无产阶級革命路线。一九四九年至一九五二年经济恢复时期，刘少奇等竭力鼓吹資本主义，鼓吹“四大自由”，鼓吹巩固新民主主义秩序；一九五三年至一九五五年，大力推行苏联修正主义的一套东西；一九五六年，在毛主席《**论十大关系**》这篇具有划时代意义的重要讲話的鼓舞下，我国国民经济的发展出現了跃进的形势，一九五七年的经济形势也很好，就在这时候，他們又别有用心地起来反“冒进”；一九六一年至一九六二年，他們利用三年大跃进在实际工作中产生的某些缺点，大肆攻击三面紅旗，把当时的经济情况說得一团漆黑，提出什么“非常时期”和“恢复时期”，把八字方針汚蔑为“非常时期的非常措施”。在工业企业管理上提出了修正主义的《工业七十条》，在农业上搞包产到戶，主张单干、主张分田到戶。在制定第三个五年計划大綱的时候，毛主席提出了“**备战、备荒、为人民**”的战略方針，提出了**以农业为基础，以工业为主导，加强国防，建设××××，逐步实行农业机械化**等战略任务，党內最大的一小撮走資本主义道路当权派又起来吹冷风，反对“高指标”，歪曲发展国民经济的总方針，提出第三个五年計划首先要解决吃穿用，同毛主席的一系列正确指示唱对台戏。

集中起来，党內最大的一小撮走資本主义道路当权派的反革命修正主义路线，在经济战线上的主要表現是：把社会主义革命和社会主义建設割裂开来，只讲生产斗爭，不讲阶級斗爭；只讲生产力的发展，不讲生产关系的变革；只讲经济基础，不讲上层建筑；只讲物质刺激，不讲政治挂帅；只搞“专家”路线，不搞群众运动；迷信外国設备，忽視自力更生；提倡爬行主义，忽視技术革命；强調中央集中，反对分級管理，收厂、併厂，大搞資本主义托拉斯；强調一长制，反对党委領导下的一元化，反对群众的首創精神。总之，就是反对阶級斗爭，反对无产阶級专政，反对群众路线。一句話，就是反对光焰无际的毛泽东思想。他們根本不相信中国人民在毛主席的領导下，是一定要走社会主义道路，也一定能走社会主义道路的。按照他們的这一套反革命修正主义路线走下去，我国的社会主义经济就要解体，資本主义就要复辟，就会变无产阶級专政为資产阶級专政。当然，他們这是痴心妄想，他們的阴謀是永远不会得逞的。十七年来，在经济战线上，毛主席的无产阶級革命路线还是占主导地位的，我国社会主义建設的一切伟大成就，都是伟大的毛泽东思想胜利，都是毛主席的无产阶級革命路线战胜党內最大的一小撮走資本主义道路当权派的反革命修正主义路线的結果。

我們要坚决执行以毛主席为代表的无产阶級革命路线，在我們的一切工作中，一定要高举毛泽东思想伟大紅旗，以阶級斗爭为綱，坚决地相信和依靠群众，相信和依靠人民解放軍，相信和依靠干部的大多数。一定要以高屋建瓴，势如破竹的姿态，坚决走群众路线，相信群众的首創精神，彻底批判党內最大的一小撮走資本主义道路当权派在经济战线上所推行的那一套修正主义的东西。

社論　坚持政治挂帅

——评《工业七十条》

我們办企业跟修正主义办企业的根本不同点，就在于我們坚持无产阶級政治挂帅，毛泽东思想挂帅。

但是刘、邓、彭、薄一手炮制的与毛主席《**鞍钢宪法**》相对抗的《工业七十条》，却疯狂反对政治挂帅，反对用毛泽东思想办企业。他抹煞阶級斗爭，大搞物质刺激，妄图腐蝕工人阶級队伍，瓦解社会主义经济，实行資产阶級专政。

毛主席教导我們：“**整个过渡时期存在着阶级矛盾、存在着无产阶級和资产阶级的阶级斗争、存在着社会主义和资本主义的两条道路斗争。**”十七年来的历史証明，工交战线上两个阶級、两条道路的斗爭同样是十分复杂、十分尖銳、十分激烈的。因此我們办企业，必須高举毛泽东思想伟大紅旗，以阶級斗爭和两条道路的斗爭为綱，“**抓革命，促生产**”，把革命放在首位。这是我国企业沿着社会主义的道路发展的根本保証。但是《工业七十条》及其炮制者，在通篇近两万字的黑条例中，根本找不到“阶級斗爭”的字样。相反，却大肆鼓吹“生产第一”的謬論，說什么企业的“根本任务”是“全面完成和超額完成国家計划，增加社会产品，扩大社会主义积累”，企业的“首要任务”是“保証产品数量和提高产品质量”，企业的一切工作都要“从生产出发”，从属于生产。否认阶級斗爭，鼓吹“生产第一”，把生产放在首位，他們的目的就是要麻痹工人阶級的革命警惕性，瓦解工人阶級斗志，为其实現和平演变、复辟資本主义服务。照他們的办法去做，那就会逐漸忘記阶級斗爭，变成鼠目寸光的糊涂人。我們的企业就会象苏联一样，形式是社会主义的，內容是資本主义的，由无产阶級专政的支柱变为資产阶級专政的支柱。其用心何其毒也！

毛主席教导我們：**政治是统帅，是灵魂。“政治工作是一切经济工作的生命线。”**工业企业是政治挂帅，还是金錢挂帅？这是区别社会主义企业和資本主义企业的根本标志之一。在資本主义社会里，資本家是靠剝削，靠物质刺激金錢挂帅来办企业。我們就是靠政治挂帅，靠毛泽东思想来办企业。

《工业七十条》及其炮制者根本不提毛泽东思想。反革命修正主义分子邓小平在討論和制定《工业七十条》的过程中，一再把工人群众学习毛主席著作誣蔑为“形式主义”、“社会强迫”、“苛捐杂税”等等，竭力反对用毛泽东思想武装工人群众的头脑。而他們在《工业七十条》中却用大量的篇幅突出各种奖金、津貼和利润提成，大搞物质刺激。他們的这一套办法，是从苏修集团那里搬来的。苏联的赫鲁晓夫們大肆吹捧物质刺激，胡說物质刺激是“社会主义生产发展的动力”，是从社会主义过渡到共产主义的“桥梁”和“道路”。其实，物质刺激是他們射向工人阶級的一顆糖衣炮弹。苏修大搞物质刺激，引导人們斤斤計較个人利益。資产阶級思想大发展，反革命经济主义大泛濫。人們的革命意志受到腐蝕，工人內部的团結受到破坏。工人、农民和一般知識分子同一小撮“走資派”的收入差距越来越大，社会的阶級分化加剧。中国的赫魯晓夫刘少奇及其一伙，搞物质刺激，无非是为了转移群众的視线，使人們为追求多得几块錢而忘記了无产阶級的根本利益，忘記无产阶級专政，为他們夺取无产阶級的政权打基础。还是工人同志們回答得好：我們“要掄起鉄鎚砸烂物质刺激的黑招牌”，我們“要毛泽东思想，决不要几个臭錢！”

我国革命和建設的实践証明，搞社会主义，要从精神和物质两条战线向前进攻，以精神战线带动物质战线。毛泽东思想就是这两条战线的火車头。只要我們永远高举毛泽东思想伟大紅旗，“**抓革命，促生产**”，就可以保証我們社会主义企业永不变色，使我們的社会主义建設永远多快好省地向前发展。

第二版　　紅色工交　　1767年8月10日

彻底揭露"克乱求治"的修正主义本質

——《工业七十条》的出籠及其背景

我們伟大的领袖毛主席，在一九六〇年三月，对鞍山市委关于工业战线上的技术革新和技术革命运动开展情况的报告，作了很高的評价，热情贊揚說："**鞍钢宪法在远东、在中国出现了**"。并在批語中指出了社会主义工业企业管理的五项原則，就是：**坚持政治挂帅，加强党的领导，大搞群众运动，实行两参一改三结合，不断开展技术革新与技术革命运动**。从根本上确定了中国自己办企业的道路。一年之后，中国的赫魯晓夫刘少奇及其同伙邓小平、薄一波之流，炮制出了与"鞍钢宪法"相对抗的"国营工业企业工作条例"（草案），即《工业七十条》。

他們炮制《工业七十条》，明目张胆地提出，就是为了要"克乱求治"。反革命修正主义分子薄一波，在討論起草《工业七十条》的第一次会议上說："现在工业企业的管理，已经乱得一塌糊涂了……因此，我們这次起草这个条例，要有明显的倾向性、針对性，要解决問題"。邓小平在一九六一年秋季討論通过《工业七十条》的会上說："工业七十条要有針对性，就是为了专门治乱的，这几年（指大跃进以来）把企业管理搞乱了，就是要把这种混乱局面扭转过来。"而中国的赫魯晓夫刘少奇則胡說什么"工业七十条，基本是好的，三年有痛苦的经验教训……沒有三年大跃进，七十条是出不来的。"这一小撮党內最大的走資本主义道路当权派，就是这样异口同声，一个腔調地大肆攻击大跃进以来把工业企业管理搞"乱"了，要搞个什么"克乱求治"的措施，把局面扭转过来。《工业七十条》就是在这样一种反动思想的指导下，由这伙反革命修正主义分子精心策划，于一九六一年春开始起草的。

二

大跃进是我国社会主义革命和社会主义建設的伟大的革命群众运动。正是这个运动把一切束缚生产力的旧秩序打乱了，这种"乱"是革命的乱，是正常的乱，这个乱好得很。这是亿万革命群众在三面紅旗鼓舞下由毛泽东思想巨大精神力量转化为巨大物质力量，奋发图强建設社会主义的革命运动。但是，中国的赫魯晓夫刘少奇及其同伙，却把它誣蔑为"大轰大嗡"，胡說什么这是"运动群众"，而不是群众运动。他們把它看作是大乱子，而不是革命行动。他們一手炮制的《七十条》所要"克"的"乱"正是这个主要目标。毛主席对这一小撮反革命修正主义分子，提出了严厉的批判，他說："**到现在，我们还有一些同志不愿在工业方面搞大规模的群众运动，他们把在工业战线上搞群众运动，说成是'不正轨'，贬之为'农村作风'、'游击习气'。这显然是不对的。**"

他們所要"求"的"治"又究竟是什么呢？就是要"求"恢复大跃进期間被工人阶級敢想、敢說、敢干的革命风格所打破的資本主义经营的旧制度、旧秩序和修正主义的一整套黑貨！一句話，他所說的"克乱"，就是要造总路线、大跃进的反；他所說的"求治"，就是要复辟資本主义。

三

《工业七十条》是一九六一年七月起草初稿，九、十月間最后定稿出籠下达給企业的。他們所以在这个时期急于抛出《七十条》决不是偶然、孤立的，这是工交战线两条路线斗爭尖銳化的强烈反映。

建国十七年来，在工业企业管理上，两条路线的斗爭一直是很激烈的。中国的赫魯晓夫刘少奇等一小撮人，长期以来站在資产阶級反动立場上，坚持修正主义路线，千方百計抵毁毛泽东思想，反对走我国自己工业化的道路，借口现代工业企业生产技术复杂，胡說什么"传統经驗过时了"，竭力宣揚爬行哲学，强調照抄、照搬外国的一套管理办法。积极地販卖一套資本主义、修正主义的黑貨。一九五三年，他們提出要推行"一长制"；一九五四年竭力鼓吹学"中长"，（即中长鉄路一套企业管理方法）；一九五五年，他們还草拟了一个推行"一长制"的条例，由于受到毛主席的批評，才被迫收了起来。一九五六年，他們又販运了南斯拉夫修正主义的"工人自治"，鼓吹企业自由化，并企图在工业企业中进行試点。一九五八年开始了大跃进，在工交战线上出現了大搞群众运动的高潮，广大职工群众，发揚了敢想、敢干的革命精神，破除迷信，打破洋框框，在工业企业管理方面，創造了不少新的经驗。但是刘少奇的干将，薄一波之流，对广大职工生气勃勃的富有創造性的革命精神极端仇視，他們叫嚷"工业特殊"，"不能象农村那样搞群众运动"，只能搞"经常性的一点一滴的工作"，提出所謂"严格的技术管理"、"严格的責任制度"，来束縛群众的手脚。一九六〇年，我們伟大的领袖毛主席，总結出"**鞍钢宪法**"，他們就立即炮制《工业七十条》，对"**鞍钢宪法**"进行疯狂的反扑。这就充分暴露了中国的赫魯晓夫刘少奇等一小撮人，一貫处心积虑地妄图把我国工业企业引向資本主义的邪路。他們总是利用一切可以利用的机会，反对毛主席的革命路线。他們所要"求"的"治"，恰恰就是要恢复在大跃进中为千百万革命群众的革命精神所冲垮了的旧秩序、旧传統。

还应指出，《工业七十条》的出籠，正是各国反动派和现代修正主义掀起反华高潮，而中国的赫魯晓夫刘少奇，密切配合国內外阶級敌人，大搞"三自一包"、"三和一少"，大肆攻击三面紅旗，把矛头直接指向我們伟大的领袖毛主席。《工业七十条》实际上是当时国內外阶級敌人反华大合唱的一个产物。

工交战线广大革命职工，在史无前例的无产阶級文化大革命运动中，决心高举伟大的毛泽东思想的批判大旗，彻底揭露和批判所謂"克乱求治"的修正主义本质。把《工业七十条》連同中国的赫魯晓夫刘少奇等一小撮反革命修正主义分子統統埋葬到历史垃圾堆中去。

国家经委井岡山总部
工交政治部起风雷革命造反纵队

一个受物质刺激毒害的探矿厂

修正主义的《工业七十条》一出籠，老牌反革命修正主义分子何长工在地质系統竭力推行。一九六二年不少厂矿刮起了一股以物质刺激冲击政治的黑风，他們妄图从职工思想上打开一个缺口，以資本主义的一套金錢、利润腐蝕职工队伍，瓦解社会主义企业。张家口探矿厂就是一个典型的受害厂。

大搞奖金掛帅

列宁說：**德国的狭隘工会主义或"经济主义"也象在俄国或者在其他任何地方一样，是和机会主义（修正主义）联系在一起的。**在薄一波、何长工等一小撮修正主义分子看来，提高广大职工的生产积极性，不是靠政治挂帅，而是靠物质刺激。《工业七十条》大力鼓吹物质刺激，在"按劳分配"的幌子下，实行鈔票挂帅。提倡在綜合奖之外，要建立各种单项奖。同时规定，"所有干部，都可以得奖。"三反分子何长工以及地质部副部长曠伏兆，在企业中也特别强調物质刺激。仅以张家口探矿厂为例，各种奖金制度竟达四十余种。全勤奖在干部中也执行，有的为了得全勤奖，有病也不去看，上班后不能干活，病則越拖越重。工人反映：这种制度真毒，这是吃人不見血的制度，完全同毛主席对工人的关怀背道而馳，政治影响极坏。

奖金是月評月奖，非常頻繁，結果形成了工人忙評奖，管理人員忙算奖，领导干部忙发奖，最后工人忙分奖，把人們帶进了金錢的境界，整天被奖金腐蝕着精神世界。不少工人因評奖鬧不团結，平时生产不协作，互相拆台，延誤生产。

一九六二年，张家口探矿厂大刮"小包工"的黑风，干工作、生产先讲鈔票，在班上"自由攬活"、"自定时間"，领导干部与职工在产品加工問題上公开討价还价，少了錢就不干，如加工油桶，按定額算每个八角，但包工的头头非要价一元，否則不干。何长工之流，就是这样把一些职工引导到不是为了革命，不是为无产阶級的利益，而是为了鈔票，为了自己而工作的邪路上去。

在国民经济困难时期，三反分子何长工和地质部副部长曠伏兆，竭力反对突出政治，利用困难时期，以提高工人积极性为名，大肆販卖《工业七十条》物质刺激黑貨，他們明目张胆地答应給每人一亩地，半吨煤，还拨了二十万元，专門解决职工生活福利，給欠賬者还賬，有的一人最高有还一千元的。曠伏兆还揚言："工資問題必須解决，不然等于停車自杀"。他擅自决定立即給数百名工人转正定級、升級。虽然由于地方抵制沒有搞成，但却引起严重的思想混乱。有的人說："再不給提級、升級就要离开地质部工厂"。看！这个修正主义的《工业七十条》毒害了多少人？

疯狂追求产值和利润

三反分子何长工緊跟三反分子薄一波，亦步亦趋，臭味相投，不仅在地质部的工业企业中全面推行了《工业七十条》，在一九六一年十一月炮制了《地质工作五十条》，疯狂追求产值和利润，妄图把地质工作引上邪路。

一九六三年张家口探矿厂完成計划利润228%，一九六四年完成計划利润的310%，用一根洋釘做个安全銷，就要二元錢。他們还大搞自由竞爭，看到煤炭机械厂生产氧气有利可图，他們也生产。为了爭夺市場，煤机厂每立方氧气卖一元四角，探矿厂卖一元三角，煤机厂卖一元二角，探机厂又降到一元一角，結果把煤机厂挤垮。对接受国家計划任务，挑肥拣瘦，大利大干，小利小干，无利不干。粗制濫造，弄虛作假，乱敲竹杠，甚至弃工经商，大搞投机倒把。如一台30馬力柴油机除捞回本錢以外，还获得三匹馬，一头驢，一千四百元的暴利。所有这一切，都是在何长工之流的黑手遮天之下，使社会主义企业逐步和平演变的罪証。

地质部516大批判联络委员会整理

1967年8月10日　　紅色工交　　第三版

批臭物質刺激

——北京起重机厂工人批判《工业七十条》座談紀要

政治挂帅与物质刺激可以相結合嗎

关喜荣（車工）张文忠（铸工）：突出政治，搞人的思想革命化，还是搞物质刺激，鈔票挂帅，这絕不是一件小事情。突出政治和物质刺激，一个是“公”字当头，一个是“私”字当头，两者是根本对立的。实行政治挂帅，就必然排斥物质刺激，推行物质刺激，就必然反对政治挂帅，两者怎么能結合呢？刘少奇及其一伙，在《工业七十条》中，鼓吹“政治挂帅和物质鼓励相結合”，其实是以“結合”为幌子，反对突出政治，販卖物质刺激的修正主义黑貨。使我們的社会主义企业象苏联那样改变颜色，我們老工人一定要听毛主席的話，要念念不忘阶級斗爭，念念不忘突出政治，保証社会主义鉄打江山永不变色。

物质刺激破坏“抓革命，促生产”

孟启生（鉚工）刘启安（电工）：中国的赫魯晓夫說物质刺激可以“促进生产力的发展”。这純粹是騙人的鬼話。《工业七十条》提倡名目繁多的奖金刺激，妄图腐蝕群众的革命意志，把群众引到个人主义的泥坑中去。有些工人为了奖金而干活，只顾数量不顾质量，弄虛作假，挑肥拣瘦。还有一些車間与車間，小組与小組也都有二心，不是互相帮助，紧密配合，把困难留給自己把方便让給别人，发揚共产主义风格，而是互相扯皮，互相拆台，这怎么会促进生产呢？只能破坏生产。

李广仁（車工）：只有抓革命才能促生产。在文化大革命中我們一脚踢开了“物质刺激”，产量月月超額，质量大大提高，而且解决了不少技术关鍵。这是对刘、邓、彭、薄一小撮反革命修正主义分子鼓吹的物质刺激可以“提高劳动生产率”的謬論的有力回击！是毛主席“抓革命，促生产”伟大方針的胜利。

物质刺激是腐蝕工人阶級的糖衣砲彈

周玉山（裝卸工）：大搞物质刺激，必然要破坏工人之間的团結。本来一个小組的同志在一起干活基本上差不多，但評奖而有限，造成了得奖工人和不得奖工人之間的矛盾；在得奖的人中因分甲、乙、丙三等奖，又有矛盾。每月光評奖就得用一周多业余时間。每次評奖，有时吵得面紅耳赤，有时大家悶坐不响。評完奖，就有人鬧情緒，鬧意見，搞得整个小組不能很好团結。

关喜荣（車工）：过去的資本家就是利用金錢，小恩小惠收买拉攏一部分工人，制造工人队伍的分裂，瓦解工人阶級的团結，以便維持他們剥削和压迫。刘少奇及其一伙大搞物质刺激也和資本家那样，想利用几块錢，在思想上腐蝕我們工人阶級，在組织上瓦解我們工人阶級队伍，以便于他們搞資本主义复辟，我們用毛泽东思想武装起来的工人阶級坚决不答应。

新人大公社鞍钢宪法战斗队整理

* * *

《工业七十条》中反对突出政治鼓吹物质刺激的黑条条

编者按：毛主席說：“政治工作是一切经济工作的生命线。”而刘、鄧、彭、薄等党內最大的一小撮“走資派”精心炮制的《工业七十条》，竭力宣揚反对突出无产阶級政治、大搞物质刺激的修正主义黑貨。为了便于革命羣众按問題集中批判，本报先將《工业七十条》中有关反对突出政治、鼓吹物质刺激的黑条条摘登出来，供批判。

疯狂反对突出政治

一、竭力主张生产第一，政治第二

必須吸收广大职工参加管理，广泛开展生产的、政治的和学习技术、文化的群众运动……。（第五条）

国营工业企业中的党委員会，对于企业的行政管理工作，思想政治工作……实行全面的統一領导。（第六条）

企业中工会的主要任务是：发动和組织职工积极生产，提高职工的思想政治覚悟和文化技术水平……。（第五十八条）

二、宣扬突出政治要落实到生产上

企业中政治工作的主要任务，是提高职工的政治覚悟和生产积极性，更好地完成企业的生产計划。要把加强思想政治教育工作和貫徹按劳分配原則結合起来，提高职工群众的生产积极性。（第六十四条）

三、提倡技术业务标准第一

区别职工的先进和落后，既要看职工本人的政治覚悟的高低，又要看完成生产任务和工作任务的好坏。（第六十四条）

技术人員的职别（总工程师、副总工程师、工程师、技术員、見习技术員）的确定和提升，要根据他們的工作任务，工作质量和技术水平。（第二十九条）

工人、技术人員、一般职員的劳动报酬的多少，应当按照本人技术业务的熟练程度和劳动的数量质量来决定，不应当按照其他标准。（第二十五条）

企业在全面完成和超額完成計划以后，所有干部，都可以得奖。奖金的多少，按照每个人的工作成績来評定。（第二十七条）

四、鼓励走白专道路

不能把那些埋头苦干、参加社会活动少的人当作落后分子。不能把鉆研技术、鉆研业务看作是“走白专道路”。（第六十四）

大搞物質刺激，鈔票挂帅

一、实行名目繁多的奖金制

实行計时工資的职工，在完成产量、质量、节約等指标以后，发給綜合奖；不論实行計时工資制或者計件工資制的工人，都可以按照規定条件，实行必要的单项奖；工人、技术人員和职員，凡有新的創造发明，……应当按照对国家貢献的大小，分别給予奖励；防止和消灭重大事故，使国家財产免受損失或者少受損失的，应当給予奖励；企业在全面完成和超額完成計划以后，所有干部，都可以得奖。（第二十七条）

集体計奖的单位，奖金不应当平均分配；……应当按照各人实現得奖条件的情况分配。职工的奖金，每月評定一次（同上）

二、大搞各种津貼

对于达到在工种最高技术等級，工令在十年以上的工人，对于沒有达到本工种最高技术等級，工令在十五年以上的工人，对于工令在十五年以上的技术人員和职員，实行工令津貼制度；对于有特殊技术的高級技工和技术人員，对于业务特别熟练的职員，可以发給特别津貼；师付带徒弟，要按照規定发給津貼（第三十条）

三、大肆鼓吹推行計件工資制

工人的工資形式……凡是需要和可能实行計件工資制的，就应当实行計件工資制，目的是为了提高劳动生产率。（第二十六条）

四、提倡“五定五保”，实行利润挂帅

“五定五保”（五定是定产品方案和生产規模，定人員和定机构，定主要原材料消耗定額，定固定資产和流动資金，定协作关系；五保是保証产品的品种、质量、数量，保証不超过工資总額，保証完成成本計划，保証完成上繳利润，保証主要設备的使用年限。）規定：“企业在〔五定〕范围以內，超額完成〔五保〕任务的，根据多超多得的原則，按照規定的比例，在上繳利润中提取奖励基金，完不成〔五保〕任务的，不能提奖。企业在保証完成〔五保〕任务的条件下，精简定員以內的人員，可以用工資总額的結余部分，按照国家的規定增加职工的奖金，改善职工的生活福利。（第八条）

薄賊黑話十則

①企业的政治工作，是为了更好地完成企业的生产任务。

——一九六一年在起草《工业七十条》时的黑话

②发展生产，搞建設就是企业最大的政治。生产搞不好，一切都是空的。

——在上海起草《工业七十条》修正草案小组会上的讲话

③过去有人常談政治挂帅，就是不挂勤俭办企业的帅，不管经济核算，这是空头政治家，必須加以反对。

——一九六五年一月在修改《工业七十条》座谈会上的讲话

④突出政治要落实到那里的問題，不要辯論了，还是按总书記（指邓小平）讲的，突出政治要落脚到生产斗爭，落脚到科学实验，落脚到阶級斗爭。

——一九六六年在一次工交会议上的讲话

⑤一句話，在社会主义企业里，政治挂帅一定要为多快好省地发展社会主义生产建設服务。

——一九六四年三月在全国工交会议上的讲话

⑥勤俭办企业，精打細算，厉行节約，以最少的劳动取得最大的经济效果，这就是社会主义经济建設中的政治。这是我們花錢买来的经济教訓，大家必須牢牢記住，并且以此来教訓职工。

——一九六一年十月在煤矿干部会议上的讲话

⑦大庆之所以为大庆，是因为他有××万吨石油，×××之所以成为先进单位，是因为有「两弹上天」。

——一九六六年在工交会议上的讲话

⑧解放軍是打仗的；医院是看病的；商店是卖貨的；旅館是招待客人的，工业企业的第一位任务就是出产品。

同　上

⑨什么政治挂帅与物质刺激相結合，說穿了就是物质刺激，物质刺激有什么不好，我就贊成物质刺激。

——一九六五年在上海修改《工业七十条》的讲话

⑩現在有人怕說物质刺激，奖励就是为了刺激。政治也是一种刺激。

同　上

彻底批判《工业十五条》反对突出政治的罪恶

旧北京市彭眞反革命修正主义集团炮制的《工业十五条》，和他伙同刘、邓、薄炮制的《工业七十条》一样，是一株彻头彻尾的反馬克思列宁主义、反毛泽东思想的大毒草，是苏修企业管理的反动綱領《馬鋼宪法》的翻版，是对毛主席亲自总結的《鞍钢宪法》的根本否定和全面挑战，罪行累累，罄竹难书。疯狂反对突出政治，大肆販卖反革命经济主义黑貨，就是《工业十五条》的一大罪恶，必須彻底批判。

我們的伟大領袖毛主席一再教导我們：**政治是统帅，是灵魂。“政治工作是一切经济工作的生命线。”**

可是，彭眞反革命修正主义集团炮制的《工业十五条》中却竭力反对突出无产阶級政治，鼓吹生产、技术、业务第一，大搞物质刺激，反对政治挂帅。

政治挂帅，就是要用毛泽东思想挂帅，就是要以毛泽东思想作为企业一切工作的指針。可是，《十五条》完全不提这个最根本的指导思想，别有用心地仅仅在第八条中把它列为“加强思想政治工作”的一項措施，竭力貶低和反对毛泽东思想。

政治挂帅，就是要以阶級斗爭为綱。然而《十五条》却絕口不談阶級斗爭。通篇近两万字，根本就不提“阶級斗爭”这四个字，却胡說什么“当前的主要問題”仅是“思想作风問題”，“企业管理問題”，“領导核心不坚强”等，抹煞阶級斗爭。毛主席指示：**“要办好社会主义企业，首先必须抓好阶级斗争。”**而《十五条》却离开阶級斗爭去侈談什么“开展整风运动”，“針对不同情况和問題”进行所謂“思想建設、組织建設和管理工作的建設”。

毛主席教导我們：**“在政治和业务的关系上，正确的摆法是政治第一、业务第二，政治统帅业务。”**《十五条》却反其道而行之，竭力鼓吹业务挂帅，生产第一，把企业的任务仅仅規定为完成产量质量等七大经济指标，胡說什么“我們的行动口号是，高产量、高质量、高效率、多品种、低成本、安全生产”，叫嚷什么“提高质量，增加品种，向高大精尖进軍是目前严重的战斗任务”，拼命鼓吹創什么“名牌貨”。彭賊公然叫囂“我們的任务，第一是生产，第二是生产，第三还是生产”。“突出品种、质量的方針，一千年不变，一万年不变。”眞是恶毒透頂，疯狂之极。

政治挂帅，就是要突出人的思想革命化。可是，《十五条》却把人的思想革命化完全排除在企业的根本任务之外，强調要“实現工农群众知識化”，要加强“文化技术教育的領导”，“要严格学习制度”，“要保証学习时間”等等，不一而足。妄图使职工脫离政治，埋头技术业务，把他們引上白专道路。反革命修正主义分子郑天翔，还拼命鼓吹物质刺激，在炮制《十五条》的黑会上，公然叫囂：“奖励很重要，单靠政治挂帅不行，要解决实际問題，工資不能动，应該在奖励上做文章。过去評奖不及时，起不到刺激的作用，应該爭取做到月月評奖。”于是《工业十五条》就規定了“計时工資加奖励为主，計件工資为輔”和“竞赛和奖励相結合”的工資奖励制度，并要“作到月月評奖”。更其恶毒是，《工业十五条》还規定，在工人小組中推行“三定六包一奖”制度。在工业企业中大搞“包产到戶”。

列宁指出：**“做事就是为了拿钱，——这是资本主义世界的道德。”**《十五条》所推行的就是这种不折不扣的資产阶級的“道德”。它用計件工資、奖金来引誘、腐蝕职工，妄图使职工放弃共产主义的远大理想，变成追求个人名利、物质享受的利己主义者，把工人与国家之間血肉相連的政治关系，变成赤裸裸的金錢关系、僱佣关系，使我国社会主义企业“和平演变”为資本主义企业。又何其毒也！无产阶級革命派决心奋起毛泽东思想千鈞棒彻底批臭《工业十五条》。

原市委红旗兵团工交联队

首都无产阶級革命派举行揪刘大会战

〔本报讯〕「六月天兵征腐恶，万丈长缨要把鲲鹏缚。」首都无产阶級革命派怀着对我們伟大領袖毛主席的无限热爱和对党內头号走資本主义道路当权派刘少奇的刻骨仇恨，最近展开了声势空前浩大的揪刘大会战。七月中旬，北京建工学院八一战斗团的革命小将，首先进駐中南海西門外安营扎寨，紧接着，首都各界的无产阶級革命派相继紛紛杀上揪刘火线。截至目前为止，参加揪刘会战的单位已经超过两千个，在中南海門外安营扎寨的单位也有一千多了。中南海西門前的罽山路，南起六部口，北至府右街，以及中南海北門和南門外的大路两旁，营寨累累，战旗夹道，討伐中国赫魯晓夫的声浪，像万砲齐鳴，响彻云天，昼夜不断。

揪刘火线的广大战士，得到中央首长的热情关怀。八月五日晨，謝副总理和戚本禹同志再次亲临揪刘火线，看望揪刘战士，支持他們的革命行动，并建议无产阶級革命派在揪刘战斗中联合起来；揪刘尖兵要回到本单位，更广泛地发动群众，扩大揪刘战場。广大揪刘战士非常感謝中央首长的关怀，他們說：「毛主席为我們撑腰，我們要为毛主席爭气，一定要把中国的赫魯晓夫揪出中南海，把他斗倒、斗垮，叫他遺臭万年，永世不得翻身！」

旧北京市《工业十五条》的出笼

一九六一年在国际、国內反革命修正主义思潮猖狂泛濫的时刻，旧北京市彭眞反革命修正主义集团，在党內最大的走資派刘少奇、邓小平的指使下，急急忙忙跳了出来，加紧了他們的反革命复辟活动。这个反革命修正主义集团，一方面接連拋出《海瑞罢官》、《燕山夜話》等，大造反革命輿論，并派出其亲信死党四出活动，搜集反党反毛主席的“砲弹”，积极炮制赫魯晓夫式的秘密报告，妄图举行宫廷政变，实現反革命复辟；另一方面，又秉承刘、邓黑司令部的旨意，积极炮制《中共北京市委关于加强工交企业領导与管理工作的指示（草案）》（即《工业十五条》），向社会主义企业这个重要陣地疯狂进攻，妄图通过合法的和平演变的手法瓦解工人阶級队伍，破坏社会主义经济基礎，全面复辟資本主义制度。他們咬牙切齿地攻击大跃进和《鞍钢宪法》，疯狂叫嚷“現在企业管理太乱了。大破規章制度，許多地方只破不立，……旧的破了，新的沒有立，什么也心中无数，不整頓企业管理不行了。”胡說什么“現在看苏联許多管理制度还是对的。”彭賊更是明目张胆地为苏修《馬鋼宪法》招魂，說：“并非《馬鋼宪法》一无是处，不要对立起来，所有好的部分都要吸收过来。”《工业十五条》就是在彭賊和工交口反革命修正主义头子薄一波直接指使下，由彭眞反革命修正主义集团的三号头目郑天翔一手炮制出来的。

一九六一年二月，郑天翔授意反革命修正主义分子韓伯平、儲传亨等人，在頤和园藻鉴堂突击起草，接着又亲自坐鎮，糾集党羽周冠五、宋汀等十七人，于暢观楼加工炮制。为了給他們的反党行径打气，郑天翔竭力鼓动“要敞开思想，系統总結经验”，狂妄叫囂“这是給北京工业立法”。这伙狐群狗党，聚集在一起，周密策划了半个多月，最后由郑天翔拍板定稿，批发全市，造成了严重的恶果，必須彻底批判。

原市委红旗兵团工交联队

紅色工交
論　壇

痛打薄賊落水狗

紅旗卷起农奴戟，黑手高悬霸主鞭。

在亿万革命大军穷追猛打，势如破竹的大好形势下，党內一小撮“走资派”暴露出他们吃人的兽性，穷凶极恶，张牙舞爪，疯狂进行反扑。

党內最大的“走资派”刘少奇抛出假检查、眞进攻的反攻倒算书之后，反革命修正主义分子、大叛徒薄一波这个老混蛋也嚣张起来了。他竟敢在大庭广众之下明目张胆地为自己翻案，狂嗥：“我只犯有错误，但不能打倒！”他为了对抗群众的斗爭，玩弄权术，无所不用其极：或耍无赖，躺倒装死；或在人证物证俱在的事实面前大汗如豆，却死不认賬；或在群众步步进逼的情况下转移答题；或抽象肯定，具体否定，摆八卦迷魂陣；或……。最不能容忍的是这个反动家伙在其黑后台刘少奇的支持和慫恿下，打起铁算盘，竟要和我们算賬了。他狂妄叫嚣：“我要和你们辯论！”眞是猖狂之至，嚣张已极。

这一系列铁的事实充分说明，薄贼之流虽然已被打落水中，但是决沒有死，他们是一批还会咬人的“落水狗”。革命造反派必须識破他们的阴谋詭计，发扬鲁迅痛打落水狗的精神，穷追猛击，围而歼之。

痛打薄贼之流，必须高举毛泽东思想伟大红旗，用毛泽东思想这个望远鏡和显微鏡洞察一切，分析一切，彻底揭穿阶级敌人所玩弄的每一个阴谋。

痛打薄贼之流，必须在革命的大批判中实现以左派为核心的大联合。只有发动广大群众，打一場人民战争，才能打得准，打得狠，彻底致敌于死地。

痛打薄贼之流，必须搞好革命的大批判，从政治思想上罢他们的官，撤他们的职，扫他们的威风，夺他们的权，把他们打入十八层地獄，叫他们永世不得翻身。

对薄贼之流的猖狂反扑，我们革命造反派只有一个字：“杀—”，杀得他们人仰马翻，杀得他们片甲不留。那管你呲牙咧嘴逞凶狂，老子是，发了狠心就要上。

对敌人的仁慈就是对人民的犯罪。革命造反派**“对于任何敢于反抗的反动派，必须坚决、彻底、干淨、全部地歼灭之。”**

本报地址：北京市国家經委大楼二楼七十九号　电話：86，6132

毛主席指示

在这场伟大的斗争中，一定要把斗争矛头指向反党反社会主义的资产阶级代表人物，指向走资本主义道路的当权派，指向修正主义分子。这些人中有的钻进党内居于领导地位，他们是一切牛鬼蛇神的支持者和包庇者。这些都是剥削阶级的野心家、阴谋家、伪君子，他们阳奉阴违，两面三刀，当面说人话，背后说鬼话，常常以马列主义的词句做幌子，在"但是"后面大作文章，那些打着红旗反红旗的人更加阴险得多，这一定不能不引起我们高度的警惕。

林付主席八月九日重要指示

毛主席在七届二中全会上讲的问题，对社会主义革命有伟大意义，这是马克思主义的大发展。但是我们很不理解，作的是新的事，脑子里还是老的一套。我们党是无产阶级政党，但过去的领导班子，只有领导[illegible]才是马列主义的，除骨干外，一般人都是资产阶级思想，资[illegible]阶级[illegible]分子，所以犯错误，非改造不可，不改造就会使我们走上资本主义道路，国家就会变颜色，人就会变为走资本主义道路当权派。这场[illegible]文化革命实际上是通过文化大革命，达到政治大革命，没有政治大革命，就变成资本主义。文化大革命就是社会主义政治思想上的大革命，[illegible]思想上的大革命，那就不可能是社会主义社会。我们理论上只知道是资本主义还是社会主义，对了错了还搞不清楚，只[illegible]主席理论才能搞清楚。只有把毛泽东思想搞通了，才能走到社会[illegible]。今天在毛主席[illegible]要好好学习[illegible]自然而然[illegible]。把主席思想学习领会通了，就是懂得了马列主义。才能不犯错误。

中央首长谈武斗

陈伯达同志说：毛主席教导我们，"无产阶级文化大革命是触及灵魂的大革命"，要文斗，不要武斗。这些话说得好，[illegible]有些人就是要[illegible]去挑动武斗，[illegible]破坏国家财产，不顾国家的生命，打人着打要害，还说：打他，让他一辈子不得翻身，你们赞成吗？群众说「不赞成」，[illegible]起来反对。看到这种武斗就要反对。

江青同志：关於武斗的问题，对陈伯达同志的意见做实讲究；对冈也武斗不能

〈转六版〉

最高指示

你们要关心国家大事，要把无产阶级文化大革命进行到底。

红色造反者

43期

工代会北京东四总厂革命造反总部宣传组

红卫造反报　　第43期　　第2版

做到老、学到老、改造到老。

十七日总理、伯达在李先念检查大会上所作的讲话

伯达同志讲：

讲几句，李先念同志的检讨是好的。同志们应当欢迎李先念同志的自我批评。晓得懂吗？同时，李先念同志以后多到各部里面去，接近群众和下面，听取群众的意见，随时改正发现工作中的缺点，错误。

祝同志们好！

我们伟大的导师，伟大的领袖毛主席万岁！

战无不胜的，光焰无际的毛泽东思想万岁！

总理讲：

我完全同意陈伯达同志刚才讲得很好的几句话。这说明我们存在很多，如果从无产阶级文化大革命开展以来，那就是一年多了，那么一节初步的结果，但是这次只是开始。

首先就要说："李先念同志的检讨是好的，是得到我们伟大领袖毛主席批准的《金猴奋起千钧棒》。但是，我们一定要认识，如同刚才陈伯达同志讲的："情况是在不断的变化，要使自己的思想适应新的情况，就得学习。"正因为是这样，先念同志的检讨比较迟了，因为有许多客观的原因。现在无产阶级文化大革命蓬蓬勃勃地开展，这就需要我们领导同志，正如伯达同志说的，首先要到群众中去，先念同志就应该首先到财贸系统中去，到各部中去，到学校中去。这次检讨后，先念同志自己下了决定，他说：我一定要到各部门、各学校中去接受群众的批判，听取你们的意见，向你们学习。同时向我们伟大领袖毛主席，林副主席请示，向领导请示，这就要熟读语录。只有这样，才能符合我们应当相信群众，我们应当相信党的标准。我们不仅仅这样要求先念同志，也要求我们自己，尤其是我们在座的，在主席台上在座的，我们都是负责党的工作的，我们都要不断学习，不断改造，就是我们要做到老，学到老，改造到老，特别要向群众学习，向新鲜事物学习，做你们的小学生，然后才能有根据给你们提意见。一个领导同志，决不能随便发号施令，这样是很危险的。

纵看。要批判武斗，……武斗的罪人，特别是……反对、坚决……每条……

中共中央文件

中发〔67〕21号

铁路交通运输部门的群众组织和革命职工，与铁路交通运输系统以外的群众组织之间一律不准串连。铁路交通部门的群众群众除中央特许者外，暂不参加本单位以外的群众联合组织，但可以参加本地区的联合的政治活动和革命的大批判。

外地外单位的群众组织在铁路交通运输部门各单位的群众组织之间，也不要互相设置联络机构。

中共中央　国务院
中央文革　中央军委　1967.8.10.

中共中央文件

中〔67〕251号

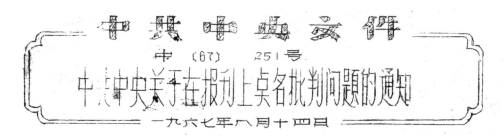

中共中央关于在报刊上点名批判问题的通知

一九六七年八月十四日

各省、市、自治区革命委员会（筹备小組）、军管会、人民解放军各总部、各军种兵种、各军区，中央和国务院各部委、各革命群众組織，各宣传机关：

目前，全国范围内正在掀起革命的大批判高潮。为了把党内最大的一小撮走资本主义道路当权派批深批透，彻底肃清他们的流毒和影响，为了把这场革命的大批判更好地同各地区、各部门的斗批改結合起来，需要在中央报刊和地方报刊上公开点名批判一些中央部门、中央局和省市委内的走资本主义道路当权派。

(1)、經过主席和中央批准，已經在中央报刊上点名批判的党内走资本主义道路当权派有：彭真、彭德怀、陆定一、罗瑞卿、杨尚昆、周扬、肖望东；已經在地方报刊上点名批判的党内走资本主义道路当权派有：陶铸、王任重、李井泉、贾启允、高紅彦、汪锋、欧阳钦、李范五、乌兰夫、王铎、王逸伦、王昭、任白戈、王鹤寿。对于这些已經点名批判的修正主义分子，在中央报刊或地方报刊上还要继续深入地进行批判。

(2)、在中央报刊上下一步拟予公开点名批判的党内走资本主义道路当权派有：薄一波、吕正操、林枫、安子文、杨秀峰、蒋南翔、吴冷西、张闻天、张劲夫、韩光。

(3)、在地方报刊上下一步拟予公开点名批判的党内走资本主义道路当权派有：西北局刘澜涛、习仲勋、胡锡奎，东北局马明方，上海市陈丕显、曹荻秋、杨西光，天津市万晓塘、张准三，河北省林铁，安徽省李葆华，福建省叶飞，河南省文敏生、赵文甫，广东省赵紫阳，江西省方志纯，四川省廖志高，吉林省赵林，宁夏自治区杨静仁，马玉槐，山西省陶鲁笳、卫恒、王谦、王大任。

(4)、对于經过主席和中央批准在地方报刊上点名批判的修正主义分子，地方报刊发表的写得比较好的文章，中央报刊可以转载，同时中央报刊也可以直接組織批判文章。

（发省、军級）

▲由于保伺前、肖华主持的全军文革小組已处于瘫痪状态，不能领导全军无产阶級文化大革命，中央决定由吴法宪、邱会作、张秀川、叶群四人組織领导小組，领导全军无产阶級文化大革命。

▲据可靠消息：毛主席最近说，肖华一保再保，看来保不住了。

（内部参考，严禁外传，请勿丢失）

毛主席語录

捣乱，失敗，再捣乱，再失敗，直至灭亡——这就是帝国主义和世界上一切反动派对待人民事业的邏輯，他們决不会违背这个邏輯的。

武漢鋼二司 鉄革委戰報

第二号

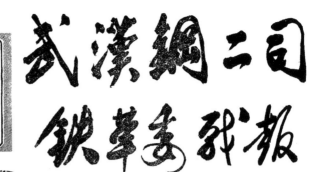

1967年8月12日 星期六 （本期共四版）

武汉鋼二司 武汉水运工程学院总部赴津控訴团
天津鉄路系統无产阶級革命造反派大联合委員会 合刊

触目惊心的七月兵变

——王任重、陈再道反党篡軍集团发动反革命政变的前前后后

万恶的陈再道七月二十日发动了蓄謀已久的反革命政变。凌晨，全副武装的軍人（主要是8201的）、“百万雄师”、“特动分子”、三司右冀共几万人突然出动，控制了軍用、民用飞机場、車站、长江航綫以及主要交通要道、主要楼房。用一营兵力包围了东湖客舍，围攻謝富治副总理，綁架、毆打、非法斗爭王力同志。在大街上疯狂欧打和屠杀无产阶級革命派战士。疯狂叫嚣“毛主席受騙了，派了大混蛋王力来武汉。”“打倒謝富治！””“絞死王力！”把矛头直指我們最最敬爱的伟大領袖毛主席、党中央、中央文革，反动气焰十分嚣张。

据不完全統計，仅七月二十日一天，就出动了上千輛軍用民用大卡車，三輛裝甲車，三十七輛消防車，指揮車、吉普車、摩托車共四十多輛，机枪三十三挺，步枪、冲鋒枪、大刀、长矛、匕首等无法統計。

在王任重、陈再道反党篡軍集团的指使下，政变分子到处行兇，打人抓人、血洗武鋼、新湖大及多所中学。甚至开枪打死打伤部分革命小将，逮捕和审訊大批革命群众。政变分子还大肆搶刼国家和私人財产，使政变后的学校一片凄凉。

整个武汉籠罩着战爭的恐怖，武汉的革命人民处于水深火热之中。

但是，英勇的武汉人民、武汉地区无产阶級革命派和忠于毛主席革命路綫的解放軍指战員在刺刀、长矛下面倔強的斗爭着。

事态在急劇变化着……

毛主席教导我們說：“混进党里、政府里、軍队里和各种文化界的資产阶級代表人物，是一批反革命的修正主义分子，一旦时机成熟，他們就要夺取政权，由无产阶級专政变为資产阶級专政。”

反革命政变的黑司令部

七·二〇武汉事件是一場蓄謀已久的反革命政变，这是中国的赫魯晓夫——刘少奇复灭前的疯狂反扑。这次反革命政变的指揮，是王任重、陈再道反党篡軍集团，是刘、邓在湖北地区的黑司令部。

陈再道，一九二七年混入紅軍，一直投靠張国燾、陈昌浩、徐向前，深得尝識。一九三三年升为师长，次年升为軍长，在二万五千里长征途中，为張国燾疯狂反对毛主席和林副主席的分裂活动出力卖命。这次文化大革命中，与徐向前互相包庇。徐在主持軍委文革期間是陈再道的黑后台。

陈再道，大土匪賀龙的死党。“二月兵变”活动中陈再道即有嫌疑。賀被揪出之后，武汉軍区即发生軍区副司令員唐××和軍区政治部副主任呂××“自杀”一事，此处定有杀人灭口的阴謀。

陈再道，篡軍头目罗瑞卿、彭德怀的巴儿狗。陈曾經疯狂叫嚣“彭德怀是好人，为什么要罢他的官？”“林彪算老几？朝鮮战場上，沒有彭德怀，林彪打得嬴？”陈还大搞罗瑞卿的軍事比武，用軍事冲击政治，对抗林副統帅的四个第一。

陈再道今天亲自出馬，显露凶象，决非偶然，乃是与其长期受党内最大的一小撮走資本主义道路当权派所籠絡、深得器重，因而对毛主席革命路綫，对无产阶級文化大革命刻骨痛恨所致。

反革命政变的黑司令部的另外两个主要头目王任重、鐘汉华，早于解放战爭时期在二野就跟陈結成反党篡軍死党。他們招降納叛，結党营私、互相吹捧，互相包庇，这次文化大革命，他們是一直勾勾搭搭，狼狈为奸，合伙鎮压武汉地区的文化大革命，有計划地复辟資本主义，实行資产阶級专政。

（下轉第二版）

看看武汉 想想天津

《铁革委战报》編輯部

在无产阶級同資产阶級、无产阶級司令部同資产阶級司令部激烈斗爭的最后大决战的关鍵时刻，刘邓司令部派在武汉的鎮守使陈再道被揪出来了，他們盘踞在武汉的反动堡垒被攻下来了。这是无产阶級又打了大胜仗，取得了大胜利。这是毛泽东思想的又一伟大胜利！

本报这期轉載了《触目惊心的七月兵变》一文，把混入軍队里的反革命修正主义分子陈再道反对毛主席、反对党中央的反革命罪行彻底暴露在广大革命群众面前。他的狰獰丑恶面目被揭露，是一桩大好事。用事实說明刘邓在軍内也同样埋設着定时炸弹；說明了在軍内也同样存在着两个阶級、两条道路、两条路綫的尖銳斗爭，說明了无产阶級革命派只有更高地举起毛泽东思想伟大紅旗，才能彻底摧毁資产阶級司令部。武汉事件对我們革命群众，是一次最生动的阶級斗爭的教育，是最深刻的无产阶級和資产阶級的两条路綫斗爭的教育。

武汉事件，再一次雄辯地証明：在整个社会主义时期，阶級斗爭集中地表现为資产阶級复辟和无产阶級反复辟的斗爭。資产阶級搞复辟，一定要抓軍队，抓枪杆子；无产阶級要巩固无产阶級政权，粉碎資产阶級复辟阴謀，也必須牢牢掌握枪杆子牢牢掌握軍队。无产阶級取得政权之后，在一个很长的历史时期内，还有失去政权的危險。同样，建立了軍队以后，仍然有失去軍队的危險。如果失去了軍队，軍权被坏人所篡夺，那么，无产阶級和劳动人民所获得的一切，就会全部丧失。

天津的斗爭情况是什么形势呢？天津支左問題又說明了什么？正如街头上喊的：“打倒陈再道，刘政吓一跳…………。”一句話道出了天津問題的实質。又如武汉造反派战友所說的，武汉革命造反派的鮮血，流在大街上染紅了楊子江水，天津革命造反派的血是从无形的伤口流到阴沟里，喂了耗子，把耗子喂得又肥又胖，而且成了精，到处煽阴风，点邪火。如：河老扒、公安杂总、鉄联总的一切活动事实，不是很淸楚了嗎？他們的7·26、7·30、8·5的狼牙棒“左派”大游行說明了什么？对武汉造反派的所謂支持大会，为什么对武汉只字不提，而大喊特喊。

（下轉第四版）

誓与天津革命造反派風雨同舟

·武汉鋼二司赴津控訴团·

在两个阶級、两个司令部的生死大搏斗中，在斗爭最艰苦的时刻，天津的革命造反派和全国无产阶級革命派一样，給了我們最坚决最有力的支持。特别是毛主席派去的亲人謝副总理、王力同志胜利光荣回京后，天津市无产阶級革命派举行了声势浩大的集会游行，大联合的同志們派人专程赴汉与我們并肩战斗，大力支持了我們同陈再道之流的殊死斗爭，极大鼓舞了我們的斗志。我們怀着无比感激的心情，向全国的无产阶級革命派，向天津革命造反派致以崇高的敬意和衷心的感謝。

現在，毛泽东思想灿烂光輝更加照亮了武汉三鎮。在毛主席和他的亲密战友們的坚决支持下，王陈反革命集团和“百万雄师”坏头头已經彻底孤立。但阶級敌人并不甘心他們的失败，他們人还在，心不死，他們还会搗乱的，我們决不辜負毛主席对我們的期望：**“宜将剩勇追穷寇，不可沽名学霸王。”**穷追猛打落水狗，彻底打倒反党篡軍分子陈再道，与天津革命造反派一道彻底砸烂万張反党集团，坚决打倒党内軍内一小撮走資派，把无产阶級文化大革命进行到底！

“海內存知己，天涯若比邻。”

天津的无产阶級革命造反派战友們，我武汉鋼二司小将誓与你們风雨同舟，讓我們在光焰无际的毛泽东思想的照耀下，更紧密地携起手来，共同战斗，杀出一个紅彤彤，光燦燦的新世界，胜利一定屬于无产阶級革命派！

（上接第一版）

毛主席教导我們說："反革命分子不是那样笨拙的，他們的这些策略，是很狡猾，很毒辣的。一切革命党人决不能轻視他們，决不能麻痺大意，必須大大提高人民的政治警惕性，才能对付和肃清他們。"

触目惊心的七月兵变

反革命政变的布署

王陈反党集团原計划是参加彭罗陆楊的"二月兵变"，以图南北夹击，全国暴乱，一举篡党篡軍篡政，实現資本主义复辟。但是，"二月兵变"的阴謀被我們最伟大的領袖毛主席識破了、粉碎了。

"二月兵变"破产，王陈并未死心。一九六六年文化大革命前夕，陈再道又同王任重借口休养，在东湖密謀，妄图一旦时机成熟，东山再起。

我們最最敬爱的伟大領袖毛主席亲自发动和領导的无产阶級文化大革命一声霹雷，打破了王陈集团的复辟美梦。在毛泽东思想照妖鏡下，反革命修正主义分子、秋后算賬派的祖师爷王任重原形毕露，被革命群众揪了出来。同时武汉地区广大无产阶級革命派和軍内的革命造反派已經开始注意陈再道这只野兽。陈再道不甘心于他的反革命活动的彻底失敗，于是就趁軍队介入地方文化大革命的时机，盗用伟大的中国人民解放軍的崇高声誉，利用自已暫时的合法权利，与反动头目王任重，密謀策划又一場反革命政变。

开始是"不流血"的政变。

陈、王之流为了夺取他們失去的"天堂"，一方面从元月份、二月份起就大造反革命輿論，刮起了"鎮压反革命組織工人总部"、"砸烂黑二司"的資本主义复辟黑风。另一方面千方百計扶植保守势力，元月底把原"职工联合会"的班子改头换面、成立"紅武兵"，既作雇佣軍，又作将来反革命兵变的实力；把三字兵、一月兵拉出来搶夺胜利果实。特別是罪恶的"3·21通告"出籠以后，对无产阶級革命派大逮捕，大斗爭，搞反革命的"三湊合"，妄图从这种表面的暫时的不流血的政变篡夺无产阶級专政。

但是，有了战无不胜、光焰无际的毛泽东思想，任何敌人的阴謀复辟都是永远不能得逞的。同样，在毛主席、党中央、中央文革的領导下，随着全国的一場資本主义复辟的反革命逆流的被粉碎，王陈反党集团的"黄粱美梦"也破产了。

政变的形式开始升級。接着就开始了"动刀动枪"的反革命政变。

升了級的反革命政变进行了紧张的筹署。

反动势力，保守势力在王陈反党集团的指使下，拚湊成了反动組織"百万雄师"，原来的"紅武兵"、"三字兵"，"野战軍"，"革命造反軍"，"紅城公社"，"公检法"都在反革命政变的黑旗下集合起来。新式的戴季陶式的工具武汉三司也漸漸由改良、投机而淪为反革命政变的辯护士了。大量的杀人武器，木棒，长矛等已开始成批制造。湖北四周各省的保守势力、反动势力（四川的产业軍，河南的公安公社等等）異常活跃。

六月四日，反革命大屠杀的黑色信号弹"六四公告"抛出来了。慘絕人寰的大屠杀开始了，革命造反派工人和学生的鮮血染紅了武汉街头，染紅了滔滔江水。工厂停工，車輛停駛，几千名优秀的无产阶級革命派献出了自己的鮮血和生命，武汉陷于瘫痪。武汉之大，难找革命造反派立脚之地！

革命造反派不怕死。三鋼，三新，三联的无产阶級革命派拿起自卫武器，文攻武卫，进行了英勇的抗暴斗爭，一曲悲壮的頌歌載入了无产阶級英雄的斗爭史冊。革命造反派的奋起抗暴斗爭，給王陈反党集团的反革命政变予以了坚决地回击。

六·二六，中央文革，軍委文革給武汉軍区的电話通知給王陈反党集团当头一棒，給这場"动刀不动枪"的政变致命的一击。

二次政变的失敗，教訓了王陈之流，他們离死越近也就越显得瘋狂。"百万雄师"走向反动，康三司更加紧跟王陈反党集团，武器継續升級、装甲車出現了；半年多来，王陈反党集团对部队广大指战員进行了恶毒的反革命宣传，部队广大战士与革命造反派的敌对情緒已基本形成，尤其是支保急先鋒8201部队在其反革命头头牛海龙等右派軍人的操縱下，已經对党中央的声音不理解发展到对抗；另外，湖北周围如四川、河南、江西和内蒙等地由于局势基本稳定，那里的反动势力，保守势力大量流窜到湖北；武汉市郊和湖北广大农村的广大貧下中农也由于王陈反党集团的反革命宣传已形成了对武汉三鋼三新三联等革命造反派的"仇恨"。

种种迹象表明，王陈反党集团正在进行更加周密的筹划，准备孤注一擲，垂死掙扎。一場大規模的空前的反革命政变越来越近了。

毛主席教导我們說："帝国主义者和国内反动派决不甘心于他們的失敗，他們还要作最后的掙扎。在全国平定以后，他們也还会以各种方式从事破坏和搗乱，他們将每日每时企图在中国复辟。这是必然的，毫无疑义的，我們务必不要松懈自己的警惕性。"

反革命政变的准备

为了发动这場反革命政变，王陈反党篡軍集团从多年以来，就孤注一擲，用最庞大的力量，最卑鄙的伎俩、最大的代价进行反革命的准备。

1、輿論准备

毛主席指出：凡是要推翻一个政权，总要先造成輿論，总要先进行意識形态方面的工作。革命的阶級是这样，反革命的阶級也是这样。

山雨欲来风滿楼。一切反革命行动的爆发总是以輿論做先导的。輿論就是反革命政变的溫度計，信号弹。

㈠陈再道之流是我們无产阶級革命派的死敌。他对我們恨入骨髓，势不两立，总是利用手中暫时权力，对革命派实行資产阶級专政的。这就是阶級敌人的本性。陈再道为了使自已鎮压工人运动、学生运动合法化，为了掩人耳目，更好的欺騙不明眞象的群众，使出造謠誣蔑无中生有的慣技，耍尽了顚倒黑白混淆是非的手段。于是，"工总的头头修了！""二司的头头修了！""解散黑工总，鎮压反革命！""砸烂黑二司！"等反革命口号刷滿大街小巷，触目尽是。

㈡"百万雄师"和8201中一小撮坏头头挖空心思，打尽主意，竭力美化陈再道，把陈賊打扮成"无产阶級司令部的人"，"中国人民解放軍的化身！"乔装打扮，招摇过市，其实是美女蛇。

㈢假借党中央的名义，造毛主席的謠言，捏造"中央来电"，"毛主席最新指示"，炮打毛主席，炮打党中央。猖狂透頂，卑鄙已至硬說"百万雄师"是"好、大、純的組織，""是毛主席发現的，肯定的。"当謝副总理、王力同志来武汉后，又造謠說謝、王来武汉，只是了解情况，不是处理問題。公然把矛头指向以毛主席为首的无产阶級司令部。

㈣破坏拥軍爱民，挑撥軍民关系。制造莫須有的事实，抓住一鱗半爪，把毆打解放軍、炮打解放軍的罪名強加于革命派头上。使武汉部队广大指战員和无产阶級革命派对立起来，为中国人民解放軍支左工作設置重重障碍。

㈤挑撥革命工人和革命小将的关系。說"革命小将要領导工人阶級。"其实是响应伟大領袖毛主席的号召，下乡下厂，深入工农，与工人結合走革命化的道路。

㈥挑撥工农关系。說："你們农民辛辛苦苦生产粮食，但一个月只得20多斤谷，而工人則分配40余斤大米，每一个月吃几斤油。可是白白的吃了你們的粮食。"什么工总，九·一三，反而大喊大叫要"打倒陈再道！""打倒解放軍！"

他們制造輿論的卑鄙手段是：

㈠破門而出，赤膊上陣。如三月初，陈再道披褂上馬，大肆叫：："右派組織正在土崩瓦解"。

㈡写文件，发指示。陈再道盗用中国人民解放軍武汉軍区的名义，发表了一系列反毛泽东思想的大毒草。如2·18声明，3·21通告，6·4公告等等。这批毒草的要害是頑固地执行带枪的刘邓路綫，把成千上万的革命小将、革命群众打成"反革命"，"牛鬼蛇神"，瘋狂实行鎮压，把文化革命变成"鎮反运动"、"武化革命"。

㈢利用上下級关系，裙带关系等，传播陈再道的黑指示。如王、陈的臭老婆肖慧納、张双群这几个月来一直上跳下窜，忙的不可开交。

㈣打着支左指揮部的金招牌，販卖資本主义的黑貨，其主要作法是把广大指战員推到第一綫到处作报告，派出大量宣传車，設立大量广播站，为王陈叛变大喊大叫。

㈤利用早已拚湊成功的"伪抓办"，进行反革命宣传。把兜售黑貨的黑报塞到全省。

㈥利用康三司等保守組織。

2、組織准备，

㈠正规部队——8201

8201是陈再道追随罗瑞卿、賀龙搞"二月兵变"的公安縱队，是支保吃左的急先鋒。其头目本来就是混进軍內的走資派。8201与各专县的軍分区，武装部有直接的单綫联系，能控制全省。

8201是护城部队，能控制整个武汉，尤其是与王陈接触多，长期受其毒害。

㈡雇佣軍——"百万雄师"。

反动組織"百万雄师"是資本主义复辟的产物，是王陈反党篡軍集团直接用来鎮压革命派的一支没有穿軍装的"軍队"。"百万雄师"是所有保守組織的小湊合，主要由紅武兵，三字兵，紅旗联委等为骨干組成。它是陈再道胆敢大搞武装叛乱的社会基础。今年五月底六月初，陈賊将"百万雄师"中一部分受蒙蔽的群众集中訓練，进行反革命奴化教育，灌輸法西斯武士道精神。王陈利用自已的职权，把大批木棍、大刀、长矛、枪支、弹药作为杀害革命造反派和无辜群众的武器，为"百万雄师"提供进行反革命屠杀活动的車輛和宣传工具，提供大量金錢、物資。并把各工厂、企业的大权一手交給"百万雄师"，控制了各单位的武装部門和枪枝弹药。实現了王陈出錢出枪，"百万雄师"出人，合伙屠杀革命派的反动計划。

与此同时，王陈反革命集团还公开或神秘地派出軍事顧問为"百万雄师"撑腰打气，出謀献策。

"百万雄师"与全省的每个专县的保守組織都掛上了鈎，有的甚至成了"百万雄师"的一部分，如黄石拚湊的"鋼鉄雄师"。此黄粱美梦美在一处枪响，万处呼应，攻有接軍，退有后路。

㈢御用文人——康三司中右派集团。

康三司中的右派集团以恶毒攻击三鋼、三新、三联，死保陈再道而聞名，是梁实秋，戴季陶之类的人物。他們瘋狂地为王陈集团政变声嘶力竭地叫喊，因此荣获陈再道之流的桂冠。他們打着老三司的招牌，披着造反派的外衣，干尽了攻击革命派的坏事，頗能迷惑一部分不明眞象的群众，能起到"百万雄师"起不到的坏作用。他們是攻击革命的宣言书——《二·八声明》的急先鋒，是鎮压鋼工总、鋼二司的黑干将。奴仆卖命，主子賞脸。康三司中的右派集团很快就受到王陈的重用，成了"百万雄师"的后备軍。

㈣积极拚湊伪政府。

今年元月以来，王陈集团就密謀湊合一个复辟資本主义的伪政权。他們接过"三位一体，联合夺权"的革命口号加以篡改，使三結合向无产阶級夺权的反革命活动披上合法的外衣。陈再道亲自出面，把大叛徒张旺午、姜一等塞进"伪抓办"。搞跑步签名集体亮相，对眞正的革命干部实行"枪打出头鳥"的反动政策，亮一个，打一个。大小嘍罗、走卒整天搖旗吶喊，"打倒孟夫唐！""打倒刘眞！""打倒任爱生！"同时，又指使戴季陶的門徒——康三司右派集团在农村、工厂大搞什么"工代会"，"农代会"，企图实現反革命夺权，全面实現資本主义复辟，实行資产阶級专政。

3、軍事准备

㈠今年五月以来，王陈集团控制了全省的武装部門，控制了枪枝弹药，指使和帮助"百万雄师"制造武器——大刀、长矛、炸弹、燃燒弹、装甲車、枪枝和土炮。同时，沒收革命造反派所掌握的枪枝弹药，（如武大、紅水院等）且暗中发給"百万雄师"。軍区还特地調撥大量的战备車輛、消防車、摩托車給"百万雄师"，而对造反派所掌握的車輛实行軍管。这样，他們可以出动大批車队，攻則能一举攻下，退則能做到"兵貴神速"，能进能退，得心应手。

㈡占領战略要地

（下轉第三版）

触目惊心的七月兵变

（上接第二版）

王陈集团，为了发动政变后能全部迅速控制武汉市和湖北省，五月份以来，就把省市交通要道、車站、码头，进行控制，同时，指使“百万雄师”占領重要据点，控制武汉市制高点。为了在輿論上、軍事上全部控制武汉，他們对革命造反派控制的据点，多次进行武装围攻、血洗、軍事接管，用反革命暴力强行赶走造反派广播台、联絡站。在政治輿論上封鎖党中央、毛主席的声音，封鎖造反派的消息，企图愚昧群众。在軍事上割断造反派与革命群众之間相互支援的要道，千方百計地使革命派孤立无援，一歼即就。七月上旬以前，已經用残酷的屠杀手段控制了人民文化园、工艺大楼、新水运、长办联司、四設計院、工造大楼。

万事就緒，只差借口。一場空前的反革命暴乱在中原武汉即将发生。

毛主席教导我們說：“敌人是不会自行消灭的。无論是中国的反动派，或是美国帝国主义在中国的侵略势力，都不会自行退出历史舞台。”

“七·二〇”反革命軍事政变的經过

七月十四日，我們最最敬爱的伟大領袖毛主席派謝富治副总理、王力等同志来武汉地区处理文化革命的問題。这是毛主席、党中央对武汉无产阶級革命派的最大关怀和最大支持。同时也是对王陈反党篡軍集团的沉重打击，表明他們的末日就要来到了。可是，敌人并不甘心失敗，他們还要作垂死的挣扎，于是一場由王、陈反党篡軍集团精心策划、蓄謀已久的反革命軍事政变終于爆发了。

1、反革命軍事政变的前奏

“山雨欲来风滿楼。”謝富治副总理和王力等同志来武汉后，旗帜鮮明，立場坚定，坚决支持了以三鋼、三新、三联为代表的武汉无产阶級革命派，他們明确指出：工总的案是要翻的。陈再道知道后，大怒。立即放出反革命空气說：“工总翻案有可能性，但‘百万雄师’絕不会讓工总翻案的。‘百万雄师’掌握了武汉的交通和水电等經济命脉，要給工总翻案，电灯、自来水都可能用不上了。”

七月十九日晚，王力同志在軍区大院內代表中央文革向武汉軍区师級以上干部传达中央文革的四点指示，指出工人总部要翻案；“二·八声明”三·七开，大方向是对的，主流是好的；三鋼三新三联是革命造反組織，“百万雄师”是保守組織；軍区支左犯了方向路綫錯誤。陈再道听了面色惨白。这一下触怒了王陈集团的干将、支保急先鋒——8201部队师长牛海龙。他立即要求发言对抗中央指示，被王力同志坚决制止下来。这时空气異常緊张，8201师政委首先气冲冲地退出了会場，接着牛海龙也退出了会場。回到8201就对他的下屬大肆发洩怨气，摔桌子打椅子歇斯底里大发作，狂叫着：“拚了！”政变一触即发形势万分危急。

与此同时，陈再道之流就在广大群众和战士中散布流言蜚語，什么“三新二司的大方向錯了！”，“謝富治是被赶出来的，”“王力算老几，根本不能代表党中央”，“百万雄师”的广播站竟然狗胆包天通令中央首长“老老实实地去談判，不然就采取革命行动”，“王力、謝富治是不受欢迎的人。”“王力、謝富治从武汉滚出去”等等反动标語滿街都是，一片杀气騰騰的景象，人們予感到陈大麻子要下毒手了。

2、无理綁架中央首长

刀光剑影，寒光逼人，陈再道和8201中的一小撮反革命分子撕开了最后一层虚伪的外衣露出了一副杀人的兇相。他們一方面勾結东湖党委书記楊书升、代处长尹寇清以看戏为名集中了东湖地区和重型机床厂的大量“百万雄师”，并且把中央首长的住处——东湖客舍百花村二舍告訴“百万雄师”；另一方面指示8201一小撮混蛋与“百万雄师”配合行动。

七月十九日晚上九点，东湖四周直至五里以外的湖医都为“百万雄师”所控制，通往东湖客舍的两条道路也被“百匪”层层封鎖，水洩不通。人們都替中央首长的安全担心。

七月的武汉，悶热得慌，一場綁架中央首长的反革命暴乱开始了。二十日凌晨一时，“百万雄师”园艺軍东湖分部第一号头头雷荣华带着匪徒綁架中央首长来了。一卡車匪徒到客舍門口，开始8201門卫假惺惺地不准进，以后匪徒一冲就順利地进去了。但是謝富治副总理、王力同志早已有了准备。匪徒們冲到謝副总理、王力同志跟前，狼嚎鬼叫。謝副总理大义凜然，理直气壮地說：“我是謝富治，要綁架，要杀，由你們的便。”这时候匪徒們吓的怪叫，又杀气騰騰、气势滔滔地冲到王力同志面前，王力同志怒斥匪徒，命令似地說：“你們有沒有事，沒有事，就出去！”匪徒刘贤寺嚎叫：“不出去！”就死皮賴脸地坐下来了……重型厂紅联的“百万雄师”匪徒又冲进来三卡車。頓时，房里房外全部包圍了。

王力同志的警卫員立即拔出手枪，怒向匪徒，勇敢地保卫着中央首长的安全。

正在这时，躲在龟山中幕后指揮的陈再道赤膊上陣了。他急急忙忙赶到现場，对謝富治副总理和王力同志說：“現在就看你們做工作了，我是沒有办法啦！”說完，脸上露出得意忘形的獰笑。反革命气焰何等囂张。随后好几卡車的8201全副武装的軍人冲了进来，不久又来了几十卡車，指揮的都是手持手枪的軍官。8201政变分子冲进来后，立即将机枪、手枪在窗內外对着中央首长。警卫員同志面对着这种情景，为了避免大規模的流血牺牲，只好收起手枪。匪徒們就乘机蜂涌而上，嚎叫着把毛主席派来的亲人、中央文革成員、《紅旗》杂志第一副总編輯王力同志綁架走了。

3、武装出动，控制全武汉

在綁架中央首长的同时，王陈集团早已訓練好的“百万雄师”，三司右翼以及武汉的特动分子同8201一小撮混蛋立即傾城出动。机枪毒蛇似的架設在卡車和一些高楼上，枪上弹，刀出鞘，寒光逼人。軍用手枪在手无寸鉄的群众面前飞舞，杀人的长矛乱七八糟地堵滿江城。消防車的嚎叫声，上千辆的“百万雄师”、三司右翼同軍人混編的車队急促駛过，“百万雄师”的喇叭声嘶力竭地大呼反动口号，頓时，整个武汉市籠罩着战爭的恐怖。

軍区崗哨自动撤走，被政变分子占領了，軍区周围的街道被控制了。

街道上到处都是“百万雄师”、三司、8201的反动标語和反动大字报，反动气焰十分囂张。长江大桥、江汉桥被封鎖了，长江航道被封鎖了，交通要道、主要街道、主要建筑物被侵占了，飞机場被包圍了，火車站被占領了，严重的威胁着解放区——造反派占优势的大中学校的安全。

武汉三鎮，“百万雄师”、8201中一小撮混蛋为所欲为，到处围攻、綁架、毒打、甚至杀害革命小将和革命群众。

整个武汉被政变分子控制了。整个武汉一片白色恐怖。

4、反革命軍事政变的宣言书

为了进一步扩大政变，为“百万雄师”、三司的反革命活动撑腰打气，煽动更多的群众参加反革命活动，更大規模，更加猖狂地反对毛主席、反对林副主席、反对中央文革，七月二十日，王陈集团急急忙忙盗用8201部队全体指战員的名义发表了一个所謂“特急呼吁”，瘋狂地叫囂“黑工总是个地地道道的被反革命分子操纵的組織。”并揚言要“踏平工总，为民除害。”声称“‘百万雄师’是眞正的、不折不扣的、浩浩蕩蕩的、硬梆梆、响噹噹的革命左派組織。”

这个所謂“特急呼吁”实际上是反革命宣言书。“特急呼吁”出籠后，更加助长了反革命的囂张气焰。8201及軍事院校的老保蜂涌上街，“百万雄师”更加横行霸道，无法无天。到处呼喊和张貼“打倒王力！”“打倒謝富治！”等反动口号。随后，“百万雄师”“三司”也先后发出了反对毛主席、反对林副主席、炮打中央文革的声明和“造反公告”，反动透頂。

5、斗爭王力同志，炮打无产阶級司令部

烈日騰空，軍区大院內一片烏烟瘴气，神鬼齐舞，一群群暴徒把王力同志架到阳台上。阳台下边，挤满了“百万雄师”及8201的人，同时也有三司的人。王力同志被暴徒們围着，男女暴徒嘶叫着，咆哮着，一片咒罵声听不入耳。一个带軍帽的匪徒一手抓住王力同志的軍帽，丢在地上，下面一片混乱，有的拍掌，有的喝采。王力同志的軍衣、領章被撕了，下边又是一片混乱。

王力同志放开喉咙坚定严肃地說：“同志們，我們是毛主席、党中央派来的！”王力同志还未說完，台下就是一片叫罵：“打倒王力！”“王力不能代表党中央！”“王力从中央文革滚出去！”王力同志又对下边参加暴乱的解放軍战士說：“我們相信你們是毛主席的战士，你們是会明白的，这种情况我們在四川見过的。……”下面又是一陣叫駡。拍掌不讓王力同志講話。几个穿軍裝的匪徒暴跳如雷，指着王力同志的鼻子大声吼叫着：“你說‘百万雄师’是什么組織？”王力同志大义凜然，毫无惧色地說：“同志們，如果誰說你們組織是反革命組織的話，我們是不同意的。”王力同志講話象一枚炸彈在匪徒中炸开了，有的叫罵，有的跳脚：“他媽的，連个革命同志都不称一声。”于是又是一陣“打倒王力！”“絞死王力！”的反动口号传入人們的耳門，反动透頂！几个匪徒气急敗坏地一把抓住王力同志的头发，用力一扯，扯掉了一把头发。我們的王力同志依然屹立在江城！王力同志左眼角被打伤了，为了保卫毛主席，保卫毛主席的革命路綫，流下了鮮紅的血。王力同志全身被汗水浸透了。几个暴徒抓住王力同志的手，往后一拉，給王力同志“坐飞机”，台下又是一片听不入耳的怪叫。这时一个家伙站出来說：“靜一靜，剛才和牛师长商量了一下，現在就叫王力去休息，讓他明早八点鐘答复我們的要求。”“不行，現在就叫他答复。”“不行，牛师长不能代表我們。”“打倒王力！”“絞死王力！”反动气焰达到頂点。他們揚言把王力同志拉到新华路体育場去斗爭，到汉阳去遊行。可是不管是拳头，还是咒駡，也无法动搖王力同志的革命意志。

怒吼的长江，停止了滚滚急流，千年古老的龟蛇，举起了憤怒的拳头。向陈再道討还血債！英雄的江城人民一刻也未停止斗爭！一定要把陈再道揪出来，打翻在地，再踏上一只脚。五岳的青松挺拔，南山的翠竹峥嵘。葵花永向阳，紅心永向党，我們的久經考驗的无产阶級革命家王力同志啊！你象五岳的青松，象南山的翠竹，你象永远向阳的葵花。

6、血腥鎮压，侵占解放区

黑云压城，妖风陣陣，几百輛，几千輛滿載政变分子的卡車横冲直撞，从他們頻繁的調动中，人民感到政变分子又要下毒手了！

果眞如此，21日上午12时上百輛卡車在新湖大周圍嚎叫挑衅，把湖大附近的华师一附中，新武外等几个学院团团围困，所有的要道重兵把守。

看！8201、“百万雄师”的車队从大桥方向开过来了。

看！三十多輛手持杀人兇器的农民冲进新湖大了。

看！手持冲鋒枪、步枪、手枪以及长矛大刀的政变分子跳下来冲进新湖大了。

看！政变分子嚎叫着“絞死王力”“踏平工总，为民除害”，向周圍的革命群众劈头盖脑地打来了。

看！革命小将，革命群众高呼着“毛主席万岁！”倒在血泊里了！

新湖大危急！新湖大危急了！正在这时候，新一中、新二十九中、新二十中也被包圍了，政变分子也开始进攻了。頓时烏云滚滚，恶浪滔天，武汉市籠罩着战爭的恐怖。

新湖大失守了，其它一些中等学校失守了，政变分子侵占解放区，强占楼房。大批革命小将，革命群众被逮捕了。新湖大临委会負責人张維荣等同志也被捕了。有的革命小将被拉去游街，政变分子侵占解放区后，无恶不作，搗毁大字报栏，砸开房門，打破玻璃，偷袭国家情报資料，搶夺和搗毁国家和私人财物。

解放区明朗的天变成黑暗的天，革命造反派用鮮血和生命换来的解放区成了一片废墟……。

（下轉第四版）

触目惊心的七月兵变

（上接第三版）

7·洗劫鋼城

七月二十日，王陈集团杀人的魔爪伸到了武鋼——武汉工人运动的重要基地。凌晨二点，政变分子和一百多輛卡車，十多輛消防車全付武裝出来，屠刀对准了英雄的9·13和新一冶。政变分子迅速堵住各个路口，包围了新一冶（33街坊）业大和工人村，闖进工人宿舍和革命造反派办公室，見人就打，見物就搶，在房間里乱打乱砸，形如土匪。随后又包围了一冶一中。一百多革命闖将，新一冶在33街坊的負責人全部被捕了。

英雄的鋼城被洗刧了，手表，自行車，收音机，錢粮全部搶走才肯逃竄。祖国的重要鋼鉄基地面临全面停产的严重危险。

8·反革命政变，蔓延湖北全省

王陈集团早已准备好搞全省大暴乱了。与武汉政变的同时，湖北省許多专县也暴发了反革命政变。

在襄阳，王陈集团培植的“五四紅色造反大队”同时貼出“炮打周总理，打倒謝富治，絞死王力”“王力有罪，罪該万死”等反动标語，狂叫“陈再道是我們的紅司令”“陈再道万岁”等反动口号。二十二日公检法带着三字兵袖章300多人举行反革命游行，狂叫“打倒王力”等反革命口号。与7·20反革命政变相呼应。

沙市人民武裝部挑动五万多不明眞象的农民进行反革命游行。在荆州地区沿路貼出“謝富治滚出武汉”等反动标語。

在宜昌也发生了类似的反革命事件。

反革命政变正向全湖北省蔓延。

用鮮血和生命保卫毛主席

林彪副統帅教导我們說：“在需要牺牲的时候，要敢于牺牲，包括牺牲自己在內。完蛋就完蛋。上战場，枪一响，老子下定决心，今天就死在战場上了。”

一、浴血奋战

謝副总理、王力同志等中央首长被綁架、围斗、欧打的消息，象一声晴天霹靂，在江城上空炸开了！多少人耽心亲人的安全，痛哭失声！多少人憤恨“叛匪”的暴行，怒火塡胸！

冲上去，救出敬爱的中央首长！冲上去，救出毛主席派来的最亲最亲的亲人！

七月二十日下午，謝副总理联絡員打来加急电話：“无論在任何情况下，不要发生武裝冲突！坚决！坚决！！坚决！！！”

把眼淚吞到肚里吧，把仇恨压到胸膛吧，听中央首长的話，不要打乱了毛主席的英明布署。

政变愈演愈烈，一片白色恐怖。但是，无限忠于毛主席的以三鋼为代表的无产阶級革命派，幷沒有被吓倒，他們冒着生命危险，同王陈集团展开了針鋒相对的斗爭！

在最恐怖的时候，他們一刻也沒有停止向毛主席、党中央、中央文革汇报情况。在敌人全部控制电訊局、电台等通訊設备的情况下，仍然想方設法，向全国无产阶級革命派揭发和控訴王陈反革命政变的滔天罪行！

他們不顧生命危险，深入軍区大院，設法营救中央首长。幷潛入虎穴，偵察敌情，揭露出敌人的反革命政变阴謀！

他們不顧生命危险，向群众作宣传，揭露和控訴王陈集团炮打无产阶級司令部，搞反革命政变的滔天罪行！向群众宣传毛主席、党中央、中央文革和全国人民对武汉无产阶級革命派的支持，发动群众，喚醒受蒙蔽的群众，打一場人民战爭，粉碎反革命政变！

他們不顧生命危险，千方百計营救战友。而被捕的同志，在带血的长矛面前，在拷打审訊面前，脸不变色心不跳，横眉怒对，表現了大无畏的革命英雄主义精神。

他們在敌人的重重包围中，泰然自若，坚持战斗，不怕疲劳，不怕牺牲，慷慨激昂的发表演說，痛斥反革命暴乱。

他們为保卫毛主席，保卫毛主席的革命路綫創造了多少可歌可泣的英雄事迹啊！

二、人民解放軍坚决站出来了

在王陈反革命政变最狂妄最猖獗的紧急关头，在两个阶級、两条路綫殊死搏斗的关鍵时刻，无限忠于毛主席的中国人民解放軍坚决地果断地站出来了。他們高呼：“坚决支持三鋼三新三联等革命左派！”“打倒陈再道，粉碎反革命政变！”

二十日下午四时，中国人民解放軍东海艦队过境部队全体指战員发表了严正声明，揭露王陈集团反革命政变阴謀，表示严陣以待，随时准备粉碎任何反革命暴乱。

急！急！！急！！！形势发展已經刻不容緩。七月二十二日，8199部队党委作出英明的决择，坚决同陈再道作殊死的斗爭，坚决保卫中央首长的安全，誓死保卫毛主席的革命路綫，最坚决支持以三鋼为代表的无产阶級革命派。他們表示，永远忠于伟大領袖毛主席，头可断，血可流，毛泽东思想不可丢！剩下最后一个人，剩下最后一口气，也要斗爭到底！

武汉空軍部队站出来了，表示坚决支持以三鋼为代表的无产阶級革命派，誓死捍卫毛主席的革命路綫！

坚决支持三鋼三新三联的武汉部队广大指战員走上第一綫，坚决支持和保卫革命左派。他們进駐大专院校，保卫解放区，保卫紅色政权。

解放軍坚决支持革命左派，給王陈集团当头一棒，大大地鼓舞了以三鋼为代表的无产阶級革命派的革命斗志！

三、营救王力同志

大智大勇的8199部队偵察員，对政变匪徒綁架、毒打王力同志，万分气憤，他們在千方百計設法营救王力同志。

8199部队张政委勇敢地站出来了，二十日他出面与8201中一小撮坏蛋交涉，要讓王力同志休息，幷給他們打了包票，这群混蛋才放了手。

于是8199部队指战員立即把王力同志偸偸地送到他們师部——洪山脚下。

可是，当天晚上8201中一小撮坏家伙把消息告訴了“百万雄师”匪徒，頓时，“百万雄师”匪徒就包围了8199部队的师部，康三司中也去了不少人。

情况万分紧張！只要有一个人走露消息，中央首长就会遭到刼走和杀害。在这危急关头，8199部队首长向一个連指战員作政治动員，战士們坚决表示：“我們在，首长在！”

“百万雄师”匪徒冲进来了！

駐洪山的8201高射炮兵揚言：“就是用直升飞机运，老子也要把他打下来！

怎么办？怎么办？

在这千鈞一发之际，8199部队首长張政委亲自保护王力同志躲在一深山沟里，他們渾身都被荆棘划破了，这时候，王力同志的血压高达180°以上啊！后来王力同志被护送到一輛汽車上。司机摘下了車牌，向孝感飞馳而去！为了早点保护首长脫离危险期，战士們布下了迷魂陣，高喊：“打倒王力！”“踏平工总，鎭压反革命！”两旁百匪紛紛鼓掌欢迎，幷主动讓开一条路。車子向軍用机場急駛而去！

汽車一到机場，长机引擎已經发动，王力同志上了飞机，就起飞了！

人們剛剛松下一口气，叛匪已經赶到机場，但飞机已裊裊而去……

王力同志脫险了！

飞吧！飞吧！敬爱的謝副总理、王力同志，祝你們早日回到毛主席的身边！

四、毛主席为我們撑腰我們要为毛主席爭气

七月二十三日凌晨，中央人民广播电台送来了振奋人心的喜訊，謝副总理、王力同志光荣地胜利地回到了毛主席身边！

頓时，武汉沸騰了！受打击遭屠杀的革命小将啊，无不激动異常！他們从床上爬起来，从林子里鉆出来，从树上跳下来，从水边跑上来，脸也顧不得洗，便高举毛主席画象，汇成一道滚滚洪流，欢呼！热烈地欢呼！

北京，林副主席亲自登上天安門，检閱支持武汉无产阶級革命派的百万大軍。工代会、农代会、紅代会紛紛走上街头，示威游行。

上海，海陆空三軍和革命群众一百多万人示威游行，坚决支持武汉地区无产阶級革命派。

南京、广州、內蒙、哈尔滨、齐齐哈尔……

声援电从全国各地，四面八方如雪片飞来……

“打倒刘邓陶王！”“打倒陈再道！”的怒吼声震憾长江两岸，黃浦滩头，长城內外，珠江堤畔……

以三鋼、三新、三联为代表的武汉无产阶級革命派在毛主席、林副主席、党中央、中央文革的支持下，在伟大的中国人民解放軍支持下，在全国无产阶阶革命派的支持下，意气风发，斗志昂揚，同解放軍一起，走上街头，憤怒声討陈再道！千万张大字报向排炮一样指向王陈反党篡軍集团，指向党內一小撮走資本主义道路当权派，指向“百万雄师”中一小撮反革命头头。革命造反派配合党中央展开了強大的政治攻势，爭取受蒙蔽的群众，“百万雄师”、康三司已經土崩瓦解，一小撮坏头头已經越来越孤立了，8201广大指战員也相繼覺悟了，起来造反了。革命造反派不怕牺牲，排除万难，乘胜追击，打倒党內大大小小的走資派，彻底搗毁王陈反党篡軍集团。革命造反派浴血奋战，杀回工厂，杀回机关，杀回学校，夺回一切大权，解放全武汉！解放全湖北！

革命洪流滚滚向前，武汉形势一片大好，无产阶級革命派下定决心，无論斗爭如何艰苦，如何尖銳，如何复杂，都坚定不移地沿着毛主席的革命路綫奋勇前进。夺取武汉地区文化大革命的最后胜利，夺取全国文化大革命的最后胜利！

听！武汉地区革命派立下了鋼鉄誓言：

用鮮血和生命保卫毛主席！

用鮮血和生命保卫林副主席！

用鮮血和生命保卫党中央！

用鮮血和生命保卫中央文革！

（根据武汉鋼二司紅水院紅旗《抗大战队》的同名材料改写）

看看武汉　想想天津

（上接第一版）　“天津××軍就是好！”有的甚至喊“天津駐軍首长万岁！胡市长万岁！”用这样极端反动的口号来掩盖党內軍內一小撮坏头头，来掩盖軍內两条路綫的斗爭。

在天津地区混进軍队的走資派也在操纵和支持着臭名昭著的保守組織“河老八”、“公安造总”、“新冶金”、六四一“东风总部”、“609春雷”等軍工系統步“百万雄师”的后尘，正向天津市的无产阶级革命派发动了疯狂的反扑。他們极力歪曲“文攻武卫”，把“五代会”变成“武代会”，有組織有計划有步驟地挑起大型武斗。他們在“河老八”設立“白公館”对革命造反派和革命群众、革命干部施以酷刑。用“农村包圍城市”、“集中力量打歼灭战”等方法，不斷制造白色恐怖，鎭压革命造反派；甚至赤膊上陣，声嘶力竭地高喊什么：“要用武力保卫五代会！”、“要为它流尽最后一滴血！”天津的陈再道之流矢口否認自己执行的带枪的刘邓路綫，反誣“打倒带枪的刘邓路綫”是“反动口号”，公开同无产阶级司令部、同林副統帅唱对台戏！最近更发展到指使一小撮坏人，把矛头直接指向一貫高举毛泽东思想伟大紅旗，始終以两条路綫斗爭为綱的六四一厂和天鋼軍管会，一手制造了六四一厂和天鋼两起严重的反革命事件，把矛头指向中国人民解放軍。是可忍，孰不可忍！

我們严正警告天津党內、軍內一小撮別有用心的家伙，你們必須悬崖勒马，改弦更張，否則，陈再道和“百匪”就是你們的下場！

武汉的无产阶級革命派，工总、二司、九一三、新华工、新湖大、新华农、三司革联等革命組織，坚决保卫了伟大的毛泽东思想，保卫了毛主席的革命路綫，不怕牺牲，前仆后繼，英勇頑強，是我們学习的榜样。我們坚定不移地同他們战斗在一起，胜利在一起！胜利一定屬于无产阶級革命造反派，胜利一定屬于战无不胜的毛泽东思想。

“沉舟侧畔千帆过，病树前头万木春”。讓我們为了毛主席的事业，前进！再前进！

宜將剩勇追窮寇
不可沽名学霸王

社论

积极参加埋葬资产阶級司令部的战斗

——紀念党的八届十一中全会胜利召开一周年

党的八届十一中全会胜利召开整整一年了！

一年前，在无产阶级同资产阶级、无产阶级司令部同资产阶级司令部激烈斗争的紧要关头，在无产阶级文化大革命面临被党内最大的走资派扼杀的危险时刻，我们伟大统帅毛主席亲自主持召开了这次关系到我们党和国家命运与世界前途的、具有伟大历史意义的会议。

这次会议，进一步树立了毛泽东思想的绝对权威，确立了一贯高举毛泽东思想伟大红旗的林彪同志为全党的副统帅，巩固和加强了以毛主席为首的无产阶级司令部，击败了以中国的赫鲁晓夫刘少奇为首的资产阶级司令部，指明了文化大革命胜利前进的方向，吹响了彻底埋葬资产阶级司令部的进军号！

在毛主席的统帅和林付主席的指挥下，我们无产阶级革命派和亿万革命群众，经过一年的艰苦奋战，取得了一場場惊心动魄大博斗的胜利，终于把这个资产阶级司令部的反动嘴脸和罪恶行径暴露在光天化日之下！这是党的八届十一中全会的伟大成果，这是毛主席革命路线的伟大胜利！

但是，两个司令部、两条路线的斗爭并沒有结束。只有从政治上、思想上、理论上彻底批倒批臭一小撮走资派，才能彻底埋葬资产阶级司令部！当前开展的革命大批判，就是彻底埋葬资产阶级司令部的最伟大战斗！这是压倒一切的中心任务，这是我们当前必须牢牢掌握的唯一斗爭大方向！

正因为这样，党內大大小小的走资派和一切阶级敌人对革命的大批判怕得要死，恨得要命。他们无不千方百计反对和破坏大批判运动。这是他们向无产阶级司令部进行猖狂反扑的主要表现形式。

毛主席教导我们：**“帝国主义和国内反动派决不甘心于他們的失败，他們还要作最后的挣扎。”**刘少奇之流正是这样不甘心失败的反动家伙。他们进行最后挣扎破坏大批判的主要伎俩有：一、以“检查”“认罪”为名，行反攻倒算之实，资产阶级司令部的黑司令刘少奇就是这样干的；二、赤膊上阵，明目张胆炮打无产阶级司令部，刘邓

（下转第二版）

将革命进行到底

——紀念河大八一三紅色风暴一周年

本报編輯部

迎着东方的朝阳，高唱胜利的凯歌，滿怀革命的壮志豪情，热烈欢庆河北大学八月十三日红色风暴一周年。心中洋溢着对我们伟大统帅毛主席的无比信仰，无限热爱！我们千遍万遍地高呼：伟大领袖毛主席万岁！万万岁！

忆往昔，峥嵘岁月稠。

一年前的今天，我们高举伟大统帅毛主席亲手交给我们的“造反有理”的战旗，以舍得一身剐，敢把皇帝拉下马的大无畏革命精神，“揭竿而起”，打响了炮轰省委的第一炮。“八·一三”是革命的日子，战斗的日子，是我们革命造反派的盛大节日。“八·一三”这个难忘的日子，将以它光辉的战斗历程载入河北大学和河北省文化大革命的史册。

历史的辯证法就是这样无情，不可一世的所谓“大人物”刘子厚们被革命群众抛进了历史的垃圾堆，什么“焦裕祿式的好书记”，什么“坚定的革命左派”，统统成了历史的笑柄！我们无产阶级革命派，从小到大，由弱到强，扬眉吐气地登上了政治舞台，为无产阶级文化大革命立下了不朽的功勋！

雨露滋润禾苗壮，干革命靠的是毛泽东思想。我们所取得的每一个胜利都是毛主席革命路线的伟大胜利！都是战无不胜的毛泽东思想的伟大胜利！

毛主席教导我们：**“夺取全国胜利，这只是万里長征走完了第一步。……中国的革命是伟大的，但革命以后的路程更長，工作更伟大，更艰苦。”**

这是向我们革命造反派敲起的警钟！

这是对我们革命造反派巨大的鞭策和鼓舞！

我们必须清醒地看到，党內最大的一小撮走资派虽然被我们揪出来了，但是他们人还在，心不死，总是要用十倍的瘋狂进行反扑，时刻梦想变天，妄图夺回他们失去的天堂。刘少奇的七·九认罪书，武汉反革命暴乱，天津万张反革命修正主义集团的垂死掙扎，这些血淋淋的阶级斗爭现实给我们以深刻的启示：革命的大联合何等重要！革命的大批判何等重要！完成斗、批、改，彻底埋葬旧的教育制度，创立崭新的社会主义教育制度是何等艰巨伟大的历史任务！

我们还必须看到，无产阶级革命派夺权以后，随着地位的改变，许多非无产阶级思想容易滋长，刘少奇的反革命修正主义路线的高压，围剿是不能征服我们的，这一点已经得到了历史的证明，但是资产阶级的“和平演变”则可能征服我们队伍中的意志薄弱者。如不认眞注意，资产阶级、小资产阶级就有可能打到我们，资本主义就有可能复辟。

是将革命进行到底，还是半途而废，是做彻底的无产阶级革命派还是做党的同路人，问题就是如此尖锐地摆在我们面

（下转第四版）

“八一八”戰報

1967年8月13日（星期日）　101　本期共四版

红代会河北大学毛泽东思想“八·一八”红卫兵《“八·一八”战报》编辑部

2　　八一八战报　　1967年8月13日

彻底革命向前进，
龙腾虎跃谱新歌。

河大校园，出现了生动活跃的局面。八月四日以来，“八·一八”广大指战员奋起清除我们队伍前进中的右倾思想和克服小资产阶级摇摆性，掀起和深入展开革命大批判高潮，形势好得很，而且越来越好。

一、批判和反批判是当前斗争的焦点

八月五日纪念毛主席的《炮打司令部》大字报发表一周年，八月八日以来，纪念十六条发表一周年和八届十一中全会一周年，使我“八·一八”广大战士清醒地认识到目前两条路线斗争的特点是：“走资派刘少奇们发动新反扑，无产阶级革命派在毛主席的指引下，迎头痛击刘少奇们的新反扑，全面展开大批判，穷追猛打落水狗。因此批判和反批判就成了目前斗争的焦点。二中队在学习讨论中指出，刘少奇们正“**以十倍的努力、疯狂的热情，百倍增长的仇恨来拚命的斗争，想恢复他们的天堂**”。万张“团和刘子厚闫达开们进行反动势力的集结、牛鬼蛇神、地、富、反、坏、右，流氓阿飞，在他们的操纵下，这里行凶，那里打人，造谣生事，作恶多端。他们撿起几片鸡毛蒜皮，当作旗帜，吵吵嚷嚷，攻击天津驻军和五代会，就以为天下就乱了。这些坏家伙反扑是花了功夫，研究、制定了一套反革命的斗争策略的。目前他们从“左”右两方面，尤其是从极”左”的方面向我们进攻，动摇、干扰、破坏我们的大批判。广大战士表示，我们一定要针锋相对，提高斗争水平，击退敌人的反扑，切切不可书生气十足，被这一撮坏人牵着鼻子走。我们不可以关着门，孤立地看校内的各种思想反应，或纠缠于局部的某些争论，我们必须把我校两条路线斗争和社会上的这一斗争特点紧密地联系起来，我们才能时刻保持清醒的头脑。

二、集中力量、集中目标，把矛头狠狠指向最主要最危险的敌人

32111战斗队的一张大字报写得好：
当前的大方向是什么？大批判。
批判谁？刘邓及其修正主义死党。
批什么？刘邓及其修正主义死党反党反社会主义反毛泽东思想的滔天罪行及在各个领域内的修正主义路线。
我们要把斗争矛头狠狠地指向党内一小撮走资派，矛头向侧或向下的同志要迅速调转矛头，穷追猛打落水狗，将大批判推向新高潮。”

“子弟兵”战斗队也指出：我们一定要防止走两个极端，坚定不移地把握住大批判这个大方向。

《排山倒海》、《战海啸》、《虎山行》《同心干》《战犹酣》、《东风万里》、《星火灯原》、《东风师》《擎红旗》、《从头越》等等战斗队，奋起写大批判文章，迎头痛击刘少奇的新反扑。

《红旗师》写出《闫达开的‘反复辟’干了些什么？》揭示了闫达开操纵“反复辟’极力对抗党中央、扭转斗争大方向，恶毒攻击、诬蔑解放军，冲击军事机关，打、砸、抢和制造予谋破坏案的一些情况。

風景這邊獨好

“工农兵造反队”等继续揭露批判了黑省委刘子厚、杜新波的反党罪行。

《火炬》战斗队坚持对万张反革命修正主义集团展开了大批判。

有些战斗队结合我校情况，揭露批判李泽民、苏沛霖修正主义罪行和推行资产阶级反动路线流毒。

“六月天兵征腐恶，万丈長缨要把鲲鹏缚”广大八一八战士集中力量，集中目标把斗争矛头狠狠指向最主要最危险的敌人——党内一小撮走资派，牢牢掌握了大批判这个斗争大方向。不把矛头指向最主要最危险的敌人而空谈批判或者乱批判，得到的结果将是事与願违和本末的倒置。

毛主席最近教导我們：要集中力量把矛头指向党内最大的走資本主义道路的当权派。

我们一定要按照毛主席指引的方向前进！

三、群策群力，使革命大批判更上一层楼

革命大批判的暴风雨越来越猛，河大校园里是一片热气腾腾的景象。在这一派大好的形势下，如何把革命的大批判开展的更深入、更广泛，再上一层楼呢？

带着这个问题，我们广泛地阅读了八一八战士带有建设性意见的大字报并找了一部分战士交换意见。在这过程中，我们记下了八一八战士许多宝贵的建议和看法，归纳起来主要有：

（一）要深入开展革命大批判，必须狠狠抓住两条路线斗争这个纲，抓住了这个纲，也就抓住了两个阶级、两条道路斗争的纲；

（二）要想深入开展革命大批判，就必须把对党内最大的一小撮走资派的大批判与本单位的斗批改紧紧地结合起来，彻底肃清其流毒；

（三）要深入开展革命大批判，就必须集中力量，集中目标，一仗一仗地打，把斗争矛头狠狠指向最危险最主要的敌人——党内一小撮走资派；

（四）要深入开展革命大批判，就必须积极投身于当前的火热的斗争，捍卫革命的大联合和革命的“三结合”，随时准备迎头痛击敌人的新反扑；

（五）要深入开展革命大批判，就必须掀起活学活用毛主席著作的新高潮，以毛泽东思想为武器，把党内一小撮走资派从政治上、思想上、理论上批倒、批臭。

“春风杨柳万千条，六亿神州尽舜尧。”广大八一八战士，意气风发，斗志昂扬，人人动手动脑，拿起笔作刀枪，奋起千钧棒，痛打落水狗，不仅把整个校园搞成了大批判大字报的海洋，而且还把大批判专栏搞上了街头，在革命大批判中杀出了新威风。这正是：**“风景这边独好”**！

在毛主席革命路线的指引下，革命的大批判必然取得最后彻底胜利！

本报记者

欲 盖 弥 彰

——評刘少奇第三次檢查

中国的赫鲁晓夫刘少奇交出的第三个“检查”，名为“检查”实为反扑，而且，反扑得更加猖狂，更加恶毒，更加色厉内荏。他对戚本禹同志所提出的八个问题，逐个地加以推翻，这只能证明戚本禹同志的文章打中了要害；他对以毛主席为首的无产阶级司令部进行了疯狂的进攻，也就又一次暴露了他的反动丑脸。

叛徒集团问题，是刘少奇最怕触及的问题之一。为了抵赖罪责，他在这个问题上所要弄的手法也就更加狡猾、更加无耻。他先是采取颠倒黑白、上推下卸的手法，上有张闻天作决定，下有柯庆施提出和办理，他只是个上传下达的传声筒，随后便把主要责任推给了已经逝世的柯庆施同志，妄图使你无处查对；最后，其他问题，则一律“不知道”。

但是，历史是颠倒不了的，事实是不能抹煞的，刘少奇指使、纵容、包庇叛徒集团的罪恶是根本抵赖不了的。

1936年，刘少奇不是“作为党中央的代表”而是作为北方局的书记作了如下指示：“华北形势危急……共产党员不要再蹲在狱里搞斗争了，应争取出狱，迎接抗战形势，不过出狱时要履行一个手续，就是要在指定的报纸上登反共启事，但这在实际上只是一个形式”。

刘贼为了推卸罪责，竟然上推下卸，并把主要责任栽赃于柯庆施同志，用心何其毒也！

在19 6年，叛徒出狱后刘贼指示说：“这个事不要向外说，一般的人不知道，填表时填个组织营救就行了。”

1944年‘七大’前夕，刘少奇同彭真合谋，把薄一波、安子文等59个叛徒说成是“假自首”，以便为这些叛徒进入“七大”开放绿灯。

1945年“七大”上，在刘少奇起草的“修改党章报告”的草稿里，公然提出“变节分子也可以当选中央委员”，当即遭到康生同志的坚决反对，被迫删掉。但他仍贼心不死，一手遮天，把薄一波等人塞进了中央委员会。

全国解放后，在刘贼的支持下，彭真、安子文等利用职权，进行了盗窃、偷改档案的罪恶勾当，妄图消赃灭迹。

1957年，刘少奇在给中央组织部的黑指示中写着：“在应付敌人的时候，有过错误的行为，（只是履行过一般自首手续）对这类干部政治上应予以完全信任，不能因这种历史问题而影响对他们的使用”。他还制定了一条招降纳叛的干部路线，把叛徒分成六种，即：错误；严重错误；一度动摇；自首；叛变；严重叛变。同时，你还伙同邓小平、彭真把叛徒们安插到党、政、军的一些要害部门，进行复辟资本主义的组织准备，把这个定时炸弹，埋在无产阶级专政机构内部，伺机而动。

1962年，他还指示安子文，把自首变节分子名单登记出来交给邓小平，并指示说：“若有人问或揭发时，就说中央已经知道，并做了结论；别人要看结论时，就说‘保密’。”

…………

刘贼，事情果如你所说的是“由柯庆施同志提出和办理”的吗？如何办理、履行什么手续你都“不知道”吗？

这统统是骗人的鬼话！

事实具在，铁证如山，想抵赖是办不到的。

1939年，叛徒们从反动派的狗洞里爬出不久，刘少奇在他那臭名昭著的“修养”里大肆宣扬叛徒哲学，胡说什么：党在可能条件下，顾全和保护党员个人不可缺少的利益……如在反动派统治的环境下，必要时放弃党的一些工作来保存同志等”这就是说，为了活命，可以投敌叛党。1962年刘少奇再次抛出这个黑“修养”时，又一次原封不动地抛出了这个黑货。

这就是刘少奇指使、纵容、叛徒们投敌叛变的“理论根据”，这就是刘少奇招降纳叛的干部路线的“理论根据”。

政治上的叛变，组织上的包庇，理论上的辩护，这就是刘少奇在这个问题上的三个主要罪恶。

刘贼的这套叛徒言行是有其历史根源的。现在查明：刘贼本人就是一个大叛徒，他早在1932年就在东北化名为刘少犹投敌叛变了。物以类聚，卅年来刘少奇指使、纵容、包庇、重用了他的同类，组成了一个庞大的叛徒集团，把它埋在毛主席身边，妄图有朝一日，实行篡党、篡军、篡政。是我们最最敬爱的伟大领袖毛主席，亲自发动和领导了这場史无前例的无产阶级文化大革命。革命小将在毛主席的伟大号召下，揪出了这个叛徒集团，宣判了刘少奇这个叛徒首领的死刑。这是战无不胜的毛泽东思想的一个伟大胜利！

现在，刘少奇妄图抵赖他的罪行，妄图嫁禍于人，把赃栽在柯庆施同志身上，这只能使你罪上加罪。

刘少奇不投降，就叫他灭亡！

河大八·一八十一中队《擎红旗》

积极参加
埋葬資产阶級司令部的战斗

（上接第一版）

的忠实干将、反革命修正主义分子闫达开就是这样干的；三、蒙蔽一些群众，纠集社会上的反动势力，挑起武斗极力扭转运动的大方向，万张反党集团及其爪牙就是这样干的；四、利用某些革命组织的一些非无产阶级思想，挑拨离间，制造分裂、挑动革命派之间的内战。对于阶级敌人这种阴谋，必须彻底戳穿！对于阶级敌人的反扑，必须针锋相对，给以迎头痛击！

这里必须指出，在我们革命派队伍中，由于“私”字作怪，不能识破阶级敌人的阴谋，大敌当前，不是一致枪口对外，而是热衷于打内战；也有一些人，站不高，看不远，分不清主次矛盾，在内部一些非原则问题上争论不休，而忘记了革命的大批判；更有一些糊涂人借口抓两条路线斗争，矛头向下，自觉不自觉地起到“打击一大片，保护一小撮”的作用。所有这些都干扰了当前的大批判，在客观上起到帮助敌人的作用，也是阶级敌人所希望和欢迎的。**“凡是敌人拥护的，我們就要反对。”**我们就是要按照毛主席的伟大战略部署，分清敌我友，把斗争矛头狠狠指向最主要最危险的敌人——党内一小撮走资派！

批判和反批判，这是当前两个司令部和两条路线斗争的焦点，也是两个阶级，两条道路斗争的焦点。只有进行深入广泛的革命的大批判，才能彻底埋葬以刘少奇为首的资产阶级司令部！红卫兵战友们，革命的同志们，让我们集中目标，集中力量，集中智慧，高举毛泽东思想伟大红旗，全力以赴投入革命的大批判，积极参加彻底埋葬资产阶级司令部的伟大战斗！

1967年8月13日　　八一八战报　　3

反革命圍剿的彻底破产

（一）

去年八月，正当我们伟大领袖毛主席亲自发动和领导的无产阶级文化大革命，在全国轰轰烈烈地开展的时候，河北大学部分革命师生于八月十三日在天津市闹区渤海大楼等处贴出第一张“舍得一身剐，敢把刘子厚拉下马”的大字报。稍前一些时候，革命小将已经揭发了刘子厚反党、反社会主义、反毛泽东思想的部分罪行，并在河大校内出现了“刘子厚、闫达开、杜新波就是黑帮”、“刘、闫、杜是三家村”的口号和标语。就在这张大字报贴出的第三天（八月十五日）在渤海大楼、百貨大楼、河大门口等处出现了以“省委驻津工作人员”签名的大字报。这张大字报的原文是：刘子厚、闫达开、杜新波是坚定的革命的左派。刘子厚、闫达开、杜新波三同志，我们都知道他们是坚定的革命左派，若干年来，他们领导全省广大革命干部，一直和右倾机会主义分子作坚决斗争的。现在竟有人贴他们是黑帮的大字报，显然是别有用心的分子干的。全省的革命工人、广大贫下中农、革命师生、革命干部，要警惕有人搞鬼。”这一张大字报一出现，立即轰动了整个天津市。当时，很多不明眞象的工人、农民、干部、学生和市民，受了这张大字报的蒙蔽和煽动，纷纷成群结队赶到河大去围攻革命小将，形成了一种“别有用心的人要反省委”的社会舆论。由河大革命小将点燃起来的炮轰黑省委司令部革命烈火，暂时被镇压了下去。

这个轰动全国的大字报事件的由来和发展是怎样的？谁是这个事件的策划者？有不少革命组织和革命同志曾花费了不少精力来调查澄清。但由于黑省委一小撮反革命修正主义分子的重重阻挠。事情已过去将近十个月，泡制这张大字报的內幕始终沒有彻底揭开，矛盾很多，使人弄不清事实眞象。主要表现在：（1）这张大字报的出笼是谁策划的？谁批准的？说法很多，开始说是齐斌、王玉出的主意，经过杜新波同意后写出去的；后来刘子厚说“是杜新波出了个坏主意”，由杜打电话請示李頡伯、刘子厚后贴出去的；然而李頡伯则一口咬定这张大字报完全是他和刘子厚一手泡制的与杜新波无关，杜新波也一直把自己打扮成在“大字报”问题上，自己是一无所知，是一个受了“委屈”的人。（2）这张大字报究竟是谁起草的？九个月来，一直找不到起草人。刘子厚、李頡伯等说是天津起的稿；马跃章、尹哲说是北京传来的稿；杜新波则一直说他自己到现在也弄不清是谁起的稿。（3）为了继续蒙蔽群众，曾经几次召开秘密会议，为大字报问题统一口径，眞眞假假，虚虚实实，一直弄不清这几次黑会的事实眞象。此外，还有一些具体过程情节，一直弄不清楚。

（二）

我们带着这些问题和矛盾，进行了一系列的调查活动。经过我们的调查分析，省委驻津工作人员大字报的事实眞象，已经基本弄清。

革命小将炮轰黑省委的大字报，把他们吓破了胆，十三号晚上，反革命修正主义分子尹哲、杜新波和刘子厚的亲信马跃章三人聚集在杜新波房间（宾舘五楼）密谋对策。杜新波和尹哲在宾舘河大小将大字报未贴出前，就曾密谋过要反击的问题，当时杜说：“如果他们不向外贴，我们先不管，他们贴到街上来，我们要反击”。这次眞的贴出来了，当然要进行反击了。杜、尹、马商议，“最好能有另一派学生写一张大字报，进行反击”，但又考虑，再组织学生怕惹麻烦，才决定用在尖山驻津文革办公室的干部和宾舘职工名义写大字报。大计商定后，由伊哲给在天津座鎮的闫达开打电话，闫表示同意杜、尹的意见，让他们請示刘子厚、李頡伯。同时由杜新波给在北京的李頡伯、刘子厚打电话，进行請示。杜在电话中向李说：“河大贴出了舍得一身剐，敢把刘子厚拉下马”和“刘子厚、闫达开、杜新波是黑帮的大字报，学校贴了，闹市区也贴了，看的群众很多，可能要引起群众的思想混乱，你们回来以前，是不是要贴大字报澄清情况，稳定群众，你们回来后好出面。”李说，他和刘子厚研究研究再答复。

在北京的李頡伯和刘子厚，当时为十六中事件挨了中央的批评，正在做检讨。他们一面欺骗党中央和毛主席，一面继续阴谋策划“大字报问题”。杜新波汇报情况之后，刘、李立即进行密谈，批准了杜、尹、马的建议，并决定用“驻津工作人员”的名义贴出去。当晚，李頡伯用电话答复了杜新波和马跃章，向马口授了大字报的主要精神，要马跃章起个稿，报北京审查后再贴出去。电话中，李頡伯还批评了马跃章，说他沒有亲自去看大字报，是“政治警惕性太低了”，“阶级斗争观念太差了”，等等。马跃章向尹哲和杜新波汇报之后，按李頡伯口授的精神，起草了这张大字报稿。十四日马跃章把稿交给尹哲审查（当时杜新波在河大）。尹哲改动了个别字句后，把稿子交给王玉，由王玉用电话传到了北京。北京方面接电话的是李頡伯的随员茹洪生。茹把大字报稿首先送给李頡伯，李修改后，茹又送给刘子厚审阅，刘要茹念了大字报稿后，把“刘子厚曾参加制定十六条”一句删去，刘子厚表示同意了。茹拿去又送李頡伯看过后，由李的秘书田文明给天津马跃章接通了电话，先由李頡伯和马跃章通话，李说：“大字报稿，我们看过了，沒有多大改动。要以驻津工作人员的名义贴出去，不要说是省委的意见，要让驻津工作人员讨论，变为他们自己的。签名要自願，不要强迫。贴的越快越好”等等。接着由田文明把刘、李批准的大字报稿传给了跃章。十四日晚，接完电话以后，马又找到尹哲商量怎么办。尹哲说：“明天上午开个会，今晚开会来不及了”。当晚马跃章通知了许明、齐斌（齐不在，赵纯参加），十五日早晨又通知了王玉和李锋。

十五日上午八点半，马跃章召集王玉、齐斌、李锋、许明、赵纯开会，专门研究怎么贴大字报的问题。经过讨论定了以下几条：（1）不要说是省委的意见，要让工作人员讨论，变为他们自己的意见；（2）签名要自願，不要强迫；（3）为了便于工作，观察员不要签名；（4）河大的大字报贴在什么地方，我们也贴在什么地方；（5）尖山文革办公室负责贴勃海大楼和百貨公司，许明自己要求只贴河大门口，李锋负责组织写大字报。会议后，并将大字报稿打印数份，分别发给了闫达开、尹哲、杜新波、许明、李锋、王玉和齐斌等人。具体工作，由王玉动员办公室人员签名的，由李锋、石新英、孙仲管、孙明等组织人马贴出去的。

以上就是“驻津工作人员大字报”泡制的简要过程。

（三）

“哪里有压迫，哪里就有反抗”。全国无产阶级文化大革命的烈火越烧越旺，河大八·一八革命小将，冲破了重重围攻和谩骂，坚决抵制黑省委的资产阶级反动路线。于八月下旬，部分革命小将到华北局要求罢杜新波的官，并要杜到河大做检查。华北局书记处在广大革命造反派的强烈要求下，不得不做出“罢杜新波的官停职反省”的决定（实际上是个大骗局，另有调查报告），并让杜去河大做检查。由于大字报问题是杜新波罢官的主要问题之一，为欺骗群众，顽固地坚持资产阶级反动路线，黑省委这一小撮人，又连续开黑会，编瞎话，统一口径，进行了一系列的阴谋活动。

当八月下旬，河大八一八到华北局告状，声讨这张大字报，尹哲和杜新波二人研究，给李頡伯写了一封信，建议大字报起草的责任由齐斌和王玉担起来。反对马跃章是刘子厚的秘书，暴露了马跃章怕牵连刘子厚，李頡伯同意了尹、杜的意见，这样就把起草的责任第一次隐瞞了起来。

八月二十九日，在省委招待处黑五号楼下餐厅，刘子厚、闫达开、李頡伯、廖鲁言、王路明、杜新波、尹哲等人在一起开黑会，也曾研究大字报的责任由谁承担的问题。刘子厚、李頡伯都示意把责任由下面担起来，不要牵联他们一小撮。李頡伯问了马跃章大字报贴出的过程之后说：“这回就看马跃章的了”。刘子厚接着说：“跃章沒问题”。大叛徒廖鲁言也发了一大段议论，他说：“驻津工作人员大字报，內容沒有错误，但贴的时间不对，所以要去检讨，但必须向全校师生作检讨，不要单向那一方作检讨，这样一方面保护了毛泽东思想红卫兵（现河大井冈山兵团——编者），避免了引起纠纷；另一方面，可能召集不起全校师生大会来，使检查可以向后拖一些时间，到将来形势有了变化，再出检查就好办了”。廖之谬论，深受这群坏蛋的赞扬。刘子厚、闫达开、李頡伯都说，还是“秀才”有高见。

十月上旬，杜新波、尹哲打电话邀王玉再次商谈大字报问题。要王玉承担大字报责任，议定起草人为齐斌，齐起草后找王玉商量，王玉請示杜新波，经杜新波同意才贴出去的。又一次顚倒事实眞象。

十月底，十一月初，杜新波到河大作检查，河大八一八追问他大字报是谁贴的，汽车司机是谁？杜难以对答，事后又召集王玉、赵纯等人商谈，准备抛出两个“坚定的车马”来

（下转第四版）

短评

搬起石头打自己的脚

毛主席說：「搬起石头打自己的脚」，这是中国人形容某些蠢人的行为的一句俗話，各国的反动派也就是这样的一批蠢人。党内一小撮走資本主义道路的当权派，反革命修正主义分子就是这样的一批专門搬起石头砸自己脚的蠢人。

曾記否，去年的八月十三日，河北大学革命小将，高举十六条的旗帜，横空出世、雄姿英发，杀出河大园，直搗河北省委把「舍得一身剮，敢把刘子厚拉下馬」的革命大字报，贴到天津的鬧市、渤海大樓上，打响了炮轟省委的第一炮。

革命的暴风雨，使省委内一小撮走資本主义道路的当权派，聞风丧胆，立即組織保皇御林軍組織反击。由三反分子刘子厚、閻达开、王路明、李頡伯、杜新波、廖魯言等幕后策划，駐津工作人員署名的一张反革命大字报，贴满了天津市，刹时春去冬来，反革命围剿籠罩了天津城。

这张大字报颠倒黑白，混淆是非，恶毒的攻击革命小将的革命行动是「别有用心」，无恥的宣揚「刘、閻、杜是坚定的革命左派」，公然号召全省工农兵起来围剿革命派，他們洋洋自得，以为这样以来熊熊的革命烈火就可以被扑灭，自己就可以安然过关。

毛主席教导我們，各国反动派「对于革命人民所作的种种迫害，归根結底，只能促进人民更广泛更剧烈的革命。」

面对敌人的疯狂挑战，革命小将赤胆忠心，不怕牺牲，排除万难，以革命的大无畏精神，横扫妖魔，力抗狂瀾。独有英雄驱虎豹，更无豪杰怕熊羆。数月奋战，省委内一小撮走資派一个个被揪了出来，一个个被打的落花流水，人仰馬翻。揭开盖子一看，以刘子厚为首的省委内一小撮走資本主义道路当权派，原来是一批吃人的鬼蜮，喝血的豺狼，是杀人不見血，鎮压革命小将的罪魁禍首，是一群地地道道地赫魯晓夫式的阴謀家。

几个跳梁小丑表演有什么新鲜，表演的愈起劲，暴露的愈充分，垮台的就越快。搬起石头砸自己的脚。这就是历史的弁証法。刘、邓、陶的垮台說明了这一点，刘子厚的垮台說明这一点，一切内外反动派的垂死挣扎也却逃不脱历史弁証法的惩罰。

宜將剩勇追穷寇，不可沽名学霸王。

党内一小撮吃人的野兽，人还在，心不死，必須痛打落水狗，把他們从政治上、思想上、理論上彻底斗倒、斗垮，斗臭，叫他們永世不得翻身。

4　八一八战報　1967年8月13日

韓培义同志的賀信

河北大学毛泽东思想“八·一八红卫兵战友们：你们好！

首先让我们共同敬祝我们的伟大领袖，我们心中最红最红的红太阳毛主席万寿无疆！万寿无疆！

河大“八·一八”战友们：你们即将庆祝“八·一三”一周年，我特此向你们表示热烈地祝賀，向你们致以无产阶级文化大革命的战斗敬礼！

去年八月十三日，你们响应了毛主席的伟大号召，发扬了“舍得一身剐，敢把皇帝拉下马”的大无畏的革命精神，走向社会，向省党內一小撮走资本主义道路当权派开了炮，贴出了“舍得一身剐，敢把刘子厚拉下马”的大字报，这是革命的行动，我为你们这种敢于造反敢于革命的精神表示钦佩，表示高兴，我向你们学习！向你们致敬！和你们团结在一起，战斗在一起，胜利在一起。

我本想前去你们学校，同你们欢聚一堂，共同庆賀，但因工作太忙，脫不开身，不能前往，很抱歉。

在我与刘少奇大叛徒集团作斗爭的问题上，你们一马当先，支持我造反，投入了很大力量，调查和整理材料，并上报中央。对于你们的大力帮助我表示衷心的感谢。

目前在全国范围內，掀起了向党內一小撮走资本主义道路的当权派开展大揭发，大批判、大斗爭的新高潮，希望你们紧跟毛主席的战略布署，牢牢掌握斗爭大方向，把斗爭矛头对准党內最大的一小撮走资本主义道路当权派，对准河北省林、刘反革命修正主义分子及万、张反党集团，实行革命的大联合，实行革命“三结合”，把大批判运动和本单位斗、批、改结合起来，夺取无产阶级文化大革命的彻底胜利。要活学活用毛主席著作，在改造客观世界的同时，也改造自己的主观世界，为把你校办成红彤彤的毛泽东思想的大学校而奋斗。在今后的战斗中希多加联系。

此致

无产阶级文化大革命的战斗敬礼

八机部、北京公社

韩培义

一九六七年八月十一日

而今迈步從頭越

在光辉的《十六条》指导下，我们遵循毛主席的教导高举“革命无罪，造反有理”的旗帜，掀起了震动省市內外的八月十三日革命风暴，至今已整整一年了。

这一年，是伟大的一年，是毛主席革命路线胜利的一年！是我们的队伍由小到大，由弱到强，艰苦奋斗，英勇顽强，揭穿敌人一个个阴谋诡计，粉碎敌人一次次猖狂反扑，消灭头脑中一块块资产阶级、小资产阶级王国的一年。

忆往昔，峥嵘岁月稠。在毛主席革命路线指引下，我们和广大八·一八战士一起，大兴调查研究之风，冲出校门，杀向社会，在广大无产阶级革命派的鼓励和鞭策下，大搞赫鲁少奇、战省委、攻市委、打校党委，矛头指向大大小小走资派，把刘子厚、闫达开、杜心波、万晓塘、张淮三、李泽民、苏沛林等一个个拉下马。谱写了主席光辉思想的颂歌。

但是，这一切，只能说明我们的过去，要前进，就必须从新的起点做起。我们决心遵循毛主席“而今迈步从头越”的教导，为人民创新功、立新劳。

毛主席一再告誡我们：敌人是不会自行退出历史舞台的。中国的赫鲁晓夫在猖狂反扑，刘子厚、闫达开们还在幕后指挥，企图复辟资本主义，夺回他们失去的天堂。我们怀着誓死保卫毛主席、捍卫毛主席革命路线的决心，凝集起对阶级敌人的深仇大恨，就是要把一发发重型炸弹投向他们，展开革命的大批判，把党內一小撮走资派从政治上、思想上彻底轰垮，烧成灰烬，丢进历史的垃圾堆。我们要和中国人民解放军及全市的无产阶级革命派，结成坚如磐石的革命营垒，战斗在一个火线上，胜利在毛泽东思想红旗下，完成“大联合、大批判、三结合、斗批改”的伟大历史使命，杀出新的威风。

我们无产阶级革命派，不仅善于破坏一个旧世界，还要善于建设一个新世界，不但要改造客观世界，还要积极改造主观世界。我八·一三野战兵团全体战士，坚决遵照伟大统帅毛主席“必须善于把我们队伍中的小资产阶级思想引导到无产阶级革命的道轨”的谆谆教导，苦学“老三篇”，在灵魂深处展开一場破私立公的大革命。通过革命的大批判，加强无产阶级革命性、科学性和组织纪律性。把我们“八·一八”建成一支紧跟党中央、毛主席，攞不垮、打不烂、非常无产阶级化、战斗化的革命队伍！

八·一八红卫兵战友们，让我们在毛泽东思想的光辉战旗下，迎接“八.一三”红色风暴一周年，向我们的伟大舵手毛主席庄严宣誓：

永远读您的书，听您的话，照您的指示办事，永做您的忠实红小兵！

河大八一八《从头越（原八一三野战兵团）》战斗队

反革命圍剿的徹底破产

（上接第三版）

抵挡一阵，议定在必要的时候，抛出孙仲管、石新英、孙美三人，而把贴大字报的组织者李锋隐瞒起来。

十二月十三日，省委机关杨洪刚贴出了一大字报，揭发出“驻津工作人员大字报”与李颉伯直接联系。这就又冲破了他们原来的口径。杜新波要马跃章派人把杨的大字报抄来之后，又立即召集了齐斌、王玉、马跃章开会密谋对策，除了原定的由齐斌起草，王玉给杜新波打电话請示，杜表示同意外，又增加了要王玉承担给李颉伯打电话的责任。说王玉在向李颉伯汇报工作时，顺便提过大字报问题，回电话是马跃章接的，说李颉伯同意反击。当时，马跃章曾提出，把真实情况说开吧！王玉也说这样好。但杜新波却顽固地坚持反动立場，杜说：“算了，胳膊断了袖里装，不然的话，华北局也得陷进去”。当时，杜新波又给李颉伯打了电话，说李颉伯担了最大责任，杜新波承担了次要责任。杜新波最后结论：“杨洪刚的大字报，接近实际情况，对驻津工作人员大字报，我负同意和支持之责，齐斌负起草之责，王玉负向李颉伯打电话請示之责，马跃章负接李颉伯电话之责”。杜对马跃章说：“跃章，你要作出場的准备，检查稿至少二份，装在两个口袋里，承认犯了方向性、路线性错误，不要承认犯了罪行，态度要好，不要急”等等。請注意，杜新波一直说他自己对大字报问题一无所知，这真是弥天大谎。

十二月十六日，在马場道266号十三号楼，尹哲、杜心波、王玉、齐斌、马跃章，再次开黑会，研究大字报问题。这次会的起因，是从马跃章不願出場而引起的。马找到尹哲说不願出場，不願承担接李颉伯电话的责任。据马跃章谈，尹、杜可能請示了刘子厚和李颉伯之后，才召集这次黑会的。会上，尹哲一开始就说：“杜新波、齐斌已到河大作检查，赵洪刚大字报沒点出马跃章来，咱们能少出一人就少出一人”。杜说：“我和齐斌的检查不能变，变了不得了”。就这样最后决定，由王玉承担向李颉伯汇报和接李颉伯电话两个责任，又一次混淆了黑白。

一月二十五日，杜新波、王玉等被河大毛泽东思想红卫兵揪去作“检查”，在打饭时杜、王相遇，杜又对王叮嘱“大字报说法不变”。继续订立攻守同盟。

一月底，反革命修正主义分子刘子厚、李颉伯、杜新波、尹哲等一小撮相继被揪了出来，他们才不得不供认大字报是经过李颉伯、刘子厚策划的。但仍然不肯供认真实情况。在前一段他们玩弄了“舍车保帅”再“以帅保车”的阴谋；后一段，他们又玩弄了“舍帅保车”再“以车保帅”的阴谋。近来李颉伯仍极力把责任全部揽在刘子厚和他的身上，企图保护杜新波。但是，他们的阴谋已经全部破产了。

（四）

事实查明，“驻津工作人员大字报”完全是黑省委刘子厚、闫达开、李颉伯、杜新波、尹哲等一小撮反革命修正主义分子一手泡制出来的。反革命修正主义分子杜新波在这个大阴谋中扮演了极为重要的角色，为黑省委刘子厚、李颉伯积极献策，事后又主持了一系列黑会编瞎话，欺骗革命群众。杜对革命师生说刘、闫杜是黑帮，不以为耻，反以为荣，认为自己的名字和刘子厚、闫达开并列抬高了身价。特别是在这个问题上，坚持反动立場，长期不交代事实真象，犯下了滔天罪行。他们为了保住自己的狗命，竟不择手段，上欺中央，下骗群众，妄图用这张大字报，把天津市和全省刚刚兴起的无产阶级文化大革命扼杀在搖篮里。特別严重的是，在刘子厚、李颉伯运用大字报鎮压革命群众的时候，他们刚刚挨了主席和中央的批评，正在为十六中事件做检查。就是在这几天里，刘子厚、李颉伯在北京和反革命修正主义分子王任重联系很多，八月十五日，刘子厚、李颉伯曾到王任重家进行过密谈，他们就是这样阴一套，阳一套，瘋狂地对抗毛主席、党中央，对抗以毛主席为代表的无产阶级革命路线，真是狠毒至极。

毛主席教导我们说：“**搗乱，失败，再搗乱，再失败，直至灭亡——这就是帝国主义和世界上一切反动派对待人民事业的逻辑，他們决不会违背这个逻辑的。**”以刘子厚为首的这一小撮反革命修正主义分子也沒有违背这个逻辑，他们的阴谋终于被我们戳穿了，泡制大字报的罪魁祸首已经被我们揪出来了。但他们绝不甘心失败和灭亡的，只要还有一点力量，总是要捣乱下去的。但是，肯定的说，不管他们多么狡猾阴险，必然淹死在革命造反派的汪洋大海里，最后以失败而告终。

中共河北省委机关红色造反团统战部《向阳》革命造反队

河北大学毛泽东思想“八·一八”红卫兵调查组《工农兵革命造反队》

将革命进行到底

（上接第一版）

前。这是对我们每一个“八·一八”战士的新的严峻考验。

紧跟毛主席，将革命进行到底！这就是我们钢铁般的誓言！

那种认为革命已经胜利，可以马放南山，刀枪入库，睡安稳觉的人；那些以功臣自居躺在过去的功劳簿上吃老本的人，那些对革命大批判漠不关心，热衷于搞山头、打內战的人统统的是政治庸人，十足的糊塗虫！

新的战斗，新的胜利摆在我们面前，万里长征才刚刚走完了第一步。同志们，要努力奋斗啊！

“**宜将剩勇追穷寇，不可沽名学霸王**”，革命的同志们，八·一八战士们，我们一定要遵循伟大领袖毛主席的教导，谦虚、谨慎、戒骄、戒躁，继承和发扬八月十三日的大无畏的革命造反精神，重振红卫兵的神威，牢牢掌握斗爭大方向，杀向硝烟滚滚的革命大批判的沙場，沿着毛主席指引的革命航道，夺取无产阶级文化大革命的彻底胜利！

七　律　冬云

雪压冬云白絮飞，
万花紛謝一时稀。
高天滚滚寒流急，
大地微微暖气吹。
独有英雄驅虎豹，
更无豪杰怕熊羆。
梅花欢喜漫天雪，
冻死蒼蝇未足奇。

——毛澤东

山鹰

1967年8月13日　第3期　本期四版

天津革命文艺联络站山鷹报編輯部編印

轰动中外的广州东站事件

—看南霸天陶鑄和赵武成反党、卖国的罪行

六二年六月一日，广州市发生了一起轰动世界的外流人員冲击火車站，强行购买去香港深圳車票的政治骚乱事件。这桩事同当年新疆伊犁发生的反革命暴乱南北呼应，造成了极为恶劣的国际影响。南霸天陶鑄和当时代理广州市委第一书記的赵武成一手泡制出来的这桩反革命事件，是他們忠实执行党內头号走資本主义道路当权派赫魯少奇的阶級斗爭熄灭論、向資本主义屈膝投降的修正主义所結下的頋果。

广州人把这件罪恶勾当称为“可恥的东站事件”，至今他們談起这件事，还禁不住万分激动和气憤。

广州事件轰动中外　損国辱民罪大恶极

这桩事件发生以前，广州东站已經不断有外流人員，拥往深圳边防要求去香港的現象。六月一日凌晨，火車站上聚集了数千名要求乘車去深圳的外流人員，可是因为广州外流香港的事已被中央发現，周总理严厉批評陶鑄，并命令立即加以拦堵，陶鑄、赵武成表面上不敢再卖票了。但是几个月来陶鑄、赵武成瞞住中央和毛主席采取了向香港开放的政策，边防集結了大批的人員，加上沒有及时向这些人員进行社会主义教育，在反革命分子煽动下，部份外流人員便冲进車站，强行购买开往深圳边境的火車票，并欧打車站工作人員和民警，推翻公安局的宣传車。到了晚上，車站聚集到上万名外流人員，严重影响了社会治安，警备司令部不得不采取紧急措施——宣布車站戒严。在部队协助下，公安机关当場收容和拘留了一千余人，事态暫告平息。

这桩政治騷乱事件，給我們伟大祖国带来了极大的政治損失，造成了极为恶劣的国际影响。当时，世界各地尤其是港澳議論紛紛，美英帝国主义开动他們的一切宣传机器，恶毒地造謠击攻我們伟大的祖国，并进行了許多妄图掀动起更大規模騷乱的反革命宣传；一些不明眞象的友好国家，也提出种种疑問，給外交工作带来了损失；台湾蔣匪更是蠢蠢欲动，大叫什么“大陆民变之起”，是“反共抗暴运动汹涌的訊号”，妄图配以軍事行动，随即派遣武装特务竄犯东南沿海。

南霸天陶鑄吐坏水　赵武成領旨大出賣

广州事件的起因何在？

大家知道陶鑄这个两面派是赫魯少奇司令部里的人，他不仅渾身滲透着刘皇帝阶級熄灭論的思想，連他的骨头都跟赫魯少奇一样，在資本主义面前是生成的媚骨，一付奴才象。六二年是我們伟大領袖毛主席，領导着全国人民信心百倍地战胜自然灾害，爭取全面經济好轉的胜利的一年。可是这个自吹为“基本上是无产阶級革命家”的陶鑄和广州代理第一书記赵武成，受刘皇帝失败主义的影响，在經济困难面前吓破了胆，他們把恢复經济的希望寄托在香港澳門身上，于是向資本主义和帝国主义不断遙送秋波。

陶鑄、赵武成一伙对国內則同刘大皇帝一个腔調的大叫什么“包产到戶”，“三自一包”，“三和一少”，竭力鼓吹单干和貿易自由，对国內政治上、經济上出現的一派大好形势熟視无睹，把暫时的困难看得漆黑一团。早在一九六一年，陶鑄便亲自布置“广东压縮×十万人，要将其中一部份压到香港。”要“爭取更多的外汇、化肥、机器进口”，胡說什么“边防不要控制太严。”代理第一书記的赵武成亦立即赤膊上陣，在广州市委书記处会議上作出决定，广州在六二年三四月份前要压縮二三十万人，其中五六万人到香港去。为了把更多的群众推进資本主义罪恶的香港，陶鑄、赵武成等人指示省市公安厅局，于六一年七月，在陆丰揭石鎮召集了边防各公安局及外事侨务外貿部門一百多人参加的現場会議，在这个会議上作出了在边防地区开七个小口，以打破港英当局平衡入口的限制。当时，他們規定了很宽的出境条件，不管是四类分子或一般社員，凡是有港澳关系持有边防証或临时往港探亲証者都可以出境。出境的审批权从公安厅、局下放到公社特派員和生产队。甚至，陶鑄等人还批准了让靠近边境的宝安县自由开小口进行小額貿易。

陶鑄、赵武成等人还专門在一次常委会上討論通过了一項所謂“三五政策”（即每人每月可以出口五次，每次限带五斤东西进来，每次带的东西不超过五元价値），并发至边防各县作为經驗加以推广。这群可恥的民族敗类为此喝采道：“广东的农村就是香港的郊区，解放前广州人去香港就象北方人赶集一样”，并讲：“公安部門抓得那么紧，沒什么必要，放松些不是好嗎？”这样以来边防各县便引起了連鎖反映，有些地区就动員凡是有亲属在香港澳門，不管是四类分子或是資本家，只要能搞到化肥回来，就动員他們去香港，不少生产大队在港澳还設立了采购点，整个边防的检查制度松弛了。到一九六二年初，外流、走私、投机倒把已形成了一股歪风，作为广东省和广州市的两个第一书記的陶鑄和赵武成不但不加制止，反而想法为外流人員大开方便之門。

六二年三月陶鑄指示召开的一次边防会議上，省委一个負責人亲临布置和传达陶鑄的意見，小口还要多开，这样以来边防小口由七个而增加到九十多个。六二年四月，外流已形成高潮，每天有数千人从小口涌出，根本不用凭証，边防部队已控制不住，并发生有民兵、民警开枪的流血事件。这时，陶鑄亲临宝安县，竟下令撤銷部份边防崗哨，留在哨崗警戒的哨兵只能对外流人員作簡单的劝說，劝說不住只好目送他們越境。

消息传到江苏、福建、浙江、湖南等地，敌人又乘机造謠說什么“英皇生日（六月二日）开放三天”于是大批外流人員涌往广州，严重的影响了农业生产的发展。特别是外流到香港、澳門資本主义黑暗世界，不少人流落街头不得溫飽，被迫淪为乞丐妓女，甚至有人被美蔣利用充当特务。在国际上造成极坏的影响。

可是，这些資产阶級官老爷們却說：“不要把問題看得太严重，广东有几千万人口，去几万人有什么了不起！”还說：“香港說是这么大的城市，找不到职业还是得回来的。”听听，他們的話里哪有一点毛泽东思想，哪有一点共产党員的气息？

投降帝国主义慫恿外流　复辟資本主义大开綠灯

我們伟大的領袖毛主席历来教导我們“自己动手，克服困难。”可是南霸天陶鑄和赵武成在六二年經济困难时期却制定了一条“将人口压縮到港澳，减輕城市供应压力和增加外汇收入”的方針，与毛主席提出的“自力更生”方針公开对抗。

在陶鑄的指使授意下，赵武成、曾生（广州市长）等人，唯恐貫徹不力，在审批通行証方面采取了“从寬”的措施，除了不遺余力在九十多个边防小口大量放人往港，推行刘少奇的投降卖国修正主义政策外，对凡是申請往港澳的大都可以批准，甚至某些地方，将批准权下放到生产队。赵武成等人責成广州市公安局李广祥、胡毅派付局长于×亲自到通行証科督促貫徹。他們向通行証科的同志施加压力，說无論如何批准名額要占申請出境人数的百分之八十以上。通行証科根据“从寬”的精神，制定了五条不准的界限，送赵武成等人看过后，他們特别对其中一条“有現行破坏的嫌疑分子以及历史上可能有反革命罪恶勾当尙未查淸的分子”，认为“尙未”二字幅度太大，后改为“查淸后够处理条件的分子”。赵武成等人站在什么人的立場上不是很淸楚的嗎！在赵武成督促下，公安局負責人每天見了通行証科的人就問：“今天批准数有沒有百分之八十？发通行証多少？”

他們一听說发証少，脸色立刻就黑沉下来，象夏天要下雷雨的天似的；可一听說今天发証多，脸上就乐开了花，合不住咀，他們是什么样的感情呢？这样以来，发証数量逐日增加，从六二年三月份平均每天一百零三张，上升到四月平均每天二百一十五张。通行証科人手不够了，就搞全处性突击审批，批准权从处长下放到科員、办事員。由于港英当局每天只准××名入境，他們又动員申請出口居民从澳門出口，然后再設法到香港。港英当局对澳門去港人員同样卡得很紧，結果造成很多居民聚集在澳門不能过港，最后只得进了澳門“难民所。”由于赵武成放寬了发証，促使申請去港的人愈来愈多，大批居民拥到派出所和公安局吵吵嚷嚷不可終日。弄得派出所和某些业务部門全力以赴，光是接待和了解申請往港居民也忙不过来。因为申請去港人多，赵武成指使市公安局李广祥、胡毅等人，又搞出了批准安排发証通知单的办法，让批准的人排队等候出境，有些人一排就是两三年，甚至四五年。据說有人从六二年竟排到六七年。

南霸天陶鑄和赵武成一手泡制的这个“放寬出口”的黑指示，把克服困难的希望寄托帝国主义方面，实质就是赫魯少奇的那套活命哲学，卖国主义，就是鼓励广大群众向往資本主义，为資本主义复辟大开綠灯。他們的这种投降主义的政策，为国內外阶級敌人所利用，乘机进行造謠煽动，給我們伟大的祖国声誉带来了損失！

堂堂书記組織偷渡　反党咀臉暴露无遺

堂堂的广州市委书記赵武成，为了完成其主子陶鑄的旨意，对付港英平衡入口的限制，竟然指使广州市侨务、政法部門的党內走資本主义道路的当权派与香港的黑社会組织——黄牛党勾結在一起，不择手段，不顾影响，不惜一切地組织大規模偷渡。这是一樁十分骯脏的政治交易，从这里恰好赤裸裸暴露出陶鑄、赵武成丑恶的卖国投降主义的咀臉。他們經过周密計划，专門成立了一个所謂侨眷科，打着华侨旅行社的招牌在港澳設立办事机构，与香港的黄牛党头目一起，专門負責承包“屈蛇”的偷渡业务。拟經澳門偷渡去香港的人，只要持有去港的通行証，就可以到附設在广州永汉南路大南旅店办理登記手續，然后就可以經澳門包到香港，每人收偷渡費一百五十元港币。据說华侨旅行社对这些特殊的“旅客”还有特殊照顾，即万一第一次偷渡被港英当局发現頂回，还可以免費第二次偷渡。

六二年三月，在广州华侨大厦六楼，曾专門由省市公安部門、侨委、华侨服务社召开会議，研究这樁交易。陶鑄、赵武成狗胆包天，瞞着党中央，瞞着毛主席，对祖国人民干出了不可寬恕的罪行。从这次会議后，到五月二十五日，短短两个月，就承包过×万×千人，共賺得了偷渡費×××万元港币。由于偷渡船只經常超載，还沉船淹死了××人。

藏起尾巴妄图蒙混过关　一反常态陶鑄盲目抓人

广州东站事件发生后，南霸天陶鑄和赵武成自知罪責难逃，为了掩人耳目，进一步欺騙中央和毛主席，竟来了一个一百八十度大轉弯，以极左的面目出現。陶鑄六月十五日在陆軍医院养病时，馬上召集赵武成及广州市公安局长李广祥等人，私自决定三天之內在全省搞一次大的鎮反运动，仅广州市就要抓起来×千人至×万人，并擅自改变中央决定，将捕人权下放到县。由于事前沒有掌握敌情，事后又沒有进行調查研究，只能是根据事情的表面現象，片面誇大敌情，捕风捉影地实行了形“左”实右的資产阶級反动路綫。其实，他們自己心里明白东站事件的起因，所以故意裝出一付“左”的面孔，妄图以大規模抓人来推卸自己的罪責，洗刷自己同这件事的联系。

陶鑄还不放心，在赵武成召开的广州市委常委会議上，他还亲自出馬作了布置。公安部門接到省市委下达的黑指示，立即召开各县公安局电話会議，催促赶报材料，一时忙的不可开交如临大敌。在赵成武全力推行下，广州市公安局长李广祥亲自指揮，第二天就在广州市拘捕了×千×百人，他們更把传謠当成造謠，把到过东站企图外流的当作参加反革命鬧事，一句話把落后群众当成了反革命，拘捕了不少工人学生，干部和居民，严重地混淆了两类不同性质的矛盾。据事后調査，全市拘捕的×千×百人，除了×百×十人逮捕和部分罪該拘留的，絕大部分是不应該拘押的群众。这次鎮反赶在新华社公布美蔣竄犯大陆消息的前夕，就是少数罪該拘捕的人犯也是浮在面上的敌人，而隐藏較深、更加狡猾的敌人却龟縮下去，使鎮反鋒芒沒有打中他們，起了放纵敌人、打草惊蛇的作用。

值得交待的是，这次鎮反并沒經过中央批准，事后中央公安部也极不同意，仅南霸天个人决定就可拘捕××万人。

南霸天陶鑄終于被革命群众揪了出来，这是毛泽东思想伟大胜利；当年代理广州市委第一书記的赵武成，后来調任天津第二书記，此公至今仍躲在阴暗处乘凉，赵武成是何許人？必須在这次伟大的无产阶級文化大革命中搞淸他的面目！

（联络站外调组供稿）

从毒草《不夜城》的拍摄看編导者的反动嘴脸

看了刘少奇奴顔卑膝地鼓吹資本家“剝削得越多，功劳越大，就越光荣。”“这个功績是永垂不朽的”的謬論，肺都气炸了！

但是反动影片《不夜城》正是按照刘少奇这些濫言悪語，为資本家歌“功”頌“德”，树碑立传的一部极端反动的影片，是刘少奇反动臭理論的形象化注解。

且不說这部影片如何在精神上百般美化資本家，什么“勤俭起家”，什么“爱国”，什么“自觉改造”，統統見他媽的鬼去！就以他們的衣着举止来說，也是“行头毕挺”，“整洁大方”，“仪态可掬”，“彬彬有礼”。影片眞是挖空心思从头到脚从里到外，不放过任何一个可以美化資本家的地方。

銀幕上的紅紅綠綠，花花草草，是大家看得到的，然而在銀幕背后的种种丑陋悪行，就不是尽人所知的了。这部影片特别用外汇从东德买来“矮克发”采色胶片拍摄，耗資数十万，历时一年余，眞可謂“不惜工本”矣！

为了不抹煞《不夜城》編导者为美化資本家，煞費苦心的“劳績”，我們仅将拍摄过程中的几件事情公諸于众，大家来看看，这些狗崽子們，拿着劳动人民的血汗，是如何为美化資本家服务的。

如此“体驗生活”无耻之极

豪华的場面，富丽的摆設，珠光宝气的服装，光怪离陆的用具，影片中宣揚資产阶級腐朽生活的那套东西，是从哪儿来的呢？《不夜城》的編导者为了不至使資产阶級生活有失“体面”，能“忠实表現”，在开拍前打着“体驗生活”的旗号，踏濫了大老板家的門檻去“长知識”“見世面”。象上海最大的資本家荣毅仁，永安公司大老板郭琳爽，永安紗厂老板郭棣活，都是他們“体驗生活”的重点，他們在这些吸血鬼的狗窩里海棉吸水般地看他們說什么，穿什么，用什么，玩什么，讲什么，怎么举行舞会，怎么讲究排場，甚至对小老婆的生活也不放过，深入了解，細心观察，眞是无耻至极。

不仅于此，这些資产阶級反动“专家”“权威”們觉得这样看看还不够，又大翻美国《生活画报》，从西方的資产阶級生活方式中来“丰富”他們的“想象”。他們如此的卖力，难道是为了在影片中暴露資产阶級腐朽生活方式嗎？不是，决不是！他們的目的是为了宣揚剝削阶級的荣华富貴，宣揚刘少奇鼓吹的資本家剝削所得：“花花綠綠，胭脂水粉，大吃大喝都是合法的”反动理論。

毛主席说：“你是资产阶级文艺家，你就不歌颂无产阶级而歌颂资产阶级，你是无产阶级文艺家，你就不歌颂资产阶级而歌颂无产阶级和劳动人民。二者必居其一”。《不夜城》的“創作者”們如此热衷于体驗資产阶級生活正是他們反动立場的大暴露。

如此“丹凤朝阳”臭不可聞

在中华紗厂經理邓尔康做东請資本家聚会的一場戏中，导演为了宣揚資产阶級生活的豪华、别致，責令負責道具的同志去“新雅酒家”特制一盆名菜——“丹凤朝阳”。这盆“名菜”售价高达数十元，追求所謂“生活眞实”。我們知道，拍电影的道具，是經常可以以假代眞的，工人們提出要用假的，但《不夜城》的反动导演湯晓丹，却坚持要眞的，他說：“当时資本家怎么吃的，你們就怎么搞”。后来买来这盆价値二十多元的什么“丹凤朝阳”，只拍了几个鏡头后，就报銷了。反动导演如此揮金如土，眞是混蛋至极！

如此“巨型蛋糕”荒唐透頂

平时拍戏的道具差不多都是借用或者找代用品的，但是唯独这部《不夜城》却要“貨眞价实”，花了一千多元买了整套家俱，沙发椅，对床等。更令人气愤的是：在拍张伯韓为女儿文琤做十八岁生日的一場戏中，导演責令道具同志去“凱歌”商店定制了象小园台面那样大，叠了好几层的大蛋糕，借此来炫耀資产阶級的排場和闊气。他們不惜浪費国家錢財，簡直到了令人发指的程度。

如此揮金如土　洋奴丑态毕露

在制作服装方面，他們也千方百計地要求“高級”，为了不損資产阶級“身份”，导演大翻美国画报，为演員們选择“式样新型”的服飾，理由是张伯韓是从英国“学业”归来的留洋生，需要有英国的“气派”。市面上中国的毛呢料子有損“英国气派”（眞他媽的洋奴才！），竟让电影局出介紹信，通过关系到上海大厦友誼商店去买专供外宾用的出口毛料，都是四十多元一公尺的高級品。他們說，要这种毛料做出服装才“挺刮”，有“派头”。制作时为了考究，又要找上海最好的西服“专家”来做，于是四出打听，找到了一家专做外国人的西服店。每套西服工料一共要一百三十余元，单工錢就要三十几元，比一般工錢多化二十元左右，他們以这种工料做成的西服就有十三套。其中仅为演員孙道临所扮演的张伯韓一个人就做了七套之多。看！他們揮霍了多少国家的鈔票！

另外，为給张伯韓做一件开襟V字衫，强調一定要使用澳洲羊毛的，仅此一件羊毛衫就化了八十元錢才买到。

再說，他們穿的皮鞋也一律要到名厂去定制高級的。春夏秋冬各色就有十几双，什么金色的，銀色的，漏空的，尖头的，眞是千奇百怪，令人作呕！

这些資产阶級的“权威”老爷們，他們是在拍戏嗎？不！他們是在用我們国家的胶片，来描繪他們已經失去的天堂，来重溫資产阶級糜烂的享乐生活。再看张伯韓为女儿做生日的一場戏，导演要求主人和所有宾客都要做新衣，要他們打扮得尽量的“漂亮”“华丽”“高貴”。有一个演員只有几个鏡头，也要求做一套新西装。在他們的大肆揮霍下，仅服装一項，就花費了七千多元之多，比其他影片要高出七、八倍。

如此荒淫无耻　眞是令人发指

这些資产阶級的“专家”老爷們，在《不夜城》的影片中大量地安排各种宴会、舞会、晚会、酒会、联欢会……大跳其阿飞搖摆舞，大放黄色爵士音乐，肆无忌惮地向观众放毒。为了选择这些怪声怪气令人作呕的唱片，导演竟亲自出馬去“覓宝”，他跑遍了上海新旧唱片商店，千方設法为覓找他們資产阶級的“心声”，眞是卖力已极。

在庆祝上海市資本主义工商业全部公私合营的盛大晚会的一場戏中，导演更是大做文章。他們邀請了上海数以百計的資本家及其家属来参加拍摄工作，要求他們都穿出自己认为最漂亮最滿意的服装。于是在这个晚会上什么高領旗袍，金銀首飾全部出籠，成了資产阶級奇装异服的比賽会，成了資产阶級生活方式的集中展覽。

毛主席说：“资产阶级、小资产阶级，他们的思想意识是一定要反映出来的。一定要在政治问题和思想问题上，用各种办法顽强地表现他们自己。要他们不反映不表现，是不可能的。”事实正是这样，《不夜城》的編导們之所以如此不遺余力，呕心瀝血地宣揚資产阶級生活方式，正是他們阶級本能的表現。

狼子野心　昭然若揭

《不夜城》这个片名是編导者絞尽脑汁想出来的，它的用意何在呢？大家都知道上海在解放前，一直是帝国主义，国民党反动官僚，資本家，流氓阿飞花天酒地，灯紅酒綠的十里洋場。“夜上海”“不夜城”是这些寄生虫吸血鬼糜烂生活的代称。这个“不夜城”对我們劳动人民来說，那只是无限痛苦的长夜，紅紅綠綠的霓紅灯絕对掩盖不了旧社会“朱門酒肉臭，路有冻死骨”的吃人本质。

問題是，在解放以后的八年——一九五七年，編导者又为什么重新拾起这个代表資产阶級疯狂世界的破名称“不夜城”呢？目的很清楚，他們就是要重溫所謂“夜上海”的腐朽生活，喚起資产阶級的回忆，号召那些被推翻了的反动阶級“不要忘記过去”，藉此妄图恢复他們已經失去的天堂，要把已經解放了的上海，再变成他們的“不夜城”。

从一个片名，我們就可以看出他們所包藏的反革命狼子野心。

以上的揭露，仅仅是制作大毒草影片《不夜城》中在服装、道具上的一些問題，但是是多么触目惊心啊！它可以帮助我們从另一个側面，充分証实炮制《不夜城》的那些反革命修正主义分子是如何百般美化資本家，拿着劳动人民創造的財富，給資产阶級涂脂抹粉，是可忍，孰不可忍！

《不夜城》这部反动影片，是为党内头号走資本主义道路当权派刘少奇鼓吹“剝削有理”，美化資产阶級的反动理論服务的。我們必須高举革命的批判大旗，以毛泽东思想为武器，对《不夜城》进行彻底的批判，把炮制这部大毒草的幕后指使者和影片所宣揚的种种反动謬論，統統批透批臭批倒！

“不夜城”編剧、导演是什么貨色

編据柯灵是解放后混进电影界的文化特务。解放前是个老牌国民党員，亦是投靠汪精卫和日本帝国主义的大汉奸。

柯灵曾担任国民党机关报（中央日报）編輯，国民党东南区駐沪新聞专員，三青团机关报（正言报）副刊主編等要职，是个地地道道的文化特务。

由于他反共有“功”，曾得到他的主子蔣該死頒发的“奖状”。

解放后混入共产党內，成为潘汉年反革命集团成員之一，柯灵的入党材料上，有潘汉年亲笔批示。

一九五一年，鎮反运动时，柯灵胆大包天，公然与党大唱反調，把美化敌特的小說《腐蝕》改編成电影，悪毒攻击我党的肃反政策。

后来柯灵和三十年代的老头子，反革命修正主义分子夏衍相勾結，历任剧本創作所副所长，电影局顾問等要职，在此期間，肆无忌憚的大量放毒，为資产阶級歌功頌德，树碑立传，陆續編写《为了和平》《不夜城》《春滿人間》等大毒草影片剧本，向无产阶級专政展开了猖狂的进攻。

以上仅是柯灵罪状的一小部分，但也可以看出他是一个反动透頂的傢伙，长期以来，打着“文化人”“党員”的旗号，干着反党反人民的罪恶活动，是个彻头彻尾的反革命修正主义分子。

导演湯晓丹，这个历史上的反共老手，是解放后混入党內的反党份子。

湯晓丹是一个資产阶級反动文人。他导演了二三十部麻醉人民革命意志的黄色、低級色情的影片。

在抗日战爭时期，拍了《上海火綫后》《小广东》等，为蔣該死卖国媚敌的罪行涂脂抹粉，开脫罪責。

解放战爭时期，湯晓丹站在国民党反动派一边，大拍反共反人民反革命的电影。在蔣該死发动了第三次反共高潮后，他投奔到国民党直接控制下的“中国电影制片厂”工作，导演了狂热吹捧蔣匪法西斯統治的《警魂歌》，是蔣該死亲自审查剧本，下“手令”开拍的。由于湯晓丹反共反人民有功，被升为“少将”头衔的大导演。

解放后，湯晓丹伪装进步，阴险毒辣的打着紅旗反紅旗，連續拍出《不夜城》《紅日》《水手长的故事》等大毒草影片，得到党內走資本主义道路当权派的賞識，混进党內，成为周揚、夏衍等反革命修正主义分子为代表的文艺黑綫的宠儿和得力打手。

工农兵揮起紅战笔

邮电局职工　武軍

东方紅文教用品厂工人　魯剑

毛泽东思想放光彩，
朵朵紅花向阳开。
工农兵揮起紅战笔，
牛鬼蛇神脚下踩。
大写大唱英雄讚，
帝王佳人通通滚开。

警告資产阶級权威老爷，
今天是工农兵掌握文艺的新时代。
你們胆敢負隅頑抗，
咎有应得罪自栽。
工农兵坚决砸烂旧文艺，
要把顚倒的历史再顚倒过来。

工农兵是文艺的当然主人，
我們对毛主席最最热爱。
放声歌唱英明的領袖毛主席，
纵情欢呼全世界进入毛泽东时代。
看！工农兵文艺大放异彩，
要創出一个紅彤彤的新世界！

编者按：

江青同志在部队文艺工作座談会上讲得好：“坏作品不要藏起来，要拿出来交給群众去評論。”最近中央文革决定将反动影片“武訓传”、“不夜城”、“林家鋪子”、“逆风千里”、“两家人”、“燎原”、“青春之歌”拿出来让全国放映批判，我們工农兵文艺工作者最坚决响应中央文革的号召，立即行动起来，口誅笔伐，定要把为赫魯少奇复辟資本主义作輿論准备的裹着糖衣的炮弹、結在周揚修正主义文艺黑綫上的“毒瓜”一个个彻底砸烂。本报从第三期起，特辟“飞鳴鏑”专栏，将对上述反动电影及其它毒草一一进行批判。

飞鳴鏑

编者按：从这一期起，将专栏“照妖鏡下”的名目改換成“点鬼台”，內容不变，我們将陆續把全国修正主义文艺黑綫的头面人物，反动权威和文艺界的牛鬼蛇神一一点名示众。把他們搞臭，让他們永世不得翻身。

点　鬼　台

混世魔王——赵丹

赵丹，是道道地地的“三十年代”文艺之老，是一个貨眞价实的反动資产阶級“权威”，周揚、夏衍反革命集团的干将。解放后，他伙同文艺界的牛鬼蛇神，到处兴风作浪，泡制了不少反革命影片，其中象“武訓传”、“我們夫妇之間”、“林則徐”“青山恋”便是最突出的代表。反革命修正主义分子周揚把赵丹当成宝員，不惜亲自为他吹捧，一九六一年六月在全国故事片創作会議上說：“我們反对明星主义，但还是要有明星，在观众中，还是老演員名声比較大，白揚、赵丹、秦怡……这当然是我們宝貴的財富……。”六二年七月在长春話剧演員座談会上，周揚又說：“剧种的代表人物，象赵丹、金山等人，这犹如一个政党要有一个領袖一样。”赵丹有这么一个主子作后台，又那样吹捧他，簡直到了得意妄形的程度。于是，秉承其主子意旨，疯狂的反对党、反对社会主义。他給自己“分工”，“分档”的都是历史剧、“传記片”，戳穿了說就是帝王将相才子佳人、古人、洋人烏七八糟之类的貨色。

中国的赫魯晓夫刘少奇在經济暫时困难时期提出了所謂“三自一包”、“三和一少”，积极复辟資本主义。赵丹以为时机成熟了，六一年在山东演“雷雨”放毒时，就迫不及待地抛出了他的計划：“首先建立赵氏表演研究室”，建立“赵氏表演研究剧院”，第二步“建立赵氏古典舞剧院”，由张瑞芳和他女儿赵×掌管。由凤凰任經理，自己任艺术顾問，最后建立起“赵氏体系”。并且“要向国务院申請一张‘营业执照’”。此外，他任用了一批牛鬼蛇神，提出要办“同仁剧团”，开“皮包公司”“自負盈亏”，这是赵丹一本反革命复辟的变天帐。

腐蝕靑年一代

赵丹千方百計对青年一代进行腐蝕和毒害，妄图使青年一代蜕化为資产阶級接班人，实行“和平演变”。

五七年赵丹通过田汉、吳祖光的关系，让他在中央歌舞剧院的女儿赵×拜专演黃色风騷而著称的京剧演員小翠花为师，在北京举行了盛大的“拜师典礼”，文艺黑帮头子夏衍、田汉都亲临祝賀。于是，在全国文艺界刮起一陣“拜师学艺”的妖风。赵丹本人經常向青年演員讲要学习三十年代的臭电影明星阮玲玉、陈凝秋、袁牧之。什么“阮玲玉不下去什么生活，但演什么象什么，是一个全才、”“迄今为止，还沒有一个女演員能及得上她，”什么“陈凝秋的表演感情眞摯，”“袁牧之刻划人物性格絲絲入微。”这兩个人是“艺坛二怪，”是“空前絕后的艺术大师”。接着还推荐他們的“杰作”：“女儿經”、“警报”、“姐姐”、“水銀灯下”、“活尸”、“三劍客”、“生活”，让青年演員“老老实实认认眞眞的学习一輩子。”

他投靠在資本主义、修正主义脚下，可恥的为“好萊塢”吹捧，甚至說什么“我們表演为什么这样好？都是从美国电影中学来的，可惜现在这些电影不能放了……。”还說什么“世界上的导演美国最好，演員苏联最好……”眞是他媽混蛋透頂。六〇年他参加了捷克的戛罗利电影节回来，在“大河上下”摄制組，大肆宣揚資本主义、修正主义国家反动、黃色影片。他还具体、細緻地描繪其中的色情、肉感鏡头和演員兽性的表演。演得他眉飞色舞，口水直流，丑态百出，不堪目睹。在他泡制的毒草“青山恋”中，赵丹一再要演山雀的女演員向三十年代的色情演員王××学习，学习她在“野玫瑰”中如何实弄风騷，黃色放蕩。赵丹竟胡說什么：“山雀就是社会主义时代的‘野玫瑰’，山雀的野在于沒有任何束縛，不懂人情世故，不懂男女之分。”在表演时，他一再叫演員“不要封建”、要“野”、要“泼辣”，不要考虑什么“风俗习惯”，叫女演員把褲腿卷得高高的。赵丹在“青山恋”摄制組曾对一个青年演員說：“你跟着我好好干，有吃、有喝、有玩，将来电影出来了又有名，还有很多女人追着你。”赵丹还用更为卑劣的手法引誘青年犯罪。“青山恋”中有一場爱情戏，赵丹就露骨地对两个男女青年演員說：“生活中两个情人关在一間小房子里面会怎么样？你們就怎么演……。”后来，其中的一青年演員便走上了犯罪的道路。

腐朽糜烂的生活

赵丹頂着“全国人大代表”的头銜，打着“名演員”，“大导演”的金字招牌，到处招搖撞騙，胡作非为，是一个罪大恶极的混世魔王。六二年正値国家遭受严重自然灾害之时，赵丹、张瑞芳率領上影演員剧团到山东济南、青島大演毒草“雷雨”、“上海屋檐下”。他們所到之处，一日三宴大吃大喝，有关单位招待赵丹住交际处，赵嫌不好，改住进了海濱疗养所，小汽車接送，名医看病，并有专人陪同游覽崂山、泰山。在“青山恋”摄制組，他同反革命修正主义分子艾明之、徐韜、錢千里組织摄制組的青年打麻将、玩朴克、酗酒，大讲捷克女郎、法国女郎、德国女郎……并大跳搖摆舞，有时狂性发着通宵达旦。

赵丹灵魂极端丑恶，道德敗坏，是一个十足的流氓恶棍。平常对女演員評头論足，百般侮辱，滿口淫言秽語，在一个摄制組，曾公开污辱一女青年說：“妳做我的女儿太大了，做我的情妇又太小了。”五九年“海魂”在青島拍外景时，赵丹在海濱对一个青年姑娘进行盯梢，无恥地进行調戏、污辱。六二年赵丹参加代表团去日本訪問时，竟无恥下流之极地要求日本当局給他看日本的裸体舞，看完后，回到代表团和回国后还津津有味給声給色地作介紹，何其卑鄙，何其无恥！赵丹在生活上一貫腐化墮落，糜烂透頂，是一个头頂生疮，脚底流膿，从灵魂到肉体散发着腐臭的膿疱！

墮落腐朽的老流氓馬达

馬达，天津美术家协会主席，文联党組成員，三十年代的黑画家。他是周揚的得意門徒，是天津万张反革命集团及其白樺安插在美术界的得力干将和忠实走卒。馬达由于有周揚这样的后台，和万张、白樺的庇护，长期窃取了美协主席职务，而且十几年来从不到机关上班，每月拿着三百余元的高工資，躲在“十八世界”的小楼上，专干反党、反社会主义勾当。

馬达十分仇視毛主席的文艺路綫和文艺思想，他身为美协主席，从来不号召、不組织天津美术界深入工农兵的生活和斗爭，更不用作品去表現工农兵的形象。他自己不学毛著，更不領导大家学习毛泽东思想。在美协担任領导工作十几年，他沒有下去生活过。六三年文艺整风后，他为了应付一下局势，带上他的小“春娘”（他給自己的小妻子起的肉麻名字）到广西桂林轉了几个月，旅費自然是公家报銷。

平常沒事他就轉“艺林閣”、南市旧貨店，专門寻覓各种古玩、字画、山石，每次都要拉上一三輪車，他住的屋里到处摆着怪石、旧书、小缸、小罐、光一把刻花椅子就百十斤重。他从来不表現現实生活，心血来潮便趴在他的一块大青砖上刻李白、杜甫。馬达无論是从生活、政治、艺术上都沒有一点点符合毛泽东思想，这是个典型的修正主义精神貴族，一具完全腐朽了的僵尸。可是就这么一个人，却也是万张反革命集团的宠儿，多少年来文联內部的青年同志对馬达有意見，社会上对馬达有意見，但是都不管用，，馬达依然故我，照旧不深入生活，不上班，不表現工农兵，不学毛著，且胡作非为。

馬达灵魂丑恶，是个損人利己的老色鬼，大流氓，他本来已是六十几岁高齡快入土的人了，却还日夜迷恋着女色，揚言非要搞一个年輕貌美的少女。五七年他以招学徒跟他学画为名，招了个女孩子，他給人家买許多东西，从物資上去引誘人家，后来女方发觉了他的罪恶企图，不再跟他“学画”了，东西也沒还他，这个老混蛋为此曾无限感概的說：“少女的心眞无法着摸呀！”

后来馬达又用同样的手段招来了一个刚刚初中毕业的女学生，他每月从自己的工資里拿出几十元給这个女学生，作为她向他学画的“报酬”，（先生給学生錢，自然是历史上沒有記載的）。这个老混蛋千方百計終于污辱了这个女学生，并提出同她結婚。女方向文联党組提出三个条件：①給刘×买瑞士表、毛料衣服、皮鞋；②婚后在美术家协会給刘×安排工作；③馬达死后，所有遺物均归刘×所得。让人气憤的是文联党組，竟然以組织名义答应刘×的条件。六一年正是經济困难的时期，他們通过宣传部和市委书記处，从貿易部門內部购得了瑞士表、毛料、皮鞋；在政协招待所設了晚宴，在文艺俱乐部举行了盛大的婚礼，市委宣传部长、付市长、市委书記都亲临祝賀。这那里是什么婚礼呵，六十多岁的老馬达，头髮都花白了，昨晚在理髮店刚染的髮，今天陪着一个年仅二十一岁的少女坐在那里，簡直让人感到厌恶！馬达同地主、資本家有什么两样？这便是天津万张反革命集团和文联党組白樺、陈因之流慫恿、包庇馬达干出的轰动全国美术界的大丑事。現在，馬达这个老吸血鬼被揪出来了，我們要把周揚栽培的文艺界修正主义的精神貴族、反动权威、流氓坏蛋統統打倒，让他們永世不得翻身。

批判《梁祝》

《本报上海讯》

上海音乐学院批判《梁祝》联絡站于近日接待了文艺界革命造反派同志，并举行了座談会。会上指出小提琴协奏曲《梁祝》必须彻底批判；《梁祝》是周揚反革命修正主义文艺黑綫上的一个大黑风；是修正主义的文艺标本；是“全民文艺”的样板。

《梁祝》产生在轰轰烈烈的大跃进年代，这不是偶然的，那时周揚已經开始攻击党，1958年5月他到上海曾說：“要搞轻音乐，要給人以娛乐的、美的音乐，不要老写大跃进。”《梁祝》一出来給周揚找到了标本，說它是“民族化、群众化的典范。”把它吹捧得很高。

由于周揚等人的吹捧，《梁祝》对整个文艺界产生了极其毒害的作用。于是《白娘娘》、《穆桂英》、《天仙配》、《宝莲灯》等毒草相继出籠。《梁祝》的出現在国际上也起了很大的反响，它迎合了苏修与美帝的反华。1960年正当苏修疯狂反华时；在莫斯科演出了《梁祝》他們别有用心地把这首反动乐曲吹捧为“創造中国民族交响乐道路上的第一个成就”、并向我国唱片厂訂购了数千张唱片。一些修正主义国家、資本主义国家的音乐界人士也大加賞识、吹捧《梁祝》赢得了他們的眼泪，是“美的音乐”，是“发展东方交乐响的路子”。《梁祝》唱片对国外銷售数量最多、流毒极广。日本、新加坡等地的一些唱片商趁机翻版，牟取暴利。《梁祝》在深圳演出时更引起了轰动，一些香港的資产阶級太太小姐們“慕名而来”，“为之傾倒”，对演出产生了“强烈的共鳴”，感动得痛哭流涕。可是一小撮反革命修正主义分子对此不以为恥，反引以为荣，以帝国主义、修正主义代理人的口吻說什么：“貝多芬是帝国主义的高峰，《梁祝》是我們的高峰。”

这是道道地地的叛徒的語言。《梁祝》是一帖麻醉人民革命斗志的精神鴉片！在乐曲进行25分钟里，展开的是一場激烈的阶級斗爭！所謂“优美动听”、“膾炙人口”的纏綿曲調蠱惑着听众，妄图使人們不知不觉地松懈警惕，解除武装去所謂“休息休息”、

《梁祝》这只苦爪后面的黑籐是反革命修正主义的文艺黑綫，它的毒根就是党內最大的走資本主义道路当权派。我們要拉出黑籐，挖出毒根，彻底批判文艺黑綫的总后台——刘少奇。

祖 国 各 地

△河南郑州：

郑州以二七公社为首的革命造反派，继續遭到保守势力的疯狂鎮压，最近一次的流血慘案，发生在二七公社等革命組织上街游行的时候，保守势力在游行經过的街道两旁楼頂先埋伏好，等二七队伍过来，砖石象雨点下来，二七战士在众寡悬殊情况下进行了坚决抵抗伤亡慘重；另，解放軍赴豫調查团，被保守派围困在軍区四层楼上，本报記者亲眼看到許多被欺騙来的家庭妇女围在大楼外面，对着楼頂的調查团战士謾罵；北京紅代会赴豫調查团的战士，一下車便遭到毒打，伤数人。現在河南誰公开表示支持二七公社，就有被毒打的可能。据說，河南最大的走資本主义道路的当权派打算发枪支給保守派，二七公社在郑州与保守派力量对此是一比十，二七公社处于极不利的地位。河南有演变成四川事件的可能，望全国造反派密切注視河南局势演变。

△武汉：

武汉武斗严重。革命造反派新华工、新湖大、二司、八一七、九一三等組织貼出大字报猛烈轰击“武老譚——武汉軍区司令員陈再道。陈在支左工作中犯了严重錯誤，把屁股坐在保守組织一边，致使保守派与造反派严重对立，經常发生大規模武斗。本报記者看到造反派抬着被保守派打死的一名中学学生的尸体，在中山大道游行的行列。群情激憤，陈再道在武汉頗象李雪峰在天津的处境。此外，被武老譚打成“反动組织”的工总（拥有几十万工人队員），全市造反派貼出大字报坚决要求为其彻底翻案，現工总已开始活动，表示要迎着风浪走，坚决把无产阶級文化大革命进行到底！

△长沙：

长沙六月发生大規模武斗，一次竞打死二十余人。

△广州：

广州是軍管城市，但武斗之风仍很严重。最近广州街上出現許多炮轰黃永胜的大字报，有几份大字报写着：“黃永胜不革命靠边站”，“舍得一身剮敢把黃永胜拉下馬”；“黃永胜地屁股坐歪了”！“打倒黃永胜”等等。黃永胜是广州軍区司令員。

△江西：

江西告急。江西革命造反派遭到保守势力残酷鎮压，他們操纵保守組织、欺騙广大农民与造反派对立，萍乡、金华、南昌都发生严重流血慘案。接金华車站鉄路工人罢工之后，萍乡鉄路机务段也宣布罢工，上海至广州快車在萍乡站停車将近两天一夜。

△上海：

上海各群众組织在上海柴油机厂联司問題上发生严重分歧，形成两大派，反联司派受公革会（公安局）支持，但是群众似乎都傾向于“联司”（柴油机厂四千人的工人組织，来参加上海革命委員会）。支持联司联絡站已成立，每天晚上在人民广場举行辯論会，人們都自发的来到这里，表示支持联司，参加的人每晚均在廿万人以上。上柴联司問題，将是上海无产阶級文化大革命今后怎样发展的一个焦点。

毛主席光輝詩篇 《蝶恋花》創作經过

海軍指揮学校《革命造反报》发表通訊《忽报人間曾伏虎》，报道了訪問李淑一同志的情况。解放后，她給主席写过一封信。一九五〇年三月十五日，主席訪苏回京，四月十八日就及时給她写了回信。主席在信中說：“直荀牺牲，撫孤成立，艰苦备尝，极为佩慰。”五九年六月十七日，主席来到长沙，并接見了她。主席和她握手时，她激动地說：“主席，你还記得我，我是李淑一。你給我的《蝶恋花》，我可忘了。”主席笑着頻頻点头，并向在座的客人介紹說：“她就是李淑一，是开慧的好朋友。她前年把悼念直荀的詞寄給我看，我就和了她这首《蝶恋花》，完全是按她的意思和的。”

她接着談到了《蝶恋花》的产生过程。她說：“一九五七年春节时，我給主席写了封信，談到我讀主席詩詞后的感想。”信中并要求主席把过去写給楊开慧烈士的一首詞抄給她，主席在五七年五月十一日回信說：“大作讀毕，感慨系之。开慧所述那首不好，不要写了罢。有《游仙》一首为贈。这种游仙，作者自己不在內，别于古之游仙詩。但詞里有之，如咏七夕之类。”不久，她就收到了主席贈給她的《蝶恋花》，使她感动极了。湖南师范学院語文系一位同学发現这首詞后，就要求发表，她說：“如果要公开发表，得經过主席同意。”这位同学写信請求主席公开发表，很快，主席回信同意发表，就首先在湖南师院院刊上发表了。“接着上海《文汇报》也轉載了这首詞。很快，《人民日报》和全国各地报紙都发表了这首詞，并传到了国外。”

参觀“摧毀联动展覽会”有感

丹 心

首都“摧毀联动展覽会”以丰富生动的大量事实給广大革命群众上了一堂极其严肃的防止資本主义复辟的阶級教育課。在毛主席亲自发动和主持的史无前例的无产阶級文化大革命运动中出現“联动”和“联动”反动思潮决不是偶然的。

“联动”反革命綱領的理論基础——反动血統論就是垂死的剝削阶級及其在党內最大的代表人物刘少奇射向无产阶級的一支极为毒恶阴险的暗箭。当无产阶級文化大革命的怒涛席卷全国，党內最大的走資本主义道路当权派刘少奇眼看末日来临，为了轉移斗爭目标，保护自己过关，便别有用心地泡制了“老子英雄儿好汉，老子反动儿混蛋。基本如此。”这付形若美女，毒如蛇蝎的反动对联，企图把运动引向歧途。

他們首先选择販毒的市場是高干子女。解放十七年来，党內一小撮資产阶級代表人物为了培植复辟資本主义的“接班人”利用所窃居的地位和职权使一部分革命干部子弟长期脫离劳动人民，精神上灌輸优越感、生活上大搞特殊化，把这些青年培养成为新型的“貴族”阶层。随着經济地位的不断变化，这些青年对自己良好的政治条件产生了极大的盲目性，并从而逐步蛻变为一种剝削阶級私有制既得利益的观点。这样，一提出“紅五类”、“自来紅”等頗能誘惑人的口号以后，便足以迎合他們，进一步使他們放弃自我改造、欣然接受糖衣炮弹的毒害，为一小撮阴险的走資本主义道路的当权派充当得力打手。

另外，混进党內的資产阶級代表人物刘少奇之流又利用一部份出身于工农家庭的青年对党、对毛主席的热爱，对无产阶級的深厚感情。誘騙他們离开毛主席提出的正确的阶級路綫和无产阶級革命路綫，把斗爭矛头从一小撮党內走資本主义道路的当权派身上轉移到广大群众和广大干部中間，挑动干部斗群众、挑动群众斗群众。

他們还通过反动血統論来恶毒阻止出身于剝削阶級家庭的青年积极地进行自我改造，和家庭划清界限。用“狗崽子”駡倒一切的手段对出身不好的青年进行污辱，迫使这些人背上“先天罪人”的沉重包袱。完全混淆了二类不同性质的矛盾。严重破坏了团結两个百分之九十五的政策。

可見反动血統論的作者其居心之险恶，极非一般。

“老子英雄儿好汉，……”这付反动对联是典型的反毛泽东思想的大毒草，从思維邏輯到形式邏輯都滲透出唯心主义形而上学的毒汁。在出身問題上毛主席曾經讲过：“出身不由己，道路可选择”。江青同志也讲：“阶級出身是給人打烙印的，但不起决定作用，起决定作用的是人的努力，是人的思想革命化。”历史早已雄辯地証实了这一眞理。当无产阶級在資本主义社会中还处于萌芽状态的时候，出身于剝削阶級家庭的馬克思和恩格斯（本人还是資产阶級）就背叛了本阶級利益为无产阶級革命事业立下了不朽功勛，成为伟大的革命导师。在帝国主义和反动派血腥屠杀的白色恐怖年代，我們有許多革命前輩也坚定地背叛了剝削阶級家庭，在革命队伍中为无产阶級的彻底解放鞠躬尽瘁、死而后已。难道当社会主义革命已蔚成洪流，毛泽东思想的光芒普照全球的时代，不由人們的意志为轉移的“家庭出身”，倒反而成了决定人能否革命的絕对标准！？这眞是旣荒謬又反动的混蛋邏輯！反动对联的泡制者其目的无非是想否定光焰无际的毛泽东思想改造人們主观世界的巨大威力。

由反动血統論武装起来的一小撮“联动”份子，疯狂攻击中央文革、炮打无产阶級司令部。他們居然一再抱屈說受了彭氏路綫的打击和压制，实际上他們不仅是荷兰炼乳、奥斯汀小臥車、豪华别墅和“內部”电影的专利享受者，而且还是天生的无产阶級接班人。他們污蔑广大劳动人民是拉物猴（即拉圾），革命造反派是“地”、“富”“反”、“坏”、“右”，出身不好的是“黑七类”……。看来普天之下唯有他們才是独一无二的无产阶級了！可是世界上哪里有拿父兄对革命曾經作过的貢献当自己旣得利益的“无产者”？！世界上哪里有以老子的官衔当“左”派商标的“无产者”？！如果有！那么它只能是新型資产阶級份子的代名詞。“联动”用罄竹难书的罪恶向广大人民招供了他們是地地道道的資产阶級保皇派，是十足的修正主义苗子，是二十世紀六十年代的“高衙內”。

自从反动血統論問世以来，无产阶級革命派就用毛泽东思想这个銳利武器給予迎头痛击。把它駁得体无完肤。联动份子更像見不得太阳的蝙蝠一样只好在黑夜里飞出来苟延残喘一下。可是反动血統論和联动反动組织仍有着不可小觑的社会基础。党內走資本主义道路的当权派仍然时时想以它作为資本主义复辟的手段。一小撮被資产阶級反动路綫深度麻醉的人对它很有感情，仅管現在口头上不得不承认其反动，但是这就像捏着鼻子吃苦药一般出于不得已。一旦土壤、气候适宜就可能重新举起这把屠刀！所以我們絕不能就此停鑼息鼓。无产阶級革命派为了要把文化大革命进行到底，为了捍卫毛主席的阶級路綫，必須大力发揚打“落水狗”精神。

“宜将剩勇追穷寇”让我們高举毛泽东思想的批判大旗，把反动血統論打翻在地，踏上千万只脚，叫它永世不得动弹。

彻底砸烂“高稿酬”制度

·胡 草·

工人生产出产品，农民种出粮食并不拿什么“稿酬”毫不夸张地說产品和粮食都是最高的“作品”。但为什么文人墨客每月拿着高出普通工人农民几倍的工資，写一篇稿，画一张画，譜一首曲，还要拿很高的稿酬？用我們大老粗的話說：他就是干那个的，他应該写，应該画，要不就来跟我們一道干活。

說来也怪，在很长一段时間里，这些文艺界的“专家”老爷們，住在别墅里，成天香烟、清茶不离叽儿，偶尔心血来潮（据說叫什么創作冲动），写上一篇攻击党和我們最伟大的領袖毛主席的什么“作品”，于是，便拿到一大笔鈔票。这还叫什么社会主义社会？这是什么人专政？这是誰定的制度？是周揚，是刘少奇，是現在被揪出来的一小撮資产阶級老爷！

周揚，这个刘少奇安插在文艺界的反革命修正主义分子，用心是十分恶毒的，他妄图用金錢来腐蝕文艺界，以达到他复辟資本主义的目的。实际上刘少奇和周揚的目的已經达到一半了，瞧瞧文艺界的所謂“名流”、“专家”他們有几个不是过着同解放前資本家、地主一样的生活？我們工人农民养活着他們，給他們“高稿酬”，他們吃飽了，睡足了，玩够了，便坐在书桌旁煞費苦心地駡我們，更让人不能容忍的是駡我們的党，駡我們劳动人民心中最紅的紅太阳毛主席。

据說天津作协有个大作家叫王林，解放十八年他只写了两本半“书”，此公住在大理道二百零四号高級别墅里，每月工資三百元。他那两本半书都是攻击漫駡党和毛主席的，但却拿到稿酬数万元；至于老混蛋梁斌，每天过着同馮老兰一样的生活（其实，他远远超过了大地主馮老兰），因为写了大毒草“紅旗譜”和“播火記”，净拿稿酬九万余元。

再看看电影界，就拿旧海燕厂来說，他們在貫彻刘少奇、周揚“三高”政策方面，更有一些别出心裁地創造：①視作者身份高低而定稿酬多少，越是“权威”，稿酬越高；②稿酬可以在未写出稿子前預付“定金”，有的稿子永远沒写出来，“定金”自然也永远不再还了，如田汉的“白蛇传”，稿子根本沒影儿，可田汉已經白拿了八千六百元。为了說明問題，让我再公布几个例子：

“誰是被拋弃的人”	4000元	（孙謙）
“阿詩瑪”	3900元	（李广田等）
“林則徐”	9000元	（叶元）
“海魂”	9000元	（沈默君）
“球場风波”	3500元	（唐振常）
“老兵新传”	5052元	（李稚）
“小康人家”	3500元	（李稚）
“万紫千紅”	3500元	（沈浮等）
“北国江南”	5200元	（阳翰笙等）
“关汉卿”（改編）	1600元	（田汉）
“聶耳”	4125元	（于伶等）
“白蛇传”（未拍）	8593元	（田汉）
“卡尼騎兵队”（未拍）	6000元	（白樺）
“无限江山”（未拍）	5000元	（王昫平）
“白色恐怖”（未拍）	6000元	（海默）
“惊风駭浪”（未拍）	2500元	（韓北屏）
“这一代人”（未拍）	2000元	（舒群）

够了，这就是刘少奇、周揚的社会主义，就是刘少奇給文艺界这群老爷的特权，就是刘少奇給定的制度。我們不禁怀着万分憤怒責問中国这个最大的赫魯晓夫，你眼里还有沒有工人农民？你把工农兵群众置于何地？你把伟大的毛泽东思想置于何地？現在，是我們彻底砸烂臭“高稿酬”制度的时候了，是我們夺权的时候了，是我們工农兵高举着毛泽东思想伟大紅旗占領文艺陣地的时候了。同志們，是时候了，向着周揚，向着刘少奇猛烈开火！开火！开火！

电影界消息

△八一电影制片厂决定在北师大建立一个批判「八一」厂十几年来所拍毒草影片及剧本的联絡站。准备从批「五更寒」开始。这部影片将与刘氏黑「修养」和叛徒哲学結合进行批叛。

△中央新聞紀录电影厂对影片「反面教員刘少奇」和「叛徒赫魯晓夫」正在加紧編制中。

△江青和戚本禹同志同意将革命样板戏「沙家浜」交由北影厂拍成电影。現七人生产領导小組已建立。

△上海东方紅电影制片厂（原天馬）东方紅联合战斗队与永安公司革命群众，于五月三十一日联合召开批判大毒草「不夜城」的大会。話剧編剧反革命分子柯灵、导演湯晓丹及原永安公司大老板郭琳爽到会受审。

△上海东方紅电影制片厂的革命造反派，猛抓革命狠促生产，他們除「复課鬧革命」一片已完成外，打算要拍摄和創作的剧本有：芭蕾舞「白毛女」，京剧样板戏「智取威虎山」，描写安源煤矿工人在毛主席亲自領导下鬧革命的斗爭詩史「星火燎原」，以及宣传毛主席光輝著作「老三篇」的政教影片等。

△北影厂出的「水上春秋」是一部描写資产阶級个人主义，个人奋斗，錦标主义的大毒草。导演謝添，和厂长汪洋为了在此片中宣揚美人大腿，曾建議該組人員到香港去挑选女演員。

△广州訊，卖国主义影片「清宫秘史」的作曲陆仲伍（广州艺专付校长）已被揪出来进行批斗。

△最近北影革命造反派展开了几次对「青春之歌」的批判，并把崔嵬揪上台。但崔嵬极不老实，拒絕群众对他的批判，竟誣蔑批判他的群众是执行反动路綫。

△广州珠江电影制片厂东方紅造反团，在三月資本主义复辟逆流反扑时，被打成反革命組织，这个大部份由工人和青年业务人員組成的队伍在白色恐怖下仍堅持斗爭。最近总理到广州，亲自为珠影东方紅評反。現珠影东方紅正积极投入大批判之中。

△长春电影制片厂对胡苏（原付厂长）所写的大毒草「敲钟的人」剧本进行批判。該剧本是配合刘少奇形「左」实右的反动路綫，把我們欣欣向榮的祖国描写成漆黑一团，党員給地主披麻戴孝，极尽丑化之能事，話剧本曾在一九六四年七月的「长春」杂志上发表。

本报地址：天津重庆道116号　电話：3.3390

毛主席教导我們：必須善于把我們队伍中的小資产阶級思想引导到无产阶級革命的軌道，这是无产阶級文化大革命取得胜利的一个关鍵問題。

在无产阶級革命的軌道上奋勇前进

本报编辑部

我們的偉大領袖毛主席最近教导我們，必須善于把我們队伍中的小資产阶級思想引导到无产阶級革命的軌道，这是无产阶級文化大革命取得胜利的一个关鍵問題。

在无产阶級文化大革命进入到两个阶級、两条道路、两条路綫决战的关鍵时刻，毛主席英明及时地指出了当前小資产阶級思潮的危害性，引导我們走上无产阶級革命的軌道上来，这是对无产阶級革命派最大的关怀、最亲切的教导。我們文艺界的革命派坚决响应毛主席号召，在向党內最大的走資本主义道路当权派的大批判中，在批判反革命修正主义文艺黑綫的过程中，在批判本系統、本部門、本单位的党內一小撮走資本主义道路当权派的斗爭中，深刻地触及自己的灵魂，改造自己的灵魂，大破自己灵魂深处的小資产阶級王国，在整个无产阶級文化大革命中，緊跟毛主席，做彻底的革命派，不断革命永远前进。

我們必須看到，資产阶級和他們的代表人物，决不会甘心自己的死亡。他們总是要玩弄各种阴謀，妄图从右的方面和极"左"的方面来动搖瓦解无产阶級革命派。而我們革命队伍中形形色色无政府主义，自由主义，小团体主义，风头主义，个人主义等資产阶級和小資产阶級思潮，就往往会被阶級敌人所利用。如果我們对这种情况不认識，不警惕，不斗爭，那是异常危險的，就会被敌人腐蝕侵襲，分化瓦解，以至滑到邪路上去。

大量事实証明：小資产阶級思潮是削弱和阻碍大联合的絆脚石；是干扰和背离斗爭大方向的腐蝕剂；是实現思想革命化的大敌。总之，小資产阶級思想泛濫，在客观上帮助了敌人，是关系到无产阶級文化大革命取得胜負的一个关鍵問題，无产阶級革命派，应当正視問題，敢于暴露这个矛盾，分析批判这种思潮的阶級根源和社会根源，在灵魂深处大鬧灭資兴无的革命。

要彻底克服小資产阶級思想，走上无产阶級革命軌道上来，最根本的一条，就是大树毛澤东思想的絕对权威，活学活用毛主席著作。用毛澤东思想来掌握斗爭的大方向，来統帅我們的一切言論和行动。在斗爭中，要学会运用毛主席的阶級观点和唯物辯证法，正确地对待自己，正确地对待干部，正确地对待群众，正确地对待自己的战友和同盟者。在向敌人作斗爭的过程中，要遵循毛主席的教导，同工人农民打成一片，虚心向工农兵学习，改造世界观。在这場触及人們灵魂 大革命中，要掌握批評与自我批評的武器，勇于开展自我批 ，向形形色色的資产阶級和小資产阶級思想进行斗爭，逐步使自己在政治上成熟起来，成为坚强的无产阶級革命战士。

让我們在毛澤东思想的哺育下，清除一切小資产阶級的污泥浊水，在无产阶級革命的軌道上，奋勇前进吧！

新华書店革命职工对毛主席无限热爱和敬仰

半年来共发行《毛泽东选集》七十万部

在史无前例的无产阶級文化大革命中，本市新华书店"11.3"无产阶級革命造反大队的全体职工，在两个阶級、两条道路、两条路綫斗爭的关鍵时刻，在上海"一月革命"风暴的鼓舞和推动下，一举从党內一小撮走資本主义道路的当权派手中夺了权，真正成为毛澤东思想宣傳陣地的主人。他們在夺权以后，高举毛澤东思想偉大紅旗，在出版、印刷部門革命派的大力支持和配合下，怀着对偉大領袖毛主席无限热爱、无限敬仰的心情，滿腔热情地向广大革命群众发行毛主席著作，創造了一个空前未有的、大量发行的新局面。半年来，共发行《毛澤东选集》七十万部，等于去年全年发行量的两倍，超过无产阶級文化大革命前十五年发行量的总和。同时，还大量发行了《毛主席語录》及有关单行本一千多万册，及时、广泛地滿足了广大革命群众学习毛主席著作的迫切要求。这个新局面的出現，标志着战无不胜的毛澤东思想的偉大胜利，标志着以毛主席为代表的无产阶級革命路綫偉大的胜利！

过去，党內最大的走資本主义道路的当权派以及在他們支持下的旧中宣部、旧文化部內的一小撮反革命修正主义分子，极端仇視和害怕战无不胜的毛澤东思想。他們利用所把持的出版大权，千方百計地抵制出版发行毛主席著作。如一九六一年，正是国內外烏云滾滾，阶級斗爭十分尖銳的时刻，广大革命群众迫切要求用毛澤东思想武装头腦。党內最大的走資本主义道路的当权派刘少奇以为反革命复辟的时机已到，亲自出馬，借口說什么："紙張緊張，毛主席著作不能多印。"真是胡說八道，专印毛主席宝书的紙張，不但不緊張，而且长期积压在专用紙庫里，已經风黄变质。另一个黑头目邓小平也赤膊上陣，当时露骨地叫囂："毛选四卷印得不少了，不要印了！"主帅赤膊上陣，走卒穷凶恶极，陆定一曾丧心病狂地胡說什么："毛选发行那么多，可能是定价太低了"，因而指示旧文化部"提高定价"。周揚也公开地污蔑說："現在书店里摆的全是毛主席著作，好象七折八扣的廉价书一样，摆得沒人买了。难道这是表示国家有文化嗎？"他們如此貶低光焰无际的毛澤东思想，百般阻撓出版发行毛主席著作，是可忍，孰不可忍！

相反地，陆定一、周揚等一小撮反革命修正主义分子，却为他們的主子大印特印《修养》，兜售他們的黑貨。据統計，广大革命群众无限热爱的革命宝书《毛澤东选集》，从一九五一年开始出版，到一九六六年六月，在十五年的时間內，总共才出版了一千一百多万部。而党內头号走資本主义道路当权派的大毒草《修养》，根据从一九四九年到一九五三年、一九六二年到一九六六年短短几年的不完全統計，就用十二种文字和各种版本出版了两千另五十多万册，发行到八十多个国家和地区，流毒全世界。

特别是毛主席的亲密战友林彪同志在軍委扩大会議上提出活学活用毛主席著作的号召后，我市出版、印刷、发行部門的广大革命职工曾多次要求承担印制《毛澤东选集》的光荣任务，但都遭到旧中宣部、旧文化部內一小撮反革命修正主义分子和本市万曉塘、張淮三反革命修正主义集团的反对。他們不仅以种种借口百般阻撓，并对全国統一印制后分配給我市的少量的《毛澤东选集》，在发行上制造种种障碍，千方百計地限制广大工农兵群众掌握战无不胜的毛澤东思想。

天津市出版、印刷、发行部門的无产阶級革命派，在无产阶級文化大革命的凱歌声中，滿怀对偉大領袖毛主席无限热爱、对偉大的毛澤东思想无限崇拜的深厚感情，发揚了革命首創精神，克服了設备上和物資上的重重困难，不但大量印制出版了《毛澤东选集》和毛主席著作，还試制成功了紅压膜金字封面等高质量、高标准的《毛澤东选集》。天津市新华书店"11.3"无产阶級革命造反大队，发动革命职工活学活用毛主席关于文化艺术的偉大指示，使革命职工更加明确了图书发行为无产阶級政治服务、为工农兵服务的重大意义。半年来，他們采取門市另售、送书上門、邮购服务等多种方式，把百分之八十以上的《毛澤东选集》发行到广大工农兵和紅卫兵小将手里，为他們送去了所向无敌的精神原子彈。此外，在发行过程中，还緊密配合无产阶級文化大革命各个时期的需要，有計划、有重点地供应了毛主席的有关著作。例如去年年底，当林彪同志向全軍和全国人民发出把"老三篇"作为"座右銘"来学的号召后，书店的革命派便在全市范围內普遍深入地宣傳供应了《为人民服务》、《紀念白求恩》、《愚公移山》等三篇文章的合訂本近四百万册，基本上达到了人手一册；为紀念毛主席《在延安文艺座談会上的讲話》这一光輝著作发表二十五周年，先后共发行了《在延安文艺座談会上的讲話》、《关于正确处理人民內部矛盾的問題》等六篇偉大著作的合訂本以及《毛澤东論文艺》、《毛主席詩詞》六十多万册，从而受到广大革命群众的热烈欢迎，及时地配合了无产阶級文化大革命运动。

新华书 11.3无产阶级
革命造反大队

市京剧团造反兵团在京演出《智取威虎山》

受到首都各界革命造反派热烈欢迎

东风浩荡，大地回春，在一片大好形势下，天津市京劇团造反兵团应首都工代会光华木材厂、城建系統大联合委員会、冶金部勘察总公司革命造反委員会、鋼铁設計院委員会、中共中央組織部韶山兵团、首都外事系統无产阶級革命派联合委員会、首都革命文艺造反总部等革命組織的盛情邀請，于月前来到毛主席的身边——北京，为首都革命造反派演出革命样板戏《智取威虎山》。

工代会革命造反派专門成立了"工代会天津市京劇团造反兵团赴京演出大会籌备处"，七月十日举行了隆重的开幕式。代表們在祝賀这次演出成功时說："演員气质很好，每个人都表現出对革命样板戏一絲不苟、认眞負責的精神，使舞台上煥然一新，这是演員們思想革命化的結果，你們这种革命精神給了我們很大的鼓舞。"在一次为中央組織部与統战部的革命干部和革命造反派的战士們演出結束后，中共中央委員、統战部副部长張經武将軍上台接見兵团战士时說："通过演出可以看出你們的革命造反精神"。給兵团战士以很大的鼓舞。八月一日北京市革命委員会常委、首都紅代会核心組副組长，北京地质学院东方紅公社負責人王大宾同志观看演出后和解放軍代表一起到后台慰問兵团战士，还贈送了毛主席的书等珍貴礼物。总之，每場演出都洋溢着京津两地革命造反派的深情厚誼。

全体兵团战士，个个意气风发，每天坚持毛主席著作的学习，将不放过任何一个向首都革命造反派学习的机会，改造自己的思想。

他們除演出外，还和首都四代会革命造反派一起参与重大的政治斗爭，最近又在中南海开辟战場，与京津革命造反派一起投入了声援《新八一》，揪斗刘賊少奇的斗爭。兵团战士斗志昂揚地和首都革命造反派协同战斗，挥起砸烂刘少奇的铁錘，誓把它打翻在地，叫它永世不得翻身。

文化戰報

1967年8月15日　第十期　本期共四版

天津市文艺界革命造反联络委员会主办

（地址：新华路164号）

·2· 文化戰報 1967年8月15日

万张反党集团向党进攻的五排曲艺毒弹

——肃清「曲艺专場」「笑的晚会」「津門曲薈」的流毒

·天津市人民说唱团革命造反队·

一九六〇至一九六二年，正当我国經济暂时困难时期，国际上帝、修、反大唱反华濫調，国內阶級敌人蠢蠢欲动，党內一小撮走資本主义道路的当权派勾結牛鬼蛇神，悪毒攻击三面紅旗，妄图复辟資本主义。万張反革命修正主义集团的干將白樺、侯苛一和大叛徒婁凝先就是在这阶級斗爭空前激烈的时刻，指使市文化局和曲艺团党內走資本主义道路当权派，忠实奉行周揚的文艺黑綫，接連不断地举办了“曲艺专場”、“笑的晚会”、“津門曲薈”等五花八門的曲艺专場演出，在“挖、整、創、移”的黑方針下，大放名、洋、古、修的毒草曲目，它像一排排的毒彈，向党、向社会主义、向毛主席的革命文艺路綫猖狂进攻。他們就是利用这些毒彈，在意識形态領域內实行和平演变，妄图使革命人民在說說笑笑当中忘掉阶級斗爭，忘掉无产阶級专政，舒舒服服地演变成修正主义。

現在，把白樺一伙利用曲艺放毒反党的罪行揭发示众。

以紀念党的生日为名 行反党反毛主席之实

一九六一年七月一日是我們光荣、偉大、正确的中国共产党誕生四十周年，白樺一伙竟打着“紀念”的幌子，在新中央戏院搞了八天所謂的“优秀曲艺节目展覽演出”，大放傳統毒草和牛鬼蛇神出籠，公开对抗毛主席的革命文艺路綫。八場（綜合曲艺二場，京韵专場二場，老艺人专場一場，相声专場三場）共演出了近五十个曲目，其中有四十个是傳統节目，在全市四个曲艺团联合演出中，以旧市曲艺团拿出的毒草最多，毒性最强，这是市团和旧文化局走資本主义道路当权派共同策划、安排的。在歌頌我們党誕生四十周年之际，他們竟让資产阶級代表人物小采舞（駱玉笙）演唱哀悼亡灵的《祭晴雯》和宣揚“仕为知己者死”“不对知音不可彈”的《伯牙摔琴》。通过“撫琴少知音，摔琴謝知音”宣揚了頹廢、凄苦的对現实不滿的情緒。演出的傳統相声《戏魔》、《三字經》、《全德报》、《鬧公堂》等，赤裸裸地宣揚了資产阶級思想感情和生活方式。这次还放出了經过所謂整理的傳統节目时調《青楼悲秋》（宣揚妓女自叹身世的空虛頹廢情調）、单弦《游春》（根据头本《庄子游春》整理，美化封建士大夫阶級，写他欣賞春景的閑情逸致）、相声《論捧逗》（表現資产阶級人与人之間勾心斗角，尔虞我詐）、单口相声《山东斗法》（充滿荒誕迷信情节）等有毒曲目。在老艺人专場中，还放出影射对現实不滿的相声《窩头論》，美化妓女的乐亭大鼓《花魁》。看！就是这些为封建主义、資本主义服务的毒草怎么能用来紀念党的四十周年生日呢？分明是借“紀念”之名，行攻击之实！

借紀念《講話》之机 大肆販卖“全民文艺”

一九六二年五月，天津市旧曲艺团在天乐戏院搞了一个“紀念毛主席《在延安文艺座談会上的讲話》发表二十周年曲艺展覽演出周”，悪毒向党进攻。由旧曲艺团副团长、反革命修正主义分子王济拟定了一个与毛主席《讲話》完全違背的“計划”，胡說什么：“全面地显示我团解放以来在毛主席文艺思想指导下貫徹党的文艺方針所取得的成績……由团內主要演員演出解放以来創作、革新的优秀新节目及經过整理加工或长期保留的优秀傳統节目……选擇中心区劇場演出。”这哪里是要貫徹《讲話》的精神，分明是偸天換日，販卖周揚一伙所制定的“全民文艺”的黑貨，他只字不提为工农兵服务，为政治服务，却要搞什么“保留节目”演出。再看看所演的节目吧！京韵大鼓：小采舞的《劍閣聞鈴》、《正气歌》，小嵐云的《大西廂》、《敬德装瘋》；相声：馬三立、赵佩茹的《吃元宵》、《黄鶴楼》，常連安《大師兄鬧衙門》；还有单弦《鞭打芦花》；梅花大鼓《琴挑》；河南墜子《王二姐思夫》等烏七八糟的貨色，在新节目专場中，还安排小采舞演唱了大毒草《卧薪尝胆》。

就是这样一些歌頌帝王將相、才子佳人的毒草节目，怎么能显示曲艺团貫徹了毛主席的革命文艺路綫呢？这是明目張胆地詆毀、篡改毛主席亲自制定的文艺为工农兵服务的唯一正确方向，以“紀念”为名，公开欺騙我們偉大領袖毛主席，实在令人不能容忍。

打起“專場”演出招牌 毒草曲目借尸还魂

白樺及其爪牙为了緊跟刘少奇，緊跟陆定一、周揚，向党和人民悪毒进攻，为資本主义复辟鳴鑼开道，他們有組織、有計划地拼命挖掘傳統曲目。有些毒草是演員在旧社会都不願上演的，也有不少是借古諷今，寓意影射的反党节目。如相声《卖挂票》、《开粥厂》、《报菜名》、《对对子》等。在《对对子》中有这样一段：乙：我上联是二三四五，甲：我对六七八九，乙：我缺一（衣），甲：我少十（食），乙：我缺衣早晚得冻死，甲：我少食早晚得餓死，乙：倆死鬼呀！悪毒地攻击社会主义制度，美化地主資产阶級。再如京韵大鼓《紅梅閣》、《黛玉焚稿》，梅花大鼓《情楼遺恨》、《黛玉葬花》，单弦《杜十娘》、《蔦山》，天津时調《耍女婿》、《盼情郎》等形形色色的毒草竟相出籠，仅一九六二年一年就放出近三百支毒箭。当时，曲艺舞台上本已烏烟瘴气，毒草丛生，白樺及其爪牙还嫌不够，又組織了十几次专場放毒，計有“傳統相声专場”、“京韵大鼓专場”、“天津时調专場”、“梅花大鼓专場”、“河南墜子专場”“快书快板专場”“单弦专場”等。为給封建祖师爷树碑立傳，还組織了紀念刘宝全逝世二十周年京韵大鼓专場，为了宣揚封建家族，还专門組織“常氏相声专場”由常連安一家老少三代同台放毒。

創办“笑的晚会” 大肆向党进攻

一九六一年起，河北人民电台連續举办了几次“笑的晚会”。打着“笑”的招牌放射反党毒箭。天津市旧曲艺团也积极参加了这一放毒活动，演出了《文章会》、《訓徒》、《杠刀子》等坏相声和河南墜子《王二姐思夫》及对唱数来宝等毒草节目。王济还让演員現編报幕詞，无中生有地制造笑料，极力販卖資产阶級和小市民的低級趣味。这些活动不仅約請了北京的相声演員侯宝林、刘宝瑞等，还邀来电影演員陈强、郭振清、摘帽右派何迟、京剧演員馬富祿共同放毒。第一次笑的晚会还找来反动“权威”謝添担任报幕，他让演員排队出場，喊“立正”“稍息”“向后轉”时一片混乱制造笑料，公开污蔑毛主席提出的“全民皆兵”的偉大号召。更为悪毒的是王济带队去北京参加电视台“笑的晚会”时，竟让演員参与演出了《諸葛亮請客》。其內容是一个演員拿着一包高級点心上場，說还沒吃飯，另有五个演員想搶他的点心吃，就用演“孔明派將”为名，上来四將，諸葛亮派將，王平提出沒有粮草，諸葛亮就让大家搶点心，五个人一人一块把点心吃光，使沒吃飯的那个演員目瞪口呆。在国家困难时期，这个节目整个是攻击党攻击社会主义，影射人民吃不飽飯的大毒草。演出后广大革命群众就对这一毒草提出严厉批評，王济却漫不經心地搪塞过去，并向演員封鎖消息。

“津門曲薈”开市 达到放毒最高峯

放毒的最高頂点就是一九六二年十月由旧文化局和旧曲协筹委会合伙炮制的第一屆“津門曲薈”。这次演出規模空前，共搞了十九个专場，集結了天津市所有曲艺演員联合演出，全国各地也有不少人員赶来观摩。这次“曲薈”是在白樺、婁凝先直接領导下进行的，演出期間还正式建立了天津曲协分会，中国曲协副主席高××也赶来讲話祝賀。这是一次极为猖狂地复辟資本主义的罪悪活动，他們上下勾通还准备搞第二屆、第三屆，要一年一度地搞下去。

第一屆“曲薈”共演出了一百一十二个节目，其中，有九十一个傳統节目，占百分之八十以上，有六个是新編历史題材的曲目，在仅有的十七个現代节目中，还有半数以上是毒草和存在严重問題的。如重演相声《买猴》，是为右派分子何迟翻案的，单弦《小白菜》是宣揚資产阶級人性論的。“时調专場”演出的十四个节目全部是傳統的，如《大五更》、《十杯酒》、《螞蚱螭出殯》、《学热客》、《后悔明白》等，唱詞淫穢反动，臭不可聞。同时，还組織了一些社会上的殘渣余孽、牛鬼蛇神登台表演，借社会主义舞台，大唱旧社会的淫詞浪調，这是白樺一伙利用傳統曲艺放毒反党的最高峰！

几年来正是由于旧市委宣傳部、旧文化局和曲艺团走資本主义道路的当权派狼狽为奸，兴风作浪，大搞資本主义复辟，大搞資产阶級自由化，使旧曲艺团陷入修正主义罪悪深淵，我們一定把反革命修正主义文艺黑綫及其总后台——刘少奇批倒斗臭，肃清文艺黑綫在天津曲艺界的流毒，今后永远沿着毛主席的文艺为工农兵服务，为无产阶級政治服务的正确方向，放开眼界看未来，坚定不移向前进！

傳統相声放毒的后台——侯苛一

一九六一年，万張反革命修正主义集团干將，陆定一、楊献珍的忠实信徒，天津旧市委宣傳部付部长侯苛一，为推行周揚的修正主义文艺路綫，适应社会上遺老遺少牛鬼蛇神的需要，曾打着“养病期間研究哲学”的旗号，亲自上陣大抓挖掘傳統相声，并大言不慚地說：“陈云养病抓評彈，我也要抓曲艺，不信就抓不出个名堂来！”。他一声令下，忙坏了市文化局和市曲艺团走資本主义道路的当权派，立即召集演員布置任务，让老艺人提供节目单。侯还专門召开座談会，找了曲艺界的一些头面人物研究傳統相声，剛摘帽的大右派何迟和演員馬××也被請去献計献策。侯下了許多黑指示，說什么：“現在听相声总是那么几段，許多傳統节目为嘛不能演？你們先在这儿（指高干自修班）演，节目越老越好，多么坏的也不要紧，这沒关系，中不了毒。”这一番黑話，正好为曲艺界一小撮牛鬼蛇神鼓气壮胆。于是从一九六一年十二月至一九六二年一月，由侯苛一亲自主持，組織演員每星期四、六晚在郑州道市委高干自修班連續搞了几次“內部演出傳統相声专場”，共演出了四十多个毒草节目。这些节目都是极端反动的，集荒誕、迷信、色情、低級、庸俗之大成，多数是解放后根本沒有上演过的，有些既使解放前也沒有公开在剧場演出，不少是影射对現实不滿的，还有些污辱劳动人民和宣揚奸淫凶杀的，实在不堪入耳。对这些毒草相声，連演員們都认为問題严重，不敢往外拿，但侯苛一却一再鼓动演員要“放开了演”，“解除思想顾虑”。侯說这些黑話的目的，就是为让演員把极其反动、淫穢的臭相声都端出来。如极端下流的《直脖儿》，宣揚情杀和描繪两性关系的《九头案》也都演出了，真是放肆地毒害革命干部。为給这些修正主义老爷們說誨淫誨盗的相声，当时还規定不准女同志听。由此可見，侯苛一的灵魂深处是多么骯髒，他那里还有一点共产党員的味道。演出中侯还“指示”演員恢复旧社会在台上見景生情的抓現哏，于是×演員就現編了一个在場的“首长”（山西人）喝酒的故事，夸他酒量大“一次自称喝了一千三百九十五盅还沒醉，細一打听，敢情是拿一根猪鬃沾着喝，一吮就算一盅，那喝三千盅也醉不了呀！”对此，侯也欣賞不止。就这样，使得郑州道高干自修班这一宣傳馬列主义、毛澤东思想的讲坛，淪成为旧社会为地主、資产阶級开心寻乐的“堂会”。

在演出过程中，侯苛一又出面召集了两次座談会。会上，他大放厥詞，为封建、資本主义文艺鼓掌喝采，悪毒地攻击毛主席的革命文艺路綫。他对絕大多数节目都貼出“有現实教育意义”或“无益无害”的标签，拼命維护那些臭垃圾。把赤裸裸宣揚資产阶級生活方式的《打牌論》說成“有意义，是生活的集中”，《九头案》“刻划細膩，还是有可取之处的。”“《批三国》、《抬槓》是諷刺一知半解自我吹噓的人”。还别有用心地說这些相声是“側面反映”、“折光反映”，“意义深长，可以大大发展”，他甚至說：“許多旧相声是无毒无害的，就是低級一些，可以从表演上解决，象《論捧逗》、《卖布头》就是屬于娱乐性的，这类节目都可以演。”

侯苛一为达到在文化領域內复辟資本主义的目的，在吹捧傳統节目的同时，大肆攻击現代节目，妄图扼杀为工农兵服务的革命新曲艺，他居心叵測地說：“我的感觉是新段子不如老段子成熟，不太过癮”，还提出檢驗相声的“标准”是“要使人从头笑到尾”并直接誣蔑：“新的創作大多数质量不高，缺点是有局限性或时間性、艺术性差，老段子局限性就小。”他还借鼓吹污辱劳动人民的《山西家信》誹謗革命群众，胡說什么：“这个段子能启发人民的智慧，不錯嘛！别看沒有文化，就那么三划两划（指不会写信画記号）解决問題了，这就比我們高。”他还极力反对毛主席制定的文艺为工农兵服务，为无产阶級政治服务的方針。他說：“相声怎么为社会主义服务啊，主要得从滿足人民文化娱乐生活方面考虑。（下轉第四版）

1967年8月15日 文化戰報 ·3·

上海的越剧怎么会跑向全国的？

——越剧“祖师婆”袁雪芬推行文艺黑綫的罪恶活动

江青同志在今年四月十二日的軍委扩大会議上曾經說过：“上海的越剧也跑向全国了。就出現这样的怪事。”

越剧本来是一个小小的地方剧种，为什么竟会跑向全国？今天，我們要拿起《讲話》这个照妖鏡，来照一照这样的怪事，看看上海的越剧是怎样跑向全国的。

由“的篤班”到“三十年代”戏曲标本

越剧的前身叫做“的篤班”或“小歌班”，流行在浙江嵊县的农村中。到了一九四二年，以越剧界的“祖师婆”袁雪芬为首的一些旧艺人，在数年粉墨生涯中，和大地主大資产阶級結下了不解之緣，为了更好地为他們服务，于是扯起了“革新”的破旗，拼命地从封建主义的昆曲以及“三十年代”的話剧那里吸取“乳汁”以充实自己。于是乎才子佳人的越剧便正式形成了。

这样的越剧一經形成以后，不但博得了大地主大資产阶級的欢心，而且贏得了“三十年代文艺”領导人的贊賞和支持。一九四六年上演变相的才子佳人戏《祥林嫂》，更加投合了“三十年代文艺”領导人的口胃，他們把它視作“三十年代”的戏曲标本，拼命地加以培植，进行艺术加工，爭取社会地位。反革命修正主义分子田汉就是这方面的代表人物。

“祖师爷”大捧《梁祝》为越剧向北方滲透开道

解放以后，“祖师婆”袁雪芬野心勃勃地說：“我們完全有責任使祖国的泥土上开遍美丽燦烂的花朵！”而“祖师爷”周揚也急需这样一个干将，連忙把她捧为一九四九年新政治协商会議在戏剧界的四个特約代表之一，叫她在政协会議上談談越剧，以扩大越剧的影响。（后由夏衍代讲）

为了把上海的越剧推向全国，文艺界一小撮反革命修正主义分子采取了一系列的措施和步驟。他們首先让越剧控制了华东。一九五〇年，“祖师婆”所領导的雪声剧团直接納入华东文化部，一九五一年又搜罗了东山越艺社，組成华东戏曲研究院实驗越剧团，而“祖师婆”袁雪芬本人則一跃而为研究院的副院长和华东实驗越剧团团长。五一年国庆节，北京演出了越剧的王牌《梁祝》。周揚亲自出馬，組織座談，一致“认为是一个可以代表国家的剧目，够得上国际水平。”

一九五二年，窃据“总政”文化部部长职务的右派分子陈沂把手伸向上海，要去玉兰剧团，編入“总政”文工团，归反革命修正主义分子陈其通直接指揮。企图用靡靡之音去瓦解人民解放軍指战員的战斗意志。

一九五二年，周揚亲自主持全国第一屆戏曲会演，是越剧向全国扩張的第一个战役。越剧界的“祖师婆”組織了坚强的演出陣容，带去了精心制作的剧目。会演以后，她自己获得了所謂最高“荣誉奖”，爬上了“表演艺术家”的宝座，而《梁祝》《白蛇傳》也深得主子的贊許，下令嘉奖。周揚在那篇修正主义的总結报告中，用了很长的篇幅，再三吹捧这两出才子佳人戏。他胡說什么“《梁山伯与祝英台》和《白蛇傳》是在中国戏曲中特别卓越的，它們是眞正的人民杰作。……这两个剧本强烈地表現了中国人民，特别是妇女追求自由和幸福的不可征服的意志，以及她們的勇敢的自我牺牲的精神”，“簡直可以說，她們的爱战胜了死”，“現实主义和浪漫主义取得和諧的結合”。周揚吹捧越剧几年来“有了不少值得重視的新的創造”，說它“带有較多的人民性，更接近人民的生活，人民的語言”，因而它的“內容就更生动活潑得多，形式就更自由，更新鲜”。总之，什么肉麻的字眼，美丽的詞藻都用上了！自此以后，越剧进一步突破了方言的限制，由吳語区滲透到北方話区，观众空前激增，流毒越来越广。

拍片、会演大造声势“祖师婆”得意忘形

反革命修正主义文艺黑綫的总后台刘少奇說过：“无疑地，年青的中国人民电影，在新中国文化事业上，已成为一个极其重要的部門……”他要求他的爪牙广泛地利用这个宣傳工具。周揚、夏衍为了給越剧造声势，一九五三年夏衍决定把《梁祝》拍为新中国的第一部彩色戏曲片。于是，越剧便初步突破了剧場的限制，而通过銀幕首次跑向全国。它不但在中国放映，而且到国外放映，一九五四年夏初在日內瓦会議上招待了各国外交使节，同年七月又参加了在捷克举行的国际电影节，得到了所謂“音乐片奖”。

从一九五二年全国第一屆戏曲会演到一九五四年，越剧的恶性发展使一小撮反革命修正主义分子得意忘形，他們愈益认为“竞賽会演无疑地是推进戏曲艺术发展的良好方法”，因而更加热衷于会演和观摩。一九五四年九、十月間，华东地区举行了戏曲会演，这是越剧向全国扩張的第二个战役。反革命修正主义分子夏衍亲任主任委員，越剧界的“祖师婆”也当了一名副主任委員。这一次参加演出的越剧除了“祖师婆”所直接領导的剧团演出了《西厢記》、《打金枝》和一个从外国改編移植的才子佳人戏之外，还有上海地区的其他民营剧团和浙江一带的越剧团所带去的古装戏，幌如当年的“十姐妹联合公演”。越剧的陣容更加“壮大”了，剧目更加“丰富”了。“祖师婆”抑止不住滿腔兴奋地說：“多年的理想今天实現了！”

出国受到苏修欢迎 回国大搞十二年規划

一九五五年，上海的越剧在国內取得初步稳定的地位以后，又到国外去訪問求經。这年六月，“祖师婆”的剧团（名为中国越剧团）奔赴苏德。她們在那里演出《梁祝》《西厢》，不仅受到修正主义国家的欢迎，而且一个美国高級軍官也潛越柏林的分界綫来欣賞她們的演出。

数次出国，使“祖师婆”野心也更大了。她对旧文化部副部长刘芝明說：“回国后，中国越剧团的名字不用改了。”“老头子”夏衍和“祖师婆”袁雪芬之間可謂是“心有灵犀一点通”。一九五五年在上海錦江飯店接見“祖师婆”时，他作了五点黑指示，把越剧捧上了天，說什么“越剧从解放到一九五五年，在編导、音、美、演方面，已經形成完整的一套。越剧是一个新型的剧种，今后要发揮抒情优美的特色。凡是不能发揮自己特长而易暴露短处的，都不要去搞。”他还煽动地說：現在越剧已經成为全国性的剧种了，应当爭取中央領导、上海代管，可以取名为“中国越剧院”。于是“祖师婆”赶快泡制出一个向苏修大剧院制学习的“中国越剧院”規划。然而她的野心只实現了一半，未能成立中国越剧院，而仅成立了上海越剧院。她当上了上海越剧院院长后，野心勃勃，准备大干一番。一九五六年，她領导全院大搞“十二年規划”，在越剧院成立“越剧整旧委員会”。他（她）們还把田汉、安娥这对臭夫妇請来“挖掘傳統”，企图弄出二十台戏来。田汉这个黑綫头目自然“鼎力相助”，几月之內就帮他們搞出了《楊八姐盗刀》《追魚》和《情探》等毒草，后二出坏戏幷拍成电影，到处放映。

刘少奇吹捧《紅楼梦》越剧在全国泛濫成灾

一九五七年，越剧界的“祖师婆”和反党分子周信芳同时叫嚷：“党还不善于根据戏曲团体的特殊規律来进行領导”，咒罵党“管得太多，太呆板，太具体”。威胁党“把权力下放，把責任下放”，以便实現彻底的資产阶級自由化。气焰嚣張，不可一世！

一九五八年，旧上海越剧院上演一个更典型的才子佳人戏《紅楼梦》。这个戏在广州演出时，得到陶鑄的吹捧，五九年到北京参加国庆十周年献礼，周揚看了在宴会上大肆贊揚，說什么“女演男和男女合演是一根藤上的两朵花”，这一年，“祖师爷”周揚在上海的文艺会堂召見越剧界的“祖师婆”，十分关心地詢問了越剧的情况。“祖师婆”袁雪芬滿怀喜悅地向他报告說：“从业人員已有两万余人”，表明全国除两个省区以外，都有了越剧。周揚欣然作出結論說：“越剧已經成为全国性的第二大剧种了”！庆幸他們的“普及越剧的反革命計划业已大功告成。

《紅楼梦》的出現，标志着越剧发展的“高峰”。一九六一年十月刘少奇和他的臭妖婆王光美在北京看了这出戏以后，贊不絕口，連呼“好戏”，“有戏剧性”！幷关心地問道：“听說这出戏在香港演得不錯呀！”他們还双双登上舞台，和編剧及主要演員一一握手，摄影留念。刘少奇这次看越剧《紅楼梦》，实质上是来檢閱越剧的发展成果，进一步肯定越剧发展的方向。果然，过了不久，他手下的周揚、夏衍就把香港电影公司拉来，和上海的一家电影制片厂合拍《紅楼梦》。继《紅楼梦》拍摄之后，香港客人紛至沓来，前前后后，接連合拍了《三看御妹》、《碧玉簪》、《打金枝》、《烽火姻緣》等一系列毒草和坏戏。这时，舞台加上銀幕，上海的越剧已經在全国泛濫成灾了。

“南花北移”毒計未逞《舞台姐妹》乘机出籠

在越剧的扩張史上，还应当特别注意这样一个事实：一九六〇年，彭眞、周揚、齐燕銘下令把旧上海越剧院的一团調到北京，成立北京越剧团。他們想使上海的越剧牢牢地占領首都的舞台。該团去了以后，馬上受到北京黑市委的重視，宣傳为“南花北移”。“老头子”田汉視若掌珍，十分关心地說：“女演員的舞台生命是有限的，我要为你們写戏！”他亲自动笔修改了《劈山救母》。反党分子邓拓也跳出来支持，看了描写打皇帝的《小忽雷》以后，便即兴題詩，以資鼓励。从此北京越剧团便紧紧地控制在黑綫的手中，变做他們得力的反党工具。可是，我們偉大領袖毛主席身边怎能由他們胡作非为，北京越剧团終于退回上海！

北京越剧团退回上海，是毛主席的文艺路綫战胜反革命修正主义文艺路綫的一声号炮。“祖师婆”袁雪芬嗅到这声号炮的气味，整日困惑不解，惶惶不安。她担心地說：“剧种到底遇到了什么問題呢？”她很焦急，說：“越剧本身若不再提高，取得新的发展，很可能会被其他剧种慢慢‘吃’掉！这种形势，事实已很紧迫了。”“怎么着手呢？”她自問自答道：“总結二十年来的經驗教訓”。

早在一九六〇年，“祖师婆”袁雪芬在中国戏曲研究院学习时，“老头子”田汉就对她作了这个黑指示。田汉說：“我們再不总結便是对人民犯罪！”袁雪芬根据田汉这一黑指示，回来揚言：“梅兰芳死了，周信芳老了，我們有自己的体系，应赶快总結，搶救。”她和另一些走資本主义道路的当权派串通一气，进行总結，泡制了一个《对越剧历史的九点看法》。

这个“越剧九点”是为稳住越剧的陣脚而泡制出来的，它是一个資本主义复辟的变天賬和宣言书。在《越剧九点》里，她秉承主子們的意旨，赤裸裸地歌頌“三十年代文艺”及其“祖师爷”，歪曲毛主席文艺为工农兵服务的方向，千方百計要把越剧納入为資产阶級服务的軌道。它在总結二十年的經驗之后，竟明目張胆地提出：“今后要充分发揮剧种善于演抒情喜剧和抒情悲剧的特长”，把历史題材和民間傳說的剧目，放在“主要地位”。

在《越剧九点》出籠的前后，“祖师婆”还根据夏衍的黑指示，积极参加大毒草《舞台姐妹》的創作。为自己及“三十年代”祖师爷树碑立傳，以便让上海的越剧巩固地占領全国的舞台。

但是正当他（她）們好梦犹酣的时候，无产阶級文化大革命的战鼓敲响了。他們要想維持旧越剧在全国的地位，是再也做不到了。

砸烂黑綫肃清流毒 迎接革命的越剧誕生

毛主席在《讲話》中說：“在現在世界上，一切文化或文学艺术都是屬于一定的阶級，屬于一定的政治路綫的。”上海的越剧在解放前的形成，是迎合了大地主大資产阶級的需要，迎合了王明政治路綫的需要，解放后的畸形发展，是适应于被推翻了的地主阶級和資产阶級的需要，适合于刘邓反革命的政治路綫的需要。上海越剧跑向全国的历史，是一部戏曲界資本主义复辟的历史。

对于上海的越剧，以毛主席为代表的中央領导人是一直不滿的。早在一九五[illegible]年，周总理就指出，女子越剧应該完成历史任务了。

一九六一年，林彪同志观看越剧《紅楼梦》，沒有看到一半、实在看不下去，就一怒而走。一九六三年柯老号召文艺界大写十三年，接着数次找越剧院有关人員座談，督促改掉那个軟綿綿的曲調，上演革命現代戏。这一年的十二月，我們偉大的領袖毛主席向党內走資本主义道路的当权派提出警告，他說：

“各种艺术形式——戏剧、曲艺、音乐、美术、舞蹈、电影、詩和文学等等，問題不少，人数很多，社会主义改造在許多部門中，至今收效甚微。許多部門至今还是‘死人’統治着。不能低估电影、新詩、民歌、美术、小說的成績，但其中的問題也不少。至于戏剧等部門，問題就更大了……。許多共产党人热心提倡封建主义和資本主义的艺术，却不热心提倡社会主义的艺术，豈非咄咄怪事。”

毛主席的批評是这样的深刻、尖銳，可是越剧界的党內走資本主义道路当权派，越剧界的“祖师婆”却不把它当一回事，她恪守着“千金难买自主張”的格言，依旧我行我素，大搞才子佳人。一九六五年江青同志在上海小剧場审查淮剧《海港的早晨》，听到越剧仍然是过去的老样子，大为不滿，她憤怒地責問上海地区党內最大的走資本主义当权派陈丕显說：“越剧院近年来在干些什么？”混蛋陈丕显只好胡乱地敷衍了一通，还企图負隅頑抗。

現在，毛主席亲自点燃的无产阶級文化大革命的烈火越燒越旺。我們文艺界的无产阶級革命造反派一定要牢記毛主席的教导：“宜将剩勇追穷寇，不可沽名学霸王”，乘胜前进，彻底挖掉修正主义的文艺黑綫，彻底砸烂旧越剧院。我們相信，我們不但善于破坏一个旧世界，我們还将善于建設一个新世界！

让革命的越剧在无产阶級文化大革命的烈火中誕生吧！

上海越剧院革命造反联合战斗队

（原載上海《文艺战报》小标題是本报加的）

·1· 文化戰報 1967年8月15日

珠江电影制片厂的黑掌櫃——陶鑄

珠江电影制片厂建厂以来，深受反革命两面派陶鑄的寵愛和关心，厂名是他提的字，片头厂标陶鑄就改写了两次。陶鑄到中南局，珠影厂也随即从省屬改为中南局轄管。多年来，陶鑄时常亲临珠厂发号施令，从拍片多少，拍些什么，到某片的某一情节如何改动，都一一过問，眞可謂是"关怀备至"！

在陶鑄如此"关怀"下的珠影，多年来忠实貫徹周揚、夏衍、陈荒煤的黑綫，致使毒草丛生，帝王将相、才子佳人的影片占全部影片的百分之八十以上。这是为什么?!原来陶鑄就是珠影黑店的后台大老板。

《逆风千里》这株大毒草出籠，陶鑄就是有一份功劳的。一九六三——六四年片子剛拍成，陶鑄曾先后到厂审查过两次。第一次看片，提了两条意見：一是打仗要有犧牲，我軍从头到尾不能沒有伤亡；二是要讲俘虏政策，不要威胁敌人。这两条意見不仅肯定了这部美化和歌頌敌人的影片，更助长了我軍与敌軍对比愈加相形見絀的描繪；也加剧了对俘虏政策的歪曲，使我軍对頑抗的敌人益发低声下气忍辱受屈。按陶鑄的意見改拍后，他第二次再审查时就通过了。

这株毒草，經康生同志指出是一部反动影片后，陶鑄还堅持說：問題沒那么严重，只要改一改头尾，小改就可以了。

直到一九六五年六月，陶鑄到珠影时还說：《逆风千里》不能改了嗎？……你們不要因为《逆风千里》就出片少了，沒怎么批評你們嘛！

× × ×

一九六五年六月，陶鑄会同当时开会的中南几省书記到厂，表示要中南各省关心珠影，还表示要为农民呼吁，說农民沒电影看，并再三拿《女跳水員》作样板来提倡，說：《女跳水員》很不錯，很美，为什么你們不拍？！是南方的題材，有广东特色，但却給人家拿去拍了。

請看，一部宣揚資产阶級生活方式、生活情調的影片，竟然是陶鑄要拍給农民看的影片的样板，岂非咄咄怪事？！

× × ×

一九六五年中南会演时，陶鑄亲手指定珠影拍十个剧目，其中之一是《补鍋》。这个戏表面上是批評輕視补鍋匠的落后思想，实质是宣揚为恋爱去排除阻力，达到个人幸福的目的。陶鑄到厂审查时，有同志提出这是新才子佳人，陶鑄却說："有男有女就有恋爱！"还說："提这种意見就是道学。"别人批評戏里有不健康的情調，陶鑄却批評别人脑子封建。在陶鑄的指导下，一个个黑貨就順順当当地出籠了。

× × ×

一九六四年，珠影密鑼紧鼓地要把《三家巷》拍成电影，剧本改好了，导演也定了，声称要作为重点，拍成高质量的影片，在一九六四年国庆献礼时和全国比高低。后因全国展开了对《三家巷》的批判，电影毒草才未出籠。但这番声势却有个来头，早在一九六三年三月，陶鑄对文艺界讲話中曾說："……《三家巷》等，也是受农民欢迎的。"这与周揚、夏衍的評价是同一口徑的。

× × ×

《刘三姐》是广西自治区党委热衷于封建文艺的一个突出表现。他們拿这个戏举行全区会演，又送到北京，接着由长影拍成影片。这还不滿足，又要重拍。陶鑄大力支持，并把这个任务交給珠影，要用进口胶片拍成彩色的，还要寬銀幕。当时傳达了毛主席对文艺工作的两次批示，群众提出不应重拍《刘三姐》，陶鑄却堅持說："这是广西的要求"。由于群众的一再抵制，才不得不拖下来。

陶鑄在珠影的所作所为，說明他处处和毛主席的文艺路綫相对抗，是打着"紅旗"反紅旗的老手，是在中南地区热心提倡封建主义、資本主义、修正主义艺术的总头目。

（原載《新珠影》本报有删节）

"三十年代"大黑窩 昆侖影业公司

拍攝反动影片《武訓傳》的昆侖影业公司被文艺黑綫众头目周揚、夏衍、阳翰笙等人誉之为"战后进步电影运动的基本陣地"。其实它是三十年代反动电影界的大本营。他們糾集了三十年代电影反共老手、国民党文化特务、大資本家、叛徒等等，长期以来打着"进步"的招牌，先后拍出了大量的毒草影片残害人民。如史东山、蔡楚生、孙瑜、郑君里、白楊、沈浮、赵丹、陈鯉庭、孟君謀、徐韜等都是昆侖的"大将"。

昆侖影业公司是在一九四五年抗战胜利后在重庆就开始醖釀成立，由重庆两个大資本家任宗德和夏云瑚合資經营的。

一九四五年在重庆醖釀时曾取名"青島"，到上海为了要搞回原"联华"公司在上海吳家汇的"产业"，又一度改名叫"联华影艺社"。待"产业"弄到手后，又再更名为"昆侖"。

"昆侖"的两部开鑼戏《一江春水向东流》和《八千里路云和月》，这是反动学术"权威"蔡楚生、郑君里、史东山在抗战胜利后，首先树起来的，是典型的三十年代傳統的两面大黑旗。从此，"昆侖"集团把三十年代电影标榜为"革命电影"的正統，而自詡为这一"正統"的继承者。他們这一邦人还在史东山編导的大毒草《新閨怨》里不惜把反动派影片审査机构×处处长杜桐蓀的老婆蔵莉（解放前逃往台灣）用重金拉攏充当演員。他們还恬不知耻地把这种曲膝投降的做法說成是一种对反动派的什么"斗爭"，眞是无耻之尤，

"昆侖"在解放前后拍攝了大量吹捧三十年代宣揚曲綫救国，歪曲劳动人民的大毒草。除上面已談到《一江春水向东流》等外，还有《万家灯火》、《关不住的春光》、《丽人行》、《希望在人間》、《三毛流浪記》、《烏鴉与麻雀》、《我們夫妇之間》、《人民的巨掌》及最大的反动影片《武訓傳》等等，流毒国内外，罪大恶极。

一九五一年"昆侖"与"长江"合并改名为"长昆电影制片厂"。之后又与"文华""国泰"等八家私营厂合并为"上海联合电影制片厂"，一九五三年春，"联影"又并入"上影"。

解放后，虽然形式上經过几次改組，但这批电影界的大小反动头目均在党内一小撮走資本主义道路当权派的包庇重用下一一窃踞要职，逍遙法外。就連任宗德、夏云瑚这两个反动資本家，也被誉之为"进步的民族資产阶級"，在中央电影局担任要职。

"昆侖"影业公司，是三十年代反动电影头子們的大黑窩，是炮制反动影片的大本营；"昆侖"黑集团的成員遍及全国，十几年来继續进行反党活动。在这次无产阶級文化大革命中，才一一被革命的电影工作者揪了出来，这是毛澤东思想的偉大胜利！

战地简讯

△上海越劇界反动艺术「权威」袁雪芬罪該万死。一九六五年春，江青同志在上海时曾憤怒地責問反革命修正主义分子陈丕显：「近年来，上海越剧院在干些什么？」陈再三为袁雪芬之流塗脂抹粉，开脫罪責。接着，袁就到处乱钻，千方百計拉着江青同志看《火椰村》，妄图拉大旗作虎皮，以保住自己。由于遭到江青同志毅然拒絕，袁就心怀不滿地說：「江青同志对越剧院的情况是不了解的」，言下之意是「不了解情况就不应該发言」。这是明目張胆攻击江青同志。

△上海人艺革命造反派，为了更好地斗爭那些反动「权威」、「专家」，最近把姚慕双、袁一灵、周柏春等人带到海港碼头去，把他們的反党材料交給工人，和工农兵一块批判斗爭，效果很好。

△上海各文艺单位以批判毒草作品为突破口，推动本单位的斗批改。最近，上海越剧院已經批判了《舞台姐妹》，工农兵喜剧团（大公滑稽剧团）批判《胡塗爹娘》，战斗沪剧团（艺华沪剧团）批判《碧落黄泉》，东方紅电影制片厂（科影）批判《刘少奇在上海》、《知識老人》等，紅卫兵电影制片厂（美影）批判《驕傲的将軍》、《一只鞋》、《牧笛》等，紅旗电影制片厂（海燕）在批判《武訓傳》后，将轉入对《聂耳》的批判，挖「三十年代文艺」黑綫。美术界批判《和平万岁》之后，开始入手批判《三毛在迎接解放后的日子里》等大毒草。

傳統相声放毒的后台——侯苛一

（上接第二版）过分强調政治内容，就流于狹窄。"他还站在資产阶級反动立場上宣揚傳統相声是經过"千錘百炼"的，"要继承优良傳統，不要輕易改，否則就成了虛无主义。"就这样視腐朽为神奇，眞是混蛋之极。最后他"指示"干部、演員"大胆放手挖整傳統"，还挑动地說："对有些节目，有些人会有意見，脑袋硬点，頂住了就成了！"这些黑話又进一步为牛鬼蛇神助威，让他們抗拒工农兵的批評。后来，曲艺团的走資本主义道路的当权派根据侯苛一的指示，积极筹备傳統相声大放毒，于一九六二年二月底到三月初連續在长城戏院、音乐厅举办了两周傳統相声专場演出，并公演了四十二个极端反动的毒草相声，在社会上散布了极其恶劣的影响。是全市相声放毒的最高記录。

演出前，侯还欲盖弥彰地"指示"旧曲艺团走資本主义道路的当权派，这次演出要"半公开"不录音、广告上不登节目、十五岁以下儿童不得入場。这一方面是作賊心虛，另一方面也正是制造混乱，招徠牛鬼蛇神、遺老遺少。

在这四十二个节目中，影射现实，攻击党、攻击社会主义、反对三面紅旗的有《老老年》、《窩头論》、《打白狼》、《卖五器》、《白事会》、《豆付房》、《醋点灯》、《洋药方》等。

丑化劳动人民，頌揚剝削阶級，鼓吹資本主义复辟、破坏无产阶級专政的有《交租子》、《穷富論》、《拴娃娃》、《卖寿木》、《揭瓦》、《造厨》、《福寿全》、《树沒叶》、《开买卖》、《看財奴》、《山西家信》、《夺住宅》等。

宣揚封建迷信和資产阶級人与人之間关系的有《祭財神》、《江南園》、《打油詩》、《五行詩》、《俏皮話》、《旧灯迷》、《搶三本》、《鈴鐺譜》等。

誨淫誨盜、充滿黄色毒素的有《招女婿》、《书迷》、《托妻献子》、《卖面茶》、《杠刀子》、《傻子学話》等。

极端庸俗下流、形象丑恶的有《拉洋片》、《双簧》、《珍珠衫》、《学聾哑》、《洪洋洞》、《学瞎子》、《酒令》、《耍猴》等。

总之，这些节目都是臭不可聞的垃圾，是为封建、資本主义服务的毒草。演出后立即受到工农兵的尖銳批評，曲艺团走資本主义道路当权派向侯苛一汇报后，侯置之不理，还认为多数可作保留节目演出，少数可以整理。在他的授意下曲艺团直到一九六三年还計划整理《老老年》、《招女婿》、《洋药方》等毒草相声。这样大規模的放毒，严重地毒害了工农兵革命群众和革命青少年，也毒害了文艺工作者，这笔賬是要向侯苛一徹底清算的！

（经风雨）

天津市1960—1963年上映帝国主义资本主义国家影片統計

片名	国别	发行年份	片名	国别	发行年份
紅菱艳	英国	1962	两头牛的故事	印度	1961
冰海沉船	英国	1962	影子部队	西班牙	1960
鬼魂西行	英国	1962	雅辛托叔叔	西班牙	1961
士兵的經历	英国	1963	索那大	西班牙	1961
罪恶之家	英国	1963	房客	西班牙	1962
社会中堅	美国	1961	瞎子領路人	西班牙	1963
塔曼果	法国	1963	珍珠	墨西哥	1961
仅次于上帝的人	法国	1962	农村妇女	墨西哥	1962
媽媽，你不要哭	法国	1963	勇敢的胡安娜	墨西哥	1963
献給檢查官的玫瑰花	西德	1962	躲藏的天堂	墨西哥	1963
神童	西德	1962	消失的琴声	墨西哥	1963
古堡幽灵	西德	1963	在大墻的后面	阿根廷	1961
屋頂	意大利	1960	收割	阿根廷	1962
她在黑夜中	意大利	1962	大生意	阿根廷	1962
松川事件（上下集）	日本	1962	中鋒在黎明前死去	阿根廷	1963
裸島	日本	1963	小島奇聞	丹麦	1963
綠色的土地	阿联	1961	瀑布	玻璃維亚	1962
阿尔及利亚姑娘	阿联	1938	盐的奇迹	哥倫比亚	1962
沾滿泥土的手	印尼		阿拉亚	委內瑞拉	1961
鄂巴	緬甸		海蒂	瑞士	1962
阿苏卡	錫兰	1961	圣地亚哥之行	智利	1962

造反有理

"要用文斗，不用武斗"专号

一九六七年八月十五日

毛主席语录

☆

要用文斗，

不用武斗。

最高指示

恩来同志：

最近以来许多革命师生和革命群众来信问我，给走资本主义道路当权派和牛鬼蛇神戴高帽子，打花脸，游街，是否称武斗。我认为是武斗的一种形式；这种做法起不了教育人的目的。这里我顺便强调一下，在斗争中一定要坚持文斗，摆事实，讲道理，以理服人，才能斗出水平，才能达到教育人的目的。应当分析武斗的大多数是党内的一小撮别有用心的资产阶级反动分子挑起来的，他们有意破坏文化大革命，破坏党的政策，降低党的威信，凡动手打人应依法处之。请你转告革命师生和革命群众。

毛泽东　　67.2.1

林付主席谈要用文斗不用武斗

我们一定要按照毛主席的教导，要用文斗，不用武斗。不要动手打人。斗争那些走资本主义道路的当权派，斗争那些地、富、反、坏、右分子也是这样。武斗只能触及皮肉，文斗才能触其灵魂。只有文斗，进行充分揭露，深刻批判，才能彻底暴露他们的反革命面貌，把他们最大限度地孤立起来，斗臭、斗垮，斗倒。

中央首长谈要用文斗不用武斗

六、六通令以后，武斗还未停止，中央正进一步讨论制止武斗抢枪支弹问题。当然这是局部问题，但这妨碍大方向，对革命派不利，对大联合不利，对抓革命促生产不利，对维持革命秩序不利。内战从拳头发展到刀枪，对什么人有利？对一小撮走资派有利，对地、富、反、坏有利。

——周总理——

最后讲讲武斗的问题，中央要采取措施制止武斗，武斗对我们不利。虽然大好形势，革命派扬眉吐气了，一小撮走资派虽然被打倒，但还有作用，还在捣乱，企图把革命引向歧途。毛主席在十六条上亲自始至终要文斗不要武斗；中央一系列的通告、通令也写了这个问题，武斗也未停止，北京好一些，四川、湖南、湖北、江西、安徽比较严重。我们去投机关要制止武斗；时躲不好，武斗更不好。——周恩来——

刚才有一位同志讲，要发动群众制止武斗，这个意见很好，要大力宣传。挑动武斗的人总是一小撮，如果广大的群众知道了他们的阴谋诡计，揭出了他们，他们就会像过街的老鼠人人喊打。——江青——

我们要坚决反对武斗，党中央毛主席所在地要带头反对武斗。但有若干地方是有少数坏人操纵，例如武汉、河南、南昌，这些地方有老保派后台操纵，组成武工队，专门打人，打要害，而且武器是有组织的。第一条要尽一切可能争取教育广大群众识破，他们就孤立了。要提倡文斗，坚决反对武斗，就是要揭露坏人的阴谋。——江青——

我记得好像就是河南一個革命組织提出这样的口号，叫做"文攻武卫"，这个口号是对的。我们坚持毛主席提出的文斗，坚决反对武斗，做深入的群众工作，这是第一条。同志们要向群众深入地进行进一步做比较艰苦的群众工作，要广大的群众识破一小撮坏人的阴谋，是要做一些工作的。但是，还要有第二条，才能丢掉幻想。当他们还不放下武器，拿着枪枝、长矛、大刀对着你们，你们就放下武器，这是不对的。你们要吃亏的，革命小将你们要吃亏的。——江青——

要制止武斗，这是已经强调多次的了。目前在北京有保守势力搞武斗，密云县就是一个例子，希望你们要做调查，反击这股保守势力。大学红代会、特别是工代会要大声疾呼地制止武斗。北京是首都啊，不能武斗，四个代会的同志们要坚决掌握中央文革指引的大方向，搞大批判大斗争，搞革命的大联合，搞制止武斗。……大学红代会自己把内部搞好，不要支持别的村委，不管哪一派都要制止武斗，为制止北京的武斗贡献自己的力量。工厂问题比较大一些，要抓典型，那个单位保守势力搞武斗，全市共诛之，全市共讨之，在报纸上点他的名。——谢富治——

武斗是不得人心的，是我们中央文革反对的。现在武斗趋向北京蔓延，有些地方去学，这是错误的，必须反对，我们发现头戴安全帽，手拿棍棒在那里武斗，我们要把武器统统收掉。江青同志说的"文攻武卫"是指保守派向造反派进攻，是正确的。武斗不能搞，要发动大规模的群众运动，制止武斗。现在听说有这样一种说法："文化大革命发展到武斗阶段"，要在报上批判这种说法，我们从来就反对武斗。"文攻武卫"是在敌我之间，革命派之间不存在这个问题。——谢富治——

不断地挑起大规模武斗，这是他们（党内一小撮走资派）的一个阴谋，用武斗来破坏文斗，想用武化革命来代替文化革命，不能搞武化革命，这是一个阴谋。另一个阴谋是停产，煽动停产，煽动罢工，停止生产，甚至破坏交通。所以革命派要发动强大的攻势，举行示威游行，用示威游行反对停产，反对武斗。这是他们破坏我们文化大革命的两个杀手锏：就是一个武斗，一个破坏生产。

革命派就是要第一个强调文斗。他们武斗的时候，我们要反击，要自卫。凡是他们在武斗的时候，你们要自卫，但不是说你们要打出去。有的地方用自卫口号来把武斗扩大化，我们也不赞成。

……武斗当中的罪魁祸首，我们将来要处理，打人的、杀人的、抢人东西的、象抢人手表的，将来都要处理。将来我们稳定了秩序，腾出手来，要处理这些敌人。你别看他高兴一时，将来我们是要算账的。你打人、杀人，人家记个账，把这账记下来，记笔账。但是，革命派不能主动进攻，不能主动用武器进攻别人，只能自卫。

——戚本禹——

刘少狗，王光丑，
水蝎子，蚌々蛐，
一只狗老修，一只修母狗，
两份析查也有偶，
揪老修，打母狗，
不把刘王搞臭，誓不罢休！

紅戰報
反修錦纶厂
紅色造反团
35
一九六七年
六月十七日
星期四

标题低俗

一对臭货 夫唱妇和

刘少奇认罪书疯狂反扑 王光美写析查紧密配合

编者按：资产阶级臭婆娘王光丑积极配合刘少奇的猖狂反扑，抛出了一份所谓的"析查"，为了彻底粉碎刘少奇的猖狂反扑，把他批倒，斗臭，我们把王这份析查拿出来示众，供大家批判。

批胜会议家中自判干误同的是于学和其会一泽化我的所
作工大三正确义批命错不彻的先大命反的克毛文，庭年十
具的判反不救德的年的了员过了农十革业于。的于查相无
我批批的极年朱等，我犯们罪制清大错误的确命夫是将的
是鸿的与成青学象众在也我为西把化一年的都元与是于民
，一放领造在同误员们，是更，，文平的所中也有通
大动铁织，一应组命他期也，判神级的良左光党，亲而
两班王组会得一而革使用们者批精前我前的反的局中
了学学两大通和我多，仅他害的 产是我成大走清全通
会了同我判：死是奇员一，受等反无有是走伟是精于通
绝导村是批为身，了组在误的领造的这。而反面条神目
他领根日和正不脚赦作，错我织命々，果先走的六会六
得和子19 大自了禁工下的路组革列生而路是想十大十
通织入月克被运历会和啊废演所级々下主动都思会伟月
并组组(7-升的阳余 大下批程错我阴装了产反切来主们五

清 岗书特 清参中而更生会导代革员导必顾大次了定
转 升次， 在我的，，学机领为员我领，错些十两和伤
下 但一西 我在组的期了倾组对要，绝我的清了日和
层：两作该你们是，作指相成有作对我中作并与了行7刚
国们到何前 正保工精段造了工以，要工派领导甚月正
兵下接再8 ，肉学倾一，犯们了线铺了左组领导6的
山是我我30 候的大有的的，我们路大意"被作和同判大
岗生日要月 时该华有句方谈，执动革同同工农高批报
井师24，6 了错清是中大错误党反岀我"批了组大前以
学命月知了：这革委直月争革错板级一是干兴党制说他
大革6通并下在严市一了斗平线被所在。保动存对分给
华的年的，如年犯新我底了的路人户，住排。真众时，
清学1967上查查去学东，月務中一的了资在责的击我时世田
大17战检析 大北里六转学义我的责要面反是的按8
华 山面再 华加天在是斗主和表要主根要。学全頁

级文化大革命的理论，路线、方针 [illegible]

[illegible] 革命的工人或革命的农民，虚心向工人阶级和贫下中农学习，并在 [illegible]

[illegible]

王光美

1967.6.28.

简讯

△上海红旗电影制片厂(原海燕)批判了《聂耳》《51号兵站》等。

△根据江青同志的指示，中国京剧院一团在排演《白毛女》二团排演《人民在战斗》四团排演《平原游击队》作为国庆十八年的献礼。

△银行系统某一单位军代表表态支持参加反复辟的"红府"，不支持参加工代会的银行联委。据有关人员分析，军代表这种做法是为分化瓦解"反复辟"，而使成"红府"和"银行联委"的大联合。

△目前全国各地武斗现象比较严重，尤其是长江沿岸，广州、杭州、沈阳、长春、武汉、四川有很多地方动用了[illegible]武器，据北京地质东方红分析，目前武斗的原因是由于军内一小撮走资派在支左问题上造成的结果，林彪指示要在这个问题上大做文章。北京已停止复课闹革命，派出人员到全国各地支援各地造反派。

△又有三个大毒草影片拿出来示众：中央文革已决定又有三个反动影片要在全国放映批判，即反动纪录影片《赫鲁晓夫访问美国》《刘少奇访问印度尼西亚》和反动影片《兵临城下》。

△周总理、康生、最近接见焦裕禄女儿焦守凤和张钦礼，张钦礼被打成反革命，被押七个月，抓张钦礼的策划者是陈再道。目前兰考监狱中还有许多造反派被押，总理指示一律释放。

△戚本禹同志说：就是造反派，以后他自己不造自己的反，他就当不了造反派，他以后也会由英雄变成"狗熊"，现在可不少。

△彭德怀被罢官后，与邓小平关系密切，邓没有通过毛主席就叫彭任三线总指挥，他企图将彭重新拉入国防[illegible]

△最近我市将放映个别毒草影片，供大家分析批判。

斗批改

注意保存
内部资料

33

二机床革命造反总部动态组

1967年八月二十一日

最高指示

人民解放军永远是一个战斗队。就是在全国胜利以后，在国内没有消灭阶级和世界上存在着帝国主义制度的历史时期内，我们的军队还是一个战斗队。

李先念同志的检查是得到毛主席批准的

八月十七日下午在人大会堂李先念同志作检查。周总理主持大会。李先念同志检讨完后，周总理和陈伯达同志讲了话。

陈伯达同志说：讲几句话。李先念同志的检查是好的，我们欢迎李先念同志的自我批评。同时希望李先念同志到各地到群众中去，听取群众意见，改进工作中的缺点和错误，搞好工作！（口号略）

周总理：同志们！李先念同志刚才代表我们国务院讲的很好的几句话。这证明我们一年来财贸系统文化大革命有很大的进展，取得了成就。首先要说李先念同志的检查是好的，得到我们伟大领袖毛主席批准的（长时间热烈鼓掌）但是我们一定要认识到，正如林彪同志在毛主席语录前言说"情况是在不断的变化，要使自己的思想适应新的情况，就得学习。"正因为这样，李先念同志的检查达到有关的原因，也有主观原因。我们领导干部要到群众中去，先念同志到财贸系统各单位去，光念检讨就讲了，要到群众中去听取意见，使您的工作不断前进，同时要向伟大领袖毛主席和林付主席学习，活学活用毛主席著作，遇到问题要向毛主席和林付主席请教。不但要求先念这样做，也要求我们自己这样做。不断学习，不断改造，也就是说做到老、学到老、改造到老。要做好你们的中学生，然后才能根据你们的意见提出意见，不然随便发号施令，那是极危险的，发展下去就非打倒不可！我不多讲了，打错了的，就此结束。

王力同志接见新华社各组织代表讲话摘要

你们在新华社工作，看到很多情况，这里告急，那里告急，可能认为形势不好，对形势起码的估计是没有根据的，是错误的。困难可能是在前面。北京的学生把全国形势说成是反革命复辟的前夜，全国都在抓陈再道，这是错误的，军区犯错误的司令员全国只有四个，杨勇，陈再道，马三夫，董新亭。而搞反革命暴乱的只有一个陈再道，所谓军内揪一小撮，这是陈再道，那是陈再道都是不对的。军队的错误与地方走资派的错误不同，犯方向性错误只要改了就好了，还是认识上的错误。

革命派必须认识到，经过长期斗争的革命干部是党的宝贵财富，这些同志在民主革命时期对农村的阶级界线是清楚的，依靠谁打倒谁，是

国务院谢付总理批准发武器

报判断是很关键的，当革命形势到新阶段：大多数干部在思想上准备不足和缺乏事实的教育。这次运动是突然来临的，在这种情况下既无理论上的准备，又缺乏事实的教育，因而判断正确与错误是比较难的，我们也分不清楚，我们看作朋友，却是保守派，他们认为敌人，却是造反派，所以较多的干部犯了错误。

谢付总理批准师大井冈山武装

八月十四日谢付总理批准师大井冈山武装自卫。

谢付总理在文件上批示说：同意你们自卫五四支武装自卫，但背枪的人要选择要训练，不能儿戏。

谢付治 8.14

短讯

▲林彪同志之[illegible]林豆：最近贴出第一张大字报，支持接蒋南华，而且切身经历，别人问她情况，他说："我妈妈知道"。

▲在毛主席第一次接见红卫兵一周年的光辉日子里，在毛主席、林付主席、党中央关怀下，师大井冈山兵团师成立了。上午兵团举行了授枪仪式，会后举行了武装示威游行。

▲最近中央首长陈伯达接见天津市革命派代表，并作了重要指示。

祖国各地

▲**广州** 从广州西区——地总中杀出一批人，成立了"广州新地总"，观点与造反派相近，据统计至少有两三千人。

▲**徐州** 自中央文革委派江致禹同志率领代表团处理徐州地区文化大革命问题以来，形势大好，广大党员、政军的一小撮走资派蒙蔽的战士，革命群众已在日益觉醒，大家回马枪。

▲**香港** 据可靠消息，沙头角解放军已架好大炮，并撤退了非军事人员，只等伟大领袖毛主席一声令下，马上踏平港英当局。

▲十四日十六时四十五分，一架不明国籍的大型飞机，号一二六，窜入我广州南卫上空散发大量反动传单：内有反动漫画，极力丑化我国文化大革命，恶毒攻击毛主席，引起我造反派的注意。

▲最近康生同志讲：云南边境，那边是敌人，据我们知道，最近福建在广西有特务活动。云南的同志边境要注意，特别要维护解放军的威信。

▲泸州八月六日晚发现飞机散发反动传单，泸州同时发现有人对空发射信号弹，反动传单内容：煽动农民抗交公粮；有关陶铸问题；攻击毛主席。

▲八月九日至十日，在凉山越西县两次发现用汽球散发反动传单，据说可能有空投特务，部队正在搜山，传单内容：攻击文化大革命，为杨英藉亚邦，号召反共救国军总部。

江苏消息：好派完全控制了南京，P派退到下关以北，过封了战略转移，这两天南京比较平静。好派正加紧备战，而P派退去南京城，攻打周围各县，向南京进行包围。

▲据悉：湖南省革委会筹备小组由黎原，章伯森，梁春阳，华国锋，贾啸等组成。

中央文革对三军的指示

——8月21日李永久同志在海军传达——

一、关于大方向

三军联合以后，做了很多的工作，威望很高，影响很大，成绩很大。革命决战阶段要紧紧掌握斗争大方向，决不能放松这个大方向，决不能搞武斗，坚决反对打砸抢抓，大力宣传要文斗，不要武斗，三军要成为模范，要按主席的战略部署前进。在大批判中实现革命的大联合，搞好本单位的斗批改，武斗风一定要压住。

现在大街上的大标语，大多是肖华的，超过了刘邓陶。很快扭转，要大多揭发刘邓陶，要提高斗争水平，掌握策略，要做好样子，要三性统一。斗争当权派也要文斗，不能下跪，坐飞机等。有些人形左实右，比造反派还左，今后要注意这点，要抓革命促生产，对地方也要调查研究，不干涉地方，要节约闹革命。

二、总政的文化大革命没有搞好，走了弯路，要重新搞，当前主要搞四大。总政的主要负责人中央一保再保，还救不过来，越保越远，要依靠总政的造反派，关起门来搞。三军支持总政的造反派，以卢前安为核心的。当前总政的阵线不清，要重新排队，肖华自己安排的材料查不补缴。

三、要保卫毛主席、林付主席、中央文革，有三个保。

1.毛主席的英明领导。2.人民解放军。3.广大人民群众。

不能把人民解放军搞垮，三支两军的任务主要靠解放军。为什么敢大胆地放手发动群众，主要毛主席健在，有毛主席的英明领导。二是有人民解放军，如何正确对待人民解放军，这是个原则问题。解放军是毛主席亲手缔造，林付主席直接领导的，一定要按中央指示精神去做，我们就是依靠三军的牌子使文化大革命走上正轨。以后只提党内一小撮走资派，不再提军内一小撮走资派，这样提不对的，是错误的。现在吴、邱、张、叶负责全军文革工作。要防止骄傲，在重大原则问题上要请示报告。

伯达、康生、江青同志8.17在三军党委讲话摘要

总政关起门来搞文化大革命，什么都不搞。全军文革也是，由廖初江同志领导。由吴法宪、张秀川、邱会作、叶群负责全军文化大革命。由中央文革直接领导。

对肖华，江青同志指示：总政文化大革命没有搞好，主要负责人

中央一条条保，都没有纠正过来。总政的文化大革命要关起门来搞，主要靠本单位。总政究竟谁是什么人，一定要搞清。对肖华要揭开来，将来揭出什么问题就是什么问题，要抓大节，不要抓细节。

总政的材料不许往外抄。

有计划斗彭、罗、谭政、陈再道。

地方不要到处抓一小撮，这样搞会上敌人的当。

要坚决保卫毛主席、保卫解放军，不能把毛主席亲手缔造的解放军彻底搞垮。要保护革命群众。要搞解放军，就要上敌人的当。搞垮了谁去搞三支两军，谁去保卫文化大革命啊！

軍委扩大会議精神

军以上干部工作会议从二月廿六日至三月廿五日，开了整一个月。会议期间毛主席、林付主席几次接见全体代表，会议由周总理、叶付总理主持。周总理给会议作了两次重要指示，陈伯达也给会议作过指示。三月廿日，毛主席接见了全体同志。（以下为内容摘要）

(一)提高对文化大革命的认识和两条路线斗争的认识，彻底批判资产阶级反动路线，坚决把无产阶级文化大革命进行到底。

~~把无产阶级文化大革命进行到底。~~

文化大革命主席有全面安排的，不理解也要执行，决不能不合自己口味就不干了。

文化大革命两个阶段，即两个为界：

(1)从去年五月十六日至六七年元月廿三日是第一阶段，毛主席用了一张大字报、红卫兵、大串连就把全国亿万群众发动起来了。以红卫兵为急先锋，工农兵为主力，群众性揭党内一小撮走资本主义道路当权派和牛鬼蛇神冲了它个不亦乐乎，来势非常之猛……

(2)人民日报社论《无产阶级革命派联合起来，夺党内走资本主义道路当权派的权》，这时出现了新情况：①资产阶级夺、假夺权，②左派分歧，互相夺权，牛鬼蛇神也起来夺权，形成了反复夺权，这在一二月份是全国性的，是必然的，其原因是革命造反派（小将）有天生的弱点，即政治上不成熟，虽然冲劲大，但缺乏组织性，这时毛主席使用了解放军这支大军，介入文化大革命，在这个阶段中）以解放军为主力，推动各方面工作，凡没有管的，解放军都管。

三个过渡：①把权过渡到解放军手里，②从解放军手里过渡到革命的三结合的临时权力机构手里；③从三结合那里过渡到巴黎公社那样全面选举那样的权力机构，这样称一个大战役。

解放军的任务：三支，两军。

衡量左派的标准：①看大方向是否对准党内走资本主义道路当权派，是否对准资产阶级反动路线；对党和毛主席的态度。对上述三点看是否认识问题，还是一贯的。②组织纯否，首先是领导成员，如果是地、富、反、坏就不行，是否有走资本主义道路当权派作后台。③群众对这个组织的看法。④衡量一个组织要用政治原则去衡量，不能带宗派情绪。

▲温州港务局的苏响二号、三号、四号、廿号、反修号等，船均逃窜上海，船上枪支均被上海造反派缴获。顽固头头押往杭州。

总理谈江青同志

暮色苍茫看劲松，　乱云飞渡仍从容。
天生一个仙人洞，　无限风光在险峰。

这是毛主席在一九六一年九月九日对江青同志所摄庐山仙人洞题的七绝。毛主席这首气势磅礴，囊括三山五岳的千古绝唱，抒发了一个无产阶级革命家的伟大胸怀，同时我们认为这是对江青同志最全面最完美、最深刻、最形象的写照。

周总理无限感慨地回答说：虽然艰苦的斗争损害了江青同志的身体健康，但是精神的安慰和鼓舞一定能补偿这些损失。

陳永貴同志

谈平遥反革命叛乱事件（8.10）

我对武装部人说平遥为什么会有这样高，这样厚的城墙？这是剥削阶级、统治阶级害人民，你们也利用这个城干什么？本来也应该留下这个城教育群众。看看你们干的什么？你们开办训练班，各县、公社来学怎样开展武斗，怎样制造武器。他们制造的矛都带钩，扎进去还要把肠子钩出来，土枪子弹是三角的，硫酸有大瓶的、小瓶的，平遥问题是全省的问题，还在北京开会期间，总司就训练人，要用全省暴力来欢迎我们从北京回来！

我问武装部：你们把各县武装部都叫来训练了？他们说："没有！没有！"民兵谁调进城的？他们说是总司调的。总司的三个坏头头，都是他们结合的干部，一个是旧公安局局长，一个是宣传部长，一个是副县长，这三个人我们没抓住，是我们的错误，但他们跑不了，我们问他们，你们为什么把军权交给他们？他们说，我们前十来天就不管了！这还有什么"党指挥枪"？是乱人指挥枪！最顽固的是"反逆流公社"，成立在十来天，是北京开会当中成立的，"反逆流公社"有三种人：一种是总司当中的棒小伙子，一种是普通转业军人，一种是五、六十岁老人，今天我座谈了二十多人，有胡须那么长！我问他们："老大爷，谁叫你们来的？"他们说，谁也没叫我们来，我们自己来的。我说：快别这么说了，不是你们自己来的。我跟他们讲了讲，他们说，不光是叫来的，还是选来的，因为我们会用土枪，是打猎能手。老大爷们都伤心掉眼泪了！说：我们打了自己的子女了。老农民那天就回去不少。他们不光蒙蔽群众，谁动摇，他们就按"叛徒"处理！法西斯统治，他们把动摇的人打死，不能埋，天那么热，都埋在那儿，还到各村，把被他们打死的人拉去给群众看，反说："他们这么坏！打死咱们的人！"从平遥这个事，我想到五、二事件，他们那时候就干过这么一手……那次反映给张日清同志，他说"没有！"没有这次可有了吧！再说没有不好了。在北京会议上我受到马列主义、毛泽东思想的教育，我在这次又在平遥受到了血的战斗的教育。他们前一段喊："血洗平遥城！"我们用血换来了平遥！什么叫革命组织？在这个关键时刻才看出谁是真革命，谁是假革命，谁是反革命！

〔附〕山西平遥反革命暴乱简介

晋中一小撮走资本主义道路当权派和军分区、平遥武装部一小撮坏蛋，为了挽救其灭亡的命运，组织了以复员军人为主的"反逆流公社"并把枪支弹药发给他们。八月八日他们挑动大批不明真相的农民进城，控制了全个平遥，把机枪架在城墙上，全县一片白色恐怖。

陈永贵和张怀英（晋中核心小组成员）等同志到平遥解决问题，一下汽车就是一片枪声，陈永贵同志马上被暴徒包围，电话线被切断，外边的消息被断绝。暴徒们狂叫：活捉陈永贵，杀死张怀英。当时随陈到平的六十九军一连战士也未带武器，情况十分紧急，为了给六十九军送信，一同志冒生命危险开吉普车从西线往外突围，当场被机枪打中壮烈牺牲。另一同志乘乱之机，跑出平遥，打电话给六十九军，后一营解放军开到平遥，把陈永贵同志救出。

在全省革命派大力支持下，9日平遥又回到革命派手里，在这场反革命暴乱中，陈永贵同志随行人员牺牲六个，革命小将革命群众受重伤者无计。

这场反革命暴乱是党内军内走资派企图在山西策划第二个武汉事件的信号弹。

马天水揭发余秋里

余秋里起草抓革命、促生产的江报提纲，我知道，余秋里是有很大情绪的。他在暗里说了不少坏话，但是他在表面上讲的很好听。（后来这一句马天水在文字上修改为：他在暗里发了不少牢骚，但是他在大会上讲的是正面的）

一、在"江报"起草过程中，陶铸来过几次，他积极支持余秋里起草这个提纲，并提过他的意见。……

二、关于"安亭事件"，给北京打电话，是我打的，电话转到天安门是谷牧接的。谷牧告诉我说："余秋里同意工人上北京。"我转告韩哲一后，韩哲一还向北上的工人说了一些送行的话。余秋里同意工人上北京去，没有请示伯达同志，过了一个钟头，谷牧又来电话说：伯达同志不同意工人上北京。谷牧第二次给我们打电话之前，先把伯达同志的意见，通知了铁道部，所以没有开车北上。

三、去年十一、二月间，余秋里主持起草抓革命促生产的"江报提纲"时，向上海要过工业生产当中存在的问题材料，余秋里对我们反映的材料有怀疑，他认为我们估计的低了。

马天水　1967.7.11.

清华大批判消息　八月二十四日下午，清华大学井岗山兵团将斗争反革命修正主义分子刘志坚、批判军内走资派肖华。

八月二十四日是战斗的日子，光荣的日子，去年的这一天，清华大学的革命小将，在毛主席革命路线的指引下，发扬了"舍得一身剐敢把皇帝拉下马"的大无畏的革命精神，贴满了炮打中国赫鲁晓夫刘少奇的第一批大字报。

毛主席语录

世界是你们的，也是我们的，但是归根结底是你们的。你们青年人朝气蓬勃，正在兴旺时期，好象早晨八、九点钟的太阳。希望寄托在你们身上。

…………

世界是属于你们的。中国的前途是属于你们的。

毛主席的插话

（1964．7．4． ××× 做反修报告时）

蛇是引出来好打，还是钻洞里好打”
对苏斯洛夫报告我们赞成发表，他不发表，出了八评后引出来了）

一九六五年以来，苏联骂斯大林，我们一论，二论发表后，他就丢失了主动权”

“点名不光我们两家，东欧也点名了”（苏批评罗自力更生，罗回击，用我们评苏联的话）“不是内部的事，正在电台上干，公开开了。”

“控制反控制的冲突，第一位的不是中国，而是东欧国家”（罗已作了与苏联断交关系的准备，但已不能制造武器，要求我国去人到罗访问，不讲话都很震惊，去了不讲话，握々手都很重要。）

“准备两手，准备破裂争取拖，那天出事，不要出于意料之外，天下大事，合久必分，分久必合”（中苏关系）

“南昌暴动，轰々烈々，剩下几个大人以后发展了三十万人，长征剩下万人，以后发展起来，山不在高”（巴西老党四万人，成立新党六千人，毛主席说，四万人可靠，还是六千人可靠。）

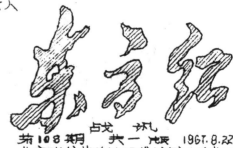

“有了修正主义，列宁主义才能发展。”

东方红

战讯

第108期 共一版 1967.8.22

北京建校革委会紅代会東方紅战讯組

毛主席语录

我全军将士必须时刻牢记，我们是伟大的人民解放军，是伟大的中国共产党领导的队伍。只要我们时刻遵守党的指示，我们就一定胜利。

三军无产阶级革命派情况简略介绍

一、形成过程——"三军无产阶级革命派"即"三军演出派"简称"三军"。

在军内两个司令部的激烈地阶级大搏斗中，"三军"所属各单位无产阶级革命派紧跟主席的战略部署，始终把矛头对准资产阶级司令部，而坚决地捍卫无产阶级司令部，相继杀了出来，在通过五月十三日的演出后，特别是林付主席、中央文革表示支持三军联合演出后"三军"所属各单位无产阶级革命派逐渐发展壮大，到了六月份，均组织起来了，在这过程实现了无产阶级革命派的大联合，即称为"三军无产阶级革命派"简称"三军"，"三军无产阶级革命派"是在以林付主席为首的三军党委直接领导下的解放军的核心队伍。

二、组成——最初"三军"包括海直、空直、二炮等单位的无产阶级革命派。目前发展了，"三军"是——中国人民解放军总参谋部、总后勤部、总政治部、海军直属机关、空军直属机关、一炮、二炮、通讯兵、防化兵、工程兵、装甲兵、铁道兵、北京军区等十三个兵种、军种、军区无产阶级革命派大联合的总称。

三、"三军"的革与保——从去年十二月份起，三军党委阶级阵线日趋明朗化。"三军"和其对立面分歧的实质，就是两个司令部的斗争。"三军"保的都是毛主席司令部的人，是无限忠于毛主席和林付主席，为毛主席和林付主席所肯定的革命左派。如：空军的、吴法宪、余立金；海军的、李作鹏、王宏坤、张秀川；总后的、邱会作；二炮的，李天焕；北京军区的，郑维山；一炮的，陈仁麒；就是这些同志组成了三军党委的无产阶级司令部。而"三军"反的都是刘邓彭贺罗黑司令部的人，如：空军的、刘震、成钧；炮兵的，吴克华；海军的，苏振华；二炮的，宋烈；总后的，李聚奎、饶正锡；铁道兵的，崔田民；总政的，刘志坚、李曼村、李伟、谢镗忠等，就是这些人，长期来，疯狂地反对林

新北影
第78期
北京电影制片厂革命造反总部
1967.8.22.

(接)毛主席和林付主席，对抗毛主席的革命路线。

[illegible]"三军"的对立面——即五月十三日冲"三军"演出，进行打砸抢的那一派，简称"冲派"或"杂派"。目前有分化，一部分支持"三军"，社会上多将"冲派"的余部称为"新三军"。

五"三军"目前的斗争矛头——措大批判，连日举行揪斗会，斗争彭贺罗刘，斗争各兵种走资派。武汗事件后，再次提出打倒徐向前！打倒彭绍辉！打倒徐海东！目前，"三军"又刷出了打倒肖华的大字报和标语，定肖为总政最大的党内走资派。"三军"所属各单位目前斗争矛头步调一致，完全联合行动。

六海直"红联总"简介——海直"红联总"是"三军"的核心和骨干，也包括：海政"红联总"，海航"井岗山"，海司"红联总"，海医"红联总"等。她杀出来较早，是一支坚定地革命造反派组织。文化大革命以来，她一直坚持了斗争的大方向，揪出了以苏振华为首的海军内一小撮走资派，为文化革命立下了功勋。"三军"的动向可由海直"红联总"的动向来分析。她的对立面有海政文工团毛泽东思想战斗队。

△徐向前是地々道々的走资派，他一贯反对我们的伟大领袖毛主席和林付主席，文化大革命初期推行反动路线。三月伙同叶剑英盗用军委名义连发四十多道通令，使武汗、福州、昆明、湖南，成都等军内一小撮大搞"镇反"，打击迫害革命造反派。三月在军委扩大会议上态度恶劣、屡教不改，竹宏进伍很竟在他看的报纸上对林付主席的名字打X，是可忍，孰不可忍！坚决打倒徐向前！

△八月十一日总政无产阶级革命派召开《控诉肖华推行资产阶级反动路线罪行大会》。肖华被揪到大会，在一片"坚决揪出肖华！彻底解放总政！"的怒吼声中，肖华被揪到了被告席上。被肖华打成现行反革命，坐了五个月牢房，于十一日晨才光荣出狱的坚强无产阶级革命战士范圣士同志，从被肖华伙同联良省剥夺了一切政治权利，十日才答应给予平反的韦思恭、黄涛寺同志愤怒控诉肖华及总政党委内一小撮坏蛋对他们进行的骇人听闻的政治迫害。王博和总政文工团的无产阶级革命派，还揭露了肖华对抗林付主席支持军内保守势力，包庇坏人的大量罪行。在群众的怒吼声下，肖华不得不低下头来。

在控诉和揭发后，总政无产阶级革命派对肖华提出四点声明，经过一番激烈的斗争后，肖华不得不乖乖地在声明上签了字。

△在海军学院有人贴徐向前的大字报，XXX向叶群同志告状，叶群同志很生气地说"你们还要保徐向前？"XXX说"我们要打倒徐向前还没材料"叶群同志说："我可以给你们呀！"

軍委扩大会议精神

（传达記录整理）

一、两条路线斗争的实质：

一条是以毛主席为代表的无产阶级革命路线；一条是以刘邓为代表的资产阶级反动路线。无产阶级要推翻资产阶级专政，十七年来主要矛盾是两个阶级、两条道路的斗争，反映到党内来就是两条路线的斗争。

二、解放军介入地方文化大革命阶段中三个过程：

1. 把权过渡到解放军手里。
2. 从解放军手里把权过渡到革新的"三结合"临时权利机构中。
3. 从"三结合"过渡到象巴黎公社那样通过全面选举产生的权力机构中。

这样一个大战役

三、衡量左派的标准：

1. 看大方向是否对准党内走资本主义道路的当权派；是否对准资产阶级反动路线；对党和毛主席的态度。对于上述三点，看是认识問題，还是一贯的。
2. 组织纯否，首先是领导成员，如果是地、富、反、坏、右就不行，是否有走资派作后台。
3、群众对这个组织的看法。
4. 衡量一个组织要从政治观点去衡量，不能带宗派情绪。

中央文革小组王力同志接见姚登山、外交部革命造反联络站代表的讲话摘要

一、凡是烂透了的、可以很快、彻底、痛快地解决

武汉问题证明一个道理，凡是烂透了的，可以很快、彻底、痛快地解决。凡是不痛不痒的要拖一些时候。武汉这次事件以后，军区立即改组，司令部在这次事件中扮演了不光彩的角色。八二0一部队调出去改编，"公检法"彻底改组，武钢彻底改组，对革命造反派坚决去支持。对"百万雄师"本来想慢慢诱导，现在问题已清楚，下面起来造反，问题就解决得快。

二.揪陈毅的大方向是对的

揪陈毅大方向当然对，为什么不可以揪？！他犯了错误又不到群众中来接受批判，做检查，就是可以揪。一月份他检查了，后来他自己又翻了，翻了后，他不到群众中来，揪他有什么不对？不是革命行动是反革命行动？

三.该批的就批，该改的就改掉

日这府群众的比方用尼是不行的，要做思想工作。希望你们坚决要你二席的革命路线。监督不能做点缀品，重大的方针政策上不能让步。当然，派不但问题是另一个了，夺权夺了半天没有多少权，挂了这个牌子、以后监督小组不只监督业务，每个员要发动广大无产阶级革命派起来监督，凡是一切不合理的了都要监督。什么机密神秘化，对革命有利，不合理的要监督掉。等级森严，该批的就批，该改的就改掉。我们中央文革小组有个搞党内工作的同志二十岁出头。他打党造反，副说工作，着好几个单位，学毛著积极分子，干的很好嘛，他只有两个口袋，没有四个口袋。（大家没听懂。王力说，两个口袋是普通战士，四个口袋是干部嘛。大家笑了。）

四.要合理地挑选干部

干部路线是政治路线的保证。挑干部就是要挑革命派，不能挑保守派。不合理地挑选干部，你们监督就要把他监督掉。挑干部出国也好，干什么都好，第一条看他是不是革命，是不是拥护毛主席革命路线的，什么没有这一条什么也不行，不看这一条只看什么级别，什么资历，什，从这些统统打倒。二十几岁可当中央部长，毛主席说的，为什么不可以？二十几岁可以出来领导工作。我们小组戚本禹同志，姚文元同志三十几岁。没有文首要的一条，不管什么"长"，多少级，出去[illegible]先看你站在哪一边，你不革命，什么"长"，多老的资格也不行。当然我[illegible]是拥护还是反对毛主席的革命路线，不是以此为分界的条条框框多打倒一些好。

五.关於作风

作风应长革命派的志气，把毛病去掉，不能磨掉锐气。

红雷战报

国营天津印染厂红色联合指挥部编印

1967年8月23日　——第 1 号

最高指示

混进党里、政府里　军队里和各种文化界的资产阶级代表人物是一批反革命修正主义分子，一旦时机成熟　他们就会要夺取政权由无产阶级专政变为资产阶级专政。

篡军反党头目反革命修正主义分子彭德怀主要罪行录

彭德怀是混进党内军内的资产阶级代理人，是　个篡军反党的大野心家、阴谋家，地地道道的伪君子，是　个老牌的反革命修正主义分子。彭德怀同王明、刘邓、高饶、彭罗陆杨　王之流；并伙同黄克诚、张闻天、习仲勋、周小舟等结成反党集团，里通外国，大搞分裂党、分裂军队的阴谋活动，把矛头直接指向我们的伟大领袖毛主席　反党、反社会主义　反毛泽东思想、反对无产阶级专政，真是血债累累，罪行滔天。彭德怀这个反党分子，早在庐山会议上就被我们伟大领袖毛主席识破并揪斗，罢了他的狗官。但他人还在心不死，62年在他的黑后台刘少狗、邓小平的支持下，伙同黄　习　张大搞翻案活动至今顽固不化，企图死灰复燃，伺机猖狂反扑，对于这个落水狗必须揪出来穷追猛打，把他斗倒斗臭。

一　第二次国内革命战争时期：

1.彭德怀很早就是一个想独霸中国的个人野心家。他是湖南湘潭人，出身窑工，原名彭得华。据他自己供认，他要中国为他个人所得，这是他个人野心家丑恶嘴脸的大暴露。彭德怀十七岁就参加国民党旧军阀，在旧军阀何键部下当付团长，对付职非常不满，1928年带着个人野心参加了平江起义，混入革命队伍。　2.起义后党委任他为红五军军长，毛主席要他向井冈山靠拢，决定与红四军合併，且任他为付军长。野心未达，在主席要留井岗山坚持斗争，主席下山不久，他又打出红五军旗号，自封军长，公开搞分裂红军活动。　3 彭德怀不仅忠实执行了李立三"左"倾路线，还执行了王明右倾机会主义路线，疯狂地反对毛主席的军事路线，遵义会议又同刘少奇　张闻天、杨尚昆勾结一起搞分裂活动，反对毛主席的革命路线。

二、抗日战争时期

4. 1940年彭德怀背着党中央毛主席和刘邓相勾结发动百团大战违背了毛主席"游击战为主"的战略方针，强组大规模的攻坚战运动战，暴露我我军力量，在敌人的残酷进攻下使我华北抗日根据地受到极其严重的破坏和损失。 5.彭在敌后抗战中拒不执行毛主席的持久战的方针，积极执行王明所谓抗战四年论，在太行山根据地的建设上，不执行毛主席的《新民主主义论》的思想，不去发动群众武装群众，而极力宣扬刘邓、杨献珍从老牌修正主义那里捡来的"自由平等博爱"的破烂货。 6.七大会上彭贼公开提出反对毛泽东思想作为全党的指导思想写入党章，立刻得到刘少奇的赞同，可见他们是一路货色。

三、解放战争时期：

7.保卫延安是我们伟大领袖毛主席亲自指挥的，彭这个大野心家却贪天之功归为己有，还拉资产阶级作家杜鹏程写了"保卫延安"为彭贼树碑立传。

四 抗美援朝时期.

8 抗美援朝前几次战役是按毛主席计划打的，节节胜利。第X次战役彭贼却违背了毛主席的作战计划，独断专行，企图出风头，想名出海，结果使我志愿军受极大损失，毛岸英（毛主席的儿子）就是在这次战役中英勇牺牲的。 9.彭军阀主义作风十分严重，对朝鲜实行大国沙文主义造成了恶劣的国际影响。周总理指出他"打胜仗骂上级，打败仗骂下级"可恶至极。

五 社会主义革命和社会主义建设时期：

10.彭德怀在主持军委工作中，反对毛主席的建军路线，反对毛泽东思想为全军的指导思想，却说什么"毛主席著作只能作参考，不能作为指导作战训练的方针"。照搬苏修一套，搞军衔制，使资产阶级法权合法化，直到林总接任军委以来，提倡四个第一，大兴三八作风，把毛泽东思想作为全军一切工作的指导思想，才彻底纠正了这种危险的道路。 11.彭贼反对毛主席的军事路线，反对毛主席的人民战争思想，反对全民皆兵和大办民兵师，胡说什么"形势变了，民兵制度过时了，不要普及民兵"等等，反对毛主席的积极防御的路线方针，立足于"打不起来，不可能打"的机会主义态度。 12.1958年毛主席提出建设社会主义总路线，在总路线的指导下全国出现了大跃进，人民公社化的高潮，社会主义建设事业取得史无前例的伟大胜利，彭恨之入骨，59年庐山会议抛出了反党反社会主义反毛泽东思想的修正主义纲领，诬蔑党的总路线是"左"倾冒险主义，是小资产阶级狂热性，诬蔑大跃进是"得不偿失"、"劳民伤财"，诬蔑人民公社"搞早了、搞糟了"等，真是可恶至极。 13.1959年彭、黄、习、张周结成死党，再一次向党和毛主席发出大举进攻，全国策动"匈牙利事件"，党中央毛主席及时地识破了他们的可耻阴谋，把彭德怀一伙揪了出来，罢了他们的官撤了他们的职，保卫了以毛主席为首的党中央和毛主席的革命路线。

14.1962年配合国内外反动势力，向党发动了疯狂大反扑，企图再次阴谋复辟资本主义。1962年帝修反趁我国遭到自然灾害，掀起反华逆流，蒋介石也叫嚣"反攻大陆"，国内刘邓大搞"翻案风"、"单干风"、"三自一包"等，文化艺术界也毒草丛生，彭德怀认为时机已到，在八届十中全会上，彭贼又勾通黄、习、张周大搞翻案，卷土重来，反攻倒算。在这个关键时刻，毛主席发出"千万不要忘记阶级斗争"的伟大号召。我们在党中央和毛主席的领导下坚决回击了刘邓及其追随者的进攻。彭德怀的反革命阴谋再次遭到可耻的失败。　彭里通外国与赫鲁晓夫修正主义集团秘密结串通，是彭贼极力支持赫秃大反斯大林，胡说"苏联廿大是英明大会"，"苏共廿大开得好！"为赫秃反华提供"炮弹"。也因此博得主子的欢心和支持，赫秃公开称彭德怀是"正确的、勇敢的"，是他的"好朋友"。可见他们互相支持，互相配合，互相勾结，狼狈为奸。彭德怀完完全全是赫鲁晓夫在我党的代理人，可耻的叛徒，民族的败类！

总之，彭德怀这个反革命修正主义分子篡军反党集团的主要头目，干尽了坏事，罪行累累，以上是例举了他的主要罪行。但是千条万条反毛泽东思想是最根本一条，他的目的就是要推翻以毛主席为首的党中央正确领导，篡军篡党篡政，把无产阶级专政变为资产阶级专政，复辟资本主义。彭德怀反革命阴谋被粉碎是全党全军全国人民的伟大胜利，是战无不胜的毛泽东思想的伟大胜利！

打倒刘邓陶！打倒彭陆罗杨

打倒党内、军内一小撮走资派。

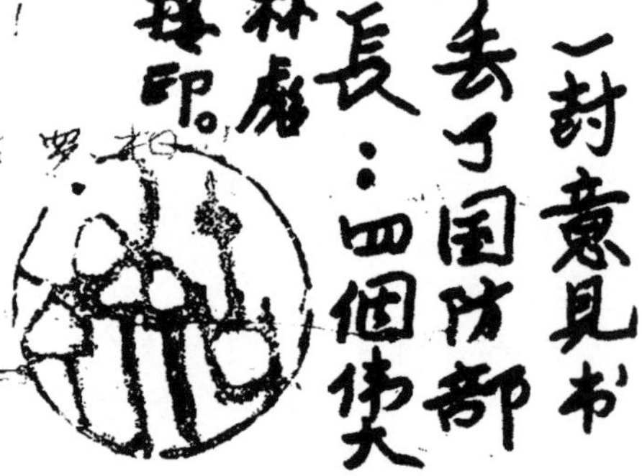

编者按：

毛主席教导我们："凡是反动的东西，你不打，他就不倒。这也和扫地一样，扫帚不到，灰尘照例不会自己跑掉。"

一九五九年彭德怀在党的庐山会议上向以毛主席为首的党中央发出了所谓"意见书"，又一次向毛主席和党中央发动更为猖狂的进攻。现转印给大家，让我们奋起毛泽东思想的千钧棒，彻底砸烂彭德怀的这个黑纲领，把彭德怀这个大野心家揪出来，斗倒、斗垮、斗臭！

附：彭德怀的意見书

主席：

这次庐山会议是重要的。我在西北小组有几次插言，在小组会还没有讲完的一些意见，特写给你作参考。但我这个简单人类似张飞，确有其粗而无其细。因此，是否有参考价值，请斟酌。不妥之处，烦请指示。

甲、一九五八年大跃进的成绩是肯定无疑的。

根据国家计委几个核实后的指标来看，[illegible]年较一九五七年工农业总值增长了百分之四十八点四，其中工业增长了百分之六十六点一，农付业增长了百分之一十五（粮棉增长百分之三十是断定的），國家财政收入增长了百分之四十三点五。这样的增长速度是世界各國从来有过的。突破了社会主义建设速度的成规，特别是象我國經济基础薄弱，技术设备落后，通过大跃进基本上证实了多快好省总路线是正确的，不仅是我國伟大的成就，在社会主义阵营也将长期的起积极作用。

一九五八年的基本建设，现在看来是过急过多了一些，分散了一部分资金，推迟了一部分完成项目，这是一个缺点。基本原因是缺乏经验，对这点体会不深，认识过迟。因此，一九五九年不仅没有把步伐放慢一点，加以适当控制，而且继续大跃进，这就使不平衡现象没有得到及时调正，增加了新的暂时的困难。但这些建设终究是國家建设所需要的，在今后一二年内或者稍许长一点时间就会逐步收到效益的。现在还有一些缺门和薄弱环节，致使生产不能成套，有些物资缺乏十分必要的储备，使发生了失调现象和出现的不平衡，就难以及时调正，这就是当前困难的所在。因此在安排明年度（一九六〇年）计划时，更应当放在实事求是和稳妥可靠的基础上，加以认真考虑。对一九五八年和一九五九年上半年有些基本建设项目实在无法完成的，也必须下定最大决心暂时停止，在这方面必须有所舍，才能有所取，否则严重失调现象将要延长，某些方面的被动局面难以摆脱，将防碍今后四年赶英和超英的跃进速度。國家计委虽有安排，但因各种原因难予决断。

一九五八年农村公社化，是具有伟大历史意义的，这不仅使我國农民摆脱穷困，而且是加速建成社会主义走向共产主义的正确途径。虽然在并合的问题上曾有一阵混乱，具体工作出现了一些缺点错误，这当然是严重的现象。但是经过武昌、郑州、上海等地一系列会议，基本上已经得到纠正，混乱情况基本上已经过去，已经逐步的走上按劳分配的正常轨道。

在一九五八年大跃进中，解决了失业问题，在我们这样人口众多的经济落后的國度里，能够迅速得到解决，不是小事，而是大事。

在全民炼钢铁中，多办了一些小土高炉，浪费了一些资源（物力财力）和人力，当然是一笔较大的损失，但还得到对全國地质作了一次规模巨大的初步调查，培养了不少技术人员，广大干部在这一运动中得到了锻炼和提高。虽然付出了一笔学费（补贴二十余），既在这一方面也还是有失有得的。

从上述几点看来，成绩确是伟大的，但也有不少深刻的经验教训，认真的加以分析是必要的，有益的。

乙：如何总结工作中的经验教训：

这次会议，到会同志都在探讨去年以来工作中的经验教训，并且提出了不少有益的意见。通过这次讨论，将会使我们党的工作得到极大的好处，变某些方面的被动为主动，进一步体会社会主义经济法则，使经常存在着的不平衡现象，得到及时调整，正确的认识"积极平衡"的意义。

据我看，一九五八年大跃进中所出现的一些缺点和错误，有一些是难以避免的。如我们党三十多年来领导历次革命运动一样，在伟大的成绩中总是有缺点的，这是一个问题的两个方面。实现我们在建设工作中所面临的突出矛盾是由于比例失调而引起各方面的紧张，就其性质看，这种情况的发展已影响到工农之间、城市各阶层之间和农民各阶层之间的关系，因此也是具有政治性的。是关系到我们今后动员广大群众继续实现跃进的关键所在。

过去一个时期工作中所出现的一些缺点错误，原因是多方面的，其客观因素是我们对社会主义建设工作不熟悉，没有完整的经验。对社会主义有计划按比例发展的规律体会不深，对两条腿走路的方针没有贯彻到各个方面的实际工作中去。我们在处理经济建设中的问题时，总是还没有像处理炮击金门、平定西藏叛乱等政治问题那样得心应手！另方面客观形势是我国一穷二白的落后状态（还有一部分人吃不饱饭，去年棉布平均每人还只十几尺，可缝一套单衣和两条裤衩），人民迫切要求改变现状。其次是国际形势的有利趋势。这些也是促使我们大跃进的主要因素，利用这一有利时机，适应广大人民的要求，加速我们的建设工作，尽快改变我们一穷二白的落后面貌，创造更为有利的国际局面，是完全必要和正确的。

过去一个时期，在我们的思想方法和工作作风方面，也暴露出不少值得注意的问题。这主要是：

1.浮夸风气较普遍的滋长起来。去年北戴河会议时，对粮食产量估计过高，造成了一种假象，大家都感到粮食问题已经得到解决，因此就可以腾出手来大搞工业了。在对发展钢铁的认识上，有严重的片面性，没有认真研究炼钢、炼铁和轧钢和碎石设备、煤炭、矿石、炼焦设备等等，总之是没有必要的平衡计划。这些同样也是犯了不够实事求是的毛病。这恐怕是一系列问题的起因。浮夸风气，吹遍各地区各部门，一些不可置信的奇迹也见之于报刊。确使党的威信蒙受重大的损失。当时从各方面的报告材料看，共产主义大有很快到来之势，使不少同志的脑子发热起来。秋收粗糙，不计成本，把穷日子当富日子过。严重的是相当长的一段时间，不容易得到真实情况，直到武昌会议和今年一月省市委书记会议时，仍然没有全部弄清事实真相。产生这种浮夸风气是有社会根源的，值得很好的研究。这也与我们有些工作只有任务指标而缺乏具体措施是有关系的。虽然主席在去年就已经提示全党把冲天干劲和科学分析结合起来和两条腿走路的方针，看来是没有为多数领导同志所领会。我也是不例外的。

2.小资产阶级的狂热性：使我们容易犯左的错误。在一九五八年的大跃进中，我和其他不少同志一样为大跃进的成绩和群众运动的热情所迷惑，一些左的倾向有相当程度的发展，总想一步跨进共产主义，抢先思想一度占了上风，把党长期以来所形成的群众路线和实事求是作风置诸脑后了。在思想方法上，往往把战略性的布局和具体措施、长远性的方针和当前步骤、全体与局部、大集体与小集体等关系混淆起来，如主席提出的"少种""高产""多收"、"十五年赶上英国"等口号，都是属于战略性、长远性的方针，我们则缺乏研究，不注意研究当前具体情况，把工作安排在积极而又稳妥可靠的基础上。有些指标逐级提高，层层加码，把本来需要几年或十几年才能达到的要求变成一年或几个月就要作到的指标。因此就脱离了实际，得不到群众的支持。诸如过早否定等价交换法则，过早提出吃饭不要钱，某些地方认为粮食丰产了，一度取消统销政策，提倡放开肚皮吃饭，以及某些技术不经鉴定就冒然推广，有些经济法则和科学规律轻易被否定等，都是一种左的倾向。在这些同志看来，只要政治挂帅，就可以代替一切，忘记了政治挂帅是提高劳动自觉，保证产品数量的提高，发挥群众的积极性和创造性，从而加速我们的经济建设。政治挂帅不可能代替经济法则，更不能代替工作中的具体措施。政治挂帅与经济工作中的确切有效措施，两者必须并重，不可偏重偏废。纠正这些左的现象，一般要比反掉右倾保守思想还要困难些，这是我们党的历史经验所证明了的。去年下半年，似乎出现了 种空气，注意了反右倾保守思想，而忽视了主观主义的方面。经过去年冬郑州会议以后，一系列措施，一些左的现象基本上纠正过来了，这是一个伟大的胜利，这个胜利既教育了全党同志，又没有损害 同志们的积极性。

现在对国内形势基本上弄清楚了，特别是经过最近几次会议，党内大多数同志的认识基本 致。目前的任务就是全党团结一致继续努力工作。我们觉得系统地总结一下我们去年下半年以来的工作中的成绩和教训进一步教育全党同志，甚有益处。其目的要达到明辨是非，提高思想，一般的不去追究个人责任。反之是不利于团结，不利于事业的。属于对社会主义建设的规律等问题不熟悉方面，经过去年下半年以来工作中成绩和教训进 步教育全党同志，甚有益处，其目的是要达到明辨是非提高思想，一般的不去追究个人责任。反之是不利于团结，不利于事业的。属于对社会主义建设的规律等问题的不熟悉方面，经过去年下半年以来的实践和探讨，有些问题是可以弄清楚的。有些问题在经过一段时间的学习和摸索，也是可以学会的。属于思想方法和工作作风方面的问题已经有了这次深刻教训，使我们较易觉醒和体会。但要彻底克服，还是要经过一番艰苦努力的。正如主席在这次会议上所指出"成绩很大，问题很多，经验丰富，前途光明"主动在我，全党团结起来，艰苦奋斗，继续跃进的条件是存在的。今年明年和今后四年内可以基本实现，某些重要产品也肯定可以超过英国。这就是我们伟大的成绩和光明的前途。

顺致

敬礼

彭德怀

一九五九年七月十四日

红色联合指挥部 红雷战报 翻印 8.23

批陆战报

红代会北京农机学院批陆办公室、动态组编　第8期　共二版　67.8.24.出版

最高指示

……一派就是右派……[illegible]

……无产阶级革命派的同志要……[illegible]

……我们一定不要脱离群众……另一条就是不能脱离马列主义……[illegible]

国家机关改革最根本的一条……[illegible]

……只要中国是光明的……[illegible]

中国革命胜利……[illegible]

[illegible]

戳穿刘少奇的谎言

一九三五年八月一日中国共产党中央号召"停止内战"一致抗日。十一月红军北上抗日胜利到达延安。在这种革命形势下，爆发了历史上闻名的《一二·九》运动。这难道不是造谣撒谎，把自己扮成《一二·九》运动的领袖吗？看看事实吧！刘少奇是一九三六年三月份与四月份之间到达北平。此以前，华北局由彭真（北方局书记）、柯庆施（平津地区负责人）、陈伯达（文教工作负责人）等负责。刘到北方以后对轰轰烈烈的《一二·九》运动，大泼冷水，拼命拉向右，提出了反革命的策略：

一曰："上层路线"。他恬不知耻地对国民党说："我们今天唯一的希望是你们继续抗日，领导民众来抗战"。而且吹捧宋××为"国家干城"，"民族英雄"。

看，刘贼把希望寄托在国民党反动派身上，而且是"唯一的"。卑鄙的投降嘴脸，可恶之极！

二曰："救国不忘读书"。

刘贼又重新把青年学生拉到资产阶级奴化教育中去，阻止他们与工农相结合，共同闹革命。

三曰："关心青年利益"。

刘贼恶毒地引诱学生，回到吟风弄月的殿堂："雨过天晴了，雄伟的香山，幽情的老虎洞，潺潺的流水，血红的野花……"等。使"华北之大，容不下一张平静的书桌"的轰轰烈烈的大革命形势变得冷冷清清，如此等等，在刘贼黑爪牙的控制下，当时北平的学生运动，冷了下去。

毛主席在接见北方青年时说："资产阶级的改良主义正向北方青年发生影响，企图把他们从前线拉到后方，从奋起中拉到平静，从领导地位拉向尾巴主义。抹杀北方青年在民族民主革命中的领导作用，北方青年应该同这种改良主义者作斗争。对改良主义倾向和影响应该加以严格的检查和完全克服。"

毛主席对刘贼的批判何等尖锐，何等正确啊！可是这个老反革命集团头子刘少奇竟然无耻地利用各种机会吹捧他与彭真一伙是当时的领导者，真是不要脸。只有不要脸的人才说得出不要脸的话。

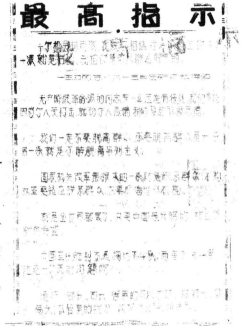

林付主席在大军区干部会上的讲话

——八月十六日李震同志传达

《摘要》

……军队很多人犯错误，大军区除陈再道以外都不要垮台，不垮台的条件有三，第一条：掌握下面情况，多请示，多报告，可以坐飞机来，可以给中央发电报，可以打电话，不要自作主张，这是不犯错误的最重要一条，第二，判断是否造反派，不能根据冲不冲军区，服不服从军区的领导，成份好坏，主要根据两条路线斗争中站在哪一边，站错了队没有（是站在毛主席一边还是哪一边）对保守派群众，要教育要争取，坏头头由他们自己起来处理，左派分裂不好，左派分裂有利右派，我们要强调左派联合。第三条，办事要谨慎，要学习毛主席。

简讯

△八月二十二日在北京……礼堂召开了由首都红代会部分学校发起的批斗团中央二胡（胡耀邦、胡克实、王伟）大会。三反分子在我无产阶级革命派战士的批斗下，被批斗得狼狈不堪。

△八月二十三日下午在八一机部召开了批斗三反分子潘……一次在农机战线上所犯下的滔天罪行大会。

政治笑话

哭娘

——王光美

某年，王光美的娘死了，刘少奇与王光美披麻戴孝，前去吊丧。王一见棺材，就一把鼻涕一把泪地嚎啕大哭起来，顿时两眼红肿似桃，好不伤心。

刘见状，偷偷对王说：「你怎么哭起来了」

王答曰：「俺娘心爽，娘人死了……还害我花了一百块，买了这付棺材。人云不见棺材不掉泪。我见棺材心就酸，这眼泪不知怎的。」话没说完，嗷嗷地哭得更欢了。

「嗨！」刘得意洋洋地说：「我帮你休养了十年有余，你还是这么傻。你怎不想想，要是咱娘再多活一年半载，仍需你我供吃供穿，末了还少不了买棺材，这要花多少钱。如今，你虽花一点棺材钱，却省了一大笔钱，还得来一大遗产，哈哈」，这就是我教你的吃小亏占大便宜。」

王闻此顿时破涕为笑了。

作者的心态——文如其人

动态

红代会北京商学院
《红[illegible]》编辑部
第12期
内部参考　1967.8.24　住[illegible]

毛主席语录

世界上一切革命斗争都是为着夺取政权，巩固政权。而反革命的拼死同革命势力斗争，也完全是为着维持他们的政权。

最新最高指示

凡是有群众的组织，就不要说是反动组织、保守组织，要对他们做细致的政治思想工作。

——八一六 王力对新华社讲话

＊　＊　＊

我们相信群众，做群众的学生，才能当群众的先生。现在这个文化大革命是个惊天动地的事情，能不能，敢不敢过社会主义这一关？这一关是最后消灭阶级，缩小三大差别。

——电力系统红[illegible]

毛主席决定"给延边造反派发枪"

王力同志8.15在新华社讲话时说："吉林延边地区军分区和地方走资派勾结在一起支持保守派，镇压造反派，连邮电大楼都被保守派[illegible]了。后来毛主席下了决心，决定给造反派发了一千多支枪。这是全国第一次给造反派发枪。"

林副主席批判彭德怀

彭德怀历来就是联合这个联合那个，犯这个错误那个错误，都是为了野心。对右倾机会主义分子必须彻底揭发斗争到底，把你搞臭，否则不行。这样做对你对党都有好处，这才能改好，否则不能。庐山会议揭发出这个问题，解决这个问题是一个很大的胜利，消灭党的一个很大的隐患。主席几次讲党有可能分裂，实际就指着彭德怀、朱德。庐山会议也考虑到是否彻底揭开，消灭这一隐患，否则就会继续发展。万一主席百年之后就会出现更大的问题，现在揭开进行斗争，保卫总路线，教育全党巩固以毛主席为首的党中央，这是全党全军、全国人民利益之所在。要揭开斗争到底，你改也好，不改也好，当然我们希望你改的。

有理、有利、有节

——杨成武讲话摘

军内的阶级斗争盖子不是很快揭开，这些问题中央掌握了。现在的问题是军内的阶级斗争盖子不能像其他部门搞文化大革命一样全面铺开，这取决于国际国内斗争形势。

现在的军内，一小撮他们还很有势力，在临死的时候狗急跳墙，孤注一掷，可能会发生我们意想不到的事情。因此军内的问题不能操之过急，要照顾到国内国际阶级斗争的全局。所以只能一口一口地吃，问题只能一个一个地解决。夺权也只能从上而下一个一个来。鉴于这样的形势，我们战略方针是持久战，战术上有理、有利、有节而击，所以不能冲动、急躁、感情用事，不能把复杂的阶级斗争形势看得太简单了。

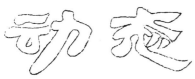

第127期　　　　动　　态　　　　第一版

陳伯达同志八月十五　十六　十七三次接見天津代表时的讲话

毛主席很关心天津问题　因为天津跟北京有联系，你们知道为什么叫天津？天津就是通天的路。到北京要经过天津　是伟大首都门户，你们有很大责任。

破坏工厂烧房子要不得　你们烧房子能解决文化大革命的问题吗？如果能解决问题，就烧几间房子　我去天津就准备到这些地方去，你们有气不能去把气出在这上面，要充分利用四大嘛！把门子打起）不要拿国家财产制造这玩艺，有的地方制造枪炮，都不对，有的地方挑动群众　这是有罪的。

五代会问题，争论比较多　如果有诚意，五代会的问题就好处理了　你们不要以那　派别为核心，不要这样想，从大问题着想，从无产阶级文化大革命着想　从毛主席的革命路线着想，不要以我为核心，以我为核心不行　不　定人多就为核心　你们就要发人多少。只要对了，只要符合毛泽东思想　不要怕少数　不要怕顾虑，终究少数要变成多数的　要不行　不符合毛泽东思想　多数也要垮台　也要变成少数　你们这个会议是文化大革命政治协商会，不要一派压倒另一派，你们大联合就这么鼓气　不要看年纪很小，是有知识的人，一个个要咬文嚼字　一个字也不让。这又不是法律学校　一个字也不让是为了毛主席是可以的　为小派别利益就没有意思了，为个人就更没有意思了。

有人说天津驻军负责人是天津的陈再道。伯达同志说：这是你们自己的胡说吧！有人谈到天津五代会改组的问题，伯达同志说：不是改组的问题　而是发展　扩大　巩固的问题。

（首都商场一场武斗的后果）

在首都商场由　小撮坏头々，操纵的保守势力制造的　场武斗事件，造成极其严重的政治影响和国家财产严重损失，在短々的十几个小时内就打伤革命造反派战士二百多其中被凶枪打伤的就二百五十余名　轻伤的难以计称。

全分商场革命造反派战士及职工下落不明，被抓走的二十二人，从十一日凌晨到十三日下午三点多被暴徒关在小屋子里几次被毒打，经过卫戍区军管会和北京市革委会四三声明他们才放出，其中九名身受重伤，打的昏迷不醒，遍体鳞伤，不能动弹，当时送往医院抢救，医治救面时在场见到的人没有一个不掉泪的。

这次武斗事件使商场及附近商店房屋设备遭到严重破坏，四楼档案材料被抢走了，财会保险柜全部被撬开，房顶被踩坏了，屋瓦被揭掉了，达到无法修补的程度，大部分门窗被砸烂，完整的玻璃框所剩无几，仅儿童用品部一个部的损失玻璃框一百多个，无数商品被砸被抢。在四场暖瓶茶刷　奶汽水点心都是吃了，手电三角带，不剩，抢走当打人的武器用了，就连闹钟也拿来当打人武器用了，衣服被穿走了，帽子戴走，鞋也换上走了，根本就不考虑爱护国家财产。这些家伙是流氓小偷强盗　那有一点革命派的样子。商场损失惨重，估计　两个月不能生产。

西单商场事件要　通报全国！

大字报 91

第127期　　初　　态　　第三版

中共中央文件　中发〔六七〕二四三号

铁路、交通运输部门的群众组织和革命职工与铁路、交通运输系统以外的群众组织之间一律不准互相串联。铁路、交通运输组织，除中央特许者外，暂不参加本单位以外的群众联合组织。但可参加本地区的联合的政治活动，如革命的大批判。

外地、外单位的群众组织在铁路、交通运输部门设置的联络机构必须撤出。铁路、交通运输部门各单位的群众组织之间，也不要互相设置联络机构。

中共中央　国务院

中央军委　中央文革小组　一九六七年八月十日

陈伯达、谢富治、李先念接见铁道部各派讲话摘要

谢富治：我在毛主席那，这场文化大革命不要紧，但有两个要关心一下，一个是煤炭，一个是铁路运输。一个是工业粮食，一个是经济国防的主要交通大动脉，所以伟大领袖毛主席特别关心。

再一个是两大派，我们要跟真正的保守派决裂，但革命派要联合，铁道系统有两派，唐派、京派，唐派是唐院红旗，京派是京院红旗，两派都是红旗为什么要打？今天唐派也来，京派也来了，就搞大联合嘛！不要有了一个工铁筹再搞一个铁筹嘛！京派呢，来了以后要实行革命大联合，要实行大联合，再搞联合，都要斗批改。

陈伯达：今天你们高喊，对这一些你们谁也不能判断你们谁对谁不对，现在我有一个建议，刚在楼上同同志们商量了一个决议，是否可以作为基础、草案，大家讨论，要执行这个协议必须对犯错误的人采取既往不咎的态度，对犯错误的人必须采取这样的态度，采取既往不咎，看他的将来。对犯错误的人如果不采取既往不咎，看他的将来，那还会继续再打，如果不是这样的话，达成协议也只是口头的，我们希望你们是真正达成协议，我们相信你们。（协议见后）

谢富治：我们这是关心我们国家的大动脉，我们铁路革命派要关心铁路，你们是关心铁路交通大动脉，国家利益还是关心唐派和京派利益？我两派都不是，我们两派也不关心，我们关心中央文革，关心无产阶级文化大革命。铁道系统的无产阶级革命派，你们要统统关心铁道部利益，因为有特别重大意义。刚才七条中，其中一条特别重要，铁路系统学校、工厂、铁路科研机关要统统回本单位闹革命。不到铁道部来闹革命，这个意见不但是我和伯达同志的意见，而是伟大领袖毛主席、林付主席、中央文革的意见。

李先念：现在伯达亲自起草的协议，不管唐派、京派大家都要按伟大领袖毛主席的抓革命、促生产的指示去做。我们要（转第四版）

铁道部群众组织关于抓革命促生产保证铁路交通运输正常生产的协议

1 在毛泽东思想的指引下，遵照毛主席的革命路线，在反对刘邓反动路线，打倒党内一小撮走资本主义道路当权派，打倒吕正操，打倒武竞天的总目标下，召开各派联席会议，成立大联合委员会。

2 在无产阶级文化大革命中实行群众自己教育自己，自己解放自己，自己管理自己。

3 铁路系统以外各学校、各单位不得干预铁路群众的文化大革命。

4 铁路系统所属各单位和全国铁路工作的全体工人职员学生，一律都要回到本工作单位、学校去，抓革命、促生产，保证铁路运输畅通。

5 铁路系统内外任何人，任何单位都必须按规定(票)乘车，不得扒用和无票乘车。

6 只许文斗，绝对禁止武斗，禁止抓人、打人，凡是妨碍交通运输的事都不能做。

7 坚决贯彻执行中共中央、国务院、中央军委、中央文革小组关于维护交通运输正常生产的各项命令，任何人、任何组织都不得违反。

8 上述协议达成以后，铁道部必须实行特点?政，大量干部必须下放?来。

注：协议由伯达同志亲自起草，原案供讨论用。原共七条，第八条是后讨论增加的。

简　讯

△前天(23)上午，我红反军勤务组，就该组以来这一段时期的工作作总结，分别就对外作战，对内工作两方面向全体红反军战士作了汇报，这是自勤务组成立以来，贯彻思想，工作革命化以后所出现的新气象，对于勤务组这段时期纠正过去脱离群众的缺点贯彻民主作风的改进得到了广大红反军战士的好评。

△红代会组织情况：八月十七日红代会核心组研究达成协议，廿八名工作人员分工如下：

……钢，财金，国际关系学院。办公室：体院、林院、外语、工大。作战组：人大、轻工、矿院、科大、农大、戏专、师大、医大。收发：外交、华侨大学艺术系。其余为编辑组或宣传组人员。核心组分工情况如下：编辑组：师大、矿院、农机、地质、清华、北大。作战组：农大、政法、轻工、外语。办公室：林院、邮电、体院、北航。

△伯达同志谈评价报纸三条件：看报纸的头条消息，看报纸的按语，看报纸社论。

（接第三版）×才车皮，现在只有×才车皮(差一半)，我们希望伯达同志起草的协议不管谁，回去讨论，认真执行。

要闻简讯

▲“宋任穷是毛主席林付主席信任的”八月十六日总理说，宋任穷是毛主席、林付主席信任的，历史上没有什么问题。宋任穷在二三月份也犯了严重错误。

▲毛主席最近指示：公检法要彻底革命。周总理指示：“几年来工交口的政治部实际上搞的不是无产阶级政治而是资产阶级政治。”一机部、化工部、建工部、交通部等造反派造了旧政治部的反，交通部军管会表态这是革命行动。

▲中央文革指示：有好的材料要寄给中央文革进行资料交换，中央文革也要发一些好的材料给大家。

▲吴德同志传达中央指示精神：三军是中央支持的，任何人不能反对，另外的一个什么“三军”任何组织不要与他们来往，有联系的要和他们断绝关系，谁与他们联系谁负责。

▲十三日三王传来一个振奋人心的消息：三军党委扩大会议决定对赵永辉的问题彻底揭发批判。三军革命派明确表示赵在处理武汉问题上犯了严重错误。

▲西单商场事件要通报全国。八月十五日李钟奇同志在北京卫戍区司令部说，武斗使国家遭到了严重的损失，西单商场事件江青同志、谢付总理都参观了，中央首长觉得很痛心，中央决定发出通令，这种武斗作法是极端错误的，要当面教育，书面教育，通报全国。

▲八月十二日姚文元同志在南京作四点指示：①南京军区是大军区，负责三线建设和越南问题。②稳定局势制止武斗。③不要冲军区，不要抢枪。④抓革命促生产，不要挑动农民、外省人员参加武斗。

▲八月十九日周总理接见了湖南地区革命派代表，总理在讲话中指示说：要做好文攻武卫指挥下的组织工作，武装三千人。工联、湘江风雷各一千五百人。

关锋同志打给长春公社的电话

你是长春公社吗？我是中央文革关锋，你是负责人吗？以前我在北京接见过你们，当时你在场吗？我给你们提几条意见：

①有人说我支持你们，我是你们的后台，我是支持你们的，让他们说去吧！

②听说你们有个电台，因为你们处于东北、朝修包围之中，注意影响不好，是否最好不用。

③吉林军区要改变态度，希望你们高姿态一些，注意不要走向反面。

中央文革 戚本禹同志八月十二日晨给广西军区的电话指示

通知航运工总（广西4.22）十九日在金鸡车站附近抢走了90234军用列车炮弹，应如数交还广西军区，如不交还，中央文革就要在北京公布这一种错误行为并进行批评。并转告两大派要顾全大局，今后一律不能抢夺援越抗美物资，任何一派抢夺援越抗美物资，中央文革要公布这种错误行动并进行批判。

向支左的解放军学习致敬！

一、报刊点名表扬的支左部队。

武汉：空军　开封：7249

湖南：6900　江西：6011

成都：7348　陕西：8123

浙江：7350 6408　温州：6617 6299

陕西永寿县人武部

四川自贡市人武部

二、中央首长讲话中肯定过的

支左部队

山西：六九军　重庆：五四军

武汉：8199 7255　徐州：7299

四川：7865　鞍山：3174

上海：空四军　江西：6013

简讯

▲中央指示：

(1)华北局书记处书记解学恭同志任天津第一书记。

(2)天津改为中央直辖市。

(3)决定调吴德同志回吉林省委。

(4)杨成武接替贺龙任军委副主席。

(5)王唯真任新华社代理社长。

▲戚本禹同志十六日对矿院东方红革命到底讲话时对余秋里问题作了四点指示：

①石油学院大庆公社在余秋里问题上犯了严重的右倾错误。

②"打倒第一次解放余秋里"的口号是错误的。

③"余秋里问题专刊"是错误的。（由计委红委会大庆公社石油学院东方红机院东方红合办）

④现在保余秋里为时过早

朝修丑闻几则

▲金日成过生日，平壤市民分他吃豆付：朝鲜在朝修集团控制下广大劳动人民生活贫苦，市场供应非常紧张，物资缺乏，金日成过生日那天，平壤市民要为他祝寿，无法吃寿面，但总是要庆祝，平壤市就给市民每人发了一块豆付，以资庆祝真是天下奇谈

▲"金日成过生日，才能吃顿带油的小菜"金日成过生日那天，金日成大学的学生们在座谈："啊！金首相太关怀我们了，今日给我们吃了一顿放了油的菜……"我们听了这个会感到非常奇怪。然而在"千里马"的朝鲜却是有充份的特性这个受特殊优待的高贵学府的学生每年只能吃五顿带油的菜，这就是朝鲜的几个节日和金日成的生日及欢庆。

▲在朝鲜朝修集团控制下的朝鲜广大劳动人民中间，现流行着这二句话："不怕家里火烧，只怕路上跌交"原因是因为大劳动人民的生活水平极低，家里一贫如洗，所以家里火烧没有什么可烧，但了一个，如衣服裤子跌坏了，就没有换了，如果摔痛摔伤就医就更是了问题了。

▲本来在朝鲜各村大多有中国人民志愿军烈士的墓，人们常々去纪念他们，但朝修为了磨灭中朝两国人民的血肉友谊借故为了平整土地，把志愿军烈士墓要移到一个地方，想把志愿军的英勇形象在人们心上去掉，看不到烈士墓会忘记掉。同时不让下一代知道这些事，这是梦想，中朝两国人民的血肉关系是永远磨不灭的。

▲19,20,21日沈阳《八三一》与辽联就(一)宋任穷(二)凌少权(三)辽联(四)《八三一》等四个问题进行了三天的辩论。

毛主席指示

中学的无产阶级文化大革命运动要走上正轨，军训还要搞，中学的无政府主义思想比较严重，复课闹革命有的单位搞的好，有的单位搞的不好，这关系到革命后代问题，对于大学生来讲，是关系到青年人培养成接班人变不变颜色。

——————　————————

北京中学形势综述

一、武斗严重　八月份以来，各中专学校武斗严重，各校保守派勾结联动势力向造反派猖狂进攻。八月五日将粮校一造反派战士打死后，又将电校造反派战士李垚才杀害。八月十一日电校等中专学校抬着李垚才尸体游行，路经北京四中，与"老红卫兵"发生冲突，发生一场大规模武斗，"老红卫兵"被伤十几人，目前"老红卫兵"怀恨在心，正伺机报复。八月十三日电校、工校等校造反派把电校包围，要求老保"红旗"交出杀害李垚才的凶手，双方发生大规模武斗，电校红旗穷途末路，竟放火把自己占据的楼房烧毁。卫戍区付司令员李钟奇亲临战场也无法制止。目前支持老保"红旗"的军训解放军已被全部调走，只留下几个支持"井冈山"的解放军。

最近一系列武斗情况，大多由于军训支左不利而引起，至目前为止，大学已有财金学院八八队，中学有园林管理学校把本校的军训团部抄了。抄出了整理学生的黑材料。现在各校老保已撤离本校。各中专学校各组织全付武装，日夜警戒，一片紧张气氛，各校的两派组织都成立了"攻守同盟"互相支援共同行动。电校红旗等老保还组织了暗杀团，专门暗杀四三派主要人物。

坚持文斗　反对武斗　打倒联动　镇压流氓

二、炮轰丁国钰　最近随着一股反周总理的逆流，四四派一小撮也开始了炮轰丁国钰，把矛头直指谢付总理和市革委会。据了解他们炮轰的唯一理由就是"丁国钰支持四三派"。秦××如此理解炮轰丁国钰的问题："丁国钰是近日来连续发生的武斗的总后台。四三派比四四派造反精神强，丁国钰怕四三派造他的反，所以他支持四三派，好让四三派不轰他。他认为四四派不会造他的反，可是我们四四派就偏要轰他，轰他这个黑后台----。"四四派内部也存在很大分歧。26中红旗的"心向党"贴出大字报支持丁国钰，反对恶意炮轰。人中，35中等几个学校的四四派也反对炮轰丁国钰　八中井岗山还贴出"丁国钰是坚定的革命左派"的大标语。

第126期　　　　　动　　态　　　　　第八版

简　讯　▲据传，毛主席最近说：肖华一保再保，看来保不住了。八月二十一日，三军无产阶级革命派在体育馆召开大会，批斗肖华。据消息透露，肖华已靠边站了。总政文化革命由叶群同志领导，海军由张秀川，总政出部会作，空军由吴法宪领导。

▲军形《革命造反总部》《红旗》战斗员于8月17日揪出肖华，进行了面对面的斗争，大长了无产阶级革命派的志气。

▲原总政工作人员已撤出国家体委，国家体委以后由中央文革直接领导，戚本禹同志负责。

▲在地质东方红战士穷追猛打之下，东方红叛徒朱成昭于8月15日交出第一份检查。朱认为自己可分三个阶段，66年6月—10月是忠于毛主席革命路线阶段，66年10月—67年1月为怀疑不信任中央文革阶段，67年1月—7月为反对中央文革坚持错误立场阶段。又讯：13日部分东方红战士智擒了叶向真，16日她供出了朱的一些活动买来。

▲首都不久将对苏修几部电影公开批判。

▲8月18日在本市大街上出现"狗崽子休狂！""第一批老红卫兵万岁！"的大标语，署名是"红卫兵"，"老红卫兵"。

▲据中央文革接待委员会消息：截至8月10日止，来京上访人员已有七万二千人，目前平均每天来五千人，返三千人，以华东、华北最多，从省市看：河北、辽宁、吉林、江苏、安徽的为最多。

▲北京青年胡同的工代会是假的，搞假工代会负责人张××供认：青年胡同工代会是假的，市工代会、北京市革委员会不承认的。张最后表示："我现在认识到私刻公章，搞假工代会证明，破坏北京市无产阶级革命派大联合，拆北京市革委会的台是犯罪行为。"

▲新北大井冈山兵团总部核心组成员、核心组长：周培源，副组长：牛辉林、陈醒迈、侯汉林

全国各地

武汉　八月一日武汉军民大渡江，由汉口是公非，"百万雄师"一小撮破坏，结果造成大惨案，失踪三四百人，已打捞起尸首一百七、八十人，目前正在继续打捞。总伤亡者，三镇悲哀。

广州　广州在20日上午10时开始，广州红司、新一司、工联、中山大学红旗、广州红司的广州兵团、铁中红旗等革命造反派，到郊区执行任务，途经三元里时，遭地总、红总、主义兵、春雷、郊贫联用新式现代化武器，组成几公里的拦击线袭击，当场造反派牺牲三百余人，另被俘虏100人，全部排成队用枪杀，此时路过此地两辆公共汽车的人，也全被枪杀，现估计造反派死者有400余人，伤者无法估计。

河南　目前郑州形势很好：(1)八月九日上午九时，郑州警卫司令部在司令员陈贵品、政司令员王辉和政委王新率领下举行隆重的进城仪式，二七公社广大战士，全国赴豫革命造反派和河南广大革命群众都参加大会，进城仪式非常隆重，(2)八月十三日，警卫司令部给郑大、河医等大学的二七战士发枪，授枪时举行了隆重严肃的仪式，(3)本项山形势很好，二七战士已武装保卫。

开封局势紧张，老保在黄河两岸集结，准备发动反扑。新乡老保转移到焦作一带破坏公路。

总理接见广州各派组织代表

8月22日凌晨，周总理在人民大会堂接见了各派组织代表。为了迅速恢复和建立广州的革命新秩序，总理向广州各派组织提出了以下四项紧急措施：

(1) 各派组织立即停止夺取中国人民解放军的枪枝弹药、物质装备粮秣和车辆。

(2) 各派组织所持有的武器、弹药和车辆，立即封存，准备交还中国人民解放军。

(3) 停止一切武斗，禁止打砸抢抓抄。

(4) 立即释放一切被扣人员。

热烈祝贺新北大井岗山兵团等光荣加入红代会

据大专院校红代会组织组调查讨论，新北大井冈山兵团、二外首都红卫兵团、北工革联光荣地被吸收加入红代会。

聂元梓不再担任红代会的工作

据悉：8月16日谢付总理对聂元梓同志说：你担任市革委会工作，就不再担任红代会工作了。并指定由韩爱晶、谭厚兰同志召集。

高校消息

北大 ▲北大井岗山兵团加入红代会了，8.23日有教育部革联、轻工七二九、外贸新东方红、北师院东方红等革命战友纷纷前往北大祝贺。

▲北大校园内大字报特多，其内容大多是揭发聂孙如何破坏北京市大联合、社会上支持保守派、校内执行资产阶级反动路线的……其中有题为"聂元梓是个还乡团"、"公布聂孙操纵的十七次黑会内幕"等大字报，前往看的人颇多。

吴璇摘记 9.1

▲8月21日晚，聂元梓承认伯达、关锋、戚本禹等同志曾对他进行过四次批评。第一次是四月份贴谢付总理大字报；第二次，是五月廿七日；第三次是欢迎红卫兵代表团回国会后；第四次是北大革命派砸了校文革的黑组织后，聂去市革委会，在其中的一次批评中，陈伯达同志说：

1、北京市的两大派是你（即指聂）挑起的，后台是你，两大派武斗你要负责任。

聂听到批评后讲：如果后台是我，我就到公社去劳动去。

三、陶铸反关锋从反潘、吴开始的，通过反潘、吴来反关锋。

钢院 我们的战友钢院延安公社破获反革命阴谋组织"首都516红卫兵"首战告捷并于8.20下午生擒其总头目之一兼第四方面军头头张建琪（钢院革造参谋部参谋）及组织部长，情报组长、地下武工队等重要成员，捣毁了其秘密反革命巢穴，缴获了大批反动文件资料。

财院 8月19日晚，吴德、丁国钰、付崇碧、李钟奇等同志接见了中央财金学院八八队，以及财院集训团和四一派的代表。吴德同志在讲话中指出：财院驻军在支左工作中存在严重错误，……

地院动态报第一七〇期共四版

一九六七、八、廿四、

財院駐軍已于八月廿四日下午全部撤离该院。

地院 ▲为了把我院大批判搞好，今日上午，我全院东方红战士和革命师生洋田院革委会付主任李贵同志带队前往我们的亲密战友、大批判的模范北师大井岗山，学习他们搞好大批判的经验。

▲金猴奋起千钧棒，玉宇澄清万里埃。我广大东方红战士在奋起毛泽东思想千钧棒彻底批判朱成昭反动思潮的同时，对于联合声明也给予了有力的驳斥。近日贴出了"东方红的对外政策不容中伤"；"东方红大方向始终是正确的"；"历史不容颠倒"等大字报，以大量铁的事实驳斥了这篇混淆黑白、颠倒是非的"联合声明"。

▲自从"湘江"等十五个战斗队的"联合声明"问世以来，校外的一些保守派和一些别有用心的家伙拍手叫好，并到处转抄、广播，阴谋以"联合声明"之一伙篡夺我红色政权推波助澜，是可忍孰不可忍！

武汉 条……
8201部队一小撮坏蛋，在……次反革命暴乱中，充当了急先锋干将，总理下命令指示要在五天内将8201部队调离武汉并上缴全部武器。8201部队调离已于八月三日遵命执行（营以上干部例外）调到XX农场整训劳动，中央军委命令：将8201番号取消，进行改编。

华北局 老右派李立三找了一个苏联地主女儿做老婆，绝非偶然。李莎是个典型的修正主义分子，热衷于大国沙文主义、资产阶级生活方式。更恶毒的是对她的孩子们，不让先学中国语，而要先学好俄语；不准上中国的学校，要送到莫斯科去上学；不入中国的国籍，要加入苏联国籍。更值得注意的是李立三的老婆十几年不入中国籍，而突然在一九六四年加入中国国籍。但她的苏联护照并未交回。企图进行两面活动。后经苏修揭发才被迫在六六年把护照交给了外语学院。

消息报导

地质部 8月23日上午地质部516兵团召开了纪念东方红炮轰地质部一周年大会。三反份子何长工、镇压我院文化大革命的刽子手邹家尤被揪到会场示众。会场外面，贴满了表示8.23支持我东方红炮轰地质部的革命的大字报。会上，詹竞文同志（当年8.23第一批支持我东方红炮轰地质部大字报的作者）揭发了邹家尤……部……文化大革命……镇压……

呼市 呼和浩特市形势很好，大街上出现许多批判党内走资派的大标语和批判专栏，一个大批判高潮正在兴起。

长春 ▲长春公社捣毁八厂的革命造反派最近对黑二总大力反击，夺回了他们大搞武斗的大中武器。

▲中央8.17批示下达后，团长春市委书记长春市委候补委员陈国栋公开表态支持长春公社。

简讯 八月二十一日凌晨一点鞍钢炎计革营。

造反有理

第十七期 1967.8.24.

首都航天革命派《造反有理》编辑组

内部参考　　请勿外传

毛主席语录

人民解放军应该支持左派广大群众

犯错误是难免的，只要认真改了，就好了。

林付主席对支左工作的指示

林付主席八月九日接见了武汉军区首长曾思玉和刘丰，接见时林付主席对军队支左工作作了重要指示（大意）：

一、支左工作中要注意的问题：

(1)加强调查研究；

(2)及时请示汇报；

(3)坚决依靠左派。

二、武装左派。

三、对军区犯错误的干部要积极帮助他们改正。

四、在武汉横渡长江时发生的事件，一定要破案

中共中央文件

中发〔67〕245号

各省、市、区革命委员会（筹备小组）军管会、各军区、军分区、各县武装部：

陕西米脂县武装部在支左工作中，经过认真的调查研究以后，公开表示支持"一〇一"左派群众组织，但是遭到了"上压""下轰"，四面围攻。在这关键时刻，他们坚持毛主席的无产阶级革命路线，看主流看本质，看斗争的大方向，坚定不移地支持"一〇一"革命小将，取得了很大的成绩。他们被革命群众誉为陕北高原上一面支左红旗。这是很值得参加支左的军队同志，特别是参加支左的人民武装部的同志好好学习的。

米脂县武装部协助"一〇一"进行开门整风，帮助革命小将用毛泽东思想武装自己的头脑的做法，也是值得学习的。

陕西省军区认为米脂武装部是支左最好的一个武装部，榆林分区有的领导同志也改变了过去的错误看法，这是正确的态度。还没有改变看法的，希迅速改变过来。

（原件附后）（略）

中共中央

一九六七年八月十四日

※八月一日武汉军民大渡江，因"百万雄师"一小撮破坏，结果造成大惨案，失踪三、四百人，已捞起尸首一百七、八十人，还在打捞中。

造反有理　第十七期　　　　　　　第二版

中共中央文件　中发〔67〕251号

中共中央关于在报刊上点名批判问题的通知

各省、市、自治区、革命委员会（筹备小组）、军管会、人民解放军各总部、各军种、兵种、各军区、中央和国务院各部委、各革命群众组织、各宣传机关：

目前，全国范围内正在掀起革命的大批判的高潮。为了把党内最大的一小撮走资本主义道路的当权派批深批透，彻底肃清他们的流毒和影响，为了把这场革命的大批判更好地同各地区、各部门的斗批改结合起来，需要在中央报刊和地方报刊上公开点名批判一些中央部门、中央局和省市委内的走资本主义道路当权派。

⑴经过主席和中央批准，已经在中央报刊上点名批判的党内走资本主义道路的当权派有：彭真、彭德怀、陆定一、罗瑞卿、杨尚昆、周扬、肖望东；已经在地方报刊上点名批判的党内走资本主义道路当权派有：陶铸、王任重、李井泉、贾启允、阎红彦、汪锋、欧阳钦、李范五、乌兰夫、王铎、王逸伦、王昭、任白戈、王鹤寿。对于这些已经点名批判的修正主义分子，在中央报刊或地方报刊上还要继续深入地进行批判。

⑵在中央报刊上下一步将予公开点名批判的党内走资本主义道路当权派有：薄一波、吕正操、林枫、安子文、杨秀峰、蒋南翔、吴冷西、张闻天、张劲夫、韩光。

⑶在地方报刊上下一步将予公开点名批判的党内走资本主义道路当权派有：西北局刘澜涛、习仲勋、胡锡奎，东北局马明方，上海市陈丕显、曹荻秋、杨西光，天津市万晓塘、张淮三，河北省林铁，安徽省李葆华，福建省叶飞，河南省文敏生，赵文甫，广东省赵紫阳，江西省方志纯，四川省廖志高，吉林省赵林，宁夏自治区杨静仁、马玉槐，山西省陶鲁笳，卫恒、王谦、王大任。

⑷对于经过主席和中央批准在地方报刊上点名批判的修正主义分子，地方报刊发表的写得比较好的文章，中央报刊可以转载；同时中央报刊也可以直接组织批判文章。　　　　（发省、军级）

全军文革改组

八月十六日周总理、陈伯达、江青同志接见了三军党委负责同志时宣布：鉴于徐向前、肖华主持的全军文革小组已经瘫痪，不能领导全军无产阶级文化大革命，中央决定由吴法宪、邱会作、张秀川、叶群四人组成领导小组，领导全军无产阶级文化大革命，这是毛主席、林付主席、党中央对全军无产阶级革命派的亲切关怀。

八月十七日伯达、康生、江青同志在三军党委上作了重要指示，内容摘要如下：

总政关起门来搞文化大革命，什么都不搞。全军文革也是，由廖初江同志领导。由吴法宪、张秀川、邱会作、叶群负责全军文化大革命，由中央文革直接领导。

对肖华，江青同志指出：总政文化大革命没有搞好，主要负责人

（接第三版）

造反有理　第十七期　第三版

八月九日晨在人大会堂

陈伯达同志重要讲话摘录

伯达同志在讲到当前文化大革命运动时说："无限的希望，无限的前途，无限的光明。"同时指出："行百里者半九十，我们才走了半里路。"

谈到造反派问题时，伯达同志说："不要猜，要调查研究，要一看二帮，让大家有劳有逸，不要天天开大会。现在存在的问题是不深入的探讨问题。切实的事，没有认真考虑，心老在飞。没有帮助工人阶级，没有当他们的小学生。北京的工人运动较落后，你们似乎很不关心。北京的大中小学生有七十万，而工人队伍有一百万，应该是工人左右局面，你们作些辅助。自己要很好地学习毛主席著作，接触工人群众、农民群众，当群众的小学生，要有群众的感情，不要个人主义，个人突出。聂元梓最大的缺点是个人突出，手伸得太长了，搞一千人的动态组、保卫组，查别人的材料。要聂元梓去掉这些东西，聂元梓不高兴。"

伯达同志再三教导要防修，他说："你们现在还不是修正主义，但要克服小资产阶级性，要克服个人主义、风头主义。你们在社会上出风头很多，很容易腐蚀人。"伯达同志在纸上写："战斗——学习——战斗——学习，"又说："一个人想掉下去是很容易的，你们的条件是极好的，我小的时候是不敢想的。"并语重心长地说："我不希望你们这次文化革命中出来的人跌下来，刘邓陶高兴。你们要变成修正主义，我们要哭的。"伯达同志指出："工人中也出修正主义。要向真正的工人阶级学习。我是向工人学来的，从天津学的。工人中的修正主义，吃饭打冲锋，做工磨洋工。劳保条例害死人，是典型的修正主义条例。"

在谈到派别斗争时，伯达同志说："还要看嘛，不要急嘛，不要急于做结论，要看十年八年，我要看你们十年八年，不知你们成不成气候。"

在谈到关于贴朝鲜的大字报时，伯达同志说："现在有的同志贴朝鲜的大字报，不要这么搞，康生同志也是这个意见，现在把我们的事搞好就很了不起，这是国际上的大事。给他们贴大字报干什么，不值得，叫我就不贴。你们都是大文学家、大革命家、大理论家、大文豪，我是个小小的老百姓，小孩子不懂事。"

当有人要求中央发给他们枪枝的时候，伯达同志说："你们过去本来就有枪，造反派应该有枪。"

※　※　※　※

（上接第二版）中央一保再保，都没有纠正过来。总政的文化大革命要关起门来搞，主要靠本单位。总政究竟谁是什么人，一定要搞清。对肖华要揭开来，将来揭出什么问题就是什么问题，要抓大节，不要抓细节。

总政的材料不让往外抄。要有计划斗彭、罗、谭政、陈再道。

地方不要到处抓一小撮。这样搞会上敌人的当。

要坚决保卫毛主席，保卫解放军，不能把毛主席亲手缔造的解放军威信搞垮。要保护革命群众。要搞解放军，就要上敌人的当。搞垮了谁去搞三支两军，谁去保卫文化大革命啊！

過去我以为武斗的槍是造反派搶来的，現在才知道是上級部门发給造反派。

1967.8.24　　　　第四版

9.1
1967

向革命化的中国人民解放军学习

——报刊点名赞扬的支左部队——

武汉：空军、8199、7212、7252、7255；
湖南：6900；
河南：7249（开封）、8250；
广西：6955；
浙江：7350、6409；6517、6299（温州）；
江苏：6163，7299（徐州）；
上海：空四军；
江西：6013、6011
四川：7865、7843（成都）；54军（重庆）；
山西：4633、69军；
内蒙：4661；
甘肃：8110、8147、8149；
陕西：8123、8133；
宁夏：8047、8048、8119、8050；
吉林延边：3168；鞍山：3174；

在河南、武汉、昆明、湖南的支左部队还有：8186、6093、7113、6810。

战斗在"三支""两军"第一线的：3174、3168、4642、7799、7791、7350、6517、6299、6955、6037、6113、空军007。

和红卫兵小将建立了战斗友谊的部队：7360、7229、3579、7111、3792、7799、7797、6955、7861。

表扬的人民武装部：四川自贡市人武部、陕西米脂县人武部。

武装左派

全国第一次给造反派发枪

王力同志八月十五日在新华社讲话时说：吉林延边地区军分区和地方走资派勾结在一起，支持保守派，镇压造反派，连邮电大楼都被保守派烧了，后来毛主席下了决心，决心给造反派发了"二千多支枪"，这是全国第一次给造反派发枪。

谢付总理对师大武装自卫批示

同意你们自己五百支枪武装自卫，但背枪的人要选择，要训练，不能儿戏。

又讯：谢付总理批示后，北师大井岗山民兵师于八月十八日正式宣告成立，上午举行授枪仪式，会后武装示威游行。

北航红旗战士武装起来了

八月八日谢付总理批准发给北航红旗一千支枪。

十六日下午在北航大操场庄严地举行了"武装北航红旗誓师大会"。

党校大院

▲八月十六日下午由市工代会红代会市级机关和郊区造反派二千余人在市委党校召开"捍卫十六条，制止武斗大会"。房山陈久泽、党校抗大王振华、红代会延枝东方红、密云县无产阶级革命派联络处在会上作了控诉和发言。

▲权旧兵团八一纵队为了某种政治目的需要，一直无视人委革命造反派组织革命造反队而单方面的垄断黑帮，并对郊区造反队揪斗黑帮百般刁难，为此人委革命造反队和郊区造反派采取革命行动，把黑帮分子吴晗、贾星五、王宪、李续纲接管过来，连日来在房山、怀柔、通县、立武斗争了这批黑帮分子，大长了郊区无产阶级革命派志气。

郊区消息

▲郊区无产阶级革命派批刘权旧联络站在当前大批判、大联合的大好形势下宣告成立，她将对郊区大批判起推动作用。

▲平谷县革命委员会即将成立。

▲八月廿三日丰台区工、农、商、学、街道、机关革命派在八一三大旗下联合起来，成立了丰台区八一三革命造反大联合总部。市级和郊区革命造反派八十多战友参加了成立大会，房山造反有理总部陈文泽同志和市人委机关革命造反队、批判郊区批刘权旧联络站代表叶一烈同志热烈祝贺八一三总部成立。

▲八月廿五日在党校召开控诉刘少奇王光美在桃园的滔天罪行大会（下午），原桃园党支书吴臣同志将控诉。

注：谢付总理是谢富治。看来造反派後台很硬，那个？

被槍打死的死鬼，去找誰算帳？

——重慶墓地

周总理、戚本禹、谢富治在外地来京上访群众大会上的讲话

八月廿四日下午4:50—6:40

周总理：我们的斗争在向广泛深入发展，形势说来是大好的。今天在场绝大多数是来京上访，有些问题是要解决的，绝大多数是能够在本部门解决的。有人说全国要搞一个第二次大串联，这是不对的，所以要求你们快快地响应毛主席的号召回到本地区本单位~~进行斗争~~，否则你们留在北京就会忘记了自己的革命责任。

一年多的经验，仅仅有革命干劲是不行的，还要掌握政策，十六条公布以来，党中央发表了很多文件，要你们很好掌握，要你们学会政策，加强革命性、科学性、纪律性。

斗争一年多了，我们要提高斗争水平了，这样可以使干部多负一点责任，多做一些别的工作，你们要学习三大纪律八项注意，要很好学习干部政策。你们想一想这些事情，你们就会拥护干部，即使你们一时气愤，说错了话，但他们还是要帮助你们。因为你们是革命的，所以现在要做好拥军爱民、军民加强团结。

你们有来自广东、福建、东北、内蒙、还有新疆，周围都有敌情，你们能放松吗？（答：不能）一切斗争都要有敌情观念，敌人总是想破坏我们，要钻空子，所以我们无产阶级革命派必须联合起来，共同对敌。把无产阶级文化大革命进行到底。你们知道，今年生产到了第三季度，生产还有四个月，交通是命脉，交通还有困难，所以要把交通搞好~~维持交通是~~全国人民的责任。只要交通畅通，生产秩序就能搞好，这些对我们都是有益的，更重要的是按林付主席的指示，活学活用毛主席著作，今天就要谈一谈，作为欢迎你们的欢迎词。

戚本禹：方才毛主席的亲密战友周总理给大家讲了话，他是代表无产阶级司令部的，这是毛主席司令部向大家发出号召，打回老家去就地闹革命。

同志们，你们派代表到北京，我们欢迎，但我们说北京是无产阶级文化大革命的中心，不是避风港，革命干部到北京避风是不对的。同志们只有勇敢地迎接本地区斗争的大风大浪，战斗到底，才能显示革命本色，才能符合革命派的称号。有人说革命派在本地区受到压制，同志们，革命能不受到压制吗？能没有困难吗？不能把制止武斗的希望寄托在北京，制止武斗的最好的办法，如江青同志说你们要做艰苦细致的工作，要进行艰苦细致的制止武斗的群众运动，把武斗搞臭，使他们孤立。

谢富治：坚决响应周总理、戚本禹同志的号召，制止武斗。当然有些地方无产阶级革命派还处于劣势，革命派有自卫的权力，但不能歪曲江青同志的文攻武卫，不能武攻文卫，两个革命派组织打内战不能用这个口号，希望你们回去，回去后第一不要武斗，第二要搞大批判，这是大方向，第三要大联合，第四抓革命促生产。

（上接第六版）七、你们强烈要求和尊重处理过去河南事件的叶剑英等同志辩论，要求革新给你们造反派平反，我们一定尽力办到。

八、大家一定要相信党，我们是支持你们的，一切[illegible]，[illegible]问题早就该表态了。

林付主席批判刘伯承、朱德

刘伯承你现在来联合这个联合那个、拉这个拉那个、犯那个错误、都是为了野心。对这样机会主义分子要彻底揭发、斗争到底、批深批透、否则不行。这样做对党有好处、这才能搞好、否则不能。庐山会议揭发出这个问题、解决这个问题是一个很大胜利、消灭党的一个~~长久~~隐患。主席几次讲、党内可能分裂、实际就指着彭德怀、朱德。庐山会议也没有彻底揭开、消灭这一隐患、否则就会继续发展。在一主席百年之后、就会出现更大的问题。现在揭开进行斗争、保卫党路线、教育全党、巩固以毛主席为首的党中央、这是全党全军全国人民利益之所在、要揭开斗争到底、你改也好、不改也好、当然我们希望你改的。

朱德你是有野心的、你检讨的很不够。有人当是他自己检讨的、不是的、是[illegible]央[illegible]定让你检讨、不检讨不行。你们是不知道、××批评说你不过分、他们不服毛主席、他想当主席。高岗事件他也主持过、想当主席、自己的本事行吗？

不当党不行、你检讨的不行、

你一天也没有做过总司令、南昌起义后是无政府乱走、是××指挥上井冈山、遵义会议前、是××指挥的、抗日战争在前方是××指挥的、但是自以为还行。你脱离主席的领导、三个会议丢失了两个、[illegible]仗无本领、还是主席救你回来。

~~关锋给长寿公社的电话~~

你是长寿公社吗？　我是中央文革关锋、你是负责人吗？以前我在北京接见过你们、当时你在场吗？我给你们提几条意见：

一、有人说我支持你们、我是你们的后台、我是支持你们的、让他们去说去吧！

二、听说你们有个电台、因为你们是处于重围、重重包围之中、注意搞的不好、是否最好不用。

三、当地军区要改变态度、希望你们要高姿态一些、注意不要走向反面。

总理联络员接见新疆红二司和兵团造反派赴京代表

周总理的联络员郭一平同志接见新疆红二司和兵团造反派赴京代表、谈话内容概括如下：

一、红二司和全疆造反派[illegible]绝对相信党中央和毛主席、我们是支持你们的、“八野”、“联总”、“红代会”多次向我们提出要我们代他们送交材料、我们回去你们的材料早由军区交上来很多了、根本用不着我们提。

二、“八野”、“联总”发展下去不会有比四川产业军更好的下场。

三、一定要不怕牺牲、保持革命造反派的气节、英勇奋斗。

四、有人散布“周总理给王恩茂定性”纯系造谣。

五、[illegible]处理“一二六”“二一一”事件根本没有错。

六、你们的材料我们都交给总理、伯达、康生、江青等同志。

（下接第五版）

《文革史料叢刊》六冊

李正中編著 古月齋叢書3-5

第一輯共六冊，圓背精裝
ISBN：978-986-5633-03-5

第二輯共五冊，圓背精裝
ISBN：978-986-5633-30-1

第三輯共五冊，圓背精裝
ISBN：978-986-5633-48-6

文革史料叢刊　內容簡介

《文革史料叢刊第一輯》共六冊出版了。文革事件在歷史長河裡，是不會被抹滅的，文革資料是重要的第一手歷史資料。其中主要的兩大類，一是黨的內部文宣品，另一是非黨的文宣品，本套叢書搜集了各種手寫稿，油印品，鉛印文字、照片或繪畫，或傳單、小報等等文革遺物，甚至造反隊的隊旗、臂標也不放過，相關整理經過多年努力，台灣蘭臺出版社出版《文革史料叢刊》，目前已出版第一輯六鉅冊，還在陸續出版中。

蘭臺出版社書訊

第一輯－第三輯（三輯）目錄

前言：忘記歷史意味著背叛　李正中

序言：中國歷史界的大幸，也是國家、民族之大幸　張培鋒

第一冊：最高指示及中央首長關於文化大革命講話

第二冊：批判劉少奇與鄧小平罪行大字報選編

第三冊：劉少奇與鄧小平反動言論彙編

第四冊：反黨篡軍野心家罪惡史選編

第五冊：文藝戰線上兩條路線鬥爭大事紀

第六冊：文革紅衛兵報紙選編

前言：忘記歷史意味著背叛　李正中

序言：中國歷史界的大幸，也是國家、民族之大幸　張培鋒

第一冊：文件類

（一）中共中央文件 11

（二）地方文件 69

第二冊：文論類（一）

第二冊：文論類（二）

第二冊：文論類（三）

第三冊：講話類

前言：忘記歷史意味著背叛　李正中

序言：中國歷史界的大幸，也是國家、民族之大幸　張培鋒

第一冊：大事記類

第二冊：會議材料類

第三冊：通訊類

第四冊（一）：雜誌、簡報類

第四冊（二）：雜誌、簡報類

文革史料叢刊第一輯

第一冊	頁數：758
第二冊	頁數：514
第三冊	頁數：474
第四冊	頁數：542
第五冊	頁數：434
第六冊	頁數：566

9 789865 633035　20000

古月齋叢書 3　定價　20000元

文革史料叢刊第二輯

第一冊	頁數：188
第二冊㈠	頁數：416
第二冊㈡	頁數：414
第二冊㈢	頁數：434
第三冊	頁數：470

9 789865 633301　20000

古月齋叢書 4　定價　20000元

文革史料叢刊第三輯

第一冊	頁數：239
第二冊	頁數：284
第三冊	頁數：372
第四冊㈠	頁數：368
第四冊㈡	頁數：336

9 789865 633486　25000

古月齋叢書 5　定價　25000元

書款請匯入以下兩種方式

銀行
戶名：蘭臺網路出版商務有限公司
土地銀行營業部（銀行代號005）
帳號：041-001-173756

劃撥帳號
戶名：蘭臺出版社
帳號：18995335

100 台北市中正區重慶南路1段121號8樓之14
TEL：（8862）2331-1675 FAX：（8862）2382-6225
E-mail：books5w@gmail.com
網址：http://bookstv.com.tw/